第一卷（1978-1987）

中国国有企业改革编年史 1978-2018

THE ANNALS OF CHINA'S STATE-OWNED ENTERPRISES REFORM

章迪诚——编著

中国工人出版社

正道沧桑

国有企业改革40年综述

截至2018年，国有企业改革已经走过了40年的历程。伴随40年的国有企业改革，我国经济发展取得了举世瞩目的巨大成就。国内生产总值（GDP）由1978年的3678.7亿元跃升至2018年的900309亿元（13.6万亿美元）。中国经济总量占世界经济的比重由1978年的1.8%上升到2018年的16.04%，在世界主要国家中的排名由1978年的第十位上升到第二位。1978年，中国人均国内生产总值仅381元人民币，为同期印度人均国内生产总值的2/3，是当时世界上典型的低收入国家；到2018年，中国人均国内生产总值为64644元人民币（约9780美元），跻身中等偏上收入国家行列。现如今中国成为世界经济第二大国、世界工业第一大国、制造业第一大国、货物贸易第一大国、外汇储备第一大国、服务贸易第二大国、使用外资第二大国、对外投资第二大国。这些巨大成就的取得，离不开国有企业中流砥柱的作用。40年来，国有企业持续不断的改革，把一个拥有超过200万户企业，职工人数近1.1亿人的庞大群体*，从计划经济体制成功转到社会主义市场经济体制，并因此推动中国

* 据国家统计局公布的数据，国有企业职工最多的时候是1995年，达到1.0955亿人。

经济创造了持续高速增长长达40年的人类奇迹。这是一项前无古人，更不可能有来者的伟大工程。

疏理国有企业改革的历史进程，40年国有企业改革的正式制度变迁大致可以归纳为三条主线：一是处理国家与企业的关系，经历了从调整政府对国有企业的管理体制到建立国有资产监督管理体制的演变过程。从国家直接经营管理国有企业，到政企分开，变国家经营管理企业为国家管理企业。再到把不同形态的国有资产都看作同一种可以在流动中增值的资本，造就国有资本营运主体，建立国有资产的监督管理体系，变国家管企业为国家管资本。二是重塑国有企业的企业制度，经历了从工厂制企业制度到公司制企业制度的演变。包括建立国有企业的法人财产制度、公司制企业组织制度和管理制度，国有企业的领导体制也相应地由“一正多副”的横向分权模式向公司治理结构的纵向授权模式转变，从而使国有企业的职能、地位，国有企业职工的身份、地位，以及国家与企业的关系、企业与职工的关系都发生了根本性改变。三是改善国有企业的制度外环境，既包括传统体制给国有企业留下的历史包袱，也包括改革过程中形成的各种制度性障碍*。

纵观40年的国有企业改革历史，大致可以分为四个时期。1978年至1992年，是国有企业的制度改进时期；1993年至2002年，是国有企业的制度创新和结构调整时期；2003年至2012年，是国有企业的制度完善时期；2013年以后，是中国特色现代国有企业制度创建时期。

* 事实上，国有企业的改革目标是在实践中逐步实现的。在处理国家与企业的关系方面，开始只注意到要正确处理国家与企业的分配关系，即如何在国家与企业之间分配剩余，之后逐渐认识到仅仅明确分配关系是不够的，还要明晰国有资产的产权主体，明确国有资产经营的责任人。沿着这条思路深化改革，又逐渐认识到要建立国有资产的产权制度，包括明晰国有资产的产权关系和国有资产的产权归属关系，要建立国有资产的监督管理体制。在企业与职工的关系方面，开始也只是从分配方面考虑，随着改革的深化，才逐渐注意到作为用人单位的企业，与作为劳动者的职工应该建立一种什么样的劳动关系的问题，这不仅包括分配问题，还涉及劳动者劳动权益的各个方面。

一、国有企业的制度改进时期（1978—1992）

1978年至1992年的改革，是我国经济体制由传统的计划经济体制向有计划的商品经济体制过渡，逐渐引入市场机制在资源配置中的调节作用，在维持原有企业制度框架不变的前提下，以国有企业为主体，以放权让利为主要内容的改革。沿着“简政放权、减税让利”的改革思路，先后采取了扩大企业自主权试点、推行经济责任制、两个“拨改贷”、两步“利改税”、承包经营责任制、资产经营责任制、租赁制、股份制试点等改革措施。大体经历了放权让利、完善企业经营机制和转换企业经营机制三个阶段。

（一）放权让利阶段（1978—1987）

粉碎“四人帮”以后，邓小平关于解放思想、实事求是的一系列重要论述，打开了长期禁锢人们头脑的思想禁区。人们开始用“实践是检验真理的唯一标准”的观点，对经济体制的一些重大理论和实践问题进行重新思考，经济体制改革的问题也被重新提上了议事日程。

在新的历史条件下，苏联柯西金“要扩大企业的经营独立性，提高企业对选择最经济的途径来完成国家计划任务的责任，并加强对企业和全体职工的物质刺激”的观点被接受了。在20世纪60年代曾经被当做“修正主义企业自治论”批判过的中国老一辈改革者孙冶方的思想被普遍接受了。国有企业低效率、低效益的原因，是政府管得过多、统得过死。要对企业“松绑放权”“扩权让利”。“当前最迫切的是扩大厂矿企业和生产队的自主权，使每一个工厂和生产队能够千方百计地发挥主动创造精神”,① 成为20世纪70年代末期经济主管部门的主流意见。

1978年12月中共十一届三中全会通过的《中国共产党第十一届中央委员会第三次全体会议公报》，集中反映了当时的主流思想：“现在我国经济管理体制的一个严重缺点是权力过于集中，应该有领导地大胆下放，让地方和工农业企业在国家统一计划的指导下有更多的经营管理自主权；应该着手大力精简各级经济行政机构，把它们的大部分职权转给企业性的公司或联合公司。”这一论述，成为早期国有企业改革的基本指导方针。从那时起到20世纪90年代初期，国有企业反复进行了“扩大企业自主权”的改革。

放权让利的核心是让利，即改变传统的统收统支制度，给企业一定的财权，以调动企业与职工的积极性。最初的办法是设立企业基金。1978年4月20日，以中共中央文件形式下发的《关于加快工业发展的若干问题》（简称工业30条），提出“设立企业基金”的规定。11月25日，国务院批转财政部《关于国营企业试行企业基金的规定》，决定从1978年起，国有企业试行企业基金制度，即企业根据完成国家下达的8项年度计划指标以及供货合同后，可以提取职工全年工资总额的0.5%至5%的企业基金，用于职工福利基金和奖金，同时恢复计件工资和奖金制度。以后用“利润留成”替代了“企业基金”，企业留利的使用也从职工福利扩大到企业的生产经营活动，同时赋予

① 邓小平．邓小平文选（第二卷）［M］．北京：人民出版社，1994.10.

企业一定的计划外生产、销售等权利。

1978年10月，经国务院批准，中共四川省委、四川省人民政府选择不同行业有代表性的重庆钢铁公司、成都无缝钢管厂、宁江机床厂、四川化工厂、新都县氮肥厂、南充丝绸厂6户国有工业企业，率先进行“扩大企业自主权”试点，成为国有企业改革乃至整个城市经济体制改革起步的标志性举措。6户企业的改革试点，在当年四季度超额完成生产计划中获得了预想不到的效果，并显示出巨大潜力。1979年1月31日，中共四川省委发出《关于地方工业扩大企业权力，加快生产建设步伐的试点意见》，把试点的工业企业由6户扩大到100户，同时在40户国有商业企业中也进行了扩大经营管理自主权的试点。与此同时，原国家经委、财政部等部门也选取了首钢、北京清河毛纺厂、天津自行车厂、上海汽轮机厂等8户企业的扩权试点。云南、北京等地也对所属的地方国有工业企业进行扩大企业自主权的试点。

为了规范迅速推开的扩大企业自主权试点，1979年7月13日，国务院颁发了《关于扩大国营工业企业经营管理自主权的若干规定》（史称第一个“扩权十条”）。同时颁发的还有《关于国营企业利润留成的规定》《关于开征国营企业固定资产税的暂行规定》等5个文件。到1980年底，全国除西藏自治区外的28个省（自治区、直辖市）6000多户工业企业进行了扩权让利试点，占全国预算内工业企业总数的15%，产值的60%，利润的70% *。

放权让利以后，企业有了一定的计划外产品生产销售权和

* 当时海南尚未建省、重庆尚未成为直辖市，所以全国除港澳台以外只有29个省（自治区、直辖市）。

利润分配权，随之也产生了压计划内生产、超计划外生产和利润分配向职工收入倾斜等现象，以致出现了企业增收，财政收入反而减少的问题。针对1979年和1980年连续两年出现巨额财政赤字问题，各地在扩权让利的基础上，对工业企业实行了经济责任制。到1982年10月，有80%以上的全国大中型工业企业实行了经济责任制。但实行经济责任制以后，原先下放给企业的很多权力又难以落实了。在此情况下，1984年5月，国务院再次发布《关于进一步扩大国营企业自主权的暂行规定》（史称第二个“扩权十条”）。

中国的经济体制改革是从农村起步的，1984年10月中共十二届三中全会通过的《中共中央关于经济体制改革的决定》（以下简称《决定》），标志着经济体制改革的重心从农村转移到城市来。《决定》指出：“增强企业活力，特别是增强全民所有制的大、中型企业的活力，是以城市为重点的整个经济体制改革的中心环节。”界定了国有企业改革在整个经济体制改革中的重要地位。“放权”仍然是搞活企业的重要手段，《决定》规定了国有企业应该享有的6项自主权。

但是，放权让利式改革从一开始就处于“放”与“收”的拉锯之中。早在扩权试点刚刚起步之时，率先改革的重庆钢铁公司就遇到了麻烦。根据扩权规定，重钢将生产出来的没有人订合同的多余钢材，卖给那些需要钢材却又没有国家计划分配指标的企业。这一下可是触犯了“天条”，国家计委和国家经委联合发文：强调钢材自销是违反国家规定的，必须立即停止。幸亏当时的四川省委、省政府坚决顶住，重钢领导人才脱了干系。造成“放”与“收”交替反复的根本原因，是企业与国家利益分配关系的矛盾。

在给企业放权让利的同时，为了强化对企业的预算约束，改变企业“无偿”使用国有资金的状态，从1979年开始，国家试行将企业的基建投资由财政拨款改为银行贷款，这就是有名的“拨改贷”政策的开始。“拨改贷”开始仅限于基本建设投资，1980年以后扩大到技术改造投资。1983年7月以后，企业新增的流动资金也全部由企业自筹或者向银行贷款。企业的固定资产投资和新增流动资金全部由财政拨款改为银行贷款（史称两个“拨改贷”），是以后国有企业债台高筑，国家最终实施“债转股”的最直接原因。

放权让利给企业带来了生机和活力，推行经济责任制也使得财政状况得到明显改善。在企业欢迎、政府高兴、职工拥护的同时，问题也随之接踵而来。在传统体制下，企业的资金占用、产品价格、职工收入等都是由国家计划安排的，不会因为企业的基础条件、地理位置、资金多少、价格高低差异带来企业之间的利益差别。这在统收统支体制下是不成问题的，但当允许企业有了一定的利润留成和奖金分配权后，立即造成了企业之间的“苦乐不均”现象。为了解决企业之间的苦乐不均，从1983年开始，国家实施了两步“利改税”改革措施。

两步“利改税”的主导性决策思想，从改革的角度看，是试图通过税收杠杆来理顺国家和企业的分配关系，调节企业之间的收益差别，克服企业的“苦乐不均”，为企业创造公平竞争的经营环境，但实际执行结果，则是完成利润越多的企业交税也越多，造成了所谓的“鞭打快牛”现象。从财政部门的角度看，则是为了划清政府财政收入和企业可支配收入的界限，保证国家财政收入稳定增长。由于两步“利改税”本身存在的不足，加上它出台的时机正好是经济过热后的宏观经济整顿和紧缩，在第二步“利改税”推行后，出现了全国预算内国营工业企业实现利润连续22个月滑坡的局面。“利改税”的积极作用尚未发挥就被承包经营责任制改革所取代。

（二）完善企业经营机制阶段（1987—1990）

放权让利式改革始终处于“放”与“收”的拉锯之中，迫使人们寻找问题根源。随着时间推移，人们开始认识到，国有企业低效率、低效益的原因，表面上看是政府部门管得过多、统得过死，本质上则是政企不分。因为政企不分，才造成政府部门管得过多、统得过死，同时也使得政府能够不断放权又不断收权。因此，国有企业改革要解决的深层次问题应该是“政企分开”。为了实行政企分开，采取了承包经营责任制、资产经营责任制、租赁制、股份制试点等各项改革措施。

把农村的“包”字请进城，其实在20世纪80年代初就曾经尝试过。1981年在推行经济责任制时，规定在分配方面可以采取利润留成、盈亏包干和以税代利、自负盈亏三种经济责任制形式。其中的“盈亏包干”就是一种承包制，与后期实行的承包经营责任并无多大区别。

1983年初，有人提出“包字进城，一包就灵”的口号，主张在城市工商业中全面推行企业承包制。短短两三个月，全国国有商业企业普遍实行了利润包干制。对此理论界众说纷纭，毁誉参半，加上这时经济运行中出现了经济秩序混乱和物价涨势过猛等问题，国家决定停止全面推行利税承包，加快“利改税”进程，企业改革这才开始转入两步“利改税”阶段。

1986年底到1987年初，宏观经济形势再度紧张，企业利润连续下滑，财政状况非常吃紧。在此情况下，一些省（市）把增产节约、增收节支与深化企业改革结合起来，重新把农村的“包”字请进城来。承包制保住了财政收入，同时又给了企业看得见、拿得到的利益，得到多数人的赞同，更多的人则开始重新肯定承包经营责任制。1987年3月召开的六届人大五次会议，第一次明确肯定了承包制。同年4月，原国家经委召开全国承包经营责任制座谈会，决定从当年6月份起，在全国范围普遍推行承包经营责任制。到1987年底，全国大中型国有工业企业中，实行多种形式承包经营责任制的企业占到82%；大中型国有商业企业有60%以上实行了承包经营责任制。与此同时，资产经营责任制、租赁制、股份制等改革措施也进行了试点。

承包制全面推行后果然不负众望。仅仅两个月，就一举扭转了全国预算内工业企业实现利润连续22个月下滑的局面，当年增加财政收入60多亿元。到1988年底，即全面推行承包经营责任制后20个月，全国预算内工业企业增创利税369亿元，相当于1981到1986年六年间企业所创利税的总和。在当时，无论是政府还是企业，都相信承包制是搞活国有企业的最好形式。但是，随着时间推移，承包制的弊端日益凸显，以后虽然采取了许多完善的措施，但承包制始终无法完善。

这一阶段的另一项重大改革，是贯彻企业领导体制的三个

《条例》，全面推行厂长（经理）负责制。1986年9月，中共中央、国务院同时颁发《全民所有制工业企业厂长工作条例》《中国共产党全民所有制工业企业基层组织工作条例》和《全民所有制工业企业职工代表大会条例》，国有企业的领导体制全面进入厂长（经理）负责制阶段。到1987年底，在全国54000个国有工业企业中，已实行厂长负责制的国有工业企业达到68%。

（三）转换企业经营机制阶段（1990—1992）

全面推行承包制的初期，效果非常明显。1987年和1988年，全民所有制独立核算工业企业的总产值分别增长11.3%和12.6%，实现利税分别增长12.9%和17.2%；但是到1989年，同口径的工业总产值只增长3.9%，实现利税下降0.1%，利润总额下降16.7%，亏损企业亏损总额则增加1.2倍。

促使承包制加速走向衰落的原因，既有承包制自身无法克服的弱点，也有宏观经济形势迅速恶化的影响。推行第一轮承包经营责任制的三年，正好是我国国民经济大起大落的三年。第一轮承包在1987年下半年国民经济全面膨胀的环境下起步，在1990年上半年全面紧缩中结束，中间经历了由松到紧，由放到收的几次反复。承包环境发生了重大变化，承包条件不仅未变，国家为了增加财政收入，又在企业折旧基金、大修理基金等专项基金和企业留利中开征了25%的能源交通建设基金和预算外调节基金，并向企业派购国库券和各种债券。于是，为了完成承包指标，多数企业采取了“保两头，空中间”的对策。即上保国家财政上缴，下保职工工资福利，惟一可以不保也保不住的，是谁也不用负责的所有者利益。据中国工商银行对

10580户国有工业企业调查，截至1990年上半年，企业由应摊未摊、应提未提的费用和挂帐损失等构成的潜亏，已经达到企业明亏的1.72倍。①

针对国有企业存在的问题，1991年9月的中央工作会议提出了转换企业经营机制的改革思路。1992年7月，国务院发布《全民所有制工业企业转换经营机制条例》（以下简称《转机条例》）。随着《转机条例》发布实施，以简政放权、减税让利为主要特征的扩权让利式改革步入巅峰阶段。

制订《转机条例》的指导思想是，国有企业改革的关键是转换经营机制，目标是适应市场的要求，成为依法自主经营、自负盈亏、自我发展、自我约束的商品生产和经营单位，成为独立享有民事权利和承担民事责任的企业法人。国有企业之所以不能转换经营机制，原因在于没有充分的经营自主权。因此，《转机条例》规定了要让国有企业享有生产经营决策权，产品、劳务定价权，产品销售权，物资采购权，进出口权，投资决策权，留用资金支配权，资产处置权，联营、兼并权，劳动用工权，人事管理权，工资奖金分配权，内部机构设置权，以及拒绝摊派权等14条经营自主权。

但是，真正要落实国有企业的14项经营自主权则受到制度上的重重阻碍。在围绕贯彻《转机条例》问题进行讨论时，有的学者提出：国有企业转换经营机制根本上要着眼于解决体制

① 吕东．中国工业经济的改革与发展[M]．北京：经济管理出版社，1992.8.

和制度问题，使企业拥有法人财产权，真正从政府部门的附属机构转变为独立享有民事权利、独立承担民事责任的经营主体。只有这样，《转机条例》才能真正得到落实，股份制的现代企业制度，应该成为国有企业改革的目标模式。这一观点逐步被大家认同，并得到了高层决策者的采纳。

二、国有企业的制度创新和结构调整时期（1993—2002）

1992 年 10 月召开的中共十四大，确定中国经济体制改革的目标是建立社会主义市场经济体制，这标志着中国最终放弃了以单一所有制为基础的计划经济体制。

在传统计划经济体制下，公有制和计划经济是一对孪生兄弟，国有企业与计划体制紧密相连、相互依存。国有企业是计划经济体制的支柱；计划经济体制是国有企业生存的依托。在政资不分、政企不分、所有权与经营权不分的“国有国营”制度体制下，国有企业是实现国家计划目标的一个执行单位，占据了 80% 以上国民经济比重的国有经济，是由拥有公共权利的政府掌控的一个主体。当时国内外舆论普遍认为，国有经济对应的是计划经济体制，选择市场经济就只能私有化。

由计划经济体制转变为社会主义市场经济体制涉及诸多方面问题，其中一个绕不过去的困难，是微观市场主体的构建问题。公有制、国有经济与市场经济能不能结合，怎样结合？在当时的历史条件下，最高决策层面临严峻的政治选择。在公有制、国有资本的范畴，如果能找到与市场经济对接的新的公有制实现形式，构造出独立的市场主体，那么我们就可以顺利实现社会主义市场经济的改革目标。如果找不到公有制与市场机制的结合点，要想坚持公有制、国有经济，只好退回到计划体制；要想坚持利用市场机制，提高资源配置效率，就得私有化。这显然都是不愿接受的结果。

1993年11月中共十四届三中全会通过的《中共中央关于建立社会主义市场经济体制若干问题的决定》，明确提出建立现代企业制度是国有企业改革的目标。通过创新国有经济的实现形式和改革国有产权制度，来寻求国有经济与市场体制融合的有效形式，这是中国共产党人建设社会主义市场经济体制理论的重大突破，是向建立社会主义市场经济体制迈出的具有决定意义的一步。

国有企业建立现代企业制度，国有企业改革由维持原有制度框架不变进行政策调整搞活企业的制度改进时期，转入以产权制度改革和企业制度创新为重点，重新构建社会主义市场经济微观基础的制度创新时期。这个时期的改革，是我国经济体制由计划经济体制向社会主义市场经济体制转轨时期，探索建立国有资产管理体制，以国有经济和国有企业为主体，以企业制度创新为主要内容，从战略上调整国有经济布局，推进国有企业战略性重组的改革。大致可以分为两个阶段。

（一）企业制度创新阶段（1993—1997）

1993年是国有企业真正迈入全面建立现代企业制度、以制度创新为中心的起始年份。中共十四届三中全会《决定》明确，“建立适应市场经济要求，产权清晰、权责明确、政企分开、管理科学的现代企业制度”是国有企业改革的方向。为贯彻落实

《决定》精神，1994年初，国家选择了100户国有企业进行建立现代企业制度的试点，各地区、各部门也选择了一部分企业进行试点。到1995年底，全国有1600多家企业被列入试点行列；到1996年底，75%的企业试点实施方案获得批准。

在这一阶段，除了部分企业进行建立现代企业制度试点之外，其它企业一方面继续落实《转换企业经营机制》条例，另一方面以理顺企业产权关系为核心，采取多种形式进行企业组织制度创新试点。一是仿“三资企业”试点。试点企业在不改变企业所有制性质、不改变企业隶属关系的基础上，实行与“三资”企业相同的政策。企业内部建立类似“三资”企业领导体制的企业管理委员会（或董事会），实行全员劳动合同制，打破干部、工人身份界限，拉开分配档次。二是“无行政主管部门企业”试点。试点企业在政府实行计划单列，原企业主管部门与试点企业不再具有隶属关系。三是企业监事会制度试点。四是企业“嫁接”试点。由国有企业拿出一条产生线、一种产品、一个车间或整厂与国外资金、技术、设备开展合资经营。五是中小企业“国有民营”试点。六是股份合作制试点。为理顺企业产权关系、转换经营机制，各地城镇中小型国有企业和集体企业普遍采用了股份合作制改革。

20世纪90年代以前，我国的国有企业改革，相当程度上参照了苏联和东欧国家率先进行的改革实践。中国国有企业改革最初从“放权让利”起步，与苏联柯西金的“扩大企业经营独立性与物质刺激”观点和前南斯拉夫“企业自治”模式的影响不无关系。匈牙利经济学家亚诺什·科尔内的《短缺经济学》，曾经几乎成为改革初期中国官学两界的启蒙教材，影响了改革开放初期的一大批中青年经济学者。苏联解体和东欧剧变以后，原先的参照系不复存在，改革者被迫将目光转向西方发达国家，由罗纳德·科斯的《企业的性质》一书开创的新制度经济学成为中国经济学界的新宠。国有企业建立现代企业制度也在这样的背景下登上了历史舞台。如何建立国有资本所有者有效监督代理者行为的长效机制，一直是困扰改革决策者的难题。期间广泛参考借鉴过英美法系国家的“股权主导型”治理模式、大陆法系国家的“债权主导型”治理模式、新加坡的淡马锡控股公司模式，以及转轨经济国家的公司治理模式。随着国有企业通过重组改制为产权多元的股份制上市公司，无论是在境外还是境内资本市场上市，都必须按照上市地的公司法设立规范的公司治理机构，从而使国有企业的公司治理结构改革进入到与国际惯例接轨的新阶段。公司治理的制度规则引入到国有企业的治理中，由此开始了国有企业公司治理的一系列制度性变革。

到 1995 年，国有企业改革的思路发生重要转变，从着眼于国有企业“单个搞活”到着眼于国有经济“整体搞活”；从“搞活国有企业”到“搞好国有企业”；从“搞好国有企业”到从整体上“搞好国有资本”的思路逐渐占居主导地位。按照这一思路，当年 9 月召开的中共十四届五中全会首次提出：“以建立现代企业制度为目标，把国有企业的改革同改组，改造和加强管理结合起来，构造产业结构优化和经济高效运行的微观基础。”“要着眼于搞好整个国有经济，通过存量资产的流动和重组，对国有企业实施战略性改组。这种改组要以市场和产业政策为导向，搞好大的，放活小的，把优化国有资产分布结构、企业结构同优化投资结构有机结合起来，择优扶强、优胜劣汰，形成兼并破产、减员增效机制，防止国有资产流失。”为此，“三改一加强”“抓大放小”成为这一时期国有企业改革的主要内容。

一是强调重点突破与整体推进相结合，按照社会主义市场经济的要求，从国有企业的功能出发，给国有企业以正确的定位；着眼于从整体上搞好国有资本，对国有经济布局进行战略性调整。二是强调改革必须与国民经济的战略调整相结合，适应我国市场环境已由短缺经济向过剩经济转变，我国工业发展应由劳动密集型向资本密集型和技术密集型转变的大趋势，按照以公有制为主体、多种所有制经济共同发展的要求，推进国有企业战略性改组。三是强调国有企业改革必须与综合配套改革相结合，推动全国城市综合配套改革的进程。自此，国有企业改革进入国有经济布局战略性调整与国有企业战略性改组的新阶段。

在这一阶段，国家先后实施了“优化资本结构”试点，实施“抓大放小”战略，扩大股份制试点等改革措施。

在“优化资本结构”试点方面，最先试点的城市是18个*，以后扩大到50个、54个，最后到110个。试点的主要内容是：增资减债、分离分流、减员增效、破产兼并。

在“抓大放小”方面，“抓住大的”是指，一是组建企业集团试点，由最初的52家，到以后的57家，最后又扩大到100家。二是对1000户重点企业进行分类指导，并对其中的300户

* 优化资本结构的第一批18个试点城市是：上海、天津、太原、沈阳、长春、武汉、成都、青岛、齐齐哈尔、唐山、常州、蚌埠、淄博、株洲、柳州、宝鸡、哈尔滨、重庆。

企业建立主办银行制度，落实经营资金。三是选择中国航空工业总公司、中国有色金属工业总公司和中国石油化工总公司三家企业进行国家控股公司试点。“放活小的”是指，各地坚持“三个有利于”标准*，采取改组、联合、兼并、股份合作制、租赁、承包经营和出售等多种形式，把一大批小企业直接推向市场。

在股份制试点方面，据1995年底不完全统计，全国以国有企业为主改建或新设的股份有限公司已达到9200多家。

这一阶段，在部分省（市）还进行了建立国有资产管理试点。试点的基本模式是建立由三个层次构成的国有资产管理和运营体系：一是国有资产管理机构。在省（自治区、直辖市）政府成立国有资产管理委员会（或国有资产管理局），专司国有资产管理，省（自治区、直辖市）国资委（局）一般下设办公室，承担具体工作。二是国有资产产权经营机构。由国资委授权，国有资产经营（投资）公司作为国有资产产权运营主体，负责国家投入企业的国有资产经营。国有资产经营（投资）公司具有法人资格，是企业的股东。三是国有资产经营执行机构。由国有企业、各类含有国有资产的集团及政府参股控制的股份制企业构成。这些企业依法享有出资者（包括国家）投入企业的全部财产，自主经营。

* “三个有利于”指的是：是否有利于发展社会主义社会的生产力、是否有利于增强社会主义国家的综合国力、是否有利于提高人民的生活水平。1992年初由邓小平在视察南方时提出，被视为衡量一切工作是非得失的判断标准。

（二）国有企业“三年脱困”和国有经济调整阶段（1997—2002）

中共十四大以后，我国社会主义市场经济体制建设的步伐明显加快，然而脱胎于计划经济体制的国有企业明显不适应。

随着市场经济体制的逐步建立，国有企业经营机制与市场经济体制要求不相适应的深层次矛盾越来越突出。根据国家统计局提供的数据，到1997年底，全国国有及国有控股的16874户大中型工业企业，亏损6599户，亏损面39.1%，亏损额达665.9亿元；6599户亏损企业涉及到的资产总额为12512.3亿元，占全部国有及国有控股大中型工业企业总资产的21.7%；负债总额9996.4亿元，占国有及国有控股大中型工业企业全部负债的28.8%；平均资产负债率79.9%；涉及职工人数1008.9万人，占全部国有及国有控股大中型工业企业总人数的31.8%。全国31个省（自治区、直辖市）的国有及国有控股工业企业盈亏相抵之后*，有12个省（自治区、直辖市）净亏损，亏损总额达665.89亿元。从行业状况看，纺织、煤炭、军工等多个行业严重亏损。

* 此处所讲的“全国31个省（自治区、直辖市）”未包括港澳台。本书均依照此说法。

国有经济运行的持续低迷，国有企业效益的连年下滑，引发了一系列严重问题：大面积的企业停产、半停产，经营十分困难；许多企业由于无法按时还贷付息，债权人通过法院强行封厂封账，使得企业无法继续经营；由于经济效益差，资金紧张，许多企业连续数月、甚至几年不能按时足额发放职工工资奖金，导致职工生活困难。相当数量的职工下岗、失业，对社会不满情绪增长，东北老工业基地表现得尤为突出。鞍钢是我国钢铁工业的发源地，几十年来为国家经济建设作出了巨大贡献，但同时也存在着传统国有企业几乎所有的弊病和问题。到90年代中期，企业拖欠货款高达138亿元，处于半停产状况。由于严重亏损，银行不给贷款，企业开始拖欠职工工资。鞍钢除了有50万员工之外，还有19万待安置子弟、12万离退休人员，同样处于困难无助的境地。沈阳铁西区是沈阳国有大中型工业企业最集中的地方，全市99家大中型国有企业有90家落户这里，且大都是国家“一五”“二五”时期重点建设项目。然而20世纪90年代以来，这些企业的经营状况逐渐恶化，90%的企业处于停产半停产状态，500多亿元的存量资产闲置，30万产业工人中有13万下岗。当地的一句民谣形象地勾画出当时的悲凉：“职工伤心地，破产一条街”。毫不夸张地说，1997年前后的国有企业已经到了生死存亡的关键时刻。①

针对国有企业存在的严重困难，1997年9月，中共十五大向全党发出号召：“深化国有企业改革，是全党重要而艰巨的任务。要坚定信心，勇于探索，大胆实践，力争到本世纪末大多数国有大中型骨干企业初步建立现代企业制度，经营状况明显改善，开创国有企业改革和发展的新局面。”② 1998年3月召开的第九届全国人大一次会议，将国有企业改革作为当前经济体制改革的重点，提出“要用三年左右的时间，通过改革、改组、改造和加强管理，使大多数国有大中型亏损企业摆脱困境，力争到本世纪末使大多数国有大中型骨干企业初步建立起现代企业制度。”③ 这就是国企改革脱困的“三年两目标”。

---

① 陈清泰. 重塑企业制度——30年企业制度变迁[M]. 北京：中国发展出版社，2008. 11.

② 江泽民. 高举邓小平理论伟大旗帜，把建设有中国特色社会主义事业全面推向二十一世纪[M]. 北京：人民出版社，1997. 9.

③ 李鹏. 政府工作报告——1998年3月5日在第九届全国人民代表大会第一次会议上[M]. 北京：人民出版社，1998. 3.

三年脱困的主要措施，在宏观方面，采取了“扩大内需，实行积极的财政政策；放松银根，实行稳健的货币政策；总量控制，实施产业结构调整；严打走私，整顿市场经济秩序”等四项措施。在微观方面，采取了“债转股”、技改贴息、政策性关闭破产、实施再就业工程等政策措施。国有企业脱困，成为这一时期国有企业改革的重要推动力。

从1996年至2000年，全国破产工作领导小组共下达企业兼并破产项目5335户，核销银行呆坏账准备金和资产管理公司债权损失2086.4亿元。纺织行业以“改压结合”和毛纺压锭为重点，到2001年末，全国累计压缩淘汰落后棉纺锭949万锭、毛纺锭30万锭、缫丝机180万绪。煤炭行业全国累计取缔、关闭非法及布局不合理各类小煤矿5.8万处，煤炭产量连续三年每年压减3亿吨。冶金行业关停小钢厂85户，淘汰落后生产能力394万吨。石化行业共取缔6000余座土炼油场点，压缩原油一次加工能力1100万吨。中石油重组上市，有48万人进入股份公司，100多万人留在存续企业，通过多种渠道分流了25万富余人员。建材行业全国累计关闭淘汰小水泥厂3894户，压减生产能力9450万吨；关闭淘汰小玻璃生产线238条，压减生产能力2855万重量箱。制糖行业列入关闭名单的150户小糖厂，85户彻底退出。电力行业关停小火电机组1230万千瓦。

三年脱困期间，国家对580户国有企业共计4050亿元的债务实行“债转股”。在三年内累计拿出195亿元国债为国有企业实行技改贴息，共安排重点技术改造国债资金项目880项，总投资规模达2400亿元。

三年脱困期间，国家加大了兼并破产、减员增效、下岗分流、结构调整的力度，仅在实施兼并破产的1718户企业中，即涉及500多万职工；由于实施减员增效等措施，共有1600万职工下岗。三年时间，全国先后有2100多万名国有企业的职工下岗，其中1300多万人实现了再就业，100多万人通过企业内部退养等方式得到安置。国家通过各种渠道累计筹集下岗职工基本生活保障资金近800亿元，到2000年底，全国累计发放养老金4200多亿元，在3100多万名享受养老金保险待遇的离退休人员中，有98%左右按时足额领到了养老金。①

截至2000年底，全国重点监测的1997年亏损的6599户国有大中型企业有4800户实现扭亏为盈，脱困率达72.7%；全年国有及国有控股工业企业实现利润2392亿元，比上年增加1.4倍，是1997年的2.9倍，亏损企业亏损额比上年下降26.7%；全国31个省（自治区、直辖市）国有工业全部实现了整体扭亏或盈利增加，国家重点监测的14个主要行业，到2000年底已有12个行业实现了整体扭亏或继续增盈，煤炭、军工两个行业的亏损额也大幅度减少；通过改组、联合、兼并、租赁、承包经营和股份合作制、出售等多种形式，促进了国有小企业经营机制的转换和经营状况的改善。全年国有小企业实现利润48.1亿元，结束了连续6年净亏损的局面。中共中央确定的国有企业改革与脱困“三年目标”基本实现。

① 邵宁，周放生，熊志军．中国企业脱困报告[M]．北京：经济管理出版社，2002.1.

三、国有企业的制度完善时期（2003—2012）

经过20多年的经济体制改革和国有企业改革，社会主义市场经济体制的基本框架已经建立，国有企业建立现代企业制度已成雏形。经过“三年脱困”，国有企业经济效益全面好转，宏观经济形势也持续景气。随着国有资产管理体制改革的推进，国有企业改革进入由出资人推动的新时期。

这个时期的改革，是在我国经济体制转轨基本完成，社会主义市场经济体制基础已经确立，统一开放、竞争有序的现代市场体系初步形成的基础下进行的，现代企业制度初步建立，在新的国有资产管理体制下，这是一场以中央企业和大企业为主体，以发展混合经济为主要内容的改革。2002年11月召开的中共十六大，明确提出了建立代表国家履行出资人职责的国有资产管理机构，改革国有资产管理体制的要求*。[①] 2003年10月召开的中共十六届三中全会提出了要“建立归属清晰、权责明确、保护严格、流转顺畅的现代产权制度”**。[②] 使股份制作为公有制的主要实现形式。标志着国有企业改革以及经济体制改革自此进入一个以产权制度改革为重点，以调整重大利益关系为目标的深层次攻坚时期。

* 即“建立中央政府和地方政府分别代表国家履行出资人职责，享有所有者权益，权利、义务和责任相统一，管资产和管人、管事相结合的国有资产管理体制”。

** 原文是：“要适应经济市场化不断发展的趋势，进一步增强公有制经济的活力，大力发展国有资本、集体资本和非公有资本等参股的混合所有制经济，实现投资主体多元化，使股份制成为公有制的主要实现形式。”

① 江泽民．全面建设小康社会 开创中国特色社会主义事业新局面——在中国共产党第十六次全国代表大会上的报告[M]．北京：人民出版社，2002.11.

② 中共中央关于完善社会主义市场经济体制若干问题的决定[M]．北京：人民出版社，2003.10.

（一）国有大企业和非竞争性领域国有企业改革阶段（2002—2005 年）

进入 21 世纪以后，国有企业改革的侧重点已经从小企业、竞争性领域国有企业的改革全面转向大企业、非竞争性领域国有企业的改革。改革相对滞后的大企业、中央企业加快了自身的市场化改革步伐。通过股权多元化，建立出资人到位、权责明确、相互制衡、监督有效的法人治理结构；通过分离企业的主业和辅业，对辅业进行改制分流，解除传统体制给国有企业留下的历史包袱和社会负担，集中资源做大做强国有企业的主业，参与国际市场竞争，日益成为新世纪国有企业改革的重中之重。

电力、电信、民航、石油、石化等行业的企业进一步深化改革和重组，加快了建立现代企业制度的步伐。电信行业在 1999 年分拆的基础上 2002 年重新组建了中国电信集团（下辖南方 21 省市）、中国网通集团（下辖北方 10 省市）。民航业通过联合重组，形成了 3 大航空集团公司和 3 家民航服务保障企业集团，六大集团脱离了与民航总局的隶属关系。按照“厂网分开”的原则重组发电和电网企业，两大电网公司、五大发电集团公司和四家电力辅业集团公司正式挂牌运营。组建了负责电力企业及电力市场监管的国家电力监督管理委员会。对黄金管理体制进行改革，组建了中国黄金集团公司。实施抓大放小的战略性改组，推动了大公司、大集团的发展及其与中小企业的协作，增强了市场竞争力。

截至 2004 年 10 月底，各地区和中央企业实施主辅分离的国有大中型企业818家，涉及改制企业4572家，涉及富余人员100万人。自中共中央、国务院1997年提出“鼓励兼并、规范破产、下岗分流、减员增效、实施再就业工程”以来，国有企业职工人数从10766万人减少到2004年底的6438万人，极大地缓解了长期计划经济体制遗留下来的国有企业冗员过多的矛盾。2002年国有工业企业户数较1997年减少了一半，抓大放小取得显著成效。

（二）国有企业股权多元化阶段（2005—2012）

2005年以后，国有企业改革的基本思路是，抓住经济景气的有利时机，加快大型、特大型，尤其是中央企业的改革。改革的主要措施是，国有企业股权多元化，完善公司治理结构，董事会制度改革，建立国有资本经营预算制度。改革的理论指导为，进一步探索公有制特别是国有制的多种有效实现形式，除极少数必须由国家独资经营的企业外，大力发展国有资本、集体资本和非公有资本等参股的混合所有制经济，实现投资主体多元化，使股份制成为公有制的主要实现形式。

通过改组、联合、兼并、租赁、承包经营和股份合作制、出售等多种形式，到2006年底，国有中小企业改制面总体上已经达到80%~90%，许多地方的国有中小企业已经改制完毕。到2005年底，一些沿海地区需要退出市场的政策性关闭破产企业绝大多数已经操作完毕，北京、上海、江苏、浙江、福建5个省（市）已全面转向依法破产。因此，在《“十一五”规划纲要》和2006年的《政府工作报告》中明确提出，下一步企业改革的主要内容是推进大型企业的股份制改革。国有大企业的改革方向，是建立规范的现代企业制度。

为此，这几年主要采取了以下措施：以财务监督和风险控制为抓手，强化出资人监管；以公开招聘中央企业高级经营管理者为突破口，把党管干部原则和市场化选聘相结合，探索建立适应现代企业制度要求的选人用人新机制；以国有大型企业股份制改革为重点，建立现代企业制度，完善公司法人治理结构；以核定主业和推进联合重组为主线，推进国有企业布局和结构调整；以建立现代产权制度为核心，规范国有企业改制和国有产权转让。

推进国有经济布局的战略调整，仍然是国有企业改革的重要内容。而加快建立中央企业国有资本经营预算制度和国有资产经营公司，则是实现这个目标的两个有效手段。探索国有资本经营预算制度的实现形式，是国有企业一项迫在眉睫的制度创新。国有资产经营公司则是国有资产所有者代表和国有资本使用者之间的“中间层次”，主要具有培育主业的投资中心；辅业资产的转化中心；不良资产的加工中心；退出企业的缓冲中心；中小企业、参股企业和特殊企业的管理中心五大功能定位。国有资产经营公司的经营形式主要有，直接从事资产经营；受托经营，如托管企业和托管资产的经营；间接经营，如其下属全资企业和控股企业的产权管理；股权管理，主要是参股企业的股权管理。

通过深化改革，自2003年以来，国有企业经济效益持续改善，2003年到2007年，国有企业上缴税金从8104.5亿元增加到15700亿元；实现利润从4951.2亿元增加到的16200亿元，5

年时间，上缴税金增长了近1倍，实现利润增长了2.27倍。

截至2010年底，国务院国有资产监督管理委员会履行出资人职责的企业（简称“中央企业”）共计120家。中央企业资产总额244274.6亿元，比上年增长16%；所有者权益（净资产）总额95664.9亿元，比上年增长13.9%，其中2010年底资产总额超过千亿元的企业有57家，比上年增加4家。中央企业平均总资产报酬率为6.1%，比上年上升0.8个百分点，总资产报酬率比上年提高的企业有78家；中央企业平均净资产收益率（含少数股东损益/权益，下同）为9.5%，比上年提高1.9个百分点，净资产收益率比上年提高的企业有79家；中央企业平均成本费用利润率为7.2%，比上年提高0.4个百分点，成本费用利润率比上年提高的企业有63家。2010年实现营业收入超过千亿元的企业有43家，比上年增加5家。在美国《财富》杂志2011年公布的世界500强企业中，中央企业有38家，比上年增加8家，比2003年增加32家。2010年中央企业实现净利润8522.7亿元，比上年增长42.8%。

2010年中央企业上交税金总额14840.4亿元（含石油特别收益金898.9亿元），比上年增长31.7%，比2003年增加11220.5亿元，七年间年均增加1602.9亿元，年均递增22.3%。2010年上交税金总额超过百亿元的中央企业有25家，比上年增加2家，比2003年增加18家。①

① 中央企业2010年度总体运行情况[EB/OL]. 国务院国资委网站，2011－10－14.

四、中国特色现代国有企业制度创建时期（2013 年以后）

自 20 世纪 70 年代末开启国有企业改革以来，一直的压倒性主流思路是，若要让国有企业真正走向市场，就必须排除政府对企业的行政干预，必须实行政企分开和不受限制的国有资产所有权转让。到 20 世纪 90 年代开始推广现代企业制度试点时，更是把政企分开作为改革的核心内容。但是，经过了 30 多年的国有企业改革实践，政企分开始终成效甚微。反思 30 多年的国有企业改革历程，人们重新意识到，在国有制的框架内，可能我们根本就无法找到合适的途径来实现政企分开及不受限制的国有资产所有权转让。

从放权让利的国有企业改革，到以产权制度改革为主线的股份制改造和建立现代企业制度，都力图把国有企业改造成为自主经营、自负盈亏的市场竞争主体。这样一种改革逻辑其实隐含了两大理论假定：一是假定国有企业都是低效率的，因而需要通过“委托—代理”理论指导下的机制设计来解决国有企业的低效率难题；二是假定国有企业作为经济组织等同于普通的市场经济组织，因而需要按照普通市场经济组织的模式以产权明晰化原则来重构国有企业的治理结构。而要满足以上两大假定，就必须通过产权制度改革来解决国有企业政企不分及所有权不可转让的难题。但是，从逻辑上来说，这种可能性几乎是不存在的。

一是在国有制的框架内，国有企业无法彻底的实现“政企分开”。因为无论采取哪种形式，政府始终是代表全体公民行使国有资产终极所有权的委托人，如果在国有企业改革中政府通过行使“退出权”等途径来实现政企分开，则将可能造成国有制的名存实亡；如果政府仍然履行委托人职能，则不管采用何种企业组织形式，行政干预都不可避免，从而企业难以成为真正的市场主体。

二是在国有制的框架内，国有企业无法解决所有权不可交易的难题。因为所有权一旦可以自由转让，企业的国有制性质就很难保住，这就是为什么国有企业改制上市后一定要将股份界定为国有股、法人股、个人股的原因。而如果保持政府控股，那么在国有企业股份制改造时的潜在风险则是国有资产流失。因为在现实中往往存在“廉价投票权”问题，持有国有企业股权的官员一方面可以行使国有股投票权；另一方面作为个人又不用承担投票结果的风险。在这样的情况下，企业内部人士就有从官员手中收买廉价投票权并以此为自己牟利的可能。这也正是国有股权改造过程中官员与企业内部人士相互勾结造成国有资产流失的原因。

经过30多年的国有企业改革实践，人们逐渐认识到，国有企业其实是一类特殊的企业，是肩负了国家政策性负担和社会性负担的多目标的微观主体，其性质、功能、目标的特殊性，决定了其是特殊的市场经济组织这一属性，不能简单用市场经济中一般企业的标准去评价和衡量，也不应该简单用企业的账面财务指标去衡量企业的好坏。对于有些国有企业而言，也许本来就不能或不应该实现真正的“政企分开”。在确定具体的国有企业改革思路时，应当考虑企业在市场经济中的地位和作用，所提供产品的性质，所处行业的差异。对于该国有企业，政府就没有必要进行市场化，更要避免过度市场化；对于市场化的企业，政府就必须坚定推进产权制度改革，以解决政企不分与所有权不能转让的难题。合理界定国有资本与民营资本适宜发挥作用的领域，通过国有资本合理流动与优化配置实现国有资本向国计民生行业集中。从某种意义上说，国有企业分类改革，是国有经济布局战略性调整与国有企业战略性改组思路的深化。实施国有企业的分类改革，就是要创建中国特色现代国有企业制度。

中共十八届三中全会《决定》指出，“国有企业属于全民所有，是推进国家现代化、保障人民共同利益的重要力量”。2016年10月10日，习近平总书记在全国国有企业党的建设工作会议发表重要讲话。进一步强调“国有企业是中国特色社会主义的重要物质基础和政治基础，是我们党执政兴国的重要支柱和依靠力量。”“发挥企业党组织的领导核心和政治核心作用，保证党和国家方针政策、重大部署在国有企业贯彻执行，是我国国有企业的光荣传统，是国有企业的‘根’和‘魂’，是我国国有企业的独特优势。”划分国有企业的不同类别分类推进国有企业改革；加强和改进党对国有企业的领导，明确国有企业党组织在公司法人治理结构中的法定地位，将党建工作总体要求纳入国有企业章程，是新时期国有企业改革的两大特点。

新时期的国有企业改革路径设计，可以概括为市场化导向、股份制、分类改革、混合所有制四大元素。

新时期的国有企业改革基本方针，可以概括为一个总原则、两个不动摇、三个有利于的“一二三”目标。

一个总原则：体现全民所有，为民服务的性质和要求。一方面要坚持国有资本的收益属于全体人民，由社会共享，并将收益更多用于保障和改善民生；另一方面，要让国有资本的投资运营服务于国家战略目标，在保障国家安全、人民利益、科技进步与生态文明方面发挥更大的功效。

两个不动摇：一是坚持国有企业在国家发展中的重要地位不动摇；二是坚持把国有企业搞好、把国有企业做大做强做优不动摇。新时期的国有企业改革，不仅要注重规模的扩大，更要注重质量的提升；不仅要强调经济效益，更要彰显社会效益；不是简单的合并兼并，而是产业的合理布局与功能的全新定位。

三个有利于：即推进国有企业改革，要有利于国有资本保值增值，有利于提高国有经济竞争力，有利于放大国有资本功能。这“三个有利于”，是国企改革的目标方向和检验标准，使国企改革的脉络更加清晰、思想更加明晰。如何实现“三个有利于”的目标，根本在于政府由管企业转变为管资本，这是中共十八届三中全会关于国有企业改革理论的重要突破。

按照上述“一二三”目标，新时期的国有企业改革，在试点先行中全面推进，在重点突破中亮点纷呈。

一是顶层设计周密全面。改革从以往的“摸着石头过河”或“撞击反射”式改革，到更加注重顶层设计和整体推进。中共十八届三中全会《决定》发表后，中共中央、国务院紧接着下发了《关于深化国有企业改革的指导意见》（中发〔2015〕22 号）。截至 2017 年 7 月末，中共中央办公厅、国务院以及国务院相关部委已相应制定了贯彻落实中发〔2015〕22号文件的22个专项改革意见或方案（简称国有企业改革“1+N”文件体系）。与国企改革“1+N”文件体系相配套，五年来中央各部门出台了102个政策文件，各地结合实际出台落地文件达到926个，共同构成了国企改革的设计图和施工图，确保了国企改革改有方向、改有目标、改有遵循*。这在国有企业改革以来尚属首次。

* 国企改革“1+N”文件体系计划是1个22号文件+34个配套文件，截至2017年7月末，配套文件已经出台22个。

二是分类改革扎实推进。将国有企业分为商业类和公益类，推动国有企业同市场经济深入融合，促进国有企业经济效益和社会效益有机统一。截止2017年上半年，中央企业功能界定与分类已经完成，29个省（自治区、直辖市）出台了分类意见或方案。

三是公司制股份制改革加快推进。中央企业各级子企业公司制改制面达到92%，2017年内集团层面将全部完成公司制改革。截止2017年9月末，19个省（自治区、直辖市）国资委监管的一级企业全面完成公司制改革。

四是混合所有制改革稳妥有序。中央企业层面已开展3批50户混合所有制改革试点，第一批试点已于2017年取得实质性进展和突破。电力体制、盐业体制、石油天然气体制等重点行业改革取得突破性进展。中央企业二级子企业的混合所有制占比超过50%，超过2/3的中央企业引进了各类社会资本，10户中央企业子公司员工持股试点全面实施。截至2017年9月末，中央企业混合所有制面占到68%以上；省属一级企业改制面达到95.8%。

五是国有经济布局结构调整取得了明显的优化和提高，中共十八大以来，先后完成了对南北车、宝钢、武钢、中国远洋海运等18组34户企业的重组。新组建了中国航发、中国铁塔两家公司，国务院国资委监管的中央企业数量从2003年国资委成立时的189户，减少到2018年11月末的96户；各省级国资委出资企业开展了171组重组整合，国有资本布局结构不断优化，国有企业在供给侧结构性改革中发挥了积极地引领和带动作用。截至2017年末，98户中央企业资产总额达到54.5万亿元，净资产总额18.4万亿元，资产总额超过千亿的企业有65家。2018年，由国务院国资委监管的96户中央企业，有48户进入世界500强，加上11户财政部出资企业、24户地方国有企业，国有企业进入世界500强的企业总数达到83户，占当年我国企业上榜总数的69.2%。全面开展压缩管理层级、减少法人户数工作，中央企业累计减少法人5744户，减少人工成本267.78亿元，减少管理费用101.5亿元，有力推动企业更加聚焦主业、优化主业、做强主业。坚决退出过剩产能，2016年国有企业共退出钢铁产能4230万吨，占全国退出产能的80.8%；共退出煤炭产能20629万吨，占全国退出产能的71.1%；共清理退出“僵尸企业”4977户，涉及资产4119.9亿元。

六是国有资产监管体制进一步完善。以管资本为主加快推进职能转变，国资委取消下放各项职能43项，调整34项职能，32个省级国资委制定了监管权力和责任清单，下放职能563项，力度都是前所未有的。中央企业投资公司、运营公司试点达到10家，18项权利授权下放。同时国资委加强了监管，特别是加强了推动出资人监管、外派监事会监管与审计、巡视等协同配合，形成合力，进一步把监管这张网织密、织牢，防止国有资本流失。

七是市场化经营机制加快形成。开展经理层市场化选聘、契约化管理、任期制考核，积极探索职业经理人制度，在经营管理人员能上能下、薪酬能高能低、员工能进能出上取得新的实质性进展。

八是国有企业党的建设工作空前重视和加强。围绕解决国有企业党建工作虚化、弱化、淡化、边缘化问题，从严落实管党治党责任，着力抓好党建工作重点任务，国企党建工作呈现良好态势。党的意识明显增强，抓党建强党建的氛围更加浓厚，党组织凝聚力战斗力不断提升。职工、干部和企业的精神面貌都发生了明显的改变。

目录

1978 年

1979 年

1980 年

1981 年

1982 年

1983 年

1984 年

1985 年

1986 年

1987 年

1978 年

1978 · 年度经济背景

经济高速增长，国民经济比例严重失调

1976 年 10 月粉碎“四人帮”之后，我国国民经济迅速得以恢复和发展。全国国内生产总值 1976 年比上年下降 1.6%，1977 年增长 7.6%，1978 年又进一步增长 11.7%，使之成为中华人民共和国成立以后我国经济增长周期的第 8 个峰值年，也是粉碎“四人帮”以后经济增长的第一个峰值年。

由于在农村开始认真纠正“左”倾错误，1978 年农业生产在连续遭到比较严重的自然灾害的情况下仍获得较大幅度的增长。粮食按人口平均占有量超过了中华人民共和国成立以来的最高水平，总产量达到 3.0475 亿吨，比上年增产 2200 万吨，增长 7.8%；油料、糖料、棉花等经济作物的产量也比上年有较大增长。工业总产值较上年增长 13.5%。

两年中，钢产量由 2046 万吨增加到 3178 万吨，增长 55.3%；原煤由 4.83 亿吨增加到 6.18 亿吨，增长 28%；原油由 8700 万吨增加到 1.04 亿吨，增长 19.5%；发电量由 2030 亿

度增加到2560亿度，增长26%；化肥由524万吨增加到869万吨，增长66%；化学纤维由14.6万吨增加到28.5万吨，增长95%；铁路货运量由8.2亿吨增加到10.7亿吨，增长30.5%*。随着生产的恢复和发展，国内外贸易和财政收入也迅速增长，城乡人民生活都有所提高。两年中，社会商品零售总额增长16%，进出口总额增长53.7%，财政收入增长44.4%；全国农民从集体分得的平均收入增加了17.7%；全国60%的职工不同程度地增加了工资。在基本建设方面，1978年全国建成交付使用的职工住宅面积共达3700多万平方米，比上年增长33%。

* 本书中所涉及的国民经济的综合性指标，均根据国家统计局网站公布的最新数据得出；其他指标，则来自国家统计局历年发布的《国民经济和社会发展统计公报》和历年的《中国经济年鉴》或《中国经贸年鉴》等。

但是，由于经济结构的不合理，企业生产出来的产品中，有相当一部分因不适应市场需要，被积压在仓库里。由于长期以来不重视民生需要，轻工业为重工业让路，使得经济越发展，比例关系越不平衡。加之对十年动乱所造成的后果缺乏足够估量，在当时的条件和认识水平上，对经济工作指导思想上急躁冒进的痼疾缺乏反省，急于求成的积习仍相当严重。在1977年11月召开的全国计划会议上，国家计委向中央政治局提交了《关于经济计划的汇报要点》（以下简称《要点》），《要点》提出了1978年到2000年经济社会发展的三个阶段。在农业方面，提出在“五五”计划后三年，重点是要打好农业和燃料、动力、原材料工业这两仗，为“六五”计划做准备；在工业方面，提出到1985年，原油产量要达到2.5亿吨，钢产量要达到6000万吨，要新建成和续建120个左右的大型项目，包括30个大电站、8个大型煤炭基地、10个大型油气田和一条输气管道、10个大型钢铁基地、9个大型有色金属基地、10 个大型化纤厂、10 个大型石油化工厂、10 个大型化肥厂、6 条铁路干线和若干个大型港口……按照这个规划，从 1978 年到 1985 年，8 年的基本建设投资相当于过去 28 年的总和，而所需设备都要从国外引进。1978 年，国家基本建设方面的拨款比上一年增加了 40% 以上，签订了 22 个大型项目引进合同，所需外汇远远超过当时的承受能力，比例失调问题进一步暴露出来。另外，全国 1/3 的企业管理比较混乱，生产秩序不正常。重点企业主要工业产品中的 30 项主要质量指标中有 13 项低于历史最高水平，38 项主要消耗指标中有 21 项没有恢复到历史最高水平；国有工业企业每百元工业产值提供的利润，比历史最高水平低 1/3；独立核算的国有工业企业亏损面达到 24. 3%，亏损额达 37. 5 亿元。

由于长期以来经济建设中“左”的错误一直没有得到纠正，加上过去多年的政治动乱和经济体制上的弊病，使国民经济各方面的比例关系严重失调。主要表现在以下三个方面：

第一，基本建设规模过大，积累率过高，影响了人民生活的改善和国家财力、物力的平衡。

全国基本建设投资总额，从 1965 年的 171 亿元增长到 1969 年的 186 亿元，1970 年猛增到 295 亿元，1976 年增加到近 360 亿元。随着基本建设投资加大和流动资金增加过多，在国民收入中积累所占的比重迅速上升。1965 年积累率为 27. 1%，1970 年以后一直在 30% 以上。

由于“四人帮”的干扰破坏，加上基本建设规模过大和积累率过高，在 1966 年到 1976 年的 11 年间，人民生活几乎没有明显改善，有些方面甚至是下降的。以广大农民为例，每个社员从集体分得的收入，1965 年平均为 52.3 元，1976 年为 62.8 元，11 年间增加了 10.5 元，平均每年增加不到 1 元钱。相当多的社队口粮不足，现金分配很少，社员生活极为困难；就城市职工为例，1966 年到 1976 年间，就业人数有所增加，工资总额有所扩大，但是由于标准工资长期没有调整，职工的人均工资还呈下降趋势。1965 年全民所有制职工的年均工资为 652 元，1976 年下降到 605 元。按消费基金计算的城乡居民年均消费水平，1965 年为 125 元，1976 年为 161 元，扣除价格因素，平均每年只增长 2.2%，其中农村居民增速又慢于城镇居民。尽快改善基本生活，成为广大民众的迫切要求。

粉碎“四人帮”之后，党和政府下大力恢复和发展了被破坏的国民经济，并取得了显著成绩。随着生产的恢复和发展，人民生活开始有所改善。但是，由于对当时的经济情况缺乏认真分析，对积累、消费比例关系的严重失调情况认识不足，急于“向四个现代化迈进”，因此制订了一个生产指标过高、建设规模过大的十年规划纲要。1978 年全国基本建设投资总额达到 480 亿元，其中国家投资 396 亿元，比 1976 年增加 102 亿元。加上其他的积累，1978 年积累率达到 36.5%，这是过去少有的。尽管 1978 年国家财政收入占当年国民收入的比重已经达到 37.2%，但中央财政仍然难以平衡。1978 年国家由国外进口 800 多万吨钢材，虽然比 1977 年增加了 60% 以上，但仍然供不应求。过大的基本建设规模，挤占了人民消费，严重影响了人民生活水平的提高。

第二，重工业增长过快，农业和轻工业增长缓慢，产业结构极不合理。

中华人民共和国成立以后，为了适应经济建设和国防建设的需要，长期执行的是以钢为纲的经济发展战略，影响了农业和轻工业的发展。在工农业生产中，农业和轻工业所占比重下降太快。按不变价格计算，1957 年农业产值占工农业总产值的 43.5%，到 1978 年就下降到 25.6%。轻工业产值占工业总产值的比重，1957 年为 51.7%，到 1978 年就下降为 42.7%。农业和轻工业发展缓慢，制约了人民生活的改善。

由于对重工业的发展速度要求太快，重工业生产不得不用很大力量来为自身服务。特别是长期以来为了加快钢铁发展，不但要投入大量资金用于钢铁工业本身的建设，而且还要建设大量的燃料动力工业、化学工业、重型机械制造工业为其服务，这些为钢铁生产服务的辅助行业本身又要消耗大量的钢铁。因此，尽管重工业发展速度很快，钢铁生产量也有所增加，但农业和轻工业所需要的燃料动力、原材料和机械设备却得不到相应的供应，甚至连小农具所需要的钢材都得不到满足，轻工业所需要的钢材很多还要依靠进口解决，工业产品的技术水平很低。据一机部当年对其所属的机电产品技术水平的初步分析，当时的产品中有 60% 以上为 20 世纪四五十年代水平*；30% 以上为 60 年代的水平；相当于 70 年代水平的不到 5%。职工的文化、技术、管理水平低，技术人员的比重太小。据 1979 年底对 2000 万职工的调查得出，80% 的职工没有达到初中文化程度，其中文盲、半文盲占 7.8%；工人技术等级多数在三级工以下；

* 中华人民共和国历史上存在八个机械工业部，第一机械工业部（简称“一机部”）主要负责民用机械工业生产。

管理人员多数缺乏现代化企业的管理知识；工业部门的技术人员只占职工总数的2.8%，其中相当多的人未受过高等教育。工业建设和生产的经济效益很差，每增加1元国民收入所需要的投资数在“一五”时期为1.68元，“四五”时期为3.76元，增加了一倍多。独立核算国有工业企业每百元资金实现的利润，“一五”时期为22.86元，“四五”时期为16.12元，下降了近30%。

在1978年制订的十年规划纲要中，许多指标定得过高，如要求1985年钢产量达到6000万吨。要实现这个目标，势必要把大量财力、物力投入重工业建设中去，特别是投入钢铁工业中去，从而使农业、轻工业、重工业之间的关系愈益失衡。

第三，燃料动力供应极其紧张，矿产资源的储采比例严重失调。

消耗燃料动力的工业，特别是加工工业增速过快，远远超过了燃料动力供应的可能，而燃料动力工业，主要为石油和煤炭工业，由于长时期过量开采，出现了严重的采储和采掘比例失调的状况。总的来说，我国能源的发展并不算慢。1953年的原煤产量只有7000万吨，1978年增加到6.18亿吨；1958年原油产量只有146万吨，1978年增加到10405万吨。一次能源总量折合标准煤，已经达到6亿吨以上，这在数字上看来是相当可观的。但是，在这期间，消耗能源的工业企业增加过多，加上能源在使用中浪费太大，因而能源供应严重不足的情况时有发生。许多企业由于燃料动力供应不足，生产能力不能得以充分发挥，有的经常处于停产、半停产状态。

在原油和煤炭工业本身方面，1970 年到 1978 年的 9 年间，原油产量增长了 3.8 倍，平均每年增加 915 万吨，增长 19%，而储量的增长则大大低于产量的增长，出现了产量难以持续增加的趋势，如果继续过量开采，许多油井会面临遭到破坏的危险。在这 9 年间，煤炭产量增长了 1.3 倍，平均每年增加 3900 万吨，增长 9.8%，许多煤矿由于剥离和掘进技术落后，使得继续增加开采遇到困难，有的不得不停止开采。

鉴于上述情况，在 1978 年底召开的中共十一届三中全会和 1979 年春的中央工作会议上，中共中央及时提出了以调整为中心的“调整、改革、整顿、提高”八字方针，开始全面纠正经济工作中“左”的错误。

中国国有企业的改革，就是在这样的宏观经济背景下开始起步的。

1978 · 基本改革思路

简政放权、减税让利

我国传统经济管理体制的一个严重缺点是权力过于集中，对企业管得过多、统得过死，在中国经济理论界，对传统计划经济体制最早提出批判并主张要改革传统体制，发挥国有企业积极性的，是在 20 世纪 50 年代中期由中国科学院经济研究所工作的顾准和在国家统计局工作的孙冶方首次提出。

1957 年，顾准发表题为《试论社会主义制度下的商品生产和价值规律》一文指出，传统体制下国有企业缺乏活力，而且一放就乱、一收就死的问题根源，在于实行计划经济和政府直接经营企业。他建议在社会主义企业中实行类似苏联新经济政策时期那样的“经济核算制”，“最高限度地”实行价格调节生产和流通的作用。具体做法是：废除按指令性计划生产和计划定价制度，使价格自由涨落；使劳动者的物质报酬与企业盈亏发生程度极为密切的联系。由于企业会自发地追求价格有利的生产，价格就能成为调节生产的主要工具。

针对我国20世纪50年代从苏联照搬的一整套国民经济管理体制，早在20世纪50年代末60年代初，时任国家统计局副局长孙冶方曾尖锐地指出过它的弊病，并全面系统地提出过改革的主张。他认为：“我国国民经济管理体制的严重缺陷在于权力过分集中。由于国家代替企业管理它们自己应当负责通盘筹划的人、财、物和供、产、销的具体事务，严重地束缚了企业的手脚，限制了企业的主动性，妨碍了企业设备的更新和技术的进步，同时还使国家陷于日常事务圈子里，放松了整个国民经济长远建设方面的重大规划和综合平衡的工作。因此，为了调动企业的积极性，首先应当明确作为独立核算企业的责任，然后移交权力，即交给企业以进行独立核算所应有的职权。”

但是，在当时极“左”的政治思潮影响下，二人这些卓有见地的观点不可能被接受，甚至遭到了不应有的批判。

粉碎“四人帮”以后，邓小平关于解放思想、实事求是的一系列重要论述，冲破了长期禁锢人们头脑的思想禁区。人们开始用实践是检验真理的唯一标准的观点，对经济体制的一些重大理论和实践问题进行重新思考，经济体制改革的问题也被重新提上了议事日程。

在新的历史条件下，在 20 世纪 60 年代曾经当作“修正主义企业自治论”批判过的孙冶方的思想被普遍接受了。“当前最迫切的是扩大厂矿企业和生产队的自主权，使每一个工厂和生产队能够千方百计地发挥主动创造精神”成为人们的共识。

经过广泛的讨论，经济学界在一些理论问题上取得了重要进展。如认识到脱离生产力发展水平，盲目追求公有化程度的企业发展思路是错误的，应从我国生产力水平较低，经济发展不平衡的状况来建立相应的所有制结构。即使是全民所有制企业之间，由于各企业的经营管理水平不同、对社会的贡献不同，根据按劳分配的原则，企业职工的收入也应该不同。这种共同利益一致基础上的经济利益差别，决定了企业所生产的产品具有商品性质，企业之间必须实行等价交换原则。企业是相对独立的商品生产者，在生产经营中应当具有相应的权利，承担应有的责任。而国家在经济管理上，应该在实行计划管理的同时，发挥价值规律的调节作用，应该采用经济、行政、法律等多种手段管理经济，因为社会需要是复杂多变的，在生产结构和生产条件不断变化的情况下，单纯依靠指令性计划，扩大指令性计划范围，不能保证生产和社会需要的有效衔接。理论上的这些突破，为计划管理体制的改革提供了依据。

1978 年 7 月 6 日至 9 月 9 日，国务院召开务虚会。会议主要研究如何加快四个现代化建设速度的问题，并提出了经济管理体制的改革问题。国务院副总理李先念在会议总结讲话中指出，过去的经济体制改革，往往多从行政权力的转移处着眼，在放了收、收了放的老套子里循环，其结果不能符合经济发展的最大利益。要打破小生产的狭隘眼界，改变手工业方式、小农经济式甚至封建衙门式的管理方法，要坚决实现专业化、发展合同制和贯彻执行按劳分配原则。一定要给予各企业以必要的独立地位，使它们能根据自身经济的需要，自动地履行经济核算，降低经济消耗，提高劳动生产率和资金利润率，提高综合经济效果。

1978 年 12 月，具有历史意义的中共十一届三中全会在北京召开。会议通过的《中国共产党第十一届中央委员会第三次全体会议公报》，对我国经济体制存在的弊端及改革的方向作了如下论述："现在我国经济管理体制的一个严重缺点是权力过于集中，应该有领导地大胆下放，让地方和工农业企业在国家统一计划的指导下有更多的经营管理自主权；应该着手大力精简各级经济行政机构，把它们的大部分职权转给企业性的公司或联合公司；应该坚决实行按经济规律办事，重视价值规律的作用，注意把思想政治工作和经济手段结合起来，充分调动干部和劳动者的生产积极性；应该在党的领导之下，认真解决党政企不分、以党代政、以政代企的现象，实行分级分工分人负责，加强管理机构和管理人员的权限和责任，减少会议公文，提高工作效率，认真实行考核、奖惩、升级等制度。采取这些措施，才能充分发挥中央部门、地方、企业和劳动者个人四个方面的主动性、积极性、创造性，使社会主义经济的各个部门各个环节普遍地蓬蓬勃勃地发展起来。”这一论述，为我国的国有企业改革指明了基本方向。简政放权、减税让利，成为国有企业改革早期的主要思路。

1978 · 年度改革实践

扩大企业自主权试点

1978 年 10 月，经国务院批准，中共四川省委、四川省人民政府选择了在不同行业有代表性的重庆钢铁公司、成都无缝钢管厂、宁江机床厂、四川化工厂、新都县氮肥厂和南充丝绸厂等 6 家国有工业企业，率先进行“扩大企业自主权”试点。

改革的主要内容，是逐户核定企业的利润指标，规定当年的增产增收目标，允许在年终完成计划以后提留少量利润作为企业的基金，并允许给职工发放少量奖金。这些在今天看来微不足道的权利，在当年超额完成四季度的计划中收到了预想不到的效果，并显示出巨大的潜力。四川省的“扩大企业自主权”试点，也由此成为国有企业改革乃至整个城市经济体制改革起步的标志。

开展工业企业整顿

1978 年 7 月，中共中央发布《中共中央关于加快工业发展若干问题的决定（草案)》（以下简称《决定（草案)》)，要求认真抓好揭批“四人帮”的斗争，按照“六条标准”对全国

8000多家大中型工业企业，20多万家小型工业企业分期分批进行整顿。所谓“六条标准”，一是揭批“四人帮”的斗争搞得好不好，与“四人帮”阴谋活动有牵连的人和事查清了没有；二是一个坚决执行毛主席革命路线的好的领导班子是否建立起来了；三是工人、技术人员和干部的社会主义积极性是否调动起来了；四是阶级敌人的破坏活动和贪污盗窃、投机倒把的资本主义活动打击了没有，资产阶级歪风邪气刹住了没有；五是以责任制为核心的各项规章制度是否建立起来并严格执行了，企业的机构是否精简，过多的非生产人员回到生产第一线没有；六是包括八项经济技术指标和各种设备完好情况，是否有显著进步。这次工业企业整顿，是纠正“四人帮”干扰破坏在工业战线造成的混乱局面所采取的重要措施，为今后工业的更大发展打下了必要的基础。

实行“五定”和设立企业基金

《中共中央关于加快工业发展若干问题的决定（草案）》规定，对企业实行“五定”和设立企业基金。所谓“五定”，一是定产品方向和生产规模；二是定人员机构；三是定原料、材料、燃料、动力、工具的消耗定额和供应来源；四是定固定资产和流动资金；五是定协作关系。为保证企业有稳定的生产条件，企业必须保证全面完成国家规定的八项经济技术指标，全面完成供货合同。全面完成和超额完成国家计划的企业，可以按比例在利润中提取企业基金，主要用于举办企业的集体福利事业。1978年12月，国务院批转了财政部《关于国营企业试行企业基金的规定》。

建立健全基本制度

1978 年 7 月发布的《中共中央关于加快工业发展若干问题的决定（草案)》规定，总结我国企业管理的正反两方面经验，必须在所有企业中建立和健全以下几项基本制度：

一是党委领导下的厂长分工负责制。企业的一切重大问题，都必须经党委集体讨论决定。企业的生产、技术、财务、生活等重大问题，党委作出决定后，由厂长负责组织执行。政企合一的单位，企业的生产行政工作，在党委领导下由革委会主任分工负责。二是总工程师、总会计师等人的责任制。工程技术人员要有职有权，让他们在技术上真正负起责任来。三是党委领导下的职工代表大会或职工大会制。企业要定期举行职工代表大会或职工大会，听取企业领导的工作报告，讨论企业有关重大问题，对企业的工作提出批评、建议，对企业的领导干部进行监督。四是工人参加管理、干部参加劳动和领导干部、工人、技术人员三结合的制度。

1978 · 重要理论观点

首次提出“计划经济和市场经济相结合”的观点

1978 年 7 月至 9 月，国务院召开务虚会，会议主要研究如何加快我国现代化建设的问题，并提出了经济体制的改革问题。

在谈到经济管理体制改革问题时，对于社会主义的经济体制，首次提出了“计划经济和市场经济相结合”的观点。

1978 · 重要政策法规

1. 《海关对进出国境华侨等旅客的行李物品监管暂行规定》，1978 年 3 月 23 日对外贸易部发布。

2. 《中华人民共和国关于入境旅客行李物品和个人邮递物品征收进口税办法》，1978 年 6 月 16 日国务院批准，1978 年 8 月 1 日对外贸易部公布施行。

1978 · 年度热点纪实

开展真理标准问题大讨论

粉碎“四人帮”后，平反冤假错案、纠正“文化大革命”的错误，成为广大人民群众的强烈要求。但是，当时最具权威的“两报一刊”* 发表社论《学好文件抓好纲》，提出“凡是毛主席作出的决策，我们都坚决维护；凡是毛主席的指示，我们都始终不渝地遵循”的“两个凡是”方针。

* “两报一刊”，指《人民日报》《解放军报》和《红旗》杂志。

1978 年 5 月，一篇名为《实践是检验真理的唯一标准》的文章引起了全国各界的关注。文章先是在中央党校内部刊物《理论动态》上发表，随后又以“本报特约评论员”的名义，在 5 月 11 日的《光明日报》上发表，并由此揭开了中华人民共和国历史上规模空前的思想解放运动。

《实践是检验真理的唯一标准》指出，实践是检验真理的唯一标准，这本来是马克思主义的一个常识性的问题，但是多少年来，“最高指示”却成了人们判断是非的唯一标准。文章尖锐地指出，“四人帮”加在人们身上的精神枷锁还远没有得以完全粉碎，对“四人帮”设置的禁区“要敢于去触及，敢于去弄清是非”，不能拿现成的公式去限制、宰割、剪裁无限丰富并飞速发展的革命实践，应该勇于研究新的实践中提出的问题。

《实践是检验真理的唯一标准》一文确实击中了“两个凡是”的要害。文章一经发表，立即引起社会各界的极大反响，展开了热烈的讨论。在这场大讨论的关键时刻，邓小平最早站出来明确表示支持。1978 年 5 月 30 日，他在同几位负责人谈话时说：“毛泽东思想最根本的最重要的东西就是实事求是。现在发生了一个问题，连实践是检验真理的标准都成了问题，简直是莫名其妙！”邓小平关于解放思想、实事求是的一系列重要论述，冲破了长期禁锢人们头脑的思想禁区。于是，尘封的中华大地，开始显现出生机。

党的工作重心转移到经济建设上来了，人们再也不用为搞生产而担心被人扣上“走资本主义道路”的帽子了。高考恢复后，万千学子走进了期盼多年的考场；“臭老九”和“反动学术权威”又回到久违的讲台，在科学的春天里重新点燃学术的火焰。国门开启了，失散海外多年的亲人，小心翼翼地寄来了问候的书信；中美双方达成互派留学生的谅解，负笈求学的机遇，向一代中国人敞开了大门。几百米的长龙在新华书店门前守候了两天两夜，仅仅为了购买一本巴尔扎克的长篇小说和《数理化自学丛书》，这一热情远远胜过了若干年后申购“原始股”的淘金者。抒情音乐和交谊舞又回来了，喇叭裤、披肩发也紧随高跟鞋、连衣裙之后大胆出现在街头；“个体户”成了新名词，小商贩也不再因被视为“资本主义的尾巴”而东躲西藏。

真理标准问题大讨论，是在我们党和国家处于重大历史性转折的关头，在邓小平等老一辈无产阶级革命家的领导和支持下开展起来的。真理标准问题大讨论，砸碎了“两个凡是”和个人崇拜的精神枷锁，重新恢复了党的解放思想、实事求是的思想路线，为我们党重新确立马克思主义的思想路线、政治路线和组织路线奠定了理论基础，在党和国家的历史进程中产生了重大而深远的影响。

如果说平反冤假错案是告别旧时代的标志，那么，真理标准问题大讨论，则是开启新纪元的前奏。这场讨论，揭开了我们党领导的新时期伟大思想解放运动的序幕，不仅为1978年底召开党的十一届三中全会做了思想准备，也为改革开放奠定了舆论基础。

1978 · 年度改革大事

7 月　中共中央发布《关于加快工业发展若干问题的决定（草案）》。

10 月　经国务院批准，中共四川省委、四川省人民政府选择不同行业有代表性的以重庆钢铁公司等 6 家国有工业企业为代表率先进行“扩大企业自主权”试点。

12 月 18 日至 22 日　中国共产党第十一届中央委员会第三次全体会议在北京举行。邓小平发表《解放思想，实事求是，团结一致向前看》的重要讲话。全会批判了“两个凡是”的错误方针，高度评价关于实践是检验真理的唯一标准问题的讨论，作出了把全党工作的着重点转移到社会主义现代化建设上来和实行改革开放的决策。

12 月　安徽省凤阳县小岗村 18 户农民秘密签订契约，决定将集体耕地承包到户，搞大包干。

12 月　国务院批转财政部《关于国营企业试行企业基金的规定》。

本年度主要参考资料：

1. 汪海波．新中国工业经济史［M］．北京：经济管理出版社，1986. 7.

2. 林青松，冒天启，林泉水．主张全面改革经济体制的一本好书——孙冶方同志的《社会主义经济的若干理论问题》评介［J］．经济研究，1979（10）.

3. 吴敬琏等．大中型企业改革：建立现代企业制度[M]．天津：天津人民出版社，1993. 12.

4. 邓小平．邓小平文选（第二卷）[M]．北京：人民出版社，1994. 10.

5. 董辅礽．中华人民共和国经济史（下卷）[M]．北京：经济科学出版社，1999. 9.

6. 中国共产党第十一届中央委员会第三次全体会议公报[M]．北京：人民出版社，1978. 12.

7. 中共中央文献研究室．邓小平年谱[M]．北京：中央文献出版社，2004. 7.

1979 年

1979 · 年度经济背景

提出调整“八字方针”，进入调整第一年

1979 年，是贯彻实施中共中央关于对国民经济实行“调整、改革、整顿、提高”方针的第一年。这一年，通过一系列整顿措施的实施，经济增长开始回落，全年国内生产总值增长 7.6%，比上年回落了 4.1 个百分点；资本形成率（投资率）由 1978 年的 38% 下降为 36.5%，最终消费率（消费率）由 1978 年的 61.8% 上升为 64.9%，国有单位固定资产投资总额由 1978 年的 668.72 亿元增加到 699.36 亿元，增幅由上年的 22% 下降为 4.5%。其中，基本建设投资由上年的 500.99 亿元增加到 523.48 亿元，增幅由上年的 31% 下降为 4.5%；更新改造投资由上年的 167.73 亿元增加到 175.88 亿元，增幅由上年的 1.1% 上升为 4.9%。在基本建设投资总额中，生产性建设投资比重由 1978 年的 82.6% 下降为 73.0%；非生产性建设投资比重由 17.4% 上升为 27%。其中，住宅建设投资由 7.8% 上升到 14.8%。工业建设投资占基建投资的比重，由 1978 年的 61.4%

下降为56.4%。这一年，较大幅度地提高了职工住宅、文教卫生、城市公用事业等建设投资的比重。用于这些方面投资占全国投资总额的比重，由1978年的17.4%提高到27%。全国社会商品零售总额比上年增加320亿元。全国城镇共安置待业人员900多万人，其中集体所有制企业安排了400多万人，约占44%。

1978年底召开的中共十一届三中全会，确立了把全党工作的着重点转移到社会主义现代化建设上来的指导方针。全会分析了粉碎“四人帮”后我国国民经济恢复和发展所取得的成就以及存在的问题。会议指出，粉碎“四人帮”以后，我国的国民经济恢复和发展的步子很快，但是必须看到其中还存在不少问题。一些重大的比例失调状况没有完全改变过来。生产、建设、流通、分配中的一些混乱现象没有完全消除，城乡人民生活中多年积累下来的一系列问题必须得以妥善解决。我们必须在这几年认真地逐步地解决这些问题，切实做到综合平衡，以便为迅速发展奠定稳固的基础。

为了贯彻中共十一届三中全会决议精神，1979年4月5日至28日，中共中央召开工作会议。中共中央副主席、国务院副总理李先念作《关于国民经济调整问题》的讲话。会议针对国民经济比例严重失调的情况，提出了对国民经济进行“调整、改革、整顿、提高”的“八字方针”。决定从1979年起，集中三年时间，搞好国民经济的调整工作。6月召开的第五届全国人民代表大会第二次会议，讨论并通过了国务院的政府工作报告，决定把全国工作的着重点转到社会主义现代化建设的轨道上，并且把实行

“八字方针”作为工作着重点转移后实现现代化的“第一个战役”。

所谓调整，就是自觉地调整长期失调的经济比例关系，使国民经济各个环节和各个部门能够比较协调地向前发展，使积累和消费之间保持合理的比例。所谓改革，就是对束缚生产力发展的现行经济管理体制有步骤地进行全面的改革，使社会主义制度的优越性能够比较充分地发挥出来。所谓整顿，就是把原有企业特别是一部分管理混乱的企业整顿好管理好，使企业的各项工作都走上正确的轨道，以充分发挥它们在现代化建设中的“根据地”作用。所谓提高，就是大力提高生产水平、技术水平和管理水平。“八字方针”的制定，是实事求是地进行经济工作的一个新的开端。标志着中国经济工作指导思想发生了根本性的转变，经济建设开始摆脱“左”的思想和做法的束缚，遵循从实际出发、量力而行、循序渐进、讲求实效的原则，向持续稳定、健康发展的轨道转移。

这一年，由于各地认真贯彻了《中共中央关于加快农业发展若干问题的决定（草案）》和《农村人民公社工作条例（试行草案）》，以推行多种形式的家庭联产计酬承包经营责任制为主要内容的农村经济体制改革在广大农村迅速推开，极大地调动了广大农民的生产积极性，焕发出巨大的生产潜力。加之大幅度地提高了粮食、棉花、油料等 18 种主要农副产品收购价格，农副产品收购价格总指数由上年的 3.9 上升到 22.1，其中粮食类收购价格指数提高了 30.5。政府鼓励社员在搞好集体经济的前提下，种好自留地、自留林、自留山，发展家庭副业，有领导地开放了农贸市场。粮食生产获得空前大丰收，成为中华人民共和国成立以来最高的粮食高产年。

1979 年的计划安排是：农业生产比上年增长 4%，工业生产比上年增长 8%，其中轻工业增长 8.3%，重工业增长 7.6%。国家预算内直接安排的基本建设投资 360 亿元，加上利用外汇贷款安排的基本建设，总数为 400 亿元，保持上年的实际水平。社会商品零售总额 1750 亿元，比上年增长 14.6%。进出口总额 440 亿元，比上年增长 24%。

实际执行的结果是：农业总产值达到 1584 亿元，比上年增长 8.6%。粮食产量 33212 万吨，比上年增加 2737 万吨，1978 年、1979 年两年共增产粮食 4900 多万吨。两年这样大幅度的连续增产，是中华人民共和国成立以来从未有过的。油料产量 644 万吨，比上年增加 122 万吨；肉类产量 1062 万吨，比上年增加 206 万吨。多年来农业生产发展缓慢的状况开始有了变化。

轻工业总产值比上年增长 9.6%，重工业总产值比上年增长 7.7%，钢产量比上年增加 270 万吨。机械工业，在调整服务方向、改变产品结构上做了许多工作，仅一机部系统就试制成功了重要的新产品达 945 种，是近十年来新产品品种增加最多的一年。

在缩短基本建设战线、提高投资效果方面取得初步成效。1979 年国家预算内和预算外的基本建设投资总额完成 500 亿元，停建、缓建了大中型项目 295 个。计划建成投产大中型项目 118 个，实际建成 128 个，改变了多年来投产项目完不成计划的状况。

各方面的经济效益开始提高。全国农业生产各项费用占农业总收入的比重有所下降。长期亏损的国有农场，1979 年有了盈利，由上年亏损 9000 万元转为盈利 3 亿多元。在能源增长不到 3% 的情况下，工业总产值比上年增长了 8.5%。全民所有制工业企业新增加的产值中，由于劳动生产率提高而增加的产值占 62%。每百元工业固定资产净值提供的税收利润，由 1977 年的 31.5 元，提高到 1979 年的 36.3 元。国有工商企业流动资金占用水平比上年减少 64 亿元，交付使用的固定资产占投资的比重，由上年的 74.3% 提高到 83.7%。

农民增加收入 108 亿元，减轻农民负担 20 亿元。当年农民从集体分得的收入，达到人均 83.4 元，比 1978 年增加了 9.4 元，而 1965 年到 1976 年的 12 年中，农民每人平均从集体分得的收入总共只增加了 10.5 元。全国在城镇安置了 903 万人就业，开始对全国 40% 的职工提高工资级别，调整了部分地区的工资类别*，发给了职工副食品价格补贴，企业普遍实行了奖励制度。全民所有制职工全年工资总额（包括奖金在内）比上年增加 60 亿元；职工的年平均工资达到 705 元，比上年增加 61 元。新建职工住宅 6256 万平方米，比上年增长 69%，这是中华人民共和国成立以来新建职工住宅最多的一年。

* 在计划经济时期，我国根据自然条件、物价和生活水平、工资状况，并适当照顾重点发展地区和艰苦地区，将全国分为 11 类工资区，规定以一类地区为基础，每提高一类，工资标准增加 3%。

商业部门收购商品总额 1992 亿元，比上年增长 14.5%；社会商品零售总额 1753 亿元，比上年增加 225 亿元，增长 14.7%，这是多年来增长最快的一年。城乡居民主要消费品的消费水平都有所提高。长期供不应求的猪肉已经敞开供应，针棉织品、自行车、缝纫机、收音机、手表、电视机、录音机等的销售量，也有较多增加。进出口贸易总额比上年增长 28%，旅游、侨汇、港口服务等非贸易外汇收入，也有较快的增长。

但是，由于多年积累下来的国民经济比例严重失调的状况不是靠一年时间所能扭转过来的，而且一年来某些方面的调整措施也不够坚决有力。因此，经济生活中的问题和困难并未得到有效解决。主要是基本建设规模过大，基建和工业生产战线仍然过长，工业改组和整顿进展不快。在提高人民生活水平的同时，由于基本建设规模居高不下，行政管理等费用的增加又超过了财政的负担能力，造成国家财政当年出现赤字 170 亿元。"拨改贷"的政策措施，就是在这样一种宏观经济背景下出台的。

1979 · 基本改革思路

试行"拨改贷"

长期以来，国有企业的生产经营资金全部由国家拨给，企业缺乏资金的成本意识。为了改变企业"无偿"使用国有资金的状态，增强国有企业使用资金的成本意识，以此达到对企业资金需求加以控制的目的，同时也为了减轻国家财政对国有企业的负担，决定将国家对国有企业的资金拨款改为企业向银行贷款。"拨改贷"的试行，其实是沿用了 1959 年国有企业定额流动资金由财政转为人民银行计息管理的思路。

在传统体制下，国有企业实行统收统支的财务管理制度，盈利上交、亏损补贴，企业资金筹措与使用主要通过财政统收统支的单一渠道实现。企业的固定资产投资全部由财政拨款，国家对企业核定经常性的流动资金定额*，定额内的流动资金也由财政拨付。只有少部分季节性、临时性的补充流动资金**才由银行贷款来解决。也就是说，在传统体制下，国家财政既要为国有企业拨付固定资金和定额流动资金，又要从事审批企业决算报表、固定资产报废核销、收取利润等经营性活动。国家对国有企业这种统收统支、统负盈亏的做法，实质上是对国有企业的经营活动后果承担无限责任。

* 1993 年 7 月 1 日以前的财务制度称这部分流动资金为“定额流动资金”。

** 1993 年 7 月 1 日以前的财务制度称这部分流动资金为“非定额流动资金”。

1979 年 8 月 28 日，国务院批转国家计委、国家建委、财政部《关于基本建设投资试行贷款办法的报告》及《基本建设贷款试行条例》，试行将基建拨款改为银行贷款，贷款业务由中国人民建设银行办理。这就是“拨改贷”的开始。

1980 年 11 月 12 日，国家经委、财政部、建设银行联合发出通知，决定从 1981 年起，将国家经委、财政部安排的部分挖潜、革新、改造资金由国家拨款改为试行银行贷款。同年 11 月 18 日，国务院又批转国家计委等单位《关于实行基本建设拨款改贷款的报告》，决定从 1981 年起，凡是实行独立核算、有还款能力的企业，进行基本建设所需的投资，除尽量利用自有资金外，一律改为银行贷款。也就是说，今后国家建设的项目，不再由国家出资，而是由建设者，即以后的经营者自己向银行贷款，贷款的本金和利息都由经营者自己归还。1984 年 12 月 14 日，国家计委、财政部、中国人民建设银行联合颁发《关于国家预算内基本建设投资全部由拨款改为贷款的暂行规定》，决定自 1985 年 2 月 1 日起，凡是由国家预算安排的基本建设投资，无论企业还是事业单位，全部由基本建设拨款改为银行贷款。至此，所有国有单位的基本建设和更新改造投资全部改为银行贷款。

固定资产投资“拨改贷”以后，国有企业失去了从国家得到投资的可能性。1983 年 6 月 25 日，国务院批转中国人民银行《关于国营企业流动资金改由人民银行统一管理的报告》，决定从当年 7 月 1 日起，除按照原来的体制由财政拨付企业的定额流动资金仍然留作企业的“自有流动资金”之外，需要增加的流动资金，由企业自筹，或者通过向银行贷款解决，国家财政不再向企业增拨流动资金。这是继国家对国有企业的固定资产投资实行“拨改贷”之后，对国有企业的新增流动资金也实行了“拨改贷”，这就是通常所说的两个“拨改贷”。

1983 年 4 月 29 日，财政部颁发《关于对国营企业征收所得税的暂行规定》，规定从当年开始，对国有大中型企业按实现利润的 55% 征收所得税，但允许企业使用税前利润归还银行贷款本息。也就是说，在两个“拨改贷”实施以后的一段时间里，国有企业归还银行贷款本息的资金来源，一部分实际上是由国家财政来承担的。但是这种状况维持的时间并不长。1988 年，国家实施税收制度改革，明确了“税利分流、税后还贷、税后承包”政策，规定企业债务由税前还贷改为税后还贷，原来由财政减税负担一部分还贷责任，改为全部要由企业的盈利偿还。尽管当时限于国有资产的产权制度尚未建立，国家最终没有解脱对国有企业承担的无限责任，但是这一政策规定，实际上是要求国有企业代替国家完全承担出资者的经济责任，国家成为既未出资，也不对投资经营后果承担责任的出资者。

以上一系列政策措施的制定并贯彻实施，当时主要是基于以下两点考虑：一是要增强国有企业使用资金的成本意识，改变企业“无偿”使用国有资金，企业吃国家资金“大锅饭”的状态，并以此达到对企业资金需求加以控制的目的。二是减少财政支出，减少国家财政对国有企业的负担。但正是两个“拨改贷”的普遍推行，对以后的国有企业改革和发展留下了严重的隐患。

“拨改贷”政策设计者的初衷不可谓不正确，其理由似乎也很有道理，但设计者却忽略了两个根本前提。

第一，混淆了投资与借贷以及出资人与债权人的区别。资本金是企业得以生存发展、承受债务和取得负债资金的基本保障，是出资人获取企业产权的依据，是对企业负债承担有限责任的基本条件。“老板”要办企业又不出本钱，让经营者自己向银行借贷。企业建成以后则要归“老板”所有，而且企业亏损了“老板”没有责任，有了利润又是“老板”的。企业既要向“老板”交纳利润，又要自己归还银行贷款的本金和利息，这显然没有道理。

第二，只考虑企业有偿使用资金，却没有考虑企业偿还贷款的资金来源。暂且不说因为存在投资风险有相当一部分企业不能盈利，就是投资效益好的企业，企业在缴纳 55% 的所得税和一定比例的调节税之后，所剩资金无几。而且就连企业维持简单再生产基本条件的固定资产折旧基金，在 1985 年以前也还要向财政和上级主管部门上缴 50%，1985 年以后虽然调低到 30%，但留下的 70% 折旧仍然要上缴“两金”*。企业所得税率由 55% 下调到 33% 是到了 1994 年以后才有的事情；企业上缴“两金”，一直到 1997 年才完全停止。过重的税收，使企业根本无法进行积累，无法归还银行本金。事实上大部分企业连利息也难以承担，只能靠再贷款来支付利息。借新债填老债，结果债务越积越多，终至不能自拔。

* 能源交通重点建设基金和预算调节基金。

企业固定资产投资和企业流动资金两个“拨改贷”的推行，对国有企业的影响是“致命的”。因为在“八五”计划以前，国有企业的融资方式单一。企业要想扩大再生产，如果没有所有者的资本金投入，也无法通过直接融资来追加资本金，只有依赖银行贷款。在这样一种体制环境下，实际上是让国有企业做无本生意。

实行“拨改贷”以后，国家对国有单位新建和改扩建项目的国拨资本金比例不断减少。国家预算内基本建设投资占国有单位固定资产投资的比例如下：1981 年为 50.26%，1985 年为 35.48%，1990 年为 21.34%，1995 年为 4.51%，1997 年仅为 4.39%；国家预算内更新改造投资占国有单位固定资产投资的比例如下：1981 年为 17.86%，1985 年为 4.34%，1990 年为 2.12%，1995 年为 0.35%，1997 年仅为 0.28%。

实行“拨改贷”以后，造就了一大批没有资本金的“国有企业”，其中包括赫赫有名的天津钢管公司、唐山碱厂、淄博化纤总厂、齐齐哈尔亚麻厂等。其中天津钢管公司是为了兴建天津钢管工程而组建的，属于国家“八五”计划重点建设项目，但因为遇到“拨改贷”，只好全部由银行贷款建设。1995 年工程竣工以后，公司净欠银行贷款 134.64 亿元，企业还没有投产，当年就要还本付息 26.83 亿元，平均日付息 300 多万元。1996 年和 1997 年，公司分别要还本付息 18.12 亿元和 19.26 亿元，与企业同期销售收入大致相当。每年仅贷款利息就占到企业销售收入的 27%。鉴于天津钢管工程具备国际一流的技术装备，管理费用和销售费用也低于国内同行，产品供不应求。在建立现代企业制度试点中，作为百家试点企业，经国务院批准，国家分三次向企业注入了 70 亿元的资本金。然而就是这 70 亿元的巨额资金，也没有解决企业的问题。据董事长齐茂忠说，国家注入的资金一分也没有用于生产经营，全部用来还账，也只解决了企业的少部分债务，而且因为是分三次注入的，资金效果大打折扣。到 1998 年，企业长期贷款利息还高达 5.97 亿元，当年亏损 5.74 亿元。

实行“拨改贷”以后，国有企业负债累累。在 1980 年时，国有工业企业的资产负债率仅为 18.7%，1993 年上升为 67.5%，而 1996 年全国清产核资时，企业资产负债率平均已达到 71%，其中相当一批企业在扣除资产损失和潜亏挂账后，负债率大于 100%。另据有关资料介绍，1995 年对 14.8 万户国有企业清产核资，国有企业的资产负债率为 77.05%，扣除全部资产损失和资金挂账，资产负债率实际高达 85.15%。在全部 8.79 万家国有独立核算的工业企业中，负债率超过 100%，已经达到资不抵债的企业有 1.18 万家，占总数的 13.4%；负债率在 80% ~100% 之间的企业有 2.08 万家，占 23.6%；负债率在

60% ~80% 的企业 2.15 万家，占 24.4%；在 39 个工业行业大分类中，有 11 个行业的负债率在 75% 以上。负债累累使企业陷入资金运转的困境，很多企业成为亏损企业。

20 世纪 90 年代中期以前，尽管国有企业债务沉重，并因此吃尽了银行的苦头，但是因为当时的国有银行还不是真正意义的商业银行，国有银行在承担商业性贷款的同时，还承担着许多政策性贷款。双重职能混淆，使得银行贷款行为扭曲。各级政府直接干预银行的贷款决策相当普遍，一些地方政府过度行政干预，将银行贷款视同财政拨款、救济扶贫款、安定团结款。从国有企业的角度来看，一方面，扩大再生产需要依赖于银行贷款，另一方面，大量经营不善、效益低下、资金周转不灵的国有企业要由银行的“安定团结贷款”维持生存，企业靠银行借贷发工资的现象也较为普遍。因此，虽然国有企业债台高筑，但是有国有银行撑着，矛盾还没有到达非常尖锐的程度。国有企业高额负债，使得大量银行贷款有去无回，形成了大量的呆坏账，银行的金融资产质量不断恶化。

亚洲金融危机爆发给中国敲响了警钟。从 1997 年开始，国有银行采取一系列重大的改革措施，加快了向商业银行转变的步伐，从而使大量国有企业结束了“躺在国有银行身上过日子”的历史。当国有商业银行信贷责任制约束硬化，财政不给国有企业注入资金，国有企业又没有新的融资手段补充资金时，过去企业被掩盖的各种矛盾开始显现，并逐步表面化、尖锐化起来。众多国有企业由于资信欠佳，普遍缺乏新的融资渠道，潜亏变为明亏，亏损额骤增。一些企业出现了停产、半停产，大量工人下岗，发不出工资，国有企业遭遇到极大的困难。随后所实施的“债转股”，实际上即是对“拨改贷”政策造成的后遗症的补救。

1979 · 年度改革实践

逐步扩大企业自主权试点

1979 年 1 月 31 日，中共四川省委发出《关于地方工业扩大企业权力，加快生产建设步伐的试点意见》，把试点的工业企业由 6 户扩大到 100 户，同时在 40 户国营商业企业中也进行了扩大经营管理自主权的试点。

四川省扩权试点的主要做法如下：在计划管理上，允许企业在国家计划之外，根据市场需要自行制订补充计划，对于国家计划中不适合市场需要的品种规格也可以修改；在物资管理上，除少数关系国计民生的产品、短线产品和炸药等危险产品仍由国家统购统配外，大部分生产资料可以进入市场，企业与企业之间可以不经过物资部门直接订立供货合同，也可以通过在市场上采购来满足自己的需要，企业还可以自销一部分产品。在国家与企业的利润分配方面，在保证国家利益的前提下，企业可以根据自己经营的好坏划分一定的利润，并可用于企业的挖潜、革新改造、集体福利和职工的奖金。在劳动人事管理上，企业有权选择中层干部，招工择优录取和辞退职工。

4 月 5 日，中共中央召开工作会议。为了在全国范围内搞好国有企业改革试点，明确提出要扩大企业自主权，把企业经营好坏同职工的物质利益挂钩，要按照统一领导、分级管理的原则，明确中央和地方的管理权限。根据中央工作会议确定的方针，4 月 13 日至 20 日，国家经委召集京、津、沪三市的首都钢铁公司、北京清河毛纺厂、天津自行车厂、上海柴油机厂、上海汽轮机厂等 8 户企业和有关部门负责人在北京召开座谈会，讨论企业管理体制改革问题。5 月 25 日，国家经委、财政部等 6 部委联合发出《关于在京、津、沪三市的八个企业进行企业管理改革试点的通知》（以下简称《通知》），确定在 8 户企业中进行扩大经营管理自主权的改革试点。《通知》要求，通过改革，要着重解决以下 11 个问题：（1）主管部门要在今年内对企业实行“五定”；（2）企业的人财物、产供销，由企业主管部门综合平衡，统一安排；（3）主管单位安排生产建设计划时，必须保证所需要的物质条件；（4）试行企业利润留成；（5）从 1979 年起，企业计提的折旧基金，70% 留给企业；（6）新产品试制费用按一定比例，在企业利润中留用；（7）企业有权申请产品出口，参与外贸谈判，并取得外汇留成；（8）企业在招工计划内择优录取职工；（9）职工提出合理化建议，有经济效益者，企业可予以奖励，职工失职造成重大经济损失，企业可予以处分直至开除；（10）经营管理好的企业，在调整工资时，职工的升级可以略高于平均水平；（11）在定员、定额内，企业有权决定机构设置，并任免中层以下干部。

为了规范迅速推开扩大企业自主权试点，7 月 13 日，国务院颁发了著名的第一个“扩权十条”，即《关于扩大国营工业企业经营管理自主权的若干规定》，同时颁发的还有《关于国营企业利润留成的规定》《关于开征国营企业固定资产税的暂行规定》《关于提高国营工业企业固定资产折旧率和改进折旧费使用办法的暂行规定》《关于国营工业企业实行流动资金全额信贷的暂行规定》这四个文件。

《关于扩大国营工业企业经营管理自主权的若干规定》（以下简称《若干规定》）的主要内容如下：（1）在完成国家计划的前提下，允许企业制订补充计划，并按照国家规定的价格政策自行销售；（2）实行企业利润留成；（3）逐步提高企业固定资产折旧率；（4）实行固定资产有偿占用制度；（5）实行流动资金全额信贷制度；（6）企业有关新产品试制等费用，可以从实现的利润中留用；（7）企业有权申请出口自己的产品，并取得外汇分成；（8）企业有权按国家劳动计划指标择优录取职工；（9）企业在定员、定额内，有权按照实际需要，决定机构设置，任免中层和中层以下干部；（10）减轻企业额外负担。《若干规定》同时还强调，企业要正确行使自己的权限，严格履行国家规定的义务。

以上这五个文件，是改革开放以来关于企业改革的第一批文件，对各地的企业改革起到了较好的促进作用。

扩大企业自主权的改革措施，给企业带来前所未有的活力。到 1979 年底，四川省 84 户试点工业企业比 1978 年工业总产值增长 14.7%，利润增长 33%，上缴利润增长 24.2%。四川的经验对全国工业企业产生了极大震动。继四川之后，云南、北京等地也相继对所属地方国营工业企业进行了扩大企业自主权的试点。1979 年 6 月，根据中共十一届三中全会的精神，国务院财政经济委员会成立了由张劲夫任组长的经济体制改革研究小组。经济学家和实际工作者在经过深入调查研究，掌握了大量有关情况之后，以扩大企业自主权为内容的城市经济体制改革试点，逐步在局部范围内开展起来。

1979・重要理论观点

社会主义也可以搞市场经济

1979 年 11 月 26 日，邓小平在回答美国不列颠百科全书出版公司副总裁弗兰克・吉布尼、加拿大麦吉尔大学东亚研究所主任林达光教授的提问时，提出了“社会主义也可以搞市场经济”的著名论断。

邓小平指出，说市场经济只存在于资本主义社会，只有资本主义的市场经济，这肯定是不正确的。社会主义为什么不可以搞市场经济，这个不能说是资本主义。市场经济，在封建社会时期就有了萌芽，社会主义也可以搞市场经济。

邓小平强调，我们是计划经济为主，也结合市场经济，但这是社会主义的市场经济。虽然方法上基本和资本主义社会的相似，但也有不同，是全民所有制之间的关系，当然也有同集体所有制之间的关系，也有同外国资本主义的关系，但是归根到底是社会主义的，是社会主义社会的。同样地，学习资本主义国家的某些好东西，包括经营管理方法，也不等于实行资本主义。

提出“小康”概念

1979 年 12 月 6 日，邓小平在会见日本首相大平正芳时提出“小康”的概念。他指出，我们要实现的四个现代化，是中国式的四个现代化，不是像你们那样的现代化概念，而是“小康之家”，即到 20 世纪末，达到第三世界中比较富裕一点的国家的水平，实现国民生产总值人均 1000 美元。

企业本位论

1979 年 6 月，著名经济学家蒋一苇在《经济管理》杂志上发表文章，系统阐述了他对经济体制改革的见解，并提出了著名的“企业本位论”。主要观点如下：

企业是现代经济的基本单位。生产组织形式不能脱离和超越当前的生产力水平。以企业作为现代经济的基本单位，在发达的资本主义社会是适应的，在现代社会主义社会同样也是适应的。在社会主义国家的经济体系中，既有企业的独立性，又有国民经济的统一性。社会主义的民主集中制原则才能在经济体系中完整地体现出来。

企业必须是一个具有能动性的有机体。企业作为一个活的“细胞”，应当具有自由呼吸、吐纳、增殖的能力。具体来说，它对生产力三要素，即劳动力、劳动手段、劳动对象以及这三个要素在企业与企业运行机制价值上形成的资金，应当有增减权和选择权。企业在保证履行国家法律规定的义务前提下，应具有完全的独立经营和自主发展的权利。

企业应当具有独立的经济利益。企业的独立性，归根到底表现为具有独立的经济利益。在社会主义历史阶段，必须发展商品经济，企业作为商品生产者，必然有它的独立经济利益。社会主义企业应当成为劳动者的利益共同体，劳动者个人利益要和企业集体对社会所作出的贡献大小相联系。职工群众要对所在企业的经济效益共同负责，这样才能促使职工从物质利益上来关心企业的经济效益。国家利用经济方法管理经济，也必须以企业具有独立经济利益为前提。

社会主义制度下国家与企业的关系，不是行政隶属关系，而是一种经济关系。国家政权组织和经济组织应当分离。国家应当从外部领导和监督经济组织，不能把整个国民经济当成一个“大企业”，把许许多多应当独立的经济实体当作它的分支机构，而直接指挥它们的活动。国家对企业的领导应当体现为制定经济政策、经济法律和指导性经济计划，并运用经济杠杆来调节和引导企业的经济活动。

经济体制改革的核心，就是要改变把国家作为经济组织基本单位，进行内部统一管理、统一核算的“国家本位”式的体制。但改变旧体制，是要建立以企业为基本的经济单位，在国家统一领导和监督下，实行独立经营、独立核算的“企业本位”式的管理体制。

蒋一苇明确提出社会主义的基本经济单位是以商品生产者身份出现的企业，这在当时具有里程碑的意义。他大胆提出在社会主义还必须大力发展商品生产，比起计划经济等于社会主义，商品经济等于资本主义的传统理论来，显然是一次革命性的突破，为以后在中共十三届三中全会上提出的“社会主义经济是在公有制基础上有计划的商品经济”作了重要的理论铺垫。正是蒋一苇在理论上的重大突破，使“企业本位论”成为早期放权让利式改革当之无愧的一面旗帜。

改革方向的三种设想

扩大企业自主权试点给企业带来了空前活力。但是，放权让利的国有企业改革在当时并不是没有意见分歧的。

鉴于20世纪五六十年代两次改革失败的教训，在改革初期，人们只认识到传统的经济管理体制不能适应国民经济高速度增长和实现四个现代化的需要，经济管理体制必须改革，国有企业必须改革。至于体制问题的症结在哪里？是否必须从根本上进行全面彻底的改革？改革应当从哪里入手？在理论和指导思想上存在着严重的分歧和争论。为什么要给企业放权？应该给企业放哪些权？以什么方式给企业放权？通过给企业放权，最终要建立一种什么样的企业制度？在当时并没有现成的以及十分明确的总体方案。

对于当时国民经济运行中出现的比例失调，基本建设战线过长；企业重产值、产量，轻效益、质量，高投入、低产出，高消耗、低效率，人力、财力、物力浪费严重，产供销严重脱节；收入分配“大锅饭”，用工制度“铁饭碗”，人事制度“铁交椅”；地区之间、部门之间、企业之间互相封锁、自成体系等现象产生的原因，当时人们的看法很不一致。

由于对传统体制的主要弊端看法不一致，造成对经济体制改革方向和内容的认识也不相同，当时大致形成了三种较有代表性的设想。

第一种设想是，以中央各部为主集中改革，适当扩大地方和企业的权限，并在一定范围内采取一些经济办法。要点如下：重点企业和产供销面向全国的大型企业由中央部门管理；主要的生产建设任务仍采取自上而下的指令性形式下达；主要生产资料和消费品由国家分配；基本建设投资主要由国家统一安排；劳动力、物价由国家统一管理。在这个基础上按行业组织一些公司，扩大企业一些自主权，给地方增加一些机动财力、流动资金和一部分基本建设投资实行银行贷款等。

第二种设想是，在中央统一领导下，以省（自治区、直辖市）为主分散管理。要点如下：中央除管铁路、民航、电讯干线、长江航运、海运、海关、跨省电网、输油输气管线、国防工业等以外，企业全部交由地方；计划以省为主，由中央综合平衡；财政确定固定上缴数或上缴比例；物资核定基数，固定调出调入量；产品数量、品种不足或多余时，可以在省与省之间、省与中央部之间实行商品交换，也可以通过进出口贸易自行调节；省与省之间可以营运或成立股份公司等。

第三种设想是，按照社会化大生产的要求来组织整个经济活动。要点如下：主要采取经济办法，通过经济组织管理经济，实行计划调节与市场调节相结合，在国家计划指导下扩大企业自主权。以此为前提，根据各项经济、事业的特点来划分中央和地方的职权，适合中央管的归中央管，适合地方管的归地方管。

改革的主要方面为：打破部门之间、地区之间、军工民用之间的界限，不受不同所有制形式的约束，按经济的内在联系和专业化协作为原则组织各种形式的专业公司和联合公司；企业在国家计划指导下自己管理人财物、产供销，实行独立经济核算和自负盈亏；国家主要通过各种经济立法和经济手段，同时保留必要的行政手段来指导、控制、协调企业的经济活动；国家计划的重点放在中长期计划上，年度计划在国家控制数字的指导下，以企业计划为基础自下而上地制订。

1979 · 重要政策法规

1. 《中华人民共和国中外合资经营企业法》，1979 年 7 月 1 日第五届全国人大第二次会议通过，2001 年 3 月 15 日第九届全国人大常委会第四次会议修改。

2. 国务院《关于扩大国营工业企业经营管理自主权的若干规定》，1979 年 7 月 13 日。

3. 国务院《关于国营企业实行利润留成的规定》，1979 年 7 月 13 日。

4. 国务院《关于开征国营工业企业固定资产税的暂行规定》，1979 年 7 月 13 日。

5. 国务院《关于提高国营工业企业固定资产折旧率和改进折旧费使用办法的暂行规定》，1979 年 7 月 13 日。

6. 国务院《关于国营工业企业实行流动资金全额信贷的暂

行规定》，1979 年 7 月 13 日。

7. 国务院转发国家计委、国家建委、财政部《关于基本建设贷款试行贷款办法报告的通知》，1979 年 8 月 28 日。

1979 · 年度热点纪实

全国 40% 的职工增加工资

1979 年是贯彻实施“八字方针”的第一年。通过一系列调整、整顿措施的实施，经济增长速度开始回落，经济效益开始回升，经济运行中各种重大比例关系的矛盾开始缓解。中共中央、国务院决定，从当年 11 月起，给全国 40% 的职工升级，并增加工资。

中华人民共和国成立初期，职工收入分配沿用老解放区的办法，对在国家机关和国营企事业单位工作的职工实行以实物为主的供给制。1952 年，国家对职工工资制度进行改革，将工资标准划分为供给制人员的津贴标准和工资制人员的工资标准两大类。对享受供给制待遇的人员实行津贴制度，各级政府干部津贴分为 29 级，并实行工资分制，最高国家主席和副主席工资分为 1006 分，最低区县勤杂员为 85 分。

在国内，每一工资分合实物的数量如下：粮食 0.8 斤，白布 0.2 尺，食盐 0.02 斤，煤 2 斤。对工业、交通、建筑企业的工人实行等级工资制度，一级为最低工资等级，八级为最高工资等级，根据职工的技术水平或劳动复杂程度确定工资等级。

1955 年 8 月 31 日，国务院颁发〔1955〕国秘字第 171 号命令，从当年 7 月起，将实行供给制待遇的工作人员一律改为工资制，同时在国家机关及事业单位先后废除了工资分计算办法，改为货币工资制。1956 年 6 月 16 日，对全国工资制度进行一次较全面系统的改革，彻底取消了工资分制度和物价津贴制度，统一实行货币工资标准制度。对国家机关、事业单位工作人员实行职务等级工资制度；对工人继续执行技术等级工资制度，同时还执行了计件工资、奖励工资、津贴制度，同时建立了正常的工资增长机制。但是，从这次工资改革以后的 1958 年开始，一直到粉碎“四人帮”以后的 1977 年底，在这近 20 年期间，国家实际上冻结了职工工资，也取消了计件工资、奖励工资和各种津贴。在这个时间内，仅在 1963 年有 20% 的职工提高过工资级别。年龄处于三四十岁的壮年期职工，尽管在工作中起着骨干作用，但一般工资都比较低。长期的低工资、死工资和平均主义、“大锅饭”，严重挫伤了职工的积极性。这次给职工增加工资，意味着冻结了 20 年的死工资开始有了松动，吃了多年的“大锅饭”也开始有了改变。

继 1977 年四季度 40% 的职工提高工资级别、20% 的职工不同程度地增加工资收入之后，1979 年国家又继续提高 40% 的职工的工资级别，调整了部分地区的工资类别，在国有企业中普遍实行了奖励制度，给职工发放副食品价格补贴。两次给职工增加工资，极大地调动了广大职工的积极性。虽然对于绝大多数职工来说，增加一级工资只有 5 元钱，但是在当年，这对于调动职工积极性的作用却是今天的年轻人难以想象的。“调资”，成了这一年老百姓最热门的话题。

赞扬新时期改革者的小说公开发表

这一年，天津作家蒋子龙在《人民文学》上发表了著名的改革小说《乔厂长上任记》，引起强烈的社会反响。

小说讲的是电机公司经理乔光朴毛遂自荐，到两年半没有完成生产任务的重型电机厂当厂长，并当众立下了“不完成国家计划请求撤销党内外一切职务”的军令状。上任半个月，乔光朴撂挑子下去整天在下边转。在摸清情况后，将全厂 9000 多名职工推上了大考核、大评议的比赛场。留下精兵强将，把考核不合格的，组成服务大队替代临时工搞基建和运输。乔光朴也因此很快树起了一批“仇敌”，他们强烈要求对厂长也进行考核。在“考厂长”时，乔光朴对各种各样的问题回答的气定神闲，而分管生产的副厂长冀申却完全被考垮了。乔光朴当机立断，将冀申调去搞基建，把下车间的郗望北调上来顶替冀申的位置。冀申抓基建没几天，服务大队里对乔厂长不满的人就放出风要把他再次打倒。

党委书记石敢仔细研究一封封控告乔光朴的信件，愧疚由于自己的开脱，加重了乔光朴的重负，打算劝乔光朴撤退。机电工业局局长霍大道来到重型电机厂，看到石敢愁眉苦脸的样子，便叫乔光朴赶来，乔光朴推门进来，看到了控告信，怒不可遏。石敢劝他回局交令，乔光朴表示：“我不怕这一套，我当一天厂长，就得这么干！”霍大道告诉乔光朴，部长对电机厂的搞法很感兴趣，希望乔光朴把手脚再放开一些，积累点经验，这更加增添了乔光朴推行改革的信心。

小说以激烈多样的性格冲突环环相扣，迅速完成人物的典型塑造。作者在主人公乔光朴身上，概括了新时期改革者所具备的多种基本素质和性格特征。一时间，乔厂长成为新时期文坛上引人注目的第一个改革者形象，以致出现了“众口争说乔厂长”的盛况。乔厂长大胆改革的行为也激励了广大国有企业领导人的改革斗志，纷纷学习乔厂长、效法乔厂长，对于国有企业改革起到了极大的促进作用。

国营企业做广告

1979 年 6 月 25 日，四川宁江机床厂把一则向国内外订货的商业广告悄悄登在了中共中央机关报《人民日报》上。这是 1956 年完成社会主义改造以来的第一则生产资料广告。

年初该厂接到物资部的通知，因为没有“需要”，当年的订货量只有 200 台。该厂通过广告将其生产的各种型号自动机床推入市场，改变了生产资料产品不能直接进入市场的状况。广告刊登以后，三四个月内就承接了国内外订单 1400 多台，不仅当年生产的 699 台机床全部售出，而且还承接了后两年的生产任务。后两年，该厂所产机床中 80% 以上是企业自揽业务。为此，经济效益也大幅度提高，1981 年与 1979 年相比，资金利润率增长 77.83%，劳动生产率增长 32.7%。

1979・年度改革大事

1月31日　中共四川省委发出《关于地方工业扩大企业权力，加快生产建设步伐的试点意见》，把试点的工业企业由6户扩大到100户，同时在40户国有商业企业中也进行了扩大经营管理自主权的试点。

3月27日　中共中央决定，在国务院下设立财政委员会，作为研究制定财经方针政策和决定财政工作中重大事务的决策机关。

4月5日至28日　中共中央召开工作会议。决定从1979年起，用3年时间对国民经济实行“调整、改革、整顿、提高”的方针。

4月13日至20日　国家经委召集京、津、沪三市的首都钢铁公司、北京清河毛纺厂、天津自行车厂、上海柴油机厂、上海汽轮机厂等8户企业和有关部门负责人在北京召开座谈会，讨论企业管理体制改革问题。

5月25日　国家经委、财政部等6部委联合发出通知，确定在首都钢铁公司等8户企业中进行扩大经营管理自主权的改革试点。

6月16日　国务院财政经济委员会举行全体会议，讨论批准有关宝钢建设的问题。陈云在讲话中指出，宝钢是实现四个现代化中的一个特大项目，要同心协力把宝钢建设好。

6月18日至7月1日　第五届全国人大二次会议举行。会议通过了《中华人民共和国中外合资经营企业法》等7个法律。

7月15日　中共中央、国务院批转广东省委、福建省委关于对外经济活动实行特殊政策和灵活措施的报告，决定在深圳、珠海、汕头和厦门试办特区。

8月28日　国务院转发国家计委、国家建委、财政部《关于基本建设投资试行贷款办法的报告》及《基本建设贷款试行条例》，决定试行将基建拨款改为银行贷款，贷款业务由中国人民建设银行办理。

10月　中共中央、国务院发出通知：决定从1979年11月起给全国40%的职工升级，并增加工资。

12月6日　邓小平在会见日本首相大平正芳时指出，我们要实现的四个现代化，是中国式的四个现代化。中国20世纪的目标是实现小康。

本年度主要参考资料：

1. 邵宁，周放生，熊志军. 中国企业脱困报告[M]. 北京：经济管理出版社，2002. 1.

2. 章迪诚. 现代企业制度[M]. 贵阳：贵州民族出版社，1994. 4.

3. 中国集团公司促进会. 国有企业改革政策演变[M]. 北京：中国财政经济出版社，2003. 1.

4. 蒋一苇. 企业本位论[M]. 北京：经济科学出版社，1989. 6.

5. 当代中国丛书编辑委员会. 当代中国的经济体制改革[M]. 北京：中国社会科学出版社，1984. 8.

1980 年

1980 · 年度经济背景

调整取得明显成效，但结构性矛盾依然突出

1980 年，是我国贯彻执行“调整、改革、整顿、提高”八字方针的第二年。年初，国务院召开长期计划座谈会，明确了关于国民经济发展的一系列重要方针。根据调整国民经济的方针、任务和要求，经济调整工作继续展开，经济增长速度比较平稳，全年完成国内生产总值 4517.8 亿元，比上年增长 7.8%。全国工农业总产值完成计划 103.2%，比上年增长 7.2%。其中工业总产值完成计划 103.1%，比上年增长 8.7%；农业总产值完成计划 103.3%，比上年增长 2.7%。工业生产方面，节约能源的工作进一步取得成效，超额完成了国家要求全年节电 3%、节煤 5%、节油 10%，折合标准煤 2750 万吨的任务，共计节约能源折合标准煤 3500 万吨。全年全国煤炭、石油等一次能源的产量比上年下降 1.3%，而整个工业生产却增长了 8.7%。据冶金、煤炭、化工、石油、建材、轻工、纺织等部门重点工业企业的 66 项主要产品质量指标的统计，全年累计平均比上年同期稳定提高的有 57 项，占 80%。在 74 项主要物资消耗指标中，有 50 项比上年同期有所降低，占 68%。全民所有制工业企业全员劳动生产率为 12031 元，比上年提高 2%。国营工商业流动资金占用水平也比上年有所减少。农业生产建设方面，农业生产费用占农业总收入的比重，已经从 1978 年的 32.3% 下降到 31.9%。全国农垦企业的经营状况越来越好，1979 年扭转了连年严重亏损的局面，盈利 5.2 亿元。

国民经济重大比例关系开始朝着比较协调的方向发展，具体表现如下：一是农业得到进一步加强。尽管这一年我国遇到几十年少有的南涝北旱的自然灾害，但全国农业生产仍然获得较好的收成。粮食总产量虽然比上年约减少 1400 万吨，但仍是中华人民共和国成立以来仅次于 1979 年的第二个粮食高产年。农业内部结构也发生变化，开始改变了过去片面强调生产粮食的偏向，扩大了经济作物的种植面积，许多经济作物比上年有较大幅度的增长。棉花、油料、糖料、茶叶和黄红麻的总产量都创造了中华人民共和国成立以来的最高纪录。二是轻工业增长速度继续超过重工业，工业内部结构开始趋向合理。全年轻工业总产值为 2344 亿元，比上年增长 18.4%；重工业总产值为 2648 亿元，比上年增长 1.4%。轻工业产值占全部工业产值的比重，由 1979 年的 43.1% 上升到 46.9%。在重工业方面，内部结构开始发生变化。加强了煤矿的掘进和剥离、石油资源的勘探；对冶金、机械、化工等行业一些长线产品的生产进行了控制，增加了化肥、塑料、水泥、家用电器、短线钢材等适销对路产品的生产；国防工业在军民结合方面又有新的发展，全年生产的民用产品占国防工业总产值的比重，由 1979 年的 20% 左右上升到 30% 左右；轻工、纺织以外的各行各业所生产的各类轻工产品的产值，占到全国轻工业总产值的 31% 以上。三是积累和消费比例关系开始有所改善，城乡人民消费水平又有提高。积累基金占国民收入的比重，由 1978 年的 36.5% 下降到 32% 左右，消费基金占国民收入的比重，则由 1978 年的 63.5% 上升到 68% 左右。国家预算内投资完成 281 亿元，比上年的 395 亿元减少 114 亿元。年底全国施工的大中型项目由上年底的 1187 个减到 904 个，减少 283 个。

工业建设完成的投资占投资总额的比重，由上年的 51.4% 下降到 50.8%。全国城乡绝大多数人民的生活继续有所改善。全年农民通过出售农产品和其他劳务增加的收入约 130 亿元；平均每个农民从集体分配的收入为 85.9 元，比上年增加 2.5 元，比 1978 年的 74 元增加 11.9 元，两年增加的收入，大大超过了 1965 年至 1976 年 12 年间增加收入的总和。全年全国城镇新安置的城镇待业青年和其他人员以及国家分配的大中专应届毕业生共 900 万人，连同 1977 年至 1979 年三年安排的，共计 2800 多万人。由于职工人数增加，以及 1979 年 11 月起开始提升 40% 以上的职工工资级别和调整部分地区工资类别，扩大计件工资面和在企业事业单位普遍实行奖励制度，以及发放副食品补贴等，使全民所有制和集体所有制单位职工工资总额比上年增长了 19.5%；全民所有制单位职工年平均工资为 803 元，比上年增长 13.9%，扣除职工生活费指数上升因素后，实际平均工资增长 6%。全国社会商品购买力总额，在 1979 年比 1978 年增加 320 亿元的基础上，1980 年又比上年增加 350 多亿元，相当于 1977 年以前十年间平均每年增加 65 亿元的好几倍。

扩大企业自主权的试点较好地调动了企业的积极性，使绝大多数企业实现了增产增收。据对 28 个省（自治区、直辖市）地方工业 5777 个试点企业（不包括自负盈亏的试点企业）的初步统计：1980 年完成工业总产值 1653.5 亿元，比上年增长 6.8%；实现利润 333.6 亿元，增长 11.8%；上缴利润 290 亿元，增长 7.4%。在增产增收的基础上，实现了国家和企业利益的结合。在上述试点企业实现的 333.6 亿元利润中，上缴国家 290 亿元，占全部实现利润的 87%；企业利润留成 33.3 亿元，占实现利润的 10%；其余 3% 属于归还贷款，政策性补贴等。同非试点企业提取企业基金办法比较，试点企业实际多得 12.4 亿元，占增长利润 35.2 亿元的 35.2%。

1980 年的经济发展情况说明，国民经济实行“调整、改革、整顿、提高”的八字方针，对促进国民经济健康发展起到了积极作用。但由于这两年在某些方面的调整措施不够坚决有力，因此，经济生活中的问题和困难还不少。主要表现在以下几点：

第一，基本建设规模过大，基建战线仍然过长。1980 年国家预算内投资有所减少，但削减的力度不够，同时预算外各种投资又大量增加。一是地方、企业自筹投资完成 164 亿元，比上年的 105 亿元增加 59 亿元，超过国家计划控制指标 80 亿元的一倍多；二是利用国外贷款完成投资 54 亿元，比上年增加 26 亿元；三是国内各种贷款完成投资 41 亿元，比上年增加 36 亿元。使得全国基本建设规模不仅没有压下来，比 1979 年还有所扩大。1980 年全国在建大中型项目仍有 904 个，这些项目的未完工程量从 1981 年算起，还需要投资 1000 多亿元，要把这些项目都建设完工，按 1980 年的投资水平，即使一个新项目不上，也需要几年时间。

第二，工业生产战线过长，工业改组和整顿进展不快。1980 年全国关停并转了几千家企业，而同期新建投产的有 2 万多家企业，年底与年初相比，全国净增 2. 2 万家工业企业。新投产的企业绝大多数是盲目发展起来的加工型小企业，进一步拉长了一些长线产品的生产，加剧了本来就很紧张的燃料动力和原材料工业与加工工业之间的矛盾，能源和原材料产需矛盾愈加尖锐。工业生产的经济效果还不理想，全国全民所有制工业企业，有 43% 的产品质量指标和 56% 的单位产品消耗指标还没有恢复到历史最好水平，还有 23. 3% 的企业存在不同程度的亏损。部分物资的积压仍比较严重，1980 年末全国钢材库存 1954 万吨，比上年增加 3. 2% 。

第三，财政继续出现较大的赤字，货币发行过多。国家财政继 1979 年出现 170 亿元赤字后，1980 年又出现 121 亿元赤字。全年中央财政向银行借支较多，致使货币投放量增大。银行原来计划全年增发 30 亿元货币，实际增发 78 亿元，多发了 48 亿元。

第四，物价上涨面比较大。1980 年全国零售市场物价总指数（包括牌价、议价、市价）比上年上升 6% ，其中城市上升 8. 1% ，农村上升 4. 4% 。国营商业牌价指数比上年上升 4. 4% ，其中食品上升 7. 4% （副食品上升 13. 8% ）。物价上涨使城镇居民特别是一部分没有奖金收入的职工生活受到了一定影响。

以上情况说明，我国国民经济重大比例失调的状况尚未从根本上得到扭转，经济工作的被动局面还没有彻底改变过来。鉴于这种情况，中共中央、国务院于 1980 年底作出决定，从 1981 年起，在前两年工作的基础上，对国民经济实行进一步调整。总的要求是，1981 年在进一步调整比例关系的过程中，首先要争取做到财政收支基本平衡，并在此基础上，基本上实现信贷收支平衡，停止财政性货币发行，同时把市场物价基本稳定下来。在调整中，该退的方面要坚决退够，基本建设投资、国防战备费和行政经费要缩减到当前国力许可的程度，一些消耗高、质量差、亏损大的企业要实行关停并转。同时，在该前进的方面要继续前进，凡是社会需要，客观条件许可，经过努力可以完成的生产建设任务要坚决完成。在最近几年内，经济结构的调整工作将有计划地深入地进行，使经济结构逐步合理化。要大力抓好消费品的生产，以增加财政收入，改善人民生活，使国民经济得到协调、健康的发展。经济体制改革已经取得的成果要巩固，有利于调整的改革将积极地进行。工业改组和整顿工作将扎扎实实地全面展开，使经济组织结构逐步合理化，并且要大力提高经营水平和管理水平。与此同时，还将有步骤地对现有企业进行设备更新，提高技术水平和生产水平。

1980 · 基本改革思路

推动横向经济联合，改善企业组织结构

企业没有活力，效益不高，除了企业管理体制方面的原因之外，企业组织结构不合理，专业化程度低，“大而全”和“小而全”现象严重也是重要原因。因此，在改革企业管理体制的同时，搞好工业企业的改组和联合，组织各种形式的经济联合体，改变不合理的企业组织结构，增强企业之间的专业化协作程度，使之适应社会化大生产的要求，是调整好国民经济和进一步改革经济体制的需要，更是我国国民经济发展的必然趋势。根据这一认识，推动企业间的横向经济联合，成为经济体制改革的一项重要内容。

改革开放以前，我国工业企业的组织结构大体上呈以下态势：大中型企业都是全民所有制企业，是国家经济建设的重点保护对象。国家对它们保投资、保物资、保信贷、保生产、保销售，使它们有比较良好的内外部环境，得以优先发展，成为各行各业的领先企业。小型企业多为集体所有制企业，它们在投资、物资、信贷、生产、销售上没有大中型企业的那种优先权，在人力、技术、资源上都比较落后和欠缺，在生存和发展上也存在较大的困难。两类企业被封锁在不同部门和地区的行政隶属条块之中。大中型企业和小型企业形成了自我循环、封闭式运转，彼此之间横向联系不多的状态。

企业为了谋求发展，在无法克服封闭式自我循环的障碍时，必然发生“大而全”和“小而全”的经济行为。全能型的企业专业化程度低，既不适应社会化大生产的要求，也构成了高额的运行成本，成为企业经济效益差的重要原因之一。同时，这种“大而全”和“小而全”状况不可避免地会在能源、物资、人员和市场等方面发生激烈摩擦，造成传统体制中经常发生的“经济过热”局面。一旦发生这种情况，国家不得不采取严厉的紧缩措施，改组、合并、关闭企业，或调整企业的隶属关系。但是，不论下放或上收企业，还是企业的全面开花或关停并转，都只能暂时缓解经济的过热，并不能从根本上解决企业组织结构不合理的问题。相反，企业的大起大落给国民经济运行造成了极大的损失。所以，在企业改革开始以后，搞好工业企业的改组与联合，改变不合理的企业组织结构，走出一条适合我国国情的经济发展路子，使我国工业逐步由重型结构转到轻型结构；由“大而全”“小而全”转向专业化协作和经济合理的社会化大生产；从消耗高、质量低、效果差转向产品适销对路、讲求经济效益，就成为经济体制改革的一项重要内容。

根据这一认识，1980 年 7 月 1 日，国务院颁发了《关于推动经济联合的暂行规定》（以下简称《规定》），《规定》指出，走联合之路，组织各种形式的经济联合体，是调整好国民经济和进一步改革经济体制的需要，是我国国民经济发展的必然趋势。组织联合要坚持自愿互利的原则，逐步发展，不受行业、地区和所有制、隶属关系的限制，但不能随意改变联合各方的所有制、隶属关系和财务关系；要推进原料产地与加工地区的联合；各种经济联合体都必须保证国家税收和利润上缴任务的完成；联合企业应由有关各方的代表组成联合委员会，作为权力机构。

1984 年 10 月《中共中央关于经济体制改革的决定》公布，确立了国有企业改革在经济体制改革中的中心地位。企业之间的横向联合也进入了一个新的发展阶段。

1986 年 3 月 23 日，国务院颁发了《关于进一步推动横向经济联合若干问题的规定》，明确了发展经济联合的目标和要求，具体如下：一是有利于充分挖掘现有企业潜力，做到投入少、产出多，产品质量好，技术进步快，经济效益高；二是有利于促进企业组织结构、产业结构和地区布局的合理化；三是有利于形成和发展商品市场、资金市场和技术市场；四是有利于打破条块分割，实现政企职责分开、简政放权和所有权与经营权适当分开。《规定》要求通过企业之间的横向经济联合逐步形成新型的经济联合组织，发展一批企业群体或企业集团；企业之间要提倡以大中型企业为骨干，以优质名牌产品为龙头进行联合。《规定》还就维护企业横向联合的自主权，改进计划管理和统计方法，促进物资的横向流通，发展资金的横向融通，调整征税办法，加强生产和科技结合，保障经济联合组织的合法权益等方面提出了具体措施。

同年 3 月 29 日，财政部、中国人民银行和国家物资局又分别颁发《关于促进横向经济联合若干税收问题的暂行办法》《关于搞好资金融通支持横向经济联合的暂行办法》《关于经济联合组织的物资分配、供应和产品销售的暂行办法》。三个《办法》

的颁布分别对经济联合组织生产的产品和内部互供产品征税问题、经济联合组织实现的利润征收所得税问题和技术转让收入征税问题，从逐步建立和发展资金市场、生产资料市场，搞好资金融通、搞活物资流通方面、支持和鼓励发展横向经济联合等方面作出了具体规定，从各个方面支持横向经济联合的发展。这些配套政策的出台，使企业联合进入了一个新的阶段。当时的国务院领导，也对横向经济联合由企业之间的联合体发展成为“企业集团”，并向企业的群体化和集团化方向发展这一现象给予了充分肯定。

横向经济联合加强了我国大中小企业之间的经济联系，缓解了传统计划经济体制下长期存在的企业相互分割的封闭结构的矛盾。但是，由于传统企业管理体制的限制，尤其是在所有制不变、企业隶属关系不变、财政上缴渠道不变的“三不变”原则指导下，企业之间的更深一步联合遭遇到一系列障碍。其中影响企业深度联合的最大障碍，是“三不变”中的企业隶属关系不变，同属一级政府或一个部门的企业之间的联合容易成功，相反，隶属不同地区和部门的企业联合则困难重重。据当年中国经济体制改革研究所的一项调查表明，企业主管部门往往通过资金和物资对下属企业实行强有力的约束。企业深度联合的根本障碍，则在于传统的生产要素管理体制。资产不能转让、产权不能变更、劳动力不能流动，必然影响企业的深度联合。

1987 年以后，横向经济联合的范围和形式同前一阶段相比发生了很大的变化。这一阶段的横向经济联合形式，主要体现为企业集团的形成与企业兼并。随着企业承包的推广和企业兼并、股份制的出现，全国范围内出现了组建企业集团的高潮，使企业集团进入了发展的新阶段。

1988 年 5 月，国家体改委在洛阳召开全国企业集团座谈会，对进一步发展企业集团向国务院提出了政策建议，其中包括突破“三不变”模式，发展企业集团中紧密联合层的要求。1988 年 8 月，中央财经领导小组专门听取了国家体改委关于发展企业集团的汇报，并确定选择少数重点企业集团进行扩大自主权的试点，明确指出要利用企业兼并和控股、参股的办法突破“三不变”，给予企业集团比单个企业更大的自主权，大型企业集团可以与政府直接对话，政府对企业集团要给予更多的支持。这一阶段，企业集团得到了相当快的发展。从行业分布来看，发展最快的是机械行业，占 10%；其次是纺织行业，占 8%；最后是电子行业，占 5%。从地区分布来看，发展较快的是沿海地区，如广东有 240 个，上海有 163 个，江苏有 109 个，山东有 81 个。从企业集团的结构和功能来看，大约有 20% 以上的企业集团已成为以一个大型企业为核心，形成紧密层、半紧密层和松散层等多层次的结构，以及拥有几十个乃至几百个企业的有机整体。如东风汽车集团由原来的“厂办联营”转向了“公司办厂”，通过兼并和控股，把一批联营企业的投资权集中于集团公司，形成了投资中心。在深圳赛格集团的 158 个企业中，集团公司全资、控股、参股的企业已达 95 个，形成了母公司与子公司的格局。这些变化都表现为更深层次的资产联合。

进入20世纪90年代以后，在全国治理整顿的大背景下，企业集团的数量增长趋缓，已组建的企业集团开始注重内部结构的完善，逐步实现规范化。我国企业集团进入了巩固和提高的新阶段。

1991年1月，国务院决定选择100个左右的大中型企业集团进行试点。1991年3月，国家体改委、国务院生产办公室和国家计委联合召开全国企业集团工作会议*，总结和交流了经验，研究和讨论了进一步支持企业集团的若干政策措施。1991年12月，国务院批转了国家计委、国家体改委和国务院生产办公室《关于选择一批大型企业集团进行试点的请示》。71号文件提出了企业集团进行试点的目的、原则、条件和内容，并赋予试点企业集团在计划投资、资金融通、自营进出口、国有资产管理、人事、外事等方面享有更大的决策权，提出了核心企业对紧密层企业实行“六统一”**。1992年，国家计委、国家工商总局、经贸部、国务院经贸办、国家统计局、国家体改委、财政部、国家税务总局、国家国有资产管理局等有关部门先后围绕外事、登记管理、进出口、物资、计划单列、财务、劳动工资、所得税、资产授权经营等方面出台了11个配套政策文件，对改善企业集团的外部环境，推进试点工作起到了重要作用。到1992年底，全国冠以企业集团名称的经济联合体已有2600多家，列入国家试点的企业集团达到55家。其中有些企业集团已发展成为跨地区、跨部门、跨行业的大型企业集团，成员分布在全国诸多省、市之中。有的企业集团开始向跨国经营发展，如深圳赛格集团在世界五大区域设有分支机构，在境

* 1988年4月，撤销国家经济委员会，职能并入国家计划委员会等部门；1989年12月，国家成立非常设机构国务院生产委员会；1991年7月，撤销国务院生产委员会，成立国务院生产办公室（9月10日正式挂牌成立）；1992年5月，撤销国务院生产办，在其基础上成立国务院经济贸易办公室；1993年3月，撤销国务院经贸办，在其基础上成立国家经济贸易委员会。5年时间，国家负责工业生产和新品流通的主管部门经历了较大的曲折。

** “六统一”，即统一发展规划与计划；统一承包；统一贷款还款；统一对外进出口业务；统一对国有资产保值、增值负责；统一任免主要领导干部。

外兴办了数家合资企业。

伴随着企业横向经济联合的发展，企业兼并也逐步兴起。企业兼并最早起始于 1984 年。当年 7 月，保定市政府决定在工业企业中试行企业兼并，将 4 家亏损企业并入或卖给了一些优势企业。保定锅炉厂以承担 42 万元债务的形式兼并了连年亏损的保定风机厂；保定纺织机械厂以承担被兼并方全部债权、债务的方式，兼并了保定市针织器材厂。同年，在武汉市经济主管部门的引导下，银行牵线搭桥促成优势企业兼并劣势企业也开始起步。

1980 · 年度改革实践

实行财政“分灶吃饭”

为了调动中央和地方的“两个积极性”，1980 年 2 月 1 日，国务院下达《实行“划分收支、分级包干”财政管理体制的暂行规定》，并发出通知指出，把计划经济条件下“统收统支”的财政管理体制，改为“划分收支、分级包干”的财政管理体制。这就是有名的“分灶吃饭”财政管理体制的开始。

实行“分灶吃饭”和“分税制”，是国家财政管理体制的重大改革。不仅涉及财政收支结构、财权划分和财力分配的调整和改进，也涉及计划、基建、物资、企业、事业等管理体制的调整和改进，对整个国民经济结构产生了巨大而深远的影响。在“分灶吃饭”和“分税制”财政体制下，地方作为一个相对独立的利益主体地位，实际上已经从体制上确定下来了。与此同时，为了解决垂直管理与市场竞争不相适应的矛盾，中央政府陆续将一些原先隶属于国务院各部委的企业下放到地方管理，这在增强了地方政府经济实力的同时，也使得整个经济格局由过去的“条条”管理格局转变为“块块”竞争的格局。由于这种财政体制是建立在政企不分的经济管理体制基础之上的，在中国巨大的市场需求的刺激下，在“分灶吃饭”“多收多得”财政体制的激励下，为了追求地区收入最大化，为了追求任期内的发展政绩，争相铺摊子、建企业，扩大“短、平、快”的高税利产品的生产规模，以此求得占有一定的市场份额和收益，成为地方官员的必然选择。财政包干体制在很大程度上促使了地方追求税收的最大化，而税收的最主要来源又是国有大中型企业，尤其是那些具有一定垄断地位的支柱产业中的国有企业。扶持国有大中型企业投资“短、平、快”的高收益项目，投资利润丰厚的新兴产业，成为地方政府追求利益最大化的必然结果。

在20世纪80年代，钢铁属于紧缺物资，供不应求，价高利大，各地政府在利益驱使动机下，纷纷进行狂热的投资扩张，同时在电子、机械、化工、纺织、卷烟、酿酒甚至汽车等行业，都建立和扩张了大批企业。然而由于地方政府的财力有限，加之中央政府对地方政府的投资项目又实行限额审批制度，规定每项投资都不能超过一定的限额。于是，各地都形成了一批门类齐全的中小规模企业，各省（自治区、直辖市）的产业结构大同小异，每个省（自治区、直辖市）都成为一个“小而全”

的独立经济体系，再无地区比较优势和产业优势可言。全国性的市场被分割成结构趋同的若干“块块”，成为中国产业格局的一大特点。地方政府为了自己的利益，必然要求分割、占有和保护自己尚未占有和已经占有的市场。特别对于那些经济发展水平还相对低一些的地区，实行地区性封锁与保护，以保证自己的收益达到相对最大化，产生一个普遍性的政府行为和社会性的市场行为。

继续扩大企业自主权试点

1980 年，国家继续进行扩大企业自主权的试点工作。为了完善扩权企业的利润留成办法，1980 年 1 月 22 日，国务院批转国家经济委员会、财政部的《关于国营工业企业利润留成试行办法》，决定从 1980 年起在批准的试点企业中试行。

文件对国有工业企业的利润留成办法作了如下调整：

一是把原规定的全额利润留成办法改为基数利润留成加增长利润留成的办法。企业当年利润高于上年利润的，其中，相等于上年利润的部分，按核定比例提取基数利润留成资金；比上年增长的利润部分，另按国家规定比例提取增长利润留成资金。企业当年利润低于上年利润的，则按当年利润和核定比例提取基数利润留成资金。计算基数利润留成和增长利润留成时，都应包括用折旧基金和自筹资金搞的技措项目增加的利润。规定企业可用基数利润留成和增长利润留成资金，作为企业的生产发展基金、职工福利基金和职工奖励基金。

二是重新核定企业基数利润留成的比例，具体实施方案如下：（1）有新产品试制任务的企业，一般可按利润总额的1%计算新产品试制费；少数新产品试制任务较多的企业，按利润总额的2%计算；机械工业企业按利润总额的3%计算。没有新产品试制任务的企业，如煤矿、油田、电厂、电站、森林采伐、铁路、交通以及其他矿山等，不计算此项费用。（2）企业的科研经费和职工技术培训费，按国家拨给企业的实际数额计算（不包括国家专项拨给的科技三项费用和措施费）。企业在成本或营业外支出中列支的上述费用，仍按原规定执行。（3）从成本中提取的职工福利基金，按照工资总额的11%计算。（4）从成本中开支的职工奖金，一般企业按标准工资总额的10%；少数先进企业可以适当提高，但最多不得超过标准工资总额的12%。（5）基层企业从利润中提取的企业基金，在最多不超过工资总额5%的范围内，由企业主管部门根据企业的不同情况，分别确定。

上述第（1）、（2）项的数额，为生产发展基金；第（3）项的数额和第（5）项中80%的数额，为职工福利基金；第（4）项的数额和第（5）项中20%的数额，为职工奖励基金。这三项基金，都要分别核定利润留成比例。计算基数利润留成比例的利润总额，为扣除归还技措贷款后的利润数。原来从成本中列支的职工福利基金和职工奖金改为从利润中提取后，计算基数利润留成比例的利润总额应作相应的增加。试行利润留成办法后，凡属于应在利润留成资金中开支的费用，国家一律不再拨款，企业也不得在成本中列支，也不再提取企业基金。

三是企业增长利润留成的比例，按照不同行业，分别规定为：石油、电力、石油化工和国外引进成套设备等盈利水平较高的企业为 10%；冶金、机械、电子、化工、轻工、纺织、建材、森工、铁路、交通运输和其他企业为 20%；煤炭、邮电、民航、农机企业为 30%。

四是企业基数利润留成比例的核定，采取自上而下、逐级核定的办法。各省（自治区、直辖市）和中央主管部门总的利润留成比例，由国家经委和财政部核定。各省（自治区、直辖市）和中央主管部门，可以在国家核定总的利润留成比例范围内，分别核定所属企业（或公司）的利润留成比例。基数利润留成比例核定以后，原则上三年不变。如遇有特殊情况，可以作相应的调整。

五是工业企业必须完成产量、质量、利润和供货合同四项计划指标，才能按照核定和规定的留成比例提取全部利润留成资金。四项计划指标中，每少完成一项，扣减其应提利润留成资金（包括基数利润留成资金和增长利润留成资金）的 10%。铁路、交通运输、邮电、民航企业的考核指标，由各主管部门和财政部另行商订。

六是企业提取的基数利润留成资金，完成月度计划指标的，可以按规定提取，没有编制或没有完成月度计划指标的，可以按月预提 80%。增长利润留成资金，上半年完成全年计划在 50% 以上的企业，可以按规定预提 50%，完成年度计划不到 50% 的企业，不能预提。企业应提的利润留成资金，年度终了后列入决算，经企业主管部门和同级财政部门审查后进行结算，多退少补。企业提取利润留成资金时，应按归还技措贷款后的利润数计算。

七是企业从基数利润中提取的利润留成资金，按照核定的生产发展基金、职工福利基金和职工奖励基金的留成比例分别提取，分别管理和使用。企业从增长利润额中提取的利润留成资金，用于发展生产的部分不得少于60%，用于职工福利设施和职工奖金的部分不得超过40%。生产发展基金可以与更新改造资金结合使用，但不得用于职工福利和奖金方面。发给职工的奖金，除国家规定的节约奖外，都在职工奖励基金中开支。职工奖励基金，应坚持先提后用，不得超支。职工奖励基金较多的企业，当年发放的奖金总额，以企业为单位计算，最多不得超过本企业职工两个月的标准工资；节余的奖金，可留作下年使用，以丰补歉。

到1980年上半年统计，试点的工业企业已达到6600个，约占全国全民所有制工业企业总产值的60%，利润占70%。这些试点企业，有了一定的经济利益、部分产供销的活动权力及一定自我发展的经济条件，开始成为具有一定自主权的经济单位。这对调动企业和广大职工的积极性，发展生产，改善经营管理，起了很大的推动作用。据28个省（自治区、直辖市）的5777个试点企业的初步统计：1980年完成工业总产值1653亿元，比1979年增加105亿元，增长6.8%；实现利润333亿元，增加35亿元，增长11.8%；上缴利润290亿元，增加20亿元，增长7.4%。

1980年9月2日，国务院批转国家经委《关于扩大企业自主权试点工作情况和今后意见的报告》（以下简称《报告》）指出，一年来，扩大自主权的试点工作对搞活经济，促进生产发展起了明显作用。但是，也出现了一些问题，主要是：有一些产品的分配调拨计划完成得不好；有的企业为扩大自销压低生产指标；盲目建设、以小挤大、以落后挤先进的现象有所漫延；等等。《报告》提出，要改进现行的利润留成办法；积极进行企业独立核算、国家征税、自负盈亏的试点；使企业在人财物、产供销方面拥有更大的自主权。决定从 1981 年起把扩大企业自主权的工作在国有工业企业中全面推开。

县级工业管理体制改革试点

据不完全统计，截至 1980 年，全国有 25 个省（市）的 125 个县（市）进行了县级工业管理体制改革的试点。在这方面，广东省清远县试点工作进行得比较早，也取得了一些经验。以清远县为例：过去清远县只有国有工业企业 17 个，职工 6000 人，属 8 个局分管。管生产的经委和工业局不管人财物，管人财物的其他综合部门又不管生产。这种行政管理层次多、头重脚轻、权责脱离的工业管理体制，严重束缚了企业的积极性。1979 年清远县对这种体制进行了如下改革：撤销了局，由县经委直接管理所属企业的人财物、产供销，上级各部门向企业布置任务，统由经委一处下达；县经委把一部分权限下放给企业。企业初步获得了利润提留权、固定资产处置权、计划外安排生产和超产产品销售权、奖金制度和奖励办法选择权、招工和惩罚处理权，以及机构设置和人事权。这些改革尽管是初步的，但效果是好的。1979 年全县地方国有工业企业实现利润 425 万元，比 1978 年增长两倍多；1980 年在原材料、燃料涨价、一些企业生产任务不足、能源紧张的情况下，实现利润 542. 4 万元，比 1979 年增长 26. 7%。1979 年比 1978 年增长 1. 7 倍；1980 年比 1979 年增长 19. 7%。

开展企业整顿

1980 年 2 月 21 日，国家经委确定：当年要抓好五个方面的工作，按照现代化建设的要求搞好企业整顿。调整好领导班子；建立严格的责任制度；普遍实行厂内经济核算制；开展全员培训工作；改进奖励制度。

通过整顿企业，取得了以下成绩。

第一，进一步调整和加强了企业的领导班子，选拔、配备了一批政治思想好、熟悉业务技术、懂得经营管理、年富力强的干部，调整了一些不称职干部，干部队伍的结构有了初步的改善。据北京、天津、上海、辽宁、四川、湖北等六个省市不完全统计，重点企业的领导班子，懂技术、会管理的内行平均约占一半；平均年龄有所下降，为 53 岁左右；文化水平有所提高，大学、中专文化水平的，平均占 1/3 左右。

第二，开始建立严格的责任制度。以厂长（经理）负责制为中心的各级生产行政管理的责任制度有所加强，企业生产的组织指挥由厂长全权负责，生产技术工作由总工程师负责，财务工作由总会计师负责；各级各个环节以及各个岗位、各个工序，都有了明确的责任。在许多企业里，过去那种只讲集体领导、不讲个人负责，名义上谁都负责、实际上谁都不负责的状况，开始有所改变。

第三，整顿和加强了企业管理的基础工作。全国已有4400多个企业推行全面质量管理制度，即从设计、试制、生产到使用全过程的质量管理。经营工作开始得到重视，普遍加强了经济核算。不少企业的经营管理水平有了提高。

第四，企业普遍加强了经济核算。有些企业还逐步实行了全厂、全生产过程、全员参加的全面经济核算，并创造了一些行之有效的经验。一是建立和健全了厂部、车间、班组的三级核算制度；二是加强成本管理和财务管理；三是实行指标分解，把企业的主要技术经济指标落实到有关科室、车间、班组，直到机台和个人；四是核定企业及其所属车间、有关科室的流动资金定额和固定资金的需要量，并考核资金占用情况；五是建立厂部、车间、班组的定期经济活动分析制度；六是逐步建立了企业内部结算制度。有的企业还实行了内部自计盈亏和内部经济合同等办法。

第五，企业全员培训工作有所加强，1979年和1980年两年内，各地区、各部门轮训了各类干部119万多人，其中县属以上企业的领导干部32.8万人。各类职工学校、培训班逐步发展起来。到1980年底，全国大中型企业办学面达到50%，参加学习的人数占职工总数的20%左右。

第六，许多企业特别是扩权试点企业开始重视和加强经营工作。逐步建立起相应的经营体系和制度，广泛开展多种形式的产销直接结合的经营活动。一是强化销售机构，把销售作为经营工作的主要环节来抓，编制生产计划要同销售计划相结合；二是开展市场调查和预测，及时了解国内外市场发生的新情况、新变化、新趋势，增产适销对路产品，做到产销两旺；三是加强产品的科研、设计和试制力量，充分利用市场信息和它的“反馈作用”，改进产品设计，提高质量，并大力研制新产品，采用新技术、新工艺降低成本，以期达到“质量以优制胜，品种以新制胜，价格以廉制胜”；四是做好产品的宣传工作，积极开展为用户服务的各项业务，主要是把技术服务搞好；五是按质按量按时履行经济合同，讲究企业信誉；六是厂长亲自抓经营，注意掌握情报，把握时机，作出经营决策。

第七，企业的民主管理有所加强，职工进一步实现当家作主的民主权利。据不完全统计，全国建立职工代表大会制度的企业已达到 3.62 万个。

通过整顿企业，提高了我国工业企业的管理水平，促进了主要技术经济指标的提高。10 个工业部门 60 项主要产品质量指标，1980 年 1 月至 11 月累计，平均比上年同期提高 80%。在 74 项主要物资消耗中，比上年同期降低 68%。国有工业企业全员劳动生产率为 12031 元，比上年提高 2%。

1980 · 重要理论观点

我国现阶段的社会主义经济是商品经济

1980 年 9 月，国务院经济体制改革办公室在《关于经济体制改革的初步意见》中提出：“我国现阶段的社会主义经济是生产资料公有制占优势，多种经济成分并存的商品经济，必须建立与之相适应的经济体制”“我国经济体制改革的原则和方向应当是：在坚持生产资料公有制占优势的条件下，按照发展商品经济和促进社会化大生产的要求，自觉地运用经济规律”“把单一的计划调节，改为在计划指导下的充分发挥市场调节的作用”。当时的理论界普遍认为，“承认社会主义经济是有计划的商品经济，这在理论上是一个很大的进步，是一个飞跃”。

个体所有制还有必要在一定范围内存在和发展

在 1956 年我国基本实现生产资料所有制的社会主义改造以后，无论在城市还是在农村，社会主义公有制都占了绝对的优势。从那时起的大约 20 年来，经济学界一直流行着这样一种传统的观念，即全民所有制经济无条件地优越于集体所有制经济，个体所有制经济无条件地会产生资本主义。粉碎“四人帮”以后，经济学界对上述错误认识进行了认真地回顾和总结，认为生产关系一定要适合生产力性质。改善我国生产资料所有制关系的根本出发点，是要从我国存在的从极其落后的生产力到现代生产力这种多层次的生产力状况出发，允许保留一些非社会主义的经济成分和灵活多样的经营方式，以利于生产力的发展。

一方面，个体所有制经济还有必要在一定范围内存在和发展。在社会主义公有制经济占支配地位的条件下，可以通过代销代营、材料加工、批零关系等形式，把个体手工业和个体商业组织到社会生产和流通的过程之中，使之成为社会主义公有制经济的助手和附庸，而不至于导致资本主义。另一方面，集体所有制经济需要加以巩固和发展，而且必须具有名副其实的集体性质。不少经济学家提出，城乡的集体所有制经济，在我国现阶段有强大的生命力，它们将同全民所有制经济长期并存。

全民所有制不等同于国家所有制

我国经济学界过去一般把社会主义全民所有制和国家所有制等同起来。粉碎“四人帮”以后，越来越多的经济学者开始认识到，全民所有制经济也需要经历一个逐步完善的过程。更多的经济学家则认为，国家所有制确实不是社会主义全民所有制的完善形式，这两者是有区别的。不过我国现阶段还不具备取消国家所有制的条件，经济管理体制改革还只能在国家所有制的范围内进行，但应当争取逐步向完善的全民所有制方向发展。

价值规律对社会主义再生产的全过程具有调节作用

我国经济学界长期以来接受斯大林的观点，即认为价值规律对社会主义生产只起影响作用，不起调节作用。经过几年的讨论，经济学家普遍认识到价值规律既然是商品经济的基本规律，凡是有商品生产和商品交换的地方就不能没有价值规律的作用。因此，在承认社会主义经济中普遍存在商品关系的同时，就不能不承认价值规律对社会主义再生产全过程的调节作用。在关于价值规律同国民经济有计划按比例发展规律的相互关系问题上，一种观点认为，客观上根本不存在国民经济有计划按比例发展的规律。现阶段的社会主义经济还是以公有制为基础的商品经济。因此，价值规律是社会主义再生产唯一的调节者。应当很好地发挥价值规律的客观调节作用，制订国民经济计划应当以自觉运用价值规律为主要依据。另一种观点认为，社会主义经济的基本特征是计划经济而不是商品经济。国民经济有计划发展规律是社会主义经济的主要调节者，价值规律只是在一定程度上起调节作用。制订国民经济计划主要是以有计划按比例发展规律为依据，也应当考虑价值规律的要求。比较多的经济学者则认为现阶段的社会主义经济既是计划经济又是商品经济，但他们的侧重点不完全一样。侧重社会主义经济的商品性的经济学者，把它称为有计划的商品经济；侧重社会主义经济的计划性的经济学者，则把它称为在商品经济条件下的计划经济。两者都认为有计划发展规律和价值规律在作用方向上基本一致，它们的作用交织在一起，对国民经济起调节作用。因此，制订国民经济计划应以这两个规律同时起调节作用为依据。

计划和市场并不是互相对立、互相排斥的关系

许多经济学家指出两者是以计划调节为主、彼此结合的关系。至于如何结合，有的经济学家认为两者不是板块拼凑式的结合，而是你中有我、我中有你，即互相渗透式的结合。有的经济学家则认为，从板块式的结合到渗透式的结合，需要有一个发展过程。还有的经济学家进一步分析了不同层次的经济活动（例如宏观经济活动和微观经济活动）中计划和市场如何结合的问题。尽管对这一问题还有许多不同的看法，而且有待作深入和具体的探讨，但从计划和市场互相排斥的观点发展到现在，无疑是理论上的一个重要进展。

社会主义经济中也存在竞争

长期以来，我国经济学界一直否认社会主义经济中存在着竞争。通过粉碎“四人帮”以后的讨论，对竞争问题的看法有了很大改变。经济学家一般都接受了竞争是商品经济的范畴，哪里有商品生产和商品交换，哪里就有竞争的观点。既然社会主义经济中还存在着商品和市场关系，也就存在着竞争。例如，按照市场的需要进行生产和组织供销，按照投资效果的大小决定资金的投放，按照择优录用的原则进行人员的安排等，实际上都离不开竞争。在社会主义计划经济的条件下开展一定程度的竞争，对于鼓励先进，鞭策落后，提高产品质量，改善经营管理，都有积极的作用。除了肯定社会主义竞争的必要性以外，经济学界还对社会主义竞争和资本主义竞争的区别，竞争和社会主义竞赛的区别，以及在保护竞争的同时如何加强指导等问题展开了研究和讨论。

按劳分配是具有社会主义性质的

按劳分配问题曾经是我国经济学界长期以来反复讨论的问题。过去由于“左”的指导思想的干扰，按劳分配原则一直没有得到认真贯彻，给社会主义经济造成很大的损失。因此，1977年和1978年先后举行过四次全国性的专题讨论会，澄清了思想混乱，重新肯定了按劳分配的社会主义性质。

1980 · 重要政策法规

1. 国务院批转国家经委、财政部《关于国营工业企业利润留成试行办法》的通知，1980年1月22日。

2. 《国务院关于实行“划分收支、分级包干”财政管理体制的通知》，1980年2月1日。

3. 国家经济委员会《工业企业全面质量管理暂行办法》，1980年3月18日。

4. 国家计划委员会、国家经济委员会、国家劳动总局《关于国营企业计件工资暂行办法（草案）》，1980年4月1日。

5. 国务院《关于推动经济联合的暂行规定》，1980年7月1日国务院常务会议通过。

6. 国务院《中外合资经营企业劳动管理规定》，1980年7月26日。

7. 国务院《中外合资经营企业登记管理办法》，1980年7月26日。

8. 《广东省经济特区条例》，1980 年 8 月 26 日第五届全国人民代表大会常务委员会第十五次会议批准。

9. 《中华人民共和国个人所得税法》，1980 年 9 月 10 日第五届全国人民代表大会第三次会议通过。

10. 《中华人民共和国中外合资经营企业所得税法》，1980 年 9 月 10 日第五届全国人民代表大会第三次会议通过。

11. 国务院《关于开展和保护社会主义竞争的暂行规定》，1980 年 10 月 17 日。

12. 国务院《中华人民共和国个人所得税法施行细则》，1980 年 12 月 10 日。

13. 国务院《中华人民共和国中外合资经营企业所得税法施行细则》，1980 年 12 月 10 日。

1980 · 年度热点纪实

试办经济特区

创办经济特区的设想，早在 1978 年就开始启动了。在 1978 年当中，中国有 13 位副总理和副委员长以上的领导人，先后 21 次访问了 51 个国家。他们的出访，开阔了眼界、打开了思路。根据大家的意见，中央政治局决定，由国务院主管经济工作的中央书记处书记、国务院副总理谷牧组织人员进行调查研究工作。谷牧先后派出了三个代表团。一是由国家计委和外贸部组织的港澳经贸考察组，对港澳地区作实地考察研究。二是由他亲自率领的政府考察团，考察活动以西方五国（西德、英国、瑞士、丹麦、比利时）为主。三是由李一氓担任团长的中共代表团去南斯拉夫，对这个国家领导企业的经验和企业管理情况进行了解。各路考察团回到北京后，形成了三份有分量的考察报告。对于中央政治局下决心创办经济特区，起到了重要作用，同时也提供了大量为创办经济特区和对外开放可资借鉴的先进经验。

1980 年 5 月 16 日，中共中央和国务院批准《广东、福建两省会议纪要》，决定在广东省的深圳市、珠海市、汕头市和福建省的厦门市，各划出一定范围的区域，试办经济特区，积极吸收侨资、外资，引进国外先进技术和管理经验。并决定对广东、福建两省在对外经济活动中实行特殊政策和灵活措施：一是财政和外汇收入实行定额包干；二是物资、商业在国家计划指导下适当利用市场的调节；三是在计划、物价、劳动工资、企业管理和对外经济活动等方面，扩大地方权限。试办经济特区，必须采取既积极又慎重的方针，逐步实施。经济特区的管理，在坚持四项基本原则和不损害主权的条件下，可以采取与内地不同的体制和政策。特区主要是实行市场调节。

于是，特区作为中国改革开放的“试管婴儿”就这样诞生了。大批抱着要干一番事业之心的拓荒者，从四面八方来到特区，以“深圳速度”在这片改革开放的热土上，一次次地演绎了特区建设波澜壮阔的奇迹。短短十几年，就把这座当年的渔村，建设成为现代化的大都市。

于是，特区成了中国改革开放的缩影，记载了中国改革开放跌宕起伏的辉煌历程，“时间就是金钱，效率就是生命”、“三来一补”、利用外资、土地批租、股份制、证券交易所等方式，特区成为中国改革开放的领跑者。南风自此一路北上，开放之势不可阻挡。

发行外汇券

1980 年 4 月 1 日，为了便利短期来华的外国人、华侨、港澳同胞、台湾同胞，外国驻华使领馆、民间机构及常驻人员等在国内指定的商店、场所购买物品或支付劳务费用，经国务院批准，由中国银行发行外汇券。外汇券全称为“外汇兑换券”。面额有 100 元、50 元、10 元、5 元、1 元、5 角、1 角七种，与人民币等值。

外汇券的使用范围主要如下：（1）各地专门接待外国人、华侨、港澳同胞、台湾同胞的旅行社、友谊商店、外轮供应公司、工艺美术品服务部、文物商店、外贸中心和进口商品专柜；（2）专门接待外国人、华侨、港澳同胞、台湾同胞的宾馆、饭店、俱乐部；（3）支付国际、国内列车，国际海运以及内河旅游船的票款及托运行李、物品费用；（4）支付国内外航线的飞机票，及托运行李、物品费用；（5）支付国际电信、国际包裹，及其他经国家外汇管理局批准需收外汇券的单位等。由于外汇券可以在指定的地方购买人民币买不到的紧俏商品，在当时商品短缺的年代，一时间，外汇券成了特殊的货币，受到国人的热烈追逐。

1995 年 1 月 1 日，外汇券结束了它的历史使命，从流通市场进入了收藏市场。

1980 · 年度改革大事

2 月 12 日　第五届全国人大常委会第十三次会议决定，设立国务院机械工业委员会，统一领导和归口管理机械工业。

3 月 30 日至 4 月 24 日　国务院召开长期计划座谈会，主要讨论编制长期计划的方针、政策问题。

4 月 1 日　国家计委、国家经委、劳动总局联合下发《国营企业计件工资暂行办法〈草案〉》。

同日，经国务院批准，中国银行开始发行外汇兑换券，规定自外汇兑换券发行之日起，国内禁止外币的使用和流通。外汇兑换券在我国通行了 15 年，于 1994 年 1 月 1 日起停止发行，1995 年 1 月 1 日起停止流通。

5 月 4 日　国家建委、国家计委等五部委联合下发《关于扩大国营施工企业经营管理自主权有关问题的暂行规定》。

5 月 8 日　国务院决定成立国务院体制改革办公室，负责制定改革的总体规划，协调各方面的改革，由国务院秘书长杜星垣兼任国务院体制改革办公室主任。

7 月 21 日　据新华社报道：截至今年 6 月底，全国进行扩大自主权试点的工业企业已达 6600 多个，占全国全民所有制工业企业总数的 16%，其产值和利润分别占 60% 和 70% 左右。

8 月 18 日　邓小平在中共中央政治局扩大会议上发表《党和国家领导制度的改革》重要讲话。

8 月 26 日　第五届全国人大常委会第十五次会议决定：批

准国务院提出的在广东省的深圳市、珠海市、汕头市和福建省的厦门市设立经济特区，并批准《广东省经济特区条例》。

9 月 2 日　国务院批转国家经委《关于扩大企业自主权试点工作情况和今后意见的报告》。

11 月 12 日　国家经委、财政部、中国人民建设银行联合发出通知，决定从 1981 年起，将国家经委、财政部安排的挖潜、革新、改造部分的资金，由国家拨款改为银行贷款。

11 月 18 日　国务院批转国家计委等单位《关于实行基本建设拨款改贷款的报告》，决定从 1981 年起，凡实行独立核算、有还款能力的企业，进行基本建设所需的投资，除尽量利用自有资金外，一律改为银行贷款。这就是有名的基本建设投资“拨改贷”。

12 月 16 日至 25 日　中共中央召开工作会议，主要讨论经济形势和经济调整问题。会议确定了在经济上实行进一步调整，政治上实行进一步安定的方针。

12 月 25 日　邓小平作《贯彻调整方针，保证安定团结》的讲话，指出，调整是三中全会实事求是、纠正“左”倾错误的指导思想的进一步贯彻。巩固和发展安定团结的政治局面，是这次调整成败的关键。坚持四项基本原则的核心，是坚持党的领导。要坚持党的领导，必须改善党的领导，改进党的作风。

本年度主要参考资料：

1. 中国经济年鉴编委会. 中国经济年鉴（1981）[M]. 北京：中国经济年鉴社，1981. 12.

2. 中国经济体制改革研究所. 改革：我们面临的问题与思路[M].

北京：经济管理出版社，1987. 7.

3. 汪海波．新中国工业经济史（1979—2000）[M]. 北京：经济管理出版社，2001. 10.

4. 董辅礽．中华人民共和国经济史（下卷）[M]. 北京：经济科学出版社，1999. 9.

1981 年

1981 · 年度经济背景

继续控制投资规模，努力实现“两平一稳”

1981 年宏观经济运行的指导原则是：贯彻 1980 年 12 月中央工作会议确定的“在经济上实行进一步调整、在政治上实现进一步安定”的重大方针，做到财政收支、信贷收支基本平衡，把市场物价基本稳定下来（即所谓“两平一稳”），使整个国民经济在稳定中前进。

经过一年的努力，基本上实现了“两平一稳”的目标，国民经济开始走上稳步发展的轨道。全年完成国内生产总值 4862.4 亿元，比上年增长 5.2%，是 1978 年以来经济增长最低的年份。这一年，国家财政收支计划完成情况较好。财政收入达到 1064.3 亿元，完成计划的 100.7%，增收 7.7 亿元；财政支出达到 1089.7 亿元，完成计划的 103.1%，超支 33.1 亿元。收支相抵，财政赤字 25.4 亿元，比 1979 年的 170 亿元、1980 年的 127 亿元大幅度减少，做到了当年财政收支基本平衡。银行信贷收支也实现了基本平衡。1981 年银行增发货币的数量，比

1980 年大大减少。全年完成基本建设投资 428 亿元，比追加后的计划超出 48 亿元，但比上年减少 111 亿元，压缩 20.6%，使超过国家财力、物力的基本建设规模真正得到了一定程度的压缩。在 1981 年完成的投资中，国家预算内直接安排的投资 208 亿元，比上年减少 73 亿元，压缩 26%。全国建成大中型项目 79 个，单项工程 81 个。年末在建的大中型项目 663 个，比上年底的 904 个减少 241 个。一年来，国民经济的薄弱环节——能源建设取得了显著进展。全国建成了山东兖州兴隆庄矿等 23 座矿井，新增采煤能力 1373 万吨，比上年新增的采煤能力增长 66%；在湖北葛洲坝、贵州乌江渡、山西神头等 17 座大中型电站安装了新的发电机组，加上新增的小型发电机组，全年新增装机容量 264 万千瓦。与能源建设密切相关的铁路、港口建设，也取得了新的成绩。与人民生活直接相关的轻工、纺织、建材等行业的建设，普遍地加快了进度，效果也比较好。全年社会商品零售总额达到 2350 亿元（包括农民对非农业居民零售 90 亿元），在 1979 年、1980 年两年大幅度增长的基础上又增长 9.8%（剔除零售商品价格提高的因素，实际增长 7.2%），而且出现了乡村商品零售额增长幅度大于城市增长幅度的新变化，自 1955 年以来，销售给农民的消费品零售额，第一次相当于销售给城镇居民的消费品零售额。进出口贸易总额达到 735 亿元，比上年增长 29%（剔除汇率和商品价格变动的因素则增长 11%）。上半年，市场零售物价总指数上升不到 1%，下半年由于调整了一些商品价格，全年零售物价总指数上涨幅度达到 2.4%。虽然有些商品的价格，特别是一些地方蔬菜价格上涨得较多，但大部分生活必需品的价格基本稳定，物价总指数上涨幅度远远低于过去两年。

全年工农业总产值达到 7490 亿元，比上年增长 4.5%；农业总产值按 1980 年不变价格计算为 2312 亿元，比上年增长 5.7%，粮食总产量比上年增加 90 亿斤，达到 6500 亿斤，成为中华人民共和国成立以来的第二个高产年。棉花产量在 1980 年增产 1000 万担的基础上又增产 523 万担，达到 5936 万担，再创历史最高水平。油料、糖料产量在 1978 年以来连续三年大幅度增产的基础上又分别增长 32.7% 和 23.7%。这一年，尽管能源的生产总量比上年下降 0.8%，基本建设规模大量压缩，但整个工业生产趋势向好，全年工业总产值按 1980 年不变价格计算为 5178 亿元，比上年增长了 4.1%。其中，轻工业产值达到 2663 亿元，比上年增长 14.1%；重工业生产上半年下降较多，9 月开始逐月回升，全年产值达到 2515 亿元，比上年下降 4.7%。铁路部门迅速修复了遭到特大洪水严重破坏中断的西南、西北主要铁路干线，超额完成了全年的运输任务，货运量达到 10.48 亿吨；交通部门保证重点物资的运输，逐步扭转了港口压船、压货的严重局面。

经济结构朝着合理化方向发展。主要表现在以下几个方面：

第一，农业内部结构和生产布局的不合理状况有了较大改善。过去只注重单一搞粮食生产，忽视经济作物和其他多种经营的倾向明显改变。1981 年同 1978 年相比，粮食作物的播种面积减少了 1 亿多亩，粮食产量仍然增加了 405 亿斤，增长 6.6%。1981 年棉花产量比 1978 年增加 1602 万担，增长 37%；

油料产量增长95.6%，糖料产量增长51.2%。其他经济作物也大都增产，同期猪、牛、羊肉产量增长47.2%，社员家庭副业发展也很快。

第二，工业内部结构得到改善。轻工业生产连年大幅度增长，轻工业产值在工业总产值中所占比重，由1978年的42.7%上升到1981年的51.4%，超过了重工业；重工业产值的比重，则由57.3%下降为48.6%。轻工业的产品结构进一步改善，重工业在调整服务方向、改变产品构成方面取得新的进展。钢的产量比上年减少4.1%，重轨、优质型钢等“长线”产品的产量分别比上年下降17.4%到20%；市场最短缺的带钢、薄钢板的产量分别比上年增长21.7%和25.2%。1981年全国机电产品出口额比上年增长一倍，成套设备出口已初步打开局面，一些大型精密机械开始进入国际市场。

第三，投资结构进一步调整。工业建设完成投资占投资总额的比重，大体上维持上年水平。其中，同人民生活密切相关的轻工业的投资比重，由上年的9.1%上升到10%；重工业的投资比重，则由上年的41.7%下降为40.3%。文教卫生、职工住宅、商店和城市公用设施等非生产性建设投资的比重，由上年的33.7%上升到41.1%。其中住宅建设的投资比重，由上年的20%上升到25.5%。国家用于满足人民物质和文化生活需要的非生产性建设投资的比重占到41.1%，这是中华人民共和国成立以来非生产性建设投资比重最大的一年。

第四，各种流通渠道的商品零售额全面增长。全民所有制商业的商品零售额达到1679亿元，比上年增长4.1%；集体所有制商业的商品零售额 210 亿元，比上年增长 43.4%；个体商业的商品零售额 26 亿元；工业部门直接零售商品 195 亿元，比上年增长 18.4%。全年城乡集市贸易成交额达到 287 亿元，比上年增长 22%。城乡个体商业、集市贸易活跃，在弥补国营和集体商业的不足方面起了较好作用。

第五，外贸出口产品的结构发生了新的变化。重工业产品出口占出口总额的比重，由上年的 39.4% 上升到 43.6%；其中机电产品的比重，由 4.7% 上升到 7.8%；农副产品的比重继续下降。在进口商品中，农业和市场需要的物资，以及轻纺工业生产所需的原材料比重，由上年的 50.9% 上升到 59.5%；机械、钢材和有色金属等，则由 30% 下降为 13%。

第六，积累和消费的比例关系继续有所调整。消费占国民收入中的比重，由 1978 年的 63.5%、1979 年的 65.4%、1980 年的 67.4%，进一步上升到 70% 左右；积累占国民收入中的比重，相应地由 1978 年的 36.5%、1979 年的 34.6%、1980 年的 32.6%，进一步下降为 30% 以下。过去长期持续的积累和消费比例严重失调的状况，经过近三年来的调整，已经有了很大改善。

1981 年我国经济的调整和发展取得了很大的成绩。但国民经济中还存在一些值得重视的问题。整个国民经济和工业经济面临的形势，可以概括为两句话：生产情况很好，但潜伏着危险，财政赤字大，货币投放量过多，物价上涨较高。主要表现在以下几点：

第一，从财政金融和市场方面看，国民经济中潜伏着的危险虽然有所缓和，但是还没有根本消除。财政赤字虽比前两年大为缩小，做到了基本平衡，但这是在收入减少、支出大幅度紧缩的条件下实现的，因而是不巩固的；货币投放量虽比上年减少，但市场货币流通量的增长速度仍然超过了工农业生产的增长速度；消费品的生产和供应虽有了较大幅度的增长，但仍赶不上社会购买力的增长，社会结余的购买力继续增加。因此，要保持经济稳定，尚需做艰苦的努力。

第二，基本建设规模并没有压下来，虽然停建缓建了一批大中型项目，但又上了一批新项目。全年全民所有制单位固定资产投资总额达到696.3亿元（其中基本建设投资558.9亿元，挖潜革新改造措施工程投资137.4亿元），投资规模比上年有所扩大，特别是基建投资增加了35.4亿元，增加7.9%，是中华人民共和国成立以来基本建设投资最多的一年。投资结构也很不合理，新建投资占基本建设投资半数以上，这同规划的把70%的投资用于老企业挖革改的要求相差甚远；工业投资中用于重工业的仍占80%以上；建筑安装工程投资仍占65%以上，机器设备工具器具的投资只占28%。此外，投资效果也比较差，大中型项目投产率由上年的9.7%下降到6.2%，34种主要产品的新增生产能力只有13种完成计划，其他如煤炭开采、石油开采、发电机组、原木采运等21种都没有完成计划。

第三，工业面临着许多问题，长期存在的一些重大比例关系严重失调的状况并没有根本改变。一是工业生产战线过长，大厂吃不饱、小厂到处搞的现象严重。1979年工业企业关、停、并、转了3600个，但全国工业企业数反而增加了6566个，1980

年又净增 7000 多个。新增加的大部分是以农副产品为原料的社办企业。这些企业设备简陋，工艺落后，经济效益很差，又挤占了应该调往大中城市、大企业的原材料和能源。二是重工业该压的压不下去。例如钢铁工业，1980 年钢计划产量为 3300 万吨，比 1979 年实际产量缩减 148 万吨，但实际钢产量达到 3703 万吨。又如机械工业，一方面生产能力大量闲置，机床利用率只有 52.1%；另一方面全国又有 3160 个新厂盲目上马，其中绝大多数是经济效益差的小企业。由于盲目发展，部分重工业产品积压严重。全国钢材库存达到 1920 万吨，原国家计划要求压缩钢材库存 400 万吨，实际库存不但没有减少，反而比年初增加了 27 万吨。许多机电产品积压增加，如交流电动机的库存周转期从 1979 年末的 520 天增加到 575 天，发电设备更是长达 943 天。三是一些轻纺工业盲目发展，以落后挤先进。如棉纺工业，多年来生产能力大大超过国内原料供应能力，需要大量进口棉花。但 1980 年又新建公社以上小棉纺厂 146 个，增加棉纺锭 80 万锭。卷烟工业，全国计划内卷烟厂为 83 家，年生产能力 1500 万箱，因原料不足，生产量仅 1261 万箱。但近几年又建了许多计划外的小厂，使烟叶调出量大大减少，豫、鲁、云、贵四大烤烟产区 1978 年调出烟叶 660 万担，1979 年减为 352 万担，1980 年又减为 210 万担。四是企业亏损面继续扩大。全民所有制工业企业全员劳动生产率比上年下降 1.8%；可比产品总成本比上年上升 1%；上缴利润下降 8.5%；企业亏损面由上年的 23.3% 扩大到 27.1%，亏损额增加 12 亿元。五是能源消耗高、浪费大的状况没有根本改变。在 1981 年的节能总量中，属于调整工业结构、产品结构而少用的能源占80%左右，属于降低单耗的只占20%左右。在12个工交部门的101项物资消耗指标中，比上年回升的有48项，占47.5%。

由此可见，巩固和发展稳定经济的成果，继续保持财政收支、信贷收支基本平衡，保持市场物价基本稳定，在努力提高经济效益的基础上，保证国民经济健康发展的任务还很艰巨。

1981 · 基本改革思路

强化企业的经济责任，推行经济责任制

扩大企业自主权的试点，虽然能够调动企业的生产积极性，但企业的盈亏并不能完全反映其经营的好坏，这使得国家不能科学地评价企业的经营业绩，不能对众多试点企业进行有效的监督。相反，给予了企业多分多占利润的权力，必然影响到国家财政上缴任务的完成。为了解决这一问题，需要在国家的计划指导下，把企业的经济责任、经济权力和经济利益紧密结合，把扩权试点的注意力由分配环节转向生产经营环节上来；把企业和职工的积极性逐步引导到加强经营管理、促进技术进步、提高经济效益上来。自此，扩大企业自主权改革的重点开始转向了推行经济责任制。

扩大企业自主权的试点，使企业发生了很大的变化，主要表现为：一是企业有了一定的自主权和独立的经济利益，开始

成为一个具有内在动力的经济单位，企业的经济责任、经济效果和经济利益开始结合起来；二是企业开始重视市场调节的作用，市场经营观念和竞争意识普遍增强；三是企业领导干部、管理人员和技术人员在发挥自己才能方面有了较大的空间；四是企业在发展生产的基础上，可以逐步地改善职工生活，从而调动了职工的生产积极性。

但是，扩大企业自主权与传统的国有企业管理体制又产生了尖锐的矛盾。在其他方面的改革尚未展开的情况下，单纯赋予企业一定的自主权，虽然能够调动企业的生产积极性，但是企业的盈亏并不能完全反映其经营效果的好坏，这使得国家不能科学地评价企业的经营业绩，尤其不可能对众多的试点企业进行有效的监督。相反，给予了企业通过投资扩张而多分多占企业收益的权力，必然会影响到对国家财政上缴任务的完成。由于各种原因，1979 年和 1980 年，我国出现了历史上前所未有的近 300 亿元的财政赤字，社会零售物价指数 1979 年上升 1.9%，1980 年上升 6%，整个国民经济面临着严重通货膨胀的危险。为解决这一问题，扩大企业自主权改革的重点开始转向推行经济责任制上来。

1981 年 4 月，在国务院召开的全国工业交通工作会议上，根据国务院领导同志指示精神，提出工业企业要逐步实行经济责任制的要求。在国务院《关于抓紧今年工交生产，努力增产增收，保证完成国家计划的通知》中，把前两年扩权实践中形成的各种利润留成和盈亏包干办法，作为工业生产经济责任制中处理国家与企业的分配政策予以肯定。从此，工业生产经济责任制很快在全国工业企业中推开。为了加强指导和监督，1981年10月、11月，国务院先后发出文件，分别批转了国家经委、国务院体制改革办公室等部门共同制定的《关于实行工业生产经济责任制若干问题的意见》和《关于实行工业生产经济责任制若干问题的暂行规定》，明确了经济责任制的内容以及必须遵循的原则和要求，规定了具体政策界限，以及加强监督的措施，引导经济责任制沿着改善经营管理、提高经济效益的正确轨道向前发展。

经济责任制是一种在国家计划指导下，以提高社会经济效益为目的，以经济责任、经济权力和经济利益紧密结合为基本特点的生产经营管理制度。这种管理制度把企业对国家承担的责任放在首位，以责任为核心，在国家向企业放权让利的同时，强化企业的经营责任，以责定权，以责定利，避免扩权带来的不合理的企业行为。经济责任制要求企业的主管部门、企业、车间、班组和职工，必须层层明确在经济上对国家应该承担的责任，建立健全企业的生产、技术、经营管理等方面的各项权力、责任、利益和岗位责任制，为国家提供更好的产品和更多的积累。它要求正确处理国家、企业和职工个人三者的利益，把企业和职工的经济责任、经济效果同经济利益联系起来，贯彻按劳分配原则，多劳多得，奖罚分明，克服分配上的平均主义弊端；它要求把扩权试点的内容由只注重分配环节逐步转向重视生产经营环节，把企业和职工的积极性逐步引导到加强经营管理、促进技术进步、提高经济效益上来，使企业逐步成为相对独立的经济实体。

企业贯彻经济责任制所要遵循的原则是：必须全面完成国家计划，按社会需要组织生产，认真贯彻计划经济为主、市场调节为辅的原则，必须保证产品质量，不能粗制滥造，向消费者转移经济负担；产品成本只能降低，不能提高，以保证国家财政收入逐年有所增长；职工收入的水平只能在企业生产发展的基础上稳步增长，个人收入不能一下子提得过高；必须奖惩分明，有奖有罚；要把贯彻、完善经济责任制与技术改造结合起来，要统筹兼顾，加强领导和国家监督等。

从扩大企业自主权试点到实行经济责任制，是一个合乎规律、合乎逻辑的发展过程。扩大企业自主权侧重点是解决企业权限过小的问题，给企业以内在动力，把企业搞活；而实行经济责任制要求“责、权、利”紧密结合，把责任放在更突出的位置，从而把扩大企业自主权的目的性更加明确了。实行经济责任制，不仅要求正确处理国家与企业的关系，而且强调要解决好企业与职工的关系，把企业对国家承担的经济责任在企业内部层层落实。这是经济责任制中不可分割的两个环节，两者紧密衔接，互相配套，相辅相成。经济责任制不仅要求企业的经济利益同它所实现的利润挂钩，而且要求同它所承担的责任和所实现的全面经济效益联系起来。这些都说明，实行经济责任制是扩权的继续和发展。与扩大企业自主权相比，在指导思想上更加明确也更加全面了。

1981 · 年度改革实践

实行工业生产经济责任制

1981 年 4 月 15 日至 25 日，国务院在上海召开全国工业交通工作会议。9 月，国家经济委员会、国务院体制改革办公室下发《关于实行工业生产经济责任制若干问题的意见》，规定了经济责任制的具体内容、原则和形式。

实行经济责任制的原则：一是必须全面完成国家计划，按社会需要组织生产，不能利大大干、利小不干，造成产需脱节，特别要保证市场紧缺的微利产品和小商品的生产；二是必须保证产品质量，不能粗制滥造，向消费者转嫁负担；三是成本只能降低，不能提高；四是要保证国家财政收入逐年有所增长；五是职工收入的总水平，只能在生产发展的基础上稳定增长，个人收入要瞻前顾后，照顾左邻右舍；六是必须奖惩分明，有奖有罚；七是必须加强领导，加强国家监督，要有强有力的政治思想工作作保证。

实行经济责任制有两个环节：一是国家对企业实行的经济责任制，处理好国家和企业之间的关系，解决企业经营好坏一个样的问题；二是建立企业内部的经济责任制，处理好企业内部的关系，解决好职工干好干坏一个样的问题。

在国家对企业实行的经济责任制方面，在分配上确定了三种类型：一是利润留成。具体又分为：（1）基数利润留成加增长利润留成。这种办法适用于增产增收潜力比较大的企业。(2) 全额利润留成。这种办法适用于生产正常、任务饱满、利润比较稳定的企业。(3) 超计划利润留成。这种办法适用于调整期间任务严重不足、利润大幅度下降的企业。二是盈亏包干。具体又分为“基数包干，增长分成”“基数包干，增长分档分成”“基数递增包干，增长留用或分成”等不同办法。这些办法一般适用于潜力比较大的微利企业。有些增收潜力不大的微利企业可实行“基数包干、超收留用、短收自负”的办法。对亏损企业实行“定额补贴、超亏不补、减亏留用或分成”和“亏损递减包干、减亏留用或分成”的办法。三是以税代利、自负盈亏。这种办法适用于领导班子比较强，管理水平比较高，生产比较稳定，有盈利的大中型企业，经过财政部批准只是在少数企业中试行。国有小型企业，包括县办工业交通企业和城市国有小型企业，参照集体所有制企业纳税的办法，改上缴利润为上缴所得税和固定资金、流动资金占用费，实行自负盈亏。轻集体所有制企业，由统负盈亏改为自负盈亏的办法。经省、市、自治区批准，在今后几年内确定一个合理的课税所得额为基数，增长部分按一定比例减征所得税，税后利润大部分留给企业。各种形式虽然分成的比例不同，但前提都是包死基数。这实际上就是承包经营责任制的雏形。实践中推行经济责任制的结果，绝大部分企业都选择了“盈亏包干”这种经济责任制形式。到 1981 年底，实行这种经济责任制形式的企业已达到 4.2 万户。

在企业内部实行的经济责任制方面，把企业内部每个岗位的责任、考核标准、经济效果同职工的收入挂起钩来，实行全面经济核算。在分配上大体实行了几种形式：一是指标分解，计分计奖；二是计件工资，包括超额计件工资和小集体超额计件；三是超产奖；四是定包奖；五是浮动工资等。

7月下旬，国家经委召开企业整顿座谈会，提出“有一个坚持‘四项基本原则’，党风端正，团结战斗，精干有力，年富力强的领导班子”等整顿企业的6条标准，并指出当前企业整顿要以推行经济责任制作为突破口，打破企业与企业之间和企业内部的两个平均主义。10月28日，国务院批转国家经委《关于加强领导抓好企业整顿工作的意见》，批准了整顿企业的6条标准，要求各工业部门根据这6项标准，制订本行业整顿企业的具体要求。

实行经济责任制，调动了企业和广大职工的积极性，促进了增产增收。当年财政收支状况明显好转，财政赤字由1979年、1980年的170亿元、127亿元，降到25.4亿元，做到了当年财政收支基本平衡。

全面推行职工代表大会制度

1981年7月13日，中共中央、国务院下发《关于转发〈国营工业企业职工代表大会暂行条例〉的通知》（以下简称《通知》），转发中华全国总工会、国家经委、中央组织部制定的《国营工业企业职工代表大会暂行条例》。《通知》指出，改革企业的领导制度，是改革党和国家领导制度的一个重要组成部分。这一改革的基本内容是：发挥党的领导作用，特别是加强和改善党对企业的思想政治和方针政策的领导；发扬职工群众主人翁责任感和当家作主的积极性，实行民主管理；企业的生产、行政工作由厂长（经理）负责统一指挥。这是一项牵动全局的艰巨任务，应该经过试点、认真总结经验、有步骤地加以实施。除了少数试点单位以外，所有企业仍应实行原来规定的党委领导下的厂长负责制和党委领导下的职工代表大会制。

职工当家作主，民主管理企业，是社会主义企业同资本主义企业的根本区别之一。职工代表大会正是提高职工群众主人翁责任感，发挥当家作主的积极性，办好社会主义企业的基本组织形式。推广和完善职工代表大会制，关键在于加强和改善党的领导。为了使企业基层工会能很好地承担起职工代表大会工作机构的任务，要选调相当于企业党委副书记、副厂长一级的干部担任企业基层工会的主席。

《国营工业企业职工代表大会暂行条例》规定：职工代表大会（或职工大会）是企业实行民主管理的基本形式，是职工群众参加决策和管理、监督干部的权力机构。

职工代表大会对企业主管机关的决定和指示，有不同意见时可以提出建议。如经主管机关审议后仍维持原有的决定和指示，职工代表大会必须贯彻执行。

加强职工教育工作

为了加强职工教育工作，1981 年 2 月 20 日，中共中央、国务院制定《关于加强职工教育工作的决定》。

《决定》要求各级党政领导和所有厂矿企业、事业单位的党政工团都要十分重视职工教育，各级政府要把职工教育纳入国民经济和国民教育计划的轨道，要使职工教育列入长远规划和年度计划，并且要把它作为一项经常性的重要工作办好。近两三年内，要把职工教育的重点，放在对领导干部的训练和对“文化大革命”以来入厂的青壮年职工进行政治思想教育和文化、技术补课方面。

一、职工教育的基本内容有如下几点：

在政治思想方面，要教育职工有共产主义理想，提高广大职工的社会主义觉悟；要树立主人翁责任感，培养高度的事业心，爱护国家财产，敢于和贪污浪费现象作斗争；要加强劳动纪律，克服落后思想和不良作风，不断发挥职工的积极性、主动性和创造性。

在文化科学知识方面，对青壮年职工，要争取在两三年内扫除文盲，并在1985年以前，使现有文化程度不到初中毕业水平的职工60%～80%达到初中毕业水平；使现有初中毕业文化程度的职工1/3达到相当于高中或中专毕业的水平；使现有高中或中专程度的职工有相当一部分达到大专水平。同时，现有大专程度的技术人员和经营管理人员，也应做出学习计划，掌握新的科学技术和现代经营管理知识。

在生产技能方面，要组织广大工人学习技术理论、工艺规程、操作技术，确实达到本等级应知应会的要求。五年内，力争青壮年工人的实际操作技术水平普遍提高一到二级，使高、中级技术工人的比重有较大增加。

企业事业单位和管理部门的主要领导干部，要在1985年前普遍轮训一次，学习企业经营管理知识和有关的专业技术知识，逐步成为领导经济工作的内行。企业主要领导干部的轮训，由国务院和各省市有关部门负责进行；其中，党员负责干部还要在中央或地方的党校有计划地进行轮训。

二、建立一支以专职教师为骨干、与兼职教师相结合的教师队伍。各企业事业单位，应按照职工总数千分之三到千分之五的比例（不包括职工高等教育的教师），配备专职教师。国家分配大学毕业生时，也要分配一部分人到职工学校当教师。在晋级、调资、奖励和福利方面，对企业中的教师和科室技术人员要一视同仁，地区性职工学校的教师要和普通学校的教师享受同等待遇。职工学校教师的职称，可以参照普通学校教师的职称来制定，也可以按技术职称来评定。

三、企业职工教育的经常费用，大体可按工资总额的百分之一点五掌握使用，在企业成本中开支。经过几年的努力，职工学校的校舍争取达到平均每个职工零点三至零点五平方米的标准。

四、建立全国职工教育管理委员会，作为国务院指导全国职工教育工作的机关。国务院工交、基建、财贸、军工、农林、文教、卫生、科研、政法、外事等各部委，主管本系统的职工教育工作。各省、市、自治区人民政府成立职工教育管理委员会，或充实、加强原有的工农教育委员会。委员会设办事机构，配备必需的专职工作人员，负责日常工作。

1981 · 重要理论观点

计划经济为主，市场调节为辅

1981 年，中共十一届六中全会通过的《关于建国以来党的若干历史问题的决议》（以下简称《决议》）指出，必须在公有制基础上实行计划经济，同时发挥市场调节的辅助作用。

计划与市场主辅结合的理论，这在当年有其显著的进步意义。第一，发展了马克思主义计划经济理论，认为在我国现阶段不但需要计划经济，而且要求市场调节为补充。第二，承认市场调节在社会主义制度下的积极作用，从而突破了社会主义经济与市场不相容的传统理论。第三，为改革计划经济体制提供了一条原则和突破口，为 1982 年的中共十二大报告作了理论铺垫。

中共十二大报告进一步提出："正确贯彻计划经济为主、市场调节为辅的原则，是经济体制改革中的一个根本性问题。我们要正确划分指令性计划、指导性计划和市场调节各自的范围和界限。"从而使计划与市场相结合的理论又向前大大推进。一方面，明确了在直接的计划范围内，也必须利用价值规律，同时开始注意用国家计划指导下的市场调节代替价值规律自发作用的市场调节，即认为市场调节部分也同样存在计划经济与市场调节相结合的问题。另一方面，首次提出了指导性计划的形式，突破了把计划经济直接等同于指令性计划的传统理论，为直接计划管理向间接计划管理的转变提供了原则和依据。

适合我国情况的社会主义现代化建设的正确道路

中共《关于建国以来党的若干历史问题的决议》指出："三中全会以来，我们党已经逐步确立了一条适合我国情况的社会主义现代化建设的正确道路。这条道路还将在实践中不断充实和发展，但是它的主要点，已经可以从中华人民共和国成立以来正反两方面经验，特别是'文化大革命'的教训中得到基本的总结。"

《决议》对"适合我国情况的社会主义现代化建设的正确道路"作了十点概括：

第一，在社会主义改造基本完成以后，我国所要解决的主要矛盾是人民日益增长的物质文化需要同落后的社会生产之间的矛盾。

第二，社会主义经济建设必须从我国国情出发，有步骤分阶段地实现现代化的目标。

第三，国有经济和集体经济是我国基本的经济形式，一定范围的劳动者个体经济是公有制经济的必要补充。

第四，在剥削阶级作为阶级消灭以后，阶级斗争已经不是主要矛盾。

第五，逐步建设高度民主的社会主义政治制度，巩固人民民主专政，完善社会主义法制。

第六，社会主义必须有高度的精神文明，努力提高教育科学文化在现代化建设中的地位和作用。

第七，改善和发展社会主义民族关系，加强民族团结。

第八，必须加强现代化的国防建设。

第九，在对外关系上坚持和平共处五项原则，坚持反对帝国主义和霸权主义，积极发展同世界各国的关系和经济文化往来。

第十，必须把我党建设成为具有健全的民主集中制的党。

可以看出，上述十条概括，正是建设有中国特色社会主义理论的最早理论雏形。

社会主义经济体制的五种类型

为了选择经济体制改革的目标模式，就要弄清有一些什么类型的模式，我国原来属于什么类型的模式。理论界有人综合各家学说，把社会主义经济体制划分为以下五种类型：

一是军事共产主义的供给制型。特点是所有三层经济活动，即宏观经济活动、企业日常经济活动和家庭（个人）经济活动的决策都集中在国家手中，是一种排斥商品货币关系的实物分配型的经济。

二是传统的集中计划经济型。特点是宏观经济活动和企业日常经济活动这两层的决策权集中于国家手中；家庭（个人）经济活动的决策基本上是分散化的。在这种体制下，国家对经济的指令性计划管理很广、很细，市场仅仅有时被用来作为实现计划的工具。

三是改良的集中计划经济型。特点是宏观经济决策权和企业日常经济活动的大部分决策权集中在国家手中，小部分决策权下放给企业，家庭和个人经济活动的决策权基本上分散化。在这种体制下，国家计划的指令性指标有所减少，价值指标的意义有所扩大，但对重要产品的生产和分配仍然保留实物指标，社会经济活动基本上是由计划规定的，市场调节只起补充作用。

四是含有市场调节的计划经济型。特点是只有宏观经济问题的决策是集中的，国家主要管有战略意义的经济活动。企业的日常经济活动基本上由企业自行决策，家庭（个人）经济活动的决策权也是分散化的。国家计划虽然也包括微观经济活动的内容，但一般不作为命令下达企业，而主要通过市场机制和利用经济杠杆来诱导企业完成国家计划。

五是“市场社会主义”型。特点是宏观经济、企业微观经济和家庭（个人）经济这三层决策都分散化、市场化，市场调节在整个经济生活中起主导作用，而计划的作用则不是很显著的。

计划与市场关系的五种类型

计划与市场的关系问题，是经济体制改革的核心问题。在过去的讨论中，各种提法很多，大致可归纳为以下五种：一是计划调节与市场调节相结合，以计划调节为主；二是计划调节与市场调节相结合（不提以谁为主）；三是社会主义经济只有通过市场调节，不过大量的是有计划的市场调节，少量的是自发的市场调节；四是宏观经济由计划调节，微观经济由市场调节；五是计划调节中包括了市场，市场中也有计划，因而两个调节相结合的提法不妥。

对社会主义经济基本特征的五种认识

社会主义经济的基本特征问题，是讨论体制改革和计划与市场关系中必然要涉及的基本理论问题。在过去的讨论中，大致可归纳为以下五种看法：一是社会主义经济是计划经济；二是社会主义经济是商品经济；三是社会主义经济既是计划经济又是商品经济；四是社会主义经济是有计划的商品经济，或者说是计划指导下的商品经济；五是社会主义经济是含有商品关系的计划经济，或者说是存在商品经济条件下的计划经济。社会主义经济是计划经济和商品经济的统一，不能把二者对立起来。计划经济是社会主义经济重要的基本特征，但生产资料公有制、满足人民需要、按劳分配和商品经济都是反映社会主义经济性质的基本特征。社会主义的商品经济同资本主义商品经济的根本区别在于它是公有制基础上的有计划的商品经济，这同具有商品关系的计划经济的说法，含义是相同的。

社会主义公有制并不存在固定不变的模式或形式

一年来，我国经济理论工作者和经济工作者对社会主义公有制形式和生产资料所有制结构的研讨，是在所有制理论上的一大进步。有些人指出，从多年来在生产资料公有制变革的经验教训中，使我们认识到，社会主义公有制并不存在某种固定不变的模式或形式，并不是任何社会主义公有制形式都是适合特定生产力状况的，因此也不是任何社会主义公有制形式都能有力地促进生产力发展的。只有根据各种不同生产力的状况，建立与之相适应的社会主义公有制形式或其他所有制形式，才能推动生产力的迅速发展。在我国目前，生产社会化程度低以及生产力发展极不平衡，决定了所有制形式发展的不平衡，这是一个不可违抗的规律。同我国现实的社会生产力相适应的所有制结构，只能是在社会主义公有制占绝对优势的条件下多种所有制形式并存的结构，不仅社会主义公有制必然有不同的形式并存，而且私有制或半私有制在一定范围内必然还会存在。这些问题，大多数人已经取得了共同的认识。

但对于所有制形式和结构的选择，是不是只决定于生产力，还有没有其他因素的影响和制约，则存在不同的看法。有的人认为，选择什么所有制的形式和结构，最终要根据生产力的状况，但也要考虑上层建筑、历史条件、自然条件的制约和影响。例如，由于存在国家，社会主义全民所有制才采取国家所有制的形式；又如，由于我国已是社会主义社会，不允许剥削合法存在，所以在所有制结构中不能包括国内的私人资本主义所有制。有的人则不赞成在生产力的决定作用之外再加入上层建筑等因素，认为上层建筑对经济基础有反作用，但它不能决定所有制，不能把影响作用、反作用与决定作用混为一谈。究竟生产力怎样决定所有制，究竟有什么样具体的生产力才能建立什么样具体的所有制，以及上层建筑等因素对所有制影响、制约到什么程度，都是有待于进一步研讨的。

1981 · 重要政策法规

1.《中共中央、国务院关于加强职工教育工作的决定》，1981 年 2 月 20 日。

2. 国家经委、国务院体改办《贯彻落实国务院有关扩权文件，巩固提高扩权工作的具体实施暂行办法》，1981 年 5 月 20 日。

3. 中共中央、国务院转发《国营工业企业职工代表大会暂行条例》，1981 年 7 月 13 日。

4. 国务院批转国家经委《关于加强领导抓好企业整顿工作的意见》，1981 年 10 月 28 日。

5. 国务院转发国家经委、国务院体改办《关于实行工业生产经济责任制若干问题的意见》，1981 年 10 月 29 日。

6. 国务院批转国家经委、国务院体改办《关于实行工业生产经济责任制若干问题的暂行规定》，1981 年 11 月 11 日。

7. 财政部、国家经委《关于国营工交企业实行利润留成和盈亏包干办法的若干规定》，1981 年 12 月 26 日。

1981 · 年度热点纪实

青壮年职工文化、技术补课和厂长（经理）培训

十年浩劫，使我国职工队伍出现了严重的“三低一少”（技术业务水平、文化水平、管理水平低，技术人员少）问题，成为当时企业普遍存在的生产事故多、产品质量差、物质消耗高、劳动效率低、经济效益差等现象的一个主要原因。

在政治思想方面，有一部分职工对社会主义缺乏认识，思想不够健康，缺乏主人翁态度，劳动纪律性差。在文化知识方面，80% 的职工没有达到初中文化程度，缺乏现代科学技术的基础知识。据全国第三次人口普查 10% 的抽样资料，在工业部门职工中，初中和初中以下文化程度占 78%（其中文盲、半文盲占 7.9%），高中文化程度只占 20.4%，大学文化程度仅占 1.6%。在业务技术方面，工人实际操作的技术水平低。全国技术工人中，技术等级在 1—3 级的占 71%，4—6 级的占 23%，7—8 级的仅占 2%。上海市的 94.7 万名技术工人，平均技术等级不足 3 级。

企业领导班子经过调整，素质有了改善，但仍存在文化偏低，缺乏经营管理知识，特别是缺乏现代化管理知识等不足的问题。多数管理人员业务水平低，更缺乏经营管理现代化企业的知识。工业部门的技术人员只占职工总数的 2.8%，其中相当多的人未受过高等教育。全民所有制企业的工程技术人员只有 121 万人，占职工总数的 3.45%。机械系统有技术人员 23 万人，

占职工总数的4.3%。煤炭、纺织、建材、轻工等行业技术人员不到2%。专业管理人员素质低、知识老化的问题更突出。在北京市3.9万名财务、统计人员中，80%未经系统的专业培训，不少人还不会核算成本。

除此之外，在职工队伍建设上，中国第二代领导人还要面临另一个严峻问题——如何安置每年300多万的城市待业人员，让他们有工作有饭吃。这些人员绝大多数是返城或新毕业的“知识青年”。虽然称之为“知识青年”，但他们除了有着八九点钟太阳般旺盛的精力，以及对生活和工作的强烈渴求外，在职业技能上则是一无所长，在文化知识上许多人也是所获甚微。作为没有文化和技术的人员大量进入工厂企业，本来已经素质很低的职工队伍状况更加可想而知。

鉴于这种情况，1980年上半年，中共中央书记处几次讨论教育工作，并提出要大力发展成人教育。下半年，中央书记处又几次讨论职工教育工作。1981年2月，中共中央、国务院下发了《关于加强职工教育工作的决定》（以下简称《决定》）。这就是被称为“中国职工教育里程碑”的著名的“8号文件”。

“8号文件”的下发，标志着中国职工教育开始进入有计划地实行全员培训，逐步建立正规职工教育制度的新阶段。《决定》要求在“六五”期间有计划有步骤地把职工普遍训练一次，并通过以后的定期轮训继续提高。明确规定，在文化知识方面，青壮年职工要在2—3年内扫除文盲，1985年前，使现有文化达不到初中毕业文化程度的职工60%～80%达到初中毕业水平，使初中毕业文化程度的职工1/3达到相当于高中或中专毕业水平，使现有高中或中专文化程度的职工有相当一部分达到大专水平。在生产技能方面，工人要确实达到本等级应知应会要求标准，5 年内青壮年工人的实际操作水平普遍提高一至二级，使高、中级技术工人的比重有较大增加。企事业单位和领导管理部门的主要领导干部要在 1985 年前普遍轮训一次，学习企业经营管理知识和有关的专业技术知识，逐步成为领导经济工作的内行。

1981 年全国职工总数近 1.1 亿人，其中年龄在 35 岁以下的青壮年职工有 6000 多万人，要在那么短的时间内完成上述目标，难度是可想而知的。

为了贯彻“8 号文件”精神，国家成立了全国职工教育管理委员会，作为国务院指导全国职工教育工作的机关，由袁宝华担任主任。职工教育管理委员会的任务是，讨论制定职工教育的重大方针、政策，统一规划，并检查执行情况，协调各方面的工作。委员会下设办公室，配备专职人员，负责日常工作。国务院工交、基建、财贸、军工、农林、文教、卫生、科研、政法、外事等各部委，主管本系统的职工教育工作，制定和落实规划，解决办学中的实际问题，健全本系统的职工教育机构，开展职工教育。

由中华全国总工会负责综合研究并指导办好工会系统的职工学校，要求各级工会组织积极参与职工教育的管理工作，发挥监督作用，维护和保障职工的学习权利。由教育部负责综合研究指导职工学校的教育行政和教学业务工作，制定有关的政策，编审教材，培训师资，办好电视、函授、业余大学，职工进修班和地区性职工学校。由国家劳动总局负责综合研究和指导工人技术培训和徒工培训工作，组织制定工人技术等级标准、技术考核办法和有关的劳动工资政策，使职工教育同劳动制度密切结合起来。各省（直辖市、自治区）人民政府也相应成立职工教育管理委员会，或充实、加强原有的工农教育委员会。委员会设办事机构，配备必需的专职工作人员，负责日常工作。基层企业事业单位，在党委统一领导下，由行政负责主管本单位的职工教育工作，充分发挥工会、共青团等有关方面的作用。大中型企业要设职工教育的专职机构，小企业要有专人负责。各有关方面的具体分工，由企业自行确定。

1981 年 11 月 18 日，教育部发出通知：凡“文化大革命”以来参加工作的青壮年职工，其语文、数学、物理、化学的实际水平不及初中毕业文化程度者，一般应补课。1982 年 1 月 12 日，全国职工教育管理委员会、教育部、国家劳动总局、中华全国总工会、共青团中央发出《关于切实搞好青壮年职工文化、技术补课工作的联合通知》。自此，全国各地、各企业开展了轰轰烈烈的“双补”工作。

在对职工进行“双补”的同时，对国有企业的经理、厂（矿）长也进行专业知识的全国统一考试。按照国务院规定，凡国有工业（包括军工）企业的正副经理、厂（矿）长；商业系统县局以上企业；供销系统县公司、县联社以上企业；外贸、铁路运输、公路运输、水运、海运、邮电和基建系统县团级及其以上企业的正副经理（局、处长），公司和大中型骨干企业年龄在 55 岁以下，中小型企业年龄在 50 岁以下者，一律参加全国统考。1984 年 8 月 5 日，历时两天的第一批全民所有制企业经理、厂（矿）长国家统一考试结束，9976 名经理、厂（矿）长参加了考试。考试由经济管理干部国家考试指导委员会组织。考试内容为：党的十一届三中全会以来党和国家的方针政策、工业企业管理知识。考试成绩存入干部档案，并根据考试成绩，作为考核使用干部的依据之一。厂长考试及格，又有组织指挥能力的，在同等条件下，优先使用。对其他企业的经理、厂（矿）长，两科考试成绩均及格，实际工作又有成绩的，虽然没有大专学历，也可以继续留在领导班子内。在评定经济师职称时，准予免试企业管理课，并承认其企业管理单科大专水平。

到 1985 年 8 月，应补课的 3000 万名青壮年工人，文化补课合格率达到 75.9%；技术补课合格率达到 74.4%，基本达到了中共中央提出的 80% 的高限要求。截止到 1988 年底，全国组织了上千万职工接受中、高级技术等级培训；轮训工矿企业班组长 600 多万人；轮训各级领导干部近 500 万人；组织 10 余万名厂长、经理参加了国家统一考核；每年有 3000 多万人次参加职工培训，数百万科技人员参加继续工程教育；全国建立了企业职工培训中心、职工学校等教育培训基地 2 万多个。

职工文化、技术补课和厂长（经理）培训，对十若十年后中国企业的改革与发展起到极为重要的作用。经过补课的青壮年工人，正是在 20 世纪最后 20 年支撑了中国经济建设大梁的职工队伍。伴随着厂长（经理）培训，中美联合在大连建立了培训中心；国外经济管理名著丛书翻译出版，缩短了中国管理学与西方现代管理的差距，也因此奠定了中国工商管理学的基础。

全面质量管理普遍推行，现代化管理18种方法的推广应用。学管理、讲管理，一时间成为企业界最热门的话题。

1981·年度改革大事

1月16日　国务院颁发《关于正确实行奖励制度、坚决制止滥发奖金的几项规定》，指出，企业奖金的增长速度，应当低于生产和利润的增长速度。全年发放的奖金总额，应控制在职工一个月至两个月标准工资总额之内。

2月20日　中共中央、国务院颁发《关于加强职工教育工作的决定》，决定在近两三年内，对企业领导干部进行培训和对“文化大革命”以来入厂的青壮年职工进行政治思想教育和文化、技术补课。要求企业事业单位和管理部门的主要领导干部，要在1985年前普遍轮训一次，学习企业经营管理知识和有关的专业技术知识，逐步成为领导经济工作的内行。

4月15日至25日　国务院在上海召开全国工业交通工作会议。会议明确提出，工交企业要实行工业经济责任制。

5月20日　国家经委、国务院体改办等10个部门联合印发《贯彻落实国务院有关扩权文件，巩固提高扩权工作的具体实施暂行办法》，就企业的计划、利润留成、利润留成资金的使用、产品销售、新产品、扩大出口和外汇分成、价格、以税代利试点和有关税收、银行贷款、机构和人事劳动、减轻企业额外负担、民主管理等12个方面的问题共60条加以具体规定和说明。

7月7日　国务院颁发《关于城镇非农业个体经济若干政策

性规定》，对城镇个体经济的性质、经营范围，如何扶持和保护城镇个体经济的发展等问题，分别作了明确的规定。

7 月 13 日　中共中央、国务院转发中华全国总工会、国家经委、中共中央组织部制定的《国营工业企业职工代表大会暂行条例》。

8 月 5 日至 15 日　国家经委、国务院体改办召开工业经济责任制座谈会。深入研究实行工业经济责任制有关问题。

10 月 17 日　中共中央、国务院作出《关于广开门路，搞活经济，解决城镇就业问题的若干决定》，要求各地结合各自的具体条件，按照国民经济的需要适当发展城镇劳动者个体经济，增加自谋职业的渠道。劳动就业由过去主要靠国有企业招工，转到通过国营、集体、个体多种渠道上来。

10 月 28 日　国务院批转国家经委《关于加强领导，抓好企业整顿工作的意见》，提出了“有一个坚持‘四项基本原则’，党风端正，团结战斗，精干有力，年富力强的领导班子”等整顿企业的 6 条标准。

10 月 29 日　国务院转发国家经委、国务院体改办《关于实行工业生产经济责任制若干问题的意见》，提出：工业生产经济责任制是国家计划指导下，以提高经济效益为目的，实行“责、权、利”结合的生产经营管理制度。

11 月 11 日　国务院批转国家经委、国务院体改办《关于实行工业生产经济责任制若干问题的暂行规定》。

12 月 13 日　五届全国人大四次会议通过《中华人民共和国外国企业所得税法》。

12 月 15 日　国家基本建设委员会、财政部、国家劳动总局、中国人民建设银行颁发《关于施工企业推行经济责任制的若干规定》。

12 月 18 日　中共中央转发国家经委党组《关于工业学大庆问题的报告》。

本年度主要参考资料：

1. 中国经济年鉴编委会．中国经济年鉴（1982）[M]．北京：中国经济年鉴社，1982.10.

2. 汪海波．新中国工业经济史（1979—2000）[M]．北京：经济管理出版社，2001.10.

3. 吴敬琏．现代公司与企业改革[M]．天津：天津人民出版社，1994.12.

4. 董辅礽．中华人民共和国经济史（下卷）[M]．北京：经济科学出版社，1999.9.

5. 国务院办公厅转发全国职工教育管理委员会、国家经委．关于加强职工培训提高职工队伍素质的意见[Z].1984-04-27.

6. 职业技术教育杂志社特别采访组．蓄势之役——关于职工教育与培训的话题[J]．职业技术教育，1999（21）.

7. 国家外汇管理局负责人就台胞来大陆携入外汇使用问题答记者问[N]．人民日报，1987-12-31.

8. 王安.25 年：1978—2002 年中国大陆四分之一世纪巨变的民间观察[M]．北京：世界知识出版社，2003.9.

1982 年

1982 · 年度经济背景

比例关系趋于合理，过热根源仍未解决

1982 年经济和社会发展的主要任务是，进一步贯彻执行“调整、改革、整顿、提高”的方针，巩固和发展 1981 年稳定经济的成果，继续保持财政收支基本平衡和市场物价基本稳定，努力提高经济效益，使国民经济的发展速度比 1981 年有所提高。经过全国人民的努力奋斗，实现了计划规定的主要任务，国民经济继续稳步健康地向前发展。

全年国内生产总值完成 5294.7 亿元，比上年增长 9.1%，经济增长开始走出低谷。全国工农业总产值达到 8291 亿元，比上年增长 8.7%。其中，农业总产值 2785 亿元，增长 11%，工业总产值 5506 亿元，增长 7.7%。100 种主要工业产品产量，完成和超额完成全年计划的有 91 种。

农业生产获得大丰收。粮食、棉花、油料、糖料、茶叶等主要农产品产量都超额完成计划。粮食生产在播种面积下降 1.3% 的情况下，总产量达到 7068 亿斤，比上年增产 568 亿斤。

棉花产量在连续两年大幅度增产的基础上，又比上年增产 1263 万担，达到 7198 万担，近三年平均每年的递增速度达 17.7%。油料总产量 23636 万担，比上年增长 15.8%。造林面积、猪牛羊肉和水产品产量，分别比上年增长 9.4%、7.1% 和 11.9%。农村队办企业的产值达 304 亿元，比上年增长 18%。

工业生产全面增长。轻工业总产值为 2766 亿元，比上年增长 5.7%；重工业总产值为 2740 亿元，比上年增长 9.9%。预算内国有工业企业产值比上年增长 6.3%，按同口径计算的销售收入增长 6.2%，产销大体平衡，没有发生过多新的积压。重点企业的原材料燃料消耗指标降低率由上年的 36% 增加到 45%，产品质量提高率由 29% 上升到 33%。工业可比产品总成本比上年也稍有降低。

1982 年，国家财政、信贷收支平衡情况同上年相比又有明显好转。国家财政收入扭转了过去三年连续下降的局面*，比上年增加 67 亿元。国家财政总收入 1124 亿元，完成计划的 101.8%，比上年增长 3.2%；财政总支出 1153 亿元，完成计划的 101.7%，比上年增长 3.4%；财政收支相抵，财政赤字 29 亿元，继续保持收支基本平衡。但上年实现的财政收支基本平衡，是在大幅度紧缩财政开支的情况下实现的，而今年则是在国内财政支出比上年增加 71 亿元的情况下实现的，意义不同以往。各项存款比上年增加较多，各项贷款的增加额略有减少，全年净投放货币 42.7 亿元，比上年的投放额减少 7.4 亿元，是近几年货币投放最少的一年。年末市场货币流通量比上年增长 10.8%，同社会商品零售额增长 9.4% 的幅度基本接近，表明市

* 1979 年下降 18.7 亿元，1980 年下降 17.4 亿元，1981 年下降 25.8 亿元。

场货币偏多的状况已有一定改善。国家财政、信贷情况继续好转，是这一年国民经济在调整中取得更大成效的综合反映，也是国家采取合理调整某些产品的产销价格、加强税收工作和发行国库券等一系列增收措施，扩大城乡居民储蓄存款，严格控制货币发行，以及努力提高资金使用效果的结果。

城乡市场购销两旺，商品供应比较充足，出现了 30 年来少有的好形势。这一方面是由于农业全面丰收，轻纺工业发展，市场商品货源比较充裕；另一方面是由于城乡居民收入增长较快，商品购买力继续提高。全年零售商品货源比 1981 年增长 10.7%，当年形成的社会商品购买力比上年增长 9.1%。商品货源的增长超过了购买力的增长，扭转了前几年购买力大于商品货源的局面。大多数日用工业品已经敞开供应，部分商品开始由“卖方市场”转变为“买方市场”。全年社会商品零售总额由上年的2350 亿元增加到2570 亿元，增长9.4%。据全国35 个大中城市统计，蔬菜供应总量比上年增长 13%，平均每人每天 0.89 斤菜。据商业部门 1982 年 9 月对工业品供求情况分类排队，210 种纺织品和针棉织品中，供求平衡和供过于求的达 196 种，占 93.3%。农业生产资料的零售额比上年增长 11.8%，大大超过去年仅增长 0.4% 的速度，也快于社会商品零售额增长 9.4% 的幅度。全年零售商品物价总水平比上年上升 1.9%，是最近几年上升幅度最小的一年。其中，城市上升 2.1%，农村上升 1.7%。

城乡居民货币收入总额比 1981 年增加 220 多亿元，增长 10.7%。据国家统计局对农民家庭收支抽样调查，1982 年农民平均每人的纯收入已达 270 元，比上年增加 47 元。全国职工人数增加 341 万人，职工总数达到 11281 万人。职工工资总额达 882 亿元，比上年增加 62 亿元。全国职工平均货币工资 798 元，比上年增加 26 元，增长 3. 4%。到 1982 年底，居民个人储蓄存款余额为 675. 4 亿元，比上年增加 152 亿元，增长 29%。

城乡居民人均居住面积有所增加。1982 年，国家投资新建的居民住宅竣工 9020 万平方米，加上更新改造投资和城镇集体所有制单位新建住宅竣工共 11790 万平方米。据职工家庭生活调查，按人口平均的居住面积由上年的 5. 3 平方米增加到 5. 6 平方米。农村建房约 6 亿平方米，平均每人的住房面积由上年的 10. 2 平方米增加到 10. 7 平方米。

经过四年来的经济调整，严重失调的国民经济主要比例关系已基本趋于协调。主要表现在以下几个方面。

一是工业生产和农业生产协调发展。1978 年以来，由于国家采取了一系列加快农业发展的政策措施，使农业生产连续获得较好收成。从 1979 年到 1982 年的 4 年间，农业总产值增长 33. 4%，平均每年增长 7. 5%，大大超过从 1953 年到 1978 年 26 年平均每年递增 3. 3% 的速度。农业总产值占工农业总产值的比重，已由 1978 年的 27. 8% 上升到 1982 年的 33. 6%。农业生产落后于工业和整个国民经济的局面已有改观，有力地促进了工业生产的发展和市场商品供应的增加。

二是轻工业和重工业关系显著改善。自 1979 年认真执行经济调整方针以来，轻工业生产发展较快。从 1979 年到 1981 年，平均每年递增 14%，大大超过整个工业平均每年递增 7. 1% 的速度。经过几年来的经济调整，轻工业总产值占工业总产值的比重，由 1978 年的 43.1% 上升到 1982 年的 50.2%，重工业总产值的比重相应由 56.9% 下降为 49.8%。从适应消费需求的增长和扩大积累的需要来看，在最近的一个时期内，轻重工业比例各占一半，并保持稳定。

三是消费和积累的关系趋向合理。基本建设投资占国民收入的比重由 1978 年的 16.6% 降低为 1982 年的 13.1%，积累率相应由 36.5% 降低为 29%。同时积累基金的构成也趋向合理。在积累总额中，城乡住宅、城镇公用工程、文化教育卫生设施建设等消费性积累所占比重显著上升。消费总额和消费性积累之和占国民收入使用额的比重，已由 1978 年的 70% 左右上升到 80% 左右，超过了 1953 年到 1978 年这 26 年间的平均水平。

四是能源生产开始上升。1982 年全国一次能源生产总量达到 6.68 亿吨标准煤，比上年增长 5.6%。煤炭生产由前两年的下降、停滞开始转向增产。这主要是因为最近几年来，国家采取了一系列加强煤炭工业的措施，如提高了统配煤矿更新改造资金的提取标准，改善煤矿职工的福利待遇，积极扶植地方煤矿的发展等。同时，煤炭工业部门的广大职工努力贯彻调整方针，使采掘关系严重失调的统配矿井，逐步恢复正常。这些都为煤炭增产创造了有利条件。

1982 年，国民经济在调整、改革和整顿中取得了新的成就。但是，经济结构不够合理的问题还没有得到解决，经营管理水平还较低，加之“左”的思想影响还没有完全肃清，国民经济发展中仍出现了一些亟待研究解决的问题，具体如下：

一是固定资产投资规模突破国家计划较多。1982 年，固定资产投资年初计划为 630 亿元，计划执行过程中根据经济发展的实际需要和国家财力物力的可能，调整为 695 亿元，实际执行结果却达到 845 亿元，超过计划 150 亿元。其中，基本建设投资年初计划为 380 亿元，调整计划为 445 亿元，结果达到 555 亿元，超过计划 110 亿元。这是中华人民共和国成立以来继 1958 年、1970 年、1978 年这三年之后，第四次出现基本建设投资比上年增加 100 亿元以上。这主要是由于地方、部门、企业自筹投资失去控制和各项基本建设贷款增加过猛。随之而带来的问题是钢材、木材、水泥供应紧张；基本建设战线继续拉长，投资效果有所下降；一般挤重点、计划外挤计划内的现象越加严重；搞了不少就当地看来需要，但从全国看来是不必要的重复建设项目。此外，用于企业更新改造措施的投资，有不少并没有真正用于设备更新和技术改造上，而是用于了扩建、新建。

二是由于重工业回升较快，进一步增加了对能源、原材料和交通运输的压力。1982 年能源生产虽然比上年增长较快，交通运输的运力也有增加，但由于重工业回升过快，能源、交通运输紧张的状况有所发展，电力不足的矛盾尤为突出，东北、华东、京津唐三大电网限电和低周波运行的状况又有回升*。同时，交通运输也很紧张，到 1982 年底，统配煤矿可装车的煤炭有所积压；东北地区的木材，云贵地区的磷矿，也有一些没有运出来；一些煤炭调出省，为了保证煤炭调运，挤了其他物资的运输。

* 低周波运行，是指当电网的用电负荷大于电网的输出功率时，电网频率低于 50 赫兹的异常状态。电力系统的低周波运行对设备和安全都会有很大的危害。

三是轻纺产品的品种质量不过关，部分产品积压滞销。

1982 年底，在国内商业库存总额中，不适销对路的商品比 1981 年底增长 20. 7% 。据商业部门对 250 种主要日用工业品库存分析，属于供过于求、库存偏多的有 88 种，占总数的 35% 。

四是经济效益仍然很不理想。1982 年，经济效益虽有所进步，但由于有些地方又出现片面追求产值、速度的倾向，提高经济效益的措施没有完全落实，所以，经济效益仍然不够好。工业可比产品成本计划降低 2% ~3% ，实际降低不到 1% 。国有独立核算工业企业，平均每百元产值实现的利润、税金由上年的 25. 5 元下降为 24. 8 元。在 99 项主要单位产品物资消耗指标和 67 项主要产品质量指标中，分别有 33. 3% 和 22. 4% 的指标不但没有进步，还有所倒退。基本建设由于战线拉长，力量分散，固定资产交付使用率由上年的 86. 6% 下降为 74. 4% 。

1982 · 年度改革实践

国有工业企业全面整顿

1982 年 1 月，中共中央、国务院作出《关于国营工业企业进行全面整顿的决定》（以下简称《决定》），决定从 1982 年起，用两三年的时间，有计划、有步骤、点面结合、分期分批地对所有国有工业企业进行全面的整顿工作。这标志着工业企业的整顿工作进入了建设性整顿的新阶段。

《决定》明确提出，企业全面整顿要以“三项建设”为基本内容，即逐步建设起一种又有民主、又有集中的领导体制；

逐步建设起一支又红又专的职工队伍；逐步建设起一套科学文明的管理制度，结合企业的技术改造，对企业进行综合治理，使企业的各项工作全部转到以提高经济效益为中心的轨道上来，使企业成为“国家、企业、职工三者利益兼顾好，产品质量好，经济效益好，劳动纪律好，文明生产好，政治工作好”的“六好”企业。

第一批进行全面整顿的是大中型骨干企业，在 1982 年主要开展了以下五项工作：一是整顿和完善经济责任制，开展全面计划管理、全面质量管理和全面经济核算；二是整顿和加强劳动纪律，严格执行奖惩制度；三是整顿财经纪律，健全财务会计制度；四是整顿劳动组织、按定员定额组织生产；五是整顿和建设领导班子，加强对职工的思想政治教育。

第一，整顿企业领导班子。据对 804 个大中型骨干企业的统计，经过一年的整顿工作，领导班子的平均人数已由整顿前的 8.7 人，减为 6.5 人，减少了 25.3%，其中新进领导班子的人数平均为 1.6 人，占新的领导班子人数的 24.6%；平均年龄由整顿前的 51.2 岁降为 47.9 岁，下降 3.3 岁；具有大学和高中文化程度的，由整顿前的 36.9% 增加到 55%；有技术业务职称的由整顿前的 24.6% 提高到 41.1%。

第二，贯彻实施新的企业领导制度。按照党中央、国务院提出的“党委集体领导，职工民主管理，厂长行政指挥”的原则，第一批整顿的企业贯彻实施了《国营工业企业职工代表大会工作暂行条例》《国营工厂厂长工作暂行条例》《中国共产党工业企业基层党组织工作暂行条例》，企业的经营管理工作逐步走向科学化、高效化。

第三，进一步健全企业内部经济责任制。在许多企业，从厂长到工人，普遍按照“责、权、利”相结合的原则，逐级建立了经济责任制。为了保证全面完成国家计划，采取指标分解、逐级落实，层层包、层层保，严格考核、奖罚分明等办法，在企业中初步形成了一套纵横连锁的经济责任制体系，使企业内部各个系统、各个环节围绕实现统一的经营目标，互相协调、互相促进，企业的生产经营逐步实现合理化。

第四，整顿企业的劳动组织。截至 1982 年底，全国第一批整顿的一万多个工业企业中，约有 1/2 已经完成或正在进行劳动组织的整顿。经过整顿，劳动定额水平一般提高 10%，生产第一线的力量得到了充实和加强。企业劳动组织整顿调整下来的大多数富余人员，则由企业或企业主管部门兴办的“大集体”负责安置。在全民所有制企业内部成立集体所有制性质的劳动服务公司和生活服务公司，成为这一特定历史条件下的产物。

第五，在青年职工中广泛开展补课行动。在企业整顿劳动组织，按定员、定额组织生产的基础上，全国范围广泛开展青壮年职工的初中文化补课，同正规培训工作紧密结合起来，大大加速了我国职工教育事业的发展，企业职工培训中心也在这一时期普遍建立起来。

第六，整顿财经纪律和劳动纪律。1982 年，全国各地企业普遍深入开展了财经纪律大检查，堵塞、消除了企业财务管理制度上的一些漏洞和隐患。在此基础上，一些企业整顿健全了财务会计制度。结合全国广泛开展的“五讲四美”活动*，国务

* 1981 年 2 月 25 日，中华全国总工会、共青团中央、全国妇联等九个单位联合倡议在全国开展文明礼貌活动。内容是讲文明、讲礼貌、讲卫生、讲秩序、讲道德，做到心灵美、语言美、行为美、环境美。简称“五讲四美”。

院又发布了《企业职工奖惩条例》，有关部门还制订了《职工守则》。经过整顿，企业职工的精神面貌有了很大改变，厂风厂纪有了明显好转，道德风尚有了新的进步。

第七，加强企业的基础管理工作。对企业管理的各项基础工作，如标准化工作、定额工作、原始记录、计量工作、信息工作、基础教育等进行了整顿，并充实了必要的专业人员和计量测试等手段，提高了基础工作的完备程度。

第八，进行企业工资、奖金制度的改革试点。1982 年，在一批企业中进行了各种不同形式的工资制度改革的尝试。将职工的一部分收入（包括一部分基本工资以及奖金、工资性津贴等）集中起来，按照个人实际贡献大小，进行重新分配；有的企业还利用国家核定留给企业的奖励基金实行厂内浮动升级；一些试行以税代利的企业，收入分配开始向着浮动工资、职务工资制的方向发展。

第九，加强了职工思想政治工作，推进企业精神文明的建设。一些企业把整顿企业同整顿党的基层组织工作结合起来，着手整顿和加强了企业的思想政治工作队伍，把精神文明建设和物质文明建设较好地结合起来。并普遍注意改进思想政治工作的形式和方法，效果较过去有明显改进。

1982 年的企业整顿工作虽然取得了较大的成绩，但不少单位整顿工作的步伐不快，质量不高，效果也不够理想。全国列入第一批整顿的 10883 个企业，到 1983 年 3 月末，经上级领导机关验收，合格的仅占 17.3%，其中大中型骨干企业 1320 个，验收合格的仅占 13.6%。进展迟缓的主要原因在于，有些单位的领导对企业整顿的重要性和迫切性认识不足，抓得不力不紧，在一些重要问题上缺乏有力的措施。

城市经济体制综合改革试点

经国务院批准，湖北沙市（现荆州市沙市区）、江苏常州两市分别于 1981 年 10 月和 1982 年 3 月，开始经济体制综合改革试点工作。针对现行体制中吃“大锅饭”、企业不关心市场、不关心技术进步等方面的弊病，在生产、流通、分配、金融、科技、计划、物价、劳动工资等方面展开不同程度的改革试验，以期取得经验，为全国各地的改革提供借鉴。

与此同时，在发挥大中城市组织经济的作用方面，也取得新的进展。在一些地区，除全国性公司和少数大型骨干企业仍由中央主管部门直接管理外，大量企业逐步改由城市负责管理，并实行市管周围县的新体制。如四川省决定将重庆市范围内省属企业全部下放给该市，由市里统筹规划，打破行业、企业隶属关系和所有制的限制，按专业化协作和经济合理的原则进行企业改组和联合。1982 年进一步在全国推广了广东省清远县实行由县经委统一领导全县企业的经验，约有 400 个县（市）不同程度地实行了这一改革，收到了较好的效果。

试行劳动合同制

1982 年全国有 9 个省（自治区、直辖市）试行劳动合同制，订立劳动合同的职工达到 16 万人。北京市到 1982 年底已决定按劳动合同制录用的职工人数为 2.8 万人。上海市从 1980 年开始试行劳动合同制，后来扩展到纺织、轻工、手工、仪表、冶金、邮电、外贸等20个行业、近300个企业，录用的人数为1.1万人。安徽省安庆市、河南省安阳市，决定停止从社会上招收固定职工，录用职工全部采取订立劳动合同的办法。

从各地情况看，实行劳动合同制有两条明显的好处：一方面，这是适应生产和工作的需要，人员能进能出，劳动力可以在一定程度上实行社会调节，个人可以在一定范围内有选择职业的自由；另一方面，这对更好地调动职工生产积极性有促进作用。实行劳动合同制以后，出勤率一般比现行制度下的职工高2%～3%。

各地在试行劳动合同制的同时，对录用办法、管理制度、保险制度等，都进行了相应的改革。例如，广西南宁市等地，采取全市公开招考、个人自愿报名、先行培训的办法。职工在工作期间，由单位管理；退出单位后，由劳动服务公司管理。河南省安阳市为订立劳动合同的职工建立了社会保险制度，由人民保险公司负责。保险基金由企业按月为每人向保险公司缴纳一定的金额，职工个人按月缴纳一定的金额，地方财政给予一定的补助。

价格、税收、信贷改革试点

在价格方面，提高了主要农副产品的收购价格，并对烟、酒、化纤织物和部分耐用消费品的价格作了调整。在一些行业中实行了内部协作价或内部结算价。一批三类小商品实行购销双方协商定价或企业自行定价。在税收方面，进行了以税代利的试点。据 18 个省（自治区、直辖市）456 个试点企业的材料统计，1981 年比 1980 年，产量增加 2.5%，实现利润增长了 18%，上交国家税费增长了 13.6%。在增长利润的分配比例中，国家收入占 60.1%，企业留利占 39.9%，保证了国家多得。1982 年参加试点的企业，销售收入的增长明显高于总产值的增长，特别是实现利润和上缴税费的增长，大大高于总产值和销售收入的增长。如广东省广州缝纫机工业公司、江门南方食品厂等 8 个国有工业企业试行以税代利的两年来，上缴利润比试点前平均每年增长 69.8%，上缴税金增长 47.6%，国家拨款减少 87.6%，相当于国家净收入增长 77.1%。有关部门认为，把上缴利润改为上缴税金，有利于保证国家财政收入的稳定增长、有利于逐步扩大企业自主权、有利于消除“大锅饭”的弊病、有利于发挥税收调节生产和分配的杠杆作用，这是正确处理国家与企业分配关系的一种先进形式，是调动企业积极性、健全经济责任制的一项有效措施，符合经济体制改革的方向。对 900 多个企业试行征收增值税，促进了专业化协作生产。在信贷方面，对部分基本建设和挖潜、革新、改造投资，由财政拨款改为银行贷款，实行资金有偿使用；对有些工业企业和交通运输企业试行流动资金浮动利率。四川省人民银行和重庆市人民银行根据借贷企业资金周转速度的快慢，实行优惠利息或加息，利率在标准利率的 20% 上下浮动。据重庆市 103 个试点企业统计，1982 年共减少流动资金 2643 万元。67 户企业得到银行减息 26 万元的优惠待遇，36 个企业资金周转缓慢，银行照章提高利息。把企业使用流动资金的经济效果与企业利益直接挂钩，提高了经济效益，节约了资金。

完善工业经济责任制

1982年11月8日，国务院批转国家体改委、国家经委、财政部《关于当前完善工业经济责任制的几个问题的报告》（以下简称《报告》）。《报告》提出，当前完善工业经济责任制要着重研究解决以下五个问题：认真贯彻计划经济为主，市场经济为辅的原则；努力搞好企业内部的经济责任制；正确处理国家、企业、职工三者利益的关系；把完善经济责任制和企业技术改造结合起来；统筹规划、加强领导。国务院就此发出通知，要求各地结合本地区、本部门的情况，认真总结经验，寻找和创造出一套适合工业企业特点的，既能保证国家统一领导，又能发挥企业和职工积极性的具体制度和办法。各地从国有企业到集体企业，从大中型企业到小型企业，从盈利企业到亏损企业，从单个企业到整个行业或县、市经委，普遍推行了经济责任制。到年底，实行经济责任制的工业企业达到80%以上。出现了利润留成、利润包干和“利改税”为主要内容的多种形式的经济责任制。从正确处理国家和企业的分配关系、建立健全经济责任制的要求来看，实行以税代利的办法，既能明确企业的经济责任和义务，又能保证国家有稳定的财源。在企业内部的分配关系上，出现了“计件工资”、“浮动工资”、“浮动升级”等各种分配形式，使劳动者的利益同企业、集体的生产和经营成果直接挂钩，从而在不同程度上改变了企业内部的“大锅饭”和平均主义。

贯彻《中国共产党工业企业基层组织工作暂行条例》

1982 年 5 月，中共中央颁发《中国共产党工业企业基层组织工作暂行条例》（以下简称《暂行条例》），规定在社会主义企业中，实行党委领导下的厂长负责制和党委领导下的职工代表大会制。按照党委集体领导、职工民主管理、厂长行政指挥的根本原则，不断改善和加强党对企业的领导。

《暂行条例》规定，党委会讨论和决定问题的范围如下：贯彻执行党的路线、方针、政策和上级指示、决定的主要措施；企业生产行政工作中的重大问题；职工代表大会的重大问题；党的建设工作；思想政治工作；企业中层干部和报请上级审批的企业领导干部的任免和奖惩考核；工会、共青团、民兵等群众组织工作中的重大问题；党委认为必须讨论和决定的其他重大问题。

《暂行条例》指出，党委对企业生产行政领导要抓重大问题，不要直接指挥生产和包揽行政事务。党委要支持企业行政建立以厂长为首的生产行政指挥系统，建立和健全各项责任制，支持厂长对生产行政工作统一指挥、全面负责，教育干部和职工服从厂长的指挥。厂长要自觉接受和维护党委的领导，在党委的领导下独立负责地抓好生产行政工作。车间的生产行政工作，在厂长的统一指挥下由车间主任负责。车间的党总支或党支部起保证和监督作用。

贯彻《国营工厂厂长工作暂行条例》

1982年1月2日，中共中央、国务院下发《国营工厂厂长工作暂行条例》（以下简称《暂行条例》），规定国有工业企业实行党委集体领导的原则，工厂党委主要是对贯彻执行党的方针、政策和思想政治工作方面实行领导。厂长行政指挥的原则，就是党委要把工厂的生产经营活动，交给厂长统一指挥，全面负责。工厂的副厂长、总工程师、总会计师等作为厂长的助手，工作受厂长领导，对厂长负责。工厂党委要支持和保障以厂长为首的全厂统一的生产经营指挥系统行使职权。厂长应自觉地维护党委的领导，接受群众的监督。

《暂行条例》规定：工厂实行党委（独立核算工厂的总支部、支部）领导下的厂长负责制。厂长是工厂的行政负责人，受国家委托，负责工厂的经营管理。除本条例规定的以外，生产经营方面的问题，由厂长全权决定。

工厂实行党委领导下的职工代表大会制（或职工大会制）。厂长要尊重职工代表大会的职权，支持职工代表大会的工作，接受职工代表大会的监督。

厂长对工厂的生产经营活动实行集中统一指挥，对工厂党委和上级主管单位直接负责。

厂长的职权是：厂长对工厂生产经营活动行使统一指挥权。在国家规定的范围内，厂长对工厂的人员、资金、物资有调度处置权。行政职能科（室）科长、副科长（主任），由厂长任免。车间主任一般由车间职工大会选举，厂长任命。不具备选举条件的，由厂长任免。车间副主任由厂长任免。厂长有权按照国家规定的人事管理权限和审批程序以及职工代表大会讨论决定的职工奖惩办法，对职工进行奖励和惩罚。对有特殊贡献的职工有权晋级，但每年受晋级奖励的职工不得超过职工总数的 1%；对违犯纪律的职工，有权处分，甚至开除。厂长有权拒绝工厂外部无偿抽调工厂的人员、资金和物资，以及对劳务、费用的不合理摊派。厂长在紧急情况下，对不属于自己职权范围而又必须立即决定的生产行政方面的问题，有临机处置权，但事后应向有决定权的单位报告。厂长要积极支持工厂工会委员会、共青团委员会的工作和活动，在决定同广大职工利害有关的问题时，要取得工厂工会委员会的同意和合作。

《暂行条例》虽然延续了党委领导下的厂长负责制的企业领导体制，但是在实行党政分工，克服以党代政，加强厂长责任，赋予厂长以更大的生产经营指挥权方面大大前进了一步，在一定程度上体现了厂长“责、权、利”的统一，从而为以后推行厂长（经理）负责制作了准备。

1982 · 重要理论观点

首次提出“建设有中国特色的社会主义”崭新命题

在 1982 年 9 月 1 日中国共产党第十二次全国代表大会开幕式上，邓小平致开幕词，第一次提出“建设有中国特色的社会主义”这一崭新命题。

邓小平指出："把马克思主义的普遍真理同我国的具体实践结合起来，走自己的路，建设有中国特色的社会主义，这就是我们总结长期历史经验得出的基本结论。"

邓小平强调："我们有充分的根据相信，这次代表大会制定的正确的纲领，一定能够全面开创社会主义现代化建设的新局面，使我们党兴旺发达，使我们的社会主义事业兴旺发达，使我们的国家和各民族兴旺发达。"

首次提出"翻两番"战略目标

1982 年 9 月 1 日至 11 日，中国共产党第十二次全国代表大会在北京召开。在《全面开创社会主义现代化建设的新局面》报告中首次提出：

"从 1981 年到本世纪末的 20 年，我国经济建设总的奋斗目标是，在不断提高经济效益的前提下，力争使全国工农业的年总产值翻两番，即由 1980 年的 7100 亿元增加到 2000 年的 2.8 万亿元左右。实现了这个目标，我国国民收入总额和主要工农业产品的产量将居于世界前列，整个国民经济的现代化过程将取得重大进展，城乡人民的收入将成倍增长，人民的物质文化生活可以达到小康水平。到那个时候，我国按人口平均的国民收入还比较低，但同现在相比，经济实力和国防实力将大为增强。只要我们积极奋斗，扎扎实实地做好工作，进一步发挥社会主义制度的优越性，这个宏伟的战略目标是能够达到的。"

"为了实现 20 年的奋斗目标，在战略部署上要分两步走：前十年主要是打好基础，积蓄力量，创造条件，后十年要进入一个新的经济振兴时期。”

这是中共中央正式文件中首次提出的“翻两番”战略目标。

计划经济同商品、市场是可以统一起来的

理论界多数人认为，社会主义经济的特征是计划经济，而这种计划经济又是同商品、市场相联系的。这二者可以统一起来，而不是截然对立的。因此，经济体制改革必须坚持计划经济为主、市场调节为辅的原则，这是社会主义经济本质属性的要求。在社会主义公有制基础上实行计划经济，有计划的生产和流通，是我国国民经济的主体。同时，允许对于部分产品的生产和流通不作计划，由市场来调节，也就是说，根据不同时期的具体情况，由国家统一计划出一定的范围，由价值规律自发地起调节作用。这一部分是有计划生产和流通的补充，是从属的、次要的，但又是必需的、有益的。为了使经济的发展既是集中统一的又是灵活多样的，在计划管理上需要根据不同情况采取不同形式。对于国有经济中关系国计民生的生产资料和消费资料的生产和分配，尤其是对于关系经济全局的骨干企业，必须实行指令性计划。对于集体所有制经济也应当根据需要，下达一些具有指令性的指标。除了指令性计划之外，对于许多产品和企业要实行主要运用经济杠杆以保证其实现的指导性计划。

关于社会主义经济特征的科学表述

一种意见认为，社会主义经济的基本特征是计划经济，不

是商品经济；另一种意见认为，社会主义经济是计划商品经济；还有的意见认为，社会主义经济既是计划经济，又是商品经济，两者都同社会主义经济的基本特征有密切联系。社会主义条件下，既然存在商品生产和商品交换，也就是存在商品经济。社会主义经济是商品经济，但不能简单地把商品经济说成是社会主义经济的基本特征。

关于计划经济的本质特征

有的意见认为，指令性计划是计划经济的一个重要特征，是计划经济的基本形式。指令性计划是社会主义计划经济的一种标志，只有坚持指令性计划，才能使国家对生产资料的所有权和使用权统一起来，促使全民所有制经济主导地位不断加强，才能有利于提高社会经济效果，促使技术进步，才能划清社会主义经济同资本主义国家干预的界限；有的意见认为，计划经济是为克服社会生产的无政府状态而提出来的，它的本质特征，是通过预先的计划安排，自觉地实现国民经济按比例发展。至于采取什么方式实现按比例发展，属于具体方法问题；更多的观点主张，多种计划指导方式比单一指令性计划能够更有效地保证国民经济按比例发展，使计划经济更加完善，更加有效。

关于计划调节和市场调节的范围与界限

怎样确定指令性计划、指导性计划和市场调节的范围和界限。大体有以下三种意见：第一种意见是按企业来划分。大型企业或全民所有制企业下达指令性计划。第二种意见是按产品来划分。关系到国计民生的重要产品下达指令性计划，由国家统配调拨。第三种意见是按照任务的重要程度来划分指令性计划的范围。即国家重点任务需要的物质，不管是重要产品还是一般产品，不管是大型企业生产的，还是中小型企业生产的，原则上都由国家下达指令性计划安排生产，产品统一分配。怎样确定国家重点任务的范围，可根据各个时期的不同情况，由国家加以规定。对市场调节的范围也有不同看法，有人认为，把利用经济杠杆实行计划管理的产品都看成市场调节，显然是划得过宽；有人认为市场调节只限于不便于统一计划管理、产值小、品种繁多，由小企业和个体劳动者生产的小商品，这又显得太窄。如何划分比较合适，需要确定几条大的标准。

关于按劳分配的量化基础

按劳分配是以劳动作为尺度的。但这个“劳”指的是什么?理论界却存在着不同看法。有人认为，按劳分配的“劳”是劳动的三种形态（潜在形态劳动、流动形态劳动、凝结形态劳动）的综合。在确定劳动者报酬时，考虑潜在形态的劳动，把技术等级、职务、职称等作为依据，可以促进劳动者提高技术水平和业务能力；考虑流动形态的劳动，把劳动时间、劳动强度、劳动艰苦繁重等作为付给报酬的因素，可以鼓励劳动者积极劳动；考虑凝结形态的劳动（即物化形态劳动），使报酬多少取决于完成劳动定额的情况，可以有利于促进劳动者关心自己的劳动成果，提高经济效益。也有人认为，按劳分配的“劳”只能是物化形态的劳动。因为作为生产过程的四个环节之一的分配，本来是产品的分配。按劳分配是产品分配的一部分，而产品是劳动的结晶，是对象化凝结化的劳动。所以，按劳分配的“劳”应是物化劳动。按劳分配，实际上是按有效劳动分配。而流动形态的劳动则没有考虑劳动的有效性。还有人认为，“潜在的劳动形态”，这个提法本身就是问题。劳动是现实的人与自然之间的物质变换，是劳动力的现实使用，现实与潜在不可能合二为一。因此，劳动根本就不可能有潜在的形态。从而也不能作为确定劳动报酬的根据。

关于按劳分配的分配层次

一种意见认为，按劳分配有两个层次：一是国家对企业实行按劳分配，二是企业对劳动者个人实行按劳分配。持这种意见的依据在于：首先，虽然马克思所讲的按劳分配是社会对劳动者个人，但其前提是社会所有制，而不是现在情况下的公有制。其次，由于现阶段的社会主义社会还存在商品生产，劳动者的个人劳动只有经过企业联合劳动才能转化为社会劳动，为社会所承认。这就存在一个社会承认企业的联合劳动，并按企业联合劳动的有效性大小进行分配的问题。最后，国家对企业实行按劳分配，不会产生苦乐不均的问题。企业物质利益的多少是在排除了生产的客观条件以后，由企业职工共同劳动贡献大小为根据的。如果各企业之间的职工出现收入上的差别，这正是贯彻按劳分配的结果。有人则认为，国家只能对劳动者个人实行按劳分配，不能对企业集体实行按劳分配。其主要理由如下：首先，马克思所讲的按劳分配是对劳动者个人，不是对企业集体单位；其次，按劳分配是生产资料公有制的实现，在同一公有制内部应实行劳动平等、报酬平等的原则，如果国家对企业实行按劳分配，必然出现不同国有企业的劳动者同工不同酬的情况；最后，在社会主义社会，国家根据企业经营好坏，提留一部分利润给企业，这不是按劳分配关系，和按劳分配的“劳”是有区别的。

工资制度改革的重要原则是克服平均主义

一部分人认为，我国现行工资制度存在的弊病是“低”“平”“乱”“死”。“低”是指工资水平低；“平”是指工资关系上的平均主义；“乱”是工资标准乱；“死”是指工资管理体制过死。另一部分人认为，在这四个问题中“平”是主要的。工资水平低，固然会使按劳分配原则受到一定限制，但工资收入归根结底决定于国民经济发展水平，我国现阶段人均国民收入较低，决定了工资水平低。这一点是不可能通过工资制度改革而迅速加以改变的。工资管理体制过死，确实会影响到企业和职工的积极性，阻碍经济建设的发展。但“死”所涉及的，主要是工资管理方面问题，而“平”所涉及的，则是工资管理的内容和指导思想问题。过死的工资管理制度，往往是平均主义指导思想的产物。工资标准的混乱只不过是一种现象，其实质在于不合理。因此，克服平均主义，才是改革工资制度必须遵循的一条重要原则。不批判和克服平均主义，我国的工资制度就不可能得到真正的改革。

工资改革的方向，总的来说，就是要使各类人员之间的工资关系更加符合按劳分配原则，以利于调动劳动者的积极性，提高经济效益，加速社会主义现代化建设。工资改革的内容，主要是改变国家卡得过多、统得过死、高度集中统一的工资管理制度。在保证国家对工资进行有效的宏观控制前提下，把工资管理权适当地下放给地方、部门和企业。实行一种国家、地方和企业分级管理的工资管理体制，以利于因地、因时、因人制宜地处理工资问题。

1982 · 重要政策法规

1. 中共中央、国务院《关于国营工业企业进行全面整顿的决定》，1982 年 1 月 2 日。

2. 中共中央、国务院《国营工厂厂长工作暂行条例》，1982 年 1 月 2 日。

3. 国务院《企业职工奖惩条例》，1982 年 4 月 10 日。

4. 中共中央颁发《中国共产党工业企业基层组织工作暂行条例》，1982 年 5 月。

5. 国务院《工商企业登记管理条例》，1982 年 8 月 9 日。

6. 国务院《关于解决企业社会负担过重问题的若干决定》，1982 年 10 月 27 日。

1982 · 年度热点纪实

企业自主权改革试点范围的逐步扩大

在传统体制下，国家对企业的劳动用工和劳动工资实现严格的集中管理。企业招收职工必须有上级批准的招工指标，在上级主管部门指定的地区招工；企业不能自行增减人员，必须在上级规定的劳动定额内雇用职工，也没有辞退职工的权力；国家对社会用工实行统一分配，不仅包括干部、工人，还包括大、中专毕业生、技工学校毕业生和复员退伍军人，企业对职工只能进不能出。职工只要不触犯刑律，企业就没有权力开除或者辞退职工。企业与职工的关系，就是实际上的国家与职工的关系。在当时，企业的工资管理也集中在国家劳动部门手里，国家实行统一的用货币规定的工资标准，对工人，国家分别按产业和工种规定工人的工资等级数目和工资等级标准，统一制定或修改技术等级标准，实行技术等级工资制；对企业领导人员、工程技术人员和管理人员，实行职务或职称的等级工资制。国家不仅规定了国有企业统一的工资标准和工资等级，同时还规定了统一的职工定级和升级制度。长期低工资、死工资，严重制约了职工积极性。

随着企业自主权改革试点范围的逐步扩大，国家开始允许企业在国家劳动计划指标范围内择优录取职工；允许企业在定员、定额内，按照实际需要决定机构设置，任命中层和中层以下干部。继1977年、1979年国家先后两次给40%的职工提高工资级别和调整了部分地区的工资类别之后，从1980年开始，国家又在劳动用工方面进行了改革试点，在部分省市试行劳动合同制。

1982 · 年度改革大事

1月2日　中共中央、国务院颁布《关于国营工业企业进行全面整顿的决定》。

同日，中共中央、国务院颁发《国营工厂厂长工作暂行条例》。明确企业管理的基本原则是：党委集体领导，厂长行政指挥，职工民主管理。

2月20日至3月5日　国务院在天津召开全国工交工作会议，提出工业生产要以提高经济效益为中心。结构不合理用调整的办法来解决，体制不合理用改革的办法来解决。

2月25日　国务院体改办颁发《经济体制改革的总体规划》。改革的实施步骤：分为1982年至1985年、1986年至1990年两个阶段。

3月8日　第五届全国人大常委会第二十二次会议作出决议，原则批准国务院机构改革初步方案，同意设立国家经济体制改革委员会，由国务院总理兼委员会主任。

3月16日　国务院发布《关于全国性专业公司管理体制的暂行规定》。

3月18日　国务院发出《关于调整农村社队企业工商税收

负担的补充规定》。

4 月 10 日　国务院颁发《企业职工奖惩条例》。

5 月　中共中央发布《中国共产党工业企业基层组织暂行工作条例》。

5 月 5 日至 6 月 24 日　国家经委在首钢先后召开了 4 次研究首钢经济责任制经验座谈会，在全国推广首钢经济责任制经验。

7 月 10 日至 19 日　全国企业整顿工作会议在京召开。提出了企业整顿要敢于“碰硬”，从整顿企业领导班子入手。

8 月 9 日　国务院颁发《工商企业登记管理条例》。

9 月 1 日至 11 日　中国共产党第十二次全国代表大会举行。邓小平致开幕词，第一次提出“建设有中国特色的社会主义”这一崭新命题。大会确定了到 20 世纪末，我国经济建设的总的奋斗目标。

10 月 15 日至 23 日　部分省市工业企业经济责任制座谈会在北京召开。据统计，全国大中型工业企业已有 80% 以上实行了经济责任制。

10 月 16 日　国务院常务会议听取了袁宝华关于抓好一批大型企业问题的汇报。

10 月 27 日　国务院颁发《关于解决企业社会负担过重问题的若干决定》。明确对于未经国务院和省（自治区、直辖市）人民政府批准的各项摊派，企业有权拒绝。

11 月 8 日　国务院批转国家体改委、国家经委、财政部《关于当前完善工业经济责任制的几个问题的报告》。

12 月　全国人大五届五次会议通过的《中华人民共和国宪法修正案》第 11 条作出规定："在法律规定范围内的城乡个体劳动者经济，是社会主义公有制经济的补充。国家保护个体经济的合法权利和利益。"

本年度主要参考资料：

1. 中国经济年鉴编委会．中国经济年鉴（1983）［M］．北京：中国经济年鉴社，1983. 10.

2. 中国共产党第十二次全国代表大会文件汇编［M］．北京：人民出版社，1982. 9.

3. 国家统计局．关于一九八二年国民经济和社会发展计划执行结果的公报［R］. 1983－04－29.

4. 汪海波．新中国工业经济史（1979—2000）［M］．北京：经济管理出版社，2001. 10.

1983 年

1983 · 年度经济背景

工农业生产全面增长，经济效益有所改善

1983 年，我国国民经济各方面取得重大成就，全面地完成了第五届全国人民代表大会第五次会议审议批准的 1983 年国民经济和社会发展计划。在年初的人大会议上确定的 1983 年国民经济和社会发展的主要任务是：继续贯彻执行“调整、改革、整顿、提高”的方针，把提高经济效益放在一切工作的首位，进一步巩固和发展稳定经济的成果，克服当前工作中存在的问题，使各项经济和社会事业持续地向前发展。当年国民经济的主要计划指标是：农业生产比上年增长 4%；工业生产比上年增长 4%。其中，轻工业生产增长 4.1%，重工业生产增长 3.9%；固定资产投资 747 亿元，比上年减少 98 亿元。其中，基本建设投资 507 亿元，更新改造投资 240 亿元；社会商品零售总额 2760 亿元，比上年增长 7.8%。全年完成国内生产总值 5934.5 亿元，比上年增长 10.9%。

由于广大农村进一步落实各种形式的联产承包责任制和党

在农村的各项经济政策，调动了广大农民的积极性，农业生产在连续四年增产的基础上，又取得了大丰收。粮食产量达 7746 亿斤，比上年增产 676 亿斤；棉花产量 9274 万担，比上年增产 2077 多万担。农业总产值达到 3121 亿元，按可比价格计算比上年增长 9.5%。从 1979 年到 1983 年，农业总产值平均每年增长 7.9%，大大超过 1953 年到 1978 年平均每年递增 3.2% 的速度，使我国农业生产开始摆脱长期徘徊不前的局面。

轻重工业协调发展，经济效益有所提高。1983 年国民经济和社会发展计划规定，工业总产值比 1982 年增长 4%，争取达到 5%。实际结果，工业总产值达到 6088 亿元，按可比价格计算比上年增长 10.5%。其中，重工业增长 12.4%，轻工业增长 8.7%。工业总产值和原煤、原油、生铁、钢、硫酸、化肥、汽车、纸及纸板等 30 种产品产量提前两年达到和超过“六五”计划规定的 1985 年指标，还有 12 种产品产量已完成“六五”计划规定的 95% 以上。到 1983 年为止，我国已有 16 种主要工业产品的年产量进入世界前 10 名，即生铁、钢、原油、煤炭、电、水泥、原木、硫酸、烧碱、化肥、塑料、化纤、棉布、糖、纸、电视机等。

能源生产超额完成国家计划，原材料工业大幅度增长。全国一次能源生产总量 7.13 亿吨标准煤，比 1982 年增长 6.7%，大大超过原定增长 1.7% 的要求；原煤产量达到 7.15 亿吨，比 1982 年增产 4900 万吨，增长 7.4%；原油产量 10607 万吨，增长 3.9%；发电量 3514 亿度，增长 7.2%，其中水电增长 16.1%。这些都是近几年增长最快的一年。1983 年钢产量超过 4000 万吨，钢材产量超过 3000 万吨，水泥产量超过 1 亿吨。

交通运输和邮电主要指标也都完成和超额完成国家计划。铁路货运量，计划 11.2 亿 ~ 11.4 亿吨，实际完成 11.6 亿吨，比 1982 年增长 4.5%；交通部直属水运货运量计划 1.5 亿吨，实际完成 1.6 亿吨，增长 6.6%；邮电业务总量计划 21.2 亿元，实际完成 22.3 亿元，增长 9.1%。

工业生产经济效益有所改善。预算内国营工业企业的利润额比上年增长 8% 左右，接近按同口径计算的工业总产值增长 9% 左右的速度；实现利润和产品销售税金比上年增长 6.3%；工业同比产品成本降低 0.2%，扭转了前三年连续上升的局面；企业亏损额比上年减少 34.6%；流动资金周转期由上年的 114 天缩短到 108 天。全国国有工业企业中亏损企业的亏损额比上年减少 14.8 亿元，同比下降 34.6%，有一些地区下降达 50% 以上。不少产品的质量有所提高，主要工业产品质量指标，稳定提高率达 80%，高于 1982 年 76% 的水平。全国评出国家金质奖、银质奖产品 500 多种，占 1979 年以来全国评定的优质产品的 1/3。原材料、燃料动力消耗有所降低，主要产品单位物资消耗指标，稳定降低率为 78%。能源消耗进一步降低，全国工业企业共节约能源 1800 万吨标准煤。定额流动资金占用水平有所降低，国有工业企业每百元工业产值占用的流动资金额比 1982 年减少 8% 左右。国有工业企业全员劳动生产率超额完成国家计划，比 1982 年提高 7.5%，是近五年提高最多的一年。全民所有制独立核算工业企业全员劳动生产率比上年提高 7.5%，是近五年来增长最快的一年，超额完成了国家规定的增长要求。工业品的生产和销售基本同步增长。过去那种“工业报喜，商业报忧，库存积压，财政虚收”的状况有了进一步的改善。

基本建设投资结构显著改善，重点建设有所加强，改变了基本建设投资严重失控的状况。全国基本建设投资调整计划为580亿元，实际完成594亿元，扣除与计划不可比的因素，实际完成数已控制在国家计划之内。同1982年相比，基本建设投资增加39亿元。在投资总额中，重点建设部门投资的比重继续上升：能源工业投资比重由1982年的18.3%上升到21.3%；运输邮电业投资比重由上年的10.3%上升到13.1%；科技教育的投资比重由上年的6.3%上升到7%。生产性投资占投资总额的比重提高，由上年的54.5%上升到58.3%。重点建设工程进度普遍加快。按合理工期组织建设的70个重点建设项目，全年共完成投资额97亿元，为国家计划的101%，已有23个全部或部分建成投产。全国新增煤炭开采能力1852万吨，发电机组容量447万千瓦，原油生产能力811万吨，新增石油地质储量5亿多吨，新建铁路交付营业里程601公里，新建铁路复线交付营业411公里，铁路电气化里程544公里，这都是近几年来完成最多的一年。

1983年社会商品零售总额2849亿元，比1982年增加279亿元，增长10.9%。各类消费品零售额普遍增加，食物商品零售额比1982年增长13.4%。农村消费品零售额1246.7亿元，比1982年增加155.2亿元，增长14.2%，快于城镇增长8.2%的速度。农业生产资料销售零售额达到423亿元，比1982年增长9%。全国零售物价总指数比1982年上升1.5%，其中城市上升1.9%，农村上升1.2%，是近几年物价上升幅度较小的一年。

1983 年对外贸易进出口总额达到 860.1 亿元，比上年增长 11.4%，比 1978 年增长 1 倍。占世界进出口总额的比重，由 1978 年的 0.75% 上升到 1.25%；在世界出口国中的位次，从第 32 位上升到第 18 位。到 1983 年底，我国已经累计使用外资 145 亿美元。其中，1983 年使用外资 19.6 亿美元。近几年吸收国外直接投资发展较快，开办了一批合资经营企业和合作开发项目，仅 1983 年吸收国外直接投资达 9.1 亿美元。

据国家统计局家庭收支调查，1983 年我国职工家庭平均每人生活费收入为 526 元，比上年增加 31.5 元，增长 6.4%；比 1978 年平均每人增加 210 元，增长 66.5%，五年平均每年递增 10.7%，扣除职工生活费用价格指数上升的因素，实际收入平均每年递增 7.3%。全民所有制和集体所有制职工工资总额达到 934.6 亿元，比 1982 年增长 6%。1979 年以来，全国共安排城镇就业人口 3900 多万人。随着就业面的扩大，城镇人均就业人口赡养的人数已由 1978 年的 2.06 人，下降到 1983 年的 1.71 人。据农民家庭收支调查，1983 年农民人均纯收入达到 309.8 元，比上年增加 39.7 元，增长 14.7%。人均纯收入在 400 元以上的户数占总农户的比重由 1982 年的 15.4% 上升到 23.5%。自 1979 年到 1983 年的五年间，国家投资兴建的住宅竣工面积达 4 亿平方米，相当于中华人民共和国成立 35 年来竣工面积总和的 40% 以上；农村五年新建住房达 27 亿平方米。

1983 · 基本改革思路

创造企业公平竞争的经营环境，理顺国家与企业的分配关系

放权让利的改革和推行企业经济责任制给企业带来了生机和活力，也使得财政状况明显好转。但是，当允许企业有了一定的利润留成和奖金分配权后，却出现了“苦乐不均”和“鞭打快牛”的情况，同时还出现了企业增收、国家没有多得的现象。为了克服“苦乐不均”和“鞭打快牛”现象，为此，国家出台了两步“利改税”的改革措施，并配套进行了企业财务体制的改革（折旧基金的分配政策），流动资金供应体制的改革和固定资产投资管理体制的改革，即两个“拨改贷”政策。

放权让利的改革和推行企业经济责任制给企业带来了生机和活力，也使得财政状况明显好转。1981 年的财政赤字从 1980 年的 127 亿元大幅度减少到 25 亿元。然而，在皆大欢喜的同时，问题也接踵而至。在传统体制下，企业的资金占用、基础条件、地理位置、产品价格等都由国家计划安排。这在统收统支体制下不成问题的差别，当允许企业有了一定的利润留成和奖金分配权后，企业与企业之间吃国家“大锅饭”的局面被迅速打破，服务于同一行业不同企业的员工过去收入相等的局面也开始发生改变，形成了通常所谓的“苦乐不均”现象。同时，由于在计划体制下，企业的各项计划指标都只能按照“基数法”实行，即在上年实际完成数的基础上经过“讨价还价”来确定。这样

做的结果，必然是基数越大的计划指标也越高，于是又形成了所谓的“鞭打快牛”现象。“苦乐不均”和“鞭打快牛”，对于多年来早已习惯了“不患寡而患不均”的中国人来说，在情感上是难以接受的，同时与消灭两极分化的社会主义基本原则也背道而驰。在这种背景下，“利改税”的思想开始酝酿，并影响了国家的经济决策。

1983 年，国家开始启动第一步“利改税”改革措施，1984 年，国家又紧接着实施了第二步“利改税”改革措施。

两步“利改税”的主导性决策思想有两个：一是为了克服“苦乐不均”和“鞭打快牛”现象，为企业创造公平竞争的经营环境；二是为了划清政府财政收入和企业可支配收入的界限，理顺国家与企业的分配关系，保证国家财政收入稳定增长。但具体实施以后，都没有达到设计者和决策者的预期效果。

为了体现为企业创造公平竞争经营环境的指导思想，在第二步“利改税”方案设计时，当初曾设想用分类的产品税率来削弱和缓解价格的扭曲（即税随价设）；用固定资产占用税来解决企业资金占用的差别，希望在完成这步改革之后企业的税后利润一律不再上缴，实现统一税率下的公平竞争。但是，由于产品税的比重过大，相当多企业在支付了产品税后利润所剩无几，根本无力再支付与利润无关而与资金占用挂钩的资金税。方案测算了几十次，资金税始终难以排入，最后只能放弃资金税。为了避免出现大的苦乐不均现象，又在利润较多的大中型企业开征了一户一率的调节税，以代替企业的利润上缴。

为了理顺国家与企业的分配关系，把国有企业的上缴利润改为按照国家规定的税种及税率缴纳税款，税后利润完全归企业支配，逐步把国家与国有企业的分配关系通过税收形式固定下来，用税收这种法律手段来规范国家与企业的利润分配关系，解决企业吃国家“大锅饭”的问题。沿着这一指导思想，围绕推行和完善“利改税”，国家还进行了企业财务体制的改革，流动资金供应体制的改革和固定资产投资管理体制的改革。

在企业财务体制的配套改革方面，一是进行了成本管理体制的改革。1984 年 3 月和 4 月，国务院、财政部分别颁布《国营企业成本管理条例》和《国营工业、交通企业成本管理实施细则》。对成本开支的范围、成本核算的基本准则和成本管理责任制都作出了详细的规定，从而相对规范了所得税的成本费用扣除。二是进行了折旧制度的改革。对企业折旧基金的分配，从 1978 年以前的统收统支办法，改为 1978 年以后的“五五”分级管理办法：50% 留给企业，50% 上缴中央和地方。1985 年以后，又改为 70% 留给企业，30% 由各省（直辖市、自治区）掌握。

在流动资金供应体制的配套改革方面，从 1983 年 7 月 1 日起，原来由国家财政拨给企业的流动基金，仍然留给企业作为企业自有流动资金，由银行进行管理，实行有偿占用。企业新增流动资金，由财政拨款改为银行贷款。

在固定资产投资管理体制的配套改革方面，企业的基本建设和更新改造投资一律由财政拨款改为银行贷款。企业归还贷款的资金，开始是从上缴所得税之前的利润中支付，以后改为从上缴所得税之后的利润中支付。

从完善我国税收体制角度来看，两步“利改税”应该是一大进步，但由于外部体制改革不配套和当时历史条件的局限性，“利改税”未能摆脱旧体制的束缚，存在明显缺陷和不足。

首先，两步“利改税”推行遇到的阻力最终归于失败，宣告了在不彻底抛弃旧体制条件下，试图通过技术性的巧妙安排来实现企业公平有效竞争这种幻想的破灭。因为如果国家真能做到这一点，市场取向的改革本身也就没有必要了。而即使在市场经济条件下，企业之间的竞争条件也不可能是完全平等的。市场价格或供求关系的剧烈变化经常会给一些企业带来优惠，给另一些命运不佳或时机不对的企业带来困难或灾难。而现代普遍的垄断竞争或寡头竞争的市场结构则更是在资金、技术、供货条件乃至价格方面树立了不平等竞争的典型。

其次，“利改税”试图通过分类产品税和资金税来实现某种“规范”做法的设想也是不现实的。固定的产品税率不可能与随着市场波动而随时变动的商品价格相吻合；固定的资金税率也无法与资金市场上的资金价格波动相吻合，试图用静态的指标去规范动态的经济运行，最终只是徒劳。实际上，由于受生产要素禀赋、企业经营环境和市场环境的影响，作为所有者的国家和作为经营者的企业之间的分配根本就不存在统一规范，它是随条件变化而不断变化的，越是追求规范，规范就越难实现，结果越搞越被动，只会陷入国家政策与企业对策的循环。

最后，两步“利改税”混淆了国家作为国有资产所有者和社会经济管理者双重身份的区别，将作为投资收益的利润与作为社会义务的税收混为一谈。投资，有收益也有风险，而无论收益还是风险都应该是由所有者承担的，将投资收益变为强制性的税收，实际上是把风险完全给了经营者，国家作为所有者，变成只有赢不能输的固定收益者。试图为企业创造平等竞争环境这种良好愿望，很可能是导向“百慕大三角”的错误航标。

两步“利改税”本身存在的不足，加上它出台的时机正好是经济过热后的宏观经济整顿和紧缩，在两步“利改税”推行后，出现了全国国有企业实现利润连续 22 个月滑坡的局面。“利改税”的积极作用尚未发挥就被承包经营责任制改革所取代了，“利改税”也因此宣告终结。

1983 · 年度改革实践

第一步“利改税”

为了更好地发挥税收在经济活动中的调节作用，进一步理顺国家与企业的关系，1983 年开始进行“利改税”的第一步改革，即实行税利并存的制度。2 月 28 日，国务院批转财政部《关于国营企业利改税试行办法（草案）的报告》，决定从 1983 年 1 月 1 日开始，对国有企业实行“利改税”办法，进行第一步“利改税”。具体做法是：国有企业保留原来（按销售收入计征）的工商税，把相当于基数利润的部分改为所得税，凡有盈利的国有大中型企业，按 55% 的税率计征所得税，所得税后的利润，一部分以递增包干上缴、固定比例上缴、定额包干上缴或缴纳调节税等办法上缴国家，一定三年不变。剩余部分按照国家核定的留利水平留给企业。小型国有企业，则根据实现利润按 8 级超额累进税率缴纳所得税，税后由企业自负盈亏。企业的税后留利实行“五马分肥”，即建立新产品试制基金、生产发展基金、后备基金、职工福利基金、职工奖励基金，并规定前三项基金不得低于留利总额的 60%，后两项基金不得高于 40%。3 月 10 日，财政部负责人就国有企业实行“利改税”有关问题回答新华社记者提问时指出：对国有企业实行“利改税”，是经营管理体制改革的一个重要方面。所谓“利改税”，就是将国有企业原来给国家上缴利润的办法，改为按国家规定的税种和税率向国家缴纳税金。4 月 24 日，国务院批转财政部《关于全国利改税工作会议的报告》和《关于国营企业利改税试行办法》的通知，要求“利改税”试行办法自 1983 年 1 月 1 日起在全国实行，征税工作从 1983 年 6 月 1 日起开始办理。

到年末统计，全国实行第一步“利改税”改革的工业企业累计达到 28110 户，占全国盈利工业企业总户数的 88.6%。实行“利改税”的企业的留利水平，1983 年比 1982 年增长 25.8%，高于上年国营工业企业生产增长额 9.6%、实现利润增长 14.1% 和上缴税利增长 8% 的幅度。实行“利改税”的商业企业（不包括饮食、服务业）共 51000 户，占商业盈利企业的 99.8%。

第一步“利改税”从法律上保证了国家财政收入的稳定和均衡入库，既巩固了国家财政的收入形式，又未触及企业税后利润的分配问题，并为进一步改进国家与企业的关系开创了条件。实施的结果，上下都比较满意，进行得也很顺利。但由于第一步“利改税”按照基数法来确定的企业所得额，所得税后的利润，又采取递增包干上缴、固定比例上缴、定额包干上缴或缴纳调节税等办法上缴国家，企业创造利润越多，上缴国家的越多，因此出现了“鞭打快牛”的现象。有关部门开始酝酿进行第二步的税利改革。从税利并存逐步过渡到完全的以税代利。

贯彻《国营工业企业暂行条例》

1983 年 4 月 1 日，国务院颁发《国营工业企业暂行条例》(以下简称《暂行条例》)。这是改革开放以来，国家对国有工业企业一系列重要问题作出全面规定的第一个文件。《暂行条例》首次对企业的法人地位作出了规定：企业是法人，厂长是法人代表；企业对国家规定由它经营管理的国家财产依法行使占有、使用和处分的权利，自主地进行生产经营活动，承担国家规定的责任。

《暂行条例》规定了企业所拥有的 15 项经营自主权：有权根据国家有关政策和市场需要，编制自己的生产经营补充计划；有权拒绝计划外或缺乏必需的物质条件保证和产品销售安排的生产任务；有权自行选购计划分配以外的物资；完成国家订货任务后，有权在国家规定范围内自销产品；有权在国家规定的范围内，制订和议定产品的价格；有权向中央和地方业务主管部门申请出口自己的产品；有权按国家规定将自己的发明创造、科研和技术革新成果进行有偿转让；对已经注册产品的商标，享有专用权；有权按照国家规定提取和使用企业基金或利润留成基金；有权按照国家规定出租、转让闲置、多余的固定资产；

有权根据国家有关政策确定工资形式或分配奖金、安排福利等事项；有权在国家计划内择优录取新职工，有权按国家规定对职工实行奖惩；有权按实际需要决定自己的机构设置；有权任免行政中层干部；有权拒绝国务院或省市人民政府明文规定以外的摊派费用和无偿劳动。

实施企业改组联合

1983 年经济改组联合和经济组织结构的合理化有了新的进展。汽车、船舶、石油化工、有色金属四个全国性公司按经济合理原则组织专业化协作和改组联合获得了良好效益。例如，中国汽车工业公司的汽车总装厂由 130 多家减少到 37 家，汽车产量 1983 年比上年增长 23.7%；船舶工业总公司经过组建地区公司，推行三级管理体制等一系列改革措施，造船产量增长 20%。许多地区、行业、单位，冲破了“条条块块”的束缚，发展了多种形式的联合。天津、上海市分别同 26 个和 21 个兄弟省（自治区、直辖市）建立了区域性的联合，从一次性的、单项的协作，向长期的、多项的联合发展。全国有 41 个大中城市统一组织铸锻、热处理、电镀工艺的专业化协作和合理布点。科研、教学与生产的紧密结合，科研、设计、生产、服务“一条龙”，科研生产联合体，教学、科研、生产共同体，科研、生产的“技术联营”等组织形式开始出现。但是在企业改组联合中，由于缺少全行业的规划，在某些领域带有盲目性，有些部门、地区出现了一股上市企业和成立行政性公司的风潮。

金融管理体制改革

1983 年银行体制进行了两项重大改革：一是中国人民银行成为管理全国金融事业的国家机关，专门行使中央银行的职能，主要集中力量于全国金融的宏观决策，加强信贷资金管理，保持货币稳定。同时设立中国工商银行，分管工商企业信贷业务，它同中国农业银行、中国人民建设银行、中国人民保险公司都作为经济实体，在国家规定的范围内，依照国家法律、政策和计划，独立行使职权，充分发挥各自的作用。中国人民银行对专业银行和其他金融机构主要采取经济办法进行管理。二是国有企业流动资金改由中国人民银行统一管理，把资金的供应与管理结合起来，以利于挖掘资金潜力，支持重点建设和技术改造。为了促进企业的技术改造，在运用利率杠杆上也采取了一些新的措施。

劳动工资制度改革

1983 年在劳动制度上继续试行了劳动合同制，把用工合同制同经济责任制结合起来。实行这种办法，使企业能够根据需要选择用人，有利于调动劳动者的积极性，加强劳动纪律。1983 年还进行了企业的调整工资工作。这次调资的一部分资金要由企业从自有资金中解决，使得一些自有资金不足的企业出现了困难。在少数企业进行了浮动工资的试点。此外，还进行了集体所有制职工退休金归社会统筹安排解决的试点，探索解决这个问题的途径。

1983 · 重要理论观点

关于经济体制改革的基本理论

一种观点认为，中国式的经济体制的理论基础应是包括计划经济理论和商品生产理论及其相互关系的理论；另一种观点认为，我国现行经济体制的理论基础是孙冶方同志所指出的自然经济论。不批判和肃清社会主义政治经济学中的自然经济论，就难以顺利推行经济体制改革。孙冶方新经济体制的基本模式是把计划放在价值规律的基础上，这一观点现在已经逐渐为较多的人所理解，而且党的十二大明确规定，国家在制订计划时，不论是指令性计划还是指导性计划，都要充分考虑和运用价值规律。孙冶方所说的价值规律也包含商品价值规律的意思在内。

还有一种观点认为，应把马克思主义的科学社会主义的全部理论作为改革的依据，决不能将其中的一两个理论观点视为改革的全部依据，否则就会导致片面性，使改革发生偏差。现在改革中出现的某些问题，不能说与理论上的片面性完全无关。

关于经济体制改革的总体方案设想

三十多年来正反两方面的经验集中到一点，就是从实际出发，建立中国式的社会主义经济体制，才能保证国民经济持续、稳定、健康地发展。国民经济管理体制是由宏观系统、微观系统和调节系统构成的总体，所以要实现上述改革的基本目标，必须使各个系统的改革同步配套、协调一致。这就要求改革的总体方案能够处理好多种经济形式之间的关系，计划经济与市场调节的关系，中央与地方、“条条”与“块块”的关系，国家与企业的关系，国家、集体与劳动者的关系，从而建立起以国有经济为主导、多种经济形式合理配置的多种经营方式的所有制结构；实行计划经济为主、市场调节为辅和大的管住、小的放开的计划体制；建立大权集中、小权分散和党、政、企合理分工的多层次决策体系；形成由行业指导、以城市为主、条块结合的组织经济活动的管理体系；实行“责、权、利”统一，经济办法与行政办法相结合的管理制度。这样，就能够最大限度地调动各方面的积极性和主动性，促进我国社会主义经济的全面高涨。

关于计划体制改革的战略方针

关于计划体制改革的战略方针，有两种不同的观点：其一是坚持孙冶方的意见，即对现行计划体制应从根本上改革，不能满足于修修补补；其二则认为现行计划制度不能推倒重来，只能循序渐进地加以改革，因为任何事物都有一个发展和逐步完善的过程，计划体制也不例外。

关于计划体制改革的基本方向：第一种观点认为应当采取集中型的计划管理体制，其理由是列宁讲过“建成社会主义就是建成集中的经济，由中央统一领导的经济”，这是社会主义的优越性；第二种观点认为应当采取分散型的计划管理体制，其理由是计划体制改革就是应当给地方和企业更大的权力；第三种观点认为不能笼统地讲集中与分散，而应当在正确地区分集中与分散的界限的前提下，把集中与分散适当地结合起来；第四种观点主张按计委、经委和企业三个层次来设计改革方案。

关于指令性计划和指导性计划的数量界限：一种意见认为根据我国目前的情况，指令性计划是计划管理的主要形式，应占工农业总产值的大部分；另一种意见认为目前我国管理水平不高，而经济情况复杂，指导性计划应占工农业总产值的大部分。

关于三种管理形式的划分原则：第一种意见认为应按产品在国民经济中的不同地位和作用，采取不同的管理形式；第二种意见认为应按企业的所有制性质和规模大小划分，即国有的大型企业实行指令性计划，国有的中型企业和某些集体企业实行指导性计划，其他则实行市场调节；第三种意见认为应按任务的重要性划分。重要任务实行指令性计划，一般任务实行指导性计划，其他由市场调节。

在计划体制改革中，怎样才能解决引导企业自觉地遵守国家计划，并按照不断变化的社会需要来调整国家计划，使国家计划与社会需要相适应的问题，有观点认为这是当前经济管理改革研究中的一个难题。自从中央提出计划经济为主、市场调节为辅的原则以后，有些同志似乎又把计划与市场、国家计划与价值规律对立起来，这就可能重新出现不重视价值规律的倾向。我们需要进一步深入研究经济体制改革各方面的问题，特别需要深入探讨计划调节与市场调节的关系，是否就是社会主义经济有计划按比例发展与价值规律如何巧妙地结合问题。

按劳分配是不是社会主义分配关系中的唯一原则

随着经济体制改革的深入，有人提出全民所有制企业实行劳动报酬与经营成果相联系的分配原则，以及在农村实行承包责任制，工分制被“交够国家的，留足集体的，剩下是自己的”形式所代替。这些变化引起了按劳分配是不是社会主义分配消费品的唯一原则的讨论。大体上持以下两种意见：

一种意见认为按劳分配是社会主义分配消费品的唯一原则。因为社会主义的本质特征是生产资料公有制和按劳分配，同时按劳分配关系与社会主义生产关系是统一的，是生产关系的另一方面。为了健全和发展社会主义生产关系，只能实行按劳分配。要是改变按劳分配，就是改变社会主义生产关系。虽然在社会主义社会中存在多种经济成分，会有不同的分配方式。但社会主义经济关系已经占主导地位，公有制经济中的按劳分配是唯一的分配原则。

另一种意见认为按劳分配不是分配消费品的唯一原则。因为在社会主义制度下存在着以社会主义基本经济规律为主导的规律体系。在个人消费品的分配中，除了按劳分配规律在起作用外，还有社会主义基本经济规律、有计划按比例发展规律、价值规律和物质利益原则的共同作用。社会主义基本经济规律和有计划按比例发展规律的作用，表现在全体劳动者的个人收入不仅能够满足物质和文化需要，而且要在生产发展的基础上有计划地定期增长。价值规律和物质利益原则所起作用的表现，如农业联合体中的按股分红、联产承包责任制“剩下是自己的”

部分，以及全民所有制企业，由于生产设备先进或自然条件较好而获得的超额收入，其中用于个人需要部分，都不属于按劳分配，而是价值规律和物质利益原则作用的结果。不仅不能说按劳分配是社会主义的唯一分配关系，也不能说在不实行按劳分配的场合就谈不上社会主义。

关于按劳分配的内涵

一种意见认为，在社会主义生产资料公有制的条件下，人们投入了劳动后，所取得的收入或报酬都是按劳分配，或者说，在生产资料公有的条件下，以劳动为依据的任何分配都是按劳分配。

另一种意见认为，在社会主义条件下，生产资料公有制是实行按劳分配的前提，但不能说有了社会主义生产资料公有制就必然实行按劳分配。实现按劳分配的具体条件，除了生产资料公有制以外，还必须是劳动产品公有制，实行统一经营，统一以劳动为尺度进行分配，分配对象是劳动者个人而不是全体社会成员或生产经营单位。在目前的社会主义社会中，其分配关系如果不是以上述条件为基础，就不能称之为按劳分配。

关于理论价格问题

理论价格是近两年为调整不合理的价格体系而新提出的研究课题。一般认为，理论价格是按照马克思主义价格形成理论计算出来的价格。它是相对于实际价格而言，并作为衡量实际价格高低的客观依据。但在具体阐述时，又有所不同。

第一种意见认为，理论价格包括三个层次：一是基础价格，即按照商品价值或价值转化形态测算的价格，它能比较准确地计算和反映国民经济比例，较准确地计算和比较企业与社会的经济效果。二是供求价格，即按照供求调节市场价格的规律测算的价格或称平衡价格，它可以平衡供求。三是目标价格，即根据国家的资源政策、分配政策，在基础价格的基础上参照供求价格测算的价格或称决策价格，它应成为促进生产和流通，指导消费，合理利用资源，调节国家、企业、集体、消费者各方面利益，使国民经济取得最大经济效益的价格。

第二种意见认为，理论价格只包括基础价格和供求价格。反映国家政策的目标价格不应称作理论价格。

第三种意见认为，理论价格就是基础价格。供求价格、目标价格都是属于实际价格或计划价格。

第四种意见认为，理论价格就是影子价格。但什么是影子价格，又有不同理解：一是认为在完全自由竞争条件下自发形成的价格；二是认为国外所说的影子价格是边际生产费用决定的价格，或者是反映资源，其中包括物力资源和人力资源得到合理配置所计算出的预测价格或资源价格。有许多人不同意用影子价格代替理论价格。因为它不是根据马克思价格形成理论所预测和计算出的价格，而是根据人的主观需求而测算出的实用价格。

关于改变目前价格不合理状况的对策

一种意见认为，调整企业间因价格不合理造成的“苦乐不均”，应该是通过税收、收费和补贴等手段来调剂，或者一方面提高原料价格，另一方面让加工工业降低单位消耗和提高劳动生产率以降低成本来抵消。

另一种意见认为，不能靠税收来调节企业之间的“苦乐不均”，而应准备条件进行价格改革。因为税负是价内税，是价格的组成部分，它虽然可配合价格对经济活动起调节作用，但只有在价格不变（而这与价格调节又有矛盾）、企业经营水平不变时有效，如果撇开价格改革，只靠税收，就会出现以强制性税收代替价值规律的现象。

1983 · 重要政策法规

1. 国务院《国营工业企业暂行条例》，1983 年 4 月 1 日。

2. 国务院批转财政部《关于国营企业利改税试行办法》，1983 年 4 月 24 日。

3. 财政部《关于对国营企业征收所得税的暂行规定》，1983 年 4 月 29 日。

4. 国务院批转中国人民银行《关于国营企业流动资金由人民银行统一管理的报告》，1983 年 6 月 25 日。

1983·年度热点纪实

棉布、絮棉敞开供应

1983 年最让老百姓高兴的大事，是这一年的 12 月 1 日，国家宣布暂时取消实行了 30 年之久的棉布、絮棉凭票定量供应办法，对市场敞开供应。

商品凭票（证）供应，是短缺经济最显著的特征，也是从那个年代走过来的人挥之不去的永久记忆。商品票证，如今已成为众多收藏家最钟爱的藏品，代表着那个年代的生活名片。

改革开放以后，农村家庭联产承包经营责任制的普遍推行，使得农村生产力得到巨大释放。在计划经济时期，为了解决商品短缺的矛盾，我国从 20 世纪 50 年代中期开始对粮、油、棉、布等基本生活用品实行凭票定量供应制度，商品票证应运而生。1953 年 11 月 1 日，北京第一套商品票证——面粉购买证诞生。由此至 1957 年，粮、油、布、肉票相继问世。1959 年至 1961 年三年困难期间，北京的票证发放量达到高峰，有 102 种之多。

1962 年，北京市一个普通职工凭票证供应的商品如下：每月 30 斤粮食、2.5 两食油、半斤糕点。每年衣、鞋票各一张、2.8 尺布票。每人元旦 3 两肉，春节为 5 两；3 月起每人每月2～3 两、国庆节 3 两。购货券的发放标准是：按职工的月工资收入，每 20 元发一张购货券。一个月工资收入 38 元的普通职工，每月的购货券不足两张，而当时买一双尼龙袜子除了付款外还需购货券 2.4 张。买一米毛料要 31 张购货券。当年“老三件”中的缝纫机、自行车更是紧俏商品。购买时除了付款和工业券外，还需自行车票。自行车票有的单位每年几十人才能分到一张。

1965 年国家经济好转，各种票证也随之减少到只有 11 种。在 1966 年至 1976 年的“文化大革命”期间，由于经济受挫，一度减少的商品票证又逐渐增多起来，除了粮票、食油票、布票、肉票之外，还增加了糖果、香烟、肥皂、棉线、火柴、灯泡、暖水瓶等各种生活日用品的票证。像“语录邮票”一样，粮票上都印上了“要节约闹革命”“抓革命、促生产”“发展经济、保障供给”“要斗私批修”等毛主席语录。《购粮本》上也专门印有最高领袖提醒全国人民“忙时吃干，闲时吃稀，平时半干半稀”的最高指示。

继 1983 年 1 月 1 日停止发放购货券之后，1983 年 12 月又实行了棉布、絮棉敞开供应。这对于今天的年轻人来说也许不算什么，但是在当年的确是我国消费品生产和国内市场的一件大事。随着我国经济的进一步发展，1991 年 7 月 1 日，民用食糖敞开供应；1992 年 12 月 1 日，放开蛋、菜、肉价格，取消蛋票和肉票；1993 年停止发放居民购货证；1993 年 5 月 10 日，放开粮油价格，取消粮票。使用 40 年的商品票证，终于悄然离开了人们的生活。

1983 · 年度改革大事

1 月 4 日至 8 日　国家经委在京召开全国第一次企业管理现代化工作座谈会。袁宝华在会上提出“以我为主，博采众长，融合提炼，自成一家”的“十六字方针”。

1月21日　全国企业整顿领导小组召开国务院各部门企业整顿工作第9次例会，提出要用改革的精神整顿企业，改革那些不适应生产力发展要求的体制、政策、规章制度和办法。

2月1日　中共四川省委、省人民政府最近决定加快工交系统的改革。

2月19日　中共中央、国务院批转国家经委、国家计委、国家体改委、财政部《关于成立中国石油化工总公司的报告》。

2月21日　据《经济日报》报道，轻工系统积极试行承包经营责任制。

2月27日　国务院作出《关于农村个体工商业的若干规定》，鼓励农村剩余劳动力经营社会急需的行业。

3月3日　国家计委、国家经委、劳动人事部联合下发《基本建设包干经济责任制实行办法》，指出实行建设项目包干经济责任制，是基本建设管理上的一项重大改革。

3月5日　国务院颁布《国营企业成本管理条例》。

4月1日　国务院颁布《国营工业企业暂行条例》。这是改革开放以来，国家对国营工业企业一系列重要问题作出全面规定的第一个文件。

4月13日　国务院作出《关于城镇劳动者合作经营的若干规定》，明确城镇个体工商业者或待业青年、社会闲散人员，可以根据生产、经营的需要，申请合作经营。

4月14日　国务院作出《关于城镇集体所有制经济若干政策问题的暂行规定》，指出，城镇集体所有制经济是社会主义公有制经济的一个重要组成部分。

4 月 24 日　国务院批转财政部《关于全国利改税工作会议的报告》和《关于国营企业利改税试行办法》，要求自 1983 年 1 月 1 日起在全国执行。这就是“第一步利改税”改革。

4 月 29 日　财政部颁发《关于对国营企业征收所得税的暂行规定》，规定从当年开始，对大中型国营企业按实现利润的 55% 征收所得税。

5 月 10 日至 20 日　国务院召开的全国利用外资工作会议在北京举行。会议明确，获得外贸自主权的企业可以在国家计划的指导下直接出口产品，参加国际市场竞争。

5 月 12 日　据新华社报道，国务院最近批准，从 1983 年起全国铁路部门实行税后上缴利润递增包干。

5 月 20 日　中国社队企业联合总公司正式成立。全国已有社队企业 130 多万个，从业人员 3000 万人，工业产值占全国工业总产值的 10% 以上。

6 月 18 日　中共中央办公厅、国务院办公厅转发全国企业整顿领导小组《关于用改革的精神搞好企业全面整顿的意见》和中共中央组织部、国家经委《关于坚持标准，加快企业领导班子整顿步伐的意见》两个文件。

6 月 25 日　国务院批转中国人民银行《关于国营企业流动资金改由人民银行统一管理的报告》，决定从当年 7 月 1 日起，企业需要增加的流动资金，由企业自筹，或者通过向银行贷款解决。这是继 1981 年国家对国有企业的基本建设投资实行“拨改贷”之后，国家对国有企业的新增流动资金也实行了“拨改贷”。两个“拨改贷”，是造成国有企业无本经营的重要原因。

7月8日　深圳市宝安县联合投资公司成立，并在深圳首次公开发行股权证。这是中华人民共和国成立以来南方的第一家股份制企业。

7月19日　国务院批准国家外汇管理局《对侨资企业、外资企业、中外合资经营企业外汇管理施行细则》，8月1日由国家外汇管理局发布施行。

8月10日　中共中央办公厅、国务院办公厅下发《关于坚决制止以“集资”为名向企业事业单位和个人乱摊派的通知》，再次强调各级政府部门、厂矿企业、商店、学校等一切单位，一律不准以任何借口强行向任何单位和个人摊派钱物。

8月30日　中央政治局等领导会见出席全国发展集体和个体经济安置城镇青年就业先进表彰大会的全体代表。

9月3日　国务院办公厅批转财政部《关于调整农村社队企业和基层供销社缴纳工商所得税税率的规定》。

9月5日　国务院决定，对全国企业领导干部实行国家统一考试。

9月20日　国务院发布《中华人民共和国中外合资经营企业法实施条例》，对外国投资者和合资企业内各个方面普遍关心的一些政策做了具体而明确的规定。

10月19日　经济管理干部国家考试指导委员会召开第一次会议，通过了《关于对企业经理、厂（矿）长进行国家统考的实施方案》。

11月16日　《人民日报》在头版刊发长篇通信《一个有独

创精神的厂长——步鑫生》，并配发编者按对步鑫生的改革行为加以肯定。浙江省海盐县衬衫厂厂长步鑫生，以其大刀阔斧的改革行为成为改革初期的第一个新闻人物。

11 月 19 日　国务院各部门企业整顿工作第 17 次例会提出，要在年前把全国所有大中型骨干企业的领导班子调整完。

本年度主要参考资料：

1. 中国经济年鉴编委会．中国经济年鉴（1984）［M］．北京：中国经济年鉴社，1984. 10.

2. 姚依林．关于 1983 年国民经济和社会发展计划的报告［R］. 1993－06－21.

3. 国家统计局．关于 1983 年国民经济和社会发展计划执行结果的公报［R］. 1983－04－29.

4. 汪海波．新中国工业经济史［M］．北京：经济管理出版社，1986. 7.

5. 华生．中国改革十年：回顾、反思和前景［J］．经济研究，1988（09）．

6. 董辅礽．中华人民共和国经济史（下卷）［M］．北京：经济科学出版社，1999. 9.

7. 王东江．中国国有企业改革 20 年［M］．郑州：中州古籍出版社，1999. 12.

1984 年

1984 · 年度经济背景

经济增长的第二个峰值年，年末出现经济过热

继 1983 年我国经济逐步走上健康发展的轨道，国民经济各方面取得重大成就之后，1984 年又出现了持续、稳定、协调发展的新局面。

年初，国家对 1984 年计划安排的指导思想如下：继续贯彻稳步增长、留有余地的原则，使地方、部门和企业有产可超，保有一定的活动余地，并避免在计划上留下较大的缺口。主要计划指标是：农业总产值增长 4%；工业总产值增长 5%；国民收入增长 4.6%；财政收入 1287.5 亿元（不包括国外借款收入）；固定资产投资 940 亿元，其中，基本建设投资 650 亿元，更新改造投资 290 亿元；社会商品零售总额 3060 亿元；进出口总额 816 亿元。

实际执行的结果大大好于年初的计划情况。全年实现国内生产总值 7171 亿元，比上年增长 15.3%，是 1978 年以来经济增长的第二个峰值年。全国工农业总产值（按 1980 年不变价格计算）首次突破 10000 亿元，达到 10333 亿元，比上年增长 14.2%。

农业总产值达到 3303 亿元，比上年增长 14.5%。粮食和棉花产量都取得突破性进展。粮食总产量达 40712 万吨，比上年增产 1982 万吨，平均每人占有粮食 395 公斤，第一次达到世界平均水平；棉花产量达 607.7 万吨，比上年增产 143 万吨，平均每人占有 5.9 公斤，超过世界平均水平。由于农业连续几年的丰收，基本上解决了我国多年来主要依靠进口粮食弥补国内商品粮平衡不足的问题。部分地区甚至出现了中华人民共和国成立以来的第一次“卖粮难”“卖棉难”的现象，这充分体现了农村经济体制改革和党的农村经济政策在农村取得的巨大成就。

工业总产值达到 7030 亿元，比 1983 年增长 14%。其中，轻工业增长 13.9%，重工业增长 14.2%。在 100 种主要工业产品产量中，有 89 种完成和超额完成了 1984 年国家计划。列入“六五”计划的 65 种工业主要产品产量，已有 43 种分别提前两年或一年实现了“六五”计划规定的指标。特别是能源、原材料工业的主要产品产量，较多超过国家计划且增长较快。工业经济效益有所改善。全年工业产值、销售收入、实现税利和国家财政收入同步增长。在 16 项考核指标中，产值、主要产品的数量和质量、能源消耗、销售收入、实现税利、流动资金周转天数、劳动生产率及安全情况等 11 项好于 1983 年。每亿元工业产值消耗的能源和钢材，约比上年分别下降 2% ~4%，全国县以上工业企业共节约能源 2000 多万吨标准煤。全国九大钢铁企业依靠挖潜改造增加产品产量 190 万吨，占全国钢产量增长额的57%左右。钢铁工业通过各种节约措施，按吨钢综合能耗计算，共节约能源150万吨标准煤。全民所有制工业全员劳动生产率比上年提高8.7%，是自1979年以来提高最快的一年。预算内全民所有制工业企业的销售收入、实现利润和税金同工业总产值基本上做到了同步增长。企业的亏损面由上年的14.6%缩小为11.6%；亏损额由28.1亿元减为21.6亿元，扭亏23%。

国民经济主要比例关系进一步协调。在生产领域，由于农业、轻工业的迅速发展，摆脱了长期落后的局面，农业、轻工业和重工业部门连续保持均衡发展，整个国民经济有了一个比较稳固的基础。工农业总产值中，农业、轻工业和重工业产值的比例已由1978年的25.7∶31.7∶42.6变为1984年的34.0∶31.7∶34.3。消费和积累的比例关系稳定协调。1978年国民收入使用额中，消费基金和积累基金的比例为63.5∶36.5，经过几年的经济调整，到1984年这个比例调整为69∶31。初步计算，1981年至1984年居民消费水平平均每年提高7%左右，大大超过1953年至1980年28年平均每年提高2.8%的水平。积累基金内部的比例关系也有较大改善。非生产性积累所占比重从1978年的29%左右，提高到1984年的40%以上。第三产业占国民生产总值的比重已由1980年的19%左右上升到21%左右。

国家重点建设和技术改造取得较大进展。全民所有制单位完成的基本建设投资735亿元，比上年增加141亿元，增长23.8%，其中能源、交通运输和原材料工业等重点部门的投资增长24.5%，占投资总额的比重也有提高。国家按合理工期组织建设的 123 个重点项目进展较快，实际完成的投资额比上年增长 27.5%，超过计划 5.3%。全年新增煤炭开采能力 1800 万吨，原油开采能力 1300 万吨，发电装机容量 350 万千瓦，新建铁路交付营业里程 584 公里，港口吞吐能力 918 万吨。

按国家计划口径计算，1984 年进出口贸易总额达 500 亿美元，比上年增长 22.7%，是近几年来增长幅度较大的一年。棉花由上年净进口 15.5 万吨变为净出口 15.7 万吨，粮食、食糖等的进口也大幅度减少。全年利用国外资金达 26.6 亿美元，其中使用各种贷款 13.2 亿美元，吸收国外直接投资 13.4 亿美元。新批准合资企业 700 多个，为上年的 6.6 倍；外商投资额为上年的 5.8 倍。

城乡居民收入增长较快。全国职工工资总额达 1233 亿元，比上年增长 21%。据国家统计局对职工和农民家庭收支抽样调查显示，职工家庭平均每人的生活费收入由上年的 526 元增加到 608 元，扣除生活费用价格上涨的因素，实际收入提高 12.5%。农民平均每人的纯收入由上年的 310 元增加到 355 元，扣除价格上涨因素后提高 10.2%。人均收入在 500 元以上的高收入农户占调查农户的比重，由上年的 11.9% 上升到 18.2%。据对城市职工家庭调查，平均每人的居住面积由上年的 5.9 平方米增加到 6.7 平方米。农村建房达 6 亿多平方米。

1981 年至 1984 年，农业年均增长 9.2%，工业年均增长 9.8%，开创了从未有过的同步增长局面。“1984 年财政收入增加 210 亿元，从来没有这么多过。市场销售额增加 500 多亿元，储蓄存款增加 300 多亿元。速度增长、财政收入增加和人民生活的改善，是历史上没有出现过的好形势。”国家经委主任吕东喜不自胜。

在喜悦面前，人们又开始不冷静了。“要提前实现经济翻番”，开始还只是少部分人的感情冲动，很快就变成了上下一致的实际行动。

为了实现1985年的“开门红”，从1984年四季度就出现了经济发热的苗头。这主要源于两个重要原因。1984年下半年在酝酿全面开展经济体制改革时，国务院作出两个决定：一是要给银行以信贷自主权；二是要使国有企业职工工资总额同本企业经济效益挂钩浮动。两个决定的动机不可谓不好，但在银行和企业尚未建立最起码的约束机制时，简单放权就难免不出问题。有关部门在确定对银行的信贷控制办法时，是以1984年的实际贷款发生额为1985年的贷款限额。消息传出后，银行为了扩大1985年的信贷限额，从10月起就放手发放固定资产贷款，一下子多放出去几百亿元贷款，即使企业不要银行也要给，由此造成投资规模失控。有关部门在研究对企业工资总额的控制办法时，也设想以1984年的工资总额为1985年的工资总额基数。办法刚刚传下去，企业为了垫高基数，就突击提工资，竞相发奖金，以努力扩大本企业的工资总额基数，由此造成消费基金失控。全国工资性支出比上年增长22.3%，大大超过国民收入的增长速度；行政经费比上年增长28%。投资和工资失控推动货币发行失控，当年四季度货币发行量比上年同期增加了164%；年末货币流通总量比上年末增加49.5%。投资、工资和货币失控拉动了总需求迅速膨胀。首先表现为消费需求增长，

1984 年底，全国城乡结余购买力达到 1900 多亿元。到 1985 年一季度，全国工资性支出比上年同期增长 35%；社会商品零售总额增长 32.7%，其中消费品零售额增长 36.3%，社会集团购买力增长 37.8%。其次是投资需求增长，1984 年全年完成固定资产投资 1160 亿元，其中一半以上是四季度投入的。1985 年一季度，基本建设投资又比上年同期增长 35%。1984 年全国新增企业 4.4 万多个，绝大部分是食品和机械加工业。投资、消费过度膨胀又推动工业超高速增长。1984 年一至三季度工业增长速度达到 12.5%；四季度又剧增到 17.9%。国务院于 1984 年 11 月中旬发出严格控制银行信贷和职工奖金的紧急通知，试图给经济降温，但由于失控来势太猛，经济过热的势头仍在继续发展。

经济过热问题，给刚刚出现好转的国民经济运行状况以及国有企业改革的外部环境，蒙上了一层浓厚的阴影。

1984 · 基本改革思路

把增强企业活力作为经济体制改革的中心环节

社会主义计划经济是在公有制基础上的有计划的商品经济。它以社会主义企业作为经济运行的基础单位，而企业的一切活动都要通过市场来进行，同时国家为了防止商品经济发展的盲目性，又要对市场活动进行宏观调控。社会主义有计划的商品经济的运行过程离不开企业、市场、宏观调控这三个主要环节。

因此，具有中国特色的社会主义，首先应该是企业有充分活力的社会主义。而现行经济体制的种种弊端，恰恰集中表现为企业缺乏应有的活力。所以，“增强企业的活力，特别是增强全民所有制大、中型企业的活力，是以城市为重点的整个经济体制改革的中心环节”。

1978 年至 1984 年既是国民经济恢复、整顿和发展的转折时期，同时也是经济体制改革的初步探索时期。在这一时期，就改革与发展的关系而言，是以发展为重心的；就改革而言，是以农村为重心的。1984 年 10 月 20 日中共十二届三中全会通过的《中共中央关于经济体制改革的决定》（以下简称《决定》），标志着我国改革和发展重心的转移，在改革与发展的关系上，从以国民经济发展为重点转向了以经济体制改革为重点；在改革的重点上，从以农村改革为重点转向了以城市改革为重点。

《决定》根据马克思主义基本原理同中国实际相结合的原则，明确提出：进一步贯彻执行对内搞活经济、对外实行开放的方针，阐明了加快以城市为重点的整个经济体制改革的必要性、紧迫性，规定了改革的方向、性质、任务和各项基本方针政策。

《决定》在理论上的重大贡献，是突破了把计划经济同商品经济对立起来的传统观点，确立了“社会主义计划经济必须自觉依据和运用价值规律，是在公有制基础上的有计划的商品经济”的理论。强调“商品经济的充分发展，是社会经济发展的不可逾越的阶段，是实现我国经济现代化的必要条件。只有充分发展商品经济，才能把经济真正搞活，促使各个企业提高效率，灵活经营，灵敏地适应复杂多变的社会需求，而这是单纯依靠行政手段和指令性计划所不能做到的”。

有计划商品经济观点的提出，否定了过去那种认为社会主义经济是公有制基础上的计划经济，在社会主义条件下，应当限制商品经济发展的观点。同时《决定》也指出：“即使是社会主义的商品经济，它的广泛发展也会产生某种盲目性，必须有计划的指导、调节和行政的管理，这在社会主义条件下是能够做到的。”《决定》的这些论述，解决了马克思主义的社会主义学说史上一直未能很好解决的重大问题，即发展社会主义商品经济问题，从而为全面改革我国现行经济体制，大力发展有计划的商品经济，提供了理论依据。

《决定》遵循社会主义经济是有计划的商品经济的理论，强调开展全面改革工作“是在坚持社会主义制度的前提下，改革生产关系和上层建筑中不适应生产力发展的一系列相互联系的环节和方面。这种改革，是在党和政府的领导下有计划、有步骤、有秩序地进行的，是社会主义制度的自我完善和发展”。改革的基本任务，是建立起具有中国特色的、充满生机的社会主义有计划商品经济体制。

为了实现这个目标，《决定》着重阐明了搞活企业、在横向联系中培育市场和加强宏观调控三大问题。强调社会主义有计划的商品经济是一个统一体，它的运行过程离不开企业——市场——宏观调控这三个主要环节。它以社会主义企业作为经济运行的基础单位，而企业的一切活动都要通过市场来进行，同时国家为了防止商品经济发展的盲目性又要对市场活动进行宏观调控。这就不可避免地要有领导地实现这三者的有机统一，只有这样才能使我国的社会主义商品经济蓬勃地发展起来。因此，具有中国特色的社会主义，首先应该是企业有充分活力的社会主义。而现行经济体制的种种弊端，恰恰集中表现为企业缺乏应有的活力。所以，“增强企业的活力，特别是增强全民所有制的大、中型企业的活力，是以城市为重点的整个经济体制改革的中心环节”。

“围绕这个中心环节，主要应该解决好两个方面的关系问题，一方面是确立国家和全民所有制企业之间的正确关系，扩大企业自主权；另一方面是确立职工和企业的正确关系，保证劳动者在企业的主人翁地位。”而要解决好这两方面的关系问题，“势必牵动整个经济体制的各个方面，需要进行计划体制、价格体系、国家机构管理经济的职能和劳动工资制度等方面的配套改革”。

为了增强企业的活力，《决定》指出：“在服从国家计划和管理的前提下，企业有权选择灵活多样的经营方式；有权安排自己的产供销活动；有权拥有和支配自留资金；有权依照规定自行任免、聘用和选举本企业的工作人员；有权自行决定用工办法和工资奖励方式；有权在国家允许的范围内确定本企业产品的价格；等等。总之，要使企业真正成为相对独立的经济实体，成为自主经营、自负盈亏的社会主义商品生产者和经营者，具有自我改造和自我发展的能力，成为具有一定权利和义务的法人。”

十二届三中全会的《决定》虽然在改革的目标模式上还没有达到建立社会主义市场经济的认识水平，但提出向着建立社会主义有计划的商品经济体制的方向进行改革，是对社会主义经济理论的重大突破。邓小平对《决定》作出高度评价，说《决定》是一个好文件，它是马克思主义基本原理和中国社会主义实践相结合的政治经济学，“解决了什么是社会主义，（文件中）有些是我们老祖宗说过的话，有些是新话”，“将在中国的历史发展中写上很重要的一笔”。

十二届三中全会《决定》的公布和实施，标志着中国由原来的计划经济体制向有计划商品经济体制的转变已经全面开始。它是中国由以行政手段为特征的计划经济向以经济手段为特征的社会主义市场经济转变过程的“中途站”，反映了中国改革的渐进性和人们对社会主义再认识的逐步深化的过程。

十二届三中全会《决定》的公布和实施，使国有企业改革进入了一个全面展开的阶段，在社会主义有计划的商品经济的认识背景下，遵循企业所有权与经营权相分离的思路，从企业内部的领导体制、劳动人事制度、工资分配制度以及各项专业管理制度，到企业外部的管理体制、计划体制、财政体制、金融体制等宏观经济管理体制，以及价格体系、市场体系、法律体系等宏观经济体系，都开始了全面系统的改革。

1984 · 年度改革实践

第二步“利改税”

距第一步“利改税”实施才一年多时间，1984 年 9 月 19 日，国务院批转了财政部《关于在国营企业推行利改税第二步改革的报告》，决定从 1984 年 9 月开始实施第二步“利改税”方案，从 1985 年 1 月 1 日起开征。第二步“利改税”的主要内容有以下几点：一是将工商税按纳税对象划分为产品税、增值税、盐税和营业税；改变企业利润上缴形式，国家对国有企业实现利润分别征收所得税和调节税，调节税后的剩余利润为企业留利。二是允许企业在征收所得税前从利润中归还技措贷款。三是调节税采取一户一率的办法分别核定，国有大中型企业基期利润扣除按 55% 计算的所得税和 1983 年合理留利后的部分，占基期利润的比例为调节税税率。企业当年利润比核定的基期利润增长部分，减征 20% 调节税，并由“环比”改为“定比”，一定 7 年不变。核定的基期利润扣除 55% 所得税后，余额达不到 1983 年合理留利水平的大中型企业，不再征收调节税，经批准，可以在一定期限内减征一定数额的所得税。四是放宽小型企业标准，对小型国有企业所得税试行新的八级超额累进税率，对少数税后利润较多的企业仍按规定收取一定承包费。五是对亏损企业和微利企业继续实行盈亏包干。六是增加资源税、城市维护建设税、房产税、土地使用税和车船使用税。

两步“利改税”的主导性决策思想，从改革的角度看，是为了克服国有企业的“苦乐不均”和“鞭打快牛”现象，但它本身存在的不足，加上它出台的时机正值经济过热后的宏观经济整顿和紧缩时期，在两步“利改税”推行后，出现了全国国有企业实现利润连续22个月滑坡的局面。“利改税”的积极作用尚未发挥就被承包经营责任制改革所取代，“利改税”也因此宣告终结。

进一步扩大国有工业企业自主权

随着“利改税”制度的完善，有效地解决了国家和企业的分配关系。为了进一步调动企业的积极性，把经济搞活，提高企业素质，提高经济效益，1984 年 5 月 10 日，国务院发布《关于进一步扩大国营工业企业自主权的暂行规定》，对扩大企业在生产经营计划、产品销售、产品价格、物资选购、资金使用、资产处置、机构设置、人事劳动、工资奖金、联合经营等十个方面的自主权作出以下规定：

第一，在生产经营计划方面。企业在确保完成国家计划和国家供货合同的前提下，可以自行安排增产国家建设和市场需要的产品。在执行国家计划中，如遇供需情况发生重大变化时，企业有权向主管部门提出调整计划。

第二，在产品销售方面。除国家特殊规定不准自销者外，以下产品都可以自销：企业分成的产品、国家计划外超产的产品、试制的新产品、购销部门不收购的产品、库存积压的产品。对国家统配的几种主要产品的自销规定为：钢材，属于国家计划内的部分可自销 2%，超计划生产的全部可以自销；生铁、铜、铝、铅、锌、锡、煤炭、水泥、硫酸、浓硝酸、烧碱、纯碱、橡胶等产品，属于国家计划内的不能自销，超计划生产的全部可以自销；机电产品，除由国家安排原材料生产的由国家调拨分配外，其余的可以由企业自销。企业自销产品，必须单独核算、照章纳税，并严格遵守国家价格政策和财经纪律。

第三，在产品价格方面。工业生产资料属于企业自销的和完成国家计划后的超产部分，一般在不高于或低于 20% 的幅度内，企业有权自定价格，或由供需双方在规定幅度内协商定价。属于生活资料和农业生产资料，要执行国家规定价格（包括国家规定的浮动价格），但企业可用计划外自销产品与外单位进行协作。

第四，在物资选购方面。对于国家统一分配的物资，在订货时企业有权选择供货单位。主管订货的部门要充分考虑生产企业的要求，根据资源与运输条件进行平衡，合理安排。企业可以和供货单位签订合同，直接供应，直接结算。

第五，在资金使用方面。企业可将留成所得的资金，按主管部门规定的比例，分别建立生产发展基金、新产品试制基金、后备基金、职工福利基金和奖励基金，并有权自行支配使用。前三项基金可以同折旧基金、大修理基金结合起来，统筹安排，合理使用。企业折旧基金的分配，从 1985 年起，企业留用 70%，其余 30% 由有关部门和省（自治区、直辖市）掌握。具体办法另订。企业暂时不用的生产发展基金，可以按自愿互利的原则，通过合营、联营、补偿贸易等形式，向企业外投资，有利于把资金用活。企业有安排技术改造项目的权力。具体办法，由省（自治区、直辖市）本着管理权限逐级下放的精神制订。

第六，在资产处置方面。企业有权把多余、闲置的固定资产出租和有偿转让。其中属于上级主管部门管理的高、精、尖设备，在出租或转让时，要报经主管部门批准。出租转让所得的收益，必须用于技术改造和设备更新。

第七，在机构设置方面。企业在主管部门核定的定员编制范围内，有权按照生产的特点和实际需要，自行确定机构设置和人员配备。有关部门可以根据业务工作的需要向企业提出要求，但是任何部门都不得硬性规定企业上下对口设置机构和人员配备比例。

第八，在人事劳动管理方面。厂长（经理）、党委书记分别由上级主管部门任命；厂级行政副职由厂长提名，报主管部门批准；厂内中层行政干部由厂长任免。企业可以根据需要从外单位、外地区招聘技术、管理人员，并自行确定报酬。企业可根据需要从工人中选拔干部，在任职期间享受同级干部待遇；不担任干部时仍当工人，不保留干部待遇。厂长（经理）有权对职工进行奖惩，包括给予晋级奖励和开除处分。企业有权根据生产需要和行业特点，在劳动部门指导下公开招工，经过考试，择优录用。有权抵制任何部门和个人违反国家规定向企业硬性安插人员。

第九，在工资奖金方面。企业在执行国家统一规定的工资标准、工资地区类别和一些必须全国统一的津贴制度的前提下，可以根据自己的特点自选工资形式。厂长有权给有特殊贡献的职工晋级，每年的晋级面，可以从目前实行的1%增加到3%。这部分工资开支计入成本。企业对提取的奖励基金有权自主分配。

第十，在联合经营方面。在不改变企业所有制形式、不改变隶属关系、不改变财政体制的情况下，企业有权参与或组织跨部门、跨地区的联合经营；有权择优选点，组织生产协作或扩散产品。

商业企业管理体制改革

1984 年 7 月 14 日，国务院发出批转商业部《关于当前城市商业体制改革若干问题的报告》（以下简称《报告》）的通知，对城市商业体制作出重大改革。

国务院的通知指出，要采取积极的态度，有领导有步骤地改革城市商业流通体制。商业部的《报告》中提到的改革内容，都是些重大改革，各级人民政府必须切实加强领导，精心研究，组织有关部门密切配合，积极支持商业改革。在改革过程中，一定要把改革的积极性同科学态度结合起来。各地情况千差万别，改革一定要从当地实际情况出发，注意衔接好各方面的关系，保证商品流通正常运转，把市场供应安排好。通知强调指出，文明经商，遵守商业道德，这是商业改革成败的关键。要采取切实有效的措施，防止弄虚作假、转嫁负担，保护消费者利益，使商业改革健康发展。商业部的《报告》就城市商业体制改革提出了六个方面的内容和要求：

第一，实行政企分开，扩大企业权力，加强行政管理。

第二，改革日用工业品一、二、三级批发层次，批发站与市批发公司合并。

第三，建立城市贸易中心，逐步形成开放式、多渠道、少环节的批发体制。

第四，小型国有零售商业、饮食服务业转为集体经营或租赁给经营者个人经营。小型零售商业企业的标准：以独立核算的自然门点为单位，京、津、沪三大市年利润在二十万元以下的企业，省会所在地和重庆市年利润在十五万元以下的企业，其他城市年利润在八万元以下的企业。

第五，大中型国有零售商业、饮食服务业，要在“利改税”第二步改革的基础上，有计划、有步骤地实行企业内部经营承包责任制。

第六，要正确执行价格政策，严禁转嫁负担。零售商业和饮食服务业不论国营、集体和个体，都要贯彻执行国家物价政策。

试行企业兼并

为了解决劣势企业的亏损和优势企业迅速扩张的资产存量不足问题，河北省保定市和湖北省武汉市在 1984 年率先进行了企业兼并的试点。

1984 年 7 月，保定市政府决定在工业企业中试行企业兼并，将 4 家亏损企业并入或卖给一些优势企业。保定锅炉厂以承担 42 万元债务的形式兼并了连年亏损的保定风机厂；保定纺织机械厂以承担被兼并方全部债权、债务的方式，兼并了保定市针织器材厂。同年，在武汉市经济主管部门的引导下，银行牵线搭桥促成优势企业兼并劣势企业也开始起步。

上海飞乐音响公司发行中华人民共和国第一只股票

1984 年 11 月 18 日，由上海电声总厂发起成立的上海飞乐音响公司向社会公开发行股票。这是中华人民共和国第一张符合规范的股票。上海飞乐音响公司之后改名为上海飞乐音响股份有限公司。

1986 年 11 月，来北京出席中美金融研讨会的纽约证券交易所董事长范尔霖先生，在受到邓小平接见的同时，还收到了邓小平赠送的一件礼物：中华人民共和国的第一只股票，面值 5 元的上海飞乐音响公司的股票。几天后，范尔霖来到了上海，要为邓小平送给他的那张飞乐股票办理过户手续。

上海飞乐股份有限公司的前身是上海无线电十一厂。从 1980 年开始到 1987 年，经历了三次体制改革。上海无线电十一厂从单一的全民所有制企业转为以公有制为主、多元混合所有制形式的股份制企业。

第一次是在 1980 年，上海无线电十一厂为扩大生产能力，与局内两个集体企业组建了全民集体联营性质的上海飞乐电声总厂。联营后发展了生产，提高了经济效益。但由于资产关系不顺、内部关系不顺、利益关系不规范，企业在生产经营中遇到了不少问题和困难。

第二次是在 1984 年，经中国人民银行上海市分行批准，采取总厂投资入股，并向社会和企业职工发行股票的办法，自筹资金，开办了上海第一家股份公司上海飞乐音响公司（社会大众称“小飞乐”）。公司开办 4 年，资本增值一倍。

第三次是在 1987 年 9 月 3 日，经上海市人民政府批准，正式成立上海飞乐音响股份有限公司（社会大众称“大飞乐”），经中国人民银行上海市分行批准，9 月 8 日向社会公开发行股票，1988 年 4 月 18 日批准股票上市。

“撞击反射式”综合改革

石家庄市在扩大企业权力，为企业让利，完善各项经营机制，增强企业活力，调动企业和职工积极性的城市经济体制改革过程中，于 1984 年初创造出了富有特色的“撞击反射式”综合改革，为城市经济体制改革闯出了一条行之有效的新路子。

所谓“撞击反射式”综合改革，具体地说，就是首先着力搞活企业，以企业改革中提出的各种要求去“撞击”那些不适应生产力发展的现行规章制度，促使行政管理机关按照搞活企业的要求，自觉进行改革，这些部门的改革方案“反射”到企业后，使企业的活力相应增强，必然又会提出新的要求，再促使有关部门做进一步改革。通过这种“撞击——反射——再撞击——再反射”的方式，循环往复，把城市改革不断推向前进。这种做法从理论上讲，就是以生产力的发展为原动力，去“撞击”生产关系和上层建筑中那些不适应生产力发展的各个方面和各个环节；生产关系和上层建筑改革的反作用，又进一步促进生产力的发展，从而逐步把经济体制中的各种关系理顺，使整个经济发展处于良性循环状态。

1985 年 1 月 20 日，国家体改委在石家庄召开山东、山西、河南、河北、内蒙古、北京、天津等七个省（自治区、直辖市）经济体制改革座谈会，介绍石家庄市以搞活企业为中心，进行“撞击反射式”综合改革的经验。

1984 · 重要理论观点

社会主义经济是公有制基础上的有计划的商品经济

1984 年 10 月，中共十二届三中全会召开。全会通过的《中共中央关于经济体制改革的决定》第一次明确提出：“社会主义经济是公有制基础上的有计划的商品经济。”

有计划商品经济理论的提出，是建设有中国特色社会主义理论探索的重大突破，其理论贡献有以下三点：一是提出了计划经济不等于指令性计划为主，要求在改革中有步骤地适当缩小指令性计划范围，克服计划体制过宽、过细的弊端；二是强调指导性计划应成为计划的主要形式，要求在改革中适当扩大指导性计划的范围；三是强调社会主义经济必须以自觉运用价值规律为核心。

中共十二届三中全会有计划商品经济理论的提出，对社会主义改革的目标模式的认识有了重大突破，为建设有中国特色社会主义理论的形成奠定了一块重要基石。

林重庚首次提出股份制问题

世界银行驻北京办事处主任、菲律宾籍华人林重庚，在1984年世界银行对中国经济走势的评价中，针对中国的国有企业改革问题，提出借鉴西方的股份制企业形式，可能是一种解决中国国有企业问题的办法。这个建议在当时虽然没有具体化，却引起了当时的国务院领导人的高度重视，要求国家体改委等有关部门展开研究。为此，1984年4月，国家经济体制改革委员会在江苏省常州市召开了城市经济体制改革试点工作座谈会。会后下发的《座谈会纪要》指出，对城市集体企业和国有小企业要进一步放开，搞活的办法是“允许职工投资入股，年终分红”。

1984 · 重要政策法规

1. 中国工商银行《关于国营工商企业流动资金管理暂行办法》，1984年3月21日。

2. 国务院《关于进一步扩大国营企业自主权的暂行规定》，1984年5月10日。

3. 国务院《国营企业奖金税暂行规定》，1984年6月28日。

4. 《国务院办公厅转发国家经委等单位关于第一批企业经理、厂长国家统考情况报告的通知》，1984年9月7日。

5. 国务院《中华人民共和国国营企业所得税条例》，1984

年9月18日。

6. 国务院批转财政部《国营企业第二步利改税试行办法》，1984年9月18日。

7. 国务院《国营企业调节税征收办法》，1984年9月18日。

8. 国务院批转国家计委《关于改进计划体制的若干暂行规定》，1984年10月4日。

9.《国务院关于国营企业厂长（经理）实行任期制度的通知》，1984年12月8日。

10. 国家计委、财政部、中国人民建设银行《关于国家预算内基本建设投资全部由拨款改为贷款的暂行规定》，1984年12月14日。

1984·年度热点纪实

五十五位厂长联名呼吁：请给我们“松绑”

1984年，放权让利式的国有企业改革在全国已成燎原之势，随之而来的，是新旧体制的矛盾和摩擦也日益突出起来。扩大企业自主权，企业开始有了活力，经济效益也有所提高，但是企业增效了，财政却没有增收。

同年6月25日，国务院批转中国人民银行《关于国营企业流动资金改由人民银行统一管理的报告》，决定从当年7月1日起，企业需要增加的流动资金，由企业自筹，或者通过向银行贷款解决。国家财政不再向企业增拨流动资金。这是继 1981 年国家对国有企业固定资产投资“断奶”之后，对企业新增流动资金的再次“断奶”。国家一方面在利润分配上加大对企业的征收力度，另一方面在利润形成方面又加大了企业的资金使用成本，减少了企业的利润来源。此时此刻，已经尝过放权让利甜头的企业再也不愿意保持沉默了。

3 月 23 日，“福建省厂长（经理）研究会”在福州二化召开，与会的 55 位厂长、经理面对改革形势各抒己见，群情激奋，最后形成了给当时福建省委书记项南、省长胡平的一封《呼吁书》，联名要求省委、省政府为企业家“松绑”。《呼吁书》全文如下：

项南书记、胡平省长：

我们参加“福建省厂长（经理）研究会成立大会”的 55 个厂长和经理，会聚在福州二化，就如何当好厂长，搞活企业进行了交流和探讨。根据省经委领导介绍，1983 年我省工业发展速度不快，经济效益落在全国后面，1984 年要争取“两位数”，实现“三同步”。面对这种形势，作为生产经营单位的厂长、经理，我们感到担子很重，我们都想干一番事业，都想为振兴福建贡献一份力量。然而，现行体制条条框框捆住了我们的手脚，企业处于只有压力，没有动力，也没有活力的境遇，真是心有余而力不足，这是我们最大的烦恼。最近，你们在省六届人大二次会议上提出要改革，要放权，要统一思想，狠抓落实，说出了我们的共同心声，给了我们很大的鼓舞。我们认为，放权不能只限于上层地区部门之间的权力转移，更重要的是把权力落实到基层企业。为此，我们不揣冒昧，大胆向你们伸手要权。我们知道目前体制要大改还不可能，但给我们松绑，给点必要的权力是可以做到的。我们认为，目前企业的潜力还是很大的，只要给企业创造一些必要条件，我们的步子就可以迈得更大一些。

我们商议了一下，目前至少要给以下五条权力：（一）企业干部管理除工厂正职由上级任命外，副职应由厂长提名，然后由上级主管部门考核任命，其余干部通通由企业自行任命，上面不要干预。企业任命的中层干部上级主管部门应予承认，并享受与过去上级任命的中层干部同等待遇。（二）干部制度，要破除“终身制”和“铁交椅”，实行职务浮动，真正做到能上能下；能“干”能“工”，但可保留干部待遇。（三）企业提取的奖励基金，企业应有权支配使用，有关部门不要干涉，或者采取与交税利挂钩的办法，核定合理的税利发奖率，奖金随税利增减而浮动，不封顶、不保底。在企业内部，可根据自己的实际情况，实行诸如：浮动工资、浮动升级、职务补贴、岗位补贴等多种形式的工资制度和奖励办法。（四）在完成国家计划指标的情况下，企业自己组织原材料所增产的产品，允许企业自销和开展协作，价格允许“高进高出”“低来低去”。（五）改革企业领导制度，试行厂长（经理）负责制，扩大厂长权力。建议先在参加“厂长（经理）研究会”的企业中选几个厂进行试点。

有的部门可能担心放权会搞乱了，会出问题，我们认为，应当相信大多数。我们要这些权力，绝不是为了以权谋私，只是想在目前条件下，给企业松松绑，使我们能够在搞活企业建设中走在全国前头作出努力。如果有人滥用职权，谋取私利，搞违法乱纪，当受党纪、政纪直至国法惩处。

殷切地等待你们的支持。

参加福建省厂长（经理）研究会成立大会的 55 名厂长、经理

1984 年 3 月 23 日

第二天，《福建日报》在头版头条全文刊发《呼吁书》，并配了醒目大标题：55 名厂长经理呼吁：请给我们“松绑”。4 天之后，《人民日报》又全文转载，还加了编者按给予高度肯定。《经济日报》《工人日报》等全国性主要报刊都在显著位置上加以转载和报道；广播、电视也连续多次播放，一时间成为宣传舆论的热点。

《呼吁书》在全国产生了巨大的示范效应。各地的厂长、经理闻风而起，也纷纷提出“松绑”的要求。在第一个厂长呼吁“给我五元钱奖金的权力，我可以把企业翻转过来”的声音还在人们的耳畔回响之时，全国上下已经响起了“奖金上不封顶”的一片呼声。与“松绑”浪潮相呼应的，则是大小报纸的头版上充满了鼓动人们不要固守“红头文件”的宣传。

《呼吁书》给已经有所降温的放权让利加了一把猛火。当时的国家体改委副主任童大林高兴地说：《呼吁书》如同“在整个经济工作池子中投了一块石头”，一石激起千层浪。当时的国家

经委副主任袁宝华说得更坦白：“《呼吁书》做了一件好事，对我们的工作有很大促进作用。”

在一片“松绑放权”和“奖金上不封顶”的强烈呼声中，1984年6月，国务院又发布《关于国营企业发放奖金有关问题的通知》，规定奖金发放上不封顶，但全年发放奖金总额超过两个半月的标准工资，要征收奖金税。

《呼吁书》的发表，对放权让利式的改革起到巨大的推动作用。“松绑”也因此成了20世纪80年代中期企业改革最通俗的说法。

步鑫生：第一个大刀阔斧改革的厂长

1984年一整年内，没有比步鑫生这位小小的浙江省海盐县衬衫总厂厂长更为知名的新闻人物了，甚至从中华人民共和国成立以后我国报刊电台所发表的人物报道来看，步鑫生也算是继焦裕禄、雷锋之后的又一重点人物。那一年，中国所有的传媒都兴奋地谈论着这个貌不惊人、体重仅42公斤的“小裁缝”——浙江海盐一家小小的衬衫厂厂长。“上不封顶，下不保底”“谁砸我的牌子，我就砸谁的饭碗”“多劳多得，少劳少得，不劳不得”……他的许多口头禅也成了当年的流行语。

海盐衬衫厂的前身是成立于1956年的红星成衣社。全厂不过三十来名职工，改革开放之前，全厂固定资产净值只有2.2万元，全部自有资金不足5万元，年利润5000元。改革开放之后，在厂长步鑫生的带领下，小厂进行了全面改革。他们果断地甩掉了商业包销的拐棍，由综合性服务加工转为专业生产衬衫。他们立足国内市场，陆续开发了“双燕”男女衬衫、“三毛”儿童衬衫和“唐人”高级衬衫三个名牌；衬衫生产实行了现代化，并成立了衬衫的花色、款式设计研究室；对劳动工资进行了改革，打破“大锅饭”，提高了工作效率。到 1983 年，该厂已拥有固定资产净值 107 万元，全厂工业产值达 1028 万元，实现利润 52.8 万元，比改革前增加了 100 多倍，一跃成为全省同行业的佼佼者。

海盐县衬衫厂的事迹首先作为内参送到了中共中央领导的案头，引起领导的高度重视。

1983 年 11 月 16 日，《人民日报》在头版右下角刊发了一篇通讯《一个有独创精神的厂长——步鑫生》。并配发了一则意味深长的编者按：

浙江省海盐县衬衫总厂厂长步鑫生解放思想，大胆改革，努力创新的精神值得提倡。其主要经验是：甩掉产品包销的拐棍，自己到市场上创牌子、闯路子，以三新（款式新、衣型新、装潢新）、以快（转得快）取胜，大胆改变现行制度，创造一套治厂方法，做好思想政治工作，激起职工的主人翁责任感。对于那些对工作松松垮垮，长期安于当外行，做一天和尚撞一天钟的企业领导干部来讲，步鑫生的经验应当是一剂治病的良药……

步鑫生最大胆、最让全国振聋发聩的一条，是改革了劳动用工、工资分配、质量管理等企业管理制度，这些做法在“撞钟和尚”成群的当年，简直是离经叛道，完全不合计划经济的调门儿。对这样一个人物，理所当然地引起了争议。不同的意见也传到了中南海。1984 春节前夕，浙江省委组织联合调查团对步鑫生进行了详细考察，肯定了步鑫生的首创精神。

3 个月后，《人民日报》再次以《要积极支持敢于改革创新的干部》为题，并用“中共中央整党工作指导委员会办公室按”这种异乎寻常的按语形式，表示了对步鑫生旗帜鲜明的支持。按语中一再提及他的“改革创新精神”，要求“抓住这个指引人们向上的活榜样”。步鑫生的大胆探索，使人们隐约地看到了改革的方向。全国 29 个省市自治区的代表团挤满海盐县城。许多新闻记者蜂拥而至，纷纷涌向几天前还名不见经传的海盐县城。长篇累牍的报道充斥了大小媒体，数十天之间，步鑫生成为全国改革风云人物，成了无所不能的“高大全”。四面八方的取经者蜂拥到小小的海盐城，步鑫生疲于应付。有关方面不得不规定：只有司、局级以上级别的取经者才能面见步鑫生本人，其他人一律听录音。步鑫生自己开玩笑：“干脆放动物园买票参观算了！”有人抱怨，见步鑫生比见省里的领导还难！而步鑫生本人则匆匆地往来于祖国各地，在掌声与鲜花之间，一次次地演讲改革的经验，不仅向企业界的同人讲企业改革，还向军队讲军事改革，向文艺界讲文艺改革……

然而好景不长，步鑫生辉煌之日，就是开始走向衰落之时。1984 年，中国刮起了一股“西服风”。起初，步鑫生不为所动，但不久他就办起了一个领带车间，接着又办起了印染车间，最后决定兴办西服分厂。这项决策是在与上级主管部门的一次谈话中，前后不过两个小时作出的，而且决策作出之前并未对市场进行科学分析，也未对本厂的技术和生产实力进行实事求是的评价。之后在省主管部门扶植先进的“好心”帮助下，海盐衬衫厂又增加了 200 万元的投入。

瞬间的光芒使步鑫生完全陶醉了，他无暇顾及经营，他相信，有“改革厂”的金字招牌和党中央的支持，海盐衬衫厂将永立不败之地。步鑫生的工作作风也发生了某种改变：他宅在一间深藏在许多道门后面的豪华办公室里做出了这样的规定：不提前约定，副厂长也不能随便见到他。与此同时，市场发生了微妙的变化，原来异常走俏的西服很快出现了滞销现象。1985 年在“全国衬衫评选会”上，代表着海盐厂生产水平的“唐人”牌高级衬衫名落孙山，海盐厂丧失了产品优势。在杭州市里的海盐衬衫厂专柜，产品开始蒙上了灰尘。海盐衬衫厂效益大幅度下滑。在此之前，该厂匆匆上马的印染车间，由于技术不过关也在停工状态。在生产规模迅速扩大后，该厂基础管理工作跟不上、质量不稳定。企业内部管理者素质低下，更加速了企业的衰败。

一年之间，步鑫生度过了他人生的辉煌。

1986 年，关于海盐衬衫厂的报道中出现了这样的句子：“生产流水线停产，下水道、厕所堵塞，生产萧条、人心涣散，走掉了近一半职工”。海盐厂账上亏损 300 万元，负债几百万元。

1988 年 1 月 16 日，还是《人民日报》头版，又发出一则令人们惊讶的消息：“粗暴专横讳疾忌医步鑫生被免职，债台高筑的海盐衬衫总厂正招聘经营者。”

事隔4年，改革者步鑫生就成了历史。这个反转让人们一时很难接受。步鑫生对此也目瞪口呆。他自嘲道："1988年事情多，火车相撞，飞机坠毁，闹洪灾，还有就是——我被免职了。"

中华人民共和国首位"洋厂长"——武汉柴油机厂厂长格里西先生

1984年，经联邦德国杜伊斯堡市推荐以及联邦德国退休专家组织派遣，65岁的退休专家格里西来到武汉，选择武汉柴油机厂作为对口咨询服务的企业，时间是3个月。格里西的到来，在武汉柴油机厂引起轰动。当时不少工人议论纷纷：都65岁了，不在家安享晚年，来这里干什么？

格里西深入了解后发现，3个月的时间太短了，根本来不及改变企业的现状。于是，格里西主动请缨，希望能为武汉柴油机厂服务更久一些。经过市委市政府慎重考虑，决定聘用格里西为武汉柴油机厂厂长，这在当时无疑是一件"吃螃蟹"的事情。

格里西常说："我是一个完美主义者。"面对一个存在很多根深蒂固毛病的企业，格里西的严厉超出了工人们的想象。由于厂里连续出现多次严重质量问题，格里西先后免去三名科级以上干部，其中包括一名总工程师。格里西认为："总工程师就要负责全部的质量问题，质量出问题，总工程师就要负责。"格里西还要开除一名工人。那在当时的中国更是不可想象的。有关方面说服格里西，采取了更符合中国国情的办法——将其调离岗位。

上任不久，格里西到工人宿舍楼做客。当他看见有的工人住在人均只有 2.5 平方米的屋里时，他说自己非常难过。他表示，职工们 8 小时工作非常辛苦，回到家没有一个良好的休息环境，“我的心在流血”。格里西不习惯写各种报告，但为了这些工人的住房条件能够得到改善，他多次提笔向有关部门反映情况。最终，在上级部门的支持下，武柴建起了 3 栋宿舍楼，解决了 160 多名职工的住房问题。

格里西的工作非常敬业，即使是回德国度假，格里西仍惦记着在武汉的工作。格里西夫人回忆，在德国家里时，每当有电话响起，格里西都会问是不是武汉的朋友有什么事情找他。在德国探亲期间，格里西曾驱车 5400 公里、花费 1000 多马克的电话费为武汉企业请专家、找技术。通过他的介绍，一些德国专家来到武汉输出管理、设计技术，帮助武昌医疗器械厂等企业摆脱困境。

有关方面曾安排格里西去广东休假，但他还是利用这段时间完成了 28 万字的武柴改革方案。

两年时间里，他从产品质量到工资分配，进行了大刀阔斧的改革，狠抓质量、减员分流、打破“铁饭碗”等举措，在如今的企业是平常，但是在 20 世纪 80 年代的中国和武汉，却是那样的惊世骇俗，让人不能接受。

治厂两年，格里西使武汉柴油机厂的废品率由 30% 至 40% 降到 10% 以下，柴油机的使用寿命由 3000 小时增加到 6000 至 8000 小时。

1986 年，任武汉市柴油机厂厂长的格里西获得“外籍人士在华永久居留权”，也就是中国的“绿卡”。这是我国第一张绿卡，格里西成为第一个被授予中国绿卡的外国人。

然而，格里西曾倾注的心血，最终却没能摆脱停产的命运。格里西一卸任，他的一些改革举措马上就烟消云散，武柴很快又恢复了原样。再后来，武柴开始一蹶不振。1993 年，武柴开始出现亏损。1998 年，武柴正式停产。

2003 年，中国首位“洋厂长”——武汉柴油机厂厂长格里西先生在德国去世，享年 84 岁。为纪念中华人民共和国引进的第一位“洋厂长”格里西，2005 年，武汉市政府宣布，将为其塑两尊半身铜像，一尊送往德国，一尊留在武汉，在汉正街都市工业园与市民正式见面。格里西的夫人以及省市领导出席了铜像的揭幕仪式。

1984 · 年度改革大事

1 月 17 日至 20 日　国家经委在北京召开全国第二次管理现代化工作座谈会。会议着重研究了企业管理现代化体系的构成，总结出企业管理要从思想、组织、方法、手段及人才五个方面实现现代化。

2 月 10 日至 23 日　国务院在北京召开全国经济工作会议。会议提出，提高经济效益要从提高企业素质、加强行业管理和搞好宏观经济管理三个层次来抓。

3 月 1 日　中共中央、国务院转发农牧渔业部《关于开创社队企业新局面的报告》，同意将社队企业改称乡镇企业。

3 月 5 日　国务院发布《国营企业成本管理条例》。

3 月 24 日 《福建日报》在头版头条全文刊发“福建省厂长（经理）研究会”的 55 位厂长、经理给当时的中共福建省委书记项南、省长胡平的一封《呼吁书》，联名要求省委、省政府为企业家“松绑”。

3 月 26 日至 4 月 6 日　根据中共中央书记处和国务院的决定，沿海部分城市座谈会在北京召开。根据邓小平的建议，会议确定：进一步开放由北至南 14 个沿海城市，即大连、秦皇岛、天津、烟台、青岛、连云港、南通、上海、宁波、温州、福州、广州、湛江和北海，作为我国实行对外开放的一个新的重要步骤。

5 月 10 日　国务院发出《关于进一步扩大国营工业企业自主权的暂行规定》（第二个“扩权十条”）。在生产经营计划、产品销售、产品价格、物资选购、资金使用、资产处置、机构设置、劳动人事、工资奖金和联合经营等 10 个方面进一步扩大企业自主权。

5 月 18 日　中共中央办公厅、国务院办公厅印发《关于认真搞好国营企业领导体制改革试点工作的通知》。确定在大连市和常州市的全部国有工业企业及北京、天津、上海、沈阳四市的部分国有企业中进行体制改革试点。

5 月 21 日　国务院各部门企业整顿第 22 次例会对进一步整顿和建设好企业的领导班子提出意见：已经调整的班子要按干部“四化”的要求进行复查考核，不合格的要继续调整。

6 月 28 日　国务院发布《国营企业奖金税暂行规定》，规定国有企业发放奖金可以逐步做到不“封顶”，同时实行奖金征税办法。奖金税起征点为全年发放奖金总额超过标准工资两个半月，奖金税按超额累进的办法计征，税率分级为30%～300%。

6月29日至8月9日　袁宝华带领由中共中央、人大常委会、国务院有关部门组成的工厂法调查团，赴东北地区调查厂长负责制试点情况。

6月30日至8月2日　根据国务院的指示，国家经委会同国家计委、体改委、财政部、劳动人事部、商业部、物资局、中组部、中华全国总工会等单位组成联合调查组，就扩大企业自主权有关规定的落实情况，到四川、湖北、湖南、广西等地进行调查。

6月30日　邓小平在会见第二次中日民间人士会议日方委员会代表团谈话时指出，“什么叫社会主义，什么叫马克思主义？”我们过去对这个问题的认识不是完全清醒的。马克思主义最注重发展生产力。社会主义阶段的最根本任务就是发展生产力。

7月14日　国务院批转《商业部关于当前城市商业体制改革若干问题的报告》，决定有领导有步骤地推进城市商业流通体制改革。

7月17日　国务院批转《国家经委、商业部、财政部关于大力发展商办工业的报告》，改革商办工业管理体制，实行工业的管理制度。

7月26日　北京市天桥百货股份有限公司成立。这是全国第一家商业企业改制的股份公司，第一批发行股票300万元。

8 月 5 日　历时两天的第一批全民所有制企业经理、厂（矿）长国家统一考试结束，9976 名经理、厂（矿）长参加了考试。考试由经济管理干部国家考试指导委员会组织。考试内容为：党的十一届三中全会以来党和国家的方针政策、工业企业管理知识。

8 月 31 日　国务院批转机械工业部《关于机械工业管理体制改革意见的报告》，同意将除军工部门外的国务院各部直属独立机械工厂，原则上要下放到中心城市管理。

9 月 18 日　国务院发布《关于改革建筑业和基本建设管理体制若干问题的暂行规定》，决定全面推行建设项目投资包干责任制，大力推行工程招标承包制和勘察设计的技术经济承包责任制，普遍推行建筑安装企业的百元产值工资含量包干，改革资金、材料、设备的供应办法和方式，改革项目审批和用工制度等措施。

9 月 18 日　国务院批转财政部《关于在国营企业推行利改税第二步改革的报告》和《国营企业第二步利改税试行办法》，决定从 10 月 1 日起试行，1985 年 1 月 1 日起开征。

10 月 20 日　中共十二届三中全会在北京召开。会议通过了《中共中央关于经济体制改革的决定》，指出，“具有中国特色的社会主义，首先应该是企业有充分活力的社会主义”，“增强企业活力，特别增强全民所有制的大、中型企业的活力，是以城市为重点的整个经济体制改革的中心环节”。

11 月 15 日　国务院发布《中华人民共和国国务院关于经济特区和沿海十四个港口城市减征、免征企业所得税和工商统一税的暂行规定》。

11 月 18 日　上海飞乐音响公司成立，并向社会公开发行股票。这是中华人民共和国第一张符合规范的股票。

12 月 8 日　国务院发出《关于国营企业厂长（经理）实行任期制度的通知》，从 1985 年 1 月 1 日起实行。规定企业厂长（经理）每届任期最多四年，连任不得超过三届。

12 月 14 日　国家计委、财政部、中国人民建设银行颁发《关于国家预算内基本建设投资全部由拨款改为贷款的暂行规定》，决定凡是由国家预算安排的基本建设投资，全部由拨款改为银行贷款，1985 年 2 月 1 日试行。

12 月　根据有关部门统计，到 1984 年止，我国累计中外合资经营企业已达 931 家，吸收外商投资 13.8 亿美元。

12 月　据商业部门统计，到 1984 年底，全国已经放开的全民所有制小型商业企业有 58000 多个，其中改为国家所有、集体经营的 46500 多个，转为集体所有制的 5500 多个，租赁给个人经营的 5900 多个。

12 月　据有关部门统计，1984 年，全国乡镇企业的工业总产值已达 1086 亿元，其中村办工业的总产值为 550 亿元。

本年度主要参考资料：

1. 中国经济年鉴编委会．中国经济年鉴（1985）［M］．北京：中国经济年鉴社，1985.9.

2. 宋平．关于一九八四年国民经济和社会发展计划草案的报告[R]．1984（12）.

3. 吕东．中国工业经济的改革与发展[M]．北京：经济管理出版社，1992. 8.

4. 汪海波. 新中国工业经济史（1979—2000）[M]. 北京：经济管理出版社，2001. 10.

5. 邓小平. 邓小平文选（第三卷）[M]. 北京：人民出版社，1993. 10.

6. 王东江. 中国国有企业改革 20 年[M]. 郑州：中州古籍出版社，1999. 12.

7. 中国集团公司促进会. 国有企业改革政策演变[M]. 北京：中国财政经济出版社，2003. 1.

1985 年

1985 · 年度经济背景

上半年工业经济“超高速”，下半年宏观环境全面紧缩

1985 年，是贯彻中共十二届三中全会《关于经济体制改革的决定》，全面展开城市经济体制改革的第一年。全年实现国内生产总值 8964.4 亿元，比上年增长 13.5%；实现社会总产值 16242 亿元，比上年增长 16.2%。其中工农业总产值 13269 亿元，比上年增长 16.4%。这一年整个经济运行的基本态势受 1984 年末经济过热的影响，上半年工业经济“超高速”增长，投资规模过大、消费增长过猛、货币投放过多、结存外汇下降。而后国家实施全面的紧缩政策，下半年经济开始降温。

这一年，农村经济的发展比较正常，由于认真贯彻中央一号文件，在改革农产品统购派购制度、调整产业结构方面迈出了重大的一步，农村经济呈现全面发展的好形势。与上年相比，农村社会总产值 6195 亿元，比上年增长 15.6%。但由于粮食播种面积比上年减少了 440 多万公顷，又压缩了棉花种植面积，加上自然灾害等原因，使粮食、棉花产量有所减少。而由于经

济作物面积增加了 353 万多公顷，使得油料增长 32.5%，甘蔗增长 30.2%，黄红麻增长 128.1%，烤烟增长 34.5%，蚕茧、茶叶也都增产。总括来看，整个农业经济的运行基本上是正常的。

与农业相比，本年度工业经济的运行就不大正常了。全年工业总产值（不含村办工业）达到 8759 亿元，比上年增长 18%。其中轻工业总产值 4089 亿元，比上年增长 18.1%；重工业总产值 4670 亿元，比上年增长 17.9%。由于 1984 年四季度以后信贷失控，固定资产投资规模和消费基金增长过猛，上半年工业生产出现了“超高速”增长的情况：一季度增长 22.6%，二季度增长 23.3%。为此，中共中央和国务院先后采取了一系列紧缩措施，增长速度从下半年开始缓慢下降。7 月到 12 月，工业经济增长速度分别为 20.4%、17.5%、14.5%、11.7%、8.8% 和 10.2%。全年一次能源产量（折标准煤）比上年增长 7.8%，原煤增长 9%；钢增长 7.3%，钢材增长 9.1%；10 种有色金属增长 7.2%；全年新增发电装机 540 万千瓦；主要化工原料多数也有增长。但是与整个工业的发展相比，能源原材料供应仍然紧张。

造成工业经济“超高速”的直接原因是投资、消费和信贷失控，但根本原因则在于对经济改革过程中如何处理好微观放活和宏观控制的关系缺乏经验，对体制转轨过程中的宏观控制抓得不够紧，以及旧体制固有的扩张特性还未得到消除。由总需求膨胀所刺激起来的“超高速”增长，在旧的经济体制还没有得到根本改变，价格体系还没有理顺的情况下，使经济结构不合理的状况更为严重。

全年全民所有制单位基本建设投资总额1061.4亿元，比上年增长42.8%，净增318亿元，超过了前三年增加额的总和，是1971年以来增长速度最高的一年，大大超过了按现价计算的国民收入和重工业生产的增长速度。全年社会商品零售总额4305亿元，比上年增长27.5%，扣除物价上涨因素，实际增长17.2%，也是近几年增长最快的一年。其中，消费品零售额增长30.7%，大大超过了农用生产资料零售额7.9%的增长幅度。全年零售物价总指数比上年平均上升8.8%，其中城镇零售物价总指数上升了12.2%，农村上升了7%。一些大城市如北京、上海、广州等，零售物价总指数上升的水平都达到15%以上，其中蔬菜价格上升34.5%，肉禽蛋上升22%，水产品上升34.3%，鲜果上升35.9%，粮食上升10.9%，书报杂志类上升32.5%，燃料上升4%。

据国家统计局的抽样调查，1985年农民人均纯收入为397元，比上年增加42元，增长11.8%，扣除物价上升因素，实际收入增长8.4%；城镇居民人均收入752元，比上年增长23.8%，扣除职工生活费用价格上涨因素，实际收入增长10.6%。年末居民储蓄存款余额1623亿元，比上年末增长了33.6%。全年全国还新安置待业人员360万人。

全年进出口总额达696.2亿美元，比上年增长30%。其中，出口总额273.6亿美元，增长4.7%；进口总额422.6亿美元，增长54.2%。从1984年四季度以后，进口汇率剧增，外汇收支逆差不断扩大，结存不断下降，年末外汇储备额由1984年的

82.2 亿美元下降为 26.44 亿美元。在外汇管理上也出现了某些混乱现象，如有些地方未经国家批准，大量进口市场紧俏商品，牟取高利。有些地方出现炒买炒卖外汇、套汇、逃汇等投机活动。

财政收入大幅度增长，并做到当年收支平衡，是 1985 年国民经济发展的一个显著特点。多年来，我国财政收入始终徘徊在 1000 亿元左右，一般每年只能增收 50 亿～60 亿元。虽然 1983 年、1984 年财政收入分别比上年增加收入 127 亿元和 255 亿元，但财政赤字一直保持在 30 亿～50 亿元。从 1985 年 8 月开始的全国范围税收、财务、物价大检查，对增加财政收入，平衡财政收支起到了巨大作用。1985 年财政收入一举增加 362 亿元，使全国财政总收入达 1854 亿元，并在支出有较大增加的情况下，做到了当年收支平衡。

与我国过去历次的投资膨胀不同，过去的几次膨胀主要起因在于速度要求过高，计划安排不当，是一种“国家行为”。1985 年则相反，投资膨胀主要不是源于国家计划安排过大，而是地方和企业自行安排的投资急剧增加。在 1985 年全社会完成的 2475 亿元固定资产投资中，由国家直接控制的才 900 多亿元，只占 1/3 略多一些，而由地方、企业用预算外资金安排和集体、个人进行的投资则占近 2/3；在全民所有制单位完成的 1652 亿元投资中，由国家直接控制的也不过一半多一点，由企业和地方用预算外资金安排的则将近一半。随着经济体制改革的展开，简政放权，采取中央和地方财政“分灶吃饭”、对一些部门实行“投入产出包干”、扩大企业自主权等改革措施，投资决策权下放，地方和企业以自筹资金兴办各种企事业，一定程度上解决了国家建设资金的不足。1985 年投资规模过分膨胀，一个重要原因在于微观经济搞活的情况下，国家对宏观经济的调节和控制措施没有相应跟进，这就使投资膨胀成为不可避免。

对于国民经济中出现的不稳定因素，中共中央和国务院从年初开始就采取了一系列经济、法律、行政手段和措施。从 1985 年 2 月至 10 月，国务院先后召开了四次省（自治区、直辖市）负责人会议，并两次派出工作组，贯彻落实省长会议精神，开展税收、财务、物价大检查。

一、控制消费基金增长方面的主要措施

要求各地区、各部门在限期内报告 1984 年奖金发放情况，严格按规定征收缴纳奖金税，凡为逃避奖金税而滥发的实物或补贴，要折价退款、照章缴税。

先后下达了 1985 年全民所有制单位工资总额计划和行政事业单位调资控制指标，从总量上控制工资总额的增长。同时，鉴于一季度工资总额增长仍然过快的情况，要求银行以 3 月为基数对工资性支出进行控制，并设立消费基金专项账户进行管理。

调整国有企业奖金税的征收标准，征收起点由两个半月改为四个月；实行工资与上缴利税挂钩的国有企业开征工资调节税；对事业单位等也开征奖金税。

要求中央和地方各级机关、单位削减行政经费，控制社会集团购买力，特别是属于国家专项控制的商品，除新建单位和某些特殊需要经批准外，不得擅自购买；严格控制行政编制，尽量不增加或少增加行政人员。

制止滥发各种彩票、奖券，不许以有奖销售方式推销残次积压商品，停止免费供应午餐。

二、紧缩银根方面的主要措施

实行“统一计划、划分奖金、实贷实存、相互融通”的信贷资金管理办法。专业银行要按规定如数按期交存应该上缴人民银行的资金，不得截留占用；资金周转发生困难时，可向人民银行申请临时贷款，各专业银行之间可以相互融通。

先后两次提高城乡居民定期存款利率和固定资产、流动资金的贷款利率。

人民银行总行对所属分行和各专业银行总行的信贷计划、信贷差额、现金投放和回笼计划，按季度进行控制和一定范围的检查。

乡镇企业和专业户向农业银行和信用社借款一般要有 50% 的自有资金，有困难的要有 30%。对不符合贷款政策的，不予贷款。

加强对低息优惠贷款利率的管理。对贷款项目进行清理，因情况变化已不符合优惠条件的，停止优惠。逐步实行“先收后退”的办法，即贷款时先按原利率档次照收利息，项目完成并达到预定经济效益的，再行退息。

三、控制固定资产投资规模方面的主要措施

重申严格按计划办事，实行行政首长负责制。要求各部门、各地区固定资产投资规模必须按计划执行，不得自行扩大。并明确指出 1985 年不再追加各地区、各部门的计划指标。对经济效益确实好的项目，各地可以继续安排建设，但必须在投资总规模之内进行调整。

规定各级银行不准发放计划外固定资产贷款，各地区、各部门不准用银行贷款以自筹资金名义擅自扩大建设规模。除建设银行外，其他银行不得办理自筹基建存款和贷款。自筹基建资金，凡当年6月30日以后存入建设银行的存款，当年不得动用。上半年存款额低于自筹基建投资指标的，要核减自筹指标；存款额高于指标的，按指标进行控制。

对基建项目进行清理，按规定的资金渠道和用途进行建设。除中小学外，对其他项目要进行控制，下达建议数，纳入投资总规模。

利用外资安排的基建和技改项目，必须按规定的审批权限和程序，经过批准才能对外谈判。

四、对外贸易和加强外汇管理方面的主要措施

加强外汇管理。全面清理、检查外汇的安排使用情况和外汇管理条例的执行情况，扭转外汇管理上的某些混乱现象；坚持实行额度管理，严禁非法倒卖外汇，加强贸易外汇的管理。

实行计划控制。对地方、部门使用自有外汇进口，实行严格的计划控制，由国家下达进口计划用汇指标，各地区、各部门不得突破。未经批准超出计划控制指标的，外汇管理分局可以拒绝拨汇，中国银行分行可以拒开信用证。

修订外汇分成办法。对出口商品收汇，实行金额比例留成。即除了出口的增产原油、增产成品油等项外，对一般出口商品收汇留成，按25%留给地方、部门、企业。对超计划出口的部

分，由地方承担盈亏，外汇实行中央和地方倒“三七”分成。对当年超计划出口商品留成外汇，地方可在当年下达的进口用汇计划之外，按照有关规定，进口一部分生产和市场需要的物资。

利用税收调节外汇收支。对进出口产品征、退产品税或增值税。对若干进口商品开征进口调节税。

为严格控制重复引进、盲目引进和多头对外，对进出口商品实行许可证制度。任何部门和地区未取得进口许可证，一律不准自行进口。

五、稳定物价方面的主要措施

规定重大的价格改革措施和重要商品调价，必须按国务院的统一部署进行，各地区、各部门和工商企业都不得自行其是，随意调价。

凡属国家定价的生活资料，都必须执行国家规定的价格*，未经批准，一律不得自行变动。对于轻工集体企业和乡镇企业生产的商品价格和农村供销社经营的商品价格，应按国家有关规定执行。

凡属国家定价的工业生产资料，都必须严格执行国家规定的价格**，不得随意提价。

重要生产资料的供应业务和紧缺耐用消费品的批发业务，应掌握在国有商业、供销社、物资供销部门和生产这种产品的单位手中，其他单位和个人不得经营这些商品的批发供应业务。

对实行市场调节的农副产品，国有商业和供销社要运用经济手段，积极参与市场调节，薄利多销，平抑市价，不得压级

* 包括国家规定的浮动价格。

** 包括规定的加价幅度及浮动价格、临时价格。

压价，抬级抬价。

规定服务行业和饮食行业不得乱涨价、乱收费用。

通过采取上述措施，控制了过度膨胀的社会需求，经济增长开始降温。但由于紧缩力度过猛，各种经济调节和控制手段的配套衔接也不够紧密；经济手段、法律手段和行政手段之间结合得不够协调；在有些方面还存在“一刀切”的现象等，由此产生了新的负面影响，为以后的经济运行带来了严重困难，使刚刚宽松起来的国有企业宏观经济运行环境又变为严重紧张。

1985 · 基本改革思路

用“双轨制”推动价格形成机制的转换

随着企业自主权的扩大，国家开始允许国有企业的超计划产品有价格浮动权，推动了价格体系的多元化发展。但由于没有统一、合法的市场渠道，计划外产品的价格浮动范围有限，进一步加剧了价格扭曲的状态。与此同时，在占统治地位的计划价格体系中，供需缺口相对较小的一般工业消费品，计划控制较弱，计划内与计划外价格的差距较小；而供需严重失衡的生产资料，计划控制尤其严格，计划内与计划外价格的差距很大。在供求关系的作用下，越是国家计划控制得严的紧缺生产资料，价格的扭曲程度越大。生产资料在计划低价下供需极度失衡的状况，以及由此形成的对中下游产品的传导作用，导致了整个价格体系严重扭曲。要全面推进经济体制改革，严重扭曲和僵死的计划价格成为当时的最大障碍。改革价格形成机制提上了决策者的议事日程。

在 1984 年 10 月举行的中共十二届三中全会上，中共中央正式提出全面开展城市经济体制改革，建立有计划的商品经济的主张。会后发表的《中共中央关于经济体制改革的决定》强调："价格改革是整个经济体制改革成败的关键。"价格改革的原则有以下几点：第一，按照等价交换的要求和供求关系的变化，调整不合理的比价；第二，提高部分矿产品和原材料价格；第三，解决农副产品购销价格倒挂和调整消费品价格，但必须采取切实的措施，确保广大城乡居民的实际收入不因价格的调整而降低。同时，随着生产的发展和经济效益的提高，职工工资也要逐步提高。

关于价格改革的思路，当时理论界提出了各种各样的意见和建议。比较一致的意见是：价格体制改革的目标模式应是计划价格、浮动价格、自由价格并存的混合价格体制。但在这种体制中以哪种价格为主，又有不同意见。一种意见认为，应以计划价格为主体，以浮动价格为重要的辅助形式，以自由价格为补充。因为这种模式反映了计划经济为主，市场调节为辅的思想。计划价格为主体，不是对所有商品，而是对少数与国计民生关系密切的商品实行计划价格。另一种意见认为，当前应以国家规定幅度的浮动价格为主，部分产品仍实行国家统一定价和自由价格。因为浮动价格的实行范围、基准价和浮动幅度都是由国家计划规定的，因而体现了计划调节，部门、地方和企业根据劳动生产率和市场供应关系的变化，在规定的限度内自行定价和调价，体现了市场调节。认为这种模式既有利于宏观控制，又有利于微观搞活；既体现计划原则，又体现商品原则。还有的意见认为应以市场价格为主，对少数重要产品实行计划价格和对部分产品实行浮动价格；有的意见认为应按所有制形式划分，即全民所有制企业实行计划价格，集体所有制企业实行指导性价格，其他的全部实行市场价格；有的意见认为应根据产品的竞争性、半竞争性和非竞争性，价格放开后分别采取由供需双方协商定价、浮动价格和固定价格的形式。

1984 年 9 月 3 日至 10 日，也就是中共十二届三中全会前的一个月，在浙江举行了首届全国中青年经济科学工作者讨论会，即著名的“莫干山会议”。与会者多是在此之前的全国性征文活动中的论文入选者。价格信号的失真，使扩大企业自主权的各项措施失去了正确导向，价格改革成为城市经济体制改革乃至整个中国经济体制改革的关键，自然也成为“莫干山会议”的最主要议题。

争论基本上是在主张“调”还是主张“放”之间进行的。持价格体系调整论的人士认为，“在我国当今的经济条件下，难以实现理想市场，对重要产品还要用计划价格”。理由是“市场上靠自然力平衡出来的价格，可能是混乱的，不一致的，在宏观上也不反映分类产品的供求平衡”，而“从宏观上通过计算获得的分类产品总体供求平衡的理论价格，其中考虑了我国长期发展战略，收入分配合理化和抑制经济波动因素”。因而主张用这个算出的“供求平衡指导价”去“确定计划价格”和调整比价，以实现价格体系合理化。主张改变价格体制的人士则强调指出，不合理价格体系的根子是“旧的集中的价格管理办法”。“苏联和东欧国家调价的历史说明，由于种种实际因素的制约和理论价格测算本身的误差，实际上没有一次调价就能达到合理状况的。随着经济的发展变动，它只是为下一次调价（一般4至7年后）准备条件。可见，即使大步调价，也不是解决价格问题的根本出路，只不过是在旧体制内达到短期平衡的调节手段。”

在主张“调”的观点里，又有主张大调到位和小调快走之分。就在“莫干山会议”之前，国务院价格研究中心的田源等人提出了对严重扭曲的价格体系必须进行大步调整的建议；经济学者周小川、楼继伟、李剑阁等人则提出用“小步快调”的办法，不断校正价格体系，既减少价格改革过程的震动，又可以逐步逼近市场均衡价格的主张。田源、周小川等接近决策层的人提出的主张，被称为以“调”为主的主张。另外，张维迎等人提出的应该一步或分步放开价格控制，实行市场供求价格的主张，被称为以“放”为主的主张。

中国社会科学院和中国人民大学的在校研究生华生等人经过几天通宵达旦的争论和讨论，采纳和综合了双方观点，形成了实行“放调结合”的“双轨制”价格改革思路。据华生说，在当时计划经济还占统治地位的情况下，“保护”和封闭存量（保护和赎买既得利益），培育和发展增量（市场和新生力量），走理想务实的增量渐进改革路线已经成为会议讨论的整体氛围。通过增量这个新轨的壮大逐步取代存量这个旧轨，这就是“莫干山会议”上“双轨制”的含义。

会后，华生作为第三种思路的代表，被要求向当时在杭州的中央财经领导小组秘书长张劲夫汇报。在为会议纪要写的单独报告《用自觉的双轨制平稳地完成价格改革》中，华生提出，从生产资料价格改革入手，用5年左右的时间实现和完成整个价格体系的调整和价格管理体制的改革。这是“双轨制”这一概念首次出现。

华生等人的意见很快得到了决策层的采纳。1985年1月24日，国家物价局、国家物资局发出《关于放开工业生产资料超产自销产品价格的通知》，首次废除了对计划外生产资料的价格控制，规定企业可按稍低于市场价格出售，参与市场调节。这就是历史上被认为是价格“双轨制”改革的正式实施。1985年3月，为了配合对全国统配煤矿实行的投入产出的总承包，国务院批准了“实行超产煤炭加价办法”“实行几项煤炭价格的缓解措施”“煤矿提取维简费的办法改为实行固定资产折旧”“放宽煤炭企业的税收政策”“返还能源交通建设基金”等五项政策，进一步扩大了生产资料价格“双轨制”的范围。

“双轨制”是在短缺经济环境下进行的生产资料价格改革，推动了价格形成机制的转换，将市场机制引入国有大中型企业的生产与交换中，扩大企业自主权，调动了生产者的积极性，增加了有效供给，活跃了流通，促进了市场发展。但是，由于在当时体制下多方面的限制，大量非价格因素影响价格改革，扭曲了价格变动的传导机制，成为滋生腐败、“官倒”的温床，造成了流通领域的混乱。作为有中国特色改革工具的价格“双轨制”，尽管诺贝尔经济学奖得主、原世界银行副行长兼首席经济学家斯蒂格利茨曾评价说，“双轨制”是计划价格向市场价格过渡中，中国人找到的天才的解决办法。从那次会议之后，“双轨制”这一思路成为中国渐进改革的标志。但由于“双轨制”本身的实施效果与方案中的理想设计相去甚远：计划外的价格控制取消了，但市场的培育和组织工作起步非常缓慢，多重价格并存的现象并没有很快消除；放调结合的“双轨制”在一段时间内变成了只放没调、放也不畅的跛足戏，因而，“双轨制”价格，就如同在同一条道路上同时实行靠左行和靠右行的双重规则一样，必然导致撞车和混乱。双重价格并存必然助长计划内外的倒买倒卖和权力寻租现象，造成腐败蔓延，最终消解了“双轨制”设计的良好初衷。

但不管怎么说，价格“双轨制”毕竟是中国价格改革里程中一个非常重要的阶段，对于价格改革的最后成功仍然起到了积极的促进作用。

1985 · 年度改革实践

生产资料价格“双轨制”

早在 1984 年 5 月 10 日，国务院就下发了《国务院关于进一步扩大国营工业企业自主权的规定》（以下简称《规定》），《规定》指出“允许企业完成计划后，自行安排增产国家建设和市场需要的产品”。在产品价格方面，“工业生产资料属于企业自销和完成国家计划后的超产部分，一般在不高于或不低于 20%

的幅度内，企业有权自定价格，或由供需双方在规定的幅度内协商定价”。1985 年 1 月 24 日，国务院有关部委又下发文件取消了 20% 的幅度限制，规定可按照稍低于市场价格出售，参与市场调节。这就是生产资料价格“双轨制”的开始。

实行工效挂钩的工资改革

1985 年 1 月 5 日，国务院发出《关于国营企业工资改革问题的通知》，决定从 1985 年开始，在国有大中型企业中，实行职工工资总额同企业经济效益按比例浮动的办法；国家对企业的工资，实行分级管理的体制，国家负责核定省（自治区、直辖市）和国务院有关部门所属企业的全部工资总额及其随同经济效益浮动的比例。

机械工业企业管理权限下放

为了解决机械工业“条块分割”“分散”“重复”“大而全”“小而全”的状况和政企职责不分问题，1984 年 8 月 17 日国务院常务会议决定，以机械工业作为工业部门管理体制改革的试点率先进行改革。8 月 31 日，国务院以〔1984〕114 号文件批转了《机械工业部关于机械工业管理体制改革意见的报告》。按照国务院〔1984〕的文件精神，1985 年，机械工业在管理体制上进行了以下改革：

一是下放企业。机械工业部直接管理的所有 62 个企业已于 1985 年 5 月底全部下放完毕，由所在城市管理；各省（区）市机械工业厅、局直属的 332 个企业，至年底已下放 274 个，占

82.5%；其他各部和各省（区）非机械工业部门的直属机械工业企业也在陆续下放。

二是清理整顿公司。机械工业部直接管理的公司由 33 个减为 19 个；省（自治区、直辖市）和计划单列市机械系统的行政性公司也进行了清理整顿，据初步统计，各省（自治区、直辖市）的 205 个公司，已有一部分经过初步整顿，大都转为向技术成套、咨询服务、流通服务和联合经营的方向发展。

三是探索面向全行业的管理工作。国务院批转的机械工业体制改革的文件指出，机械工业部对全行业的管理，要从拟定“七五”规划开始。为了开展此项工作，按行业组织了 19 个专业规划小组，全国有 28 个省（自治区、直辖市）编制了初步的机械工业全行业规划。电站设备、汽车、铁路车辆、摩托车、复印机五个行业在打破部门、地区、军民界限，搞好专业化协作方面，比过去前进了一大步。

实行新的财政管理体制

改革开放以后，我国财政管理体制先后进行了一系列改革。1978 年在部分省（自治区、直辖市）试行“收支挂钩，增收分成”的体制；1979 年在大部分省（自治区、直辖市）实行“收支挂钩，超收分成”的体制；从 1980 年起对各省（自治区、直辖市），统一实行“划分收支、分级包干”体制。

到 1985 年，一定五年的“划分收支、分级包干”的财政管理体制已经到期。鉴于“划分收支、分级包干”体制存在的一些缺陷，主要是中央财政掌握的财力过少，承担的支出任务过重，以致在安排国家重点建设事业和保证资金集中、合理使用上遇到不少困难；按照企业事业单位的隶属关系来划分中央与地方的财政收支范围的，许多具体事项又难以分清，因此不可避免地存在着“包而不干”的问题，最后还需要中央财政来解决；另外，由于中央部门“开口子”过多，也存在加重地方财政负担的情况。这些都不利于正确处理中央与地方的分配关系。因此，国务院决定从 1985 年起，改革“划分收支、分级包干”的财政管理体制，实行“划分税种、核定收支、分级包干”的新的财政管理体制。

新的财政管理体制有以下几个主要内容：

一是基本上按照“利改税”第二步改革的税种设置，划分各级财政收入，其中包括中央财政固定收入、地方财政固定收入、中央和地方财政共享收入三大类。

属于中央财政固定收入的有：中央国有企业的所得税、调节税；铁道部和各银行总行、保险总公司的营业税；军工企业的收入；中央包干企业的收入；粮、棉、油超购加价补贴；燃油特别税；关税和产品代征的产品税、增值税；专项调节税；海洋石油外资、合资企业的工商统一税，所得税和矿区使用费；国库券收入；国家能源交通重点建设基金；其他收入。

石油部、电力部、石化总公司、有色金属总公司所属企业的产品税、营业税、增值税，以其 70% 作为中央财政固定收入。

属于地方财政固定收入的有：地方国有企业的所得税、调节税和承包费；集体企业所得税；农牧业税；车船使用牌照税；城市房地产税；屠宰税；牲畜交易税；集市交易税；契税；地方包干企业收入；地方经营的粮食和供销社经营的亏损；税款滞纳金、补税罚款收入；城市维护建设税和其他收入。尚待开征的土地使用税、房产税和车船使用税，将来也列为地方财政固定收入。

石油部、电力部、石化总公司、有色金属总公司所属企业的产品税、营业税、增值税，以其30%作为地方财政固定收入。

属于中央和地方财政共享收入的有：产品税、营业税、增值税*；资源税；盐税；个人所得税；国有企业奖金税；外资、合营企业的工商统一税、所得税（不含海洋石油企业交纳的部分）。

* 这三种税均不含石油部、电力部、石化总公司、有色金属总公司四个部门所属企业和铁道部以及各银行总行和保险总公司交纳的部分。

二是仍按行政隶属关系，划分中央和地方的财政支出。

由中央财政支出的主要有：中央基本建设投资；中央企业的挖潜改造资金、新产品试制费和简易建筑费；地质勘探费；国防费；武装警察部队经费；人民防空经费；对外援助支出；外交支出；国家物资储备支出；以及中央级的农村水利事业费，工业、交通、商业部门事业费，文教科学卫生事业费，行政管理费和其他支出。

由地方财政支出的主要有：地方统筹基本建设投资；地方企业的挖潜改造资金、新产品试制费和简易建筑费；支援农业支出；城市维护建设费，以及地方的农林水利事业费，工业、交通、商业部门事业费，文教科学卫生事业费，抚恤和社会救济费，行政管理费（含公安、安全、司法、检察等机关的支出）、民兵事业费和其他支出。

对于不宜实行包干的专项支出，如特大自然灾害救济费、特大抗旱和防风补助费、支援经济不发达地区的发展资金、边境建设事业补助费等，由中央财政专案拨款，不列入地方财政支出包干范围。

三是根据财政收支范围，正确处理中央与地方的关系。

凡地方固定收入大于地方支出的，定额上缴中央；地方固定收入小于地方支出的，从中央和地方共享收入中确定一个分成比例，留给地方；地方固定收入和中央和地方共享收入全部留给地方还不足以抵拨其支出的，由中央定额补助。收入的分成比例及上解或补助的数额确定以后，5 年不变。地方多收入可以多支出，少收入就要少支出，自求收支平衡。

四是合理确定地方财政的基数问题。

为了照顾地方既得利益，各省（自治区、直辖市）的收入基数，以 1983 年决算收入数为基数，并按照上述收入划分范围和第二步“利改税”方案的有关规定作适当调整后确定。各省、自治区的支出基数，按照 1983 年原决算收入数和现行财政体制确定的分成比例（其中补助地区应加上定额补助数额），以及某些调整因素，计算出地方应得的财力。京、津、沪三大市的支出基数，按照现行“划分收支、分级包干”体制规定的地方财政支出范围，在 1983 年决算基础上调整确定。

这次改革以后，全国绝大多数省、市、自治区均实行新的财政管理体制。只有广东、福建两省继续实行财政大包干办法，其现行的定额上解或补助数额，应根据上述收支划分范围和“利改税”第二步改革后的收入转移情况，进行相应的调整。对民族自治区和视同民族自治区待遇的省，按照中央财政核定的定额补助数额，在最近五年内，继续实行每年递增 10% 的办法，以利于支持这些地区加快发展经济和各项建设事业。经国务院批准实行经济体制改革综合试点的重庆、武汉、沈阳、大连、哈尔滨、广州等城市，实行计划单列后也实行全国统一的财政管理体制。

首次开展税收、财务大检查

1985 年 8 月 19 日，国务院批转财政部《关于开展税收、财务大检查的报告》，同意从 1985 年 8 月开始，在全国范围内认真进行一次税收、财务大检查。这是全国第一次财税物价大检查。财税物价大检查成效显著，多年来，我国财政收入始终徘徊在 1000 亿元左右，一般每年只能增收 50 亿 ~ 60 亿元。虽然 1983 年、1984 年财政收入分别比上年增加了 127 亿元和 255 亿元，但财政赤字一直保持在 30 亿 ~ 50 亿元。全国范围内税收、财务、物价大检查，对增加财政收入，平衡财政收支起到了巨大作用，使 1985 年的财政收入一举增加 362 亿元，全国财政总收入达 1854 亿元，并在财政支出有较大增加的情况下，做到了当年收支平衡。“财税物价大检查”因此成为财政部门增加财政收入的法宝，虽然其边际效益不断递减，但只要发生收支平衡困难，就总是会继续使用“财税物价大检查”这一武器。

1985 · 重要理论观点

把计划经济与市场经济结合起来

1985 年 10 月 23 日，邓小平在会见美国时代公司组织的美国高级企业家访华团时说："社会主义和市场经济之间不存在根本矛盾。问题是用什么办法才能更有力地发展社会生产力。我们过去一直搞计划经济，但多年的实践证明，在某种意义上说，只搞计划经济会束缚生产力的发展。把计划经济与市场经济结合起来，就更能解放生产力，加速经济发展。"邓小平还指出，社会主义优越性最终要体现在生产力能够更好地发展上。我们在改革中坚持了两条，一条是公有制经济始终占主体地位，另一条是发展经济要走共同富裕的道路，始终避免两极分化。

社会主义存在以公有制为主体的多元所有制结构

过去认为社会主义公有制只有全民所有制和集体所有制两种形式，在有计划商品经济条件下，生产资料的所有权和经营权适当分开后，全民所有制从内涵和外延上都发生了变化，出现了一些新的所有制形式。不仅集体所有制，而且全民所有制也可以有不同的经营形式。较一致的看法是：我国在全民所有制经济占主导地位的前提下，存在着包括多种所有制的多元化社会主义所有制结构。

有人认为，在社会主义有计划商品经济条件下，存在着以公有制为主体的多种形式所有制结构，包括社会主义全民所有制经济、多种形式的城乡社会主义合作经济、社会主义公有制下各种形式的联合所有制经济、国家资本主义经济、城乡劳动者的个体经济。这种意见还分析了这种所有制结构在现代化过程中的发展趋势。认为全民所有制经济的比重，将会经历一个由下降到基本稳定和逐步上升的发展趋势；城乡个体经济和国家资本主义经济是从无到有、从少到多地向前发展，在达到一定发展阶段后，个体经济将逐步走上各种形式的合作或联合的道路，而国家资本主义经济则逐渐下降，以致最后结束它的生涯；农村合作经济的比重在今后一个时期内是上升的，但将随着四化的实现而下降；各种经济联合体将成为单一的社会所有制经济形式。

在很长时期内，我国的所有制结构将具有多元化性质，这是由我国生产力的多层次性决定的。占据统治地位的公有制和带有私有制性质的所有制形式将长期并存，这是中国社会主义所有制结构的特色。社会主义的公有制除全民所有制和集体所有制两种形式外，以全民、集体为主体的经济联合，也属于社会主义公有制形式。

对集体所有制的认识

一种意见认为，集体所有制将逐步向全社会直接占有发展。他们认为集体所有制是生产力容量很大的、灵活的社会主义所有制形式，它的各种具体形式可以分别容纳社会化程度不同的生产力，可以由不同的集体企业按其需要在互利基础上自愿实行的不同企业规模和层次的联合。集体所有制经济随着从社会化程度很低的生产力一直到社会化程度很高的生产力的发展，完全有可能不断提高其经济性的组织程度，在事实上逐步向全社会直接占有发展。所以，集体所有制不但不存在向国家所有制过渡的必然性，而且根本不应该向国家所有制过渡。如果企图使集体经济国有化，那么就意味着对集体劳动者的剥夺。

另一种意见认为，集体所有制必须接受全民所有制的领导，向全民所有制过渡。这是由于集体所有制只是部分劳动群众的公有制，当它与本集体以外的单位发生经济联系时，是以私有者的面貌出现的，并有可能产生剥削行为。所以，必须由全民所有制来领导。虽然由于生产力水平的制约，目前两种公有制可以进行合作经营和联合，但其发展趋势必然是向全民所有制过渡。集体所有制和全民所有制不存在高级和低级的形式区别。因此，不存在过渡问题。集体所有制将作为社会主义公有制的合法形式，和全民所有制融为一体，最后一起成为共产主义所有制。

关于租赁性质的争论

针对在全民所有制部分中小企业中实行租赁的改革试验，虽然对提高企业的应变能力、提高经济效益，增强企业的活力都有作用，但是理论界对租赁的性质却具有不同看法。

一种意见认为，全民企业和集体企业实行租赁后，公有制性质将变为私有制。租赁经济属于个体经济，这是由于在财产所属关系上，个人对财产数额有明确的占有关系。他们将租赁形象地比拟为人们从银行取得的贷款，其货币的所有权是银行的，贷款人在贷款期内要向银行交纳利息，在贷款期满时向银行还清贷款。在这种情况下，人们用这笔贷款从事经营活动时，纯属个体经济。

另一种意见认为，全民所有制企业实行租赁经营后，所有权和经营权是分开了，但所有制并没有变，因为生产资料所有权仍属于国家所有。具体可以分成这样几种情况，企业新增的固定资产如是由国家追加的投资，那么所有制当然没有变化；若是由企业自身积累的部分投资，那么所有权必然属企业，也就不属于租赁范围；如果是全民所有，集体租赁经营，由于是由企业职工大会（或职代会）选出的厂长代表企业全体职工向国家签订租赁合同，所以实行租赁后，公有制性质仍然不会改变。

关于股份制试点的争论

多数人认为，股份制是商品经济发展的客观要求，可作为一种较好的试行方式。他们认为，建立股份制经济可以筹集社会闲散资金，弥补建设资金的不足；企业所有者可以具体化，改变企业资产没有具体代表的情况；在企业所有者、经营者和生产者之间建立起制约关系，促使企业行为合理化；企业职工购买本企业的一部分股票，能够使职工关心和改进企业的生产经营活动等。具体办法又有不同的思路：一是将企业资产向本企业职工和社会上的个人、企业、政府出售；二是将国有企业的资产，分股均分给本企业职工购买或由职工自由购买；三是国家控股。由国家根据企业在国民经济中的地位和重要性，在企业中占有不同比例的股份，其他股则出售给集体或个人。

认为不适宜全面推行企业股份化的，分别有以下几种观点：

1. 全民所有制企业不宜实行股份制。提出企业实行股份制，不过是为了制止企业在生产经营活动中不考虑国家利益和它自身的长远发展，而只考虑眼前利益和短期行为的一种手段。但企业短期行为并不是全民所有制的必然产物。从历史上看，股份制的产生，加速了资本的集中和经营管理职能的高质量化、专业化。但我国社会主义公有制本身对资金的集中能力已远远超过了资本主义所能达到的程度，也更有可能选择最优秀的企业家进行管理。因此，股份制对我国全民企业的现实意义不大。

2. 小企业中可以实行个人或集体认股。实行的企业适宜选择那种原来就受行政干预较少的小企业。而全面实行股份制会带来强化政企不分、增加证券管理的复杂性、导致消费基金膨胀等矛盾。

3. 股份制的实行应限于集体所有制企业。全民所有制企业发行股票，会降低生产资料占有的公有化程度，并使一部分利润转向集体和个人，影响财政收入。

社会主义商品经济的历史地位

第一种观点认为社会主义商品经济是商品经济发展的最高或发达的阶段。从人类历史上商品经济的发展看，商品经济有三种社会形态：简单商品经济、资本主义商品经济、社会主义商品经济。社会主义商品经济是在否定资本主义商品经济基础上建立和发展起来的。因此，它是商品经济发展的最高或发达阶段。也有观点认为是商品经济的最后阶段。这是由于社会主义商品经济的高度发展，使得社会生产力大大提高，产品极大丰富，随着按劳分配逐步过渡到按需分配，社会主义的商品生产将过渡到共产主义的产品经济。因此，社会主义商品经济是商品经济的最后阶段。

第二种观点认为社会主义商品经济不是商品经济的最高和发达的阶段。社会主义商品经济和资本主义商品经济由于所有制基础不同，不能比较。因而，不能从社会主义社会比资本主义社会高级，就推论社会主义商品经济一定比资本主义商品经济高级。也不能认为社会主义商品经济是发达的商品经济。因为在社会主义社会，劳动力不是商品；土地、矿山、铁路、银行等都不是商品；价值规律和社会主义的基本经济规律、计划规律的作用互相渗透，其自发性、盲目性都受到一定程度的限制。实际上，社会主义商品经济在广度和深度上都不如资本主义商品经济。因此，社会主义商品经济不是商品经济的更发达阶段。

第三种观点认为应对社会主义商品经济作具体分析，才能判断其地位。如果社会主义是建立在资本主义高度发展因而商品经济也高度发达的基础上的，那么商品经济发展的最高阶段就是由资本主义完成的。商品经济的最高和最后阶段也应是资本主义商品经济；如果社会主义是建立在商品经济不发达的基础上的，即商品经济的最高阶段是和社会主义联系在一起的，那么社会主义商品经济就是商品经济的最高阶段。

第四种观点认为社会主义商品经济运动的趋势是由强转弱。社会主义商品经济中包含了直接社会产品的某些属性，这些属性将由弱转强，而商品经济中包含的商品性则将由强转弱，到了共产主义社会，商品经济将消亡。因此，在社会主义商品经济内部，商品性和直接社会产品性这一矛盾运动，将为商品经济自身消亡和进入共产主义的产品经济创造物质条件。

对社会主义经济机制模式的认识

对社会主义经济机制模式的认识主要有以下几种：认为社会主义经济机制就是计划调节机制。这是因为社会主义经济是计划经济，人们可以根据对客观规律的认识不断克服不平衡的现状以保持经济比例的协调。

认为社会主义经济机制是有计划的市场机制。这是因为在社会主义经济中，全社会的产品仍然是为了交换而生产的产品。所以，它的调节机制是市场机制。而且在社会主义有计划的商品经济中，不可能存在一部分商品完全由市场调节、另一部分完全由计划调节这种情况，而是整个社会的商品都必须主动地运用市场机制。

认为社会主义经济机制是计划机制和市场机制的有机结合。因为在现实经济运行中，这两种机制既不是互相排斥，也不是互不相干的，而是在共同调节社会劳动分配中的有机结合。

认为社会主义经济机制是计划机制和市场机制的水乳交融的结合。因为在以生产资料公有制为基础的社会主义经济建立以后，计划机制和市场机制就是水乳交融地结合在一起的。它们是“你中有我”“我中有你”的关系。

认为社会主义经济机制是不完全的直接计划机制和不完全的市场机制的结合。这种不完全的直接计划机制是相对于理论上的完全形态的直接计划机制，表现为国民经济不能包罗一切，也不能排除商品货币关系和市场的作用，而且还表现为存在着市场机制。之所以又说是不完全的市场机制，是因为构成这个机制的许多环节，如全民所有制企业，只是相对独立的经济实体，不享有完全的决策权而受到种种的限制。

认为计划机制和市场机制的结合是形式和内容的结合。因为计划机制和市场机制的关系，实际上是计划经济和商品经济关系的具体体现。由于价值规律是商品经济的基本经济规律，因此，计划经济和商品经济的关系要通过计划经济和价值规律的关系来实现自己的作用。持这种意见的人士还认为，由于价值规律是客观的，而国民经济计划是人们制订的，属于主观的东西，所以二者的关系又是主观和客观的关系。

1985 · 重要政策法规

1. 国务院《关于国营企业工资改革问题的通知》，1985 年 1 月 5 日。

2. 《中华人民共和国会计法》，1985 年 1 月 21 日第六届全国人大常委会第九次会议通过。

3. 国务院批转国家经委、财政部、人民银行《关于推进国营企业技术进步若干政策的暂行规定》，1985 年 2 月 8 日。

4. 国务院办公厅转发《全国城市经济体制改革试点工作座谈会纪要》，1985 年 3 月 27 日。

5. 国务院《国营企业固定资产折旧试行条例》，1985 年 4 月 26 日。

6. 财政部、国家经委《关于认真核定国营企业税后留利中五项基金比例和加强管理的通知》，1985 年 6 月 3 日。

7. 国务院批转国家经委、国家体改委《关于增强大中型国营工业企业活力若干问题的暂行规定》，1985 年 9 月 11 日。

8. 国务院《工资基金暂行管理办法》，1985 年 9 月 24 日。

1985 · 年度热点纪实

张兴让和他的“满负荷工作法”

管理落后、效率不高、效益低下，一直是改革开放以后的相当一段时间里困扰企业生产经营的主要问题。为此，从 1980 年开始，在加强企业管理方面，国家先后采取了国有工业企业初步整顿和全面整顿、厂长（经理）培训和全国统考、青年职工初中文化补课等措施。改革初期企业整顿的效果是明显的，以至于当年整顿所采取的达标验收方式，多年后仍不断为某些部门所热衷和效仿。与此同时，国家还在全国范围内推行全面质量管理、全面计划管理和全面预算管理，推广现代化管理等 18 种方法，与美国联合在大连组建企业管理培训中心培养企业高级管理人才，翻译出版国外经济管理名著丛书普及现代管理知识等，希望通过以上措施，提高我国企业的管理水平。

在全国范围学管理、讲管理、抓管理的大背景下，河北石家庄市第一塑料厂一位叫张兴让的厂长发明了“满负荷工作法”。

石家庄市第一塑料厂是一家有 800 名职工的中型集体企业。1985 年初，张兴让通过观察发现，厂里的工人尽管天天按时上下班，但每天真正的有效劳动时间并不多，全厂平均每班每人的有效劳动时间只有两个多小时；设备运转率不到 50 %；资金周转天数高达 123 天，相当于国内同行业先进厂家的 2. 7 倍，相当于日本同行业的 4 倍多。于是，张兴让提出了一套改革的方案。他在对企业内部人、财、物等生产要素进行重新组合的基础上，以产品质量、原材料供应和产品销售、设备运转率、原材辅料消耗、资金周转率、能源利用率、费用降低率、人员工作量、工时利用率等 9 项指标的历史最好水平为基数，提出达到“满负荷”的奋斗目标。之后，由低到高划分阶段，分步实施，考核结果与职工个人的报酬挂钩，使企业做到所谓的“人尽其力、物尽其用、时尽其效”。因为借用了设备运转满负荷的概念，所以起名为“满负荷工作法”。

张兴让的改革收到了明显成效，“满负荷工作法”推行三年时间，企业人均产值由 28705 元增加到 34446 元，提高了 20%；人均利润由 3164 元增加到 6100 元，增长了 92%；流动资金周转天数由 123. 9 天降低到 61. 2 天，加快了 62. 7 天。开发新产品、新花色 125 个，创部优、省优和市优产品 5 个。改革前，厂里有三台大锅炉，直接操作的锅炉工，加上为锅炉服务的拉煤、出渣、维修等辅助工，总共需要 70 多个人，推行“满负荷工作法”以后，人员减少到18个人。

在今天看来，张兴让的“满负荷工作法”不过是泰罗科学管理原理在企业的具体应用，但是在当年却引起了极大的反响，并在全国上万家企业中大力推广。有关领导人赞扬“满负荷工作法”给国家和人民带来了巨大利益，是符合中国企业现状的、系统的、科学的管理方法。张兴让也因此被有关部门树为典型红极一时，成为与南方的步鑫生齐名的著名改革家。

1985 · 年度改革大事

1月1日　中共中央、国务院发布《关于进一步活跃农村经济的十项政策》提出，对乡镇企业实行信贷、税收优惠。从1985年起实行合同定购和市场收购。

1月5日　国务院发出《关于国营企业工资改革问题的通知》，决定从1985年开始，在国营大中型企业中，实行职工工资总额同企业经济效益按比例浮动的办法。

1月20日　国家体改委在石家庄召开山东、山西、河南、河北、内蒙古、北京、天津等七省（自治区、直辖市）城市经济体制改革座谈会，介绍石家庄市以搞活企业为中心，进行“撞击反射式”综合改革的经验。

1月24日　国家物价局、国家物资局发出《关于放开工业生产资料超产自销产品价格的通知》。

2月5日至14日　国务院在天津召开全国经济工作会议。提出搞活大中型国有企业的十项具体措施。

2 月 8 日　国务院批转国家经委、财政部、人民银行《关于推进国营企业技术进步若干政策的暂行规定》。

3 月 21 日　国务院发出《关于实行“划分税种、核定收支、分级包干”财政管理体制的规定的通知》，要求在实行“利改税”第二步改革后，要继续坚持“统一领导，分级管理”的原则，划分中央财政固定收入、地方财政固定收入与中央和地方财政共享收入。

3 月 23 日　据《人民日报》报道，为配合对全国统配煤矿实行的投入产出总承包，国务院已批准“实行超产煤炭加价办法”“实行几项煤炭价格的缓解措施”“煤矿提取维简费的办法改为实行固定资产折旧”“放宽煤炭企业的税收政策”“返还能源交通建设基金”等五项政策。

3 月 27 日　国务院总理在六届全国人大三次会议上作《当前的经济形势和经济体制改革》的政府工作报告。报告第二部分专门论述了经济体制改革的方针。

4 月 2 日至 6 日　第三次全国经理、厂（矿）长统考工作会议在京召开。会议提出，所有大中型企业的经理、厂（矿）长都要参加考试，考试成绩好的，又有实际工作才能的，要优先提拔使用。会议要求，1986 年以前基本考完 5837 个大、中型企业的经理、厂（矿）长。

4 月 11 日　国务院发布《中华人民共和国集体企业所得税暂行条例》，规定集体企业所得税按八级超额累进所得税税率计算征收。

4 月 15 日　邓小平会见外宾时发表《政治上发展民主，经济上实行改革》的谈话，指出："要搞清楚什么是社会主义，如何建设社会主义；不发展生产力，不提高人民的生活水平，不能说是符合社会主义要求的；城市改革比农村改革更复杂，而且有风险。我们确定的原则是：胆子要大，步子要稳。"，"现在我们干的是中国几千年来从未干过的事。这场改革不仅影响中国，而且会影响世界。"

4 月 26 日　国务院关于发布《国营企业固定资产折旧试行条例》，提高国有企业的固定资产折旧率。

4 月 29 日　财政部发布《关于对中外合资经营企业、合作生产、合作经营企业和客商独立经营企业征收工商统一税问题的通知》。

5 月 8 日　国务院办公厅转发水利电力部《关于改革水利工厂管理体制和开展综合经营问题的报告》，要求水利工程管理单位都要实行包干经营和承包经营责任制。

5 月 24 日至 25 日　国家经委、国家体改委、财政部、劳动人事部，以及中国人民银行、中国工商银行、国家工商行政管理局联合召开国有小企业转让试点工作座谈会。对有关政策性问题，提出了意见。会议决定在邯郸、丹东、大连等 10 个城市中选择部分国有工业小企业进行试点。

6 月 6 日　据《人民日报》报道，截至 5 月底，原由机械工业部直接管理的所有 62 个企业已全部下放所在城市管理。

7 月 3 日　国务院颁发修订后的《国营企业税后奖金税暂行规定》和《国营企业工资调节税暂行规定》。

7 月 11 日　邓小平在听取中央负责同志汇报后发表《抓住

时机，推进改革》的谈话，指出："物价改革是个很大的难关，但这个关非过不可。不过这个关，就得不到持续发展的基础。""我们要抓住时机，现在是改革的最好时机。"

9 月 11 日　国务院批转国家经委、国家体改委《关于增强大中型国营工业企业活力若干问题的暂行规定》，对搞活大中型国有工业企业有关的 14 个方面的问题做出规定。

9 月 18 日至 23 日　中国共产党全国代表会议通过了《中共中央关于制定国民经济和社会发展第七个五年计划的建议》，指出搞活企业是以城市为重点的整个经济体制改革的中心环节。发展乡镇企业是振兴我国农村经济的必由之路。

9 月 20 日　国务院颁发《征收事业单位奖金税暂行规定》，规定企业化管理的事业单位，奖金税起征点为三个月基本工资，其他事业单位奖金税起征点为一个半月至两个月基本工资。

9 月 24 日　国务院发布《工资基金暂行管理办法》。

10 月 23 日　邓小平在会见美国时代公司组织的美国高级企业家代表团谈话时指出，社会主义和市场经济不存在根本矛盾。

11 月 26 日　宝山钢铁总厂一期工程举行投产仪式。这是我国"六五"期间最重要的建设项目。宝山钢铁总厂一期工程投产后，每年可生产 300 万吨钢。

12 月 10 日　国务院批转国家体改委《关于"七五"期间经济体制改革的设想》。

12 月 20 日　全国企业整顿领导小组在京召开国务院各部门企业整顿工作第 40 次例会，全面总结了四年来企业整顿工作。这次例会是国务院各部门企业整顿工作的最后一次例会。

本年度主要参考资料：

1. 中国经济年鉴编委会．中国经济年鉴（1986）［M］．北京：中国经济年鉴社，1986. 9.

2. 华生．中国改革十年：回顾、反思和前景（上）［J］．经济研究．1988（09）．

3. 董辅礽．中华人民共和国经济史（下卷）［M］．北京：经济科学出版社，1999. 9.

4. 中华人民共和国国史全鉴编委会．中华人民共和国国史全鉴·第五卷（1976—1988）［M］．北京：团结出版社，1997. 5.

5. 汪海波．新中国工业经济史（1979—2000）［M］．北京：经济管理出版社，2001. 10.

6. 王东江．中国国有企业改革20年［M］．郑州：中州古籍出版社，1998. 12.

7. 中共十一届三中全会以来大事记［N］．人民日报，2003－10－10.

8. 中国集团公司促进会．国有企业改革政策演变［M］．北京：中国财政经济出版社，2003. 1.

9. 国家经济体制改革委员会．中国经济体制改革规划集（1979—1987）［M］．北京：中央党校出版社，1988. 2.

1986 年

1986 · 年度经济背景

经济急速降温，被迫放弃紧缩

1986 年是第七个五年计划的第一年，为保持经济稳定发展，在宏观调控方面，国家确定了“逐步调”的方针，即在 1985 年控制规模的基础上，“七五”前两年（1986、1987 年）的投资规模不扩大，大体维持 1985 年的水平，适当改善投资结构；后三年的投资规模，视条件可能相应增加一些，进一步调整投资结构；在经济体制改革方面，国家确定了“巩固、消化、补充、改善”的方针。根据这一精神，1986 年 3 月六届全国人大四次会议通过的国民经济和社会发展计划确定，这一年的工业总产值比上年增长 8.8%，大大低于上年 18% 的增长速度；国有单位固定资产投资 1570 亿元，大体维持在上年的实际水平。

但是，实际执行的结果，除零售物价指数以外，这一年的各项指标都超过了计划规定的要求。全年实现的国内生产总值达到 10202.2 亿元，比上年增长 8.8%。实现工农业总产值 15104 亿元，比上年增长 9.3%，其中实现工业总产值 11157 亿元，比上年增长11.1%；扣除村办工业，增长9.2%，也高于计划要求的增长速度。全年全国城乡固定资产投资完成2967亿元，比上年增长16.7%。其中，全民所有制固定资产投资1938亿元，比上年增长15.3%。相比之下，由于农村改革释放出来的活力已经减退，农业生产又开始回到低增长的年代。这一年，全国粮食总产量39109万吨，比上年增长3.2%；农业总产值3947亿元，比上年增长3.5%。全年社会商品零售总额4950亿元，比上年增长15%；扣除物价上涨因素，实际增长8.5%。全年零售物价指数上升6%，低于1985年上升8.8%的幅度。

1985年初开始实施的一系列加强宏观控制的措施，虽然包含了一些经济手段，但多数还是行政手段，这在市场机制尚未初步建立的情况下是迫不得已的。各项措施综合作用，从当年7月开始，“过热”的经济开始降温，工业增长速度以较快的速度下降，但由于紧缩力度过猛，又导致经济降温过急。到1986年2月，全国乡及乡以上独立核算工业总产值仅比上年同期增长0.9%；一季度工业总产值仅比上年同期增长4.4%，降到了自20世纪80年代实施调整以来的最低点。于是，经济“滑坡”的呼声四起。受“滑坡”呼声的压力和片面追求经济增长速度的发展战略的影响，从这一年的二季度起，国家被迫重新采取扩大支出，刺激需求的措施。工业经济从3月开始回升，二季度增长5.3%，三季度增长9%，全年增长达到11.1%。本想实现“软着陆”的经济形势尚未着陆又再度起飞了。

扩张政策的结果可想而知，具体表现在如下数端：

投资需求增长过快。虽然1986年国家预算内直接安排的基本建设投资控制住了，但地方安排的投资和预算外投资超过国家计划过多，全社会固定资产在建规模仍然过大。全年城乡固定资产投资和全民所有制单位固定资产投资完成数，不但没有比上年有所减少，反而比上年增长 15.3%，即使剔除生产资料价格上升因素按实物量计算，也有相当增长。

消费需求增长过快。1986 年全社会消费基金比上年增长 12.5%，超过了国民收入增长 7.4% 的速度。全年城乡居民货币收入增长 18.4%，全国职工平均工资比上年提高 16%，扣除生活费用价格上升的因素，实际提高 8.4%，仍大大超过劳动生产率提高 4% 的幅度。行政管理费在“六五”期间增长 115% 的基础上，又比上年增长 15.5%。

银行信贷增长过猛。年末各项贷款余额比上年末增加 27.4%，其中工业生产企业贷款余额比上年末增加 37.4%，广义货币供应量增加 19%，现金净投放增加 23.3%。

财政赤字增加，国际收支仍有相当数量的逆差。由于 1985 年财政收入大量增加的非正常因素减少或已经消失，另外财政支出又增加太多，使 1987 年的国家财政发生较大的收支差额，在用内外债等弥补之后，仍然有 70.8 亿元的赤字。国家外汇储备继续下降，降到 20.72 亿美元。

经济效益全面下降。从宏观角度看，虽然工业内部的某些“短线”产品如煤炭、钢材供应出现了缓解的迹象，但是发电量增长继续落后于工业增长，电力供应紧张状况有增无已，大约有 1/4 的工业生产能力不能发挥。从微观角度看，由于不少工业企业经营不善，加上外部条件发生较大变化，经济效益指标大多呈下降态势。全国预算内国有工业企业总产值增长 6.2%，而实现利税比上年下降 0.2%，上缴利税只上升 0.3%，资金利税率下降 2.9%；可比产品成本上升 6.6%，定额流动资金周转天数延长 7.3 天，产成品资金占用增加 21.8%；亏损企业亏损额增加 65%，除青海、甘肃两省外，各地都在增亏。同时，国有商业和供销社销售额增长趋缓，每销售百元商品开支的费用比上年上升 6.5%，实现利润下降 19.5%，库存中不适销商品增加。

片面追求数量扩张的粗放型经济增长，高投入、低产出，高成本、低效率，高消耗、低效益，是我国多年来经济发展中一直没有得以解决的问题。有人曾做过测算：即使在我国现有的生产力水平上，经济运行中也还有很大潜力没有发挥出来。

从生产领域看，近几年全国独立核算工业企业每百元资金提供的利润和税金只有 23 ~ 24 元，不仅大大低于历史最高水平，也低于前几年 25 元的水平。如果加强企业经营管理，使资金使用效果提高 1%，恢复到 25 元水平，全国一年就可以增加利税近 70 亿元。产品成本降低 2%，仅预算内国有工业企业一年就可以节约开支近 60 亿元。社会物质消耗率现在已上升到 58.9%，如果恢复到 1984 年 57% 的水平，全国一年就可以增加净产值近 200 亿元。

从流通领域看，商业系统的商品流通费用连年上升，如果降低一个百分点，全国一年就可以节约开支 30 多亿元。由于流通渠道不畅，近几年全国流动资金占用增长很快，如果能够减少 2% 的资金占用，一年就可以节约资金 130 多亿元。另外，改进商品包装，减少运输中的损失浪费，一年就可增加产值 100 多亿元，增加利税 20 亿 ~ 30 亿元。

从建设领域看，近几年由于建设规模过大，建设周期呈拖延趋势，如果建设周期能够在现有 9 年左右的水平上缩短一年，就可以少开支人工费 50 多亿元，增加利税 50 多亿元。由于盲目建设，近几年相当一批新形成的生产能力没有发挥作用。如果能够根据市场需求，充分利用这部分能力生产适销对路产品，一年就可以多提供利税 100 多亿元。

从财政支出方面看，近几年机构膨胀，“人头费”剧增，国家财政支出中用于“人头费”的比例已达 1/4。如果把重叠的机构砍掉一批，一年可节约开支几十亿元。如果刹住花钱大手大脚、资源浪费严重、兴建楼堂馆所、公款高档消费之风，一年至少可以节省开支 20 亿 ~ 30 亿元。加强税收工作，堵塞偷税漏税的漏洞，一年又可增加税收几十亿元。

经济运行中缺乏促使企业不断追求效益的动力机制，企业管理水平低，运行成本高，竞争能力弱。只有维持国民经济的超高速增长，在市场严重供不应求的情况下，质次价高的商品才可能有销路，企业也才可能表现出经济效益来。这种以资源极大浪费为代价的速度型效益是长期以来我国经济增长的一个显著特点，也是迫使宏观决策部门不得不追求高速度的重要原因之一。

从 1984 年末到 1986 年末，在两年时间里，宏观经济运行出现先松、后紧、再松的三次波动，对企业的生产经营活动产生了巨大影响。由于宏观经济运行剧烈波动，使得企业无法正常安排计划和组织生产，也因此严重影响了企业的经济效益。在当年市场机制尚未建立，企业融资手段单一，并缺乏起码的市场约束的情况下，宏观调控主要是用行政手段来实现的。强化行政手段控制，只会使企业陷入困境；放松行政手段控制，企业又会盲目投资和盲目生产；等到新一轮紧缩再来，必然形成大量无效投资和库存积压。这两年的经济运行实际就是这样走过来的。投资和消费一再膨胀，企业经济效益持续下降，信贷规模和货币发行一再突破控制指标，财政收入和外汇储备连续下降，为以后几年的经济运行埋下了深深的隐患。这也是国有企业改革最后不得不走上承包经营之路的重要原因之一。

1986 · 基本改革思路

解决企业无人负责的问题

随着经济体制改革不断深入和企业自主权不断扩大，国有企业内部党政不分、职责不清、无人负责的问题日益明显地暴露出来，严重阻碍了当时的国有企业改革和发展。从 1986 年开始，国有企业领导体制进行全面改革，从党委领导下的党委负责制，转为全面推行厂长（经理）负责制。

国有企业的领导体制，在中华人民共和国成立以后曾经进行过多次调整。1950 年，开始在国有企业实行工厂管理委员会制度。1951 年，东北地区的一部分国有企业学习苏联的企业管理经验，开始实行“生产行政工作的厂长负责制”，即“一长制”。1953 年开始第一个“五年计划”以后，“一长制”在东北地区得到较广泛的推行。但由于有些企业推行“一长制”以后，出现了不尊重党的领导、不注意发扬民主、搞“一言堂”等情况。1956 年 9 月召开的中共第八次全国代表大会，决定全面废除“一长制”领导体制，在国有企业中实行党委领导下的厂长（经理）负责制。同时，要求把职工代表大会（或职工大会）作为扩大企业民主，吸引职工群众参加管理，监督行政领导，克服官僚主义的基本制度。因此，从 1956 年中共八大开始到 1984 年的 28 年里，除“文化大革命”的特殊时期之外，名义上我国国有企业一直实行的是党委领导下的厂长负责制和党委领导下的职工代表大会制。但是这一项制度真正得到贯彻执行的时间并不多，相比之下，受冲击的时间远远比执行的时间长得多。粉碎“四人帮”以后的 1978 年 7 月，中共中央颁发《关于加快工业发展若干问题的决定（草案）》，再次强调了国有企业应实行党委领导下的厂长负责制和党委领导下的职工代表大会制。

1981 年 7 月，中共中央、国务院转发中华全国总工会、国家经委、中央组织部共同制定的《国营工业企业职工代表大会暂行条例》规定，职工代表大会（或职工大会）是企业实行民主管理的基本形式，是职工群众参与决策和管理、监督干部的权力机构。

1982 年 1 月，中共中央、国务院颁发《国营工厂厂长工作暂行条例》规定，工厂实行党委领导下的厂长负责制。厂长是工厂的行政负责人，受国家委托，负责工厂的经营管理、生产经营，这方面的问题由厂长全权决定。《国营企业厂长工作暂行条例》虽然延续了党委领导下的厂长负责制，但在实行党政分工，克服以党代政，加强厂长责任，赋予厂长更大的生产经营指挥权方面，比过去大幅度地前进了一步，在一定程度上体现了厂长责、权、利的统一，为以后的企业领导体制改革做了准备。

1982 年 5 月，中共中央颁发《中国共产党工业企业基层组织暂行工作条例》规定，在社会主义企业中，实行党委领导下的厂长负责制和党委领导下的职工代表大会制。企业党委是企业的领导核心。

以上三个《暂行条例》，对国有企业三个权力机关的权力责任作了初步规范，对改善企业领导体制方面起到积极的促进作用，但由于没有对党委领导下的厂长负责制进行根本改革，由此带来的领导体制方面的弊端也就不可能得到彻底解决。党委领导下的厂长负责制和党委领导下的职工代表大会制度，在实际运行中形成了“党委发号召，厂长做报告，代表举举手，工会跑龙套”的现象；在指挥系统上，往往是一些不大懂经济、技术和管理的干部掌握着企业的决策权和指挥权，难以保证决策的科学性和有效性；在责任制度上，常常是“大家都负责，大家都不负责”。随着改革的逐步深化，人们越来越深刻地认识到，党委领导下的厂长负责制和党委领导下的职工代表大会制，不仅从体制结构本身来说存在着许多矛盾，而且从今后经济管理体制改革的方向来看也难以适应。改革企业领导体制的呼声越来越大了。从 1982 年开始，在北京、天津、上海等城市的国有工业企业进行了厂长负责制试点。

1984 年 10 月 20 日，中共十二届三中全会通过的《中共中央关于经济体制改革的决定》（以下简称《决定》）明确指出：“现代企业分工细密，生产具有高度的连续性，技术要求严格，协作关系复杂，必须建立统一的、强有力的、高效率的生产指挥和经营管理系统。只有实行厂长（经理）负责制，才能适应这种要求。”至此，党委领导下的厂长负责制结束了它 28 年的艰难历程，正式退出历史舞台。

《决定》同时指出：“中央要求，在 1985 年底以前完成企业领导班子特别是骨干企业班子的调整任务，并且定出规划，采取切实措施，在不太长的时间内，造就出大批能够卓有成效地组织和指挥企业生产和经营的厂长（经理），能够有力地加强企业的技术管理、推动技术进步的总工程师，能够切实加强企业经营、提高经济效益的总经济师，能够严格维护财经纪律、精打细算、开辟财源的总会计师，能够坚持正确的政治方向、团结企业广大职工的党委书记，形成一支包括这些人才在内的，门类齐全、成龙配套的社会主义经济管理干部和技术干部的宏大队伍。”这预示着国有企业内部不仅要实行厂长（经理）负责制，而且实行了多年的企业行政厂长（经理）、副厂长（副经理）的“一正多副”制度，也将逐渐改变为“一长三总师”制度*。

*“一长”即厂长/经理，“三总师”即总工程师、总经济师、总会计师。

为了贯彻中共十二届三中全会《决定》精神，1986 年 9 月 15 日，中共中央、国务院同时颁发《全民所有制工业企业厂长工作条例》《中国共产党全民所有制工业企业基层组织工作条例》和《全民所有制工业企业职工代表大会条例》，对国有企业的领导体制进行全面改革。为此，中共中央、国务院专门发出通知强调：改革企业的领导体制，是城市经济体制改革的一个重要组成部分。改革的基本内容是：企业实行生产经营和行政管理工作厂长负责制；明确企业党组织的工作重点，为保证和监督党和国家各项方针政策的贯彻实施，做好企业党的思想建设、组织建设和思想政治工作；进一步健全职工代表大会制度和各项民主管理制度，发挥工会组织和职工代表在审议企业重大决策、监督行政领导干部、维护职工合法权益等方面的作用。这项改革自 1984 年开始在全国部分全民所有制工业企业中试点，取得了显著效果。中共中央、国务院认为，三个《条例》的颁发，对克服当前企业领导体制中的某些不协调状况，理顺各方面关系，不断提高管理水平，加快四个现代化建设，具有十分重要的意义。国有企业的领导体制从此进入厂长（经理）负责制阶段。

三个《条例》颁布后不到两个月，为了进一步强化厂长（经理）的职权，1986 年 11 月 11 日，中共中央、国务院又发出《关于认真贯彻执行全民所有制工业企业三个条例的补充通知》，强调：从党委领导下的厂长负责制到厂长负责制的转变，是企业领导体制的重大改革。全民所有制工业企业的厂长（经理）是一厂之长，是企业法人的代表，对企业负有全面责任，处于中心地位，起中心作用。厂长（经理）、党委书记都要按照这一新的要求，认真负责、同心协力地履行自己的职责。对于不适应工作要求的厂长（经理）或党委书记，有关主管部门要积极慎重地从组织上进行调整。补充通知还强调：中央、国务院过去有关文件中关于全民所有制工业企业厂长（经理）的地位和作用的提法，与本通知不一致的地方，一律以本通知为准。

1986 年 12 月 5 日，国务院发布《关于深化企业改革增强企业活力的若干规定》，要求加快企业领导体制的改革，全面推行厂长（经理）负责制。

为了全面贯彻三个《条例》，1987 年 8 月 25 日至 29 日，国家经委、中共中央组织部、中华全国总工会在北京联合召开全面推行厂长负责制工作会议。会议指出，我国企业领导制度改革自 1984 年试点以来，截至当年 6 月底，实行厂长负责制的全民所有制工业企业已经达到 35232 个，占同类企业总数的 63.9%，为全面推行厂长负责制奠定了基础。会议提出：全国所有的大中型工业企业，1987 年内要普遍实行厂长负责制；所有全民所有制工业企业全面实行厂长负责制，要在 1988 年底前完成。会议要求今后各地把厂长负责制作为企业的根本制度，加快改革的步伐，以完成企业领导制度改革这一历史任务。这标志着我国企业领导制度改革从试点进入全面实施的阶段。根据中共十二届三中全会《决定》精神，会议还制定下发了《全民所有制工业企业总工程师工作条例（讨论稿）》《全民所有制工业企业总经济师工作条例（讨论稿）》和《全民所有制工业企业总会计师工作条例（讨论稿）》，为“一正多副”制向“一长三总师”制过渡做好了理论准备。

按照三个《条例》及中共中央、国务院《补充通知》的规定，在企业的厂长（经理）、党委会、职工代表大会三个权力主体中，厂长（经理）的权力提升到前所未有的地位，“一厂之长，法人代表，全面负责，处于中心地位，起中心作用”，企业虽然也设立了管理委员会，但它只是厂长（经理）的参谋机构，仅对企业经营管理中的重大问题协助厂长决策而已，而且当“厂长同管理委员会的多数成员对经营管理中的重大问题意见不一致时，厂长有权作出决定”。党委会“对企业实行思想政治领导”，定期听取厂长报告工作，对企业的生产经营实行保证监督，“企业的党委书记一般不兼任厂长”，与《中国共产党工业企业基层组织工作暂行条例》规定的“企业中党委是企业的领导核心”相比，党委会在企业的权力削弱了。职工代表大会的权力也有了极其微妙的变化。当初《暂行条例》的表述为“是职工群众参与决策和管理、监督干部的权力机构。”《条例》的表述则变成为“是职工行使民主管理权力的机构。”提升厂长（经理）在企业中的绝对权威，这在当时对于扭转党委领导下的厂长负责制下“大家都负责、大家都不负责”的局面，无疑是有积极意义的，但同时也为以后的深化企业领导体制改革埋下了严重隐患：由于厂长（经理）在企业享有绝对权威，党委的监督制约作用十分有限，职代会的监督作用更形同虚设，上级主管部门的监督因为信息不对称也很难起到真实效果，厂长（经理）实际上处于无人监督的地位。

贯彻三个《条例》的初衷，是为了解决企业中党政不分、以党代政、责权分离的状况，但是以后执行的结果，则是“克服了党委的一元化，出现了厂长的一人化”。为了维护厂长（经理）在企业的绝对权威，又往往是娇宠放纵有余，监督约束不足。不少有识之士均指出，贯彻三个《条例》以后，厂长（经理）权力太大了。这种以个人决策为主要特征的管理方式，不利于调动企业中全体员工的积极性，不利于企业的发展。同时将企业和职工的命运完全系于厂长（经理）一人，这样的决策机制风险太大。而且，由于片面夸大厂长（经理）的作用，强调厂长对两个文明建设全面负责，党政的摩擦也加大了。

针对上述存在的问题，在 1990 年 12 月末中共十三届七中全会通过的《中共中央关于制定国民经济和社会发展十年规划和“八五”计划的建议》里，首次对国有企业内部领导体制作了重新表述，要“深化企业领导体制和经营机制改革，进一步发挥党组织的政治核心作用，坚持和完善厂长负责制，全心全意依靠工人阶级办好企业。”这就是有名的“三句话”的最初表述。

1991 年 9 月 23 日至 27 日，中共中央召开中央工作会议，专题研究如何进一步搞好国有大中型企业问题，中共中央总书记江泽民发表总结讲话。在谈到企业内部领导体制问题时，江泽民说：“关于国营企业内部领导体制的问题，概括起来是三句话：充分发挥党组织的政治核心作用，坚持和完善厂长负责制，全心全意依靠工人阶级，它们是相辅相成的。要把企业建设好，这三者缺一不可。这三条，是我们四十多年特别是近十多年来企业领导体制的实践经验的总结，准确地反映了企业的社会主义性质。要全面理解，全面贯彻实行。”

从 1986 年 11 月到 1991 年 9 月，经过不到五年时间的实践，国有企业的领导体制又一次发生重大调整：从过去的厂长（经理）是一厂之长，全面负责，处于中心地位，起中心作用，变成了厂长（经理）是“行政中心”，党委是“政治核心”的新界定。应该说，从许多方面讲，这样一种新的制度设计无疑比前者更为科学合理。但是，在当时的认识水平上，人们对权力制衡的重要意义尚缺乏深刻认识。已经习惯了“一言堂”的厂长（经理）们，当然也不愿意身边再多一个监督者，因此，贯彻“三句话”的阻力非常大。

1992 年 7 月 23 日，国务院发布《全民所有制工业企业转换经营机制条例》（以下简称《转机条例》），规定了企业在生产经营方面的 14 项自主权。并重申了中共十三届七中全会《建议》中的“三句话”，即要“发挥中国共产党的基层组织在企业中的政治核心作用，坚持和完善厂长（经理）负责制，全心全意依靠工人阶级”。但是在各地贯彻《转机条例》的实施意见中，除了对《转机条例》规定的 14 项经营自主权纷纷作扩大性的解释之外，普遍增加了“厂长（经理）和书记宜兼则兼，宜分则分，积极推行厂长（经理）、书记一人兼，允许企业党政领导交叉兼职。”“大型企业厂长（经理）和书记宜兼则兼、宜分则分；中小型企业厂长（经理）和书记原则上一人兼任。”“企业厂长（经理）、书记可由一人兼任”等规定。为了搞活国有大中型企业，人们把希望过多地寄托于厂长（经理）个人身上。既然厂长（经理）是“中心”，党委是“核心”，“中心”与“核心”到底谁说了算扯不清，干脆采用“一肩挑”的办法，让厂长（经理）兼任党委书记，两个职务“一肩挑”，试图从“根本上”解决“两心变一心”的问题。

于是，贯彻《转机条例》后的实际结果，不仅没有落实中共十三届七中全会《建议》中关于企业领导体制的“三句话”，反而在过去企业领导体制三个《条例》的基础上又进了一步，厂长（经理）和党委书记两个职务“一肩挑”成了最时髦的制度安排，企业厂长（经理）的权力越发集中了。“三句话”重新强调企业基层党组织的作用，重新明确党委书记也是“一把手”，初衷是要加强对企业领导人的监督，但由于无法解决两“心”不合的矛盾，干脆采取“一肩挑”的办法，反而更加强化了无人监督企业领导人的问题。

1994 年以后，国有企业改革进入建立现代企业制度阶段。国有企业的领导体制开始按照公司制企业的治理结构来规范。过去工厂制企业制度下的党委会、厂长（经理）、职代会各管一块、分口负责的横向分权模式，变成由股东（大）会、董事会、经理层、监事会组成的决策机构、辅助决策机构、执行机构和监督机构相互独立、逐级授权、权责分明、各司其职、相互制约的纵向授权模式。但是，在国有企业的领导体制方面，过去主要是解决企业基层党组织、厂长（经理）、职工代表大会三者的权力配置问题，进入公司制改造阶段以后，不仅要解决公司治理机构的股东会、董事会、经理层和监事会四者的权力配置问题，同时还要解决公司治理机构与企业基层党组织、职工代表大会的关系问题，加之企业工会基层委员会“是职工代表大会的工作机构，负责职工代表大会的日常工作”，企业领导体制还要解决上述机构与工会委员会的关系问题，在企业内部的权力配置方面，问题变得更加复杂了。为了使问题简单化，也为了使建立现代企业制度试点工作能够加快进程，比照过去对付“三句话”的对策，相当多数的企业采取了董事长兼总经理的做法，有的甚至董事长、总经理、党委书记三个职务“一肩挑”。直到 1995 年上半年“于志安事件”发生以后，对国有企业领导人的权力监督问题才开始引起人们的足够重视。

1986 · 年度改革实践

全面推行厂长（经理）负责制

为贯彻中共十二届三中全会《决定》精神，1986 年 9 月 15 日，中共中央、国务院同时颁发《全民所有制工业企业厂长工作条例》《中国共产党全民所有制工业企业基层组织工作条例》和《全民所有制工业企业职工代表大会条例》，对国有企业的领导体制进行全面改革。

新颁布的三个《条例》，在过去三个《暂行条例》的基础上，对国有企业厂长（经理）、党委会和职工代表大会的职权作了重新界定。

《全民所有制工业企业厂长工作条例》规定：企业的法定代表人为厂长，负责代表法人行使职权。厂长依据《条例》规定，对本企业的生产指挥和经营管理工作统一领导，全面负责。厂长应当定期向企业党的基层委员会和职工代表大会报告工作，接受监督。企业设立管理委员会，就企业经营管理中的重大问题协助厂长决策。厂长任管理委员会主任。企业建立以厂长为首的生产经营管理系统，实行统一领导，分级负责。厂长有企业经营管理工作的决策权和生产指挥权。厂长同管理委员会的多数成员对经营管理中的重大问题意见不一致时，厂长有权作出决定。

《中国共产党全民所有制工业企业基层党组织工作条例》规定：企业中党的基层委员会对企业实行思想政治领导。企业党委应当积极支持厂长行使经营管理决策和统一指挥生产活动的职权，与企业行政密切配合，发挥工会和共青团的作用，同心协力，共同努力办好社会主义企业。企业的党委书记一般不兼任厂长。小型企业可以分设，也可以兼任。企业党委应当按照党的干部路线和干部政策，对企业各级干部进行教育、培养、考察和监督。对厂长提出的副厂长和经济技术负责人以及中层行政干部的人选方案，企业党委应当积极提出意见和建议。党委对厂长在企业生产经营重大问题上的决策，应当积极支持，保证实现。对厂长的决策，党委有不同意见，应当及时提出，必要时应当报告上级主管机关或上级党组织。党委对职工代表大会实行思想政治领导，保障职工代表大会行使规定的权力；向职工代表大会宣传党的路线、方针、政策，通过党员职工代表的先锋模范作用，把党的方针、政策变成群众的自觉行动；教育职工不断提高主人翁责任感，支持、引导职工代表正确地行使权利和履行义务。

《全民所有制工业企业职工代表大会条例》规定：职工代表大会是企业实行民主管理的基本形式，是职工行使民主管理权力的机构。企业工会委员会是职工代表大会的工作机构，负责职工代表大会的日常工作。职工代表大会接受企业党的基层委员会的思想政治领导，积极支持厂长行使经营管理决策和统一指挥生产活动的职权。职工代表大会行使下列职权：定期听取厂长的工作报告，审议企业的经营方针、长远和年度计划、重大技术改造和技术引进计划、职工培训计划、财务预决算、自有资金分配和使用方案，提出意见和建议，并就上述方案的实施作出决议；审议通过厂长提出的企业的经济责任制方案、工资调整计划、奖金分配方案、劳动保护措施方案、奖惩办法及其他重要的规章制度；审议决定职工福利基金使用方案、职工住宅分配方案和其他有关职工生活福利的重大事项；评议、监督企业各级领导干部，并提出奖惩和任免的建议，对工作不负责任或者以权谋私，造成严重后果的干部，可以建议给予处分，甚至撤职。主管机关任命或者免除企业行政领导人员的职务时，必须充分考虑职工代表大会的意见。

为了进一步强化厂长（经理）的职权，1986 年 11 月 11 日，中共中央、国务院又发出《关于认真贯彻执行全民所有制工业企业三个条例的补充通知》（以下简称《通知》），《通知》强调：从党委领导下的厂长负责制到厂长负责制的转变，是企业领导体制的重大改革。全民所有制工业企业的厂长（经理）是一厂之长，是企业法人的代表，对企业负有全面责任，处于中心地位，起中心作用。厂长（经理）、党委书记都要按照这一新的要求，认真负责、同心协力地履行自己的职责。对于不适应工作要求的厂长（经理）或党委书记，有关主管部门要积极慎重地从组织上进行调整。《通知》还强调：中央、国务院过去有关文件中关于全民所有制工业企业厂长（经理）的地位和作用的提法，与本通知不一致的地方，一律以本通知为准。

12 月 5 日，国务院发布《关于深化企业改革增强企业活力的若干规定》，要求加快企业领导体制的改革，全面推行厂长（经理）负责制。

到 1986 年底，在全国 54000 个国营工业企业中，已有 23000 个企业实行了厂长（经理）负责制。到 1987 年 6 月底，实行厂长（经理）负责制的国营工业企业达到 35232 个，占同类企业总数的 63.9%。

实行企业破产制度

实行企业破产制度，在 20 世纪 50 年代初期对无力偿还债务的私人企业中实行过，但是社会主义改造完成以后，私人企业已不复存在，企业归国家所有，盈亏也由国家包下来，破产制度随之“破产”。中共十一届三中全会以后，随着经济体制改革的深入，社会主义市场经济的逐步形成、确定，企业法人制度的确立，企业到期偿不清债务问题已明显引起各方关注，重新实行破产制度已是经济发展的客观要求。1985 年沈阳市政府对集体所有制企业实行“破产警告”的企业有 3 家，并令其限期整顿。一年后，有两家企业摆脱困境，起死回生。沈阳防爆器械厂因素质太差，整顿无效，于 1986 年 8 月 3 日宣告破产。这是中华人民共和国成立后第一家正式宣告倒闭的公有制企业。在此期间，武汉、重庆、太原等城市先后对 10 余家集体所有制企业、全民所有制企业进行了破产试点工作。1986 年 6 月，国务院向全国人大常委会提交了《企业破产法（草案）》，之后经过常委会议三次严肃的审议，于 1986 年 12 月 2 日全国人大常委会通过了《企业破产法（试行）》，规定自全民所有制工业企业法实施满三个月之日起在全国范围内试行。

《企业破产法》适用于全民所有制企业，凡企业经营管理不善造成严重亏损，不能偿还到期债务的，将依本法宣告破产。它的实行，将使企业与其主管部门、企业的经营者、企业职工共同承担经营企业的风险，使企业拥有自主权，自主经营，自负盈亏，这有利于打破企业只负盈不负亏的局面，增强企业活力。

劳动用工制度改革

1986 年 7 月 12 日，国务院发布《国营企业实行劳动合同制暂行规定》《国营企业招用工人暂行规定》《国营企业辞退违纪职工暂行规定》和《国营企业职工待业保险暂行规定》等改革劳动制度的四个规定，自 10 月 1 日起施行。《国营企业实行劳动合同制暂行规定》（以下简称《规定》）指出：5 年以上的长期工，1 年至 5 年的短期工和定期轮换工，都要签订劳动合同。合同制工人，试用期 3 个月至 6 个月。《规定》还对劳动合同的订立、变更、终止和解除以及合同制工人在职和待业期间以及退休养老期间的待遇等方面作了具体规定。《国营企业招用工人暂行规定》指出：在招工中要贯彻先培训后就业的原则，面向社会，公开招收，全面考核，择优录用。《规定》特别指出，凡适合妇女从事劳动的工种，应当招收女工。《国营企业辞退违纪职工暂行规定》（以下简称《规定》）指出：凡企业对有七种违纪行为之一，经教育或行政处分仍然无效的职工可以辞退。被辞退者可在户口所在地的劳动部门办理待业登记，对辞退申诉不服者，也可向法院起诉。《国营企业职工待业保险暂行规定》

指出：凡破产企业的职工、法定整顿期间被精简的职工、解除劳动合同的工人、企业辞退的职工可享受待业救济金，并按不同的工龄分别发放 12 个月至 24 个月标准工资的 50% ~75% 的待业救济金；两次无正当理由拒绝就业者，停发救济金。

这几项暂行规定，是对中华人民共和国成立以来我国劳动制度的重大改革。它们的实施，将有助于消除传统劳动制度中包得过多、统得过死、能进不能出的弊端，逐步建立起一套能够适应社会主义商品经济发展要求的新型劳动制度。

电子工业企业管理权限下放

1986 年 3 月 8 日，国务院批转电子工业部《关于推进电子工业管理体制改革的报告》，并在转发报告的通知中强调，工业经济管理体制的改革一定要坚持政企职责分开、简政放权的原则，紧紧围绕增强企业活力这一中心环节进行。电子工业部关于电子工业经济管理体制改革的设想，符合《中共中央关于经济体制改革的决定》的精神，方向对头，方法、步骤和措施也是可行的。

电子工业部在报告中提出，电子工业改革的目标和基本任务是：建立一个充满生机和活力的电子工业经济管理体制，以利于行业的更快发展，适应新技术发展的要求，取得更大的社会效益和经济效益，保证电子行业更好地为四化建设服务，为人民生活服务。

报告提出，在今明两年内，要初步实现四个改革设想：

一、简政放权，搞活企业。二、政企职责分开，下放企业。

三、推进联合改组，改变企业结构。四、转变职能，搞好行业管理。

到1986年12月底统计，电子工业部所属企业除两个因有重大技术改造任务暂不下放外，其余170个企业都已下放。同时，有计划有步骤地进行了干部、劳资、财务等具体业务的划转工作。干部、劳资等业务的划转工作已基本完成，下放企业所在的25个省市中已有18个省市完成了财务划转工作，占70%。其余省市的下放企业财务划转工作正在协商中。

到12月15日，已有黑龙江、吉林、沈阳、北京、天津、河北、江苏、江西、湖南、武汉、四川、重庆、贵州、云南、广东、广西、甘肃、浙江等省（自治区、直辖市）、计划单列市正式与信息产业部签订了财务划转协议。

进一步推动横向经济联合

1986年3月23日，国务院颁发《关于进一步推动横向经济联合若干问题的规定》（以下简称《规定》）。《规定》指出，发展经济联合，应当围绕以下目标和要求进行：有利于充分挖掘现有企业潜力，做到投入少、产出多，产品质量好，技术进步快，经济效益高；有利于促进企业组织结构、产业结构和地区布局的合理化；有利于形成和发展商品市场、资金市场和技术市场；有利于打破条块分割，实现政企职责分开、简政放权和所有权与经营权适当分开。《规定》要求通过企业之间的横向经济联合逐步形成新型的经济联合组织，发展一批企业群体或企业集团；企业之间要提倡以大中型企业为骨干，以优质名牌产品为龙头进行联合。《规定》还就维护企业横向联合的自主权，改进计划管理和统计方法，促进物资的横向流通，发展资金的横向融通，调整征税办法，加强生产和科技结合，保障经济联合组织的合法权益等方面提出了具体措施。3 月 29 日，财政部颁发《关于促进横向经济联合若干税收问题的暂行办法》，对经济联合组织生产的产品和内部互供产品征税问题、经济联合组织实现的利润征收所得税问题和技术转让收入征税问题等作出了具体规定；中国人民银行颁发《关于搞好资金融通支持横向经济联合的暂行办法》；国家物资局颁发《关于经济联合组织的物资分配、供应和产品销售的暂行办法》。分别从逐步建立和发展资金市场、生产资料市场，搞好资金融通、搞活物质流通方面支持和鼓励发展横向经济联合。3 月 31 日，国家工商局颁发《关于经济联合组织登记管理暂行办法》。

制止向企业乱摊派

1986 年 4 月 23 日，国务院发出《关于坚决制止向企业乱摊派的通知》（以下简称《通知》）。《通知》指出：为了解决乱摊派造成企业社会负担过重的问题，1982 年国务院颁发了《关于解决企业社会负担过重问题的若干规定》，1983 年，国务院、中纪委联合发出了《关于坚决制止乱涨价和向建设单位乱摊派费用的紧急通知》，中共中央办公厅、国务院办公厅根据中央书记处和国务院的指示发出了《关于坚决制止以“集资”为名向企业事业单位和个人乱摊派的通知》。一些地区和部门遵照上述文件精神做了不少工作，取得了一定成效。但是，仍有不少地区和部门对党中央、国务院的三令五申置若罔闻，有令不行，有禁不止。

为此，国务院重申，各地区、各部门必须严格执行党中央和国务院关于制止向企业乱摊派的各项规定，并再作如下通知：各级人民政府、各部门，各行政、事业单位，各团体以及街道等基层组织，都不准以任何借口、任何形式向企业摊派；除国家法律、行政法规和国务院另有规定者外，任何单位不得向企业集资；国务院责成国家经委会同审计署、财政部对各地区、各部门制止向企业乱摊派的情况和问题负责监督、查办，并把这项工作作为今后税收、财务、物价大检查的一项重要内容；企业必须维护国家利益，遵守财政纪律，坚决抵制各种不正之风；各地区、各部门要对1982年国务院《关于解决企业社会负担过重问题的若干规定》下达以来，向企业乱摊派的情况进行一次认真的检查和清理；国家经委要会同审计署、财政部负责监督、检查各地区、各部门对本通知的贯彻执行情况，并报告国务院。

开展企业管理上等级工作

1986年7月4日，国务院发布《关于加强工业企业管理若干问题的决定》（以下简称《决定》）。《决定》指出，“七五”期间，要进一步加强企业管理，要以提高产品质量、降低物质消耗为重点，进一步完善和发展企业内部经济责任体系；要有领导、有步骤地完成全民所有制工业企业领导体制的改革。为了加强企业管理基础工作，加快企业管理现代化的步伐，要把提高产品质量、降低物质消耗和增加经济效益，作为考核工业企业管理水平的主要指标。到 1990 年，大中型企业的主要产品都要按照国际标准或国外先进标准组织生产。逐步建立起以技术标准为主体，包括工作标准和管理标准在内的企业标准化系统。所有企业凡是能够实行定额考核的劳动、物资、资金、费用等，都应实行定额管理，扩大定额面，提高定额水平。企业要尽快完善计量器具和检测手段，认真做好计量定级升级工作，逐步实现检测手段和计量技术现代化。企业的信息工作要从原始记录、凭证、台账、统计报表和用户信息反馈抓起，把生产经营全过程的信息收集、反馈、分析、处理扎扎实实地建立健全起来。有条件的企业，逐步采用电子计算机进行管理。

《决定》要求，全国工业企业，特别是全民所有制大中型企业，都要从自己的实际情况出发，制定出“抓管理、上等级、全面提高素质”的规划，并采取切实措施，努力实现。企业上等级工作，应该有计划有步骤地进行。从全国来说，先在机械、电子、钢铁、有色金属、石化、纺织以及某些轻工行业中试行。其他行业，可参照以上要求，选择部分企业进行试点。在工作中要坚持实事求是，防止形式主义。不论哪一级的先进企业，都不搞“终身制”。要定期评审，有升有降，符合标准的就上，不符合标准的就下。评审工作要由公正的机构组织实施。对达到国家特级、一级、二级标准的企业，国家在信贷、出口、工资、奖金等方面分别给予相应的鼓励。企业等级的具体标准、上等级规划和实施细则，国家级企业由国务院有关主管部门负责制定，国家经委组织协调；省级企业由省（自治区、直辖市）自行制定。企业上等级工作涉及的方面很多，各地区、各部门要有相应的机构负责组织协调。

自此，企业升级工作在全国全面展开，直到20世纪90年代后期才宣布停止。

1986·重要理论观点

德国“五贤人委员会”建议国有企业实行股份制

以施耐德主席为首的德国“五贤人委员会”访华代表团，在与国家体改委的主任安志文座谈中国国有企业改革问题时，回答了上一年该代表团访华时国务院领导曾咨询他们对中国国有企业改革的建议。他们明确提出：发展股份制是一种好的形式，既可以保持国有企业的国有性质，又有可能避免国有企业的政企不分积弊，哪怕是国家股份很大，但它的一套操作办法可避免政企不分的问题。德国专家的建议，使中国政府对股份制给予了更多的重视和研究。

关于改革战略的争论

20世纪80年代中期，理论界对于改革走向形成了不同的看法，集中地表现在对1986年配套改革方案，特别是在当时是否应该进行价格改革的问题上，并由此形成了观点鲜明的两派意见。

1. “企业改革主线论”

代表人物是北京大学的厉以宁教授。他在 1986 年 4 月提出了“中国的改革如果遭到失败，可能就失败在价格改革上；中国的改革如果获得成功，必然是因所有制的改革获得成功”的著名论断。厉以宁这样来论证自己的观点：“价格改革主要是为经济改革创造一个适宜于商品经济发展的环境，而所有制的改革或企业体制改革才真正涉及利益、责任、刺激动力问题。”我国当前的经济处于非均衡状态。“在非均衡条件下，价格调节的作用是有限的，指望通过价格改革来理顺经济关系不具有现实性。我国唯一可以选择的途径是：先进行所有制改革，在所有制改革取得成就的基础上，使市场体系逐步趋于完善，同时，分阶段调整商品比价，最后着手全面的价格—工资体系的改革。”由此，他提出的改革顺序是：“绕过价格改革，先进行所有制改革”，用 15 年左右的时间实现所有制改革以后，再进行价格改革。他所说的“所有制改革”，是指将规范化的“股份制”和非规范化的“承包制”这两种形式结合起来，通过“先包后股”“先股后包”“又股又包”或“只股不包”的办法，把国有企业改造成为“真正自负盈亏的公有制企业”。在“绕开价格改革”进行所有制改革期间，要采取“非均衡对策”实现“配额均衡”。例如，“企业承包时采取非规范化的承包基础确定方法”“在金融方面以信贷调节为主，而不以利率调节为主；在财政方面采取财政支出调节和差别税率相结合的方式，而不采取单一的税率调节”；在商品市场上，对供求不平衡的商品通过供给和需求两方面的配额调节“配额均衡”。这种意见在 1986

年讨论中起初处于劣势，10 月以后为国务院领导人所接受并在 1987 年至 1988 年期间得到实施。

反对“价税财配套改革”主张企业改革先行的另一位代表人物是大型国有企业首都钢铁公司的负责人周冠五。他们以首钢经济研究所的名义上书言事，认为改革应当“以承包为本”，离开了企业承包制，改革就背离了正确的方向。

2. “整体协调改革论”

“整体协调改革论”是在 1986 年价税财配套改革方案设计的过程中形成的。早在 1985 年，中国社会科学院研究生郭树清、刘吉瑞、邱树芳等就上书国务院领导提出：“双轨制”是一种“冲突型”的双重体制，它的长期持续，必然引起经济生活的混乱，甚至会导致改革的“夭折”。接着，郭树清、楼继伟、刘吉瑞、许美征等在国务院领导的支持下草拟了综合配套改革方案。在国务院经济体制改革方案设计办公室工作的吴敬琏、周小川、楼继伟、李剑阁等人围绕“七五”前期改革发表了不少论著，围绕建立“商品经济”（市场经济）的中心思想，逐步形成了一套可称作“配套改革论”或“市场经济论”的改革理论。其要点如下：

旧体制的根本特征在于通过行政命令和指令性计划来配置稀缺资源，这种资源配置方式由于不能克服信息机制和激励机制上的重大缺陷，因而不可能有效率。把传统体制的弊病归结为“权力过分集中”，是一种肤浅的论断。如果不改变计划的资源配置方式，企图用“放权让利”来实现经济运行状况的根本改变，是不会收效的。

唯一能够取代行政命令的资源配置方式的，是以市场机制为基础的资源配置方式，克服命令经济在信息机制和激励机制上的缺陷，使经济资源得到最有效的配置和利用。

市场经济是一个有机的体系，由自主经营、自负盈亏的企业，竞争性的市场体系和主要通过市场进行调节的宏观管理体系三者组成。并且以上三个方面互相联系、密不可分。经济改革必须在这三个互相联系的方面同步配套地进行。

1986 · 重要政策法规

1. 国务院《关于进一步推动横向经济联合若干问题的规定》，1986 年 3 月 23 日。

2. 国家统计局《关于经济联合组织统计方法的暂行办法》，1986 年 3 月 25 日。

3. 财政部《关于促进横向经济联合若干税收问题的暂行办法》，1986 年 3 月 29 日。

4. 中国人民银行《关于搞好资金融通支持横向经济联合的暂行办法》，1986 年 3 月 29 日。

5. 国家物资局《关于经济联合组织的物资分配、供应和产品销售的暂行办法》，1986 年 3 月 29 日。

6. 国家工商局《关于经济联合组织登记管理暂行办法》，1986 年 3 月 31 日。

7. 国务院《关于坚决制止向企业乱摊派的通知》，1986 年 4 月 23 日。

8.《中华人民共和国土地管理法》，1986 年 6 月 25 日，第六届全国人大常委会第十六次会议通过。

9. 国务院《关于加强工业企业管理若干问题的决定》，1986 年 7 月 4 日。

10. 国务院企业工资改革研究小组、劳动人事部、财政部《关于部分国营大中型企业试行工资总额同上缴利润挂钩办法中若干问题的处理意见》，1986 年 7 月 4 日。

11. 国务院《关于发布改革劳动制度四个规定的通知》，1986 年 7 月 12 日。

12. 中共中央、国务院《关于颁发全民所有制工业企业三个条例的通知》，1986 年 9 月 15 日。

13. 财政部《关于国营企业实行劳动合同制的若干财务处理规定》，1986 年 10 月 20 日。

14. 中共中央、国务院《关于转发〈高技术研究发展计划（“八六三”计划）纲要〉的通知》，1986 年 11 月 18 日。

15.《中华人民共和国企业破产法（试行）》，1986 年 12 月 2 日，第六届全国人大常委会第十八次会议通过。

16. 国务院《关于深化企业改革增强企业活力的若干规定》，1986 年 12 月 5 日。

1986 · 年度热点纪实

沈阳防爆器械厂破产

在20世纪50年代初期国家对无力偿还债务的私人企业曾经实行过企业破产制度。社会主义改造完成以后，私人企业没有了，国有企业归国家所有、国家经营，盈亏完全由国家包下来，破产制度也随之“破产”。企业破产倒闭被认为是“腐朽”、“没落”的资本主义的社会病。

1986 年，有一幅著名的新闻照片名为《倒闭后的滋味》格外引人注目。刚一发表，就引起世界各大媒体的关注。照片上的主人公也一夜之间闻名全国。他叫石永介，是沈阳市防爆器械厂厂长。1986 年 7 月 25 日，沈阳市作出决定：对经整顿和拯救无效的沈阳市防爆器械厂正式进行破产处理。这虽然是一家仅有 72 名职工的小型集体企业，但却是中华人民共和国第一家正式宣告破产倒闭的公有制企业，自然引起社会各界的广泛关注。第二天，中央人民广播电台在早晨的新闻节目中作了报道，立刻使海内外为之震动。日本广播电视公司驻北京记者的电传打字机上出现了如下字样：“中国——改革的一项重大试验。”国务院有关部门高兴地说：“我们刚刚设想，他们就要实践了。”

1985 年 2 月 9 日，《沈阳市关于城市集体所有制工业企业破产倒闭处理试行规定》在市政府会议上获得通过。同年 8 月 3

日，沈阳市工商行政管理局向沈阳市防爆器械厂、沈阳市五金铸造厂和沈阳市农机三厂3家企业发出“破产警戒通告”。

根据破产倒闭《试行规定》，这三家工厂获得了为期一年的整顿和拯救时间。如果有能力复苏，则撤销其警戒通告；反之，就将以破产倒闭处理之。工人们称这种办法为“死缓”。

“死缓”起了作用。农机三厂党支部和厂部连夜发出《致全厂职工的一封信》，号召大家振奋精神，同舟共济，力争在警戒期内，使企业扭亏增盈，还提出了“一年复苏，二年巩固，三年提高”的鼓舞人心的口号。职工们见领导决心大，也纷纷张贴出“决心书”“保证书”，还在工厂门前张挂彩旗，厂区院内拉起大红横幅标语：“齐心协力，奋战三年，振兴我厂”。工人和干部还自动集资，有拿100元的，有交20元的，最高的献出了5000元。工商局的一位领导同志看了以后高兴地说：“农机三厂看来复苏有望啊！”

五金铸造厂反应也很积极。女厂长周桂英带病赶到厂里召集职工大会，会上，她沉痛地说：“咱厂办到这个地步，我负主要责任，我不怨天尤人，希望大家也放下包袱，发奋图强。”工人们见厂长这样真诚揽过，深受感动。会议开得十分热烈。

防爆器械厂却全然没有这样的精神头。这家位于皇姑区塔湾一条尘土飞扬的马路旁的小厂，除了用铁条焊成的厂门稍有一点气派以外，那狭小的院落、低矮的几间厂房整个都透出一股晦气。如果不是后来有幸成了中华人民共和国第一个破产倒闭企业，它的大名断不会如此为世人所知。

防爆器械厂成立于1966年，由一群家庭妇女自动串联起来，硬是用她们的手指从铁样的冻土下边抠出了一块块废砖头。能卖出多少产品，她们就分多少钱，实在无活可干，她们就不开支。她们干得畅快，活得踏实。从没想过要谁家的“盈”来补自己的“亏”。自廉也自重，自卑也自豪。自办街道小厂建立了她们的观念，这种观念叫作“自食其力”。

忽然有人开始悲天悯人，这家小厂被收为市属大集体企业。工人们惊喜地发现，她们和她们的工厂，从此竟通体笼罩在“社会主义优越性”的灵光之下了。上边有了全民所有制大企业来当家，领导有人给派，经营不好有人关照，就是劳保福利也都参照国有企业照办。上边说这叫“促进”社会主义因素的增长，工人们就称她们这种企业为“二全民”。

上收以后的防爆器械厂的隶属关系一变再变。据一份资料统计，自上收以后直至被出示“黄牌”的 7 年间，该厂曾先后划归 7 家部门管辖，工人们称自己工厂的这种处境为“一年一改嫁”。与此相应地，厂长和书记也走马灯似的换来换去。该厂一直就没有自己的定型产品，一个师傅一个令，一个和尚一个磬，想起什么就干什么，定到啥合同就干啥东西，虽然几乎没有任何技术力量，却胆大包天。他们根本不管国家对防爆产品的技术要求，也从不检验，拼拼凑凑，胡乱卖出厂去就算完事。到市里亮“黄牌”的前几个月，这家仅有 5 万多元固定资产的工厂，所欠外债已高达 40 多万元。

“黄牌”给了这家本已奄奄待毙的工厂致命一击。“破产警戒通告”见诸报端，等于宣布这家工厂信誉扫地，原来就不多的订货单位纷纷要求解除合同。

沈阳市政府并没有对这三家企业撒手不管，反倒尽力提供帮助。税务局决定从发出“黄牌”的当日起，免收了三厂的所得税、增值税、产品税和能源交通基金。银行暂缓回扣贷款，并又给了一定数额的新贷款。市、区法院通告暂不受理涉及三厂的经济纠纷案，已经结案的暂停执行。市劳动人事局所属人才服务公司及技术工人交流中心主动为三厂牵线搭桥，解决急需技术人员。科委和科协也表示愿为他们的产品更新换代助一臂之力。

来自民间的声援使得这三家工厂沮丧的职工受到鼓舞。新闻传播媒介把他们面临绝境的消息传向了四面八方，引起了人们普遍的关切和同情。一封封慰问信件和电报流露着素不相识人们善良的心声，帮他们出主意、想办法，提供咨询，有位工程师还表示愿意把自己的发明创造转让给他们，有位厂长志愿放弃原来优越的工作和生活条件，到“黄牌”厂来挽狂澜于既倒。

被亮“黄牌”的这一年，农机三厂的生产经营出现了重大转机。五金铸造厂的工人和干部齐心协力，不仅扭转了亏损趋势，反而盈利15000元。这一点钱虽然还不能补足累计近30万元的债务，但却增强了人们的信心。

一年限期很快过去了，1986年6月，沈阳市政府常务会议决定对原来亮过“黄牌”的几家工厂三取一，令防爆器械厂正式宣告破产倒闭。企业所拥有的30.2万元的财产，全部用于偿还债务。因企业破产失去职业的职工，由劳动部门按待业人员进行管理、培训和组织就业，同时鼓励他们自谋职业。全体

“待业”职工在半年之内，可以领取其标准工资的 75% 作为倒闭救济金，半年之后救济金改为每月 30 元，又两年之后将由民政部门按社会救济金标准发给。

小小的沈阳防爆器械厂破产，宣告了中华人民共和国的公有制企业同样可以有生有死，从而对国有企业改革造成了一个巨大的冲击波。

1986 年 12 月 2 日，《中华人民共和国企业破产法（试行）》在人大常委会以多数票获得通过，但是附加了一个条件：《破产法》要等《工业企业法》实施 3 个月后方得试行（此时《工业企业法》还没有讨论）。著名法学家张友渔就此发表看法：“一部法律待另一部法律生效后 3 个月再生效，这种做法在我国立法史上还是第一次，在国外也是少见的。”这又一次强烈地展现了改革的不易和改革设计者们的慎重态度。

小说《新星》轰动全国

1986 年风靡全国的，还有一部长篇小说——《新星》，作者柯云路。这部小说以及之后拍摄的同名电视连续剧，曾经轰动全国，出现万人空巷的盛况，鼓舞了许许多多人对改革的热情。

《新星》以年轻的县委书记李向南为主人公，李向南新官上任，雄心勃勃，立志创全国第一流的工作。他有理论水平和实践能力，有立志改革的决心和锐气，果断有魄力，上任只一个多月时间，便政声斐然，被群众誉为“李青天”。但在改革开放的初期，这位政界新星的大胆举措引来保守势力的强烈抵触和压制，李向南和以县长顾荣为首的官僚体系不可避免地产生了冲突。调查组来了，各种谣言也不胫而走……李向南还没有来得及施展宏图，就被调离了。但斗争还只刚刚开始，李向南坚信自己必胜，因为他有对中国社会发展必然进步的坚定信念和广大群众的热切支持。

《新星》显示了1985年前后中国改革最充满朝气与活力时期的民心状态，也显示了普通大众对中国改革的理想主义热情。在同名电视连续剧播出时，一时间“李向南”的名字家喻户晓，造成至今也鲜有过之的轰动效应，以至当年30岁以上的人很少不知道《新星》主人公李向南的名字。近20年过去以后，《南方周末》等多家媒体再度提起《新星》时，仍然评价其是一部“具有划时代意义”的长篇小说。

1986·年度改革大事

1月7日　全国第一家自主经营的地方国营航空公司——上海航空公司正式成立。

1月8日　我国第二大汽车工业基地——第二汽车制造厂建成，验收合格。

1月11日　国务院召开的全国经济工作会议上，全国企业整顿领导小组对历时四年的企业全面整顿工作进行了全面总结，宣布企业整顿工作基本完成。命名了230个企业为“全国企业整顿先进单位”。

1月15日　国务院颁发《关于中外合资经营企业外汇收支

平衡问题的规定》。《规定》旨在鼓励外国合营者在中国境内兴办中外合资经营企业，促进其外汇的收支平衡。

同日，国务院修订《中华人民共和国中外合资经营企业法实施条例》第一百条，将某些项目合营期限延长到50年。

2月6日　国务院批转国家计委等五个部门《关于制定国营建筑施工企业百元产值工资含量包干试行办法的报告》，首次出台工资含量包干办法。

3月23日　国务院颁发《关于进一步推动横向经济联合若干问题的规定》，要求通过企业之间的横向经济联合逐步形成新型的经济联合组织，发展一批企业群体或企业集团。

3月25日　国务院总理在六届全国人大四次会议上作《关于第七个五年计划的报告》。《报告》提出，进一步增强企业特别是全民所有制大中型企业的活力；进一步发展社会主义的商品市场，逐步完善市场体系；建立新的社会主义宏观经济管理制度。

3月29日　财政部、中国人民银行、国家物资总局分别发出《关于促进横向经济联合若干税收问题的暂行办法》《关于搞好资金融通支持横向经济联合的暂行办法》《关于经济联合组织的物资分配、供应和产品销售的暂行办法》。

3月31日　国务院批转国家计委等五个部门《关于铁道部实行经济承包责任制的方案》。《方案》提出实行投入产出、以路建路经济承包责任制，从1986年起，一包五年不变。

4月12日　六届全国人大四次会议通过《中华人民共和国外资企业法》，自公布之日起施行。

4 月 18 日　中共中央、国务院发出《关于认真执行改革劳动制度几个规定的通知》。《通知》指出，国务院常务会议审议通过的《国营企业实行劳动合同制暂行规定》《国营企业辞退职工暂行规定》和《国营企业职工待业保险暂行规定》，即将由国务院发布施行。《国营企业招用工人暂行规定》也将由国务院审定后发布施行。

4 月 23 日　国务院发出《国务院关于坚决制止向企业乱摊派的通知》。

5 月 30 日　国务院批转国家体改委、商业部等单位《关于 1986 年商业体制改革几个问题报告的通知》。《通知》要求，广泛发展商业流通领域的横向经济联合；进一步搞活国营大中型商业企业；继续放开国营小型商业企业；加强对市场商品流通的宏观调节和管理；进一步简政放权。

5 月 31 日　国家经委、国家教委、中国科学院联合发出《关于推进大中型企业与中国科学院、高等院校合作的通知》。《通知》要求 1986 年推进 100 个大中型工业企业与科研机构共同开发合作计划。

6 月 10 日　国务院做出《关于冶金工业部实行钢铁工业投入产出包干方案的批复》，同意冶金部对国家实行“五包”，承包期 6 年。

7 月 4 日　国务院发布《关于加强工业企业管理若干问题的决定》。要求全国工业企业在“七五”期间开展“抓管理、上等级、全面提高素质”活动，并对制定国家特级企业、国家一级企业、国家二级企业和省级先进企业的主要标准提出了明确的要求。自此，企业升级工作在全国全面展开。

7 月 12 日　国务院发布《国营企业实行劳动合同制暂行规定》《国营企业招用工人暂行规定》《国营企业辞退违纪职工暂行规定》和《国营企业职工待业保险暂行规定》等改革劳动制度的 4 个规定，自 10 月 1 日起施行。

7 月 25 日　《人民日报》报道，沈阳市作出决定对经整顿和拯救无效的沈阳市防爆器械厂正式进行破产处理。这是中华人民共和国第一家正式宣告破产的公有制企业。

8 月 1 日　《人民日报》报道，上海市开始有计划地撤销工业行政性公司，以减少管理层次，进一步扩大企业自主权。

同日，《人民日报》报道，沈阳推出“资产经营责任制”模式，改革经营形式和领导体制。

8 月 18 日　国家经委下发《贯彻国务院〈关于加强工业企业管理若干问题的决定〉，做好企业升级工作的意见》，明确了企业升级的指导思想，对升级标准的制定、试点工作的组织提出了具体的要求。

8 月 24 日　新华社讯，到年底前，隶属中国汽车工业公司的 39 个直属企业的管理权限将全部下放，一批骨干企业将直接下放给跨地区的企业集团。

9 月 15 日　中共中央、国务院发出通知，颁发《全民所有制工业企业厂长工作条例》《中国共产党全民所有制工业企业基层组织工作条例》和《全民所有制工业企业职工代表大会条例》。

9 月 26 日　中华人民共和国第一家代理和转让股票的证券公司——中国工商银行上海信托投资公司静安证券业务部宣告

营业，我国中断了30多年的证券交易业务开始恢复。

10月11日　国务院颁发《关于鼓励外商投资的规定》。《规定》共22条，内容包括改善投资环境、保障企业自主权、按国家产业政策给予优惠等。

11月11日　中共中央、国务院发出《关于认真贯彻执行全民所有制工业企业“三个条例”的补充通知》。通知强调：“全民所有制工业企业的厂长（经理）是一厂之长，是企业法人的代表，对企业负有全面责任，处于中心地位，起中心作用。”

12月3日　六届全国人大常委会第十八次会议通过《中华人民共和国企业破产法（试行）》，自《全民所有制工业企业法》实施满三个月之日起施行。

11月24日至30日　国家经委先后在京召开部分企业领导人参加的企业改革座谈会和部分省、市经委有关负责人参加的企业改革座谈会，重点研究企业经营方式问题。两次座谈会的情况，向国务院写了报告，为在全国推行承包经营责任制做了准备。

12月5日　国务院发布《关于深化企业改革增强企业活力的若干规定》。

本年度主要参考资料：

1. 中国经济年鉴编委会．中国经济年鉴（1987）［M］．北京：中国经济年鉴社，1987.9.

2. 汪海波．新中国工业经济史（1979—2000）［M］．北京：经济管理出版社，2001.10.

3. 当代中国丛书编辑委员会．当代中国的经济管理[M]．北京：中国社会科学出版社，1985.8.

4. 王东江．中国国有企业改革20年[M]．郑州：中州古籍出版社，1998.12.

5. 中共中央关于经济体制改革的决定[M]. 北京：人民出版社，1984.10.

6. 中共中央、国务院．国营工业企业职工代表大会暂行条例[Z]. 1981－07－13.

7. 中共中央、国务院．全民所有制工业企业厂长工作条例[Z]. 1986－09－15.

8. 中共中央、国务院．中国共产党全民所有制工业企业基层组织工作条例[Z]. 1986－09－15.

9. 中共中央、国务院．全民所有制工业企业职工代表大会条例[Z]. 1986－09－15.

10. 中共中央、国务院．关于认真贯彻执行全民所有制工业企业三个条例的补充通知[Z]. 1996－11－11.

11. 江泽民在中央工作会议上的讲话（1991年9月27日）[N]．人民日报，1991－10－22.

12. 国务院．全民所有制工业企业转换经营机制条例[Z]. 1992－07－23.

13. 河南省人民政府．河南省全民所有制工业企业转换经营机制实施办法[Z]. 1993－02－10.

14. 辽宁省人民政府．辽宁省全民所有制工业企业转换经营机制实施办法[Z]. 1993－03－11.

15. 厉以宁．中国经济改革的思路[M]. 北京：中国展望出版社，1989.2.

16. 吴敬琏．当代中国经济改革[M]. 上海：上海远东出版社，2004.1.

17. 乔迈．防爆厂的“爆破性”试验[J]．人民文学，1987（04）.

18. 中华人民共和国国史全鉴编委会．中华人民共和国国史全鉴·第五卷（1976—1988）[M]. 北京：团结出版社，1997.5.

1987 年

1987 · 年度经济背景

“软着陆”未实现，成为第三个经济增长峰值年

1986 年在经济增长和物价上涨大大低于 1985 年的条件下，货币发行却增长了 23.3%，仅稍低于 1985 年的 24.7%；信贷规模增长 28.5%，大大高于 1985 年的 21.4%，接近于 1984 年信贷严重失控时的 28.8%；特别是四季度信贷膨胀的程度，不亚于 1984 年的同期，这预示着 1987 年国民经济将面临通货膨胀的较大压力。同时，1986 年重新出现较大赤字，也预示着 1987 年经济生活仍将继续紧张。

鉴于上述情况，1987 年 1 月，中共中央和国务院决定采取“压缩过热空气”“三保三压”和“双增双节”的方针*，1987 年全民所有制固定资产投资维持 1986 年的水平，计划安排为 1950 亿元，把建设规模严格控制在国力所能允许的范围之内。在经济体制改革方面，1987 年的主要任务是：以增强企业特别是全民所有制大中企业活力为中心，着重改革企业经营机制和企业内部的领导体制，继续发展横向经济联合，适当加快金融

* “压缩过热空气”，是指要把过于膨胀的预算外投资规模压下来，把吊高了的消费“胃口”降下来，把各方面的不合理支出压下来，使建设规模同国力相适应。“三保三压”，是指保计划内建设，压计划外建设；保生产性建设，压非生产性建设；保重点建设，压非重点建设。“双增双节”，是指增产节约、增收节支。

改革步伐，进一步扩大生产资料市场，逐步改革和完善企业劳动工资制度和固定资产投资管理办法，积极为下一步各方面的配套改革做好必要的准备。为了贯彻中共中央和国务院的这些方针，还专门召开了省长会议。

但是，实际执行的结果并不理想，本应追求“软着陆”的经济不仅没有降下来，经济增长速度反而继续攀升，从而加剧了各种经济关系的矛盾。据 1988 年的统计，1987 年全国实现的国民生产总值为 10920 亿元，比上年增长 9.4%；但以后的统计数据则表明，实际实现的国民生产总值为 11954.5 亿元，比上年增长 11.5%；全年实现的国内生产总值为 11962.5 亿元，比上年增长 11.6%，在上年增长 8.8% 的基础上又上升近 3 个百分点，成为 1978 年以来经济增长的第三个峰值年。

全年工业总产值增长 14.6%（如计入村办工业则为 16.5%），增长率仅次于 1985 年的 18%（包括村办工业则为 21.7%），在近九年中是第二个增长高峰。全民所有制工业总产值增长 11%；预算内工业企业全员劳动生产率提高 7.6%，高出上年近 6 个百分点。多数产品质量稳定提高；能源消耗下降，节能率达 4%；但亏损企业的亏损额却增加了 4.6%。

农村社会总产值增长 12.7%，其中，农业总产值比上年增长 4.7%；种植业增长 3.6%；粮食产量达 40241 万吨，增产 2.8%；棉花产量达 419 万吨，增长 18.4%。价格放开的农副产品普遍大幅度增产；价格没有放开的糖料和供过于求的黄红麻继续减产；生猪出栏数、肉产量、存栏数都有下降。农村非农产业总产值达到 4590 亿元，增长 21.8%，占农村社会总产值的比重由上年的46.9%上升到51%左右，首次超过农业总产值人口比重。

全社会固定资产投资完成3518亿元，在增长18.7%的基础上又增长16.5%，其中全民所有制单位投资总额2262亿元，在上年增长17.7%的基础上又增长14.4%。全年新投产的发电装机容量超过810万千瓦，创历史最高水平。

全年社会商品零售总额5820亿元，比上年增长17.6%，扣除物价因素，实际增长9.6%。吃穿用各类商品销售全面增长。轻纺电子产品中的名优高档产品增产幅度很大，但由于内外销争货源，国内市场仍然供不应求。猪肉、鸡蛋、食糖等副食品因为货源偏紧，许多大中城市又恢复了限量凭证供应。

财政总收入扭转上年下降局面，比上年增长3.8%；财政总支出比上年增长4.1%，其中国内财政支出仅比上年增长3%，只超过预算的0.5%，开始改变过去连续四年都以两位数大幅度增长的局面。货币（现金）发行和信贷规模的控制取得成效，在前三个季度货币供应急剧增长的情况下，由于银行采取了坚决的紧缩措施和一些“釜底抽薪”的办法，到年底，全年现金净发行236亿元，控制在计划规定的230亿元的范围内，信贷余额增加也控制在1400亿元的计划范围内。

全年出口额395亿美元，比上年增长27.8%；进口额432亿美元，比上年增长0.7%。贸易逆差37亿美元，比上年减少83亿美元。由于贸易逆差减少，非贸易保持顺差，国家现汇结存比年初有些增加，达到29.23亿美元，比上年增加8.51亿美元。但1987年能实现出口大幅度增长、进口得到控制的主要因素之一，是美元贬值，其他外币升值，有利于中国扩大出口。即使这样，由于出口商品收购价比上年上升 11% 以上，出口商品换汇成本也明显提高。

全年职工工资总额达 1866 亿多元，在上年增长 20% 的基础上又增长了 12. 4% 。职工平均工资 1462 元，比上年增长 10% ，但扣除物价因素，实际增长 1. 3% 。全年农民人均纯收入达 463 元，比上年增长 9. 2% ，扣除物价因素，实际增长 5. 3% 。在农民纯收入中，平均每人生产性纯收入 419 元，增长 11. 7% 。全年城乡居民人均消费额达 500 元，扣除物价因素，比上年提高 3. 3% ，略低于上年提高 4. 1% 的水平。但是由于收入差距较大，有 21% 的城镇居民家庭由于物价上涨实际收入水平下降；有 8. 2% 的农民家庭平均每人纯收入在 200 元以下。

1987 年，经过全国上下的艰苦努力，保证了四季度没有出现物价剧涨的局面。但是，1987 年采取的强化宏观控制的“双紧政策”，并没有消除经济不稳定的根源。社会总需求仍然大大超过社会总供给。据当年快报数字，到年末，市场货币流通量比上年底增长 19. 5% ，信贷规模增长 18. 7% ，两者的增长率都大大高于国民生产总值 9. 4% 的增长率。而且，由于过去几年累积了相当数量未能实现的购买力，国民经济仍然面临很大的通货膨胀压力。由于过去几年的货币超量供应，加上 1987 年前三个季度的货币供应量的加速增长，一方面刺激工业生产增长速度加快，出现了近九年来第二个工业增长高峰；另一方面导致物价涨势趋猛，出现了近九年来的第二个物价上涨高峰，成为当年经济生活中的突出问题。

据国家统计局资料，1987 年全国商品零售物价总指数上升 7.3%，职工生活费用价格总指数上升 8.8%，均高于 1986 年分别为 6% 和 7% 的上升幅度。主要原材料、燃料、动力的购进价也上升 8% ~9%。在 3 个直辖市和 26 个省会城市中，有 14 个城市的物价总指数上升幅度达到两位数字。除个别市、区外，绝大多数省、市、区的物价指数都突破了计划限额。消费资料、生产资料特别是副食品价格都全面上升。1985 年物价上涨出现高峰，在很大程度上是受调整和放开大部分农副产品价格的直接影响，而 1987 年物价总指数上升部分中受国家调整计划价格、指导价格直接影响的只占 20% 左右，其余约 80% 是在市场货币流通量过多的情况下受供求规律调节的。连年货币超量供应对市场物价的滞后和积累效应，加上居民、企业在连年物价上涨过多面前发生的心理震荡，对通货膨胀的预期增大，诱发了物价全面上升的趋势。这实际上已经为 1988 年的抢购风埋下了伏笔。

由于货物短缺，1987 年又恢复了旧体制中不少管制物价的办法。如许多大中城市为了解决城市副食品短缺问题，一方面对猪肉、鸡蛋、食糖等恢复了限量凭证供应办法，另一方面又增加了物价补贴。北京市 1987 年物价补贴超过 25 亿元，比上年增加 5.6 亿元，物价补贴的开支占到了全市财政留成收入的近一半。全国 1987 年预算内的物价补贴和企业亏损补贴全年超过 700 亿元，约占全年财政收入的 1/3。高额的物价补贴同财政赤字有着直接的关联。

从更深的层次看，物价问题在相当程度上是经济运行状况的综合反映。我国连续几年通货膨胀的根源，在于经济关系没有理顺，激励机制不够合理有效，因而资源配置效益和微观运作效益不高。1987 年四季度的种种措施，主要还是依靠行政手段压制通货膨胀，虽然能够收到短期的效果，却不能从根本上解决问题。这样，经济生活中的某些矛盾就有加剧的趋势，具体体现在以下几点：

一是产业结构失衡问题突出，农副产品生产和需求的矛盾加剧。1987 年在工业生产速度大幅度回升的情况下，加工工业产品结构的矛盾，或者因为可以采取短期措施使紧缺的名优高档产品增产，或者因为盲目抢购使滞销积压的一般产品乃至质次价高的产品打开销路，从而得到缓解或者被掩盖。但是，基础设施、原材料工业跟不上加工工业发展的产业结构矛盾，则因为产业政策没有重大调整、经济体制缺乏对部门结构调整的机制而更加突出起来。发电量一年增长 10.3% 确实不易，但相对于整个工业增长 16.5% 来说，却又拉大了差距。为此，1987 年电力弹性系数又由上年的 1 左右降到 0.62。钢材、货运等弹性系数发生了类似的变化。在整个产业结构存在七长八短缺陷的情况下，工业生产增长幅度超过 10%，相对来说只能是加工工业等长线部门更长，基础设施、原材料工业等短线部门更短。特别是农副产品的供需矛盾更加尖锐。国内市场与农副产品有关的商品供应大都偏紧，工业用的农业原料也普遍短缺，造成农副产品价格上涨过猛，群众意见很大。这里固然有群众消费领域狭窄、结构趋同，把购买力集中投向农副产品和以农业为原料的工业消费品上去的问题，但从根本上说，仍然是生产跟不上需要。1984 年的大丰收，使得人们对农村经济形势的估量产生盲目乐观情绪，从而在农村经济政策（主要是价格政策）的取向上对于粮食、棉花、糖料等的生产重视不够，对于增强农业后劲不利因素预期不足，粮食生产徘徊了三年仍未恢复到 1984 年的水平。而粮价处于各种比价关系中偏低的状况，又使得农民种粮的积极性受到挫伤，使兑现粮食订购合同难度加大。

二是计划外自筹投资和非生产性投资过大同预算内重点建设资金不足的矛盾加剧。1987 年的投资总规模尤其是在建总规模仍然过大。基本建设在建项目总投资达 5900 亿元。按照当时的年度投资水平，即使不再上新的项目，完成这些投资也需要四年半的时间。同时投资结构也不合理，由地方和企业在计划外用自筹资金安排的一般加工工业和非生产性项目偏多，由国家在预算内安排的重点建设项目资金不足。1978 年到 1986 年，在全社会固定资产投资不断增长的同时，用于重点建设的预算内基建投资占国民收入的比重，由 15% 下降到 7.1%，1987 年又进一步下降，当年 1 月至 11 月，又比上年同期减少 17.3%，而地方用机动财力安排的自筹基建投资却超过预算 27%，全年预算内国内资金安排的基建和技改投资完成不到 450 亿元，比上年增长 1.2%，而自筹基建和技改投资则完成了 2088 亿元，增长 15.5%。为弥补重点建设资金不足而计划发行的 100 亿元建设债券，到年底虽然勉强完成，但也只能用于下一年度。

三是消费基金增长过快与部分工资收入者实际收入水平下降的矛盾加剧。在消费膨胀的同时，发生了分配不公、收入高低悬殊的问题。少数居民收入过多，达到“十万元户”“百万元户”。他们的收入和消费水平引起强烈的攀比效应，刺激消费需求的进一步增长。同时社会集团购买力连年增长过猛，更助长了奢侈浪费的社会风气。与此同时，依靠工资收入的职工，由于物价持续上升，名义工资没有相应增加或家庭负担人口增加，实际收入没有增加甚至下降数量逐年增多。根据抽样调查，这类职工家庭占城镇居民家庭的比重，1986 年约为 20%，1987 年扩大为 46%。物价上升主要是由食品价格上升引起的，占价格上升总额的 65%。由于低收入阶层的恩格尔系数较高，以食品为主的价格上涨对他们的打击更大，反过来又影响了居民的思想稳定和社会的安定团结。

上述种种迹象表明，经济运行中已经潜伏了巨大的危机。然而就是在这样的严峻形势下，宏观经济决策部门却在 1988 年仓促出台了价格改革的一揽子措施，严重通货膨胀的爆发自然也就是在所难免的了。

1987 · 基本改革思路

全面推行企业承包经营责任制

两步“利改税”失败后，企业改革如何深化再次成为人们关注的焦点。理论界形成了观点鲜明的两种改革思路：一种是主张从搞清企业的产权关系入手，首先解决国有资产的组织管理形式。另一种是主张从财产关系明晰化入手，集中解决“两权分离”即所有权与经营权的分离问题。两种思路分别提出了承包经营责任制、资产经营责任制和租赁制等各种方案。相比之下，承包经营责任制大家比较熟悉，操作简单易行。加之首钢、二汽等承包企业的突出业绩也不得不令当初对承包持怀疑态度的人刮目相看。为了解决“利改税”办法中存在的问题，国家决定全面推行承包经营责任制。

选择全面推行承包经营责任制，有一个发展演变的过程。

把“包”字请进城，其实在20世纪80年代初就曾经尝试过。1981年开始进一步调整国民经济，强化计划管理，扩大企业自主权的许多设计也随之名存实亡了。为了在稳定财政收入的前提下调动企业的积极性，山东省政府率先对所属国有工业企业实行了利润（亏损）包干的经济责任制。这种做法很快就得到国家的肯定。在1981年10月国务院批转国家经委、国务院体制改革办公室《关于实行工业企业经济责任制若干问题的意见》里，规定国家对企业实行经济责任制，在分配方面可以采取利润留成、盈亏包干和以税代利自负盈亏三种经济责任制形式。其中的“盈亏包干”就是一种承包制，与后期实行的承包经营责任并无多大区别。具体包括“利润基数包干、增长分成”“基数包干、增长分档分成”“基数递增包干、增长留用或分成”“基数包干、超收留用、短收自负”“定额补贴、超亏不补、减亏留用或分成”“亏损递减包干、减亏留用分成”等几种形式。各种形式虽然分成的比例不同，但前提都是包死基数。实践中推行经济责任制的结果，绝大部分企业都选择了“盈亏包干”这种经济责任制形式。1982年，国务院批准在首都钢铁公司、第二汽车制造厂等8家大中型国有企业进行承包经营责任制的试点，同时，又进一步对 3.6 万家工业企业实行了“定额上缴、超收归己”的改革，从而形成国有企业的第一轮承包高潮。

1983 年初，有人提出“包字进城，一包就灵”的口号，主张在城市工商业中全面推行企业承包制。短短两三个月，全国国有企业普遍实行了利润包干制。理论界对此众说纷纭，毁誉参半，加上这时经济运行中出现了经济秩序混乱和物价涨势过猛等问题，中共中央和国务院决定停止全面推行利税承包，加快“利改税”改革，企业改革这才开始转入两步“利改税”阶段。

中共十二届三中全会以后，改革实践一方面继续维持放调结合的“双轨制”思路推进价格改革；另一方面则沿着“确立两个正确关系”* 的路子推进企业改革。

* “确立两个正确关系”，即确立国家与全民所有制企业之间的正确关系、确立职工和企业之间的正确关系。

在确立国家与全民所有制企业之间的正确关系方面，国家继续承诺并采取实际措施不断给企业放权让利，同时又针对放权以后出现的问题不断修正改革措施中不利于国有资产保值、增值，不利于维护国家财政利益的方面，以制止企业的各种不合理行为。如果说 20 世纪 70 年代末在企业改革起步时还只是看到国家怎样管理企业，那么进入 80 年代，企业改革的重点已经转到国家和企业之间的利润如何分配方面，而在 1984 年 10 月以后，企业改革的着眼点则在落实企业的经营自主权上。与此前的改革相比，改革的难度明显增加了，再不像当初那样，只要对旧体制的某些部分稍做修正或调整就能立刻产生显而易见的收效了。

为了增强企业活力，国家势必要进一步给企业放权让利。但是，为了保证财政收入，国家又必须加强对企业的控制和管理。正是这极为矛盾的两难操作，交替书写着国企改革的历史。

国家频繁下发放权让利的各项规定，使企业留利水平逐年增加。1979 年，国有企业留利为 96 亿元，1980 年至 1985 年分别为 140 多亿元、160 多亿元、210 多亿元、290 多亿元、350 亿元、462 亿元。企业留利占实现利润的比例在 1979 年为 12.3%，到 1985 年已提高到 39%，而企业仍然感到活力不足。同时由于价格扭曲和“双轨制”价格运行，各行业计划内的比例又不一样，行业之间的留利水平差别很大。以 1985 年为例，工业人均留利大约为 800 元，商业人均留利为 1000 元，物资和供销企业则达到 2600～2800 元；在工业内部，汽车工业人均留利高达 4571 元，纺织工业人均留利只有 447 元。

国家期望通过增加企业留利逐步使企业具备自我改造、自我发展的能力，以达到增强企业竞争力的目的。但是，企业留利，既可以用于投资也可以用于职工的奖金福利，使用权力在于企业。在缺乏竞争的状态下，企业对自我改造和自我发展并无压力和动力。倒是厂长与职工的收入同涨同落，加上普遍实行的厂长任期责任制，厂长需要重视任期内和离任后的人缘关系，而且企业用银行贷款投资还可以获得税前还贷的优惠，企业自然更多地愿意把留利用于奖金福利而不是用于投资。最后的结果是，几年来增加留利的 80% 左右都用到了奖金福利上，增加留利等于增加了职工奖金福利。而由于行业之间、企业之间留利水平不同，企业职工的奖金水平也有很大差异，留利高的企业职工奖金每年达到 2000 元；留利低的企业职工奖金只有前者的 1/5 甚至 1/10。于是又造成企业之间的奖金攀比，进一步加大了增发奖金的压力。

国家试图通过工效挂钩遏制职工工资过快增长，但是既然在进行改革，设想传统的工资总额控制不受冲击是不可能的。从理论上讲，职工工资和企业利润是两个不同的范畴，前者进入企业成本，后者是企业经济收入扣除经济成本以后的剩余，两者分别代表着两个不同利益群体的利益。前者是劳动者利益，后者是所有者利益；两者之间是此消彼长的博弈关系，但工资与利润挂钩的改革措施却在理论上将这个对立关系模糊化了。挂钩基数的弹性则使工资攀比成为可能，成本管理中的漏洞又使工资攀比成为现实。工效挂钩没有遏制工资总额过快增长，反而促进了工资对利润的侵蚀。全国职工每人每年的平均工资，1978 年时为 614 元，1986 年增长到 1329 元，增长了 116.4%。而同期全民所有制独立核算工业企业的企业劳动生产率增幅只有 38.8%。1978 年时全社会职工工资总额为 568.8 亿元，1986 年增长到 1659 亿元，增幅达到 192%，也远远高于同期国民收入增幅。

显然，放权让利式改革使国有企业的激励机制得到改善，效率有所提高，但盈利的大部分却被工资、奖金和福利挤占了。加之在整个市场供不应求，价格体系又未理顺，竞争机制尚未建立的情况下，允许企业根据盈利情况使工资与效益挂钩，还进一步促进了企业追求计划外生产和任意提高产品价格的冲动，从而推动了价格水平的不断上扬。

放权让利式改革在微观上造成了工资侵蚀利润的后果，由于宏观管理上的某些失误，1984 年以后的宏观经济也开始出现了总需求膨胀的困难。为此，1985 年 2 月至 10 月，国务院先后四次召开省长会议，以期在制止工业乃至整个经济过热方面统一思想，并从 1985 年二季度开始，实行财政、信贷“双紧”的紧缩政策。各项紧缩措施，虽然包含了一些经济手段，但多数还是行政手段。这在市场机制尚未初步建立的情况下是迫不得已的。各项措施综合作用，确实使经济迅速降温。但由于紧缩力度过猛，又导致经济降温过急。到 1986 年 2 月，全国乡及乡以上独立核算工业总产值仅比上年同期增长 0.9%；一季度工业总产值仅比上年同期增长 4.4%，降到了自 20 世纪 80 年代实施调整以来的最低点。于是，经济“滑坡”的呼声四起。受“滑坡”呼声的压力和片面追求经济增长速度的发展战略的影响，从当年二季度起，国家被迫放松银根，重新采取扩大支出，刺激需求的措施。财政支出和信贷规模再次大幅度上升，货币发行重新大幅度增加，企业效益再度严重下滑，国民经济面临新的困难。

在这样的背景下，企业改革如何深化再次成为人们关注的焦点。理论界形成了观点鲜明的两种改革思路。

第一种思路：主张从理顺企业的产权关系入手，首先解决国有资产的组织管理形式。这包括需要同时推进两个层面的改革内容：一是建立国有资产的管理体制（以解决国有资产的宏观组织管理问题）。分离和建立国有资产的管理系统，设立相互竞争的国有资产公司，由他们按照投资风险性和资产收益率来组织、管理和经营国有资产。二是建立国有企业的财产管理制度（以解决国有资产的微观组织管理问题），主张对国有企业实行股份制改造。但是在股权设定问题上，人们的意见又产生分歧。有人认为，如果由国家控制企业的大部分乃至全部股份，与政府的直接控制不会有本质区别。有人主张由企业持有自己的股份，认为这是社会主义股份公司与西方股份公司相区别的关键所在，既可以避免由国家股导致的行政干预，又可以避免由个人股产生的两极分化，是稳定企业长期行为的根本。还有人认为，主张企业股是对股份经济的误解，企业股找不到它的产权代表，它既不能由经营者代表，也不能由企业全体职工代表，更不能由企业之外的另一个主体来代表。

第二种思路：主张沿着财产关系明晰化，集中解决“两权分离”即所有权与经营权的分离问题。

一种形式是承包经营责任制。基本原则是：“包死基数、确保上缴、超收多留、歉收自补。”承包的形式可以多样，但承包的原则不能变。在以后的操作中，大体又形成了五种形式：一是“双保一挂”。双保是一保上缴利税，二保国家已经批准的基本建设、技术改造项目，双保完不成的企业，要用企业的自留资金补足；一挂是工资总额与实现利税挂钩。二是“上缴利润递增包干”。规定企业上交产品税和增值税以后，逐年按一定的递增率向国家财政上缴利润。三是对微利、亏损企业实行“利润包干或减亏补贴包干”。四是“上缴利润基数或目标包干，超额分成。”五是“全行业投入产出包干”。这主要是用于石油、煤炭、石化、铁路等行业或部门的承包。

另一种形式是资产经营责任制。其要点是：改变企业行政任命的领导体制，用招标、投标的竞争性办法选择经营者，并将其制度化，同时用再投标来约束经营者的短期行为。把经营者的竞争性投标作为评估资产的一种手段，在企业内部实行竞争性的劳动组合。

还有一种是租赁制。由企业主管部门作为国有资产所有者代表，将整个企业出租给承租者（个人或合伙）经营，承租者以缴纳一定的租金作为在租期内获得资产经营权的条件。

在具体实践中，由于受认识水平的局限，建立国有资产宏观管理体制的主张并未引起人们的足够重视。而股份制在当时对大多数人来说都还比较生疏，而且当时改革的软环境和硬环境也都还很不具备实现的条件，只是在少数企业中进行试点后也就再没有作为重点。人们普遍认为资产经营责任制理论色彩较浓，难以进行大面积推广，也只是在少数企业中搞了一些试点就没有再继续推广。租赁制只适宜于规模较小、资产比较单一、资本金比较少的小型企业，对于国有大中型企业推行起来的难度也较大。相比之下，承包经营责任制大家比较熟悉，操作简单易行，大家都容易接受。而且不仅有农村承包制经营的辉煌成就，首钢、一汽、二汽等承包企业的骄人业绩也令当初对承包持怀疑态度的人不得不刮目相看。于是，在经历了几年的徘徊之后，人们又重新把目光转移到已经被冷落了多年的承包经营责任制上。为了解决“利改税”办法中存在的问题，国家从 1986 年末就开始酝酿推行承包责任制。

当时认为，承包制具有强大的生命力，原因如下：其一，在社会主义市场体系不完善，外部条件差别很大的条件下，承包是正确划分国家与企业关系，充分调动企业积极性和潜力的有效办法。通过承包可以缩小外部条件差别的距离。其二，承包制通过合同形式比较合适地解决了国家与企业的关系，通过契约明确双方的责权利，契约双方在法律上是平等的，这就把过去那种行政隶属依附关系变成了相互承担义务的平等经济关系。其三，承包制有利于两权分离。两权分离是要强化经营权，促使企业更快地成为商品生产者。其四，承包有利于引进竞争机制，培养社会主义企业家，全国涌现了一批像马胜利、关广梅、张兴让、李正治这样的新型企业家。其五，承包制可以较快地提高经济效益，不仅包了财政的增收，还包了企业的自身改造和发展，有利于投资主体的转移。“实行企业承包经营责任制，早包比晚包好，长期包比短期包好。”成为当时占主导性的普遍共识。

1986 年 12 月 5 日，国务院发布《关于深化企业改革，增强企业活力的决定》，对深化企业改革的关键在于所有权与经营权的分离，提出了三条具体思路：一是在小型企业和一些亏损微利的中型企业中实行租赁制；二是在大中型企业中推行多种形式的经营责任制；三是在有条件的大中型企业中进行股份制试点。经过 1986 年的实践，对承包理论的认识跃上了一个新高度，在企业中推行承包经营也出现了新的高潮。

1987 年 3 月，六届人大五次会议通过的《政府工作报告》中提出：“今年改革的重点要放到完善企业经营机制上，根据所有权与经营权适当分离的原则，认真实行多种形式的承包经营责任制。”第一次明确肯定了承包制。1987 年 4 月 23 日至 27 日，国家经委受国务院的委托召开全国承包经营责任制座谈会，具体部署企业承包经营责任制工作，承包制自此在全国企业中全面推开。到当年底，全国实行各种承包经营责任制的国营大中型工业企业已达到 82%；国营大中型商业企业也达到 60% 以上。

承包制全面推行后果然不负众望。仅仅两个月，就一举扭转了全国工业企业实现利润连续 22 个月下滑的局面，当年即增加财政收入 60 多亿元。到 1988 年底，即全面推行承包经营责任制后 20 个月，全国预算内工业企业增创利税 369 亿元，相当于 1981 年到 1986 年六年间企业所创利税的总和。当初亿万农民屡试不爽的“一包就灵”的灵丹妙药，在千千万万个城市企业中又一次得到应验。这是国有企业的第二轮承包高潮。

1987 · 年度改革实践

改变企业内部经营机制

1987 年，国有企业改革进入一个新阶段。改革的主要形式由过去单纯的扩权让利转到了在实行承包制的前提下，着重改变企业内部经营机制上来，在所有权与经营权的分离上迈出突破性的一步。

4 月 23 日至 27 日，国家经委受国务院委托召开全国承包经营责任制座谈会。会议在总结吉林、广东等省和首钢、二汽等企业坚持承包经营责任制经验的基础上，全面部署企业承包经营责任制工作，决定从当年 6 月起，在全国范围普遍推行承包经营责任制。

8 月 29 日，国家经委、国家体改委印发《关于深化企业改革、完善承包经营责任制的意见》。指出，实行承包经营责任制，必须坚持“包死基数、确保上交、超收多留、歉收自补”的原则，兼顾国家、企业、职工三者利益。截至 1987 年底，全国预算内工业企业承包面已达 78%，其中大中型企业达到 82%，承包一年以上的大中型企业占 64%；众多的小企业也都实行了承包或租赁。

一年来，在大面积地推行企业承包经营责任制的实践中，呈现出如下特点：

1. 引入人才竞争机制。对不少中小型企业的经营者采用了招标选任的办法，为经营人才脱颖而出开辟了新渠道，为经营人才平等竞争开辟了新天地。人才竞争机制的引进，从企业经营者到广大职工队伍实行干部选聘制、工人组合制，有力地推动了企业人事劳动制度的改革，促进了企业内部劳动力的合理流动，对于增强企业活力，具有决定性的意义。竞争招标的办法，改变了“一对一”的谈判格局，有利于承包基数确定的合理化。

2. 引入风险机制，增强了企业与职工承担经营风险的责任意识。有些企业在这方面进行了探索，实行了全员抵押承包。如抚顺石油化工厂等企业，从经营者到生产者，全厂职工根据承担责任的大小，分别以工资、奖金及交纳不同数额的抵押金充作风险基金。在完不成承包合同规定的上缴财政任务时，除相应扣减企业的留利外，还要按合同规定，相应扣减全体职工的部分工资、奖金及其抵押金。由于企业与全体职工都承担了风险，同时根据奖惩大体对应的原则，在企业超收时，职工得以按合同规定进行分红，因而加大了企业以及包括经营者在内的全体职工的压力与动力。

3. 承包内容进一步多样化。由北京市第一机床厂等 8 家重点企业带头实行的“两保一挂”承包具有重大意义。实行“两保”，既保上交国家利润，又保完成重点技术改造任务，有利于企业增长后劲。实行“一挂”，工资总额与企业实现的经济效益挂钩，有利于在消费基金宏观调控的前提下，推进企业内部分配制度，进一步调动职工积极性。实行“两保一挂”的企业，一般都促进了企业重点技术改造任务的完成，并带来了增强企业活力的效果。

4. 引进联合机制，出现了企业承包企业这一新生事物。如河北省石家庄造纸厂跨省市承包了 28 个造纸厂，成都市已有 9 户企业承包了 10 户企业。企业承包企业，既具有承包制的特性，利于实行两权分离的原则，扩大企业经营自主权，转变企业经营机制，提高企业经济效益；而且它能突破“三不变”原则中“隶属关系不变”这条原则，在承包期内，承包企业得以领导被承包企业，得以集中被承包企业的经营权，形成实质上的紧密联合。

5. 在一些地区已萌生了企业承包租赁市场。如阜新市组建了企业承包租赁市场，为有关客户提供承包信息，网罗与推荐承包经营者，进行承包法律、政策咨询服务等，对促进承包租赁发展产生了积极作用。

据国家统计局统计，截至 1987 年底，我国大中型国有工业企业中，实行多种形式的承包经营责任制的企业占 82%；小型国有工业企业中，由集体或个人经营、租赁或承包的企业占 46%；大中型国有商业企业有 60% 以上实行了承包经营责任制。

资产经营责任制试点

由中国社会科学院经济研究所、国家体改委组织的资产经营责任制试点，从 1986 年 2 月开始，就已经在沈阳市、重庆市、武汉市、南京市、石家庄市等全国 10 多个城市展开。中共中央决定 1987 年经济体制改革的重点放在企业，进一步推动了资产经营责任制的试点。

资产经营责任制的要点是：改变企业行政任命的领导体制，用招投标的竞争性办法选择经营者，并将其制度化，同时用再次投标来约束经营者的短期行为。把经营者的竞争性投标作为评估资产的一种手段。在企业内部实行竞争性的劳动组合。

资产经营责任制在当时缺乏资金市场，难以对国有资产价值作出直接的社会评估，因而也难以确定企业与国家的财产关系界限的条件下，试图通过招标、投标的竞争方式来模拟市场机制，对企业资产的产出能力作出评估，给出资产价格。以此来划清国家与企业之间的财产边界，为企业创造大体均等的竞争条件和科学地确定企业经营者的责任、考核经营责任者的贡献。

资产经营责任制通过设立由资产所有者、经营者和职工参加的理事会来解决企业的行政隶属问题，在企业法人利益同终极所有者利益相对分离的基础上，遏制了强化行政干预的倾向，通过三方协商解决企业重大经济决策的方式，建立企业内部的利益制衡机制；同时通过设立理事会以实现企业法人所有权的分离，从而在企业的全部活动领域形成了财产关系人格化系列，在每一个层次上实现了公有制企业所有权双重化，所有制主体多元化。

资产经营责任制通过招标投标的竞争，广开招贤渠道，使人才来源社会化，同时利用合同和公证等法律形式，稳定和约束国家同企业经营者集团的关系，赋予企业经营者决策权，并从物质和精神上给其以创新的动力和压力。把企业领导体制的改革和对企业资产进行模拟市场的社会评估结合起来，同时解决了关于企业体制有效运行的关键问题。但由于在当年的历史条件下，资产经营责任制缺乏简单易行的操作程序和操作方法，试点以后始终没有得到广泛采纳。

深化国有商业体制改革

1987 年 6 月 10 日，国务院批转国家体改委、商业部、财政部《关于深化国营商业体制改革的意见》（以下简称《意见》）。《意见》指出：1. 要增强国有大中型商业企业的活力。改革的重点首先是有计划、有步骤地在大中型商业企业、饮食服务企业推行承包经营责任制；在中型零售商业企业试行租赁制；各地已经试办的股份制企业，可以继续试办。2. 要进一步搞好国有小型商业企业的改革，对国有小企业实行租赁制，并在 1987 年至 1988 年对小型租赁企业免征奖金税；对原国有归口管理的集体商业企业通过合股形式，办成真正的集体企业；可以公开拍卖地处偏僻、长期亏损的小门点。3. 深入改革国有批发企业。4. 逐步进行价格改革。

1987 · 重要理论观点

社会主义初级阶段理论

1987 年 10 月召开的党的十三次全国代表大会，第一次比较系统地提出了我国社会主义初级阶段的理论。

十三大报告指出："我国正处在社会主义的初级阶段。这个论断，包含两层含义。第一，我国社会已经是社会主义社会。我们必须坚持而不能离开社会主义。第二，我国的社会主义社会还处在初级阶段。我们必须从这个实际出发，而不能超越这个阶段。"

社会主义初级阶段"不是泛指任何国家进入社会主义都会经历的起始阶段，而是特指我国在生产力落后、商品经济不发达条件下建设社会主义必然要经历的特定阶段。"这个阶段"所面临的主要矛盾，是人民日益增长的物质文化需要同落后的社会生产之间的矛盾。"

"我国社会主义初级阶段，是逐步摆脱贫穷、摆脱落后的阶段；是由农业人口占多数的手工劳动为基础的农业国，逐步变为非农业人口占多数的现代化的工业国的阶段；是由自然经济半自然经济占很大比重，变为商品经济高度发达的阶段；是通过改革和探索，建立和发展充满活力的社会主义经济、政治、文化体制的阶段；是全民奋起，艰苦创业，实现中华民族伟大复兴的阶段。”

“在社会主义初级阶段，我们党的建设有中国特色的社会主义的基本路线是：领导和团结全国各族人民，以经济建设为中心，坚持四项基本原则，坚持改革开放，自力更生，艰苦奋斗，为把我国建设成为富强、民主、文明的社会主义现代化国家而奋斗。”

党的十三大报告初步概括了改革开放以来，我们党在哲学、政治经济学和科学社会主义等方面，发挥和发展的一系列科学理论观点。包括：关于解放思想，实事求是，以实践作为检验真理的唯一标准的观点；关于建设社会主义必须根据本国国情，走自己的路的观点；关于在经济文化落后的条件下，建设社会主义社会，必须有一个很长的初级阶段的观点；关于社会主义社会的根本任务是发展生产力，集中力量实现现代化的观点；关于社会主义经济是有计划商品经济的观点；关于改革是社会主义社会发展的重要动力，对外开放是实现社会主义现代化的必要条件的观点；关于社会主义民主政治和社会主义精神文明是社会主义重要特征的观点；关于坚持四项基本原则同坚持改革开放的总方针这两个基本点相互结合、缺一不可的观点；关于用“一个国家、两种制度”来实现国家统一的观点；关于执政党的党风关系到党的生死存亡的观点；关于按照独立自主、完全平等、互相尊重、互不干涉内部事务的原则，发展同外国共产党和其他政党的关系的观点；关于和平与发展是当代世界的主题的观点，等等。这些观点，构成了建设有中国特色的社会主义理论的轮廓，初步回答了我国社会主义建设的阶段、任务、动力、条件、布局和国际环境等基本问题，规划了中国社会主义事业前进的科学轨道。

“三步走”战略目标

中共十三大报告，首次提出我国经济建设的“三步走”战略目标。

“党的十一届三中全会以后，我国经济建设的战略部署大体分三步走。第一步，实现国民生产总值比一九八〇年翻一番，解决人民的温饱问题。这个任务已经基本实现。第二步，到本世纪末，使国民生产总值再增长一倍，人民生活达到小康水平。第三步，到下世纪中叶，人均国民生产总值达到中等发达国家水平，人民生活比较富裕，基本实现现代化。”

有计划商品经济的体制应该是计划与市场内在统一的体制

中共十三大报告提出：“社会主义有计划商品经济的体制，应该是计划与市场内在统一的体制。第一，社会主义商品经济同资本主义商品经济的本质区别，在于所有制基础不同。建立在公有制基础上的社会主义商品经济为在全社会自觉保持国民经济的协调发展提供了可能，我们的任务就是要善于运用计划调节和市场调节这两种形式和手段，把这种可能变为现实。第二，必须把计划工作建立在商品交换和价值规律的基础上。第三，计划和市场的作用范围都是覆盖全社会的。新的经济运行机制，总体上来说应当是‘国家调节市场，市场引导企业’的机制。”

计划与市场内在统一论的提出，结束了长期以来在理论上把计划与市场分为“一方面”“另一方面”两张皮的外在关系论；在实践中形成“计划一块”“市场一块”的二元格局。据此提出了改革的任务，一是重新构造经济运行的微观基础，使企业从僵化的行政附属物转变为自主经营、反应灵敏的市场主体；二是重新构造经济运行的宏观调控系统，完成从直接调控向间接调控的转变；三是大力发展和完善作为传导系统和经济运行载体的市场体系，强化市场机制的调节作用，从而有力地推动了社会主义市场理论的发展。

经济体制改革的回顾和今后改革的基本思路

1987 年 4 月 23 日，国务院经济体制改革研讨小组办公室提出《经济体制改革的回顾和今后改革的基本思路》。提出了正在讨论的四种思路：1. 压缩社会总需求，造成无通货膨胀的经济环境，然后推进同步配套的全面改革；2. 基本不出台新的改革措施，把重点放在落实、补充、完善已经出台的措施上；3. 加强宏观管理，即根据宏观经济管理的调控能力来决定微观经济的放活程度；4. 以继续深化企业改革为基础，以投资体制改革为重点，加强和改善宏观管理，逐步理顺国家与企业、中央与地方的关系，采取渐进式、分阶段、小配套的方法推进改革。

文件倾向于上述第四种思路，为此提出了四个方面的改革任务：进一步深化企业经营机制改革；改革投资体制，相应加强和改进宏观控制；进一步发展商品市场，稳步推行价格改革；积极搞好改革试点工作。

1987 · 重要政策法规

1. 《国务院批转国家经委、审计署、财政部关于制止向企业摊派的情况和意见的通知》，1987 年 1 月 15 号。

2. 国务院《关于推进科研设计单位进入大中型工业企业的规定》，1987 年 1 月 20 日。

3. 财政部《关于征收奖金税、工资调节税有关问题的通知》，1987 年 2 月 17 日。

4. 财政部《关于国营企业用税后留利进行生产性投资增加的利润减征所得税问题的规定》，1987 年 3 月 18 日。

5. 国家计划委员会《关于大型工业联营企业在国家计划中实行单列的暂行规定》，1987 年 3 月 20 日。

6. 财政部《关于完善增值税征税办法的若干规定》，1987 年 3 月 20 日。

7. 财政部《国营企业职工待业保险基金和退休养老基金预算管理暂行办法》，1987 年 3 月 21 日。

8. 财政部《关于全民所有制小型商业企业拍卖中有关财务处理问题的决定》，1987 年 3 月 26 日。

9. 国务院《企业债券管理暂行条例》，1987 年 3 月 27 日。

10. 国务院《关于加强股票、债券管理的通知》，1987 年 3 月 28 日。

11. 国务院《国家优质产品评选条例》，1987 年 3 月 28 日。

12. 国务院批转国家计委《关于大型工业联营企业在国家计划中实行计划单列的暂行规定》，1987 年 4 月 2 日。

13. 国家体改委、商业部、财政部《关于深化国营商业体制改革的意见》，1987 年 4 月 23 日。

14. 国家经委《关于〈全民所有制工业企业厂长工作条例〉若干问题的解释》，1987 年 4 月 26 日。

15. 劳动人事部《全民所有制单位技术工人合理流动暂行规定》，1987 年 5 月 11 日。

16. 国务院批转国家体改委、商业部、财政部《关于深化国营商业体制和供销合作社体制改革意见》的通知，1987 年 6 月 10 日。

17. 国务院《国营企业劳动争议处理暂行规定》，1987 年 7 月 31 日。

18. 财政部《关于国营大中型工业企业推行承包经营责任制有关财务问题的暂行规定》，1987 年 8 月 21 日。

19. 国家计委、财政部、国家审计局、中国人民建设银行《关于进一步加强自筹基本建设资金管理的规定》，1987 年 8 月 25 日。

20. 国家经委、国家体改委《关于深化改革、完善承包经营责任制的意见》，1987 年 8 月 31 日。

21. 国家商检局、国家经委、对外经济贸易部、海关总署

《进口商品质量监督管理办法》，1987 年 9 月 8 日。

22. 财政部《关于对征集国家能源交通重点建设基金若干问题的规定》，1987 年 9 月 10 日。

23. 《中华人民共和国价格管理条例》，1987 年 9 月 11 日。

24. 国家计委、财政部、中国人民建设银行《关于改革国营施工企业经营机制的若干规定》，1987 年 10 月 10 日。

25. 国家体改委、国家经委《关于组建和发展企业集团的几点意见》，1987 年 12 月 16 日。

1987 · 年度热点纪实

马胜利和他的造纸托拉斯

20 世纪 80 年代的石家庄，是改革经验和改革名人辈出的地方。1985 年出了一个张先让和他的“满负荷工作法”，1986 年又发明了“撞击反射式”综合改革经验，1987 年更涌现了承包大户马胜利。石家庄持续占据了舆论的制高点。1987 年，石家庄造纸厂的马胜利取代当年的步鑫生成为全国改革风云人物，占尽了风光。

早年的石家庄造纸厂是全市有名的“破落户”。因为经营管理不善，从 1981 年到 1983 年没给国家上交过利润，国家反倒补贴了 105 万元。1983 年，上级主管部门给石家庄造纸厂下达了在下一年度完成 17 万元的利润指标，而厂长认为连 1.7 万元也完不成，不敢接受这个指标。时任石家庄造纸厂的业务科长马胜利站出来说：如果让我当厂长，我能把17万元调过个，变成70万元。上级部门将信将疑，勉强同意了他的要求。谁知道马胜利走马上任后，1984年全厂实现利润140万元，比承包指标高出一倍。1985年实现利税320万元，人均创利税4680元，比1983年提高了272%。同时，还创出两个优质产品，其中一个是部优产品。马胜利的名字迅速响彻全市，并通过媒体快速红遍全国。

1987年，当承包经营责任制作为国有企业改革的主要形式被确定下来，由当初的“一马当先”发展到“万马奔腾”的时候。马胜利成为英雄，被国务院命名为“勇于开拓的改革者”，全国党代会代表、全国优秀共产党员、全国优秀企业家、劳动模范、政协委员、唯一两次全国“五一劳动奖章”获得者等荣誉纷至沓来。用马胜利自己的话讲，我那时的荣誉数不胜数。评我为国家级有突出贡献的专家，实际上我只是工人出身，经历就是从小厂的科长到厂长。他走遍大江南北，在全国做了1000多场报告。在各级领导的支持下，他跨越全国十几个省市承包了近百家企业，要组建“中国马胜利造纸企业集团”。

然而好景不长，1988年5月26日，浙江省《金华日报》以《鞭长莫及，抑或是代理人无能？——马胜利承包浦江县造纸厂失利》为题，第一次披露了浦江县造纸厂新任厂长给马胜利去信，表明要退出“中国马胜利造纸企业集团”的消息。

同年7月30日，《贵州日报》在头版位置发表了大块通信：《马胜利承包贵阳造纸厂处境艰难》。文章披露：当年上半年企业亏损，产值比上年同期下降，6月已由盈转亏；企业唯一法人代表远在河北，许多由他拍板的事情找不到人。马胜利承包后没有出台过治厂措施，原来许诺也没有实现；职工们对马胜利“负盈不负亏”的承包方式提出质疑等内容。

同年 8 月 5 日，山东省《烟台日报》也发表了题为《马胜利承包蓬莱造纸厂因亏损被中止合同》的消息。8 月 29 日，《人民日报》发表了一篇题为《由马胜利失利想到的》署名评论文章，并在当天的中央人民广播电台新闻联播的报摘栏中播出了，从而将“马胜利失利”现象在正式全国范围披露出来。

马胜利吸取了跨省承包、摊子过大的教训，将“中国马胜利造纸企业集团”更名为“河北马胜利造纸企业集团”。尽管仍然有一些厂家要求他去承包，但从 1989 年 6 月开始他便停止发展新会员，并决定今后不再采取跨省承包方式。对所承包的外省企业，有 16 家通过协商终止了合同，或完全移交当地，或转为松散联合。有 4 家以兼并方式实现了人财物产供销归石家庄造纸厂管辖，有 10 家以租赁和合资形式实现新的紧密联合。同时，在省内建立了 5 个小型造纸厂和加工厂，筹集资金、组织力量、开拓新路，走向国际市场。然而正当他为跨国公司奔忙的时候，后院却起了火。企业境况越来越糟，产品大量积压，资金周转不开，他想尽办法扭转败局，却最终未能奏效，最后不得不向中级人民法院申请破产。

1995 年 10 月的一天，在上级领导的“指示”下，马胜利辞职了。他从 1984 年出任厂长，干了 10 个年头，最终以辞职收场。

1987 · 年度改革大事

1 月 11 日　中共中央、国务院对贯彻执行国有企业领导体制“三个条例”发出补充通知。

1 月 20 日　国务院作出《关于进一步推动科技体制改革的若干规定》，提出“要支持和鼓励部分科技人员以调离、停薪留职、辞职等方式，到农村和城镇承包、承租全民所有制中小企业，承包或领办集体乡镇企业，兴办经营各种所有制形式的技术开发、技术服务、技术贸易机构，创办各类中小型合资企业、股份公司等，允许他们取得合法收入，技术入股者按股分红”。

1 月 22 日至 25 日　国务院召开全国经济工作会议，指出要深化企业改革，关键在于推行多种形式的承包经营责任制。

2 月 6 日　邓小平在同几位中央负责同志谈话时指出：“为什么一谈市场就说是资本主义，只有计划才是社会主义呢？计划和市场都是方法嘛。只要对发展生产力有好处，就可以利用。它为社会主义服务，就是社会主义的；为资本主义服务，就是资本主义的。”

2 月 18 日　《人民日报》报道，据国家统计局不完全统计，截至 1986 年底，在 54000 个国有工业企业中，已有 23000 个实行了厂长负责制；以工业企业为主建立的经济联合组织已发展到 6833 个，参加联合的企业达 15740 个，投入资金 110 亿元。

4 月 2 日　国务院批转国家计委《关于大型工业联营企业在

国家计划中实行单列的暂行规定》。

4 月 10 日　在国务院召开的会议上，姚依林副总理在讲话中指出，在深化企业改革中，凡是实行承包经营责任制的企业，都显示出较大的活力。实行承包经营作为过渡，这是当前工作的重点。

4 月 23 日至 27 日　国家经委受国务院委托在北京召开承包经营责任制座谈会，研究部署在全国企业普遍推行承包经营责任制。

6 月 10 日　国务院批转国家体改委、商业部、财政部《关于深化国营商业体制改革的意见》。《意见》指出，要增强国有大中型商业企业的活力；要进一步搞好国有小型商业企业的改革，对国有小企业实行租赁制，对原国有归口管理的集体商业企业通过合股形式，办成真正的集体企业；深入改革国有批发企业；逐步进行价格改革。

8 月 5 日　国务院发布《城乡个体工商户管理暂行条例》。个体工商户，可以个人经营，也可以家庭经营。个体工商户的合法权益受国家法律保护，任何单位和个人不得侵害。

8 月 25 日至 29 日　国家经委、中共中央组织部、中华全国总工会在北京联合召开全面推行厂长负责制工作会议。

8 月 29 日　国家经委、国家体改委印发《关于深化企业改革、完善承包经营责任制的意见》。《意见》指出，实行承包经营责任制，必须坚持“包死基数、确保上交、超收多留、歉收自补”的原则，兼顾国家、企业、职工三者利益。

10 月 24 日　全国第一个采取股份形式组建的中国嘉陵工业

股份有限公司（集团）成立。

10月25日至11月1日　中国共产党第十三次全国代表大会举行。在《沿着有中国特色的社会主义道路前进》的报告中，阐述了社会主义初级阶段理论；党在社会主义初级阶段的“一个中心、两个基本点”的基本路线；到21世纪中叶分三步走、实现现代化的发展战略。

11月8日　据新华社报道，中国计划经济模式在改革的9年中发生了深刻变化，各类技术、金融、劳务、物资以及人才市场蓬勃兴起。

11月12日　肯德基成为北京第一家经营快餐的中外合资企业。

11月24日　国务院原则批准鞍钢承包方案。至此，全国110个大中型钢铁企业中，有80个实行了承包经营责任制。

12月16日　国家体改委、国家经委印发《关于组建和发展企业集团的几点意见》，提出了组建企业集团的原则、条件以及集团内部管理的方式和集团发展的外部条件等。

12月22日　全国加强企业管理领导小组、国家经委下发《关于核定50个企业为国家二级企业的通知》。这是贯彻执行国务院《关于加强工业企业管理若干问题的决定》取得的第一批成果。

12月31日　据国家统计局统计，截至1987年底，我国国有工业企业中，已实行厂长负责制的企业占68%。大中型国有工业企业中，实行多种形式的承包经营责任制的企业占82%；小型国有工业企业中，由集体或个人经营、租赁或承包的企业占46%；

大中型国有商业企业有60%以上实行了承包经营责任制。

本年度主要参考资料：

1. 中国经济年鉴编委会. 中国经济年鉴（1988）[M]. 北京：中国经济年鉴社，1988.12.

2. 董辅礽. 中华人民共和国经济史（下卷）[M]. 北京：经济科学出版社，1999.9.

3. 汪海波. 新中国工业经济史（1979—2000）[M]. 北京：经济管理出版社，2001.10.

4. 项怀诚. 在改革中前进的中国财政[J]. 财政研究，1987（02）.

5. 戴园晨. 工资侵蚀利润[J]. 经济研究，1988（06）.

6. 唐宗焜. 所有制结构改革目标选择的几点思考[J]. 经济学动态，1986（01）.

7. 王东江. 中国国有企业改革20年[M]. 郑州：中州古籍出版社，1998.12.

8. 中国社会科学院经济研究所企业体制课题组. 资产经营责任制[M]. 北京：经济科学出版社，1987.5.

9. 高尚全、王梦奎、禾村. 中国改革开放大事典（上、下卷）[M]. 北京：北京工业大学出版社，1993.10.

10. 中华人民共和国国史全鉴编委会. 中华人民共和国国史全鉴·第五卷（1976—1988）[M]. 北京：团结出版社，1997.5.

11. 中华人民共和国国史大辞典编委会. 中华人民共和国国史大辞典[M]. 哈尔滨：黑龙江人民出版社，1992.11.

12. 冯宗容. 中国近现代经济热点及重大事件[M]. 北京：中国经济出版社，1995.3.

13. 中共十一届三中全会以来大事记[N]. 人民日报，2003-10-10.

14. 中国集团公司促进会. 国有企业改革政策演变[M]. 北京：中国财政经济出版社，2003.1.

15. 中国共产党80年大事记[EB/OL]. 人民网，2001-06-12.

第三卷（1998-2007）

中国国有企业改革编年史 1978-2018

THE ANNALS OF CHINA'S STATE-OWNED ENTERPRISES REFORM

章迪诚——编著

中国工人出版社

目录

1998 年

1999 年

2000年

2001年

2002年

2003 年

2004年

2005 年

2006 年

2007 年

1998 年

1998 · 年度经济背景

抵御亚洲金融危机冲击，确保经济增长 8%

从 1993 年夏季开始的以降低经济增长率和通货膨胀率为首要任务的宏观经济调控，促进了经济“软着陆”的实现。国内生产总值的年增长率，由 1992 年的 14.7% 下降到 1997 年的 8.8%，回到了当时条件下经济增长的合理区间；零售物价指数也由 1994 年的 121.7 下降到 1997 年的 100.8。这次成功实现“软着陆”，是中华人民共和国历史上的第一次，标志着中国政府调控宏观经济的能力实现了一次历史性的飞跃。

但是，从 1997 年四季度开始，中国经济运行就出现了以物价下降作为主要标志的通货紧缩苗头，1997 年的许多消费品和投资品的价格指数都出现了负增长。1997 年，零售商品中的食品、首饰、家用电器、建筑装潢材料和机电产品的价格指数分别为 99.8、95.6、97.8、99.0 和 95.5，农业生产资料的价格指数为 99.5，农产品收购价格指数为 95.5，工业品出厂价格指数为 99.7（其中冶金、化学、机械、建筑材料、森工、食品、纺织、皮革和造纸的出厂价格指数分别为97.7、95.5、98.1、99.6、99.3、99.6、98.0、98.3和94.5）。虽然负增长的幅度都不大，但负增长的面相当广，囊括了许多重要的投资品和消费品。当时普遍的看法，都把这种负增长归结为中国经济发展史上具有重大意义的初级买方市场的形成。但后来的经济发展趋势表明，这种负增长固然有包括初级买方市场形成在内的多方面原因，同时却也展现了通货紧缩的端倪。这种现象表明：中国已经由1992年的投资和消费需求膨胀开始转向投资和消费需求不足。

尤其严重的是，进入1998年以后，刚刚好转的经济形势面临了异常复杂的国际、国内环境，出现了许多前所未有的情况和困难。第一，1997年下半年发生的亚洲地区金融风波，对世界经济产生的影响逐渐显现出来，我国经济也无法规避地遭遇严重困难。1997年7月2日，泰国被迫放弃实行了14年之久的泰铢固定汇率制，泰铢兑美元的比值当天贬值20%，迅速波及东南亚各国货币市场。这场危机到1998年上半年，已蔓延到日本、韩国和其他一些亚洲国家。进入下半年后，危机继续向全球扩散，日元再度大幅度贬值，俄罗斯金融和经济剧烈动荡，欧美股市暴跌，拉美国家外资大量出逃，国际金融市场出现战后最严重的动荡，世界经济和贸易增速不断放慢。这场危机对我国的负面影响也逐步显现，导致我国对亚洲国家的出口大幅度下降，来自亚洲国家和地区的外商投资减少。第二，1998年6月中旬以后，中南、西南地区东部和东北、西北部连降暴雨，导致长江发生了自1954年以来又一次全流域性的大洪水，沿江干堤遭受了持续两个多月的高水位浸泡和八次洪峰冲击，嫩江、松花江流域发生超历史纪录的特大洪水。洪涝灾害不仅使人民群众的生命财产安全受到严重威胁，而且直接影响到整个国民经济的发展。江西、湖南、湖北、黑龙江、内蒙古和吉林等省（区）受灾极为严重，很多工矿企业停工、停产，长江航运中断一个多月。据统计，水灾给我国经济造成的直接损失达 2551 亿元，并且在很大程度上耽误了进行经济建设的宝贵时间。第三，国内买方市场的初步形成。绝大多数消费品和生产资料实现了供求平衡或供过于求。据对 600 种商品市场的调查，供过于求的基本稳定在 2/3 左右，没有供不应求的品种，即使供求基本平衡的产品，生产企业的生产能力也存在着相当大的过剩。由于需求结构和消费行为变化较大，供给结构不适应需求结构变化的矛盾更加突出，相当一部分工业企业开工不足，严重影响了经济增长的速度和质量。

在中国正在建立社会主义市场经济的过程中，国内投资和消费需求开始出现不足，特别是出口增速的大幅度下降，无疑对中国经济的持续快速增长构成很大威胁。从 1997 年四季度开始，中央政府就开始注意到经济增长率下降的问题，并于 1998 年初提出扩大内需，确保年度经济增长率达到 8% 和保持人民币稳定等重大决策。

接着，中共中央、国务院明确制定了“坚定信心，心中有数，未雨绸缪，沉着应付，埋头苦干，趋利避害”的指导方针，决定采取扩大国内需求，加大基础设施建设力度，开拓国内外市场等一系列应对措施。

上述方针政策在1998年上半年的贯彻取得了成效。1月至6月，国有单位固定资产投资达5828亿元，比上年同期增长13.8%；社会消费品零售总额达13980亿元，同比增长6.8%；进出口总额达1514亿美元，同比增长5.2%。其中，出口870亿美元，增长7.6%；进口644亿美元，同比增长2.2%。进出口相抵后，顺差为226亿美元。在投资、消费和净出口的拉动下，上半年国内生产总值达到34731亿元，比上年同期增长7%。但是，上半年商品零售物价指数比去年同期下降了2.1%，居民消费品价格指数下降了0.3%，粮食和猪肉的价格指数分别下降11.2%和12%，生产资料市场价格指数下降了4.3%，说明通货紧缩的趋势还在发展。

为此，中共中央于1998年7月决定，“在当前通货紧缩的形势下，中央决定采取更加积极的财政政策，筹集更多的资金，进一步加大基础设施建设，这是扩大内需的最有力措施。”紧接着以实行积极财政政策，扩大基础设施为核心的扩大内需的一系列重大政策相继出台。一个确保经济增长目标实现的，以扩大内需为主、以加大基础设施建设为核心的积极的财政政策与稳健的货币政策相结合的宏观调控政策体系最终形成。

1998年积极的财政政策主要包括以下五点内容：

第一，向国有商业银行增发了1000亿元国债，专项用于基础设施建设，进行反周期调节。基础设施建设投资的扩大，不仅有效地刺激了国内需求，也为调整经济结构，实现经济长期稳定发展创造了有利的条件。

第二，向国有独资商业银行发行了2700亿元的特别国债，专项用于补充国有独资商业银行的资本金，使其资本金充足率达到了“巴塞尔协议”和国家商业银行法规定的 8% 的水平，增强了银行防范金融风险的能力，也有利于财政政策和货币政策的协调运作。

第三，为支持外贸出口，分批提高了纺织原料及制品、纺织机械、煤炭、水泥、钢材、船舶和部分机电、轻工产品的出口退税率，加大了“免、抵、退”税收管理办法的执行力度，对一般贸易出口收汇实行了贴息的办法，中央外贸发展基金有偿使用项目专项资金也已正式开始使用。对促进外贸企业开拓国际市场，增加出口创汇发挥了积极的作用。

第四，为扩大吸收外资，调整了进出口设备税收政策，降低了关税率，对国家鼓励发展的外商投资项目和国内投资项目，实行了在规定的范围内免征关税和进口环节增值税政策，进一步改善了投资环境。

第五，为减轻企业负担，与有关部门一起，清理了涉及企业的政府性基金和收费，分三批取消不合法、不合理基金、收费共计 127 项，减轻企业负担 370 多亿元。

1998 年出台的旨在促进经济增长的货币政策措施之多，也是多年所未有的。主要包括以下六条：

第一，计划确定适当增加货币供应量。1998 年计划确定广义货币 M_2 增加 16% ~18%，与 1997 年实际增幅 17.3% 持平；狭义货币 M_1 增长 17% 左右，比 1997 年实际增幅 16.5% 略高，现金投放 M_0 1500 亿元，比 1997 年实际投入的 1376 亿元也要多。

第二，从1998年1月1日起，中国人民银行取消沿袭多年的对国有商业银行的贷款限额控制，取而代之实行资产负债比例管理和风险管理，以增强商业银行贷款的灵活性和自主性。

第三，3月下旬，中国人民银行宣布改革存款准备金制度，将商业银行上缴的法定存款准备金账户和备付金账户合二为一，并把法定存款准备金比例从13%下调至8%，增加了商业银行的可用资金，改变了长期以来商业银行一方面向中央银行缴存高比例的准备金，另一方面又因资金窘迫而不得不向中央银行大量借贷的不合理局面。同时，中央银行还降低了存款准备金率和金融机构存贷款利率，力图从利益机制上理顺中央银行与商业银行的资金关系，调动商业银行发放贷款的积极性。

第四，中央银行分别于3月25日、7月1日和12月7日三次调低金融机构存贷款利率。自1996年以来连续6次降息，约减轻企业利息负担近3000亿元。

第五，4月以后陆续制定并发布了关于改革金融服务指导意见、个人住房贷款管理办法，增加对中小企业的信贷支持等文件，督促商业银行在防范风险的前提下加快贷款进度，将资金重点投向基础设施建设方面以及开展住房、汽车等消费信贷业务。

第六，下半年配合国家实施积极的财政政策增发1000亿元国债，商业银行又相应增加了1000亿元配套贷款。货币政策的一再松动，银行存款的大量投放，有力地支持了经济增长。

通过上述一系列政策措施的实施，1998年，经受住了亚洲金融危机对我国经济严重冲击的考验，战胜了历史上罕见的洪涝灾害，确保了经济建设和改革开放的顺利进行，为实现跨世纪发展目标又迈出了坚实的一步。

全年国内生产总值完成 79553 亿元，按可比价格计算，比上年增长 7.8%，基本实现了年初确定的 8% 的增长目标。其中，第一产业增加值 14299 亿元，增长 3.5%；第二产业增加值 39150 亿元，增长 9.2%；第三产业增加值 26104 亿元，增长 7.6%。随着扩大内需各项政策措施的落实，扭转了经济增长速度逐季下滑的势头，从下半年开始经济增长速度逐步回升。分季度看，四个季度分别增长 7.2%、6.8%、7.6% 和 9%。

全年棉花产量 440 万吨，比上年减产 20 万吨。油料产量 2292 万吨，增加 135 万吨。糖料产量 9765 万吨，增加 379 万吨。茶叶和水果产量分别达到 66.5 万吨和 5490 万吨，均有明显增加。烤烟按国家政策要求和市场需求，产量为 210 万吨，减少 180 万吨。畜牧业和渔业生产稳定发展。猪牛羊肉产量达到 4355 万吨，增长 6.5%；水产品总产量 3854 万吨，增长 7.0%。

国家加大基础设施建设，对工业生产产生了明显的拉动作用。全年全部工业增加值完成 33541 亿元，比上年增长 8.9%。其中，国有工业企业和年产品销售收入 500 万元以上的非国有工业企业增加值达 20046 亿元，比上年增长 8.8%。工业产品销售率逐月回升，全年平均基本保持 1997 年的水平。

全年社会消费品零售总额 29153 亿元，比上年增长 6.8%，剔除价格下降因素，实际增长 9.7%。分城乡看，城市 17825 亿元，增长 7.1%；县及县以下 11328 亿元，增长 6.4%。生产资料市场偏淡，全国大中型批发零售贸易生产资料零售总额11798亿元，比上年下降12.7%。集贸市场发展平稳。

价格总水平持续走低。中央采取扩大基础设施投资和粮食流通体制改革等措施后，部分产品价格下滑的趋势开始得到抑制，但物价总体水平下降的趋势没有根本改变。全年居民消费价格总水平比上年下降0.8%，商品零售价格总水平下降2.6%。

固定资产投资规模扩大，基础设施建设明显加强。为应对亚洲金融危机对我国的严重冲击，保持国民经济持续快速健康发展，年初国家及时采取了扩大内需，加大基础设施建设力度等一系列政策措施。7月，面对国内物价持续走低和亚洲金融危机不断加深的新情况，为进一步扩大国内需求，拉动经济增长，在继续运用利率、存款准备金率等货币政策支持经济增长的同时，中央决定实施积极的财政政策，向商业银行增发1000亿元长期国债，银行相应配套增加1000亿元贷款，定向用于加快基础设施建设。实际执行的结果，在建项目投资占全部下达计划投资的70%左右，中西部地区项目的投资占全部下达计划投资的62%左右。截至1998年底，共下达加快基础设施建设项目2639个，项目总投资16540亿元。加快基础设施建设对国民经济增长起到了强劲的拉动作用。全年全社会固定资产投资完成28457亿元，增长14.1%，比上年提高5.2个百分点。据有关部门测算，全年投资拉动经济增长4.5个百分点，贡献率达到60%左右，明显高于上年，在一定程度上弥补了出口需求下降的不利影响。由于投资增长速度加快，投资类产品生产同步回升，工业增加值增长速度由二季度的7.8%回升到三季度的

8.6% 和四季度的 11%。

对外贸易和引进外资工作仍然取得了来之不易的成绩。据海关统计，1998 年，我国外贸进出口总值 3239.3 亿美元，比上年下降 0.4%。其中，出口 1837.6 亿美元，增长 0.5%；进口 1401.7 亿美元，下降 1.5%；进出口贸易顺差 435.7 亿美元，增长 7.9%。利用外资的规模基本稳定。全年实际利用外资 589 亿美元，同比下降 7.9%。其中，外商直接投资 456 亿美元，增长 0.7%；借用国外贷款 110 亿美元，下降 8.5%。国家外债总量基本合理。主要债务偿还指标均在国际公认的安全线之内。外商直接投资保持了较高水平。全年外商直接投资协议签约额 521.3 亿美元，比上年增长 2.2%。

财政收入的增长幅度继续高于当年经济增长率。财政收入占国内生产总值的比重由上年的 11.6% 上升到 12.4%。全年全国财政收入（不含债务收入）9853 亿元，完成预算的 101.8%，比上年增加 1202 亿元，增长 13.9%；全国财政支出（不含债务支出）10771 亿元，完成预算的 106.2%。比上年增加 1537 亿元，增长 16.7%。收入与支出相抵，支出大于收入 918 亿元。其中，中央财政本级收入 4885 亿元，比上年增长 15.6%；中央财政本级支出 3120 亿元，比上年增长 23.2%；税收返还和补助地方支出 3323 亿元，比上年增长 16.3%。中央财政收支相抵，赤字 960 亿元，与九届全国人大常委会第四次会议审议批准的调整预算数额持平。

货币供应量增幅基本实现了年初调控目标。1998 年末广义货币供应量 M_2 为 104499 亿元，比上年末增长 15.3%，狭义货币供应量M_1为38954亿元，增长11.9%，流通中现金M_0为11204亿元，增长10.1%，尽管略低于年初计划调控目标，但由于物价总水平下降，基本满足了经济增长的需要。全部金融机构各项存款余额95698亿元，比上年末增加13402亿元，增长16.1%。其中，城乡居民储蓄存款余额为53407亿元，增长17.1%；企业存款增加3900亿元，比上年少增加549亿元，企业存款所占比重比上年降低了5.2个百分点。国家银行占全部金融机构各项存款的比重为75.4%，比上年末上升了5.4个百分点。全部金融机构各项贷款增加11491亿元，比上年多增加778亿元。其中，为配合扩大内需的政策，中长期贷款全年增加3069亿元，比上年多增加1219亿元。短期和中期流动资金贷款增加7324亿元，比上年少增加437亿元，这主要是由于农副产品贷款封闭运行取得成效以及实际收购总额下降，贷款投放少增加所致。国家银行占全部金融机构各项贷款的比重为79.2%，比上年上升了3.1个百分点。1998年末，国家外汇储备达1450亿美元，比上年末增加51亿美元。年末美元兑人民币汇率为8.2789，比上年末略升9个基本点。

国有企业下岗职工基本生活保障和再就业工作得到加强。1998年党中央、国务院召开了关于做好国有企业下岗职工基本生活保障和再就业工作会议，下发了关于做好国有企业下岗职工生活保障和再就业工作的通知，明确了保障国有企业下岗职工基本生活与促进再就业工作相结合的指导思想。进一步规范了职工下岗程序和审报备案制度。强调凡有下岗职工的国有企业必须建立再就业服务中心，企业下岗职工必须进入再就业服务中心。再就业服务中心必须建在企业，行使为下岗职工发放基本生活费、代缴社会保险、组织职业培训和开展就业服务等职能。据劳动和社会保障部统计，到 1998 年底，有下岗职工的国有企业都建立了再就业服务中心或类似机构，610 万下岗职工中，进入再就业服务中心的占 99%，其中 93.2% 领到了基本生活费，80.5% 签订了基本生活保障和再就业协议。国有企业下岗职工中有 50% 实现了再就业。

据城乡住户调查，1998 年，城镇居民人均可支配收入 5425 元，比上年增加 265 元，增长 5.1%，考虑价格下降因素后，实际增长 5.8%；农村居民人均纯收入 2162 元，比上年增加 72 元，增长 3.4%，考虑价格下降因素后，实际增长 4.3%。与上年相比，实际收入增长幅度，城镇居民提高了 2.4 个百分点，农村居民下降了 0.3 个百分点。据调查，1998 年城镇居民人均消费性支出 4332 元，比上年增长 3.5%，农民人均生活费支出 1590 元，比上年减少 27 元，减少 1.7%，考虑价格下降因素后，实际支出与上年基本持平。城乡居民储蓄存款继续高速增长。截至 1998 年底，我国城乡居民储蓄存款达 53407.5 亿元，比上年同期增加 7498.9 亿多元，增长 15.4%。

连续几年宏观调控所形成的“高增长、低通胀”经济格局，营造了较为宽松的经济环境，为国有企业提供了调整和改革的空间；实行积极的财政、货币政策，发行 1000 亿元国债和配套资金的投入，加大基础设施和灾后恢复生产、重建家园的投资对经济增长起到明显的拉动作用；大规模打击走私行动的开展，使重点产品的走私势头得到遏制，有利于促进国内工业生产的增长和效益的提高。但是，经济生活中也还存在一些不容忽视的问题，有的还十分严重。

一是社会中低收入阶层收入增长趋缓。1998 年，占城镇居民收入主体的国有经济单位职工工资性收入仅增长 2.1%，集体经济单位职工收入则下降了 4.6%。农村居民来自工资性和经营性的收入仅增长 2.6%；其中家庭经营农业的纯收入下降了 2.3%，出现了增产不增收的情况。社会成员之间的收入差距继续扩大。从城镇居民的人均可支配收入来看，1998 年，最高与最低收入户组的收入之比为 4.4∶1，比上年又扩大了 0.2 倍。从城乡收入差距看，城乡收入差距在连续三年缩小的情况下，1998 年也出现了逆转，城镇居民人均可支配收入与农村居民人均纯收入之比已由上年的 2.47∶1 扩大为 2.51∶1。

二是工业企业特别是国有工业企业经济效益普遍下滑。全年工业企业实现利润 1473 亿元，下降 17%。其中一季度下降 58%、上半年下降 43.2%、三季度下降 30.8%，到全年减少到下降 17%；国有及国有控股企业实现利润 490 亿元，下降 38.3%，降幅自上半年的 93.7%、三季度的 68.3% 回落到全年的 38.3%。亏损企业亏损额 1556 亿元，同比增亏 22.1%；其中国有及国有控股企业亏损 1023 亿元，增亏 21.9%。工业经济效益综合指数为 91%，同比下降 4.2 个百分点；产销率 96.4%，与上年持平。年末产成品库存达 6094 亿元，比上年末增加 320 亿元，增长 5.5%。主要工业行业除纺织工业由于限产压锭，国有纺织企业减亏 26 亿元，实现利税 52.2 亿元，增长 39%；石油化学工业、冶金工业和电力工业低速增长外，其余行业的产销和效益普遍下降。其中，煤炭工业产、运、销量下降，全国原煤生产下降 8.9%，大多数企业效益滑坡，94 户重点煤炭企业亏损 40.18 亿元，比上年增亏 39.82 亿元，亏损面由 28% 上升到 80%，盈利企业 19 个，比上年减少 49 个。有色金属工业中央直属企业实现利税 14 亿元，下降 38.9%；净亏损 14.6 亿元，扣除财政补贴后，净亏损 20.5 亿元，亏损面 79%。全年减利 38.4 亿元，其中价格下降减利达 34 亿元。建材工业全年县及县以上 5000 多户工业企业净亏损 15.93 亿元，同比增亏 2 亿元；系统预算内国有工业的亏损面和亏损额控制在 50% 和 10 亿元左右；亏损企业亏损额同比增长 7.7%。机械工业在统计的 8064 户机械企业中，亏损企业 3587 户，亏损面为 44.5%；亏损企业亏损额 140.09 亿元，比上年增长 24.32%。轻工行业系统内 27904 个独立核算工业企业实现利税总额 342.46 亿元，下降 14.46%，亏损总额 187.12 亿元，增长 14.5%，亏损企业 11994 个，亏损面为 43%。烟草工业产销和效益都有所下降，卷烟生产比上年减少 17.8 万箱，比计划减少 75.7 万箱；卷烟销售 3284.8 万箱，比上年减少 104.7 万箱，比计划减少 140.2 万箱。工商利润下降 10.7%，其中工业利润下降 3.1%，商业利润下降 16.7%。电子工业虽然扭转了全行业利润下滑的局面，但是亏损仍较严重，在全行业 3027 户企业中，1260 户出现亏损，亏损面达 41.6%。全国用电增幅自 1996 年开始回落，到 1998 年已达到近三十年来最低点，辽宁、吉林、黑龙江、北京、安徽、四川、陕西和宁夏等 8 个省（市）出现了负增长。

三是生产能力低水平过剩问题依然十分突出。我国产业结构不合理的问题突出表现在重复建设严重，导致生产能力低水平过剩。这种低水平过剩状态在市场竞争激烈的状态下更加明显，直接导致企业产成品库存大量积压。到1998年底，独立核算工业企业产成品库存已达6093亿元，约占同期流动资产的13.6%。低水平生产过剩是工业企业经营困难、效益下降的重要原因，并将继续制约工业经济的正常生产经营。

1998 · 基本改革思路

国有企业三年脱困

改革开放20年，我国的经济发展阶段、市场供求关系、宏观经济环境和市场竞争格局都发生了根本性变化。随着改革不断深化，改革初期所推行的某些政策措施的滞后效应也日益显现。国有企业经济效益日益恶化，国有大中型企业亏损日益严重。1997年前后，国有亏损企业的问题已日益成为一个影响稳定的重大社会问题，要求中央政府尽快采取一种与以往不同的、力度更大的改革方针。为此，中央政府逐渐形成了国有企业三年脱困攻坚战的改革思路。

进入20世纪90年代以后，我国的经济发展态势发生了一系列重大变化。一是经济增长方式发生了重大变化，开始由粗放型经济增长向集约型经济增长转变，资本投入增长和劳动投入增长所做的贡献开始降低，综合要素生产率增长所做的贡献明显增加。二是我国的产业结构特别是工业结构发生了巨大变化，工业化基本完成了数量扩张阶段，进入以高加工度产业为主的产业发展阶段，价格竞争日趋激烈，企业利润日趋平均化，产业集中化的步伐加快。三是市场供求关系发生了根本性变化，由长期以来供不应求的“短缺经济”，迅速过渡到普遍的市场供大于求，市场性质由“卖方市场”转变为“买方市场”。四是市场环境发生了根本性变化，多种经济成分迅速崛起，对国有企业形成直接挑战。

在经济发展阶段转型和市场供求关系发生转变的情况下，绝大多数国有企业不能适应变化的环境，逐渐陷入了困境。一是在长期的卖方市场刺激下国有经济内部形成的低水平重复投资、重复建设的矛盾充分暴露出来，大量过剩的生产能力一下子闲置起来。二是在“分灶吃饭”财政体制下由政府直接投资造成的畸形的生产力布局和不合理的国有经济资源配置矛盾充分暴露出来，地区产业结构趋同严重制约了国有企业的生产经营。三是在自给自足指导思想下形成的大而全、小而全的国有企业组织结构矛盾充分暴露出来，大企业多而不强，生产经营的集中度低；小企业少而不活，难于创造市场的活力。四是在计划经济和短缺经济条件下形成的大批量、少品种的生产组织方式的矛盾充分暴露出来，企业生产方式不适应迅速变化的市场需求，造成在制品资金和产成品资金大量占压而出现严重亏损。

随着时间推移，改革初期所推行的某些政策措施的滞后效应也日益显现。除了财政“分灶吃饭”造成了重复建设、结构趋同之外，企业固定资产投资和流动资金来源两个“拨改贷”留下的后遗症，逐渐成为国有企业进一步改革发展的严重障碍。

一是出现了一大批没有资本金的“国有企业”。以天津钢管公司为例，这个当年为了兴建天津钢管工程（天津“大无缝”）而组建的国家“八五”计划重点建设项目，因为建设资金全部由银行贷款，1995年工程竣工以后，公司净欠银行贷款134.64亿元，企业还没有投产，当年就要还本付息26.83亿元，平均日付息300多万元。1996年和1997年两年，公司分别要还本付息18.12亿元和19.26亿元，与企业同期销售收入大致相当。在建立现代企业制度试点中，作为百家试点企业，经国务院批准，国家分三次向企业注入了70亿元的资本金。然而国家注入的资金全部用来还账，也只解决了企业的少部分债务。到1998年，企业长期贷款利息还高达5.97亿元，当年亏损5.74亿元。二是国有企业负债累累。国有工业企业的资产负债率由1980年的18.7%，上升为1996年的71%，其中相当一批企业在扣除资产损失和潜亏挂账后，负债率大于100%。据统计，1997年国有独立核算的工业企业负债总额是38315亿元，按当年一年期的贷款利率8.64%计算，国有企业一年需要向银行支付利息3310亿元，相当于同期企业利润总额的7.7倍，利税总额的1.14倍。负债累累使企业陷入资金运转的困境，很多企业成为亏损企业。特别是从1997年开始，鉴于亚洲金融危机的教训，我国国有银行采取一系列重大的改革措施，加快了向商业银行转变的步伐，国有企业结束了躺在国有银行身上过日子的历史。过去企业被掩盖的各种矛盾开始显现，并逐步表面化、尖锐化起来。众多国有企业由于资信欠佳，普遍缺乏新的融资渠道，潜亏变为明亏，亏损额骤增。一些企业出现了停产、半停产的情况，大量工人下岗，企业发不出工资，面临着极大困难。

随着社会主义初级阶段基本经济制度的确立，多种经济成分蓬勃发展，使我国的市场竞争环境发生了根本性变化，彻底改变了国有经济一统天下的格局，国有企业面临空前剧烈的竞争。一是多种经济成分迅速崛起，对国有企业形成直接挑战。国有企业不得不面对剧烈的市场竞争环境，在与各种经济成分的激烈竞争中求生存、求发展。二是国外、境外资本大举进入，彻底改变了国内市场的竞争格局，外资企业凭借其资金雄厚、技术领先、装备精良、管理先进的优势，与国有企业进行全方位、高层次的较量，使国有企业面临严重冲击。三是为了迎接加入 WTO 的挑战，中国长期实行的保护性关税大幅度下降，各项非关税壁垒也逐步减少，国内市场的开放程度迅速提高，加快了国内市场与国际市场的进一步接轨，国内竞争国际化，国有企业面临的竞争环境更加复杂。

尽管国有企业已经面临重重困难，但是，国有企业作为国家财政收入主要来源的支柱性作用没有减轻。到 20 世纪 90 年代后期，国有工业企业的产值比重已经降到全部工业产值的 1/4 左右，但国有企业却仍然承担着国家财政收入的绝大部分。1980 年，国有工业企业的产值比重为 76. 0% 时，相应地国有经济单位为国家提供的财政收入占 86. 9%；到 1990 年，国有工业企业的产值比重降到 54. 6%，相应地国有经济单位为国家提供的财政收入占 71. 3%；1995 年，国有工业企业的产值比重降到 33. 9%，而国有经济单位为国家提供的财政收入仍然占 71. 1%；1997 年，全国工商税收的总收入为 6861. 2 亿元，其中国有工业企业提供的工商税收 3864.86 亿元，占 56.3%。但当年国有工业企业的产值比重只占 25.5%，集体工业企业的产值比重占 38.1%，城乡个体工业企业的产值比重占 17.9%，其他经济工业企业的产值比重占 18.4%。多元经济并存的格局使产出的所有制构成发生了巨大变化，但是国家税收的所有制构成并未相应同步变化。国有企业以 1/4 的产出，提供了 1/2 强的税收。在整个改革进程中，国有经济承担了大量的改革成本，实际上是以国有企业的牺牲，换来了非国有经济的大发展。

随着市场经济体制的逐步建立，国有企业的经营机制与市场经济体制的要求不相适应的深层次矛盾越来越突出。在财政体制、金融体制已经改变的背景下，在新的市场竞争格局形成且日益激烈的环境中，旧体制掩盖下国有企业长期低效率运行的问题凸显出来。具体表现在国有经济的运行上，则是企业效益急剧下降，亏损企业增加，亏损面扩大，大批职工下岗，一大批企业亏损严重，难以为继，有的已处于濒临倒闭的边缘。根据国家统计局提供的数据，到 1997 年底，全国国有及国有控股的大中型工业企业亏损面达到 39.1%，涉及职工人数 1008.9 万人，占全部国有及国有控股大中型工业企业总人数的 31.8%。全国 31 个省（自治区、直辖市）的国有及国有控股工业企业盈亏相抵之后，有 12 个省（自治区、直辖市）为净亏损，亏损总额达 665.89 亿元。

从行业状况看，形势也比较严峻，纺织、煤炭、军工等多个行业亏损严重。到 1997 年，国有大中型企业亏损面已达 39.11%，亏损企业亏损额 665.9 亿元，盈亏相抵，实现利润

856.5 亿元。但这个数字并不能真实反映国有大中型企业的盈亏状态。以煤炭工业为例，1997 年有关主管部门宣布全行业扭亏，到 1998 年中央煤炭企业全部下放地方以后，则暴露出大面积亏损。据财政部统计，1998 年我国国有非金融企业（包括国有独资和国有控股）23.8 万户，盈利面为 50%，盈利企业平均净资产利润率为 7.3%；亏损企业亏损额为 3066.5 亿元，比上年增亏 30.9%，亏损企业平均净资产利润率为 -55.4%。2.4 万户多元投资主体的国有企业实现利润 844.3 亿元，比上年增长 17.7%，平均净资产利润率为 8.7%；而 21.4 万户国有独资企业当年实现利润为 -630.6 亿元，比上年增亏 596.3 亿元，平均净资产利润率为 -1.7%。1998 年国有企业盈亏相抵，实现利润只有 213.7 亿元。国有企业的亏损面、亏损额均超过了 1997 年，成为历史上国有企业亏损最高的年份。

国有大中型企业亏损日益严重，引发了一系列严重问题，具体表现为：大面积的企业停产、半停产，开工不足；相当数量的职工下岗、失业；职工工资收入下降；大量企业拖欠银行贷款本息；企业缺乏流动资金进行简单再生产，更不用说进行技术改造和新产品开发。老工业基地沈阳市表现得最为突出，沈阳铁西区是国有大中型工业企业最集中的地方，当地一句民谣形象地勾画出当时的悲凉状况："停产一条街，工人度假村"。

1997 年前后，国有企业问题已经到了非常尖锐的程度。对于一项涉及 200 万家企业、上亿职工的改革来说，任务十分复杂艰巨，需要一个较长期的过程是很正常的。问题在于在一个变化了的宏观经济体制背景和市场竞争格局下，改革进展不平衡的后果越来越表面化。在财政不愿提供亏损补贴、银行不愿提供贷款的情况下，国有亏损企业的问题已经成为一个影响稳定的社会问题，尤其是在社会保障体系尚未健全的背景之下。这种严重情势，要求中央政府尽快采取一种与以往不同的、力度更大的改革方针，积极引导国企进入到改革的突破口，打一场改革攻坚战。

鉴于国有企业改革与发展面临的严峻形势，1997 年 7 月 18 日至 24 日，国务院副总理的朱镕基在辽宁考察国有企业时强调“要坚定信心，扎实工作，用三年左右的时间，通过改革、改组、改造和加强管理，使大多数国有大中型亏损企业摆脱困境，力争到本世纪末在大多数国有大中型骨干企业中初步建立起现代企业制度”。这是“三年两大目标”的最早雏形。

1997 年 9 月初，中共十五大在北京召开，江泽民向全党发出号召：“深化国有企业改革，是全党重要而艰巨的任务。要坚定信心，勇于探索，大胆实践，力争到本世纪末大多数国有大中型骨干企业初步建立现代企业制度，经营状况明显改善，开创国有企业改革和发展的新局面。”在随后召开的中共十五届一中全会上，将“用三年左右时间，通过改革、改制、改造和加强管理，使大多数国有大中型亏损企业摆脱困境，力争到本世纪末大多数国有大中型骨干企业初步建立现代企业制度”确定为全党和政府的工作目标。

国家经贸委与国家统计局用了近两个月时间，对全国 16874 户国有及国有控股大中型企业中在 1997 年底出现亏损的企业进行逐级、逐户认真核查清理，最终锁定应该脱困的企业共计

6599 户，占全部国有及国有控股大中型企业的 39.1%，共涉及资产 12512.26 亿元，占全部国有及国有控股大中型工业企业总资产的 21.7%；负债 9996.38 亿元，占国有及国有控股大中型工业企业全部负债的 28.8%；所有者权益 2515.88 亿元，平均资产负债率 79.9%，比国有及国有控股大中型工业企业的平均负债水平高出 19.8 个百分点。职工总人数 1008.85 万人，占全部国有及国有控股大中型工业企业总人数的 31.8%。1997 年销售收入 3935.06 亿元，亏损总额 665.9 亿元。

国企三年脱困目标提出后一度被有些人认为是一项不可能实现的目标，1998 年 1 月 5 日，中国人民银行发布了对 1254 户国有和国有控股大型企业的监测分析报告。报告指出：截至 1997 年 11 月末，千户大型企业生产经营总体状况较好，在工业经济结构调整中发挥了主导作用，呈现出下列几个特点：一是产销利润同步增长，实现工业总产值占国有及国有控股企业 40.9%，实现销售收入占 60%。二是盈利向少数特大型企业及企业集团集中，千户企业中销售收入在 100 亿元以上的企业有 23 户，占千户企业销售收入的 31.5%。三是企业亏损状况有所改变，千户大型企业的亏损面为 30.7%，是近年来的最低水平。四是企业兼并重组步伐加快，截至 1997 年 11 月末，千户企业净资产达 14139 亿元，增长 19%。报告得出的结论是：以上数据表明，国务院领导提出用三年左右时间使大多数国有大中型亏损企业摆脱困境的要求是具备一定条件的。中国人民银行的报告，对“三年两目标”的实现提供了有力的理论支持，极大地增强了人们的信心。

1998 年 2 月 14 日，国务院副总理朱镕基在天津考察工作时指出，能不能在三年内力争使大多数国有大中型亏损企业实现脱困目标，关键在下岗人员能否得到妥善安置，这项工作直接关系到国有企业改革的成败。当前下岗职工较多的现象，是必然要经历的一个历史过程，否则就不能进入社会主义市场经济，就不能建成现代企业制度。下岗职工增多的原因，一是重复建设；二是过去建厂没有资本金，全靠银行贷款，难以还本付息；三是用人过多，吃“大锅饭”，一个人的活三个人干。下岗分流从根本上看有利于经济发展，符合工人阶级的长远利益。

1998 年 3 月 19 日，九届全国人大一次会议在北京闭幕。新任国务院总理朱镕基在回答记者提问时指出，本届政府的任务，概括起来说是“一个确保、三个到位、五项改革”。“一个确保”是指：我们必须确保今年经济发展速度达到 8%，通货膨胀率小于 3%，人民币不贬值。“三个到位”是指：第一个“到位”是用三年左右的时间使大多数国有大中型亏损企业摆脱困境进而建立现代企业制度；第二个“到位”是要在三年时间里彻底改革我们的金融系统；第三个“到位”是政府机构的改革。“五项改革”是指：第一项是粮食流通体制改革；第二项是投资融资体制改革；第三项是住房制度改革；第四项是医疗制度改革；第五项是财政税收制度改革。新一届中央政府将“三年两目标”作为本届政府最重要的任期目标之一，一场意义深远的国有企业改革与发展的攻坚战自此正式拉开。

1998 · 年度改革实践

重点行业结构调整

国企三年脱困所运用的主要政策包括：一是行业调整与改组政策；二是企业联合与重组；三是兼并破产；四是直接融资；五是技术进步；六是内外贸政策；七是金融政策（封闭贷款等）；八是分离、分流政策；九是减轻企业负担。

国务院决定以纺织行业为突破口，对全行业实施“压锭、减员、调整、增效”；以煤炭行业为重点，对全行业实施“下放、关井、监管”，重点行业的结构调整从此全面展开。

一、纺织行业的“压锭、减员、调整、增效”

国家确定将纺织行业作为重点行业结构调整的突破口，1998 年是国有纺织企业改革的第一年。纺织工业开始了以“压锭、减员、调整、增效”为内容的结构大调整，1998 年，国有纺织企业共压缩淘汰 512 万枚棉纺锭，分流安置下岗职工 66 万人，纺织工业重复建设难以控制的局面得到扭转，纺织行业结构得到调整，抗风险能力得到加强，国有纺织企业历史债务重和冗员过多的压力有所减轻，大多数国有企业经营状况明显改变。

上海率先敲响全国“纺织压锭第一锤”，首批 12 万落后纱锭实现压锭销毁，从而拉开了纺织行业率先脱困攻坚战的序幕。到 1998 年，纺织行业作为重点行业结构调整突破口所确定的三大目标基本实现，共压缩淘汰512万落后棉纺锭，超额完成压缩480万锭的任务；共分流安置下岗职工66万人，超额完成分流安置60万人的任务；由于棉纺企业每压缩1万落后锭，财政补贴300万元，银行贴息贷款200万元，用于发展三产，安置下岗职工，再就业服务中心资金实行“三家抬”等一系列政策，使企业冗员减少，负担大大减轻，国有纺织盈利企业实现利润增长28%，增加10亿元；亏损企业亏损额下降20%，减亏16亿元，两项合计减亏26亿元。全行业实现利税52.2亿元，增长39%；毛纺行业调整的路子已经明确，茧丝绸行业控制总量也有了初步进展。

在已淘汰的512万棉纺锭中，大中型企业占81%，其中已兼并重组的占56%。国家对国有企业采取鼓励兼并，规范破产，下岗分流，减人增效，实施再就业等扶持政策，1998年三、四季度，核销了国有纺织企业120多亿元历史债务，使资产负债率从1997年的77%下降到73%。这些措施大大降低了企业生产成本，减少财务费用和管理费用60多亿元。国家为应对国际金融动荡，防范金融风险和保持国民经济持续、快速、健康发展所采取的积极政策，有力促进了国内需求。通过压锭重组，一批好企业、大集团浮出水面。国务院还特批一部分优势企业进行股份制改造，通过上市融资达80多亿元，提高了企业资本运营能力和资产质量。

1998年纺织政策性减亏效果显著，全年系统内国有纺织工业净亏损19.1亿元，比上年减亏25.6亿元。一、二季度纺织突破口政策尚未到位，仅减亏1.5亿元，三季度遭遇特大洪灾，出口开始下滑，减亏仅 0.4 亿元，形势极为严峻，四季度突破口政策全面到位，扭亏工作力度加大，形势出现明显转机，减亏达 23.7 亿元，全年累计减亏 25.6 亿元，接近完成 30 亿元减亏目标。

据对 16 个省（市）8 个行业的统计看，1998 年比上年同比减亏的行业是棉纺、印染、毛纺、丝绸等，化纤行业实现扭亏为盈，针织行业增利，麻纺行业由盈变亏。国有纺织企业中盈利企业利润总额提高了 28%，亏损企业亏损额下降了 20%。从地区看，扭亏增盈很不平衡，除上海、河南、福建、河北、内蒙古等 5 省（市）增利及山东保持盈利外，浙江、广东、四川、江苏、吉林、江西、海南及山东丝绸 8 个省级单位扭亏为盈，盈利省市占 36 个省级单位的比重由 1997 年的 17% 上升到 39%。按计划完成扭亏为盈任务的 14 个省级单位是：浙江、安徽、四川、江西、山西、内蒙古、辽宁、陕西、重庆、宁夏及四川丝绸、浙江丝绸、山东丝绸、重庆丝绸。按减亏增利绝对额排列在前十名的省级单位是：陕西、山西、辽宁、重庆、四川丝绸、安徽、广东、浙江、上海、四川。

二、煤炭行业的“下放、关井、监管”

1998 年，第九届全国人大一次会议决定将煤炭工业部改组为国家煤炭工业局，对煤炭工业管理体制进行了重大改革。国务院下发了《关于改革国有重点煤矿管理体制有关问题的通知》（以下简称《通知》），决定将国有重点煤矿下放地方管理。按照《通知》要求，国家经贸委、国家煤炭工业局会同财政部、劳动保障部、中国人民银行等有关部门组成专门的班子进行企业下放交接工作。从1998年7月24日开始，逐个省（自治区、直辖市）进行商谈，到8月28日，完成了下放交接任务，94个国有重点煤矿以及原随煤矿上收的206个企事业单位、2379亿元资产、320万职工和133万离退休人员全部下放到地方。国家煤炭工业局不再直接管理企业，不再下达生产计划和盈亏指标。煤矿企业下放以后，国家煤炭工业局虽然不直接管理企业，但仍然从行业管理的角度，加强对国有重点煤矿企业的指导，为企业发展创造好的环境和条件。

针对煤炭生产总量过剩、市场供过于求的状况，国务院作出了关井压产的重大宏观调控决策。1998年11月11日至12日，国务院召开全国煤炭行业关闭非法和布局不合理煤矿工作会议，决定到1999年底，关闭非法和布局不合理的各类小煤矿2.58万处，压减煤炭产量2.5亿吨。关井的对象有如下几类：一是既无采矿许可证又无煤炭生产许可证，以及1997年1月1日后在国有煤矿矿区范围内开办的各类小煤矿，要全部取缔。二是国有煤矿矿区范围内1997年1月1日以前开办，已取得采矿许可证，但未取得煤炭生产许可证的各类小煤矿予以关闭；国有煤矿矿区范围外，已取得采矿许可证，但未取得煤炭生产许可证的各类小煤矿，要全部停产，限期整顿，经整顿仍达不到煤炭生产许可证发放条件的，予以关闭。三是国有煤矿矿区范围内，1997年1月1日以前开办，已取得采矿许可证和煤炭生产许可证合法生产的小煤矿，因布局不合理，影响国有煤矿长远发展的，予以关闭，并给予适当补偿。到8月28日，全国共取缔和关闭矿井4313处，压减产量大约6000万吨，下达停产关闭通知单 2236 份，下达停产整顿通知单 2628 份。

为加快国有煤炭企业扭亏脱困步伐，对亏损超过 5000 万元的亏损大户，逐个进行调查，分析亏损原因，督促、指导企业采取有力措施，扭转亏损局面；对盈利超过 3000 万元的盈利大户，督促企业进一步改善经营管理，并从多方面加以支持，帮助企业克服困难，尽可能地增加利润。各煤炭企业坚持把减员增效、下岗分流作为扭亏解困的关键环节来抓，加大下岗的力度，加快实施再就业工程。国有重点煤炭企业中，有下岗职工的 152 户企业全部建立了再就业服务中心，矿（厂、处）、公司等二级单位设立了 1388 个分中心或工作站，专职工作人员达到 4000 人。全年累计下岗职工 39 万人，其中 36 万人已进入再就业服务中心，占 92%。对 31 万下岗职工发放了基本生活费，占下岗职工总数的 85%。行业养老保险统筹随着企业下放一并纳入了地方管理。

冶金企业内部改革继续深入，减人增效取得新的成效。首钢下岗和转岗分流 18500 多人，其中向社会分流 6000 多人，转岗分流 12000 多人，进入再就业中心 1600 多人，减人增效约 3100 万元；武钢通过机构改革，机关人员从 5140 人压缩到 930 人，同时将有条件的分离单位正式注册为自负盈亏的子公司；马钢建立了规范的母子公司体制，精简管理人员 30% 以上；重钢通过减人分流，已达到人均产钢 100 吨的水平，累计节省工资及附加费支出 1.16 亿元。

三、其他行业的总量控制和结构调整

建材、制糖、石油化工、电力等行业的总量控制和结构调整也取得成效。据不完全统计，全国先后共关闭小水泥厂2176户、窑1643座；关闭小玻璃企业171户、175条生产线；关闭150户小糖厂；取缔了6000座土炼油场点，压缩原油一次加工能力1 100万吨；电力行业累计关停小火电机组约1000万千瓦。到2000年末，建材行业实现利润94.43亿元，比上年同期增加55.41亿元；制糖行业在糖价连续3年下滑的情况下止跌回升，1999年全行业亏损22亿元，到2000年盈利6亿元以上，实现了全行业扭亏为盈。

国有大型企业集团试点

1998年10月，国家经贸委召开了国有大型企业集团试点工作座谈会，对深化大型企业集团试点工作提出了具体要求。会议指出，要澄清“抓大”的一些模糊认识，既要借鉴国外的经验又不能简单地效仿，要汲取国外发展大集团的教训，坚定“抓大”的信心，加强企业集团内部制度建设，改善企业集团发展的外部环境，增强企业技术创新能力，增强市场竞争力。

石油、石化行业在原中国石油天然气总公司和中国石油化工总公司的基础上，于1998年7月27日组建了中国石油天然气集团公司和中国石油化工集团公司，实现了上下游、内外贸和产供销一体化，初步形成了统一、竞争的市场格局。

以宝钢为主体，吸收上海冶金控股（集团）公司、梅山（集团）有限公司参加，组建“上海宝钢集团公司”的工作于1998年8月正式启动。1997年，宝钢、上海冶金、梅山三家企业的钢产量总计达1515万吨，占全国产量的14%，上海宝钢集团公司组建后，加上宝钢三期工程的投产，宝钢集团的年钢产量预计将超过 1900 万吨，1998 年 11 月 18 日上海宝钢集团正式挂牌成立，资产重组的优势逐步发挥。冶金行业的邯钢兼并了连续多年亏损的舞钢，唐钢兼并宣钢，酒钢跨地区兼并西安钢厂，太钢兼并临汾钢厂，都对该地区的结构优化起到了积极作用。

国家出台一系列发展大企业、大集团的政策。继 1997 年国务院 15 号文件之后，国务院各部门和地方政府积极制定配套政策，支持大型企业集团的发展，配套政策逐步得到落实。中国人民银行于 1997 年下发了《关于加强企业集团财务管理的通知》（银发〔1997〕365 号），对企业集团财务公司的自营存贷比例、拆入资金余额、内部转账结算等方面做了规定。1998 年 4 月，国家工商局出台《关于印发企业集团登记管理暂行规定的通知》，规定组建企业集团，只要符合条件，可以到工商局直接登记，不必再由政府部门批准。从此，组建企业集团由审批制改为登记制。1998 年 8 月，国家经贸委下发了《关于国家大型企业集团制定试点方案有关问题的通知》，对制定企业集团试点方案提出了具体要求，企业集团内部要建立母子公司体制，加快建立现代企业制度步伐，增强集团母公司的功能建设，注重大企业集团发展战略的制定等。1998 年 10 月，国家统计局印发《企业集团统计报表制度》。1998 年 12 月，财政部、国务院生产办下发了《国家试点企业集团国有资本金管理暂行办法》，为理顺集团内部资产关系提供了具体办法，对促进建立母子公司体制、企业集团重组发挥了显著的作用。

据国家统计局统计，截至1997年底，全国省部级以上部门批准成立的企业集团共2302个，实现营业收入27659亿元，资产总额49250亿元，企业集团个数占全国独立核算工业企业的为1.27%，资产总额却占51.1%，营业收入占45.5%。国有控股企业集团占主导地位，集团母公司中国有控股公司1359个，实现营业收入22455亿元，分别占全部企业集团的59.0%和81.2%。

实行国有企业稽察特派员制度

为了加强对国有企业的监督，1998年上半年，国务院决定建立国有企业稽察特派员制度。5月，国务院下发了《国务院向国有重点大型企业派出稽察特派员的方案》（以下简称《方案》），7月，国务院颁布了《稽察特派员条例》（以下简称《条例》），这是国家加强国有企业财务管理和对企业领导干部管理制度实施的重大改革。根据《方案》和《条例》的规定，稽察特派员与企业是监督和被监督的关系。稽察特派员由国务院派出，代表国家行使监督权力。稽察特派员不参与、不干预企业的正常经营活动。其主要职责是，以《条例》为依据，以财务监督为核心，对企业的经营状况实施财务监督，通过财务监督和检查经营成果，对企业主要领导人执行党的方针政策、国家法律法规的情况和经营业绩作出评价。稽察特派员要将稽查结论向国家经贸委、国防科工委、外经贸部及有关国家局等行业主管部门汇报，经各有关部门审核认可后向国务院报告。国务院根据稽查结论，通过人事部对企业主要领导人员进行奖惩任免。截至 1998 年底，已分别派出两批共五十多名稽察特派员到若干重点国有大型企业进行实地稽查。1998 年 12 月 28 日，国家计委首批 60 名稽察特派员培训结业，将以新增国债建设项目为重点进行稽查。

军、警、政法和党政机关与所办企业限期脱钩

1998 年，国务院组成部门进行了全方位的机构改革。这次机构改革加强了宏观经济调控部门，调整和减少了专业经济部门，适当调整社会服务部门，加强执法监管部门，发展社会中介组织。这项改革不但有利于逐步建立适应社会主义市场经济体制的行政管理体制，而且也有力地促进了政府职能的转变，实现政企分开。1998 年 7 月，中央决定军队、武警部队、党政机关和政法机关一律不再从事经商活动，1998 年底以前一律与所办的经营性企业彻底脱钩。截至 1998 年 12 月 31 日，军队、武警部队和政法机关所属经营性企业的撤销、移交、解除挂靠关系等工作已经顺利完成，其中共撤销企业 19241 户，移交 6491 户，解除挂靠关系 5557 户。年底，党中央、国务院批准了《中央党政机关与所办经济实体和管理的直属企业脱钩的总体处理意见和具体实施方案》，至此，中央党政机关与所办经济实体和管理的直属企业脱钩的目标顺利实现。这些改革措施，为国有企业自主决策、自主经营和参与平等竞争创造了良好的外部环境。

国有企业下岗职工基本生活保障及再就业

根据中央政府提出的“一个确保、三个到位、五项改革”总体部署以及国有企业三年脱困的目标，1998 年新成立的劳动和社会保障部确定了近三年“三二一”的工作任务：抓住三个重点，落实两个确保，实现一个统一。“三个重点”是指促进国有企业下岗职工再就业，深化养老保险制度改革，推动医疗保险制度改革；“两个确保”是指确保国有企业下岗职工基本生活，确保离退休人员养老金发放；“一个统一”，就是对社会保险实行统一管理，实现养老、医疗、失业、工伤、生育“五保合一”，城镇企业、机关事业单位和农村社会保障“四位一体”，统筹规划、整体推进。总体目标是用三年左右的时间，初步建立起适应社会主义初级阶段生产力发展水平，符合社会主义市场经济要求的劳动制度和社会保障制度，使广大城镇劳动者得到比较充分的就业和最基本的社会保障。

1998 年一季度末，全国国有企业下岗职工为 655 万人，进入再就业服务中心的比例仅为 12.6%，半数左右下岗职工基本生活得不到保障。下岗职工问题关系到职工群众切身利益，影响改革、发展、稳定大局，事关国有企业三年脱困目标的实现，不仅是重大的经济问题，也是重大的政治问题。1998 年 5 月，中共中央、国务院召开了国有企业下岗职工基本生活保障和再就业工作会议，指出国有企业下岗职工基本生活保障和再就业工作，是现实条件下具有中国特色的社会保障体系的重要组成部分。并明确了做好这项工作的目标任务和政策措施，要求各级党委和政府，一定要把它作为一个头等大事抓紧抓好。会后，中共中央、国务院下发了《关于切实做好国有企业下岗职工基本生活保障和再就业工作的通知》（中发〔1998〕10 号）。7 月，经国务院同意，劳动和社会保障部又召开全国养老保险制度改革和再就业服务中心建设工作会议，提出 7 月所有下岗职工都要进入再就业服务中心的工作要求。按照中央和国务院的部署，主要采取了以下政策措施：

1. 普遍建立再就业服务中心，加强对下岗职工的管理。进入再就业服务中心的对象，主要是实行劳动合同制以前参加工作的国有企业正式职工（不含从农村招收的临时合同工），因企业生产经营等客观原因而下岗，但未与企业解除劳动关系，没有在社会上找到其他工作的人员。对于实行劳动合同制以后参加工作且合同期满的人员，可按照《中华人民共和国劳动法》和国务院有关规定终止劳动关系；合同期未满而下岗的，也要安排进入再就业服务中心。再就业服务中心有三项职能：负责为本企业下岗职工发放基本生活费；代下岗职工缴纳养老、医疗、失业等社会保险；组织下岗职工参加职业指导和再就业培训，帮助他们实现再就业。到 1998 年底，所有有下岗职工的国有企业都建立了再就业服务中心（或类似机构），为下岗职工基本生活保障和再就业工作奠定了坚实的组织基础。

2. 再就业服务中心用于保障下岗职工基本生活和缴纳社会保险费的资金，原则上实行“三三制”的办法解决，即财政、企业、社会筹集（主要是失业保险）原则上各占 1/3。1998 年全年地方筹集 85. 2 亿元，中央财政安排 110 亿元，用于中央企业和补助中西部和老工业基地困难地区。

3. 建立三条保障线制度。第一条保障线是下岗职工进入再就业服务中心保障基本生活，中心的期限一般不超过三年；第二条保障线是三年期满未实现再就业的，应与企业解除劳动关系，按规定享受不超过两年的失业保险待遇；第三条保障线是失业保险期满仍未就业的，可领取城镇居民最低生活保障费。三条保障线的相互衔接，使下岗职工的基本生活在任何情况下都能得到保障。为提高失业保险基金的支付能力，从1998年开始将失业保险基金的缴费比例由企业工资总额的1%提高到3%，由企业单方负担改为企业和职工个人共同负担，其中个人缴纳1%，企业缴纳2%。提高比例部分主要调剂用于再就业服务中心资金。到1998年底，全国参加失业保险的人数为7927.9万人。全年全国征缴失业保险基金60.2亿元，加上失业保险基金的利息和地方财政补贴，失业保险基金总收入68.4亿元；基金支出51.9亿元，其中，向国有企业再就业服务中心调剂资金14.6亿元。截至1998年9月底，全国已有536个城市和661个县建立了城镇居民最低生活保障线制度，逐步形成了覆盖城市所有困难群众的社会保障体系。

4. 加大政策扶持力度，积极促进下岗职工再就业。一是保持必要的经济增长速度，为带动就业岗位的增加创造有利条件。二是抓住调整和优化经济结构的机遇，继续加强基础产业和基础设施建设，因地制宜地发展劳动密集型产业，以利于扩大就业。三是发展第三产业，特别是商业、饮食业、旅游业、家庭和社区服务业等，并把它作为下岗职工再就业的主要方向，对下岗职工从事社区居民服务业的，给予减免税收、减免行政性收费、提供贷款等方面优惠。四是发展中小企业、劳动就业服务企业，把发展中小企业作为促进再就业的重要途径。国有商业银行设立小型企业信贷部，为中小企业的发展提供必要的贷款支持。五是大力发展集体、个体、私营经济，鼓励下岗职工自谋职业或组织起来就业，对下岗职工申请从事个体工商经营或开办私营企业的，开业一年内减免工商管理等行政性收费。六是鼓励企业主动吸收安置下岗职工，对企业利用现有场地、设施和技术发展多种经营，多渠道分流本企业富余人员和安置下岗职工的，给予必要的政策扶持。在积极开发就业岗位的同时，加强了就业服务工作，包括开展多层次、多形式的职业培训，加强劳动力市场科学化、规范化、现代化建设。

经过努力，6 月以后，国有企业下岗职工进中心、签协议、领到基本生活费的情况逐月见好。到 1998 年底，国有企业下岗职工中有 603.9 万人进入再就业服务中心，占下岗职工总数的 99%。在进中心的下岗职工中，已有 80.5% 的人签订了基本生活保障和再就业协议，有 93.2% 的人领到生活费。全年共有 609.9 万国有企业下岗职工实现再就业，再就业率达到 50%。到年底，全国企业（西藏未作统计）实有下岗职工 892.1 万人，比上年底减少 258.9 万人，下降 22.5%。全国国有企业（含国有联营企业、国有独资公司）实有下岗职工 610 万人，比上年底减少 24.3 万人，下降 3.8%。但是，还有近 8% 的下岗职工基本生活没有得到保障，进中心的下岗职工有 20% 没有签订基本生活保障和再就业协议，一些地方再就业政策落实不到位。

1998年，全国就业总人数继续增加。1998年底，全国从业人员69957万人，比上年底增加357万人。城镇从业人员20678万人，比上年底增加471万人，其中，私营个体从业人员3232万人，在岗职工人数12336.6万人。在城镇在岗职工中，国有单位为8809.3万人，城镇集体企业单位为1899.6万人，其他单位为1627.6万人。到1998年底，全国城镇尚有登记失业人员571万人，城镇登记失业率为3.1%，城镇登记失业率与1997年基本持平，全国就业局势基本稳定。

养老保险制度改革

鉴于养老保险制度覆盖范围窄、统筹层次过低、基金收缴困难，部分地区实行差额缴拨，出现了拖欠养老金现象等问题。1998年5月，按照中央政府提出的确保养老金按时足额发放的要求，各地加大工作力度，采取了一系列措施：

1. 动用基金积累“开仓放粮”。1998年各地共动用基金积累68.9亿元。

2. 加强养老保险基金的收缴工作，努力提高收缴率。全年共收缴基本养老保险费1459亿元，收缴率为90.64%。同时，大力清理追缴企业欠缴的养老保险费，全年共追缴企业欠费64.3亿元。

3. 建立和完善省级调剂金制度。全国已有26个省（自治区、直辖市）（含新疆生产建设兵团）建立了省级统筹和省级调剂金制度。

4. 实行行业统筹属地管理。根据国务院决定，从1998年9

月起，将基本养老保险行业统筹移交地方省级社会保险经办机构管理，由地方负责征缴基本养老保险和发放基本养老保险金。截至 8 月底，铁道、交通、电力、水利、邮电、民航、石油、中建、有色等 9 个行业和工行、建行、农行、交行、中行等 5 个商业银行以及中保（集团）公司分别完成了与 31 个省（自治区、直辖市）的移交工作。煤炭行业基本养老保险行业统筹移交地方管理工作，按有关规定随企业下放一并组织进行了移交。列入这次移交范围的单位共有 2014 个，涉及在职职工 1393 万人，离退休人员 421.6 万人。行业统筹移交地方管理后，1998 年内，企业和职工个人缴纳基本养老保险费的比例不变。从 1999 年起，调整移交企业缴纳基本养老保险费的比例，起步时不低于企业工资总额的 13%，以后逐步过渡到与地方企业相同的比例。

5. 加强基金管理，完善收支两条线管理办法，从严从快清查回收被挤占挪用的基金。1998 年共清查回收被挤占挪用的养老保险基金 14.58 亿元，占被违规动用的养老保险基金的 22.96%。

6. 实现养老金全额缴拨，加快养老金社会化发放的进程。通过努力，遏制住了 5 月以前大量拖欠养老保险费的势头，按照足额发放的比例逐月回升，9 月以后都在 99% 以上。同时，全国还补发了历年拖欠的养老金 30 亿元。到 1998 年底，全国已有北京、上海、福建、广西、浙江、宁夏、江西等 7 省（市）补清了参加原地方统筹企业过去拖欠的养老金，交通、水利、民航、石油等 4 个行业全部解决了养老金拖欠问题。

到 1998 年底，全国有 8475.8 万企业职工参加了基本养老保险社会统筹，占企业职工总数的80.5%；2727.3万企业离退休人员参加了离退休费社会统筹，占企业离退休人数的98%。全国有离退休、退职人员3593.6万人，比1997年底增加242.9万人；全国离退休、退职费总额为2073.7亿元，比1997年增长15.8%。全年全国基本养老保险基金收入1459亿元，比1997年增长9.1%，支出1511.6亿元，比1997年增长20.8%。到1997年底，全国基本养老保险基金滚存结余611.6亿元，比1997年减少10.4%，其中地方累计结余587.4亿元。

医疗保障制度改革

1998年，医改试点工作继续向纵深方向发展。在镇江、九江试点的基础上，医改试点扩大到四十多个城市。参加各种类型社会医疗保险的人数稳步扩大。1998年底，参加社会统筹和个人账户相结合（以下简称“统账结合”）医改的职工401.7万人，比上年增长36%；离退休人员107.6万人，比上年增长45.7%。全年实行“统账结合”医疗保险基金收入19.5亿元，支出15.6亿元，期末滚存结余9.8亿元。参加职工大病医疗统筹的人数为1108万人，比上年减少1.2%，基金收入39.2亿元，比上年增长6.3%，支出35.6亿元，比上年增加24%。参加离退休人员医疗费用社会统筹的离退休人员78.8万人，比上年减少20.6%，基金收入1.9亿元，比上年减少9.5%，支出1.7亿元，比上年减少11.3%。“大病统筹”和离退休人员医疗费用社会统筹基金共结余20亿元，比上年增长84.7%。

国务院于12月召开全国医改工作会议，出台了《关于建立城镇职工基本医疗保险制度的决定》，标志着医疗保险制度改革正式启动。这次医改的任务，就是要建立起适应社会主义市场经济体制，根据财政、企业和个人的承受能力，保障职工基本医疗需求的城镇职工基本医疗保险制度。改革的基本思路是“低水平、广覆盖、双方负担、统账结合”。主要政策是：

1. 明确了医疗保险制度的覆盖范围，即城镇所有用人单位，包括城镇各类企业、机关事业单位、社会团体及其职工都要参加基本医疗保险。

2. 基本医疗保险实行属地管理原则。原则上以地级以上行政区为统筹单位，对少数地级行政区内，县（市）经济发展水平和医疗消费差异较大的，也可以实行县（市）级统筹。中央、省属单位按属地管理原则参加所在地的基本医疗保险。

3. 基本医疗费由用人单位和职工个人共同缴纳。用人单位缴费比例控制在职工工资总额的6%左右，职工个人一般为本人工资收入的2%。

4. 建立基本医疗保险统筹基金和个人账户。个人缴费全部划入个人账户，单位缴费按30%左右划入个人账户，其余部分建立统筹基金。个人账户主要支付门诊或小额医疗费用，统筹基金支付住院或大额费用。

5. 加强医疗服务管理和加快医药卫生体制改革。国家通过制定基本医疗保险药品目录、诊疗项目和对药店进行定点管理，提供基本医疗保险的医疗服务。同时，加快医药卫生体制改革，建立医药分开核算、分别管理的制度，理顺医疗服务价格，调整医疗机构布局，发展社区卫生服务。

住房制度改革

1998 年 7 月，国务院颁布了《关于进一步深化城镇住房制度改革，加快住房建设的通知》（以下简称《通知》），要求从 1998 年下半年起停止住房实物分配，逐步实行住房分配货币化；同时，调整住房投资结构，重点发展经济适用住房，建立以经济适用住房为主的住房供应体系。这是 1998 年我国住房制度改革和住房发展工作取得的两项最重要的政策突破。

住房分配货币化的基本原则和要求是：统一政策目标；实事求是地确定住房补贴水平；合理确定住房分配货币化的方式；注意处理好各种不同群体的关系，保证深化房改工作稳步、健康推进。

截至 1998 年底，全国 21 个省（自治区、直辖市）出台了贯彻《通知》实施意见，确定了停止住房实物分配的时间和步骤；提出了住房分配货币化的基本思路；明确了建立新的城镇住房供应体系的政策措施。

住房分配货币化的主要形式如下：

1. “老人一次性补贴、新人按月补贴”方式。从各地方案制定情况看，绝大多数省（自治区、市辖市）采取一次性补贴或按月补贴的形式。江苏、上海等大部分省市实行“老人一次性补贴、新人按月补贴”的方式，即对新方案实施前参加工作的无房职工和住房面积未达标的职工采取一次性补贴办法，对新方案实施后参加工作的职工采取在职工全部工作年限内按月补贴的办法。

2. 老工龄一次性补贴、新工龄按月补贴方式。湖北省省直机关和武汉市为避免对老职工一次性补贴时，补贴标准随职工收入提高而不断调整，以及当老职工的职务发生变化时需按职务级差补发补贴的操作问题，避免一次性补贴需对领取补贴的职工实行工作年限限制而影响职工流动等问题，对无房的老职工也实行了按月补贴。但对无房职工方案实施前的已有工龄，按照目前月补贴标准和职工已有工作年限，一次核定住房补贴额，在职工购房时发放。对住房未达标职工，按照已有工龄和住房面积差额一次性核定住房补贴额，在职工购买新房时发放。

3. 存量住房资产再分配方式。贵州方案实施了存量住房资产再分配。在核定现有公有住房资产总量基础上，按照职工贡献（工龄、职级）建立职工存量补贴账户，在职工购房或租房时以折扣或现金的方式给予兑现；单位原有住房资金转化为对职工的增量补贴，建立职工增量补贴账户，在职工购房时发放；同时把现有住房的租金调整到成本租金，售价调整到微利价；职工通过支取存量补贴、增量补贴和住房公积金，以及工资、贷款购买住房或经济适用住房。职工已经购买的住房，再按微利价重新核定房款（大部分职工需要少量补交）后，可以进入住房交易市场。

存量住房改革如下：

按照国务院《通知》的精神，各地继续推进租金改革，促进公房的销售，规范出售价格。

1. 公有住房租金水平进一步提高。上海、江苏等把公有住房租金水平提高了 50%，贵阳市结合住房分配制度改革方案的实施，把现有公房的租金水平提高到平均每平方米使用面积 8

元钱，达到了成本租金水平，初步理顺了租售关系；山东各市公房租金水平平均提高了 2 倍左右，达到 3 元钱以上。

2. 公有住房出售价格进一步规范。根据《通知》要求，从 1999 年起，现有公房出售价格原则上实行成本价，并逐步向经济适用住房价格过渡。各省（自治区、直辖市）严格按照《决定》和《通知》规定，调整现有公房的出售价格，规范现有公房的出售政策。1998 年，全国城镇公有住房出售价格基本上实现了由标准价向成本价的过渡。贵州省现有公房出售价格已经调整到微利价，广东、山西两省也计划在 1999 年底或 2000 年初，实现公房售价向经济适用住房价格的过渡。北京、吉林等地根据《决定》关于职工购买现住房折扣率逐年减少的规定，调减了职工购买现住房折扣；同时根据《决定》关于一次性付款折扣的计算办法，结合目前利率变动情况，取消了一次性付款折扣。在规范基础上，北京和东北一些原来售房进展较慢的城市公有住房出售步伐明显加快，公房出售比例由原来的不到 30% 提高到 40% 以上。与此同时，继续贯彻执行《国务院办公厅关于制止违反规定突击分房和低价出售公有住房问题的紧急通知》和《监察部、建设部、财政部关于制止和纠正城镇住房制度改革中违规违纪行为的通知》规定，对房改中的违规违纪行为进行清查纠正。

3. 住房交易市场稳步开放。1998 年，在上海市已购公有住房上市出售试点工作取得成功经验的基础上，各地根据本地实际，按照国务院通知的要求，严格准入控制、先试点后推广、合理调节收益、规范操作程序，稳步开放已购公有住房和经济适用住房再交易市场。天津、上海、武汉等城市开展了公有住房使用权上市置换的探索。房地产二、三级市场的联动，对盘活存量住房，促进市场流通，刺激住房消费，带动商品房市场的进一步繁荣都起到了重要的作用。上海市 1998 年存量房地产买卖过户面积达 315 万平方米（其中已购公有住房上市出售面积占 1/6），比上年增长 94%，成交金额 63.3 亿元，比上年增长 118%。已购公有住房上市出售后，有 90% 的住户重新购房，加上公房使用权差价换购商品房，约带动商品房销售 111 万平方米，占当年商品房销售面积总数的 10% 以上，新增住房投资 14.4 亿元。江苏省 1998 年四季度批准在南通、常熟、江阴 3 个城市进行已购公房上市的试点，几个月就有近 2000 户居民出售已购公有住房，以旧换新、以小换大。平均每户增加住房面积近 40 平方米，增加购房款支出约 8 万元。

4. 政策性住房资金体系已经初步形成。随着住房制度改革的推进，主要是公有住房出售和住房公积金制度的建立，我国政策性住房资金体系已经初步形成。以住房公积金为例，1998 年底，我国住房公积金归集总量已经达到 1200 亿元左右，占目前城镇住房建设资金总量的 40% 左右，发放住房贷款 830 多亿元，其中个人住房贷款 122 亿元。上海、天津等一些改革进程较快的城市，政策性住房抵押贷款业务得到了快速发展，个人住房贷款的需求量和每笔贷款的贷款额都增长很快。这说明，我国政策性住房资金在加快住房建设，帮助城镇居民购房方面已经开始发挥重要作用。

1998 · 重要理论观点

超产权论

刘芍佳和李骥在《超产权论与企业绩效》一文中介绍了90年代末超产权论在英国的兴起和发展，指出超产权论强调竞争与企业治理机制对决定企业经营绩效的作用，进一步阐明了激励机制只有在竞争条件下才能发挥作用，驱动企业改善机制，提高效益。作者建立了一个超产权论的简单理论模型，用它来扼要说明产权、竞争、治理机制与效益之间的关系。最后，作者简要指出超产权论对产权论的发展及它对企业改革的某些应用含义。

市场经济体制对所有制结构的三大要求

市场经济对所有制结构的第一大要求是等价交换。市场经济体制下等价交换的特征，要求所有制结构多元化。从经济学的原本意义上看，公有制与私有制的区别并不是在任何条件下都是绝对的，公有制与私有制的关系也不是在任何条件下都是对立的；公有制与私有制的作用更不是在任何条件下都是相反的。只有实现了所有制结构的多元化，才能满足市场经济的第一大要求，即等价交换。

市场经济对所有制结构的第二大要求是价值实现。市场经济体制下价值实现的特征，要求所有制结构优质化。市场经济只承认价值实现，不承认劳动的投入，不可能始终是只要有劳动的投入就一定会有收入。市场的资源配置所追求的是全部生产要素在各类产品与服务中合理的比例关系。为了实现所有制结构的优质化目标，既不能把“抓大放小”的政策主张理解为“层层去抓大放小”，也不应表现为专抓“规模大”和“利润大”的企业，尤其是不能采取用计划经济办法，主要“用政府行为去抓大放小”。有效的政府确实不应作为经济增长的直接提供者，而应以一个促进者的身份起催化剂作用。总之，只有实现了所有制结构的优质化，才能满足市场经济的第二大要求，即价值实现。

市场经济对所有制结构的第三大要求是交易程序。既然市场经济下的所有制结构必须多元化，既然这种多元化必须趋于优质化状态，那么这种优质化过程就绝不是一次性行为，而是一个不断进行的动态化的交易过程。一旦失去了这种产权关系的退出机制，也就失去了结构上的优质化结果。目前授权经营管理制中的每一个中间环节都既作为监督企业的代表，又作为企业与政府谈判的代表，这一地位极大地增加了制度费用。下派到国有企业的董事长和总经理不仅和原来的工厂厂长没有什么本质上的区别，而且下派到国有投资公司的董事局主席也和原来的主管局长没有根本不同，这个中间层机构，从性质来看，是“二政府”“准政府”。这种管理体制的实质性障碍在于：国有投资公司既掌握着巨额的国有资产，又不可能熟悉各行业务，更难以全面了解庞大的下属干部，所以只能增加盲目投资与用人不当的可能性；而“授权经营”即使上级不授权，下级仍要有工作上的责任，上级即使授了权，下级仍然负不起任何财产上的责任。鉴于经营者的活动难以监督，所以不仅要开放经理市场，而且也必须开放国有企业中资本市场（至少开放国有企业部分资本市场）。股民通过用手投票（选举）或用脚投票（转让股票）来更换董事会及其经营者，通过股票市场价格来评价经营者德能勤绩。同时资本市场的开放不仅能使国有经济在竞争中优化了结构，而且也能使国有经济获得巨大收益。只有实现了所有制结构的流动化，才能满足市场经济的第三大要求，即交易程序。

中国的国有企业能否真正具有活力，从一定意义上看，将取决于它适应与满足市场经济内在的三大要求的程度，适应与满足了这种要求，也就重构了市场经济的微观基础。

国有企业产权主体多元化

我国公司治理结构改革所要解决的核心问题与西方发达国家有很大的不同，在于两者之间的某些相似性和不同点，中国社科院经济研究所郑红亮认为："要真正发挥公司董事会等内部机构的作用，还需要在所有权多元化方面加大改革的力度，减少国有股在公司股权中的比例，尤其是国有独资公司的设立要严格限制其范围。"另外"当专业银行商业化改革到一定程度，其行为相对合理之后（近年来银行'惜贷'现象就是其预算约束硬化和行业合理化的一种表现），允许其持有企业一定的股份应该是可行的。通过这种办法可以较好地发挥银行作为大机构投资者和信贷者监控企业的作用，并且可以减少股东与信贷者相分离时产生的利益冲突和代理成本。培养各种类型的机构投资者，可能是我国公司治理结构改革的一个可行的突破口。”

对国有企业经理偏离行为的治理应从选聘经理的组织制度入手

清华大学金融系教授王珺在《论转轨时期国有企业经理行为与治理途径》一文中提出的命题是，在我国现有的经理收入制度与组织制度不完善条件下，侵蚀所有者利益的国企经理行为必然会大量出现。由于以年薪制为特征的经理收入制度是以市场选聘经理的组织制度为前提的，所以当前对经理偏离行为的治理应从选聘经理的组织制度入手，而不是从调整经理的收入制度入手。该文以制度决定行为，行为影响绩效的方法逐层展开这方面的分析。作者认为，在经济过渡时期国有企业经理人员的行为模式是由风险厌恶、风险爱好和以侵蚀所有者利益的偏离行为等三个方面构成的。此外该文还探讨了在引进年薪制与调整选聘经理制度中，哪一种途径对治理经理行为更有效。

1998 · 重要政策法规

1. 国家工商局《公司登记管理若干问题的规定》，1998 年 1 月 7 日。

2. 劳动部《关于企业实施股份制和股份合作制改造中履行劳动合同问题的通知》，1998 年 1 月 26 日。

3. 中国证券监督管理委员会《关于境内上市外资股（B 股）公司增资发行 B 股暂行办法》，1998 年 2 月 2 日。

4. 国家土地管理局《国有企业改革中划拨土地使用权管理暂行规定》，1998 年 2 月 17 日。

5.《企业法人法定代表人登记管理规定》，1998 年 2 月 22 日。

6. 国务院《关于纺织工业深化改革调整结构解困扭亏工作有关问题的通知》，1998 年 2 月 27 日。

7. 国务院外事办、国家计委、国家经贸委、国家体改委《关于国家试点企业集团派遣人员临时出国和邀请外国经贸人员来华事项的审批办法》，1998 年 3 月 4 日。

8. 国务院《关于加强依法治税严格税收管理权限的通知》，1998 年 3 月 12 日。

9. 国家体改委《国家体改委关于企业集团建立母子公司体制的指导意见》，1998 年 3 月 13 日。

10. 国家工商局《企业集团登记管理暂行规定》，1998 年 4 月 6 日。

11. 对外贸易经济合作部等《关于赋予试点企业集团进出口经营权和对外承包劳务经营权有关事项的通知》，1998 年 4 月 30 日。

12. 国务院《关于印发国务院向国有重点大型企业派出稽察特派员方案的通知》，1998 年 5 月 7 日。

13. 国家工商局《关于国有企业改革中登记管理若干问题的实施意见》，1998 年 5 月 8 日。

14. 中共中央、国务院《关于切实做好国有企业下岗职工基本生活保障和再就业工作的通知》，1998 年 6 月 9 日。

15. 国务院《关于进一步深化城镇住房改革加快住房建设的通知》，1998 年 7 月 3 日。

16. 国务院《关于改革国有重点煤矿管理体制有关问题的通知》，1998 年 7 月 3 日。

17. 国务院《关于进一步整顿和规范期货市场的通知》，1998 年 8 月 1 日。

18. 劳动和社会保障部、国家经贸委、财政部、教育部、国家统计局、全国总工会《关于加强国有企业下岗职工管理和再就业服务中心建设有关问题的通知》，1998 年 8 月 3 日。

19. 国务院《关于实行企业职工基本养老保险省级统筹和行业统筹移交地方管理有关问题的通知》，1998 年 8 月 6 日。

20. 国家经贸委《关于国家大型企业集团制订试点方案有关问题的通知》，1998 年 8 月 24 日。

21. 《关于赋予私营生产企业和科研院所自营进出口权的暂行规定》，1998 年 9 月 2 日。

22. 国家经贸委《关于发布 520 户国家重点企业名单的通知》，1998 年 10 月 15 日。

23. 国家统计局《企业集团统计报表制度》，1998 年 10 月 30 日。

24. 国务院办公厅转发国家统计局、国家经贸委《关于做好工业统计制度改革意见的通知》，1998 年 12 月 3 日。

25. 国务院《关于关闭非法和布局不合理煤矿有关问题的通知》，1998 年 12 月 5 日。

26. 财政部、国家经贸委《国家试点企业集团国有资本金管理暂行办法》，1998 年 12 月 9 日。

27. 中国证券监督管理委员会发布《关于上市公司股东大会规范意见的通知》，1998 年 12 月 11 日。

28. 国务院《关于建立城镇职工基本医疗保险制度的决定》，1998 年 12 月 24 日。

29. 国务院办公厅转发《国家经贸委关于深化电力工业体制改革有关问题意见》，1998 年 12 月 24 日。

30. 国务院《中华人民共和国土地管理法实施条例》，1998 年 12 月 27 日。

31.《中华人民共和国证券法》，1998 年 12 月 29 日。

1998 · 年度热点纪实

中国军队撤出商海

1998 年 7 月 22 日，中共中央总书记、中央军委主席江泽民宣布："中国军队不再经商。"从这一天起，中国军队撤出商海。此前中国仅解放军部队就拥有 70 家汽车制造厂、近 400 家制药厂以及 1500 家宾馆。5 个月后，全国军队、武警部队所办的经营性企业悉数完成脱钩。中国军队正式退出商业领域。

7 月 22 日晚上，江泽民庄重地出现在中央电视台"新闻联播"节目中，亲自宣布了中共中央的这一重大决定。次日，各大报纸无一例外地刊发了新华社播发的会议消息。相当多的人对江泽民下面这段话给予高度关注："中央决定，军队和武警部队对所属单位办的各种经营性公司要认真进行清理，今后一律不再从事经商活动。中央同时决定，地方各政法部门对所属单位办的各种经营性公司也要认真进行清理，今后也一律不再从事经商活动。”海外媒体几乎无一遗漏，突出地报道了中国不再允许军队经商的重大消息。从海外绝大多数分析来看，舆论对中国领导人的这一决定普遍给予充分肯定和较高评价。

当然，这些年来在市场经济中经历了些摸爬滚打的国人也难以一下子挥去某种疑惑或者顾虑：所谓“军企”到底是怎样的一个“庞然大物”？它们的资产果真像有些人说的那么“厉害”？如今要割断“军”与“商”之间的血脉，又是多大的一个手术？多少年来，这是属于某些“圈里人”心照不宣的“秘密”：走在大马路上，一些很熟悉、知名度相当高也颇具实力的大楼，虽然叫着很“商业化”同时也很“民间化”的名称，其实是背景特殊的“军”字号。

“军”字号自然不好公开亮出招牌，但同样也不可能完完全全地掩盖起来。在经历了各种若隐若现欲说还休的表达之后，人们隐约地知道了：以装修豪华、管理现代饮誉国内外的北京王府饭店含有军方权益；1997 年 10 月刚刚开张的上海证券交易所新楼包括了军方公司的部分投资；而同联通并驾齐驱进入移动电话领域，并且与中国电信将有一争的长城电信，资产亦属军方所有。也有极少数军企，像“三九集团（999）”，似乎一直都不太避讳它的军企身份，至少在公开的报道中，人们很早就知道了这个不是秘密的“秘密”。三九集团总裁赵新先拥有军籍，其文职二级身份在全军中也总共只有四十几人，工资待遇相当于中将。这家企业一度相当知名，它的大字广告牌耸立在北京首都机场，据说还矗立在纽约时代广场。

中国军队自 1985 年被允许进入民用领域从事商业活动，各级军队组织的经营实力以几何级数扩大。至今尚未公开披露军队企业的准确统计总数。据香港一位专门研究中国军队经商问题的专家估算，具有中国军队背景的企业至少在 15000 家以上，其销售额可能在每年近 1500 亿人民币左右，相当于 GDP 的 2%。这部分收入大大补贴了军队的支出。

那么，军队企业都在做哪些生意？若用“大而全”来概括有点抽象。据美国 Janes Defense Weekly 透露，中国仅解放军部队就拥有 70 家汽车制造厂（占了整个中国的 20%），近 400 家制药厂，以及 1500 家宾馆。在中国十个最大的被服生产厂家中，有四家为军队控制和拥有。此外，在诸如电信业（包括寻呼、移动电话）、金融、对外贸易等利润丰厚而且牵涉到特许经营权的专门领域，都可以看到它们的身影。

到 20 世纪 90 年代中期，军队从商的弊端日渐明显。某些公司以军队背景的神秘性和特权力量在市场走动，事实上已在挑战建立公平市场秩序的艰苦努力；由于产权关系和管理水平的制约，一些军队所属的公司缺乏经济效益又易于滋生腐败；而一意考虑经商致富，不能不对军队应有的斗志和职业精神构成腐蚀。

在亚洲金融危机深化的大环境中，日益猖獗的走私活动使中国损失了上千亿人民币的关税，更加重了国内的通货紧缩。贯彻中央决策打击走私的重大会议首先在军队四总部召开，军队不再经商的决定在此会议上郑重公布，其间的某种联系在新华社的消息中没有明言。但江泽民在这种场合特别提出“严厉查处涉及军队和武警部队一些单位和人员的问题”，其严峻程度识者自然可以看出。

停止军队经商早已成为建设市场经济体制的重要一役，相关准备在悄然进行。至 1998 年初，国家宣布军方背景的企业不再享有过去多年的税收优惠；在 3 月间政府换届与机构改革中，国防开支的预算被增加了近 13%；7 月间，打击走私活动上升至中国经济工作之首位，中央终于正式宣布军队不再从商的决定。

1998 年 10 月 6 日至 7 日，中共中央、国务院、中央军委又召开了“军队、武警部队、政法机关不再从事经商活动工作会议”，对停止军队经商等问题进行了具体部署。在这次会议上，一个被称为“全国军队、武警部队和政法机关企业交接工作办公室”的临时性组织指挥机构正式问世。该办公室由国家经贸委牵头负责，参加者包括国家经贸委、国家计委、国防科工委、公安部、安全部、监察部、民政部、财政部、人事部、劳动和社会保障部、外经贸部、人民银行、税务总局、工商局、解放军总政治部、总后勤部及武警总部共 16 个部门。全国军队、武警部队和政法机关企业的交接、清理和规范工作，从此有了有力的协调机构。紧接着，在各个省（自治区、直辖市）也相应成立了本地的交接工作办公室。

中央召开一系列有关工作会议之后，10 月 10 日，解放军四总部又召开了“军队和武警部队不再从事经商活动工作会议”。

军队和武警部队企业的移交、撤销和保留工作在会议上得到具体部署。从10月底开始，整个停止军队经商的清理工作进入“移交和接收阶段”。所有军、警企业在登记造册、审核确认之后，分层次向全国或省（自治区、直辖市）交接办公室移交。移交、脱钩的工作原计划在1998年底完成，而实际进度要快得多。至11月下旬，人们开始看到军企脱钩的一批批具体成果。

广东是中国改革开放的先行者，驻广东部队所创办的企业，是军队企业中最繁盛的一枝，其移交工作自然也格外引人注目。1998年11月30日上午，军队、武警部队驻粤企业交接仪式在广州举行。广州军区、南海舰队、广州军区空军、广东省军区、武警广东省总队所属的368家企业及北京、济南、兰州、成都军区、海军广州舰艇学院等单位的22家驻粤企业，从即日起全部移交广东省。这一天，广东省主要领导与广州军区主要将领全部出席仪式。

据悉，移交给广东省的近390家企业，以工业、旅游、房地产开发和商贸为主业，主要分布在广州、深圳、珠海、汕头、惠州和韶关等地，共有员工6700余人，企业净资产约20多亿元。

在广东之前，天津、江西、海南等地已经分别将所属企业移交地方；而在12月4日，驻北京的军队、武警部队将68个经营性企业全部移交给北京市。据称，这些企业涉及房地产开发、医药化工、建筑材料、汽车修理等行业，总资产14亿元，净资产3.5亿元，员工2300人。

到12月15日，新华社正式宣布，全国所有军队、武警部队所办的经营性企业，均从这一天起与军队、武警部队彻底脱钩，由全国交接工作办公室和各省（自治区、直辖市）交接工作办公室接收；并称“至此，党中央作出的军队、武警部队一律不再从事经商活动的重大决策顺利实现”。

1998 · 年度改革大事

1 月 5 日　中国人民银行对 1254 户国有和国有控股大型企业截至 11 月末的监测分析表明，1997 年千户大型企业生产经营总体状况较好，在工业经济结构调整中发挥了主导作用，呈现出几个特点：产销利润同步增长；盈利向少数特大型企业及企业集团集中；企业亏损状况有所改变；企业兼并重组步伐加快。至 1997 年 11 月末，千户企业净资产达 14139 亿元。

1 月 7 日　国家工商局颁发《公司登记管理若干问题的规定》。

1 月 23 日　据《人民日报》报道，上海率先敲响全国“纺织压锭第一锤”，首批 12 万落后纱锭即将销毁，从而拉开了纺织行业脱困攻坚战的序幕，预计到 2000 年，纱锭减至 84. 4 万锭，比 1996 年末的规模减少近一半。

1 月 26 日　劳动部发出《关于企业实施股份制和股份合作制改革中履行劳动合同问题的通知》。

2 月 4 日　劳动部印发《“三年千万”再就业培训计划》。《计划》决定，在 1998 年至 2000 年三年内，组织 1000 万下岗职工参加职业指导和职业培训。

2月14日　朱镕基在天津考察工作时指出，能不能在三年内力争使大多数国有大中型亏损企业实现脱困目标，关键在下岗人员能否得到妥善安置，这项工作直接关系到国有企业改革的成败。当前下岗职工较多的现象，是必然要经历的一个历史过程，否则就不能进入社会主义市场经济，就不能建成现代企业制度。

2月17日　国务院发出《关于纺织工业深化改革调整结构解困扭亏工作有关问题的通知》。

同日，国土资源部颁发《国有企业改革中划拨土地使用权管理暂行规定》，自1998年3月1日起施行。

3月13日　国家体改委印发《关于企业集团建立母子公司体制的指导意见》。

3月19日　第九届人大一次会议通过宪法修正案，个体、私营等非公有制经济被认同为社会主义市场经济基本制度的重要组成部分。新任国务院总理朱镕基，副总理李岚清、钱其琛、吴邦国、温家宝与中外记者见面。

3月24日至26日　据《人民日报》报道，朱镕基在东北四省（区）党政负责人座谈会上强调，实施再就业工程事关大局，粮食流通体制非改革不可。朱镕基说，下岗分流虽然会给一部分职工带来暂时的困难，但从根本上说，有利于经济健康发展和社会全面进步，符合工人阶级的长远利益。妥善解决下岗职工的生活和再就业问题，是社会主义本质的要求，是党和政府应尽的责任。这不仅关系到国有企业改革的成败，而且关系到社会稳定和社会主义政权的巩固。必须采取一切必要的措施，切实把这件事情办好。

3 月 25 日　张瑞敏应邀登上哈佛大学讲坛，“海尔文化激活休克鱼”的案例正式写进哈佛大学教材，这是中国企业家第一次登上哈佛讲坛。

4 月 14 日　中共中央、国务院发出《关于进一步扩大对外开放，提高利用外资水平的若干意见》。

4 月 28 日　国务院派出的第一批国有重点大型企业稽察特派员及其助理培训班在中南海举行开班仪式。94 个国有重点大型企业的总会计师培训班同时开班。

4 月 30 日　外经贸部、国家计委、国家经贸委发出《关于赋予试点企业集团进出口经营权和对外承包劳务经营权有关事项的通知》。

5 月 7 日　国务院发出《关于印发国务院向国有重点大型企业派出稽察特派员方案的通知》（以下简称《通知》）。《通知》指出：向国有重点大型企业派出稽察特派员，这是促进国企改革、加强监督职能的一项重要而紧迫的任务。《通知》明确了稽察特派员工作的性质、稽察特派员的职责、稽察特派员监督的具体内容、稽察特派员办事处的组成、工作方式和工作程序、稽察特派员的管理等。

5 月 8 日　国家工商局颁发《关于国有企业改革中登记管理若干问题的实施意见》，对国有企业改革中设立公司的一系列问题予以明确。

5 月 14 日至 16 日　中共中央、国务院召开国有企业下岗职工基本生活保障和再就业工作会议。江泽民发表讲话指出，各级党委和政府一定要把国有企业的减员增效、下岗职工基本生活保障和再就业工作，作为一个头等大事抓紧抓好。朱镕基在大会闭幕时强调，解决国有企业人员过多的问题，只能根据我国现阶段的实际情况，制定符合中国国情的政策、措施。在下岗职工没有找到新的就业岗位以前，必须切实保障他们的基本生活。

6月9日　中共中央、国务院发出《关于切实做好国有企业下岗职工基本生活保障和再就业工作的通知》。

6月16日　经中共中央批准，中共中央金融工作委员会成立，金融机构系统党委同时成立。中央金融工委是党中央的派出机关。

7月9日　经中共中央批准，中共中央大型企业工作委员会正式成立。中央大型企业工委是党中央的派出机关，其职责主要是：负责管理国务院监管的大型国有企业和国家控股企业中党的领导干部，以促进党的路线方针政策和党中央、国务院有关精神在大型国有企业的贯彻落实。

7月27日　中国石油天然气集团公司、中国石油化工集团公司两大集团公司宣告成立。

8月3日　劳动和社会保障部、国家经贸委、财政部、教育部、国家统计局、全国总工会联合发出《关于加强国有企业下岗职工管理和再就业服务中心建设有关问题的通知》。

8月6日　国务院发出《关于实行企业职工基本养老保险省级统筹和行业统筹移交地方管理有关问题的通知》。

8月24日　国家经贸委发出《关于国家大型企业集团制订试点方案有关问题的通知》。要求把研究、制订试点方案作为集团试点的一项基础性工作内容。

9 月 5 日　国家工商局发出《关于实施企业集团登记管理暂行规定有关问题的通知》。

9 月 24 日　国家决定逐步取消对生产企业实施多年的自营进出口审批制度，代之实行登记备案制。这是落实企业自主权，向国际惯例靠拢的一项重要措施。

10 月 15 日　国家经贸委发出《关于发布 520 户国家重点企业名单的通知》。对所列 520 家企业将在兼并破产、扭亏脱困、债转股、技改、技术进步、建立企业技术中心、扩大外贸进出口权、进入资本市场、干部培训等方面优先实施相关政策。

10 月 30 日　国家统计局发出《关于企业集团统计报表制度的通知》。

11 月 17 日　以宝钢为主，吸收上海冶金、梅山联合重组的上海宝钢集团公司成立。

11 月 22 日至 27 日　朱镕基在辽宁考察时强调，大多数国有大中型企业三年脱困、三年建制的目标能够实现。企业要扭亏增效必须减人，否则没有出路。下岗职工要全部进入再就业服务中心，保障他们的基本生活。对那些主要由于管理原因导致亏损的企业领导人，一年亏损黄牌警告，两年亏损就换人。把国有小企业改革片面归结为“卖”是完全违背党的十五大精神和中央方针的。

11 月 30 日　英国《金融时报》报道：在亚太地区声誉最佳的公司评比中，海尔位居第七，是唯一进入前十名的中国企业。

12 月 7 日至 9 日　中央经济工作会议举行。会议确定 1999

年经济工作的总体要求。

12月28日　国家计委首批60名稽察特派员培训结业，将以新增国债建设项目为重点进行稽查。

12月31日　经党中央、国务院批准，由中央党政机关与所办经济实体和管理的直属企业脱钩工作小组研究制订的《中央党政机关与所办经济实体和管理的直属企业脱钩的总体处理意见和具体实施方案》开始实施。

本年度主要参考资料：

1. 国家统计局．中国统计年鉴（1998）［M］．北京：中国统计出版社，1998.9.

2. 国家统计局．中国统计年鉴（1999）［M］．北京：中国统计出版社，1999.9.

3. 中国经济年鉴编委会．中国经济年鉴（1999）［M］．北京：中国经济年鉴社，1999.10.

4. 汪海波．新中国工业经济史（1979—2000）［M］．北京：经济管理出版社，2001.10.

5. 刘迎秋，王建．中国经济成长：格局与机制［M］．北京：人民出版社，1998.5.

6. 黄群慧．国有企业管理现状分析［M］．北京：经济管理出版社，2002.3.

7. 李然忠．破冰——十五届四中全会后的国企改革［M］．济南：山东人民出版社，2000.3.

8. 刘洪．大透视：中国工业现状、诊断与建议［M］．北京：中国发展出版社，1998.9.

9. 中共中央党校经济学教研部．学习中共十五届四中全会文件讲解［M］．北京：中共中央党校出版社，1999.9.

10. 邵宁，周放生，熊志军．中国企业脱困报告[M]．北京：经济管理出版社，2002. 1.

11. 吴晓灵．中国国有经济债务重组研究报告[M]．北京：中国金融出版社，1997. 1.

12. 赵海宽．认真处理国有企业难以归还的银行贷款问题[N]．人民日报，1995 – 01 – 19.

13. 北京大学中国经济研究中心“发展战略研究”课题组．中国国有企业改革的回顾与展望[J]．经济研究参考，2001（09）.

14. 吴云松，王庆华．政府非税收入的负面影响及其整顿[J]．财经科学，2000（01）.

15. 周泓洋．一年价外加价 217 亿元，收费项目 553 个，电价哪堪重负[N]．人民日报，1998 – 08 – 17.

16. 刘芍佳，李骥．超产权论与企业绩效[J]．经济研究，1998（08）.

17. 王珺．论转轨时期国有企业经理行为与治理途径[J]．经济研究，1998（09）.

18. 郑红亮．公司治理理论与中国国有企业改革[J]．经济研究，1998（10）.

19. 苏东斌．市场经济体制对所有制结构的三大要求[J]．经济研究，1998（12）.

20. 杨瑞龙，周业安．相机治理与国有企业监控[J]．中国社会科学，1998（03）.

21. 中共十一届三中全会以来大事记[N]．人民日报，2003 – 10 – 10.

22. 中国集团公司促进会．国有企业改革政策演变[M]．北京：中国财政经济出版社，2003. 1.

23. 中国共产党 80 年大事记[EB/OL]．人民网，2001 – 06 – 12.

1999 年

1999 · 年度经济背景

努力扩大国内需求，制止通货紧缩趋势

1998 年在制止通货紧缩趋势，防止经济增速过度下滑，继续实现国民经济持续快速发展方面取得了重大成效。从 1998 年开始，中国政府的宏观经济政策取向发生了一系列重大转折。主要表现为：在调控目标上，由 1997 年夏季以来以抑制经济增长过热和通货膨胀率过高为主，转向以刺激需求、保持适度快速增长为主；在刺激需求方面，由依靠扩大内需和扩大外需相结合转到以扩大内需为主；在扩大内需方面，由通过消费需求和扩大投资需求相结合转到着力依靠投资而且主要是政府投资的增长为主；由适度从紧的财政政策转到扩张的财政政策，由适度从紧的货币政策转到宽松的货币政策。这些都有力地推动了经济增长，阻滞了经济效益下滑的趋势。在 1998 年实现的 7.8% 的经济增长率中，有 1.8 个百分点是由扩大内需来弥补的。

1998 年宏观调控政策目标转变的意义，不仅在于促进了经

济的持续快速增长，而且还在于为实现有效的宏观调控创造了新的经验。如果说 1993 年以来在中华人民共和国经济发展史上第一次创造了成功实现经济“软着陆”的经验，那么，1998 年又在国内外新的经济形势下第一次创造了“软着陆”实现后制止通货紧缩、防止经济滑坡、保持经济持续快速增长的新经验。显然，这个经验不仅对当年经济发展是重要的，对以后的经济发展也具有深远影响。

1998 年虽然在制止通货紧缩趋势、防止经济增速过度下滑方面取得了重大成绩。但是，造成经济紧缩的因素并没有消除，尤其是消费、投资和出口三大需求的增长趋势减缓，工业经济的宏观环境仍然十分紧张；长期重复建设积累下来的生产能力低水平过剩问题依然十分突出，低水平生产能力过剩造成企业之间恶性竞争，直接导致企业产成品库存大量积压；加之制约企业经济效益提高的内外部因素在短期内难以得到根本改变，经济运行秩序比较混乱，等等，对经济增长仍构成严重制约。

鉴于以上原因，中央政府决定在 1999 年继续立足扩大国内需求，实行积极的财政政策和稳健的货币政策，促进国民经济持续、快速、健康发展。1999 年经济社会发展的调控目标是：经济增长率 7% 左右；全社会固定资产投资增长 12% 左右；全国商品零售价格涨幅 2% 以内，居民消费价格涨幅 4% 以内；进出口总额力争有所增长，进出口基本平衡；保持必要的财政收支差额，中央财政赤字 1503 亿元；货币发行量 1500 亿元左右；城镇登记失业率控制在 3.5% 左右；人口自然增长率 10.1‰。根据宏观调控的目标，1999 年国民经济和社会发展的主要任务是：

加强农业基本建设，调整和优化农业结构；努力为国有企业改革创造良好的外部条件，加大对中小企业的扶持力度；推进经济结构调整，积极培育新的经济增长点；进一步深化价格改革，大力整顿市场秩序；坚持实施科教兴国战略，依靠科技进步和提高劳动者素质推动经济增长；坚持可持续发展战略，积极发展各项社会事业，进一步改善人民生活。

1999 年国民经济和社会发展的重点是：继续立足于扩大国内需求，促进国民经济持续、快速、健康发展。为此，要增加固定资产投资，确保基础设施工程质量；正确引导居民消费，大力开拓农村消费市场；继续实行积极的财政政策和稳健的货币政策；努力扩大对外贸易，积极合理有效地利用外资。

1999 年采取的财政政策主要有以下几点：

1. 全年中央财政共发行国债 4015 亿元，除代替地方政府举借的 300 亿元外，中央财政债务收入 3715 亿元。

2. 按照中共中央、国务院的统一部署，在年初预算增加国债投资的基础上，经第九届全国人大常委会第十一次会议审议通过，又增发了 600 亿元国债，专项用于增加投资和技改贴息。通过国债专项资金贴息促进企业技术进步，第一批已确定项目 159 个，贴息总额 51. 8 亿元，总投资 665 亿元；第二批项目 178 个，贴息总额 35. 8 亿元，总投资 537 亿元；第三批项目 311 个，贴息总额 43. 1 亿元，总投资 600 亿元。中央财政安排的 10 亿元科技型中小企业技术创新基金于 1999 年 5 月启动，第一批确定了约 200 个项目。此外，财政部门还重点加强了国有资本金管理，与有关部委共同颁发了《国有资本金效绩评价规则》，出台了对部分行业的税收扶持政策，对涉及企业负担的行政事业性收费和政府性基金项目进行了清理，取消了 388 个收费和基金项目，一年约减轻企业负担 180 亿元，进一步改善了企业发展的外部环境。

3. 为了鼓励投资，合理调整了固定资产投资方向调节税。规定从 7 月 1 日起，固定资产投资方向调节税按现有税率减半征收，2000 年将暂停征收。从 7 月 1 日起，实施《技术改造国产设备投资抵免企业所得税暂行办法》。在我国境内投资技术改造项目的企业，只要项目符合国家产业政策，其国产设备投资的 40% 可抵免企业所得税。企业每年度投资抵免的企业所得税税额，不得超过设备购置当年比前一年新增的企业所得税税额。如当年新增税额不足抵免时，未抵免部分可用以后年度新增税额延续抵免，但抵免期限最长不得超过 5 年。

4. 调整了个人收入分配政策，调整机关事业单位工资标准，增加财政工资支出。1999 年 8 月，国务院办公厅转发人事部、财政部《关于调整机关事业单位工作人员工资标准和增加离退休人员离退休费三个实施方案的通知》，决定从 1999 年 7 月 1 日起，将机关行政人员基础工资标准，由每人每月 110 元提高到 180 元，级别工资标准由十五级至一级每人每月 55 元至 470 元提高到 85 元至 720 元。事业单位人员工资构成的固定部分和离退休人员离退休费也作相应调整。此次调整为 8400 万低收入人员增加了收入。为了解决居民收入差距过大，高收入者消费意愿不强、低收入者消费能力不足的矛盾，恢复征收利息所得税，强化税收在调整收入分配方面的作用，规定从当年 11 月 1 日起征收利息税。居民在银行中、外币储蓄存款的利息所得，一律按20%的比例税率征收利息税。并将利息税专款用于低收入居民的生活保障。

5. 为了支持出口，开拓和扩大国际市场，分两次提高了部分商品的出口退税率，使我国出口货物的平均退税率提高了5.5个百分点，达到15%以上，当年退税626亿元，比预算增加156亿元，比上年增长43.5%。为了鼓励投资，从1999年7月1日起，对实际完成的投资额减半征收固定资产投资方向调节税，并对符合国家产业政策的企业技术改造项目购置国产设备，准许按40%抵免企业所得税。

6. 鼓励技术创新和高新技术的发展。12月7日，国家税务总局与财政部联合发出通知，对实现高科技产业化的有关税收问题作出新规定。对增值税规定如下：一般纳税人销售其自行开发生产的计算机软件产品，在按法定17%的税率征收后，对实际税负超过6%的部分实行即征即退。属生产企业的小规模纳税人，生产销售计算机软件按6%的征收率计算缴纳增值税；属商业企业的小规模纳税人，销售计算机软件按4%征收。对营业税规定如下：对单位和个人从事技术转让、技术开发业务和与之相关的技术咨询、技术服务取得的收入，免征营业税。对企业所得税规定如下：对社会力量研究开发新产品、新技术、新工艺所发生的研究开发经费，经主管税务机关审核确定，其资助支出可以全额在当年度应纳税所得额中扣除。外资企业和外国企业资助非关联科研机构和高等学校研究的开发经费，可在资助企业计算应纳税所得额时全额扣除。对进出口税收规定如下：对企业为生产《国家新技术产品目录》的产品而进口所需的自用设备，及按照合同随设备进口的技术及配套件、备件，除《国内投资项目不予免税的进口商品目录》所列商品外，免征关税和进口环节增值税。对企业引进《国家高新技术产品目录》所列的先进技术，免征关税和进口环节增值税。另外，为支持科研机构转制，中央直属科研机构以及省、地（市）所属的科研机构转制后，自 1999 年至 2003 年的 5 年内，免征企业所得税和科研开发自用土地的城镇土地使用税。

1999 年采取的金融货币政策主要有以下几点：

1. 适当增加货币供应量。6 月 10 日，人民银行将金融机构存、贷款平均利率又分别下调 1 和 0. 75 个百分点，中央银行存、贷款利率平均下调 1. 17 和 1. 35 个百分点。改进了贷款利率浮动办法，于上半年将县以下金融机构贷款利率浮动幅度由 20% 扩大到 30%。增加开展公开市场业务操作，全年央行共进行公开市场业务操作 60 次，净投放基础货币余额 1907 亿元。

2. 增强金融机构融资能力和信贷扩张能力。11 月将中央银行法定存款准备金比率由 8% 下调至 6%。批准证券公司、基金管理公司和部分农村信用社加入银行间同业市场。

3. 发展消费信贷。人民银行发布了《关于开展个人消费信贷的指导意见》，从 1999 年起，把消费信贷种类放宽到所有的大件消费品。将个人住房贷款的最长期限由现行的 20 年延长到 30 年，个人住房贷款利率最高水平由年利率 6. 3315% 降为 5. 58%。鼓励金融机构积极开办助学贷款业务，并批准中国工商银行试办教育储蓄业务。

4. 扶持中小金融机构，改善对中小企业金融服务。中央银行拓展了再贷款范围，将中小金融机构纳入再贷款支持序列，再贷款的品种也由原来仅限于满足金融机构的短期流动性需求扩大到支持金融机构中长期信贷投放。上半年中央银行增加对农村信用社再贷款限额 150 亿元，用于支持其信贷投放。11 月增加城市商业银行再贷款 200 亿元。11 月人民银行还下发了《关于加强和改进对中小企业金融服务的指导意见》，要求各金融机构改进中小企业信贷工作方法。同时，进一步整顿金融秩序，防范与化解金融风险，继续重点支持国有企业改制重组和高新科技企业的股票上市。

国家在实施扩大内需方针，促进经济增长的同时，继续改善国有企业改革和脱困的外部环境，实施了一系列促进国有企业改革和发展的政策措施。

此外，为了扩大国内需求、促进经济增长，国家采取了一系列鼓励和刺激居民消费的政策措施。一是运用货币政策手段刺激居民消费，包括发展消费信贷、降低存款利率、延长个人购房贷款期限、降低贷款利率等政策。二是大幅度提高城镇中低收入者收入水平。从 7 月 1 日起，将国有企业下岗职工基本生活费水平、失业保险金水平和城镇居民最低生活保障水平提高 30%，增加机关事业单位职工工资和提高离退休人员养老金标准，要求各地一次性补发拖欠的国有企业离退休人员统筹项目内的养老金等，使全国 8400 多万人受益。三是拓展消费领域，培育新的消费热点。6 月，全国教育工作会议决定，在原定高等教育招生计划的基础上，扩大招生 33 万人；9 月，颁布新的《全国年节及纪念日放假办法》，决定将劳动节和国庆节放假时间增至 3 天，增加居民旅游消费；先后于 3 月 1 日和 10 月 1 日两次调整邮政、电信资费标准，降低电话初装费、手机入网费，降低电信资费，推动信息消费；出台已购公有住房和经济适用住房上市出售管理的具体规定和加快积压商品房销售。四是改善消费基础设施，整顿市场秩序。继续运用新增国债加强以水、电、气、路和通信基础设施建设，特别是加强农村电网改造建设，加大了对环境治理和生态保护的投入力度；继续严厉打击走私贩私和假冒伪劣行为，加大反价格不正当竞争政策的实施力度，并加强了与居民生活密切相关领域乱收费的查处工作。五是增收减负，努力开拓农村市场。各方面大幅度增加扶贫攻坚的投入，国家加大对农村乱罚款、乱集资、乱摊派的查处力度，切实减轻农民负担。仅完成农村电网改造后实施的同网同价政策就减轻农民负担 200 多亿元。与此同时，采取有效措施，鼓励工商联手，共同开拓农村市场。

1999 年实际执行的结果，基本实现了国民经济和社会发展的主要调控目标。特别是各地落实进一步扩大内需的重要决策，加大了实施积极财政政策的力度，努力发挥货币政策的作用，综合运用各种宏观调控手段，对实现全年的经济增长预期目标起到了重要作用。

全年国内生产总值完成 82054 亿元，按可比价格计算，比上年增长 7.1%，实现了年初确定的经济增长率达到 7% 左右的预期目标。其中，第一产业增加值 14212 亿元，增长 2.8%；第二产业增加值 40806 亿元，增长 8.1%；第三产业增加值 27036

亿元，增长 7.5%。全社会劳动生产率 11677 元，比上年提高 6.3%。

全年粮食总产量达 50800 万吨，其中，夏粮和早稻合计增产 570 万吨，秋粮由于入秋以后北方地区旱情较重，减产 967 万吨。主要经济作物产量根据市场需求变化相应调整。其中，棉花受播种面积调减因素的影响，全年产量为 383 万吨，比上年减产 14.9%；糖料产量为 8400 万吨，减产 14.2%。油料、水果继续增产。全年肉类总产量 5953 万吨，比上年增长 4%；水产品产量 4100 万吨，增长 5%。植树造林取得新进展。全年完成造林面积 480 万公顷。

全年全部工业实现增加值 35357 亿元，比上年增长 8.5%。其中，国有工业企业及年产品销售收入 500 万元以上的非国有工业企业（规模以上工业企业）实现增加值 20307 亿元，增长 8.9%。国有企业生产有所加快。国有及国有控股企业完成增加值 11603 亿元，增长 7.4%，增长速度比上年提高 2.5 个百分点，对新增工业增加值的贡献率达到 32.2%，比上年提高 5.2 个百分点。集体企业完成增加值增长 7%，股份制企业增长 11.2%，外商及港澳台投资企业增长 12.9%，其他经济类型企业增长 13.3%。工业经济效益明显改善。全年工业企业经济效益综合指数 99.3，比上年提高 8.4 个百分点。在价格持续下降的情况下，规模以上工业企业实现销售收入 67535 亿元，比上年增长 10.2%，增幅提高 6.1 个百分点；企业盈亏相抵实现利润 2202 亿元，增长 52%；亏损企业亏损额 1300 亿元，下降 15.2%。国有工业企业扭亏增盈工作出现了转折性变化，一批国有大中型亏损企业摆脱了困境，纺织、建材、有色金属、铁路、民航等行业实现了整体扭亏为盈，东北三省等一些老工业基地的国有大中型工业企业摆脱了持续多年的亏损状态。全年国有及国有控股企业盈亏相抵实现利润 967 亿元，比上年增长 77.7%，是近五年来的最好水平；亏损企业亏损额 851 亿元，比上年下降 15.9%。全年工业产品销售率达到 97.16%，比上年提高 0.56 个百分点。年末产成品库存为 3441 亿元，比上年末增长 2.2%。

市场价格总水平继续下降。全年居民消费价格总水平比上年下降 1.4%。从类别看，除医疗保健、居住和服务三类价格外，其他五类都比上年有所下降。食品类价格下降 4.2%，其中粮食下降 3.1%，肉禽及其制品下降 9.3%，蛋类下降 8.4%。衣着类价格下降 2.7%，家庭设备及用品类价格下降 2.3%。交通和通信工具类价格下降 5.5%，娱乐教育文化用品类价格下降 3.2%，服务项目价格则上升 10.6%。全年社会商品零售价格总水平比上年下降 3%。

全年全社会固定资产投资 29876 亿元，比上年增长 5.2%，增幅回落明显。分经济类型看，国有及其他经济类型投资 21719 亿元，增长 6.1%；集体经济投资 4190 亿元，与上年持平；居民个人投资 3967 亿元，增长 6%。分投资管理渠道看，基本建设投资 12619 亿元，增长 5.9%；更新改造投资 4419 亿元，下降 2.2%；房地产开发投资 4010 亿元，增长 11%。如果没有年中增发的 600 亿元国债投资，全年固定资产投资增幅可能更低甚至下降。全年完成国债投资 1010 亿元，加上带动的其他方面投资，建设了一批重大项目，集中力量解决了一些多年来想办而没能办成的大事，不仅有力地拉动了当年的经济增长，而且促进了经济结构的调整，为今后的发展打下了基础。

全国财政收入（不含债务收入）突破万亿元，达到 11377 亿元，完成预算的 105.3%，比上年增长 15.2%，增加 1501 亿元。财政收入的增长幅度继续高于经济增长率，财政收入占国内生产总值的比重也由上年的 12.6% 上升到 13.9%。全国财政支出（不含债务支出）13136 亿元，完成预算的 104.2%，比上年增长 21.7%，增加 2338 亿元。收入与支出相抵，支出大于收入 1759 亿元。中央财政总收入 6396 亿元，完成预算的 108.7%。其中，中央财政本级收入完成 5798 亿元，完成预算的 109.6%；地方财政上缴中央收入 598 亿元，与上年持平。中央财政总支出 8193 亿元，完成预算的 106.6%。其中，中央财政本级支出 4098 亿元，完成预算的 92.9%；补助地方支出 4095 亿元，完成预算的 124.9%。中央财政收支相抵，赤字 1797 亿元，比九届全国人大常委会第十一次会议批准调整预算确定的 1803 亿元减少 6 亿元。1999 年中央财政共发行国债 4015 亿元，除代地方政府举借的 300 亿元外，中央财政债务收入 3715 亿元，其中，用于偿还国内外债务本息 1911 亿元，弥补当年赤字 1797 亿元，建立中央财政偿债基金 7 亿元。此外，1999 年中央政府基金收入和支出均为 1349 亿元，比上年增加 145 亿元。

货币供应量增幅实现年初调控目标，货币流动性显著提高。广义货币 M_2 余额为 11.99 万亿元，比上年末增长 14.7%，增幅略低于上年的 15.3%，实现了年初 15% 的预期调控目标。狭义货币M_1余额为 45837 亿元，比上年末增长 17.7%，增幅比上年的 11.8% 高出 5.9 个百分点。年末货币流通量 M_0 为 13455 亿元，同比增长 20.1%，增幅是上年的近两倍。全年现金净投放 2251 亿元，比上年多投放 1225 亿元，是历年来投放量最大的一年。金融机构各项存款余额为 10.88 万亿元，全年增加 13162 亿元，比上年少增加 240 亿元。居民储蓄存款余额为 59622 亿元，全年增加 6253 亿元，比上年少增加 1362 亿元，其中定期存款从 7 月开始到年末持续负增长。这表明第七次降息和开征利息税政策实施后，储蓄分流进一步加快。企业存款余额为 37183 亿元，全年增加 4725 亿元，比上年多增加 825 亿元，其中企业活期存款比上年多增加 1237 亿元，定期存款少增加 423 亿元。金融机构各项贷款余额为 93734 亿元，全年增加 10846 亿元，比上年少增加 645 亿元。主要是由于农副产品收购贷款大幅度减少导致短期贷款少增加 723 亿元，中期流动资金贷款则基本持平，中长期贷款增加 421 亿元。

消费需求开始回升，市场销售趋于活跃。全年社会消费品零售总额 31135 亿元，比上年增长 6.8%，扣除价格因素，实际增长 10.1%，名义增幅与上年持平，实际增幅提高 0.4 个百分点。

1999 年全国城镇居民人均可支配收入 5854 元，比上年增加 429 元，考虑价格下降因素，比上年实际增长 9.3%，增幅比上年提高 3.5 个百分点。由于供求关系变化，农产品价格持续低迷，加上乡镇企业效益下降，农民收入增长减缓。全年农村居民人均纯收入 2210 元（其中现金收入 1538 元），考虑价格下降因素，实际增长3.8%，增幅比上年低0.5个百分点。农村扶贫攻坚工作取得新成绩，全年又有800万贫困人口脱贫。

全年城镇居民消费支出4616元，比上年增长6.6%，扣除价格因素实际增长8%。城镇居民消费结构继续转型，恩格尔系数（食品开支占消费性支出的比重）为41.9%，比上年降低2.6个百分点。

年末全国从业人员70586万人，比上年末增加629万人。其中，城镇从业人员21014万人，增加336万人（城镇私营个体从业人员3940万人，增加708万人）；乡村从业人员49572万人，增加293万人。国有企业下岗职工的再就业工作得到加强。全年国有企业下岗职工总数为1174万人，当年新增564万人；其中，通过多种途径实现再就业492万人，退休及自然死亡等减少32万人；年末全国国有企业下岗职工650万人，比上年末增加40万人。年末城镇登记失业率为3.1%，与上年持平。下岗职工和低收入者的基本生活保障得到加强。93%的国有企业下岗职工进入再就业服务中心，其中90%以上领到了基本生活费。全国667个城市、1682个县已全部建立最低生活保障制度，共有526万人得到最低生活保障救济。

全年进出口总额3607亿美元，比上年增长11.3%。其中，出口1949亿美元，增长6.1%；进口1658亿美元，增长18.2%。出口商品结构不断优化。机电产品出口增长14.7%，净增99亿美元，占全部出口净增总额的88%。

实际利用外资563亿美元，比上年减少3.9%。吸引外商投资454亿美元，其中外商直接投资404亿美元，仍居发展中国家首位。国家鼓励的资金和技术密集型投资项目明显增加，单项规模扩大，到我国投资设厂的跨国公司增多。

尽管 1999 年国民经济总体形势要好于 1998 年，但仍然存在着一些突出的矛盾和问题，具体表现如下：

1. 有效需求不足仍然制约着工业经济的平稳运行。从投资来看，国家连续两年实施积极的财政政策，增加对基础设施和技术改造的投资，有效地防止了大幅回落的局面。但是政府投资只占全社会投资的 3.5% 左右，比重很小，虽然贴息技改投资对社会投资的带动作用有所增强，但其总量有限；非政府投资一直没有被带动起来，增速低于国有投资；外资因入世可能会有所好转，但由于 1999 年协议外资额下降较大，2000 年利用外资增长可能较低；商业银行加强了贷款风险管理，同时又缺乏必要的激励机制，对投资贷款的审查和选择更加严格，增强了其“惜贷”动机；加之买方市场条件下长时间、大范围的物价下降，市场竞争日趋激烈，投资回报率降低，增加了企业亏损，影响了投资信心，企业缺乏投资热点，固定资产投资增长速度放慢，国有单位投资增速从一季度的 22.7% 降到四季度的 3.8%。因此，2000 年的投资需求难以出现更高增长。

从消费来看，1999 年国家出台了一系列鼓励和刺激消费的政策，如第七次降息、增加职工工资、提高社会保障三条线水平、降低电价和电信资费、发展住房和汽车消费信贷、增加假期发展旅游消费等，消费有所回升，可能会改善居民的支出预期。但一些因素制约着居民消费的增加，影响了消费领域的扩大：由于部分企业效益仍不理想，1999 年兼并破产力度加大将使下岗人员增多，部分城镇居民收入增长可能放慢甚至下降；居民对住房、医疗和教育等各项改革的预期支出难以改变；由于粮棉价格下降，乡镇企业不景气，农民负担依然较重，农业生产结构调整难度较大，农民收入缺乏新的增长点，农村市场在短期内难以有效启动；再加上抑制消费的体制因素尚未改变，1999 年的消费需求难有更高的回升。

从出口来看，虽然 1999 年世界经济环境有所好转、世界贸易可能回升，但仍存在一些不确定因素；东南亚经济复苏步伐加快，对我国出口形成一定的竞争；我国经济受整体技术水平不高的制约，要调整出口商品结构、增加高技术含量和高附加值产品的出口，难度较大。因此，有效需求不足仍将制约国民经济的较快发展。

2. 一般产品总量过剩严重，高新技术产品供不应求，结构性矛盾难有根本缓解。1999 年以来，控制总量和结构调整取得了很大进展，产销率有所提高，库存和产成品资金下降，纺织、煤炭、冶金等重点行业淘汰落后、控制总量取得了一定成效，部分产品价格开始回升。但是，由于结构问题是一个长期问题，当前制约我国经济发展的结构性矛盾依然十分突出，这一方面表现为长期重复建设造成的一般产品的低水平生产能力过剩，据国家内贸局对 605 种主要商品的统计，供大于求的商品由 1998 年下半年的 38% 上升到 1999 年上半年的 72%，1999 年下半年增加到 80%。生产过剩导致企业产品积压、资金紧张、价格走低、效益下滑。另一方面表现为由于企业技术创新能力弱、产品更新慢而造成的高科技、高附加值、高质量产品供应不足，如高档纺织面料、冷轧薄板等技术含量较高的产品，不得不依靠大量进口。为改变这种结构性矛盾，既要制止重复建设、控制总量和淘汰落后，又要加快形成以企业为中心的技术创新体系，解决科技与经济脱节等问题。但这两方面问题的解决都需要长期的过程，绝非一朝一夕之功，因此结构问题仍将制约着经济的稳定健康增长。

3. 工业企业资金结构性紧张，影响到企业的正常生产经营。资金问题是多年来困扰国有企业生产经营的老问题，近年难有明显缓解。一是由于信贷制度尚需完善，商业银行在加强风险责任的情况下缺乏必要的激励机制，再加之贷款审批权限的上收，贷款难的现象仍将存在。1999 年金融机构工业短期贷款增加额同比减少 354 亿元。二是银行贷款日益向“优质客户”“黄金客户”集中，而效益不佳的企业难以得到贷款；部分产品有效益、有市场的困难企业得到封闭贷款和实行封闭运作难度较大；信贷担保体系建设滞后，中小企业的资金来源更为困难。三是产成品积压和相互拖欠货款现象严重，致使企业资金周转缓慢，加剧了企业资金紧张。

4. 工业企业效益不稳定，影响了发展后劲。1999 年工业效益虽然好转，但亏损面仍在 40% 以上，效益分布也很集中，全年石油化工、电力、烟草三大垄断行业利润占国有及国有控股工业总利润的 51%，506 户重点企业占 88.3%，10 个盈利大户占 49.8%，利润过于集中容易造成效益的不稳定。国有企业潜亏严重，折旧率偏低，应收账款和产成品资金损失严重。企业开发能力薄弱，技术改造投入少，利润率不高，发展后劲不足。而且，制约企业效益提高的一系列长期因素依然存在：国有企业机制不活、经营管理水平不高、负担沉重、融资渠道不畅、货款拖欠等问题依然突出；在控制总量、加大结构调整力度和激烈竞争的环境中，多数企业难以继续获得速度型效益；传统行业在经济结构转换期，会使企业两极分化加剧，为数不少的企业生存更加困难。

5. 下岗工人增加，社会保障等配套改革滞后，推进国有工业企业改革的难度仍然很大。1999 年国有企业兼并破产力度将进一步加快，一部分企业要退出市场，一批职工要离开岗位；纺织、煤炭、冶金等传统产业控制总量和重点地区的结构调整加速，分离分流步伐加快；地方精简机构和农村剩余劳动力的持续转移，将进一步加大城镇就业难度；当前经济增速不高，非国有经济发展平缓，容纳新增劳动力的能力有限，1999 年的就业形势将更为严峻。与此同时，社会保障体系不健全，养老、医疗、失业等社会保障资金不足，银行商业化运作后基本不再承担社会保障任务，虽然 1999 年中央财政托底解决了一部分资金，但缺口仍然较大。在这种情况下，做到“两个确保”的难度较大，如果思想政治工作跟不上，上访、群体闹事等事件可能会时有发生，这势必加大了保持社会稳定的难度，从而影响到国企改革的深化。

6. 市场秩序有待进一步整顿。市场秩序混乱问题仍突出存在，主要表现在：信用关系紊乱，拖欠货款、贷款、税款以及银行利息日益严重，致使部分行业和企业资金周转困难；市场竞争不规范，企业竞相压价，甚至低价竞销，致使企业利润减少或亏损加大；地区市场封锁和分割严重，不利于地区间分工协作和解决重复建设问题，也影响公平竞争和提高经济整体效率；低质商品、假冒伪劣商品现象较为普遍，干扰了企业的正常生产和经营，损害了消费者权益，在一定程度上也影响了消费；企业“三乱”影响了企业正常效益水平；农民负担屡增不减，不利于农民收入的增长和农村市场的开拓；许多中介机构组织没有与政府分离，行为很不规范，干扰了正常经济秩序；违反财务制度、制造假账、虚报统计数据时有发生，造成国有资产的损失和经济信号的失灵。市场秩序混乱现象的根治，有待于市场经济体制的逐步完善。

1999 · 基本改革思路

国有经济战略性调整，国有企业战略性改组

国有企业改革没有取得预期效果的重要原因之一，是因为迄今为止的国有企业改革都是从微观层面着眼，只针对国有企业本身存在的问题进行改革。国有企业的改革应该分为两个层次来考虑和进行：在宏观层面上，应该按照社会主义市场经济的要求，从国有企业的功能出发，给国有企业以正确的定位，确定国有企业需要在哪些部门继续保留、发展，甚至保持垄断或控制的地位，对国有经济的布局进行战略性调整；在微观层面上，应该按不同类别对那些需要保留和发展的国有企业进行改革。为此，要在宏观层面上对国有经济进行战略性调整，在微观层面上对国有企业进行战略性改组。

自从提出建立现代企业制度的国有企业改革方向以来，负责全国国有企业改革的国家经贸委采取了一系列改革措施，但国有企业的经营状况不仅没有改善，反而有更趋恶化之势。在全部国有独立核算工业企业中，亏损企业的亏损总额逐年增加，亏损面逐年扩大。亏损企业的亏损总额从1994年的482.59亿元增加到1997年的830.95亿元；全部国有独立核算工业企业实现的利润总额则从1994年的829.01亿元降到1997年的427.83亿元；而同期全部国有独立核算工业企业的固定资产原值则从2.31万亿元增加到3.84万亿元。1994年，全部独立核算的国有工业企业每百元固定资产原值还能创造3.59元的利润，到1997年，每百元固定资产原值只能创造1.12元的利润，国有企业的盈利能力下降了2/3。1994年，在工业39个行业大类中，国有独立核算工业企业发生全行业亏损的还只有煤炭、食品、纺织等13个行业，亏损总额也只有58.58亿元；到1997年，39个行业中发生全行业亏损的增加到25个，有64%的国有独立核算工业企业全行业亏损，亏损总额增加到258.86亿元。同时在工业以外的国有企业中，也有一些行业出现了全行业亏损。

国有企业的改革措施不断调整，国有企业的改革力度不断加大，国家对国有企业的扶持力度也有增无减，而国有企业的经营状况却每况愈下。严峻的国有企业经营形势，迫使人们不得不重新全面审视近二十年来的国有企业改革思路。

国务院发展研究中心发表研究报告，系统分析了近二十年来国有企业改革的思路。研究报告指出：

改革以来，我们对国有企业的改革长时间徘徊于仅仅从微观层次上着眼国有企业的改革，只针对国有企业本身存在的问题，考虑如何把国有企业改革为运行良好的国有企业。例如，扩大企业自主权、“利改税”、实行承包制、转换企业经营机制、建立现代企业制度以及其他种种改革，都是针对国有企业本身存在的问题而实施的。针对国有企业存在的问题进行改革是必要的。但是，在从微观层次上进行国有企业改革时，忽略了首先要从宏观层次上，即从国民经济整体上考虑国有企业的改革。

国有企业的改革应分为两个层次来考虑和进行：一是宏观的层次，在确定了建立社会主义市场经济体制的改革目标以后，国有企业改革的目标首先必须服从建立社会主义市场经济体制的目标。要对国有经济的布局进行战略性调整，确定在哪些部门国有企业需要继续保留和发展，在哪些部门国有企业需要退出；在国有企业需要保留和发展的部门中，在哪些部门国有企业需要保持垄断或控制的地位，而在哪些部门国有企业无须保持垄断或控制地位。二是微观的层次，国有企业微观层次的改革目标必须服从其宏观层次的改革目标。要使那些应该从国民经济中退出的国有企业有序地退出，使那些应该在一些部门让出垄断和控制地位的国有企业有序地让出；对那些应该保留和发展的国有企业按不同类别（如公益性、政策性、垄断性、国有独资、国有控股等）进行改革，对那些需要先发展然后退出的国有企业，在其退出前也需进行改革。宏观层次的改革是微观层次改革的前提，二者应结合进行。

从宏观层次上看，国有企业的改革目标，应该是按照社会主义市场经济的要求，从国有企业的功能出发，给国有企业以正确的定位，对国有经济的布局进行战略性调整。

第一，改革国有企业是为了建立社会主义市场经济。社会主义市场经济必须建立在能够与之相适应的、相兼容的微观基础之上，这种微观基础与计划经济赖以存在的微观基础是根本不同的。传统的国有企业与计划经济天然兼容，可以说没有国有企业就没有计划经济。但没有经过改革的、计划经济中形成的国有企业是不能与市场经济自动实现兼容的，需要按照市场经济的要求对传统的国有企业进行改革，使之与市场经济兼容。

市场经济是在市场交换逐渐发展的过程中形成和发展起来的。市场交换有两个前提：存在社会分工和不同所有者。在国有经济内部，各个国有企业的所有者都是国家。各个国有企业之间可能有某种交换的形式，但不存在真正意义的市场交换，因为没有发生所有权的转移。因此，在单一的国有经济基础上，或者在国民经济中国有经济占较大比重的基础上，是无法建立或全面建立市场经济体制的，即使部分建立了市场经济体制，也是难以正常运行的。为了建立社会主义市场经济体制，必须首先从宏观层次上对国民经济的所有制结构进行改革，对国有经济在国民经济中的布局进行战略性调整。社会主义市场经济的所有制结构不能是国有经济占绝对优势比重的结构，而只能是以国有经济为主导的多种所有制的混合经济结构。在这种微观基础之上，才可能形成真正意义的市场关系和真正意义的市场竞争。不能首先从宏观层次上对国有经济进行战略性重组，只着眼于从微观层次上对一个个的国有企业进行改革，是不能解决国有经济与市场经济兼容这一问题的。

第二，改革国有企业是为了使非国有经济特别是非公有经济与国有经济在公平的基础上共同发展。在社会主义市场经济中，不能没有国有经济，也不能没有非国有经济特别是非公有经济。非公有经济之所以是社会主义市场经济的重要组成部分，是因为它与市场经济是天然兼容的，它们互为存在和发展的前提和条件。可以说没有非公有经济就没有市场经济。改革开放以来，非公有经济有了长足的发展，但至今非公有经济与国有经济之间还没有形成在公平基础上共同发展的局面。其中最突出的现象是国有经济仍控制着或垄断着许多它不需要控制或垄断的国民经济部门，使得非公有经济难以或不能进入。这种不公平的环境不仅不能使非公有经济与国有经济共同发展，而且也不利于社会主义市场经济体制的建立和发展。要改变这种局面，就必须从宏观层次上对国有经济进行改革，使国有经济退出一些部门，允许非国有经济进入那些无须由国有经济控制或垄断的部门，并在各个方面破除对非公有经济的歧视。

第三，改革国有企业是为了提高国民经济的整体效益。仅从微观层次上考虑通过改革来改变国有企业效益低下的状况，以提高各个国有企业的效益，并不能解决国有经济整体效益不高的问题，也不能提高国民经济的整体效益。因为国有企业有不同的类别，有些国有企业（如公益性的、政策性的、保障国家和社会安全的国有企业）不以营利为目的，不应要求其取得好的效益；而有些国有企业（如竞争性部门中的国有企业）一般地说其效益不及非国有企业特别是非公有企业。如果从宏观层次上来考虑国有经济的改革，就不是着眼于如何提高一个个国有企业的效益，而是通过改革，使国有经济在提高国民经济的整体效益上发挥其作用。我们需要保留和发展国有企业，主要不在于这些需要保留和发展的国有企业本身能带来多大的效益，而在于它们能提高国民经济的整体效益。

第四，改革国有企业是为了从整体上发挥国有经济特有的、难以为非国有经济特别是非公有经济替代的功能。在社会主义市场经济中，国有企业与非国有企业特别是非公有企业具有不同的功能。之所以要对国有经济做出战略性调整，让国有企业退出竞争性部门，让其在公益性、政策性、保障国家和社会安全等部门保留和发展，正是为了用其所长，避其所短，并使其在与非国有经济的共同发展中互相补充，共同促进国民经济的发展，使社会主义市场经济所追求的公平与效率相结合的目标得以实现。在竞争性部门中非公有经济发展了，国家的财政收入自然也有了保障。国有经济在其能够发挥特有功能的部门得到加强，居民和社会的公共利益得到增进，政府调节经济的政策得到实施，国家和社会的安全得到保障，国民经济的整体效益得到提高，国有经济在国民经济中的地位和作用也就加强了。反之，如果让国有企业继续在其不适宜存在和发展的竞争性部门存在和发展，从而出现大面积的亏损；同时让国有经济在不应由其控制或垄断的部门继续控制或垄断，使得非国有经济不能在公平的基础上与国有经济共同发展，这反而会不利于国民经济的发展。

迄今国有企业改革没有取得应有的成功，其中一个重要原因，就是没有首先从宏观的层次上对国有经济的布局进行战略性调整，而在微观层次上却又要求所有国有企业都按竞争性企业的模式进行改革。

国有经济原来的布局是在计划经济体制下形成的。在由计划经济向社会主义市场经济转变中，国有经济的布局也应从战略上进行调整，以便使社会主义市场经济体制得以建立并能正常运行。这是因为：

第一，国家所有的产权制度使得国有企业的财产约束不像非国有企业尤其是非公有企业那样强，政企难以彻底分开，难以做到真正的自主经营和自负盈亏。国家所有的产权制度决定了国有企业更适合在公益性、政策性、自然垄断性以及关系国家和社会安全的部门存在和发展，在这些部门中国有企业能够发挥其特有的、难以为非国有企业替代的功能；而在竞争性部门，国有企业往往不及非国有企业特别是非公有企业那样具有市场竞争力。在加快向市场经济转变中，由于国有经济的布局未作战略性的调整，没有及时从竞争性的部门退出来，再加上从计划经济中继承下来的种种沉重的历史负担，使得许多国有企业特别是竞争性部门中的国有企业遇到了巨大困难。

第二，国有企业的产权制度虽然使其在与市场经济的兼容上有其不足，但这种产权制度，也使得国有企业具备了其特有的、难以为非国有企业特别是非公有企业替代的功能：包括满足居民的一些基本需要和社会的一些共同需要的公益性的功能；保证政府调控经济的政策得以实施的政策性功能；维护国家和社会安全的功能；保障国民经济协调发展和提高国民经济整体效益的功能等。这些功能对社会主义市场经济的建立和发展都是不可缺少的。由于对国有经济的布局未进行战略性的调整，国有企业的这些特有的、难以为非国有企业特别是非公有企业替代的功能没有得到更好的发挥，甚至受到了削弱。

第三，想尽力保持国有经济在计划经济中的布局，想让国有经济继续在国民经济中保持较高的比重，使国有经济继续涵盖许多国民经济部门，并维护国有经济在一些部门中无须保持的绝对垄断地位或控制地位。这种情况不仅使国有经济陷入了困境，而且也阻碍了非国有经济特别是非公有经济的正常发展，一些部门至今仍设置有不许它们进入的壁垒。这些又都阻碍了竞争性市场的形成，并使市场效率难以提高。

第四，由于国有经济的布局未能按社会主义市场经济的要求进行战略性调整，又使得本应推进的、建立社会主义市场经济所要求的一些改革（如专业银行的商业化改革，社会保障制度的建立等）难以顺利进行。

对国有经济的布局进行战略性调整，不仅使国有经济能更好地发挥在社会主义市场经济中特有的、难以替代的功能，而且也使非国有经济能更好地发挥其特有的、难以替代的功能。只有对国有经济布局进行战略性调整，才能使国有经济从根本上摆脱困境，使社会主义市场经济有效地运行。

在从宏观层次上对国有经济的布局进行了战略性调整后，就需要进一步解决那些应该退出的国有企业如何退出，那些应该保留和发展的国有企业如何保留和发展的问题。这都需要从微观层次上对国有企业进行改革。

无论是应该退出还是应该保留和发展的国有企业，在它们退出前或退出时以及为了保留和发展，都必须解决一些共同存在的问题（大多是计划经济遗留下来的问题），主要是拖欠银行的呆账、逾期贷款和拖欠其他企业的债务需要归还，全部职工（指破产企业或关闭的企业）或多余职工需要安置，离退休人员和职工的社会保障需要落实，那些需要保留和发展的国有企业的资本金需要充实，非经营性的事业需要剥离等。如果这些问题不解决，那些应该退出的国有企业就难以退出，例如即使有非国有企业愿意收购那些应该退出的国有企业，它们面临这些国有企业的沉重债务负担和职工负担也会望而却步，而那些应该保留和发展的国有企业也会因为这些沉重的负担而难以生存和发展。

应该退出的国有企业应根据不同情况区分为三类：立即退出；先保留并创造条件逐渐退出；先发展再逐渐退出。

立即退出的又可分为两类。一类是一些已经应该破产的企业以及虽然还不到不能偿还到期债务的程度但已经难以继续存在下去的企业。这些企业应该通过破产或出售而退出，越早退出国有资产的损失越小，至少还可能从它们所占用的土地资产的经营权的转让中获得收入用于解决退出中所需的某些资金（如安置职工、偿还部分债务等）。另一类是那些经营状况良好但无须保留的企业，应趁着目前的经营状况仍然良好，尽早通过出售等途径退出，这样可以从转让国有资产中获得更多的收入，不能因为目前它们的经营状况良好而舍不得退出，那样可能会失去时机。

先保留并创造条件逐渐退出的企业是指它们的经营处于勉

强可以维持的状况，或者有点微利，或者不盈不亏，或者有些亏损，它们本应立即退出，但由于各种原因无法立即退出，它们可以先保留，继续经营，在保留期间要对这些企业进行改革，同时解决其历史遗留问题，努力改善其经营，为其创造更好的退出条件，在能够退出时逐渐地退出。

先发展再逐渐退出的企业是指目前的经营状况良好，但由于各种原因（例如企业的规模太大，内部结构复杂等）一时难以退出。这些企业可以让它们先发展，同时解决其各种历史遗留问题，并对其进行各种必要的改革（如改组为国家控股的股份有限公司，并成为上市公司），然后再使其逐渐退出。目前一些经营良好、属于竞争性部门并已改组成为国家控股的上市公司以及可以改组为上市公司的国有企业就属这类企业。这些企业经过改革和发展，在逐步退出时可以从国有资产的增值中获得更多的转让收入。

除去应退出的国有企业外，需要保留和发展的国有企业，更需要通过改革使其不仅能够继续存在而且获得发展，以发挥其特有的、非国有企业难以替代的功能。这些企业的性质和功能都有差别，因此，应对它们按照不同类别、运用不同方式进行改革。

那些公益性、政策性以及关系国家和社会安全的国有企业，只能办成国家独资的企业，有些可按照《公司法》中对国有独资有限责任公司的规定进行改革。这类国有企业应通过改革实行科学的管理，降低经营成本，为公众、其他企业及国家提供优良的服务和产品，支持政府政策的实施，不应要求它们自负盈亏，但它们应努力不发生亏损，如果不是因经营不善而发生亏损，政府应给予补贴。为使这类国有企业发挥其特有的功能，应加强政府和职工的监督。

那些自然垄断的国有企业一般也应是国家独资的公司，有一些可以是国家控股的有限责任公司，也应参照《公司法》的有关规定进行改革。这类国有企业应通过改革建立现代企业制度，实行科学的管理，要求它们不仅自负盈亏，而且要向国家多交税和利润，为用户和消费者提供优良的服务和产品，政府作为所有者应加强对它们的监督，包括对其产品和服务的价格和质量的监督，防止其利用自然垄断地位损害用户和消费者的利益，特别是防止发生“内部人控制”，防止经营者对超额利润的挥霍和侵占。

至于在基础设施部门和高科技部门仍需保留和发展的国有企业，除有些可以是国家独资的公司外，更多的应是国家控股的公司。它们应按照现代企业制度模式来建立和运作。对这些企业应要求做到自负盈亏，即使不是由于经营上的原因，某些基础设施和高科技国有企业也可能发生亏损或者在发展的前期发生亏损。在这种情况下，从保持国民经济协调发展和从提高国民经济整体效益考虑，国家应给以补贴。这类国有企业原则上应在能获得盈利时或者在国家投资收回后通过国有股权的转让而退出，让民间去办。国家在转让国有股权中获得的收入应继续用以支持基础设施建设和高科技产业的发展。

那些需要先发展后退出的国有企业，应该尽可能改组为有限责任公司或股份有限责任公司，按照《公司法》的规定进行改革，建立现代企业制度。这些企业在改组为有限责任公司或股份有限公司之初，由于国有股往往占控股地位，这会使其难以按照现代公司的规范运作，难以解决政企不分问题，难以建立有效的法人治理结构，容易保留国有企业的种种通病。这是需要注意解决的。这些毛病的最终解决在于国有股权的逐渐退出。在国有企业改革中已经积累的经验都可以继续运用。

分别从宏观层面和微观层面来考虑和实施国有企业改革的思路，得到最高决策部门的认可。在1999年中共十五届四中全会上通过的《中共中央关于国有企业改革和发展若干重大问题的决定》，明确提出了从战略上调整国有经济布局，对国有企业进行战略性改组的改革主张。

“债转股”

两个“拨改贷”以后，国家一直没有再向国有企业注入资本金。经历了十多年的发展变化之后，国有企业负债累累，举步维艰，成为进一步深化国有企业改革的严重障碍。在沉重的债务负担面前，越来越多的企业为了生存，采取了各种各样的逃债办法；为了解决国有企业的过度负债问题，人们曾进行过各种尝试，理论界也提出过各种处理办法。最后在总结以往经验的基础上，权衡各方面的利弊，选择了“债转股”的办法。

在20世纪80年代后期，北京的一家报纸曾经向企业家推荐一种经营方式——负债经营，鼓励企业家勇于向银行贷款，借鸡下蛋。这家报纸的编辑当时恐怕不会想到，到90年代后期，仅仅过了十年时间，国有企业的过度负债问题却成为重大的社会经济问题，成了进一步深化国有企业改革的拦路虎。

1980 年，国有工业企业的资产负债率仅为 18.7%，其中流动资产的负债率为 48.7%，而到了 1993 年，国有工业企业的资产负债率迅速上升为 67.5%，其中流动资产的负债率为 95.6%，即企业的生产周转资金几乎全部靠贷款。到 1994 年底，国家国有资产管理局对 2 万户国有企业进行清产核资，企业的资产负债率为 79%，其中资产贷款负债率为 70%。而同期国有企业的资产盈利率为 6% ~7%，银行贷款的平均利息率为 12%。在资产盈利率只有 6% ~7%，资产贷款负债率高达 70% 的格局下，企业要支付 12% 的利息是非常困难的。到 1995 年一季度，国有企业的平均资产盈利率又比上年同期下降一个多百分点。国有企业负债过重，是摆在改革面前绕不过去的一个难题。

高额的贷款负债率和低下的资产盈利率，使得国有企业无法正常运转。企业运转不正常，就把亏损以赖账的方式转嫁给银行，形成逾期贷款、呆账和死账，致使国有银行的不良资产约占贷款总资产的 25% 左右。不良资产的日益增多，使银行的资产质量恶化，又成为专业银行转向现代商业银行的一大障碍。

造成国有企业过度负债的原因如下：

一是国家对国有企业的注资严重不足。在计划经济体制下，国有企业的固定资产来源完全是财政拨付，流动资金约 50% 是财政拨款，其余部分依靠银行贷款。自 80 年代初实行企业固定资产投资和流动资金实行“拨改贷”以后，企业的新建、扩建项目开始主要依靠银行贷款，到 20 世纪 80 年代中期，财政已基本不向企业增资，以前未拨足的流动资金也不拨付了，企业实际上只能依靠贷款发展。开始出现了一批无资本金或很少资本金的企业。

二是企业更新改造资金不足。国有企业的折旧率非常低，而且大部分折旧统筹上缴，铺了新摊子。当企业设备老化后，就会处于两难境地，不进行技术改造，产品打不开市场是“等死”；进行技术改造，没有资金投入，依靠贷款，形成高负债经营是“找死”。

三是国有企业社会负担重。在计划经济条件下，国有企业职工的社会保障基金由国家统筹，未给企业、职工建立专门账户，历年的保障基金当作财政收入，上了新项目。使得企业用收入支付过去积累的职工社会保险费，不堪重负。社会公益事业，如学校、医院，本应由财政征收的税收支付，但过去国家对企业利税不分，许多支出都由企业负担了。企业财务制度改革后，利税分流，但企业的社会负担并未随税收的支付而减少，不得不占用生产资金支付非生产性开支。

四是政府部门的行政决策对企业经营造成的重大影响。过去投资决策、贷款决策主要集中在国家。一些政府官员和行业主管部门决策上了一些项目，后来项目失败了，或效益不好，决策者不承担经济责任，亏损全由企业负担。

在沉重的债务负担面前，越来越多的企业为了生存，不得不自行变通，“化整为零”“脱壳经营”“大船搁浅、舢板逃生”等，变通办法的实质就是一条，绕开债务负担，寻求新的起点。

负债经营，本来是市场经济通用的企业经营方式，问题是要适度。企业的负债率多少为适度？则要看行业平均资产回报率和贷款利息。如果贷款利息为 10%，行业资产回报率为 5%，则企业资产负债的最高比例为 50%，这时企业不亏不赚是零利润；如果负债率降低，则企业利润会上升。这说明，在行业资金回报率一定的情况下，负债率越高企业的盈利水平越低，而当资产回报率提高时，就能适当放宽负债率的界限。有人根据相关数字进行测算，认为当时我国国有企业的资产负债率在 50% 以下为宜。而实际已达到 79% 的资产负债率，显然已经是过度负债。

为了解决过度负债，人们曾提出过各种处理办法：优化资本结构试点，从 18 个城市扩大到 50 个城市，再由 58 个扩大到 111 个，最后被实践证明杯水车薪，解决不了根本问题。有人又提出，由国家财政向企业注资，企业用这笔资金归还逾期贷款，这种办法要求财政拿出数千亿元来，显然是国家所不能承受的。也有人提出，从银行资产中核销掉企业债务，再由国家财政向银行注资，补充银行资本金，或者将银行对企业的债权转变为银行股权，使资不抵债的企业破产等。

借鉴日本“二战”后通过清理资产负债表重组企业与银行间债务的办法；拉美一些国家实行的国际通用的“债务—股本”转换办法；东欧一些国家建立“坏账银行”的办法等，中国人民银行、国家经贸委、中央党校等有关部门的专家学者，为解决我国国有企业的过度负债设计了三种方案。

方案一：债务存量三家转换

该方案设计者将企业债务分为两类。

第一类是财政性负债。国有企业的非正常负债中有些是财政性负债。这包括三个方面：一是由于价格管制带来的政策性亏损应由财政弥补而未弥补，由企业生产资金垫补，引起企业负债增加。二是企业承担了较多的社会福利负担，这些费用本应通过税收和社会保险费的方式在全社会内征集、运用，而现在压在单个企业之中。社会保险费过去采取预扣的方式，但征集之后并没有给职工建立个人账户，而由财政统一运用形成了国有资产，但支付时却由企业支付。过重的社会福利支出和社会保障支出同样挤占了企业的生产资金。三是企业经营管理不善出现呆账和项目经营决策失误，以及由于宏观政策变化引起企业负债增加。

由这三种原因造成的企业负债往往是不可能偿还的。在目前的债务格局和企业制度下，国有经济的扩张和企业政策性亏损和弥补，是靠银行贷款、企业间相互拖欠和挤占职工社会保障基金实现的，是国家财政所欠的暗账。对这部分有去无回的钱，不存在债权转股权的问题，只能由所有者承担。所以，必须进行债务转换，将暗账翻成明账，让国家财政真正承受债务负担，从而约束其经济扩张的行为。债务转换后能严格区分财政职能和信贷职能，换来一个良性的财政、银行关系，并硬化国有企业的预算约束。对财政性负债的转换方式是：由财政向中央银行借钱，用专用支票拨给企业，企业立即归还专业银行贷款，专业银行再归还中央银行再贷款。对银行体系来说，债务人由企业换成了财政。

第二类是企业的过度负债。改革开放以来，我国国民收入分配的格局发生了巨大的变化，中央财政和地方财政的收入在国民收入中的比重不断下降，但由国家投资办企业的思想并没改变，资本市场也未开放，于是出现了许多完全靠贷款或基本上靠贷款建成的企业。有些本来没有还款能力的项目也在使用贷款，这些贷款极大地影响了银行贷款的周转速度。除新企业过度负债外，一些老企业改革前曾拥有较多的资本金，但由于折旧率过低，只能贷款改造，结果是过度负债，陷于经营困难的境地。企业的过度负债在银行资产负债表上也是周转不动的不良债权。对这类负债可按情况不同分别处理：

一是向银行的贷款，这是最大部分。负债的企业可以归为以下几类。第一类是产品有市场，资产负债结构合理，经营管理好，利润较高的企业。对这类企业应实行信贷倾斜政策。第二类是经营管理好，产品市场前景好，有盈利，只是注资不足而陷入困境的企业。对这类企业可通过多种商业渠道进行注资、债务重组，改善资产负债结构。第三类是注资不足，市场一般，经营一般，或微利或亏损的企业。对这类企业应基本采取拍卖形式处理。第四类是企业注资严重不足，市场前景不好，经营管理不好，资不抵债的企业，对这类企业应坚决实行破产。

二是向非银行金融机构、其他企业的借款。对这部分债务，可在政策允许的范围内，由非银行金融机构和其他企业自愿将债权转成股权。

三是其他资金占用，包括欠发工资福利、欠缴利税等。对这部分债务要分析成因，如果是企业负担过重和政策性亏损，应通过改革社会保障制度，拨补亏损款的方式解决。

方案一以上所设计的是对债务存量的转换方式，那么如何避免今后再发生过度负债问题呢？设计者指出，为了防止新问题的发生，国家在经济建设中一定要坚持量力而行的原则，凡新建项目一定要拨付适度的资本金。国家没钱就让社会去投资，让居民储蓄转成投资，以减少财政的压力和通货膨胀的压力。此外，发展资本市场是解决企业过度负债的根本途径。在资本市场的发展中，鉴于中国的国情，最现实的办法是发展非银行金融机构，培育机构投资人，通过投资银行、信托投资公司和投资基金等实现居民储蓄向投资的转换。

为使资本市场健康发展，要加快金融体制改革，特别是提高利率市场化的程度，加强证券市场的法制建设和规范非银行金融机构的业务活动。

方案二：银行参与国企股权

该方案的基本设想是：国家给银行配发一定数量的股份认购证，银行用认购证去买企业股票。赋予银行向企业投资的职能，可以解决两个问题：一是通过把企业债务转变为银行对企业的股权（即债务—股权转换），解除企业的债务负担；二是银行购买一部分效益好的企业的股票，能提高银行资产的质量等级。这种做法，从当前看，满足了企业、银行和财政三方面的要求；从长远看，企业的主开户银行部分地替代国家而成为所有者，有利于解决国有企业所有者缺位这一根本问题。

实现这一设想的具体步骤如下：

第一步，企业和银行之间进行债权和股权的转换。可以从以下几种情况考虑：

1. 对于那些严重资不抵债的企业，应让它们破产，拖欠的贷款应予核销；2. 对于一般的过度贷款，银行可以用取得企业股票的方式，将其中的一部分转变为银行持有的股份。这样做，对企业来说，减少了贷款，增加了股权，可以解决过度负债的问题；对银行来说，贷款规模缩小了，解决了过度贷款的问题，此外，银行从贷款者变为股东，可以以股东身份对企业经营施加影响，使经营情况得到改善，从而使质量较差的贷款变为质量较好的贷款。

但是进行债务—股本转换后，银行本身面临两个问题：1. 由于购买了大量股票，加大了投资风险，使银行资产质量下降。2. 银行的贷款业务和投资业务混在一起，不符合国际上保证银行资产质量的规定。所以要有第二步。

第二步，银行内部机构的重组与调整。

可以把专业银行分为两部分，即商业银行部分和投资银行部分。投资银行部分可以经营直接投资业务，商业银行部分除经营存贷款业务外可持有特定类型的债券（如国库券、投资银行债券）作为资产。这样，既有内部分工，也便于中央银行进行监控。当然，这样做的指导思想是把专业银行转变为多功能的但内部又实行分业经营的银行，否则便难以进行债务—股本的转换。

银行机构重组和调整的具体做法是：成立投资银行部，发行自己的投资银行债券，以债券收入购买已向商业银行出让的企业股权。这样，商业银行资产中持有投资银行的债券，而不再持有企业股权；股权转到投资银行一方。

当银行进行机构调整之后，从商业银行部看，仍然面临一些问题。商业银行部自身的资产质量要取决于它所持有的投资银行债券的评级，而投资银行所发行的债券的风险评价又取决于它所持有企业股权的企业的财务与经营状况。而这些企业效益有的比较好，有的还待改进。所以总的来看，商业银行资产的质量等级并不高。从投资银行部看，也有一些问题，主要是：资本金的比例过低，股权的风险偏大，质量等级也不高。要解决这些问题，还需要采取第三步措施。

第三步，国家通过向银行配发股份认购证的办法给银行增资，由银行用认购证去购买一部分效益好的企业的股权。

为了保证银行的质量等级，国家可以考虑给银行注入新的资本金，但不采用货币形式，而是分配给投资银行部一部分股权认购券，让投资银行部购买那些经营业绩优良的企业的股权。它不仅是为了银行体系的健康运行，更是为了解决国有企业所有者缺位的问题和公司化改制。

当这一过程完成之后，一方面，投资银行部通过用股权认购券购买好企业的股票，使股权组合的质量等级提高了，则其债券的信用等级随之提高；另一方面，商业银行部的资产中所持有的债券的质量等级提高了，则整个资产质量提高了，风险度降低了。这样便可以解决上面提出的银行资产质量问题了。

方案三：中介机构接管债务

该方案的设计者认为，我国国有企业的债务问题比较特殊。在我国，实际上只有一个债权人，即国有银行，而在西方私有制国家，会有许多类型的债权人，从理论上说，我国的情况简单一些。由于债权人（国有银行）和债务人（国有企业）最终由同一个“人”（国家）所拥有，所以，原则上讲注销债务即可解决。而深入分析就可发现，我国的情况更为复杂，在同一名义所有者（国家）之下，与企业债务有重大利害关系的有三个部门：国有企业（其代表机构是国家经贸委）期望注销和减免更多的债务；国有银行则倾向于反对这样做，除非银行系统能得到足够的补偿；财政部也不想用更多的财政收入为企业重新注资，以免增加赤字。所以，债务重组的方案能否实行，关键是要确保兼顾三方的利益，同时不牺牲国家整体利益。国家也要确保，债务的核销不会引发企业与银行的不合理预期和不规范行为。

方案三的设计者建议，为了有利于企业与银行重组，应当建立一个“企业银行重建基金”。“重建基金”可属于国务院，也可属于财政部。“重建基金”有两个重要职能：一是作为一个中介机构向银行发行债券，冲减债务造成的损失。二是作为政策性贷款的替代机构，向亏损企业提供补贴，从而避免将来出现新的债务问题。

关于“重建基金”问题，设计者认为，1994 年 1 月以来，我国已经建立了三个政策性银行，承担政策性贷款的责任。由于它们各有专门的发展任务，所以实际上是基础设施、进出口和农业部门的发展银行。因此，它们开始从专业银行拿走的只是用于发展目的的贷款，而未能把所有的政策性贷款都转移出去。结果，政策性贷款中剩下来的部分（问题的核心）仍属于专业银行。建立“重建基金”的目的是把政策性贷款转移出去，这样银行可以纯粹根据商业原则运转，“重建基金”为银行与企业关系的重组提供了一个重要的联结点。重建基金是一种信托基金，需要注入资本。资本注入可有多种方式。由于“重建基金”代表国家持有银行的普通股，所以一个来源是银行向“重建基金”支付的红利，当然，前提是银行有足够的盈利能力；另一个来源是银行未偿贷款的利息。当然，政府可拿出一些生息债券给“重建基金”，或授权“重建基金”向公众发行它自己的债券。为了确保有稳定的来源，政府还可把部分好的国有企业的股票分配给重建基金，这样，重建基金能把这些企业支付的红利用于自己的开支，而不用再直接求助于国家预算。

由此可以看出，在方案三中，“企业银行重建基金”是一个政策性的非银行金融中介机构，它有两个基本作用。一是从银行接管企业的不良债务，把银行解脱出来，朝商业化方向改革。历史上形成的财政性债务是已经过去的事，无论用什么办法消除，都是一种做账方法。重要的是今后这种财政性债务应当被压到最低限度，并通过透明的财政渠道而非银行渠道发行。二是对目前有困难的企业提供有固定期限的财政性补贴，用以取代目前的银行政策性贷款，以减少破产，保持社会稳定。

“企业银行重建基金”解决的是财政性债务问题以及企业机制的建立，至于企业的过渡性负债要通过市场化的方式解决，可选择的方式包括：债务—股本转换、利用商业性中介机构进行债务重组、合资兼并方式和对企业进行大面积的公司制改造。

还有专家提出建立商业性中介机构，包括投资银行、信托投资公司、资产经营公司等，他们将企业的债务从银行手中买过来成为股权，企业用新增股本归还银行贷款。这时企业债务和银行贷款同时减少，既解决了企业过度负债问题又减少了银行信贷。

专家普遍认为，国有企业的过度负债，既有客观原因，也有主观原因。从主观原因看，过去我们在认识上有几大误区：

第一，认为企业长期以来是在无偿使用国有资产。其实，在传统体制下，国有企业不仅利润全额上缴财政，折旧金也上缴，企业连简单再生产都难以维持。在承包制下，企业留成的利润，名义上为企业自有资金，实为国有资产。因此，从总体上讲，不存在无偿使用国有资产的问题，也就不存在“变无偿使用为有偿使用”的问题。

第二，认为银行的资金都是国有资金。其实，银行资金中既有国有资金，如自有资金，也有大量的不是国有资金，如居民储蓄存款、工商企业存款。由此，把财政性国有资产投资改为信贷型“国有”资产投资（即“拨改贷”）是不合适的。

第三，混淆了投资与信贷的关系。在企业运营中，投资形成的是资本关系，信贷形成的是负债关系。在市场经济中，无资本企业是不允许存在的，因为它不具有独立承担民事责任、履行法人主权的能力，有着扰乱商业信用秩序的可能。多年来，我们运用信贷资金建立了一大批全负债企业，使银行不良资产大量增加，不利于维护正常经济秩序。

上述几种方案各有侧重，各有利弊。

比如，方案二中银行参与国企股权，它的最大优点是解决了企业的过度负债问题，同时银行能对企业进行改组，帮助企业改善经营管理。在市场经济国家，解决部分企业的债务问题是非常有益的。但在中国目前面临体制转换，大部分国有企业存在债务问题时，还有这样一些问题需要考虑：第一，国有企业的财政性负债数量很大，如果用银行呆账准备金和资本金去冲销，银行无法承受；第二，将借给企业的不良贷款转成投资银行部的债券，只解决了银行资产的流动性和质量问题，银行资产总量并没减少，因而不可能减少社会的货币供应量，从而减少通货膨胀的压力；第三，为了减少投资银行部对商业银行部的依赖，方案设计了股权认购券，这种认购券实质上是以国家信誉为基础的财政货币；第四，目前中国的金融法规，允许商业银行投资于非银行金融机构，但不允许商业银行直接从事投资业务，因而方案所设计的投资银行部必须成为独立的法人。

对于方案三，中介机构接管债务，如果是政策性中介机构，则只能解决财政性债务，如果是商业性中介机构，则会遇到以下问题：第一，作为商业性机构，为了长远的利益，他们可以购买一些企业的债务，承担一些风险，但这种承受能力是有限度的，如果未来的盈利不可能远远大于企业财政性债务成本的话，他们绝不可能按原价购买企业债务，而会要求对企业债务打个折扣，这种被打了折扣的债务，是要有人承担的。在中国面临大量的企业财政性债务时，靠银行的呆账准备金、资本金是难以全部承担的。第二，中介机构的良好运作要求有较发达的资本市场，而中国目前对企业股份转让、股票上市和各种债券上市都有种种限制，因而难以在大范围内采用。

至于方案一，债务存量三家转换，它能解决企业的财政性负债和过度负债两个问题，同时能保证国有企业在经济中的实际份额不下降。但这种方法的最大风险是会助长国有企业不关心还债的思想，他们在新的资产负债表建立后，不去努力改善经营管理，而是寄希望于下一次债务重组。因而实行这一方法必须采取措施确保：这是处理某一年代之前的历史问题，对某一年代之后的问题要通过新的市场机制去解决；这是计划经济大锅饭“最后的晚餐”，绝不会有第二次。为了确保这是“最后的晚餐”，还要有一系列的配套改革。

综合各种方案的利弊，决策者最后选择了“债转股”改革措施。实行“债转股”是要把原来银行与企业间的债权债务关系，转变为金融资产管理公司对企业的股权投资关系。作为一项改革措施，“债转股”将推动国有企业改善经营管理和转换机制，建立现代企业制度。企业可减轻负担，降低资产负债率，尽快脱困；银行可盘活资金，减少不良贷款损失，降低金融风险。

1998 年，国家向四大国有银行注入 2700 亿元人民币（约合 326 亿美元）资本金。资金来源是国家发行的特别国债。1999 年，“债转股”开始实质性运作。4 月 4 日，国务院转发人民银行、财政部、证监会《关于组建中国信达资产管理公司的意见》。这是我国金融体制改革的一项重要举措，对于防范和化解金融风险、依法处置国有商业银行的不良资产，改善银行资产结构，促进我国金融业健康发展具有重要意义。

4 月 20 日，中国信达资产管理公司在京成立。注册资金 100 亿元。主要负责收购并经营中国建设银行和国家开发银行剥离的不良资产。

10 月 15 日，中国东方资产管理公司在京成立。注册资金 100 亿元。主要负责收购、管理和处置中国银行的不良资产。

10 月 18 日，中国长城资产管理公司成立。注册资金 100 亿元。主要负责收购、管理和处置从中国农业银行剥离的不良资产。

10 月 19 日，中国华融资产管理公司成立。注册资金 100 亿元。主要负责收购、管理、处置中国工商银行剥离的不良资产。

国务院赋予这四家国有资产管理公司 12 项职能。其主要任务是收购、管理、处置通过“债转股”从四家国有商业银行剥离出来的不良资产，以最大限度保全资产、减少损失为主要经营目标。

1999 年 7 月 30 日，国家经贸委、中国人民银行颁发《关于实施债权转股权若干问题的意见》。“债转股”的目的是盘活商业银行不良资产，加快不良资产的回收，增加资产活动性，防范和化解金融风险；促使实施“债转股”的国有大中型亏损企业尽快转亏为盈；促进企业转换经营机制，加快建立现代企业制度。

1999 年 9 月 2 日，中国信达资产管理公司与首家实施“债转股”的企业，北京水泥厂的母公司北京建材集团公司在北京签订了 9. 78 亿元的债权转股权协议，这标志着我国的“债转股”工作正式启动。

2000 年 6 月 15 日，中国长城资产管理公司在大连与 15 户投资者签订了资产租赁协议。租赁资产的金额为 7643. 6 万元，协议资金 1640. 1 万元，其中涉及个人租赁的金额达 1600 多万元，此举不仅标志着我国不良资产处置继债权转股权、企业重组、资产拍卖之后又一新的方式开始启用，而且开创了民间资本介入不良资产处置的先河。

截至 2000 年 12 月，我国已有 580 家企业实施“债转股”，“债转股”总金额 4050 亿元。这些“债转股”企业从 2000 年 4 月 1 日开始停息，当年可减轻的利息负担为 200 亿元左右，“债转股”企业的资产负债率可由“债转股”之前的 70% 以上降到 50% 以下，80% 的“债转股”企业当年可扭亏为盈。

2003 年末，国家动用外汇储备为中国银行和中国建设银行注入 450 亿美元（约合 3800 亿元人民币）的资本。为此，专门成立了一家国有金融投资公司——中央汇金投资有限责任公司，代表国务院行使出资人权利。这是自 1979 年中国经济体制改革以来国家在金融领域推出的最“昂贵”的一次改革行动。

1999 · 年度改革实践

改善国有企业改革和脱困的外部环境

为了实现国有企业改革和脱困的“三年两目标”，1999 年国家在实施扩大内需方针，促进经济增长的同时，继续改善国有企业改革和脱困的外部环境，实施了一系列促进国有企业改革和发展的政策措施。

1. 加大压缩淘汰落后生产能力的工作力度。1999 年，围绕纺织、煤炭、冶金、有色金属等重点行业和重点企业的脱困，兼并破产了一批资不抵债、扭亏无望的企业，关闭了一批资源枯竭的矿山，减少了亏损源。特别是煤炭和纺织等行业在淘汰落后生产能力方面，取得了较大进展。到1999年底，纺织行业累计压缩落后棉纺量906万锭，提前一年基本完成了压锭目标；煤炭行业关闭非法和不合理小煤矿3.1万处，压缩产量2.5亿吨，完成了年初提出的“关井压产”目标；石油石化行业关闭小炼油厂70个，取缔土法炼油场点5600个；建材行业关闭淘汰小水泥生产能力约4000万吨、小玻璃约1500万重量箱。

2. 严厉打击走私，遏制石油、汽车等大宗物资走私势头。治乱减负，取消向企业不合理收费10501项。

3. 加大企业兼并破产的力度。全年安排500亿元核销银行呆坏账准备金，主要用于纺织、煤炭、有色金属、冶金和军工等重点行业国有大中型亏损企业的破产和关闭。通过兼并破产、改组联合、债转股和加强管理等措施，国有及国有控股企业经济效益明显好转。国有纺织行业结束了长达6年的亏损局面，实现利润8亿元，其他行业也出现了增盈或减亏的好势头；东北等老工业基地国有企业改革和脱困有了重大转机，扭亏增盈成效显著。经过两年的努力，1997年底亏损的6599户大中型企业中，已有3000多户退出亏损行列。

4. 启动“债转股”工作。已有601户企业列入债转股计划，其中69户企业与金融资产管理公司签订了债转股协议，转股额1000多亿元。

5. 加快国有企业的改制和战略性改组。按照建立现代企业制度的目标，对一批大型企业进行了规范的公司制改造，520户国家重点企业中的大多数已经进行了公司制改革。中小企业改革逐步规范，服务体系建设的试点工作开始启动。1999 年，航天、航空、船舶等五大军工行政性公司按行业改建成包括核工业、航天、航空、船舶、兵器等十大企业集团；有色金属行业组建了铝业、稀有金属和铜铅锌等三大集团；电信行业四大集团公司开始组建。石油、联通、上海宝钢集团等一些大的集团公司正在积极准备重组上市。通过行业改组和组建大企业集团，提高了规模效益，完善了管理体制，避免了重复建设，加快了技术改造步伐。与此同时，进一步加大企业兼并破产力度，促进企业优胜劣汰。通过重组，在国有经济占据控制地位（特别是在关系国计民生、国家安全的重要领域）的前提下，为建立适度有序的市场竞争格局奠定了组织框架基础。组建集团公司已成为 20 世纪 90 年代末我国行业重大重组的一种主要形式。

6. 加快政企分开步伐。基本完成了中央党政机关与所办经济实体和管理的直属企业脱钩的工作，军队、武警部队和政法机关不再从事经商活动。

“债转股”

为了减轻国有企业债务负担，国家推出了“债转股”改革措施。把原来银行与企业间的债权债务关系，转变为金融资产管理公司对企业的股权投资关系。从 1999 年 4 月开始，经国务院批准，先后成立了信达、东方、长城、华融四家具有独立法人资格的国有独资金融资产管理公司，注册资本金分别为 100 亿元，作为投资主体，主要任务是收购、管理、处置由中国建设银行、中国银行、中国农业银行和中国工商银行剥离的不良资产，最大限度保全资产、减少损失。剥离不良贷款的范围是：根据现行贷款分类法，剥离逾期、呆滞和呆账贷款。四家公司承接不良资产后，可以综合运用出售、置换、资产重组、债转股、证券化等方法对贷款及其抵押品进行处置；对债务人提供管理咨询、收购兼并、分立重组、包装上市等方面的服务；对确定资不抵债、需要关闭破产的企业申请破产清算；按照国家规定，向境外投资者出售债权、股权。金融资产管理公司组建后，已与一些符合条件的企业签订了债权转股权协议书。

从 1999 年下半年开始，“债转股”工作全面启动，列入“债转股”计划的共有 601 户企业，债务总额达 4596 亿元。到 2000 年 1 月中旬，有 78 户企业与金融资产管理公司签订了协议，转股额 1122 亿元左右。这些企业大都是国家重点企业和企业集团，不少是行业的排头兵。实施“债转股”的企业需要具备五个基本条件：一是产品品种适销对路，质量符合要求，有市场竞争力；二是工艺装备为国内、国际领先水平，生产符合环保要求；三是企业管理水平较高，债权债务关系清楚，财务行为规范；四是企业领导班子强；五是转换企业经营机制的方案符合现代企业制度要求，各项改革有力，减员增效、下岗分流任务得到落实。实施“债转股”要突出三个重点：一是解决在国民经济发展中起举足轻重作用的大型、特大型企业的问题；二是支持近年来承担国家重点建设项目的企业尽早达产达效，促进产业升级；三是促使国有大中型骨干企业中有条件的企业扭亏和转制。根据与各家金融资产管理公司签订“债转股”协议企业的实施情况来看，实行“债转股”后，资产负债率将会由过去的 69% ~117%，降到 20% ~40% 左右。

规范国有小企业出售办法

为制止在放开搞活国有小型企业过程中的一些错误做法，2 月，国家经贸委出台了《关于出售小型企业中若干问题意见的通知》，进一步强调要采取改组、联合、兼并、租赁、承包经营和股份合作制、出售等多种形式，搞活国有小企业。出售企业要严格按照审批主体和审批权限，严格执行必要的程序，购买者应具备规定的条件和付款方式。未经资产清查和原法定代表人离任审计的企业，不得出售。要确认出售企业的产权界定和资产评估及出售价格。在出售过程中，严格保护债权人的利益，确保企业职工的合法权益不受侵犯。出售企业的净收入要上缴财政。

推进政府采购试点

在 1998 年进行政府采购试点的基础上，1999 年 6 月 30 日，国务院办公厅转发了国务院机关事务管理局《关于在国务院各部门机关试行政府采购的意见》，指出政府采购是政府为开展日常职能活动或为社会公众提供服务的需要，使用财政性资金，以规定的方式和程序，从市场上购买物资、工程和劳务的行为。纳入国务院各部门机关试行政府采购的项目有：汽车、锅炉、电梯、计算机及其辅助设备、复印机、传真机、空调器、办公家具等物资；投资额在 50 万元以上的非生产性修缮工程；大型会议接待、车辆保险和车辆维修等服务项目。基本建设工程按照现行工程招标投标管理的有关规定执行。采购方式以招标采购为主，谈判采购、询价采购、单一来源采购等其他方式为辅。纳入政府采购范围的项目，原则上由国管局会同有关部门按照确定的方式和程序，统一组织，集中采购。各部门参与招标、评标、定标等环节的工作，签订并履行合同。暂未纳入政府采购范围的，由各部门结合实际，按照政府采购的原则和要求进行采购。为了加强对政府采购工作的领导，确保这项工作顺利进行，由国管局牵头，国家计委、财政部、建设部、监察部等有关部门参加，组成国务院各部门机关试行政府采购工作领导小组，负责研究解决工作中的重要问题并做好有关协调工作。要求监察、审计等部门依法加强监督，对各部门自行组织的采购活动，国管局要加强指导和监督，对采购活动中的违规行为要及时予以纠正。

社会保障制度改革

1999 年，社会保障制度改革迈出重大步伐。社会保险、失业保险和城市居民最低生活保障三个条例相继出台，医疗制度改革开始启动，为整个经济体制改革，尤其是国有企业改革提供了良好的条件。主要从以下五个方面进行了努力。

1. 继续做好国有企业下岗职工基本生活保障和再就业工作，确保下岗职工的基本生活。继续把国有企业下岗职工基本生活保障和再就业工作作为一件大事，切实抓紧抓好。坚持实行企业、社会、财政各负担 1/3 的办法。中央企业由中央财政负担，地方企业由地方财政负担。

积极促进下岗职工的再就业。进一步办好企业再就业服务中心，有针对性地开展职业培训和职业指导，引导下岗职工转变择业观念，提高下岗职工的再就业能力，帮助下岗职工尽快实现再就业。认真落实国家有关税收和小额贷款等方面的优惠政策，鼓励和支持更多的下岗职工自谋职业和组织起来就业。加强劳动保障监察和劳动市场管理，防止乱收费，切实维护下岗职工的合法权益。

全年国有企业下岗职工 1190 万人，有 450 万人实现了再就业，还使未实现再就业的 650 万下岗职工中的 90% 以上领到了基本生活费。同时，认真搞好再就业培训工作，全年为 390 万下岗职工提供了职业指导和培训。创业培训也在 30 个城市开始试点。

加强下岗职工劳动合同管理。要求国有企业下岗职工都应当进入企业再就业服务中心，并严格按国家有关规定签订基本生活保障和再就业协议。下岗职工在企业再就业服务中心期间已实现再就业以及三年协议期满仍未再就业的，企业应当依法及时与其解除劳动合同。对不进企业再就业服务中心或进了企业再就业服务中心不签协议的下岗职工，不支付其基本生活费；三年期满后，企业也应当与其解除劳动合同。对已经与新工作单位有了半年以上事实劳动关系的企业职工，原企业应当及时与其解除劳动合同，新的用人单位应当依法与其签订劳动合同，建立新的劳动关系。对领取了工商执照并已从事半年以上个体劳动的企业职工，企业应当与其解除劳动合同。下岗职工已实现再就业的，原来的社会保险缴费年限连续计算。企业解除下岗职工的劳动合同后，要依法妥善解决好与下岗职工的债权债务问题。

进一步完善“三条保障线”制度。下岗职工通过企业再就业服务中心保障其基本生活，最长时间为三年；期满后仍未就业的，按规定领取失业保险金，最长时间为两年；享受失业保险两年后仍未就业的，按规定享受城市居民最低生活保障待遇。

1999年8月，国办转发劳动和社会保障部、民政部、财政部、国家计委、国家经贸委《关于做好提高三条社会保障线水平等有关工作的意见》，主要内容是，从1999年7月1日起，将国有企业下岗职工基本生活费水平、失业保险金水平、城镇居民最低生活保障水平提高30%。

2. 切实做好企业离退休人员养老金发放工作，确保养老金按时足额发放。国务院要求通过扩大覆盖面、提高收缴率、完善省级统筹制度等措施，确保养老金的按时足额发放。要切实把集体企业、外商投资企业、私营企业等非国有企业和城镇个体经济组织及其从业人员，纳入基本养老保险覆盖范围。要加大养老保险基金的收缴力度，财政、银行、税务、工商等部门要发挥各自的职能作用，予以大力协助和支持，力争在1999年内使收缴率达到90%以上。要按照《国务院关于实行企业职工基本养老保险省级统筹和行业统筹移交地方管理有关问题的通知》（国发〔1998〕28号）的规定，建立基本养老保险省级调剂金制度，逐步加大基金的调剂力度。要在确保按时足额发放的同时，逐步补发以前拖欠的养老金。从1999年7月1日起按基本养老金调整机制适当增加企业离退休人员养老金。

坚决清理追缴企业欠费和回收挤占挪用基金。对目前企业欠缴的养老保险费，坚决清理追缴，重点是有能力缴而不缴的欠费大户，清欠比例要达到50%以上。对被挤占挪用的养老保险基金，要在1999年底之前全部收回，并严肃查处违规违纪案件。要继续加强社会保险基金管理，落实收支两条线管理办法，完善内部审计制度和社会监督机制，确保社会保险基金的安全与完善。

3. 加快医疗保险制度改革步伐。按照国务院《关于建立城镇职工基本医疗保险制度的决定》（以下简称《决定》），医疗保险制度改革从1999年1月开始启动，到年底完成。为贯彻落实国务院的《决定》，有关部门于5月制定了《城镇职工基本医疗保险定点医疗机构管理暂行办法》《城镇职工基本医疗保险用药范围管理暂行办法》和《城镇职工基本医疗保险定点零售药店管理暂行办法》。这三个办法的主要内容有以下几个方面：（1）劳动和社会保障部门将对提出申请的医疗机构和零售药店进行严格认定。（2）参保职工可选择3至5家定点医疗机构作为自己的定点医院，一年后还可根据自己意愿更换定点医疗机构。（3）城镇所有用人单位及其职工，包括企业（国有企业、集体企业、外商投资企业、私营企业等）、机关、事业单位、社会团体、民办非企业单位及其职工，都要参加基本医疗保险。乡镇企业及其职工、城镇个体经济组织业主及其从业人员是否参加，由各省（自治区、直辖市）自定。（4）基本医疗保险费由用人单位和职工共同缴纳。用人单位缴费率为职工工资总额的6%左右，职工缴费率一般为本人工资收入的2%。国有企业下岗职工的基本医疗保险费，由再就业服务中心按照当地上年度职工平均工资的60%为基数缴纳。（5）基本医疗保险统筹基金规定了起付标准和最高支付限额。起付标准原则上控制在当地职工年平均工资的10%左右，最高支付限额控制在当地职工年平均工资的4倍左右。起付标准以下的医疗费用，从个人账户中支付或由个人自付。1999年，全国有24个省份相继出台了医疗保险制度改革总体规划，315个地级以上统筹地区制定了具体的实施方案，占总数的90%。1999年12月，国务院办公厅、中央军委办公厅印发《中国人民解放军军人退役医疗保险暂行办法》，师职以下现役军官、局级和专业技术四级以下文职干部、士官、义务兵和具有学籍的军队院校学员建立军人退役医疗保险基金，对军人退役后的医疗费用给予补助。此办法从2000年1月1日起施行。

4. 社会保障体系建设开始向规范化方向发展。1999年1月，国务院发布了《社会保险费征缴暂行条例》和《失业保险条例》，这两个条例是建立和完善社会保障体系的重要步骤，对于加强社会保障法制建设，维护职工合法权益，巩固“两个确保”具有极为重要的意义。两个条例提出的具体措施如下：一是扩大各项社会保险的覆盖范围。基本养老保险的覆盖范围是所有城镇企业、实行企业化管理的事业单位及其职工。失业保险的覆盖范围除了城镇企业外，还扩大到事业单位及其职工。基本医疗保险从一开始就覆盖到所有城镇企业、机关、事业单位及其职工。二是规范社会保险费征缴制度和程序。所有用人单位都要进行社会保险费登记，并按月向社会保险经办机构如实申报缴纳社会保险费。三是各项社会保险费统一合并征收。在一个省（自治区、直辖市）范围内，各项社会保障费由一个社会保险机构或税务机关集中统一、合并征收。四是增强社会保险费征缴的强制性。针对一些单位故意拖欠和拒绝缴纳社会保险费的行为，两个条例明确规定了相应的法律责任和处罚措施。在各地党委、政府的大力支持下，1999 年养老金按时足额发放工作目标基本实现，按时足额发放率达到 98% 以上；到年底，全国参加失业保险的职工人数已达 9800 万人，比上年增加 1800 万人。

为了规范城市居民最低生活保障制度，保障城市居民基本生活，《城市居民最低生活保障条例》从 1999 年 10 月 1 日起实施。条例明确城市居民最低生活保障制度遵循保障城市居民基本生活的原则，坚持国家保障与社会帮扶相结合、鼓励劳动自救的方针。城市居民最低生活保障制度实行地方各级政府负责制。城市居民最低生活保障所需资金，由地方政府列入财政预算，纳入社会救济专项资金支出项目，专项管理，专款专用。条例的实施，标志我国初步建立了城市居民最低生活保障制度，是对传统社会救济制度的重大改革，也使我国的社会救济工作开始进入规范化、法制化管理轨道。

5. 全面推行劳动预备制度。1997 年 7 月，国务院办公厅转发了劳动和社会保障部等六部委《关于积极推进劳动预备制度、加快提高劳动者素质意见的通知》（以下简称《通知》），《通知》规定：（1）从 1999 年起全国城镇要普遍推行劳动预备制度，组织新生劳动力和其他求职人员，在就业前接受1至3年的职业培训和职业教育，使其掌握必要的职业技能后再进入就业岗位；（2）实行劳动预备制度的主要对象是，城镇未能继续升学的初高中毕业生，以及农村未能继续升学并准备从事非农产业工作或进城务工的初高中毕业生；（3）参加劳动预备制人员，由就业服务机构纳入当地劳动力信息资源管理系统，组织双向选择，优先推荐就业，并为他们提供各种就业服务。（4）各地要按照职业分类和职业技能标准，对劳动预备制人员进行职业培训和职业教育。同时，《通知》强调要严格实行就业准入控制。劳动预备制人员培训或学习期满后，方可就业。

住房制度改革

1999年8月，中央办公厅、国务院办公厅转发了建设部、国家计委、财政部、中国人民银行、国管局、建设银行、中直管理局和北京市人民政府《在京中央和国家机关进一步深化住房制度改革实施方案》（以下简称《方案》）。

《方案》规定：（1）停止住房实物分配。从1998年底起，中央在京党政机关停止住房实物分配，逐步实行住房分配货币化。新建经济适用住房和腾退的旧公房，除根据需要留出一部分作为廉租住房外，原则上只售不租。为保证新老住房分配办法的平稳过渡，规定在1998年底前已开工的单位自建住房，或已缴纳购房预订金购买的商品住房，并于1999年底前竣工的，可按《国务院关于进一步深化城镇住房制度改革，加快住房建设的通知》精神和北京市的有关规定，向职工出售。（2）实行职工住房补贴。无房和住房未达标职工，在按《通知》规定的八项因素构成的微利价购买市场价商品房时，均可按规定申请住房补贴。住房补贴采取一次性发放和按月发放相结合的形式。1998 年 12 月 31 日（含）前参加工作的无房职工，1998 年底以前工作年限内的住房补贴采取一次性发放方式。其 1999 年 1 月 1 日之后工作年限内的住房补贴，以及 1998 年 12 月 31 日后参加工作的职工的住房补贴采取按月发放的方式。职工月住房补贴的水平，为职工当月标准工资的 66%。（3）确定职工住房补贴标准。《方案》对机关工作人员购房补贴建筑面积标准作出具体规定。并提出要稳步提高在京中央和国家机关现有公有住房租金，并稳步开放职工已购公有住房和经济适用住房的交易市场。

《方案》的出台，标志着我国住房分配货币化改革工作取得了实质性重大突破。1999 年 8 月至 9 月间，在京中央和国家机关住房制度改革实施方案、北京市和军队系统的房改实施方案相继出台，对全国住房分配货币化起到了示范和推动作用。至此，全国已初步建立起新的住房供应和分配体系，住房二级市场开放范围也逐步扩大，市场趋于活跃，一些城市已全面开放住房二级市场。有关部门减轻了房地交易税赋，并将个人住房抵押贷款年限从 20 年延长到 30 年，首付款从 30% 降到 20%，同时下调贷款利率。这些措施极大地调动了居民购房积极性。

1999 · 重要理论观点

国有企业改革和发展的目标

1999 年 9 月，中共十五届四中全会举行，通过了《中共中央关于国有企业改革和发展若干重大问题的决定》（以下简称《决定》），提出了国有企业改革和发展的近期目标和中长期目标。

《决定》指出：党的十五大和十五届一中全会提出，用三年左右的时间，使大多数国有大中型亏损企业摆脱困境，力争到 20 世纪末大多数国有大中型骨干企业初步建立现代企业制度。推进国有企业改革和发展，首先要尽最大努力实现这一目标。到 2010 年，国有企业改革和发展的目标是：适应经济体制与经济增长方式两个根本性转变和扩大对外开放的要求，基本完成战略性调整和改组，形成比较合理的国有经济布局和结构，建立比较完善的现代企业制度，经济效益明显提高，科技开发能力、市场竞争能力和抗御风险能力明显增强，使国有经济在国民经济中更好地发挥主导作用。

推进国有企业改革和发展的指导方针

《决定》提出了推进国有企业改革和发展的十条指导方针。

1. 以公有制为主体，多种所有制经济共同发展。调整和完善所有制结构，积极探索公有制多种实现形式，增强国有经济在国民经济中的控制力，促进各种所有制经济公平竞争和共同发展。

2. 从战略上调整国有经济布局和改组国有企业。着眼于搞好整个国有经济，推进国有资产合理流动和重组，调整国有经济布局和结构，积极发展大型企业和企业集团，放开搞活中小企业。

3. 改革同改组、改造、加强管理相结合。适应市场经济的要求，着力转换企业经营机制，提高企业整体素质，构造产业结构优化和经济高效运行的微观基础。

4. 建立现代企业制度。实现产权清晰、权责明确、政企分开、管理科学，健全决策、执行和监督体系，使企业成为自主经营、自负盈亏的法人实体和市场主体。

5. 推动企业科技进步。加强企业的科研开发和技术改造，重视科技人才，促进产学研结合，形成技术创新机制，走集约型和可持续发展道路。

6. 全面加强企业管理。推行科学管理，强化基础工作，改善经营，提高效益，实行以按劳分配为主体的多种分配方式，形成有效的激励和约束机制。

7. 建立企业优胜劣汰的竞争机制。实行鼓励兼并、规范破产、下岗分流、减员增效和再就业工程。依靠各方面力量，扩大就业门路，确保国有企业下岗职工的基本生活。

8. 协调推进各项配套改革。转变政府职能，建立权责明确的国有资产管理、监督和营运体系，保证国有资产保值增值。加强法制建设，维护市场经济秩序。健全社会保障体系。帮助企业增资减债、减轻负担。

9. 全心全意依靠工人阶级，发挥企业党组织的政治核心作用。加强企业党组织建设和思想政治工作，提高企业经营管理者队伍素质，坚持和完善以职工代表大会为基本形式的企业民主管理，切实维护职工合法权益。

10. 推进企业精神文明建设。加强思想道德教育和技术业务培训，全面提高职工队伍素质，培育积极向上的企业文化，推动物质文明和精神文明建设协调发展。

国有经济的主导作用主要体现在控制力上

《决定》指出：在社会主义市场经济条件下，国有经济在国民经济中的主导作用主要体现在控制力上。（1）国有经济的作用既要通过国有独资企业来实现，更要大力发展股份制，探索通过国有控股和参股企业来实现。（2）国有经济在关系国民经济命脉的重要行业和关键领域占支配地位，支撑、引导和带动整个社会经济的发展，在实现国家宏观调控目标中发挥重要作用。（3）国有经济应保持必要的数量，更要有分布的优化和质的提高；在经济发展的不同阶段，国有经济在不同产业和地区的比重可以有所差别，其布局要相应调整。

坚持有进有退，有所为有所不为。国有经济需要控制的行业和领域主要包括：涉及国家安全的行业，自然垄断的行业，提供重要公共产品和服务的行业，以及支柱产业和高新技术产业中的重要骨干企业。其他行业和领域，可以通过资产重组和结构调整，集中力量，加强重点，提高国有经济的整体素质。

探索公有制的多种有效实现形式

《决定》提出了积极探索公有制的多种有效实现形式的观点。《决定》指出，国有经济的作用既要通过国有独资企业来实现，更要大力发展股份制，探索通过国有控股和参股企业来实现。

国有资本通过股份制可以吸引和组织更多的社会资本，放大国有资本的功能，提高国有经济的控制力、影响力和带动力。国有大中型企业尤其是优势企业，宜于实行股份制的，要通过规范上市、中外合资和企业互相参股等形式，改为股份制企业，发展混合所有制经济，重要的企业由国家控股。股权多元化有利于形成规范的公司法人治理结构，除极少数必须由国家垄断经营的企业外，要积极发展多元投资主体的公司。

要从实际出发，继续采取改组、联合、兼并、租赁、承包经营和股份合作制、出售等多种形式，放开搞活国有小企业，不搞一个模式。对这几年大量涌现的股份合作制企业，要支持和引导，不断总结经验，使之逐步完善。

公司法人治理结构是公司制的核心

《决定》指出，公司制是现代企业制度的一种有效组织形式。公司法人治理结构是公司制的核心。要明确股东会、董事会、监事会和经理层的职责，形成各负其责、协调运转、有效制衡的公司法人治理结构。所有者对企业拥有最终控制权。董事会要维护出资人权益，对股东会负责。董事会对公司的发展目标和重大经营活动作出决策，聘任经营者，并对经营者的业绩进行考核和评价。发挥监事会对企业财务和董事、经营者行为的监督作用。国有独资和国有控股公司的党委负责人可以通过法定程序进入董事会、监事会，董事会和监事会都要有职工代表参加；董事会、监事会、经理层及工会中的党员负责人，可依照党章及有关规定进入党委会；党委书记和董事长可由一人担任，董事长、总经理原则上分设。充分发挥董事会对重大问题统一决策、监事会有效监督的作用。党组织按照党章、工会和职代会按照有关法律法规履行职责。

积极探索适应现代企业制度要求的选人用人新机制，把组织考核推荐和引入市场机制、公开向社会招聘结合起来，把党管干部原则和董事会依法选择经营管理者以及经营管理者依法行使用人权结合起来。对企业及企业领导人不再确定行政级别。

建立和健全国有企业经营管理者的激励和约束机制。实行经营管理者收入与企业的经营业绩挂钩。少数企业试行经理（厂长）年薪制、持有股权等分配方式，可以继续探索，及时总结经验，但不要刮风。建立企业经营业绩考核制度和决策失误追究制度，实行企业领导人员任期经济责任审计，凡是由于违法违规等人为因素给企业造成重大损失的，要依法追究其责任，并不得继续担任或易地担任领导职务。

国有企业恶性竞争的产权基础

1999 年，张维迎和马捷发表论文《恶性竞争的产权基础》，针对“在处于转轨时期的中国经济中，存在大量国有企业竞相压价，最终导致价格小于边际成本，即所谓的恶性竞争”的问题，从产权角度对问题给出解释。

作者分析认为，当企业经理人在企业总收益中所占有（或承担）的份额，大于企业经理人在企业总成本中所占有（或承担）的份额时，产权结构朝向“权利大于责任”的方向转化，产权发生扭曲，这是发生价格小于边际成本的一个必要条件。

作者通过标准的非合作博弈分析技术以及标准的微观经济分析，导出了恶性竞争在国有企业中发生的可能性，并进而导出了恶性竞争发生的具体条件（产权扭曲度和技术水平先进程度等)。作者还分析了恶性竞争的福利效应。

体制转轨过程中的产业组织变化

1999 年，由江小涓主持完成的中国社会科学院重点课题“管制、竞争与产业发展”，对中国转轨过程的实际发生过程、取得的绩效及产业间差异，进行了深入的研究。该研究表明，某行业中非国有经济的比重与该行业本身总规模的成长速度之间，并未表现出强的正相关性。由此得出一个不同寻常的结论是，尽管在解释整个制造业高速增长时，非国有经济的贡献是一个重要因素，但是在解释行业间增长绩效的差异时，非国有企业作用并不明显。

围绕改革中人们常常讨论的制造业中的重复建设、重复生产和规模不经济问题，江小涓的论文以电冰箱、洗衣机、电视机、轻型汽车、棉纺织业等五个行业在 1980 年、1985 年、1990 年、1995 年的资料，分析了体制转轨过程中的产业组织状况的变化。这五个行业的前四个均具有较大的规模经济效应，如果改革以来这些行业真的出现了企业平均规模小型化和规模不经济，那么产业政策就应该进行相应调整。但该研究发现，按企业规模分类，1980 年、1985 年、1990 年、1995 年间大型企业数量比重、总产值比重、净产值比重持续上升，小型企业的有关指标持续下降。但中型企业的情况是，数量比重持续上升，总产值比重 1990 年前上升，1995 年又低于 1990 年，净产值比重则持续下降。深入的研究也表明，中国产业组织中常常受到批评的“大而全”“小而全”问题也没有想象的那么严重。综合这些证据可以得出结论，不能认为中国制造业在 20 年改革中出现了明显的规模趋小、规模经济加重、产业组织趋于恶化的问题。

国有企业经理的道德风险

阎伟在 1999 年发表论文《国有企业经理道德风险程度的决定因素》，旨在模型化由林毅夫和蔡昉、李周提出的关于国有企业问题的几个假说。林毅夫等人认为，政策性负担是导致国家和国有企业委托代理问题恶化、经理人道德风险程度加剧、国有企业软预算约束的根源。政策性负担导致出现这样的软预算约束机制：改革以来，国有企业面临来自非国有企业的日益激烈的竞争；国有企业也获得了日益重大的自主权；同时国有企业背负着政策性负担。政策性负担会降低企业的利润水平；但是政府无法对政策性负担实施精确监督和计量。给定这两个前提，企业经理不仅可以把政策性负担导致的亏损责任推给国家，还可以把经营失败的责任也谎称为政策性负担使然，从而也推给政府。对于企业对经营性亏损的开脱，政府无以甄别。企业凭借在政策性负担方面的信息优势和亏损责任的开脱渠道，正向的经营激励会日益下降。由此可见，预算软约束和国有企业效率低下是内生于政策性负担的。

阎伟论文的目的在于模型化上述理论。论文一开始介绍了标准的委托代理理论的基本模型。模型的一阶条件表明，生产经营结果的不确定性（方差）越大，经理就越有动机偏离最优风险分担合同。之后论文又在最优阻吓理论构造的一个委托代理分析框架中，分析了影响经理道德风险程度的决定因素，得到了一系列丰富的结论。如，经理的道德风险程度与经理从事道德风险活动时被发现和查处的可能性成负向关系；对经理的监督程度越高，则经理人从事道德风险活动的可能性就越低。这些结论都是非常直观的。

为了进一步说明中国国有企业经理道德风险程度的决定因素，作者又运用贝叶斯法则得到了一个直观的结论：如果经理在没有道德风险时发生亏损的概率增大（政策性负担的存在或加重使然），那么当亏损发生后，所有者判断经理发生了道德风险行为的后验概率就会下降。问题的严重性还在于，“如果在经理不存在道德风险行为的情况下企业亏损的可能性增加，则经理就更有动机从事道德风险活动”。所以，政策性负担的影响决不仅仅在于负担本身，更在于负担弱化了企业经营者的正向激励。

“拨改贷”政策的实际效果

樊纲在1999年发表论文《论国家的综合负债——兼论如何处理银行不良资产》，构造了用以衡量一国总的债务水平和一国金融风险水平的总括性指标，并从中导出了对于宏观政策的相应含义。论文指出，“在国有企业、国有银行、政府干预”这种三位一体的情况下，“拨改贷”政策的实际效果是由银行代替国家财政，对企业经营不善带来的亏损和企业承担的政策性负担造成的亏损进行补贴。但究其实质，国有企业对银行的坏账实际是政府的债务。基于这一认识，樊纲进一步推断，中国有庞大的国有经济，但政府负债却特别低；而另一方面中国银行的坏债却特别高。也就是说，有一部分本应表现为政府债务却表现为企业对银行的坏账。

按照他构造的综合负债和综合负债率指标，樊纲比较了中国和日本、泰国、印尼、韩国等1997年的国家综合负债率状况。结果表明，尽管中国银行的坏账率很高，但1997年底中国的“国家综合负债率”按最严重的估计为47%，而作为参照的上述四国依次为114.3%、109.3%、92.7%和75.4%。由此看来，中国在1997年没有发生金融危机的原因除了资本项目未开放以外，中国的实质经济基础状况尚属正常，也是重要原因。樊纲得自上述判断的政策含义是，由于中国综合负债率水平尚属低水平，所以提高国家负债还有余地，以刺激经济增长。而增加国家负债有增加银行贷款和财政扩张两个途径。在中国银行坏账率已经很高的情况下，应更多地依靠财政政策。

论文的另一个引人注目之处在于，作者认为只要银行坏账增长率低于名义 GDP 增长率，那么银行坏账在长期中会逐渐消除。而要达到这个条件，须进行体制改革，降低坏账增长率，同时促进经济增长。

1999 · 重要政策法规

1. 外经贸部《关于对全国大型工业企业实行自营进出口权登记备案制的通知》，1999 年 1 月 4 日。

2. 国务院《失业保险条例》，中华人民共和国国务院令第 258 号，1999 年 1 月 22 日。

3. 国务院《社会保险费征缴暂行条例》，1999 年 1 月 22 日。

4. 国务院办公厅《关于进一步做好国有企业下岗职工基本生活保障和企业离退休人员养老金发放工作有关问题的通知》，1999 年 2 月 3 日。

5. 财政部《关于资产评估立项确认工作的暂行规定》，1999 年 3 月 2 日。

6. 劳动和社会保障部《关于对破产企业离退休人员养老保险有关问题的复函》，1999 年 3 月 9 日。

7. 国家经贸委、中国证监会《关于进一步促进境外上市公司规范运作和深化改革的意见》，1999 年 3 月 29 日。

8. 国务院办公厅转发科技部、教育部、人事部、财政部、中国人民银行、国家税务总局、国家工商行政管理局《关于促进科技成果转化的若干规定》，1999 年 3 月 30 日。

9. 财政部、国家经贸委《技术改造专项贷款项目贴息资金管理办法》，1999 年 4 月 2 日。

10. 国务院转发人民银行、财政部、证监会《关于组建中国信达资产管理公司的意见》，1999 年 4 月 4 日。

11. 国家经贸委、财政部、中国人民银行《关于出售国有小型企业中若干问题的意见》，1999 年 5 月 20 日。

12. 国家经贸委、人民银行《关于实施债权转股权若干问题的意见》，1999 年 7 月 30 日。

13. 国家经贸委、人事部《关于加强亏损企业领导班子建设的通知》，1999 年 8 月 9 日。

14. 中国证监会《境内企业申请到香港创业板上市审批与监管指引》，1999 年 9 月 21 日。

15. 中共中央《关于国有企业改革和发展若干重大问题的决定》，1999 年 9 月 22 日。

16. 财政部《关于企业国有资产办理无偿划转手续的规定》，1999 年 9 月 27 日。

17. 国家经贸委《关于进一步促进自营企业扩大出口的意见的通知》，1999 年 10 月 19 日。

18. 国土资源部《关于加强土地资产管理促进国有企业改革和发展的若干意见》，1999 年 11 月 25 日。

19. 国家工商局《企业名称登记管理实施办法》，1999 年 12 月 8 日。

1999・年度热点纪实

从宏观和微观两个方面同时发力

1999 年是国有企业“三年脱困”任务最为艰巨的一年。为增强国有企业改革的信心，中共中央总书记江泽民先后在成都主持召开西南 5 省（市）、在武汉主持召开中南 6 省（区）、在西安主持召开西北 5 省（区）、在青岛主持召开华东 7 省（市）、在大连主持召开东北和华北地区 8 省（区、市）国有企业改革和发展座谈会，并发表重要讲话。中共中央专门针对国有企业问题首次发布中共中央《关于国有企业改革和发展若干重大问题的决定》，为国有企业的改革与发展指明了方向。

鉴于国有企业陷入困境是由宏观经济环境和微观经济机制多种因素造成的，实现国有企业“三年脱困”目标，中央政府从宏观和微观两个方面同时发力、同步推进。

为了创造宽松的宏观经济环境，中央政府及时采取四项大的宏观政策。一是扩大内需，实行积极的财政政策。从 1998 至 2000 年的三年间，中央政府共发行了 3600 亿元的长期建设国债，用于扩大投资，增加国内需求。三年内国债投资拉动 GDP 增长分别达到 1.5、2 和 1.7 个百分点，使国有企业的困难得以在发展中解决，从而大大减轻了改革脱困的阵痛。二是放松银根，实行稳健的金融货币政策。从 1996 年 5 月到 2000 年 6 月，中央银行连续 7 次降息，一年期存款利率由 1996 年的 12% 降到

2.25%，如果扣除新开征的20%的利息税，实际利率仅1.8%；一年期贷款利率由1996年5月1日前的10.98%下降到2000年的5.85%，利率水平达到了中华人民共和国成立以来的最低点。与此同时，人民银行改革了存款准备金制度，两次下调存款准备金率，取消贷款规模的限额控制，提高商业银行贷款的积极性，扩大了商业银行的贷款自主权。三是总量控制，实施产业结构调整。通过关闭“五小”、淘汰落后等措施，大力压缩过剩生产能力。以纺织行业为突破口，到1999年12月底，全国累计压缩淘汰906万棉纺锭，分流安置职工116万人，国有纺织企业由1996年亏损83亿元到1999年盈利8亿元，打了一个漂亮的翻身仗。以冶金、煤炭、有色金属、军工四个行业为重点，对浪费资源、技术落后、质量低劣、污染严重的小煤窑、小水泥、小玻璃、小钢厂、小炼油等实行关闭，以淘汰落后、压缩过剩生产能力，有效地促进了相关行业的结构调整。四是严打走私，整顿市场秩序。有效地遏制了走私犯罪活动猖獗的势头，扭转了多年来外贸顺差、外汇不顺收的局面，出现了产品库存降低、销售收入和价格上升的“一降两升”的喜人局面，为国有企业改革脱困创造了较好的外部市场环境。

在微观方面，中央政府也采取了一系列重要政策措施。一是兼并破产，从根本上消灭亏损企业。从1999年开始，在“三年脱困”期间，全国共批准下达企业兼并破产项目1718个，其中大中型项目1504个，核销银行呆坏账准备金达1261亿元。通过兼并破产，为国有企业减亏300亿元左右，一批长期亏损、资不抵债、扭亏无望的企业和资源枯竭的矿山退出了市场。二是国债贴息，促进企业技术进步。三年内，国家累计安排重点技术改造国债资金项目 880 项，拿出 195 亿元国债为国有企业实行技改贴息，拉动贷款规模 1459 亿元，总投资达 2400 亿元。三是下岗分流、实施再就业工程。“三年脱困”期间，全国先后有 2100 多万名国有企业的职工下岗，其中 1300 多万人实现了再就业，100 多万人通过企业内部退养等方式得到安置；国家通过各种渠道累计筹集下岗职工基本生活保障资金近 800 亿元，95% 左右的下岗职工领到了基本生活费，并由再就业中心代缴社会保险费。到 2000 年底，全国累计发放养老金 4200 多亿元，3100 多万名享受养老金保险待遇的离退休人员中有 98% 左右按时足额领到了养老金。四是对国有企业的经营债务实行“债转股”。负债经营，本来是市场经济通用的企业经营方式。但由于改革开放以来逐渐积累下来的各种矛盾和问题的影响，国有企业的资产负债率远远超过了企业的承受能力，不仅成为困扰企业经营的最主要困难，而且增加了银行系统的金融风险。当时我国国有企业的资产负债率实际已经达到 79%，显然已经是过度负债。实行“债转股”是化解这两方面难题、实现双赢结果的一项重大决策。1999 年，国家相继成立了信达、华融、长城、东方 4 家具有独立法人资格的国有独资金融资产管理公司，注册资本金分别为 100 亿元。四家公司作为投资主体，收购、管理、处置由中国建设银行、中国农业银行、中国银行和中国工商银行剥离的不良资产，最大限度保全资产、减少损失。据统计，“三年脱困”期间，国家对 580 户国有企业共计 4050 亿元债务实行“债转股”。“债转股”的实施，使这批国有大中型企业的资产负债率由 70% 以上下降至 50% 以下，平均每月可减轻利息负担 37. 23 亿元。同时，“债转股”还促进了国有企业加快建立现代企业制度、剥离非经营性资产，以及调整产品结构和强化企业内部的经营管理等，成为国有企业“三年脱困”最重要的脱困措施。

1999 · 年度改革大事

1 月 2 日　中共中央办公厅颁发《关于印发〈中央党政机关金融类企业脱钩的总体意见和具体实施方案〉和〈中央党政机关非金融类企业脱钩的总体处理意见和具体实施方案〉的通知》。

1 月 4 日　外经贸部发出《关于对全国大型工业企业实行自营进出口权登记备案制的通知》。

同日，国内首批 20 家私营生产企业获得自营进出口权。标志着非公有制经济在全国范围内首次合法获得直接从事对外贸易的权利。

1 月 19 日　APEC 中国企业联席会议成立。成员企业包括大庆石油管理局、中国第一汽车集团公司、四川长虹电子集团公司等 126 个国家重点企业。

1 月 12 日至 13 日　国务院在北京召开国有企业下岗职工基本生活保障和再就业工作会议。朱镕基在会上要求各级地方政府一定要调整财政预算的支出结构，在预算中优先打足国有企业下岗职工基本生活保障资金。应要继续实行“三三制”的筹资原则，对企业承担和社会筹集确有困难的部分，地方财政要保证。

2 月 3 日　全国企业技术创新会议召开。国家经贸委要求，大多数国有重点企业要在今明两年内建立技术创新中心，开发新工艺、新产品，扩大销售，以提高企业经济效益，否则，将其从重点企业中淘汰。

同日，国务院办公厅公布《关于进一步做好国有企业下岗职工基本生活保障和企业离退休人员养老金发放工作有关问题的通知》，要求各地区和有关部门要确保国有企业下岗职工的基本生活，确保企业离退休人员养老金的按时足额发放。

2 月 11 日　国家经贸委、财政部、中国人民银行联合下发《关于出售国有小企业中若干问题意见的通知》。

3 月 2 日　财政部颁发《关于资产评估立项确认工作的暂行规定》。

3 月 5 日至 15 日　九届全国人大二次会议通过《中华人民共和国宪法修正案》。修正案规定“在法律规定范围内的个体经济、私营经济等非公有制经济，是社会主义市场经济的重要组成部分。”“国家保护个体经济、私营经济的合法的权利和利益”。会议同时通过《中华人民共和国合同法》。

3 月 29 日　《瞭望》周刊发表田纪云的文章“正确认识和对待个体私营经济的地位和作用”指出，个体、私营等非公有制经济同公有制经济是共同发展的关系，而不是谁优谁劣、谁高谁低、互不相容、互相排斥的关系。我们不能只强调公有制经济而不讲发展个体、私营等非公有制经济，也不能只强调后者不讲前者，否则都会脱离社会主义初级阶段的实际，都不利于生产力的发展。

4月20日　经国务院批准，我国第一家经营商业银行不良资产的公司——中国信达资产管理公司在京成立。主要负责收购并经营中国建设银行和国家开发银行剥离的不良资产。注册资金100亿元。

4月22日　江泽民在成都主持召开西南5省（市）国有企业改革和发展座谈会，并强调指出，全面推进国有企业的改革和发展，是一个非闯不可、也绕不过去的关口。打好这场攻坚战，不仅关系到国有企业改革的成败，也关系到整个经济体制改革的成败。必须坚持建立社会主义市场经济体制的改革目标，适应国内外经济、科技和市场的发展变化，进一步深化改革，扩大开放，不断增强企业的市场竞争能力、科技创新能力和抗御风险能力。积极探索在发展社会主义市场经济条件下发展国企的新路子，大胆探索能极大促进生产力发展的公有制实现形式。

5月20日　国家经贸委、财政部、中国人民银行颁发《关于出售国有小型企业中若干问题的意见》。

5月30日　江泽民在武汉主持召开中南6省（区）国有企业改革和发展座谈会，并强调指出，国有企业改革是整个经济体制改革的中心环节。国有企业必须形成适应发展社会主义市场经济要求的充满活力的机制，在市场的风浪搏击中发展壮大。全党和全国上下要高度重视国有企业的改革和发展，认真总结实践经验，分析和解决存在的问题，以利更好地前进。

6月17日　江泽民西安主持召开西北5省（区）国有企业

改革和发展座谈会。他在讲话中指出，要实现国有企业改革和脱困的3年目标，进而继续向前发展，必须集中力量解决国有企业面临的突出困难和问题。国有企业改革攻坚，首先要攻这个坚。我们既要充分认识抓紧解决这些困难和问题的重要性和紧迫性，又要清醒地看到这项工作的艰巨性和长期性，坚定不移、锲而不舍地努力，力争不断取得新的突破。

6月25日至26日　江泽民在青岛主持召开华东7省（市）国有企业改革和发展座谈会。他在讲话中强调，建立现代企业制度，不仅是一个关系国有企业改革和发展的大课题，也是一个关系整个经济体制改革成败和国民经济持续健康发展的大课题。全党同志必须坚定不移地沿着建立现代企业制度的方向，进一步推进国有企业的改革和发展。

6月28日　国务院做出关于组建中国铝业集团公司、中国铜铅锌集团公司、中国稀土金属集团公司有关问题的批复。

7月13日　中华网在纳斯达克首发上市。

7月15日　党中央、国务院在北京召开省部长经济工作座谈会。朱镕基在会上指出，当前，要着力抓好建立现代企业制度、加大企业技术改造力度、改善企业资产负债结构和减轻企业社会负担等项工作，为实现大中型国有企业3年脱困和改革的目标而努力。

7月26日　科技部、国家经贸委颁布《关于促进民营科技企业发展的若干意见》，提出以下政策措施：为民营科技企业发展创造公平竞争的环境条件；引导民营科技企业不断提高技术创新能力；理顺民营科技企业产权关系，完善企业制度；加强对民营科技企业发展的指导和服务。

7月30日　国家经贸委、中国人民银行颁发《关于实施债权转股权若干问题的意见》。债转股的目的是盘活商业银行不良资产，防范和化解金融风险；促使实施债转股的国有大中型亏损企业尽快转亏为盈；促进企业转换经营机制，加快建立现代企业制度。

8月9日　国家经贸委、人事部发出《关于加强亏损企业领导班子建设的通知》。

8月11日至12日　江泽民在大连主持召开东北和华北地区8省（自治区、直辖市）国有企业改革和发展座谈会，并发表《坚定信心，深化改革，开创国有企业发展的新局面》的讲话指出，搞好国有企业，既是关系国民经济健康运行和长远发展的重大经济问题，也是关系社会主义制度前途命运的重大政治问题。

9月2日　中国信达资产管理公司与首家实施债转股的企业，北京水泥厂的母公司北京建材集团公司在北京签订了9.78亿元的债权转股权协议，这标志着我国的债转股工作正式启动。

9月9日　国家证监会发文，允许国有企业、国有资产控股企业、上市公司进入二级市场进行流通股票投资。

9月12日至15日　朱镕基在河北省考察工作时强调，搞好国有企业是一项重要而紧迫的任务，一定要按照江泽民总书记关于国有企业改革与发展的重要讲话精神和中央的部署，坚定信心，扎实工作，实现国有大中型企业3年改革和脱困目标。

9月19日至22日　中共十五届四中全会举行。全会通过的

《中共中央关于国有企业改革和发展若干重大问题的决定》指出，到 2010 年，国有企业改革和发展的目标是：适应经济体制与经济增长方式两个根本性转变和扩大对外开放的要求，基本完成战略性调整和改组，形成比较合理的国有经济布局和结构，建立比较完善的现代企业制度，经济效益明显提高，科技开发能力、市场竞争能力和抗御风险能力明显增强，使国有经济在国民经济中更好地发挥主导作用。

9 月 23 日至 28 日　江泽民在上海考察工作，重点就贯彻落实党的十五届四中全会精神，进一步推进国有企业的改革和发展进行调研。江泽民指出，实现中共十五届四中全会确定的国有企业改革和发展的目标，既是一个重大的经济问题，也是一个重大的政治问题。全党都要从这样的战略高度认识问题和开展工作。根本问题是要建立现代企业制度，促使企业形成适应市场要求的新的经营管理机制。要继续按照“三个有利于”的标准，鼓励探索和试验，从各行各业的实际出发，创造性地贯彻落实中央的要求和部署。

9 月 27 日　财政部发出《关于企业国有资产办理无偿划转手续的规定》。要求凡占有使用国有资产的部门和企业发生无偿划转行为，都要办理企业资产划转手续。由划入及划出双方的主管部门或企业集团向同级财政部门申报审批。

10 月 15 日　中国东方资产管理公司在京成立。主要负责收购、管理和处置中国银行的不良资产。注册资金 100 亿元。

同日，1999 年全国最大的国有企业兼并项目之一，攀枝花钢铁集团公司兼并成都无缝钢管公司举行签字仪式。

10 月 18 日　中国长城资产管理公司成立。该公司是具有独立法人资格的国有独资金融企业。注册资金 100 亿元，负责收购、管理和处置从中国农业银行剥离的不良资产。

10 月 19 日　国家经贸委发出《关于进一步促进自营企业扩大出口的意见的通知》，提出，要全面落实企业的外经贸经营权；调整和优化出口商品结构，提高出口商品的附加值；努力改善企业自营出口的外部环境。

同日，中国华融资产管理公司成立。主要负责收购、管理、处置中国工商银行剥离的不良资产。该公司注册资金 100 亿元。

10 月 22 日　“全国国有企业分离办社会职能工作座谈会”在福州召开，国家经贸委提出要加快国企分离办社会职能的步伐。

11 月 2 日　朱镕基在国家行政学院会见国有重点企业领导人员培训班学员时指出，经过很长时间的探索和努力，目前对国有企业改革的认识一致，又有搞得好的经验，我们完全可以把国有企业搞好。

11 月 15 日至 17 日　中央经济工作会议召开。会议指出，继续实行中央关于推动改革和发展的一系列政策措施，突出抓好国有企业改革和发展、经济结构调整、科技进步和扩大内需。

11 月 20 日　全国经贸工作会议在北京召开。盛华仁在会上提出，为实现国有企业改革与“三年脱困”目标，明年经贸工作要重点做好八项工作，其中包括：加大“放小”与“扶小”工作力度，推进中小企业改革与发展；促进各种所有制企业公平竞争，引导非公有制经济健康发展。

同日，我国第一艘载人航天试验飞船“神舟”号发射成功。

11 月 25 日　国土资源部颁布《关于加强土地资产管理促进国有企业改革和发展的若干意见》。

11 月 26 日　中共中央举办法制讲座，内容是依法保障和促进国有企业改革与发展。江泽民主持讲座并作重要讲话。他指出，依法保障和促进国有企业的改革与发展，是落实十五届四中全会精神的一个重要内容，也是推进国有企业跨世纪发展需要进一步解决好的一个重大课题。要积极推进国有企业扭亏增盈和建立现代企业制度，实现国有企业改革和发展的近期与长远目标，必须通过进一步加强法制建设来依法保障、依法促进。

11 月　中国石油天然气集团总公司进行了大规模的资产重组，将所属企业中的油气核心业务以及相应资产、人员分离出来，注入新设立的中国石油天然气集团股份有限公司，其中注入股份有限公司的总资产评估后为 4020 亿元，净资产为 2030 亿元，职工 48 万人，这是我国迄今为止规模最大的企业内部重组。

12 月 25 日　九届全国人民代表大会常务委员会第十三次会议审议了国务院关于《中华人民共和国公司法修正案（草案）》的议案。

本年度主要参考资料：

1. 1999 年政府工作报告——1999 年 3 月 5 日在第九届全国人民代表大会第二次会议上[EB/OL]. 中国政府网，2006-02-16.

2. 曾培炎. 关于 1998 年国民经济和社会发展计划执行情况与 1999 年国民经济和社会发展计划草案的报告[R]. 1999. 2.

3. 项怀诚．关于1999年中央和地方预算执行与2000年预算草案报告[R]. 2000. 2.

4. 国家统计局．中国统计年鉴（1998）[M]．北京：中国统计出版社，1998. 9.

5. 中国经济年鉴编辑委员．中国经济年鉴（1999）[M]．北京：中国经济年鉴社，1999. 9.

6. 中国经济年鉴编辑委员．中国经济年鉴（2000）[M]．北京：中国经济年鉴社，2000. 9.

7. 薛小和．“企业债务重组”思考录（之一至之七）[N]．经济日报，1995 - 08 - 08.

8. 国家经贸委．关于转换国有企业经营机制，建立现代企业制度的若干意见[Z]. 1994 - 03 - 02.

9. 国家经贸委．关于1995年深化企业改革搞好国有大中型企业的实施意见[Z]. 1995 - 05 - 04.

10. 国家经贸委．关于1996年国有企业改革工作的实施意见[Z]. 1996 - 03 - 07.

11. 国家经贸委．关于1997年国有企业改革与发展工作的意见[Z]. 1997 - 05 - 23.

12. 董辅礽．宏观层次与微观层次的国有企业改革[J]．经济研究，1999（06）.

13. 汪海波．新中国工业经济史（1979—2000）[M]．北京：经济管理出版社，2001. 10.

14. 中国经济体制改革研究会编写组．中国改革开放大事记（1978—2008）[M]．北京：中国财政经济出版社，2008. 12.

15. 邵宁．国有企业改革实录（1998—2008）[M]．北京：经济科学出版社，2014. 4.

2000 年

2000 · 年度经济背景

继续扩大内需，经济开始回暖

中央政府在 1998 年、1999 年连续两年坚持实施积极的财政政策和稳健的货币政策，努力扩大内需，积极促进出口，综合运用多种手段调控经济运行，为国民经济的健康发展创造了良好的宏观环境，保持了我国国民经济的适度快速增长。加之国有企业三年脱困各项政策措施的逐步到位，经济运行中的各种问题和矛盾得到了部分缓解，国有企业的经济效益也有所改善。在此基础上，中央政府提出 2000 年经济工作的重点是，突出抓好国有企业改革和发展、经济结构调整、科技进步和扩大内需。继续实行积极的财政政策，进一步发挥货币政策的作用，综合运用税收、价格等宏观调控手段，加强基础设施建设，抓紧技术改造，加快科技创新，努力扩大消费，保证国民经济持续快速健康发展。

2000 年宏观经济调控的主要目标是：经济增长率在 7% 左右；全社会固定资产投资增长 10% 左右；居民消费价格和商品

零售价格总水平保持或略高于上年；进出口总额增长3%，国际收支保持基本平衡；中央财政赤字2299亿元；货币发行量1500亿元左右；城镇登记失业率控制在3.5%左右。国民经济和社会发展的主要任务是：继续扩大投资规模，进一步优化投资结构；大力推进农业和农村经济结构的战略性调整，全面提高农村经济的素质和效益；加大工业结构调整力度，提高增长的质量和效益；努力创造良好的外部环境，积极推进国有企业的改革和发展；加大实施积极财政政策的力度，进一步发挥货币政策的作用；实施西部大开发战略，促进区域经济协调发展；不断提高对外开放水平，更好地利用国内国外两个市场、两种资源；坚持可持续发展战略，搞好生态环境保护和建设；加快科教兴国步伐，全面发展各项社会事业。

2000年宏观调控的重点，仍然是努力增加有效需求，促进国民经济持续快速健康发展。中央政府提出，要大力开拓城乡市场，积极扩大消费需求；积极推进投融资体制改革，努力为增加有效需求创造体制条件；发挥价格杠杆作用，促进经济增长和结构调整；切实加强管理和法制建设，规范和健全社会主义市场经济秩序。

2000年，在财政政策方面采取了以下主要措施：

1. 中央财政发行1500亿元长期建设国债，用于加大基础设施投资力度。通过向国有商业银行发行国债用于基础设施投资，加快储蓄转化为投资的速度，不仅有效地刺激了国内需求，带动了经济增长，也促进了经济结构调整。从2000年起，暂停征收固定资产投资方向调节税，进一步加快了出口退税进度。据有关部门初步测算，2000 年国债投资以及带动的银行贷款和地方、企业的配套投资，当年拉动经济增长 1.7 个百分点。

2. 中央财政进一步增加转移支付，对中西部地区行政事业单位人员增发工资和建立“三条保障”等所需资金给予适当补助。各级政府通过“三三制”办法，共筹集国有企业下岗职工基本生活保障资金 325.4 亿元，其中各级财政承担的资金约占 66.3%，进入再就业服务中心的下岗职工，基本上足额领取了基本生活费。

3. 2000 年中央财政超收的 680 亿元，除 200 亿元用于减少中央财政赤字外，其余 480 亿元主要用于重点支出项目，其中补充全国社会保障基金 300 亿元，增加补助地方社会保障资金 100 亿元，增加粮食风险基金等 80 亿元。

4. 国务院发布了《国务院批转财政部、国家计委等部门〈交通和车辆税费改革实施方案〉的通知》，于 2001 年 1 月 1 日开征车辆购置税。同时，财政部会同国家计委清理取消了涉及交通和车辆的不合法、不合理收费 238 项，减轻社会负担 145 亿元，为交通和车辆税费改革的顺利实施创造了良好的外部条件。

5. 支持重点企业扭亏脱困。一是对实行“优化资本结构”试点城市国有工业企业返还 15% 的所得税，用于补充企业流动资金解决重点企业资本金不足问题。实际执行金额达 6.39 亿元。二是对基本建设政策性贷款和经国家批准以前年度借用的专项贷款进行财政贴息。2000 年共安排基本建设贷款财政贴息 19.9 亿元。对国有企业采取了加速折旧、增提新产品开发费、减免进口先进技术与设备的关税和进口环节税收的政策。三是解决重点企业资本金不足问题，如对茂名乙烯、天津钢管厂等重点企业通过退税、贴息等手段增加企业资本金。为解决大连华录集团公司资本金不足的问题，实行中央财政以增值税退税补充企业资本金的优惠政策。为解决中远集团公司以贷款购买船只，企业经营负担沉重，还贷能力弱的问题，实行中央财政退还企业所得税用于还贷的优惠政策；为解决山西大同矿务局扭亏脱困，采取了包括破产等政策在内的各项措施。协调落实了“依维柯进口汽车专项亏损补贴”事宜，解决了中国技术进出口总公司引进苏联“三大电站进口机电仪器汇率补贴”，中国五金矿产进出口总公司“进口荷兰钢材亏损”，中国化工进出口总公司“南斯拉夫拖欠石油货款”等历史遗留问题的处理意见，拨付相关补贴资金 3. 4 亿多元。

6. 为支持联通公司资产重组工作，经国务院批准，中央财政拨付联通公司资本金 41 亿元，并将 1998 年国家财政债券中用于支持联通公司的 10 亿元转作国家资本金。由中央财政注资 6 亿元，组建中国水利水电工程集团公司，增强我国施工企业在重大项目国际招标中的竞争力量。

7. 做好企业兼并破产工作。2000 年共下达结转和新增兼并破产项目共 2800 个，核销银行呆坏账准备金和资产管理公司债权损失 812. 92 亿元。完成破产煤炭、有色金属、冶金、电子、军工等企业 26 户，中央财政拨付破产补助资金 42. 6 亿元。审核拨付军队移交企业破产补助资金 1. 87 亿元；审核拨付脱钩企业破产补助资金 2 亿元。

8. 做好纺织压锭、关闭“五小”等工作。为支持纺织压锭，妥善安置分流职工，中央财政拨付压锭补贴资金，截至2000年12月底，全国共压缩淘汰了908万棉纺锭，拨付中央财政补贴资金13亿元。拨款2亿元对因关闭小煤矿财力影响较大的欠发达地区以适当补助。原煤炭工业部直属和直接管理的94户国有重点煤矿下放地方管理后，继续执行三产贷款贴息政策，2000年中央财政共拨付煤炭三产贷款贴息资金总额1.4亿元。对关闭小煤矿中央财政补助困难地区2亿元。安排预算资金2.25亿元，支持毛纺压锭和丝绸压缩计划的实施。

2000年，在货币政策方面采取了以下主要措施：

1. 扩大公开市场操作。一是人民银行从前两年以投放基础货币为主转向收回商业银行的过剩流动，全年共进行了50次公开市场操作，累计投放基础货币4470亿元，回笼基础货币5292亿元，净回笼基础货币822亿元，有效地对冲了商业银行的过剩流动性，促使具有代表性的7天回购利率从2000年9月末的2.30%上升到年末的2.50%，仅比年初2.57%的回购利率低0.07个百分点。2000年，同业拆借的加权平均利率为2.41%，回购的加权平均利率为2.37%，分别比上年下降0.657、0.669个百分点。有效地降低了商业银行的过高流动性，稳定了货币市场利率，体现了稳健货币政策的要求。二是加大再贷款、再贴现操作力度，增加对金融机构的贷款。2000年金融机构再贷款余额为2.21万亿元，全年新增再贷款2390亿元。同时，人民银行加大了再贴现操作，2000年再贴现累计发生额为2667亿元，同比增长132%；年末再贴现余额达到1258亿元，同比增长150%，其中当年新增758亿元；再贴现增加额占中央银行再贷款增加额的23%，再贴现操作已经成为重要的基础货币投放渠道。三是加强本、外币利率政策的协调配合。针对2000年上半年美国连续六次加息，联邦基金利率由4.75%上升到6.5%，境内本、外币利差扩大的新情况，人民银行及时协调境内本、外币利率政策，两次上调境内外币利率。5月29日和9月21日，人民银行将一年期美元存款利率分别上调了0.5625和0.5个百分点。由于三季度美国经济增长开始减速、美联储下调联邦基金利率，人民银行遂于12月23日下调境内外币存款利率，其中，一年期美元存款利率下调了0.5个百分点。继1998年以来扩大对中小企业人民币贷款利率浮动幅度之后，2000年9月21日正式实施境内外币利率管理方式改革。

2. 加强信贷政策指导，促进经济结构调整。2000年6月，中国人民银行与国家经贸委联合下发了《关于对淘汰的落后生产能力、工艺、产品和重复建设项目限制或禁止贷款的通知》，要求商业银行根据国家产业政策发放贷款，防止重复建设。在2000年7月下发了《关于坚持封闭贷款管理条例》，进一步明确了封闭贷款原则，要求商业银行严格“封闭贷款”的发放条件，加强对封闭贷款运用的监管。2000年，人民银行将国家助学贷款的适用地域由8个试点城市扩大到所有城市，经办银行的范围由中国工商银行扩大到所有国有独资商业银行和城乡信用社，放宽了借款的基本条件，简化了贷款手续，明确了助学贷款利率不上浮。

经过三年来的努力，我国终于克服了亚洲金融危机带来的困难，国民经济运行出现了走向良性循环的重要转机，全面完成了“九五”计划的主要任务。

2000 年全年完成国内生产总值 89404 亿元，比上年增长 8%，增速加快 0.9 个百分点。其中，第一产业增加值 14213 亿元，增长 2.4%；第二产业增加值 45487 亿元，增长 9.6%；第三产业增加值 29704 亿元，增长 7.8%。按现行汇率计算，2000 年国内生产总值已突破 1 万亿美元，人均国内生产总值超过 800 美元。整个“九五”期间，我国国内生产总值年均实际增长率达到 8.3%，高于同期世界经济增长。其中第一产业增长 3.5%，第二产业增长 9.8%，第三产业增长 8.1%。

价格总水平出现了止跌回稳的积极变化。全年居民消费价格比上年上涨 0.4%，改变了 1998 年以来连续两年下降的局面。其中，服务项目价格和居住价格分别上涨 14.1% 和 4.8%，是带动价格回升的主要因素。另外，受国际石油价格上涨影响，工业品出厂价格上涨 2.8%，能源、原材料、动力购进价格上涨 5.1%。“九五”期间，我国先后成功地治理了通货膨胀，有效遏制了通货紧缩的趋势，物价形势总体上比较稳定，居民消费价格年均上涨 1.8%。

全年粮食总产量 46251 万吨，比上年减产 9%。经济作物种植面积扩大，占农作物播种总面积的比重首次超过 30%。全年棉花产量 435 万吨，比上年增长 13.6%；油料产量 2950 万吨，增长 13.4%；糖料产量 7450 万吨，下降 10.6%。全年肉类总产量 6270 万吨，比上年增长 5.4%，水产品产量 4290 万吨，增长 4.1%。全国完成造林面积 516 万公顷，其中退耕还林 71 万公顷，分别比上年增长 5.3% 和 9.2%。

工业生产快速增长。全年全部工业增加值完成39570亿元，比上年增长9.9%，其中国有及国有控股工业企业和年产品销售收入500万元以上的非国有工业企业（规模以上工业企业）增加值完成23685亿元，增长11.4%。在规模以上工业企业中，国有及国有控股企业增加值比上年增长10.1%，是1994年以来增长最快的一年；集体企业增长7.4%，股份制企业增长14.5%，外商及港澳台投资企业增长14.6%。产销衔接水平稳定提高，全年规模以上工业企业产品销售率达到97.71%，比上年提高0.46个百分点。经济效益明显提高。全国规模以上工业企业实现产品销售收入82314亿元，比上年增长20.4%；实现利润4262亿元，比上年增加1974亿元，增长86.2%，为90年代以来的最高水平。整体运行质量继续提高，经济效益综合指数为117.83，比上年提高16.09点。压缩淘汰落后生产能力工作取得新的成果。煤炭行业累计取缔、关闭非法和不合理的小煤矿4.73万处，压缩产量3.48亿吨；冶金行业关闭103个小钢厂；石油化工行业共取缔6000座土炼油场点，关闭小炼油厂111户，压缩原油一次加工能力1100万吨。一批长期亏损、资不抵债、扭亏无望的企业和资源枯竭的矿山通过实施破产、兼并和重组等措施退出了市场。

全年完成铁路旅客运输周转量4488亿人公里，比上年增长8.5%；完成铁路货物运输周转量13624亿吨公里，比上年增长6.1%；公路、水运和航空货物运输周转量分别增长4.4%、8.5%和14.6%。全年邮电通信业务总量达到4793亿元，比上年增长41.9%。

固定资产投资稳定增长。年初，经九届全国人大三次会议批准，发行1000亿长期建设国债，主要用于水利和生态建设、交通、城市环保和“三河三湖”污染治理、农村电网改造、国家储备粮库和技术改造等领域的在建项目，并向中西部地区倾斜。年中，实施西部大开发战略、加快技术创新和产业升级，又增发500亿元长期建设国债，有力地拉动了固定资产投资的增长。全年全社会固定资产投资完成32619亿元，比上年增长9.3%，增幅提高4.2个百分点。在国家实施西部大开发战略政策的推动下，西部地区投资增速加快，全年完成投资3943亿元，增长14.4%，分别高于东部和中部地区6.1个和0.6个百分点。

全年社会消费品零售总额达34153亿元，比上年增长9.7%，增幅提高2.9个百分点。全年个人购买商品房支出2840亿元，增幅高达51.9%，向个人销售商品房占全国商品房销售额的79.5%。全年城镇居民人均可支配收入达到6280元，比上年实际增长6.4%。全年农民人均纯收入为2253元，比上年实际增长2.1%，其中农民人均现金收入1640元，实际增长4%。城镇居民全年人均消费性支出4998元，比上年增长8.3%；农村居民全年人均消费性支出1670元，增长5.9%。城镇居民消费的恩格尔系数（食品类支出占消费总支出的比重）为39.2%，农村居民为50.1%。2000年，每千户城市居民家庭拥有家用汽车5.7辆，比上年增长74%；人均交通通信支出395元，增长26.9%，人均医疗保健支出316元，增长31.5%。

2000年末全国从业人员71150万人，比上年末增加564万人。其中，城镇从业人员21274万人，增加260万人。年末国有企业下岗职工为657万人，比上年末增加4.7万人。全年通过多种渠道使361万人实现了再就业。年末城镇登记失业率为3.1%，与上年持平。社会保障事业进一步发展。年末全国参加失业保险职工人数为10408万人，月平均领取失业保险金人数为137万人；有10367万职工和3173万离退休人员参加了基本养老保险，34332万职工参加了基本医疗保险。

全年全国财政收入13380亿元，比上年增长16.9%，增收1936亿元，创1994年财税体制改革以来年度增收的最高水平。全国财政支出15879亿元，增长20.4%。全国财政收支相抵，支出大于收入2498亿元。其中，中央财政赤字2598亿元，比调整预算赤字减少200亿元。

货币供应量平稳增长。2000年末，广义货币 M_2 余额为13.5万亿元，同比增长12.3%；狭义货币 M_1 余额为5.3万亿元，同比增长16%。广义货币和狭义货币增幅皆控制在年初预期控制目标之内，货币供应量增长基本适度。年末，货币流动性 M_1/M_2 为39.5%，比上年末上升1.3个百分点，货币流动性增强。年末流通中现金M0余额约为1.46万亿元，增长8.9%。全年现金净投放1197亿元，比上年少投放1054亿元，控制在年初确定的1500亿元投放目标之内。

年末金融机构本外币贷款折合人民币为10.44万亿元（不含剥离给金融资产管理公司贷款），新增贷款1.29万亿元，同比增长12.1%；其中，人民币贷款余额为9.9万亿元，按可比口径计算增长13.4%，增幅比1999年末提高1个百分点，全年人民币贷款新增 1.33 万亿元，比 1999 年多增 2500 亿元。年末金融机构各项人民币存款余额为 12.38 万亿元，增长 13.8%，增幅比 1999 年末提高 0.1 个百分点。其中，企业存款余额为 4.4 万亿元，增长 18.6%，比 1999 年末上升 4.1 个百分点；居民储蓄存款余额为 6.4 万亿元，增长 7.9%，比 1999 年末下降 3.7 个百分点。

稳健的货币政策有力地支持了积极的财政政策和国有企业的改革与脱困三年目标，促使国民经济发展出现重要转机。“九五”期间，货币供应量 M_2 增加 7.39 万亿元，年均增长 17.2%；境内各项本外币存款增加 7.42 万亿元，年均增长 17.4%；境内各项本外币贷款增加 6.04 万亿元（含剥离给金融资产管理公司贷款），年均增长 15.5%。1998 至 2000 年，商业银行认购国债（含 2700 亿元特别国债）、政策性金融债 1.2 万亿元，国有商业银行发放国债项目配套贷款 4000 多亿元，为实施积极的财政政策创造了条件；国有独资商业银行核销国有大中型企业呆坏账 1176 亿元，7 次降息累计减少国有企业利息支出 2600 亿元，促进了国有企业改革和脱困三年目标的基本实现。

工业行业结构调整取得明显成效，经济效益明显改善。

纺织行业继 1999 年提前一年完成三年扭亏解困任务后，2000 年继续保持良好运行态势，全年完成工业总产值 8000 亿元，比上年增长 9% 左右。全年实现产品销售收入 8176.3 亿元，比上年增长 20.8%。实现利润 290.1 亿元，比上年增加 156 亿元，增长 1.2 倍；其中，国有及国有控股企业实现利润 67.1 亿元，增加 65.8 亿元，增长 6 倍。以棉纺“压改结合”和毛纺压锭为重点，纺织行业继续推进结构调整，棉纺、毛纺分别压减34万锭和28万锭。至此，纺织行业累计压缩淘汰落后棉纺锭940万锭。

冶金行业93户重点大中型冶金企业实现利润130亿元，增长3倍；38项主要技术经济指标有30项创历史最好水平。

煤炭行业生产经营形势出现恢复性好转。年末煤矿库存比年初下降37%，应收煤款比年初下降12%。原中央财政煤炭企业累计净亏损（补贴前）38亿元，减亏14.3亿元。

石油化工行业全行业实现利润1084.5亿元，比上年增加732.3亿元，增长2.08倍，创历史最高水平。其中，石油集团实现利润600.5亿元，增加425.5亿元；石化集团实现利润251.3亿元，增加174.2亿元；化工系统实现利润140.2亿元，增加67.9亿元。

建材行业全行业实现利润94.4亿元，比上年增加55.41亿元，增长1.4倍。其中，国有及国有控股企业实现利润17.5亿元，比上年减亏增盈18.3亿元。

机械行业整体运行状态好于往年，经济效益回升较快，部分产品产销两旺。全行业实现销售收入1.5万亿元，比上年增长16.3%；实现利润575.8亿元，增长47.1%。原系统内企业实现销售收入5898亿元，增长11%；实现利润203.1亿元，增长31.1%。

有色金属行业主要产品市场需求旺盛，实现利润达到历史最好水平。全年实现产品销售收入2183亿元，增长24.4%；实现利润66.3亿元，增加41.3亿元，增长1.7倍。国有及国有控股企业实现利润 40.7 亿元，增加 34 亿元，增长 5.1 倍。

电子信息行业全行业完成产品销售收入 5800 亿元，比上年增长 34%；实现利润总额 380 亿元，增长 65.6%。

烟草行业工商合计实现利润 297.4 亿元，比上年增加 62.9 亿元，增长 26.8%；其中，工业利润 119 亿元，增加 20.4 亿元，增长 20.6%。

医药行业实现产品销售收入 1750 亿元，增长 18.4%；实现利润 143.8 亿元，增长 35%。其中，国有及国有控股企业实现销售收入 806 亿元，增长 15.4%；实现利润 55.9 亿元，增长 36.3%。

据海关统计，全年我国外贸进出口总额 4743 亿美元，比上年增长 31.5%。其中，出口 2492 亿美元，增长 27.8%；进口 2251 亿美元，增长 35.8%。进出口相抵，顺差 241 亿美元。

外汇储备继续增加，人民币汇率保持稳定。年末国家外汇储备达 1656 亿美元，比年初增加 109 亿美元。美元兑人民币汇率为 1：8.2781，继续保持稳定。

2000 年的经济发展取得了重大成绩，但经济发展也面临着不少新的挑战，并继续受到一些深层次矛盾的制约。国际上，2000 年下半年以来，美国经济增长放缓的趋势逐步明显，成为影响 2001 年世界经济发展的重大不确定因素。国际石油价格变化的前景尚不明朗，国际金融领域仍潜伏着较大风险。多数初级产品供大于求的状况仍未改变，区域性贸易保护主义增强，我国外贸出口将面临更加激烈的国际竞争。在国内，社会需求持续增长的机制还没有完全形成，阻碍生产力发展的体制因素仍很突出，经济结构不合理的问题没有根本解决，农民增收困难，企业经营机制转换滞后，就业压力增大，经济秩序比较混乱，经济回升的基础也还不稳固。

2000・年度改革实践

促进国有企业脱困，实施四大宏观政策

鉴于国有企业陷入困境是由宏观经济环境和微观经济机制多种因素造成的，实现国有企业三年脱困目标，必须从宏观和微观两个层面同时推进。为了创造宽松的宏观经济环境，中央政府及时采取扩大内需的积极财政政策和稳健的金融货币政策，并适时推出了一系列有针对性的脱困政策和措施。三年脱困期间，中央政府主要采取了四项大的宏观政策。

一、扩大内需，实行积极的财政政策

为了抵御亚洲金融危机带来的负面影响，保持国民经济持续稳定发展的良好势头，为国有企业实现脱困提供必要的环境，国家作出了实施积极的财政政策的重大决策。从 1998 至 2000 年的三年间，中央政府共发行 3600 亿元的长期建设国债，用于扩大投资，增加国内需求。其中，主要用于增加基础设施投资的总规模达到 2400 多亿元，以此带动 7500 亿元银行贷款和自筹资金，共建设 6620 多个项目。到 2000 年底，累计完成投资约 1.5 万亿元。积极的财政政策为我国经济持续发展注入了新的动力。据统计，在 1998、1999、2000 年，国债投资拉动 GDP 增长分别

达到1.5个百分点、2个百分点和1.7个百分点。国内需求的拉动和经济的持续增长，使国有企业的困难得以在发展中解决，从而大大减轻了改革脱困的阵痛。

与此同时，积极的财政政策加快了建立公共财政体系的进程。为着重解决随着国有企业改革力度加大，下岗职工增多的新问题，国家加大了财政支出力度，大幅度减少财政对营利性、经营性领域的投入，积极支持社会保障体系建设，确保国有企业下岗职工基本生活费、企业离退休人员养老金和城镇居民最低生活费的及时、足额发放。同时，建立并完善了中央财政对地方财政的税收返还与转移支付制度，促进地区经济协调发展。据财政部部长项怀诚在九届全国人大第四次会议上《关于2000年中央和地方预算执行情况及2001年中央和地方预算草案的报告》中的数字，2000年中央财政补助地方支出4668.2亿元，2001年预算补助地方支出5175.8亿元。

作为积极财政政策的重要组成部分，1998年以来，在保证税收稳定增长的前提下，国家对税收政策进行了有增有减的结构调整。为了减轻东南亚金融危机对我国企业产品出口造成的巨大压力，扩大外贸出口，1998年以来我国连续三次提高出口退税率，使平均退税率达到15%以上。"九五"期间，全国税务系统共办理出口退税3100多亿元，其中1999年和2000年分别为628亿元和800亿元。1998年受亚洲金融危机的冲击，我国外贸出口仅增长0.5%，出口退税率提高后，1999年外贸出口比上年增长6.1%，2000年又比1999年增长37.8%。

为了拉动投资，1999年下半年国家对固定资产投资方向调节税减半征收，从2000年起暂停征收，为此国家共减收90亿元；1999年7月1日起，国家又实行对符合条件的国产设备技术改造投资实行抵免企业新增所得税的政策，对房地产业的营业税、契税、土地增值税等也出台了优惠政策，对外商投资的基础设施和高新技术产业给予税收鼓励。

为了刺激个人消费，1999年11月1日起，国家还对储蓄存款利息所得开征个人所得税，截至2000年12月累计征税150亿元。为支持高新技术产业发展和国企改革，先后出台了一系列税收优惠政策措施，如促进科技成果转化的税收优惠政策；对企业及社会力量资助科研机构和高等学校的研究开发费用允许在企业所得税前扣除；对自谋职业的国有企业下岗职工给予税收减免；对国有企业采取加速折旧、加大新产品开发费提取、减免进口先进技术与设备的关税和进口环节税，等等。国家的税负减免，减轻了国有企业负担，同时，为国有企业扭亏脱困创造了一个较为宽松的政策环境。

二、放松银根，实行稳健的金融货币政策

中央银行实行稳健的货币政策，一方面从宏观上配合积极的财政政策，保持国民经济总需求适度增长，防止经济增长速度在软着陆之后进一步滑坡，对宏观经济环境的好转起到了积极作用；另一方面从微观上保持了国有企业必要的资金需求，并大幅度降低了国有企业的财务负担。

从1996年5月1日开始，中央银行连续七次降息，到2000年6月10日，利率水平达到了中华人民共和国成立以来的最低点。一年期存款利率由1996年的12%降到2.25%，如果扣除新开征的 20% 的利息税（2000 年 10 月正式执行），实际利率仅 1.8%（一年期贷款利率由 1996 年 5 月 1 日前的 10.98% 下降到 2000 年的 5.85%）。利率的降低，不仅减轻了企业的利息负担，降低了企业的筹融资成本，扩大了贷款规模，同时也降低了老百姓储蓄的欲望，分流部分储蓄资金进入消费，拉动内需，带动了经济的有效增长。与此同时，人民银行改革了存款准备金制度，两次下调存款准备金率，取消贷款规模的限额控制，提高商业银行贷款的积极性，扩大了商业银行的贷款自主权。1998、1999 年，广义货币分别增长 15.3%、14.7%，2000 年预计为 13%～14%。三年来，金融机构贷款分别增加 1.15 万亿元、1.08 万亿元和 1.3 万亿元，货币供应量和贷款的增长基本满足了经济增长的需要。

三、总量控制，实施产业结构调整

为了尽快改变我国大多数行业处于低档次产品总量过剩和高技术水平、高技术含量产品供给不足的状况，国家实施了总量控制、结构调整、关闭“五小”、淘汰落后、大力压缩过剩生产能力的一系列重大政策措施，将存量调整与增量发展、淘汰落后与改造提高、做大做强结合起来。按照经济发展和城乡居民消费结构的变化趋势，压缩和淘汰那些不适应市场需求产品的生产能力，提高适销对路产品的有效供给水平。压缩总量、淘汰落后首先选择了当时矛盾最突出的棉纺行业为突破口，出台了“财政补贴、贴息贷款、银行核呆、分流安置、土地置换、出口配额、出口退税、纺机源头、棉花流通、借壳重组”等十项政策。在这种全面系统的政策扶持下，纺织行业自 1998 年起在全国范围内深入开展了压缩淘汰落后棉纺锭的工作，并对相关企业进行了配套的技术改造，使企业的负担大大减轻，技术装备水平上了一个大台阶。到1999年12月底，全国累计压缩淘汰908万棉纺锭，分流安置职工116万人，实现利润9.5亿元，提前一年实现行业脱困目标。2000年纺织全行业实现利润290.1亿元，创历史最高水平，其中国有纺织企业实现了扭亏为盈，由1996年亏损83亿元到2000年盈利67亿元，打了一个漂亮的翻身仗。

以纺织行业为突破口的战役取得明显效果后，从1998年开始，国家又以冶金、煤炭、有色金属、军工四个行业为重点，进行行业性的结构调整，并以安全生产标准、环境保护标准等为依据，对浪费资源、技术落后、质量低劣、污染严重的小企业，如小煤窑、小水泥、小玻璃、小钢厂、小炼油厂等实行关闭，以淘汰落后、压缩过剩生产能力，有效地促进了相关行业的结构调整。

在1997年末，煤炭行业是严重亏损行业之一。从1998年开始实施“关井压产”政策以来，全国共关闭各类小煤矿4.6万处，压缩产量4亿吨，到2000年底，全国煤炭产量控制在9.5亿吨以内，比1997年压缩4.2亿吨。煤炭价格从最低点的137.82元/吨上升到141.47元/吨。煤炭社会库存量也由2亿吨减少到1.4亿吨，2000年的产销率达107%，一批大型煤炭企业的经营状况好转。到2000年国有煤炭企业的亏损比上年减少了一半以上，30%的国有煤炭企业开始盈利。

全国冶金行业实施总量控制后，扭转了连续几年产量增长、价格下滑、效益下降的局面，产品结构得到了调整与改善。全行业实现利润从 1998 年低谷时的 9 亿元提高到 2000 年的 130 亿元。

建材、制糖、石油化工、电力等行业的总量控制和结构调整也取得成效。据不完全统计，几年来，全国先后共关闭小水泥厂 2176 家、窑 1643 座；关闭小玻璃企业 171 户、175 条生产线；关闭 150 家小糖厂；取缔了 6000 座土炼油场点，压缩原油二次加工能力 1100 万吨；电力行业累计关停小火电机组约 1000 万千瓦。到 2000 年末，建材行业实现利润 94.43 亿元，比上年同期增加 55.41 亿元；制糖行业在糖价连续三年下滑的情况下止跌回升，1999 年全行业亏损 22 亿元，到 2000 年盈利 6 亿元以上，实现了全行业扭亏为盈。

四、严打走私，整顿市场秩序

前几年走私活动一度十分猖獗，一些不法分子利用国内外一些商品的价差，大肆从事走私活动，牟取非法收益，不仅造成国家巨额关税的流失，而且严重破坏了国内市场秩序，使国内企业生产蒙受了巨大损失，加重了国有企业的困难。1998 年，党中央、国务院决定实行“联合缉私，统一处理，综合治理”的缉私新体制，开展声势浩大的反走私斗争。海关、公安、司法共同出击，仅 1998 年，全国海关调查部门查获偷逃税在 5 万元以上的走私大要案的案值 136.9 亿元，比上年增长 120%。打私斗争的开展，使走私分子受到极大震慑，大规模走私活动明显减少。据海关提供的资料表明，1999 年全国海关调查部门查获走私大要案的案值 54.14 亿元，比上年下降 60.5%；2000 年查获走私大要案的案值48.04亿元，比上年又下降41.4%。对走私犯罪活动的严厉打击，有效地遏制了走私犯罪活动猖獗的势头，不仅国家关税收入连续两年大幅增长，扭转了多年来外贸顺差、外汇不顺收的局面，非法进入国内市场的国外商品明显减少，有效维护了国内的市场秩序，许多受走私冲击的商品价格回升到合理水平，企业的合法权益得到保障。特别是由于加大了对成品油、植物油、纺织原料、汽车、计算机等重点商品走私的打击力度，国内相关企业的生产经营环境大为改善。出现了产品库存降低、销售收入和价格上升的"一降两升"的喜人局面，为国有企业改革脱困创造了较好的外部市场环境，在一定程度上促进了国有企业的扭亏脱困和效益增长。

促进国有企业脱困，推进四项微观改革

一、兼并破产，从根本上消灭亏损企业

长期以来由于国有企业缺乏必要的退出通道，市场经济的优胜劣汰机制难以建立，多年积累起来的一大批长期亏损、扭亏无望、资不抵债、濒临破产，已没有生存价值的国有企业无法退出市场，使得国有企业总体运行质量下降。1986年12月颁布的《中华人民共和国企业破产法（试行）》也因缺乏社会保障体系等支撑条件难以发挥作用。针对这一情况，国务院在1994年、1997年先后下发了《国务院关于在若干城市试行国有企业破产有关问题的通知》和《国务院关于在若干城市试行国有企业兼并破产和职工再就业有关问题的补充通知》，专门成立了由国家经贸委等五部委组成的全国企业兼并破产和职工再就

业工作领导小组，开始进行国有企业实施破产、兼并的改革探索。由于国家在政策上就国有企业破产财产的处置、银行坏账损失的处置、担保和抵押的处置、土地使用权的处置、职工的安置及费用等难点问题都作了明确规定，尤其是银行呆坏账准备金的核销、下岗职工安置政策的落实，使国有企业的破产和兼并开始在特定的政策框架下具备可操作性，为那些早已名存实亡的国有企业退出市场找到了出路，消灭了一批亏损源。

为使兼并破产更好地服务于国有企业三年脱困目标，从1999 年开始，国家有关部门改进了对核销银行呆坏账准备金按地区切块分配规模的办法，集中使用、确保重点，主要用于纺织、煤炭、有色金属、冶金、军工等重点行业国有大中型亏损企业的破产、关闭。在三年脱困期间，全国共批准下达企业兼并破产项目 1718 个，其中大中型项目 1504 个，核销银行呆坏账准备金达 1261 亿元。初步匡算，通过兼并破产，可为国有企业减亏 300 亿元左右。一批长期亏损、资不抵债、扭亏无望的企业和资源枯竭的矿山退出了市场，6599 户重点脱困企业中，有29.49% 的企业是通过实施破产关闭实现脱困的。

二、“债转股”，减轻国企债务负担

国有企业资产负债率过高，不仅加剧了企业的生产经营困难，而且增加了银行系统的金融风险。实行“债转股”是化解这两方面难题、实现双赢结果的一项重大决策。1999 年国务院决定在工行、建行、中行以及农行这四大国有商业银行分别组建金融资产管理公司，依法处置银行原有的不良贷款，并作为投资主体，对部分具备条件的贷款企业实行债权转股权，优化国有企业的资产负债结构。按照国家经贸委和中国人民银行联合下发的《关于实施债权转股权若干问题的意见》有关规定和操作程序，国家经贸委向有关银行和金融资产管理公司首批推荐了601户实施“债转股”的企业，拟转股金额达4596亿元。这些企业大多是产品有市场、技术水平高、管理基础好、领导班子强，通过降低资产负债率，即可改善企业经营状况，较快地摆脱目前的困境。

据统计，三年脱困期间，国家对580户国有企业共计4050亿元债务实行“债转股”，并已于2000年4月1日起生效，当年可减少利息支出200亿元左右。大多数实施“债转股”的企业生产经营状况开始迅速好转，据不完全统计，2000年80%以上的“债转股”企业实现了扭亏为盈。“债转股”的实施，使这批国有大中型企业的资产负债率由70%以上下降至50%以下，平均每月可减轻利息负担37.23亿元。同时，“债转股”还促进了国有企业加快建立现代企业制度、剥离非经营性资产，以及调整产品结构和强化企业内部的经营管理等。

三、国债贴息，促进企业技术进步

国有企业在技术改造和技术进步上欠账严重，是导致国有企业陷入困境的重要原因之一。在结构性矛盾突出的背景下，通过加快技术改造调整和优化产业结构，适时出台支持企业的技改政策，有助于国企尽快走出困境。1999年6月，中央政府决定从增发的国债中，每年专门划出90亿元，用于企业技改和产业升级的贷款贴息，这相当于过去中央财政每年技改贴息额的10倍。据统计，三年脱困期间，国家累计拿出195亿元国债为国有企业实行技改贴息。截至 2000 年底，国家经贸委分四批共安排重点技术改造国债资金项目 880 项，总投资规模达 2400 亿元，其中国债资金 195 亿元，贷款 1459 亿元。国债贴息资金的拉动效应达到了 1∶12。

国债技改项目在重点解决冶金、石化、纺织、机械、汽车等行业在结构调整中的重点和难点问题方面起到了积极的作用，建成了一批标志性项目，国债技改贴息资金的投入，增强了银行和社会资金对重点技术改造项目支持的信心和贷款力度，调动了企业技改的积极性，扭转了国有企业技改增幅下滑的态势。2000 年，我国企业技术改造投资一举扭转 1998 年以来持续下降的势头，增幅达 13.2%，为基本建设投资增幅的 2 倍，呈现出近年来少有的强劲增长态势。

四、下岗分流，实施再就业工程

国有企业职工终身制、铁饭碗是长期以来困扰企业发展的大难题，“进厂定终身”，职工终身依附在企业上，使得国有企业人满为患，不堪重负，尤其在老国有企业，这个问题更为突出。人员负担形成的巨大压力，是国有企业人浮于事、效率低下的主要原因之一。在三年脱困期间，国家加大了国企改革、兼并破产、减员增效、结构调整的力度，仅在实施兼并破产的 1718 户企业中，即涉及 500 多万职工，此外由于实施减员增效等措施，共有 1600 万职工下岗。这样大力度的改革，如果没有一套可靠的保障性措施，社会是无法承受的。在三年改革脱困的过程中，政府始终注意把社会保障体系的建立与下岗职工再就业工程的实施作为一项重要任务来抓，坚持企业减员增效和促进再就业相结合、职工下岗与各方面承受能力相适应的原则，把握节奏，规范程序，有计划有步骤地进行。为解决国有企业“人往哪里去”这一难题，保持社会的稳定，国家采取了一系列建立社会保障体系的配套政策。1997 年以来，国务院陆续下发了有关建立企业职工基本养老保险制度、失业保险、下岗职工基本生活保障、城市居民最低生活保障等决定、条例和通知。1998 年 1 月，党中央、国务院专门召开了全国减员增效和实施再就业工程工作会议，研究国企下岗职工问题。1998 年 8 月党中央、国务院下发 10 号文件，明确提出了“要确保国有企业的下岗职工基本生活，确保国有企业离退休人员养老金按时足额发放”（简称“两个确保”）的社会保障工作目标要求，同时要求在国有企业中建立下岗职工再就业服务中心。1999 年又进一步完善了关闭破产的资源枯竭矿山职工安置的有关政策。与此同时，国务院还相继出台了《基本医疗保险制度改革的决定》《社会保险费征缴暂行条例》《失业保险条例》和《城市居民最低生活保障条例》，初步形成了社会保障制度的基本框架，为进一步完善社会保障体系打下了良好的基础。

经过三年的努力，我国初步建立起了包括下岗职工基本生活保障、失业人员的失业保险金、城镇居民最低生活费三条保障线在内的社会保障系统。在国有企业内部，大多数企业都专门建立了职工再就业中心，负责对下岗职工的管理与再就业培训，为下岗及分流人员服务。在亏损严重的国有企业，进入再就业中心的下岗职工基本生活保障费用实行了分别由企业、社保基金和财政各出 1/3、不足部分由财政托底的“三家抬”政策，极大地支持了国有企业减轻人员负担，为企业的减员增效提供了社会条件。三年来，全国先后有 2100 多万名国有企业的职工下岗，其中 1300 多万人实现了再就业，100 多万人通过企业内部退养等方式得到安置；国家通过各种渠道累计筹集下岗职工基本生活保障资金近 800 亿元，95% 左右的下岗职工领到了基本生活费，并由再就业中心代缴社会保险费。到 2000 年底，全国累计发放养老金 4200 多亿元，3100 多万名享受养老金保险待遇的离退休人员中有 98% 左右按时足额领到了养老金。

更重要的是，在艰难的改革脱困过程中，社会与职工对国有企业改革的承受能力进一步增强，“国有企业可以破产，国有企业的工人可以下岗”这个三年前还难以接受的观念，在现实生活中逐渐成为社会的共识。观念的转变为国有企业改革的推进奠定了良好的基础。

据有关部门对 2000 年 1 月至 10 月全国国有及国有控股企业新增利润的因素分析，大体上国民经济增长速度加快等宏观环境改善的因素占 48%；各项针对国有企业的具体政策措施所导致的利润增加约占 23%；企业通过加强管理，苦练内功，降低各项费用增加的利润约占 29%。

国有产权与职工身份“两个置换”

在国有中小企业改制过程中，无论股份合作制还是兼并收购、出售还是破产停业，最终遇到的核心都是企业的产权转让和职工的身份置换。实践证明只有“两个置换”实现以后，企业才能够真正从制度上和观念上摆脱计划体制的束缚，成为自负盈亏的独立市场主体。“两个置换”的做法，可以说抓住了国有中小企业改革的“牛鼻子”。

“两个置换”是基层创造经验推动改革的典型。1999 年 11 月 30 日，中共长沙市委、市政府出台《关于加快国有企业改革和发展若干问题的意见》（长发〔1999〕29 号），要求对所属国有企业“界定产权”，进而实行“两个置换”：一是通过产权转让“置换”企业的国有性质，让企业走向市场；二是通过一次性经济补偿，“置换”职工的全民所有制单位身份，让职工走向市场。2000 年 1 月 29 日，长沙市政府办公厅印发《长沙市国有企业产权制度改革实施细则》，对“两个置换”做出了具体明确的规定。产权“置换”以 1984 年“拨改贷”作为政策分界线，将国有企业 1984 年以前形成的净资产划为国有性质，1984 年以后企业发展积累形成的净资产界定为企业集体资产；并将这部分集体资产作为职工身份置换的经济补偿金，这样既能有效地推进改革又避免了承担国有资产流失的责任。长沙的两份文件，是在全国国有中小企业产权制度改革兴起的关键时刻出台的，解决“两个置换”，抓住了国有中小企业改革的关键问题，最终被中央政府部门有关文件采纳。

2002 年国家经贸委联合八部委颁布的《关于国有大中型企业主辅分离辅业改制分流安置富余人员的实施办法》中取消了将某一时间点之后的国有资产界定为企业集体资产的做法，明确“国有企业改革的成本应由国家承担，改革成本可用国有资产存量资产支付”，从而从政策上解决了改革成本筹集的难题，也消除了“用国有资产支付改革成本是国有资产流失”的顾虑。

2000 年以后，经过不断的实践和总结，“两个置换”得到了社会的广泛肯定和接纳，各地纷纷学习借鉴这种方式，并且因地制宜地运用于当地，成为地方国有中小企业改革的主要模式。

国有企业改革和脱困三年目标基本实现

2000 年 12 月 11 日召开的全国经贸工作会议宣布：中共中央确定的国有企业改革与脱困三年目标已基本实现。

国有及国有控股工业企业实现利润大幅度提高，大多数国有大中型亏损企业摆脱困境。纺织行业作为突破口，率先实现整体扭亏，起到了示范作用；重点监测的 1997 年亏损的 6599 户国有大中型企业，到 2000 年底减少 4800 户，脱困率达到 72.7%；通过核销呆坏账准备金，使一批长期亏损、资不抵债、扭亏无望的企业和资源枯竭的矿山退出了市场；全年国有及国有控股工业企业实现利润 2392 亿元，比上年增长 1.4 倍，是 1997 年的 2.9 倍，亏损企业亏损额比上年下降 26.7%；全国 31 个省（自治区、直辖市）国有工业企业全部实现了整体扭亏或盈利增加，国家重点监测的 14 个主要行业，到 2000 年底已有 12 个行业实现了整体扭亏或继续增盈，煤炭、军工两个行业的亏损额也大幅度减少；通过改组、联合、兼并、租赁、承包经营和股份合作制、出售等多种形式，促进了国有小企业经营机制的转换和经营状况的改善。全年国有小企业实现利润 48.1 亿元，结束了连续六年净亏损的局面。针对国有小企业改制中暴露出来的一些问题，出台了关于出售国有小企业的规范办法。

为进一步鼓励和促进中小企业发展，制定出台了我国第一个《鼓励和促进中小企业发展的若干政策意见》。为缓解中小企业融资难、贷款难的问题，开展了中小企业信用担保体系的试点，到2000年底，已有28个省区市开展了市级担保、8个省（市）开展了省级再担保试点，组建担保机构80多个，筹集担保资金40多亿元。上述成效说明，国有企业三年脱困目标基本实现。

国有企业三年脱困及其以后的几年，国家累计投入资金约36650～44650亿元。（见表2000·1）

表2000·1　国有企业“三年脱困”期间国家投入的资金粗略估算①

投入项目的主要内容			金额
直接投入	直接投入及补贴支出	1996年优化资本结构试点增资	约200亿元
		1999年至2002年国债技改贴息	355.4亿元
	资本市场融资	1998年至2002年442家国有及国有控股企业重组上市的累计筹资	7436亿元（含海外352亿美元）
不良资产和债务处置以及职工经济补偿	对债权银行造成的损失	1994年至2004年政策性关闭破产企业核销的银行债权	2370亿元
		2005年至2008年规划实施政策性关闭破产企业涉及的银行债权	2290亿元
		四大银行剥离给资产管理公司的不良资产	14000亿元（含债转股4050亿元，已处理的8000亿元回收率约20%）
	分流职工的实际支出	1994年至2005年分流约3900万人（其中：1998年至2000年近2500万人）	10000亿～18000亿元
总计			36650亿～44650亿元

① 陈清泰．重塑企业制度：30年企业制度变迁[M]．北京：中国发展出版社，2008.11.

国有企业三年脱困及其以后的几年，国有企业年末职工人数从 1997 年的 7131 万人，降至 2003 年底的 3067 万人，即通过下岗、内退、主辅分离辅业改制、破产、身份置换等途径，“分流”国有企业职工 4064 万人*。（见表 2000 · 2）

* “分流”人员是指不属于正常离退休、也不再计入国有企业在职人员统计范围的人员。这些人员最终可能待业到非国有企业就业或自谋职业。

表 · 2　1997 至 2003 年国有企业职工人数变化表①

单位：万人

年 份	1997	1998	1999	2000	2001	2002	2003
国有企业年末职工人数	7131	5220	4733	4265	3809	3382	3067
国有及国有控股企业年末职工人数	—	—	5826	5564	5141	4820	4461
国有企业离退休人员数	2589	2768	2868	2978	3072	3261	3486
国有企业年末下岗职工人数	1274	595	653	657	515	410	260

三年来，国有企业改革进一步深化，大多数国有大中型骨干企业初步建立起现代企业制度。国务院确定的建立现代企业制度百户试点和各地选择的试点企业共 2700 多户，绝大部分实行了公司制改革。列入 520 户国家重点企业的 514 户国有及国有控股企业，作为国有大中型骨干企业，已有 430 户进行了公司制改革，占 83.7%，其中 282 户整体或部分改为有限责任公司或股份有限公司，实现了投资主体多元化。完成了中国电信、中国移动通信、中国联合通信和中国卫星通信四大电信公司的重组；分离重组中国石油和中国石化两大集团的主营业务和非主营业务，成立了中

① 陈清泰. 重塑企业制度：30 年企业制度变迁[M]. 北京：中国发展出版社，2008. 11.

国石油天然气股份有限公司和中国石油化工股份有限公司，并成功在境外上市。中国新星石油公司并入中国石油化工集团公司。为了合理利用资源，提高有色金属企业的竞争力，1999 年成立的三个有色金属集团公司（铝业、铜铅锌、稀有稀土金属）于 2000 年 2 月撤销，其所属的大部分企业事业单位下放地方管理。改制企业基本建立了公司法人治理结构，在实现政企分开、转换经营机制、加强企业管理、分离社会职能和分流富余人员等方面，迈出了重要步伐。上述成果说明，国有企业三年改革目标也基本实现。

2000 · 重要理论观点

国退民进

中央党校教授王珏在 2000 年发表论文《劳动者股份所有制与社会主义市场经济——社会主义制度与市场经济结合的战略思考》，首次提出了“国退民进”的观点。文章认为，市场经济本身是一种经济运行方式和资源配置方式，但是市场经济与社会主义制度结合起来就构成了市场经济的特殊性。市场经济与社会主义制度结合形成社会主义市场经济；市场经济与资本主义制度结合形成资本主义市场经济。

作为共性的市场经济，没有姓“社”、姓“资”的区别；作为个性的市场经济，社会主义市场经济与资本主义市场经济有着本质的区别。这个本质区别就在于自由联合劳动制度与雇佣劳动制度的区别，即资本主义市场经济是建立在雇佣劳动制度之上，而社会主义市场经济则是建立在劳动者的劳动联合与资本联合相统一的自由联合劳动制度之上的。在初级阶段的社会主义，是商品市场经济或商品经济和市场调节主导经济发展的历史阶段，劳动者的劳动力作为一种生产要素和劳动资源，必然要价值化，并以商品的形式通过市场来进行优化配置。由于劳动力价值是能为它的所有者带来收益的价值，所以劳动者的劳动力也就能转化为资本了。

社会主义与市场经济相结合，必须改革原有计划经济的基础。其基本路径是：国有经济——民有民营经济——劳动者股份所有制经济。在市场经济条件下，国有经济是一种特殊的经济形式，把国有经济等同于社会主义经济是不正确的。国有经济不是社会主义独有的东西，奴隶社会、封建社会、资本主义社会都有国有经济。国有经济是和国家联系在一起的，不是和社会制度联系在一起的。

使民有民营经济成为市场经济的基础，这是实现社会主义与市场经济真正结合的必经之路或过渡形式。民有民营经济不等于私有经济，非国有经济也不等于私有经济，民有民营经济与非国有经济具有同一内涵，它包括公有性质的、私有性质的、混合所有性质的民有民营经济。私有经济是民有民营经济的重要组成部分，而不是它的全部。

民有民营经济成为社会主义市场经济基础的途径有两条：一是“体制内”实行国退民进，二是“体制外”鼓励个体和私营经济及外资经济的发展。要使劳动者成为有产者，必须使劳动者参与利润的分配。劳动者参与利润分配的依据就是劳动力资本化，通过劳动者劳动力资本要素收入，即劳动股息、劳动者劳动力资本化的增殖及这种增殖转化成的金融资本要素收入，即资本股息收入，他们由此成为“靠劳动本身生产的生产资料”的股权所有者，资本股息收入也成为劳动者的收入来源之一。并且随着社会主义公有制基础的壮大，这部分收入将会越来越大，劳动者逐步走向共同富裕。纵观改革进程，我们作如下划分：社会主义与市场经济结合的启动阶段（国有经济为主体），社会主义与市场经济结合过程（民有民营经济为主体），社会主义与市场经济融为一体，即完全结合（劳动者股份所有为主体）。这三个阶段与邓小平三步走战略目标相吻合，这是生产力与生产关系相互适应的具体体现。三步走战略目标的最终实现，就是初步实现人民的共同富裕。这也是以劳动者股份所有制为基础的社会主义市场经济所要实现的目标。

实际上，早在1999年8月，王珏教授接受《港澳经济》记者的专访，就提出了“国退民进”的观点。王珏在访谈中说：国有企业改革要实行非国有化，许许多多不该国家办的企业不要搞成国有企业，要变成民有民营的企业。国退民进就是国家退出来，让老百姓进去。有人说国退民进是搞私有化，其实不是，民有经济和私有经济是两个概念，私有经济是民有经济的一个重要部分。集体经济、股份制经济都是民有民营的。民有民营是相对国有国营说的。不是国有国营的都是民有民营的，它既有公有性质的也有私有性质的，还有公私混合所有性质的。而且随着社会生产力的发展，公有性质的民有民营经济肯定会越来越多，所以用不着害怕，只有这样才能真正解决国有经济的结构调整，也才能真正解决制度上的创新。

公有制企业的国家租金激励

周其仁在《公有制企业的性质》一文中认为，公有制企业体制的一个根本特征是其非市场合约性。流行的“委托—代理”框架和“所有权与经营权分离”框架都不适合分析公有制企业的经济性质，作者因此提出了一个用法权与实际产权的分离来解释公有制企业的理论框架，以代替“委托—代理”理论和“所有权与经营权分离”的分析框架。文章认为，在法权上否认个人拥有生产性资源产权的基础上，使公有制企业成为非市场合约性的组织。但是为了充分动员在事实上仍然属于个人的人力资本，公有制企业用国家租金激励机制来替代市场交易和利润激励体制。国家租金体制与市场合约的企业体制的差别，这是理解公有制企业与非公有制企业效率差别的基础。由于人力资本产权与其载体不可分离的特性，使得其名义产权与实际产权存在着不一致和相互脱节的可能性。在市场经济条件下，解决这种不一致和脱节的办法是市场合约和企业利润激励机制。而在改革前的国有制企业和集体所有制企业中，由于用国家租金激励机制代替了市场合约机制，加剧了脱节和不一致。在封闭的公有制经济体系中，这种产权安排可以长期存在，一旦由封闭走向开放，公有制企业的非市场合约和国家租金激励与非公有制企业的市场合约和利润激励站在同一个竞争平台上，其竞争力和效率的高下即行显现。

国有经济的比重是内生决定的

平新乔在《论国有经济比重的内生决定》一文中认为，国有企业或国有经济的相对比重，是内生决定的，即国有经济的相对比重值是国有企业最优决策与非国有企业最优决策的互动过程的一个均衡解。

国有经济或国有企业在某一行业的存在的合理性，依赖于该产业的成本状态。若边际成本是一常数（规模报酬不变），则国有企业可以运用社会福利极大化这一目标函数逼退全部的私有企业。在这里，社会福利极大化既是目的，又成了一种与非国有企业进行竞争的有力手段。国有企业的合理性与行业中的企业个数无关。但若某行业是规模报酬递减的，即边际成本递增的，则国有企业存在的合理性光凭追求社会福利极大化的目标就显得不充分了，应进一步考虑市场需求规模所限定的行业可容纳的企业个数 N 与 k（k 为边际成本递增速度）。

笼统地说国有企业要从竞争性产业中退出，要在垄断性产业里保持，显得有些含糊。国有企业或国有经济在我国社会主义经济中的地位不仅要从政治上、意识形态上加以论证，也应当从经济学上加以论证。当生产条件与成本函数特征、市场需求函数与市场规模等方面因素，国有企业追求什么样的目标？企业作为决策者如何求解有约束的最优化问题？这实质上是决定国有企业地位的内生机制。

国有企业不良负债的形成原因

袁钢明在论文《中国国有企业不良负债的实证分析》中认为，国有企业不良负债的形成，主要是以下原因：

1. 国有企业过度依赖和偏好银行贷款。自 20 世纪 80 年代中期国有企业资金由国家拨款改为银行贷款以来，国有企业生产经营资金越来越多地依靠银行贷款，资产负债率（负债/资产）不断升高。国有企业资产负债率过高，可能与国家资本金不足，资本市场不发达，企业直接融资很小，国有企业积累能力很低等因素有关。但更大程度上则是由于国有企业在行为上对国有银行的依赖和偏好。在国有企业资金来源从国家拨款变为银行贷款以后，国有企业把国有银行贷款当作国有资金使用。企业无论在资金短缺还是资金充裕的情况下，都不优先安排偿还银行贷款，而愿意保持对银行的高负债，表现出对银行贷款的强烈偏好。

2. 企业经营效益不好，无力还贷。80 年代以来，国有企业经营效益不断下降，亏损企业逐年增多并且亏损程度逐年加重，从而不良负债率逐年增高。亏损企业的不良负债率明显高于盈利企业。一种甚为流行的说法，认为阻碍国有企业进行有效率经营的最主要困难是负债率高、冗员多、社会负担重“三大包袱”。作者认为，经营者决策失误、经营周转资金不足、市场竞争中产品滞销，对企业亏损的影响重要程度比所谓“三大包袱”的影响程度大得多。负债率高无疑给企业带来利息成本的较大压力，但这只是影响企业盈亏的次要因素，影响企业盈亏的首要因素是企业贷款决策、可获得贷款的能力及贷款使用的效益。企业贷款决策正确并且使用效益好，可按期偿还贷款，负债率和不良负债率不致升高。企业经营效益不好是导致很多国有企业不良负债率高的首要决定性因素。

3. 企业还贷软约束。不能按期还贷的国有企业数量增多，对银行形成不断增大的压力，迫使银行对企业采取推迟还贷、减免债务、税前还贷、挂账停息、贷款转为投资、豁免还贷等措施。国家对国有企业采取减轻债务负担，使国有企业还贷观念进一步弱化。企业在破产、兼并、重组、改制中，合法和不合法的逃债现象严重，愈演愈烈，很多有能力偿还的非不良贷款也被企业赖掉，造成银行不良债权加快增长。

简单的“债转股”可能弱化企业治理结构

吴有昌、赵晓在论文《债转股：基于企业治理结构的理论与政策分析》中认为，简单的“债转股”可能弱化企业的治理结构。首先，对于企业的经营者而言，债务通常是比股权更硬的一种约束。80 年代中期“拨改贷”的初衷正是试图通过用相对较硬的债务约束来代替过于软弱的股权约束，以增加企业改善业绩的压力。然而，简单的“债转股”正好反过来了，是在用一种较软的约束来代替相对较硬的约束。在国有企业还本付息的压力减轻、新的所有者又不能有效介入的情况下，国有企业的管理势必更加懈怠。其次，资产管理公司可能缺乏足够的动力对企业进行实质性的干预和重组。在我国，贷款二级市场基本不存在，再加上大多数不良贷款是无抵押贷款，因而要对损失进行估计是非常困难的。没有对已发生损失准确的估计，资产管理公司的业绩评价就失去了依据，对资产管理公司的激励和约束也就无从谈起。再次，如果债权转变成股权，同时所有者不能对企业进行实质性的干预或重组的话，那么“债转股”无异于一次“债务大赦”，这将使债务的约束作用进一步弱化，从而使国有企业的道德风险问题更加突出。只有将“债转股”与国有经济的战略性退出结合起来，才能在发挥其积极影响的同时，避免其消极影响，并且从根本上改善企业的治理结构。因此“债转股”的根本目标应该是国有经济的战略性退出和民营化，而不是让国有企业“放下包袱、轻装前进”。

“控制权行政配置”与“内部人控制”共存的控制权机制

黄群慧在论文《控制权作为企业家的激励约束因素：理论分析及现实解释意义》中认为，企业家的控制权对企业家的激励约束更具有根本的决定意义，因为企业家获得经营控制权是企业家激励约束问题产生的前提，企业家的货币报酬和非货币报酬可以认为是对企业家运用经营控制权成果的回报。

文章认为，国有企业的正常运转，一定存在相应的控制权。这种控制权表现为排他性使用企业资产、对企业的生产经营活动进行管理决策的权力。如果说私有产权是按资产界定产权，那么，传统公有制经济中的产权界定规则就是“控制权界定产权”。因此，公有制社会成员的根本激励在于控制权激励，通过“控制权回报”激励社会成员的行为。国有企业的领导人具有行政级别、优秀的国有企业领导人被提拔为更高一级的行政领导是“控制权回报”的典型表现。然而，在以现代企业制度为目标的国有企业的渐进式改革推进过程中，由于真正行使国有企业所有者权力和承担所有者责任的主体难以明确，有效的公司治理结构也就无法建立。此时国有企业企业家的控制权得不到有效的监督和制约，而原有的以政治、公平等目标对企业家控制权的监督约束也不复存在，“内部人控制”问题也就产生了。因此，现阶段国有企业企业家控制权机制的特征可以概括为“控制权行政配置”与“内部人控制”共存。在这种状态下，很容易出现以下三种现象。

第一，一个好的领导班子或者准确地说优秀的企业家是搞好国有企业的关键。在“内部人控制”的企业，企业的发展缺少制度上的保障，完全依赖于企业家的个人能力、“关系资源”等人力资本，使得企业的兴衰几乎全部取决于企业家个人的沉浮。

第二，“59 岁现象”。在国有企业中，由于“内部人控制”问题，企业家的控制权几乎是很少受到约束的，“控制权回报”给企业家巨大的全方位的需要满足是和控制权完全“绑”在一起，只要拥有控制权，就可直接利用职位满足各种物质、精神需要，“一旦拥有（控制权），无所不有”；“一旦失去（控制权），一无所有”。因此，退休前后企业家需要满足程度的巨大反差使得企业家在失去控制权之前铤而走险。

第三，过度职位消费问题，即所谓“穷庙富方丈”现象。由于企业家的名义收入偏低，报酬机制起不到应有的对企业家的激励作用，企业家必然从合法报酬之外寻求对自身人力资本的补偿。

2000 · 重要政策法规

1. 国务院办公厅《关于继续做好确保国有企业下岗职工基本生活和企业离退休人员养老金发放工作的通知》，2000 年 2 月 3 日。

2. 国务院《国有企业监事会暂行条例》，2000 年 3 月 15 日，中华人民共和国国务院发布。

3. 财政部《企业国有资产产权登记管理办法实施细则》，2000 年 4 月 6 日。

4. 中国证监会《上市公司向社会公开募集股份暂行办法》，2000 年 4 月 30 日。

5. 中国证监会《上市公司股东大会规范意见》，2000 年 5 月 18 日。

6. 财政部《关于股份有限公司国有股权管理工作有关问题的通知》，2000 年 5 月 19 日。

7. 国务院《关于切实做好企业离退休人员基本养老金按时足额发放和国有企业下岗职工基本生活保障工作的通知》，2000 年 5 月 28 日。

8. 建设部、财政部、国家经贸委、全国总工会《关于进一步深化国有企业住房制度改革加快解决职工住房问题的通知》，2000 年 5 月 31 日。

9. 中国证监会《关于加强上市公司监管工作的意见》，2000 年 6 月 7 日。

10. 国务院《企业财务会计报告条例》，2000 年 6 月 21 日，中华人民共和国国务院发布。

11. 国家税务总局《关于企业合并分立业务有关所得税问题的通知》，2000 年 6 月 21 日。

12. 中国人民银行《企业集团财务公司管理办法》，2000 年 6 月 30 日。

13. 国务院办公厅《转发国家经贸委〈关于鼓励和促进中小企业发展的若干政策意见〉的通知》，2000 年 8 月 24 日。

14. 国家经贸委《加强国家重点企业技术中心建设工作的意见》，2000 年 9 月 1 日。

15. 国务院办公厅《关于转发国家经贸委〈关于国有大中型企业建立现代企业制度和加强管理基本规范（试行）〉的通知》，2000 年 9 月 28 日。

16. 劳动和社会保障部《关于印发进一步深化企业内部分配制度改革指导意见的通知》，2000 年 11 月 6 日。

17. 劳动和社会保障部《失业保险金申领办法》，2000 年 11 月 9 日，劳动和社会保障部发布。

19. 中共中央组织部、国家经贸委、财政部《关于加强中外合资企业中方国有股权代表及高级经营者管理工作的意见》，2000 年 12 月 4 日。

2000 · 年度热点纪实

国退民进

在刚刚进入 21 世纪的时候，中共中央做出了一项令中国人振奋、令外国人钦佩的重大战略决策——实施西部大开发战略。2000 年初，国务院成立了国务院西部地区开发领导小组，具体负责实施西部大开发工作，这标志着中国的经济发展战略开始发生重大调整。

这一年，国有大型垄断企业出现了三个重要变化。一是大规模整体上市。中国电信、中国联通、中国石油、中国石化等大型垄断企业先后在纽约、伦敦或香港成功上市。二是大跨度拆分重组。中国电信一分为五，中国铁通宣布成立，中国石油、中国石化重新分家，中国民航酝酿重组，中国有色金属集团就地解散，中国五大军工集团五分为十，几乎所有大型国有公司都在“分家”。三是作为上市和重组两大变革的直接操纵者，国有公司的企业家群体浮出水面。国际媒体认为，中国垄断企业的新行为，表明中国的经济模式正在发生重大的改变。

年底，国家经贸委主任盛华仁宣布，中国已基本实现国有企业改革与脱困的三年目标，大多数国有大中型企业已经扭亏为盈，同时大多数国有大中型骨干企业已初步建立现代企业制度。多年来萎靡不振的国有企业再次重振雄风，虽然数量大为减少，但效益却飞速提高，全年国有及国有控股工业实现利润两千多亿元，比去年同期增长1.4倍，创下90年代以来盈利水平的最高纪录。

这一成绩的取得，是国有经济战略性调整，国有企业战略性改组重大战略决策所产生的效应。有人将其称为“国退民进”的战略调整。

2000·年度改革大事

1月3日　《人民日报》报道，自1995年1月1日《中华人民共和国劳动法》实施以来，5年间我国已全面建立起了与现代企业制度相适应的劳动合同用人制度。全国城镇国有企业、集体企业和外商投资企业实行劳动合同制度的职工占到了职工总数的98.1%。

1月13日　国家工商局公布《个人独资企业登记管理办法》，对个人独资企业的登记机关、设立登记、变更登记、注销登记、分支机构登记、年度检验和证照管理、违犯法律法规应承担的法律责任等事项作出具体规定。本办法自公布之日起施行。

1月23日　中国石化集团兼并广州乙烯协议签字。兼并涉及债务70亿元。这是我国大规模的企业兼并案例之一。

1月26日至31日　李鹏在广东省围绕企业的改革与发展、基层的民主法制建设和地方人大工作等问题进行调查研究。他要求经济发展较快的广东省大力推进民主法制建设，依法治省工作要走在全国前列。

1 月 31 日　中宣部、国家经贸委举行国有企业典型经验座谈会，听取了邯钢等 10 家国有企业负责人介绍的各自企业改革与发展情况。

2 月 3 日　国务院办公厅发出《关于继续做好确保国有企业下岗职工基本生活费和企业离退休人员养老金发放的通知》提出，今年要继续做好确保国有企业下岗职工基本生活和企业离退休人员基本养老金按时足额发放工作，积极促进下岗职工再就业，解决好当前工作中的突出问题。同时积极创造条件，建立健全完善的社会保障体系。

同日，国家经贸委《关于清理整顿小钢铁厂的意见》经国务院同意，由国办转发各地、各部门贯彻执行。

2 月 21 日至 25 日　江泽民在广东省考察工作，提出“三个代表”的重要思想。江泽民指出，总结我们党 70 多年的历史，可以得出一个重要的结论，这就是：我们党之所以赢得人民的拥护，是因为我们党在革命、建设、改革的各个历史时期，总是代表着中国先进生产力的发展要求，代表着中国先进文化的前进方向，代表着中国最广大人民的根本利益，并通过制定正确的路线方针政策，为实现国家和人民的根本利益而不懈奋斗。

2 月 27 日　中央企业工委工作会议在北京召开。朱镕基对会议的召开作出重要批语指出，要坚决贯彻落实以江泽民同志为核心的党中央制定的各项方针政策，按照中共十五大和十五届四中全会精神的要求，进一步研究在市场经济条件下企业领导班子建设、党的建设、思想政治工作和国有资产监管工作中出现的新情况、新问题，逐步建立起符合市场经济要求、具有中国特色的国有企业、党的工作和监督工作的有效运行机制，努力开创国有企业改革和发展的新局面。

2月　为了合理利用资源，提高有色金属企业的竞争力，铝业、铜铅锌、稀有稀土金属三个有色金属集团公司于2000年2月撤销，其所属的大部分企业事业单位下放地方管理。中国新星石油公司并入中国石油化工集团公司。

3月5日至15日　九届全国人大第三次会议召开。会议指出，继续推进以国企改革为中心环节的经济体制改革和其他各项改革，采取有力措施实现国有企业改革和脱困三年目标，使大多数国有大中型亏损企业摆脱困境，在大多数国有大中型骨干企业初步建立现代企业制度，这是2000年政府工作的重中之重。

3月15日　国务院颁发的《国有企业监事会暂行条例》指出，监事会以财务监督为核心，根据有关法律、行政法规和财政部的有关规定，对企业的财务活动及企业负责人的经营管理行为进行监督，确保国有资产及其权益不受侵犯。监事会与企业是监督与被监督的关系，监事会不参与、不干预企业的经营决策和经营管理活动。同日，国务院决定向重点金融机构派出监事会。

4月6日　财政部颁发《国有资产产权登记管理办法实施细则》。

4月10日至11日　全国企业改革与管理工作会议召开。李荣融在报告中指出，两年多来，国有企业改革与脱困工作取得重要进展。1999年国有及国有控股工业企业盈亏相抵后实现利润 967 亿元。1997 年底 6599 户国有及国有控股大中型亏损企业中，到去年末已脱困 3211 户，脱困面达 48.7%。

4 月 11 日　朱镕基在国有重点骨干企业领导人培训班座谈会上指出，管理科学是兴国之道，也是企业振兴之道。强化企业管理，提高管理水平，是建立现代企业制度的内在要求，也是国有企业扭亏增盈、提高竞争力的重要途径。要正确认识和处理改革与管理的关系，不切实加强管理而空谈改革，只会越改越乱。

4 月 13 日　新浪网在美国纳斯达克市场开始挂牌交易。

4 月 19 日至 27 日　朱镕基在辽宁省考察工作，就国有企业改革和社会保障体系建设问题进行调查研究。他在考察时强调，一个独立于企业事业单位之外的社会保障体系，是社会主义市场经济体制的重要支柱。加快建设这个体系，是深化改革、稳定社会、治国安邦的根本大计，一定要把这件关系全局的大事办好。

4 月 30 日　证监会颁发《上市公司向社会公开募集股份暂行办法》《上市公司向社会公开募集股份操作指引（试行）》。

4 月　中国石油天然气集团股份有限公司于 4 月 6 日、7 日分别在香港、纽约成功上市，向公众发行 175.8 亿股，占总股本 10%，筹集资金 28.9 亿美元，公司内部管理体制和经营机制发生了深刻变化。

5 月 14 日　江泽民在上海主持召开党建工作座谈会。江泽民在会上指出，各级党委特别是主要领导同志的思想认识要跟上客观形势的发展，抓紧在非公有制经济组织开展党的工作，加强党的建设。这是我们党确立和巩固社会主义初级阶段基本经济制度，引导非公有制经济健康发展的需要，也是加强党同在非公有制企业劳动的广大职工群众的联系，巩固党在新形势下执政的阶级基础、群众基础的需要。凡是已具备条件的非公有制经济组织，都应建立党组织，都要在企业职工中发挥政治核心作用。

5 月 16 日　中国移动通信集团公司正式揭牌。

5 月 17 日　中国电信集团公司正式揭牌。

5 月 18 日　证监会颁发《上市公司股东大会规范意见》。这是对 1998 年 2 月 23 日的同名文件作了修订后发布的。

5 月 19 日　财政部发出《关于股份有限公司国有股权管理工作有关问题的通知》。

5 月 19 日　美国科尔尼管理顾问公司、《财富》杂志集团等评选“全球最佳营运公司”，海尔是亚太地区企业唯一得主。

5 月 26 日　朱镕基主持召开进一步完善社会保障体系座谈会并发表讲话。指出：要完善和规范社会基本养老保险制度、下岗职工基本生活保障和失业保险制度、城市居民最低生活保障制度，必须不折不扣地确保国有企业下岗职工基本生活和确保企业离退休人员基本养老金按时足额发放。

5 月 28 日　国务院发出《关于切实继续做好企业离退休人员基本养老金按时足额发放和国有企业下岗职工基本生活保障工作的通知》，要求各地、各部门切实加强领导，积极筹措资金，确保不发生新的拖欠。

6 月 5 日　国家经贸委、教育部、劳动和社会保障部、财政部、卫生部联合颁发《关于进一步推进国有企业分离办社会职能工作的意见》。

6 月 7 日　证监会发出《关于加强上市公司监管工作的意见的通知》。

6 月 15 日　中国长城资产管理公司在大连与 15 户投资者签订了资产租赁协议。租赁资产的金额为 7643.6 万元，协议资金 1640.1 万元。此举不仅标志着我国不良资产处置继债权转股权、企业重组、资产拍卖之后又一新的方式开始启用，而且开创了民间资本介入不良资产处置的先河。

6 月 16 日　国务院批复同意《关于报请批准中国卫星通信集团公司组建方案和公司章程的请示》。

同日，我国第一家保险经纪公司——江泰保险经济有限公司开业。标志着我国保险经纪市场正式启动。

6 月 21 日至 22 日　成立于 1994 年的中国联通公司在 2000 年 3 月基本完成了重组工作后，经国务院批准，实行整体上市、分步实施的方案。

6 月 30 日　中国人民银行颁发《企业集团财务公司管理办法》。

7 月 6 日　国务院办公厅转发国家经贸委《关于鼓励和促进中小企业发展的若干政策意见》。《意见》包括大力推进结构调整；鼓励技术创新；加大财税政策的扶持力度；积极拓宽融资渠道；加快建立信用担保体系；健全社会服务体系；创造公平的外部环境等内容。

7 月 18 日　同在海外上市的华能国际电力股份有限公司与

山东华能发电股份有限公司签署吸收合并协议，华能国际以57.68亿元的总金额完成了此项战略合并，将拥有10813.5兆瓦的运行容量，总资产额达503亿元，成为亚洲地区最大的独立发电公司。

7月20日　中国人民银行发出《关于实施〈企业集团财务公司管理办法〉有关问题的通知》。

8月18日　国务院向国有重点大型企业派出监事会。由国务院任命的首批36位国有重点大中型企业监事会主席将派向中央管理的100家国有企业。

8月21日　国务院派出的15个国有重点金融机构监事会正式进驻16家国有重点金融机构。

9月1日　国家经贸委印发《关于加强国家重点企业技术中心建设工作的意见》的通知。

9月28日　国务院办公厅发出《关于转发国家经贸委国有大中型企业建立现代企业制度和加强管理基本规范（试行）的通知》。

10月9日至11日　中共十五届五中全会举行。全会通过《中共中央关于制定国民经济和社会发展第十个五年计划的建议》。

10月18日　中国石油化工股份公司分别于18、19日在纽约和香港、伦敦成功挂牌上市。筹集资金30多亿美元。

10月31日　《全国人大常委会关于修改〈中华人民共和国中外合作经营企业法〉〈中华人民共和国外资企业法〉的决定》已由第九届全国人大常委会第十八次会议通过公布施行。

11 月 6 日　劳动和社会保障部发布《进一步深化企业内部分配制度改革指导意见》提出，深化企业内部分配制度改革，加快建立与现代企业制度相适应的工资收入分配制度，建立工资分配的激励和约束机制。

11 月 9 日　劳动和社会保障部颁发《失业保险申领办法》。

11 月 28 日至 30 日　中央经济工作会议在北京召开。会议提出，2001 年经济工作的总体要求是，坚持扩大国内需求的方针，继续实施积极的财政政策和稳健的货币政策，综合运用各种宏观调控手段，巩固和发展经济增长的好形势。正确处理改革发展稳定的关系，促进国民经济持续快速健康发展和社会全面进步，努力实现“十五”计划的良好开局。江泽民在会上指出，国有大中型企业要按照建立现代企业制度的方向，加快推进规范的公司制改革，推动股份制改造，完善法人治理结构。对关系国民经济命脉和国家安全的重要行业和关键领域，国有经济要占支配地位。

11 月 29 日　全国推动中小企业发展工作领导小组第一次会议在北京召开。

12 月 5 日　上海电信公司、美国电话电报公司、上海市信息投资有限公司共同出资成立上海信天通信有限公司，这是我国第一家中外合资的电信营运公司。

12 月 11 日　全国经贸工作会议宣布：中共中央确定的国有企业改革与脱困三年目标已基本实现。

12 月 30 日　国家统计局宣布，2000 年国内生产总值首次突破 1 万亿美元，国有大中型企业改革和三年脱困目标基本实现，国民经济发展出现重要转机，国内生产总值比上年增长8%。

本年度主要参考资料：

1. 国务院政府工作报告——2000年3月5日在第九届全国人民代表大会第三次会议上[N]. 人民日报，2006-03-17.

2. 国家统计局. 中华人民共和国2000年国民经济和社会发展统计公报[EB/OL]. 国家统计局网，2001-02-28.

3. 发展与改革委员会.2000年经济和社会发展计划执行与2001年草案报告[EB/OL]. 中国人大网，2001-02-28.

4. 财政部.2000年中央和地方预算执行与2001年预算草案报告[EB/OL]. 中国人大网，2001-02-28.

5. 中国人民银行.2000年中国货币政策执行报告[EB/OL]. 中国人民银行网，2001-02-28.

6. 曾培炎. 关于1999年国民经济和社会发展计划执行情况与2000年国民经济和社会发展计划草案的报告[EB/OL]. 中国人大网，2001-02-28.

7. 汪海波. 新中国工业经济史（1979—2000）[M]. 北京：经济管理出版社，2001.10.

8. 黄群慧. 控制权作为企业家的激励约束因素：理论分析及现实解释意义[J]. 经济研究，2000（01）.

9. 吴有昌、赵晓. 债转股：基于企业治理结构的理论与政策分析[J]. 经济研究，2000（02）.

10. 袁钢明. 中国国有企业不良负债的实证分析[J]. 经济研究，2000（05）.

11. 平新乔. 论国有经济比重的内生决定[J]. 经济研究，2000（07）.

12. 周其仁. 公有制企业的性质[J]. 经济研究，2000（11）.

13. 邵宁. 中国企业脱困报告[M]. 北京：经济管理出版社，2002.1.

14. 王珏. 劳动者股份所有制与社会主义市场经济——社会主义制度

与市场经济结合的战略思考[J]. 市场经济研究，2000（04）.

15. 曲力秋. 国退民进：国有企业改革的出路——著名经济学家王珏访谈录[J]. 港澳经济，1999（08）.

16. 吴敬琏. 当代中国经济改革[M]. 上海：上海远东出版社，2004. 1.

17. 中共十一届三中全会以来大事记[N]. 人民日报，2003-10-10.

18. 中国集团公司促进会. 国有企业改革政策演变[M]. 北京：中国财政经济出版社，2003. 1.

19. 中国共产党80年大事记[EB/OL]. 人民网，2001-06-21.

20. 中国经济体制改革研究会编写组. 中国改革开放大事记（1978—2008）[M]. 北京：中国财政经济出版社，2008. 12.

21. 中国社会科学院，中国中共党史学会. 为中华之崛起——纪念中国共产党成立80周年[EB/OL]. 中国社会科学院网，2012-10-12.

2001 年

2001 · 年度经济背景

经济运行状态良好，经济效益明显改善

2000 年，我国国民经济发展取得了显著成绩，经济走出了通货紧缩的低谷，国有企业三年脱困的任务基本完成，企业经济效益明显改善，整体经济运行出现了走向良性循环的重要转机。据此，中央政府对 2001 年经济工作的总体要求是：坚持扩大国内需求的方针，继续实施积极的财政政策和稳健的货币政策，综合运用各种宏观调控手段，巩固和发展经济增长的好形势。

根据这一要求，2001 年国民经济和社会发展的主要调控目标是：经济增长率 7%；全社会固定资产投资增长 10% 左右；居民消费价格总水平上涨 1% ~2%；进出口总额增长 8% 左右；中央财政赤字控制在 2598 亿元以内；货币发行量控制在 1500 亿元以内；城镇登记失业率控制在 4% 以内；人口自然增长率控制在 10‰以内。

2001 年国民经济和社会发展的主要任务是：坚持扩大内需

的战略方针，努力保持国民经济的较快发展；巩固和加强农业基础地位，千方百计增加农民收入；保持积极财政政策的连续性，继续执行稳健的货币政策；调整和优化产业结构，不断提高经济运行的质量和效益；巩固和扩大国有企业改革和脱困成果，积极推进各项改革；努力扩大就业，关心和解决好人民生活问题；做好加入世贸组织的各项准备，把对外开放提高到新水平；扎扎实实推进西部大开发，促进地区协调发展；坚持实施科教兴国战略和可持续发展战略，积极发展各项社会事业。

2001 年宏观经济调控的重点是整顿和规范市场经济秩序，为经济的健康发展创造良好环境。重点整治六个方面：一是认真组织严厉打击制售假冒伪劣商品犯罪活动的联合行动。二是深入开展严厉打击骗取出口退税、走私贩私、逃汇骗汇等专项斗争。三是继续整顿金融秩序。四是整顿和规范市场主体行为。五是整顿和规范建筑市场。六是制止地方保护和市场分割。

2001 年财政政策的主要措施：

1. 发行 1500 亿元国债用于基础设施建设，重点用于在建项目和启动重大西部开发项目。建设国债资金的投入，不仅保证了青藏铁路、西电东送等西部开发重大项目的及时启动和建设，而且促进了一批重大在建项目的完成。截至 2001 年底，累计完成公路通车里程 2.55 万公里；建成铁路新线 4000 公里，复线 1988 公里，电气化里程 1063 公里；1895 个县完成农村电网改造；国债技改贴息资金安排国有重点企业已开工技术改造项目 781 个。据统计，国债投资拉动当年经济增长约 1.8 个百分点。

2. 积极支持企业技术改造。2001 年，国家安排国债技改贴息资金70.4亿元，其中转贷30亿元。技改贴息资金的投入，促进了国有企业技术升级和生产效率的提高。

3. 继续实施调整收入分配改革。两次增加包括离退休人员在内的机关事业单位人员的工资待遇，提高了三条生活保障线标准，增加居民收入水平。这些举措，有力拉动了经济增长，为中国宏观经济继续保持持续快速健康发展发挥了重要作用。

4. 积极支持生态建设。2001年，中央财政安排106.89亿元用于天然林保护工程，其中基建投资19亿元，专项资金71.47亿元，转移支付补助16.42亿元。据统计，天保工程自1998、1999两年试点和2000年正式启动以来，共完成人工造林1793万亩、飞播造林680万亩、封山育林7783万亩、育苗面积21.5万亩、管护森林面积13.9万亩。林业职工分流安置50.2万人，其中一次性安置11.2万人。共安排退耕还林还草支出41.75亿元，其中，财政专项33.57亿元，基建投资7.38亿元，转移支付补助0.8亿元。共安排10.67亿元，支持京津风沙源治理工程，以改善北京周边地区生态环境。

5. 推进社会保障制度改革。2001年，中央财政共补助地方“两个确保”资金469亿元，其中，对养老保险基金补贴支出338.8亿元，国有企业下岗职工基本生活保障补助支出107.4亿元，城市居民最低生活保障补助支出22.8亿元。中央财政还根据国务院的指示精神，对地方养老保险基金、国有企业下岗职工基本生活保障以及城市居民最低生活保障资金给予了专项补助。

6. 支持国有企业改革与发展。一是加大部分国有企业关闭破产支持力度，确保职工安置和社会稳定。2001 年中央财政拨付补助资金 133.07 亿元，共破产中央管理企业 82 户，涉及在职职工 27 万人，离退休职工 15 万人。二是中央财政拿出 2 亿元，支持关闭小企业工作，淘汰落后和压缩过剩生产能力。三是共返还企业所得税 251.35 亿元，支持有色、冶金、石油、石化、汽车等行业重组改革。四是对 35 个中央外贸企业返还所得税 8 亿元，充实了企业资本金，改善了中央外贸企业资产负债结构，增强了企业实力，改善了中央企业的出口条件。五是为兼并破产企业核销银行呆坏账准备金和资产管理公司债权损失 452 亿元，为历年最多。其中 2001 年当年终结的破产项目 349 个，“核呆”365 亿元。六是为支持重汽集团分三部分下放山东省、陕西省、重庆市，对下放山东省部分实施分立重组或破产，其中，13 户实施整体破产，30 户进行分立重组。中央财政共补助资金 12 亿元，由重汽集团包干使用，专项用于 13 户整体破产企业破产费用缺口补助和重组企业分流冗员所需费用缺口补助。截至 2001 年底，中央财政已累计拨付重汽集团补助资金 11377 万元，共安置职工 1.5 万人，其中，离退休职工 0.6 万人，分流职工 2.1 万人。2001 年重汽集团已基本实现盈亏持平。七是为做好军队保障性企业移交地方的工作，中央财政共拿出补助资金 13.5 亿元。对移交企业中拟实施关闭破产的 23 户企业，中央财政约需补助资金 9.4 亿元，截止到 2001 年底中央财政已拨付补助资金 4.2 亿元。

7. 继续调整和完善鼓励消费的政策。如取消 47 项住房建设行政事业性收费；放开国产轿车价格，减征部分车辆的汽车消费税；实施了支持西部大开发的税收优惠政策，进一步放宽对发展软件产业和集成电路产业的税收优惠政策，降低金融保险业营业税和证券交易印花税税率，调整烟酒消费税政策，减免受灾地区农业税；出台了车辆购置税，并适时调整了车购税的最低计税价格；稳步实施农村税费改革试点工作；继续清理和取消部分不合理、不合法的行政事业性收费和政府性基金。

2001 年货币政策的主要措施如下：

1. 灵活实施公开市场操作。春节前以投放基础货币、增加商业银行流动性为操作思路，净投放基础货币 732 亿元；春节后至 7 月末以回笼基础货币、对冲外汇占款增长过快为操作思路，净回笼基础货币 2660 亿元；8 月以后，由于国有独资商业银行贷款增速放慢，公开市场操作加大了现券买入力度，适时增加基础货币投放，8 月至 12 月累计净投放基础货币 1545 亿元。2001 年共进行公开市场操作 54 次，全年交易总额为 16781 亿元，累计净回笼基础货币 276 亿元。此外，人民银行继续增加外汇公开市场操作，全年外汇占款增加 3813 亿元，对增加基础货币投放发挥了重要作用。

公开市场操作促进了基础货币适度增长和金融机构流动性充足。2001 年底，基础货币余额为 4 万亿元，同比增长 11.9%，比上年末高出 5.5 个百分点。基础货币投放增多，为实现全年货币政策调控目标、满足金融机构流动性需要奠定了基础。年末金融机构超额准备金率平均为 7.6%，其中，国有独资商业银行为 6.3%，其他商业银行为 14.9%，城市信用社为 8.9%，农村信用社为 8%。金融体系整体流动性充足，金融机构支付能力正常。

2. 充分发挥利率杠杆的作用。2001 年对利率结构进行了微调，通过公开市场操作引导货币市场利率走低，2001 年末银行间同业拆借加权平均利率为 2.48%，比年初下降 0.14 个百分点；债券回购加权平均利率为 2.15%，比年初下降 0.37 个百分点。为改变不合理的利率结构，促进贴现和再贴现业务及票据市场的规范发展，2001 年 9 月 11 日将再贴现利率由 2.16% 提高到 2.97%。针对 2001 年美国连续 11 次降低联邦基金利率和再贴现率，兼顾国内经济发展需要，9 次下调境内美元等外币小额存款利率，一年期美元存款利率由年初的 5% 下调至 1.25%，全年共下调了 3.75 个百分点。这对改善我国国际收支、保持人民币币值稳定、促进商业银行增加外汇贷款起到了积极作用。

3. 2001 年 3 月，中国人民银行会同国家经贸委、财政部等八部委联合召开了改进中小企业金融服务座谈会，提出了有效改进对中小企业金融服务的八条措施，包括信贷指导、完善服务机构、规范和发展中小商业银行、合理增加再贷款和再贴现、适当扩大贷款授权授信额度、增加新的融资工具等。

4. 积极支持扩大出口。2001 年 8 月，中国人民银行与外经贸部、国家税务总局联合发布了《关于办理出口退税账户托管贷款业务的通知》，批准商业银行在对企业出口退税账户进行托管和合理确定期限、比例的前提下，可以向出口企业提供以出口退税应收款作为还款保证的短期流动资金贷款，有力缓解了企业资金困难，支持了企业扩大出口。

2001 年，由于坚持实行扩大内需的方针，继续实施积极的财政政策和稳健的货币政策，克服了世界经济和贸易增速急剧减缓的不利影响，国民经济持续快速健康发展，结构调整力度加大，国内需求对经济增长的拉动作用增强，对外开放水平不断提高，各项改革进一步深化，经济增长的质量和效益继续改善。

一、国民经济持续较快增长，市场价格保持稳定

全年国内生产总值达到95933亿元，比上年增长7.3%。其中，第一产业增加值14610亿元，增长2.8%；第二产业增加值49069亿元，增长8.7%；第三产业增加值32254亿元，增长7.4%。按现行汇率计算，2001年我国国内生产总值已达1.16万亿美元，经济总量全球排名上升到第六位。

全国居民消费价格总水平比上年上涨0.7%，涨幅提高0.3个百分点。其中，食品价格结束了长达4年的下降局面，与上年持平；在食品价格中，粮食价格下降0.7%，降幅比上年缩小10.7个百分点；肉禽及其制品、蛋类和食糖价格分别上涨1.6%、6%和4.6%；娱乐教育文化用品及服务价格、居住价格分别上涨6.6%、1.2%；在全国31个省（自治区、直辖市）中，价格上涨的有21个，比上年增加8个，上涨面达到68%。工业品出厂价格下降1.3%，原材料、燃料动力购进价格下降0.2%，固定资产投资价格上涨0.4%。

二、经济结构调整取得积极进展，经济增长的质量和效益继续提高

全年粮食产量45264万吨，比上年减产2.1%；棉花产量532万吨，增长20.4%；油料2872万吨，减产2.8%。全年肉类总产量达到6334万吨，比上年增长3.4%。水产品产量4375

万吨，增长 2.4%。林业建设取得新进展。全年完成造林面积 530 万公顷，比上年增长 3.8%；其中退耕还林工程完成 40 万公顷。水利设施建设得到加强，长江干堤段面达标已占设计的 80%。全年新增节水灌溉面积 130 多万公顷，综合治理水土流失面积 500 多万公顷。

全国工业增加值 42607 亿元，比上年增长 8.9%。全部国有及年产品销售收入 500 万元以上的非国有工业增加值完成 26950 亿元，增长 9.9%；其中国有控股工业增长 8.1%，集体企业增长 7.2%，外商及港澳台投资企业增长 11.9%。高新技术产品继续较快增长，全年工业新产品产值比上年增长 15.7%。全国工业企业经济效益总体水平继续提高，经济效益综合指数为 122.09，同比提高 3.39 点。其中，成本费用利润率 5.38%，下降 0.19 个百分点；总资产贡献率 9.28%，下降 0.18 个百分点；资产负债率 59.36%，下降 1.49 个百分点。产品销售收入较快增长。全年全国工业企业实现产品销售收入 92278 亿元，比上年增长 11.4%。其中，国有及国有控股工业企业实现产品销售收入 44295 亿元，增长 7.2%。企业产成品资金和应收账款增幅继续回落，资金周转速度有所加快。2001 年底，企业产成品资金 7038 亿元，同比增长 6.6%，增幅同比回落 0.3 个百分点。其中，国有及国有控股企业产成品资金同比增长 1.6%，增幅回落 1.4 个百分点。应收账款净额 14781 亿元，增长 3.2%，回落 4.6 个百分点。其中，国有及国有控股企业应收账款净额由上年增长 3.6% 转为下降 2.3%。流动资产周转率 1.63 次/年，加快 0.01 次。企业利润继续保持增长。2001 年规模以上工业企业实现利润4657亿元，比上年增加349亿元，增幅8.1%，其中，国有及国有控股企业实现利润2330亿元，比上年的2392亿元略有下降，下降1.4%。但如果考虑到企业多提的折旧、开发费及偿还历史欠账等因素，同口径比较，2001年实现的利润超过2000年。集体企业、股份制企业和外商及港澳台投资企业分别实现利润452亿元、1991亿元和1400亿元，同比分别增长15.3%、-0.1%和9.6%。企业税金总额保持稳定增长。2001年，工业企业累计税金总额5429亿元，比上年增加444亿元，增长8.9%。其中，国有及国有控股企业税金总额3638亿元，比上年增加233亿元，增长6.9%。亏损企业亏损额略有上升。2001年，亏损企业亏损额1112亿元，比上年增长5%。其中，国有及国有控股企业亏损额689亿元，增长6.6%。

交通运输和邮电通信业继续平稳增长，全年完成增加值5222亿元，比上年增长6.5%。各种运输方式完成货物运输周转量46304亿吨公里，增长4.8%；完成旅客运输周转量13000亿人公里，增长6%。港口货物吞吐量达24亿吨，增长8.8%。邮电通信业全年完成邮电业务总量4370亿元，比上年增长24%。年末固定电话用户达到17900万户，比上年末增加3417万户；移动电话用户14480万户，增加6027万户，我国已成为全球移动电话规模最大的国家。年末互联网用户超过3000万户。2001年国内旅游总收入3522亿元，比上年增长10.9%；国际入境游客达8901万人次，国际旅游外汇收入178亿美元，分别比上年增长6.7%和9.7%。金融保险、房地产和会计、法律等中介服务业继续发展。

三、固定资产投资较快增长，基础设施建设取得显著成效

2001 年，在国家实施积极的财政政策和西部大开发战略等的带动下，固定资产投资规模继续扩大，有力地促进了经济增长。2001 年初发行 1500 亿元长期建设国债，对于保持必要的固定资产投资规模、促进经济增长发挥了重要作用。

全年全社会固定资产投资完成 36898 亿元，比上年增长 12.1%，增幅提高 1.8 个百分点。其中，国有及其他经济类型投资 26401 亿元，增长 12.8%；城乡集体经济投资 5189 亿元，增长 8.1%；城乡居民个人投资 5308 亿元，增长 12.7%。基本建设投资完成 14567 亿元，比上年增长 8.5%；技术改造投资完成 5889 亿元，增长 15.3%；房地产开发投资完成 6245 亿元，增长 25.3%。

国债投资项目建设成效显著。1998 年到 2001 年国家累计发行长期建设国债 5100 亿元，并带动地方、部门、企业配套资金和银行贷款，总投资规模近 3 万亿元。不仅有利于促进经济增长，培植财源，而且充分发挥各方面资金的使用效益，集中力量办成许多对经济社会全局和长远发展有重大意义的大事。其中包括：总长 3385 公里的长江干堤加固工程已进入收尾阶段，沿岸移民建镇 200 多万人，增加行蓄洪面积近 3000 平方公里；在全国范围内完成了一批重点大中型病险水库的除险加固。累计建成公路通车里程 2.55 万公里，其中高速公路 8000 公里，使全国高速公路达到 19000 公里，跃居世界第二位。建成铁路新线 4000 公里，复线 1988 公里，电气化铁路 1063 公里。新建、

扩建机场37个。建成国家储备粮仓容700多亿公斤。完成1895个县的农网建设与改造。退耕还林690万亩，荒山荒地造林种草736万亩。天然林资源保护工程完成公益林人工造林406万亩。安排建设高技术产业化、重大装备制造本地化、技术改造项目近2000个，城市基础设施建设和环保项目约1000个，教育基础设施项目9300多个。

四、城乡居民收入水平稳步提高，人民生活不断改善

2001年1月和10月国家两次提高机关事业单位职工工资和离退休人员离退休金，相应提高企业离退休人员基本养老金和部分社会优抚对象的抚恤补助标准，并从年初起实行艰苦边远地区津贴制度。同时，为切实解决基层机关事业单位特别是中西部地区县、乡两级的工资拖欠问题，中央财政进一步加大转移支付力度。企业也在效益改善的基础上增加了职工工资。全年城镇居民人均可支配收入达到6860元，比上年增长9.2%，扣除价格因素后实际增长8.5%，增幅比上年提高2.1个百分点。通过采取一系列有针对性的措施，农民收入增幅在连续4年回落后，2001年出现明显的恢复性增长。全年农村居民人均纯收入为2366.4元，比上年增长5%，扣除价格上涨因素后实际增长4.2%，增速比上年加快2.1个百分点。全年城镇居民人均消费性支出和农村居民人均现金消费支出分别达到5309元和1741元，比上年增长6.2%和4.3%。2001年，全国社会消费品零售总额达到37595亿元，比上年增长10.1%，增幅达到了1998年以来的最高水平。

2001年，反映生活水平与生活质量的城镇和农村居民恩格

尔系数已分别降至37.9%和47.8%，均比上年下降1.3个百分点。全年个人购买商品房支出4022亿元，比上年增长41.6%，占全国商品房销售额的比重达到86.9%。全年新增电话用户9438.5万户，比上年增长41.1%，全国电话普及率达到25.9%；网络用户3370万人，增长49.8%。

2001年末，全国就业人员达到73025万人，比上年末增加940万人；其中城镇就业人员23940万人，增加789万人。全年共有226.8万国有企业下岗职工通过各种渠道实现了再就业，年末国有企业下岗职工515万人，比上年末减少142万人。年末城镇登记失业率3.6%，城镇登记失业和各类企业下岗人员总量为1423万人，比上年末减少83万人。进入再就业服务中心的464万下岗职工基本做到按时足额领到基本生活费，3100多万企业离退休人员基本养老金也做到了按时足额发放。2001年末，领取失业保险金的人数已达到312万人，比上年增加122万人；领取城市居民最低生活保障金的人数达1171万人，比上年末增加768万人。社会保险覆盖面继续扩大，参加城镇职工基本养老保险的职工和离退休人员分别达到10802万人和3381万人，比上年增加354万人和211万人；基本医疗保险制度全面启动，覆盖人数已达7630万人，比上年新增3297万人；失业保险参保人数10355万人，与上年同期减少54万人持平。农村贫困人口已降至3000万人以下。

五、财政收入较快增长，金融运行平稳

全年财政收入完成16371亿元（不含债务收入），比上年增加2976亿元，增长22.2%，保持了较快增长的势头。全国财政支出完成 18844 亿元（不含债务收入），增加 2957 亿元，增长 18.6%。全年财政收支相抵，支出大于收入 2473 亿元。其中，中央财政赤字 2598 亿元，地方财政节余 125 亿元。中央财政赤字控制在九届全国人大四次会议批准的预算范围之内。

全年金融运行态势平稳。2001 年末，广义货币 M_2 为 15.83 万亿元，比上年增长 14.4%；狭义货币 M_1 为 6 万亿元，增长 12.7%；流通中现金 M_0 为 1.57 万亿元，增加 1036 亿元。年末金融机构各项存款余额 14.4 万亿元，比年初增加 2 万亿元，比上年多增 4705 亿元。其中，居民储蓄存款余额达 7.4 万亿元，增加 9457 亿元，多增 4481 亿元；企业存款余额 5.2 万亿元，增加 7199 亿元，多增 201 亿元。年末金融机构各项贷款余额 11.2 万亿元，比年初增加 1.29 万亿元，但比上年少增加 400 亿元。

外汇储备规模进一步扩大。银行累计结汇 2047 亿美元，售汇 1610 亿美元，分别比上年增长 26.45%、11.9%；结售汇顺差 437 亿美元，增长 142.8%。2001 年末我国外汇储备达 2122 亿美元，比上年增加 466 亿美元。

六、整顿市场经济秩序取得阶段性成果

2001 年，全面开展整顿和规范市场经济秩序的工作，经济和社会发展以及体制和市场环境得到改善。建立了全国统一领导、地方具体负责、部门指导协调、各方联合行动的工作格局；抓紧建立健全相关的法律法规，最高人民法院、最高人民检察院对办理生产、销售伪劣商品刑事案件具体应用法律若干问题及时做出了司法解释，国务院先后发布了《关于特大安全事故行政责任追究的规定》《关于禁止在市场经济活动中实行地区封锁的规定》等行政法规，对保障和推动这项工作顺利进行发挥了重要作用。结合整顿和规范市场经济秩序的专项斗争，努力探索新的监管手段，为实现标本兼治的目标奠定基础。同时，新闻单位还加强了弘扬正气、揭露违法犯罪行为、抑制歪风邪气等方面的宣传报道。据不完全统计，2001 年，各有关执法部门共依法吊销从事非法生产经营活动企业的生产经营许可证及营业执照 3.56 万家，取缔制假售假窝点 3.26 万个，移送司法机关涉嫌犯罪人员 900 多人，查获假冒、盗版及非法书刊 2000 余万册、音像制品与软件光盘 1.1 亿余张（盘），以及大量的假冒商标、包装材料等。查处了包括浙江等地“瘦肉精”中毒案、重庆等地非食品原料生产“酱油案”、广东等地非法生产经营劣质“大米案”等一批重大案件，比较彻底地解决了江苏、浙江、江西部分市县多年来存在的违规生产经营一次性医疗器械问题。经过各方面的努力，整顿和规范市场经济秩序的工作取得了阶段性成果。

七、西部大开发迈出新的步伐

2001 年，国家加大了对西部地区重点建设的投资力度，全年用于西部开发的财政建设性资金超过上年，其中国债资金 600 亿元。银行系统也增加了对西部地区的各项贷款及再贷款、再贴现。青藏铁路、“西电东送”的广西龙滩和青海公伯峡水电站、广西百色和内蒙古尼尔基水利枢纽、“五纵七横”国道主干线中西部地区重要路段、兰州经成都至重庆输油管道、万家寨引黄一期工程等一批交通、能源、水利重大工程相继开工。2000 年相继开工建设的西安至合肥铁路、重庆至怀化铁路、公路国道主干线西部路段及贫困县公路、四川紫坪铺水利枢纽、重庆轻轨等重点工程进展顺利。“西气东输”塔里木盆地至长江三角洲管道工程、云南小湾水电站工程的前期工作已经完成，并将于2002年初开工。西南出境铁路等一批重点建设项目的前期工作正在抓紧进行。

退耕还林、天然林保护、环京津风沙源治理等生态建设工程进展顺利。到2001年底，中西部地区退耕还林试点工作累计完成退耕还林124万公顷，宜林荒山荒地造林109万公顷。天然林保护工程完成造林69万公顷。

实施西部大开发战略，有力地促进了西部地区的经济发展。据统计，列入西部大开发范围的12个省（自治区、直辖市）国内生产总值平均增长8.7%。

八、对外贸易保持增长势头，利用外资较快增长

2001年，外贸进出口总额首次突破5000亿美元大关，达到5097.7亿美元，比上年增长7.5%。其中，出口2661.6亿美元，增长6.8%；进口2436.1亿美元，增长8.2%。累计实现贸易顺差225.5亿美元。

全年全国新批设立外商投资企业26139家，比上年增长16%；外商直接投资合同金额691.9亿美元，增长10.4%；实际使用金额468.5亿美元，增长14.9%，创历史最高水平。

2001年国民经济发展虽然取得了重大成绩，但经济生活中的结构性和体制性矛盾仍比较突出，投资需求和消费需求稳定增长的机制还不完善，通货紧缩的趋势尚未完全消除；制约农民增收的一些根本性因素尚未消除，农民增收的难度较大；相

当一部分国有企业在自身改革、转换机制、技术进步和现代化管理等方面还存在较大差距；企业下岗职工较多，城镇失业人员增加，就业压力不断加大；市场经济秩序还比较混乱，严重危害社会主义市场经济的健康运行。

2001 · 年度改革实践

规范建立现代企业制度

按照《国有大中型企业建立现代企业制度和加强管理基本规范（试行）》的要求，在 2000 年实现三年改革脱困目标，国有大中型骨干企业初步建立现代企业制度的基础上，针对一些企业公司制改革不规范的问题，2001 年国家有关部门突出抓了规范建立现代企业制度工作，进一步落实国有资产授权经营和取消国有企业行政级别工作。

在 520 户国家重点企业中，公司制改造已基本完成，改制企业都依法设立了股东会、董事会、监事会和经理层，初步形成了各负其责、协调运转、有效制衡的公司法人治理结构。在部分上市公司中开始推行独立董事制度，在国家大型重点企业中进行了董事会选聘和市场化配置经理人员的试点。实施债转股的企业以此为契机，深化改革，转换机制，已有 160 多户债转股企业依法注册设立了新公司，按照现代企业制度的要求规范运作。

为加快建立现代企业制度建设、促进国有企业转变经营机制，强力推进国有企业内部三项制度改革工作，2001 年 3 月，国家经贸委会同有关部门出台了《关于深化国有企业内部人事、劳动、分配制度改革的意见》，印发了许继集团和广西壮族自治区推进企业内部三项制度改革的调研报告。6 月在广西召开了全国深化国有企业内部改革工作会议，全面部署了深化国有企业内部三项制度改革的各项工作。

2002 年 10 月 14 日，国家经贸委主任李荣融在《经济日报》发表《国企改革和发展取得重大成就》的署名文章，总结了几年来的国有企业改革成绩。

一、国有企业在改革与调整中不断发展壮大

1. 国有企业总体实力不断增强，在经济和社会发展中发挥着重要作用。1989 年到 2001 年，国有及国有控股工业企业完成工业增加值从 3895. 13 亿元增加到 14652. 05 亿元，年均增长 11. 67%，比 GDP 年均增长 9. 3% 高出 2. 37 个百分点；产品销售收入从 11102. 13 亿元增加到 44443. 52 亿元，年均增长 12. 25%；实现利润从 743 亿元增加到 2388. 56 亿元，年均增长 10. 22%；固定资产净值从 7033. 2 亿元增加到 39588. 49 亿元，年均增长 15. 49%。

2. 国有经济布局得到优化，整体素质明显提高。2001 年底，我国境内国有控股上市公司 903 家，控制和带动的社会资本约 6300 亿元；境外国有控股 H 股公司 52 家，加上中国移动、中国联通、中海油三户国有控股红筹股公司，控制和带动国外资本约 380 亿美元。

3. 国有企业组织结构明显优化，在激烈的市场竞争中形成一批优强企业。国有企业组织结构不合理状况也得到明显改善。国家认定的 520 户重点企业中，国有及国有控股企业有 514 户，虽只占全国工业企业户数的 0.3%，但 2001 年其资产总额占全部工业的 59.2%，销售收入占 41.9%，实现利税占 47.6%，实现利润占 49.4%。

4. 技术装备水平大幅提高，技术创新能力明显增强。表现在国有企业掌握了一批重大技术装备的核心技术和关键技术；主要行业重点企业的生产装备和技术水平明显提高。

5. 现代企业制度初步建立，企业经营机制进一步转换。520 户国家重点企业中的 514 户国有及国有控股工业企业，已有 430 户进行了公司制改革，改制面达到 83.7%，其中 282 户企业整体或部分改制为有限责任公司或股份有限公司。

二、国有企业改革和发展的重大成就是各方面共同努力的结果

1. 大力推进现代企业制度建设，实现企业制度创新。国务院部委由 40 个减少到 29 个，各部门将 200 多项职能交给企业、中介组织或地方承担。积极推进公司制改革，促进企业建立规范的法人治理结构，全国共有试点企业 2500 多家，其中 1998 年到 2001 年底，国有及国有控股企业重组上市的有 406 家，到境外上市的有 22 家。积极探索国有资产管理的有效方式，加强对国有企业的监管。国务院批准 27 家中央直接管理的大企业和企业集团作为国家授权投资机构，另外，允许和鼓励地方进行建立国有资产管理体制和机制的试点，探索国有资产管理的具体途径和方式。

2. 大力推进技术进步，实现企业技术创新。1999 年，国家用 90 亿元国债资金作为企业技术改造贷款贴息，超过了前十年企业技术改造贴息的总和。四年来共安排国债技改贴息资金 355.4 亿元，安排项目 2175 个，总投资 4354 亿元。建立以企业为中心的技术创新体系。目前国家认定的企业技术中心已达 289 家，省一级政府认定的企业技术中心已超过 2000 家。开展多种形式的产学研联合活动，取得良好的经济效益和社会效益。

3. 大力推进科学管理，实现企业管理创新。总结推广了一批典型经验，加强了企业领导班子建设，加大了企业管理人员的培训力度。

4. 大力推进国有企业战略性改组，努力培育具有国际竞争力的大公司和企业集团。按照市场经济规律，结合垄断行业的改革，大力推进企业联合重组，先后组建了一批大型企业集团。在放开搞活和扶持中小企业发展方面，国有小型企业改革面已达 86.1%。在劣势企业退出市场方面，国家加大了核销银行呆坏账准备金的力度，用于国有企业的兼并、破产和关闭。

5. 大力推进增资减债，努力减轻企业债务负担。国家对部分国有企业实施了债权转股权，使其资产负债率由原来的 70% 以上降到 50% 以下，一年可减少企业利息支出 200 亿元左右。

6. 大力推进配套改革，加快社会保障体系建设。从 1998 年到 2001 年，先后有 1680 万国有企业下岗职工通过各种渠道实现再就业。加大整顿和规范市场经济秩序的工作力度。治理向企业乱收费、乱罚款和各种摊派。

三、坚持国有企业改革的方向，坚定不移地推进国有企业改革和发展

李荣融在署名文章还指出：当前，国有企业改革处于最艰苦的攻坚阶段，发展正处于关键时期，几十年积留下来的体制机制、布局结构、社会负担、创新能力等问题，迫切要求通过深化改革来解决，所以国有企业必须坚定不移地全面贯彻党的十五大和十五届四中、五中全会精神，把国有企业改革作为整个经济体制改革的中心环节，作为一项重要而紧迫的任务，按照中央确定的国有企业改革的指导方针、目标任务和政策措施，坚定不移地推进国有企业改革和发展。

建立企业国有资本与财务管理新框架

为了适应建立现代企业制度，推进国有经济结构调整的需要，改革传统的企业国有资产与财务管理模式，财政部于 2001 年 4 月 28 日印发了《企业国有资本与财务管理暂行办法》（财企〔2001〕325 号）。从政府出资人的角度，根据财政职责，构建了以资本为纽带，以国有资本投入、营运、收益、考评、责任为主线的企业国有资本与财务管理框架体系，标志着以出资人管理制度为中心的新型财务制度框架体系已经初步形成。

《暂行办法》划清了主管财政机关与母公司对国有资产与财务管理的职责与权限。主管财政机关的主要职责：一是管制度，即制定国家统一的企业国有资本与财务管理各项规章制度；二是管资本，即监管企业持有的国有资本，负责国有资产产权界定、产权登记、产权纠纷调处等基础管理工作；三是管分配，

即制定企业税后利润分配制度，监缴国有资本收益；四是管监督，即组织国有资本营运效绩评价，监管国有资本保值增值情况；五是提供指导服务，包括指导财产评估业务以及指导和督促企业建立健全内部资本与财务管理办法。母公司的职责主要体现在以下三个层面：一是对国家承担国有资本保值增值责任，统一向主管财政机关申报有关国有资本与财务管理事项；二是对子公司行使出资人的权利，管理子公司持有的国有资本；三是对内履行依法经营、严格内部管理，包括制定内部管理制度、确定内部管理体制、管理重大资产与财务事项、组织内部财务考核与评价等。

《暂行办法》从出资人的角度，围绕国有资本的运动过程，规范了国有资本投入、营运、收益的全过程管理。一是规范了国有资本在清产核资和产权变动时的价值确认依据、资本保全原则在企业经营期间以及发生子公司资不抵债情况时的具体运用、不同组织形式企业转增资本的监管要求、国有资本转移实行有偿转让以及产权登记要求等；二是明确了企业财务预算管理、企业基础管理、工资分配管理、企业借款管理、对外担保管理、对外投资管理、企业合并与分立、产权转让及公司制改建等管理以及资产评估管理等内容；三是明确了国有资本收益的构成、企业利润分配制度、亏损弥补规定、资产损失的处置以及产权转让收益和企业清算收益的处理等内容。

《暂行办法》明确了对企业实施财务考核与评价的内容、形式、作用、基础和结果公开等内容。考评的内容以财政部会同有关部门制定的现行国有资本金效绩评价体系为基础来进行，要求以国有资本保值增值能力为核心，包括财务效益、资产营运、偿债能力和发展能力四个方面。考评的形式分为内部考评和外部考评，内部考评就是要求企业按国家制定的标准自我测试、自我诊断，建立内部约束机制；外部考评由主管财政机关会同政府有关部门进行。考评的作用主要是将考评报告提交给政府及有关人事管理部门参考，作为对企业领导人员奖惩任免的依据，同时进一步将对经营者实行年薪制、股票期权等激励政策有机地结合起来。考评的基础数据必须是经注册会计师审计的财务会计报告。主管财政机关对企业考评与评价的结果，可以一定的方式向社会发布，使企业国有资本运营接受社会监督。

《暂行办法》规定了国有资本与财务管理的法律责任。明确了主管财政机关的监督处罚权，企业造成资产流失或者未按规定程序办理有关事项的法律责任，企业违反《中华人民共和国会计法》《企业财务会计报告条例》《企业国有资产产权登记管理办法》等法律、行政法规的法律责任，以及主管财政机关违法行政的法律责任。对企业的处罚方式，包括责令限期纠正、追回损失或者没收非法所得、通报批评。对负有直接责任的主管人员和其他人员的处罚方式，主管财政机关可建议人事管理部门给予行政处分；构成犯罪的，则应移交司法机关依法追究刑事责任。

关闭破产，建立企业的市场退出机制

从 1996 年至 2000 年，全国领导小组共下达企业兼并破产项目 5335 户，核销银行呆坏账准备金和资产管理公司债权损失 2086.4 亿元。为进一步巩固和发展三年改革脱困成果，做到国有经济“进而有为，退而有序”，2001 年以来，国家经贸委继续围绕国有经济结构调整的目标，积极推进企业兼并破产工作。2001 年的兼并破产工作呈现以下特点：

一是完成破产项目最多的一年。全年共完成破产项目 463 户，加上兼并项目继续免息，核销呆坏账额度达 515 亿元，是历年来最多的。二是处理了一批重点和难点问题。提出了针对原中央所属有色金属企事业单位下放地方管理后企业关闭破产和有色金属施工企业脱困等问题的处理意见，已报经国务院批准，有关项目正在审查中；根据国务院领导批准的方案，抓了重汽集团下放山东部分分立重组破产的实施，进展顺利，重汽集团 2001 年基本实现盈亏平衡。三是实施比较规范，基本做到了稳定操作。为确保企业关闭破产工作的稳定实施，国家经贸委下发了《关于做好破产企业稳定工作的紧急通知》，进一步明确了稳定工作责任制，建立和健全了企业关闭破产信息网络和稳定工作报告制度。以煤炭行业为例，目前已实施关闭破产项目 65 户，基本保持了社会稳定，改变了 1999 年这项工作刚开始时实施一户闹一户的状况。

企业兼并破产工作在促进地区、行业经济结构调整和巩固国有企业三年改革脱困成果中起到了重要作用。继前几年纺织等行业扭亏脱困后，2001 年煤炭行业又扭转了连年亏损的局面。下放的国有重点煤矿账面增盈减亏 34 亿元。其中，65 户煤矿关闭破产项目的实施，消灭了 20 亿元的亏损源。一些地方通过推进企业兼并破产，调整、优化了经济结构，建立起优胜劣汰机制，使经济运行质量和效益都有很大提高。

国有企业战略性改组

按照《关于发展具有国际竞争力的大型企业集团的指导意见》（国办发〔2001〕90 号），选择 20 户基础较好、技术开发能力强的企业集团，制定提高国际竞争力实施方案，努力造就一批拥有著名品牌和自主知识产权的国有大企业。2001 年以来，国务院批准了中国铝业公司的组建方案，成立了新的中国铝业公司。与此同时，铁路系统非运输企业、民用航空运输企业、黄金企业、稀土企业的政企分开、组建集团方案正在抓紧研究制定过程中。垄断行业改革与重组取得重要进展。民航中央企业重组为三个集团，重组工作有序进行。电信行业在组建铁通公司的基础上，打破固定电信领域的垄断，把中国电信网络资源划分为南北两部分，将中国电信北方部分与中国网通、中国吉通重组为中国网通。电力行业撤销了省一级的电力工业局，促进了电力行业的政企分开。

2001 年 5 月，国家经贸委在上海召开了上海宝钢集团联合重组经验座谈会，重点强调了两个问题：一是要以企业为主体，尊重市场的规律和企业的意愿，防止政府过度干预，搞“拉郎配”；二是要以培育企业核心竞争力为目标，主要是做强，防止盲目扩张。2001 年 11 月，国务院办公厅又转发了国家经贸委等八部门共同起草的《关于发展具有国际竞争力的大型企业集团的指导意见》，使这项工作有了正式的政策依据。

继续进行工业结构调整

纺织行业以“改压结合”和毛纺压锭为重点，到 2001 年末，全国累计压缩淘汰落后棉纺锭 949 万锭、毛纺锭 30 万锭、缫丝机 180 万绪。其中 2001 年通过更新改造压缩落后棉纺锭 9 万锭、毛纺锭 2 万锭。继 1999、2000 连续两年保持良好运行态势后，2001 年，纺织行业总体继续保持了平稳增长态势。

煤炭行业全国累计取缔、关闭非法及布局不合理各类小煤矿 5.8 万处，煤炭产量连续三年每年压减 3 亿吨。其中 2001 年关闭小煤矿 10944 处，另关闭死灰复燃小煤矿 7284 处。经过连续几年的总量控制、关井压产，煤炭总体供求关系明显改善，煤价回升，使煤炭销售形势转旺。

冶金行业继续贯彻实施总量控制、结构调整、淘汰落后生产能力的产业政策，按照市场需求，先后淘汰了一批土焦工艺、热烧结矿、平炉、化铁炼钢等落后工艺及装备；列入关停名单的 103 户小钢厂，已关停 85 户，淘汰落后生产能力 394 万吨，其中 2001 年关停 12 户。

石化行业共取缔 6000 余座土炼油场点。清理整顿小炼油厂的任务基本完成，对列入清理整顿名单的 188 户小炼油厂逐一进行了严格的检查验收，对不符合环保标准及其他验收条件的 111 户小炼油厂实施了关闭，压缩原油一次加工能力 1100 万吨。通过总量调控和结构调整，行业销售形势和经营状况好转，产品结构和经济效益进一步改善。中石油重组上市，有 48 万人进入股份公司，另外 100 多万人留在存续企业，通过多种渠道分流了 25 万富余人员，增强了竞争能力。

建材行业以小水泥、小玻璃企业的清理整顿为产业升级的突破口，全国累计关闭淘汰小水泥厂 3894 户，压减生产能力 9450 万吨；关闭淘汰小玻璃生产线 238 条，压减生产能力 2855 万重量箱。其中 2001 年淘汰落后小水泥生产能力 1520 万吨、落后小玻璃生产能力 263 万重量箱，行业整体运行平稳，经济效益大幅增长。

制糖行业列入关闭名单的 150 户小糖厂，85 户可彻底退出。72 户进入破产程序，其中 50 户已破产终结。制糖行业的困难局面继续缓解，经济效益全面回升。全年实现利润 16.9 亿元，比 2000 年增加 10.14 亿元，增长 101.6%。

电力行业关停小火电机组 1230 万千瓦，其中 2001 年关闭 230 万千瓦。电力工业继续呈现持续稳定的增长态势。到年底，全国发电量 14333 亿度，比上年增长 8.5%。其中，火电、水电、核电分别增长 9%、6.7% 和 4.4%。全年实现利润 487 亿元，比上年增加 53.8 亿元，增长 12.4%。其中，国家电力公司实现利润 106 亿元，增长 8.9%。

上市公司建立独立董事制度

2001 年 8 月 16 日，国家证监会颁发《关于在上市公司建立独立董事制度的指导意见》，要求上市公司建立独立董事制度。独立董事对上市公司及全体股东负有诚信与勤勉义务，应该按照法律、法规和公司章程要求，认真履行职责，维护公司整体利益，尤其要关注中小股东的合法权益不受损害。独立董事应当独立履行职责，不受上市公司主要股东、实际控制人和其他与上市公司存在利害关系的单位或个人的影响。每位独立董事原则上最多在5家上市公司兼任独立董事，确保有足够的时间和精力有效地履行独立董事的职责。《意见》要求2000年6月30日前，上市公司董事会成员中至少包括2名独立董事；2000年6月30日后，董事会成员中应当至少包括1/3独立董事。《意见》提出了独立董事任职的条件，要求独立董事具有独立性，应当对上市公司的重大事项发表独立和明确的意见。

2001 · 重要理论观点

劳动价值论和分配理论

《中共中央关于制定国民经济和社会发展第十个五年计划的建议》中指出："把按劳分配与按生产要素分配结合起来，鼓励资本、技术等生产要素参与收入分配。在新的历史条件下，要深化对劳动与劳动价值论的认识。"2001年，北京、上海、成都等各地掀起了一股研究和创新马克思劳动价值论的热潮。关于对劳动价值论的讨论并不局限于该理论本身，还延伸到许多重大现实问题，比如：按劳分配与按生产要素分配的关系；非物质生产劳动是否创造价值以及怎样推进我国第三产业的大发展；劳动力产权问题；劳动以外的生产要素如自然资源、技术、管理、资本、信息、知识是否也参加了价值创造；当技术、信息等知识要素上升为最主要、最关键的生产要素时，"资本雇佣劳动”是否应转变为“劳动雇佣资本”等。因此，关于劳动价值理论的讨论既具有理论意义，又具有重大的现实意义。

对马克思劳动、社会必要劳动时间基本概念的扩展。中国社会科学院经济研究所课题组发展了劳动的内涵，认为劳动就是劳动力的使用，包括有目的的为生产物品和提供劳务而付出的一切脑力和体力的耗费。面对现实，我们可以把劳动的含义拓展为物质劳动、精神劳动和服务劳动。从总体上来说，第三产业的劳动应视为创造价值的生产性劳动；科技劳动往往含有知识财产因素，科技劳动在经济发展中具有独特的创新力；管理劳动是高级的智力劳动，它体现了人类劳动独具的组织力。程恩富提出了“新活劳动价值一元论”，认为凡是直接生产物质商品和文化商品（精神商品）以及直接为劳动力商品的生产和再生产服务的劳动都属于创造价值的劳动或生产劳动。胡培兆提出实际上有四种逐步展开深入的社会必要劳动时间：第一种是生产同种商品的同行所要求的社会必要劳动时间；第二种是从社会效益上要求一种行业所耗费的劳动时间，必须符合由社会总劳动分配给该行业的社会必要劳动时间；第三种是从产业结构动态平衡角度要求各行业耗费的社会必要劳动时间必须是耗费在社会需求总量上的社会必要劳动时间；第四种是“世界市场”要求的世界（人类）社会必要劳动时间。

对价值创造的争论。争论的焦点是知识技术、物化劳动能否创造价值。巩建华提出知识作为一种物，其中凝结的是人类以往的劳动，知识永远不可能提供活劳动。知识只是价值形成的必要条件，而劳动则是价值形成的根源。从这个角度讲，所谓的知识创造价值的“知识价值论”是对知识价值的夸大。杨继瑞在马克思劳动价值论的框架下解释了知识技术在价值形成中的双重功能。他的结论是，在知识经济初现端倪的生产过程中，大量内化在活劳动中的知识技术，以活劳动的抽象支出形式，不仅能够创造价值，而且能比过去创造更多的价值；大量内化在生产资料中的知识技术不能创造价值，只能在有效转移价值的过程中吸收活劳动所创造的价值，激发并扩张、放大活劳动创造价值的效能。钱伯海认为，要深化认识劳动价值论，就会碰到“物化劳动只能转移价值，不能创造价值”的关卡。他认为，物化劳动是创造剩余价值的主要源泉，物化劳动来自社会活劳动，并且是本期的活劳动。讲物化劳动只能转移价值的观点是一种理论扭曲，只有认定物化劳动创造价值，才能使按资本、按技术要素分配有根有据。

按劳分配与按生产要素分配的关系。蔡继明认为按生产要素分配的价值基础是各种生产要素在价值创造中所做的贡献。所有权本身并不创造收入，它不过是使社会财富按照各种生产要素在财富生产中所做的贡献在各要素所有者之间进行分配的条件。社会主义的分配原则，就是在社会必要劳动所创造的价值基础上，按各种生产要素在价值形成中所做的贡献进行分配，或简称按贡献分配。传统的劳动价值论未能对各种收入的数量做出严格的规定，是因为在价值决定中没有恰当地指明土地、资本等非劳动的生产要素所起的作用，所以，在分析各种非劳动收入时，仅仅从所有权关系，而不是从非劳动生产要素在生产和价值的创造中的贡献去论证各种收入存在的正当合理性。

他提出运用边际分析的方法，可以划分出各生产要素在静态条件下对生产的相对贡献。按照该方法所确定的部门内各生产要素的报酬的总和，是与部门新创造的价值即扣除了折旧和生产资料价值的转移后的总产品价值是相等的。张广科、黄瑞芹提出，知识经济条件下的社会生产是以大量消耗知识为特征的，与此相对应，社会财富分配的轴心也由资本转向知识，并由此产生了一种新的分配方式——按知分配。按知分配不同于按劳分配及按生产要素分配，我国现阶段的收入分配方式应是按劳分配、按生产要素分配与按知分配并存，而其发展的趋势将是按知分配与按劳分配相结合。刘诗白深入探讨了科技创新劳动，认为当代科技创新劳动具有提高劳动生产力和创造高知识含量使用价值的功能和创造高价值的功能，提出使科技创新者“酬应其值”。在社会主义条件下，人们需要对股票期权制度不断加以完善，有效地发挥这一产权制度和分配制度对科技创新劳动者的鼓励作用，同时政府要采用完善的税收制度，加强对收入分配的调节功能，防止新的收入分配失衡。

国有企业的效率

张军撰文指出，对于改革后国有部门利润率的持续下降，现有的理论解释主要是通过经典工业组织理论的“进入—竞争”范式来说明的，这被称为“竞争侵蚀利润”假说，但是，这一假说并不能解释国有部门盈利能力的结构性变动。他首先通过还原部门的真实利润总额来部分矫正国有部门的真实利润率，并以此为基础来检验国有部门的亏损变动在统计上对利润率下降模式的“侵蚀效应”，从而来观察国有部门盈利能力的结构性变动。

其研究证实，整个20世纪80年代中国国有部门利润率的下降主要可以被理解为非国有部门的“进入—竞争”侵蚀利润的结果。在这一时期，得益于迅速的需求扩张与市场规模的超常增长，亏损企业的比重和亏损额趋于下降而不是增加。所以，部门利润率的下降只意味着国有部门盈利能力的总体性下降。但80年代末以来，随着需求的移动，市场结构和工业组织的变动（如集中度的提高），国有部门传统的资本形成方式开始暴露出它的体制性问题，从而导致部门盈利能力分布的急剧变化*。国有企业亏损的急剧增长必然使得部门加总的利润率显著恶化。因此，他认为，20世纪90年代以来国有部门利润率更显著的下降则主要归因于国有企业亏损的大幅度增长。不断增加的亏损企业不仅“侵蚀”了国有部门的利润，而且不断累积的超额生产能力和大量无效的投资还意味着国有部门的效率也开始由增进变成停滞和下降。

* 亏损的变化便是盈利能力在这一时期出现结构性变动的集中反映。

刘元春认为，以往学界大都从新古典微观分析框架出发对国有企业做出非效率的判断，然而从宏观上看，在实行后赶超战略的社会主义市场经济中，国有企业可以作为克服“市场失灵”和“政府失灵”的制度安排，可以作为“技术模仿、技术扩散和技术赶超”的中心，可以充当转型期“宏观经济的稳定者”“社会福利和公共品的提供者”，因而认为国有企业在宏观上是有效率的。

林毅夫、刘培林在“自生能力”这一框架下解释了国有企业改革为什么没有成功，认为提高国有企业的自生能力是改革成功的必要条件。“自生能力”是根据一个正常经营的企业的预期获利能力来定义的。在自由竞争的市场经济中，一个正常经营的企业在没有外部扶持的条件下，如果能够获得不低于社会可接受的正常利润（指经济利润而不是会计利润）水平，则这个企业就是有自生能力的。反之则否。在自由、开放、充分竞争的经济中，一个企业经营管理的好坏会影响这个企业实际的利润率水平。但是在给定正常经营管理的条件下，一个企业的获利能力还决定于其产业和技术选择是否恰当。一个有自生能力的企业，其技术选择是由这个经济中的要素禀赋结构来决定的。当要素禀赋结构变化时，其技术选择也必须相应变化。长期以来我们未能从产业和技术结构与要素禀赋结构的吻合角度探索国有企业改革的出路，以至于迟迟走不出困境。

杨灿明认为国有企业改革的核心问题就是实现产业定位与产权结构相吻合。一般说来，竞争性、营利性产业宜采用私有产权结构，而非（弱）竞争性、非（弱）营利性产业宜采用公有产权结构。国有企业采用公有产权结构，它面临的主要问题并不是产权不明晰，而是产权结构与产业结构错位，即把大量应采用私有产权结构的竞争性、营利性产业放置到了公有产权的舞台。

刘小玄探讨了大中型国有企业改制的模式。运用科斯的企业边界决定理论，提出了如下的推论：一旦我们不再把企业规模看成是一成不变的范畴，而是看成一个不断根据企业的发展需要而调整的变量时，规模就不会成为企业改制和发展的瓶颈。

在中国的国有企业中，扩张性重组的失败率特别高，相反，分立式重组却具有蓬勃发展的生命力。

王珺用双重博弈假说解释了转轨时期国有企业经理激励不足现象。指出经理与行政组织是重复性博弈，经理与企业组织是一次性博弈。行政组织作为强激励主体是导致国有企业经理在长期关系中出现短期行为的制度性根源。并以实证数据验证了这一假说，进而给出了在企业组织与行政组织之间进行重新配置激励资源与权力的政策建议。

李新春指出，在中国的渐进式改革路径下，国有企业的绩效来源主要不是产权改革或私有化的结果，而更多地依赖于企业领导人的企业家能力及其发挥。政府对国有企业领导班子的选拔制度决定了被选拔企业领导人企业家素质的高低，而对企业家的激励机制和企业的产权制度安排则进一步影响企业家能力的发挥，这又在很大程度上决定了企业的绩效。由此建立国有企业的企业家结构—行为—绩效模型，得出的结论是，政府对国有企业经理人企业家能力的偏好程度越高、对企业家的激励程度越高，则国有企业的绩效也就越高。

郑江淮的实证分析表明，国有银行“惜贷”行为并不是国有企业预算软约束硬化的表现，因为国有银行对国有企业预算软约束的体制根源没有改变，国有银行既没有更大的动力监督国有企业贷款使用，也没有能力阻止国有企业不良贷款继续攀升和停止增加。

国有股减持和上市公司

张文魁认为控股母公司在上市公司中的绝对控股地位，使得我国上市公司一般都被控股母公司牢牢地控制着。控股母公司凭借其对上市公司的控制，将上市公司的资金、利润等转移到控股公司或其下属企业中去。根据我国的情况，加快控股母公司对上市公司的国有股减持步伐有助于解决我国上市公司与控股母公司之间的自我交易（Self-Dealing）和利益转移（Invest Conveyance）。

国有股减持课题组的研究显示：股权结构不合理，即国有股比例过高的问题显然最为核心和关键，因为其他那些方面的问题可以说都或多或少，或直接或间接地与国有股比例过高的问题有着逻辑上的联系。减持国有股是完善我国公司治理结构、提高公司经营效率的要求和有效途径。

吴晓求系统地研究了我国证券市场的国有股减持问题，提出成熟的、符合市场化要求的国有股减持方案必须实现改善上市公司股权结构、提高上市公司资产整体流动性和套现并适当补充社会保障资金的目的。在国有股减持方案设计中，必须处理好三个关键问题，即：国有股的流通方式、定价机制和减持资金运作模式。他还提出了代表 FSI 观点的“三套修正方案”，即配售、回购、折股修正案。最后，对国内外主要的国有股减持方案从理论和现实的不同角度进行了综合评价。

韩志国倡议上市公司必须进行管制革命。在我国进行上市公司的管制革命，实际上包含着两个方面的内容：一是上市公司必须逐步摆脱计划经济体制下的行政权力和行政机制，真正成为具有独立财产、独立人格从而具有独立意志和利益的法人实体；二是在上市公司逐步去掉计划经济的“胎记”以后，还必须进一步完善公司的法人治理结构，以建立起有序的和有效的财产制衡机制与利益约束机制，使上市公司真正成为市场经济中的经营主体和竞争主体，进而使股票市场真正成为优化资源配置和再配置的场所。

赵山对中国上市公司高层更换进行了实证研究，其结论是：企业业绩对高层更换有着重要影响，产品市场竞争导致较高的高层更换率，股权结构对高层更换的影响是复杂的，收购导致了大量的高层更换，董事长与总经理的兼任降低了高层更换率，导致了企业监督机制的弱化。

中小企业改革

林金忠提出了中小企业也能实现规模经济的新观点。他认为新古典经济学的规模经济概念在理论上的主要缺陷在于，未能将外部性和空间因素考虑进去。若将这两个因素考虑进去，规模经济就有两种类型，即单个企业内部的规模经济和空间意义上的外部聚集规模经济。从这一新的理论视角看，中小企业同样可以充分利用规模经济的好处。基于上述认识，他提出了三种可供中小企业利用的规模经济形式：因企业间的横向联系而形成的聚集；因企业间的纵向关联而形成的聚集；因区位优势指向而形成的同一产业或不同产业的众多中小企业的聚集。

李骥和李麟的研究认为，由于我国中小企业发展所需资金主要来源于企业自有积累，通过直接与间接融资方式所取得的资金仅占其很少部分，这样资金就成为有发展潜力企业的主要制约因素。中小企业融资困难的形成有两方面原因：一是政府政策的影响。在“抓大放小”的主导政策下，中小企业很难享受到优惠。二是银行机构与中小企业之间的天然关系导致其从银行贷款比大企业成本高而且困难。林毅夫和李永军也持相类似的观点。他们在文章中指出我国的要素禀赋特色决定了劳动密集型中小企业在很长一段时间里会是我国企业组织中最有活力的构成部分。但是，在推行“赶超”战略的计划经济时期，为了支持不符合我国比较优势、不具自生能力的重工业的生存和发展，我国建立了以大银行为主的高度集中的金融体制。大型金融机构天生不适合为中小企业服务，这就不可避免地造成我国中小企业的融资困难。他们认为，不同的金融机构给不同规模的企业提供金融服务的成本和效率是不一样的。因此，大力发展和完善中小金融机构是解决我国中小企业融资难问题的根本出路。

徐洪水从宁波市中小企业融资问题个案分析入手，认为中小企业存在着刚性的金融缺口，主要源于中小企业群体信用的短缺、政府的努力不对称、国有银行收益不对称和激励不对称以及资金的过度需求。并进一步运用银企信贷动态博弈模型来论证通过降低银企交易成本来缩小金融缺口的重要性。认为缓解我国中小企业融资难问题可以从五方面入手：（1）尽快建立中小企业征信系统，有效降低银行的信息成本；（2）实行企业信用合作增加中小企业的信用度；（3）提高担保抵押制度效率，降低银企交易成本；（4）强化中小企业的金融支持系统；（5）积极探索融资制度的创新。

2001 · 重要政策法规

1. 国家经贸委、人事部、劳动和社会保障部《关于深化国有企业内部人事、劳动、分配制度改革的意见》，2001 年 3 月 13 日。

2. 中国证监会《关于做好上市公司新股发行工作的通知》，2001 年 3 月 14 日。

3. 国家经贸委、财政部《关于国有企业管理关系变更有关问题的通知》，2001 年 3 月 16 日。

4. 中国证监会《上市公司检查办法》，2001 年 3 月 19 日。

5. 中国证监会《上市公司发行可转换公司债券实施办法》，2001 年 4 月 26 日。

6. 财政部《企业国有资本与财务管理暂行办法》，2001 年 4 月 28 日。

7. 财政部、劳动和社会保障部、国家计委《关于深入开展企业效绩评价工作，加强国有企业监督管理的通知》，2001 年 6 月 5 日。

8. 国务院《减持国有股筹集社会保障资金管理暂行办法》，2001 年 6 月 6 日。

9. 国家经贸委《关于进一步规范债转股工作加强债转股企业改革管理的通知》，2001 年 6 月 14 日。

10. 中国证监会《关于在上市公司建立独立董事制度的指导意见》，2001 年 8 月 16 日。

11. 国务院办公厅转发国家经贸委等部门《关于发展具有国际竞争力的大型企业集团指导意见的通知》，2001 年 11 月 17 日。

12. 中国证监会《证券公司管理办法》，2001 年 12 月 28 日。

2001 · 年度热点纪实

股市大辩论

2001 年，一连串的喜事都集中到了中国。这年 7 月 13 日，万众瞩目的 2008 年奥运会举办城市终于在莫斯科国际奥委会第 112 次全会揭晓：中国成功夺得 2008 年奥运会的举办权。中国人的百年期盼终于如愿以偿。10 月 7 日，中国男子足球队在沈阳五里河体育场以 1：0 战胜阿曼队，历史性地冲进了世界杯决赛圈，实现了国人呐喊多年的“冲出亚洲，走向世界”的梦想。11 月 10 日下午，又一个历史性时刻，在卡塔尔首都多哈举办的世界贸易组织第四次部长级会议上，与会国家以全体协商一致的方式，审议并通过了中国加入世界贸易组织（WTO）的决定，12 月 11 日，中国正式成为世界贸易组织成员国。一连串的喜事接踵而来，令中国人在新世纪开始就有一种福星高照的感觉。

在新闻媒体和互联网上，从上年底以来就持续升温的股市大辩论则吸引了众多老百姓的眼球。2000 年 10 月，《财经》杂志刊登《基金黑幕》一文，对基金操作中存在的违规行为进行了揭露，10 家基金管理公司随后发表联合声明进行反击。10 月 29 日，吴敬琏在接受中央电视台《经济半小时》记者采访时，对内幕交易和操纵市场的行为表示反对。在 2001 年 1 月 13 日播放的中央电视台《对话》节目中，吴敬琏在答现场观众问题时阐述了对中国股市的看法，并表示了主张规范市场的态度。随着证券监察机构监管举措的加紧加强，以及 2001 年 1 月 9 至 10 日宣布查处涉嫌操纵亿安科技和中科创业股价的案件，股价从 1 月 15 日起大幅连跌 4 天。一场关于股市的大辩论旋即在报纸上、互联网上展开。2001 年 2 月 8 日，《证券市场周刊》发表《九问吴敬琏》的文章，辩论开始升级。2 月 11 日，厉以宁、董辅礽、萧灼基、韩志国和吴晓求五人联袂与记者举行恳谈会，反击吴敬琏的有关观点。3 月，吴敬琏《十年纷纭话股市》一书出版，他在该书《前言》中对诘难做出了全面的系统回答。

辩论的双方主要围绕“全民‘炒’股好不好”“中国股市是否投机太甚”“股市市盈率是否过高”“如何看待庄家”“初期股市应不应该加以规范”，以及“应该建立什么样的市场经济”等问题进行了针锋相对的论战。

在辩论中，一方的主要观点是：1. 全民炒股是形成社会化投资体系的一个有机组成部分；中国炒股的人还不够多，要为越来越多的人炒股叫好。2. 没有投机就没有证券市场。3. 看待市盈率要考虑我们是一个资金缺乏的国家，供给不足，而供给不足的商品价格自然会高；市盈率高是新兴市场的共同特点；50 ~ 60 倍市盈率绝对不算高，是合理区域。4. 没有主力，没有庄家，证券市场只会是一潭死水；没有庄家就没有证券市场。5. 中国股市一开始就规范是不正常的；整个市场发展的过程就是管理者与投资者共同学习的过程，这种学习过程本身就带来不规范；股市是一个婴儿、一个孩子，要加以呵护，即使有毛病也不可用猛药。6. 争论的实质，是要建立一个有发达的金融体系和资本市场的市场经济，还是要建立一个只有小商品批发市场的市场经济。

另一方的主要观点是：1. 资本市场要扩大，应该吸引越来越多的人进行包括购买股票在内的直接投资，但是购买股票不能与作为做短线的“炒股”混为一谈，全民“炒股”是不正常的。2. 投机活动在市场经济中有它不可或缺的功能，它有助于实现市场均衡，从而达到资源的优化配置；但是，只有当投机活动与投资等活动结合在一起，实现良性互动时，它对经济的作用才是积极的，单纯的炒作并不能增加社会财富。3. 市盈率要和公司的成长性亦即未来的营业表现结合在一起，才能反映和考评股票的投资价值。如果上市公司的成长性很好，市盈率高一些并不足为虑；在我国上市公司的成长性不良、回报不高甚至回报每况愈下的情况下，过高的市盈率终究会使投资者吃到苦头。4. “庄家”通过操纵股价来获取暴利，是触犯我国刑法的犯罪行为，对这类行为听之任之，有损我国法律的尊严，应有司法机关介入，对触犯刑律者绳之以法。5. 初创时期的股市也要在规范的基础上求得发展。6. 所谓传统的市场经济和现代的市场经济之别并不在于实体经济或虚拟经济，小商品批发市场或发达的金融体系之分，问题的真正实质是要建立一个以法治为基础的现代市场经济，还是一个权力干预市场交易、鱼肉百姓的权贵资本主义。

股市大辩论，吸引了从官员到百姓的众多民众广泛参与，中国老百姓第一次对自己以外的经济问题表现出如此高的热情。

2001 · 年度改革大事

1月1日　经国务院批准，我国再次自主降低关税总水平，平均降幅为6.6%。

1月24日　国防科工委指出，我国国防科技工业去年改革调整脱困工作取得重要进展，预算内军工企业预计减亏幅度超过30%。十大军工集团中有6大集团扭亏为盈，其余4个集团均实现较大幅度减亏。今年要力争实现全行业扭亏脱困，工业增加值和销售收入分别增长12%和10%以上。

1月25日　全国黄金局长会议在京召开。会议提出：我国黄金市场今年将正式开放。中华人民共和国成立以来一直沿袭的黄金统购统销、封闭运行的管理体制被打破，中国人民银行逐步退出黄金收购体制。国家直属的黄金企业将以中国黄金总公司为龙头组建成中国黄金集团总公司。

1月28日　人民日报报道：中国国际海运集装箱（集团）股份有限公司自1996年起已连续6年产销量居世界第一，全球市场占有率高达38%。

1月29日　国家经贸委副主任石万鹏宣布：经过几年坚持不懈的努力，多年严重亏损的我国煤炭行业去年一举扭转亏损局面，实现利润 41.7 亿元。

2 月 26 日　证监会颁发《亏损上市公司暂停上市和终止上市实施办法》。

2 月 27 日至 28 日　中国海洋石油总公司控股的中国海洋石油有限公司分别在纽约和香港挂牌上市，筹集资金 12.6 亿美元。中国海油成为国际化公司。

3 月 5 日至 15 日　九届全国人大四次会议举行。会议通过《中华人民共和国国民经济和社会发展第十个五年计划纲要》。朱镕基在政府工作报告的第七部分中指出，要进一步深化改革和扩大对外开放。要继续深化国有企业改革，使企业真正成为市场竞争的主体；大力整顿和规范市场经济秩序，进一步发展市场体系；加强和改善宏观调控，继续深化财税、金融、投资体制改革；适应经济全球化趋势，进一步提高对外开放水平。

3 月 13 日　国家经贸委、人事部、劳动和社会保障部颁发《关于深化国有企业内部人事、劳动、分配制度改革的意见》。要建立与社会主义市场经济体制和现代企业制度相适应，能够充分调动广大职工积极性的企业用人和分配制度。尽快形成企业管理人员能上能下、职工能进能出、收入能增能减的机制。

3 月 15 日　国务院颁发《国有企业监事会暂行条例》。1994 年 7 月 24 日国务院颁发的《国有企业财产监督管理条例》同时废止。

3 月 23 日　财政部、国家经贸委、劳动和社会保障部、国家计委联合发出《关于深入开展企业效绩评价工作，加强国有企业监督管理的通知》，明确将各级政府确定的重点监管企业全部纳入综合评价对象，客观准确地反映企业一个经营年度的经营效益和经营者的业绩。逐步建立国有企业效绩评价结果定期公布制度。

3月28日　国家统计局发布第五次全国人口普查主要数据公报，我国总人口为12.9533亿人。

4月2日至6日　国务院在北京召开全国整顿和规范市场经济秩序工作会议。朱镕基总理出席会议并做了重要讲话。李岚清副总理做了《大力整顿和规范市场经济秩序，为加快推进现代化建设创造良好环境》的报告。

4月5日至11日　朱镕基在湖南考察工作时指出，“十五”计划要开好局、起好步，必须着眼于提高经济效益，按照市场经济规律，大力调整产业结构。

4月12日　国务院颁布《关于修改〈中华人民共和国外资企业法实施细则〉的决定》，自公布之日起施行。

4月16日　国家经贸委、人事部、劳动和社会保障部下发《关于深化国有企业内部人事、劳动、分配制度改革的意见》提出，深化企业三项制度改革的目标是：把深化企业三项制度改革作为规范建立现代企业制度的必备条件之一，建立与社会主义市场经济体制和现代企业制度相适应，能够充分调动广大职工积极性的企业用人和分配制度。尽快形成企业管理人员能上能下、职工能进能出、收入能增能减的机制。

4月26日　证监会颁发《上市公司发行可转换公司债券实施办法》，自发布之日起施行。

4月27日　国务院颁发《关于整顿和规范市场经济秩序的

决定》。

4 月 28 日　财政部颁发《企业国有资本与财务管理暂行办法》。为适应建立现代企业制度的需要，规范企业国有资本与财务管理行为，对持有国有资本的各类非金融企业的“管理职责与权限”“国有资本投入的管理”“国有资本营运的管理”等作出明确的规定。

5 月 17 日　国家计委下发《国家计委贯彻国务院关于整顿和规范市场经济秩序的决定的通知》，“十五”时期，计划、价格部门整顿和规范市场经济秩序的主要任务是：打破地区封锁和部门、行业垄断；制止不正当价格竞争；规范中介服务机构的收费行为；加强价格监督检查；整顿和规范重大建设项目和国债项目建设秩序。

5 月 18 日　经证监会核准，我国第一家按核准制要求发行 A 股的公司北京用友软件上市。

5 月 24 日至 25 日　中央扶贫开发工作会议举行。会议指出，党中央、国务院确定的在 20 世纪末基本解决农村贫困人口温饱问题的战略目标已基本实现。

6 月 6 日　国务院颁发《减持国有股筹集社会保障资金管理暂行办法》。《办法》明确规定，国有股减持主要采取国有股存量发行的方式。凡国家拥有股份的股份有限公司（包括境外上市的公司）向公共投资者首次发行和增发股票时，均应按融资额的 10% 出售国有股。国有股存量出售的收入，全部上缴全国社会保障基金。

6 月 13 日　国务院办公厅发出《关于关闭国有煤矿矿办小

井和乡镇煤矿停产整顿的紧急通知》要求，自本通知下发之日起，所有矿办小井立即停止生产，并于2001年6月30日以前予以关闭，全国所有乡镇煤矿，一律停产整顿。经整顿达到安全生产条件的合法乡镇煤矿，经检查组检查验收，并由检查验收人员、当地县级人民政府负责人、煤矿安全监察人员签字后，才能恢复生产。

6月14日　国家经贸委发出《关于进一步规范债转股工作加强“债转股”企业改革的通知》。《通知》明确地指出实施过程中存在的问题，要求严格按要求修改“债转股”方案和协议；加快新公司组建和登记注册工作；“债转股”企业要切实加强改革和管理工作；采取有效措施，切实落实有关政策等。

6月29日　青藏铁路开工典礼在青海格尔木和西藏拉萨同时举行。青藏铁路是我国实施西部大开发战略的标志性工程。

7月22日　国务院《关于修改〈中华人民共和国中外合资经营企业法实施条例〉的决定》发布实施。

8月16日　证监会颁发《关于在上市公司建立独立董事制度的指导意见》，就独立董事的权利义务、任职条件、提名、选举和更换等作出具体规定。《意见》要求独立董事应当对上市公司重大事项发表独立意见，上市公司应当充分发挥独立董事的作用，为了保证独立董事有效行使职权，上市公司应当为独立董事提供必要的条件。

8月13日至17日　朱镕基在贵州考察工作时指出，在当前世界经济增长明显放慢的情况下，要保持我国经济发展的良好势头，必须采取新的对策。要进一步从投资、消费两个方面扩大需求，千方百计增加外贸出口；同时，要加大整顿和规范市场经济秩序力度，继续巩固和发展国有企业改革与脱困成果，加快完善社会保障体系，促进国民经济持续快速健康发展。

8 月 28 日　《经济日报》报道，万向集团美国公司通过股权收购成为美国 UAI 公司的大股东。万向集团董事局主席鲁冠球称：此次海外收购，将为“万向”在全球汽车零部件市场新增 7000 万美元的份额，同时也可为国内相关企业每年增加 2000 多万美元的订单。

9 月 1 日　财政部《资产评估准则——无形资产》开始实施。《准则》就无形资产评估的基本要求、评估要求和披露要求作出了规定，这是我国资产评估行业的第一部准则。

10 月 6 日　国务院颁发《关于废止 2000 年底以前发布的部分行政法规的决定》，对截至 2000 年底现行的行政法规 756 件，进行了全面清理。

9 月 16 日　国务院办公厅发布《关于进一步做好关闭整顿小煤矿和煤矿安全生产工作的通知》，为进一步做好关闭整顿小煤矿和煤矿安全生产工作，对各地区、各有关部门提出以下要求：加快小煤矿关闭工作进度；加大小煤矿整顿工作力度；加强监管，加大执法力度；切实做好煤矿安全生产工作；加强领导，落实责任。

10 月 27 日　第九届全国人大常委会第二十四次会议通过修订后的《中华人民共和国工会法》和第二次修订后的《中华人民共和国商标法》。

10 月 29 日　朱镕基在考察北京国家会计学院时指出，“不做假账”是会计从业人员的基本职业道德和行为准则，所有会计人员必须以诚信为本，操守为重，遵循准则，不做假账，保证会计信息的真实、可靠。

11月2日　国家经贸委公布《“十五”工业结构调整规划纲要》，提出“十五”期间我国工业结构调整的指导思想、主要目标、调整重点和重大措施，以加强宏观调控，引导市场主体行为方向，是加快我国工业结构调整、促进产业优化升级的指导性文件。

11月7日　国家计委宣布，取消第一批五大类行政审批事项，对其他不应继续审批的事项，将抓紧与有关部门协调，尽快予以公布取消，对保留的审批事项，提出了简化程序、提高效率、建立监督制约机制等具体措施。

11月10日　世界贸易组织第四届部长级会议在卡塔尔首都多哈以全体协商一致的方式，审议并通过了中国加入世贸组织的决定。

11月12日　中国人民银行新闻发言人首次公布了我国加入世贸组织后银行业开放的承诺与步骤。

11月14日　劳动保障部等5部门下发《关于进一步推行平等协商和集体合同制度的通知》，要求各类企业都应该建立平等协商机制，切实维护职工的合法权益。要在普遍开展平等协商的基础上，积极推动不同类型的企业建立和完善集体合同制度。

11月16日　国家经贸委公布第一批取消的30项行政审批项目。其中的11项是为适应建立社会主义市场经济体制和我国加入世贸组织需要，加快转变政府职能，转变管理方式。同时根据机构改革和政企分开的新情况，决定取消原委管国家局承担的化肥、农药淡季储备资金审核，有关资质审查和项目年检等 19 项行政审批。

11 月 17 日　国务院办公厅转发国家经贸委等 8 部委《关于发展具有国际竞争力的大型企业集团指导意见的通知》。《指导意见》明确了工作原则，提出了工作目标，即通过引导企业集团积极参与国内外市场竞争，努力发展一批具备以下特征的重点大型企业集团：技术创新能力强，主业突出，拥有知名品牌和自主知识产权；市场开拓能力强，有健全的营销网络，拥有持续的市场占有率；经营管理能力强，有适应国际化经营的优秀管理人才队伍和现代化管理手段；劳动生产率、净资产收益率等主要经济指标达到国际同行业先进水平；规模经济效益好，具有持续的盈利能力和抗御风险能力。

11 月 25 日　国家工商总局发布《关于加强对企业属地监督管理工作的通知》和《关于加强企业登记审查工作的通知》两个规范性文件，着力强化市场主体准入和主体行为的监管力度，改革监管方式，提高执法效能，旨在标本兼治，着力治本。

11 月 26 日　国务院颁发《中华人民共和国反倾销条例》和《中华人民共和国反补贴条例》，自 2002 年 1 月 1 日起施行。

11 月 27 日至 29 日　中央经济工作会议在北京举行。会议从 8 个方面具体部署了明年的经济工作：一是增加城乡居民收入，培育国内消费需求；二是促进农业发展，扩大农村市场需求；三是继续实施积极的财政政策和稳健的货币政策；四是继续推进国有企业改革和其他各项改革；五是标本兼治，整顿和规范市场经济秩序；六是努力促进出口，扩大利用外资，做好入世应对工作；七是坚持实施科教兴国战略；八是转变政府职能，反对奢侈浪费。

12月1日　北京中关村科技园区企业信用试点工作正式启动。不讲商业信誉，搞技术欺骗、合同欺诈，破坏中关村信用形象的企业将被列入“黑名单”。

12月6日　李荣融在全国经贸工作会议上指出，2002年经贸工作总的要求是：以企业工作为中心，坚持“三改一加强”，深化国有企业改革，推进国有企业重组、改组和兼并破产，加大经济结构调整力度，着力搞好企业技术改造，积极发展现代流通，提高对外开放水平，大力整顿和规范市场经济秩序，进一步转变职能，扎扎实实做好各项经贸工作。

12月11日　中国正式加入世界贸易组织（WTO），成为其第143个成员国，标志着中国的产业对外开放进入了一个全新的阶段。

同日，经国务院批准，国务院关税税则委员会宣布自2002年1月1日起再次调整部分进出口货物的税目、税率。其中降低了5332个税目的进口关税税率，降低税率的税目占税则税目总数的72.9%；进口关税的算术平均税率从15.3%降至12%，降幅为21.6%。同时，降低入境旅客行李物品和个人邮递物品进口税税率。

12月23日　国务院颁发《中华人民共和国外资保险公司管理条例》，2002年2月1日起施行。

12月28日　国务院办公厅转发财政部《关于改革国有资产

评估行政管理方式加强资产评估监督管理工作的意见》（以下简称《意见》），《意见》提出取消政府部门对国有资产评估项目的立项确认审批制度，实行核准制和备案制。

12 月 31 日　国务院公布《所得税收入分享改革方案》规定，从 2002 年起，除少数特殊行业或企业外，对其他企业所得税和个人所得税收入实行中央与地方按比例分享。中央保证各地区 2001 年地方实际的所得税收入基数，实施增量分成。

本年度主要参考资料：

1. 国家统计局．中华人民共和国 2001 年国民经济和社会发展统计公报[M]．中国统计出版社，2020. 2.

2. 曾培炎．关于 2000 年国民经济和社会发展计划执行情况与 2001 年国民经济和社会发展计划草案的报告[R]. 2002. 2.

3. 林毅夫、李永军．中小金融机构发展与中小企业融资[J]．经济研究，2001（01）.

4. 张军．中国国有部门的利润率变动模式：1978—1997 [J]．经济研究，2001（03）.

5. 刘小玄．企业边界的重新确定：分立式的产权重组——大中型国有企业的一种改制模式[J]．经济研究，2001（04）.

6. 王珺．双重博弈中的激励与行为——对转轨时期国有企业经理激励不足的一种新解释[J]．经济研究，2001（08）.

7. 郑江淮．国有企业预算约束硬化了吗？——对 1996—2000 年信贷约束政策有效性的实证研究[J]．经济研究，2001（08）.

8. 林毅夫、刘培林．自生能力和国企改革[J]．经济研究，2001（09）.

9. 杨灿明．产权特性与产业定位——关于国有企业的另一个分析框架[J]．经济研究，2001（09）.

10. 中国社会科学院经济研究所课题组．关于深入研究社会主义劳动和劳动价值论的几个问题[J]．经济研究，2001（12）．

11. 蔡继明．论非劳动生产要素参与分配的价值基础[J]．经济研究，2001（12）．

12. 程恩富．“如何深化劳动和劳动价值论研讨会”综述[J]．经济学动态，2001（07）．

13. 胡培兆．马克思的劳动价值理论今解[J]．经济学动态，2001（07）．

14. 杨继瑞．论知识技术在价值形成中的功能[J]．经济学动态，2001（07）．

15. 钱伯海．论深化劳动价值认识的根本关卡[J]．经济学动态，2001（09）．

16. 林金忠．中小企业也能实现规模经济[J]．经济学家，2001（02）．

17. 刘诗白．论科技创新劳动[J]．经济学家，2001（03）．

18. 巩建华．知识经济中的价值理论[J]．经济学家，2001（04）．

19. 张广科、黄瑞芹．按知分配等于按劳分配吗[J]．经济学家，2001（05）．

20. 李新春．中国国有企业重组的企业家机制[J]．中国社会科学，2001（04）．

21. 刘元春．国有企业宏观效率论——理论及其验证[J]．中国社会科学，2001（05）．

22. 张文魁．我国上市公司与控股母公司之间的自我交易和利益转移[J]．改革，2001（02）．

23. 韩志国．上市公司必须进行管制革命[J]．改革，2001（03）．

24. 国有股减持课题组．国有股减持与上市公司治理结构改革[J]．改革，2001（04）．

25. 李骥、李麟．中小企业生存与发展：竞争、治理机制与不完全优势[J]．改革，2001（05）．

26. 赵山．中国上市公司高层更换实证研究[J]．改革，2001（06）．

27. 吴晓求．国有股减持方案的设计原则、定价机制和资金运作模式研究[J]．金融研究，2001（02）．

28. 徐洪水．金融缺口和交易成本最小化：中小企业融资难题的成因研究与政策路径——理论分析与宁波个案实证研究[J]．金融研究，2001（11）．

29. 李荣融．国企改革和发展取得重大成就[N]．经济日报，2002-10-14.

30. 吴敬琏．当代中国经济改革[M]．上海：上海远东出版社，2004.1.

31. 中共十一届三中全会以来大事记[N]．人民日报，2003-10-10.

32. 中国集团公司促进会．国有企业改革政策演变[M]．北京：中国财政经济出版社，2003.1.

33. 中国经济体制改革研究会编写组．中国改革开放大事记（1978—2008）[M]．北京：中国财政经济出版社，2008.12.

2002 年

2002 · 年度经济背景

宏观调控渐趋成熟，国民经济平稳增长

为了保持我国经济持续快速发展和社会稳定，2002 年中央政府宏观经济调控的总体要求是：坚持实施扩大国内需求的方针，继续深化改革，扩大开放，加快结构调整，整顿和规范市场经济秩序，提高经济增长质量和效益，促进国民经济持续快速健康发展和社会全面进步。

2002 年国民经济和社会发展的主要调控目标是：经济增长率 7% 左右；全社会固定资产投资增长 10% 左右；居民消费价格总水平上涨 1% ~2%；外贸进出口总额力争有所增长；中央财政赤字控制在 3098 亿元以内；广义货币供应量 M_2 和狭义货币供应量 M_1 增长 13% 左右，现金投放不超过 1500 亿元；城镇登记失业率控制在 4.5% 左右；人口自然增长率控制在 8‰以内。

2002 年国民经济和社会发展的主要任务是：加强农业和农村基础设施建设，千方百计为农民增收创造条件；继续用好管好长期建设国债，带动经济持续快速增长；扩大就业、增加收

入，培育和提高居民消费能力；加快“三化两改”（即国民经济和社会信息化、高技术产业化、重大装备制造本地化，改组、改造传统工业）步伐，提高工业整体素质；深化经济体制改革，为经济和社会发展增添新的动力；切实做好外贸外资工作，更加有效地利用两种资源、两个市场；继续实施西部大开发战略，促进地区经济协调发展；调整和优化财政支出结构，发挥金融对经济增长的支持作用；加快科教兴国和可持续发展步伐，积极发展各项社会事业。

2002 年经济工作的重点是：适应完善社会主义市场经济体制和加入世界贸易组织新形势的要求，继续改进宏观经济管理。充分发挥市场在资源配置中的基础性作用，遵循经济规律，考虑国际惯例；加快法制建设步伐；完善宏观经济调控手段；转变政府职能，大幅度减少行政性审批；按照市场需求搞好总量平衡；整顿和规范市场经济秩序，为经济发展创造良好环境。

2002 年财政政策的主要措施是：

1. 保持积极财政政策的实施力度，促进国民经济可持续发展。发行 1500 亿元建设国债，重点用于国债在建项目、已开工的青藏铁路、西气东输、西电东送等西部开发重大建设项目、第二批农村电网改造和退耕还林（还草）等。

2. 在环境污染防治方面，截至 2002 年底，国债投资计划中累计安排 464.48 亿元环境污染治理资金，主要用于“三河三湖”水污染防治、重点城市污水和垃圾处理、三峡库区的污染防治、环保设备国产化、城市环境综合整治等。

3. 在生态建设方面，截至 2002 年底，中央财政共投入

702.85 亿元，用于天然林保护工程、京津风沙源治理工程以及退耕还林还草工程等国家重点生态建设工程，共完成退耕还林还草 5379 万亩、宜林荒山地造林种草 6146 万亩。中央财政还设立森林生态效益补助资金，2002 年安排 10 亿元，用于国家重点公益林管护。

4. 在风景名胜区建设方面，2002 年中央财政共投入资金 2 亿多元，用于各类旅游景点自然景观、人文景观和生态环境的保护。

5. 管理能力建设方面，截至 2002 年底，中央财政累计投入资金 3.37 亿元，主要用于部分流域水质监测局部网络系统、重点污染源自动监测系统、地表水水质预警监测系统的建设与运行以及环境信息系统建设。从根本上改善我国可持续发展的滞后局面。

6. 清理整顿政府性基金项目。取消了 277 项政府性基金项目，一年可减轻社会负担 170 亿元。整顿规范西部公路建设税费。为支持西部大开发，整顿和规范西部公路建设税费负担，取消 21 项收费，降低 9 项收费标准，一年可减轻社会负担 30 亿元。为鼓励下岗失业人员从事个体经营，自谋职业和自主创业，扩大再就业，对下岗失业人员从事个体经营免收个体工商户登记费等 17 项收费。

7. 加大财政投入力度，做好低收入人群的基本生活保障工作。2002 年，全国财政用于“两个确保”和低保补助支出 860 亿元，比上年增长 45.52%。其中，对企业职工基本养老保险基金补助支出 563 亿元，比上年增长 68%；国有企业下岗职工基本生活保障补助支出 207 亿元（含调整用于再就业和经济补偿金部分），比上年降低 5%；城市居民最低生活保障补助支出 90 亿元，比上年增长 134%。仅从中央财政看，2002 年用于“两个确保”和低保补助支出 594 亿元，比上年增长 17%。其中，对企业职工基本养老保险基金补助支出 409 亿元，比上年增长 17.2%；国有企业下岗职工基本生活保障补助支出 139 亿元（含调整用于再就业和经济补偿金部分），比上年增长 2.6%；城市居民最低生活保障补助支出 46 亿元，比上年增长 99.4%。从 2002 年 7 月 1 日起，再次提高了企业退休人员基本养老金水平，并向退休早、基本养老金偏低的老干部、老工人、军队转业干部、原工商业者适当倾斜。同时，再次提高了在乡老复员军人定期生活补助标准，并连续五年提高了优扶对象抚恤补助标准。

8. 对投资西部地区符合条件的内外资企业实行所得税、耕地占用税、农业税以及关税和进口环节增值税等税收优惠政策。继续进行关税减让，关税总水平由上年的 15.3% 降低到 12%。对生产企业自营或委托出口货物全面推行“免、抵、退”税管理办法，加快了出口退税进度，促进了出口的增长。对增值税一般纳税人购进免税农产品的进项税额扣除率由 10% 统一提高到 13%，继续对金融保险企业营业税税率下调 1 个百分点，对符合低污染排放标准的小汽车和轻型客车减征 30% 的消费税，对进口化肥免征进口环节增值税等，促进了产业结构和产品结构调整。

2002 年货币信贷政策的主要措施是：

1. 进行金融机构存贷款利率调整与利率市场化改革。经国务院批准，2002 年 2 月 21 日，中国人民银行降低了金融机构存贷款利率，存款利率平均下调 0.25 个百分点，贷款利率平均下调 0.5 个百分点。

在 1998 年和 1999 年两次扩大贷款利率浮动幅度的基础上，2002 年初，在全国 8 个县农村信用社进行利率市场化改革试点，贷款利率浮动幅度由 50% 扩大到 100%，存款利率最高可上浮 50%。

3 月，将境内外资金融机构对中国居民的小额外币存款纳入中国人民银行现行小额外币存款利率管理范围，从而实现了外资金融机构在外币利率政策上的国民待遇。根据美联储 11 月 6 日降息后国际金融市场下行的趋势，11 月 19 日境内小额外币存款利率相应下调。

2. 公开市场业务操作。2002 年外汇供给持续大于需求，中国人民银行通过公开市场业务买入外汇数量持续上升，导致基础货币快速增长。为稳定基础货币增长，中国人民银行于 6 月 25 日开始进行收回流动性的公开市场正回购操作。由于连年进行正回购操作，有可能出现原有的债券将陆续到期，公开市场操作可用债券不足的问题。经与商业银行商量，中国人民银行于 9 月 24 日将当年（6 月 25 日至 9 月 4 日）公开市场业务操作未到期的正回购转换为中央银行票据，相应增加了后续操作工具，为继续进行正回购提供了条件。

3. 信贷政策。针对货币政策传导机制不畅的问题，对商业银行加强贷款营销提出具体要求。2002 年，经国务院批准，中国人民银行增加对农村信用社支农再贷款限额 260 亿元，进一步增强了农村信用社的支农资金实力。为进一步发挥支农再贷款的作用，允许再贷款使用期限最长可达 3 年，提高了支农再贷款限额的使用效果。支持国债项目建设，实行积极财政政策5 年来，国债项目累计投资 3.28 万亿元，除财政增发国债 6600亿元外，其余大部分为银行贷款。银行贷款对支持积极的财政政策发挥了重要作用。大力推动国家助学贷款工作。制定再就业信贷政策，开办下岗失业人员小额担保贷款。

2002 年，通过实施积极的财政政策和稳健的货币政策，积极应对加入世界贸易组织后出现的新形势，保证了我国经济的持续较快增长。

一、扩大内需政策效应继续显现，国民经济持续较快增长

2002 年，国内生产总值跃上 10 万亿元的新台阶，达到102398 亿元，比上年增长 8%，增幅提高 0.7 个百分点。其中，第一产业增长 2.9%，第二产业增长 9.9%，第三产业增长7.3%。人均国内生产总值有较大的提高，2002 年全国人均国内生产总值按人民币现行价格计算达到 7997 元，与 2001 年相比增加了 454 元。在扩大内需各项政策中，国债投资依然发挥了重要作用，推动全社会投资较快增长。全年发行长期建设国债1500 亿元，各地加大落实地方配套资金的力度，带动了银行配套贷款和其他社会资金投入，有力地促进了固定资产投资的较快增长。全年全社会固定资产投资完成 43202 亿元，首次突破 4万亿元，比上年增长 16.1%，增幅比上年提高 4 个百分点，成为拉动经济增长的重要因素。随着国家鼓励民间投资各项政策

逐步落实，民间投资活力有所增强，全年集体和个体投资增长13.8%，增幅比上年加快1.2个百分点。

消费稳定增长，新的消费热点逐渐形成。全年社会消费品零售总额达到40911亿元，增长8.8%。住房、汽车、电信、旅游等领域的消费发展势头良好。全年商品房销售额达到5721亿元，增长23.7%，其中销售给个人的占91.3%。受国内汽车降价、新车型投放市场速度加快和售后服务不断改善的影响，汽车消费不断升温。全年销售轿车113万辆，增长56.1%。电信业务收入4116亿元，增长14.4%。全国电话用户比上年末净增9545万户，达到4.21亿户，跃居世界首位，电话普及率突破30%。互联网上网人数为5900多万，已经上升到世界第2位。信用消费快速发展，2002年金融机构新增消费信贷3694亿元，比上年增长34%。在经济较快增长的同时，价格水平保持基本稳定，2002年全国居民消费价格总水平比上年下降0.8%。

二、产业结构调整取得新进展，经济增长质量和效益进一步提高

粮食种植面积在连续两年大幅度调减后基本趋于稳定，油料、糖料、蔬菜、花卉等经济作物面积继续增加，占农作物的比重超过30%。粮食总产量45711万吨，增长1%。

全国完成工业增加值45935亿元，比上年增长10.2%。其中规模以上工业企业完成工业增加值31482亿元，首次突破3万亿元，同比增长12.6%，保持了稳步快速增长的态势。国有及国有控股企业完成增加值16638亿元，同比增长11.7%。轻、重工业完成增加值12294亿元、19188亿元，分别增长12.1个

和 13.1 个百分点。工业企业经济效益大幅度提高。全年效益综合指数达到 130，比上年提高 7.4 个百分点，是 1992 年发布工业经济效益综合指数以来的最高水平。工业企业实现利润突破 5000 亿元，达到 5620 亿元，比上年增长 20.6%。其中国有控股企业实现利润达到 2636 亿元，增长 13.1%。

全年通信业完成业务总量 5547 亿元，比上年增长 21.7%。其中邮政业务总量增长 8.2%，电信业务总量增长 23.2%。全年房地产开发投资完成 7736 亿元，增长 21.9%。继续扩大高校招生，2002 年全国高校招生 543 万人，其中普通高校招生 321 万人，比上年增长 19.7%。

三、西部大开发扎实推进，中西部地区加快发展

2002 年，各地区、各部门认真贯彻国务院西部地区开发领导小组第二次全体会议的部署，进一步落实中央关于实施西部大开发的一系列政策措施，西部开发取得新进展，享受西部开发政策的 12 个省（自治区、直辖市）经济和社会事业保持了加快发展的好势头。

2002 年，西部地区实现国内生产总值 19886 亿元，比上年增长 9.9%，与全国各地平均增长速度的差距由 1999 年的 1.5 个百分点缩小到 0.6 个百分点。中部地区经济增长 9.7%，比上年提高 0.65 个百分点，西部与中部的经济增长幅度差距明显缩小，但与东部增幅的差距有所扩大。中部地区固定资产投资增长 20%，比上年提高 3.7 个百分点。

经过三年的努力，青藏铁路、西气东输、西电东送、水利枢纽、交通干线等关系西部开发全局的重大项目已全面开工建

设。基础设施项目三年累计开工了58个重点单项工程，总投资3000亿元；三年累计完成投资1196亿元，其中2002年完成投资640亿元。加大基础设施项目投资力度，对西部地区的投资增长和经济发展发挥了重要的带动作用。

退耕还林工程在中西部25个省（自治区、直辖市）及新疆生产建设兵团全面启动，全年完成退耕还林3775万亩，荒山荒地造林4325万亩。三年多来累计完成退耕造林5582万亩，荒山荒地造林5966万亩。天然林资源保护工程进展顺利，京津风沙源治理工程进入实施阶段，天然草原恢复与建设工程开始试点，三峡库区水污染治理项目正式开工。

西部地区农村交通、电力、电信建设步伐明显加快。“油路到县”工程建成242个项目，占计划项目数的96.4%，完成投资310亿元，占计划总投资的90%以上。“送电到乡”工程，安排了西部地区699个未通电乡镇利用可再生能源电力设施的建设，总投资28.5亿元。“广播电视到村”工程，重点建设了西部地区8112个新通电行政村的广播电视设施，到2002年底，西部地区行政村通广播电视的比例达到97.2%。在国家的支持下，还加快了西部地区农村中小型水利设施和人畜饮水项目建设，继续实施农村电网改造工程。

四、财政收入继续增加，金融运行保持平稳

全年财政收入完成18914亿元（不含债务收入），比上年增加2528亿元，增长15.4%，超过预算3.4个百分点。全国财政支出完成22012亿元，比上年增加3109亿元，增长16.4%。中央财政收支相抵，支出大于收入3097亿元，控制在九届全国人大五次会议批准的预算范围之内。

货币供应量增长加快，增幅超过年初预期调控目标。2002年末，广义货币 M_2 余额185007亿元，增长16.78%，比上年末增加2.4个百分点；狭义货币 M_1 余额70882万亿元，增长16.82%，增加4.1个百分点；流通中现金M0余额17278万亿元，增长10.1%，增加3个百分点。全年现金净投放1589亿元，多投放553亿元。金融机构（含外资）人民币各项存款增加27790亿元，多增7631亿元。其中居民储蓄存款增加13233亿元，多增3775亿元。人民币各项贷款增加18475亿元，多增6036亿元。年度各项存款多增额、年度各项贷款新增额和多增额均创历史最高水平。短期贷款、个人中长期消费贷款、票据融资增加较多。国家外汇储备大幅增加，年末余额为2864亿美元，比上年末增加742亿美元，人民币汇率为1美元兑8.277元人民币，继续保持稳定。年末基础货币余额4.48万亿元，增长11.9%，与上年基本持平。金融机构超额备付金率为6.5%，水平基本正常；股份制商业银行和城市信用社分别为10.6%和9.8%，水平相对较高。贷款周转加快，金融机构效益明显提高。2002年银行、信用社贷款周转次数为0.88次，比上年加快0.05次。境内金融机构经营效益比去年同期显著提高。

五、人民生活明显改善

城镇居民收入较大幅度增长。全年城镇居民人均可支配收入达到7703元，考虑物价下降因素后比上年实际增长13.4%，增幅提高5.2个百分点。受上年国家两次提高机关事业单位人员工资及企业效益明显好转的双重作用，城镇居民人均工薪收入为5740元，比上年增长14.4%。“两个确保”得到进一步巩固落实，年末享受最低生活保障人数比上年增加883万人，低保标准有所提高，加上居民家庭中离退休人员比重上升，城镇居民转移性收入比上年增长13.7%，人均达到2003元。

农民收入继续恢复性增长。农村居民人均纯收入达2476元，实际增长4.8%，增速比上年加快0.6个百分点。农民税费负担进一步减轻，人均减负13.7%；农民税费负担占当年人均纯收入比重为3.2%，比上年下降0.7个百分点，是“九五”以来农民税费负担占收入比重最低、减幅最大的一年。

全年城镇居民和农村居民人均消费支出分别为6030元和1834.3元，比上年分别增长9.1%和5.8%。全年金融机构新增消费信贷3694亿元，比上年增长34%。2002年2月1日再次下调人民币存、贷款利率，并降低了住房公积金贷款利率水平，有力地促进了居民消费。2002年，城镇和农村居民恩格尔系数为37.7%和46.2%，呈继续下降态势。

就业再就业工作进一步加强。2002年末全国就业人员73740万人，比上年末增加715万人。其中城镇就业人员24780万人，增加840万人。年末全国共有国有企业下岗职工410万人，比上年末减少105万人；国有企业共有191万下岗职工走出再就业服务中心，其中120万人实现再就业。年末城镇登记失业率为4%，比上年末增加0.4个百分点。

到2002年底，企业离退休养老金实行社会化发放的人数达到3200万人，参加失业保险的人数超过1亿人，医疗保险参保人数为9400万人。国有企业下岗职工基本生活保障向失业保险并轨的试点工作继续顺利开展。“两个确保”得到加强，国有企业下岗职工基本生活费和离退休人员养老金基本做到按时足额发放。城市居民最低生活保障制度得到完善，年末共有 2065 万城镇居民获得最低生活保障。

2002 年，我国国民经济持续快速增长，各项社会事业蓬勃发展，综合国力再上新台阶，国际影响显著扩大，社会安定团结，国家政通人和，这些都为 2003 年的经济发展创造了有利条件。但是，经济运行中仍存在不少矛盾和问题。一是有效需求不足和供给结构不合理的问题并存。农民收入增长缓慢，城镇部分居民收入较低，有些群众的生活还很困难，制约着消费市场的拓展。集体和个体、私营投资的潜力尚未充分发挥。二是就业再就业形势严峻。城镇下岗失业人员较多，农村有大量富余劳动力需要转移。三是国有企业改革任务相当繁重，深层次矛盾有待进一步解决。四是市场经济秩序仍有待进一步整顿和规范。

附：

1996—2002 年中国人民银行连续八次降息情况

第一次降息（1996 年 5 月 1 日）：

存贷款年利率平均降幅分别为 0.98% 和 0.75%，居民消费倾向很快上升 6.6 个百分点，股市历时超过两年的大牛市从此拉开了序幕。

第二次降息（1996 年 8 月 23 日）：

存贷款年利率平均降幅分别为1.5%和1.2%，对沪深股市带来新的刺激，并在当年底创历史高峰。

第三次降息（1997年10月23日）：

存贷款年利率平均降幅分别为1.1%和1.5%，其后发行的两个品种的长期国债异常火爆。

第四次降息（1998年3月25日）：

存贷款年利率平均降幅分别为0.16%和0.6%，为国有企业三年脱困目标的实现创造了良好的资金环境。

第五次降息（1998年7月1日）：

存贷款年利率平均降幅分别为0.49%和1.12%，为扩大内需和国有企业三年脱困目标的实现创造了有利条件。

第六次降息（1998年12月7日）：

存贷款年利率平均降幅均为0.5%，为扩大内需和国有企业三年脱困目标的实现进一步创造有利条件。

第七次降息（1999年6月10日）：

存贷款年利率平均降幅分别为1%和0.75%，这是宏观经济实现“软着陆”以来连续第七次降息，为克服通货紧缩产生了重要作用。

第八次降息（2002年2月21日）：

存贷款年利率平均降幅分别为0.27%和0.5%，这是进入21世纪以来第一次降息，曾带动股市在当时的1500点政策底走出一波近200点的强劲反弹行情。

2002·基本改革思路

主辅分离、辅业改制

实现国有企业建立现代企业制度的改革目标，需要进行两个方面的改革：一是在制度层面上通过股权多元化，建立出资人到位、权责明确、相互制衡、监督有效的法人治理结构，使企业按照效益最大化目标和市场经济的规则规范运行，解决国有企业动力不足、权力失衡、监督失效等弊端；二是解除传统体制给国有企业留下的历史包袱和社会负担，分离企业的主业和辅业，对辅业进行改制，分流安置富余人员，集中资源做强做大主业，使之成为真正市场化的经济组织，以适应剧烈市场竞争的需要。

国有企业改革经过20多年的艰苦探索和各方面的努力，开始从旧体制下的行政附属物转变为市场竞争主体和经营实体。但是，随着经济体制改革不断深入，一方面，国有企业生存和发展的体制与市场环境发生了根本变化，不断深化的市场化改革和国际化进程，给国有企业带来更加严峻的挑战；另一方面，国有企业自身的一些深层次矛盾并没有完全解决，攻坚克难的任务还很艰巨，国有经济战线过长、布局分散、退出通道不畅的问题，国有资产监督管理体制还不够到位的问题，国有企业法人治理结构尚不完善的问题，国有企业历史负担还没有完全消化等问题，都亟待在深化改革中加以解决。

一是社会主义市场经济体制初步建立，市场机制对资源配置的基础性作用日益加强。市场机制配置资源遵循的是优胜劣汰法则，企业的生存和发展完全取决于市场竞争的表现。在这样的体制下，国有企业不能够再从政府财政或银行获得额外的支持，只有通过市场竞争才能获得资源，低效率必然被市场淘汰。这就要求国有企业以市场为导向，大力提高资源配置效率。但相当一部分国有企业在体制和机制上还没有完成向市场经济主体的转变，一些历史和社会包袱还没有完全消化，这就影响了国有企业资源配置效率的提高。

二是公有制为主体、多种所有制经济共同发展的基本经济制度已经确立。一方面，非公有制经济的迅速发展，以其机制灵活、市场适应能力强等优势，对国有企业构成了强大的竞争压力；另一方面，境外资本全面进入，国际上的跨国公司以强大的资本和技术实力为后盾，大举进入中国市场。与这些强大的竞争对手相比，大多数国有企业，包括一些大型特大型中央企业，还有相当大的差距。

三是全方位、多层次、宽领域的对外开放格局基本形成。随着我国加入 WTO 以后过渡期条款的逐步取消，对外开放进一步扩大，国内外市场加速实现并轨，国内市场同时也是国际市场。这一方面有利于吸引更多资金、更先进的技术和现代的管理理念，在更大的市场范围内进行资源的优化配置；另一方面随着放宽市场准入、实行国民待遇原则等世贸组织规则的实施，国有企业将不再享受特殊的保护措施和优惠政策，必须与强大的国外竞争对手在同等的条件下参与市场竞争。

面对市场竞争格局和体制环境的深刻变化，国有企业自身改革的任务显得十分艰巨和紧迫。经过 20 多年的改革，80% 以上的国有中小企业已经实现了较为彻底的改制，但国有大企业的改革任务则十分繁重。一方面国有大企业是国有经济发挥控制力的主要载体，在国民经济发展中具有举足轻重的作用；另一方面，旧体制的弊端和积习在国有大企业中最为突出，改革的难度也比国有中小企业大得多。

国有大企业改革的方向是建立现代企业制度，使股份制成为公有制的主要实现形式。实现这样一个目标，实际包含两个方面的改革：一是在制度层面上通过股权多元化，建立出资人到位、权责明确、相互制衡、监督有效的法人治理结构，使企业按照效益最大化目标和市场经济的规则规范运行，解决国有企业动力不足、权力失衡、监督失效等弊端；二是为国有企业进入市场创造自身方面的条件，包括解除传统体制遗留的历史包袱和社会负担、使国有企业成为真正市场化的经济组织，调整和优化企业内部的组织结构、集中资源做强做大主业等。目前有相当部分上市公司不能规范运行，一个非常重要的原因，就是将优质资产重组上市后，非上市的存续企业中数量众多的、与主业并不相关的后勤服务系统、各种“三产”和多种经营以及大量社会职能单位，成为上市公司的沉重负担。因此，国有企业建立现代企业制度必须与消除各种负担和结构调整等内部改革和调整结合起来，才能取得实效。

无论是国有经济的战略性调整，还是减轻国有企业历史负担，富余人员往哪里去都是不可回避的难题。面对中国人口多、就业压力大的现实，国有企业不可能像发达市场经济国家的企业那样，采取简单的经济性裁员方式，将富余人员直接推向社会。必须从实际出发，既要继续坚持减员增效的改革方向，也要考虑到社会的承受问题，采取多种措施分流安置富余人员，尽量减少社会再就业的压力，这也是国有企业必须承担的一项社会责任。

随着国有企业改革的推进和结构调整力度的加大，再就业和社会稳定的压力越来越大。中共中央、国务院为解决国有企业下岗失业人员再就业问题，在 2002 年 9 月召开的全国再就业工作会议上，将主辅分离、辅业改制作为国有企业分流安置富余人员的重要形式，强调这项政策是统筹考虑国有企业改革与促进再就业的一项重要措施。

2002 年 11 月 18 日，国家经济贸易委员会、财政部、劳动和社会保障部、国土资源部、中国人民银行、国家税务总局、国家工商行政管理总局、中华全国总工会联合颁发《关于国有大中型企业主辅分离辅业改制分流安置富余人员的实施办法》的通知（国经贸企改〔2002〕859 号），《实施办法》指出，为贯彻落实《中共中央、国务院关于进一步做好下岗失业人员再就业工作的通知》（中发〔2002〕12 号）精神，推进国有及国有控股大中型企业主辅分离、辅业改制、分流安置富余人员，鼓励有条件的国有大中型企业在进行结构调整、重组改制和主辅分离中，利用非主业资产、闲置资产和关闭破产企业的有效资产（简称“三类资产”），改制创办面向市场、独立核算、自负盈亏的法人经济实体，多渠道分流安置企业富余人员和关闭破产企业的职工，减轻社会就业压力。

《实施办法》规定，国有大中型企业主辅分离、辅业改制、分流安置本企业富余人员兴办的经济实体，凡符合以下条件的，经有关部门认定，税务机关审核，可享受《通知》规定的三年内免征企业所得税的政策。

改制企业应当按照《中华人民共和国公司法》和其他有关法律法规的规定，通过合资、合作、出售等方式，逐步实现产权主体多元化。具备一定市场生存能力的改制企业，可直接改制为非国有法人控股的法人实体；暂时不具备上述条件的改制企业，可保持国有法人的控股地位，但必须产权明晰、独立核算、面向市场、自负盈亏。

改制企业与原主体企业除产权关系外，不再具有行政隶属关系，原主体企业仅以出资额为限承担有限责任，并依法享有股东权利。

改制企业要建立以产权关系为基础的法人治理结构，建立健全相应的组织机构，制定各项管理制度，完善监督约束机制。原主体企业在改制企业设立过程中，有责任帮助推荐考核经营者人选并监督其产生程序的合法性。改制企业可以用国有净资产支付解除职工劳动关系的经济补偿金等，由此造成的账面国有资产减少，按规定程序报批后冲减国有资本。用国有净资产按规定进行各项支付的不足部分，应由原主体企业予以补足；剩余部分可向改制企业的员工或外部投资者出售，也可采取租赁、入股或转为债权等方式留在改制企业。已完成改制分流的单位，原主体企业要按规定及时办理相关的资产转移、产权登记手续。

改制企业员工的劳动关系处理。对从原主体企业分流进入改制企业的富余人员，应由原主体企业与其变更或解除劳动合同，并由改制企业与其变更或重新签订三年以上期限的劳动合同。变更或签订新的劳动合同应在改制企业工商登记后 30 天内完成。对分流进入改制为非国有法人控股企业的富余人员，原主体企业要依法与其解除劳动合同，并支付经济补偿金。职工个人所得经济补偿金，可在自愿的基础上转为改制企业的等价股权或债权。对分流进入改制为国有法人控股企业的富余人员，原主体企业和改制企业可按国家规定与其变更劳动合同，用工主体由原主体企业变更为改制企业，企业改制前后职工的工作年限合并计算。改制企业要及时为职工接续养老、失业、医疗等各项社会保险关系。

2003 年 7 月 31 日，劳动和社会保障部、财政部、国务院国有资产监督管理委员会又制定印发了《国有大中型企业主辅分离辅业改制分流安置富余人员的劳动关系处理办法》（劳社部发〔2003〕21 号），对国有企业改制分流中劳动关系处理作了进一步的规定：一是国有大中型企业实行主辅分离、辅业改制的企业应当在工商登记后 30 日内，与原主体企业分流到本单位的职工签订劳动合同。二是对分流到国有法人绝对控股改制企业的职工，应当采取原主体企业解除劳动合同，改制企业签订新劳动合同的方式变更劳动合同，由改制企业继续与职工履行原劳动合同约定的权利与义务。改制企业与职工重新签订劳动合同就劳动合同期限不能协商一致的，应当继续履行原劳动合同中尚未履行的期限；原劳动合同未履行期限短于 3 年的，应延长至 3 年。符合签订无固定期限劳动合同条件的，职工提出签订无固定期限的劳动合同，用人单位应当签订无固定期限劳动合同。三是对分流到非国有法人控股改制企业的职工，原主体企业应当与其办理解除劳动合同手续，并依法支付经济补偿金；改制企业应当与职工重新签订劳动合同。劳动合同的期限由改制企业与职工协商确定，重新签订劳动合同的期限应不短于 3 年。四是对分流到国有法人绝对控股改制企业的职工，改制企业解除劳动合同时，对符合支付经济补偿金条件的，计发经济补偿金的年限应当将职工在原主体企业的工作年限与到改制企业后的工作年限合并计算。劳动合同期满，终止劳动合同时，支付生活补助费的办法按照《劳动和社会保障部办公厅关于〈国营企业实行劳动合同制暂行规定〉废止后有关终止劳动合同支付生活补助费问题的复函》执行。五是企业解除劳动合同计发经济补偿金，按照《违反和解除劳动合同的经济补偿办法》的规定，根据劳动者在本单位工作年限，每满一年发给相当于一个月工资的经济补偿金，工作时间不满一年的按一年的标准发给经济补偿金。对从其他国有单位（包括国家机关、事业单位和国有企业）调入本单位的职工，其在国有单位的工龄可计入在本单位工作年限。经济补偿金的工资计算标准是指企业正常生产情况下劳动者解除劳动合同前 12 个月的月平均工资。其中，职工月平均工资低于企业月平均工资的，按企业月平均工资计发；职工月平均工资超过企业月平均工资 3 倍以上的，按不高于企业月平均工资的 3 倍标准计发。企业经营管理人员也应按照上述办法执行。六是企业改制分流时，对距法定退休年龄 5 年以内、符合内部退养条件的职工，原主体企业或国有法人控股的改制企业经与职工协商一致，可以实行内部退养。职工在改制前已经办理内部退养手续的，一般由原主体企业继续履行与职工的内部退养协议。由改制企业履行原内部退养协议的，应当在改制分流总体方案中明确。七是企业改制分流时，已经与原主体企业解除劳动合同的职工，不能再回原主体企业参加改制。八是企业改制分流时，原主体企业要妥善处理好拖欠职工的工资和欠缴的社会保险费等债务。九是国有法人控股的改制企业再改制为非国有法人控股时，符合国经贸企改〔2002〕859 号文件适用范围的，有关职工劳动关系的处理，按照本办法执行。

八部门的 859 号文件及其配套文件下发后，各地及中央企业做了大量的工作，部分先行改革的企业开始取得初步成效。截至 2004 年 9 月底，各地实施主辅分离的国有大中型企业有 775 个，主要集中在北京、上海、黑龙江、辽宁、湖北、四川、甘肃等地，实施改制企业 2639 户，涉及富余人员 70. 8 万人。从中央企业的情况来看，截至 2004 年 10 月底，共有 62 家上报主辅分离、辅业改制总体方案，经国资委、财政部、劳动保障部三家联合审核，目前已经批复 43 家中央企业的总体方案。43 家企业第一批实施方案中的改制单位 1422 个，拟改制为非国有法人控股企业的 1311 个，占改制单位总数的 92. 2%；涉及三类资产总额 509 亿元，净资产 202 亿元；涉及分流安置职工人数为 26. 2 万人，其中 22. 7 万人在改制后企业得到安置。已有 11 户中央企业上报第二批实施方案，涉及三类资产 157.7 亿元，净资产 70 亿元，需要分流安置职工 9.4 万人。据初步统计，实施主辅分离的改制企业享受税收减免金额共计 1.1 亿元左右。

主辅分离、辅业改制的效果开始显现：一是改制企业在产权明晰的基础上彻底转换了经营机制；二是改制企业活力增强，经济效益显著提高；三是主辅分离辅业改制为主体企业的发展奠定了基础；四是辅业改制后有效地分流安置了富余人员。

但是，在辅业改制中也存在一些需要注意的问题，一是职工平均持股问题。根据国务院国资委 2004 年上半年对已实施主辅分离改制分流的 20 家中央企业的 651 户改制企业股权结构情况进行的统计，股本总额合计为 62 亿元，其中职工股总额为 35.6 亿元，占 57.4%，651 户辅业企业改制共支付经济补偿金 34.4 亿元，人均补偿金 3.4 万元，其中经济补偿金转成股份合计 29.3 亿元，占职工股份总额的 82.2%。国有法人股 11.4 亿元，占股本总额的 18.3%；非国有外来投资者股份总额 9 亿元，占股本总额的 14.6%。因此，职工整体处于绝对控股地位、职工持股平均化、外来投资的比重不高，是辅业改制的重要特点。改制企业如何进一步形成合理的产权结构，是一个需要在实践中解决的问题。

二是辅业改制企业的公司治理问题。辅业改制以后，由原来纯国有企业或国有控股企业一步跨越到股权多元化的公司制企业，尤其是内部职工总体控股、平均持股的股东结构，不利于改制企业建立规范的公司治理结构，在一定程度上影响企业的发展决策。有的企业沿用“集体领导”方式，这很容易造成决策失误或无人负责现象以及对经营者授权不足，难以形成有力的经营指挥系统。治理结构是企业发展的制度保证，改制企业还必须注意在实践中不断完善。

三是辅业改制企业的机制转换问题。辅业企业改制不仅包括体制的转换，内部的机制转换也是重要内容。与职工解除劳动合同并给予经济补偿，不仅理顺了国有企业与职工的关系，更重要的是将职工由“企业人”转变为“社会人”，实现改制企业用工制度的根本变革。但国有企业职工长期以来形成的平均主义、“铁饭碗”、依赖企业等习惯性观念，不会在短时间内自然转变，特别是辅业改制后股权结构平均化等问题的存在，在一定程度上容易形成新的大锅饭。

四是辅业改制企业加强和改善企业管理问题。辅业单位长期依赖国有企业生存，没有完全进入市场，企业管理相对比较薄弱。从改制企业的情况看，部分改制企业对探索新的经营模式，建立新的管理制度不够重视，缺乏科学管理的理念和人才，这使得新的体制难以发挥应有的作用，甚至继续沿袭过去落后的管理模式，不能尽快形成自我生存和发展的能力。

2002 · 年度改革实践

继续国有经济战略性调整

2002 年，国有资本继续向重点行业、大型重点企业积聚，国有经济在石油、石化、电力、电信、冶金、有色金属、铁路、军工等关系国民经济命脉的重要行业和关键领域发展迅速，促进了国有经济的结构调整和布局优化。在机械、电子等一般竞争性领域，非公有制经济发展很快，国有经济的比重明显下降，所有制结构出现积极变化。2002 年关闭破产项目 533 个，核销呆坏账 616.7 亿元，破产终结 248 项，核销银行呆坏账准备金和资产管理公司债权损失 269 亿元，其中十大军工企业集团的关闭破产项目已批准下达 106 项，拟核销银行呆坏账准备金和资产管理公司债权损失 126 亿元，终结 47 项。对一批长期亏损、资不抵债、扭亏无望的工业企业和资源枯竭矿山进行调整改组，在纺织、煤炭、制糖、钢铁、建材、电力等行业淘汰一批落后生产能力，其对国有经济布局结构调整的积极效应开始逐步显现。

国有经济有进有退，促进了整体素质的提高。2002 年，国有大中型企业实现利润总额 3700 多亿元，较上年增长了 32.7%。其中，石油、石化、电力、电信行业利润超百亿元的 6 家大型骨干企业共实现 1844.2 亿元，占全部国有企业利润总额的 48.7%，占全部中央企业利润总额的 62.4%，占中央监管的 196 家企业利润总额的 76.7%。

据 2001 年度会计决算统计，全国 17.4 万户国有及国有控股企业资产总额（合并口径）166709.6 亿元，其中：负债总额（不含少数股东权益）97256.5 亿元，所有者权益 61436.2 亿元；实现利润总额 2811.2 亿元。截至 2002 年底，全国国有企业合并国有资产总量 65476.7 亿元，较上年增长了 9.4%，其中，占全部国有企业 6% 的大型企业（较上年提高了 0.8 个百分点）国有资产总额占全部国有企业资产总额的77.9%（较上年提高了1个百分点），并且继续占据着国民经济的主要行业。其中，514户国家重点国有及国有控股工业企业的资产总额、销售收入和实现利税继续增长；中央监管企业占用资产总额71285.3亿元，较上年增长了2.2%，占全部国有企业资产总额的39.5%，实现利润2405.5亿元，较上年增长了28.4%。国有及国有控股大型企业跻身世界500强的仍为11家。

通过股份制改革、中外合资、境内外上市和国有经济结构调整，进一步扩大了国有资本控制和支配其他社会资本的规模和范围，国有经济的控制力和影响力进一步增强。目前，国有经济在国防、金融、邮电、航空航天、铁路等关键部门中的比重超过95%，在电力、石油、石化、冶金等基础行业中的比重在85%以上，在机械、电子等资金和技术密集型的竞争性行业中也占有60%左右的比重。其中，占据国民经济主要行业的国有大型企业对国家宏观调控及非国有经济的影响力、控制力尤其突出。

继续国有企业战略性改组

2002年，政府继续为企业集团发展创造必要的政策环境和条件，国有大型企业特别是电力、电信、民航等行业的企业进一步深化改革和重组，加快了建立现代企业制度的步伐。石油、石化、电力、电信等重点行业中，一批具有较大规模和技术创新能力的国有及国有控股企业迅速成长。

2002年，通过实行政企分开、改进政府监管和推进企业重组等措施，继续推进垄断行业的改革重组，在电信、民航、电力等行业进一步引入竞争机制。5 月 16 日，电信行业在 1999 年分拆的基础上重新组建的中国电信集团（下辖南方 21 个省市）、中国网通集团（下辖北方 10 个省市）正式成立。重组后的两大集团公司在拥有中国电信已有业务经营范围的基础上，可以在对方区域内建设本地电话网和经营本地固定电话等业务，并相互提供平等接入等互惠服务。电信体制改革推动了电信业务和固定电话业务市场格局的变化，打破了过去独家垄断经营的局面。

民航业通过联合重组，形成了三大航空集团公司和三家民航服务保障企业集团，六大集团脱离了与民航总局的隶属关系。对民航总局直属的 9 家航空公司进行联合重组，按照政企分开的原则，形成 3 个大型航空集团，分别是：以中国国际航空公司为主体，联合中国航空总公司和西南航空公司组建中国航空集团公司，保留国航名称并继续使用国航的原有标识；以南方航空公司为主体，联合北方航空公司和新疆航空公司，组建中国南方航空集团公司，保留南方航空股份有限公司的名称并继续使用原有标识；以东方航空公司为主体，兼并西北航空公司，联合云南航空公司，保留东方航空股份有限公司名称并继续使用原标识。三大航空集团公司组建后，即与民航总局脱钩。机场管理体制改革顺利进行，除首都机场和西藏自治区的民用机场仍由民航总局管理外，其他机场全部下放地方管理，并将现行的民航三级行政管理改为民航总局、地区管理局两级管理。集中统一管理的空管体制改革基本完成。

按照“厂网分开”的原则重组发电和电网企业，两大电网公司、五大发电集团公司和四家电力辅业集团公司正式挂牌运营。组建了负责电力企业及电力市场监管的国家电力监督管理委员会。电价、电力投资及电力监管体制改革顺利进行。在推进改革的同时，电力安全生产形势平稳，电力建设进展顺利。

按照“网运分离”的基本思路对铁路企业进行重组的具体方案正在进一步修改完善。此外，国家还对黄金管理体制进行了改革，组建了中国黄金集团公司。总体上看，垄断行业垂直一体化的垄断经营开始被打破，多个市场主体平等参与市场竞争的格局初步形成。

继续鼓励和引导外资及民间资本参与国有企业的改组改制，采取多种形式放开搞活中小企业。到2002年底，国有控股企业共3.6万户，较上年增加了2.6%，资产总额及其占全部国有企业资产总额的比例分别较上年提高了12.4%和1.38%；国有独资企业、公司户数较上年减少了12.6%；国有小型工业企业改制面超过86%，其中采取兼并、股份合作、出售等涉及产权制度改革的企业占全部已改制企业的63.3%，东部沿海地区一些省（市）改制已经完成。同时，通过制定相关法律法规、开展信用担保体系试点、加强社会化信用服务体系建设等，中小企业发展的环境不断改善。近10年来，通过改制、重组、兼并、关闭破产和出售等途径，加快了国有企业改组和扶优汰劣步伐，国有企业户数平均每年减少8%，2002年国有工业企业户数较1997年减少了一半，抓大放小取得显著成效。实施抓大放小的战略性改组，推动了大公司、大集团的发展及其与中小企业的协作，增强了市场竞争力。

据国家统计局发布的2001年统计信息显示，通过国有企业战略性改组，我国企业集团长大变强，呈现四大特点：第一，资产规模加速扩张。2710家企业集团中，超过70%的企业集团资产规模有所扩大，年末资产总计超过50亿元的企业集团达360家。2001年，我国资产规模最大的10家企业集团依次是：国家电力公司、中国石油天然气集团公司、中国电信集团公司、中国石油化工集团公司、中国国际信托投资公司、中国移动通信集团公司、中国联合通信有限公司、上海宝钢集团公司、广东省广电集团有限公司、神华集团公司。其中，国家电力公司2001年末资产总计逼近13500亿元。第二，营业收入大幅增长。2001年，在激烈的市场竞争中，仍有60%的企业集团营业收入有所增长，其中97家增幅超过一倍。全部企业集团实现营业收入6.56万亿元，比上年增长23.2%。共有199家大企业集团营业收入在50亿元以上，比上年增加48家。全部企业集团实现出口销售总额5404亿元，比上年增长18%。第三，经济效益稳步提高。2001年，全部企业集团实现利润总额3210亿元，比上年增长10.6%。其中，实现利润总额超上年的有1378家，扭亏为盈的有110家，实现利润总额超过10亿元的有36家。第四，龙头企业作用凸显。2001年，在全部2710家企业集团中，年末资产总计和营业收入均在5亿元及以上的大型企业集团为1254家，其中，年末资产总计和营业收入均在50亿元及以上的特大型企业集团达到179家，比上年增加了39家，这些集团已经或正在成为行业的龙头企业。

国有大中型企业建立现代企业制度

通过规范上市、中外合资和相互参股，实行股份制，相当一批企业进行了公司制改革，初步形成了投资主体多元化的格局。全国 4371 家骨干企业中完成公司制改制的有 3322 家，占比达 76%，520 户国家重点企业中的 514 户重点国有及国有控股企业，完成改制。已经改制的企业，表现出以下特点：第一，“产权清晰、责权明确”的企业法人制度普遍建立。改制企业中已有 3118 家企业在完成清产核资、界定产权的基础上建立了明确的企业出资人制度。改制企业出资人到位率达到 93.9%。企业自主经营权得到有效落实。第二，投资主体多元化步伐加快。改制企业注册资本金合计 11437 亿元，其中，国家投入资本 7383 亿元；包括集体资本、法人资本、个人资本、外商资本在内的其他各类资本 4054 亿元，分别占改制企业注册资本金总数的 64.6% 和 35.4%。第三，企业法人治理结构日趋完善。3322 家改制企业中大部分企业法人治理结构制度落实情况较好：1987 家企业成立了股东会，3196 家企业成立了董事会，2786 家企业成立了监事会，分别占改制企业总数的 59.8%（按《公司法》规定，国有独资公司不设股东会）、96.2% 和 83.9%。全面贯彻年轻化、知识化、专业化的方针和德才兼备的原则，努力建设一支高素质的企业家队伍。3322 家改制企业总经理平均年龄 47.3 岁。第四，企业劳动、人事、分配三项制度改革措施落在实处，效果明显。人才合理流动，资源合理配置的企业劳动用工和人事管理机制已基本形成。已有 3216 家企业与职工通过平等协商签订劳动合同、确定了劳动关系；2696 家企业改革用工制度，根据生产经营需要依法自主决定招聘职工，已经实现全员竞争上岗制度，形成职工能进能出的机制；3025 家企业能够按规定参加各项社会保险，按时足额缴纳社会保险费；2215 家企业已经打破传统的“干部”和“工人”之间的界限、变身份管理为岗位管理；2691 家企业按照精干、高效原则设置各类管理岗位，对管理人员实行公开竞聘、择优录用制度；2899 家企业实行以岗位工资为主的工资制；1474 家企业已经实行经营者年薪制度；689 家企业开始尝试实行经营者持有股权、股票期权分配制度；1745 家企业实行科技人员收入分配激励机制；853 家企业实行工资集体协商制度；747 家企业实行职工持股分配制度。第五，企业管理日趋科学化。改制企业中有 3274 家企业建立了奖惩制度，其中能够严格执行的企业占到 84.7%。ISO9000 质量体系标准认证的企业有 2060 家。有 1944 家建立了包括国家级认定和省级认定的企业技术中心。第六，企业“双分”* 工作取得重大进展。到 2001 年末，3329 家改制企业从业人员总数为 112.3 万人，减员 40.3 万人；在 1584 家有分离社会性服务机构工作任务的企业当中，已经有 527 家企业全部完成了分离工作，还有 312 家企业分离工作完成过半。

*“双分”，即分离企业办社会职能，分流安置富余人员。

到 2002 年底，国有控股股份制企业共 3084 户。改制企业依法设立了股东会、董事会、监事会和经理层，明确了各自的职责，并根据《国有大中型企业建立现代企业制度和加强管理的基本规范（试行）》精神，加强了操作的规范性，努力构建科学有效的公司法人治理结构。一批股份制企业还通过上市等途径在资本市场筹集了资金，股权结构得到优化，规范的现代企业制度正在形成。到2002年底，我国在境内外上市的1270家企业中，国有控股公司占80%，其中，中石油、中石化、中海油、中国移动、中国联通等75家重点骨干企业成功到境外上市。

通过进一步建立健全董事会、监事会制度，推行财务总监委派制和聘任制等，国有企业法人治理结构逐步完善。企业劳动、工资、人事制度改革继续深化，激励与约束机制有所增强。2002年，财政部、科技部制定了《关于国有高新技术企业开展股权激励试点工作的指导意见》，开始在国有高新技术企业中进行股权激励的试点。

在探索国有资产管理的有效实现形式方面，上海、深圳、武汉、吉林、江苏等地都根据各自的实际，大胆进行创新和实践。中央政府先后向182家国有重点大型企业和一批银行、保险公司派出了监事会主席和监事，批准了27家原由中央直接管理的国有大型企业和企业集团作为国家授权投资的机构，对所辖国有资产实行授权经营。2002年，这些企业的外派监事会继续依法加强对企业的监督检查，在完善企业法人治理结构、加强国有资产监督管理方面，进行了有益的探索。

继续减轻国有企业的历史负担

2002年，国家颁布了《关于进一步推进国有企业分离办社会职能工作的意见》，提出要逐步推进学校、医院等公益机构与企业的分离，进一步减轻企业办社会负担；制定了《关于国有大中型企业主辅分离辅业改制分流安置富余人员的实施办法》，推进国有及国有控股大中型企业的主辅分离、辅业改制和分流安置富余人员。针对军工企业的特殊情况，2002 年 3 月经国务院批转实施《军工企业改革脱困方案》，加大了军工企业关闭破产、债转股、分流富余人员和分离办社会的力度。2002 年 3 月 31 日，国家经贸委会同国防科工委召开了军工企业改革脱困工作会议，标志着军工企业改革脱困工作进入了实施阶段。此外，通过企业治乱减负工作，全国共取消向企业不合理收费项目 8998 项，涉及金额 355 亿元。

通过增加财政投入，进一步健全企业下岗职工基本生活保障、失业保险、城镇居民最低生活保障“三条保障线”，为企业分流富余人员、分离办社会职能奠定了基础。到 2002 年底，全国参加失业保险人数超过 1 亿人（其中国有企业职工约占 40%），领取失业保险金的人数达到 400 万人，领取城镇最低生活保障金的人数 2054 万人。2002 年，中央财政用于“两个确保”和“低保”的资金高达 594 亿元，确保了下岗职工基本生活和离退休人员基本养老金按时足额发放；用于城镇居民最低生活保障的资金 46 亿元，是上年的两倍。此外，劳动和社会保障部还发布了《关于 2001 年调整企业退休人员基本养老金的通知》，调整和提高了退休人员的基本养老金。

发展股份制企业

据国家统计局第二次全国基本单位普查数字，截至 2001 年底，我国股份制企业（包括有限责任公司和股份有限公司）共 30 多万家，较 1997 年增长了 3.2 倍，年均增长 33.1%；从业人员 2746.6 万人，增加了 3.3 倍，年均增长 33.7%；资本金 2.86 万亿元，增长了 4.9 倍，年均增长 42.5%；全年实现营业收入 5.67 万亿元，增长了 5.8 倍，年均增长 46.8%。上市公司发展尤为迅速。2002 年底，上市公司累计 1270 家，其中境内（A 股、B 股）1224 家，境外（H 股）75 家（包括同时发行 A 股和 H 股 29 家）。仅发行 A 股的境内上市公司 1085 家，仅发行 B 股的境内上市公司 24 家。股份制企业已经成为我国法律上最规范、实践中最富有活力的一种所有制形式，其发展对完善所有制结构，促进国民经济发展，引导其他经济成分进行制度创新，都发挥了重要作用。

股份制企业的发展则呈现出如下两个明显特点：从产业分布看，股份制企业逐步从制造业和建筑业为主的第二产业向以批发和零售贸易、餐饮业为主的第三产业转移。2001 年，第三产业股份制企业比重达 65.3%，比 1996 年提高 20.2 个百分点，第二产业股份制企业比重从 1996 年的 53.8% 下降到 33.7%。从地域结构看，东部地区股份制企业发展迅速。2001 年末，东部地区股份制企业占全国的 68.4%，中西部地区分别占 17.4% 和 14.2%。相应地，上市公司也主要集中在东部地区。到 2002 年底，上海、广东、北京、江苏、山东、浙江、辽宁、福建等 8 个省（市）共有上市公司 640 家，占全国的一半以上。

试行企业总法律顾问制度

企业总法律顾问制度在国家重点企业开始试行。2002 年 7 月 29 日，国家经贸委、中组部、中央企业工委、中央金融工委、人事部、司法部、国务院法制办等 7 部门联合召开的“全国企业总法律顾问制度试点工作会议”强调：“十五”期间，力争在国家重点企业中有 80% 的企业逐步建立起与现代企业制度相配套的企业总法律顾问制度。企业总法律顾问的主要职责如下：（1）直接参与企业重大经营决策，保证企业经营活动的合法性；（2）负责做好企业合同管理、商务谈判、知识产权、工商管理、招标投标、改制重组、诉讼、仲裁等方面的法律事务工作；（3）协助企业主要经营者搞好企业规章制度建设，负责组织本企业重要规章制度的制定和实施；（4）主管企业的法制宣传教育和培训，指导下属单位法律事务工作；（5）对本企业及下属单位违反法律法规的行为提出纠正意见，负责或者协助有关部门予以整改。

2002 · 重要理论观点

全面建设小康社会目标

中共十六大报告首次提出全面建设小康社会的目标：

在优化结构和提高效益的基础上，国内生产总值到 2020 年力争比 2000 年翻两番，综合国力和国际竞争力明显增强。基本实现工业化，建成完善的社会主义市场经济体制和更具活力、更加开放的经济体系。城镇人口的比重较大幅度提高，工农差别、城乡差别和地区差别扩大的趋势逐步扭转。社会保障体系比较健全，社会就业比较充分，家庭财产普遍增加，人民过上更加富足的生活。

社会主义民主更加完善，社会主义法制更加完备，依法治国基本方略得到全面落实，人民的政治、经济和文化权益得到切实尊重和保障。基层民主更加健全，社会秩序良好，人民安居乐业。

全民族的思想道德素质、科学文化素质和健康素质明显提高，形成比较完善的现代国民教育体系、科技和文化创新体系、全民健身和医疗卫生体系。人民享有接受良好教育的机会，基本普及高中阶段教育，消除文盲。形成全民学习、终身学习的学习型社会，促进人的全面发展。

可持续发展能力不断增强，生态环境得到改善，资源利用效率显著提高，促进人与自然的和谐，推动整个社会走上生产发展、生活富裕、生态良好的文明发展道路。

财产多少不是判断人们政治上先进和落后的标准

中共十六大报告指出不能简单地把有没有财产、有多少财产当作判断人们政治上先进和落后的标准，而主要应该看他们的思想政治状况和现实表现，看他们的财产是怎么得来的以及对财产怎么支配和使用，看他们以自己的劳动对中国特色社会主义事业所作的贡献。要形成与社会主义初级阶段基本经济制度相适应的思想观念和创业机制，营造鼓励人们干事业、支持人们干成事业的社会氛围，放手让一切劳动、知识、技术、管理和资本的活力竞相迸发，让一切创造社会财富的源泉充分涌流，以造福于人民。不论是体力劳动还是脑力劳动，不论是简单劳动还是复杂劳动，一切为我国社会主义现代化建设作出贡献的劳动，都是光荣的，都应该得到承认和尊重。海内外各类投资者在我国建设中的创业活动都应该受到鼓励。一切合法的劳动收入和合法的非劳动收入，都应该得到保护。

公有制经济和非公有制经济不是对立的

中共十六大报告指出，坚持和完善公有制为主体、多种所有制经济共同发展的基本经济制度。第一，必须毫不动摇地巩固和发展公有制经济。发展壮大国有经济，国有经济控制国民经济命脉，对于发挥社会主义制度的优越性，增强我国的经济实力、国防实力和民族凝聚力，具有关键性作用。集体经济是公有制经济的重要组成部分，对实现共同富裕具有重要作用。第二，必须毫不动摇地鼓励、支持和引导非公有制经济发展。个体、私营等各种形式的非公有制经济是社会主义市场经济的重要组成部分，对充分调动社会各方面的积极性、加快生产力发展具有重要作用。第三，坚持公有制为主体，促进非公有制经济发展，统一于社会主义现代化建设的进程中，不能把这两者对立起来。各种所有制经济完全可以在市场竞争中发挥各自优势，相互促进，共同发展。

国家统一所有、分级履行出资人职责的国有资产管理体制

中共十六大报告对国有资产管理体制框架作了新的规定。报告指出，在坚持国家所有的前提下，建立中央政府和地方政府分别代表国家履行出资人职责，享有所有者权益，权利、义

务和责任相统一，管资产和管人、管事相结合的国有资产管理体制。关系国民经济命脉和国家安全的大型国有企业、基础设施和重要自然资源等，由中央政府代表国家履行出资人职责。其他国有资产由地方政府代表国家履行出资人职责。中央政府和省、市（地）两级地方政府设立国有资产管理机构。继续探索有效的国有资产经营体制和方式。各级政府要严格执行国有资产管理法律法规，坚持政企分开，实行所有权和经营权分离，使企业自主经营、自负盈亏，实现国有资产保值增值。

政府职能与宏观调控的主要目标

中共十六大报告对政府的职能和宏观调控的主要目标作了新的表述。报告指出，完善政府的经济调节、市场监管、社会管理和公共服务的职能，减少和规范行政审批。要把促进经济增长，增加就业，稳定物价，保持国际收支平衡作为宏观调控的主要目标。完善国家计划和财政政策、货币政策等相互配合的宏观调控体系，发挥经济杠杆的调节作用。深化财政、税收、金融和投融资体制改革。完善预算决策和管理制度，加强对财政收支的监督，强化税收征管。稳步推进利率市场化改革，优化金融资源配置，加强金融监管，防范和化解金融风险，使金融更好地为经济社会发展服务。

重塑多元价值理论

晏智杰提出，应当顺应历史发展潮流，重塑多元价值理论。他指出，将商品交换的基础归结为“劳动”是劳动价值论的核心思想。这种思想及在此基础上建立的英法古典经济学和马克思主义经济学，是人类思想史的伟大成就。然而，在历史发展的一定阶段，这种价值论因其固有的局限性必然要受到实践的挑战并被其他理论超越。他还认为，财富由多种元素共同创造，价值不过是从另一个角度观察的财富，所以它理应由创造财富的多种要素共同决定。传统的经典价值理论跟不上飞速发展的实践，该理论将商品价值本质不是如实地定位于人和物的关系，从而脱离了主体与客体的关系这个一般价值观的轨道。另外，传统经典价值理论的前提条件极其有限，逻辑推理也并非无懈可击。其逻辑推理，最受诟病的一点是它排斥异质现象的可比性。至于价值创造，他认为，社会财富及价值是在一种多元、多层次的关系中被决定的，它是一个系统工程，又是一个动态体系。其内涵是第一层次的天人合一论，第二层次的供求平衡论，第三层次的生产要素供给论和要素需求论。

净剩余所有权理论

史正富结合劳动价值论提出了净剩余所有权的理论。他认为，劳动创造价值，但全部生产要素参与价值的形成与分配。剩余价值的形成与分配可分为两段：商品价值在扣除 C 和 V 以后为剩余价值。剩余价值再进一步扣除其他要素报酬，余额是最终的剩余。马克思所谓的剩余价值可称为毛剩余，而扣除要素报酬之后的剩余为净剩余。所谓企业所有权实质是对净剩余的所有权。净剩余所有权在历史上发生着巨大的变化。经历了出资创业者与管理者合一（业主资本主义）、出资创业者与管理者分离（经理资本主义）以及创业出资与经营管理三者分离（新经济）。马克思研究的资本主义初期，即业主资本主义时期，资本提供者、创业家与管理者三者合一，因此取得净剩余的全部所有权。今天的资本主义企业净剩余在资本提供者、创业家与管理者和其他劳动者之间分享。结合我国实际，他认为：资本分享企业剩余在于资本的稀缺性，结果是企业资本使用效率的提高，生产力的发展；资本需要获得报酬不等于资本独占剩余；现代企业的主流形式是资本与企业共享剩余。

有关企业性质的讨论

黄桂田和李正全从古典的框架出发，把企业和市场看成是两种分工方式。企业的存在建立在个别分工基础上。因为非人力资源与人力资源的分离使得协作成为唯一的选择，也因为分工和专业化的发展使得非人力资源和人力资源都具有专用性，失去了单独创造产品的独立性。企业的本质，就是要素所有者为取得“协作力”、分享“合作剩余”而结成的一种契约关系。市场的契约类似于在比较优势上的零和博弈，而企业契约近似于要素所有者之间的常和博弈。黄桂田和李正全从分工的角度理解企业和市场，但是却没有有力地论证导致两种不同分工方式演化的动力机制或内在原因。况且，认为市场是零和博弈与现有理论的进展和实践都是相悖的。

谢德仁认为，企业的性质是市场中由要素所有者签订的一组不完备的要素使用权交易合约的履行过程。要素使用权交易合约的履约过程包括要素投入、要素使用权的行使和要素增值的分配，以及企业组织资本与组织资产的创造和使用，这一交易过程融生产与交易功能于一体。合约的关键内容是剩余索取权和剩余控制权的安排。同时从交易和生产的角度考虑企业当然是一种进步，但是谢德仁没有揭示出企业和市场之间的根本区别，讨论剩余权利的安排也未体现企业理论本身的进步。

几乎所有关涉企业性质的讨论都不约而同地质疑诺贝尔奖得主科斯的经典观点，郁义鸿的观点也不例外。在他看来，协作生产带来的企业能力的提高和社会生产力的增长是企业存在的充分条件。企业能力体系的差异决定了企业的异质性，企业战略与企业能力体系的演化决定了企业的边界和企业之间的关系。能力理论将新古典企业理论与企业管理相结合，强调企业的异质性，是一种发展方向，但是却缺乏新古典理论体系的严谨性，也难以揭示企业与市场的差异。

对人力资本的深化认识

从人力资本的角度来分析企业的性质，并且实证性地研究企业中人力资本的度量是 2002 年企业理论的重要特征。

丁栋虹认为企业分析应该建立在由资本轴、产权轴、主体轴和企业轴四个维度构成的分析基础上。企业是一个三维的合约组织，由资本和约、产权合约和主体合约构成。其中，资本合约由异质性人力资本、同质性人力资本和物质资本构成；产权合约由异质性人力资本产权、同质性人力资本产权和物质资本产权构成；主体合约由企业家、企业职工和资本家构成。三维的平面都有一个人力资本的原点。丁栋虹还特别强调了企业家人力资本是企业合约的核心协调者和主导设计者。周业安将企业的人力资本理论运用于高新技术企业的公司治理结构设计，提醒人们要注意到人力资本所有者的垄断效应和边际报酬递增效应。

理论的进展已经使人们认识到人力资本在企业中的重要作用，因此一些学者转而开始从实证和企业管理实际的角度来具体地探讨人力资本的计量方式。傅元略建立了一个利用“纳税付息前利润”（EBIT）来间接度量企业智力资本贡献的简单模型。樊培银和徐凤霞列举了目前使用的 11 种计量人力资本价值的方法，如“未来工资报酬折现法”“未来工资报酬资本化法”“人力资本加工成本法”“内部竞标法”“经济价值法”“商誉评价法”和“未来净资产折线法”等。在此基础上，郭玉林还进一步提出了度量隐性人力资本的办法，如样本选择法、分阶段度量法等。

2002 · 重要政策法规

1. 中国证监会《亏损上市公司退市新办法》，2002 年 1 月 1 日。

2. 中国证监会、国家经贸委《上市公司治理准则》，2002 年 1 月 7 日。

3. 国家经贸委、信息产业部《关于大力推进企业管理信息化的指导意见》，2002 年 3 月 7 日。

4. 财政部、国家税务总局《关于将原国有企业和集体企业欠缴“两金”余额转作增加国家资本金处理的通知》，2002 年 3 月 21 日。

5. 国家经贸委、财政部、教育部、卫生部、劳动和社会保障部、建设部《关于进一步推进国有企业分离办社会职能工作的意见》，2002 年 4 月 26 日。

6. 中共中央办公厅、国务院办公厅《关于在国有企业、集体企业及其控股企业深入实行厂务公开制度的通知》，2002 年 6 月 3 日。

7. 财政部《企业集团内部效绩评价指导意见》，2002 年 6 月 5 日。

8.《中华人民共和国中小企业促进法》，第九届全国人大常委会第二十八次会议通过，2002 年 6 月 29 日。

9. 中国证监会、财政部、国家经贸委《关于向外商转让上市公司国有股和法人股有关问题的通知》，2002 年 11 月 1 日。

10. 中国证监会、中国人民银行《合格境外机构投资者境内证券投资管理暂行办法》，2002 年 11 月 5 日。

2002 · 年度热点纪实

管理层收购

2002 年 4 月，历时两年、几经反复的电力改革方案终于正式出台了。根据决策层批准的改革方案，电力改革继“厂网分开”之后，应当实现“主辅分开”，接着是“输配分开”（即输送电和销售）分开，最终建立起规范、公正和高效的电力市场体系。然而，要将原有的国电公司分拆为两大电网公司和五大发电公司的新格局，改革的推进却相当困难，加之部分省级电网公司所辖发电资源日益发展壮大的格局，更加剧了推进改革的复杂性。

2002 年，一个叫“管理层收购”的新名词突然在中国流行起来。管理层收购（Management Buy Out，MBO），是指目标公司的管理层或经理层利用借贷等方式筹措资本购买本公司的股份，从而改变本公司所有者结构、控制权结构和资产结构，进而达到重组本公司并获得预期收益的一种收购行为。

在 20 世纪 90 年代以前，MBO 还是一个只在经济学教科书里才看得到的名词。随着国有企业的产权多元化、集体企业和民营企业的公司治理结构制度创新推进，MBO 开始从书本进入实践领域显山露水。90 年代初，MBO 首先在深圳开始探索，以华为、金地等企业为代表的个案出现，表明 MBO 在中国出现萌芽。进入 90 年代中期，以上海的期股制为代表，MBO 开始系统发展，所谓的“仪电模式”甚至对 90 年代末各地方的试点政策产生了很大的影响。进入 21 世纪之后，MBO 呈现遍地开花趋势，代表性成功案例如联想、TCL、东方通信、美的、中石油、中石化、联通、中移动、中远发展等。进入 2002 年，MBO 则达到了空前的热度，实施数和交易额成倍增长。

处于中国旅行社第一方阵的康辉旅行社 80 位管理人员，与大股东首都旅游集团签署了“股权买断”协议，将康辉 5000 万元注册资本的 49% 国有资产划到个人名下，从而实现了国内旅游业的首例 MBO。而在此之前从 1999 年开始，三年来康辉旅行社已经将其所属的 26 个子公司的 49% 资产转让给了它们的经理阶层。

2002 年 9 月，佛塑股份刊登公告，由该公司高管层出资成立的佛山富硕宏信投资有限公司拟受让佛塑股份资金总量为 32457.198 万元的股权，且富硕宏信投资已将首期转让金 2236 万元全部支付完毕，实现了曲线 MBO。与此同时，佛塑股份股东佛山市塑料皮革工业合作联社已于 2002 年 7 月 30 日与富硕宏信投资签订了股权转让协议，将联社所持有的佛塑股份法人股 11002.44 万股，以 2.95 元/股转让价格转让给富硕宏信投资。但截至 2003 年，富硕宏信投资只向塑料皮革工业合作联社缴纳了上述股权受让款中不到 10% 的部分，其余收购资金拟通过股东出资或向金融机构融资解决，因为富硕宏信投资的注册资本只有 2200 万元左右。

2001 年 12 月，ST 甬华通曾发布公告，宁波家电公司欲受让其 11.1% 的股份，成为公司的第四大股东。然而到 2002 年 8 月，ST 甬华通突然宣布受让解除，三个月之后，由宋汉平等 18 名自然人领头的 MBO 正式亮相，富邦控股成为公司第一大股东，公司也更名为 ST 甬富邦。而富邦控股公司除宁波轻工控股公司持有 25% 的股权外，宋汉平等 18 名自然人持有 43% 的股份，38 岁的宋汉平正是轻工控股的总经理兼上市公司 ST 甬富邦的董事长。

2002 年 11 月，在资本市场沉寂已久的赣南果业忽然发布公告称，将出资 3.2611768 亿元，收购深圳市天音通信发展公司

80%的股份，其中包括其第一大股东中国新闻发展深圳公司持有的天音公司51%的股权。而根据赣南果业中报显示，其总资产仅为3.9亿元人民币，此次购买股权涉及的资金却高达3.2亿元。尽管采取分期支付方式，但在协议生效后10个工作日内，赣南果业仍需向出让方支付1.66亿元。赣南果业截至当年6月底的货币资金只有5120万元，因此协议注明，余下的资金缺口将由银行贷款解决。局外人也许难以理解，果业进入通信业，行业跨度太大，如何保证天音公司的正常经营？但分析公司的股权结构，问题自然迎刃而解。天音公司和另一家深圳广合实业公司同为新闻发展深圳公司的子公司，由天音公司工会委员会和广合公司工会委员会共同出资组建的天富锦公司，注册资本5000万元。天富锦公司法定代表人黄绍文等3人掌握着天音公司工会委员会55%的股权，而3人则分别又是赣南果业的董事长、副董事长和副总经理。

伴随MBO的持续升温，热钱也纷纷涌入MBO。2002年11月18日，新华信托宣布将设立5亿元规模的MBO基金；背靠红塔集团的红塔创新投资股份有限公司联合深国投，于2002年夏天开始筹建“中国MBO投资基金”，资金量预计达到10亿元；2002年11月18日，由荣正投资咨询公司发起的“利宝资本俱乐部”宣布正式成立，声称已经达成合作意向的境内外投资机构资金总额已达到50亿元人民币。除了国内资本，国际资本也对中国MBO市场产生了浓厚兴趣。世界第六大保险公司商联保险旗下的专业MBO基金——英联投资2002年在北京设立了代表处；管理着150亿美元的美国凯雷集团也打算与德隆集团筹建 MBO 基金。

2002 年 10 月，中国证监会公布的《上市公司收购管理办法》首次对 MBO 作出规定，这意味着在某种程度上认可了管理层收购行为。因此有学者预测，2003 年将成为中国国有企业、集体企业及公有制控股上市公司的“MBO 年”。

然而情况却急转直下，2003 年 3 月，财政部发至原国家经贸委企业司关于《国有企业改革有关问题的复函》文件建议：“在相关法规制度未完善之前，对采取管理层收购（包括上市和非上市公司）的行为予以暂停受理和审批，待有关部门研究提出相关措施后再做决定”，这样做的目的，是为了“防止一些当事人利用新的交易形式谋取不当利益”。MBO从刚刚引进时的众星捧月到财政部 2003 年初紧急叫停，充分暴露出我国资本市场发展现状与经济体制改革、国企改革的脱节。MBO实践过程中存在着各种各样的问题，其中证券市场非流通股和流通股的双轨制使收购定价成为管理层收购中最为敏感的问题，而是否引发国有资产的大量流失，成为焦点问题中的核心问题。

2002 · 年度改革大事

1 月 1 日　证监会颁发《亏损上市公司退市新办法》。

1 月 7 日　中国证监会、国家经贸委发出《关于发布〈上市公司治理准则〉的通知》，基本内容包括：股东与股东大会、控股股东与上市公司、董事与董事会、监事与监事会、绩效评价与激励约束机制、利益相关者、信息披露与透明度等。

1月14日　在北京召开的“2002年中国经济政策与重点行业发展预测会”上，国家经贸委负责人指出：2002年企业改革与发展要围绕三个主题来进行：一个是结构调整，一个是制度创新，一个是管理信息化。

1月29日至30日　中央企业工委工作会议在北京召开。会议提出，在中央企业中加快发展一批拥有知名品牌和自主知识产权、主业突出、核心竞争能力强的大公司和企业集团，培育一批能够进入世界500强的大型跨国公司。

2月1日　国家计委颁发《关于促进和引导民间投资的若干意见》。《意见》从进一步转变思想观念，促进民间投资发展、逐步放开投资领域、积极拓宽融资渠道、实行公平合理的税费政策、建立社会化服务体系、改进政府的管理工作等六个方面为民间投资大开“绿灯”。

2月4日　国家经贸委印发《2002年总量调控、结构调整工作指导意见》指出，2002年总量调控、结构调整工作要注意做好“四个结合”：一是存量调整和增量发展相结合；二是淘汰落后和改造提高相结合；三是产品结构调整和企业组织结构调整相结合；四是法律手段、经济手段和必要的行政手段相结合。

2月11日　国务院公布《指导外商投资方向规定》，自2002年4月1日起施行。《规定》将外商投资项目分为鼓励、允许、限制和禁止四类。

2月27日　《经济日报》报道，全国治乱减负工作会议举行。国务院减轻企业负担部际联席会议宣布，2002年将采取六大措施进一步减轻企业负担，为企业改革与发展创造良好的外部环境。

3 月 12 日　中共中央企业工委、中共中央组织部下发《关于中央企业领导人员廉洁自律若干规定的实施办法（试行）》，不仅对中央企业领导人员的从业、重大决策、经营管理等行为作出了廉政规范，提出了具有可操作性的要求，而且制定了相应的实施与监督措施，采取了建立职位禁入制度、建立廉政档案、加强述职考核和签订从业承诺书等办法。

3 月 5 日至 15 日　九届全国人大第五次会议在北京举行。朱镕基在政府工作报告的第三部分中提出，要深化以国有企业改革为中心的各项改革：一是切实加强现代企业制度建设。二是积极推进企业重组改组。三是继续有步骤地做好企业破产兼并工作。

4 月 10 日　劳动和社会保障部发出《关于切实做好劳动保障工作维护企业和社会稳定的紧急通知》，要求各地巩固“两个确保”，加强三条保障线衔接，做好企业减员和关闭破产企业职工安置工作，做好下岗职工再就业工作，切实解决好困难群众的工作和生活问题，维护企业和社会稳定。

4 月 26 日　国家经贸委、财政部、教育部、卫生部、劳动和社会保障部、建设部颁发《关于进一步推进国有企业分离办社会职能工作的意见》。

4 月 30 日　中石化公司与国家开发投资公司公告《股份转让协议》，中石化将持有的湖北兴化日用法人股 16223.44 万股以转让价 5.39 亿元转由国家开发投资公司持有。国家开发投资公司占湖北兴化总股本 57.58%，拉开中石化战略重组序幕。

5月17日　经国务院批准，重新组建的中国电信集团公司和中国网络通信集团公司宣告成立。

6月3日　中共中央办公厅、国务院办公厅发布《关于在国有企业及其控股企业深入实行厂务公开制度的通知》，提出厂务公开的主要内容是：企业重大决策问题；企业生产经营管理方面的重要问题；涉及职工切身利益方面的问题；与企业领导班子建设和党风廉政建设密切相关的问题。

6月24日　新华社讯，从财政部和证监会获悉，国务院决定，除企业海外发行上市外，对国内上市公司停止执行《减持国有股筹集社会保障资金管理暂行办法》中关于利用证券市场减持国有股的规定，并不再出台具体实施办法。

6月29日　第九届全国人大常委会第二十次会议通过《中华人民共和国中小企业促进法》，自2003年1月1日起施行。

7月25日　证监会发出《关于上市公司增发新股的有关条件的通知》。对上市公司增发新股的有关条件作出补充规定。

8月3日　国务院颁发《中华人民共和国商标法实施细则》，自9月15日起施行。

8月12日　《人民日报》报道，从国家经贸委获悉：国家重点企业保持过去几年良好的发展势头。重点企业户数在全国工业中所占比重仅为0.3%，但营业收入、实现利润和资产总额所占比重一直稳定在40%、50%和60%左右，对国民经济支撑作用非常明显。

9月12日至13日　中共中央、国务院在京召开全国再就业工作会议。中共中央总书记江泽民在会上讲话指出：扩大就业，促进再就业，关系改革发展稳定的大局，关系人民生活水平的提高，关系国家的长治久安，不仅是重大的经济问题，也是重大的政治问题。国有企业下岗失业人员，为国家建设作出过贡献，理应得到国家和社会的关心和帮助。解决好他们的再就业问题，是各级党委和政府以及全社会义不容辞的责任。关键是加强领导，狠抓落实。

9 月 17 日　国务院办公厅转发财政部、科技部制定的《关于国有高新技术企业开展股权激励试点工作指导意见的通知》指出，国有高新技术企业开展股权激励试点，应坚持效率优先、兼顾公平、风险与收益对等、激励与约束相结合的原则，有利于调动企业科技人员、经营管理人员的积极性和创造性，有利于国有资产的保值增值，试点工作要积极稳妥地进行。

9 月 20 日　新华社讯，财政部长项怀诚在中宣部等五部委联合举办的系列报告会上表示，财政收入稳定增长机制已经建立起来。2001 年全国财政收入规模达到 16386 亿元，比 1990 年增加了 4.6 倍。1997 年以来，财政部已会同有关部门取消收费 1965 项，共减轻社会负担 1332 亿元。

9 月 27 日　新华社讯，劳动与社会保障部部长张左己在中宣部等部委联合举办的系列报告会上表示，13 年来，我国就业和再就业工作取得重大成就，就业规模不断扩大。1990 年至 2001 年，我国从业人员规模从 6.5 亿人扩大到 7.3 亿人，增加 8300 万人。失业率得到有效控制，多数年份保持在 3% 左右。到 2001 年底，全国参加基本养老保险的职工达 1.4 亿人。企业离退休人员基本养老金社会化发放率由 1996 年的 12% 提高到

2002 年 6 月底的 99.3%。到 2002 年 8 月底，城镇职工基本医疗保险制度覆盖人数达到 8200 万人。2001 年城镇职工平均工资达到 10870 元，是 1990 年的 5 倍多。

9 月 30 日　中共中央、国务院下发《关于进一步做好下岗失业人员再就业工作的通知》指出，为了确保社会稳定，为深化改革和促进发展奠定更好的基础，必须采取切实有效的措施，进一步做好就业工作特别是下岗失业人员再就业工作。

10 月 8 日　证监会颁发《上市公司收购管理办法》和《上市公司股东持股变动信息披露管理办法》，两个办法自 2002 年 12 月 1 日起施行。

10 月 9 日　中国联通 A 股上市仪式在上海证券交易所举行，中国联通成为国内首家在中国香港、美国、内地三地上市的电信运营企业。

10 月 15 日　国家电力公司拆分重组为五大发电集团公司和两大电网公司，标志我国电力产业改革与重组迈出实质性步伐。

10 月 16 日　国家统计局新闻发言人指出：1990 年至 2001 年，我国国内生产总值增长近两倍，年均增长 9.3%，高于同期世界 3.2% 的平均增长速度，在世界中的位次上升到第六位。进出口贸易总额从 1989 年的 1117 亿美元上升到 2001 年的 5098 亿美元，位居世界第六。外汇储备从 1989 年的 56 亿美元上升到现在的 2500 多亿美元，居世界第二位。

同日，鄂尔多斯股份发布公告，内蒙古鄂尔多斯市国有资产管理局与东民公司签订股权转让协议，将鄂尔多斯集团国有股全部转让给东民公司。按此协议，鄂尔多斯管理层则全面实现对集团的 MBO。

11 月 1 日　证监会、财政部、国家经贸委发出《关于向外商转让上市公司国有股和法人股有关问题的通知》。这是上市公司股权结构改革的一大举措，有利于改善上市公司法人治理结构，提高国际竞争力。

11 月 5 日　证监会、中国人民银行发布《合格境外机构投资者境内证券投资管理暂行办法》，进一步完善了境内外资在我国证券市场投资和并购的法律环境。

11 月 14 日　中共十六大闭幕。十六大报告指出：必须毫不动摇地巩固和发展公有制经济。必须毫不动摇地鼓励、支持和引导非公有制经济发展。

12 月 9 日至 10 日　中共中央、国务院召开中央经济工作会议。会议提出，明年要着重抓好四项改革：一是深化国有企业和国有资产管理体制改革；二是深化农村经济体制改革；三是稳步实施金融体制改革，深化行政管理体制改革；四是加强就业和社会保障工作，努力提高人民生活水平。

12 月 27 日　李荣融在上市公司现代企业制度建设经验交流暨总结大会上指出，明年在国有企业制度创新方面要以上市公司为重点，力争在建立市场化的高级管理人员配置、激励、约束三个机制方面取得突破，进一步提高公司治理水平。

本年度主要参考资料：

1. 中国经济年鉴编委会．中国经济年鉴（2003）[M]．北京：中国经济年鉴社，2003. 12.

2. 中华人民共和国 2002 年国民经济和社会发展统计公报[EB/OL].

国家统计局网站，2003 -02 -28.

3. 中国共产党第十六次全国代表大会文件汇编[M]. 北京：人民出版社，2002. 11.

4. 国家经济贸易委员会、财政部、劳动和社会保障部、国土资源部、中国人民银行、国家税务总局、国家工商行政管理总局、中华全国总工会. 关于国有大中型企业主辅分离辅业改制分流安置富余人员的实施办法[Z]. 2002 -11 -18.

5. 劳动和社会保障部、财政部、国务院国有资产监督管理委员会. 国有大中型企业主辅分离辅业改制分流安置富余人员的劳动关系处理办法[Z]. 2003 -07 -31.

6. 吴敬琏. 当代中国经济改革[M]. 上海：上海远东出版社，2004. 1.

7. 中共十一届三中全会以来大事记[N]. 人民日报，2003 -10 -10.

8. 中国集团公司促进会. 国有企业改革政策演变[M]. 北京：中国财政经济出版社，2003. 1.

9. 中国经济体制改革研究会编写组. 中国改革开放大事记（1978—2008）[M]. 北京：中国财政经济出版社，2008. 12.

2003 年

2003 · 年度经济背景

经济增长速度加快，不稳定因素逐渐显现

2003 年，是我国经济发展充满挑战的一年。年初，刚刚组建的新一届中央政府遭遇突如其来的非典型肺炎疫情的严峻考验。党中央、国务院从容应对、果断决策、适时调控，动员和组织全国人民，克服种种困难，赢得了抗击非典的阶段性重大胜利，战胜了各种自然灾害，国民经济和社会发展取得显著成绩。

一、国民经济快速增长，国内需求进一步扩大

全年国内生产总值达到 116898 亿元，比上年增长 9.1%，增速加快 0.8 个百分点，是 1997 年以来增长速度最快的一年。按现行汇率计算，国内生产总值超过 1.4 万亿美元，人均国内生产总值首次突破 1000 美元大关。其中，第一产业增长 2.5%，第二产业增长 12.6%，第三产业增长 6.6%。

全年全社会固定资产投资 55118 亿元，比上年增长 26.7%。其中，基本建设投资完成 22729 亿元，增长 28.7%；更新改造

投资完成 8444 亿元，增长 25.1%。分地区看，东、中、西部地区投资分别增长 33.6%、33.1% 和 26.4%，增速均比上年同期有较大提高。

消费需求继续扩大，居民消费结构升级加快。全年消费需求保持较快增长的势头，社会消费品零售总额达到 45842 亿元，增长 9.1%，增幅比上年提高 0.3 个百分点。其中城市消费品零售总额增长 10.3%，县及县以下消费品零售总额增长 6.8%。住房、汽车、电信、旅游等热点领域消费继续保持快速增长。全年商品房销售额 7671 亿元，增长 34.1%，增幅比上年提高 10.4 个百分点；其中销售给个人的比重达 92.5%，同比提高 1.2 个百分点。商品房销售高速增长产生连带效应，形成了对家电、家具等消费品的旺盛需求。全年共销售轿车 197 万辆，增长 75.3%。全年完成邮电业务总量 6739 亿元，增长 29.6%。全国新增电话用户 1.12 亿户，用户总数达到 5.32 亿户，居世界首位。其中固定电话新增 4908 万户，达到 2.63 亿户，移动电话新增 6269 万户，达到 2.69 亿户。固定电话和移动电话普及率分别达到 21.2% 和 20.9%。互联网上网人数达到 7950 万人，居世界第二位。价格水平有所上涨，全国居民消费价格总水平比上年上涨 1.2%。

二、经济结构调整继续推进，经济效益进一步提高

三次产业结构发生较大变化。2003 年，第一产业继续保持低速增长态势，占 GDP 的比重为 14.6%，比上年下降 0.7 个百分点；第二产业在固定资产投资需求快速增长的拉动下，增速明显加快，比重达到 52.3%，提高 1.9 个百分点；第三产业受

非典疫情冲击，增长明显放慢，比重为 33. 1%，下降 1. 2 个百分点。

2003 年全国粮食种植面积 9941 万公顷，比 2002 年减少 448 万公顷，其中稻谷面积 2650. 8 万公顷，减少 6%；小麦面积 2199. 7 万公顷，减少 8%；玉米面积 2406. 8 万公顷，减少 2. 3%。糖料种植面积 165. 7 万公顷，减少 16 万公顷。棉花种植面积 511 万公顷，扩大 92. 6 万公顷。油料种植面积 1499 万公顷，扩大 22. 3 万公顷。蔬菜种植面积 1795. 4 万公顷，扩大 60 万公顷。全年粮食产量 43067 万吨，减产 5. 8%，是近 3 年减幅最大的一年。2003 年棉花面积虽然比 2002 年扩大 92. 6 万公顷，但因灾单产大幅下降，总产 486 万吨，减产 1. 2%。油料产量 2811 万吨，减产 3%。糖料因宏观控制产量回落到 9641. 6 万吨，减产 6. 3%，甘蔗增产 0. 1%。烤烟产量 201. 5 万吨，减产 5. 6%。茶叶产量 76. 8 万吨，增产 3. 1%。蔬菜产量 54032. 3 万吨，增产 2. 1%。水果产量 7551. 5 万吨，增产 8. 6%。

全部工业完成增加值 53612 亿元，比上年增长 12. 6%，对经济增长的贡献率达到 63. 2%，拉动经济增长 5. 7 个百分点。其中，规模以上工业企业完成增加值 41045 亿元，首次突破 4 万亿元，同比增长 17%，增速比上年同期加快 4. 4 个百分点，是 1995 年以来的同比最高增速。国有及国有控股企业完成增加值 19408 亿元，同比增长 14. 3%，增速比上年加快 2. 6 个百分点；集体企业完成增加值 2787 亿元，增长 11. 5%，增速比上年加快 2. 9 个百分点；股份制和外商投资企业完成增加值分别为 16878 亿元和 11174 亿元，分别增长 18. 3% 和 20%，增速比上年加快

3.9 和 6.7 个百分点。全年重工业完成增加值 26392 亿元，比上年增长 18.6%，拉动工业增长 11.1 个百分点，贡献率达到 65.5%。轻工业完成增加值 14653 亿元，比上年增长 14.6%，拉动工业增长 5.9 个百分点，贡献率为 34.5%。

工业经济效益总体水平创 12 年以来新高。全年工业企业经济效益综合指数为 144.7，比上年高出 13.8 个百分点，是 1992 年发布工业经济效益综合指数以来的最好水平。主要经济效益指标均好于上年，总资产贡献率为 11.1%，比上年提高 1.6 个百分点；流动资产周转率为 2 次，提高 0.2 次；资本保值增值率达 113.5%，成本费用利润率达 6.2%。库存总体水平正常。规模以上工业产销率达到 98.1%，比上年提高 0.1 个百分点。产成品资金在流动资产中所占的比重为 11.4%，比上年末下降了 0.6 个百分点。产品销售收入快速增长，实现利润迈上新台阶。规模以上工业企业完成产品销售收入 140610 亿元，比上年增长 28.3%，比上年提高 11.6 个百分点，是 1995 年以来的最高增幅。工业企业盈亏相抵后实现利润总额达到 8152 亿元，同比增长 42.7%，增幅比上年提高 22.1 个百分点。其中，国有及国有控股企业实现利润 3784 亿元，增长 45.2%。

现代物流业发展迅速。据中国物流采购联合会测算，2003 年我国物流总值达 29.5 万亿元，同比增长 27%。金融、房地产、信息等现代服务业增长加快。金融机构贷款和存款增加较多。2003 年末全部金融机构本外币各项贷款余额增加 3 万亿元，各项存款余额增加 3.7 万亿元。货币市场交易活跃，交易规模迅速增长。2003 年银行间市场累计成交 17.2 万亿元，同比增长

45.4%。全年国内股票市场筹资金额 823 亿元，比上年增加 43 亿元。全年内外资保险公司保费收入达到 3880.4 亿元，比上年增长 27.1%。2003 年是我国房地产业自 1998 年以来投资增幅最快的一年，全年房地产开发累计完成投资突破 1 万亿元，比上年增长 29.7%。

三、西部大开发继续推进，东北地区等老工业基地振兴战略开始实施

2003 年，西部地区 12 省（自治区、直辖市）实现国内生产总值 22660 亿元，比上年增长 11.2%，是实施西部大开发以来经济增长速度最快的一年。固定资产投资增长 30.7%，工业增长 17.2%，外贸进出口增长 35.6%，各项工作取得新进展。

全年完成退耕还林 337 万公顷，荒山荒地造林 377 万公顷。先期开展退耕还林的地区，林草植被增加，水土流失明显减轻。退牧还草试点工程在内蒙古、新疆、青海、甘肃、宁夏、四川和云南等 7 省（区）及新疆生产建设兵团启动，当年下达退牧还草试点任务 667 万公顷，其中禁牧 358 万公顷、休牧 269 万公顷、轮牧 40 万公顷。天然林资源保护、京津风沙源治理等生态建设工程进展顺利，江河上游水污染治理和西部中心城市环保设施建设等得到加强。

四年来，国家在西部地区累计安排开工 50 项重点工程，投资总规模 7000 多亿元。青藏铁路累计完成新线铺轨 317 公里，占总长度的 27.8%。西气东输东段全部完工，实现向华东地区供气。西电东送新增送电能力超过 800 万千瓦。

新建和改造县际公路 4200 公里，2002 年确定的“油路到

县”“送电到乡”“广播电视到村”三项重点任务，到2003年底基本完成。2003年安排的人畜饮水、农村能源、生态移民工程，解决了西部地区860万人的饮水问题。建设农村沼气50多万口，安排移民搬迁32万人。

振兴东北等老工业基地的政策措施开始实施。按照走新型工业化道路的要求，启动了第一批100项东北老工业基地调整改造项目。企业重组和兼并步伐明显加快。

四、对外开放进一步扩大，质量和效益继续提高

外贸进出口高速增长。2003年外贸进出口总额突破8000亿美元大关，增速为1980年以来最高。据海关统计，全年外贸进出口总额8512.1亿美元，比上年增长37.1%。其中，出口4383.7亿美元，增长34.6%；进口4128.4亿美元，增长39.9%；累计实现贸易顺差255.4亿美元。

2003年，全国新批准外商投资企业41081个，比上年增长20.2%；外商直接投资合同金额1150.7亿美元，增长39%；实际利用外资金额535.1亿美元，增长1.4%。利用国外贷款实际使用金额82.7亿美元。其中，外国政府贷款18.5亿美元，国际金融组织贷款26.2亿美元，国际商业贷款38亿美元。

五、财政收入大幅增长，金融运行平稳

财政收入大幅增长，财政支出结构得到优化。全国财政收入首次突破两万亿元，达到21691亿元（不含债务收入，下同），比上年增加2787亿元，增长14.7%，完成预算的105.8%；全国财政支出24607亿元，比上年增加2554亿元，增长11.6%，完成预算的103.8%。收支相抵，支出大于收入

2916 亿元。中央财政赤字控制在十届全国人大一次会议批准的3198 亿元的水平。全年发行长期建设国债 1400 亿元，其中 1150 亿元列入中央预算，250 亿元转贷地方。

中央财政安排“两个确保”补助资金比上年增长 13%，安排“低保”补助资金比上年增长 100%。基本保证了国有企业下岗职工基本生活费和企业离退休人员基本养老金按时足额发放。再次提高优抚对象抚恤补助标准，加大了帮助困难群众解决生产生活问题的工作力度和资金投入。发挥税收杠杆作用，支持促进经济发展和结构调整。对受非典冲击较大的旅游、餐饮、民航等行业和企业，及时出台了一系列税收优惠政策。继续贯彻落实下岗失业人员再就业、促进西部大开发、鼓励高新技术产业发展等税收优惠政策，进一步加强生产企业出口“免、抵、退”税管理，增加出口退税指标，加快出口退税进度。中央财政进口“两税”超收的 800 多亿元全部用于增加出口退税，促进了出口增长，确保了出口退税机制改革方案的顺利出台。

2003 年继续实施稳健的货币政策，及时采取了一些货币信贷调控措施，对宏观经济进行“预调”和“微调”。一是加大公开市场操作力度。针对外汇占款和基础货币增加较多的情况，从 4 月开始发行中央银行票据，收回商业银行过多的流动性。二是上调金融机构存款准备金率。经国务院批准，人民银行从 9 月 21 日起，将金融机构存款准备金率由 6% 上调为 7%。三是加强对商业银行“窗口指导”，及时进行风险预警，要求金融机构注意防止资本充足率下降，防范流动性和各类信贷风险，改进和健全内部考核制度，适度控制贷款总量，合理把握贷款进度。

四是稳步推进利率市场化，进一步完善货币政策传导机制，在12月进一步扩大了金融机构贷款利率浮动幅度。总体看，2003年货币信贷调控取得了积极成效，上半年信贷增长偏快的趋势在年底得到控制。

2003年末，广义货币 M_2 余额221223亿元，增长19.6%，增幅比上年末提高2.8个百分点。狭义货币 M_1 余额84119亿元，增长18.7%，增幅比上年末提高1.9个百分点。流通中现金 M_0 余额为19746亿元，增长14.3%，增幅提高4.2个百分点。全年现金净投放2468亿元，比上年多投放879亿元。12月末，人民币各项贷款余额为15.9万亿元，比上年末增长21.1%，增幅比上年末提高5.3个百分点，当年贷款增加2.77万亿元，比上年多增9177亿元。人民币各项存款余额为20.8万亿元，比上年末增长21.7%，增幅比上年末加快2.8个百分点；全年增加3.7万亿元，比上年多增9399亿元。

国家外汇储备大幅增加，截至年末，国家外汇储备余额达4033亿美元，增长40.8%，增幅比上年末提高了6.8个百分点，全年累计增加1168亿美元，同比多增426亿美元。2003年末，人民币汇率为1美元兑8.2767元人民币，人民币汇率继续保持稳定。

六、居民收入继续增加，生活水平不断改善

全年城镇居民人均可支配收入8472元，扣除价格因素，实际增长9.0%。由于非典期间对一些特殊行业增加补贴、机关事业单位工作人员工资标准提高和离退休人员离退休费增加以及企业经济效益好转增加工资等多方面因素，城镇居民人均工薪

收入达 6410 元，比上年增长 11.7%，其中工资及补贴收入 6229 元，增长 11.9%。社会保障力度加大，城镇居民人均转移性收入 2112 元，比上年同期增长 5.4%。城镇个体经济快速发展，居民人均经营净收入 404 元，增长 21.6%。出租住房收入及利息收入的增加促使居民财产性收入大幅增长。城镇居民人均财产性收入 135 元，比上年增长 32.2%。全年农民人均纯收入 2622 元，扣除价格因素，实际增长 4.3%。农户家庭生产经营性收入人均 1541 元，比上年增加 53 元，增长 3.6%。

年末全国就业人员总量达 74432 万人，比上年增加 692 万人，其中，城镇就业人员 25639 万人，增加 859 万人。大学生就业压力有所缓解，年末全国高校应届毕业生就业率达到 80% 以上。进城务工的农村劳动力明显增加。各项再就业政策取得积极成效，下岗失业人员再就业 440 万人，其中“4050”人员*再就业 120 万人。年末全国国有企业下岗职工 260 万人，比上年末减少 140 万人。年末全国城镇登记失业率为 4.3%，比年初预定 4.5% 的控制目标低 0.2 个百分点。

* 即 40 岁以上的女性职工和 50 岁以上的男性职工。

2003 年底，共有 2246.8 万城镇居民得到最低生活保障，人数较上年底增加 182.1 万人。享受农村定期救济和农村居民最低生活保障的人数分别为 1160.5 万人和 367.1 万人。农村特困户救助制度初步建立，共有 793.4 万人、456 万户家庭得到了定期救助。

城镇居民和农村居民人均消费性支出分别为 6511 元和 1943 元，扣除价格因素，实际增长 7% 和 4.3%。城乡居民家庭恩格尔系数（用于食品的支出占总消费支出的比重）分别为 37.1%

和45.6%，均比上年同期降低0.6个百分点。

2003年的经济发展保持了良好的发展势头。但是在经济快速增长的同时，经济运行中的一些矛盾和问题也开始显现。一是部分行业和地区过度投资、盲目建设的现象比较突出，经济粗放型增长方式还没有根本转变，能耗高、资源浪费、环境污染状况比较严重；二是货币信贷投放偏快，贷款投向结构不尽合理；三是煤电油运出现了多年没有过的紧张局面，资源约束矛盾日益突出；四是农民增收困难，城乡居民收入差距继续拉大，粮食安全存在隐患；五是就业形势依然严峻，社会保障面临更大压力。同时，世界经济发展也还存在一些不确定和不稳定因素，主要经济体经济复苏的基础还不稳固，一些国家对我国贸易限制增加，增大了我国扩大出口的难度。

固定资产投资增长过快，是2003年经济运行中表现出来的突出问题。全年全社会固定资产投资完成55118亿元，比上年增长26.7%，为1994年以来的最高增速。工业投资增长迅猛，多数行业投资呈现快速增长态势。2003年，工业投资完成14460亿元，增长39%，比上年加快16.8个百分点。工业投资占全部国有及其他经济类型投资的比重比上年提高2.6个百分点。在投资的带动下，主要投资品产量快速增长。冶炼设备、电子计算机产量增速超过100%，发电设备产量增速超过70%。房地产开发投资在连续3年保持20%以上增速的基础上，2003年增速29.7%，比上年加快6.9个百分点。2003年，全国新开工项目计划总投资38299亿元，增长54.7%；施工项目计划总投资104502亿元，增长33.2%。两个增速都是1996年以来最高的。

初步测算，2003 年固定资产投资在建总规模为 16 万亿元左右。2003 年以来，地方政府投资热情高涨，招商引资力度进一步加大。在中央项目投资比上年下降 4.6% 的同时，地方项目投资增长 36.2%，比上年加快 12.8 个百分点。

钢铁、电解铝和水泥等行业投资增长过快，在建规模过大，能力增长超过市场预期需求。同时在建项目不同程度存在违规审批、非法占用土地、未经环境评估等问题，使土地资源、生态环境遭到破坏。虽然中央出台的宏观调控措施的成效已经显现，但钢铁、电解铝和水泥行业结构调整存在的问题还没有根本解决，为保证钢铁、电解铝和水泥行业健康、持续发展，还要继续进一步贯彻落实中央的宏观调控政策，并发挥市场机制的作用，巩固已取得的成果，防止反复。

2003 · 基本改革思路

使股份制成为公有制的主要实现形式

股份制是现代企业的一种资本组织形式，有利于所有权和经营权的分离，有利于提高企业和资本的运作效率，资本主义可以用，社会主义也可以用。不能笼统地说股份制是公有还是私有，关键看控股权掌握在谁手中。国有资本通过股份制可以吸引和组织更多的社会资本，放大国有资本的功能，提高国有经济的控制力、影响力和带动力。国有经济的作用既要通过国有独资企业来实现，更要大力发展股份制，探索通过国有控股和参股企业来实现。要使股份制成为公有制的主要实现形式。

早在改革初期，为了搞活国有大中型企业，除了采取扩大企业自主权、实行承包经营责任制、资产经营责任制、租赁制之外，在一些企业中就开始试行了股份制改革，从而引发了一场长达近 20 年的大争论。

进行股份制试点，是由两方面因素促成的。一方面，在中华人民共和国成立初期对资本主义工商业进行社会主义改造时，曾经利用股份制的合作特点对民族资本实行公私合营，允许资本家参股，起过积极的历史作用。中共十一届三中全会后，我国农村的某些社办企业为了扩大生产能力，自发地采用了集资入股、股份合作、股金分红的办法，使企业规模越搞越大，企业经营充满活力。1984 年，在广东深圳市出现的“万丰模式”就是一个典型的例子。当年 5 月，距深圳市区 50 公里的沙井镇万丰村，召开了一次具有特别意义的村支部委员会。当时的支部书记潘强恩提出了一个大胆的设想：发动村民参股兴建工业村。这是改革开放以后股份经济思想在中国农村大地的首次萌生。

潘强恩还公开地在《深圳特区报》理论版上宣称：“在我看来，少数人拥有生产资料叫私有制，多数人拥有生产资料叫共有制。共有制和共产主义是一脉相通的，共产主义不是铁板一块，不是‘一大二公’式的虚假公有制。共产主义是共有，共同拥有才可以共同富裕。”潘强恩认为，“股份公司仅是手段而已，实现共有制才是目的。以前的体制弊病百出，名义上人人都是国家的主人，但事实上人人都不当也当不成主人。人们把公有制看成是‘阿爹’，要么漠不关心，要么挥霍浪费，只有人人都成了股东，既是企业的劳动者，又是企业的所有者，化抽象的人人共有为具体的人人共有，人们才能成为名副其实的主人。一个村是这样，一个国家何尝不是如此。”

尽管潘强恩的共有制思想还显得粗糙和值得商榷，然而由潘强恩所创造的“万丰模式”，却以股份制形式向传统公有制发起了冲击，在社会上产生了强烈的震撼。在城市，1980 年哈尔滨松江木器厂尝试集资入股办法搞股份制经济，既扩大了生产能力，又使企业呈现勃勃生机。这些历史和现实的事例，引起了领导人的思考。

另一方面，我国试行股份制是借鉴了国外企业实行股份制、公司制的经验。1984 年，世界银行驻北京办事处主任、菲律宾籍华人林重庚在世界银行对中国经济走势的评价中，针对中国的国有企业改革问题，建议中国可以考虑按照股份制的运作办法，来解决国有企业政企不分，缺乏活力的问题。这个建议虽然没有具体化，却引起了当时的国务院领导人的高度重视，布置国家体改委等有关部门展开研究。为此，1984 年 4 月，国家体改委在江苏省常州市召开了城市经济体制改革试点工作座谈会。会后下发的《座谈会纪要》指出，对城市集体企业和国有小企业要进一步放开，搞活的办法是“允许职工投资入股，年终分红”。在这个《纪要》的影响下，1984 年 7 月 25 日，我国第一个股份公司——北京天桥百货股份有限公司呱呱坠地。公司章程是参照国外条文，辅以对中华人民共和国成立前我国存在的股份制经济的印象写成的。公司股票是由北京印钞厂印刷的，票面值为5万元一张，总额为300万元。该公司首次向社会公开发行股票300万元，五六天时间就被认购一空。“天桥百货”股份制的不规范之处是股票“保息还本”。

1984年10月中共中央发布的《中共中央关于经济体制改革的决定》（以下简称《决定》），给试行股份制以政策性的支持。《决定》指出，全民所有制经济是我国社会主义经济的主导力量，但是全民所有制的巩固和发展决不应以限制和排斥其他经济形式和经营方式的发展为条件。坚持多种经济形式和经营方式的共同发展，是我们长期的方针，是社会主义前进的需要。这段论述，虽然没有明确支持股份制的改革试验，却给试验鼓起了勇气。

在《决定》解放思想、勇于探索，寻求多种经济形式共同发展的思想指引下，1984年11月18日，上海飞乐音响公司试行股份制，开始在本厂职工中发行股票。后来上海飞乐音响公司改名为飞乐音响有限公司，并向社会公开发行股票，这是中华人民共和国第一张符合规范的股票。飞乐音响的股份制改造曾被外国新闻界称为中国经济改革取得突破性进展的标志而大为宣传；它的股票作为中国第一张比较规范的股票样品被摆在美国纽约证券交易所的陈列室里，供世人参观。1986年11月，邓小平在接见来北京出席中美金融研讨会的纽约证券交易所董事长范尔霖先生时，将一张面值5元的上海飞乐公司股票作为礼物赠送给客人。1984年，上海试行股份制改革的还有豫园商场。

到1985年，股份制的触角已伸展到我国的金融业、轻工业、林业和水产业。1985 年 10 月，中华人民共和国第一家代理和转让股票的证券公司——深圳特区证券公司正式成立，它专门从事股票的发行、转让和管理工作，我国中断了 30 多年的证券交易业务从此正式恢复。1986 年 9 月 26 日，中国工商银行上海信托投资公司静安证券业务部宣告营业。此后，沈阳、北京、广州等地也先后成立了证券交易市场，股票交易日趋活跃。

1986 年，以施耐德主席为首的德国“五贤人委员会”访华代表团，在与国家体改委主任的安志文座谈中国国有企业改革问题时，回答了上一年该代表团访华时国务院领导曾咨询他们对中国国有企业改革的建议。他们明确提出：发展股份制是一种好形式，既可以保持国有企业的国有性质，又有可能避免国有企业的政企不分积弊，哪怕是国家股份很大，但它的一套操作办法可避免政企不分的问题。德国专家的建议，使中央政府对股份制给予了更多的重视和研究。

1986 年 7 月，国务院决定重新组建交通银行。这是我国第一家全国性的股份制金融企业，它的成立标志着股份机制已引入金融业。继此之后出现的深圳发展银行，是由国家、企业和私人三方合股的区域性股份制商业银行。该行于 1987 年 5 月，在吸收特区内 6 个信用社资金的基础上，以自由认购形式向社会公开发行人民币普通股（每股面值 20 元）。该行在管理上实行股东大会制和董事会领导下的总经理负责制，在建立资金市场和推进银行企业化的改革上迈出了新的步伐。

面对股份制经济的早期发展，中共中央和国务院曾给予了积极支持。1986 年 12 月，国务院在《关于深化企业改革增强企业活力的若干规定》中明确指出："各地可以选择少数有条件的全民所有制大中型企业，进行股份制试点。"在这以后，股份制经济在我国有了较快的发展。据不完全统计，到1986年底，我国已有股份制企业6000余家，股票集资额达60多亿元。

1987年3月，国务院发布了《关于加强股票、债券管理的通知》。在1987年10月通过的中共十三大报告中，对股份制试点做了正面肯定："改革中出现的股份制形式，包括国家控股和部门、地区、企业间参股以及个人入股，是社会主义企业财产的一种组织方式，可以继续试点。"但是，鉴于中华人民共和国成立以来我国在实行股份经济方面缺乏实践经验的积累，对于股份制的性质、作用还处于理论探讨、认识不一致的阶段，加之某些地区、某些企业在试行股份制中出现了任意提高股息率和分红率，随意低估国家资产，不能正确处理承包制和股份制的关系，以及有关法规不健全等问题，中共中央和国务院决定采取慎重稳妥试行的方针。1988年，中共中央和国务院的领导人在讲话中反复强调试行股份制要稳妥，要以公有制为主。

1987年和1988年，股份制进入了慎重推进阶段，各地的试点逐步向着规范化方向发展。深圳市的深圳发展银行，遵照《深圳经济特区国营企业试点的暂行规定》，于1987年5月，以自由认购形式向社会发售普通股79.5万股。因当时社会上对股票缺乏认识，只认购了39.65万股，完成计划49.9%；发行价格为每股20元，实收金额793万元。1988年2月，该行又以自由认购形式发行港币优先股10万股，发行价格为每股100港元，实收股金1000万港元。深圳发展银行的股份制试点引起了世人的关注，因为它是中国首家挂牌买卖股票的金融机构，是中国首家发行外汇优先股的银行。随后，深圳市金田实业股份有限公司（原为深圳市纺织工业公司下属的一家国有企业），于1988年2月发行股票2.74万股，每股面值为100元人民币。其股份构成为：国家股（市纺织工业公司持有）为1.1万股，占总股份的40.1%；企业集体股为1.1万股，占总股份的40.1%；法人股（发展银行）1000股，占总股份的3.6%；内部职工股4400股，占总股份的16%。深圳市金田实业股份有限公司是深圳市首家国有企业改组成的股份有限公司，也是深圳市首家探索设置企业股的股份公司，它的改革引起了社会的关注。

与深圳市相呼应，部分省市也扩大了股份制的试点范围。上海市将股份制企业向规范化迈进并拟开拓良好的证券市场；北京市决定逐步推广股份制，北京天桥百货股份有限公司于1988年发行了第二期股票700万元；四川省在40多家国有大中型企业和企业集团中试行股份制；山西省太原市制定了《关于集体经济股份制试点指导方案》，准备在集体企业中推行股份制；福建省制定了《股份制企业暂行办法》和《股票管理暂行办法》，准备有秩序地发展股份制企业。

截至1988年10月，仅据16个省市的不完全统计，共成立了股份制企业3827家。其中：北京市9家；上海市8家（股金6.5亿元）；湖南省766家；沈阳市323家；山西省二轻系统900多家；甘肃省21家；广东省312家（股金2.4亿多元）；重庆市7家；西安市262家；四川省60家；太原市61家；山东省966家；大连市23家；绍兴市49家；蚌埠市51家；武汉市9

家。股份制在搞活国有大中型企业中的积极作用，在这5年试行期间已初露端倪。事实证明，它是颇具生机和活力的经济形式。深圳市在总结股份制改革的实践经验时指出，股份制有效地转变了国有企业的机制，增强了企业活力。传统的国有企业，积累、分配、发展三者之间的关系，难以形成最佳结合点。实行股份制，国家与职工、个人共同拥有企业的产权，利益、风险牢牢地捆在一起，企业的积累、分配和发展成为全体股东共同追逐的目标，这种内在的运行机制客观有效地建立起来，就使企业的经济效益大大增强。

1990年11月26日，经国务院授权、中国人民银行批准，上海证券交易所正式成立。当日举行成立大会暨第一次会员大会，这是改革开放以来在大陆开业的第一家证券交易所。交易所于12月19日正式开业。

1991年11月30日，上海首次发行总计1亿元面额共100万股的人民币特种股票（B种股票），由上海真空电子器件股份有限公司向境内外发行。这是中华人民共和国成立以来国内企业首次向境外发行股票。

1992年邓小平南方谈话发表以后，股份制试点再次掀起高潮。4月28日，国务院发出《关于批转国家体改委、国务院生产办〈关于股份制企业试点工作座谈会情况的报告〉的通知》。《通知》指出，股份制企业试点工作是一项政策性强、涉及面广的重要改革，因此必须加强领导，既要大胆试验，又要稳步推进，严格按照规范化的要求进行。《关于股份制企业试点工作座谈会情况的报告》（以下简称《报告》）提出下一步进行股份制试点的指导思想是：坚决试，不求多，务求好，不能乱。严格按照基本规范进行试点，试出效果来。《报告》提出：向社会公开发行股票、股票上市交易的股份制企业的试点，目前仅限于上海、深圳两市；向社会公开发行股票、股票不上市交易的股份制企业的试点，目前限定在广东、福建、海南三省；其他地方主要进行法人持股的股份制企业和企业内部职工持股的股份制企业的试点。据《报告》公布的材料，到 1992 年初，全国共有各种类型的股份制企业 3220 家（不含乡镇企业中的股份合作制企业和中外合资、国内联营企业）。其中企业之间法人持股和内部职工持股的试点企业约占股份制企业总数的 95% 以上。

1992 年 5 月 15 日，国家体改委、国家计委、财政部、中国人民银行、国务院生产办印发《股份制企业试点办法》。这是中华人民共和国成立以来第一个关于股份制试点的全国性文件，对试点的目的、原则、企业的组织形式、组建和审批等做了规定；确定企业股权设置分为国家股、法人股、个人股、外资股四种形式。随后，政府有关部门先后颁发配套政策，这些政策是：国家体改委《股份有限公司规范意见》和《有限责任公司规范意见》；财政部、体改委《股份制试点企业会计制度》《股份制试点企业财务管理若干问题的暂行规定》；劳动部、体改委《股份制试点企业劳动工资管理暂行规定》；物资部、体改委《关于股份制试点企业物资供销管理暂行规定》；国家税务局、体改委《股份制试点企业有关税收问题的暂行规定》；国家计委、体改委《关于股份制试点企业宏观管理的暂行规定》；审计署、体改委印发《股份制试点企业审计暂行规定》；国家土地管理局、体改委《股份制试点企业土地资产管理暂行规定》；国家国有资产管理局、体改委颁发《股份制试点企业国有资产管理暂行规定》。

1992 年 10 月通过的中共十四大报告，对股份制试点继续持肯定态度："股份制有利于政企分开、转换企业经营机制和积聚社会资金，要积极试点，总结经验，抓紧制定和落实有关法规，使之有秩序地健康发展。"股份制试点从此呈加速推进的态势。10 月 12 日，国务院办公厅发出通知，成立国务院证券委员会（简称证券委），由朱镕基兼任主任，撤销原国务院证券管理办公会议。并决定成立中国证券监督管理委员会（简称证监会），由刘鸿儒任主席。

1993 年 4 月 22 日，国务院颁发了《股票发行与交易管理暂行条例》。这是中华人民共和国成立以来我国出台的第一个关于股票发行与交易管理的全国性法规。《条例》明确规定，股票的发行与交易，应当遵循公开、公平和诚实信用的原则；国务院证券委员会是全国证券市场的主管机构，中国证券监督管理委员会是证券委的监督管理执行机构。为进一步规范股份制试点的操作，5 月 15 日，国务院办公厅发出《关于执行〈股份有限公司规范意见〉的通知》。《通知》明确：为保证股份制试点工作顺利进行，在国家规范股份有限公司的法律、行政法规公布前，国家体改委发布的《股份有限公司规范意见》具有政府部门规章的法律效力。6 月 26 日，国务院发出《关于同意上海石化总厂等 9 家企业股票到香港上市的通知》。这些股票被统称为 H 股，以区别于 B 股（人民币特种股票）与 A 股（人民币普通股票)。7 月 1 日，国家体改委颁发《定向募集股份有限公司内部职工持股管理规定》，文件明确了内部职工持股的范围，股权证及持有卡，内部职工持股的审批、转让、管理等内容。7 月 26 日，中国首家境外上市公司股票——上海石油化工股份有限公司股票同时在美国纽约证券交易所和香港联交所挂牌交易，上市 H 股总数达 16.8 亿元。

1993 年 11 月发表的《中共中央关于建立社会主义市场经济体制若干问题的决定》，对股份制给予了更加明确的肯定："具备条件的国有大中型企业，单一投资的主体可依法改组为有限责任公司或股份有限公司。上市的股份有限公司，只能是少数，必须经过严格审定。""要通过试点，逐步推行，绝不能搞形式主义，一哄而起。"

1997 年 9 月召开的中共十五大，对股份制作了全面肯定，十五大报告指出："股份制是现代企业的一种资本组织形式，有利于所有权和经营权的分离，有利于提高企业和资本的运作效率，资本主义可以用，社会主义也可以用。不能笼统地说股份制是公有还是私有，关键看控股权掌握在谁手中。国家和集体控股，具有明显的公有性，有利于扩大公有资本的支配范围，增强公有制的主体作用。"

1999 年 9 月 22 日中共十五届四中全会通过的《中共中央关于国有企业改革和发展若干重大问题的决定》，突破了传统的公有制理论，明确提出了要大力发展股份制。强调"在社会主义市场经济条件下，国有经济在国民经济中的主导作用主要体现在控制力上。国有经济的作用既要通过国有独资企业来实现，更要大力发展股份制，探索通过国有控股和参股企业来实现。”“国有资本通过股份制可以吸引和组织更多的社会资本，放大国有资本的功能，提高国有经济的控制力、影响力和带动力。国有大中型企业尤其是优势企业，宜于实行股份制的，要通过规范上市、中外合资和企业互相参股等形式，改为股份制企业，发展混合所有制经济，重要的企业由国家控股。”

2003 年 10 月 14 日中共十六届三中全会通过的《中共中央关于完善社会主义市场经济体制若干问题的决定》，进一步提出要“积极推行公有制的多种有效实现形式，加快调整国有经济布局和结构。要适应经济市场化不断发展的趋势，进一步增强公有制经济的活力，大力发展国有资本、集体资本和非公有资本等参股的混合所有制经济，实现投资主体多元化，使股份制成为公有制的主要实现形式。需要由国有资本控股的企业，应区别不同情况实行绝对控股或相对控股。完善国有资本有进有退、合理流动的机制，进一步推动国有资本更多地投向关系国家安全和国民经济命脉的重要行业和关键领域，增强国有经济的控制力。”经过近 20 年漫长的探索，终于确定了股份制作为公有制主要实现形式的地位。

以股份制成为公有制的主要实现形式，由此加快发展混合所有制经济，与此同时把产权制度改革作为改革的一个突破口，表明我国的改革开始进入一个新阶段，即以调整重大利益关系的制度创新，解决传统经济体制存在的最基本问题。中共十六届三中全会以后的改革将会有新起点，新突破，进入一个新阶段。

建立健全国有资产管理和监督体制

国有企业不活，根源在于政府管得过多、统得过死，因此必须实行“政企分开”；而政企不分的根源，则在于政资不分，在于政府具有社会管理者与国有资产所有者双重身份，政府行使国家行政管理的职能和行使国有资产管理的职能合一，因此必须实行“政资分开”，将国有资产管理的相关职能从其他经济管理部门中相对独立出来，集中由专门机构来行使。

建立国有资产管理体制问题，是伴随国有企业改革的逐渐深化而提出来的。随着《企业法》的全面贯彻执行，要求摆脱政府对企业干预的呼声越来越强烈，加之多种经济成分迅速发展，在企业产权交易过程中，国有资产流失的现象时有发生。1987 年 7 月 22 日，我国首家对企业国有资产进行监督管理的公司——深圳市投资管理公司宣告成立。

随着改革逐步深入，面对日渐增多的企业合资等现状，为了解决国有资产管理混乱等问题，1988 年全国七届人大一次会议决定，设立国家国有资产管理局，代表国家行使国有资产的代表权、使用权、收益权、处分权四大权能。按照批准的“三定”方案，国家国有资产管理局将管理国内和境外的国有资产；拟定国有资产的各项管理制度；制定国有资产投资的利润分配办法；会同实行承包、租赁、联营和拍卖清理中有关国有资产的评估问题；监督检查国有资产的使用情况，推动国有资产的管理工作。

1993 年 11 月，中共十四届三中全会作出《中共中央关于建立社会主义市场经济体制若干问题的决定》，明确对国有资产实行“国家统一所有、政府分级监管、企业自主经营”的体制，要建立中央、省级国有资产管理专门机构。这意味着在政企分开之外，首次提出了政资分开的概念。经过十余年的努力，初步建成了中央、省、市、县四级国有资产管理机构，拥有一支三万人的干部队伍。国资管理机构大体分为几种模式：第一种是在同级财政部门下设立国有资产管理局，中央政府和大部分省（自治区、直辖市）采取了这种模式；第二种是由地方党政部门设立国有资产管理委员会，下设国有资产管理办公室作为专职办事机构，如深圳、上海、内蒙古等地采取了这种做法；第三种是在政府下设国有资产管理局，或者是国有资产管理局与财政局一个机构两块牌子，主要是一些县级机构。但在1998年之前，国有企业资产转让的通常路径为先报专业经济部门，再由专业经济部门转报地方或中央国有资产管理局批准。由于出资人并不清晰和传统观念干扰时有发生，企业的实质性转制多发生于小企业，范围也相当有限。

要不要建立国有资产管理的专门机构，理论界和实际工作部门一直存在不同意见。一种观点认为必须设立国有资产管理专门机构。认为改革前政资不分，是造成政企不分的深层次原因；而要实现政资分开，就必须将分散在政府经济管理部门中的国有资产所有者职能独立出来，集中由一个国有资产管理专门机构行使。另一种观点则认为不必设立国有资产管理专门机构。认为社会主义国家虽然具有社会管理者和国有资产所有者双重身份，行使双重职能，但是应当把双重职能看作是国家总体职能的组成部分，不能只看到两者的区别而忽视两者的联系，不能从混淆双重职能走向割裂双重职能，因而，即使必须区分双重职能，也不必分设国有资产管理专门机构。因此，1998 年全国九届人大一次会议，又决定将国有资产管理机构并入财政部。一建一撤，正好历时 10 个年头。在同一次机构改革过程中，机械、化工、内贸、煤炭等 15 个以主管行业内企业为主要职能的专业经济部门被改组为隶属于国家经贸委的“局”，并明确不再直接管理企业。2000 年 12 月，国家经贸委下属九个国家局被撤销。

国有资产管理局撤销后，国资管理职能移交财政部企业司；各专业经济部门撤销后，对行业内企业的管理职能也分散到了各个政府职能部门。按照国有资产“国家所有，分级管理”的原则，国企改制、转让方案被进一步明确要由中央政府批准。大企业例如联想等的转制，作为高科技企业给予员工一定的股份，最终要由财政部批准，甚至会成为总理办公会的议题。在此情况下，组建派观点又重新占据了上风。

除了是否建立国有资产管理专门机构的分歧之外，在如何建立国有资产的管理体制、政府如何管理国有资产等方面，都存在着不同程度的意见分歧。

一、关于国有资产管理体制的建立

关于国有资产管理体制的建立，分歧焦点是建立国有资产管理的两个层次还是三个层次。在理论工作者和实际工作者中，多数人赞成三个层次的观点，即国有资产管理体制划分为三个层次：第一个层次是政府部门对国有资产的行政监管，具体形式可以是国有资产管理委员会、国有资产管理局等；第二个层次是资本运营机构对国有资产的运营，具体形式可以是国有控股公司、国有资产经营公司、国家投资公司、企业集团公司等，在《公司法》中称为“国家授权投资的机构”；第三个层次是企业对国有资产的经营，具体形式可以是独资公司、有限责任公司和股份有限公司等。并且认为，培育和发展第二个层次，是建立健全国有资产管理、监督、营运机制的关键所在。另有一部分人不同意三个层次的说法，认为只有两个层次，即第一个层次是政府监管国有资产，第二层次是企业经营国有资产，根本不存在所谓的中间层次——资本运营机构，运营与经营是一回事，都属于企业经营自主权的范畴。主张三层体制的人希望通过设立中间层次，赋予国有控股公司等以特殊法人的法律地位，在政府与企业之间形成一个“隔离带”，从而实现真正的政企分开。主张两层体制的人们则担心组建作为中间层次的国有控股公司等，可能会形成大量的行政性翻牌公司。应当说，“两层体制”与“三层体制”虽然有分歧，但是彼此并不矛盾，因为只要把“三层体制”中的第二层次与第三层次合并，把国有控股公司之类的国家授权投资机构作为企业（即特殊企业法人）来看待，就找到了两种体制的共同点。

二、关于国有资产的管理

关于政府如何管理国有资产，主要表现在两个方面的分歧：一是政府管理国有资产的职能定位的分歧；二是国有资产的归属，即中央政府和地方政府在国有资产所有权划分上的分歧。

关于政府的国有资产管理职能定位。一种观点认为，政府管理国有资产的职能，应当与一般资本所有者一样，行使资产收益、选择经营者、重大财产决策三项权利，并且这三项权利均应由国有资产管理部门承担，简称为“资本职能观点”。深圳、上海、内蒙古等地早先建立的国资委体制，就是以这一观点为指导思想的。另一种观点则认为，政府管理国有资产职能的核心是监督权，而考核任免国有企业经营者的职能仍然由组织、人事部门负责，除此以外的其他职能均赋予企业，简称为“监管职能观点”。国务院发布的《企业国有财产监督管理条例》就体现了这种观点，它强调政府对企业国有财产的监督职能，提出政府要向 500～1000 个重点国有大企业外派监事会，以后又改为在重点国有大企业中设立“稽察特派员制度”，都是这一观点的推演和发展。按照前一种观点，国有资产管理工作的内容是比较多的，例如要管理资本收益、考核资本保值增值状况、任免企业主要经营者等；而按照后一种观点，则除了监督企业经营和财务状况以外，不必过多地涉及其他内容。

关于政府是否应当收取国有资本收益。一种观点认为应当，因为社会主义国家具有社会管理者和国有资产所有者双重身份，既然是所有者，那么，无论按照马克思主义关于所有者享有占有、使用、收益、处分四项权能的理论，还是按照现代市场经济关于所有者享有资产收益、选择经营者、决定重大决策三项权能的理论，都离不开收益权。另一种观点认为，政府管理国有资本主要是行使监督权而不是收益权，不应当收取国有资本收益，因为当前半数以上的国有企业尚未走出困境，税后无利可分，实际上，自 1994 年 1 月实施五大宏观体制改革以来，政府除对银行、保险等少数行业外，一般不再收取国有企业税后利润，有人甚至主张以立法形式规定一般竞争性行业的国有企业，政府不收取其资本收益。

关于是政府还是企业负责国有资本的保值增值。一种观点认为，应由政府负责国有资本保值增值，主张由政府制定统一的资本保值增值指标体系，年初下达考核指标，年终进行对比考核。完成或超额完成任务的，由政府通过提高年薪和增加奖金的办法来奖励经营者；完不成任务的，由政府通过扣减奖金或者解聘免职的办法来惩罚经营者。另一种观点认为，企业是承担国有资本保值增值责任的主体，政府的责任只是定位在监督上，企业的资本保值增值状况应由市场来评价，而不能由政府来考核，更不应采取由政府下达保值增值考核指标的办法。关于如何处理好党管干部与所有者选择经营者的关系。有观点认为，国有资产管理部门应当行使选择经营者的权利，一些建立了国资委的地方正在探索把党管干部原则与所有者选择经营者原则结合起来的路子，例如有的地方按大、中、小型企业划分经营者管理权限，将中小型企业经营者的选择权首先交给国有资产管理部门；有的地方将国资委内主管企业人事的机构与当地组织、人事部门的企业干部主管机构合署办公；有的地方对企业主要经营者采取由当地组织、人事部门考核决定，由国有资产管理部门发文任免的办法。但是，按照国有资产管理部门的主要职责在于监督管理的观点，国有企业经营者的考核、任免则仍是组织、人事部门的职责，基本不属于国有资产管理工作的范畴。

关于国有资产的归属，多年来一直有争议。学术界提出了两种解决模式：一是“国家统一所有，地方分级管理”，这也是中共十五届四中全会提出的国有资产管理模式。二是“地方分级所有”，即地方的国有企业完全属当地政府所有，地方政府拥有对该企业的全部所有者权益。

“分级所有”论者认为：中国是一个大国，必须承认地方利益的存在。目前中国财政体制事实上已是分级体制，应实现财权、事权、产权的有效统一。一级事权需要一级财权来作保证，而一级财权的形成又必须拥有一级清晰的产权。没有产权，财权只是无源之水。中央政府不给地方这些权力和责任，地方政府就会躺在中央政府的怀抱里，只会找中央政府要钱。有人甚至认为我们的社会保障体系之所以建立不起来，就是因为地方政府没有相应的国有资本所有权和收益，拖延甚至推诿社会保障的责任，这对于整个社会公平和社会稳定都是不利的。

还有人认为，如果实行分级所有体制，将固化各级政府的利益格局，保护地方政府的所有者权益。产权可以在不同级政府间交易，但是不可以平调。而过去把下级政府的好企业收上来，上级政府的差企业放下去，这种行为大大挫伤了地方发展经济的积极性。

但是“国家所有、分级管理”的主张者不同意这种主张。道理也很简单：某一地区国有经济的发展，通常是全国上下共同支持的结果，并不能认定为即是当地的一己资产。而且，如果实行“分级所有”，最大的问题是有可能带来国体的变化或政治体制的变化，存有政治风险。

“分级管理”作为主流观点，一直在现实中居于主导地位，但“分级所有”观点在某些年份也时有主张。在中共十五大期间，国务院发展研究中心曾经就“国有企业战略性改组”发表专题报告，其中第三部分“建立国有资产管理新体制”在提到“出资人到位、统一管理、分类管理”等问题的同时，建议“在适当调整各级政府管辖范围的基础上，改现有的分级管理为分级所有”。1999 年十五届四中全会前夕，国务院发展研究中心再次向中央提交了“国企改革攻坚十五题”的研究报告，其中也提到从“一级所有、多级管理向多级所有过渡”。

2002 年 10 月 28 日，中共十六大召开前夕，世界银行和国务院发展研究中心召开了一个国有资本管理和国有企业改革研讨会。会上，国务院发展研究中心企业研究所课题组提交了一份报告，再次提出了要逐步变“分级管理”为“分级所有”的看法。

决策者最后采取了有别于分级管理和分级所有的做法，实行的是“分级行使产权”。中共十六大报告提出“国家所有，中央政府和地方分别代表国家履行出资人职责，享有所有者权益”。这个表述意味着中华人民共和国成立以来一直实行的国有资产“国家统一所有，地方分级管理”的模式被终止，也意味着我国国资管理体制的又一次深刻变革。尽管报告仍然强调“坚持国家所有”，但由于地方政府将享有完整的出资人权益，即将有可能自行决定这部分资产的拍卖、转让等事宜，事实上也就相当于拥有了属于自己的那部分产权。这一表述的关键，是将终极所有权和出资人产权的概念分离了，强调国家对所有中央和地方资产拥有终极所有权，出资人行使的是产权职能，和终极所有权是两个概念。

“国家所有，分级行使产权”必须满足两个前提：一是国家必须统一制定法律法规；二是由于中央政府代表终极所有权，必要时拥有最后统一配置资源的权力。

在这两个前提下，“国家所有，分级行使产权”既解决了“分级所有”可能带来的政治分割问题，又解决了“分级管理”带来的国有资产无人最终负责的问题。

国家所有，分级产权，政府分级行使出资人职责，在理论上实现了终极所有权与出资人所有权的分离，既解决了出资人到位问题，比分级管理的提法更科学、明确，又避免了政治体制的风险，比分级所有现实。在理论上有独创性，在国际产权理论上有新的发展，完全是中国特色的产权理论，是符合中国实际的国家产权归属模式。

国家所有，分级产权，终极所有者是国家，中央政府和地方政府，行使的是出资人所有权，中央政府不是地方政府的所有者，国家作为终极所有者的权益需要通过立法确认。分极产权意味着地方政府将有更大的自主权，有利于形成国有经济内部的产权多元化，有利于运用市场化方式配置资源。

中共十六大报告中提出“中央政府和省、市（地）两级政府设立国有资产管理机构”，这实际上回答了在政府管理机构中明确设立国有资产管理机构，是第一次在政府管理体制上实现所有者管理职能与社会经济管理职能的分开，从而使十四届三中全会提出的“政资分开”目标得以实现。以此为目标，国有资产进入了一个“资产化管理”的新的阶段。

2003 年 3 月，第十届全国人大一次会议决定成立新的国有资产管理机构——国有资产管理委员会，在国有资产国家统一所有的前提下，由中央政府和地方政府分别代表国家履行出资人职责，享有所有者权益，权利、义务和责任相统一，管资产和管人、管事相结合的国有资产管理体制。3 月 19 日，国务院常务会议决定，设立国务院国有资产监督管理委员会。3 月 26 日，国务院常务会议讨论通过了国务院国有资产监督管理委员会的“三定”方案，国务院国有资产监督管理委员会（简称“国务院国资委”）正式挂牌。从 4 月初开始，各级国有资产监督管理机构陆续完成了组建工作。

2003 · 年度改革实践

加强国有资产的监督管理

2003 年 3 月，国务院国有资产监督管理委员会（简称“国务院国资委”）正式挂牌，189 家中央企业由国务院国资委代表国务院履行出资人职责（见附录）。从 4 月初开始，各级国有资产监督管理机构陆续完成了组建工作，基本确立了国有资产管理的新体制，确保了国有企业资产管理与财务监督工作的有序开展。

2003 年 5 月 27 日，国务院第 378 号令颁布了《企业国有资产监督管理暂行条例》，明确企业国有资产与财务管理的主要内容：一是国有资产监督管理机构依照国家有关规定，负责国有资产的产权界定、产权登记、资产评估监管、清产核资、资产统计、综合评价等基础管理工作；二是国有资产监督管理机构协调所出资企业之间的企业国有资产产权纠纷；三是国有资产监督管理机构应当建立企业国有产权交易监督管理制度，加强企业国有资产产权交易的监督管理，促进企业国有资产的合理流动，防止企业国有资产流失；四是国有资产监督管理机构对所出资企业的企业国有资产收益依法履行出资人职责，对所出资企业的重大投融资规划、发展战略，依照国家发展规划和产业政策履行出资人职责；五是国有资产管理机构通过统计、稽核等方式对企业国有资产的保值增值实施监管，依法对所出资企业财务进行监督，建立和完善国有资产保值增值指标体系，维护国有资产出资人的权益等。

国务院国资委成立后，组织力量重点进行了四方面的调查研究：一是对中央企业参股、控股的上市公司基本情况进行了摸底调查；二是针对改革中出现的管理层收购上市公司国有股（MBO）现象，通过国内外 MBO 问题的比较研究，对我国上市公司实行 MBO 的特点、利弊进行了较为客观、深入的分析；三是针对证券市场和媒体关于国有股协议转让的讨论，对我国上市公司国有股转让的原因、转让后的效果、转让中存在的问题进行了较为全面的分析和研究；四是及时开展了上市公司股权托管、创立二板市场、恢复上市公司国有股回购等问题的研究。

根据以出资人开展资产评估监管的需要，国务院国资委进一步强调：一是突出国有企业资产评估报告的合规性审核与经济行为的合理性审核相结合；二是加大对国有企业评估备案重点项目的抽查力度，并先后组织专家对一批国有企业的评估备案项目进行了重点抽查，督促国有企业规范评估行为，充分发挥资产评估监管的作用。

国务院国资委建立了中央企业财务动态报告制度，完成了快报表式设计和运行软件开发，并从 2003 年 5 月起按月开展了中央企业财务动态监测工作，利用财务动态信息，加强了对重点行业和重点企业经营状况的专题分析，及时剖析企业经营管理中的矛盾和问题，为领导决策提供了重要依据。地方国有资产监督管理机构在 2003 年末也逐步开展对本地区国有企业的动态监测工作。

组织开展了国有企业经营绩效评价工作。2003 年国务院国资委进一步总结工作经验，改进工作方法，组织开展了对中央企业绩效评价工作，逐户对中央企业财务绩效进行了定量评价，对中央企业的年度经营成果、资产质量和发展潜力进行了深入剖析和评判。并组织力量测算了全国国有企业分行业、分规模《企业绩效评价标准值》，指导全国国有企业的绩效评价工作。

组织开展国有企业清产核资。为摸清企业资产“家底”，处理原行业会计制度下形成的资产损失，推动实现新旧会计制度的有效衔接和顺利过渡，国务院国资委组织开展了中央企业清产核资，积极推动中央企业执行《企业会计制度》。

针对国有企业产权转让行为日益增多、产权转让缺乏规范的现状，国务院国资委制定颁布了《企业国有产权转让管理暂行办法》，为促进国有资产的合理流动和国有经济结构调整，规范企业国有产权转让行为，防止国有资产流失奠定了基础。

附：

由国务院国资委履行出资人职责的189户中央企业名录

1. 中国核工业集团公司
2. 中国核工业建设集团公司
3. 中国航天科技集团公司
4. 中国航天科工集团公司
5. 中国航空工业第一集团公司
6. 中国航空工业第二集团公司
7. 中国船舶工业集团公司
8. 中国船舶重工集团公司
9. 中国兵器工业集团公司
10. 中国兵器装备集团公司
11. 中国电子科技集团公司
12. 中国石油天然气集团公司
13. 中国石油化工集团公司
14. 中国海洋石油总公司
15. 国家电网公司
16. 中国南方电网有限责任公司
17. 中国华能集团公司
18. 中国大唐集团公司
19. 中国华电集团公司
20. 中国国电集团公司

21. 中国电力投资集团公司
22. 中国长江三峡工程开发总公司
23. 神华集团有限责任公司
24. 中国电信集团公司
25. 中国网络通信集团公司
26. 中国联合通信有限公司
27. 中国移动通信集团公司
28. 中国电子信息产业集团公司
29. 中国第一汽车集团公司
30. 东风汽车公司
31. 中国第一重型机械集团公司
32. 中国第二重型机械集团公司
33. 哈尔滨电站设备集团公司
34. 中国东方电气集团公司
35. 鞍山钢铁集团公司
36. 上海宝钢集团公司
37. 武汉钢铁（集团）公司
38. 中国铝业公司
39. 中国远洋运输（集团）总公司
40. 中国海运（集团）总公司
41. 中国航空集团公司
42. 中国东方航空集团公司
43. 中国南方航空集团公司
44. 中国中化集团公司

45. 中国粮油食品进出口（集团）有限公司
46. 中国五金矿产进出口总公司
47. 中国通用技术（集团）控股有限责任公司
48. 中国建筑工程总公司
49. 中国储备粮管理总公司
50. 国家开发投资公司
51. 招商局集团有限公司
52. 华润（集团）有限公司
53. 香港中旅（集团）有限公司
54. 中国节能投资公司
55. 中国高新投资集团公司
56. 中国国际工程咨询公司
57. 中谷粮油集团公司
58. 中国包装总公司
59. 中国进口汽车贸易中心
60. 中商企业集团公司
61. 中国华孚贸易发展集团公司
62. 中国诚通控股公司
63. 中国华星集团公司
64. 中国中煤能源集团公司
65. 煤炭科学研究总院
66. 中国汽车工业总公司
67. 中国机械装备（集团）公司
68. 机械科学研究院

69. 中国农业机械化科学研究院
70. 中国钢铁工贸集团公司
71. 中国冶金建设集团公司
72. 钢铁研究总院
73. 冶金自动化研究设计院
74. 中国昊华化工（集团）总公司
75. 中国化学工程总公司
76. 中国化工供销（集团）总公司
77. 中国化工建设总公司
78. 中国蓝星（集团）总公司
79. 中国轻工集团公司
80. 中国轻工业对外经济技术合作公司
81. 中国轻工业机械总公司
82. 中国工艺美术（集团）公司
83. 中国盐业总公司
84. 华诚投资管理有限公司
85. 中国纺织物资（集团）总公司
86. 中国恒天集团公司
87. 中国纺织科学研究院
88. 中国材料工业科工集团公司
89. 中国建筑材料集团公司
90. 中国建筑材料科学研究院
91. 中国有色矿业建设集团有限公司
92. 北京有色金属研究总院

93. 北京矿冶研究总院
94. 中国国际技术智力合作公司
95. 中国远东国际贸易总公司
96. 中国国际企业合作公司
97. 中国经济技术投资担保有限公司
98. 中国地质工程集团公司
99. 中国四维测绘技术总公司
100. 中国房地产开发集团公司
101. 中国建筑科学研究院
102. 中国北方机车车辆工业集团公司
103. 中国南方机车车辆工业集团公司
104. 中国铁路通信信号集团公司
105. 中国铁路工程总公司
106. 中国铁道建筑总公司
107. 中国港湾建设（集团）总公司
108. 中国路桥（集团）总公司
109. 中国外轮理货总公司
110. 中国普天信息产业集团公司
111. 中国邮电器材集团公司
112. 中国长城计算机集团公司
113. 中国卫星通信集团公司
114. 电信科学技术研究院
115. 中国水利电力对外公司
116. 中国水利投资公司

117. 中国水产（集团）总公司
118. 中国农垦（集团）总公司
119. 中国牧工商（集团）总公司
120. 中国种子集团公司
121. 中国纺织品进出口总公司
122. 中国工艺品进出口总公司
123. 中国对外贸易运输（集团）总公司
124. 中国土产畜产进出口总公司
125. 中国丝绸进出口总公司
126. 中国轻工业品进出口总公司
127. 中国成套设备进出口（集团）总公司
128. 中国出国人员服务总公司
129. 中国海外工程总公司
130. 中国生物技术集团公司
131. 中国医疗卫生器材进出口公司
132. 中国唱片总公司
133. 中国林业国际合作集团公司
134. 中国福马林业机械集团有限公司
135. 中国医药集团总公司
136. 中国国际旅行社总社
137. 中国免税品（集团）总公司
138. 中国旅游商贸服务总公司
139. 中国中旅（集团）公司
140. 中国新兴（集团）总公司

141. 中国保利集团公司
142. 中国新时代控股（集团）公司
143. 珠海振戎公司
144. 中国海洋航空集团公司
145. 中国建筑设计研究院
146. 中国电子工程设计院
147. 中国寰球工程公司
148. 中煤国际工程设计研究总院
149. 中国海诚国际工程投资总院
150. 中国纺织工业设计院
151. 中国有色工程设计研究总院
152. 中国冶金地质勘查工程总局
153. 中国煤炭地质总局
154. 新兴铸管集团有限公司
155. 中国民航信息集团公司
156. 中国航空油料集团公司
157. 中国航空器材进出口集团公司
158. 中国电力工程顾问集团公司
159. 中国水电工程顾问集团公司
160. 中国水利水电建设集团公司
161. 中国黄金集团公司
162. 中国储备棉管理总公司
163. 中国印刷集团公司
164. 攀枝花钢铁（集团）公司

165. 邯邢冶金矿山管理局

166. 鲁中冶金矿业集团公司

167. 长沙矿冶研究院

168. 中国乐凯胶片集团公司

169. 沈阳化工研究院

170. 中国华源集团有限公司

171. 华联发展集团有限公司

172. 中国广东核电集团有限公司

173. 中国寰岛（集团）公司

174. 中国长江航运（集团）总公司

175. 长江口航道建设有限公司

176. 上海船舶运输科学研究所

177. 中国华录集团有限公司

178. 上海贝尔阿尔卡特股份有限公司

179. 彩虹集团公司

180. 武汉邮电科学研究院

181. 上海医药工业研究院

182. 华侨城集团公司

183. 南光（集团）有限公司

184. 天津水泥工业设计研究院

185. 中机国际工程咨询设计总院

186. 中讯邮电咨询设计院

187. 西安电力机械制造公司

188. 中国葛洲坝集团公司

189. 三九企业集团（深圳南方制药厂）

注：1. ※企业为拟进行公司制改建，企业名称正在规范之中。

2. 本企业名录是根据国务院国资委信息中心 2004 年 1 月 8 日发布的企业名录整理的。

对“主辅分离、辅业改制”做出具体规范

从 1997 年到 2003 年 6 月，通过减员增效、下岗分流、实施再就业工程，全国国有企业职工由 6970 多万人减少到 4190 多万人，下岗分流职工累计达到 2780 多万人，其中 1800 万人实现了再就业。

实施主辅分离、辅业改制，是将国有企业改革与职工再就业有机结合的一项重大举措，是国有企业转换经营机制、分流安置富余人员的重要途径。据初步测算，中央企业还有 8.1% 的资产属于三类资产（闲置资产、辅业资产、拟关闭资产），有 25.2% 的人员属于辅业单位职工。中央关于主辅分离的优惠政策执行到 2005 年底。为贯彻落实党中央、国务院有关精神，鼓励国有大中型企业通过主辅分离、辅业改制、分流安置企业富余人员，国务院有关部门下发了文件，这项工作开始稳步推进。其中国务院国资委履行出资人职责的企业（以下称中央企业）中，已经制定和正在实施方案的二级以下单位 941 个，涉及职工 17.6 万人，绝大多数职工可在分离后的企业中得到安置。为增强原国家经贸委、财政部、劳动和社会保障部等八部委制定的《关于国有大中型企业主辅分离辅业改制分流富余人员的实

施办法》（国经贸企改〔2002〕859号）的操作性，有关机构在大量调研的基础上，积极协调财政部等有关部门研究制定政策措施，与财政部、税务总局联合下发了《关于进一步明确国有大中型企业主辅分离辅业改制有关问题的通知》等一系列配套文件，对改制中的产权变动、资产处置、劳动关系调整等问题做出了具体规范，进一步明确了有关政策。

分离企业办社会职能仍然是深化国有企业改革的一项重要内容。全国国有企业自办的中小学有1.1万多所，自办的医院6100多所。国有企业每年缴纳城市建设费和教育附加费约500亿元，同时每年用于办社会的资金支出达456亿元。分离企业办社会职能工作涉及面广，协调难度大，并且需要一定的改革成本。

规范现代企业制度建设

2003年，国家发布多个规范国有企业改制、清产核资、产权转让的法规，促进企业规范改制。国有企业实行股份制改造和公司制改革力度加大，积极引入非公有资本加快推进产权多元化，企业法人治理结构继续完善。国有企业薪酬机制改革逐步推开，岗位工资、年薪制、持有股权、股票期权等多种形式的绩效挂钩分配机制在越来越多的企业实行。

国有大中型骨干企业建立现代企业制度工作初见成效。据国家统计局统计，截至2002年底，全国4350家国有大中型骨干企业已有3468家完成了公司制改革，改制面达79.7%。其中，509家国家重点企业改制面为79.4%。1998至2003年底，国有企业境内外上市 490 家，累计筹资 7850 亿元，其中境外筹资 363 亿美元。在推进公司制改革的过程中，企业按照《公司法》的规定设立了股东会、董事会、监事会和经理层，公司法人治理结构的框架基本形成；其中 1192 家改制企业引入了独立董事制度，占全部改制企业的 34.7%。一批企业深化内部劳动、人事、分配制度改革，推进管理信息化，加强成本、资金和质量管理，管理水平不断提高。

国有经济的总体实力不断增强，在国民经济中发挥着主导作用。国有及国有控股工业企业户数从 1998 年的 6.5 万户减少到 2003 年的 3.6 万户，减少了 45%；但实现利润却从 743 亿元提高到 3784 亿元，增长了 5 倍。2003 年，国有及国有控股工业企业上缴税金总额 4615 亿元，占同口径全部工业企业税金总额的 63%。国有企业仍然是国家财政收入的主要来源。调整国有经济布局和结构的效果开始显现。

一批大公司大企业集团市场竞争力明显增强。结合垄断行业的改革和贯彻大公司、大集团战略，在石油、石化、冶金、军工、电信、航空、电力等行业先后组建了一批大型企业集团。通过引入竞争和重组上市等措施，这些企业的市场竞争力明显增强。2003 年，中石油、中石化、中海油、宝钢集团、中国移动、中国联通、中国电信等 7 家上市公司的国有权益和实现利润分别占中央企业的 25% 和 78% 以上。跻身世界 500 强的国有企业从 1998 年的 5 户上升到 2003 年的 14 户。上海宝钢集团公司钢产量居世界钢铁企业第六位，销售收入居第七位，净利润居第二位，已经具有较强的国际竞争力。

国有经济战略性调整

国务院国资委按照有进有退、有所为有所不为的方针，确立了国有经济战略性调整的方向和重点，推动国有资本更多地投向关系国家安全和国民经济命脉的重要行业和关键领域，加大对中央企业的监管与重组力度，中央企业从年初的 196 家减至年底的 189 家。以国资管理体制改革为契机，各地进一步打破单个企业、行业和区域调整重组的局限，在更大范围内实施国有资本的流动与重组。2003 年我国已成为亚洲第二大并购活跃国家。

一是积极推进中央企业股份制改革。近一年来，中央企业通过规范上市、中外合资、互相参股等多种形式积极进行股份制改革，长江电力、中航科工、南航股份、中外运股份等中央企业控股公司先后在境内外上市。其中长江电力境内网上配售超额认购 69. 7 倍，中航科工国际配售超额认购 13. 5 倍。通过股份制改革特别是到境内外上市，中央企业不仅筹集了大量发展资金，而且实现了企业内部组织结构的调整和优化，促进了企业法人治理结构的完善，推动了现代企业制度建设。

二是积极推进中央企业重组调整。近一年来，在自愿协商的基础上，有关机构对 11 对、22 家中央企业进行了联合重组，在中央企业和社会上引起很大反响。针对部分中央企业存在的主业不突出、管理链条太长的问题，有关机构要求中央企业对经营业务和管理链条进行全面清理整顿。许多中央企业在突出主营业务、精简管理层次方面加大了工作力度，所属三级以下企业已大幅度减少。同时，有关机构拟定下发了关于加快东北地区中央企业调整改造的指导意见。

三是进行公开选聘企业高级经营管理者的试点。2003 年，国务院国资委选择中国联通、中国铝业、中国通用等 6 家企业的副总经理和总会计师共 7 个岗位面向全球公开招聘，在海内外引起了积极反响。共有 463 人报名竞聘，经过资格审查和严格的笔试、面试、考察，选拔出的 7 人目前已经到岗。通过试点，不仅扩大了中央企业选人用人的视野，招聘到了优秀的经营管理人才，更重要的是探索了党管干部原则与市场化配置企业经营管理者相结合的方式和途径。国内外媒体和专家学者对这项试点给予了较高评价和充分肯定。

四是指导中央企业进一步提高依法经营的能力和水平。配合《企业国有资产监督管理暂行条例》的公布施行，有关机构通过多种形式组织中央企业负责人学习了解《条例》的主要内容。推进中央企业加紧建立健全法律风险防范机制，在中央企业开展了总法律顾问试点工作，加快了法律顾问工作的组织网络建设。

五是加快推进中央企业主辅分离辅业改制和分离办社会职能。建立了中央企业主辅分离、辅业改制总体方案联合审核工作制度，加快了审批工作进程，到目前已有 17 家企业的主辅分离改制分流总体方案正式批复，其中第一批实施方案涉及三类资产总额为 84.9 亿元，分流安置富余人员 7.4 万人。配合实施中央振兴东北等老工业基地的战略决策，有关机构积极与财政部等部门加强协调，初步制定了中央企业分离办社会职能的方案。

六是努力维护中央企业和社会的稳定。成立了维护稳定工作领导小组和办公室，健全中央企业稳定信息网，层层落实稳定责任制，指导中央企业积极争取地方政府支持，建立应急预案，协助督促中央企业做好稳定工作。总的看来，在推进改革中中央企业基本保持了稳定，对维护社会的稳定发挥了重要作用。

振兴东北地区等老工业基地的战略开始实施。党中央、国务院发布《关于实施东北地区等老工业基地振兴战略的若干意见》，明确振兴的指导思想和原则、主要任务和政策措施，强调坚持主要依靠市场机制、以改革开放促进调整和改造。占老工业基地经济主体地位的国有经济的调整和国有企业的改制、改组和改造有序展开。

电力、电信、民航等垄断行业的企业重组

5 家区域电网公司挂牌成立，省级电力公司改组启动。探索新型电力市场模式、交易方式和竞价方式的改革试点在东北地区展开。电价改革方案出台并完成了厂网价格分离工作。电力企业清产核资工作得到加强。

电信体制改革方案进一步贯彻落实。国家加强电信市场监管与资源整合，中国电信集团和中国网通集团完成了资产重组和网络资源划分，签署了互联互通等协作协议，促进了业务相互渗透和公平竞争，电信市场秩序进一步规范。按照国务院部署，中国网通集团公司收购了原吉通公司的股权，内部网络融

合与资产重组、股份制改造工作取得了重要进展。改革成为电信产业发展的重要推动力，全年新增电话用户 1.12 亿户，到 2003 年底全国电话用户达到 5.32 亿户。

民航管理体制改革稳步实施。国航、东航、南航以及航油、航信、航材 6 个集团公司基本完成重组。民航总局直接管理及民航与地方联合管理的机场共 93 个，其中 58 个机场已移交地方政府管理。23 个省（自治区、直辖市）民航局被撤销，新设立 7 个地区管理局，“民航总局—民航地区管理局”两级行政管理体制开始运行。研究制定民航国内航空运输价格改革方案，建立了政府宏观调控、企业自主有限浮动的价格形成机制。

铁路管理体制改革取得初步进展。继续推进主辅分离，部属的 4 个设计院、中国铁路物资总公司、铁道通信信息有限责任公司等单位与铁道部“脱钩”。集装箱运输、特货运输和行包快递等三个专业运输公司成立。国家有关部门正在抓紧研究铁路管理体制改革总体方案。

邮政体制改革步伐加快。邮政储蓄在中央银行的转存款完成新老划断，邮政储蓄资金开始自主运用，为加快邮政体制改革创造了条件。邮政体制改革总体方案初步形成。

城市公用事业市场化改革积极推进。各地放宽市场准入，城市公用事业投资主体多元化、经营市场化日趋活跃。全国最大的中外合资水务投资公司在北京成立；湖北省十堰市率先放开公交市场，温州市一民营企业获得 18 年特许经营权。城镇供热体制的商品化、货币化改革试点在部分地区展开。

继续放开搞活国有中小企业

各地从实际出发，采取改组、联合、兼并、租赁、承包经营、股份制、股份合作制、出售等多种形式放开搞活国有中小企业，国有小型工业企业的改制面已达 81.6%。相当一部分企业实现了产权多元化，转换了经营机制，增强了企业的活力，提高了经济效益。国有小型工业企业从 1994 年起连续 6 年盈亏相抵后净亏损，2000 年扭亏为盈，实现盈利 48.1 亿元，2001 年盈利 120.9 亿元，2002 年盈利 109.8 亿元，2003 年盈利 180.1 亿元。

以调整国有经济布局和结构为目标，以产权制度改革为核心，采取多种方式，继续放开搞活国有中小企业。要从企业的实际出发，充分考虑产权市场的供求状况及其对价格形成的作用，充分考虑投资者是否具有搞好企业的能力，注重引入资金、技术和人才，转换机制，盘活资产，扭亏脱困，加快发展。切实做好职工安置工作，努力做到稳定就业，并通过中小企业的发展扩大就业。

进一步做好国有企业关闭破产工作

根据机构改革后的新情况，经国务院同意，及时调整了全国企业兼并破产和职工再就业工作领导小组成员单位，制定了《关于 2003 年全国企业兼并破产和职工再就业工作安排意见》等 3 个文件，并对军工企业破产项目及中央下放的煤炭、有色金属及地方企业在关闭破产中的问题进行了处理。会同有关部门制定了 2003 年全国国有企业关闭破产工作计划并进行了部署，2003 年企业关闭破产新增项目核销规模按 600 亿元安排，实际核销额不低于 350 亿元，重点安排军工、煤炭、有色金属等行业及监狱企业的关闭破产项目，对中西部地区和东北老工业基地给予了重点支持。通过努力，基本上保持了关闭破产工作的连续性和政策的稳定性。

在国务院国资委（原国家经贸委）、财政部、劳动保障部、人民银行、银监会等部门的共同努力下，截至 2003 年底，全国共实施政策性关闭破产项目 3307 户，涉及银行呆坏账准备金 2149 亿元，涉及职工 600 万人，消除企业亏损 1300 亿元，初步形成了丧失竞争能力企业退出市场的通道，优化了结构，提高了效益。初步估算，全国已有一半以上需要退出市场的国有大中型特困企业和资源枯竭矿山实施了关闭破产，一些沿海地区长期积累的需退出市场的企业绝大多数已经关闭破产。

就业和社会保障体制改革

国务院办公厅下发《关于加快推进再就业工作的通知》，建立国务院再就业工作部际联席会议制度，出台了税费减免、岗位补贴、小额贷款、就业服务、工商登记、场地安排等优惠政策和具体实施办法，进一步消除制约就业和再就业的体制性障碍。中央召开全国再就业工作座谈会，明确经济发展和扩大就业并举的发展战略，进一步动员、落实和部署就业再就业工作。有关部门重新界定就业与失业标准，提高失业者的保障程度。全年新增城镇就业岗位 850 万个，下岗失业人员再就业 440 万人，年末城镇登记失业率为4.3%，控制在预期目标内。浙江省率先制定“城乡统筹就业试点工作标准”，规定农民可以享受失业登记权利。

继续巩固“两个确保”和城市“低保”工作。下岗职工基本生活保障费和离退休人员养老金基本按时足额发放。年末全国有195万国有企业下岗职工进入再就业服务中心。下岗职工基本生活保障向失业保险并轨的工作稳步推进，北京、辽宁等省市关闭再就业服务中心。年末领取失业保险金的人员为415万人。企业退休人员社会化管理水平进一步提高，完成2003年底80%的企业退休人员实现管理服务社会化的目标。

社会保险面进一步扩大。年末全国参加基本养老保险、医疗保险、失业保险人数分别达到15490万人、10895万人和10373万人，均比上年底有所增加。国务院颁布《工伤保险条例》，增强了工伤保险的强制力和约束力。

社会保障基金征缴增幅较大。2003年1月至11月，全国基本养老保险基金收入3119亿元，同比增长18%；医疗保险基金收入763亿元，增长46.4%；失业保险基金收入211亿元，增长16.8%，三项基金都保持了较高增幅；到2003年底，全国有2235万城镇居民得到了低保救助，比上年底增加181万人。探索城镇灵活就业人员参加基本医疗保险的办法，提高其社会保障程度。

完善城镇社会保障体系的试点有序进行。按照国务院部署，自2001年开始在辽宁实施的完善城镇社会保障体系的试点，到2003年已在下岗职工基本生活保障向失业保险并轨、做实基本养老保险个人账户两个重点上取得积极进展。国务院决定把试点中具有普遍意义的改革内容在 2004 年推广到黑龙江和吉林两省。

建立新型农村合作医疗制度试点稳步推开。卫生部已将浙江、湖北、云南、吉林等 4 省作为建立新型农村合作医疗制度和医疗救助制度试点省，推进农村医疗保障制度建设，探索建立由政府组织、引导和支持，农民自愿参加，个人、集体和政府多方筹资，以大病统筹为主的农民医疗互助共济制度。北京、江苏、广西等非试点省（市、区）也积极建立新型农村合作医疗制度。此外，一些省正在探索建立农村居民最低生活保障制度。

中央企业首次面向海内外公开招聘高级管理职位

2003 年 7 月，国务院国资委成立仅 4 个月，就选择中国联合通信有限公司等 6 户中央企业，首次面向海内外公开招聘 7 个高级管理职位。此次招聘，共有 463 人报名，职位平均报名数达 66.1 人，最终录取 7 人。

在公开招聘工作中，国资委把握住了以下几点原则。

一是在方向上，坚持党管干部的原则。国资委党委主要是把握方向，只审定公开招聘的基本条件、基本程序、基本方法等原则性问题，重点监督公开招聘是否按照规则办事。

二是在方式上，坚持市场化选聘的方式。公开招聘面向全社会进行，任何人都能报名，符合条件的参加考试。在人选的任用上，实行聘任制和试用期制。对公开招聘上岗人员实行契约化管理，有严格的准入机制和正常的退出机制。也就是看谁在状态，不在状态就换人，解决现在干部制度中存在的“能上不能下”的问题。

三是在选拔途径上，采用科学的考试测评方法择优录用。抓住两个重点环节，一个是出好题，另一个是看准人。在招聘前，承担考务工作的单位就深入到企业进行职位调查，了解企业需要什么样的人，根据企业的实际需要出考题，所以试题都紧扣行业和企业发展实际，没有很强的企业经营管理实践经验考不出好成绩。在“看准人”上，改变过去仅由组织人事部门考察选拔的做法，聘请企业家、熟悉企业经营管理的专家和著名学者担任考官，选人的眼光更加全面准确。为了考察考生的整体素质，不断丰富考试测评的手段，增加了评价中心技术、心理素质测评等内容，对考生与招聘职位的适配性也加强了考察。

四是在程序上，充分保证公开公平公正。采取招聘组织工作和考务工作相分离，实行“物理隔离，相互保密”的制度。国资委招聘办只负责接触考生和招聘企业的工作，但不接触考题和考官。考务单位只负责命题、制卷、聘请考官等考务工作，但不接触考生。双方交流考生信息都是通过编码来进行的，这就从制度上杜绝了作弊的可能，谁打招呼都不管用。

五是建立严密的制度监督。公开招聘让国资委纪委全程参加，向社会公布监督电话，而且对拟任人选进行社会公示，强化选人用人的过程监督。通过严格的程序保证公正，通过专门机构和社会监督保证透明公开。

面向全社会公开招聘中央企业高管在社会上引起了较大反响，这种选人用人方式实现了从内部培养人才到外部集聚人才的模式的突破，标志着我国国有企业人才资源配置开始由企业内部走向全球，有利于提高我国国有企业的国际竞争力。

2003 · 重要理论观点

完善社会主义市场经济体制的目标和任务

中共十六届三中全会《决定》提出，我国完善社会主义市场经济体制的目标是：按照统筹城乡发展、统筹区域发展、统筹经济社会发展、统筹人与自然和谐发展、统筹国内发展和对外开放的要求，更大程度地发挥市场在资源配置中的基础性作用，增强企业活力和竞争力，健全国家宏观调控，完善政府社会管理和公共服务职能，为全面建设小康社会提供强有力的体制保障。

主要任务是：完善公有制为主体、多种所有制经济共同发展的基本经济制度；建立有利于逐步改变城乡二元经济结构的体制；形成促进区域经济协调发展的机制；建设统一开放竞争有序的现代市场体系；完善宏观调控体系、行政管理体制和经济法律制度；健全就业、收入分配和社会保障制度；建立促进经济社会可持续发展的机制。

积极推行公有制的多种有效实现形式

中共十六届三中全会《决定》指出，要坚持公有制的主体地位，发挥国有经济的主导作用。积极推行公有制的多种有效实现形式，加快调整国有经济布局和结构。要适应经济市场化不断发展的趋势，进一步增强公有制经济的活力，大力发展国有资本、集体资本和非公有资本等参股的混合所有制经济，实现投资主体多元化，使股份制成为公有制的主要实现形式。

建立现代产权制度

中共十六届三中全会《决定》指出，建立归属清晰、权责明确、保护严格、流转顺畅的现代产权制度，有利于维护公有财产权，巩固公有制经济的主体地位；有利于保护私有财产权，促进非公有制经济发展；有利于各类资本的流动和重组，推动混合所有制经济发展；有利于增强企业和公众创业创新的动力，形成良好的信用基础和市场秩序。这是完善基本经济制度的内在要求，是构建现代企业制度的重要基础。要依法保护各类产权，健全产权交易规则和监管制度，推动产权有序流转，保障所有市场主体的平等法律地位和发展权利。

国有企业的有效治理

2003 年，很多学者围绕国有企业的治理这一问题展开研究。张金标围绕剩余控制权和剩余索取权，剖析了中国国企存在的问题。他认为，“用手投票”机制和“用脚投票”机制的失灵导致代理问题，进而阻碍剩余控制权的实现。他提出，国家必须拥有剩余控制权；同时，剩余控制权必须与剩余索取权相匹配。对于二者如何匹配，他认为必须解决两个问题：国有股减持和中小股东逆向选择。为此，他提出可以借鉴德国银行的股票保管制度，考虑证券公司的作用，借证券公司以其代理的股东的股票投票权实施对国有股权的制约。

于军威认为，产权不清，剩余索取权与控制权的不对称是造成国企无效治理的主要根源。在产权被清晰界定的基础上，通过剩余索取权与控制权的相互追逐将能够实现治理机制在根本上的转变，因此，产权改革应是国企下一步改革的主要方向和必然归宿。超产权论是产权论的重要补充，市场竞争是产权改革必要的外在环境，但不能将市场竞争看成是一条与产权改革殊途同归的道路，市场竞争对国企治理的改善和绩效的提高仍要通过产权改革来发挥作用。

王育宝、李国平、胡芳肖认为，引入机构投资者以优化公司治理机制，已成为国际公司治理模式变迁的基本趋势，利用机构投资者改革国有企业治理机制是中国改革国有资产管理体制、探索国有制有效实现形式的基本途径。按照这一模式建立起来的国企治理机制会表现为“股东——机构投资者——公司制”企业治理机制。

国务院发展研究中心陈清泰认为，在市场经济条件下，政府原则上很难成为以企业赢利为目标的合格股东，国有企业改革的一个重要途径是大力发展股份制，通过引入新的投资者，改变企业所有者结构和经营管理机制，在此过程中必须下大力建立有效的公司治理结构。

张卓元对如何深化国企改革，提出了三条政策建议：首先，国有资本为经营性国有净资产，是国有资产的主体，而国企改革的最主要内容，就是要继续调整国有资本的布局；其次，继续对国有大中型企业实行规范的公司制改革，既要实现投资主体多元化，大力发展混合所有制经济，又要建立规范的法人治理结构；最后，垄断行业要放宽市场准入，引入竞争机制。

公司治理与公司绩效

于东智认为，中国上市公司债权治理的软约束以及绩优公司对股权融资的偏好性会表现在负债比例与公司绩效指标之间存在负相关关系。他通过回归分析验证了债权治理在中国上市公司中表现出软约束的特征，并提出相应的政策建议：深化国有商业银行的公司化改造，打造独立的债权主体；加快发展企业债券市场，加强履约偿债机制建设，确保投资者的利益；允许银行对企业进行战略性持股并完善主办银行制度。

张慧、张茂德具体分析上市公司债务结构，选择多个指标反映中国上市公司债务结构，在此基础上进行回归分析，得出以下结论：流动负债总额对公司整体绩效产生正效应，而长期负债总额则有负面影响，所以上市公司流动负债比例高于长期负债；企业间资金占用形成的债务关系对股东和经理层利益的维护有正面影响。他们在企业债权市场发展及银行贷款机制的改革等方面提出政策建议。但是，对于长期负债为什么以及怎样对上市公司绩效产生负面影响，并没有给出令人信服的理论解释。

周建波、孙菊生对施行经营者股权激励的上市公司的所有权特征、公司治理特征、股权激励模式、实施主体、授予对象等进行了分析，对经营者因股权激励增加的持股数与公司治理特征的关系及股权激励的效果进行了实证检验。他们认为：（1）实行股权激励的公司，在实行股权激励前业绩普遍较高，存在选择性偏见。（2）经营者因股权激励增加的持股数与由第一大股东选派的董事比例显著正相关。董事长和总经理由同一人兼任的公司，经营者因股权激励增加的持股数显著高于两职分离的公司。（3）成长性较高的公司，公司经营业绩的提高与经营者因股权激励增加的持股数显著正相关。（4）强制经营者持股、用年薪购买流通股以及混合模式的激励效果较好。（5）对于那些内部治理机制弱化的公司，经营者存在利用股权激励机制为自己谋利掠夺股东利益的行为。他们认为，成立相对独立的薪酬与考核委员会等类似机构作为股权激励的实施主体是重要的。

徐晓东、陈小悦以中国上市公司数据为样本研究了第一大股东的所有权性质、第一大股东的变更对公司治理效力和企业业绩的影响。他们发现，上市公司第一大股东的所有权性质不同，其公司业绩、股权结构和治理效力也不同。第一大股东为非国家股东的公司有着更高的企业价值和更强的盈利能力，在经营上更具灵活性，公司治理的效力更高，其高级管理层也面临着更多的来自企业内部和市场的监督和激励。他们还认为，对于不同性质的公司，第一大股东的变更带来的影响也有所不同，但基本上都是正面的。第一大股东的变更有利于公司治理效力的提高，有利于公司规模的扩大和管理的更加专业化。这一研究结果为国有股减持和股权多元化提供了经验证据，论证了控制权转移市场对深化改革和完善公司治理的重要性。

林浚清、黄祖辉、孙永祥对中国上市公司内高层管理人员薪酬差距和公司未来绩效之间关系进行了检验，发现二者之间具有显著的正向关系，拉大薪酬差距可以提升公司绩效。该结果支持薪酬激励的锦标赛理论而不是行为理论。他们认为，影响中国公司薪酬差距的主要因素不是公司外部市场环境因素和企业自身经营运作上的特点，而是公司治理结构，中国上市公司应适当提高薪酬差距以维持足够的激励能量，而提高薪酬差距的主要出路在于进行治理结构改革。

2003 · 重要政策法规

1. 国务院办公厅《关于做好农民进城务工就业管理和服务工作的通知》，2003 年 1 月 5 日。

2. 国务院办公厅转发国家经贸委等部门《关于解决国有困难企业和关闭破产企业职工基本生活问题若干意见的通知》，2003 年 1 月 7 日。

3. 国务院办公厅转发国家经贸委、财政部、中国人民银行《关于进一步做好国有企业债权转股权工作意见的通知》，2003 年 2 月 23 日。

4. 国务院办公厅转发国务院纠正行业不正之风办公室《关于 2003 年纠风工作实施意见的通知》，2003 年 4 月 17 日。

5. 国务院《工伤保险条例》，2003 年 4 月 16 日国务院第 5 次常务会议通过，2003 年 4 月 27 日中华人民共和国国务院公布。

6. 国务院办公厅《关于加快推进再就业工作的通知》，2003 年 5 月 12 日。

7. 国务院《企业国有资产监督管理暂行条例》，2003 年 5 月 13 日国务院第 8 次常务会议通过，2003 年 5 月 27 日中华人民共和国国务院公布。

8. 国务院办公厅《关于进一步加强煤矿安全生产工作的通知》，2003 年 6 月 20 日。

9. 国务院办公厅《关于深化安全生产专项整治工作的通知》，2003 年 6 月 22 日。

10. 《中华人民共和国港口法》，2003 年 6 月 28 日第十届全国人民代表大会常务委员会第三次会议通过，2003 年 6 月 28 日中华人民共和国主席公布。

11. 《中华人民共和国放射性污染防治法》，2003 年 6 月 28 日第十届全国人民代表大会常务委员会第三次会议通过，2003 年 6 月 28 日中华人民共和国主席公布。

12. 国务院办公厅转发财政部《关于全面推进政府采购制度改革意见的通知》，2003 年 8 月 18 日。

13. 国务院办公厅《关于公布国务院国有资产监督管理委员会履行出资人职责企业名单的通知》，2003 年 10 月 21 日。

14. 《中华人民共和国证券投资基金法》，2003 年 10 月 28 日第十届全国人民代表大会常务委员会第五次会议通过，2003

年 10 月 28 日中华人民共和国主席公布。

15. 国务院国有资产监督管理委员会《中央企业负责人经营业绩考核暂行办法》，2003 年 11 月 25 日。

16. 国务院办公厅转发国务院国有资产监督管理委员会《关于规范国有企业改制工作意见的通知》，2003 年 11 月 30 日。

17. 国务院办公厅转发财政部《关于加强和规范评估行业管理意见的通知》，2003 年 12 月 19 日。

18. 国务院办公厅转发发展改革委等部门《关于制止钢铁、电解铝、水泥行业盲目投资若干意见的通知》，2003 年 12 月 23 日。

19.《中华人民共和国银行业监督管理法》，2003 年 12 月 27 日第十届全国人民代表大会常务委员会第六次会议通过，2003 年 12 月 27 日中华人民共和国主席公布。

20. 全国人民代表大会常务委员会关于修改《中华人民共和国商业银行法》的决定，2003 年 12 月 27 日第十届全国人民代表大会常务委员会第六次会议通过，2003 年 12 月 27 日中华人民共和国主席公布。

21. 国务院国有资产监督管理委员会《企业国有产权转让管理暂行办法》，2003 年 12 月 31 日。

2003 · 年度热点纪实

温州“炒房团”

2003 年刚刚开始，新一届政府班子就遭遇了严峻考验。3 月 6 日，北京市接报第一例非典病例，一个叫 SARS 的“幽灵”侵入中国。这是一种传染性很强、可能导致猝然死亡的严重急性肺炎，更可怕的是，它的病原尚未确定，所以被称为“非典型肺炎”。它飞速蔓延，从广东到香港再到北京、上海，几乎每天都有死亡的病例出现。到 4 月 28 日，仅北京市就确诊病例 1199 人，疑似病例 1275 人，死亡 59 人。一时间，抗击非典成为举国上下的头等大事。因为这种病毒的传染性非常强，所以一旦发现一个疑似病例，当即就要进行大面积的整体隔离。2003 年的上半年，全中国正常的生活和商业活动全部被打乱，人们在惊恐中度过一个又一个难熬的日子。与非典的作战一直到 6 月 24 日才总算告一段落。

然而让世界非常吃惊的是，尽管遭遇如此猝不及防的灾难，2003 年度的中国经济增长竟然没有受到太大的影响。前两个季度的经济受疫情冲击，增长速度下滑到 6.7%，而到三季度很快就实现了强劲的反弹，到年底，国内生产总值的增长率达到 9.1%，不仅高于前一年，甚至是“1997 年以来增长最快的年份”。这一年，国内生产总值迈上了 11 万亿元的台阶，人均国内生产总值超过了 1000 美元，财政收入突破 2 万亿元，中国仍然是世界上经济增长最快的国家之一。

以房地产为龙头的内需市场持续旺盛，则是拉动中国经济快速增长的第一动力。有数据显示，房地产业是中国近10年来发展最快、对经济增长尤其是对GDP的增长贡献最大的行业。其对全国GDP增长的贡献，包括直接贡献率和所拉动的关联贡献率，2003年达到2.5个百分点，即在全国GDP假定平均增长8%这样一个宏观数字内，房地产的贡献率竟高达30%。

房地产投资热的背后，是投机者大规模的炒作。这一年，一个很古怪的名词突然爆热媒体——“温州炒房团”。从年初开始，沿海一些城市的新开发楼盘里，出现了一群又一群的温州人，他们举着“温州购房团”的小木牌，像买菜一样地买进中意的房子。9月23日，上海的《东方早报》刊文《温州千亿民资全国炒楼》，记者称“10万温州人在全国各地炒楼，动用民间资金约1000亿元。温州约有8万人在全国购置房产，其中至少90%以上是炒楼。保守估计，炒楼群体在7万人以上，以企业白领、政府官员家属及公司负责人为主……温州全民在炒房。按照回报率15%计算，1000亿元投资可净产出150亿元，这比任何一个产业都要赚钱，可谓‘温州第一产业’”。据称，炒房团还把全国房产市场分成四级：一级市场是北京、上海、深圳、杭州等，房价5500元/平方米以上；二级市场为东部沿海地区，如大连、烟台、南京、苏州、福州等，房价4000～5500元/平方米；三级市场为东西部结合地带的省城，或西部经济发展快速的城市，如呼和浩特、武汉、长沙、合肥、南昌、乌鲁木齐等，房价2500～4000元/平方米；四级市场为位置比较特殊的省会周边城市，如广西桂林、安徽黄山等一些地级城市，房价 1000 ~ 2500 元/平方米。金融风暴后，沪上房市迅速低迷，形成了一批建而未成的“烂尾楼”。到 2003 年，上海尚有烂尾楼 130 多处，项目总规模近 500 万平方米，它们大都成为先觉的浙江商人及香港商人的囊中之物。在温州炒房团大规模的炒作下，房价涨幅一路飙升，短短几年时间，杭州、上海、福州等城市绝大多数楼盘价格比温州客炒房前普遍翻番，有的甚至翻了几番。

在房地产价格持续大幅攀升的背景下，房地产成为孕育中国新生代富豪最肥沃的土壤，也是 30 年里最为放纵和充满罪恶感的行业。在 2003 年的《福布斯》“中国内地百名富豪榜”上，人们十分惊愕地看到，以房地产为业务（或涉及房地产）的富豪竟多达 40 人。

其实，温州人何止只有炒房团。他们从炒小水电开始，炒棉花的、炒煤炭的、炒文物的、炒汽车的……，只要能赚钱的，温州人都在炒。同样是 2003 年，新疆棉籽收购放开之后，大量温州游资进入新疆。据媒体报道，“2003 年以温州为首的民资到新疆收购棉花的资金超过 100 亿元，其中仅在主要产棉区阿克苏地区，就有上千温州人携资 30 亿元入市”。另据有关方面初步统计，到 2004 年止，山西境内 60% 的中小煤矿（包括地方国有煤矿和乡镇煤矿）都姓“温州”，投资额高达 40 多亿元人民币。温州人控制的煤矿年产量达 8000 万吨以上，相当于山西省煤炭年产量的 1/5，全国煤炭年产量的 1/20。

“炒房团”现象被曝光后，有人对温州人的商业头脑与快速反应感到赞叹，更多的人则对“炒房团”的行为进行谴责，认为“炒房团”是各地房价日涨的“罪魁祸首”。各地政府也纷纷采取措施，抑制炒房行为的继续蔓延。

2003·年度改革大事

1月7日　国务院办公厅转发国家经贸委等6部门《关于解决国有困难企业和关闭破产企业职工基本生活问题的若干意见》，就解决困难职工群众基本生活问题，提出以下措施：继续扎实做好“两个确保”工作，巩固“三条保障线”；采取有效措施，切实做好困难企业职工最低生活保障工作；进一步完善关闭破产企业离退休人员医疗保险有关政策措施；切实关心困难企业和关闭破产企业职工子女就学问题；进一步做好国有企业实施政策性关闭破产工作；妥善解决实施关闭破产的中央企业及中央下放地方企业拖欠职工个人费用问题；加快社区建设，完善社会保障平台。

1月11日　重庆力帆集团董事长（兼重庆市工商联合会长）当选为重庆市政协副主席，这是改革开放以来首位进入省级政协领导班子的私营企业家。

1月14日　国有大中型企业改制分流促进再就业工作经验交流会召开。会议提出，分离出去的辅业要改制为产权多元的经济实体，自主经营、自负盈亏。

1月17日　国家统计局局长朱之鑫宣布，第二次全国基本单位普查结束，中国从1997年至2001年，新开企业共154.5万家，80%以上集中在制造业、批发零售贸易和餐饮业、社会服务业；61% 为私营企业。国有经济在重要行业和关键领域仍占支配地位；产业结构也得到进一步调整。

1 月 19 日　中国兵器装备集团公司工作会议召开。公司成立三年多来，坚持用高新技术改造建设兵器工业的基本方针，积极实施建设有国际竞争力的大公司战略，集中力量高起点、跨越式地建设了一批科研生产基地，使公司实力明显增加，三年实现经济总量和职工收入“两个翻一番”。

1 月 23 日　中国人民银行公布的统计显示，截至 2002 年底，4 家金融资产管理公司累计处置不良资产 3014.42 亿元（不含政策性债转股），回收资产 1013.18 亿元，其中，回收现金 674.82 亿元，资产回收率和现金回收率分别为 33.61% 和 22.3%。

1 月 30 日　《外商投资创业投资企业管理规定》公布，自 3 月 1 日起施行。

1 月 31 日　《关于设立中外合资对外贸易公司暂行办法》发布，自发布之日起 30 日后施行。

2 月 2 日　国务院发出《关于组建中国大唐集团公司有关问题的批复》《关于组建中国电力投资集团公司有关问题的批复》《关于组建中国国电集团公司有关问题的批复》和《关于组建中国华电集团公司有关问题的批复》。

2 月 10 日　国务院发出《关于组建中国印刷集团公司有关问题的批复》。

2 月 13 日　中国外运股份有限公司在香港联合交易所正式挂牌上市。

2月14日　中国平安保险公司的人寿保险和财产保险业务重组分立完成，中国平安保险（集团）股份有限公司控股的中国平安人寿保险股份有限公司和中国平安财产保险有限公司正式成立。同日，太平洋人寿保险公司宣布在全国筹建20家分支机构。

2月20日　朱镕基总理到国家经贸委，就做好国有企业监管工作与国家经贸委司局长以上干部、中央金融工委负责人及国有重点金融机构监事会主席以及部分行业协会负责人进行了座谈。朱镕基强调，要进一步完善对国有企业和国有资产的监督管理。

2月23日　国务院办公厅转发国家经贸委、财政部、中国人民银行《关于进一步做好国有企业债权转股权工作的意见》。《意见》对债转股新公司的设立、减轻债转股企业的负担、盘活不良金融资产、支持实施债转股企业的发展等方面的事项，提出具体要求和措施。

3月5日至18日　十届全国人大第一次会议召开，朱镕基在政府工作报告中谈到深化经济体制改革时说，坚持和完善以公有制为主体、多种所有制经济共同发展的基本经济制度，毫不动摇地巩固和发展公有制经济，毫不动摇地鼓励、支持和引导个体、私营等非公有制经济发展。

3月7日　外经贸部、国家税务总局、国家工商总局、国家外汇局公布《外国投资者并购境内企业暂行规定》，自4月12日起施行。

3月19日　国务院常务会议决定，设立国务院国有资产监督管理委员会、中国银行业监督管理委员会，组建国家食品药品监督管理局，将国家安全生产监督管理局由原来部委管理的国家局改为国务院直属机构。

3 月 20 日　瑞典和北欧地区最大的保险公司——斯堪地亚公共保险公司获准进入中国市场，与北京市国有资产经营公司筹建合资寿险公司。同时，中国保险监督管理委员会还批准了另一家合资保险公司——信诚人寿保险公司筹备建立北京分公司。

同日，国家电力监管委员会正式挂牌运行。电监会为国务院直属事业单位，它的设立标志着我国电力工业管理体制由传统的政府行政管理向适应市场经济要求的依法监管的重大转变。

4 月 24 日　中国目前最大的商业集团——上海百联集团诞生。该集团注册资本 10 亿元，总资产规模近 280 亿元，销售收入可达 700 亿元，各类销售网点 4000 多家，遍布全国 20 余个省（区、市）。

4 月 27 日　《工伤保险条例》公布，自 2004 年 1 月 1 日起施行。

4 月 28 日　中国银行业监督管理委员会正式挂牌成立。根据十届全国人大第二次会议通过的《关于中国银行业监督管理委员会履行原由中国人民银行履行的监督管理职责的决定》，确定中国银行业监督管理委员会履行原由中国人民银行履行的审批、监督管理银行、金融资产管理公司、信托投资公司及其他存款类金融机构等的职责及相关职责。

5 月 12 日　国务院办公厅发出《关于加快推进再就业工作的通知》，要求各级政府和各有关部门全面贯彻中共中央、国务院关于做好下岗失业人员再就业工作的文件精神，加快落实税费减免等各项扶持政策。

5月15日　中国海洋石油有限公司继2002年首次在海外发债成功后，再次发债5亿美元获得成功。

5月27日　《企业国有资产监督管理暂行条例》公布施行。

5月29日　中国建筑材料集团公司与河北省邢台市、内丘县人民政府签署了河北鑫磊建材（集团）股份有限公司划拨进入中国联合水泥有限责任公司协议。这一重组使中国联合水泥向国家级水泥平台目标前进了一大步。

6月8日　黄菊在武汉主持召开座谈会，与部分省政府负责同志共同研究国有企业改革和再就业工作时指出，以党的十六大作出建立国有资产管理新体制决策为标志，我国国有企业改革进入了以国有资产管理体制改革为契机，以建立国有资产出资人制度为切入点，全面深化改革，加快实现制度创新、体制创新、管理创新的新阶段。要抓住有利时机，采取有力措施，加快推进国有企业和国有资产管理体制改革。

6月9日　由东风和日产各拥有50%股份，注册资本为人民币167亿元的东风汽车有限公司成立。它是国内首家拥有全系列卡车、客车、轻型车的中外合资企业。

同日，中国重型汽车集团有限公司与沃尔沃卡车公司签署合资协议，总投资额16亿元人民币，双方出资比例为各50%。

6月13日　商务部、财政部发出《关于做好2003年度中小企业国际市场开拓资金有关工作的紧急通知》，要求进一步加大对中小企业开拓国际市场活动的支持力度。

6 月 18 日　民生人寿保险公司开业。它是中国第一家以民营资本为投资主体的全国性寿险公司，由全国工商联牵头组建，现有股东 22 家，实收资本金 8.73 亿元。

6 月 19 日　中共中央办公厅、国务院办公厅转发劳动和社会保障部等部门《关于积极推进企业退休人员社会化管理服务工作的意见》。

6 月 26 日　中国华融资产管理公司与中信信托投资公司签署协议和合同。华融将 132.5 亿元债权资产组成一个资产包，作为信托财产，选择中信信托公司为受托方，设立财产信托。

7 月 8 日　国务院国有资产监督管理委员会主任李荣融与韩国总统首席秘书会谈时表示，中国 196 家中央企业不会私有化。

7 月 10 日　中央企业负责人会议在北京召开。会议指出，当前要着重在六方面积极推进建立有效的国有资产监督管理体制：一是建立法律法规体系和各项规章制度；二是抓紧出资人的层层到位；三是建立国有资产经营责任制度；四是推进企业国有资产的合理流动和重组；五是加强对国有资产的监督；六是加强和改进企业党的建设、领导班子建设和精神文明建设，充分发挥党组织的政治核心作用。

7 月 17 日　泰达投资控股有限公司和英国标准人寿保险公司组建的中国最大的寿险合资企业——恒安标准人寿保险公司签约成立。该公司注册资本金 13 亿元人民币。

7 月 19 日　中国人寿保险控股公司、中国人民财产保险股份有限公司和中国人寿保险资产管理有限公司揭牌。

7 月 31 日　劳动和社会保障部、财政部、国务院国资委印发《关于国有大中型企业主辅分离辅业改制分流安置富余人员的劳动关系处理办法》。

8月3日　温家宝在吉林长春召开的振兴东北老工业基地座谈会上指出，振兴东北老工业基地，需要明确以下基本思路：第一，坚持深化改革、扩大开放，以改革开放促调整、改造；第二，坚持主要依靠市场机制，正确发挥政府作用；第三，坚持自力更生为主，国家给予必要扶持；第四，坚持立足现有基础，充分发挥比较优势；第五，坚持从实际出发，实事求是，讲求实效。

8月5日　温家宝在会见美国花旗集团董事长鲁宾、候任首席执行官普林斯时表示，一个国家的汇率制度和政策，应当根据本国经济发展水平、经济运行状况和国际收支状况来决定。中国实行以市场供求为基础的、单一的、有管理的浮动汇率制度，符合中国的现实国情。我们要在深化金融改革中进一步探索和完善人民币汇率形成机制。

8月9日　中盐集团成立。该集团制盐能力占全国制盐总能力的50%，共有成员企业57家，总资产234亿元，年销售收入140亿元。

8月28日　中国证监会、国务院国资委发出《关于规范上市公司与关联方资金往来及上市公司对外担保若干问题的通知》。

9月15日　《人民日报》报道，国务院国资委近日决定，组织6家国资委监管的企业面向海内外公开招聘一批高级经营管理者。

9 月 22 日　中国电力投资集团公司宣布，该公司已成立发电运行公司。此举是中国电力运营体制的一个创新，实现了电厂管理层与作业层分开。

9 月 23 日　国家电网公司与中国华能集团公司签署备忘录，国电公司将其直属有关网省公司 2002 年底持有的 13 家发电企业的股权划转华能集团公司。

10 月 11—14 日　中国共产党十六届三中全会举行。全会通过了《中共中央关于完善社会主义市场经济体制若干问题的决定》。

10 月 15 日　国家外汇管理局发出《关于进一步深化境外投资外汇管理改革有关问题的通知》。

11 月 3 日　北京卷烟厂加盟上海烟草（集团）公司的联合重组协议签字，实现跨地区的结构调整。

11 月 4 日　TCL 集团与世界第四大消费类电子供应商法国汤姆逊公司签订协议，组建全球最大的彩电供应企业——TCL 与汤姆逊电子公司。

11 月 8 日　华北电网有限公司宣告成立。至此，由国家电网公司所属的东北、华东、华中、西北和华北五大区域电网公司已全部组建完毕。

10 月 24 日　中国银监会公布《中国银行业监督管理委员会公告（第 2 号）》，自 2003 年 12 月 1 日起，将外资金融机构经营人民币业务的地域扩大到济南、福州、成都、重庆，并在已开放人民币业务的地域，允许外资金融机构向中国企业提供人民币服务。

11 月 13 日　国务院下发《关于明确中央与地方所得税收入分享比例的通知》指出，为促进区域经济协调发展和深化改革，国务院决定，从 2004 年起，中央与地方所得税收入分享比例继续按中央分享 60%，地方分享 40%。

11 月 25 日　国资委颁布《中央企业负责人经营业绩考核暂行办法》，对企业负责人经营业绩考核的对象、原则、年度经营业绩考核、任期经营业绩考核、奖惩等事项作出具体规定。

同日，由内蒙古电力（集团）有限责任公司与中国华能集团公司、神华集团公司、中信泰富有限公司合资组建北方电力集团有限公司签字仪式举行。

11 月 30 日　国务院办公厅转发国务院国资委《关于规范国有企业改制工作的意见》。

12 月 1 日　全国工商联《2003 中国民营经济发展形式分析报告》问世。这是国内第一份系统、全面的民营经济发展分析报告，引起社会各界的高度关注。

同日，据《中华工商时报》报道，到目前为止，中国经济已经形成了公有经济、混合经济、私营经济三足鼎立的新格局。在整个经济存量中，三种经济大致上是三分天下，非公有经济所占比重接近 40%；在增量当中，全部非公有制经济对经济增长的贡献达到 60% 以上。

同日，刘明康在国务院新闻办举行的记者招待会上宣布，根据我国加入世界贸易组织的承诺，从今天起，正式实施两项进一步开放银行业的措施：一是对外资银行开放人民币业务的城市增加到 13 个；二是允许外资银行在已开放人民币业务的地域向中国企业提供人民币服务。

12 月 22 日　国务院国资委宣布，2004 年将在部分国有独资中央企业建立董事会试点工作。

12 月 29 日　中国电力新组建（改组）公司成立大会在北京召开。中国电力新组建（改组）的 11 家公司正式宣告成立，实现了厂网分开，引入了竞争机制，这是我国电力体制改革的重要成果，它标志着电力工业在建立社会主义市场经济体制，加快社会主义现代化建设的宏伟事业中，进入了一个新的发展时期。

12 月 31 日　国务院国资委、财政部公布《企业国有产权转让管理暂行办法》，对规范企业国有产权转让行为，加强企业国有产权交易的监督管理作出了规定。

本年度主要参考资料：

1. 中国经济年鉴编委会．中国经济年鉴（2003）[M]．北京：中国经济年鉴社，2003. 9.

2. 中国经济年鉴编委会．中国经济年鉴（2004）[M]．北京：中国经济年鉴社，2004. 9.

3. 中华人民共和国国史全鉴编委会．中华人民共和国国史全鉴·第五卷（1976—1988）、中华人民共和国国史全鉴·第六卷（1989　1996）[M]．北京：团结出版社，1997. 5.

4. 国家统计局．中华人民共和国 2003 年国民经济和社会发展统计公报[M]．中国统计出版社，2004. 4.

5. 中共中央关于经济体制改革的决定[M]．北京：人民出版社，1984. 10.

6. 中共中央关于建立社会主义市场经济体制若干问题的决定[M].

北京：人民出版社，1993. 11.

7. 中共中央关于国有企业改革和发展若干重大问题的决定[M]. 北京：人民出版社，1999. 9.

8. 中共中央关于完善社会主义市场经济体制若干问题的决定[M]. 北京：人民出版社，2003. 10.

9. 中国共产党第十五次全国代表大会文件汇编[M]. 北京：人民出版社，2002. 11.

10. 中国共产党第十六次全国代表大会文件汇编[M]. 北京：人民出版社，2007. 11.

11. 李幛吉. 股份制宣言[M]. 北京：改革出版社，1993. 7.

12. 中国经济体制改革研究会编写组. 中国改革开放大事记（1978—2008）[M]. 北京：中国财政经济出版社，2008. 12.

2004 年

2004 · 年度经济背景

加强和改善宏观调控，实行“双稳健”政策

自确立建立社会主义市场经济体制的改革目标以来，我国宏观经济政策经历了两次大的调整：1993 年至 1997 年，为抑制通货膨胀，实施了适度从紧的财政政策和货币政策；1998 年至 2004 年，为刺激有效需求和治理通货紧缩趋势，实施了扩张性的积极的财政政策和稳健的货币政策。这两次宏观经济政策的适时适度调整均取得了预期效果。

从 2003 年以后，我国经济走出了通货紧缩的阴影，宏观经济形势发生了重大变化，经济运行又到了一个转折点。

1. 经济自主增长机制初步形成。一是市场机制作用明显增强。目前我国民营经济迅速发展，供求机制、价格机制和竞争机制在资源配置中发挥着越来越重要的作用，是推动经济增长的基本力量。二是城镇化进程明显加快。近年来我国城镇人口比重年均上升 1.4 个百分点，2003 年城镇化率达 40.5%，表明我国正处于城镇化加快发展的重要时期，对需求的拉动作用直

接而明显。三是消费结构加速升级。2003 年我国人均 GDP 已达 1090 美元，消费结构正处于由“吃穿用”加快向“住行游”为主转变的时期，并带来重化工业化趋势，成为推动经济持续增长的内生变量。四是开放型经济进一步发展。2004 年我国外贸依存度达 70% 左右，可望跃升为世界第三大贸易国；同时，作为外商直接投资的主要流入国，我国对外直接投资也开始较快增加，说明开放因素已成为经济发展的重要推动力。

2. 经济增长进入新一轮周期的上升阶段。一是经济增长接近潜在水平。2003 年 GDP 增长 9.3%，部分行业瓶颈约束或资源约束的出现，表明 GDP 增幅已接近潜在产出水平。二是物价趋于上升。2003 年居民消费价格上涨 1.2%，流通环节生产资料价格总水平上升 8.1%。三是失业率升势趋缓。2003 年全国城镇就业增加 859 万人，城镇登记失业率为 4.3%。四是国际收支保持盈余。2003 年实现外贸顺差 255 亿美元，年末国家外汇储备达 4033 亿美元。

3. 经济运行中的深层次问题凸显。一是经济增长方式与资源、环境约束的矛盾更加尖锐。我国石油、天然气、煤炭、铁矿石、铜和铝等重要矿产资源人均储量分别相当于世界人均水平的 11%、4.5%、79%、42%、18% 和 7.3%，2003 年我国 GDP 占世界的 4%，但资源消耗占世界的比重：石油为 7.4%，原煤为 31%，铁矿石为 30%，钢铁为 27%，氧化铝为 25%，水泥为 40%，上述数据对比充分说明，促进经济增长方式转变已成为宏观调控的一项紧迫任务。二是体制改革滞后已成为影响科学发展观落实的根本性掣肘因素。主要表现在：政府职能转变不到位，仍过多地介入竞争性领域的资源配置；要素市场价格机制不完善，使投资的私人成本严重低估，成为经济增长粗放的重要因素；企业改革相对滞后，预算约束软化，经营行为存在扭曲。

伴随着经济的加速发展，部分行业如钢铁、冶金、房地产、建材等发展太快，出现了局部过热；而经济运行中的农业、能源、交通、教育、公共卫生、社会保障等一些薄弱环节又亟待加强。党中央、国务院敏锐地看到了宏观经济运行中存在的问题，从 2003 年起及时采取了一系列宏观调控政策，初步消除了经济发展中的不稳定、不健康因素，避免了经济出现大的波动。但一些深层次问题还没有完全解决。主要是粮食增产和农民增收的机制尚不完善，固定资产投资反弹压力大，能源和运输瓶颈约束依然突出等。

为此，中央政府确定 2004 年宏观调控的主要预期目标为：经济增长率 7% 左右；城镇新增就业 900 万人，城镇登记失业率 4.7%；居民消费价格总水平涨幅 3% 左右；外贸进出口总额增长 8%。2004 年宏观调控的主要任务是：采取综合措施促进农民增收，保护和提高粮食生产能力；积极调整国债投资方向，发挥好国债投资对结构调整、协调发展的促进作用；调整和优化工业结构，保持经济平稳增长；实行积极的就业政策，继续扩大居民消费和改善人民生活；统筹协调地区经济，促进东中西部优势互补、共同发展；促进对外贸易稳定增长，进一步提高利用外资质量和水平；坚持实施可持续发展战略，促进经济社会与人口、资源和生态环境相协调；继续加强科技教育，全面发展社会事业。

2004 年经济工作的重点，是积极稳妥地推进经济体制改革。要完善公有制为主体、多种所有制经济共同发展的基本经济制度；推进财税、金融体制改革；组织实施投资体制改革；完善价格形成机制；深化粮食流通体制改革；健全社会保障体系；完善市场监管体系；深化科技教育文化卫生体制改革。

为了贯彻落实中央政府的宏观调控政策，从 2004 年开始，中央政府对财政政策进行了局部调整。突出从加强农业特别是粮食生产这个薄弱环节和控制部分行业固定资产投资过快增长两个方面促进加强宏观调控。

1. 采取更直接、更有力的支农政策措施，促进粮食增产和农民增收。鉴于近几年来我国在农业生产方面出现的耕地面积和粮食播种面积大量减少、粮食产量连年下降的新问题，中央政府在 2003 年就确定了从农业特别是粮食生产入手加强和改善宏观调控的方针。2004 年，财政部门采取了多项支农措施，促进粮食增产和农民增收。概括起来讲，一是实行“两减免三补贴”支农政策措施，中央财政共安排此项补助支出 313. 2 亿元；二是安排 380 亿元国债项目资金用于农业；三是新增农业综合开发资金主要用于粮食主产区，并将改善农业生产条件的 63. 13 亿元资金由有偿使用全部改为无偿投入；四是认真落实教育、卫生、文化新增支出主要用于农村的政策。上述政策措施有力地促进了农业发展，大大调动了农民生产粮食的积极性，使粮食生产出现了转机，确保了中央从农业特别是粮食生产入手加强和改善宏观调控战略的顺利实施，为调控整个经济奠定了良好基础。

2. 适当调整财政投资的方向、力度和进度，有效减缓投资增长过快势头。2004 年初，中央预算安排国债项目资金 1100 亿元，比上年减少了 300 亿元。在实际执行过程中，根据经济发展形势和宏观调控的要求，财政部门主动配合调整国债项目资金的使用方向，有保有压，重点保证重大在建项目、农林水利、教科文卫、能源、县乡公路等方面的需要，对其他投资项目宜缓则缓，特别是对部分过快增长行业投资项目暂缓下达资金预算。另外，适时调整房地产行业的有关减免税政策，并通过调整土地出让收益支出结构、将部分土地出让金用于农业土地开发等措施，在加大支持农业的同时控制城市扩建速度。这些措施，为有效实施宏观调控，促进经济社会协调发展，发挥了积极作用。

3. 积极推进出口退税机制改革，促进外贸发展。2004 年，按照“新账不欠，老账要还，完善机制，共同负担，推动改革，促进发展”的改革原则，各级财政部门会同有关部门密切跟踪出口退税机制改革情况，足额安排出口退税资金，积极组织协调，及时完善相关办法，确保了改革的顺利实施。中央财政除及时办理当年出口退（免）税 1648.1 亿元、确保正常需要和“新账不欠”外，还通过使用超收收入，利用由于实行国库集中支付改革而增加的中央库款余额，全部清偿了历年欠企业和地方的出口退税，全年中央财政出口退税 2936.32 亿元。这项改革的成功推进，提高了国家信誉，维护了政府形象；有效缓解了出口企业和地方财政资金紧张状况，降低了出口企业的财务成本，增强了企业的竞争和发展能力，推动了出口大幅增长。

与此同时，中央政府也及时调整了货币政策，中国人民银行决定，从10月29日起上调金融机构存贷款基准利率并放宽人民币贷款利率浮动区间和允许人民币存款利率下浮。金融机构一年期存款基准利率上调0.27个百分点，由现行的1.98%提高到2.25%，一年期贷款基准利率上调0.27个百分点，由现行的5.31%提高到5.58%。其他各档次存贷款利率也相应调整，中长期上调幅度大于短期。同时，进一步放宽金融机构贷款利率浮动区间。金融机构（不含城乡信用社）的贷款利率原则上不再设定上限，贷款利率下浮幅度不变，贷款利率下限仍为基准利率的0.9倍。对金融竞争环境尚不完善的城乡信用社贷款利率仍实行上限管理，最高上浮系数为贷款基准利率的2.3倍，贷款利率下浮幅度不变。以调整后的一年期贷款基准利率（5.58%）为例，城乡信用社可以在5.02%～12.83%的区间内自主确定贷款利率。

通过上述宏观经济政策措施的贯彻落实，2004年的中国国民经济继续保持了持续快速发展的势头。一方面，经济生活中的突出矛盾得到缓解，不健康不稳定因素得到抑制；另一方面，国民经济保持了增长比较快、效益比较好、活力比较强的良好势头。

全年国内生产总值达到136515亿元，按可比价格计算，比上年增长9.5%，高于年初的预期目标，主要是由于投资增幅较高和出口增长强劲的带动。城镇新增就业980万人，比预期目标多增加80万人；城镇登记失业率4.2%，比预期目标降低0.5

个百分点。受粮价上涨和国际市场石油价格大幅度上涨等因素的影响，居民消费价格总水平上涨 3.9%，略高于3%左右的预期目标。随着世界经济持续复苏和国内经济增长加快，外贸进出口总额增长 35.7%。

2004 年宏观经济形势有如下特点。

一、经济平稳较快增长，效益明显提高

针对一季度固定资产投资增长过快等突出问题，中央政府果断决策，及时采取一系列加强和改善宏观调控的措施，遏制了投资过快增长的势头，固定资产投资增幅逐季回落，消费需求有所回升。全社会固定资产投资总额 70073 亿元，增长 25.8%，增幅比上年回落 1.9 个百分点，其中四季度增幅为 22.6%，比一季度回落 20.4 个百分点。全社会消费品零售总额 53950 亿元，增长 13.3%，扣除价格因素，实际增长 10.2%，比上年提高 1 个百分点。全国财政收入达到 26356 亿元，增长 21.4%。

二、产业结构调整积极推进，薄弱环节得到加强

在国内生产总值中，第一产业完成增加值 20744 亿元，增长 6.3%；第二产业 72387 亿元，增长 11.1%；第三产业 43384 亿元，增长 8.3%。

粮食生产出现重要转机，农业结构调整继续推进。粮食播种面积扭转了 1999 年以来连续 5 年下滑的趋势，恢复到 10161 万公顷，比上年增长 2%左右。粮食总产量达到 46947 万吨，增产 3877 万吨。优势农产品产业带建设得到加强，优质粮食和蔬菜水果品种比重上升，棉花产量 632 万吨，比上年增长 30%，

畜牧业、水产业发展加快。

工业生产平稳较快增长，企业效益继续改善。全年工业增加值62815亿元，比上年增长11.5%，其中规模以上工业增长16.7%，增速比上年略有回落。在规模以上工业增加值中，国有及国有控股企业增长14.2%；重工业增长18.25%，轻工业增长14.7%。规模以上工业企业产销率达到98.1%。工业企业盈亏相抵后，实现利润总额11342亿元，增长38.1%。

传统产业升级加快，高技术产业快速增长。纺织行业差别化纤维用量比重达到28%，比上年提高3个百分点。新型干法水泥产量比重达到32.5%，提高7.5个百分点。钢材板带比达到33.7%，提高1.6个百分点。规模以上高技术企业完成增加值增长23.1%，高出规模以上工业增幅6.4个百分点，生物、集成电路、软件等一批对经济发展有重大带动作用的高技术产业正在形成。

市场物价涨幅有所提高。全年居民消费价格比上年上涨3.9%，涨幅比上年提高2.7个百分点，主要是受上年涨价滞后因素的影响。其中，城市上涨3.3%，农村上涨4.8%。从构成看，食品价格上涨9.9%，其中粮食价格上涨26.4%，肉禽及其制品上涨17.6%，蛋类上涨20.2%。商品零售价格上涨2.8%。原材料、燃料、动力购进价格上涨11.4%，工业品出厂价格上涨6.1%，固定资产投资价格上涨5.65%，房屋销售价格上涨9.7%。

三、西部大开发取得新进展，东北地区等老工业基地振兴开局良好

西部地区基础设施建设成效明显。2004年，安排新开工重

点工程10项，总投资约800亿元。西气东输管道工程如期实现全线商业运营。西电东送全年新开工装机容量800万千瓦，形成2000万千瓦以上的总供给能力。青藏铁路新铺轨396公里。兴义、拉萨、和田、延安等新建和扩建机场投入使用。生态环境继续改善。完成退耕还林66.7万公顷、荒山荒地造林325.5万公顷，治理严重退化草原560万公顷。东北地区等老工业基地调整改造步伐加快，提升企业技术创新能力的高技术项目实施顺利，采煤沉陷区的治理全面展开。东、中部地区在宏观调控中继续推进特色经济发展，结构调整步伐加快。

四、经济体制改革进一步深化，对外开放不断扩大

粮食收购市场全面放开。大型国有企业股份制改革步伐加快，国有资产监督管理体制框架初步建立。中国银行和中国建设银行股份制改革试点顺利推进，农村信用社改革试点范围进一步扩大，利率市场化改革取得重要进展。投资体制改革方案开始实施。取消了除烟叶以外的农业特产税，减免了农业税。启动了东北老工业基地增值税转型改革试点。出口退税机制改革全面实施。行政审批制度改革继续深化，再次取消和调整行政审批项目495项。

全年外贸进出口总额11548亿美元，比上年增长35.7%。其中，出口5934亿美元，增长35.4%；进口5614亿美元，增长36%；进出口贸易顺差320亿美元。出口商品结构继续改善，机电产品、高新技术产品出口快速增长。年末外汇储备达到6099亿美元，比上年末增加2067亿美元。利用外资规模扩大、质量提高。全年实际利用外商直接投资606亿美元，增长

13.3%。服务领域投资继续增长，跨国公司在华设立研发中心和地区总部数量明显增加。实施“走出去”战略取得新进展。

环境保护和生态建设力度加大。“三河三湖”、渤海等重点流域、海域水污染防治工程加紧实施，部分水域水质有所改善。三峡库区地质灾害，库区及影响区的城镇生活污水、工业废水、危险废物以及火电厂二氧化硫污染治理进一步加强。南水北调东线治污步伐加快。城市污水处理率和工业固体废物综合利用率又有提高。天然林资源保护、“三北”和长江中下游重点防护林、野生动植物保护和自然保护区等工程建设成效明显。

五、就业和社会保障工作取得新成绩，人民生活继续改善

城镇下岗失业人员再就业510万人。企业退休人员基本养老金标准和部分地区城镇居民最低生活保障标准得到提高。城镇基本养老、基本医疗、失业、工伤保险参保人数分别达到1.63亿人、1.24亿人、1.06亿人和6823万人。城镇居民人均可支配收入9422元，实际增长7.7%；农民人均纯收入2936元，实际增长6.8%。年末城乡居民人民币储蓄存款余额119555亿元，比上年末增加15929亿元。年末农村绝对贫困人口和低收入人口分别比上年末减少290万人和640万人。

2004年及时调整宏观经济政策的效果是明显的，但仍须清醒地看到，加强和改善宏观调控的成效还是阶段性的，经济运行中的突出矛盾和问题虽有所缓解，尚没有根本解决，保持经济平稳较快发展良好态势面临诸多挑战。一是农业基础设施仍很薄弱，继续扩大粮食播种面积和提高单位面积产量受到很大

制约，气候条件存在不确定性，保持粮食增产和农民增收好势头的难度加大。二是固定资产投资在建规模依然偏大，新开工项目较多，投资扩张的冲动较强，投资需求膨胀还有可能反弹。三是资源环境约束矛盾突出，煤电油运仍相当紧张，价格上涨的压力较大。一些地方环境污染还相当严重。四是农村教育、卫生、文化等社会事业远不能适应农村发展和人民生活水平提高的需要。五是就业形势不容乐观，部分社会成员之间收入差距过大，一些低收入群众生活比较困难。六是经济社会发展中的深层次矛盾尚未根本消除。经济体制不完善，经济结构不合理，经济增长方式粗放。对这些问题，要积极采取措施，努力加以解决。

2004 · 基本改革思路

建立和完善国有独资公司董事会

建立现代企业制度被确定为国有企业改革的目标以后，国有企业普遍进行了公司制改革。但现代企业制度推行了六七年，对于国有独资的大型国企似乎并不起什么作用。因为改革缺少了“出资人”到位这个前提。改制后的企业，董事会成员都是内部人，并且与管理层高度重合，正如一位专家所说的，这是在“白马身上画道道造斑马”。在这一背景下，董事会制度改革提上了议事日程。

董事会制度改革的思路最先是逐渐淡化乃至取消董事会，

由国资部门向企业派驻监事，成立监事会。2003 年 3 月 10 日，十届全国人大一次会议第三次会议经表决，设立国务院国有资产监督管理委员会。与过去不同，国务院国有资产监督管理委员会是国务院直属正部级特设机构，依照《中华人民共和国公司法》等法律和行政法规履行出资人职责，管人、管事和管资产相结合，权利、职责和义务相统一。指导推进国有企业改革和重组；对所监管企业国有资产的保值增值进行监督，加强国有资产的管理工作；推进国有企业的现代企业制度建设，完善公司治理结构；推动国有经济结构和布局的战略性调整。

新的国资监管机构国资委成立以后，淡化乃至取消董事会的情况发生了变化，国资委提出仍然要成立董事会，并要设立外部董事。国有独资公司的外部董事制度被认为是中国式治理的创造，相应的董事会试点则被认为是对西方企业制度消化创新的过程。在一些专家看来，这项改革有助于破解中国国企改革这个世界性难题。如果成功，将标志着中国国企改革进入一个新的历史阶段。在国资委高层的眼中，这项改革则是“国资委工作的生命线”。国务院国资委分管的《国企》杂志甚至将董事会制度改革评价为“是一场结合了国际规则与中国国情的治理大变革，将为央企群体形成更强大的国际竞争力建立制度保障。历时 20 多年的中国国企改革，正由此进入一个崭新的阶段①”。董事会制度改革思路的确立，据说有两份调研报告起了决定性作用。一份是中国诚通控股公司董事长马正武上报国资

① 孙绍林. 中国式治理·聚焦央企董事会试点改革[J]. 国企. 2008.

委的题为《关于国有独资公司公司治理的思考》报告。这份报告概述了国外公司治理的进展，分析了国有独资公司的弊病，提出了在国有独资公司中设立董事会、由国资委派出外部董事的意见。报告指出：如果没有董事会作为一个隔离出资人与经营管理层的界面，国有资产管理体制又将重回老路，造成政企不分；出资人对国有独资公司的管理可能会出现“婆婆＋老板”的情况。另一份是国务院发展研究中心企业研究所陈小洪、李兆熙、张政军的题为《大型国有独资公司要建立董事会》的报告。报告强调，中国的国有独资公司实行一人负责制，不仅有角色和利益的冲突，而且容易出现两种情况：国资机构不承担战略监控责任，结果导致内部人控制；如果规定总经理提出的战略方案必须得到国资机构批准，则国资机构承担的就是董事会责任，而不是股东会责任，结果要么是不当干预，要么不能及时决策。

2004 年 6 月，国资委向中央企业下发了《关于中央企业建立和完善国有独资公司董事会试点工作的通知》和《关于国有独资公司董事会建设的指导意见（试行）》。第一批试点企业有神华、宝钢、诚通、铁通、医药、高新和国旅 7 家企业。

董事会试点改革在制度安排上的核心内容：

一是建立外部董事制度。在董事会中引入超过半数的外部董事，实现决策权与执行权的有效分离，避免公司管理层自己考核自己，自己决定自己薪酬，使企业重大决策更专业。

二是建立专业委员会制度。对董事作适当的分工，发挥各自的专长，为重大决策做好前期研究，保证决策的高效和科学。

三是国资委向外部董事超过半数的试点企业授予股东的部分权利，包括重大投融资决策权、经理人员选聘、考核和薪酬决定等权利。其中，重大投融资的决策权：国资委将把重点转向管理投资方向上。经理人员的选聘：国资委将逐步把重点转向管理董事和企业党组织负责人，评价董事会挑选经理人员的制度和效果上，而公司经理人员的管理权限尤其是挑选权将移交给试点企业董事会。考核经理人员：授权董事会自己决定对经理人员的考核指标。国资委将把重点转向评价董事会建立健全考核体系的科学、合理性和对总经理等的考核效果。决定经理人员的薪酬：总经理等经理人员的薪酬由试点企业董事会决定。国资委将把重点转向管理董事的薪酬，并评估经理人员薪酬制度的激励、约束效果。

伴随着国资委紧锣密鼓的工作，两个负面事件也间接推动了董事会试点改革的进程。2004 年底，中航油（新加坡）公司总裁陈久霖在石油衍生品交易中出现 5.5 亿美元的巨额亏损事件；2007 年，中石化陈同海被双规事件（社会上称为“二陈”事件），引起了上上下下各方面的深刻反思：没有董事会的制约，国有企业传统的“一把手”文化可能带来的损失将难以衡量。尽管没有确切证明，但许多人都相信，两个事件进一步坚定了国资委推行董事会改革，把外部董事派到企业去的决心。

2005 年 5 月的虎峪山庄培训是一个标志性的事件。由国资委各相关部门的局长、国务院发展研究中心的专家，向 8 位年过六旬、近几年退下来的央企原负责人介绍董事会试点的相关政策、规则。这些接受培训的人士，后来都成了央企的外部董事。从 8 月开始，20 位准备到岗的外部董事、国资委相关部门的工作人员、11 家拟试点企业的高管共 200 余人，分三批赴新加坡淡马锡公司培训。10 月 17 日，国资委主任李荣融向宝钢 5 位外部董事颁发聘书，第一家规范的国有独资公司董事会宣告成立。由于 5 位外部董事全部到位且超过半数，标志着央企建立和完善董事会迈出了新的步伐。

由此开始至 2007 年底，试点企业已经达到 19 家。其中，17 家企业的外部董事达到或超过董事会成员的半数，3 家企业进行了外部董事担任董事长的探索，绝大部分董事履职良好。

国资委希望，同时各界也期待，在董事会试点改革推行到一定阶段时，包括企业重大决策、公开招聘企业高管、与企业经营层“一把手”签订业绩责任书等事宜，就都无须国资委，而是由企业董事会自主安排和决定。那样的话，国资委自身的工作也将更加高效和顺畅。

2004 · 年度改革实践

国有独资公司董事会试点

国有企业公司制改革以后，公司治理结构按《公司法》建立起来，但相互制衡的治理机制并未很好地建立起来，相当部分企业的领导成员无非换了一种称谓而已，决策机制并没有根本性的改变。

建立现代企业制度的核心是完善公司法人治理结构，没有完善的公司治理机制，现代企业制度就是新瓶装旧酒，徒有其表。而建立现代企业制度的重点和难点在于如何在国有企业中建立规范的公司治理机制。

国务院国资委成立以后，针对国有大型企业治理结构存在的问题，经过在国内外进行的大量调研，最后聚焦到了董事会制度上。国资委比较了世界各国的公司治理情况，最终认为新加坡淡马锡控股的国有企业情况比较接近我国实际，且其董事会作用显著，企业在市场竞争中表现优异。于是决定借鉴淡马锡的成功做法，比照淡马锡模式建立规范的董事会。

试点之所以选择国有独资公司，是因为当时已经有不少中央企业的全部或者大部分主业资产进行了改制，进入了上市公司。试点如果放在股份制子公司，规范的董事会建设与股份制可以紧密结合，有利于完善股份制改革。但是，这些子公司的控股股东就会是母公司而不是国资委，试点只能由母公司进行操作，国资委只能提要求而不能直接推进。如果试点放在母公司，国资委就可以直接操作，既可以完全体现自己的意志，又可以在国有资产监督管理机构与企业之间的关系方面进行制度创新。

但是，中央企业母公司基本上都是国有独资，受资产质量、规模和历史包袱等因素的制约，绝大多数母公司整体搞股份制没有可能性。在母公司搞试点，只能依照《公司法》改为国有独资公司并建立董事会。国资委最后决定在母公司进行“建立和完善国有独资公司董事会试点”。鉴于试点企业只有一个股东，可不必过分强调董事公平地对待每一个股东，即董事的独立性，试点用了“外部董事”的称谓而未用“独立董事”的称谓。

2004 年 6 月 7 日，国务院国资委下发《关于中央企业建立和完善国有独资公司董事会试点工作的通知》，确定神华集团有限责任公司等 7 家中央企业为国有独资公司董事会首批试点企业。

试点的主要内容包括：

1. 建立外部董事制度。主要是由国资委从企业外部选聘符合条件的人员担任董事；其超过董事会全体成员的半数；总经理进入董事会，经理层副职原则上不进入董事会；进行外部董事担任董事长的探索；为外部董事履职及时提供相关信息；外部董事领取固定的报酬，不与企业经营业绩挂钩；根据外部董事的不同情况，任期 1 年至 3 年；外部董事履职时间每年不得少于 30 个工作日，参加董事会定期会议次数不得少于实际召开次数的 3/4；对外部董事履职情况每年进行评价等。

2. 完善和落实董事会的职权。董事会定位于对公司进行战略性管控：一是把握公司发展方向与速度，防范重大风险；二是审核批准投资、财务等业务中的重大事项；三是优选高级管理人员，并建立对其的考核、薪酬等激励与约束机制。试点企业董事会除了享有《公司法》规定的职权外，国资委还向试点企业董事会授予三项职权：一是把应由国资委行使的批准企业投资计划、预算等权力授予董事会行使；二是把国资委行使的决定经理层的经营业绩考核和薪酬权利交给外部董事超过半数、制度健全的董事会；三是把国资委党委负责的经营管理人员管理权下放给外部董事超过半数、制度健全的试点企业董事会，国资委实行任前备案管理。

3. 规范董事长与总经理的职责定位，实现试点企业主要负责人的平稳过渡。试点企业董事长与总经理分设，试点前已有董事长的，保持不变；没有董事长的，原总经理比较优秀的，或者总经理要退休党委书记比较优秀的，就担任董事长，再从副职中提拔一名总经理。只有当企业原“一把手”退休或调整时，才选择由外部董事担任董事长。董事长是董事会的领导，主要职责是组织董事会运作，国资委对其履职进行评价，但不对其进行经营业绩指标考核。总经理是企业执行性事务的负责人，对董事会负责，履行《公司法》规定的各项职权。

4. 建立董事会有效运作的机制。公司章程和董事会制定的有关制度必须详细规定董事会的各项职权；董事会每年召开定期会议的次数不得少于 4 次；董事会必须对决议执行情况进行检查；董事会应当下设薪酬与考核、提名、审计委员会，还可以根据公司情况设置其他专门委员会；公司董事会成员有公司驻地以外人员且必须由董事会决策事项较多的，经国资委批准，可以设立常务委员会，行使董事会授权的部分职权；提名常务委员会中外部董事应当占多数；薪酬与考核、审计委员会应当全部由外部董事组成；属于专门委员会职责范围的事项，应当先由专门委员会讨论，为董事会决策提供意见和建议。

5. 董事会试点与发挥企业党组织政治核心作用相结合。企业党组织负责人和职工代表进入董事会；董事会负责重大决策与党组织参与重大问题决策、职工民主管理相结合；党管干部原则与董事会依法选聘高级管理人员相结合。

附：

国有独资公司董事会第一批试点企业名单

1. 神华集团有限责任公司
2. 上海宝钢集团公司
3. 中国高新投资集团公司
4. 中国诚通控股公司
5. 中国医药集团总公司
6. 中国国旅集团公司
7. 中国铁通集团有限公司

国有资产监督管理体制改革

全国31个省份和新疆生产建设兵团国资委全部组建完毕。至年末已组建国有资产监管机构的市（地）有203个，占总数的45.3%；其中，单独成立国资委的有176个，占总数的39.3%。适应国有资产管理体制的变革，一些省份对国有资产经营机构进行了改革和调整。国有资产监管法规体系继续完善。落实国有资产经营责任的相关制度进一步健全，国务院国资委与所监管的中央企业全部签订了2004年度经营业绩责任书，同时启动了任期经营业绩考核工作。与经营业绩考核相配套，薪酬制度改革稳步推进。国有资本经营预算工作开始起步。国有企业监事会工作进一步改进，一些省份国资委开始探索监事会监督和其他监督相结合的途径和方式。

国有企业冗员过多的矛盾得到缓解

截止到2004年10月底，各地和中央企业实施主辅分离的国有大中型企业818家，涉及改制企业4572家，涉及富余人员100万人。中央企业分离企业办社会职能工作迈出重大步伐，“中石油”“中石化”“东风汽车”三大集团分离办社会试点基本完成。铁路系统5家运输企业股份制改革试点有序展开，分离企业办社会职能进展顺利，3个铁路局（分局）“主辅分离、辅业改制”试点着手进行。从中央企业的情况来看，截至2004年10月底，共有62家上报主辅分离、辅业改制总体方案，经国资委、财政部、劳动和社会保障部三部委联合审核，已经批复43家中央企业的总体方案。43家企业第一批实施方案中的改制单位1422个，拟改制为非国有法人控股企业的1311个，占改制单位总数的92.2%；涉及三类资产总额509亿元，净资产202亿元；涉及分流安置职工人数为26.2万人，其中22.7万人在改制后企业得到安置。据初步统计，实施主辅分离的改制企业享受税收减免金额共计1.1亿元左右。

自中共中央、国务院1997年提出“鼓励兼并、规范破产、下岗分流、减员增效、实施再就业工程”以来，国有企业职工从最高时的7500万人减少到2003年底的4400万，同期国有企业职工下岗分流累计达到2818万人，极大地缓解了长期计划经济体制遗留下来的国有企业冗员过多的矛盾。

国有企业股份制改革和建立现代企业制度

全国2903家国有及国有控股大型骨干中，已有1464家企业改制为多元股东持股的公司制企业，改制面为50.4%。国有控股的境内外上市公司达到1000余家，其国有权益和实现利润分别约占全国国有及国有控股企业的17%和46%，已经成为国有经济的骨干力量。国有大型企业股份制改革步伐加快，中海集运、中电国际、中国网通等中央控股的公司在境外首次公开发行股票并上市；中国移动、中国电信、武钢等一批大型公司基本实现了主营业务资产整体上市；中国航空、神华集团、东风汽车等14户中央企业完成了改制，设立了股份有限公司；宝钢集团成功受让上海宝建，为大型国企整体转制探索了新途径。7家国有独资的中央企业进行了建立和完善董事会的试点工作。

国有独资商业银行着手进行股份制改造，中国银行、中国建设银行股份制改造试点顺利进行。成立了中央汇金公司，行使国家所有者权益，向两家银行注资450亿美元。工商银行股份制改革方案和农业发展银行职能调整方案已初步拟定。交通银行完成财务重组，并做好上市准备。农村信用社改革取得阶段性成果，在8个省份试点的基础上，又在21个省份全面推开。国有保险企业改革取得重大进展，中国人民保险公司、中国人寿保险公司和中国再保险公司顺利完成重组改制，中国人保、中国人寿已在境外上市。

随着各项改革的深化，国有、集体资本和非公有资本等相互参股、融合的力度不断增强，混合所有制经济迅速发展，股份制日益成为公有制的主要实现形式。

中央企业重组整合

实施中央企业重组，是国有企业战略性改组的重要措施。按照产权关系清晰、管理层次精简、组织结构合理、主营业务突出的要求，180多家中央企业之间及其内部合并重组步伐加快。截至2004年12月1日，国务院已批准下列企业进行重组：

1. 中国科学器材进出口总公司并入中国生物制品总公司成为其全资子企业；

2. 中煤建设集团公司并入中国煤炭工业进出口集团公司成为其全资子企业；

3. 中国药材集团公司并入中国医药集团总公司成为其全资子企业；

4. 中国食品发酵工业研究所并入中国轻工集团公司成为其全资子企业；

5. 中国华轻实业公司并入中国工艺美术（集团）公司成为其全资子企业；

6. 中国高新投资集团公司吸收合并复兴浆纸有限公司，后者注销；

7. 中国土木工程集团公司并入中国铁道建筑总公司成为其全资子企业；

8. 中国海外工程总公司并入中国铁路工程总公司成为其全资子企业；

9. 中国四维测绘技术总公司并入中国卫星通信集团公司成

为其全资子企业；

10. 中国免税品（集团）总公司并入中国国际旅行社总社成为其全资子企业；

11. 中国进口汽车贸易中心并入中国机械装备（集团）公司成为其全资子企业；

12. 中国牧工商（集团）总公司并入中国水产（集团）总公司成为其全资子企业；

13. 邯邢冶金矿山管理局并入中国五矿集团公司成为其全资子企业；

14. 中国旅游商贸服务总公司并入中国中旅（集团）公司成为其全资子企业；

15. 中机国际工程咨询设计总院并入中国新时代控股（集团）公司成为其全资子企业；

16. 中国土畜产进出口总公司并入中国粮油食品（集团）有限公司成为其全资子企业；

17. 中国蓝星（集团）总公司与中国昊华化工（集团）总公司重组为中国化工集团公司，原企业保留法人资格。

截至 2004 年 12 月 1 日，国务院国资委履行出资人职责的企业总数由 2004 年 1 月 8 日的 189 户减少为 181 户。

除此之外，北京、天津、山西、辽宁、上海、重庆等省份都组建了具有较强竞争力的大公司大企业集团，国有经济的控制力、影响力和带动力进一步增强。国有中小企业改革进一步深化，山西、辽宁、湖北、湖南、广东、重庆、四川、云南、陕西、宁夏等省份国有中小企业改制面已达 80% 以上。通过改制，地方国有中小企业普遍实现了产权多元化，企业转变了机制，职工转换了身份，经济效益明显提高。关闭破产工作继续推进，全国已有一半以上需要退出市场的国有大中型特困企业和资源枯竭矿山实施了关闭破产，一些沿海地区长期积累的需退出市场的企业绝大多数已经关闭破产。北京、上海、江苏、浙江、福建等 5 个省（市）已经停止实施政策性破产，全面转向依法破产。电力行业的厂、网分开体制改革基本完成，发电企业竞争局面基本形成；南方电网组建工作已经完成；东北电力市场、华东电力市场开始模拟运行；大用户直购电试点工作已经起步；电价形成机制继续完善。民航国内航空运输价格由政府定价改为政府指导价。

增值税转型改革试点

为促进东北老工业基地振兴，自 2004 年 7 月 1 日起，对东北老工业基地的装备制造业、石油化工业、冶金工业、船舶制造业、汽车制造业、高新技术产业、军品工业和农产品加工业等 8 大行业，允许企业新购机器设备所含增值税金实行增量抵扣办法。对东北地区工业企业的固定资产和无形资产，允许在现行规定折旧年限或摊销期限的基础上，按不高于 40% 的比例缩短折旧年限或摊销期限，并将内资企业计税工资税前扣除标准统一提高到 1200 元/月。允许东北地区省级人民政府在中央授权范围内，自行调整部分矿山油田企业的资源税税额。

就业和社会保障体制改革

2004 年全国城镇新增就业人员 980 万人，下岗失业人员再就业 510 万人，其中“4050”人员再就业 140 万人，分别完成了全年任务的 109%、102% 和 140%。年末城镇登记失业率 4.2%，低于 4.7% 的控制目标，比上年底下降 0.1 个百分点。

“两个确保”继续巩固。年末国有企业下岗职工人数 153 万人，同比减少 107 万人；在再就业服务中心的下岗职工全部足额领到基本生活费，并由中心代缴社会保险费；已有 12 个省份实现了下岗职工出中心；企业离退休人员基本养老金做到按时足额发放，全国范围内首次实现全年各地上报无拖欠；农垦企业纳入地方养老保险统筹。养老保险取得积极进展。调整企业退休人员基本养老金年底前基本落实；年末参加基本养老保险人数 16342 万人，同比增加 836 万人；年末企业退休人员社会化管理率为 93.2%。失业保险作用进一步增强。年末参加失业保险的人数 10584 万人，同比增加 211 万人。医疗保险运行平稳，生育保险稳步推进。年末医疗保险参保人数 12386 万人，同比增加 1484 万人；年末生育保险参保人数 4370 万人，同比增加 715 万人。工伤保险进展顺利。年末工伤保险参保人数 6823 万人，同比增加 2248 万人。全年 5 项社会保险基金收支总规模首次突破 1 万亿元。

城乡居民最低生活保障制度建设步伐加快。城镇最低生活标准依物价上涨情况进行了调整；年末城镇居民享受最低生活保障人数 2200.81 万人，涉及家庭 951.9655 万户；1206 个县

（市）建立了农村低保制度，农村居民享受最低生活保障人数496.4万人，享受定期救济人数875.1万人。此外，《工伤保险条例》《劳动保障监察条例》正式实施。吉林、黑龙江两省完善城镇社会保障体系试点进展顺利。企业年金制度建设迈出重要步伐。

规范中央企业负责人的薪酬管理

2004年6月，国务院国资委出台了《中央企业负责人薪酬管理暂行办法》。《办法》规定：中央企业负责人的薪酬由基薪、绩效薪金和中长期激励单元构成。基薪是企业负责人年度的基本收入，主要根据企业经营规模、经营管理难度、所承担的战略责任和所在地区企业平均工资、所在行业平均工资、本企业平均工资等因素综合确定；基薪按月发放。绩效薪金与经营业绩考核结果挂钩，以基薪为基数，根据企业负责人的年度经营业绩考核级别及考核分数确定，考核结果出来后，兑现绩效薪金的60%，其余40%的绩效薪金延期到离任或连任的第二年兑现。办法明确了负责人的薪酬必须与业绩考核结果挂钩，提出了对企业负责人薪酬规范管理和挂钩的具体措施，薪酬制度改革取得了实质性的突破。办法清晰地勾勒出国有企业分配制度改革的思路，具有几个鲜明的特征：第一，突出体现了中央企业负责人薪酬管理和薪酬制度改革起步阶段的工作重点在规范，关键是考核的设计思路和原则；第二，初步解决了一些关系国家经济命脉和国家安全的重要骨干企业负责人的薪酬激励不足的问题；第三，根据业绩考核的结果，决定企业负责人的薪酬，实现了薪酬收入与业绩考核的紧密结合；第四，用企业的资产规模、净资产、主营业务收入和利润作为基薪确定的主要规模指标，把负责人承担的责任和风险与薪酬较好地结合起来；第五，在重点解决中央企业负责人薪酬激励力度明显不足问题的同时，强调要加强约束，特别是要促进和完善企业激励与约束机制的建立；第六，提出了在规范管理的基础上，逐步推进股票期权等中长期激励办法、规范兼职取酬与职位消费、市场招聘经营者的薪酬市场化等措施的思路，使中央企业负责人薪酬管理制度改革更加深入。办法考虑了企业职工平均工资因素，把调动激发企业负责人的积极性和保护广大职工的积极性结合起来。这些改革措施为下一步逐步建立起符合现代企业制度要求、适合企业特点并在管理体制、激励方式和激励水平上与市场机制全面接轨的企业负责人薪酬制度打下比较好的基础。

2004 · 重要理论观点

完全的私有化并不能最大化社会总体福利

国有企业改革的成功与否，已经成为关系到国计民生和社会稳定的关键因素。长期以来，国有企业一直在吸纳城镇劳动力，提供社会保障等方面，发挥着社会稳定器的作用。改革开放二十多年，尽管私有经济得到了蓬勃发展，提供了相当多的新增就业机会，但国有企业仍然是吸收城镇劳动力的主要渠道。冗员现象的存在和庞大的退休职工队伍，使国有企业在追求利润的同时，必须承担一定的社会性任务，因而在分析国企改革问题时，不能不考虑它所承担的社会性负担。

孙群燕、李杰、张安民发表论文《寡头竞争情形下的国企改革——论国有股份比重的最优选择》，文章首先构建了混合寡头垄断竞争的博弈模型，通过在国企的目标函数中引入其所承担的社会性负担，将之与国有股份的比重联系起来，并假定两者之间存在正相关，分别在封闭经济与开放经济的情形下，从国企中国有股份比重的角度入手，通过在政府政策目标函数中加入对国有企业总收益的考虑，探讨国企在背负一定社会性负担的条件下，国有股份比重的变化如何影响社会总体福利水平和政府的支付。作者认为，无论是从社会总体福利的角度还是从政府政策目标的角度，最优的国有股份比重的选择都取决于各类企业的生产成本、它们产出之间的边际替代效应以及整个社会的就业压力等因素之间的相互关系。在国企的相对生产效率很低的情况下，必须对其进行私有化改革；但是，如果国企的相对生产效率不太低，完全的私有化并不能最大化社会总体福利或政府支付。另外，关税的降低并不一定会减少国企的均衡产出。文章的基本结论为当前政府国企改革的政策思路提供了一定的理论支持。

金融改革的当务之急不是使国有银行更加市场化

2003 年末，国家悄然为四大国有银行中据说是绩效较好的两家（中国银行和中国建设银行）注入了 450 亿美元（约合 3800 亿元人民币）的资本，这是继 1998 年国家向四大国有银行注入 2700 亿元人民币（约合 326 亿美元）资本金之后的又一次注资行动。和上一次注资相比，此次注资行动使用了罕见的外汇储备方式（上一次是发行特别国债）并用美元直接注资，而且专门成立了一家国有金融投资公司（中央汇金投资有限责任公司）代表国务院行使出资人权利。毫无疑问，这是自 1979 年中国经济体制改革以来国家在金融领域推行的最为“昂贵”的一次改革行动。

张杰发表论文《注资与国有银行改革：一个金融政治经济学的视角》认为，长期以来，人们似乎已经习惯于用所谓的一般视角和国际商业银行的通行安排来思考中国国有银行的改革取向问题。改革倡导者偏好于对国外商业银行制度要素的模仿、移植与重组。由于在商业银行制度的全部要素中，能够被模仿与移植的只有那些技术性要素和有形的外部框架，因此，经过改革的国有银行与标准的商业银行相比，总是显得“貌合神离”；许多被国外商业银行制度证明是十分有效的做法也大都“逾淮而枳”。

从世界范围看，国有银行并不是处在改革过程的经济或者发展中经济的专利，而在各国普遍存在。因此，银行的国有或政府所有并非低效率或高风险的代名词。至于在一国银行业的市场结构中，国有银行应占有多大比例才算适度，则没有一个既定的标准，而在很大程度上取决于这个国家的经济结构、收入水平以及文化法律传统等众多因素的交互影响。当一个国家决定国有银行存在的一些深层次因素未发生变化时，如果人为地和单方面地寻求国有银行制度的改变，则结果往往会适得其反。通过人为方式降低国有银行比例以提高整体银行效率是一种逻辑误导。

作者认为，我们在以往的改革过程中，极有可能把造成金融资源低效率配置的许多原本不属于国有银行制度的问题算在了国有银行制度身上；由此产生误导效应，使得国家几度对国有银行大动干戈，而又几度无功而返。中国国有银行的问题出在作为其主要服务对象的高比例的国有经济身上，而与国家是否充当其出资人无关。因此，增进国有银行效率的根本出路，不在于通过注资等技术手段修补其资本结构以达到国际通行标准，而在于借助国有企业的市场化改革降低经济的国有化成分，由此疏远国家与经济部门之间过于紧密的金融联系。如果经济的国有成分下降到一定水平，国家作为国有银行的出资人开始寻求获取正常的投资回报时，则国有银行的改革将会呈现出另一番景象。银行的国有制不一定是低效率。企业部门的效率需要通过更多的市场竞争来保持，但对于银行来说，则并不意味着竞争越多越好。在中国，金融改革的当务之急应当是使经济中的企业部门（尤其是国有企业）更具竞争性，而不是使国有银行更加市场化。当国有银行与更多具有竞争性的非国有企业（或经过改造的国有企业）建立金融联系从而重建其资产结构时，国有银行的问题也就不再成为问题了。

作者强调，国家声誉（近似于巴塞尔协议中的商誉）和核心存款在特定的改革背景下实际上长期承担着国有银行核心资本的角色，并保持着足够的持续性与稳定性，由此形成中国国有银行的资本特征。因此，我们没有理由非要机械地依据巴塞尔协议将它们从国有银行的核心资本中剔除。若考虑到无形资产的存在，人们特别是改革决策层对国有银行整体资本状况的估价会发生某种程度的转变，从而缓释巴塞尔协议约束效应对国有银行改革决策的刺激与压力，使得改革者会更加从容地从中国长期制度变迁的角度重新审视和对待国有银行的改革；另外，无形资产对于国有银行的重要性也同时提醒我们，旨在追求短期绩效的国有银行改革方式（如上市）极有可能导致无形资产的迅速流失，从而危及整个金融体系的稳定。

公有制企业民营化的主要动因是地方政府提高财政自给率

朱恒鹏发表论文《地区间竞争、财政自给率和公有制企业民营化》认为，改革开放以来，中国大陆在发展民营经济、恢复私有产权方面取得了重大的进展。国内各地区之间的经济竞争是这一变革的重要推动力。但是在 1994 年至 2002 年间，中国地区间市场一体化水平虽然有所波动，但总体水平基本没有变化。即在这九年中，中国市场一体化水平基本没有提高。尽管在某些年度、某些省份地区间竞争程度有所上升，但总体来说，在这九年中，地区间竞争程度基本没有变化。尽管地区间竞争的加剧的确是公有制企业改制的一个重要推动力量，但是在 1994 年至 2002 年这段时期内，全国性的公有制企业改制的主要推动力量不是分权化改革带来的地区间竞争加剧，地方政府积极推动公有制企业民营化的主要动因来自财政方面。

作者利用 1994 年至 2002 年间各省份的数据计算了地区财政自给率和非国有经济比重的相关系数，发现各省份财政自给率和其非国有经济比重高度正相关。1994 年的分税制改革，给地方政府造成了财政收支压力及预算约束硬化。由于非国有企业经营效率高，非国有经济的发展意味着税基的扩大和税收的增加，有助于增加地方政府的财政收入；而非国有经济比重的提高意味着国有经济比重的下降。另外，20 世纪 90 年代以来，国有企业尤其是地方国有企业效益急剧下滑，亏损面急剧上升，给地方政府带来的财政包袱越来越大，而降低国有经济的比重，将有助于减少地方政府的财政负担。发展非国有经济、对国有经济进行民营化改造，可以有效地缓解地方财政收支压力，缩小地方财政收支缺口，提高地方财政收支自给率。正是这一点，导致了 20 世纪 90 年代中期以后在全国范围内普遍展开的公有制企业改制进程。

国有商业银行改革的基本逻辑

银行在融资形式中的主导地位和国有银行在银行业中的主导地位是公众自发选择的结果。中央稳定经济的需要、地方经济增长的冲动和公众寻求安全金融产品的需要等多方面因素，促成了国有银行在高度坏账累积下的超稳定发展。鉴于中国产业、地区差别的客观存在，政策性信贷需求不可能消亡，在缺乏其他转移支付机制的前提下，国有银行具有存在的合理性。

中国的国有银行具备五个基本性质：一是四家银行分化为“政策性”和“商业性”两类，由此形成始终被忽视的初始条件；二是国有银行是政府和央行的政策传导渠道，行政干预成为必然；三是低效率是国有银行的天然属性；四是国有银行政策性损失与经营性损失具有不可辨别性；五是剥离不可能具备一次性特征。

国有银行间存在质的差别：服从货币和金融稳定政策安排的工商银行和长期致力于支农转移支付的农业银行与市场化程度更高的中国银行和建设银行之间存在很大差异性。因此，没有理由默认国有银行应该或能够按照单一模式改革，在承认从中央到地方的政策性金融需求的客观前提下，兼顾国有银行效率目标的实现，国有银行必须实行差别性改革战略部署：一是对工商银行和农业银行进行综合的、一揽子政策性重组，以此建立单一的“中国国民银行”，承担全部政策性业务和今后可能出现的新政策性安排，可允许其在银行间市场发行政策性金融债券，同时保留其商业银行的存贷款业务，所有业务接受监管部门和国家审计部门的监督检查；同时作为平准本外币波动的市场力量，承担银行间债券、同业拆借和外汇市场的超级做市商职能。二是对中国银行和建设银行进行分别的、激进式商业化重组，以此形成中国大型股份制商业银行，剥离全部政策性业务和历史包袱，杜绝中央和地方干预，全面发挥其市场化配置金融资源的优势。改革可以按照目前的注资、剥离、股份制重组和上市步骤进行。

国有银行注资行为是真正的市场化行为。国有银行不良贷款生成主要是中央和地方干预的结果，注资等于清理国家欠账。但是，同样需要实行差别化注资安排：对于以商业化为改革目标的中国银行和建设银行，股份制改造前的 450 亿美元注资应该是其正常经营中的最后一次注资，如果还有下一次，那只能是其破产后的央行接管注资。对于以政策性为目标的新的中国国民银行，则必须明确财务安排，按年度核销不良贷款并注入营运资金。国有银行现实的资本金注入并非要务，但从流动性角度考虑，起码的损失处理和坏账核销是必需的，否则将在财务上难以为继（应付到期存款支付）。

中国上市公司应该降低双重代理成本

冯根福发表论文《双重委托代理理论：上市公司治理的另一种分析框架——兼论进一步完善中国上市公司治理的新思路》认为，西方传统委托代理理论本质上是一种单委托代理理论，主要是针对以股权分散为主要特征的上市公司而构建的一种公司治理理论，不适合作为以股权相对集中或高度集中为主要特征的上市公司治理问题的分析框架。中国目前的上市公司多数是以股权相对集中或高度集中为主要特征的上市公司，过去我国许多专家和学者开出的诸多完善中国上市公司治理的“药方”之所以不灵或屡屡失效，在很大程度上与盲目和简单搬用西方传统单委托代理理论有关。

文章认为，以股权相对集中或高度集中为主要特征的上市公司与以股权分散为主要特征的上市公司有一个显著的区别，就是前者的股东利益取向不像后者那样基本一致，而是既有共同点，又有差异性。在以股权分散为主要特征的上市公司，全体股东与经营者之间的利益冲突呈现出经营者强而全体股东弱这样一个特点；而在以股权相对集中或高度集中为主要特征的上市公司，则呈现出控股股东或大股东强而经营者弱这样一个特征。对于后一类上市公司，实际上存在着双重委托代理的问题：一种是控股股东或大股东与经营者之间的委托代理问题；另一种是中小股东与其代理人之间的委托代理问题。就是如何设计最优的治理结构和治理机制，既能促使经营者按照全体股东的利益行事，又能有效防止控股股东或大股东恶意损害中小股东利益，是这类上市公司治理所面临的问题。

文章认为，对于以股权相对集中或高度集中为主要特征的上市公司，按照双重委托代理理论的要求降低双重代理成本，更有利于实现包括中小股东在内的全体股东利益的最大化。降低双重代理成本的主要途径：一是作为委托人的控股股东或大股东对作为代理人的经营者能够进行充分的激励与约束，从而实现有效降低第一种代理成本的目的；二是作为委托人的中小股东对其代理人能够进行充分的激励与约束，从而实现有效降低第二种代理成本的目的。

为了有效降低第一种代理成本，中国必须下决心改变目前的大部分上市公司国有股“一统天下”的格局，并且在经济转轨时期的中国大部分上市公司的股权结构模式应以“寡头垄断股权结构模式”为主导。与此同时，还应强化对经营者的激励与约束力度。为了有效降低第二种代理成本，中国必须努力使上市公司的中小股东真正成为一个有效的委托人，为此，该文提出各省市可成立一个独立董事管理协会或其他形式的组织，并由其来代表所在省市各个上市公司的中小股东行使对中小股东代理人的监控权。与此同时，还应积极探索有效激励中小股东代理人的途径与方式。

我国企业利益相关者的分类

陈宏辉、贾生华发表论文《企业利益相关者三维分类的实证分析》认为，现代企业理论的发展已经把企业理解为不同个人和群体之间一组复杂的显性契约和隐性契约交会所构成的法律实体。在这种法律实体中，交会的契约既有经营者与所有者之间的契约、经营者与雇员之间的契约，还有企业作为债权人与债务人之间的契约、企业作为供应商（或消费者）与消费者（或供应商）之间的契约、企业作为法人与政府之间的契约等等。这些被称作“利益相关者”的个人和群体不仅会影响企业目标的达成，而且还会受到企业目标达成过程中所采取的各类行动的影响，如何有效地识别和应对这些利益相关者的利益要求已经成为现代公司治理理论和实践的前沿课题。

作者借鉴西方学者对企业利益相关者的“多维细分法”和“米切尔评分法”分类方法，借助对国内22家企业67位员工的实地访谈资料和在全国9个省市完成的423份有效调查问卷，从主动性、重要性和紧急性三个维度上将股东、管理人员、员工、消费者、债权人、政府、供应商、分销商、特殊利益团体和社区这10个群体作为我国企业的利益相关者，细分为核心利益相关者、蛰伏利益相关者和边缘利益相关者三大类：股东、管理人员和员工是我国企业的核心利益相关者；供应商、消费者、债权人、分销商和政府是企业中的蛰伏利益相关者；特殊利益团体和社区是企业的边缘利益相关者。据此提出了探讨我国企业合理安排公司治理架构基础的参考意见。

企业的政策性负担与预算软约束

中国的国有企业普遍承担着两方面的政策性负担：战略性政策负担和社会性政策负担。战略性政策负担，是指在传统的赶超战略影响下，投资于我国不具备比较优势的资本密集型产业或产业区段所形成的负担；社会性政策负担，则是指由于国有企业承担过多的冗员和工人福利等社会性职能而形成的负担。这两方面的政策性负担，都是中国推行重工业优先发展战略的内生产物。

中国从20世纪50年代开始推行重工业优先发展的战略，而中国是一个资本非常稀缺、劳动力相对富余的国家，政府想要优先发展的资本密集型的重工业是同中国经济的比较优势相背离的，所以这些企业在开放、竞争的市场环境中缺乏自生能力。为了实施重工业优先发展的战略，就必然会对经济进行扭曲，人为压低利率、汇率、原材料价格等以降低重工业企业的成本，并且给予市场垄断地位以提高产品价格；但是，当市场化改革开始后，经济中的要素和产品价格逐渐由市场竞争决定，失去了这些补贴和保护以后，重工业企业缺乏自生能力，在开放竞争的市场中无法盈利的问题就由隐性变为显性，这便形成了国有企业的战略性政策负担。另外，由于重工业是资本密集型的产业，它能够吸收的就业人口非常少，而中国却是一个劳动力富余的国家，为了解决社会就业问题，政府就会要求国有企业雇佣过多的冗员，并承担起一些企业所不应当承担的社会职能，这就形成了国有企业的社会性负担，它无疑也将增加国有企业经营的成本。

政府对企业的政策性负担所造成的亏损负有不可推卸的责任，政府为了让这些承担着政策性负担的国有企业继续生存，就必然对国有企业进行事前的保护或者补贴，但是由于信息不对称，政府无法确知政策性负担给企业带来的亏损是多少，也很难分清一个企业的亏损是政策性负担造成的还是由于企业自身管理不当或是企业经理人员的道德风险造成的。在激励不相容的情况下，企业经理人员会将各种亏损，包括政策性负担形成的亏损和道德风险、管理不当等造成的亏损都归咎于政策性负担，在政府无法分清楚这两种亏损的差别，而又不能推脱对政策性负担所造成的亏损的责任时，就只好把企业所有亏损的责任都负担起来，在企业的亏损形成后又给予事后的补贴，因此形成了企业的预算软约束。由于事后的保护或者补贴的可能性的存在，更加重了企业经理事前的道德风险问题。这样，在信息不对称和激励不相容的情况下，这种由于政策性负担带来的企业的预算软约束，会严重影响国有企业的经营效率和激励机制。

在信息不对称、激励不相容的情况下，政策性负担必然会带来企业的道德风险问题，降低企业的效率；进一步，如果市场竞争程度足够充分，则政策性负担必然带来企业的预算软约束问题，也就是说，在这样的情况下前者是后者的充分条件；预算软约束问题与企业的公有制性质无关，相反在企业承担政策性负担的情况下，私有企业会比国有企业更容易产生预算软约束问题，并且有激励向政府要更多的补贴；当国有企业承担政策性负担时，剥夺国有企业经理的生产自主权，比如产量配额规定，往往是一种次优的制度安排，这解释了改革前为何国有企业厂长、经理的人、财、物、产、供、销的自主权都被剥夺的原因。在经济转轨过程中，在市场化程度不断加深的情况下，要想硬化国有企业的预算软约束，就必须剥离国有企业的政策性负担，而要剥离国有企业的政策性负担，就必须放弃赶超思想，降低政府从让国有企业承担政策性负担中获得的好处，并硬化政府本身的财务约束。

2004 · 重要政策法规

1. 劳动和社会保障部《企业年金试行办法》，2004 年 1 月 6 日。

2. 国务院国有资产监督管理委员会《关于中央企业主辅分离辅业改制分流安置富余人员资产处置有关问题的通知》，2004 年 1 月 19 日。

3. 劳动和社会保障部《最低工资规定》，2004 年 1 月 20 日。

4. 劳动和社会保障部《集体合同规定（2004 年）》，2004 年 1 月 20 日。

5. 国务院《关于推进资本市场改革开放和稳定发展的若干意见》，2004 年 1 月 31 日。

6. 国务院国有资产监督管理委员会《关于印发〈加快东北地区中央企业调整改造指导意见〉的通知》，2004 年 2 月 4 日。

7. 劳动和社会保障部、中国银行业监督管理委员会、中国证监会、中国保险监督管理委员会《企业年金基金管理试行办法》，2004 年 2 月 23 日。

8. 国务院国有资产监督管理委员会《关于做好贯彻落实〈企业国有产权转让管理暂行办法〉有关工作的通知》，2004 年 3 月 8 日。

9. 国务院《基金会管理条例》，2004 年 3 月 8 日。

10. 国务院办公厅《关于中央企业分离办社会职能试点工作有关问题的通知》，2004 年 3 月 10 日。

11. 《中华人民共和国宪法（2004 年修正）》，2004 年 3 月 14 日。

12. 国务院《中华人民共和国反倾销条例（2004 年修订）》，2004 年 3 月 31 日。

13. 国务院《中华人民共和国反补贴条例（2004 年修订）》，2004 年 3 月 31 日。

14. 国务院《中华人民共和国保障措施条例（2004 年修订）》，2004 年 3 月 31 日。

15. 全国人大常委会《中华人民共和国对外贸易法（2004 年修订）》，2004 年 4 月 6 日。

16. 国家发展和改革委员会《关于贯彻落实党的十六届三中全会〈决定〉精神，推进 2004 年经济体制改革的意见》，2004 年 4 月 14 日。

17. 国务院国有资产监督管理委员会《关于中央企业建立和完善国有独资公司董事会试点工作的通知》，2004 年 6 月 7 日。

18. 国务院国有资产监督管理委员会《关于推动中央企业清理整合所属企业减少企业管理层次有关问题的指导意见》，2004 年 6 月 12 日。

19. 国务院国有资产监督管理委员会《关于加强和改进中央企业人才工作的意见》，2004 年 6 月 17 日。

20. 劳动和社会保障部《关于做好国有大中型企业主辅分离辅业改制分流安置富余人员有关工作的通知》，2004 年 6 月 21 日。

21. 国务院国有资产监督管理委员会《关于加强中央企业重大投资项目管理有关问题的通知》，2004 年 7 月 6 日。

22. 国务院国有资产监督管理委员会《企业国有资本保值增值结果确认暂行办法》，2004 年 8 月 25 日。

23. 国务院国有资产监督管理委员会《关于加强人工成本控制规范收入分配有关问题的通知》，2004 年 10 月 16 日。

24. 国务院国有资产监督管理委员会《关于对债转股企业进行全面清理检查的通知》，2004 年 10 月 29 日。

25. 国务院国有资产监督管理委员会《中央企业发展战略和规划管理办法（试行）》，2004 年 11 月 26 日。

2004 · 年度热点纪实

“郎氏质疑”引发国企改革深层次讨论

2004年8月，香港中文大学教授郎咸平发布一份研究报告，对海尔、TCL以及格林柯尔等国内一些企业提出质疑，认为其发展过程实际上是国有资产逐步流向个人的过程。8月9日，郎咸平又在复旦大学中美财经媒体高级研修班的毕业典礼上发表了题为《格林柯尔：在“国退民进”的盛宴中狂欢》的演讲，指责格林柯尔董事局主席顾雏军通过“安营扎寨、乘虚而入、反客为主、投桃报李、洗个大澡、相貌迎人、借鸡生蛋”等“七板斧”巧取豪夺国家财富。郎咸平强烈建议，停止以民营化为导向的产权改革。郎咸平的一席演讲，顿时在社会上掀起了轩然大波。

随着郎咸平接二连三的炮轰，格林柯尔系参控股上市公司的股价开始下挫。截至当年8月17日，格林柯尔控股20.64%的科龙股价连续5日下挫，股价跌去近1元；控股60.67%的亚星则出现近7个交易日6天股价下挫的情形；美菱股价从8月11日起也开始下挫。8月17日，格林柯尔和顾雏军个人先后向郎咸平发出律师函并正式以“诽谤罪”向香港高等法院提起诉讼。

由郎咸平引发的关于产权改革过程中的国有资产流失及国有企业改革方向等问题的讨论受到国内各界的广泛关注，讨论的涉及面之广，公众及媒体关注时间之长，参与讨论的人数之多、之复杂，参与人员立场、结论的对立性之强烈，都是近年来罕见的，有人称之为“郎咸平旋风”或“郎咸平风暴”，有的学者甚至将讨论的意义与真理标准讨论相比。归纳起来，各方争论的焦点主要集中在以下几个环环相扣、具有内在逻辑递进关系的问题上：

在“国退民进”的过程中，国有资产被侵吞的现象是个例还是普遍存在？郎咸平根据对格林柯尔、海尔、TCL 等案例的分析，指出改制过程中存在着大量的国有资产流失现象。这种判断引起了大多数网民和经济学家的赞同。对这一点，郎咸平的批评者大多数也并不否认。

国有资产流失是否是由民营化取向的改革所导致？郎咸平指出：目前已经不存在民营企业与国有企业争利的问题，当前经济改革的重点问题是国有企业和民营企业都在联合起来侵吞国有资产。国有企业老总和民营企业老总正在联合起来，“合法地剥削”国有资产。以程恩富、左大培、韩德强、杨斌等为代表的经济学家对此表示赞同。

而张维迎等经济学家则明确反对郎咸平的说法。张维迎认为，“国有资产流失和私人资产被侵吞的两种并存的状况中，我个人认为后者更严重”。并提出，“在国有企业改革的过程中，我们应该看到这是创造财富的过程，而不是瓜分财富的过程”。经济学家钟朋荣则认为，郎咸平所提出的观点“没有抓住中国经济发展的主流，中国经济当前的主要问题是政府对企业的管制过多，是国企改制的问题，而不应对民营企业抡起大棒”。

由部分经济学家提出并占据主流地位的产权改革理论及制度设计是否科学合理？这个问题分为三个层次：

首先，产权改革的主要理论依据——“所有者缺位”是否成立？“所有者缺位”是当前被称作主流经济学家们的著名论点，并以此作为产权改革的重要理论依据。对此，郎咸平尖锐地指出：“我国目前推动国家产权改革的重要思维，基本上不是透过研究而是透过拍脑袋想出来的。国外公司治理理论中根本没有所谓的‘所有者缺位’问题。中国国有企业当然有所有人，这个所有人就是国家。”郎咸平发表有关论断后，中国社会科学院杨斌等一批长期留学海外的中青年学者围绕“所有者缺位”问题继续进行研究并得出支持郎咸平的结论。相反，倡导“所有者缺位”的学者却很少给予更进一步的说明和回应。

其次，对管理层收购（MBO）等产权改革方式的评价。国内某些学者曾经把MBO（Management Buy Out，管理层收购）作为产权改革的主要方式大力向政府、企业和社会推荐。郎咸平认为，我国根本没有正确地认识 MBO 的本质。在美国，企业 MBO 没有问题，因为是全流通的，既然向股东发行了，也可以溢价收回。现在国内所谓的 MBO 是用银行的钱收购国家的资产，并不是国际意义上的 MBO。中国不能做 MBO，因为中国上市公司的国有股不是全流通的。真正意义上的 MBO 应该是溢价收购在外的股份，即 Management Buy Out，而现在变成收购不能流通的国有股，即 MBI（Management Buy In）了。简单地讲，中国的 MBO 是一个掠夺国有资产的最好方法，政府有关单位一定要立法禁止。国资委有关人士也承认 MBO 运作过程中存在严重问题。在争论中，直接为MBO辩护的学者不多，即使当初强烈推荐 MBO 的一些知名学者也保持了相当的沉默。

最后，国有企业中企业家的定位。郎咸平提出了著名的“保姆论”：“国有企业老总总是觉得国家对不起自己，所以就想控制公司，而所有人缺位这个思维正好给了国企老总舆论的支持，因此现状是只要打着产权改革的口号，任何侵害股东权益的事就都可以做。事实上国企老总的身份就是‘保姆’的身份，都是职业经理人，你要做职业经理人，你就有责任把公司业绩做好，这也就是职业经理人对股东的信托责任。”

也有人认为，郎咸平主要从公司的信托责任角度分析 MBO 进程中的国有资产流失，但是，只有在私有财产神圣不可侵犯的产权私有基础上“才能讨论信托责任，才能讨论职业经理人不能侵犯委托人的权益”。因此，当前国企改革过程中，弱肉强食的丛林法则必然会发挥作用——一部分人会先占据资源。“圈地运动、西进运动固然血腥，但是任何历史学家都不否认其对人类历史进步的意义。至少，在目前，不应该从伦理的角度对此做以偏概全的评价。”因此，以国资流失为由来要求检讨国企产权改革道路“是不负责任的”。

解决问题的出路何在？对这个问题的回答可谓五花八门。郎咸平的答案是，建议产权交易必须暂停，MBO 必须立刻停止，但最重要的是国企未来的改革应该以激励机制和信托责任并重的方式建立一套职业经理人制度。

“郎氏质疑”引发了我国自 1978 年实行改革开放以来，围绕市场化改革主题的第三次大争论。争论从中国国有企业改革引起，围绕着医疗、教育、住房改革、贫富差距等问题展开。“郎氏质疑”作为一个事件，像一个三棱镜，折射出社会生活的各个层面。不同阶层、不同领域、不同个体对它的评价和反应，无不深深打着鲜明的时代烙印。

联想并购 IBM 全球 PC 业务

“做得好，一步登天；做不好，打入地狱！”2004 年 12 月 8 日凌晨，在位于北京海淀区创业路上的联想大厦三楼圆形会议室里，整夜未眠的柳传志忧心忡忡地讲出这句话。

几个小时后，中国个人电脑市场占有近 30% 市场份额的联想集团在五洲大酒店发布新闻：以 12.5 亿美元的现金和股票收购知名品牌 IBM 的全球台式电脑和笔记本业务，及 5 亿美元的净负债转到联想名下，交易总额达到 17.5 亿美元。届时，IBM 将持有联想集团 18.9% 的股份，成为联想的第二大股东。此次联想收购 IBM 全球 PC 业务，将组建起继戴尔、惠普之后的世界第三大个人电脑厂商，并意味着联想的个人电脑年出货量将达 1190 万台，销售额将达 120 亿美元，从而使联想在目前个人电脑业务规模基础上增长 4 倍。这一具有历史意义的交易，将对全球 PC 业产生深远的影响。

联想集团成立于 1984 年。当年，柳传志带领 10 名中国计算机科技人员，由中国科学院计算机研究所投资 20 万元，在北京一处租来的传达室中开始了创业。年轻的公司命名为“联想”。联想勇于创新，实现了许多重大技术突破，其中包括了研制成功可将英文操作系统翻译成中文的联想式汉卡，开发出可一键上网的个人电脑。1988 年在香港成立“香港联想科技有限公司”并实现了 1.2 亿港元的营业额。

1989 年正式命名为“联想集团公司”拥有北京联想和香港联想，6 月在深圳成立深圳联想公司，建成低成本的生产基联想，从此开始批量生产和出口主板。

1990 年分别在美国洛杉矶和法国德斯多夫设立分公司，开始跨国经营。

1992 年初在美国硅谷设立实验室，以便及时获取电脑最新技术情况与信息。

1993 年国际 PC 巨头纷纷抢滩中国市场，大批国内电脑生产厂商处境艰难。联想以市场为导向，改变管理体制，精减人员，改直销为分销，一举扭转了经营的颓势，并于 1994 年 2 月成功在香港挂牌上市。成为一家集研究、生产和销售于一身的大型企业。

2003 年 4 月，联想集团正式用“Lenovo”代替原有的英文标识“Legend”，并在全球范围内注册。“Lenovo”是个混成词，“Le”来自“Legend”。“novo”是一个假的拉丁语词，从“新的(nova)”而来。

2004 年，联想成为国家奥委会全球合作伙伴中的第一家中国企业，为 2006 年都灵冬季奥运会和 2008 年北京奥委会独家提供台式电脑、笔记本、服务器、打印机等计算技术设备以及资金和技术上的支持。

自 1997 年起，联想一直蝉联中国国内市场销量第一，占中国个人电脑市场超过三成的份额。

IBM是“国际商业机器公司”的英文简称，1911年创立于美国，是全球的信息技术和业务解决方案公司，它曾被列为美国四大工业公司之一，被称为“蓝色巨人”。该公司创立的主要业务是商用打字机，然后转为文字处理机，最后才转到计算机和有关服务。

IBM目前仍然保持着拥有全世界最多专利的地位。自1993年起，IBM连续十七年出现在全美专利注册排行榜的榜首位置。公司的业务可分为全球服务、硬件、软件、全球融资和企业投资及其他总共五大部分。

IBM是计算机产业长期的领导者，在大型/小型和便携机（Thinkpad）方面成就瞩目。其创立的个人计算机（PC）标准，至今仍不断地沿用和发展。另外，IBM还在大型机、超级计算机、UNIX、服务器方面领先业界，并且是软件界的领先者和强有力的竞争者。

对于联想而言，并购IBM PC资产意味着公司在国际扩张的道路上取得了重大突破。凭借其当前2.2%的市场份额，以及IBM5.5%的份额，联想将一举成为全球第三大PC制造商。

联想整合了IBM的PC业务，这意味着PC时代迎来了中国起点。这是一次真正意义上的“强强联合”，对合作双方来说都充满了希望。在联想公司看来，是其发展史上一个里程碑式的事件；对整个中国来说，是中国经济发展史上的一大重要事件。中国企业从该交易中看到的绝不仅仅是“蓝色巨人”带给联想的个人电脑业务，而是联想已成为首家收购全球驰名品牌的中国公司，而且与此前中国公司的多数跨国交易不同，联想收购

IBM的业务，不是因为政府的命令或收购自然资源的宏观经济需求。对中国企业来说，这首先在心理上是一次信心跳跃，毕竟联想和 IBM 之间的这笔交易可能会是中国并购市场一个新时代的开端。

联想执掌着中国乃至亚太 PC 市场，而 IBM 则在全球企业市场和笔记本业务领域占据着显著的优势。新联想继承了 IBM 的 Think 系列产品后，将在相当长的周期内享用 IBM 公司的品牌。强强联合整合了两个互为补充的市场，并通过两个深具互鉴性管理团队的结合，打造出了一个全新的、国际化的管理团队，这一点尤其令我们欢欣鼓舞，因为它既是联想博弈全球、决胜未来的关键，也是起步较晚、积淀较浅的中国企业快速切入世界市场的重要保障。

当然，联想收购 IBM 后仍然面临严峻的挑战。联想购并 IBM 的消息传出后，国内外舆论一片哗然，表现出截然不同的观点。一方面，很多人振奋于联想的国际化雄心，IT 观察家姜奇平评论，“联想做了一件人们期待已久的正确的事情。以市场换品牌，成为联想走向世界的中国道路”。《华尔街日报》亦认为，“收购案将使 IBM 成为联想的忠实客户”。另一方面，忧虑之声也不绝于耳。购并新闻公布当日，在香港联交所上市的联想股票先涨后跌。香港《信报》的分析认为，“主要因为券商普遍看淡联想收购 IBM 全球 PC 业务的消息”。国内媒体的报道也很谨慎，《财经》的标题是《联想豪赌》；《财经时报》的标题是《联想大跃进：游走于成功和成仁之间》。

但不管怎样说，联想并购 IBM 必然将成为中国经济发展史上的一件大事。在并购新闻公布一周后的12月15日，联想举办的20周年纪念大会上。柳传志发表了这样一段感人至深的演讲："1985年初，我第一次参加IBM的PC代理商会议，端坐在最后一排，怀着科技人员刚刚下海的心情，紧张而兴奋，这是一个新事业的开始。20年后，2004年底，我代表联想集团，在收购IBM全球PC业务的文件上签字，感受到全中国乃至世界目光的注视，同样让我感到紧张和兴奋。这是联想两代人梦想的实现，同时又是一个新的事业的开始。"的确，还有什么语言比这段表述更能证明中国公司的进步和力量？

"中航油"巨亏，再次敲响国企监管警钟

2004年的圣诞，一场百年不遇的大海啸横扫东南亚，凶悍暴虐。印度尼西亚、马来西亚、印度诸国皆死伤众多，举世震惊。同样地处东南亚前缘的金融中心新加坡，因地理之便得以远离海啸之灾。一连几天，细雨淅沥、水波不惊。

天灾可免，人祸难逃。此前，一场同样举世震惊的金融丑闻刚刚在新加坡爆发，一次关系中、新两地的"跨国大拯救"紧锣密鼓地展开。2004年11月底，中国航油（新加坡）因为衍生产品交易亏损5.54亿美元，因严重资不抵债而申请破产重组。

从2003年开始，由于陈久霖擅自扩大业务范围，中航油（新加坡）公司开始从事石油衍生品期权交易，造成了5.54亿美元的巨额亏损，但直到陈久霖被新加坡警方拘捕时的一年多时间里，亏损局面一直没被发觉。中航油（新加坡）公司还一

直被誉为国有企业走出去棋盘上的“过河尖兵”。2004 年 9 月，《中国企业家》杂志还把中国航油（新加坡）公司总经理陈久霖摆上本期杂志的封面。编辑特意在封面上印上这样一段话：“陈久霖能否靠海外收购把中航油打造成中国第四家石油巨头?”仅仅 4 个月以后，这家杂志不得不做了另一个长篇的封面文章：《谁搞垮了中国航油?》。

国资委一位重要人士认为，“中航油内部不是没制度，但是执行不力；它内部的监事会可以起作用，但作用并不完全”。

实际上，早在 90 年代末，中国航油（新加坡）就已经进入石油期货市场，并在 2002 年的财报中体现了盈利。但是，直到 2003 年 3 月，中国航油（新加坡）的母公司中国航油集团才成为国家批准有资格进入境外期货交易的企业。“事实先于规则”，成为了中国航油（新加坡）在期货交易上的客观写照。

中国证监会的某监管人士向媒体透露了这样一个经过：中国航油（新加坡）在 2001 年上市后并没有向证监会申请海外期货交易执照；后来证监会看到其招股书有期货交易一项，才主动为其补报材料。而这位监管人士对此举的解释是：“担心不要给国有企业造成严重损失，因为如果境外投资者知道他们没有这个资格，有权利起诉他们。”

从这些点滴背后，人们能够大体揣摩到的脉络是：中国航油用新加坡上市公司的身份为掩护同国内监管部门展开博弈，倚仗节节上升的市场业绩换取控股方航油集团的沉默（它或许因为中国航油赚了钱而赞赏这样的做法），从而进入期货和期权业务；而监管方对此不仅没有追究到底，还放任其“先斩后奏”

的行为，直至投机和亏损的真实发生。

事实上，如此这般操作的海外国有企业，极有可能并不止中国航油一家而已。以石油为例，某国内石油界高层就对《中国企业家》爆料称："做石油期权投机的，何止一个中国航油?"20个世纪90年代末开始，国家部委逐步对26家企业开放了境外期货资格，但对投机性期权交易仍然严令禁止。不过事实上，行政禁令从来没有被完全执行。这不仅体现在中国航油（新加坡）与国内政策及监管机构的博弈中，也体现在中国航油公司内部的实际操作中。

2004年3月28日，陈久霖首次得知公司交易员因期权投机出现580万美元的账面亏损。此时，摆在陈久霖面前有三种选择：一是斩仓，把亏损额限制在当前水平，纸面亏损由此转为实际亏损；二是让期权合同自动到期，账面亏损逐步转为实际亏损，但亏损额可能大于也可能小于当前水平；三是展期，如果油价下滑到中国航油期权卖出价格，则不至于亏损并因此赚取权力金，反之，则可能产生更大的亏损。

作为一名国企领导人。陈久霖一路顺风顺水，步步成功，集各种荣誉和关注目光于一身。2350万元人民币的年薪，不仅创造了中国国有企业之最，也高居新加坡上市公司管理者之首，被誉为"中国打工皇帝"。他不愿意失去辛辛苦苦打造的基业。报亏损，可能成为"多米诺骨牌"让他下台；再赌下去，最多也是个下台，干吗不再冒把险？陈久霖的选择，其实可能是一些国企负责人的共同思维。

在交易员和风险管理委员会的建议下，陈久霖选择了展期。

这是自2004年3月28日亏损580万到10月3日亏损8000万的过程中，陈久霖一直坚持的决定。而且当亏损越大，支撑他做出如此选择的理由就越诱人。8000万亏损几乎是上市公司2003年利润总额的2.5倍，而5200万桶的交易量也已经是航油集团每年实际用油的数倍。

2004年12月10日，国资委通过一条新华社电正式就中国航油一事作出措辞严厉的表态："中国航油新加坡公司开展的石油指数期货业务属违规越权炒作行为，该业务严重违反决策执行程序，经营决策严重失误，形成巨额亏损。"

在此后两天国资委的一次会议上，国资委主任李荣融表示，中国航油事件"归根结底都是治理结构的问题，没有制度的权力就会带来腐败。防范风险要抓住两件事情，一是要加强投资管理，二是要完善财务报告系统。中国航油如果认真按照这两点做，发现问题及时制止，即使有损失也不会这么大，一定要吸取教训"。中国航油（新加坡）正是用惨痛的教训把加强监管这个紧迫命题抛到了人们面前。

2006年3月，新加坡初等法院以隐瞒公司巨额亏损且涉入内线交易等罪名，判处陈久霖服刑四年零三个月，同时罚款27.7万美元。历史往往出奇的巧合，10年前的1995年，也是在新加坡，英国巴林银行（Barings）驻新加坡首席交易员尼克·里森（Nick Leeson）在投机性外汇交易中损失12亿美元，导致有223年历史的巴林银行倒闭。陈久霖坐牢时，尼克·里森已经出狱，在爱尔兰的一家小足球俱乐部当财务主管。

2004 · 年度改革大事

1 月 6 日　国务院决定中国银行和中国建设银行实施股份制改革试点，对这两家国有独资商业银行实施股份制改造，核心是要办成真正的商业银行。

1 月 17 日　据《经济日报》报道，国务院国资委将结合国有资产管理体制改革和国有企业改组改制，以促进国有产权的合理流动和保值增值为目标，加快产权交易市场建设，推动国有企业产权进场交易。

1 月 20 日　劳动和社会保障部颁布《最低工资规定》和《集体合同规定》。

《最低工资规定》指出，本规定所称最低工资标准，是指劳动者在法定工作时间或依法签订的劳动合同约定的工作时间内提供了正常劳动的前提下，用人单位依法应支付的最低劳动报酬，自 2004 年 3 月 1 日起实施。

《集体合同规定》指出，本规定所称集体合同，是指用人单位与本单位职工根据法律、法规、规章的规定，就劳动报酬、工作时间、休息休假、劳动安全卫生、职业培训、保险福利等事项，通过集体协商签订的书面协议，自 2004 年 5 月 1 日起实施。

2 月 1 日　由国务院国资委和财政部联合发布的《企业国有产权转让管理暂行办法》开始实施。《办法》规定，企业国有产权转让可以采取转让、招投标、协议转让以及国家法律、行政法规规定的其他方式进行。除国家另有规定外，企业国有产权的转让应当在依法设立的产权交易机构中进行，不受地区、行业、出资或者隶属关系的限制。转让方应当公开披露有关企业国有产权转让信息，广泛征集受让方。

2 月 4 日　温家宝主持召开国务院常务会议，听取国务院国资委工作汇报。会议要求，国务院国资委今年要重点做好几项工作：一是加强对地方组建国有资产监管机构的指导；二是抓紧制定相关的法规规章；三是推进国有企业股份制改革；四是建立健全适应现代企业制度要求的公司法人治理结构；五是完善国有企业经营业绩考核体系；六是稳步推进国有经济布局结构的调整；七是认真做好主辅分离、辅业改制、分流安置富余人员的工作；八是做好企业破产关闭工作，切实维护企业和社会的稳定；九是加强和改进企业党的建设。

2 月 6 日　国务院国资委下发《关于加强企业国有产权交易监管有关工作的通知》，要求各级国有资产监督管理机构要认真贯彻落实党的十六大和十六届二中、三中全会精神，按照《企业国有资产监督管理暂行条例》和《企业国有产权转让管理暂行办法》的有关规定，切实履行好出资人的监管职责，加大对企业国有产权交易的监管力度，统筹安排，精心组织，推动企业国有产权的有序流转。

2 月 24 日　全国国有资产监督管理工作会议在北京召开。黄菊出席会议并讲话。黄菊指出，国务院国资委要加强监管，严格依法履行出资人职责，保证国有资产保值增值，防止国有资产流失，同时充分尊重和维护企业依法享有的各项权益，不得直接干预企业的生产经营活动，不能成为“婆婆加老板”。

2月　由国务院国资委、财政部联合发布的《企业国有产权转让管理暂行办法》自2月1日起施行。此前2003年底，国务院办公厅转发了国务院国有资产监督管理委员会《关于规范国有企业改制工作的意见》。

3月10日　国务院办公厅下发《关于中央企业分离办社会职能试点工作有关问题的通知》提出，对试点企业所属的全日制普通中小学和公安、检察、法院等职能单位，一次性全部分离并按属地原则移交地方管理。企业医院、市政机构、消防机构、社区机构、生活服务单位等分离问题，由企业和地方政府根据实际情况协商决定，鼓励企业办社会机构通过市场化改革进行分离。

3月14日　十届全国人大二次会议高票通过宪法修正案，这是我国现行宪法自1982年颁布以来的第四次修正。其中，宪法修正案第二十二条规定：“公民的合法的私有财产不受侵犯。”这一规定标志着我国公民的私有财产权开始从一般的民事权利上升到宪法权利，受到国家根本大法的认可与保护。

3月31日　据《人民日报》报道：劳动和社会保障部今天宣布，由劳动部制定的《最低工资规定》已于近日开始实施，1993年颁布的《企业最低工资规定》同时废止。

4月6日　据《人民日报》报道：由劳动和社会保障部制定的《集体合同规定》将于5月1日起施行，原劳动部1994年颁布的《集体合同规定》同时废止。

5月3日　据商务部对上半年600种主要商品排队调查，供求基本平衡的商品达 138 种，占排队商品总数的 23%，与去年上半年相比增加了 8.5 个百分点，与去年下半年相比增加了 1.8 个百分点；供过于求的商品 462 种，占排队商品总数的 77%，与 2003 年上半年相比减少了 8.5 个百分点，与 2003 年下半年相比减少了 1.8 个百分点。

5 月 8 日　据《人民日报》报道：一季度全国累计城镇新增就业人员 252 万人，实现全年 900 万目标任务的 28%。

5 月 14 日至 16 日　胡锦涛赴吉林，重点考察实施东北地区老工业基地振兴战略的情况。他强调，振兴东北老工业基地，关键是要大力促进观念创新和体制创新，引导广大干部群众牢固树立靠改革开放、靠市场机制、靠自力更生、靠艰苦创业实现振兴的观念，大力调整国有经济布局和结构，继续深化国有企业改革，放手发展非公有制经济，切实转变政府职能，充分发挥市场在资源配置中的基础性作用，着力形成新的经济增长机制。

6 月 21 日　《中华人民共和国企业破产法（草案）》首次提请十届全国人大常委会第 10 次会议审议。《草案》对破产案件的申请和受理、管理人、债务人财产、债权申报、债权人会议、重整、和解、破产清算以及法律责任等作了规定。

同日，劳动和社会保障部下发《关于做好国有大中型企业主辅分离辅业改制分流安置富余人员有关工作的通知》，要求各级劳动保障部门积极配合有关部门认真做好本地区国有大中型企业主辅分离辅业改制工作，并就国有大中型企业实施主辅分离、辅业改制分流安置富余人员，妥善处理劳动关系，提出具体的政策措施。

7月10日　国务院国资委印发《国务院国资委关于加强和改进中央企业人才工作的意见》，明确了人才选用方式。今后，中央企业管理者将全部实行竞争上岗。

8月25日　国家发展改革委公布了对全国钢铁、电解铝、水泥行业的清理结果：已建和在建项目中，三大行业产能过度膨胀，在建规模偏大，供求失衡问题严重；行业技术装备水平偏低，产业结构、布局不合理问题突出；违法违规占地普遍，环保形同虚设。针对以上问题发展改革委提出了三条处置措施。

同日，国务院国资委下发《关于企业国有产权转让有关问题的通知》，对企业国有产权转让操作过程中的以下问题，予以明确：关于实施主辅分离、辅业改制工作中资产处置与《企业国有产权转让管理暂行办法》有关规定的衔接问题；关于重要子企业的重大国有产权转让事项的确定问题；关于转让企业国有产权涉及上市公司国有股性质变化的有关操作问题；关于企业国有产权转让方案的制订及落实问题；关于企业国有产权转让信息公开披露问题；关于对意向受让方的登记管理问题。

9月5日　温家宝在全国再就业工作表彰大会上强调，要把就业再就业工作放在经济社会发展的突出位置，特别要重视发展能够广纳就业的劳动密集型产业和个体、民营等非公有制经济，让更多的人找到岗位、改善生活。

9月12日　国务院国资委日前公布并已开始施行的《中央企业经济责任审计管理暂行办法》中规定，今后，中央企业负责人离任或任期届满，都应依据国家有关法律法规规定，组织开展经济责任审计工作。同时，中央企业还将建立对主要业务部门负责人的任期或定期经济责任审计制度。《暂行办法》旨在加强对国资委履行出资人职责企业的监督管理，规范企业经济责任审计工作，客观评判企业负责人任期经济责任及经营绩效。

9 月 16 日至 19 日　中共十六届四中全会审议通过了《中共中央关于加强党的执政能力建设的决定》，明确提出了加强党的执政能力建设的指导思想、总体目标和主要任务，是加强党的执政能力建设的重要纲领。要求各级党组织坚持社会主义市场经济的改革方向，始终站在时代前列领导和谋划改革。支持政府依法充分履行职责，推动政府依法行政，加快转变职能，深化行政体制改革，真正实现政企分开、政资分开、政事分开，主要运用经济和法律手段管理经济活动，集中精力抓好经济调节、市场监管、社会管理和公共服务。

10 月 19 日　国务院国资委主任李荣融表示，今后国有企业主要经营管理者的选聘工作将逐步实施公开招聘的形式，让国有企业参与到人才的国际竞争中。

11 月 30 日　李荣融公布了第一批 49 家中央企业的主业。这些企业基本上都属于关系国家安全和国民经济命脉的重要行业和关键领域的企业。主业公布后，企业的非主业投资将受到控制。

12 月 3 日至 5 日　中央经济工作会议在北京举行。胡锦涛在讲话中全面分析了当前国际国内形势，明确提出了明年经济工作的指导思想和总体要求及必须把握的原则。会议着重强调了明年经济工作的六项主要任务，其中把着力推进经济体制改革、建立健全全面协调可持续发展的制度保障作为明年经济工作的主要任务之一。

12 月 13 日至 15 日　中央企业负责人会议在北京召开。黄菊发表讲话强调，中央企业要认真贯彻落实中央经济工作会议精神，坚持社会主义市场经济的改革方向，抓住当前有利时机，加快国有企业改革步伐，进一步做大做强国有企业，为国民经济持续快速协调健康发展和社会全面进步作出更大贡献。

12 月 24 日　100 名非公经济人士在北京接受中共中央统战部等五部委的联合表彰，并被授予“优秀中国特色社会主义事业建设者”称号。这是我国首次对为改革开放和社会主义现代化建设作出贡献的非公有制经济人士授予的最高荣誉。

12 月 25 日　据《人民日报》报道，截至目前，已有 36 个国家承认我国完全市场经济地位。

12 月 31 日　据《人民日报》报道，中央加强和改善宏观调控的决策取得重要阶段性成果，国民经济继续健康持续稳定发展。我国外贸进出口总额首次突破 1 万亿美元，进入世界贸易前三强；国内市场总量超过 15 万亿元，创历史最高水平；全年财政收入将达到 2. 6 万亿元。

本年度主要参考资料：

1. 中国经济年鉴编委会. 中国经济年鉴（2004）[M]. 北京：中国经济年鉴社，2004. 9.

2. 食人庆. 顺时应势，实行稳健财政政策[N]. 人民日报，2005 - 02 - 22.

3. 中国人民银行决定：今日起上调存贷款基准利率[N]. 人民日报，2004 - 10 - 28.

4. 孙群燕、李杰、张安民. 寡头竞争情形下的国企改革——论国有股份比重的最优选择[J]. 经济研究，2004（01）.

5. 林毅夫、李志赟. 政策性负担、道德风险与预算软约束[J]. 经济研究，2004（02）.

6. 陈宏辉、贾生华. 企业利益相关者三维分类的实证分析[J]. 经济研究，2004（04）.

7. 张杰. 注资与国有银行改革：一个金融政治经济学的视角[J]. 经济研究，2004（06）.

8. 朱恒鹏. 地区间竞争、财政自给率和公有制企业民营化[J]. 经济研究，2004（10）.

9. 陆磊、李世宏. 中央—地方—国有银行—公众博弈：国有独资商业银行改革的基本逻辑[J]. 经济研究，2004（10）.

10. 冯根福. 双重委托代理理论：上市公司治理的另一种分析框架——兼论进一步完善中国上市公司治理的新思路[J]. 经济研究，2004（12）.

11. 邓聿文. 非常交锋——国企产权改革大讨论实录[M]. 北京：海洋出版社，2005. 1.

12. 牛文文、程苓峰、房毅. 谁搞垮了中国航油[J]. 中国企业家，2005（01）.

13. 中国经济体制改革研究会编写组. 中国改革开放大事记（1978—2008）[M]. 北京：中国财政经济出版社，2008. 12.

2005 年

2005 · 年度经济背景

国民经济运行态势良好，宏观调控能力明显增强

2005 年，我国国民经济和社会发展取得明显成效。经济保持平稳较快增长，重要领域和关键环节的改革有所突破，就业和社会保障工作进一步加强，城乡居民生活不断改善，对外开放继续扩大，各项社会事业得到加强，实现了年初确定的国民经济和社会发展的预期目标，较好地完成了“十五”时期的主要任务，为“十一五”时期经济社会发展奠定了良好基础。

全年国内生产总值 182321 亿元，比上年增长 9.9%。其中，第一产业增加值 22718 亿元，增长 5.2%；第二产业增加值 86208 亿元，增长 11.4%；第三产业增加值 73395 亿元，增长 9.6%。

全国居民消费价格总水平比上年上涨 1.8%，其中服务价格上涨 3.3%。商品零售价格上涨 0.8%。工业品出厂价格上涨 4.9%。原材料、燃料、动力购进价格上涨 8.3%。固定资产投资价格上涨 1.6%。农产品生产价格上涨 1.4%。70 个大中城市

房屋销售价格上涨 7.6%。

年末全国就业人员 75825 万人，比上年末增加 625 万人。其中城镇就业人员 27331 万人，新增加 970 万人，净增加 855 万人。年末城镇登记失业率为 4.2%，与上年末持平。

年末国家外汇储备达到 8189 亿美元，比上年末增加 2089 亿美元。年末人民币对美元汇率为 8.0702，比上年末升值 2.56%。

全年各项税收收入 30866 亿元（不包括关税和农业税），比上年增加 5148 亿元，增长 20.0%。全国规模以上工业企业实现利润 14362 亿元，比上年增长 22.6%；销售利润率为 5.9%，比上年降低 0.1 个百分点。

全年粮食产量 48401 万吨，比上年增加 1454 万吨，增产 3.1%；棉花产量 570 万吨，减产 9.8%；油料产量 3078 万吨，增产 0.4%；糖料产量 9551 万吨，减产 0.2%。蔬菜、水果在品种优化的基础上平稳发展。全年肉类总产量 7700 万吨，比上年增长 6.3%，其中，牛、羊肉分别增长 5.6% 和 9.3%。全年水产品产量 5100 万吨，增长 4.0%。

全年全部工业增加值 76190 亿元，比上年增长 11.4%。规模以上工业增加值 66425 亿元，增长 16.4%；产品销售率 98.1%，与上年持平。全年一次能源生产总量 20.6 亿吨标准煤，比上年增长 9.5%；发电量 24747 亿千瓦小时，增长 12.3%；原煤 21.9 亿吨，增长 9.9%；原油 1.81 亿吨，增长 2.8%。在全部规模以上工业企业中，国有及国有控股企业实现利润 6447 亿元，比上年增长 17.4%；集体企业实现利润 551 亿元，增长 32.0%；股份制企业实现利润 7420 亿元，增长 28.7%；外商及港澳台投资企业实现利润3967亿元，增长6.9%；私营企业实现利润1975亿元，增长47.3%。

全年全社会建筑业实现增加值10018亿元，比上年增长11.9%。全国具有资质等级的总承包和专业承包建筑业企业实现利润818亿元，增长13.8%；上缴税金1099亿元，增长17.4%。

全年全社会固定资产投资88604亿元，比上年增长25.7%。其中，城镇投资75096亿元，增长27.2%；农村投资13508亿元，增长18.0%。在城镇投资中，国有及国有控股投资40047亿元，比上年增长17.5%。第一产业投资823亿元，增长27.5%；第二产业投资31598亿元，增长38.4%；第三产业投资42675亿元，增长20%。房地产开发投资15759亿元，比上年增长19.8%。商品房竣工面积48793万平方米，增长14.9%。

全年社会消费品零售总额达到67177亿元，比上年增长12.9%，扣除价格上涨因素，实际增长12%。分城乡看，城市消费品零售额45095亿元，增长13.6%；县及县以下消费品零售额22082亿元，增长11.5%。分行业看，批发零售业零售额56589亿元，增长12.6%；餐饮业零售额8887亿元，增长17.7%；其他行业零售额1701亿元，增长0.4%。

全年进出口总额14221亿美元，比上年增长23.2%。其中，出口7620亿美元，增长28.4%；进口6601亿美元，增长17.6%。出口大于进口1019亿美元。在全国进出口总额中，外商投资企业的进出口额为8317亿美元，比上年增长25.4%。其中，出口额4442亿美元，增长31.2%；进口额3875亿美元，增长 19.4%。

全年批准外商直接投资项目 44001 个，比上年增长 0.8%；实际使用金额 603 亿美元，下降 0.5%。在实际使用外商直接投资金额中，制造业和房地产业所占比重分别为 70.4% 和 9%，分别比上年下降 0.6 和 0.8 个百分点；租赁和商务服务业、交通运输仓储和邮政业所占比重分别为 6.2% 和 3%，分别上升 1.6 和 0.9 个百分点。全年对外直接投资额（非金融部分）69 亿美元，比上年增长 25.8%。全年对外承包工程完成营业额 218 亿美元，比上年增长 24.6%；对外劳务合作完成营业额 48 亿美元，增长 27.5%。

全年交通运输、仓储及邮电通信业增加值 13805 亿元，比上年增长 12.4%。全年港口完成货物吞吐量 49 亿吨，比上年增长 17.7%，其中外贸货物吞吐量 13.6 亿吨，增长 18.0%。年末全国民用汽车保有量达到 4329 万辆（包括三轮汽车和低速货车 1149 万辆），比上年末增长 20.6%。年末私人汽车保有量 2365 万辆，增长 22%。

全年完成邮电业务总量 12199 亿元，比上年增长 24.6%。其中，邮政业务总量 624 亿元，增长 10.1%；电信业务总量 11575 亿元，增长 25.4%。全年新增局用交换机 4608 万门，总容量达到 4.7 亿门。新增固定电话用户 3868 万户，年末达到 35043 万户。其中，城市电话用户 23977 万户，农村电话用户 11066 万户。新增移动电话用户 5860 万户，年末达到 39343 万户。年末全国固定及移动电话用户总数达到 74386 万户，比上年末增加 9728 万户。电话普及率达到 57 部/百人。

年末广义货币供应量 M_2 余额为 29.9 万亿元，比上年末增长 17.6%；狭义货币供应量 M_1 余额为 10.7 万亿元，增长 11.8%；流通中现金 M_0 余额为 2.4 万亿元，增长 11.9%。年末全部金融机构本外币各项存款余额 30 万亿元，增长 18.2%；全部金融机构本外币各项贷款余额 20.7 万亿元，增长 12.8%。

年末全国参加城镇基本养老保险人数为 17444 万人，比上年末增加 1091 万人。其中参保职工 13082 万人，参保的离退休人员 4362 万人。全国参加城镇基本医疗保险的人数为 13709 万人，增加 1305 万人。全国参加失业保险的人数为 10648 万人，增加 64 万人。全国参加工伤保险的人数为 8390 万人，增加 1545 万人。年末全国企业参加基本养老保险离退休人员 4002 万人，实现了基本养老金全部按时足额发放；全年进入再就业服务中心的下岗职工全部按时足额领到了基本生活费，并由中心代缴了社会保险费；年末全国领取失业保险金人数为 362 万人。全年共有 2233 万城镇居民得到政府最低生活保障，比上年增加 27.8 万人。

全年生产安全事故死亡 12.7 万人，比上年下降 7.1%。亿元 GDP 生产安全事故死亡人数为 0.70 人，下降 18.5%；工矿商贸企业从业人员生产安全事故 10 万人死亡人数为 3.85 人，下降 6.8%；煤矿百万吨死亡人数为 2.81 人，下降 8.7%。全年共发生道路交通事故 450254 起，造成 9.9 万人死亡、47 万人受伤，直接财产损失 18.8 亿元；道路交通万车死亡人数为 7.60 人，下降 23.7%。

2005 年的国民经济和社会发展之所以取得明显成效，主要是各地认真贯彻落实了中共中央、国务院关于实施稳健的财政政策、稳健的货币政策和其他宏观调控政策的决策部署，使各项经济运行指标波幅明显减小，重大比例关系继续改善，经济呈现平稳较快增长势头。

2005 年财政政策的总体要求是：控制赤字，调整结构，推进改革，增收节支。按照这一要求，一是适当减少了财政赤字和长期建设国债发行规模。全年中央财政赤字安排 3000 亿元，比上年实际减少 192 亿元，财政赤字占 GDP 的比重下降到 1.7% 左右（2004 年实际为 2.0%）。同时，适当减少长期建设国债的发行规模，由 2004 年的 1100 亿元，调减为 800 亿元，同时增加预算内基本建设投资 100 亿元。二是加大支持“三农”政策力度。全年中央财政安排用于“三农”支出预计达 3000 亿元左右。牧业税和除烟叶外的农业特产税已全部免征，28 个省份已免征农业税，其余 3 个省也有 210 个县（市）免征农业税，中央财政为此安排转移支付资金达 664 亿元，其中新增 140 亿元。同时，积极推进农村综合改革试点工作。全国 30 个省份安排粮食直补资金 132 亿元，比上年增加 16 亿元，继续执行对部分化肥产品的财税优惠政策，积极支持推进粮食流通体制改革，大力促进农业综合开发。三是积极完善税收政策。进一步完善了出口退税负担机制，对超基数部分，中央、地方负担比例改为 92.5 : 7.5；适时调整了部分产品的出口关税政策。改革住房转让环节营业税政策，促进房地产市场健康发展。完善资本市场的营业税、证券交易印花税、资本收益的企业所得税等政策。将个人所得税工薪所得减除费用标准由每月 800 元提高至 1600

元。调整了一次性奖金的计税政策，明确了股票期权的个人所得税征免政策，出台股息红利减半征收的政策。对下岗失业人员个人从事个体经营的，给予3年免征营业税及其附加和个人所得税的优惠。对个人出租的居民住房，继续给予减半征收个人所得税的优惠。减轻个人买卖二手房环节的税收负担。规定2005年6月1日后，个人将购买不足2年的住房对外销售的，全额征收营业税；个人将购买超过2年的普通住房对外销售，免征营业税；个人将购买超过2年的非普通住房对外销售，按其售房收入减去购买房屋价款后的差额征收营业税。四是实行缓解县乡财政困难的“三奖一补”政策。全年中央财政安排资金150亿元，实施“三奖一补”政策，以缓解县乡财政困难，提高基层施政能力。五是积极支持社会重点事业发展。全年中央财政安排社会保障投入1674亿元，重点用于推动社会保障体系建设；安排教育支出381亿元；中央和地方各级财政安排专项资金70亿元，积极组织实施“两免一补”政策；中央财政安排资金42亿元，重点用于建立和完善公共卫生体系，支持新型农村合作医疗制度改革试点和城乡医疗救助制度建设。六是进一步做好财政增收节支工作，实现了全年财政收支协调增长。

按照继续执行稳健的货币政策的总体要求，金融部门不断改进调控方式，完善调控机制，加强货币信贷总量控制，着力优化信贷结构，同时稳步推进利率市场化进程和汇率形成机制改革，支持金融企业改革，加快金融市场建设，改进外汇管理，完善货币政策传导机制，促进了经济平稳较快增长。一是根据经济金融形势变化，灵活开展公开市场操作，适时适度调节银行体系流动性，引导货币市场利率平稳运行。在外汇占款持续大量增加的情况下，继续通过发行央行票据予以对冲，并综合考虑银行贷款、财政库款、现金、债券发行与兑付等影响流动性的因素，合理安排央行票据的发行方式、期限结构和发行规模。二是发挥利率杠杆的调控作用，推进利率市场化进程。将金融机构超额准备金存款利率由 1.62% 下调为 0.99%，同时放开金融机构同业存款利率。适度调整商业银行自营性个人住房贷款政策，小幅调整境内美元、港币小额存款利率，并修改和完善人民币存、贷款计结息规则。三是稳步推进人民币汇率形成机制改革，积极培育和发展外汇市场。自 2005 年 7 月 21 日起，实施了人民币汇率形成机制改革，开始实行以市场供求为基础、参考一揽子货币进行调节、有管理的浮动汇率制度。与 7 月 21 日改革前相比，截至 11 月 30 日，人民币对美元累计升值 2.43%，对欧元累计升值 4.92%，对日元累计升值 8.07%，人民币汇率向合理均衡水平不断趋近，体现了以市场供求为基础和参考一揽子货币进行调节的规律。汇率的杠杆作用初步显现，前期过快的外汇流入趋于平稳。汇率机制改革促进外贸结构调整和产业升级的效应也开始初步显现。

针对年初商品住房价格上涨过快，供应结构不合理，市场秩序比较混乱等突出问题，2005 年 3 月 17 日，调整了商业银行自营性个人住房贷款政策：一是将住房贷款有关利率回归到同期贷款利率水平，实行下限管理，下限利率水平为相应期限档次贷款基准利率的 0.9 倍，商业银行法人可根据具体情况自主确定利率水平和内部定价规则；二是对房地产价格上涨过快的城市或地区，个人住房贷款最低首付款比例可由现行的20%提高到30%。同时，人民银行出台了一系列的相关举措，支持金融机构住房抵押贷款证券化，以推进住房信贷业务发展。与此同时，银行系统加大工作力度，加快落实国家助学贷款新政策，保证国家助学贷款足额及时发放到位。截至2005年11月末，金融机构个人消费贷款余额21699亿元，比上年同期增长11.4%，比年初新增1747亿元。1月至11月，住房贷款新增2255亿元，占新增消费贷款总额的125.4%；助学贷款新增32亿元，比上年同期多增21亿元。

各地区、各部门继续贯彻落实中央关于加强和改善宏观调控的政策措施，严把土地、信贷两个闸门，加强产业政策和行业规划指导，严格市场准入标准，使固定资产投资过快增长势头继续得到抑制。2003年钢铁、水泥、铝冶炼行业的投资增幅分别高达92.6%、97.3%和96.6%，2005年1月至10月分别回落到22%、-7.1%和10%。已淘汰落后水泥生产能力5000多万吨；取缔和关闭土焦、改良焦能力2500多万吨，淘汰小机焦1000多万吨；基本淘汰了电解铝自焙槽工艺；淘汰了一批落后的钢铁、煤炭生产能力；清理了一批违反土地、环保、规划和产业政策的电站项目。1月至11月，房地产开发投资增长22.2%，增幅比上年同期下降7个百分点。18个省（自治区、直辖市）房地产开发投资增幅比上年同期回落，其中5个省份回落幅度超过20个百分点。商品住房价格过快上涨的势头得到初步遏制，11月全国70个城市房屋销售价格比上年同期上涨6.8%，部分热点地区商品住房价格有所回落。投资结构进一步调整优化，能源、交通、社会事业等薄弱环节建设得到加强。1月至11月，煤炭开采及洗选业投资增长75.5%，增幅比上年同期提高12.7个百分点；石油及天然气开采业投资增长27.3%，提高10.4个百分点；交通运输、仓储和邮政业投资增长26.1%（其中铁路运输业投资增长38.3%）；电力、热力的生产与供应业投资增长33.2%；卫生投资增长40.3%。

2005年，我国经济继续平稳前行，为新世纪第一个五年经济社会发展画上了圆满的句号，也为“十一五”奠定了良好的基础。然而，经济结构不合理、增长方式粗放等问题仍比较突出。在经济平稳运行的背后，也存在着影响经济社会稳定协调发展的不确定因素。钢铁、电解铝等行业出现产能过剩问题，电力、煤炭等行业新的盲目投资仍在继续；影响经济健康发展的体制性、机制性障碍依然存在；农村消费需求不足难以进一步拉动经济增长等，都需要在科学发展观的统领下，在“十一五”期间认真破解。

2005年10月，中共十六届五中全会在北京举行，审议通过了《中共中央关于制定国民经济和社会发展第十一个五年规划的建议》（以下简称《建议》）。《建议》对国有企业改革既往的成功实践给予了积极肯定，并对各个环节的配套改革工作提出了进一步要求。由《建议》的有关精神可以推断，我国国有企业改革已大体步入了一个稳定推进期。

2005 · 基本改革思路

上市公司股权分置改革

股权分置也称为股权分裂，是一个具有中国特色的企业所有权制度，也是我国股票市场的一种特殊现象。由于特殊的历史原因，我国 A 股市场上市公司发行的股票，同一上市公司内部有“两种不同性质的股票”（流通股和非流通股），并且非流通股占到股票总额的三分之二左右。由于同股不同权、同股不同价，造成流通股股东与非流通股东利益追求目标的差异，严重影响着股市的发展，被普遍认为是困扰我国股市发展的头号难题。解决股权分置问题正式提上日程。

一、股权分置的由来和发展

股权分置的由来和发展可以分为以下三个阶段：

第一阶段：股权分置问题的形成

股权分置是由诸多历史原因造成的，20 世纪 80 年代末期至 90 年代初期，为了探索国有企业制度转型，股份制改造成为众多企业选择改制的方法，中共十四届三中全会提出建立现代企业制度的改革目标以后，国有企业股份制改造的步伐更大大加快，急需对各地开展的股份制试点进行规范。1992 年 5 月 15 日，国家体改委、国家计委、财政部、中国人民银行、国务院生产办印发《股份制企业试点办法》（以下简称《办法》），这是中华人民共和国建立以来第一个关于股份制试点的全国性文件。《办法》规定了企业股权设置分为国家股、法人股、个人股、外资股四种形式*，并对试点的目的、原则、企业的组织形式、组建和审批等做了规定。

国有企业股份制改造，为了实现在证券市场筹集资金的同时又不失去国有经济的控股权，同时也担心中国刚刚建立的股票市场无法承担全流通的市场压力。将上市公司的股票区分为流通股和非流通股两种类型。即在同一个上市公司内部，一部分股份可以上市流通；另一部分股份暂时不上市流通。前者称为流通股，主要成分是社会公众股；后者为非流通股。非流通股包括由国企股份制改造产生的国家股和国有法人股，其他公开发行前的内资及外资法人股、发起自然人股等非国有股；同时，通过配股送股等产生的股份，也根据其原始股份是否可流通划分为非流通股和流通股。非流通股票除了流通权与流通股不一样外，其他权利和义务都是完全一样的。但非流通股也可以通过拍卖或协议转让的方式来进行流通，只是一定要获得证监会的批准，交易才能算生效。

流通股与非流通股的区分，形成了中国特色股份公司的股权分置现象。上市公司，包括在内地及香港上市的中国国有企业，只允许其少部分股份（通常不到三分之一）在市场上公开发行及交易，其余的国家股、法人股股份则暂时不允许进入市场流通，并只能由一个或几个法人持有。虽然 1994 年 7 月 1 日生效的《公司法》对股份公司就已不再设置国家股、集体股和个人股，而是按照股东权益的不同设置普通股、优先股等。但是，按所有制性质设置股份这一制度在其后的新股发行与上市

* 《试点办法》第四条“股份制企业的股权设置”规定：根据投资主体的不同，股权设置有四种形式：国家股、法人股、个人股、外资股。国家股为有权代表国家投资的部门或机构以国有资产向公司投资形成的股份（含现有资产折成的国有股份）。法人股为企业法人以其依法可支配的资产向公司投资形成的股份，或具有法人资格的事业单位和社会团体以国家允许用于经营的资产向公司投资形成的股份。个人股为以个人合法财产向公司投资形成的股份。经批准，由外国和我国香港、澳门、台湾地区投资者向公司投资形成的股份，称为外资股。根据资产的性质，国有资产投资形成的股份和集体所有投资形成的股份可统称为公有资产股。其余的股份为非公有资产股。

实践中被继续沿用并固定下来，形成了我国股市流通股和非流通股并存的独特格局。

这一制度的实行，大大降低了国有企业在内地及香港市场上市所遇到的思维观念及利益分配方面的阻力，具有相当的历史价值。没有这样一个具有中国特色的制度创新，中国证券市场的起步可能会晚很多年。

第二阶段：解决股权分置问题的尝试

1998 年下半年到 1999 年上半年，为了解决推进国有企业改革和发展的资金需求，以及完善社会保障机制，通过解决国企改革和发展资金需求的尝试，开始国有股减持、国有股权变现的探索性尝试，触动了股权分置问题。但由于实施方案与市场预期存在差距，试点很快被停止。2001 年 6 月 12 日，国务院颁布《减持国有股筹集社会保障资金管理暂行办法》也是该思路的延续，同样由于市场效果不理想，于当年 10 月 22 日宣布暂停。

第三阶段：积极稳妥解决股权分置问题

股权分置制度在我国证券市场起步阶段确实发挥过一定的积极作用，但随着证券市场的发展，这一制度也导致了一系列的后遗症，包括市场供需失衡问题、股东利益冲突问题及企业控制权僵化问题等。截至 2004 年底，上市公司 7149 亿股的总股本中，非流通股份达 4543 亿股，占上市公司总股本的 64%，而非流通股份中又有 74% 是国有股份。大量上市公司的股份不能流通，对资本市场的影响越来越大，作为推进资本市场改革开放和稳定发展的一项制度性变革，解决股权分置问题正式提上日程。

2004年1月31日，国务院发布《关于推进资本市场改革开放和稳定发展的若干意见》（以下简称《若干意见》），明确提出“积极稳妥解决股权分置问题”。

二、股权分置改革

股权分置扭曲资本市场定价机制，制约资源配置功能的有效发挥；公司股价难以对大股东、管理层形成市场化的激励和约束，公司治理缺乏共同的利益基础；资本流动存在非流通股协议转让和流通股竞价交易两种价格，资本运营缺乏市场化操作基础。

股权分置阻碍了资本市场改革开放和稳定发展的要求，必须通过股权分置改革，消除非流通股和流通股的流通制度差异。

股权分置改革是按照公司法、证券法和“国九条”的要求，规范上市公司的股权结构，统一股权、统一价格、统一市场、统一利益。启动股权分置改革试点是中国证券市场具有里程碑意义的重大事件。随着改革的深化，中国证券市场将由行政主导转向市场主导，市场价格的公信力将大大提高。

为保证股权分置改革工作顺利推进，国务院国资委颁布了《国务院国资委关于国有控股上市公司股权分置改革的指导意见》（以下简称《意见》）。

《意见》强调，国有控股上市公司的股权分置改革要着眼于上市公司长远发展，切实保护各类投资者特别是公众投资者的合法权益；国有控股上市公司及其国有股股东要不断提高上市公司的竞争力，做强做大，努力增加对投资者的回报，构建国有股股东和其他投资者的共同利益基础。

《意见》指出，国有控股上市公司的控股股东要根据调整国有经济布局和结构、促进资本市场稳定发展的原则，确定股权分置改革后在上市公司中的最低持股比例，并与上市公司股权分置改革方案一并披露。《意见》之所以提出这个原则要求，目的是给市场一个明确的信息：在关系国家安全、国民经济命脉的重要行业和关键领域，以及国民经济基础性和支柱性行业中，国有资本在一定时期内还要保持较高的控股比例，以保证国有资本的控制力；对属于控股股东主业范围，或对控股股东发展具有重要影响的国有控股上市公司，也要在一定时期内保证国有股东的控股地位。因此，国有股股东所持有的股份虽然获得了流通权，但并不意味着这些股份都会马上上市出售，其中为保证控股地位所必需的股份应继续持有。

2005 年 4 月 29 日，经国务院批准，证监会发布《关于上市公司股权分置改革试点有关问题的通知》，正式启动了股权分置改革试点工作。为了在非流通股解冻过程保护流通股股东的利益，证监会对非流通股的上市交易作了期限和比例的限制。中国证监会发布的《上市公司股权分置改革管理办法》第二十七条规定，改革后公司原非流通股股份的出售，应当遵守下列规定：（一）自改革方案实施之日起，在 12 个月内不得上市交易或者转让；（二）持有上市公司股份总数 5% 以上的原非流通股股东，在前项规定期满后，通过证券交易所挂牌交易出售原非流通股股份，出售数量占该公司股份总数的比例在 12 个月内不得超过 5%，在 24 个月内不得超过 10%。其中（二）就是针对非流通股股份股改后的“限售”规定。与限售相对应，取得流通权后的非流通股，由于受到流通期限和流通比例的限制，被称为限售股。

2005 · 年度改革实践

股权分置改革试点

2005 年 4 月 29 日，经国务院批准，证监会发布了《关于上市公司股权分置改革试点有关问题的通知》，正式启动了股权分置改革试点工作。

2005 年 5 月 9 日，清华同方、三一重工、紫江企业、金牛能源 4 家 A 股市场上市公司率先进行股权分置改革试点。

从规模来看，四家上市公司都不属于中央级的大型国有企业，而属于地方国企和民营企业。紫江企业、三一重工均为民营企业，其中紫江企业还是中外合资公司。清华同方和金牛能源则是地方性国有企业。

从股权结构来看，四家公司的股权结构都相对简单，控股股东能够具有绝对的发言权。其中，三家公司前十大股东中，第一大股东的持股比例在 50% 以上，而其余九大股东的持股比例均在 1% 左右。如清华同方控股股东清华控股有限公司持股 50.40%、三一重工控股股东三一集团有限公司持股 72.42%、金牛能源控股股东邢台矿业（集团）有限责任公司持股 74.51%。相比之下，紫江企业控股股东上海紫江（集团）有限公司的持股比例相对较低，持股36.83%。而在股份类别上，四家公司均为纯A股公司，不包含B股或H股。

股权分置改革是一项完善市场基础制度和运行机制的改革，其意义不仅在于解决历史问题，更在于为资本市场其他各项改革和制度创新创造条件。证监会要求，要将股权分置改革、维护市场稳定、促进资本市场功能发挥和积极稳妥推进资本市场对外开放统筹考虑。改革要积极稳妥、循序渐进，成熟一家，推出一家，实现相关各方利益关系的合理调整，同时要以改革为契机，调动多种积极因素，维护市场稳定，提高上市公司质量，规范证券公司经营，配套推进各项基础性制度建设、完善市场体系和促进证券产品创新，形成资本市场良性循环、健康发展的新局面。

6月20日，中国证监会又推出上港集箱、宝钢股份、中信证券等42家第二批股权分置改革试点公司。从两批试点情况看，46家试点公司中有44家选择了送股方案或以送股为主的组合方案，只有吉林敖东、深圳农产品采用了另外的方案。国资委表示，选择何种方式进行股权分置改革是非流通股股东与A股市场流通股股东协商后，根据自身实际情况由其自主决定的。凡是有利于维护投资者特别是公众投资者的合法权益、有利于实现即期利益和长远利益相结合、有利于促进上市公司和证券市场长远发展的改革方式，国资委都予以鼓励。

据统计，截止到2006年10月，在中央企业控股的187家上市公司中，已有152家完成或启动了股权分置改革，股权多元化进程正在提速。对此，国资委副主任邵宁曾表示，由于中央企业在国民经济中所处的特殊地位，实现股权多元化的主要途径是重组上市。国资管理部门将进一步发挥中央企业控股上市公司在资本市场并购重组中的作用，继续加大国有企业重组上市力度，完善国有企业法人治理结构，规范国有控股股东行为。

2006 年 11 月 29 日，沈阳市国资委在上海召开了转让沈阳机床集团 49% 股权推介会，并以在上海联合产权交易所挂牌出售的方式，向境内外符合要求的投资者转让标的部分股权。沈阳机床集团是中国最大的机床制造企业，在全球机床行业中排名第五。集团旗下拥有 5 个全资子公司以及 7 个投资控股子公司。其中的沈阳机床、交大昆机两家控股子公司已经成功上市。业内人士指出，这次沈阳机床集团转让部分股权，在东北老工业基地大型国有企业产权制度改革史上开了先河。抚顺新抚钢有限责任公司曾是一家有着近 50 年历史的老国企，各项经济指标在国内同行业中居偏下水平。2005 年 10 月，两家民营企业北京建龙集团和七台河宝泰隆煤化工公司取得抚顺新抚钢有限责任公司 70% 的股权。新抚钢活力日显、生机重现。2006 年 1 月至 9 月，公司实现销售收入近 44 亿元，同比增长 36%，实现利润近 3 亿元，同比增长 31 倍多。

国有经济战略性调整取得明显成效

国有经济战略性调整的总体思路基本形成，9 组 18 家中央企业实现重组，国务院国资委直接监管的中央企业已由最初的 196 家减至 169 家。大型国有企业股份制改革步伐加快，神华能源等6家企业在境内外上市，其中神华集团、中远集团实现主营业务整体在香港上市。目前，全国50%以上的国有及国有控股大型骨干企业已改制为多元持股的公司制企业。宝钢集团等11家国有独资公司建立健全董事会的试点进展顺利。第2批74家中央企业开始分离办社会职能，1600多个机构和近14万职工实现分离。启动东北地区部分城市和地区厂办大集体改革试点。国务院通过《全国国有企业关闭破产四年总体规划》，部署国有企业政策性关闭破产工作。国有资产监管法规体系不断健全，出台《企业国有产权向管理层转让暂行规定》等规章。国有企业负责人经营业绩考核制度全面推行。83%以上的市（地）组建了国有资产监管机构。此外，修订发布《公司法》，进一步完善公司法人制度。坚持了中共十五大、十六大以及十六届三中全会确定的“有进有退、有所为有所不为”和大力发展股份制、使股份制成为公有制的主要实现形式的改革方向。

着眼于振兴老工业基地，东北地区普遍加快了国有大中型企业的改革步伐。黑龙江省政府按照推进国企改革决心不改、目标不变、力度不减的要求，2005年列入改制范围的106户国有大中型企业产权制度改革全面启动，15户已完成改制任务，32户取得实质性进展。吉林省政府要求集中力量打一场国企改革攻坚战，列入改革范围的816户国有工业企业已有696户基本完成改制，已改制企业的国有股比重降至23%，对省直44户国有企业实行了国有资本经营预算制度。辽宁省政府决定除对全省地方煤炭等大型重点骨干国有企业实行国有绝对控股外，其他地方国有大型企业灵活实行国有相对控股、参股等改革形式，目前全省已有 562 户国有企业完成了改制，占应改制企业的 21.9%，两个大型钢铁企业鞍钢与本钢实现联合。

就业、收入分配和社会保障体制改革继续深化

在就业方面：国务院发布《关于进一步加强就业再就业工作的通知》，各地区各有关部门进一步完善体制、落实政策，千方百计扩大就业，促进下岗失业人员再就业。

在收入分配方面：各地调整了最低工资标准；有关部门加大了规范收入分配秩序的力度。

在社会保障方面：吉林、黑龙江两省完善城镇社会保障体系试点进展顺利；在总结东北三省试点经验的基础上，国务院发布《关于完善企业职工基本养老保险制度的决定》，部署进一步扩大基本养老保险覆盖范围等工作；城镇社会保险覆盖面继续扩大，年末全国养老、医疗、失业、工伤和生育保险参保人数分别达 1.74 亿、1.37 亿、1.06 亿、0.83 亿和 0.51 亿人；国有企业下岗职工基本生活保障制度向失业保险制度并轨工作稳步推进；已有 17 个省份出台关于加快建立健全城乡特困群众社会救助体系的政策，纳入各类社会救助对象总数超过 1 亿人次；城市居民最低生活保障标准继续提高，保障范围进一步规范。

中央企业考评体系逐步完善

2005 年，国资委在继续实施“年度经营业绩考核”的同时，正式启动“任期经营业绩考核”。国资委推行的年度考核与

任期考核相结合、结果考核与过程评价相统一、考核结果与奖惩相挂钩的考核制度初步建立。目前设计的年度考核的基本指标包括年度利润总额和净资产收益率，任期考核的基本指标包括国有资产保值增值率和3年主营业务收入平均增长率。显见，即将施行的任期考核是综合考虑反映企业可持续发展能力及核心竞争力等因素确定的，考查了包括从可持续发展角度而进行的前瞻性投资、组织能力建设、管理调整方面的目标，从制度上防止企业短期行为。

实践证明，经营业绩考核制度的建立，大大增强了中央企业负责人经营的责任和压力。在2004年快速增长的基础上，2005年中央企业继续保持销售收入和实现利润大幅提高、资产质量进一步改善的良好局面。2005年1月至11月，中央企业实现销售收入59917.8亿元，同比增长21.8%；实现利润5649.9亿元，同比增长24.7%。预计全年实现销售收入6.6万亿元，实现利润6000亿元。

主辅分离迈出坚实步伐

经过两年多的实践，各地和各企业对主辅分离的认识不断提高，改革思路不断拓宽，从做强壮大主业出发，对没有竞争优势的业务板块和资产加大了分离的力度。特别是国资委公布中央企业主业，进一步明确了中央企业主辅分离的方向，为企业从战略角度分离辅业提供了依据。

从全国情况看，通过主辅分离、辅业改制，企业已经分流安置富余人员135万人，其中改制企业安置富余人员93.7万人。

国资委监管企业中共有 76 家上报了总体方案及实施方案，已批复的实施方案共涉及改制单位 3515 个，涉及三类资产总额 959.3 亿元，净资产 408.9 亿元，分流安置富余人员 53.7 万人；各地方所属国有企业实施主辅分离的国有大中型企业有 987 个，分流安置富余人员 81.4 万人。

主辅分离、辅业改制在国企改革中发挥了显著作用。首先，主辅分离、辅业改制成为分流安置企业富余人员的主要渠道，为深化国企改革与维护企业和社会稳定找到了一个现实结合点。据初步测算，两年多来，国有大中型企业通过主辅分离，分流安置富余人员及新增就业岗位，降低失业率大约 0.7 个百分点。主辅分离、辅业改制用较少的改革成本解决了企业大量富余人员问题。其次，这项改革有力推动了国有大中型企业的结构调整。辅业资产的剥离，促进了国有大中型企业的结构调整与优化，为主体企业集中资源做强主业创造了条件。辅业改制以多种方式推进了产权多元化，给辅业发展注入了新的活力。以“双重置换”（产权性质置换和职工身份置换）为主要特点的“改制”已经被广泛接受。

中央企业人事制度改革取得重要突破

2005 年 5 月 9 日，国资委发出公告，组织 25 户中央企业面向全球公开招聘高管，这是自 2003 年以来的第三次公开招聘。这一次，中央企业“一把手”的公开选拔首次打破“行政任命”，标志着中央企业人事制度改革实现“历史性突破”。

虽然这是国资委第三次招聘高管，但其社会关注度远远大于前两次。正如国资委有关负责人所言，此次招聘与前两次相比具有两大突出特点，一是首次招聘正职——中国华源集团有限公司总经理、中国建筑科学研究院院长。二是放宽对国籍的要求，15 个岗位不限国籍，意在更大范围体现全球化和国际化。国资委公开招聘工作领导小组的有关人士在接受记者采访时表示，随着经济全球化进程的加快，尤其是随着中央企业“走出去”步伐的加快，单靠传统行政任命方式选拔出来的干部已经不能满足现代企业参与国际竞争的需求，面向市场公开招聘中央企业高管是一个必然趋势。

我国绝大多数国有企业并不是依据《公司法》建立起来的，内部只设有负责企业经营管理的总经理，而没有设立董事会，存在出资人不到位的情况，目前国有企业的很多做法还是沿用传统老国企做法，因此，建立规范的现代企业制度十分紧迫。国有企业只有形成完整的监控体系，建立规范的现代企业制度，国资委才能把选人用人的权利交给企业。对此，国资委给中央企业限定的时间是，在 2006 年前建立起比较完善的现代企业制度。

国有独资公司董事会扩大试点

在 2005 年 4 月国务院下发的 2005 年深化经济体制改革意见中，明确要求要以建立健全国有大型企业董事会为重点，抓紧健全法人治理结构、独立董事和派出监事会制度。

国有独资公司建立和完善董事会的试点企业，在 2004 年明确的宝钢等 7 家企业基础上，2005 年又新增了中国冶金建设集团公司、中国房地产开发集团公司、中国农业发展集团总公司、新兴铸管集团有限公司 4 家企业。

10 月 17 日，国资委主任李荣融向宝钢 5 位外部董事颁发聘书。自此，我国中央企业第一家规范的国有独资公司董事会开始正式运作。作为中央企业建立和完善国有独资公司董事会第一批试点企业，宝钢集团有限公司新董事会 9 名董事全部到任，外部董事 5 位，超过半数。董事会下设常务委员会、提名委员会、薪酬与考核委员会、内部审计委员会 4 个专门委员会。

国务院国资委主任李荣融评价说："这是国资委成立以来最大的新闻，意义非同一般。以前国有企业改革多数是方法上的改进，这次是从体制、制度上的改革。"

建立健全外部董事制度，可以避免董事会成员与经理人员高度重合，实现决策权与执行权分开，从而保障董事会集体决策。对外部董事的资格，国资委有很严格的限定，外部董事不在公司担任除董事和董事会专门委员会有关职务外的其他职务，与其担任董事的公司不存在任何可能影响其公正履行外部董事职务的关系。

国资委相关负责人表示，还将逐步扩大国有独资公司建立董事会试点，争取在 2007 年所有中央企业建立较完善的董事会制度。

2005 · 重要理论观点

国有资产管理体制改革的原则

李荣融在 2005 年 1 月 24 日答《学习时报》记者问，谈到国有资产管理体制改革的四条原则。

一是坚持政府的公共管理职能与国有资产出资人职能相分离，政府作为公共事务的管理者，主要职能是经济调节、市场监管、社会管理和公共服务，面向各种所有制企业进行管理。国资委则是专门承担监管国有资产的职责。国资委的成立，使多年存在政资不分的问题得到较好的解决，也是政府职能转变的重要体现。国有资产监管机构是经政府授权代表国家履行出资人职责的机构，既不同于对全社会各类企业进行公共管理的政府行政机构，也不同于一般的企事业单位，是专门承担监管国有资产职责的特设机构。也就是说，国有资产监管机构不行使社会公共管理职能，政府其他部门、机构不履行国有资产出资人职责，国有资产出资人代表是唯一的。

二是坚持政企分开和所有权与经营权相分离。国有资产监督管理机构，根据授权对监管的国有资本依法履行出资人职责，维护所有者权益，维护企业作为市场主体的合法权益。国有资产监管机构除履行出资人职责外，不干预企业的生产经营活动。所出资企业及其投资设立的企业，享有有关法律、行政法规规定的企业经营自主权，努力提高经济效益，对其经营管理的企业国有资产承担保值增值责任，接受国有资产监管机构依法实施的监督管理，不得损害企业国有资产所有者和其他出资人的合法权益。

三是坚持权利、义务和责任相统一，管资产与管人、管事相结合。管资产与管人、管事相结合，这是组建国有资产监管机构必须坚持的原则，也是改革国有资产管理体制的重要内容，只有实现管资产与管人、管事“三结合”，才能实现权利、义务和责任“三统一”。我国原有国有资产管理体制的一个弊端就是权利、义务和责任是脱节的。改革国有资产管理体制，关键不是要强化权力，而是要强化责任，权责利结合得越紧密，越有利于落实责任。

四是在国家所有的前提下，由中央政府与地方政府分别代表国家履行出资人职责。我国对国有资产长期实行的是国家统一所有、政府分级监管的体制。为充分调动各级政府有效管理国有资产的积极性，落实国有资产保值增值的责任，要建立中央政府和省、市（地）两级地方政府分别代表国家履行出资人职责的国有资产监督管理体制。

国有企业重组改制模式的几种类型

中国社科院工业经济研究所课题组在《经济研究参考》2005 年第 4 期发布研究报告认为，近年来我国国有企业的重组改制大体可以分为以下四种类型。

1. 整体改制。整体改制是指待改制企业以全部资产（包括经营性资产和非经营性资产）进行重组，设立新公司，原主体企业注销，其负债由新公司承担。这种模式适用于中小型国有企业或资产质量整体较好，历史遗留问题少或解决较彻底、企业“办社会”负担较轻、企业职工的住房制度改革及离退休职工养老制度改革市场化程度较高的国有企业。

2. 分立改制。相对整体改制而言，分立改制指待改制企业对资产进行剥离重组，分别设立两个或两个以上的公司。根据原主体企业是否注销，分立式改制可以区分为两种操作方式。一种是新设分立，又称解散分立，即主体企业将其资产分割成两个或两个以上的部分，新设立两个或两个以上的法人实体，原主体企业注销；原主体企业的债务分别由新公司按有关协议承担。一种是派生分立，又称存续分立，即主体企业将其部分资产或业务剥离出去，注入新设立的公司；其余部分资产或业务仍然保留在存续的原主体企业内，原主体企业作为新成立公司的母公司保留法人资格；分立前原主体企业的债务分别由分立后的新公司和存续企业按有关协议承担。

3. 聚合改制。聚合改制是指多个待改制企业根据有关协议、按照既定原则将属于不同企业法人的部分资产或权益注入新主体公司，实施重组；相关债务按有关协议分别由分立后的新公司及参与重组的各方改制主体企业承担。按照新主体企业是不是新设立的公司法人，聚合改制又可以区分为新建聚合改制和转换聚合改制，前者指新设立公司作为改制后的主体企业；后者指在多个待改制企业中选择一个企业作为主体企业，并在重组改制后履行相应注册变更手续。若多个待改制企业都将其全部资产注入新主体企业，则该聚合改制活动即成为整体改制的一种特例。一般而言，聚合改制模式适用于一个跨行业、跨地区、跨部门的企业集团对其内部多家下属企业单位具有关联性的业务及资产的改组、改制。

4. 重组改制与上市。20 世纪 90 年代，我国大中型国有企业改制总是与上市联系在一起的。从中央政府的宏观政策导向上看，在相当长一段时间里，重组改制和上市融资，被视为具有双重目的或效能的国有企业改革方式，既能解决大中型国有企业资本金严重不足的问题，又是促进国有企业转机换制，优化公司治理的重要有效途径。

国有资本预算不同于公共预算

刘纪鹏在 2005 年 1 月 14 日《中国经济时报》著文指出，新国资体系能否成为我国市场经济的一项长远发展战略的关键在于，国资委的国有资本预算体系能否真正建立并与财政部的社会公共预算体系进行实质性分离。如果不能形成自己独立的资本预算体系，仅仅是财政部和企业间的一个“漏斗”，这一体制就会流于形式。财政部的社会公共预算是由市场经济条件下政府的一般功能决定的，与其他市场经济国家一致。国资委的资本预算则是由我国的公有制决定的，好比赛场上的“裁判员”功能和“运动员”功能及其收入必须分开。公共预算收入的主要来源是税收，主要用于社会公共支出。资本预算收入是凭借国有资本取得的投资收益和资本转让收入，主要按照市场经济的一般准则及根据国有经济结构战略性调整的控制力考虑，投向关系国家安全和国民经济命脉的关键行业，实现国有资产的增值。同时也可根据全国人大和国务院批准的预算安排向社保基金拨付。

当前社会主义与市场经济的矛盾

周叔莲在《理论前沿》2005 年第 5 期撰文认为，当前社会主义与市场经济的矛盾主要表现在以下四个方面：

1. 贫富差别扩大影响社会经济稳定。由于实行社会主义市场经济，现在居民收入和生活水平总的来说比过去提高多了，贫困人口也大大减少了。但是，贫富差别却扩大了。计划经济解决不了贫困问题，因此决不能走回头路，但现在贫富差别扩大则同实行市场经济有关，不利于社会经济稳定和安全。

2. 产业结构和需求结构在一些方面很不适应。经济中的过冷或过热现象都和市场经济有关。实行计划经济时期也存在生产无政府状态和比例失调现象。市场经济不能自动地克服类似的现象，而且其自发性还可能助长这些现象，由此引起的问题可能更加复杂。

3. 唯利是图使得社会、经济尤其是意识形态领域出现许多消极现象，不利于社会主义健康发展。市场经济能鼓励人们努力进取，对经济、文化的发展起到积极的作用，但是竞争和追求利润也会导致唯利是图，在各方面尤其是意识形态领域带来很多不健康的东西。竞争会导致垄断，拜金主义会助长权钱结合和权钱交易，商品拜物教会导致劳动异化。这些也是应该关注的问题。

4. 消费过度和消费不足现象并存。现在还有几千万人没有摆脱贫困，更多的人有这样那样消费不足的问题，增加居民的消费数量和质量还是主要问题。但是消费过度现象也值得重视。各种炫耀性消费在很多地方已成为一种时尚，这类过度消费不仅使地球不堪重负，也不利于人们的身心健康。当然不能把炫耀性消费和过度消费都归罪于市场经济，但也不能否认它们之间的内在联系。因为，市场经济要求生产无限扩大，从而要求消费相应地发展以保证扩大再生产的实现。但是，笼统地提倡刺激消费，似乎消费越多越好，这样做对社会主义发展是否有利，是有待商榷的。

中国改革的三种力量和三个着力点

常修泽在《经济前沿》2005 年第 2—3 期上撰文认为，当前中国的改革面对着三种力量：

一是来自社会各阶层广大人民群众要求深化改革的内部动力。社会的脉搏是“人心思进”而不是“人心思退”。现在需要因势利导，将群众的积极性引向改革发展大局。

二是中国进入 WTO“后过渡期”之后面临的外部压力。中国加入世贸组织，标志着由此走上了一条现代市场经济的“不归之路”，不管你自觉还是不自觉。有鉴于此，需要积极、主动地改革现有的企业制度、市场制度、分配制度和政府管理制度，与现代市场经济体制接轨；并尽可能增加体制的应变性。这种进一步开放的趋势将会强烈地“倒逼”改革。面对这种外部“倒逼”的压力，就要求加大改革的力度，以加快经济的市场化和国际化进程，在维护民族独立和国家利益的同时，使之适应经济全球化的需要。

第三股力量是来自新老既得利益集团中“障碍力量”的阻力。在传统体制下，资源高度集中的模式形成了一个庞大的利益集团。同时，近年来还产生了一些新的利益集团。这些新的利益集团和原有的利益集团并存和交叉，形成相当复杂的利益格局，并对政策的制定产生某种程度的影响。能否摆脱和冲破新旧利益集团中这部分“障碍力量”的束缚、干扰和阻挠，是改革能否打开新局面的关键之所在。

下一步改革，建议把握利益调整、政府转型、产权创新三个着力点。

第一，以利益关系的调整作为改革的切入点。当今中国利益关系最需调整的是城乡关系问题。要把农村体制改革放在基础性位置。下一步应在农村土地制度、税费制度、农村金融制度和粮食流通体制方面继续深化改革。特别是在土地产权制度、流转制度和保护制度方面，要取得实质进展。

第二，以政府转型及政府自身的体制改革作为整个改革的“关节点”。现在经济和社会生活中出现的诸多矛盾和问题，与政府职能的定位失误有关。推进政府职能的转换，基本思路应该是由“经济管制型”政府转变为“公共服务型”政府，即转到为市场主体服务和创造良好的市场环境上来。重点抓投资体制特别是“审批制度”的改革和打破“行政性垄断”。同时加大反腐败的力度。这既是经济体制改革的内容，同时也是经济体制改革和政治体制改革的交会点。

第三，以产权制度创新作为改革的支撑点。现代产权制度是建立完善的社会主义市场经济体制的支柱。产权不仅包括企业的产权，而且包括国家、事业单位、社会团体以及广大自然人等多层次的产权。下一步要紧紧抓住国有企业产权包括固有商业银行产权制度改革。

股权分置是历史遗留的制度性缺陷

尚福林在 2005 年 5 月 16 日接受《证券时报》的采访，对解决股权分置问题的紧迫性谈了以下观点。

股权分置是指上市公司的一部分股份上市流通，一部分股份暂不流通，这一情况为我国股市所独有。

股权分置问题是我国证券市场设立初期法律法规不健全形成的。在国有企业股份制改造初期，对国有股流通问题既没有明确的禁止性规定，也没有明确的制度性安排，总体上采取的是搁置的办法，由国有企业股份制改造产生的国有股事实上处于暂不上市流通的状态，其他公开发行前的社会法人股、自然人股等非国有股份也作出了暂不流通安排。这在事实上形成了股权分置的格局，而通过配股、送股等滋生的股份，仍然根据其原始股份是否可流通划分为非流通股和流通股。

截至 2004 年底，我国上市公司总股本 7149 亿股，其中非流通股份 4543 亿股，占上市公司总股本的 64%，国有股份在非流通股份中占 74%。上市公司的一部分股份流通，一部分股份不能流动，在诸多方面制约中国资本市场的规范发展和国有资产管理体制的根本性变革，成为历史遗留的制度性缺陷。随着新股发行上市不断积累，对资本市场改革开放和稳定发展的不利影响也日益突出。

一是扭曲证券市场定价机制。股权分置格局下，股票定价除包含公司基本面因素外，还包括三分之二股份暂不上市流通的预期。三分之二股份不能上市流通，客观上导致单一上市公司流通股本规模相对较小，股市投机性强，股价波动较大和定价机制扭曲。

二是导致公司治理缺乏共同利益基础。非流通股东与流通股东、大股东与小股东的利益冲突相互交织。非流通股股东的利益关注点在于资产净值的增减，流通股股东的利益关注点在于二级市场的股价波动，客观上形成了非流通股东和流通股东的“利益分置”。

三是不利于深化国有资产管理体制改革。国有股权不能实现市场化的动态估值，形不成对企业强化内部管理和增强资产增值能力的激励机制。

四是不利于上市公司的购并重组。以国有股份为主的非流通股转让市场是一个参与者有限的协议定价市场，交易机制不透明，价格发现不充分，严重影响了国有资产的顺畅流转和估值水平。

五是制约着资本市场国际化进程和产品创新。

六是不利于形成稳定的市场预期。

总之，解决股权分置问题在一定程度上是恢复资本市场的固有功能，即价格发现功能和对上市公司行为的市场约束功能。同时，解决股权分置问题也有利于国有资产的保值增值以及国有资产管理体制改革的深化，有利于稳定市场预期，有利于资本市场创新和国际化进程。因此，2004 年初发布的《国务院关于推进资本市场改革开放和稳定发展的若干意见》明确提出“积极稳妥解决股权分置问题”。

国资流失的四大表现

李荣融在《瞭望新闻周刊》2005 年第 23 期撰文认为，当前国资流失有四大表现。

一是转让国有产权没有完全进入市场。不少企业转计国有产权采取一对一协商方式，不公开、不透明、不进场、不竞价，难以发现国有产权的市场价格，很难判断国有资产是保值增值还是贬值流失，少数不法分子乘机暗箱操作、收受贿赂、低估贱卖国有资产。如云南省下关茶厂 2003 年拟以 3000 万元的资产评估价协议转让国有产权，而对方不接受，2004 年进入产权交易中心拍卖，成交价达 8100 万元。

二是国有产权向管理层转让问题突出。一些企业在制定改制方案、选择审计和资产评估中介机构、确定转让价格等重大事项中，经营者处于主导地位，自卖自买，防止国有资产流失缺乏保障；有的以拟收购的国有产权或国有企业实物资产作为其融资的担保，既侵犯了国有资产的权益，又将风险转嫁给了金融机构和被收购企业；有的经营者人为造成企业经营业绩下滑，甚至利用不法手段虚构虚增成本和债务，转移隐藏资产，侵吞国有资产。

三是内外勾结，低价贩卖国有资产。如西南某市一家价值 5000 万元的国有企业改制，被中介机构低估为 400 万元，最后以200万元就出售了。经该市有关部门查处，原企业负责人与当地政府两个部门的个别领导人及中介机构内外勾结，侵吞国有资产，其个人在改制后的企业中占80%的股份。

四是把职工经济补偿金等费用从转让国有净资产的价款中预先扣除，压低了产权转让价格。扣除的职工经济补偿金等费用或对应价值的资产并不立即付给或明确给职工，而是通过一些不规范的操作方式，把这些净资产留给受让方无偿占用。

为有效防止企业改制和国有产权转让中的国有资产流失，应加大规范国有企业改制和国有产权转让工作的力度，并使工作更有针对性。

第一，总结国有企业改制和产权转让中的经验，针对存在的问题，研究制定规范性的规章和政策。明确国有产权转让必须进入产权交易市场，并对交易的各个环节作出了规定。

第二，开展对国有企业改制和国有产权转让的监督检查，查处违法违纪案件。

第三，加快产权交易机构建设，加强对产权交易的监管。

更为有效的措施，是要规范推进企业改制和国有产权转让，通过制度化建设，切实防止国有资产流失。

建立现代国有企业制度的必然性

金碚在《中国改革》2005年第6期撰文认为，国有企业作为一种特殊企业而存在，不仅是现代市场经济的显著特征之一，也是现代企业制度的基本特征之一。这主要表现为：第一，国有企业具有不同于一般企业的特殊性质和功能，在国民经济中居于特殊地位，发挥特殊作用。第二，在各类企业中，国有企业只能是少数，而不能成为普遍适用的企业形式。第三，在大多数市场经济国家，国有企业都具有同一般企业不同的法律地位，其行为须受特殊的或专门的法律调节。

世界现代经济发展和企业发展史表明：除了极少数例外，凡是实行较成功的企业制度的国家，国有企业都是被当作特殊企业来对待的。而绝大多数成功的国有企业都是按某种特殊的法律规范来运行的。

但是，我国被称为“国有企业”的企业却是普遍存在的，所以，在客观上，国有企业在我国是一种一般的企业制度。而且，“建立现代企业制度”也往往被理解为，要为所有这些国有企业建立一种普遍实行的一般的企业制度形式，即试图按现代企业制度下规范一般企业的规则来规范我国所有的国有企业。按这样的思路推进国有企业制度改革，我们将面临深刻的矛盾：试图提高国有企业效率的各种作为，结果都可能反而导致国有资产的严重流失，或者使国有企业性质发生不良蜕变。

所以，就国有企业改革而言，建立现代企业制度有两种含义：如果按一般的现代企业制度对国有企业进行改制，则这些国有企业在性质上就不再是国有企业，或不再是纯粹的国有企业（可以是其他形式的公有制企业或混合所有制企业）；如果要保持国有企业的性质，则实质上就不只是要建立一般的现代企业制度，而是要同时建立现代国有企业制度。

现代国有企业制度是现代企业制度的重要组成部分之一，是现代企业制度中规范国有企业行为的特殊企业制度。对于我国现有的国有企业来说，改革的方向只能是：大多数中、小型企业和一部分大型企业将按上述第一种含义建立现代一般企业制度；而少数大型、特大型国有骨干企业则按上述第二种含义建立现代国有企业制度。

抓紧国有企业经理人制度改革

金碚在《中国改革》2005 年第 6 期撰文认为，国有企业经理人制度改革的重要性绝不小于产权制度的改革。如果在国有企业改革中对产权改革（包括资产重组）的期望过高而忽视了经理人制度的改革和完善，甚至认为只要进行产权改革和实行市场化就可以自然而然地解决国有企业经理人制度问题，那么，我们的改革可能会为此付出巨大的代价。

由于缺乏科学完善的国有企业经理人制度，现在，在国有企业经理人中普遍存在着“身份模糊”和“心理失落”的问题。失败的（经营得不好的）国有企业经理人可以以听命于政府或受到政府干预为理由而开脱责任（此时，经理人认为自己是“为国家打工”的干部）；成功的（经营得好的）国有企业经理人则会依据自己的业绩而同私人企业家攀比个人收入和财产，因而产生极大的心理不平衡（此时，经理人认为自己是“企业家”）。这样的状况如果得不到改善，必然会普遍地销蚀国有企业经理人的职业道德和敬业精神。而如果缺乏大量具有职业道德和敬业精神的经理人，我们有什么理由相信能够办好国有企业？有什么理由可以相信即使是现在非常辉煌的国有企业将来还会长盛不衰？

国有企业经理人制度改革的基本方向就是要实现制度规则的完全显性化和规范化，要最大限度地减少那些“说不明白”“不便公开”的“内部规矩”。“党管干部”的原则要有公开的明文法规，直接明确地体现在法律制度上，只要是正确的制度就不要羞于公开和成文化。例如，可以在法律上明文规定，哪些国有企业（逐一具体列名），其高级经理人“人选由执政党提名”，凡不在此列的国有企业在人事上实行党企分开。

同时应必须明确规定国有企业经理人的身份。目前，国有企业高级经理人的那种模棱两可身份对于稳定和激励国有企业经理人队伍是非常不利的。我们建议，将我国现存的国有企业分为四类：第一类，改革为完全由公司法规范的一般企业；第二类，改革为完全由公司法规范的国有企业（主要适用于国家参股企业）；第三类，改革为主要由公司法规范、同时制定专门法规或国家政策来调节其区别于一般企业的特殊关系和行为的国有企业（主要适用于国家控股企业）；第四类，改革为以特殊法律规范的国有企业（形式上也可以是公司制企业，适用于国家独资或者绝对控股企业）。要在法律制度上明确规定：对于上述第三、第四类国有企业的高级经理人实行准国家公务员或国家雇员的制度，对他们的行为规范和权益待遇制定专门的法规。而对于上述第一、第二两类企业的经理人则实行一般企业雇员的制度。

按照这样的基本原则尽快制定法规，建立国有企业高级经理人制度，是一项刻不容缓的任务。

2005 · 重要政策法规

1. 国务院办公厅《关于第二批中央企业分离办社会职能工作有关问题的通知》，2005 年 1 月 14 日。

2. 财政部、国务院国有资产监督管理委员会《关于做好第二批中央企业分离办社会职能工作的通知》，2005 年 2 月 6 日。

3. 国务院国有资产监督管理委员会、财政部《关于印发〈企业国有产权向管理层转让暂行规定〉的通知》，2005 年 4 月 11 日。

4. 国务院国有资产监督管理委员会《关于印发〈国务院国资委关于国有控股上市公司股权分置改革的指导意见〉的通知》，2005 年 6 月 17 日。

5. 国务院国有资产监督管理委员会《关于中央企业试行企业年金制度的指导意见》，2005 年 8 月 8 号。

6. 国务院《关于修改〈征收教育费附加的暂行规定〉的决定》，2005 年 8 月 20 日。

7. 《企业国有资产评估管理暂行办法》，2005 年 8 月 25 日。

8. 国务院国有资产监督管理委员会《关于上市公司股权分置改革中国有股股权管理有关问题的通知》，2005 年 9 月 8 日。

9. 国务院国有资产监督管理委员会、劳动和社会保障部、国土资源部《关于进一步规范国有大中型企业主辅分离、辅业改制的通知》，2005 年 9 月 20 日。

10. 《中华人民共和国公司法》，中华人民共和国第十届全国人民代表大会常务委员会第十八次会议修订通过，2005 年 10 月 27 日。

11.《中华人民共和国证券法》，第十届全国人民代表大会常务委员会第十八次会议修订，2005 年 10 月 27 日。

12. 全国人民代表大会常务委员会《关于修改〈中华人民共和国个人所得税法〉的决定》，第十届全国人民代表大会常务委员会第十八次会议通过，2005 年 10 月 27 日。

13. 国务院国有资产监督管理委员会《关于贯彻落实国务院加强再就业工作精神，进一步加快推进国有大中型企业主辅分离、辅业改制工作的通知》，2005 年 11 月 3 日。

14. 国务院国有资产监督管理委员会《关于做好 2005 年度中央企业工资总额同经济效益挂钩工作的通知》，2005 年 12 月 12 日。

15. 国务院《关于修改〈中华人民共和国公司登记管理条例〉的决定》，2005 年 12 月 18 日。

16. 国务院《关于修改〈中华人民共和国个人所得税法实施条例〉的决定》，2005 年 12 月 19 日。

17. 国务院办公厅《转发国资委〈关于进一步规范国有企业改制工作实施意见〉的通知》，2005 年 12 月 19 日。

18. 全国人民代表大会常务委员会《关于废止〈中华人民共和国农业税条例〉的决定》，第十届全国人民代表大会常务委员会第十九次会议通过，2005 年 12 月 29 日。

2005 · 年度热点纪实

建行上市：国有银行改革实质性启动

北京时间2005年10月27日9时30分，全球首次公开募股（Initial Public Offerings，简称IPO）规模最大的银行股——中国建设银行在香港证交所主板市场挂牌交易。

建行上市是标志性的。它是4年来全球规模最大的IPO，除日本以外亚洲地区最大的IPO，中国企业最大规模的IPO，中国四大国有银行中首家实现海外IPO。据建行董事长郭树清介绍，这次建行向全球发行了265亿股H股，约占建行扩大后股本的12%。股价为每股2.35港元，筹资额约622亿港元，折合约80亿美元。如果行使超额配售权，筹资额将达到716亿港元，折合约92亿美元。

不过，由于在首次公开发行之前，建行股份卖给外国机构投资者的价格仅为账面价格的1.2倍，而后建行股价不断攀升。于是，有人据此提出“国有银行被贱卖”的观点。

另外，上市之后的建行已经由一家国有独资银行变成有25%外资股份的国际公众银行，这种担心便有了另外的理由，国家花了那么多钱解决国有银行的问题，外资只出了那么一点钱就占有那么多股份。外资持股比例那么高，今后国有银行会不会被外资控制，从而威胁我国金融安全？

对此，银监会主席刘明康说，第一个投资者如果不进来，后面的价格是上不去的。吴敬琏肯定了他的解释，之前国有银行我们搞了许多年，资本金变成了零甚至负数，这样一个银行让投资者怎么信赖呢？第一个进来的人需要承担风险，后来的投资者才会随后进入，价格才会越来越高。吴敬琏还建议，金融领域改革应该给国内资本和民营资本机会。社保基金也可以进入，但前提是应该介入银行的公司治理，真正发挥作用。

国有商业银行推进体制改革，引进海外战略投资者，然后上市，这几乎成为每家国有商业银行改革的必经之路。建行行长郭树清在回应“贱卖”论时指出：“建行的投资亮点之一，就是有国际著名金融机构加盟。战略投资者会改善公司治理，会带来技术支持，会与我们共同面对未来的市场风险，这些都是无形资产性质的收益。”

有人认为，这场争论的实质是金融改革的路线之争。国有银行如果不引进海外战略投资者，那么将会走上其他国有企业改革的老路，只有引进海外战略投资者，才能彻底摒弃旧体制下的那一套管理模式，国有银行才有可能走出困境。

在中国进行了几十年改革后，金融领域无疑是改革最滞后、最困难的部分。有专家点评说：四大银行的经营绩效和资产质量在很大程度上决定了中国金融体系的微观基础的状况。建行上市则标志着中国四大银行改革的启动。而银行改革所需要解决的，不仅仅是从国有银行变成股份公司，而是引进我们的银行所缺乏的、适应市场经济要求的治理结构、管理理念、内控机制和开发新产品的技术。对服务业而言，能够提升竞争力的因素大多是“软”因素，很难用钱买得到。因此，战略投资者的参与要比发行价格重要得多。对此，也有人持不同意见：国有银行上市，引进海外战略投资者，改变产权结构，这是目前倡导的国有银行改革的方向。这和国有企业改革有相似的地方。可这样的改革路径，已经出现了不少问题。银行也这样做，是否会出现更大的问题？中国银行业引入太多外资后，中国政府独立的经济政策是否会受影响？问题的另一面是，产权改革能在多大程度上解决垄断问题。其实，解决银行的治理和垄断问题，可以以对民营资本开放的方式来解决，开办更多的民营银行，加大竞争。银行的呆坏账，有多少是政府体制的原因形成的。而国企的不好，又有多大程度是因为政府造成的。

“中国改革十大风云人物”之一赵新先被拘

2005 年 12 月 12 日，三九集团创始人赵新先被拘的消息突然传出，让很多人大感意外。掌舵三九近 20 年，赵新先被外界冠以“三九教父”的称呼，员工们也尊其为“大家长”。这并非全是贬义，必须承认，没有赵新先的锐意进取，三九集团不可能从靠 500 万元贷款办起的小药厂一度发展成总资产 200 多亿元的“中国制药之王”。当然，三九集团银行负债过百亿元，陷入不重组就难获新生的窘境，在三九集团“一支笔”挥洒多年的赵新先自然难辞其咎。

2001 年 8 月，三九集团旗下的上市公司三九医药因信息披露和大股东资金占用问题受到公开谴责，赵新先等数名董事被处以警告并罚款，赵新先被处以罚款 10 万元。据中国证监会调查，截至 2001 年 5 月 31 日，三九医药的大股东三九药业及其关联公司占用三九医药资金约 25 亿元。这相当于三九医药当时净资产的 96%。

几乎在三九集团侵占上市公司资金被曝光的同时，三九集团计划投资 43 亿元的三九大龙健康城正式破土动工。由于健康城所征地块手续不齐，三九集团进入后陷入泥潭。赵新先后来想把健康城大部分股权作价抵偿所欠上市公司款项，但一直没有结果。2004 年后，该项目被深圳市政府全面叫停。截至 2005 年，“三九系”整体对银行的负债总额已增至 107 亿元。

2005 年 11 月底，赵新先在离职三九药业一年多后，突然被以“协助调查”名义从北京带走，12 月 22 日被批捕。国资委主任李荣融在 2005 年 12 月 22 日的国务院新闻办新闻发布会上，被记者问到对“三九事件”的评价时说，“今后国企领导不能出了错再换人，只要不在状态马上就得换”。三九集团出事后，这是国资委的首次表态，态度明确且严厉。2006 年 6 月 27 日，赵被深圳市罗湖区法院一审判处有期徒刑一年零九个月。抵扣羁押时间，赵的刑期在 2007 年 9 月 20 日到期。赵新先的罪名为“国有公司人员滥用职权罪”。获刑案由是在 2000 年决策收购三九大龙健康城项目时，“在未作评估、未经集团党委讨论、未报上级审批、未进行可行性论证的情况下，超越职权决定或积极推动涉案股权收购协议的签订、履行，致使三九企业集团遭受重大损失，造成了恶劣的影响”。在出狱 9 个月后，赵新先以顾问的身份加盟了南京小营药业集团有限公司。公开资料显示，南京小营药业集团隶属南京军区空军司令部，后被永泰投资控股有限公司收购，并改组为南京小营药业集团有限公司。经营范围为大容量注射液、片剂、溶液剂（外用）、碱式碳酸铋原料药等药品的生产和销售。赵新先选择小营药业，可能是出于该药业集团的军方背景，赵新先出身军医，三九集团也是脱胎于军队药厂改制。

三九药业曾经是中国管理教科书中的重要案例，赵新先曾经是中国企业家的杰出代表。为了“做大做强”，结果“做大做烂”，实在令人扼腕。北京大学政府管理学院教授、企业与政府研究所所长路风一针见血地指出，国企改革这么多年的结果，出现了国企搞好，必定产生一个强人的现象。弊病是，国企权力高度集中，强人们干着干着，就觉得企业是自己的了。在国企改革上，我们必须回答的问题是：解决国企问题，在保持国有产权的前提下能否做到，还是只能产权改革后才能实现。强人们治下的企业，出现的是公司治理结构和治理机制问题，是决策程序问题。我的质疑是：解决这些问题一定要通过产权改革来完成吗？设想，如果在赵新先主导下完成了三九的MBO，最后赵新先依然可以胡来。因为强人们一定占的是大股。

也是在这一年的 4 月 5 日，科龙电器公司董事长顾雏军被公安机关拘留。在 2001 年到 2005 年初近 4 年的时间里，顾雏军挥舞着资本并购的大棒，先后收购科龙、美菱、亚星、ST 襄轴等上市公司，并掌控了 5 个家电品牌（科龙、容声、华宝、康拜恩、美菱）。经过一番折腾之后，顾雏军名下的格林柯尔系列不但立足中国的家电和汽车两大行业，而且在每个行业中都形成了从零部件到成品的产业链。随后游戏结束了，2005 年之后，备受质疑的格林柯尔旗下企业之间的资金来往再也无法自圆其说，格林柯尔系倒闭，顾雏军被拘留。这似乎是给上年的“郎顾之争”画上了一个戏剧性的句号。

鞍本联合：拉开钢铁业重组大幕

2005 年 8 月 16 日，东北地区最大的两家钢铁联合企业——鞍山钢铁集团公司和本溪钢铁（集团）有限责任公司联合重组为鞍本钢铁集团，注册地设在鞍山。鞍钢集团党委书记、总经理刘玠表示，鞍本联合是我国钢铁工业发展史上的一件大事，也是振兴东北老工业基地进程中的一件盛事。中国钢铁工业协会顾问吴溪淳则认为，中国钢铁企业迎来了调整行业结构、提高生产集中度的最佳时机。顺应国际潮流实行产业并购重组已成为做大做强我国钢铁企业的必由之路。

鞍钢和本钢都地处辽宁，直线距离不到 100 公里，综合实力均排在国内钢铁企业前 10 名。近年来，随着技术改造和产品结构调整，两家公司都拥有了国际先进水平的设备和生产线，而且产品都是以板材为主，存在同质竞争的情况。

吴溪淳认为，中国的钢铁产业已经进入了战略调整的关键时期，而产能分散、低水平扩张已经成为急需革除的弊病。无序竞争、重复建设、产能过剩、资源浪费，国内钢铁产业存在的这些老问题在新一轮的钢价下跌中再次暴露无遗。

不久前出台的《钢铁产业发展政策》明确提出，到 2010 年要形成 1 至 2 家年产能 3000 万吨以上的钢铁集团和若干千万吨级的大型钢铁企业，重在提高行业集中度。

“在这样的市场和政策背景下鞍本联合无疑为国内钢铁企业

联合发出了一个明确的信号。”国家发展和改革委员会副主任张国宝表示鞍钢、本钢由两家人变成了一家人后，不论是新上项目，还是规划产品结构，都能够做到步调一致协调发展。两家企业占据着多达全国储量约1/4的铁矿资源，合并有助于资源得到优化配置，产业也能获得合理布局，从而形成强大的发展合力。

从2005年的下半年起，国内钢铁行业的重组轰轰烈烈地展开。11月19日，河北省政府组建新唐钢，唐钢、宣钢和承钢三家合一；11月28日，吉林省通化钢铁集团、吉林铁合金有限责任公司与河北建龙钢铁公司签订重组协议，三方联合成立新的通钢集团，资本总额达42亿元；12月19日，武汉钢铁（集团）公司与广西国资委正式签署《武钢与柳钢联合重组协议书》，共同出资设立武钢柳钢（集团）联合有限责任公司。

但是对于新一轮钢铁企业的重组，专家们并不看好，有人说：竞争过度就需要重组，这是产业经济学的基本道理。钢铁业的这一轮重组将是中国在制造业产能趋于过剩的状态下，新一轮产业重组高潮的序曲。问题在于我们应当通过什么样的机制来推动重组。完全由政府主导的重组是否能真正地改善企业的效率，重组后的巨型企业能否实现其内部的整合，都是需要我们拭目以待的。提高钢铁业的产业集中度说了很多年，可是，在这个行业中因市场竞争而形成的兼并重组至今还没有出现，几乎都是政府操刀。市场集中度低的原因之一，在于政府体制。政府操刀主持兼并重组，可能会留有后遗症。如果重组整合不出好结果来，国资委还管不管、又怎么管呢？

2005 · 年度改革大事

1 月 12 日　温家宝主持召开国务院常务会议，讨论并原则通过《国务院关于鼓励支持和引导非公有制经济发展的若干意见》（即“36 条”）。会议指出，要为非公有制经济创造平等竞争、一视同仁的法治环境、政策环境和市场环境，实行鼓励、支持和引导非公有制经济发展的政策措施。进一步放宽市场准入，鼓励和支持非公有资本进入基础设施、垄断行业、公用事业以及法律法规未禁止的其他行业和领域；加大财税金融支持，拓宽企业融资渠道；完善对非公有制经济的社会服务，建立健全社会化服务体系；加强和改进政府服务和管理，维护非公有制企业的合法权益，保护企业正常经营活动。

1 月 13 日　黄菊在全国国有资产监督管理工作会议上强调，深化国有企业改革仍然是整个经济体制改革的中心环节。要抓住有利时机，加快改革步伐，力争国有企业体制机制创新取得新突破。要坚持正确的改革方向，加快国有大型企业股份制改革步伐，通过重组上市、引进战略投资者等方式，实现投资主体多元化；完善公司治理结构，促进企业转换经营机制；加快推进企业分离办社会和主辅分离辅业改制，努力解决历史遗留问题。

2 月 20 日　首钢搬迁方案经国务院批准，国家发展和改革委员会向北京市和河北省人民政府正式作出《关于首钢实施搬迁、结构调整和环保治理方案的批复》。

2 月 22 日　新浪宣布将采纳股东购股权计划，以保障公司所有股东的最大利益。

2 月 23 日　始创于 1858 年（咸丰六年）的天津狗不理包子饮食（集团）公司国有产权及其子公司所持股权转让拍卖会在天津市产权交易中心如期举行。天津同仁堂股份有限公司以 1.06 亿元的高价买走狗不理集团公司国有资产产权。

2 月 24 日　国务院发布《关于鼓励支持和引导个体私营等非公有制经济发展的若干意见》，《意见》包括加大对非公有制经济的财税金融支持、维护非公有制企业和职工的合法权益、引导非公有制企业提高自身素质、加强对发展非公有制经济的指导和政策协调等。

2 月　联想集团公布收购 IBM 个人电脑事业部交易完成后，新联想的组织结构和主要管理层确定。原联想高级副总裁刘军成为集团在中国的第三任领军者。

2 月　由中国再保险（集团）公司发起设立、瑞士再保险资产管理（亚洲）有限公司参股的中国再资产管理股份有限公司正式挂牌。这是中国首家外资参股的保险资产管理公司，也是继中国人保资产、中国人寿资产、华泰资产之后成立的第四家保险资产管理公司。

3 月 5 日　温家宝在十届全国人大第三次会议上作政府工作报告时说，我国经济体制改革仍处在攻坚阶段。要坚定不移地深化改革，消除阻碍经济发展和造成经济不稳定的体制性根源，为实现经济社会全面协调可持续发展提供制度保障。在推进经济体制改革的同时，要协调推进政治体制改革和其他方面的改革。

3 月 12 日　我国第一家民营航空公司——“奥凯航空”的首架航班从天津起飞。这是中国内地首家民营航空公司正式开通的首次航班，标志着中国民航市场由国有控股航空公司、地方航空公司一统天下的格局被打破。

3 月 24 日　国家工商总局向全国各工商机关发出通知，要求采取多种鼓励措施，促进个体私营等非公有制经济发展。对个体私营经济将放宽市场准入，鼓励投资经营垄断行业，并设立“绿色通道”为下岗失业人员和大学生提供服务。

4 月 7 日　经国务院批准，中国人民银行、中国银监会和中国证监会共同确定中国工商银行、中国建设银行和交通银行为首批直接投资设立资金管理公司的试点银行。

4 月 11 日　国务院国资委、财政部发布《企业国有产权向管理层转让暂行规定》指出，国有资产监督管理机构已经建立或政府已经明确国有资产保值增值行为主体和责任主体的地区或部门，可以探索中小型国有及国有控股企业国有产权向管理层转让（法律、法规和部门规章另有规定的除外）。大型国有及国有控股企业及所属从事该大型企业主营业务的重要全资或控股企业的国有产权和上市公司的国有股权不向管理层转让。金融类企业国有产权转让和上市公司国有股权转让，按国家有关规定执行。

4 月 21 日　国务院批准中国工商银行实施股份制改革的方案。运用外汇储备 150 亿美元补充资本金，使核心资本充足率达到 6%；通过发行次级债补充附属资本，使资本充足率超过8%。

4月29日　中国证监会发布《关于上市公司股权分置改革试点有关问题的通知》，宣布启动股权分置改革试点工作。试点工作按照“市场稳定发展、规则公平统一、方案协商选择、流通股东表决、实施分步有序”的操作原则进行。

5月1日　财政部、国家税务总局联合发出通知，经国务院批准，自2005年5月1日起下调煤炭、钨、锡、锌、锑及其制品的出口退税率，取消稀土金属等产品的出口退税。

5月9日　金牛能源、三一重工、紫江企业、清华同方4家企业成为首批股权分置改革试点上市公司。

5月20日　国务院关税税则委员会决定自6月1日起，对2005年1月1日起征收出口关税的部分纺织服装产品调整关税税率。

5月30日　中国证监会、国务院国资委联合发布《关于做好股权分置改革试点工作的意见》指出，试点上市公司要严格按照《关于上市公司股权分置改革试点有关问题的通知》规定的程序进行股权分置改革，维护投资者特别是公众投资者的知情权、参与权和表决权；采取有效措施，使改革方案具有广泛的股东基础，保障股东充分行使权利。《意见》要求，要加快落实提高上市公司质量、化解证券公司风险、扩大合规资金入市渠道、加强资本市场法制诚信建设等各项资本市场治本措施，形成改革的综合配套效应，协调推进股权分置改革。

6月12日　中国证监会发出《关于实施股权分置改革的上市公司的控股股东增持社会公众股份有关问题的通知（征求意

见稿)》提出，实施股权分置改革的上市公司的控股股东为避免上市公司股价非理性波动，维护投资者利益，维护上市公司形象，可以通过二级市场增持股份。

6 月 13 日　财政部、国家税务总局下发《关于股权分置试点改革有关税收政策问题的通知》规定，股权分置改革过程中因非流通股股东向流通股股东支付对价而发生的股权转让，暂免征收印花税。《通知》还规定，股权分置改革中非流通股股东通过对价方式向流通股股东支付的股份、现金等收入，暂免征收流通股股东应缴纳的企业所得税和个人所得税。

6 月 17 日　中国建设银行和美洲银行达成协议，美洲银行首期投资 25 亿美元购买中央汇金投资有限公司持有的建设银行股份。这项交易是迄今为止外国公司对中国公司的最大单笔投资。

同日，国务院国资委公布《关于国有控股上市公司股权分置改革的指导意见》指出，国有控股上市公司的股权分置改革工作要着眼于上市公司长远发展，切实维护投资者特别是公众投资者的合法权益。

6 月 20 日　中国证监会推出上港集箱、宝钢股份、中信证券等 42 家第二批股权分置改革试点公司。

6 月 23 日　交通银行股份有限公司正式在香港交易所挂牌交易，全日报收 2.825 港元，较 2.5 港元的招股价高 13%，成交额达 51.58 亿港元。

7 月 21 日　中国人民银行发布完善人民币汇率形成机制改革公告，决定自 2005 年 7 月 21 日起，我国实行以市场供求为基础、参考一揽子货币进行调节、有管理的浮动汇率制度。人民币汇率，不再盯住单一美元，形成更富有弹性的人民币汇率机制。2005 年 7 月 21 日 19 时，美元对人民币交易价格调整为 1 美元兑 8.11 元人民币，作为次日银行间外汇市场上外汇指定银行之间交易的中间价。

7 月 22 日　铁道部出台《关于鼓励和引导非公有制经济参与铁路建设经营的实施意见》提出，按照平等准入、公平待遇原则，凡是允许外资进入的铁路建设、运输经营及运输装备制造领域，也允许国内非公有资本进入，并适当放宽条件，并制定了七项措施，扶持非公有资本参与铁路建设经营。

8 月 15 日　《国内投资民用航空业规定（试行）》实施，一是放宽投资主体，放宽投资范围。允许各种所有制主体投资民用航空业；二是保证国有经济占主导地位；三是保证公平竞争、防止垄断；四是维护公共安全和公共利益，加强行业政府监管。

8 月 17 日　由鞍山钢铁集团公司和本溪钢铁（集团）有限责任公司联合重组的鞍本集团成立。

9 月 4 日　证监会正式公布《上市公司股权分置改革管理办法》，强调上市公司股权分置改革遵循公开、公平、公正的原则，由 A 股市场相关股东在平等协商、诚信互谅、自主决策的基础上进行。

9 月 5 日　中国银监会印发《股份制商业银行董事会尽职指引（试行）》，旨在规范股份制商业银行董事会的运作。

9 月 8 日　国务院国资委颁布《关于上市公司股权分置改革

中国有股股权管理有关问题的通知》，要求各级国有资产监督管理机构、上市公司国有股股东要进一步认识股权分置改革对解决证券市场制度缺陷、完善上市公司法人治理结构、推动国有资本合理流动的重要意义，从改革大局出发，积极采取有效措施，推动股权分置改革工作的顺利进行。

9 月 28 日　温家宝总理主持召开国务院常务会议，讨论并原则通过《国务院关于加快振兴装备制造业的若干意见》。

10 月 8 日至 12 日　中共十六届五中全会审议通过《中共中央关于制定国民经济和社会发展第十一个五年规划的建议》。会议认为，改革是促进经济社会发展的强大动力，目前我国正处于改革的攻坚阶段，必须以更大决心加快推进改革，使关系经济社会发展全局的重大体制改革取得突破性进展。

10 月 17 日　中央企业首家规范董事会——宝钢集团董事会正式亮相，其中占董事会成员超过半数的外部董事全部到位。

10 月 19 日　温家宝总理主持召开国务院常务会议，讨论并通过《国务院关于完善职工基本养老保险制度的决定》。会议指出，完善企业职工基本养老保险制度要统筹考虑当前和长远的关系，坚持覆盖广泛、水平适当、结构合理、基金平衡的原则，完善政策，健全机制，加强管理，实现可持续发展。会议还研究了东北地区厂办大集体改革试点问题。

10 月 21 日　国家统计局在“2005 中国大型工业企业发布会”上公布，上海宝钢集团公司、华北电网有限公司、中国第一汽车集团的主营业务收入居中国大型工业企业前三名。

10 月 27 日　十届全国人大常委会第 18 次会议审议通过

《中华人民共和国公司法（修订）》和《中华人民共和国证券法（修订）》。修订后的公司法和证券法将于2006年1月1日正式实施。这两部法律的修订，不仅对于加快资本市场发展、全面提升发展质量具有重大现实意义，对国民经济的健康发展也必将产生深远影响。

10月27日　全球首次募股规模（IPO）最大的银行股——中国建设银行在香港证交所主板市场挂牌交易。

11月4日　国务院下发《关于进一步加强就业再就业工作的通知》指出，今后几年我国就业再就业工作的重点仍是解决体制转轨遗留的下岗失业人员再就业问题和重组改制关闭破产企业职工安置问题。同时也要继续做好高校毕业生、进城务工农村劳动者和被征地农民等的就业再就业工作。

同日，商务部证监会下发《关于上市公司股权分置改革涉及外资管理有关问题的通知》，根据有关规定，允许境外投资者对上市公司进行战略性投资。

11月6日　国务院批复财政部、国务院国资委、劳动保障部起草的《东北地区厂办大集体改革试点工作指导意见》。《意见》提出，改革的总体目标是，通过制度创新、体制创新和机制创新，使厂办大集体与主办国有企业彻底分离，成为产权清晰、自负盈亏的法人实体和市场主体，切实减轻主办国有企业负担，为进一步深化国有企业改革创造条件。

11月17日　国务院国资委等6部门下发《关于做好企业国有产权转让监督检查工作的通知》提出，要有计划、有重点地组织做好企业国有产权转让监督检查工作，并列举了监督检查内容具体涉及的九种主要情况。

11 月 29 日至 12 月 1 日　中央经济工作会议在北京举行，胡锦涛总书记在会上全面分析了当前的国际国内形势，全面总结了今年的经济工作，深入分析了“十五”时期经济社会发展工作的成就及取得的重要认识和经验，明确提出了明年经济工作的指导思想、总体要求。温家宝总理在讲话中着重全面分析了当前我国经济形势，阐述了明年经济社会发展主要预期目标和需要解决的重点问题，具体部署了明年的经济工作。

12 月 6 日　历时两年的第一次全国经济普查圆满结束。根据经济普查资料初步测算，我国 2004 年国内生产总值现价总量为 159878 亿元，比年快报核算数增多 2.3 万亿元，增加 16.8%。

12 月 13 日　国务院关税税则委员会披露，从 2006 年 1 月 1 日起，中国将根据加入世界贸易组织的关税减让承诺，进一步降低 100 多个税目的进口关税，涉及植物油、化工原料、汽车及汽车零部件等产品，关税总水平为 9.9%。

12 月 15 日　《国务院关于完善企业职工基本养老保险制度的决定》公布。

12 月 23 日　《国务院关于修改〈中华人民共和国公司登记管理条例〉的决定》公布，于 2006 年 1 月 1 日起施行。

12 月 24 日　《国务院关于修改〈中华人民共和国个人所得税法实施条例〉的决定》公布，于 2006 年 1 月 1 日起施行。

12 月 28 日　我国首家由城市商业银行合并重组而成的商业银行——徽商银行正式挂牌成立。

12 月 29 日　全国大民代表大会常务委员会通过关于废止《中华人民共和国农业税条例》的决定，自 2006 年 1 月 1 日起废止。

12 月 31 日　中国证监会公布《上市公司股权激励管理办法（试行）》。

本年度主要参考资料：

1. 国家统计局. 中华人民共和国 2005 年国民经济和社会发展统计公报[M]. 北京：中国统计出版社，2006. 2.

2. 国家财政部. 认真实施稳健的财政政策[EB/OL]. 中国政府网，2006 - 01 - 24.

3. 中国人民银行. 认真实施稳健的货币政策[EB/OL]. 中国政府网，2006 - 01 - 24.

4. 中国人民银行. 货币信贷运行总体平稳[EB/OL]. 中国政府网，2006 - 01 - 24.

5. 中国人民银行. 积极实施有利于扩大消费的金融政策[EB/OL]. 中国政府网，2006 - 01 - 24.

6. 国家发展改革委. 固定资产投资过快增长势头继续得到抑制[EB/OL]. 中国政府网，2006 - 01 - 24.

7. 赵振华. 2005 年：我国经济进入平稳增长通道[N]. 解放军报，2005 - 12 - 12.

8. 专家点评 2005 年影响中国经济十大企业事件[N]. 工人日报，2005 - 12 - 27.

9. 2005 年国资监管体制改革全面深化[N]. 经济日报，2006 - 01 - 05.

10. 2005 年财经大事记[EB/OL]. 人民网，2006 - 02 - 19.

11. 积极推进国有企业改革和发展——国务院国有资产监督管理委员会主任李荣融答学习时报记者问[N]. 学习时报，2005 - 01 - 24.

12. 中国社科院工业经济研究所课题组. 企业重组改制模式的分类研究[J]. 经济研究参考，2005（04）.

13. 国务院关于推进资本市场改革开放和稳定发展的若干意见[Z]. 2004-01-31.

14. 中国证监会. 上市公司股权分置改革管理办法[Z]. 2005-09-04.

15. 中国经济体制改革研究会编写组. 中国改革开放大事记（1978—2008）[M]. 北京：中国财政经济出版社，2008.12.

2006 年

2006 · 年度经济背景

“稳八”难如预期，经济继续加速

2006 年，我国国民经济继续保持平稳较快发展，经济运行总体形势较好。消费需求增长加快，固定资产投资增速高位趋缓，对外贸易快速发展；居民收入、企业利润和财政收入均有较大幅度提高；价格走势总体平稳。但是，经济运行中仍然存在着投资与消费关系不合理、经济增长方式粗放、国际收支不平衡矛盾加剧、节能降耗和污染减排形势严峻等问题。

一、宏观经济运行的总体态势

2006 年国家宏观经济调控的主要预期目标是：国内生产总值增长 8% 左右，单位国内生产总值能耗降低 4% 左右；居民消费价格总水平（CPI）涨幅控制在 3%；城镇新增就业 900 万人，城镇登记失业率控制在 4.6%；国际收支基本平衡*。

* 据时任国务院总理温家宝 2006 年 3 月 5 日在第十届全国人民代表大会第四次会议所做的《政府工作报告》。

实际运行的结果，据国家统计局主办统计，全年完成的国内生产总值 209407 亿元，比上年增长 10.7%。其中，第一产业增加值 24700 亿元，增长 5.0%；第二产业增加值 102004 亿元，增长 12.5%；第三产业增加值 82703 亿元，增长 10.3%。

居民消费价格指数（CPI）上涨 1.5%，比上年降低 0.3 个百分点。

城镇新增加就业人员 1184 万人，净增加 979 万人；年末城镇登记失业率为 4.1%，比上年末下降 0.1 个百分点。

贸易顺差 1775 亿美元，比上年增加 755 亿美元。年末国家外汇储备余额突破万亿美元，达到 10663 亿美元，同比增长 30.22%，比上年末增加 2475 亿美元，增幅比上年下降 4 个百分点。年末人民币汇率为 1 美元兑 7.8087 元人民币，比上年末升值 3.35%。

据国家统计局的最终核实数据，2006 年的国内生产总值按现价计算为 219438.5 万亿元，增长率为 12.7%，超出预期值 4.7 个百分点，贸易顺差比上年增长 74%，大幅度超出了预期目标。而单位国内生产总值能耗仅比上年下降 1.23%，只完成了预期目标值的 30.8%。

二、宏观经济面临的主要形势

从 2003 年开始，我国经济连续 3 年两位数增长，其中 2003 年增长 10%、2004 年增长 10.1%、2005 年增长 10.4%。与此同时，受到复杂多变的国际形势和频繁发生的多种自然灾害等因素影响，经济发展中既存在一些长期积累的矛盾和问题，又出现了一些新情况、新问题。

一是投资的增幅仍然偏高，规模仍然偏大。2003 年的投资增长 26.7%，2004 年增长 25.8%，2005 年前 10 个月的增幅竟高达 27.6%。连续多年的投资增长明显高于 GDP 增长，使投资占GDP的比例即投资率持续攀升。上半年房地产投资增长34%，钢铁投资增长130%；信贷投放明显偏快，前7个月金融机构贷款已超过去年全年水平。固定资产投资反弹的压力很大，由于前几年的盲目投资，一些部门和行业已经出现了产能过剩的问题。钢材、电解铝、水泥等行业都出现了库存积压、价格下降、经营困难的现象。煤炭近来也出现过剩情况，价格下跌了10%～20%。

二是粗放的增长方式还没有得到扭转，在一些地方甚至更加恶化。据计算，我国的能源消费弹性已从2001年的不足100%上升到2004年的183%。尤为严重的是，虽然已经出现了产能过剩的信号，但仍有大量项目在纷纷上马。比如，钢铁部门在建项目产能是目前产能的50%；发电部门为1.13倍。目前全国共有在建、拟建铜冶炼项目18个，建设总能力205万吨，是2004年底能力的1.3倍。按照这种发展态势，2007年底将形成近370万吨冶炼能力，远远超过届时全国铜精矿资源保障能力和国际市场可能提供的铜精矿量。

三是粮食增产、农民增收出现了新的困难。农产品销售一度出现困难，上半年农民现金收入增幅回落3.2个百分点。对于农民增收来说，虽然国家出台了多项政策增加农民收入，但一边是以粮食为龙头的农产品价格持续小幅下降，另一边是农业生产资料价格的明显上涨。两相“挤压”之下，农民进一步增收的难度很大。

四是就业压力加大，前三季度城镇登记失业率达4.2%。

五是外贸顺差持续激增，在一定程度上反映了内需减弱的现状。国内经济增长依赖外需的程度大大提高，意味着经济增长的风险在提高。同时，在全球贸易增长不足 10% 的情况下，我国出口增长超过 30%，势必引起各种贸易摩擦的急剧增加，加大了人民币升值的压力。油价高涨、贸易保护主义等国际上的不确定性因素仍然存在，对中国经济的影响不可低估。

为此，上年末中央经济工作会议提出的 2006 年宏观经济调控的政策基调是：在保持宏观经济政策的连续性和稳定性基础上，坚持稳健的财政政策和货币政策，调整宏观政策的力度和重点，全力破解经济运行中的新问题。主要内容是：要保持经济平稳较快发展的好势头，关键是努力扩大国内需求、调整投资消费关系，增强居民消费对经济增长的拉动作用。

三、宏观经济政策的主要政策取向

1. 继续实施稳健的财政政策，财政支出结构向农村、社会事业等领域倾斜

全年安排中央财政赤字 2950 亿元，比上年预算减少 50 亿元。全年发行长期建设国债 600 亿元，比上年减少 200 亿元，同时增加中央预算内经常性建设投资 100 亿元。

在实施稳健财政政策过程中，进一步调整和丰富了政策手段，有促有控，增强财政调控的有效性和针对性。

一是全面取消农业税。同时，取消了农业特产税，制定出台《烟叶税暂行条例》，国家与农民的传统分配关系发生了根本性变革。

二是积极调整和完善相关税收政策。从 2006 年 4 月 1 日起，对消费税的税目和税率进行了 1994 年以来最大规模的调整。将

个人所得税工薪所得费用减除标准和内资企业所得税计税工资税前扣除标准由 800 元/人月提高至 1600 元/人月。调整部分产品的出口退税率，扩大了“高耗能、高污染”产品取消出口退税和降低退税率的范围，同时对部分“高耗能、高污染”产品加征出口关税，降低部分资源性产品进口关税。开展了东北地区增值税转型改革试点。

三是从 2006 年春季学期开始，西部地区率先实施农村义务教育，全部免除农村义务教育阶段学生学杂费，同时对家庭经济困难学生免费提供教科书，并补助寄宿生生活费。

四是加大转移支付的力度。2006 年中央财政用于对地方，主要是对中西部地区的一般性转移支付资金达到 1527 亿元，比 2005 年增加 407 亿元。

五是调整中央政府投资规模并优化使用结构。2006 年中央政府投资总规模 1254 亿元（含超收安排 100 亿元），主要用于社会主义新农村建设、社会事业、环境生态、西部大开发等方面的项目，适当开工建设关系发展全局的重大项目。

六是调整规范住房土地收支管理的财税政策。将 2005 年实施的个人购房转手交易免征营业税期限由 2 年延长至 5 年。有针对性地调整新增建设用地土地有偿使用费征收标准和使用管理政策，制定规范国有土地使用权出让收支管理的相关政策，初步遏制了房地产市场中的投机行为。

七是针对石油价格高企的新形势，积极研究促进发展石油替代能源的措施，制定支持生物能源发展等扶持政策，发展替代能源的财税政策体系初步建立。同时积极推进石油价格形成机制改革，开征石油特别收益金。

中央财政超收收入 2573 亿元（未扣除解决出口退税历史陈欠），除增加对地方税收返还和转移支付 231 亿元与增加教育支出 16 亿元之外，增加社会保障支出 241 亿元；增加石油特别收益金专项支出 372 亿元，用于对农渔林等行业因油价上涨增支的补助，以及能源开发、节能、环保等方面的重大项目支出；增加预算内经常性投资 100 亿元，主要用于支持社会主义新农村建设；增加专项支出 135 亿元，用于公路建设、购置储备油和大中型水库移民后期扶持；增加“三奖一补”资金、对西藏农牧民补助、缉私经费补助、口岸专项转移支付 35 亿元；增加出口退税指标 613 亿元，用于解决剩余出口退税历史陈欠；减少中央财政赤字 200 亿元。为保持中央预算的稳定性和财政政策的连续性，安排 500 亿元新建立中央预算稳定调节基金。

2. 继续实施稳健的货币政策，促进经济平稳较快增长和价格水平基本稳定

一是采取综合措施，加强流动性管理。2005 年出现的 1000 亿美元左右的贸易顺差规模，成为我国外贸持续发展面临的主要问题。另外，人民币汇率机制的调整及人民币升值，也成为影响我国 2006 年进出口的重要因素。在国际收支顺差导致的流动性过剩压力持续存在的局面下，2006 年，中国人民银行以加强银行体系流动性管理作为货币政策调控的主要内容，搭配使用公开市场操作和存款准备金等对冲工具，大力回收银行体系过剩流动性。一方面，以发行央行票据为主、回购操作为辅，加大公开市场对冲操作力度。全年累计发行央行票据 3.65 万亿

元，同比多发行8600亿元，年底央行票据余额3.03万亿元。另一方面，分别从2006年7月5日、8月15日、11月15日及2007年1月15日起小幅上调金融机构存款准备金率各0.5个百分点。此外，为加强外汇信贷管理，从2006年9月15日起提高外汇存款准备金率1个百分点，使经济强劲增长的势头逐步得到遏制，部分主要经济指标不同程度回落。到四季度，经济增长速度有所放慢。

二是发挥利率杠杆的调控作用，进一步推进利率市场化。中国人民银行两次上调金融机构存贷款基准利率。第一次是从4月28日起上调金融机构贷款基准利率。其中，金融机构一年期贷款基准利率上调0.27个百分点，由5.58%提高到5.85%。第二次是从8月19日起上调金融机构人民币存贷款基准利率。其中，金融机构一年期存款基准利率上调0.27个百分点，由2.25%提高到2.52%；一年期贷款基准利率上调0.27个百分点，由5.85%提高到6.12%。年内启动了中国货币市场基准利率体系建设。上海银行间同业拆放利率（Shibor）于2006年10月至12月进行试运行，尝试为金融市场提供一年以内产品的定价基准；2006年8月19日，将商业性个人住房贷款利率下限由法定贷款利率的0.9倍扩大到0.85倍，扩大了个人住房贷款的定价空间。三季度，人民币贷款增加额比二季度少增2823亿元，年初以来货币信贷增长偏快趋势得到控制。

三是加强“窗口指导”和信贷政策引导。中国人民银行多次召开“窗口指导”会议，提示商业银行高度重视贷款过快增长可能产生的风险，避免因过度追求利润而盲目进行信贷扩张，应合理、均衡放款；引导金融机构强化资本约束，树立持续稳健经营理念，提高风险控制能力，按照国家宏观调控政策及产业政策的要求，加强贷款结构调整，严格控制对过度投资行业的贷款，加强对房地产信贷的管理，停止对地方政府的打捆贷款和授信活动；鼓励和引导金融机构通过体制、机制和工具创新，加大对中小企业、就业、助学、农民工和非公经济等的信贷支持；引导商业银行通过拓展中间业务调整盈利结构，增强持续盈利能力。

四是深化人民币汇率形成机制改革，进一步完善有管理的浮动汇率制度。

五是加快外汇管理体制改革，对居民购汇和个人结汇实行年度总额管理。允许个人对外贸易开立外汇结算账户办理外汇资金收付，进一步规范个人资本项目外汇收支。取消经常项目外汇账户开户事前审批，进一步提高境内机构经常项目外汇账户保留外汇的限额，改进服务贸易售付汇管理。允许银行集合境内外汇或人民币购汇投资境外金融市场，支持证券经营机构集合境内机构和个人自有外汇投资境外证券市场，鼓励保险机构在一定比例内以自有外汇或购汇对外金融投资。取消境外直接投资购汇额度限制，允许提前购汇支付前期费用。对贸易外汇收汇结汇实行分类管理，对合法经营企业给予充分便利，对“关注企业”进行严格审核。加强对外资房地产企业外债和结汇管理，对外资购买境内房地产实行实需和自用原则。继续加强短期外债管理。

在金融宏观调控措施的综合作用下，货币信贷过快增长势头有所缓解，信贷结构进一步优化。进入2006年下半年后，货币信贷增速逐月放缓。截至12月末，广义货币供应量M2增长速度由年度最高点的19.2%降至16.9%，金融机构人民币贷款增速由最高点的16.3%降至15.1%，中长期贷款快速增长势头也趋于减弱，与宏观调控的总体要求基本适应，促进了全年经济平稳较快增长和价格总水平基本稳定。

3. 配套实施其他宏观经济政策，努力实现预期宏观调控目标

积极就业政策全面推行。党中央、国务院再次召开全国再就业工作座谈会，全面部署就业和再就业工作。前三季度，全国新增650万个就业岗位，823万下岗失业人员领取再就业优惠证明，其中350万人实现再就业。

集中出台以节能降耗、污染减排为目标的强力措施。在保证工业生产持续增长的基础上，把淘汰落后生产能力作为调整和优化产业结构的重要途径，抑制高耗能、重污染的产业盲目发展，转变粗放的经济增长方式。“十一五”规划纲要首次提出了节能降耗为约束性指标，明确了5年内单位GDP能耗下降20%左右的硬任务，并把节能降耗指标分解到各地，实行计划管理。国务院出台了《关于加强节能工作的决定》，将能耗指标作为地方政府领导干部和国有大中型企业负责人的重要考核内容；制定并实施钢铁、煤炭、水泥、电解铝等11个行业结构调整的政策措施，努力降低资源能源的过度消耗。同时，国家实施了差别电价政策，对淘汰类和限制类企业加价、企业自备电厂收费等措施。据有关部门统计，部分产能过剩行业投资增幅

明显回落，新开工项目计划总投资大幅下降。其中，煤炭行业关闭小矿井 5931 处、淘汰落后产能 1.1 亿吨；电解铝行业清理违规项目 23 个、停建缓建产能 247 万吨，淘汰落后产能 120 万吨。全年全国万元国内生产总值消耗 1.12 吨标准煤，比上年下降 1.23%。

严格控制固定资产投资。开年以来，经济增长继续保持强劲势头。一季度增长处于“潜在区间的上限”，二季度呈现“偏快”趋向，显示出从“偏快”转向“过热”的危险，其中的主要推动因素是投资增长过快。上半年全国城镇固定资产投资增长速度高达 31.3%，冲到了三年来的最高点，这种经济过热的信号，使经济发展的协调性和稳定性受到严重影响。针对上述情况，中央政府除运用货币政策调控外，还采取了其他相应的宏观调控措施。

一是加强土地调控，从紧控制新增建设用地，严肃查处违法违规用地行为。据有关部门调查，44.2% 的亿元以上新开工项目无土地批文，违法用地宗数占新增建设用地的近 60%。国务院于2006 年 8 月 31 日下发《关于加强土地调控有关问题的通知》，出台了新一轮土地宏观调控措施，特别对房地产用地加以严格控制。

二是管理新开工建设项目，严查土地、环保等违规案例，确保投资调控政策不折不扣如实执行。2006 年 8 月初，国家发展和改革委员会牵头，对各地“亿元级”新开工项目逐项进行清理，凡是在产业政策、土地审批、环保评估等方面存在问题的项目，一律要求暂停建设或限期整改；10 月中旬，经国务院批准，有关部门组成6个督查组，对12个省份新开工项目进行清理检查。

三是调控房地产投资过快增长，有效防止与房地产关联行业投资过热。房地产投资在固定资产投资中的比重虽然不是很大，从21世纪初的15.2%，到2005年的17.8%。但对投资的拉动作用很强，成为钢铁、建材等原材料行业过度投资的源头性因素。国家在调控房地产投资的同时，制定并实施钢铁、水泥等11个行业淘汰落后产能的政策措施，加大了对其过剩产能的调整力度，促使其投资增幅回落甚至下降。

四、宏观经济的主要经济指标

（一）总需求

1. 消费需求增长加快，国内消费需求旺盛

全年城镇居民人均可支配收入11759元，比上年增长12.1%，剔除价格因素，实际增长10.4%，增幅比上年提高0.8个百分点。农村居民人均纯收入3587元，比上年增长10.2%，剔除价格因素，实际增长7.4%，增幅比上年提高1.2个百分点。城乡居民收入的稳步提高支撑了消费的持续增长。

全年全社会消费品零售总额7.6万亿元，同比增长13.7%，增速比上年提高0.8个百分点。其中，城市消费品零售额增长14.3%；农村消费品零售额增长12.6%，城乡消费增长差距比上年有所缩小。

全年入境人数12494万人次，比上年增长3.9%。在入境旅游者中，过夜人数4991万人次，增长6.6%。国际旅游外汇收入339.5亿美元，增长15.9%。国内旅游总收入6230亿元，增

长 17.9%。

2. 固定资产投资增速高位回落

全年全社会固定资产投资 109870 亿元，比上年增长 24%。其中，城镇投资 93472 亿元，增长 24.5%；农村投资 16397 亿元，增长 21.3%。在城镇投资中，国有及国有控股单位投资 45212 亿元，比上年增长 16.9%。第一产业投资 1102 亿元，增长 30.7%；第二产业投资 39760 亿元，增长 25.9%；第三产业投资 52611 亿元，增长 23.3%。从投资项目规模来看，新开工项目计划总投资和施工项目计划总投资均有较大幅度回落。

全年房地产开发投资 19382 亿元，比上年增长 21.8%，其中，商品住宅投资 13612 亿元，增长 25.3%。商品房竣工面积 53019 万平方米，下降 0.6%。商品房销售额 20510 亿元。其中，期房销售额为 14366 亿元，所占比重为 70.0%。

青藏铁路于 2006 年 7 月 1 日实现全线通车。南水北调东、中线一期工程累计完成投资 119 亿元。三峡工程建设累计完成投资 1313 亿元。三峡电站已投产机组全年发电 492 亿千瓦时，累计发电已达 1461 亿千瓦时。

3. 贸易顺差继续扩大

出口增速高位回落，进口增速明显加快，但出口增速仍高于进口增速，贸易顺差继续扩大。2006 年，进出口总额为 1.76 万亿美元，增长 23.8%，增速比上年加快 0.6 个百分点。其中，出口 9691 亿美元，增长 27.2%，增速比上年回落 1.2 个百分点；进口 7916 亿美元，同比增长 20.0%，增速比上年加快 2.4 个百分点。进出口相抵，实现贸易顺差 1775 亿美元，比上年增加755亿美元。

（二）总供给

1. 农业

农业生产形势较好，粮食再获丰收。2006年全年粮食产量接近5亿吨；棉花产量673万吨，比上年增产17.8%；肉类、禽蛋总产量分别达到8000万吨和2950万吨，比上年增长4.5%和3.0%。但全国农产品生产价格（指农产品生产者直接出售其产品时的价格）上涨幅度继续低于农业生产资料价格上涨幅度，农民持续增收难度进一步加大。在农村固定资产投资中，农户投资增速持续低于非农户投资增速。

2. 工业和建筑业

全年全部工业增加值90351亿元，比上年增长12.5%。规模以上工业增加值增长16.6%；产品销售率98.1%。在规模以上工业中，高技术产业增加值比上年增长18.7%。

全年全社会建筑业实现增加值11653亿元，比上年增长12.4%。全国具有资质等级的总承包和专业承包建筑业企业实现利润1071亿元，增长18.1%；上缴税金1404亿元，增长21.0%。

全国规模以上工业企业产销率为98.1%，与上年持平；盈亏相抵实现利润18784亿元，比上年增长31%，增加4445亿元。其中，盈利企业盈利额20907亿元，增长28.5%；亏损企业亏损额2123亿元，增长10.4%。企业销售收入利润率6.09%，比上年提高0.27个百分点，处于近年来较高水平。规模以上工业企业经济效益综合指数为191.19，比上年提高17.7

点。流动资产周转率 2.46 次/年，提高 0.15 次；全员劳动生产率 125675 元/人，提高 21328 元/人；资产负债率 57.7%，上升 0.05 个百分点。

国有经济总量不断增加，经济效益大幅度提高。2006 年全国非金融类国有企业（下同）利润总额 1.1 万亿元，比上年增长 19.7%，是 1998 年 214 亿元的 51.4 倍；上缴税金总额 1.2 万亿元，比上年增长 19.1%，是 1998 年的 2.44 倍，占 2006 年全国财政收入 39343 亿元的 30.5%。

国务院国有资产监督管理委员会（以下简称国资委）履行出资人职责的有 159 户中央企业，2006 年实现利润总额 7547 亿元，比上年增长 18.2%，占全国国有企业利润总额的 69%；资产总额 12.3 万亿元；实际上缴税金总额 6611 亿元。相比 2003 年国资委成立时，196 户中央企业的利润总额是 3005 亿元，资产总额是 8.3 万亿元，实际上缴税金总额为 3563 亿元。3 年来，中央企业主营业务收入平均每年增加 1.2 万亿元；实现利润平均每年递增 150 亿元，实际上缴税收平均每年递增 100 多亿元。资产总额平均每年递增 1 万亿元；净资产收益率达到 10%，提高了 5 个百分点；国有资产保值增值率达到 144.4%。

3. 交通和邮电业

全年交通运输、仓储和邮政业增加值 12032 亿元，比上年增长 8.3%。全年全国规模以上港口完成货物吞吐量 45.6 亿吨，比上年增长 15.6%，其中外贸货物吞吐量 15.7 亿吨，增长 16.8%。全国港口集装箱吞吐量 9300 万标准箱，增长 23.0%。

全年完成邮电业务总量 15321 亿元，比上年增长 25.6%。

其中，邮政业务总量729亿元，增长16.9%；电信业务总量14592亿元，增长26.1%。全年新增局用交换机3067万门，总容量达到5.0亿门。新增固定电话用户1737万户，年末达到36781万户。其中，城市电话用户25139万户，农村电话用户11642万户。新增移动电话用户6768万户，年末达到46108万户。年末全国固定及移动电话用户总数达到82889万户，比上年末增加8505万户。电话普及率达到63部/百人。

（三）物价水平

居民消费价格指数（CPI）在10月前保持平稳，之后受粮食价格上涨影响，涨幅出现快速上升态势，但非食品价格和服务项目价格涨幅保持相对稳定。全年CPI同比上涨1.5%，其中，全年消费品价格上涨1.4%，服务项目价格上涨1.8%；食品价格上涨2.3%，非食品价格上涨1%。

全年工业品出厂价格上涨3.0%，原材料、燃料、动力购进价格上涨6.0%；农产品生产价格上涨1.2%，农业生产资料价格上涨1.5%，均比上年有所回落，但在一季度后总体呈上涨态势。中国人民银行调查统计司统计的企业商品价格指数自2006年以来也一直保持上升态势。

劳动报酬增加较快，略高于GDP名义增长率。2006年前三季度，全国城镇单位在岗职工月平均工资为1545元，同比增长14.6%。其中，国有经济单位月平均工资为1610元，同比增长14.8%；集体经济单位月平均工资934元，同比增长16.3%；其他经济类型单位月平均工资1560元，同比增长11.4%。

GDP缩减指数低于上年。2006年，我国GDP名义增长率为

13. 9%，实际增长率为 10. 7%，GDP 缩减指数（名义 GDP 增长率与实际 GDP 增长率之差）为 3. 2%，比上年下降 1. 4 个百分点。

（四）国际收支

全年国际收支继续保持经常项目和资本项目较大顺差，外汇储备较快增长。年末外汇储备 10663 亿美元，比上年末增加 2473 亿美元。在经常项目下，货物贸易顺差大幅增加，成为外汇储备增长的主要来源。这主要是由于国内储蓄大于投资的格局更为明显，国内制造业生产能力迅速扩大，国际制造业加快向我国转移，以及全球经济强劲增长拉动我国出口等。

在资本项目下，直接投资依然保持较大顺差，但顺差额有所下降，这主要是由于国内企业对外直接投资增长较快，外商直接投资流入趋缓。据商务部统计，2006 年我国实际使用外商直接投资金额 695 亿美元，同比下降 4. 1%；其中，非金融领域（不含银行、保险、证券）实际使用外商直接投资金额 630 亿美元，同比增长 4. 5%；对外直接投资 161 亿美元，增长 32%。外债余额有所上升。截至 2006 年 9 月末，外债余额 3049. 8 亿美元，比上年末增长 8. 5%。其中，中长期外债余额 1364 亿美元，增长 9. 2%；短期外债余额 1686 亿美元，比上年末增长 7. 8%，占外债总额的 55. 3%。贸易信贷、外资金融机构和外商投资企业的外债增长，是导致我国短期外债增长的主要原因。

2006 · 年度改革实践

中央企业全面风险管理

所谓全面风险管理，是指企业围绕总体经营目标，通过在企业管理的各个环节和经营过程中执行风险管理的基本流程，培育良好的风险管理文化，建立健全全面风险管理体系，包括风险管理策略、风险理财措施、风险管理的组织职能体系、风险管理信息系统和内部控制系统，从而为实现风险管理的总体目标提供合理保证的过程和方法。

企业全面风险管理不等于企业内部控制，据美国 COSO（全国反虚假财务报告委员会的发起人委员会）2004 年发布的《企业风险管理——整合框架》，全面风险管理涵盖了内部控制。在 COSO 框架中，明确将内部控制作为全面风险管理体系框架中的一个子系统。内部控制只是管理的一项职能，主要是通过事后和过程的控制来实现其自身的目标，而全面风险管理则贯穿于管理过程的各个方面，更重要的是在事前制定目标时就充分考虑了风险的存在。在两者所要达到的目标上，全面风险管理多于内部控制。全面风险管理包含了风险管理目标和战略的设定、风险评估方法的选择、管理人员的聘用、有关的预算和行政管理以及报告程序等活动，比内部控制的活动范围要宽泛得多。全面风险管理框架引入了风险偏好、风险容忍度、风险对策、压力测试、情景分析等概念和方法，因此，该框架在风险度量的基础上，有利于企业的发展战略与风险偏好相一致，增长、风险与回报相联系，进行经济资本分配及利用风险信息支持业务前台决策流程等，从而帮助董事会和高级管理层实现全面风险管理的四项目标。这些内容都是现行的内部控制框架所不能做到的。

我国系统的内部控制建设是在 1999 年之后。1999 年修订的《会计法》第一次以法律的形式对建立健全内部控制提出原则要求，财政部随即连续制定发布了《内部会计控制规范——基本规范》等 7 项内部会计控制规范。但真正把内部控制和风险管理形成法规，是受到美国 2002 年安然事件、世通公司财务欺诈案及随后美国的萨班斯法案的影响。2006 年，经国务院副总理黄菊批准，我国成立了企业内部控制标准委员会，正式开始这项工作。当年 6 月 6 日国资委发布的《中央企业全面风险管理指引》，是我国第一个全面风险管理的指导性文件，中央企业开始正式开展风险管理工作，这将关系到进一步提高企业管理水平，增强企业竞争力，国有资产保值增值和企业持续、健康、稳定发展。

2006 · 重要理论观点

关于市场经济的三次大争论

周瑞金在《改革内参（决策版）》2006 年第 16 期发布题为《如何看待改革的三次大争论》文章指出，我国自 1978 年实行改革开放以来，围绕市场化改革的主题有过三次大争论。

第一次争论是1980年到1984年，围绕社会主义商品经济问题展开。1982年中共十二大提出“以计划经济为主，市场调节为辅”，此后经济学家薛暮桥、吴敬琏等提出经济体制改革是建立“社会主义有计划的商品经济”。1984年中共十二届三中全会作出《中共中央关于经济体制改革的决定》，明确提出了“有计划的商品经济”概念，这得到邓小平的高度评价，称之为“新的政治经济学”“讲了老祖宗没有讲过的新话”。

第二次争论是1989年到1992年，围绕建立市场经济体制展开。1987年，中共十三大报告提出了“国家调节市场、市场引导企业”的说法，这使市场化改革又向前迈进了一步。但是这个提法后来遭到了有些人的批判，认为“市场化、私有化”是资产阶级自由化的表现。后来邓小平出来表态：党的十三大报告一个字也不能改，我看不出这句话有什么问题。他还说：“计划多一点还是市场多一点，不是资本主义同社会主义的本质区别。计划经济不等于社会主义，资本主义也有计划；市场经济不等于资本主义，社会主义也有市场。”当时，还有些人把改革开放与反和平演变对立起来，反对进一步改革开放，反对搞市场经济。而“皇甫平”文章的发表更引起激烈的论争，其实“皇甫平”文章就是按照邓小平思想写的。这场争论以1992年邓小平南方谈话发表告终，市场经济改革的方向得到了肯定。

第三次争论是2004年到现在，围绕中国国有企业改革、医疗、教育、住房改革、贫富差距等问题展开。2004年，中共十六届三中全会提出深化主义市场经济体制改革，贯彻落实科学发展观。改革走到这一步，出现了房价高、看病贵、教育乱收费、贫富差距拉大等新矛盾、新问题，利益分配格局矛盾的积累导致人们对改革产生了怀疑。中国市场经济改革今天之所以出现一系列问题，主要是少了政治体制改革、法律体制改革的配套、相随，不是市场经济引发问题，而是经济体制改革得不够深刻、不够全面、不够完整。一切改革中出现的问题，应当依靠深化改革来解决。

这三次争论虽然从不同的问题出发，但其根本是对社会主义和如何建设社会主义的认识问题。应当说，每次争论大家都是基于对国家的命运和前途的关切，都是真诚和理性的，通过争论，我们厘清一些问题，达成了一些共识。前面两次改革争论，党和政府在社会主义及其建设的认识上都有理论上的突破，并且也通过这样的理论突破更深入地推进了改革的历史进程。

国有企业是特殊企业

金碚发表在《经济与管理研究》2006 年第 6 期的撰文指出，改革开放以来，中国国企改革在技术和制度层面取得了成效，但思路和定位仍不清晰。我国国有企业的作用集中于弥补市场缺陷、发展战略性民族企业和体现公有制经济的决定性力量等三个方面。前两个作用体现了市场经济的共性，后一个作用体现了社会主义市场经济的特性。由此可以得出这样的结论：国有企业是特殊企业，具有特殊的功能和优点，能够发挥特殊的作用，在国民经济中占有特殊的地位，但绝不是普遍地适用于大多数企业的企业组织形式。经过20多年的理论探索和实践检验，中国国有企业的改革方向是，将国有企业定位于特殊企业的地位，以其特殊的优越性，承担特殊的职能，实现一定的社会目标。因此我国国有企业切实可行的改革道路只能是：凡是不宜实行国有制的企业应实行非国有化，并按一般的现代企业制度的规则运行；凡是必须保持国有制的企业要按现代国有企业制度的内在要求，借鉴各国国有企业管理和改革的经验，建立起适合我国国有企业的有效管理体制，实现严格保卫资产安全下的较高经济效率，并配以优秀的管理人来弥补国有制难以完全避免的弱点。

独立董事与监事会的职权冲突

高明华、刘金玲在《中国社会科学院研究生院学报》2006年第6期撰文指出，当前独立董事与监事会的职权设置是冲突的，重要原因之一，是二元制公司治理模式存在的固有矛盾。在一元制公司治理模式中，公司结构设置上没有独立的监督机构，董事会既有业务执行功能，又有监督业务执行的功能。为了防止董事会与经理层的合谋而引入外部具有独立身份的董事，属于一元制框架下公司治理的自律性改良。在二元制公司治理模式中，股东大会下设董事会和监事会，分别行使决策权和监督权。监事会专门作为维护股东利益，监督董事会、董事和经理的法定常设机关。在这个常设机关之外，再引入独立董事，虽然有利于形成立体化、多元化监督网络，但也会在多个方面与监事会制度发生冲突，甚至会削弱两者功能的发挥。独立董事与监事会的职权冲突也反映了现有相关法律的不健全。我国现有的《公司法》对独立董事的内容一笔带过，其他的法律法规对独立董事也没有具体要求和规定。对于引入独立董事后，如何做好独立董事与监事会职权的定位和协调，证监会的《指导意见》没有提及；深交所的《上市公司治理指引》则将财务检察权同时赋予两者，造成双头监管，其结果只能是浪费资源或者相互推诿。

新时期政府的角色定位

周志忍在《中国行政管理》2006 年第 10 期撰文认为，中共十六届五中全会“十一五规划建议”和《中华人民共和国经济和社会发展第十一个五年规划纲要》强调要深化行政管理体制改革，而“加快政府职能转变”，首先要明确政府的职能定位。

1. 政府在经济领域中的角色定位

通过前一时期的改革，政府已经从“垄断主导性经济主体”向“积极的经济主体”转变：一方面，与计划经济时代相比，政府逐步放弃了对资源的全面垄断和对市场机制的排斥，开始了市场机制的引入和非公经济主体的培育；另一方面，政府特别是地方政府在经济活动中登台唱主角，从早期的直接兴办企业到后期的层层经济目标责任制以及招商引资狂热，导致了重复建设、粗放经营、地方分割、部门保护种种弊端，而在制度保障、市场环境缔造和公正仲裁等方面政府着力不足。政府角色的进一步转换——从“积极的经济主体”到“制度保障者、市场环境缔造者和公正仲裁者”的重心转移，这是政府经济角色归位的一个新的发展阶段。

2. 政府在社会职能中的角色定位

在社会领域，政府角色定位的核心应该有两条：一是“慈父”与“组织协调者”角色之间的合理平衡；二是“授鱼者”与“授渔者”角色之间的合理平衡。强化的着力点应在扩大就业、维护劳动者合法权益、加大收入分配调节力度、健全社会保障体系、加大扶贫工作力度、扩大城乡居民消费等方面。

3. 政府在公共服务中的角色定位

政府的社会职能和公共服务之间并没有明确的界限。如果说社会职能具有“倾斜性特征”，强化社会职能主要表现为对弱势群体和相对落后地区的救助、保护和扶持；那么公共服务则具有“普遍性特征”，强化公共服务意味着面向人民日益增长的需求，一视同仁地增加或完善基本的公共服务，如基础教育、医疗卫生、社会治安、良好生态环境等。就普遍性公共服务而言，政府角色定位的核心是“安排者”和“生产者”之间的区分和理性选择：一方面，承认公共服务是政府的分内职责；另一方面，又要认识到公共服务不一定由政府独家垄断生产。政府作为“安排者”，要明确哪些公共服务应该由政府来做，做到什么程度或水平，怎样付费等问题。而多数公共服务的生产和提供，完全可以通过合同外包、政府补助、凭单、特许经营等形式由私营部门或社会机构来完成。

中国企业国际化面临的文化冲突

杨壮在《21 世纪商业评论》2006 年第 2 期撰文指出，中国企业在国际化过程中面临以下八个方面的深层次文化冲突：

一是企业经济目标和经营目标的不一致，即便在形式上通过合并走向国际化，也在组织目标的内涵上难以实现国际化；二是管理制度的差异，尤其是中国企业特殊的管理体制、经营体系、治理制度、激励机制大大增加了国际合作中的文化冲突；三是企业内部文化不一致，何谓国际化的企业文化、以何种方式建立一个国际化企业的文化、建立国际化企业文化的基础是什么等，都是一个国际化的管理层必须解决的问题；四是领导风格不一致；五是不同标准的职业经理人素质，尤其是国际化的职业经理人应该是什么样子的，是企业走向国际化需要回答的问题，更是一个社会和教育问题；六是语言文化导致的交流障碍；七是行为举止导致的交流障碍；八是国际市场中的客户需求差异。

解决以上的文化冲突，要求中国的企业家在走出国门之前，必须善于学习研究外国的政治、法律、经济、社会、文化的历史和现状。在英文水平、情感商数方面自我提升，特别是提高“同理心”的能力，以降低国际间的文化冲突，提高企业间的融合度。

2006 年 · 重要政策法规

1.《国务院办公厅转发全国企业兼并破产和职工再就业工作领导小组〈关于进一步做好国有企业政策性关闭破产工作意见〉的通知》，2006 年 1 月 16 日。

2. 《国务院关于加快振兴装备制造业的若干意见（摘要）》，2006年2月13日。

3. 中央统战部、国务院国资委党委《关于印发〈关于在国有企业开展“爱企业、献良策、做贡献”主题活动的意见〉的通知》，2006年3月2日。

4. 国务院国资委《关于印发〈国有独资公司董事会试点企业职工董事管理办法（试行）〉的通知》，2006年3月3日。

5. 《国务院关于加快推进产能过剩行业结构调整的通知》，2006年3月12日。

6. 《中央企业综合绩效评价管理暂行办法》，2006年4月7日。

7. 《地方国有资产监管工作指导监督暂行办法》，2006年4月7日。

8. 《中央企业总会计师工作职责管理暂行办法》，2006年4月14日。

9. 《中共中央国务院关于促进中部地区崛起的若干意见》，2006年4月15日。

10. 《国务院办公厅关于落实中共中央国务院〈关于促进中部地区崛起若干意见有关政策措施〉的通知》，2006年5月19日。

11. 国务院国资委《关于印发〈中央企业全面风险管理指引〉的通知》，2006年6月6日。

12. 《国务院办公厅转发发展改革委等部门〈关于加强固定资产投资调控从严控制新开工项目意见〉的通知》，2006年6月

13 日。

13.《中央企业投资监督管理暂行办法》，2006 年 6 月 28 日。

国务院国资委《关于印发〈中央企业投资监督管理暂行办法实施细则〉的通知》，2006 年 7 月 18 日。

14. 国务院国资委、财政部《关于印发〈国有控股上市公司（境内）实施股权激励试行办法〉的通知》，2006 年 9 月 13 日。

15.《国务院办公厅转发国资委〈关于推进国有资本调整和国有企业重组指导意见〉的通知》，2006 年 12 月 5 日。

16. 国务院国资委、财政部《关于企业国有产权转让有关事项的通知》，2006 年 12 月 31 日。

17.《中央企业负责人经营业绩考核暂行办法》，2007 年 12 月 30 日。

2006 · 年度热点纪实

全面取消农业税

2006 年 2 月 22 日，国家邮政局发行了一张面值 80 分的纪念邮票，名字叫作《全面取消农业税》，以庆祝从 2006 年 1 月 1 日起废止《农业税条例》。

农业税实际包括农业税、农业特产税和牧业税，是国家对一切从事农业生产、有农业收入的单位和个人征收的一种税，俗称“公粮”。农业税起源很早，中国过去称田赋，西方国家称地租税或土地税。在封建社会，农业是最主要的生产部门，是封建制国家最主要的税收，是财政收入的主体。据史料记载，我国农业税最早始于春秋时期鲁国的“初税亩”，到汉初形成制度。历史上，“皇粮国税”一直牵动着中国的兴衰。尽管中国历史上出现过“两税法”“一条鞭法”“摊丁入亩”等改革，以扩大纳税面，让有地产、有钱财的人多纳税，但由于吏治腐败，负担最终转嫁到农民头上。即使是屡被提起的“文景之治”“贞观之治”“康乾盛世”，也只是短暂的轻徭薄赋，历代封建统治者始终未能跳出农民负担越减越重的“黄宗羲定律”。

1958 年 6 月 3 日，第一届全国人民代表大会常务委员会第 96 次会议通过《中华人民共和国农业税条例》。1983 年开始，开征“农林特产农业税”。《农业税条例》实施以来，对于正确处理国家与农民的分配关系、发展农业生产、保证国家掌握必要的粮源、保证基层政权运转等发挥了重要的积极作用，但也在一定程度上加重了农民负担。从 1992 年开始，中国改革开放正式对农业体制进行改革。1994 年 1 月 30 日，国务院发布《关于对农业特产收入征收农业税的规定》，农业税制包括农业税、农业特产税和牧业税等三种形式。全国的平均税率规定为常年产量的 15.5%；各省（自治区、直辖市）的平均税率，在征收农业税（正税）的时候结合各地区的不同经济情况，分别加以规定。2000 年起从安徽开始试点并逐步扩大范围，到 2003 年在中国大陆全境铺开，推行农村税费改革。取消乡统筹、农村教育集资等专门向农民征收的行政事业性收费和政府性基金、集资，取消屠宰税，取消统一规定的劳动义务工；调整农业税和农业特产税政策；改革村提留征收使用办法。2004 年开始，取消牧业税和除烟叶外的农业特产税；实行取消农业税试点并逐步扩大试点范围，对种粮农户实行直接补贴、对粮食主产区的农户实行良种补贴和对购买大型农机具户的农户给予补贴；吉林、黑龙江 8 个省份全部或部分免征了农业税，河北等 11 个粮食主产省份降低农业税税率三个百分点，其他地方降低农业税税率一个百分点。2005 年上半年，中国 22 个省免征农业税；2005 年底全国 28 个省（区、市）及河北、山东、云南三省的 210 个县（市）全部免征了农业税。2005 年 12 月，十届全国人大常委会第十九次会议通过决定，自 2006 年 1 月 1 日起废止《农业税条例》。延续了两千六百年的农业税至此废除，标志中国进入改革开放转型新时期。

取消农业税是对农民的一种解放。以农业税为载体，派生出从农民、农村、农业摄取剩余价值的税费品种多得令人眼花缭乱。农业税的取消，使这种到处向农民伸手的体制得到了根本性的改变。更为重要的是，现行的农村税制，是在城乡二元结构下设立的。这种两线并行的税制结构，再加上城乡发展水平的不平衡，对中国农民形成了极不公平的税收负担。中国由 7% 的主税及其 20% 的附加合成的农业税税率达 8.4%。据了解，对特定人群进行税收，这种情况只有在中国才存在。因此，取消农业税政策的提出，更多的是一种制度性的变化，是中央对城乡经济和社会发展不平衡政策做出的重大调整，是对农民在税负上与城市居民平等地位的恢复。

取消农业税以及中央政策向“三农”倾斜，并不损害城市的发展和市民的利益。相反，还将最终促进城市的进一步发展。全国13亿人中的9亿多农民增收了，消费水平提高了，必将促进城乡市场的畅旺，拉动内需，城镇的生产、销售和消费等环节也将随之步入良性循环，进而加快城市工业化的步伐。同时，城乡差距的缩小，还会促使农村社会更加稳定，并有助于全社会的稳定。一句话，中国的改革，都是从解放农民开始的。没有富裕的农民，就没有富裕的中国；没有农村的稳定，就不可能有一个稳定和谐的中国社会。

外资并购境内企业引发争议

2006年，外资并购境内企业成为社会广泛关注的焦点。在年初的“两会”期间，全国政协委员、国家统计局局长李德水称，要谨慎对待垄断性跨国并购，防止出现财富创造出来后，其所有权和支配权却不完全属于当地政府和人民。与此同时，全国工商联也提交了《关于建立国家经济安全体系的建议》的提案，其中同样重点提及“跨国并购对国家经济安全的影响”“建立国家经济安全体系”等几方面问题。有人甚至发出了中国装备制造业将要面临“外大内空”危机的惊呼。

问题的起因，源于徐工并购案、洛阳轴承并购案以及苏泊尔反垄断案调查等一系列事件。

徐工集团工程机械有限公司是我国工程机械行业的排头兵。2005年总资产约百亿元，年销售收入达170亿元，在压路机、起重机、装载机等多个行业的市场占有率超过50%，仅品牌就值80亿元。从2003年开始，徐工机械启动企业改制工作。江苏省政府、徐州市政府有关部门先后于2003年4月12日和7月28日，两次把徐工机械作为引资改制的重点项目，向海内外公开推介。2003年10月，国内外三十余家企业、基金，向政府有关部门和徐工集团提交了《项目建议书》。其中，有德隆集团、三一重工等十余家国内民营企业，也有美国凯雷、卡特彼勒等十多家海外公司。在由政府组织的首轮筛选中，三一重工、德隆集团先后出局。此后，政府分别于2004年6月和10月，先后组织了两轮正式竞标，美国凯雷集团最终以3.75亿美元的总出资额控股徐工85%胜出。但从此之后，徐工并购案就一直处于剧烈的争论之中。

2006年5月30日，世界第二大轴承制造商德国舍弗勒集团与洛阳市国资委签订框架协议，前者将出资11亿元整体收购洛阳轴承集团有限公司，包括洛阳LYC轴承有限公司（以下简称LYC）。掌握着国防军工、航空航天等领域配套轴承核心技术的洛轴被外资收购，立即引起了有关部门的关注。

哈尔滨轴承集团、大连瓦房店轴承集团和洛阳轴承集团是目前国内最主要的三大轴承生产企业，其中，洛轴是轴承产品尺寸最广、用途覆盖最宽、品种最齐全的国内生产基地，并保持着多项中国轴承行业纪录。其LYC品牌轴承被国家列入“121”计划重点保护名优产品，在三峡工程、小浪底工程、从神舟一号到神舟五号飞船的核心、关键部位，都有LYC轴承在运转。洛轴集团这家成立了50多年的国有大型企业，曾连续7年进入中国最大500家工业企业之列，被国务院确定为520家国家重点企业之一，是轴承行业唯一一家进入国家 120 家试点集团的企业。

在凯雷并购徐工遇挫之后，全球知名的炊具业巨头法国赛博公司并购中国苏泊尔股份有限公司，作为中国《外国投资者并购中国境内企业规定》9 月 8 日正式实施后的第一个案例，面临着商务部等相关部门的审查。该并购案是否构成垄断，成为业界和学界争议的焦点。在外资风潮越刮越盛的形势下，强势的民族品牌也逃脱不了被外资收购的命运。有关强生将收购大宝的消息刚在业内传开，世界第一大烈性酒公司——英国帝亚吉欧集团携水井坊同时对外发布消息称，帝亚吉欧将受让水井坊第一大股东四川全兴集团 43% 的股权。这项并购案是中国知名品牌白酒并购第一案，伴随着外资在其尚未涉足的中国白酒行业取得这一突破，中国白酒市场格局也将发生改变。

凯雷控股徐工的消息传出以后，三一重工执行总裁向文波以博客形式连续发文叫板凯雷收购徐工，宣称“徐工被贱卖”，要“阻止外资并购徐工”。而徐工也以博客形式正式回应。此后，这一场大讨论，把外资并购国企引入“国退洋进”的旋涡中，连民企也受到波及。

洛阳轴承并购案出现以后，中国轴承工业协会紧急上书中国机械工业联合会，表明了对整体收购一事的反对态度：一是洛轴的去向事关国家的产业安全；二是就整个行业来说，以往“市场换技术”都流于失败。中国轴协的态度出乎意料的鲜明：“对于外资参股合作，我们并不反对。但要整体收购，我们坚决不同意。”中国轴协认为，目前轴承行业的外资并购潮愈演愈烈。到 2006 年为止，国外跨国公司在中国境内已陆续建立了 24 家合资、独资轴承成品生产企业，综合总投资约 4 亿至 5 亿美元，已初步形成 8 亿至 9 亿套轴承生产能力。而舍弗勒目前已经控制了中国铁路轴承 25% 的市场。一旦兼并洛轴，其在全国的市场份额将上升到 50% 以上，将拥有全国铁路轴承的定价权。像洛轴这样的企业，国家应在政策上给企业想办法，找出路，让它们自己“活起来”。为此，国务院五部委官员被派去调查舍弗勒收购洛阳轴承集团有限公司的提案，以确保收购出价公平，不危及国家安全。

面对国内市场掀起的“外资并购热”。人们普遍认为，利用发达国家新一轮产业结构调整的机会，借助国际并购热潮，促进外资参与国企的改组改造，推动国企与跨国公司的合作，将对盘活国企存量资本、促进我国产业结构调整和相关行业整合产生积极影响。但结果真会如所我们所愿吗？在跨国并购风潮四起时，中国企业该如何自处？政府部门对此又该如何调控？一系列问题摆在 2007 年开年之时。

在 2006 年国企自身制度改革中，最引人关注的话题，莫过于股权激励。2006 年初，国资委发布《关于进一步规范国有企业改制工作的实施意见》，除了针对改制中的主要问题健全制度、增强可操作性外，新增了大型国企领导通过增资扩股持有本企业股份的内容，从而拉开了本年度国企改革的大幕。虽然意见要求对大型国有企业管理层增资持股“严格控制”，但是这在事实上解除了此前对大型国有企业经营层持股的禁令。国资委对此的解释为：“禁”主要涉及国有资产存量，而“解禁”

则是对国有资产增量而言。2006 年 10 月 20 日国资委和财政部会签的《国有控股上市公司（境内）股权激励试行办法》，不啻是管理层股权激励的历史性一步。办法规定，上市公司全部有效的股权激励计划所涉及的标的股票总数累计不得超过公司股本总额的 10%；激励对象原则上限于“上市公司董事、高级管理人员”以及“核心技术人才和管理骨干”，而此前饱受争议的上市公司监事、独立董事及外部董事“暂不纳入股权激励计划”。即便仅开了一个“小口子”，还是有不少业内人士发出了类似“等了六七年，终于等到了这一天”的感慨。

2006·年度改革大事

1 月 4 日　商务部、证监会、税务总局、工商总局、外汇局联合发布《外国投资者对上市公司战略投资管理办法》，规定国外投资者可以对已完成股改的上市公司和股改后新上市公司两类对象进行战略投资。

同日，中国人民银行决定，即日起在银行间即期外汇市场上引入询价交易方式（简称 OTC 方式），改进人民币汇率中间价的形成方式。

1 月 9 日　财政部、国家税务总局发出《关于享受企业所得税优惠政策的新办企业认定标准的通知》，重新明确享受企业所得税定期减税或免税的新办企业的认定标准。

1 月 20 日　劳动和社会保障部等 18 部门发布《关于贯彻落实国务院进一步加强就业再就业工作通知若干问题的意见》指

出，广泛动员工会、共青团、妇联等人民团体及社会各方面开办的职业培训机构，为城乡劳动者开展职业培训（含创业培训）。持《再就业优惠证》人员、城镇其他登记失业人员和进城务工的农村劳动者参加职业培训，可享受政府提供的一次性职业培训补贴。

1 月 21 日　国土资源部通报，据不完全统计，自去年以来，全国已责令停产整顿矿山 11097 座，吊销采矿许可证 1082 个，整顿和规范矿产资源开发秩序工作取得初步成效。

1 月 26 日　中共中央、国务院做出《关于实施科技规划纲要增强自主创新能力的决定》，提出全面提升国家竞争力，创新体制机制，走中国特色自主创新道路，为建设创新型国家而奋斗。

2 月 13 日　国务院发出《关于加快振兴装备制造业的若干意见》指出，大力振兴装备制造业，是树立和落实科学发展观，走新型工业化道路，实现国民经济可持续发展的战略举措。

3 月 5 日至 14 日　十届全国人大四次会议召开，温家宝在政府工作报告中指出，改革开放是决定中国命运的重大决策。当前改革正处于攻坚阶段，必须以更大的决心加快推进各项改革。今年一些关系全局的重大体制改革要取得新进展。要加快推进行政管理体制改革，进一步转变政府职能。继续推进政企分开，减少和规范行政许可和行政审批。坚决把不该由政府管理的事交给市场、企业、社会组织和中介机构。切实转变政府管理经济方式，加强社会管理和公共服务职能。会议通过了《关于国民经济和社会发展第十一个五年规划纲要的决议》。

3月12日　国务院印发的《关于加快推进产能过剩行业结构调整的通知》指出，推进产能过剩行业结构调整，关键是要发挥市场配置资源的基础性作用，充分利用市场的力量推动竞争，促进优胜劣汰。

3月31日　劳动和社会保障部等4部门印发的《全面推进劳动合同制度实施三年行动计划》提出，从2006年至2008年，用三年时间实现各类企业与劳动者普遍依法签订劳动合同内容趋于规范，劳动合同得到较好履行，基本实现劳动合同管理的规范化、法制化。

4月7日　国务院国资委颁布的《地方国有资产监管工作指导监督暂行办法》提出，指导和监督地方国有资产监管工作，应当遵循下列原则：坚持国有资产属于国家所有，维护国家整体利益；坚持中央政府和地方政府分别代表国家履行出资人职责，尊重地方国资委的出资人代表权益，鼓励地方国资委探索国有资产监管和运营的有效形式；坚持政府的社会公共管理职能与国有资产出资人职能分开，依法履行指导和监督职能，完善指导和监督方式；坚持国有资产管理体制改革和国有企业改革的正确方向，维护国有资产安全，防止国有资产流失，实现国有资产保值增值。

4月10日　截止到3月31日，全国已关闭5535处煤矿，完成计划的106%。其中内蒙古、辽宁、安徽、河南、重庆、陕西等20个省（自治区、直辖市）和新疆生产建设兵团确定关闭的矿井已全部关闭。

4月15日　中共中央、国务院发出《关于促进中部地区崛起的若干意见》，要求把中部地区建设成为重要的粮食生产基地、能源原材料基地、现代装备制造及高技术产业基地和综合交通运输枢纽，使中部地区在发挥承东启西和产业发展优势中崛起。

5 月 25 日　温家宝总理主持召开国务院常务会议，听取国资委关于国有企业改革和国有资产监管工作的汇报。

5 月 26 日　胡锦涛总书记主持中共中央政治局会议，研究改革收入分配制度和规范收入分配秩序问题。

6 月 20 日　国资委下发《中央企业全面风险管理指引》（以下简称《指引》），对中央企业开展全面风险管理工作的总体原则、基本流程、组织体系、风险评估、风险管理策略、风险管理解决方案、监督与改进、风险管理文化、风险管理信息系统等方面进行了详细阐述，对《指引》的贯彻落实也提出了明确要求。

6 月 26 日　国务院颁布《关于保险业改革发展的若干意见》。

7 月 1 日 青藏铁路全线建成通车。青藏铁路是世界上海拔最高、线路最长的高原铁路，全长 1956 公里。

7 月 5 日　中国银行在上交所挂牌上市，成为首家同时在香港和内地上市的商业银行。

7 月 19 日　温家宝总理主持召开国务院常务会议，讨论并原则通过《国务院关于加强节能工作的决定》。

7 月 31 日　中国证监会发布新修订的《上市公司收购管理办法》，对上市公司收购制度作出重大调整。这一办法将规范上市公司的收购及相关股份权益变动活动，促进证券市场资源的优化配置。

8月8日　商务部等六部委联合发布修订后的《关于外国投资者并购境内企业的规定》。

8月14日　国资委发布《中央企业投资监督管理暂行办法实施细则》。

8月16日　温家宝总理主持召开国务院常务会议，对内蒙古新丰电厂项目违规建设和发生的重大施工事故作出严肃处理。

8月　十届全国人大常委会第二十三次会议审议并表决通过了《中华人民共和国企业破产法》，确立了企业有序退出的法律制度，规范了企业破产程序。

10月8日至11日　中共十六届六中全会举行。全会审议通过《中共中央关于构建社会主义和谐社会若干重大问题的决定》。

10月25日　温家宝总理主持召开国务院常务会议，讨论通过《关于鼓励和规范我国企业对外投资合作的意见》。

10月27日　中国工商银行股份有限公司股票在香港联交所、上海证券交易所挂牌交易。工行是首家实现内地A股和香港H股同步上市的企业，标志着我国商业银行改革已取得重要阶段性成果。

11月1日　温家宝总理主持国务院常务会议，审议并原则通过《关于“十一五”深化电力体制改革的实施意见》。

11月9日　发展改革委公布《利用外资“十一五”规划》。

11月28日　中国银监会发布《外资银行管理条例实施细

则》，2006 年 12 月 11 日起施行。

11 月 30 日　据国务院国资委的资料，截至 2006 年 11 月 30 日，190 家中央企业控股的上市公司中，已有 179 家完成或启动了股权分置改革工作，对资本市场的稳定运行起到了积极作用。宝钢、神华等 19 家中央企业相继建立和完善了董事会，建立了外部董事制度，公司治理结构不断完善。自 2003 年以来，中央企业先后分六批进行了公开招聘高级经营管理者的工作，共有 78 户中央企业的 81 个高级管理职位面向全社会公开招聘。

12 月 5 日　国务院办公厅转发国务院国资委《关于推进国有资本调整和国有企业重组的指导意见》，明确了国有资本调整和国有企业重组的基本原则、主要目标和政策措施。

12 月 5 日—7 日　中央召开经济工作会议，深入分析了当前的国内经济形势和国际经济环境，全面总结了今年的经济工作，部署了明年的经济工作。

12 月 18 日　国务院办公厅转发国资委《关于推进国有资本调整和国有企业重组的指导意见》。

12 月 30 日　国务院国资委公布修订后的《中央企业负责人经营业绩考核暂行办法》，其中，明确规定凡列入国资委国有独资公司董事会试点且外部董事到位人数超过全体董事 1/2 的企业，国资委授权企业董事会对企业经理人员的经营业绩进行考核。本办法自 2007 年 1 月 1 日起施行。

12 月 31 日　银监会批准中国邮政储蓄银行开业，同意中国邮政集团公司以全资方式组建中国邮政储蓄银行有限公司。

同日，国务院国资委、财政部下发《关于企业国有产权转让有关事项的通知》（以下简称《通知》）要求，企业国有产权转让应不断提高进场交易比例，严格控制场外协议转让。《通知》还对外商受让企业国有产权、企业国有产权受让条件的审核管理、受让资格的审核确认、企业国有产权转让价格等事项作出具体规定。

12月　据国家发改委的资料，到2006年底，我国养老、医疗、失业、工伤和生育保险参保人数分别达到18649万人、15737万人、11187万人、10235万人和6446万人。与上年相比，养老、医疗、工伤、生育四个险种参保人员增幅都在1000万人以上，工伤保险成为第四个覆盖人数超过1亿人的险种，失业保险参保人数也是近五年来增幅最高的。

本年度主要参考资料：

1. 2005年中央经济工作会议新闻报道[EB/OL]. 人民网，2005-12-05.

2. 2006年国务院政府工作报告——2006年3月5日在第十届全国人民代表大会第四次会议上[EB/OL]. 中国政府网，2009-03-16.

3. 国家统计局. 中华人民共和国2006年国民经济和社会发展统计公报[EB/OL]. 国家统计局网站，2007-02-28.

4. 李荣融. 中国经济贸易年鉴（2007年）[M]. 北京：中国经济出版社，2007.12.

5. 中国经济体制改革研究会编写组. 中国改革开放大事记（1978—2008）[M]. 北京：中国财政经济出版社，2008.12.

2007 年

2007 · 年度经济背景

历时十五年，经济增长再现超高速

2007 年，我国国民经济在上年 12.7% 的高位上继续攀升，最终冲上 14.2% 的峰巅*。历时 15 年，经济增长再现超高速，成为改革开放以来的第五个经济增长峰值年，GDP 和 CPI 增幅均在再创新高中收官。

2007 年国家宏观经济调控的主要预期目标是：在优化结构、提高效益和降低消耗、保护环境的基础上，国内生产总值（GDP）增长 8%；城镇新增就业人数不低于 900 万人，城镇登记失业率控制在 4.6% 以内；物价总水平基本稳定，居民消费价格总水平涨幅（CPI）在 3% 以内；国际收支不平衡状况得到改善。

宏观经济调控的政策基调是：保持经济平稳较快发展的好势头，继续实施稳健的财政政策和货币政策。主要内容：要正确处理好投资和消费、内需和外需的关系，最根本的是扩大国内消费需求。当前工作的着力点是要合理控制投资增长，努力

* 据国家统计局的统计公报，2007 年全年的国内生产总值 246619 亿元，比上年增长 11.4%。其中，第一产业增长 3.7%；第二产业增长 13.4%；第三产业增长 11.4%。以后国家统计局按最终核实数据，把全年国内生产总值调整为 270232.3 亿元，比上年增长 14.2%。其中，第一产业增长 3.5%；第二产业增长 15.1%；第三产业增长 16.1%。

优化投资结构。坚持以增加居民消费尤其是农民消费为重点，加快调整国民收入分配格局，努力提高农民和城镇低收入者收入水平和消费能力。

今年国民经济和社会发展的主要目标是：增长8%左右；实际运行的结果，全年国内生产总值246619亿元，比上年增长11.4%。其中，第一产业增加值28910亿元，增长3.7%；第二产业增加值121381亿元，增长13.4%；第三产业增加值96328亿元，增长11.4%。居民消费价格比上年上涨4.8%，其中食品价格上涨12.3%。城镇新增就业人口1204万人。年末城镇登记失业率为4.0%，比上年末下降0.1个百分点。全年税收收入49449亿元（不包括关税、耕地占用税和契税），比上年增加11813亿元，增长31.4%。全年进出口总额21738亿美元，比上年增长23.5%；贸易顺差2622亿美元，比上年增加847亿美元。年末国家外汇储备15282亿美元，比上年末增加4619亿美元。年末人民币汇率为1美元兑7.3046元人民币，比上年末升值6.9%。

一、经济高速增长，流动性过剩和通胀压力加大

盘点2007年的中国经济，在总体形势仍呈现出平稳快速发展的较好态势下，宏观经济由偏快转向过热的趋势进一步加剧，流动性过剩、通胀压力加大等问题在2007年相继暴露。被外国媒体称之为“小猪周期”引发的物价上涨，也令老百姓切身体会到了何谓“结构性问题突出”；而以“多步骤、微调整”为特点的宏观调控，则在国内外不确定因素日渐增多的背景下，避免了中国经济的大起大落。

第一，从经济增长周期上来看，2007 年仍在上升通道内持续平稳地高位运行，但已经到了繁荣周期的顶部。经济增长在 1992 年达到 14.2% 以来，15 年后再次跃上 14.2% 的高位，并且从 1999 年的 7.7% 以来，8 年时间一直是向上爬升的态势。本年年末有学者认为，经济正在达到或接近周期性繁荣的顶部区域，经济增长从年度上讲最高点可能是 2007 年，而季度上的最高点则可能出现在 2008 年上半年。以后实际经济运行的结果，果然被不幸言中。但是谁也没有预料到 2008 年美国会发生次贷危机，因而其所预言的 2008 年中国国民经济将继续保持 11% 以上的高位增长也就成了一厢情愿*。

* 2007 年末国家发改委宏观经济研究院研究员王小广答《瞭望》周刊记者问。

第二，从供求关系的总量来看，总量平衡状况基本稳定，协调性增加。从总需求看，消费、投资、净出口“三驾马车”仍然是促进经济增长的内外动力，其中一直困扰我国经济的投资率过高、消费率偏低、外贸依存度过大的结构性矛盾有所改观，投资对经济的贡献率连续 6 年超过消费的状况开始发生变化，控制投资、扩大消费的宏观经济政策措施成效初显。全年全社会固定资产投资 137239 亿元，比上年增长 24.8%，其中房地产开发投资 25280 亿元，比上年增长 30.2%；全年社会消费品零售总额 89210 亿元，比上年增长 16.8%；出口 12180 亿美元，增长 25.7%。据国家统计局初步估算，在 2007 年 11.4% 的经济增长中，消费、投资、净出口对经济增长的贡献率分别为 38.6%、37.7% 和 23.7%，分别拉动经济增长 4.4 个百分点、4.3 个百分点和 2.7 个百分点，消费对经济的贡献 7 年来首次超过投资。从总供给来看，供给能力进一步加强。农业连续 4 年实现丰收；煤炭开采和洗选业增加值比上年增长 18.1%，石油和天然气开采业增长 3.9%，非金属矿物制品业增长 24.7%，黑色金属冶炼及压延加工业增长 21.4%，化学原料及化学制品制造业增长 21.0%，有色金属冶炼及压延加工业增长 17.8%，电力热力的生产和供应业增长 13.8%，石油加工炼焦及核燃料加工业增长 13.4%，交通运输、仓储和邮政业增长 9.7%，虽然能源供应的结构性品种短缺与部分地区时段性、季节性紧张状况尚难以根本改变，但煤电油运供需总体仍基本平衡；重要的工业原材料的生产能力提高。

第三，供求结构性矛盾表现明显，物价上涨成为 2007 年宏观经济的突出特点。在经历了连续几年的“高增长、低物价”之后，今年由于资产价格和食品价格的推动，中国经济结束了持续五年的低通胀，正在进入温和通胀期。以猪肉价格上涨为发端，自 3 月起，CPI 同比涨幅连续 9 个月超过 3%；自 8 月起，通胀压力进一步加大，CPI 涨幅连续 4 个月超过 6%。而国家统计局最新公布的数据显示，11 月 CPI 涨幅达 6.9%，这是自 1996 年 12 月以来的最高值。

虽然 CPI 上涨的成因来自国际因素与国内因素的叠加传导。不过，无论是国际能源原材料及农产品价格上升的传导影响，还是国内成本增加的推动、部分农产品的结构性短缺等因素，都说明此轮价格上涨仍属于结构性上涨，虽存在进一步通过成本增加向其他领域传导的可能性，但尚不同于全面通胀。

第四，出现了威胁宏观经济稳定的流动性过剩的问题。股市、房市产生的资产价格猛涨；贸易顺差在 1 月至 11 月增长

52.2%，达到2381.3亿美元；外汇储备在9月已达1.43万亿美元，这些数据一再说明，流动性过剩成为2007年经济绕不开的话题之一。

在中国经济面临着以双顺差为代表的“外部失衡”和投资消费关系不合理的“内部失衡”情况下，流动性过剩——这种实体经济和虚拟经济的相互“异动”，已成为一种新的不协调因素，并成为2007年宏观经济、金融形势的基本特点。

如何在“钱”多了的情况下，防范可能出现的金融风险，是今年宏观部门关注的重点。正因如此，货币政策在2007年从“稳定”调整为“适度从紧”，在年末的经济工作会议上继续调整为“从紧”。而2007年连续10次提高准备金率，5次调整利率，亦表明宏观部门收缩过剩流动性的决心。

而资本市场的发展同样受到高度重视，今年政府在基本制度建设、引导入市资金等方面相继出台政策，使股市的风险在震荡、调整中得以释放，总体发展较为平稳。在房地产市场，随着原有调控政策的相继落实和有针对性措施的出台，岁末的房地产市场已开始出现房价走稳，甚至下降的情况，市场上亦出现有价无市、持币待购的现象。这预示着对于房价的调节始见成效。

第五，中国市场和国际的同步性正在逐步提高。2007年是中国入世第六年，中国经济与世界经济正在日益紧密地融合。在受益的同时，国际收支不平衡、易受外部风险传导影响等问题也相继出现。比如，流动性过剩问题，源自过大的国际收支顺差迫使央行投放基础货币，扩大了货币供应，推动了物价和资产价格上涨，并进而加大了人民币升值压力。而美国次贷危机和美元大幅度贬值，对于中国经济影响也不可小觑。这种中国经济与世界经济深度融合的态势将在 2008 年继续延续，增大了中国经济可能面临的外部风险。

二、财政收入持续大幅增长，税制改革稳步推进

2007 年是我国财政收入大幅增长的又一年，全年全国财政收入 51304. 03 亿元，比上年增加 12543. 83 亿元，增长 32. 4%，完成预算的 116. 4%。其中，中央财政收入 28589. 49 亿元，增收 7345. 6 亿元，增长 34. 6%，完成预算的 117. 1%，地方财政收入 22714. 54 亿元，增收 5198. 23 亿元，增长 29. 7%，完成预算的 115. 5%。全年税收收入 49449 亿元（不包括关税、耕地占用税和契税），比上年增加 11813 亿元，增长 31. 4%。增收的财政收入相当于 1999 年全年的财政收入*。财政收入的高位平稳增长，为财税改革创造了有利时机。

* 据财政部“关于 2007 年财政预算执行的情况”报告。

2007 年的税制改革主要有以下几项：

一是内外资企业所得税“两税合一”改革，终于在 2007 年完成了立法程序上的工作，新的企业所得税法将在 2008 年正式实施，并将为推进新一轮税改奠定基础。

二是增值税转型扩大了试点覆盖面，物业税的探索、资源税的调整等也在积极推进中。9 月初，国家税务总局和财政部批准安徽、河南、福建和天津 4 省市为第二批物业税“空转”试点地区，物业税的试点范围已从 6 处扩大到 10 处，这一税种被视为有利于增强地方政府的财力。

三是调高了焦煤资源税税额，并对盐资源税税收政策进行

了调整，但因只是小幅、局部调整，其作用有限。

除税制改革外，在巩固和扩展部门（综合）预算、国库集中收付、政府集中采购等改革成果的同时，2007 年，还在“乡财乡用县管”“省直管县”等体制创新，和“三奖一补”缓解县乡财政困难的管理创新，以及政府收支分类等技术创新的方面有所推进；有 18 个省在积极地推行省管县的改革。这两种试点的管理方式，这对完善省以下财政体制问题，化解基层财政困境是积极有效的尝试。

国家财政收入的大幅增长，主要得益于企业经济效益的大幅度提高。据国家统计局统计，2007 年规模以上工业企业经济效益综合指数为 209. 92，比上年提高 21. 6 点*。其中，产品销售率 97. 9%，与上年持平；成本费用利润率 7. 02%，比上年提高 0. 5 个百分点；总资产贡献率 14. 47%，提高 1. 38 个百分点，流动资产周转率 2. 54 次/年，提高 0. 13 次；全员劳动生产率 148664 元/人，提高 25512 元/人，资产负债率 58. 35%，上升 0. 14 个百分点。全年规模以上工业企业盈亏相抵实现利润 22951 亿元，比上年增加 6159 亿元，增长 36. 7%，增幅提高 6 个百分点。其中，国有及国有控股企业实现利润 9661 亿元，增长 29. 6%；国有及国有控股企业中的大中型企业实现利润 8914 亿元、增长 29. 7%。

* 规模以上工业企业经济效益，由于国家统计局只统计了 1 月至 11 月的数据，这里采用 1 月至 11 月数据代替全年数。

通过深化改革，自 2003 年以来，国有企业经济效益持续改善，2003 年到 2007 年，国有企业上缴税金从 8104. 5 亿元增加到 15700 亿元；实现利润从 4951. 2 亿元增加到的 16200. 0 亿元，5 年时间，上缴税金增长了近 1 倍，实现利润增长了 2. 27 倍

（见表 2007 · 1）。

2007 年，为了缓解流动性过剩的突出矛盾，财政部发行 15500 亿元人民币特别国债，用于购买 2000 亿美元储备外汇，减轻货币政策的操作压力。

表 2007 · 1　全国国有企业的相关数据①

年 份	销售收入（亿元）		实现利润（亿元）		上缴税金（亿元）	
	全部国有企业	中央企业	全部国有企业	中央企业	全部国有企业	中央企业
2003 年	107339. 7	44748. 1	4951. 2	3005. 9	8104. 5	3563. 1
2006 年	161969. 0	82938. 7	12242. 0	7681. 5	13936. 9	6822. 5
2007 年	180000. 0	98438. 1	16200. 0	9968. 5	15700. 0	8303. 2

三、货币政策从“稳健”转为“从紧”，金融运行总体平稳

这一年，货币政策从“稳健”转为“适度从紧”，再转为“从紧”，主要原因是不断发展的流动性过剩问题。流动性过剩的主要成因，源于大量的外贸顺差和资本金融项下的大量外汇资金流入。而 2004 年以来，控制投资过快增长就一直是宏观调控的主要方向，并形成了两道闸门、一个门槛，以及与节能减排相联系的约束体系。这些政策与市场竞争机制一起，共同构成了对投资需求的约束，使得过剩的流动性没有推动投资需求过度扩张。但随着房市、股市持续升温，居民家庭的投资理财活动迅速增加，2007 年以来过剩的流动性通过扩张房市、股市

① 根据国家统计局相关数据得出。

需求，开始对宏观经济稳定产生多方面影响。房市、股市的投资者，除了少量的刚需购房者外，绝大多数都是出于投机动机。购房需求迅速扩大，推动了房价过快上涨，带动了房地产投资加快升温，进而带动了钢铁、水泥、有色金属、石化等重化工原材料价格上涨，既增大了经济增长由偏快转向过热的趋势，也加大了资源环境方面的压力；而股价的持续攀高，则不断积聚了资产泡沫，把越来越多的资金从实体经济运行转移到虚拟经济的膨胀过程，最终将严重干扰社会物质再生产活动，积聚严重的通货膨胀风险，造成巨大的金融危机。针对银行体系流动性偏多、货币信贷扩张压力较大、价格涨幅上升的形势，中国人民银行按照中共中央、国务院的统一部署，采取综合措施，维护总量平衡。加强银行体系流动性管理，在灵活开展公开市场操作的同时，先后 10 次上调存款准备金率共 5. 5 个百分点，2008 年 1 月 25 日再次上调 0. 5 个百分点，一般金融机构人民币存款准备金率达到 15% 。先后 6 次上调金融机构人民币存贷款基准利率，其中，一年期存款基准利率从年初的 2. 52% 上调至年末的 4. 14% ，累计上调 1. 62 个百分点；一年期贷款基准利率从年初的 6. 12% 上调至年末的 7. 47% ，累计上调 1. 35 个百分点。2007 年 12 月，在上调存贷款基准利率的同时，较大幅度地上调了一年以内的定期存款利率，以引导居民等各类经济主体更多地存放短期定期存款，提高经济主体应对价格上涨的能力。其中，三个月期存款利率上调 0. 45 个百分点，六个月期存款利率上调 0. 36 个百分点。上述措施对稳定过剩的流动性，控制货币供应量过快增长产生了明显效果。

2007 年，在各项宏观调控措施综合作用下，货币信贷增长加快的势头有所减缓，金融运行平稳，但信贷扩张压力依然较大。年末广义货币供应量 M_2 余额为 40.3 万亿元，比上年末增长 16.7%，增速比上年低 0.2 个百分点；狭义货币供应量 M_1 余额为 15.3 万亿元，增长 21.1%；流通中现金 M_0 余额为 3.0 万亿元，增长 12.2%。年末全部金融机构本外币各项存款余额 40.1 万亿元，增长 15.2%；全部金融机构本外币各项贷款余额 27.8 万亿元，增长 16.4%。全年累计现金净投放 3303 亿元，比上年多投放 262 亿元。

扣除存款准备金率调整因素后，基础货币增长平稳。2007 年末，基础货币余额 10.2 万亿元，同比增长 30.5%。比年初增加 2.37 万亿元，同比多增 1.03 万亿元。基础货币同比增长较多，主要是由于全年 10 次上调存款准备金率共计 5.5 个百分点，按照现行统计口径，法定存款准备金计入基础货币，而中央银行票据不计入基础货币。如果 2007 年由法定存款准备金率上调所冻结的流动性改由发行央行票据进行对冲，基础货币增速将低于 5%。2007 年末货币乘数（广义货币供应量/基础货币）为 3.97，是 2003 年以来的最低点。2007 年末，金融机构超额存款准备金率为 3.5%，比上年末低 1.3 个百分点。其中，四大国有商业银行为 2.0%，股份制商业银行为 3.7%，农村信用社为 8.9%。

2007 · 年度改革实践

金融企业改革

自 2003 年以来，我国前瞻性地推进大型国有银行的改革，2006 年底前相继完成了中国银行、中国建设银行、交通银行、中国工商银行的股份制改革并成功上市。

2007 年，中国工商银行、中国银行、中国建设银行和交通银行四家已改制银行继续深化内部改革，健全风险管理和内部控制机制，加强自我约束，加快转变增长方式，提高资产质量；继续推进分支机构改革，加强对基层机构风险和内控的考核管理，确保新体制、新机制在全系统的有效运行。

交通银行和中国建设银行分别于 2007 年 5 月 15 日和 9 月 25 日在上海证券交易所发行上市。至此，四家改制银行全部实现了香港和上海两地上市，不仅为投资者提供了良好的投资机会，而且进一步支持了境内资本市场的健康发展。中国农业银行改革基础性工作取得较大进展，有关部门正抓紧研究论证中国农业银行股份制改革实施方案。

国家开发银行改革取得重大进展。经国务院批准，中央汇金投资有限责任公司（以下简称汇金公司）于 2007 年 12 月 31 日向国家开发银行注资 200 亿美元。显著提高了国家开发银行的资本充足率，增强抗风险能力，有助于全面推行商业化运作，是国家开发银行改革中的基础性举措，标志着国家开发银行改革迈出了重要一步。中国进出口银行和中国农业发展银行继续深化内部改革，为进行全面改革创造条件。

光大银行改革取得实质性成果。2007 年 11 月 30 日，汇金公司向光大银行注资 200 亿元人民币等值美元，按每股 1 元的价格持有光大银行 200 亿股，占其总股本的 70.88%。

农村信用社改革取得重要进展和阶段性成果。资产质量、财务状况明显改善。2007 年末，专项票据发行基本完成、专项票据兑付进程过半，累计兑付票据 807 亿元，发放专项借款 12 亿元，有效化解农村信用社历史包袱。按贷款四级分类口径统计，农村信用社不良贷款比例和资本充足率分别为 9.3% 和 11.2%，与 2002 年改革之初相比，分别下降 28 个百分点和提高 20 个百分点。全年盈利 440 亿元，比上年增长 57%。资金实力明显增强，支农服务力度进一步加大。2007 年末，农村信用社的各项贷款 3.1 万亿元，占全国金融机构贷款的比例为 12%，比改革之初提高了 1.4 个百分点。农业贷款 1.43 万亿元，占其各项贷款的比例为 46%，比改革之初提高了 6 个百分点。产权制度改革稳步推进。2007 年末，全国共组建农村商业银行 17 家，农村合作银行 113 家，组建以县（市）为单位的统一法人机构 1775 家。

推进国有资本调整和国有企业重组

2006 年 12 月 5 日，国务院办公厅《转发国资委关于推进国有资本调整和国有企业重组指导意见的通知》，提出推进国有资本调整和国有企业重组的主要目标是：进一步推进国有资本向关系国家安全和国民经济命脉的重要行业和关键领域（以下简称重要行业和关键领域）集中，加快形成一批拥有自主知识产权和知名品牌、国际竞争力较强的优势企业；加快国有大型企业股份制改革，完善公司法人治理结构，大力发展国有资本、集体资本和非公有资本等参股的混合所有制经济，实现投资主体多元化，使股份制成为公有制的主要实现形式；大多数国有中小企业放开搞活；到2008年，长期积累的一批资不抵债、扭亏无望的国有企业政策性关闭破产任务基本完成；到2010年，国资委履行出资人职责的企业（以下简称中央企业）调整和重组80至100家。

根据业务范围，中央企业大体分布在三个领域：

一是关系国家安全和国民经济命脉的关键领域。主要包括军工、电网电力、石油石化、电信、煤炭、航空运输、航运等行业。这一领域目前有40多户中央企业，资产总额占全部中央企业的75%，国有资产占82%，利润占79%。国有经济在这一领域要保持绝对控制力，国有资本总量增加、结构优化，其中重要骨干企业发展成为世界一流企业，由国有资本保持独资或绝对控股。

二是基础性和支柱产业领域。包括装备制造、汽车、电子信息、建筑、钢铁、有色金属、化工、勘察设计、科技等行业。这一领域目前有70户左右中央企业，资产总额占全部中央企业的17%，国有资产占12%，利润占15%。国有经济要对这一领域的重要骨干企业保持较强控制力，国有资本比重适度下降，国有经济影响力和带动力增强，行业内有较强影响力和带动力的重要骨干企业由国有资本绝对控股或有条件地相对控股，同时汽车、机械、电子行业的重要骨干企业要为成为世界一流企业打下坚实基础。

三是其他行业和领域。主要包括商贸流通、投资、医药、建材、农业、地质勘查等行业。这一领域目前有50多户中央企业，资产总额占全部中央企业的8%，国有资产占6%，利润占6%。国有经济要在这一领域保持必要影响力，表现为国有资本对一些影响较大的行业排头兵企业，以及具有特殊功能的医药、农业、地质勘查企业保持控股，其他中央企业在市场公平竞争中优胜劣汰，数量明显减少。

推进国有资本调整和国有企业重组重点措施和主要方式是：中央企业之间强强联合；一般中央企业并入优势大型中央企业；科研设计院所与相关中央企业重组；非主业资产向其他中央企业主业集中；中央企业与地方企业重组等。采取哪项措施和方式，将根据各企业的不同情况，从企业的实际出发，不搞一刀切，关键是把企业搞好。

国有资本经营预算制度

据有关调查数据显示，从2000年到2004年，国有企业行业之间的工资差距扩大了1.6倍。其中，电力、电信、金融、保险等几大国有垄断行业，职工平均工资是其他行业职工平均工资的2~3倍，如再加上工资外收入，实际收入差距可能更大。部分暴利行业成了利润“奶牛”，可供分配的资金相对较多，企业进行再生产和规模扩张的能力也更强。另外，许多处于竞争性行业的国有企业却因为资金短缺而面临改制困难、技术落后被淘汰，无力应对原有员工进行合理安置和盘活优质资产的局面。政府有关部门由于承担了大部分国企的重组改制工作，也受到资金短缺的巨大困扰。用国资委官员的话来说，就是“没有钱，很多事情都做不了”。实际上不是政府没有钱，而是自1994 年税制改革以来，国有企业的税后利润就没有再上缴，一直实行国有企业税后利润归企业支配的政策。

国有企业的税后利润实际上是国家财政收入的一部分，应该和其他财政收入一样纳入财政预算管理，从宏观上讲符合公共财政的基本原则。除了将上缴的国有企业红利纳入公共预算范畴外，实施国有资本经营预算也有助于改善企业公司治理。如果企业赚的钱按制度不必交给国家股东，而是由管理层继续支配，则国家股东实际上失去了对新增利润的控制权，不利于很好地对国有资本进行管理。国资委的统计数据显示，2006 年159 家中央企业实现销售收入 80368.8 亿元，实现利润 7546.9 亿元，分别比国资委成立之初的 2003 年增长 81.9% 和 151.1%。国有企业尤其是中央企业经营状况蒸蒸日上，以及社会保障体系的逐步建立和完善，使实行国有资本预算的条件逐渐成熟。国企改制和国家的产业结构调整是一个整体概念。任何单独一家国有企业都既需要承担一定的社会责任，也需要根据产业结构调整和企业改制的思路来不断发展。国家以所有者身份取得企业国有资本收益，用于支持实施产业发展规划、国有经济布局和结构调整、企业技术进步、补偿国有企业改革成本以及补充社会保障。使重要企业能够有资金进入，困难的企业则可以在改革成本的支持下退出，中央企业的资源配置将得到进一步优化。

基于上述原因，2007 年 9 月 8 日，国务院下发了《关于试行国有资本经营预算的意见》（以下简称《意见》）（国发〔2007〕26 号），规定中央本级国有资本经营预算从 2008 年开始实施，2008 年收取实施范围内企业 2007 年实现的国有资本收益。2007 年进行国有资本经营预算试点，收取部分企业 2006 年实现的国有资本收益。各地区国有资本经营预算的试行时间、范围、步骤，由各省（自治区、直辖市）和计划单列市人民政府决定。建立国有资本经营预算制度，对增强政府的宏观调控能力，完善国有企业收入分配制度，推进国有经济布局和结构的战略性调整，集中解决国有企业发展中的体制性、机制性问题具有重要意义。

国有独资企业上缴年度净利润的比例，区别不同行业，分以下三类执行：

一、第一类 10%，主要有中国烟草总公司；

二、第二类 5%，主要是资源类企业和一般竞争类企业；

三、第三类暂缓 3 年上缴或者免交，主要是军工科研类企业。

国有资本经营预算，是国家以所有者身份依法取得国有资本收益，并对所得收益进行分配而发生的各项收支预算，是政府预算的重要组成部分。国有资本经营预算的收入是指各级人民政府及其部门、机构履行出资人职责的企业上缴的国有资本收益，国有资本经营预算的收入范围主要包括：国有独资企业按规定上缴国家的利润；国有控股、参股企业国有股权（股份）

获得的股利、股息；企业国有产权（含国有股份）转让收入；国有独资企业清算收入（扣除清算费用），以及国有控股、参股企业国有股权（股份）分享的公司清算收入（扣除清算费用）和其他收入。

国有资本经营预算的支出主要包括：资本性支出，即根据产业发展规划、国有经济布局和结构调整、国有企业发展要求，以及国家战略、安全等需要安排的资本性支出；费用性支出，即用于弥补国有企业改革成本等方面的费用性支出；其他支出。

国务院的《意见》强调，建立国有资本经营预算制度，是完善社会主义市场经济体制的一项重大制度建设，涉及面广，政策性强。各地区、各部门要充分认识建立国有资本经营预算制度的重要意义，高度重视，加强领导，精心组织，积极稳妥地做好此项工作。财政部要会同国资委等有关部门抓紧制定有关配套制度和办法。各预算单位和有关企业要认真执行国有资本经营预算的各项制度和办法。有关部门、单位和企业要加强沟通，积极配合，确保试行工作的顺利进行。

2007 · 重要理论观点

中国特色社会主义道路

中共中央总书记胡锦涛在 2007 年 10 月召开的中共十七大上，系统阐述了中国特色社会主义道路的内容。

中国特色社会主义道路，就是在中国共产党领导下，立足基本国情，以经济建设为中心，坚持四项基本原则，坚持改革开放，解放和发展社会生产力，巩固和完善社会主义制度，建设社会主义市场经济、社会主义民主政治、社会主义先进文化、社会主义和谐社会，建设富强民主文明和谐的社会主义现代化国家。在当代中国，坚持中国特色社会主义道路，就是真正坚持社会主义。

中国特色社会主义理论体系

中共中央总书记胡锦涛在2007年10月召开的中共十七大上，系统阐述了中国特色社会主义理论体系的内容。

中国特色社会主义理论体系，就是包括邓小平理论、“三个代表”重要思想以及科学发展观等重大战略思想在内的科学理论体系。这个理论体系，坚持和发展了马克思列宁主义、毛泽东思想，凝结了几代中国共产党人带领人民不懈探索实践的智慧和心血，是马克思主义中国化最新成果，是党最可宝贵的政治和精神财富，是全国各族人民团结奋斗的共同思想基础。中国特色社会主义理论体系是不断发展的开放的理论体系。在当代中国，坚持中国特色社会主义理论体系，就是真正坚持马克思主义。

科学发展观

中共中央总书记胡锦涛在2003年7月28日的讲话中，提出“坚持以人为本，树立全面、协调、可持续的发展观，促进经济社会和人的全面发展”，按照“统筹城乡发展、统筹区域发展、统筹经济社会发展、统筹人与自然和谐发展、统筹国内发展和对外开放”的要求推进各项事业的改革和发展的方法论——科学发展观，也是中国共产党的重大战略思想。

在 2007 年 10 月召开的中共十七大上，胡锦涛系统阐述了科学发展观的内容。

科学发展观第一要义是发展，核心是以人为本，基本要求是全面协调可持续性，根本方法是统筹兼顾。

科学发展观的具体内容包括：

第一，必须坚持把发展作为党执政兴国的第一要务。着力把握发展规律、创新发展理念、转变发展方式、破解发展难题，提高发展质量和效益，实现又好又快发展，为发展中国特色社会主义打下坚实基础。

第二，必须坚持以人为本。要始终把实现好、维护好、发展好最广大人民的根本利益作为党和国家一切工作的出发点和落脚点，尊重人民主体地位，发挥人民首创精神，保障人民各项权益，走共同富裕道路，促进人的全面发展，做到发展为了人民、发展依靠人民、发展成果由人民共享。

第三，必须坚持全面协调可持续发展。全面推进经济建设、政治建设、文化建设、社会建设，促进现代化建设各个环节、各个方面相协调，促进生产关系与生产力、上层建筑与经济基础相协调。坚持生产发展、生活富裕、生态良好的文明发展道路，建设资源节约型、环境友好型社会，实现速度和结构质量效益相统一、经济发展与人口资源环境相协调，使人民在良好生态环境中生产生活，实现经济社会永续发展。

第四，必须坚持统筹兼顾。统筹城乡发展、区域发展、经济社会发展、人与自然和谐发展、国内发展和对外开放，统筹中央和地方关系，统筹个人利益和集体利益、局部利益和整体利益、当前利益和长远利益，充分调动各方面积极性。统筹国内国际两个大局，树立世界眼光，加强战略思维，善于从国际形势发展变化中把握发展机遇、应对风险挑战，营造良好国际环境。

科学发展观是指导经济社会发展的根本指导思想，标志着中国共产党对于社会主义建设规律、社会发展规律、共产党执政规律的认识达到了新的高度，标志着马克思主义的中国化，标志着马克思主义和新的中国国情相结合达到了新的高度和阶段。

中共第十七次全国代表大会把科学发展观写入党章，中国共产党第十八次全国代表大会把科学发展观列入党的指导思想。

2012 年 11 月，胡锦涛在中共十八大报告中指出："科学发展观是中国特色社会主义理论体系最新成果，是中国共产党集体智慧的结晶，是指导党和国家全部工作的强大思想武器。科学发展观同马克思列宁主义、毛泽东思想、邓小平理论、'三个代表'重要思想一道，是党必须长期坚持的指导思想。"科学发展观作为我们党理论创新的最新成果，开辟了当代中国马克思主义发展新境界。

董事会改革的关键是平衡内外两大利益主体群

2007 年 12 月 13 日，郑海航在其主持的《国有独资及国有控股公司董事会与监事会关系研究》报告中指出，董事会改革的关键是平衡内外两大利益主体群。

报告称，1994 年开始建立现代企业制度，出现了好多董事会，但实质上都是新瓶装旧酒。很多就是把过去的厂长改成总经理，把党委书记改成董事长，换个名字而已，本质上没什么变化。

因为决策权与执行权没有完全分开，也没有专门的企业家群体进行决策，形成“一把手决策、一揽子决策、一边倒决策”的“三个一”现象。

以国有独资公司为中心，传统上存在两大利益群体。一是内部利益主体群，包括内部决策者、管理者、劳动者，他们几乎一边倒地倾向内部利益。二是外部利益主体群，包括政府、国资委、外派监事会等，他们积极地追求国有股东的利益。

必须构建与内部人控制力相抗衡的力量，实现企业内外部利益主体群的平衡。这个与内部利益主体群抗衡的力量，就是外部董事占多数的董事会制度。

我们的国有企业领导者，绝大多数是优秀或比较优秀的企业家，他们和外部人一样希望企业取得好的效益，这就是两大利益主体群的统一性。至于他们同外部人主体群的对立性，即“利益内倾”机制主要来源于他们的“企业立场”，来源于包含自己在内的企业员工们的利益驱动。

国有企业的作用是基础性的

钱津在《福建论坛》2007 年第 1 期撰文认为，无论是历史、现实还是未来，在中国的社会主义经济建设中，国有企业都发挥着巨大的作用。不仅没有国有企业的设立就不会有社会主义国家的基本制度，而且没有国有企业的建设作用也不会有今天的社会主义经济建设取得的成就和未来社会主义经济建设的宏大目标的实现。在社会主义初级阶段，并存的多种所有制经济成分都要为社会主义经济建设服务并发挥重要作用，但无论在哪一时期，国有企业的建设作用都是基础性的，都是社会主义经济建设最重要的保障。

进入21世纪之后，中国的工业化转为新型的工业化。在肯定非公有制经济对于新型工业化的推进作用的同时，我们更应该在这一方面肯定具有公有制性质的国有企业的带动作用。经过改革，国有企业早就不再一统天下，虽然发生了这样大的变化，但与非公有制性质的企业相比，国有企业还是在一些有关国计民生的重点行业和在某些技术研发与管理创新方面占有较大的优势。在尖端领域和基础性的行业，国有企业必然要对新型工业化的发展起到带动作用，从而对整个社会主义经济建设的新型工业化实现起到主导作用。新型工业化离不开国有企业的发展壮大，国有企业也将在新型工业化的实现过程中发展壮大起来。

社会主义初级阶段是一个相当长的历史时期，在未来的发展时期，社会主义的经济基础必将逐渐强化，即社会主义性质的国有企业将在社会主义初级阶段的经济建设中发挥越来越大的作用。在国有企业的改革攻坚阶段，任何企图通过制度演化取消国有企业存在的做法都是有悖于社会主义初级阶段改革宗旨的。国有企业的存在决定中国的社会主义制度存在和国家的社会主义性质。因此，将国有企业改革进行到底，让国有企业经过改革充满新的生机与活力，更大规模和更高水平地发展壮大，是事关国家性质和社会发展方向的大事。处于社会主义初级阶段的中国，需要同其他非社会主义国家一样设立国家资本主义性质的公营企业，需要同其他非社会主义国家一样依法保护和支持资本主义性质的非公有制经济的发展，但是，与此同时，建设社会主义，继续推进社会主义初级阶段向更高级的阶段转化，中国必须始终坚定不移地依靠社会主义公有制性质的国有企业发挥主导作用，不能混同国有企业与公营企业，以国有企业的名义发展公营企业。必须毫不动摇地尽最大的努力，推进国有企业的改革和发展，在未来的岁月铸就越来越强大的社会主义国有经济力量。

中央企业规制改革要优先于规模重组

李跃平、赖海榕、张志跃、刘承礼在《经济社会体制比较》2007 年第 6 期撰文认为，规模可能会带来国际竞争力，也可能不会提升企业的国际竞争力，处理不好甚至可能损害企业的国际竞争力，因此规模重组应放在第二位去考虑。要提升中央企业的国际竞争力，应该优先考虑加快推进这些企业的现代企业制度建立。实际上，机制问题的隐忧比规模问题的隐忧更大。在激烈的竞争面前，首先会是机制落后的企业被市场淘汰，而不是规模小的企业被淘汰。所以，应把中央企业的机制改革放到优先考虑的地位。而在进行必要的规模重组时，要避免一种互相抵消、折损优势的重组，要注意不同企业的历史背景、隶属关系沿革、专业特性、企业文化、产品结构、资本结构、技术水平、国内外业务的布局、企业的经营管理机制、领导和员工的状况等，要将互补性大于竞争性的企业合并重组，才能达到发挥叠加优势的效果。否则应缓行规模重组，优先考虑其他方面的改革。此外，规模重组应有利于成长潜能的发挥。对处于萎缩、衰弱或停滞状态的企业，即便规模很大，也应该由其他企业来兼并重组。对那些在国际国内开展了许多有前景的投资和项目、成长潜力大的企业进行重组时，应以它们为龙头去兼并重组其他企业，以更好地配置资源，发展其具有成长潜力的业务，提高竞争力。

独立董事的激励机制设计

申富平在《经济与管理》2007 年第 12 期撰文指出，为了使独立董事与股东利益保持一致，激励独立董事更加努力地投入工作，目前部分国外公司纷纷向独立董事提供以股票为基础的薪酬，而这将成为各国独立董事薪酬激励发展的方向。与此同时，独立董事相对缺少在市场化条件下进行企业经营管理的经验，独立董事本身的声誉体系也几乎不存在。因此，今后要培育充分竞争的独立董事市场，根据独立董事业绩考核结果，建立独立董事的准入和退出制度，对在岗的独立董事形成竞争性约束，淘汰那些不称职的独立董事。从长远来看，可成立独立董事协会，通过协会来研究制定行业行为准则和业绩评价体系，在独立董事资格培训、业务交流、自我管理等方面，规范独立董事执业行为。

国有资产监管体制建设的理论分歧

黄勇在《中国发展观察》2007 年第 12 期撰文，总结了当前理论界在国有资产监督管理体制问题上存在的理论分歧。

1. 关于中央政府与地方政府的产权关系

一种意见认为，“政府分级所有，国家拥有最终处置权”。主要理由是：现在名义上是国家所有，但事实上是分级财政、分级所有；不宜将地方投资形成的资产都界定为中央所有；实行分级所有，有利于明确各级政府的产权关系，有利于调动各级政府的积极性，也有利于强化地方的责任。

一种意见认为，“国家统一所有，政府分级代表”。即国家是国有资产所有权的唯一主体，同时授权三级政府分别代表国家履行出资人职责。主要理由是：体现中共十六大以来有关国有资产管理体制改革的精神和宪法的规定；我国不是联邦制，从建国到现在国有资产始终属于全民所有即国家所有，这个原则有利于国家统一，应当毫不动摇地坚持下去。

2. 关于国有资产监管主体与监管范围

一种意见认为，国有资产监管主体可能有多个。如金融性国有资产，就不宜与其他经营性资产监管放在一起由一个机构监管，否则，会出现一个出资人既管银行金融机构又管接受贷款的生产企业的不正常现象。即使在目前明确了出资人代表的情况下，仍应注意处理好国资委与财政部在国有资产监管方面的职能分工关系。

另一种意见认为，经营性国有资产监管主体，除全国人大和国务院外，在部门层次上应当由一个专门机构统一监管。凡是经营性国有资产，包括金融、铁路、农垦、邮政、烟草、教育、文化、科技、卫生、体育等系统的经营性国有资产，以及由行政事业性资产、资源性资产转化而来的经营性国有资产，都应当由一个机构按照统一的规则进行监管，不宜由不同部门和机构分别监管。

3. 关于履行出资人职能的机构

一种意见认为，各级政府层面上履行出资人职责的机构应当是唯一的。政企尚未分开的部门和单位，应当按照中共十六大要求，加快改革，实现政资分开和政企分开。政企分开后，由专门履行出资人职责的机构对脱钩企业履行出资人职责。

另一种意见认为，目前阶段履行国有资产出资人职责的机构可以多元的。如纵向上主要由三级国资委直接履行出资人职责。横向上对尚未实现政资分开、企业脱钩的部门，包括金融、铁路、烟草以及部分事业单位，可以暂时由相关部门履行出资人职责。但方向应当明确，履行出资人职责的机构应当逐步减少。

4. 关于国有资产监督管理机构的职能

一种意见认为，国有资产监管职能与出资人职能应当统一由国有资产监督管理机构行使。即既作为一个实体机构基于出资人三项权利对企业直接履行出资人职能，又作为一个指导协调机构基于所有权职能对面上企业国有资产进行监管，负责国有企业改革和国有经济布局结构调整等职能。

另一种意见认为，国有资产监管职能与出资人职能应当分开行使。主要理由是：出资人和监管出资人是性质不同的两种职能，应该严格区分。国有资产监督管理机构目前不是企业法人，不宜履行出资人职能，否则，会产生新的政企不分和政资不分；从实际情况看，国有资产监督管理机构目前履行双重职能的定位，使其更愿意成为一个大的资产经营机构，加上管资产、管人和管事的职责，难免会变成“老板加婆婆”。

2007 · 重要政策法规

1. 国务院国有资产监督管理委员会 财政部《关于企业国有产权转让有关事项的通知》，2007 年 1 月 26 日。

2. 国务院国有资产监督管理委员会《关于进一步加快中央企业以总法律顾问制度为核心的企业法律顾问制度建设有关事项的通知》，2007 年 3 月 6 日。

3. 国务院国有资产监督管理委员会、中国证券监督管理委员会《关于印发〈上市公司国有股东标识管理暂行规定〉的通知》，2007 年 7 月 6 日。

4. 国务院国有资产监督管理委员会《关于印发〈国有单位受让上市公司股份管理暂行规定〉的通知》，2007 年 7 月 6 日。

5. 国务院国有资产监督管理委员会、中国证券监督管理委员会《国有股东转让所持上市公司股份管理暂行办法》，国务院国有资产监督管理委员会、中国证券监督管理委员会第 19 号令，2007 年 7 月 6 日。

6. 国务院《关于试行国有资本经营预算的意见》，2007 年 9 月 8 日。

7. 财政部《关于印发〈中央国有资本经营预算编报试行办法〉的通知》，2007 年 11 月 20 日。

8. 财政部、国资委《关于印发〈中央企业国有资本收益收取管理暂行办法〉的通知》，财企〔2007〕309 号，2007 年 12 月 11 日。

2007 · 年度热点纪实

股市盛宴

2007 年，一波长达两年之久的大牛市，着实让中国股民们欣喜若狂了一把。中国股市在经历 5 年熊市的沉寂后，突然又占领了人们的生活。从 2007 年 4 月开始，中国的 A 股市场掀起了迄今为止规模最大的资金入市风潮。成为继 1999 年之后中国资本市场的又一场狂欢。

2007 年注定将成为中国股民激情燃烧的岁月。上证股指从 2007 年 1 月 4 日开盘时的 2728. 19 点（当日最高 2847. 61 点）一路狂飙，到 2007 年 10 月 16 日达到峰值，最高时达到 6124. 04 点，收盘时为 6092. 06 点。最大涨幅 514%。其中最具代表性的广船国际，由 2005 年 7 月 18 号的 2. 75 元低点，到 2007 年 10 月 16 日涨至 131. 21 元，期间最大涨幅 4671%，跑赢大市 9 倍多。

这一年的大牛市，创下了中国股市一系列的历史纪录。

——1 小时售罄：年内首只基金创纪录

2 月 26 日，年内首只以股票为主要投资方向的基金产品——建信优化配置基金开始发行，原定募集截止日期为 3 月 23 日。谁知道该基金在主要的销售网点实际销售时间仅一个小时，就已经接近募集规模 100 亿元的预定上限，认购仅一天就不得不提前结束发行。

——股民 1 亿户：近三分之一中国人在炒股

进入 2007 年 2 月以后，据说每天新开户的股民就多达 30 万人，到 5 月 25 日，沪深两市的开户总数突破 1 亿户。如果按一家四口来算的话，将近三分之一的中国人在炒股，而且，农村有许多人从客观条件而言不可能在炒股。

——市值 21 万亿：超过上年国内生产总值

8 月 9 日，沪深两市上市公司股票总市值达到 21.147 万亿元，超过上年 21.087 万亿元的国内生产总值总量，这意味着我国 A 股上市公司股票总市值首次超过国内生产总值。

——股价 300 元：中国船舶成为 A 股第一股

10 月 11 日，中国船舶小幅低开，但 10 时 30 分后，便猛然发力上冲，一直到 11 时 15 分最高冲上 300 元整数关，创下 A 股市场设立以来的最高股价。

——单日 254 点：创单日上涨点数之最

11 月 14 日，市场在大盘蓝筹股的集体推动下出现了强劲反弹。其中，上证综指呈现高开高走态势，一举接连收复 5200、5300、5400 点等多个整数关口，并几乎以全日最高 5412.69 点报收，大涨 254.57 点，创历史单日上涨点数之最；涨幅达 4.94%，创年内单日第二大涨幅。

——沪指 6000 点：老牌指标股全部涨停

截至 2007 年 10 月，虽然存款准备金年内已经第八次上调，却仍然没有阻挡住大牛市的步伐。继沪指在 11 日突破 5900 点后，仅隔一个交易日，10 月 15 日又站上 6000 点高位，当日，中国联通、宝钢股份、长江电力、中国石化几只老牌指标股全部封于涨停，两市共有 54 只股票封上涨停。在万众期盼中，实现了中国股市的历史性跨越。

——新股市值 15 万亿：新股市值超去年总市值

2007 年，深沪两市共有 93 只新股上市，按昨日收盘价计算，这 93 家新股总市值约 14.66 万亿元，远超去年底深沪两市 9.18 万亿元的总市值。即使以 11 月 5 日两市 33 万亿元的总市值计算，93 只新股总市值也几乎占据了半壁江山。

2007 年的大牛市是如何启动的？专家做了如下解释。

通常来讲，启动牛市必须具备三个基本要素：一是宏观经济面好，二是货币政策宽松，三是有轻微的通货膨胀。2007 年的中国，三个基本要素正好都具备。

第一，国内外经济环境整体性良好，公司业绩达到历史最好水平，是这次牛市启动的关键。根据国务院发展研究中心经济形势分析报告显示，2007 年我国全年 GDP 增长 11.4%。经济运行呈现出平稳快速增长、协调性有所改善、经济效益较好、人民得到实惠较多的良好局面。

第二，货币政策比较宽松。在 1997 年亚洲金融危机之后，为应对当时严峻的经济形势，我国开始实行稳健的货币政策。那时面临通缩压力，稳健的货币政策取向是增加货币供应量。2003 年以后，面对经济运行中出现的贷款、投资、外汇储备快速增长等新变化，稳健的货币政策内涵开始发生变化。稳健的货币政策配合其他宏观经济政策，把握金融调控力度，有效地促进了我国经济的健康发展。从 1997 年到 2007 年的 12 月 5 日，有人把这十年称之为“黄金十年”。稳健的货币政策为此次牛市提供了良好的资金渠道。

第三，存在一定程度的通胀。2007 年我国全年 CPI 上涨 4.8%。居民消费价格指数中，非食品价格指数涨幅保持在 1% 左右，比较稳定；食品价格上涨是推动 2007 年物价上涨的基本原因。可见 2007 年物价上涨是结构性的，不是总供求失衡的表现，并不表明供求总格局恶化或逆转。主要是因为外部的资源性大宗商品价格上涨引起的输入性通胀。据中国商业部部长陈德铭介绍，在 2008 年 2 月，中国进口的原油、成品油、铁矿石、大豆、食用油五种最主要商品的价格最低上涨 60%，这是中国输入型通胀的重要原因。

前些年政府还在为那么多民间储蓄放在银行而发愁，而在 2007 年，这些民间资本被完全激发出来，大量的银行储蓄游荡在股市。尽管国家不断提示风险，尽管相关部门打起“组合拳”，但还是有人押了房子、车子，借了高利贷来炒股；还是有人把养老金、失业救济金拿来炒股，甚至还是有人贪赃枉法，挪用公款来炒股。

涌入股市的人不仅有城市白领、理财老手，还有大学生、农民、小商贩，以及跳广场舞的大妈。很多人抵车、抵房、向银行贷款，冲进仍在不断上涨的市场。南京一位七十多岁的老先生为筹钱炒股用他的房子做抵押借了 6 万元。而这样利用银行的信贷杠杆进入股市的做法在深圳更不少见。除了将已经还清贷款的房子又重新抵押给银行，换取资金进入股市，身处市场经济最前沿的深圳人还发明了另外一种贷款方式——加按。由于房市普遍大幅升值，一些市民就把正在按揭的房子重新估值，以便贷到更多资金来进入股市。

据广州一家营业厅所做的问卷调查，新涌进的股民中，27% 是离退休人员，闲来无事开始炒股。不会用计算机的他们依靠报纸、杂志中的商业板块和电视上《证券直播》《天下财经》这类节目来获取信息。美国《商业周刊》这样评论中国股市当下的主人翁们。这和十年前散户主宰的疯狂牛市有惊人的相似——消息为王。散户聚集的交易大厅，照面的问候语通常是：有什么消息？几乎每个散户新手都拥有热门的小道消息。它们的来源是网上聊天室、熟人之间的口口相传，以及手机上不知来由的荐股短信。

关于全民炒股的现象，有位股评家曾经写道：如果你还没结婚，如果你想再婚，那么建议你在征婚启事中大大方方地写上，“我，……股民……”，我想一定会有很多人爱上你！

然而就在很多人还在炒股资金短缺四处筹资时，仅仅一年时间，从 2007 年 10 月的 6124 点，到 2008 年 9 月的 2284 点，上证指数跌了 63% 左右。几乎所有的机构投资者和散户，都被套牢在股市里面。人们不禁要问，不到一年的时间内，A 股市场为什么跌得这么惨？

2007 年 4 月的时候，当各大媒体竞相报道中国“全民炒股”的疯狂景象时，谁也没有料到会出现两个致命的因素，导致 2008 年的惨跌。

一是中石油上市改变了股市的性质。2007 年 11 月 5 日，中石油回归 A 股市场，以当时的定价，总市值超过埃克森—美孚石油，成为全球市值最大的上市公司。中石油总股本 1830.21 亿，较之中国股市另外一个行业巨头中石化 867.0244 亿的总股本，还要高一倍以上，中石油成为中国 A 股市场第一大权重股。中石油从 48.66 元跌到 15.00 元，下跌了 69.17%，股指从 6124.04 开始，经过八个月的下挫到 2748.43 点，跌了 3375.61 点，跌幅达到 55.12%。

二是借助疯狂的储蓄大搬家为“大小非”减持提供了天赐良机，而且是以大盘蓝筹股为炒作对象。2005 年 5 月 8 日，中国证监会发布了《关于上市公司股权分置改革试点有关问题的通知》，标志着中国资本市场股权分置改革的开始，自此困扰中国证券市场健康规范发展的头号难题开始破冰，这同时也为 2008 年的股市惨跌埋下了伏笔。

企业的股份分为流通股份和非流通股份。所谓“非”，就是指非流通股，即限售股，或叫限售A股。“小非”是指小部分禁止上市流通的股票，即股改前占总股本比例小于 5% 的非流通股，在股改一年后方可流通，为的是不对二级市场造成大的冲击；“大非”则是股改前占总股本比例大于 5% 的非流通股，在股改后两年以上方可流通。以低成本获得非流通股的大小股东。

其中最有发言权的是控股大股东——他们对自己企业的经营状况最为了解，但股改之前大股东及其他法人股东的股份不能流通，所以他们对公司股价既不关心，也无动力经营好上市公司。股改之后，非流通股份可以流通了，原本持有非流通股份的股东纷纷抛售这些股份来套现。当各种机构投资者——基金还在声称他们的价值投资理念时，有谁想到藏在股市里的“堰塞湖”——“大小非”们轻易就扳倒了价值投资理念这个巨无霸。

另外，我国的经济基本面也在2008年出现一些变化，比如从紧的货币政策遏制了资金的流入，经济增长速度放缓，CPI、PPI升高、公司业绩下滑、雪灾、地震、水灾等因素，都造成了股指的破位下跌。从国际因素来看，美国次贷危机的风暴持续性之长、打击范围之广、程度之烈，都超出了预期的判断；国际炒家恶意炒作诱致的油价飙升、粮食危机、全球性通胀的蔓延，这些都是A股市场股指破位大跌的外在因素。

2007·年度改革大事

1月5日　中国航空工业第一集团公司宣布，我国自行研制的具有完全自主知识产权的第三代战斗机——歼－10战斗机研制成功。

同日，国务院国资委召开中央企业负责人会议，黄菊对会议作出重要批示指出，2007年，希望国资委和中央企业以提高国有经济整体竞争力和控制力为重点，加快国有企业股份制改革步伐，加大结构调整力度，加强技术创新和资源节约，努力实现中央企业健康、持续发展，培育具有较强国际竞争力的大型企业，为国民经济和社会发展作出新的贡献。

1 月 9 日　备受瞩目的 A 股保险第一股——中国人寿（601628）在上海证券交易所挂牌上市。由此，中国人寿成为中国乃至世界第一家分别在纽约、香港、上海三地上市的保险公司，也是 2007 年 A 股上市的第一只新股。

同日，经国务院批准，财政部、国家税务总局下发《关于豁免东北老工业基地企业历史欠税有关问题的通知》，这是我国出台的支持东北老工业基地振兴的重要政策措施。

1 月 10 日　中国人民银行宣布，内地金融机构经批准可在香港发行人民币金融债券。所筹集的人民币资金可通过香港人民币业务清算行汇入具有人民币业务经营资格的内地金融机构，发债机构可将人民币汇入香港偿付本息。

1 月 15 日　中国人民银行公布，截至 2006 年 12 月末，中国国家外汇储备余额为 10663 亿美元，比上年增加 2473 亿美元，同比增长 30. 22%。

1 月 25 日　国务院国资委召开全国国有资产监督管理工作会议，李荣融出席会议并要求，今年加强国有资产监管，要着力做好以下六项工作：一是加快推进股份制改革，完善法人治理结构。二是调整国有经济布局结构，增强国有经济竞争力和控制力。三是严格产权交易和股权转让程序，防止国有资产流失。四是抓好政策性关闭破产工作，加快解决国有企业历史遗留问题。五是加强国有资产监管，确保国有资产保值增值。六是发挥企业党组织政治核心作用，加强和改进国有企业党建工作。

1月29日　新组建的国家邮政局和中国邮政集团公司正式成立。重组后的国家邮政局，将全面履行政府职责，依法监管。新组建的中国邮政集团公司作为国有独资企业，将继续加快邮政主业和邮政储蓄的改革进程，在保障公民通信权利、保障通信安全的同时，做到社会效益和企业效益的共同增长。

1月30日　国务院批复国防科工委《深化国防科技工业投资体制改革的意见》提出，改革的目标是进一步明确政府投资领域和投资重点，保证政府对国防科技工业的主导作用和对军工核心能力的有效控制；同时，发挥市场配置资源的基础性作用。

2月16日　中国银行业监督管理委员会核准四川仪陇惠民村镇银行有限责任公司和四川仪陇惠民贷款有限责任公司等2家机构开业，批准吉林东丰诚信村镇银行股份有限公司、梨树闫家村百信农村资金互助社和青海乐都雨润镇兴乐农村资金互助社等3家机构筹建。这是我国农村金融体制改革的实质性突破。

2月25日　国防科工委发布《关于非公有制经济参与国防科技工业建设的指导意见》，旨在鼓励、支持和引导非公有制经济参与国防科技工业建设。

3月5日至16日　十届全国人大第五次会议举行。温家宝在政府工作报告中指出，要以改革开放为动力推进各项工作。坚持社会主义市场经济改革方向，适应经济社会发展要求，推进经济体制、政治体制、文化体制、社会体制改革，加快构筑落实科学发展观和建设和谐社会的体制保障。全面提高对外开放水平；要坚定不移地推进改革开放，在重点领域和关键环节取得新的突破。

3 月 9 日　吉林省梨树县闫家村百信农村资金互助社正式挂牌，这是我国第一家经银行业监督管理机构批准挂牌营业的村级农村资金互助社。

3 月 15 日　受 11 家中央企业委托，国务院国资委 2006 年面向全社会公开招聘 11 家中央企业的 11 位企业总法律顾问。共有 879 人报名应聘，按照自愿报名、资格审查、统一测试、考察了解、研究确定人选、人选公示等程序规范运作，最终根据考试综合成绩，6 家企业分别确定了考察人选。另外 5 家企业未能从此次报考本职位人员中选到合适人选。至此，由国务院国资委组织的 2006 年第三批公开招聘中央企业总法律顾问工作圆满结束。

3 月 16 日　第十届全国人大五次会议通过《物权法》。该法规定，要平等保护公私财产。国家实行社会主义市场经济制度，保障一切市场主体的平等法律地位和发展权利；国家、集体、私人的物权和其他权利人的物权受法律保护，任何单位和个人不得侵犯。《物权法》自 2007 年 10 月 1 日起施行。

3 月 20 日　中国邮政储蓄银行在北京宣布成立。

3 月 25 日　国务院印发《2007 年工作要点》，在深化改革和扩大开放中，围绕以下几个方面提出了具体的政策措施：深化国有企业改革；鼓励、支持和引导个体私营等非公有制经济发展；推进财税体制改革；加快金融体制改革；进一步发展对外贸易；做好利用外资工作；引导和规范企业对外投资合作；积极参与国际经贸规则制定。

4月2日至3日　全国经济体制改革工作会议提出2007年经济体制改革的重点：一是着眼于转变政府职能，积极推进行政管理体制改革；二是着眼于提高竞争力和控制力，推进国有经济战略性调整和国有企业改革；三是着眼于完善宏观调控体系，推进财税、金融等体制改革；四是着眼于促进社会和谐，深化社会领域体制改革；五是着眼于统筹城乡发展，深化农村体制改革。

5月17日　国防科工委、国家发展改革委、国务院国资委下发《关于推进军工企业股份制改造的指导意见》，明确提出推进军工企业股份制改造的指导思想、目标和基本原则，要求分类推进军工企业股份制改造，加强对军工企业股份制改造的监督管理，加强相关政策法规和制度建设。

5月25日　国资委发布《中央企业财务预算管理暂行办法》。

5只30日　国务院召开常务会议，研究部署试行国有资本经营预算工作。会议强调，建立和实施国有资本经营预算制度，统筹用好国有资本收益，是完善社会主义市场经济体制的一项重要举措，对于深化国有企业收入分配制度改革、增强政府宏观调控能力、合理配置国有资本、促进企业技术进步、提高企业核心竞争力，都具有重要意义。

6月12日　国家劳动和社会保障部下发《关于进一步健全

最低工资制度的通知》，进一步健全最低工资制度，促进低收入劳动者的工资水平合理增长，维护劳动者的合法劳动报酬权益。

同日，国务院振兴东北地区等老工业基地领导小组召开第四次全体会议，审议《东北地区振兴规划》。会议强调，进一步深化国有企业改革，鼓励、支持和引导非公有制经济发展。深化森工企业、国有林场改革，推进林权制度改革试点和厂办大集体改革试点。努力构筑对外开放新格局，不断提高对外开放水平。

6 月 27 日　国务院国资委、中国证监会公布了《国有股东转让所持上市公司股份管理暂行办法》《国有单位受让上市公司股份管理暂行规定》，以及《上市公司国有股东标识管理暂行办法》三个政策性文件，对股权分置改革后国有单位转让和受让上市公司的方式、定价原则、审核程序、转让或受让方资格、协议签订、价款支付等方面作了规范性要求，并明确了相关各方面的责任。

6 月 28 日　国务院办公厅转发国家发改委《关于 2007 年深化经济体制改革工作的意见》（以下简称《意见》），《意见》提出推进以下八个方面的改革：加快推进行政管理体制改革，切实转变政府职能；坚持和完善基本经济制度，探索公有制多种有效实现形式；深化农村经济体制改革，促进农村经济社会发展；加快发展要素市场，完善现代市场体系；深化金融财税投资体制改革，完善宏观调控体系；推进资源价格等相关改革，促进资源节约和环境保护；推进社会事业体制改革，维护群众切身利益；深化涉外经济体制改革，提高对外开放水平。

6 月 29 日　全国人大常委会表决通过《劳动合同法》，通过对劳动合同的订立、履行、解除、终止等作出符合社会主义市场经济要求和我国国情的规定，在尊重用人单位用工自主权的基础上，要求用人单位必须与劳动者订立书面劳动合同，规定用人单位必须全面履行劳动合同，引导用人单位合理约定劳动合同期限，规范用人单位解除和终止劳动合同行为，要求用人单位在解除和终止劳动合同时必须依法支付经济补偿，从而有效地保护劳动者的合法权益。《劳动合同法》自 2008 年 1 月 1 日起施行。

7 月 28 日至 29 日　胡锦涛在浙江考察工作时强调，要坚持和完善我国基本经济制度，毫不动摇地巩固和发展公有制经济，毫不动摇地鼓励、支持、引导非公有制经济发展，促进多种所有制经济共同发展。

7 月 31 日　《人民日报》报道，针对当前价格总水平上涨较快等问题，国家发展和改革委员会近日发出通知，要求各地做好稳定价格总水平工作。通知要求，严格控制政府提价措施的出台，凡是居民消费价格平均涨幅已突破当地预期调控目标较多的地方，年内原则上不得出台除促进节能环保外新的政府调价措施。

9 月 8 日　国务院发布《关于试行国有资本经营预算的意见》（以下简称《意见》）。《意见》就试行国有资本经营预算的指导思想和原则、国有资本经营预算的收支范围、国有资本经营预算的编制和审批、国有资本经营预算的执行、国有资本经营预算的职责分工、试行国有资本经营预算的组织实施等问题提出具体意见。其中，中央本级国有资本经营预算从 2008 年开始实施，各地区国有资本经营预算的试行时间、范围、步骤，由各省（自治区、直辖市）和计划单列市人民政府决定。

9 月 29 日　中国投资有限责任公司成立，这是中国外汇管理体制改革的标志性事件。中投公司所从事的外汇投资业务以境外金融组合产品为主。公司将实行政企分开、自主经营、商业化运作，在可接受的风险范围内，实现长期投资收益最大化。

11 月 12 日　国务院国资委主任李荣融会见了新加坡淡马锡控股（私人）有限公司执行董事兼总裁何晶女士一行。何晶对国资委在中央企业建立完善的董事会制度以及向中央企业收取红利的做法表示赞同，并对中央企业取得的卓越成就表示钦佩。

12 月 3 日至 5 日　中央召开经济工作会议。会议对明年改革开放的要求是：坚持改革开放，在完善体制机制上取得新突破。会议要求深化经济体制改革、提高对外开放水平，推进行政管理体制改革和政府自身建设。

12 月 11 日　财政部、国务院国资委印发《中央企业国有资本收益收取管理暂行办法》指出，国有资本收益收取对象为中央管理的一级企业。国有资本收益包括：国有独资企业按规定上交国家的利润；国有控股、参股企业国有股权（股份）获得的股利、股息；国有产权（含国有股份）转让收入；国有独资企业清算收入（扣除清算费用）及国有控股、参股企业国有股权（股份）分享的公司清算收入；其他收入。

12 月 13 日　经中国银行业监督管理委员会批准，国内第一家外资村镇银行——湖北随州曾都汇丰村镇银行有限责任公司成立。这是全国首家由外资银行全资设立的新型农村金融机构。

12 月 16 日　我国首条时速 300 公里城际铁路——京津城际铁路全线贯通，从北京到天津仅需 30 分钟。

12 月 18 日　中央企业负责人会议在北京召开，李融荣在会上对 2008 年国资委的主要工作进行部署：一是推进中央企业公司制股份制改革；二是推进中央企业董事会试点工作；三是推进中央企业重组调整；四是进一步完善国有资产监管法规规章体系；五是进一步加强业绩考核；六是进一步完善企业国有产权管理。

12 月 27 日　中共中央政治局召开会议研究 2008 年经济工作时提出，要坚持稳中求进，保持经济持续平稳较快协调发展，把防止经济增长由偏快转为过热、防止价格由结构性上涨演变为明显通货膨胀作为宏观调控的首要任务。

12 月 31 日　经国务院批准，中央汇金公司和国家开发银行在北京签署协议，确认即日起中央汇金公司向国家开发银行注资 200 亿美元。此次注资，将显著提高开发银行的资本充足率，增强抗风险能力，有助于全面推行商业化运作，是开发银行改革中的基础性举措，标志着开发银行改革迈出了重要一步。

本年度主要参考文献：

1. 2007 年国务院政府工作报告——2007 年 3 月 5 日在第十届全国人民代表大会第五次会议上[EB/OL]. 中国政府网，2009 - 03 - 16.

2. 国家统计局 . 中华人民共和国 2007 年国民经济和社会发展统计公报[M]. 北京：中国统计出版社，2018. 3.

3. 财政部 . 2007 年中央和地方预算执行情况与 2008 年中央和地方预

算草案报告[EB/OL]. 中国人大网，2008－03－28.

4. 2007 年中国货币政策执行报告[EB/OL]. 中国人民银行网，2008－03－28.

5. 2007 年经济和社会发展计划执行条件与 2008 年草案报告[EB/OL]. 中国人大网，2008－03－25.

6. 李荣融. 中国经济贸易年鉴（2008 年）[M]. 北京：中国经济出版社，2008. 12.

7. 中国经济体制改革研究会编写组. 中国改革开放大事记（1978—2008）[M]. 北京：中国财政经济出版社，2008. 11.

第二卷（1988-1997）

中国国有企业改革编年史 1978-2018

THE ANNALS OF CHINA'S STATE-OWNED ENTERPRISES REFORM

章迪诚——编著

中国工人出版社

目录

1988 年

1989 年

1990 年

1991 年

1992 年

1993 年

1994 年

1995 年

1996 年

1997年

1988 年

1988 · 年度经济背景

经济再度过热，严重通货膨胀

1988 年，全国实现国内生产总值为 14928.3 亿元，比上年增长 11.3%。全年完成农业总产值 5618 亿元，比上年增长 3.2%，主要农产品产量中粮、棉、油分别比上年下降 2.2%、1.1% 和 13.6%，但其他经济作物和畜牧产品等都有不同程度增长；完成工业总产值 18100 亿元，比上年增长 20.7%，不包括村及村以下工业为 15181 亿元，增长 17.7%。预算内国有工业企业实现利润和税金 1558 亿元，比上年增长 17.4%；每万元工业产值的能源和电力消耗分别比上年下降 5.6% 和 5.8%；全民所有制独立核算工业企业全员劳动生产率比上年提高 9.3%。

国家财政收入达到 2587.22 亿元，其中国内财政收入为 2457.82 亿元，超额 1.3% 完成了预算规定的 2426.5 亿元的任务，比 1987 年决算的 2262.42 亿元增加了 195.4 亿元，增长 8.6%，高于 1987 年比 1986 年增长 5.6% 的幅度。分项目看，主要收入项目都比 1987 年有所增长，各项税收增长 11%，企业收入增长13.5%，国内债券收入增长107.7%，征集能源交通建设基金增长1.9%。

全年全社会固定资产投资完成4314亿元，比上年增加673亿元，增长18.5%。扣除价格因素，虽然实际工作量只略有增长，但全国在建工程投资总规模过大，已达到1.3万亿元，比上年扩大12%。固定资产投资在建规模过大、项目过多，已超出了国力承担的可能。全国建成大中型基建项目78个、重要单项工程138个，其中能源、原材料工业和交通项目及单项工程占78.2%。重要产品新增生产能力都完成或超额完成计划，其中新增发电装机容量999万千瓦，新增原煤开采能力3090万吨，新增铁路电气化里程1487公里，均创历史最高水平。新增原油开采能力1577万吨，新增沿海港口吞吐能力878万吨。

消费需求增势不减。银行对城镇居民支付的工资及其他现金比上年增长26.5%。社会集团购买力压而不缩，居高不下。年初国务院要求1988年的社会集团购买力在1987年的基础上压缩20%。由于控制措施不力，这一要求没有实现。1月至9月，出售给社会集团的消费品逐月上升，10月以后，势头才有所收敛。全年社会集团购买的消费品总计665亿元，比上年增长20.3%，扣除物价上涨因素后，仍然增长1.5%。

投资需求和消费需求双膨胀，加剧了供求总量矛盾。在社会总需求膨胀的压力下，1988年中国经济继续呈现过热状态，超出了各方面的承受能力，并且使国民经济业已存在的结构性矛盾进一步加剧。突出反映在以下几个方面：1. 工业的过快增长同农业的缓慢发展极不适应。全年工业产值的实际增长速度超过计划10个百分点以上，而农业增长速度因粮、棉、油减产没有完成计划。2. 农业产量下降与人口增长加快不相适应。近三四年，粮、棉、油产量连年徘徊，1988年粮食总产量3.94亿吨，棉花产量420万吨，油料产量1320万吨，均比上年减产。而人口增长加快，1988年人口自然增长率高达14.2‰，是1975年以来的最高年份。3. 工业内部加工工业增长过快，基础工业增长缓慢。工业内部结构向加工工业明显倾斜，致使能源、原材料供应和交通运输全面紧张。由于过热的消费需求使一些滞销产品出现购销两旺的非正常情况。

全年进出口贸易总额首次突破千亿美元，达到1027.9亿美元，比上年增长24.4%。其中出口增长20.6%，进口增长27.9%。进出口商品结构有显著改善。据海关统计，全年出口的机电产品总金额达60.19亿美元，比上年增长58.6%，占全国出口贸易总额的比重由上年的9.6%上升到12.7%。实际利用外资达98.4亿美元，比上年增长16.4%，其中吸收外商直接投资26.2亿美元，增长13.1%。

1988年中国经济发展中最突出的问题，是出现了明显的通货膨胀。

由于经济过热，需求膨胀，引起市场供求剧烈波动，物价上涨过猛。全年社会商品零售总额7440亿元，比上年增长27.8%，为中华人民共和国成立以来增长最快的一年。由于市场上一度出现抢购风，一些消费品销售超常增长：粮食增长8%，食盐增长20%，肥皂、洗衣粉增长20%以上，电视机、录音机、洗衣机、电冰箱等耐用消费品增长20%至50%。全年零售物价总水平比上年上升 18.5%。其中，城镇上升 21.3%，农村上升 17.1%。食品类价格上升 23%，其中粮食上升 14.1%，肉禽蛋上升 36.8%，蔬菜上升 31.7%，水产品上升 31.1%；衣着类上升 12.7%。职工生活费用价格总水平比上年上升 20.7%。

1988 年物价上涨幅度超过了消费者的经济承受能力和心理承受能力，引发了中华人民共和国成立以来最为严重的商品抢购风潮。从 1988 年春节前后到 8 月中下旬，商品抢购风时起时伏，市场动荡不安。从 8 月 17 日开始，福州、天津、上海、重庆、成都、北京、西安等大城市中心商业区发生抢购，逐渐向外蔓延，波及全国大部分地区的城市、县城和农村。抢购范围广，品种多，主要集中于价值高、易保存的工业品，品种近 50 个大类 500 余种。抢购风来势凶猛，销售量大幅度提高。8 月，全国社会商品零售总额比 1987 年 8 月增长了 38.63%，比 1988 年 7 月增长 7.5%。据估计，这次商品抢购风抢购了约 60 亿元的商品。同历次商品抢购风不同，这次商品抢购伴随着挤兑银行储蓄存款。8 月末，银行储蓄存款余额比 7 月末减少 26 亿多元。

经济过热反映在金融方面，主要是货币发行增长过快，全年货币投放达到 679.6 亿元，比上一年增长 47.6%，流通中的货币已达到 2134.03 亿元；在 1984 年至 1987 年各项贷款平均增长 27.3% 的情况下，本年度各项贷款增加 1518.98 亿元，比上一年增长 16.8%，年末各项贷款余额已达 10551.33 亿元。

由于物价上涨过猛，城乡居民持币待购抢购，挤提存款，造成储蓄存款增长幅度下降，8 月还出现储蓄存款余额下降的情况。为了稳定储蓄，积聚资金，支援建设，国家及时调整了存款利率，并对3年以上的定期存款开办了保值储蓄，各专业银行和农村信用社积极组织力量，广泛进行储蓄宣传，增设网点，开办实物有奖储蓄，代发工资等业务，使居民储蓄逐渐回升，四季度储蓄增长额高于上年同期水平。截至1988年底，全国城乡储蓄存款余额已达3798亿元，储蓄存款比上年末增加了724.6亿元，其中城镇储蓄存款余额达2659.16亿元，储蓄存款比上年末增加595.14亿元。

1月至8月银行各项贷款增加了927.1亿元，比上年同期多减少556.9亿元。1月银行各项贷款下降20.6亿元，比上年同期少下降124.9亿；2月各项贷款下降27.8亿元，比上年同期少下降19亿元；3月各项贷款增加118.2亿元，比上年同期多增加68.8亿元。到二季度末银行各项贷款累计增加556.6亿元，比上年同期多增加435.7亿元。其中到二季度末，工业流动资金贷款比年初增加256.5亿元。根据工商银行对4万户国有企业的调查测算，1988年新增贷款约有30%受到了物价上涨因素影响。

在一般情况下，国内货币流通由于受工农业生产季节性影响，通常是上半年回笼，下半年投放。1984年到1987年上半年分别为回笼58亿元，35亿元，99亿元，83亿元。而到1988年6月末累计净投放货币88亿元，比上年同期多投放171亿元。由于上半年货币回笼变为投放，下半年货币投放继续增加，最终形成全年货币投放达到679.6亿元，比上年增长46.7%。

1988年货币投放过多的原因，从现金投放回笼的渠道分析，主要有以下几点：1. 消费基金增长过快，国家对个人工资性现金支出全年增长 26.5%，比上年多投放货币 666 亿元。2. 社会集团购买力现金支出全年增长 50.3%，比上年多投放货币 266 亿元。3. 农副产品收购价格大幅度上涨，使全年现金支出增长 25.8%，比上年多投放货币 307 亿元。4. 由于市场物价上涨过猛，诱发了群众的紧张心理，纷纷到银行提取存款，持币待购，抢购商品的现象比较严重。5. 迅速增加的城乡个体经济，交易行为有相当一部分是用现金支付。银行抽紧银根以后，国有、集体企业之间现金交易的范围也不断扩大。

在银行收紧信贷以后，企业存款下降幅度大大超过了贷款下降幅度。1988 年 9 月以后，银行采取了一系列抽紧银根的措施，10 月银行各项贷款比 9 月下降 67 亿元，企业存款下降了 153 亿元，9 月至 12 月银行各项贷款累计增加 610 亿元，企业存款却下降 293 亿元，而 1987 年 9 月至 12 月企业存款则增加 217 亿元。随着企业存款大幅度下降，专业银行既没有留足备付金，又难以相应压缩贷款，因此，在四季度资金普遍紧张，不少地区出现支付困难，影响银行信誉的情况下，四季度在紧缩信贷的同时，中央银行对专业银行贷款却大幅度增加。专业银行在人民银行的存款逐月下降，1 月下降 65 亿元，2 月下降 9 亿元，3 月下降 17 亿元，4 月、5 月略有回升，但 6 月又下降 101 亿元。从而增加了人民银行收回贷款的困难。由于物价上涨幅度大，商业贷款季节性下降少，到 6 月末商业贷款比上年末下降 48 亿元，比 1987 年同期少下降 152 亿元。由于商业贷款下降，影响中央银行少收回贷款近 100 亿元。专业银行承担了 160 亿元的财政和基建债券任务，对中央银行还款能力下降。1988 年上半年，中央银行收回对专业银行贷款 81 亿元，比 1987 年同期少收回 151 亿元。

1988 年还出现了一种引人注目的现象，就是大量的资金尤其是现金日益脱离金融部门的宏观控制，在国家货币信贷管理的总渠道之外流动，资金保存在私人和小团体手中，在社会上游来转去，形成资金的“体外循环”，银行抓不住管不着。大量现金长期失去控制，会进一步扩大社会对资金的需求，加剧人们对通货膨胀的心理预期，减少银行资金来源，对经济运行造成严重影响。

在市场出现供不应求、严重通货膨胀的情况下，企业多年来质次价高的库存商品都销售一空，促使企业开足马力盲目生产，粗制滥造、不计成本的现象重新抬头。市场转旺，掩盖了企业管理上的缺陷，通过推行竞争招标承包、风险抵押承包刚刚激发出来的管理积极性被盲目生产冲淡了。因为市场超前消费、盲目消费使得企业的流动资金大量占压在投入品上，使得居民的银行存款大量提前使用，抢购风过去之后，随之而来的必然是严重的市场供大于求。当大多数企业还没有从抢购风的喜悦中清醒过来之时，国家的宏观调控使市场迅速降温，出现了以后连续三年的市场疲软。从来就没有经历过市场风险的国有企业，一下子陷入了市场约束的困境之中，承包所带来的体制效应也因此抵消了。由此可见，承包经营责任制出现边际效益递减并迅速由盛及衰的原因，除了通常所分析的体制因素之外，与当年宏观经济环境大起大落是有直接关系的。

1988 · 基本改革思路

价格改革闯关夺隘

合理的价格是保证国民经济活而不乱的重要条件，价格体系的改革是整个经济体制改革成败的关键。在对企业实行承包；对财政、外资、外汇实行“大包干”；对铁路、石油、石化、煤炭、冶金、有色等实行投入产出总承包之后，基于对当时形势的乐观估计，决策者采纳了积极主张价格改革的学者的观点，毅然进行价格改革。由于在名烟名酒价位设计上出现的失误，更由于价格改革时机选择上的失误，使企业与个人形成了强烈的通货膨胀预期。尽管中央一再强调要“采取强有力措施综合治理通货膨胀”，但广大居民仍然挤兑存款购物，形成了20世纪50年代以来最大的一场抢购风潮，价格改革最终被迫停止。

中共中央很早就对价格改革的问题进行了酝酿。中共十二届三中全会通过的《中共中央关于经济体制改革的决定》指出：“我国现行的价格体系，由于过去长期忽视价值规律的作用和其他历史原因，存在着相当紊乱的现象，不少商品的价格既不反映价值，也不反映供求关系。不改革这种不合理的价格体系，就不能正确评价企业的生产经营效果，不能保障城乡物资的顺畅交流，不能促进技术进步和生产结构、消费结构的合理化，就必然造成社会劳动的巨大浪费，也会严重妨碍按劳分配原则的贯彻执行。”“价格是最有效的调节手段，合理的价格是保证国民经济活而不乱的重要条件，价格体系的改革是整个经济体制改革成败的关键。”应该说，上述认识在当时是相当深刻的。但是，由于价格改革的风险太大，中央对于价格改革十分谨慎，步子一直迈得不大。

随着改革不断深化，扭曲的价格体系和僵化的价格管理体制与中共十三大提出的“国家调节市场，市场引导企业”的机制越来越背道而驰，价格改革这一关难以躲绕过去。一方面，在市场经济条件下，价格环境是企业生产经营最重要的外部条件，是反映资源稀缺程度最基本的信号。但旧的价格体系所反映的信号却是扭曲的：越是紧缺的资源，价格管理部门管得越死，价格越不能动，亏损也越多。结果有限的资源大量涌向价高利大的长线部门，使得长线越来越长，短线越来越短，产业结构越来越恶化。另一方面，从 1985 年起开始实行的生产资料价格“双轨制”，造成了一物多价的现象，使企业很难进行科学的经济核算，很难进行平等的竞争。据估计，当时“双轨制”下每年的价差、利差和汇差总额达 2000 亿~3500 亿元，占国民生产总值的 20%~30%。巨大的价差，诱使一些企业不是靠改善管理来提高效益，而是下很大工夫去拉关系、走后门，低价进、高价出，“跑部钱进”；巨大的价差与政府官员手中的权力紧密联系在一起，更使“寻租行为”由此泛滥开来。价格“双轨制”已经成为导致经济秩序混乱的重要原因，成为经济持续、稳定增长和各方面改革进一步深化的严重障碍。同时，由于 1987 年 6 月开始全面推行的企业承包经营责任制，经济形势逐渐出现了全面恢复的迹象，虽然早已存在的结构性矛盾并没有因为前一年紧缩所产生的经济降温而得到改善，反而因为承包制本身固有的缺陷而伴随承包制的普遍推行得到强化，但至少在表面上，经济形势有所改善，这就坚定了主张立即进行价格改革者的信心。

进入1988年以后，总需求与总供给的矛盾进一步扩大，国民经济结构性矛盾又开始突出，经济秩序紊乱，国家管理和调控宏观经济的能力减弱，同时暴露出来的几个方面的尖锐矛盾，进一步揭示了改革不合理的价格体系和价格管理体制的必要性和紧迫性，中央高层对于坚决进行价格改革的意见趋于一致起来。

1988年2月，青年学者王建提出“两头在外、大进大出”的建议，很快影响了决策者的决策，在大小媒体极力宣传“大进大出”，“参与国际经济大循环”的鼓动下，对各省（市、自治区）实行了财政、外资、外汇“大包干”；对铁路、石油、石化、煤炭、冶金、有色等也实行了投入产出总承包的全行业“大包干”。与此同时，有的经济学家则大声疾呼要进行价格改革，“斩关夺隘”。认为“80年代上半期，我国曾出现过一次价格改革的较好时机”，但“这次机会错过了”。“1986年，在国家采取紧缩政策的条件下，进行改革的可能性再次出现”，而由于没有抓住机会，这次改革又被“推迟了”。于是，在人们还没有来得及消化“两头在外”的真实含义之时，媒体又连篇累牍地鼓吹起价格改革的重要意义来了，闯关的呼声此起彼伏，声势逼人。

1988 年 4 月 1 日，经国务院批准，国家物价局、商业部决定提高部分粮食、油料的合同定购价格。以 50 公斤为单位，小麦：广东、广西、福建、云南、贵州提高 2 元，其他省（自治区、直辖市）（不包括西藏）提高 1.5 元；

北方粳稻：北京、天津、河北、山西、内蒙古、辽宁、吉林、黑龙江提高 2 元；

南方玉米：江苏、安徽、湖北、四川提高 1.5 元，广西、贵州、云南提高 2 元。

芝麻（油）、茶籽（油）的合同定购价提高到超购价水平，油菜籽（油）、葵花籽（油）提高到“倒二八”比例价水平（即 80% 按超购价，20% 按牌价）。全国棉花收购价格，每 50 公斤统一增加生产扶持费 20 元。新疆长绒棉收购价格，加价比例由“对半开”调整到“倒三七”（即 70% 按加价，30% 按牌价），加价幅度仍为 30%。茶叶、黄红麻、南方集体林区木材继续实行指导价格。苎麻购销价格恢复放开。蚕茧收购价进行整顿。部分产区自行提高了糖料价格或者增加了价外补贴。

4 月 5 日，国务院发出《关于试行主要副食品零售价格变动给职工适当补贴的通知》，决定试行对猪肉（禁食猪肉的民族为牛羊肉）、鲜蛋、蔬菜和食糖 4 种副食品价格，根据零售价格变动情况，按定量计算给职工以适当的补贴，改过去的暗补为明补；没有实行定量供应的按当地中等收入户的月平均购买量掌握。各省（自治区、直辖市）人民政府驻地城市对职工的补贴标准，开始出台时，每个职工每月不超过 10 元，其他城市再低一些。按照国务院的统一部署，补贴政策大部分地区于 4、5 月出台，全国于 7 月 1 日结束。

5 月以后，全国彩色电视机实行浮动价格。国产彩电的一般机型产地零售价格，14 英寸每台由 998 元上浮到不超过 1190 元，18 英寸每台由 1330 元上浮到不超过 1700 元，并贯彻优质优价的原则，合理安排质量差价。销地零售价格加适当的地区差价。进口彩电，本着拉开进口机与国产机的差价，以及进口机各牌号的牌誉差价的原则，同时在全国实行价格浮动。另外还提高了腈纶毛线、毛腈混纺毛线价格，扩大了食盐的小包装差价，进口纺织品、针织品的销售价格由“倒扣”作价改按顺加作价。整顿了蚕丝价格。

5 月，中国人民银行首次发行 50 元和 100 元面值的人民币。在物价大幅度上涨的情况下发行大面额货币，极容易给人们造成人民币要贬值的印象，于是许多人到银行提取存款购买商品，力图购物保值。

与此同时，制定价格改革的系统方案也提到了日程上。5 月 30 日至 6 月 1 日，中共中央政治局在北京召开第九次全体会议，讨论全国经济体制改革和经济形势问题。会议提出，价格和工资制度改革需要有通盘的考虑和系统的方案。价格和工资制度改革，既要理顺关系、促进生产，又要使大多数群众生活水平逐步有所提高。会议决定要制定价格、工资改革的系统方案。会后，从 6 月 2 日起，中央责成专门机构组织有关部门研究此后五年特别是 1989 年的价格、工资改革和配套措施问题，经过几上几下的论证，有关机构提出了关于价格、工资改革的初步方案。

6 月 9 日，《人民日报》发表题为《改革有险阻、苦战能过关》的评论员文章，虽然正确地指出了价格改革是改革进程中难度最大的一个“陡坡”，但对于闯过这道关口，仍然感到很有把握。这篇文章实际表明了中央闯关的决心和信心，在烘托闯关的气氛方面起了很重要的作用。经过前几个月的价格改革和物价调整，到 7 月，物价上升幅度已达 19.3%，创下历史的最高纪录。此时，不论是物价涨幅还是老百姓的通货膨胀预期，都已临近警戒线。但是，7 月 1 日，《人民日报》在“改革话题”栏目发表题为《过关有风险、关后是平川》的采访记，批评“只强调价格改革如何困难、要冒风险，这恐怕不太全面”，“应该正面大讲特讲：价格改革可以产生巨大的经济效益和社会效益，不仅对经济体制改革是个推进，而且会对政治体制改革产生积极影响，消除人们对价格改革的过分紧张心理。”文章还认为，“经济增长速度较高时，调整难度较小，成功把握较大。近几年来，我国的经济增长速度都超过了 5%，这就为现在进行物价调整提供了较好的条件。”上述意见，实际上反映了当时在价格改革方面急于求成的情绪。然而，当时高层对于这种急于求成的宣传所造成的危害，缺乏足够的警觉。

在这种情况下，国务院又决定从 7 月 28 日起，根据“特优放开、次优少提、一般不提”的原则，放开了中华、云烟等 13 个牌号的名烟，茅台、五粮液等 13 种名酒的价格；有控制地对甲级烟、部分乙级烟、粮食白酒和啤酒的价格进行了调整。与此同时，国家还调整了生产资料价格，对统配煤矿采取若干政策性补助措施。征收了电力建设资金。对渤海湾航区，大连至烟台等7条沿海航线的客票价平均提高40%。从7月20日起，民航国内主要旅游热线在运输旺季，折扣票价上浮到公布票价水平（即国内国外旅客执行一种票价）。7月以后，纯棉纱价格的上浮幅度由5%扩大为20%，纯棉坯布价格上浮幅度由7%扩大为22%，印染布、色织布价格上浮幅度由原来的10%扩大为25%，市销白布价格允许上浮25%。提高了青霉素等26种药品和止血钳的价格，降低了乙胺丁醇等2种药品价格。国家还进行了价格管理体制的改革，将部分商品的价格管理权限由国务院有关部门管理，下放给地方管理。将学术专著的定价权下放给出版社。同时，对地方管理的商品价格和劳务收费也进行了一些调整。

8月15日至17日，中共中央政治局在北戴河召开第十次全体会议，讨论并通过了《关于价格、工资改革的初步方案》。会议认为，价格改革的总方向是：少数重点商品和劳务价格由国家管理，绝大多数商品价格放开，由市场调节，以转换价格形成机制，逐步实现“国家调控市场，市场引导企业”的要求。根据各方面的条件和现实的可能，此后五年左右的时间，价格改革的目标是：初步理顺价格关系，即解决对经济发展和市场发育有严重影响、突出不合理的价格问题。会议认为，价格、工资改革实际上是改革的全面深化。会议决定，这个方案还要在党内外人士和有关专家中广泛征求意见，然后在9月的中央工作会议和十三届三中全会上进行讨论审议。这次会议还特别强调：“目前我国经济正处于充满活力、蓬勃发展的时期。进行价格、工资改革，时机是有利的，尽管面临的问题不少，但克服困难的潜力和回旋余地很大。”随后发生的事态证明，这个估计过于乐观了。

尽管中央一再强调要“采取强有力措施综合治理通货膨胀”，但各阶层群众已经形成了通货膨胀预期。中央政治局会议通过价格改革方案的消息一经传开，群众误以为9月1日物价要全面放开，新一轮前所未有的大幅度涨价即将开始，于是，继4、5月的抢购风潮之后，各大中城市立即掀起了一股更为凶猛的抢购风潮。到年底，全国零售物价总指数和职工生活费用价格总指数分别达到18.5%和20.7%。

这一年，价格调整的规模之大，为改革十年来所少见；零售物价总水平涨价面之广和涨幅之高，为中华人民共和国成立以来所仅有的。上半年上涨幅度平均每月加大1.4个百分点，7、8月涨势加剧，9月以后，涨势才逐步趋于缓和。全年零售物价总指数比1987年上升18.5%，明显高于1951年比1950年上升12.2%，1961年比1960年上升16.2%的幅度，是1950年3月物价稳定以来上涨幅度最大的一年。物价上涨幅度突破了年初确定的扣除4种副食品价格暗补改明补和烟酒价格放开与调整的影响，上涨幅度要低于1987年的计划目标。

粗略计算，这一年由国家有计划改革和调整的价格，影响零售物价总水平上升大约7.7%，超过了1987年整个零售物价总水平上升7.3%的幅度。物价过度上涨，超越了群众、企业和国家的承受能力，使人民群众主要是城镇居民的生活受到较明显影响。据国家统计局对13个城市的抽样调查，有34.9%的居民家庭，纯粹因物价上涨而造成实际收入水平下降。

群众对于物价上涨的恐惧心理和由此导致的抢购风潮，成为这次价格改革闯关难以逾越的障碍。面对价格改革的强大阻力，中央不得不调整对策。8 月 30 日，国务院召开第 20 次常务会议，会议重提“稳定经济，深化改革”的方针，特别申明：价格改革方案中提到的“少数重要商品和劳务价格由国家管理，绝大多数商品价格放开，由市场调节”，指的是经过五年或更长一点时间的努力才能达到的长远目标。在这里，原来政治局会议所提出的“五年左右的时间”已经修订为“五年或更长一点的时间”。会议还强调：“目前改革方案还在进一步修订和完善之中。明年作为实现五年改革方案的第一年，价格改革的步子是不大的，国务院将采取有力措施，确保明年的社会商品零售物价上涨幅度明显低于今年。”这次会议，为 1988 年的价格改革闯关画上了句号。

1988 · 年度改革实践

改革价格体制

1988 年，经国务院和有关部门批准出台的价格调整和改革措施有 12 项。其中主要措施是：煤炭按发热量计价平均每吨提价 4 元；原油每吨提价 10 元；工业用电每度提价 2 分；普遍提高粮食、油料、糖料的合同定购价格；全国各地先后提高了肉、蛋、糖、蔬菜等 4 种主要副食品销价，同时给居民发放补贴，改过去的暗补为明补；对彩色电视机实行浮动价格；提高部分化纤产品价格；扩大食盐小包装的差价；放开了 13 种名烟名酒的价格；提高部分沿海旅客航运票价；提高纯面制品价格和部分药品价格；对大部分进口物资实行代理价。4 月，根据建立社会主义商品经济新秩序的要求，为了消除价格双轨制带来的弊端，加快体制转换的步伐，曾经设想过加快价格改革。但是由于社会经济生活中出现了通货膨胀加剧和抢购风潮等复杂的形势，党中央和国务院及时作了调整，放慢了价格改革的步伐。

改革物资流通体制

根据国务院物资体制改革领导小组提出的《关于深化物资体制改革的方案》，从 1988 年下半年开始，对物资流通体制进行了以下改革。

国务院设立中华人民共和国物资部，原中央各部门的物资供销机构并入物资部。截至 1988 年底，已有 11 个中央主管部门的物资供销机构并到物资部，实行物资部和主管部门双重领导，以物资部为主，负责对主管部（局）直属直供企事业单位的物资分配计划的实施、组织订货供应、物资储存、调度调剂、进出口、资源开发、市场调节等各项工作。这 11 个部门的物资供销机构调整后新组建的公司名称分别为：中国地质物资供销总公司、中国医药物资供销总公司、中国建筑材料总公司、中国商业物资总公司、中国农业物资供销总公司、中国机械工业物资供销总公司、中国轻工物资供销总公司、中国汽车工业物资供销总公司、中国交通物资总公司、中国水利电力物资总公司、中国建设物资总公司，加上原来的公司，到年底物资部共有 27 个公司。按照国务院批准的物资部关于任务、机构、人员设置方案，部内设 18 个职能厅（司），负责行业物资管理，不搞经营，实现了政企分开。上述机构调整后，物力相对集中，国家调控市场的能力有所增强。

清理和调整了物资管理目录。将改革前所有的生产资料分为国家统配、中央工业主管部门管理及地方管理三类管理，1988 年通过对原部管物资的清理调整，改为按以下四类进行管理，并确定了各类物资的目录：国家指令性计划物资 72 种，是关系国计民生的少数短缺的重要原材料、燃料；国家合同订购物资 93 种，主要是重要机电产品；产需衔接物资 209 种；自由购销物资。改革以后，国家直接控制的主要物资种类和比重比过去减少了很多，指导性计划与自由购销的物资范围相应扩大。

物资流通信息网络初步建成，物资部成立了物资信息中心，许多地方也设立了物资信息机构或人员，初步形成了信息网络，汇集反馈购销存及价格信息，引导企业生产和经营。

国务院赋予物资部进出口物资贸易权，同时建立短线物资开发基金制度，物资部成立了开发公司，短线资源的开发工作有了起步。

规范企业承包经营责任制

1988 年 2 月 27 日，国务院发布《全民所有制工业企业承包经营责任制暂行条例》（以下简称《暂行条例》），规范企业承包经营责任制。《暂行条例》指出，承包经营责任制，是在坚持企业的社会主义全民所有制的基础上，按照所有权与经营权分离的原则，以承包经营合同形式，确定国家与企业的责、权、利关系，使企业做到自主经营、自负盈亏的经营管理制度。实行承包经营责任制，必须兼顾国家、企业、经营者和生产者利益，调动企业经营者和生产者积极性，挖掘企业内部潜力，确保上交国家利润，增强企业自我发展能力，逐步改善职工生活；应当按照责权利相结合的原则，切实落实企业的经营管理自主权，保护企业的合法权益；应按照包死基数、确保上交、超收多留、歉收自补的原则，确定国家与企业的分配关系；合同双方必须遵守国家法律、法规和政策，接受人民政府有关部门的监督。

承包经营责任制的主要内容是：包上交国家利润，包完成技术改造任务，实行工资总额与经济效益挂钩。在上述主要内容的基础上，不同企业可以根据实际情况确定其他承包内容。承包上交国家利润的形式有：上缴利润递增包干；上缴利润基数包干，超收分成；微利企业上缴利润定额包干；亏损企业减亏（或补贴）包干，以及国家批准的其他形式。

上缴利润基数一般以上年上交的利润额（实行第二步“利改税”的企业，是指依法缴纳的所得税、调节税部分）为准。受客观因素影响，利润变化较大的企业，可以承包前二至三年上缴利润的平均数为基数。上缴利润的方式为：企业按照税法纳税，纳税额中超过承包经营合同规定的上交利润额多上缴的部分，由财政部门每季返还 80% 给企业，年终结算，多退少补，保证兑现。实行工资总额与经济效益挂钩，其具体形式，可根据国家的规定和企业的实际情况确定。企业承包期限，一般不得少于 3 年。

规范小型工业企业租赁经营

1988 年 6 月 5 日，国务院以第 2 号令发布《全民所有制小型工业企业租赁经营暂行条例》（以下简称《暂行条例》），规范小型工业企业的租赁经营。《暂行条例》指出，租赁经营，是指在不改变企业的全民所有制性质的条件下，实行所有权与经营权的分离，国家授权单位为出租方将企业有期限地交给承租方经营，承租方向出租方交付租金并依照合同规定对企业实行自主经营的方式。实行租赁经营必须兼顾国家、企业、职工和承租方的利益。出租方和承租方必须执行国家的方针政策、法律法规，接受人民政府有关部门的监督。承租方可以采取下列形式承租经营企业：一个人承租经营企业（个人承租）；2 人至 5 人合伙承租经营企业（合伙承租）；本企业全体职工承租经营企业（全员承租）；一个企业承租经营另一个企业（企业承租）和国家允许的其他租赁经营形式。租赁期限每届为 3 年至 5 年。承租方不得将企业转租。承租经营者是指承租经营企业的个人，或者合伙承租、全员承租确定的厂长，或者承租企业派出的厂长。承租经营者是企业租赁期间的法定代表人，行使厂长职权，对企业全面负责。

承租方必须出具与租赁企业资产成一定比例的财产作为租赁担保。出租方在企业出租前必须会同有关部门对企业进行清产核资、清理债权债务、评估资产（包括有形资产和无形资产），根据行业和本企业资金利润率确定标底招标租赁。

租赁经营应签订书面租赁经营合同。租赁经营合同应当具备下列条款：标的；租赁经营合同的生效条件和有效期限；租赁期内经营总目标及年度经营目标；租金数额、交付期限及计算办法；承租方的收益及企业各项基金的分配比例；企业租赁前债权债务及遗留亏损的处理；租赁双方的权利和义务；担保的形式和要求；合同的变更、解除及合同纠纷处理办法；违约责任；租赁期满后资产返还和验收，以及租赁双方约定的其他条款。

《暂行条例》还规定了出租方和承租方的权利与义务和承租收入等其他内容。

调整、改进财政管理体制

经国务院决定，在 1985 年实行的“划分税种、核定收支、分级包干”财政管理体制的基础上，1988 年对财政管理体制进行了以下两项主要改革：

一是把税额较小、税源分散的城乡个体工商业户所得税，城乡个体工商业户营业税，个人收入调节税，个人所得税，国有企业工资调节税，契税，农林特产税，屠宰税，牲畜交易税，集市交易税，车船使用税，房产税，国营企事业单位奖金税等 13 种小税划给地方，作为地方的固定收入，抵顶支出，增收部分全部留给地方。

二是对十几个上解中央财政比例较大的地区，在 1988 年到 1990 年期间，分别实行“收入递增包干”“总额分成加增长分成”“上解额递增包干”等形式的财政包干办法；对少数上解比例较小的地区仍然实行“总额分成”办法。

到1988年底，除广州、西安2个计划单列市的财政关系仍分别与所在省联系外，全国37个省（自治区、直辖市）和计划单列市的财政管理体制分别采取了以下6种形式：

一是对北京市、河北省、辽宁省（不包括沈阳市和大连市）、沈阳市、哈尔滨市、江苏省、浙江省（不包括宁波市）、宁波市、河南省和重庆市10个地区实行“收入递增包干”办法。即以1987年的决算为基数，确定一个地方财政收入递增率和留成、上解比例。在递增率以内的收入，按确定的比例实行中央和地方分成，超过递增率的收入，全部留给地方。

二是对天津市、山西省和安徽省3个地区实行“总额分成”办法。即按照核定的收支基数和留成、上解比例，对地方收入实行中央和地方分成。

三是对大连市、青岛市和武汉市3个地区实行“总额分成加增长分成”办法。即在上述“总额分成”办法的基础上，对收入比上年增长的部分，给地方另加分成比例。

四是对湖南省和广东省2个地区实行“上解额递增包干”办法。即确定一个上解额基数，每年按一定的比例递增上解。

五是对上海市、山东省（不包括青岛市）和黑龙江省（不包括哈尔滨市）3个地区实行“定额上解”办法。即按照核定的收支基数，收入大于支出部分，每年按固定数额上解中央。

六是对内蒙古自治区、广西壮族自治区、西藏自治区、宁夏回族自治区、新疆维吾尔自治区、贵州省、云南省、青海省、吉林省、江西省、陕西省、福建省、海南省、甘肃省、湖北省（不包括武汉市）和四川省（不包括重庆市）16 个地区实行“定额补助”办法。即按照核定的收支基数，支出大于收入的部分，每年中央按固定数额补助地方。

改革人事制度，推行招标承包

招标承包，是通过公开招标的方式，择优选聘企业承包经营者，并优化企业承包方案。引入竞争机制，推行招标承包具有以下优势：一是冲破了选拔、任用企业领导干部的传统做法，使选拔干部由封闭式变为开放式，拓宽了选才视野，使企业人事制度发生变革，一大批经营管理人才得以脱颖而出；二是改变了确定企业承包基数时“一对一谈判”的格局。最初实行承包制是由企业原领导同主管部门商定承包指标，因此在确定承包基数时存在“一对一谈判”、讨价还价的现象，不利于基数的合理确定，通过投标者的竞争，对企业的潜力有了比较全面的认识，从而使承包基数定得比较科学合理；三是改变了政府经济部门同企业的关系，促进了企业经营自主权的落实；四是增强了企业经营者的责任感，树立了他们的领导权威，有利于实行厂长（经理）负责制。

1987 年，招标承包还只是在少数地区和个别微利、亏损的中小企业试点，1988 年，全国实行承包制的全民所有制企业中，竞争招标选聘经营者的已达 30% 左右。吉林、宁夏回族自治区、甘肃等省区预算内国有工业企业竞争招标承包面已达 65% 以上。为了推动竞争招标选聘经营者的工作，1988 年 6 月，中共中央组织部和国家人事部联合发出通知，要求各地积极推进竞争招标选聘企业经营者，并就有关政策提出指导性意见。北京、天津、吉林、辽宁、河北、湖北，以及福州、苏州、哈尔滨、洛阳等省市也分别制定了招标竞争承包的有关规定，有的地方还初步建立了承发包市场，成立了承发包工作指导小组，使招标竞争承包逐步科学化、规范化。

试行全员风险抵押承包

实行全员风险抵押承包，即企业经营者和全体职工均交纳一定数额的承包抵押金，共担承包经营风险，若企业完不成承包合同规定的上缴利润额，要以抵押金补足。1988 年，全国实行承包制的企业中，25% 实行了全员风险抵押承包，少数地区达到了 80% 以上。实行全员风险抵押承包，是完善承包经营责任制的内容之一，是建立企业自负盈亏机制的一种探索。企业实行全员风险抵押承包，一方面进一步解决了“歉收自补”的资金来源问题，增强了企业自负盈亏的能力，加大了企业承包的保险系数；另一方面强化了风险机制，增强了经营者的责任感。特别是实行全员风险抵押承包，把经营者和全体职工的利益捆在一起，密切了经营者和职工的关系，同企业经营成果紧密相连，职工和经营者共担经营风险，强化了全体职工的经营意识，增加了企业的凝聚力。此外，通过交纳抵押金，把一部分消费基金变为生产基金，在一定程度上解决了企业流动资金紧张的问题，对调节消费、发展生产起了积极作用。

优化劳动组合

优化劳动组合是完善承包制的配套改革重要内容之一。从1985 年开始，北京、沈阳、青岛和株洲四座城市先后在部分企业进行了优化劳动组合的试点。在总结试点经验的基础上，1988 年初，原国家经委在全国承包经营责任制座谈会上明确提出，要大力推行优化劳动组合，推进劳动制度的改革。到年底，全国已有 3.6 万个国有企业、1300 万名职工实行了优化劳动组合，部分集体企业也开展了这项工作。

国家统计局的资料表明：由于 1988 年全国相当一部分工业企业开始实行了优化劳动组合，全年职工人数增长是近几年来最低的一年，但生产稳定增长，劳动生产率提高幅度较大。1988 年全民所有制独立核算工业共新增产值 820 亿元，增长12.3%；全年职工平均人数为 4051 万人，新增 109 万人，增长2.8%；全员劳动生产率 18508 元，提高 9.3%。在全部新增产值中，因提高劳动生产率和增加职工人数而增加的产值比例是75∶25，比 1987 年的 71∶29 又有所改善。

改进工效挂钩办法

1988 年，随着承包经营责任制的推行，实行工效挂钩办法的企业面进一步扩大，50% 的国有企业，60% 的大中型企业都实行了各种形式的工效挂钩办法。工效挂钩一方面改变了过去企业职工工资由国家直接控制，与企业效益无关的状况，使职工的收入同企业效益联系起来，从而调动了职工的积极性；另一方面把企业内部的工资分配权交给企业，促进了企业内部分配制度的改革，进一步打破了大锅饭。越来越多的企业根据本企业的实际，采取了不同的工资分配形式，如岗位工资、结构工资、浮动工资、计件工资等。为了防止消费基金的膨胀，控制工资总额的增长，有关部门提出国家对企业工资总额实行分级管理的方法，即由国家核定控制地区或部门的工资总额，然后再由地区或部门核定控制企业的工资总额，按照这一办法，有关部门已在湖北、四川等省选择了部分地区，在总结过去试点经验的基础上进一步改进和完善。

进行企业放开经营试验

1988 年，一些地区针对企业经营自主权不落实，缺乏活力等问题，积极地进行了多种形式的企业放开经营试验。如“特企”“无上级企业”“超前改革企业”以及“引入乡镇企业机制”，等等。试验较早的是辽宁省鞍山市，随后辽宁、黑龙江、河南、四川、浙江、河北、江苏、陕西、吉林、湖北、山东、上海等省市相继试行，共 400 多家企业。试验企业一般都具有以下两个特点：一是进一步扩大和落实企业的经营自主权。如企业在干部任免、机构设置、劳动工资、投资决策、产品定价、财产处理和进出口等方面享有更大的自主权；二是政府和主管部门对企业实行间接管理。政府和主管部门对试验企业的管理只限于负责招聘企业经营者、监督承包合同和国家指令性计划的执行，审定企业“工效”挂钩系数。从各地试验的情况看，一般都取得了明显的效果：加速了企业经营机制的转变，促进了企业内部配套改革的深化，推动了政府主管部门的职能由过去直接管理企业，向服务、监督和宏观调控转变。

推进企业兼并和发展企业集团

1987 年全面实行承包制后，一些生产技术水平较高、经营管理较好的先进企业开始以法人身份承包一些后进的企业。企业承包企业使企业间的横向经济联系有了变革性的进展，有的地方抓住这个时机，因势利导，推行先承包后兼并，先搞经营一体化，逐步过渡到资产一体化，企业兼并应运而生。企业兼并是优化企业结构、实现资源合理配置的有效途径，它促进了企业资产存量的流动，解决了优势企业求发展，落后企业求生存所需的机制。同时企业兼并也为解决经营性亏损企业的问题提供了一种方法。据对 11 个省的统计分析，80% 的被兼并亏损企业都实现了扭亏。

企业兼并和股份制的出现，大大推动了企业集团的发展，1988 年底，全国已有企业集团 1630 个，其中 10% 的企业集团的结构和功能正在发育成型，公司化的经营管理体制正在形成，大部分集团内部的联系纽带正在向多样化、深层次发展，一批重点企业集团正在成为国家经济建设和参与国际市场的骨干力量。企业集团的发展也出现了一些新的趋势：一是从生产技术联合向资金联合发展；二是从生产制造为中心向产品开发和销售经营扩展；三是有些企业集团开始进入国际市场，发展跨国经营；四是企业内部管理体制由工厂模式向公司模式发展。

“税利分流，税后承包”试点

为了解决税前还贷的问题，完善承包经营责任制，国家体改委和财政部制定了“税利分流，降低所得税，改税前还贷为税后还贷，实行税后承包”的改革方案，并于1988年将重庆市作为试点。试点的原则做法是，将原有的55%的所得税率降为35%，税后利润再由企业承包上交一部分，其余为企业留利，企业要以留利归还贷款。在具体实施中，则根据企业的不同情况，逐个确定办法，采取比较灵活的做法。对那些还贷任务重的企业，仍允许其在税前偿还一部分贷款；至于税后承包则依据企业税后利润同企业原留利相比，多的多包，相当的不包，少的不仅不包，还可以退税，以保证企业留利不因实行新方案而减少。经过一年的试点，表明这种方法可以实现在企业增收的情况下，国家财政也相应增收，保证了国家财政收入。但未能解决企业税前还贷的问题，也没有改变国家与企业的分配关系中一个企业一个办法的状况。特别是多数已经实行承包制的企业认为，这种办法不如承包制的激励作用大，透明度高，因此对试行这种方法的积极性不高。

股份制试点

在研究探讨我国企业改革的路子时，理论界围绕着股份制展开了热烈的讨论。一些同志认为股份制通过明确企业产权，真正形成企业的动力机制、风险机制和利益制约机制，促使企业行为长期化；还有一些同志认为股份制是公有制和市场机制的衔接点，目前的承包制应向股份制发展过渡。在此影响下，一部分地区和企业纷纷进行了股份制的试点，个别地区还试办了股票交易市场。但由于对股份制认识不明确，因此在试点中做法不一，多数企业进行试点主要是为了筹集资金和通过股本分红增加职工的收入，而对于明确产权关系、实现股本增殖等不予重视。为了稳妥地搞好股份制试点，国家体改委等有关部门在 1988 年底，对股份制试点工作提出若干指导意见，要求各地、各部门对股份制试点要严格控制，按统一的规定试点，与此同时国家体改委抓紧制定股份制试点的统一办法。

1988 · 重要理论观点

经济体制改革的“三五八方案”

早在 1987 年 10 月，国家体改委召集北京、上海理论界的知名学者，组织了 8 个课题组，经过 8 个月的艰苦工作，分别提出了 8 套对于今后 8 年（1988 年至 1995 年）我国经济体制改革的综合规划和专项设计方案。这 8 个课题组，云集了当时我国研究经济体制改革的绝大部分理论权威；8 套改革方案，代表了当时我国经济体制改革理论的最高水准。它既是对改革蓝图设计的一次实战学习，又是对我国改革理论成果的一次大盘点、大检阅。虽然这些方案提出以后因为各种原因并没有得到及时采纳，但不可否认的是，方案中提出的各种改革主张对于以后的改革进程产生了深刻影响。这 8 套方案就是中国改革历史上有名的“三五八方案”。“三五八方案”是对今后8年我国经济体制改革中期规划的习惯简称。按照当时的认识，建立起适应有计划的商品经济要求的新经济体制和运行机制是一个长期过程。我国目前还处在社会主义初级阶段的中前期，在1988年至1995年，我国的改革目标还只能是这一过程中的阶段性目标，在这期间，对于改革措施必须有所选择，对措施出台的时序必须有所安排。对于规划期内的改革阶段划分，8个课题组分别提出了三种方案：第一种是将中期改革规划为前五年和后三年两个阶段；第二种是将中期改革规划为“三年、五年、八年”三个阶段；第三种是将中期改革规划分为“前一年、后三年、再四年”三个阶段。将中期改革规划分为“三年、五年、八年”三个阶段的，以北京大学、中央党校课题组为代表，国家计委、中国社会科学院课题组的划分也大体相同。因为这种划分方案意见比较集中，后来人们对8套方案都习惯简称为“三五八方案”。

8套方案的组成人员分别是：第一组，由刘国光、张卓元领衔的中国社会科学院课题组。第二组，由厉以宁领衔的北京大学课题组。第三组，由王珏领衔的中央党校课题组。第四组，由吴树青领衔的中国人民大学课题组。第五组，由吴敬琏、周小川领衔的吴敬琏课题组。第六组，由国务院农研中心发展研究所部分成员组成的课题组。第七组，由刘洪、洪佳和领衔的国家计委课题组。第八组，由贺镐圣领衔，62名“海派”经济学家组成的阵容最庞大的上海课题组。

8套方案的研究方法，大体都是沿着“两点两线”的思路来展开的。“两点”是对改革起点（现状）的判断和对终点

（规划期内要达到的目标）的确定。“两线”是对路径（改革战略）的选择和对主线（改革侧重点）的认识。8 套方案，见仁见智，总的来看，在对起点的判断、目标的确定、路径的选择上彼此的观点比较接近，共同点较多，但在对改革主线的认识上，则相去甚远，分歧明显。

对于起点的认识，大家比较一致地认为，经过 10 年改革，已经形成新旧两种体制相持的格局。这是一种不可久居的状态，迅速走出这种状态，确立新体制的主导地位，既是改革的目标，也是解决经济运行现实矛盾的根本出路。

两种体制相持的格局，是当时经济生活中出现的许多问题和困难的原因所在。改革放权，形成了新的膨胀主体；扭曲的价格体系在没有大的改观的情况下则因为改革深化而对经济活动的引导作用得到加强；传统的行政手段已经弱化，新的宏观调控机制又尚未形成。使得国民经济的结构失衡与总量膨胀互为因果，循环推动，从而导致了许多始料未及的困难。如经济秩序混乱，市场运行规则不健全，国家宏观调控能力降低，价格扭曲使得产业结构进一步恶化，收入分配不公造成劳动者积极性下降，国民经济效益在低水平上徘徊，以及政治与社会生活中出现的某些腐败现象，等等。所有这些矛盾都表明，改革面临严峻挑战。

对于目标的认识，大家比较一致的看法是：中期改革的目标，是要建立“国家调控市场，市场引导企业”的新体制基本框架，它包括三个相互联系的主要方面，即经济运行的市场化，企业形态的公司化，宏观调控的间接化。“三五八方案”所描述的新体制框架，较之1993年中共十四届三中全会《决定》所描述的新体制框架，即“产权清晰，权责明确，政企分开，管理科学的现代企业制度；全国统一开放的市场体系；以间接手段为主的完善的宏观调控体系；以按劳分配为主体，效率优先，兼顾公平的收入分配制度；多层次的社会保障制度”，在认识上明显是不够全面的。这恰恰反映了改革实践是一个不断深化的过程，改革理论也是一个不断完善的过程。但是，确立新体制主导地位的标志是什么？各家的看法又不尽相同。

对于改革战略的选择，大家都强调要综合配套，协调改革。有的方案指出，深化改革的基本思路在于同时抓住“企业——所有制改革”与“市场——价格改革”两条主线。有的方案强调，企业机制健全，市场体系发育与宏观调控方式转变是深化改革中互为条件，密切相连，缺一不可的三个环节。有的方案则提出要抓住经济运行机制转轨这一关键环节，从微观经济组织再造和宏观经济组织重塑两头入手，同时推动市场组织的发育和健全。

对于改革主线的认识，仍然存在着企业改革与价格改革的严重分歧，即以企业改革为主线，还是以价格改革为主线来展开协调配套改革。一部分方案明确提出，要以创建现代企业制度为中心，以国有大中型企业为重点，全面配套地推进改革。有的方案更具体地提出要把从企业承包制的推行向股份制的实施过渡作为全部经济体制改革的中心线索。另一部分方案则强调，要理顺基本经济关系，建立起竞争性的市场体系，关键在于理顺价格。只有适时推出以价格改革为中心的配套改革方案，才可能完成新旧体制的基本转轨。

对于企业改革，大家一致认为再造企业经营机制，重建微观经济基础，已成为深化企业改革的关键。而对于正在普遍推行的承包经营责任制，大家认为这是在特定条件下搞活国有大中型企业的一种较好的经营形式，但由于仍未突破原有企业体制的框架和财产关系的格局，不可能成为国有企业改革的目标模式，各家方案更多的讨论则集中于承包制的缺陷上，也提出了各种完善承包制的方案，但多数意见都认为，只有股份制才是国有企业改革的目标模式。从承包制走向股份制，必须经过两个相关的步骤：一是在完善企业承包制的基础上，明确企业的产权关系，找到企业资产所有者的具体代表，为向股份制过渡创造条件；二是重组企业财产关系，全面推行企业股份制。

在8套方案中，对于国有企业改革的认识，要数王珏教授主持的方案最为深刻。王珏方案明确提出：从“简政放权”、“减税让利”、两步“利改税”到普遍推行承包经营责任制，企业改革已经取得了引人注目的成果。形势发展要求我们的改革再迈上一个新台阶：从改善企业经营机制走向全面创建现代企业制度。

王珏方案指出，当前普遍推行的企业承包经营责任制，在政企分开方向迈出了一大步，但它的历史局限性也逐步表现出来。承包制固然可以在一定期间内和一定程度上减少政府部门对企业经营活动的直接干预，但企业在再次承包合同的签订过程中都面临着一种与政府部门的平等竞争。政企不分的公有制实现形式不改变，承包制所体现的企业对政府单方面的责任关系也有可能退化为计划指令的变种。同时又难以同宏观调节手段以及市场方面的改革相配套。所以承包制只能是向新体制转变的一种过渡形式。在用承包制保证中央财政收入和调动企业积极性的同时，必须围绕现代企业制度的创建推进改革才有可能实现新体制占主导地位的总体目标。

王珏方案还认为，市场运行的主体是企业。市场价格信号固然是企业经济核算和生产导向的依据，但企业的基本行为（战略决策）并不是由价格决定的，而是由企业组织构成的性质和特点决定的。市场不过是企业之间价值交换关系的总和，价格只是这一交换关系的货币表现。人们经常讲的“预算软约束”，问题不是出在价格上，而是出在企业组织对政府的依附关系上，以及政、企之间权、责、利关系不明确和企业本身产权关系的模糊不清上。过去我们把企业不能对市场信号作出合理反应的重要原因归结为企业素质不高，而没有深究这一问题背后的制度因素。企业对市场环境的积极反应，有赖于企业独立承担市场竞争后果的财产能力，以及企业行为独立的制度保证。

在现代企业制度建立以前，由于企业“软约束”没有克服，市场是不可能真正放开的。无论价格的放开或市场的发育都需要有一个过程，必须分阶段进行，从企业承受能力和社会心理的承受能力来看，价格改革都只能随着其他方面改革的推进而“小步快走”，任何企图毕其功于一役的全面配套方案都不符合中国的实际情况。

王珏方案还指出，现代企业制度有两个最明显的特征：一是企业法人财产制度，企业法人拥有法律确认的独立财产；二是资产最终所有者、法人所有者和经营者以及生产者之间，形成相互依存、相互制约的经济关系和法律责任关系，并以此为基础构成企业的决策机构和经营管理机构以及监督机构，其典型形态是现代股份有限公司。

王珏方案强调，创建现代企业制度的重点是国有大中型企业。创建现代企业制度必须全面配套，分阶段推进。创建现代企业制度的前提之一是政府作为社会行政管理者的职能必须与其作为公有财产所有者的职能分离。与价格改革、宏观调控手段方面的改革一样，创建现代企业制度本身也要有一个渐进过程，不能幻想在哪一天早上醒来，单一财产主体和政企不分的企业组织形式就能一下子变成政企分离、财产关系清楚的企业法人制度。

工资侵蚀利润

戴园晨、黎汉明在《经济研究》1988 年第 6 期撰文认为，在商品经济条件下，企业内部的工资和利润分别代表着劳动者的利益和所有者的利益，尽管劳动者追求工资收入最大化，但所有者也在追求利润最大化，两相冲突的结果是使工资维持在与劳动生产率相适应，满足劳动力再生产要求的水平上，尽管利润增长也会给工资带来某种程度的提高，但那只是再生产连续进行的结果，并不意味着工资与利润的对立关系已经消失。

传统体制中厂长是代表国家利益即所有者利益的，这不仅因为厂长由他的上级主管部门任命，还因为考核的标准是所执行上级指令的坚决程度而不是企业经营状况，从而决定了那时候的厂长无一例外地认真执行国家关于工资奖金管理的各项规定。经济体制改革期望使厂长成为代表企业独立利益的新型企业家，从国家一般经济利益中分离出来的企业经济利益只表现为在这个企业内工作的职工的利益，厂长的收入又和职工的收入同涨同落。这样，在理论上厂长是所有者利益在企业里的代表，实际上却因尚未形成企业长期发展的独立利益而成为职工利益的代表。由于厂长任期内的工作好坏要由企业职工评议，厂长需要重视任期内和离职后的人缘关系，往往倾向于满足职工的利益要求。

经济体制改革使企业有了自主的财权和归自己支配的留利。使得企业对留利使用向增加职工奖金福利方向倾斜。这种经营机制进一步使得工资攀比有了实现的可能。企业的经营目标不是追求自身的发展壮大，而是追求职工个人收入最大化。尽管对企业留利的使用规定过各种比例，但实际上随着留利转化为工资奖金福利，工资侵蚀利润便成为普遍现象，这是经济体制改革中的潜在危险。

1988 · 重要政策法规

1. 国务院《全民所有制工业企业承包经营责任制暂行条例》，1988 年 2 月 27 日。

2. 《中华人民共和国全民所有制工业企业法》，1988 年 4 月 13 日第七届全国人民代表大会第一次会议通过。

3. 《中华人民共和国中外合作经营企业法》，1988 年 4 月

13 日第七届全国人民代表大会第一次会议通过。

4. 国务院《禁止向企业摊派暂行条例》，1988 年 4 月 28 日。

5. 中共中央组织部、人事部《关于全民所有制工业企业引入竞争机制，改革人事制度的若干意见》，1988 年 5 月 21 日。

6. 国务院《中华人民共和国企业法人登记管理条例》，1988 年 6 月 3 日，中华人民共和国国务院令第 1 号发布。

7. 国务院《全民所有制小型工业企业租赁经营暂行条例》，1988 年 6 月 5 日，中华人民共和国国务院令第 2 号。

8.《国务院关于做好放开名烟名酒价格提高部分烟酒价格工作的通知》，1988 年 7 月 16 日。

9.《国务院关于加强物价管理严格控制物价上涨的决定》，1988 年 10 月 24 日。

1988 · 年度热点纪实

1988 年抢购风潮

1988 年，中国改革开放已经到了一个关键性的阶段，物价问题直观地摆到人们面前。根据建立社会主义商品经济新秩序的要求，为了消除价格双轨制带来的弊端，加快体制转换的步伐，决策层认为，物价问题已到了非解决不可的时刻。

在此前几年的改革中，也曾进行过一些价格改革，例如农副产品提价、改革购销体制等，也相应取得了一定成效，但是，价格体系不合理的基本状况不仅没有得到根本改变，而且由于很多商品实行牌价与议价并行的双轨制，反而使经济生活和社会生活中的许多矛盾更加尖锐，更加复杂化。改革的目标是打破计划经济的模式，建立社会主义商品经济的新秩序，促进社会生产力的大发展，为此，理顺价格体系、按照价值规律办事成为改革面临的中心问题。

在分析各方面情况之后，决策层认为，改革至此，必须从根本上去触动物价这一敏感的神经。自然，决策者们也意识到物价改革的风险。物价问题在整个社会经济生活中处于中心的位置，它一头连着生产和流通，一头连着工资和消费，可谓牵一发而动全身。同时它也直接影响着数以万计的企业和数以亿计的消费者的切身利益，而长期习惯于产品经济模式下谋生活的广大民众，对物价变动的心理承受力是脆弱的。各地已经发生的物价上涨和抢购现象便是一种危险的征兆。物价改革弄不好会砸锅、翻船，可以说是暗礁遍布、荆棘丛生。但中央高层的决心是坚定的：物价改革如箭在弦上，势在必发，有风险也要闯，也要过。

1988 年 5 月 15 日，邓小平会见阿根廷总统时说：“改革是有风险的，要迎着风浪前进就会有波折，甚至可能犯错误，我们要避免大的错误。”19 日，邓小平会见朝鲜武装力量部长时说：“我们很清楚，价格改革每一步都有不少风险，会遇到困难。要让全党和全国人民懂得，这是一项艰苦的工作。”他还说：“胆子要大一点，不要怕风险。如果前怕狼后怕虎，那就走不成路。”24 日，邓小平会见美国大通・曼哈顿银行国际咨询委员会代表团，再次提到闯物价关，他对客人们说：“我们现在还要过几个险关，主要的一关是理顺物价。……这一关过了，还要过其他的关，这就是最大的风险。”“物价这个关不过不行，是绕不过去的。如果在本世纪内剩下的10年内，不把物价理顺，下世纪要达到目标就很困难，现在就要迎着困难前进……”5月30日至6月1日，中共中央政治局在北京召开第九次全体会议。会议认为，目前我国的改革进入了关键阶段，改革会有风险，但不进则退，退是没有出路的。

以上表述显示了中国最高决策层对闯物价改革关的决心和气魄。这段时间，《人民日报》等各级党报党刊也频频发表文章，强调改革要“加快”，要“不怕风险”“敢于碰硬”“闯关”，这在全国造成了一种破釜沉舟、背水一战的悲壮气氛。与此同时，一些物价改革的措施被相继推出：

5月中旬，北京市政府决定从5月15日起，对猪肉等四种主要副食品试行零售价格上调，并强调，不属于这次调价范围的商品，决不允许搭车出台和未经批准乱提价、乱涨价；7月下旬，国务院批准，全国各地从1988年7月28日起开放名烟名酒价格；8月15日至17日，中共中央政治局在北戴河召开第十次全体会议，通过了《关于价格工资改革的初步方案》。会议提出：今后5年左右的时间，价格改革的目标是初步理顺价格关系，即解决对经济发展和市场发展有严重影响，突出不合理的价格问题……

中国改革之舟被推进到两岸山崖壁立的险峻江段。人们已经预见到其间必是惊涛骇浪、流急滩险，但很少有人料到在轻舟欲过万重山之际，一场汹涌迅猛的风潮会如此之早又如此势不可当地席卷而来。

涨价的消息牵动了老百姓的每一根神经。社会上有关商品涨价的小道消息五花八门，不胫而走。人们争先恐后地从银行提出积蓄多年的存款，急匆匆地涌上街头，挤入商店，抢购一切生活日用品。

长沙友谊商店，一位经理在感到不解的同时又不无欢喜地对采访的记者说："真是奇怪，顾客们像疯了一样！把钱不当钱，见什么都买。我们积压了好几年的毛毯一下子就卖光了，质量最差的洗衣机也卖光了，仓库已经空了，营业额猛增，营业员大拿奖金，一个个都笑呵呵的。"杭州，抢购热居高不下。春夏之季，库存的棉、毛物品等都雪崩似的大量倾销。百货公司门前，常常出现整晚排长队买毛衣毛裤的现象，为了不耽误休息，人们把席子铺成长龙，随便一躺就睡在地上。

5月间，中央统一规定放开四种主要副食品的价格，似乎印证了流传已久的种种"预测"，涨价之风亦随之进入高潮。

皮夹克、鸭绒被、驼毛被、毛巾被、毛线、床罩、棉毛衫裤、汗衫背心、洗衣机、吸尘器、抽油烟机、高档录音机、录像机、金饰品等均在被抢购之列。上海华联商厦每两分钟即售出一台洗衣机，一天售出500台，8月27日这天现金销售额达230万元，创历史最高纪录。8月28日，上海抢购狂潮进入最高潮，上海市政府不得不采取紧急措施，实行凭票供应食盐、凭票供应火柴、购买铝锅以旧换新或凭结婚证、户口申请购买。

因为涨价才抢购，而抢购风潮更使物价像断了线的风筝一般往上升。在北京，四种主要副食品调价后，其价格上涨很快超过了文件所规定的幅度。尽管政府明文规定，不属于这次调价范围的商品，决不允许搭车出台和未经批准乱提价、乱涨价。以管理严格著称的广州出租车也乘机涨价，司机乱收费之风卷土重来。人们对上涨的物价无可奈何，转而争换外币以求保值，于是乎黑市外币买卖看好，港币对人民币的比价由 1 月的 100：68，上升为 7 月的 100：85。

到年底，全国零售物价总指数和职工生活费用价格总指数分别达到 118.5 和 120.7，涨幅之高创下中华人民共和国成立以来的最高纪录。

“抢购风潮”、飞涨的物价，震动了整个社会，也牵动着中南海。无疑向当前的改革发出了严重危险的信号，作为改革之舟驾驭者的中央决策层，将作出怎样的抉择呢？人们把希望和信任交给了中南海，期待着中央的声音。

1988 年 9 月 26 日至 30 日，中共十三届三中全会在北京举行，作出治理经济环境和整顿经济秩序的决定。

总书记在报告中指出，目前我国的经济生活中所出现的通货膨胀、物价上涨幅度过大等困难和问题，其根本原因是经济过热，社会总需求超过总供给。总需求超过总供给，是多年积累下来的问题，在新旧体制转换时期还不可能从机制上解决这个问题，这就更需要从工作上加强管理和控制。我们必须充分认识到坚决遏制通货膨胀这个问题的重要性和紧迫性，当机立断，下最大的决心，把明后两年改革和建设的重点，突出地放到治理经济环境和整顿经济秩序上来。

此后两三年间，中国经济生活中“治理整顿”成为中心工作，“治理整顿”成为人们谈论有关经济的话题时使用频率最高的词汇。

十三届三中全会之后，围绕着“治理整顿”这一中心，党中央和国务院接连发出了一系列的通知、决定、条例：

从中共十三届三中全会到1989年底，中共中央、国务院接连发出“四十道金牌”，向因为过热而失衡的经济生活宣战，向通货膨胀宣战。

所谓治理经济环境，就是压缩社会总需求，遏制通货膨胀。主要措施是压缩全社会固定资产投资，控制消费基金的增长（尤其要坚决压缩社会集团购买力）、稳定金融、降低工业增长速度等。

所谓整顿经济秩序，就是整顿在新旧体制转换中出现的各种混乱现象。首先要刹住乱涨价风；其次要整顿公司，政企分开，官商分开，惩治“官倒”；再次要尽快确立重要产品的流通程序；最后要加强宏观监督体系。

在中央作出“治理整顿”的决定后，全国各地应声而起，积极行动，全面开始了治理经济环境、整顿经济秩序的工作。

皮包公司扰乱市场

从1985年开始，国家实行价格双轨制，即同一种商品，计划内的是国家规定的计划价；计划外的则是议价，也就是市场价。价格双轨制的推行，给投机者带来了巨大的利润空间。于是，一无资金、二无场地、三无人员、四无机器设备，利用政府部门掌握的物资审批权限，以倒卖政府批文为主要“业务”

的“皮包公司”大量涌现，严重扰乱市场流通秩序，成为这一年十分敏感的社会热点。

1988 年初春的深圳，一个年轻人想尽办法，终于拿到了可以进口 20 辆“尼桑”轿车的批文。1 辆 1 万，他把批条卖给了某经营部，眨眼获利 20 万。而后，经营部将 20 辆“尼桑”以每辆加价 3 万元的价格转手倒卖，猛赚 60 万。从 1986 年上半年开始，像这样的公司如雨后春笋般增多起来。到 1988 年，在各地工商行政管理机关登记注册的公司总数已超过 41 万家，其中打着“官办”招牌插足流通领域的不下 25 万家，许多公司权钱结合，政企不分，官商不分，利用手中的权力非法倒卖重要生产资料和紧俏商品，牟取暴利。据不完全统计，1987 年至 1988 年的价格双轨制，差价总额达几百亿元，许多双轨制的价差都落入了民营企业的口袋中。

“官倒”和皮包公司已成为当时社会随时可能引爆的炸弹。为此，1988 年 10 月 3 日，中共中央、国务院作出关于清理整顿公司的决定，实行政企分开、官商分开，惩治“官倒”。主要内容有以下几点：一是重点清理整顿 1986 年下半年以来成立的公司，特别是综合性、金融性和流通领域的公司；二是严格执行中共中央、国务院关于党和国家机关干部不得经商办企业的规定；三是严禁转手倒卖国家重要生产资料和紧俏耐用消费品；四是所有公司必须依法纳税；五是严格公司审批手续。此后两三年间，“治理整顿”成为中国经济生活的中心工作。

1988 · 年度改革大事

1 月 9 日　中央政治局讨论并原则上同意《全民所有制工业企业法（草案）》，建议由国务院提请全国人大常委会审议。

1 月 11 日　六届全国人大常委会第二十四次会议决定公布《全民所有制工业企业法（草案）》，广泛征求意见。

2 月 27 日　国务院颁发《全民所有制工业企业承包经营责任制暂行条例》，企业承包经营责任制纳入法制轨道。

3 月 5 日　中国共产党中央委员会提出修改《中华人民共和国宪法》的个别条款的建议，提出："私营经济是社会主义公有制经济的补充。国家保护私营经济的合法的权利和利益，对私营经济实行引导、监督和管理。"

3 月 18 日　国务院发出《关于进一步扩大沿海经济开放区范围的通知》，决定新划入沿海开放区 140 个市、县，包括杭州、南京、沈阳 3 个省会城市。

3 月 25 日至 4 月 13 日　七届全国人大一次会议举行。会议通过了《宪法修正案》；通过了《中华人民共和国全民所有制工业企业法》《中华人民共和国中外合作经营企业法》。

4 月 5 日　国家经委、国家计委、国家统计局、财政部、劳动人事部联合发布《大中小型工业企业划分标准》。同时公布了全国第一批 1520 个大型工业企业的名单。

4 月 28 日　国务院颁发《禁止向企业摊派暂行条例》。

4 月 28 日　中共中央发出关于贯彻执行《中华人民共和国

全民所有制工业企业法》的通知。

5 月 3 日　国务院作出《关于深化科技体制改革若干问题的决定》。

5 月 18 日　国务院常务会议通过《全民所有制小型工业企业租赁经营暂行条例》，自 7 月 1 日起实行。

5 月 19 日　邓小平在会见朝鲜政府军事代表团时发表《理顺物价，加速改革》的谈话时说："最近我们决定放开肉、蛋、菜、糖四种副食品价格，先走一步。""过一关很不容易，要担很大风险。但是物价改革非搞不可，要迎着风险、迎着困难上。"

5 月 21 日　中共中央组织部、人事部联合发出《关于全民所有制工业企业引入竞争机制，改革人事制度的若干意见》的通知，要求在中小型企业推行招标选聘企业经营者。

5 月 25 日　邓小平会见捷克共和国总书记雅克什时说："我们现在不是要收，而是要进一步改革，进一步开放。思想要更加解放一些，改革开放的步伐要走得更快一些。"

6 月 1 日　中共中央政治局在北京召开第九次全体会议。会议指出，价格和工资制度的改革，既要理顺关系，促进生产，又要使大多数群众生活水平逐步有所提高。达到这个目标，最终取决于经济效益特别是工业经济效益的提高。为此，必须深化企业改革，提高管理水平，促进技术进步。

6 月 9 日　国务院发出《关于授权省（自治区、直辖市）、经济特区和计划单列市人民政府审批外资企业的通知》。

6 月 15 日　新的国家计委成立。其职能主要是进行宏观调控、平衡、协调、服务，研究提出经济、科技、社会发展战略和重大的经济技术政策，从经济总量和结构上做好计划综合平衡与宏观调节和控制，对经济决策和经济运行提供服务和必要的协调等。

6月25日　国务院发布《中华人民共和国私营企业暂行条例》规定：私营企业是指企业资产属于私人所有、雇工八人以上的营利性的经济组织。

7月1日　1988年国家机关改革，国家经委撤销，原负责企业管理和企业改革工作的企业管理局成建制转到国家体改委，更名为“企业体制司”，仍然负责企业管理和企业改革工作，并以“国务院企业管理指导委员会”的名义，同各部企业司及各地经委保持着密切联系。

7月2日至12日　全国税务工作会议在北京举行。会议提出，统一国内所得税制，取消国有企业调节税。

7月3日　国务院发布《关于鼓励台湾同胞投资的规定》。台湾投资者可以在大陆各省（自治区、直辖市）、经济特区投资办企业。鼓励台湾投资者到海南省以及福建、广东、浙江等省沿海地带划定的岛屿和地区从事土地开发经营。

7月21日　中共中央办公厅、国务院办公厅发出《关于解决公司政企不分问题的通知》，规定凡是从事企业经营的公司一律不能有行业管理、政府职能的权力；凡是有政府职能、进行行业管理的公司一律不准从事企业经营。

7月28日　国务院作出《关于地方实行财政包干办法的决定》。决定从1988年到1990年期间，全国39个省（自治区、直辖市）和计划单列市，除广州、西安两市财政关系仍分别与广东、陕西两省联系外，对其余 37 个地区分别实行不同形式的财政包干办法。

7 月 28 日　经国务院批准，从 7 月 28 日起放开名烟名酒的价格，同时提高部分高中档卷烟和粮食酿酒的价格。

8 月 11 日　国务院发出《关于非常设机构设置问题的通知》，明确设立“国务院企业管理指导委员会”作为国务院非常设机构，其具体工作由国家体改委承担。办公室设在企业体制司。

8 月 15 日至 17 日　中共中央政治局在北戴河召开第十次全体会议，讨论并通过了《关于价格、工资改革的初步方案》。

8 月 23 日　国务院企业管理指导委员会发出《关于批复国家二级企业名单的通知》，确认各部门审批的 1171 个企业为 1987 年度国家二级企业。

8 月 30 日　国务院总理李鹏主持召开国务院第二十次常务会议，重提“稳定经济，深化改革”的方针。

9 月 26 日至 30 日　中共十三届三中全会在北京举行。全会批准了中央政治局提出的“治理经济环境、整顿经济秩序、全面深化改革”的指导方针和政策措施。

10 月 3 日　中共中央、国务院作出《关于清理整顿公司的决定》。规定要在 1988 年底前基本完成公司的撤并任务，明年 3 月底以前完成清理整顿工作。

10 月 15 日　国务院办公厅发出《关于国务院企业管理指导委员会组成人员的通知》（以下简称《通知》）。《通知》中明确了职责：负责协调贯彻执行《企业法》和研究企业改革、企业管理中的重大问题，指导企业转换和完善经营机制，加强企业管理。

11月16日至19日　国务院企业管理指导委员会在佛山市召开全国第六次企业管理现代化工作座谈会。会议提出要在深化企业改革中，推进管理现代化，促进企业管理升级。

11月28日至12月5日　国务院在北京召开全国计划会议和经济体制改革工作会议。李鹏在闭幕会上作了《把建设和改革的重点切实放到治理经济环境和整顿经济秩序上来》的讲话。

本年度主要参考资料：

1. 中国经济年鉴编委会．中国经济年鉴（1989）[M]．北京：中国经济年鉴社，1989.10.

2. 国家经济体制改革委员会．中国经济体制改革年鉴（1989）[M]．北京：改革出版社，1989.12.

3. 汪海波．新中国工业经济史（1979—2000）[M]．北京：经济管理出版社，2001.10.

4. 董辅礽．中华人民共和国经济史（下卷）[M]．北京：经济科学出版社，1999.9.

5. 马洪，孙尚清．1988年中国经济实况分析[M]．北京：中国社会科学出版社，1991.2.

6. 尹永钦，杨峥晖．巨变：1978年—2004年中国经济改革历程[M]．北京：当代世界出版社，2004.5.

7. 王东江．中国国有企业改革20年[M]．郑州：中州古籍出版社，1998.12.

8. 林晨．“管住货币、改革价格”——访经济学家吴敬琏[J]．瞭望，1988（29）.

9. 吴敬琏，李剑阁．控制需求，疏导货币，改革价格[N]. 世界经济导报，1988－05－30.

10. 王炳林，徐付群．中华人民共和国历史纪实——闯关奋进[M]. 北京：红旗出版社，1994. 2.

11. 改革有险阻、苦战能过关[N]. 人民日报，1988－06－09.

12. 茅于轼．过关有风险、关后是平川[N]. 人民日报，1988－07－01.

13. 第七届全国人民代表大会．中华人民共和国全民所有制工业企业法[Z]. 1988－04－13.

14. 国家经济体制改革委员会综合规划司．中国改革的大思路[M]. 沈阳：沈阳出版社，1988. 7.

15. 高尚全，王梦奎，禾村．中国改革开放大事典（上、下卷）[M]. 北京：北京工业大学出版社，1993. 10.

16. 中华人民共和国国史全鉴编委会．中华人民共和国国史全鉴·第五卷（1976—1988）[M]. 北京：团结出版社，1997. 5.

17. 中华人民共和国国史大辞典编委会．中华人民共和国国史大辞典[M]. 哈尔滨：黑龙江人民出版社，1992. 11.

18. 冯宗容，游光中．中国近现代经济热点及重大事件[M]. 北京：中国经济出版社，1995. 3.

19. 中共十一届三中全会以来大事记[N]. 人民日报，2003－10－10.

20. 中国集团公司促进会．国有企业改革政策演变[M]. 北京：中国财政经济出版社，2003. 1.

21. 中国共产党 80 年大事记[EB/OL]. 人民网，2001－06－12.

1989 年

1989 · 年度经济背景

治理整顿起步，经济明显降温

1989 年是贯彻“治理整顿、深化改革”方针的第一年。经过一年的治理整顿、深化改革，我国社会总需求与总供给之间的矛盾有所缓解，经济过热开始降温，主要比例关系有一定的改善，严重的通货膨胀得到比较有效的控制。但是多年积累下来的供需总量不平衡的格局没有得到根本改变，经济结构失调等深层次的矛盾继续困扰着国民经济的正常运行。同时，在治理整顿中又出现了一些新的矛盾和问题。

全年完成国内生产总值为 16909.2 亿元，比上年增长 4.1%。由于全面紧缩财政、信贷，清理、压缩固定资产投资规模，控制消费基金的过快增长，经过釜底抽薪，连续几年过高的工业增长速度明显回落。据统计，全国乡级以上工业总产值完成 12955 亿元（按 1980 年不变价计算，下同），比上年增长 6.8%（如包括村及村以下工业为 21880 亿元，增长 8.3%），与 1988 年增长的 17.7% 相比，回落 10.9 个百分点。与上年同期相比，一季度增长 10.4%，二季度增长 11.1%，三季度增长 5.4%，四季度增长 0.7%。上半年由于 1988 年增速过高的惯性，仍保持了 10.8% 的发展速度。随着财政、信贷双紧和市场需求收缩，下半年增长速度开始下滑。7 月增长 9.6%，8 月增长 6.1%，9 月增长 0.9%，10 月下降 2.1%，之后生产稍有回升，11 月增长 0.9%，12 月增长 3.4%。

工业发展速度减慢，但农业取得较好收成。全年粮食产量达到 40745 万吨，比上年增长 3.4%，超过大丰收的 1984 年，创历史最高水平；棉花、油料和糖料生产由于播种面积减少和自然灾害的影响致使产量有所下降；农村社会总产值达到 14390 亿元，比上年增长 8.3%。

由于实行从紧的财政、信贷政策，投资和消费需求得到控制，全年全社会固定资产投资完成 4000 亿元，比上年减少 500 亿元，下降 11%；扣除价格因素，实际工作量下降 20% 以上。其中，全民所有制单位投资 2510 亿元，下降 9.2%；集体所有制单位投资和个人投资分别下降 28.1% 和 4.3%。全年全国职工工资总额为 2640 亿元，比上年增长 14%，其中奖金 550 亿元，增长 23.6%，增幅分别比上年回落 9 个和 18 个百分点。农民人均纯收入 602 元，比上年增长 10.4%，增长幅度也低于上年 7.4 个百分点。全年社会集团购买力为 693 亿元，增长速度由上年的 20.3% 降为 4.2%。

市场零售物价上涨幅度逐月回落，一季度为 27%，10 月已降到 10% 以下，12 月降到 6.4%。全年社会零售物价总指数上升 17.8%，略低于上年，其中新涨价部分为 6.4 个百分点，明显低于上年15.9个百分点的水平。城镇职工生活费用价格比上年上涨16.3%，不仅低于上年上涨20.7%的水平，而且也低于当年零售物价上涨幅度。

国民经济内部主要比例关系的调整开始起步。农业和工业发展速度之比由上年的1∶6.5调整为1∶2.5，农业生产得到加强。前几年超常增长的一般机电产品和高档耐用消费品生产出现负增长，比上年下降7.1%～21.4%，工业内部的结构开始向好的方向转变。投资结构得到一定程度的改善。全民所有制基本建设投资中，生产性建设投资所占比重，由上年的65.9%上升到68.4%；能源工业和运输邮电部门完成投资所占比重分别由上年的24.7%和14.4%上升为25.3%和15.1%。更新改造投资中新扩建项目投资的比重由上年的53%下降到49%；改建项目的比重由41%上升到44.2%，是“七五”以来所占比重最高的一年。

海关进出口贸易总额达到1116亿美元，比上年增长8.6%，其中，出口总额525亿美元，增长10.5%，进口总额591亿美元，增长7%。全年新签外商直接投资协议金额56亿美元，比上年增长5.6%；外商实际投资33亿美元，增长4.1%；14个沿海开放城市的客商直接投资增长12.6%。

城镇居民人均可用于生活费的货币收入为1260元（不包括各单位发给职工的实物和工资以外的其他收入），比上年增长12.6%。由于控制消费需求，加上市场物价比较平稳，居民的消费行为逐渐转向正常，基本做到了收支平衡。但一部分低收入户家庭的实际生活水平受到一定影响。农民人均纯收入为602

元，比上年增长 10.5%，由于农村零售物价上涨幅度高于城市，也影响到一部分农民家庭的实际收入下降。1989 年城乡储蓄大幅度增加，年末居民储蓄存款余额达 5135 亿元，比上年增加 1334 亿元，增长 35.1%。

但是，一年时间的治理整顿，并没有从根本上解决国民经济中存在的各种矛盾，而且以压缩社会需求为重点的治理整顿，由于刹车过猛，也带来了一些负效应，具体表现如下：

一是供求总量不平衡的矛盾仍未得到根本解决。1989 年的社会总需求得到比较有效的控制，但连续多年积累下来的过大需求仍然超过供给的增长，供需总量平衡还有一定的缺口。根据国民生产总值计算的供需平衡中，需要通过价格来弥补的差额还有约 1100 亿元。反映在国民经济平衡中的主要问题是：其一，1989 年投放货币 210 亿元，虽然低于上一年投放 680 亿元的水平，但当年货币供应量（包括新增加的城乡居民储蓄在内）的增加仍然超过上年的水平；全年信贷规模的增长也还继续超过经济发展的正常需要。其二，1989 年的财政收入由于收入上不去，而前几年因需求过大已经抬上去的支出又压不下来，全年包括债务收入在内，仍有 89 亿元的赤字，比上年又增加了 11 亿元。其三，1989 年新增加的消费需求除了较少部分在当年实现外，很大一部分以储蓄的形式结存下来，形成巨额的结余购买力。年末居民结余购买力已达 6980 亿元，新增 1450 亿元，比上年增长了 27.7%，形成的潜在消费需求仍然过大。每 1 元流通中的货币所拥有的商品也远远低于正常水平，社会购买力和可供商品量之间存在较大差额。其四，1989 年市场零售物价上涨幅度虽然已从上年的18.5%降到17.8%，但物价总水平仍然相当高。而且这在很大程度上是依靠增加财政补贴和推迟居民购买力来实现的。据统计，全年国家财政用于价格的补贴比上年又增长了26.6%。另外，从运行机制上看，1989年的总量矛盾得到一定程度的缓解，是由于国家采取有力的紧缩政策，暂时地、部分地遏制了各方面的需求。造成前几年经济过热的扩张机制并没有改变，地方、部门和企业投资饥渴和消费膨胀的冲动仍十分强烈。

二是工业低速增长给经济发展带来困难。从1989年9月开始，工业生产出现了低速增长、个别月甚至下降的局面。在工业速度下降过程中，前几年经济过热时期发展起来的加工工业能力大量闲置，只有在需求膨胀时期才有可能销售出去的产品大量积压。这些都是治理整顿初期实行紧缩政策的必然结果。从治理整顿的要求来看，所要达到的目标之一，就是要通过紧缩政策，把过高的工业增长速度降到与目前国力相适应的水平上；通过关停并转，调整产业和产品结构，从而有效地遏制通货膨胀。实现这一目标不可避免地要承受一段时间的低速增长，这也是对以往违反经济规律，盲目追求高速发展的一种惩罚。但是，工业低速增长又确实给经济和社会带来一些暂时性困难，长时间的低速增长使各方面难以承受。速度过低使企业经济效益进一步恶化，利润减少，亏损增加。1989年预算内国有工业企业的实现利税比上年仅增长0.2%；平均百元资金实现的利税由上年的21.99元下降到19.41元；全员劳动生产率也仅比上年提高1.6%。这已经严重影响到国家财政收支的平衡。工业的低速增长使生产能力和建设规模急剧收缩，企业无力进行各种增量的调整，放空了部分适应需求的生产能力，影响有效供给增加，影响经济发展的后劲。工业速度过低使部分企业开工不足，企业内部停工、半停工人数和城镇待业人员增加，由此造成职工收入下降，给经济和社会稳定带来不利影响。

三是市场部分商品销售疲软影响生产正常进行。1989 年 7 月以后，市场发生较大变化。8 月至 11 月社会商品零售总额连续 4 个月下降，12 月仅增长 0.3%。全年社会商品零售总额 8101 亿元，比上年增长 8.9%，扣除价格上涨因素，实际下降 8.9%。消费品零售额中，吃的商品增长 10%，穿的商品增长 4.2%，用的商品增长 7.9%。但棉布、自行车、缝纫机、家用电器等商品销量在上年大幅度增长以后，下降了 2—4 成。生产资料市场从三季度开始骤然冷落，全年物资系统生产资料销售额比上年下降 0.8%，扣除价格因素，实际下降 18.2%。全国市场销售形势出现的这种变化，直接引起企业产成品库存的增加和流动资金的大量占用，并再度出现了企业之间相互拖欠和“三角债”问题，相互拖欠的资金 11 月曾一度达到 1100 亿元。市场销售环节发生的问题，严重妨碍了企业再生产的正常进行和资金的合理循环。在经济过热降温、物价涨势回落的同时，出现了市场疲软，经济效益进一步恶化，国家财政困难扩大的问题。为了缓解这个矛盾，国家在四季度集中投放贷款 1250 亿元，但市场疲软和经济增长滑坡的问题仍无转机。各方面要求进一步放松银根、注入资金的呼声很高。但是在通货膨胀压力依然很大的情况下，增加贷款投放只会引发更大的危机，国民经济运行处于十分被动的境地。

1989·基本改革思路

治理整顿、深化改革

1984 年以来，伴随着改革的发展和经济的成就，许多深层次的经济社会矛盾也趋于尖锐，已成为我国改革进一步深化的严重障碍。当改革进入第十年的时候，这些矛盾更加突出。经济生活中产生了“过旺的社会需求，过快的工业发展速度，过多的信贷和货币投放，过高的物价涨幅和经济秩序混乱”的“四过一乱”现象。在价格改革闯关受挫之后，我国改革和建设所面临的形势更为严峻，经济方面存在的尖锐问题如果任其发展下去，必然导致政治上的不稳定局面。为此，中共中央果断作出了“治理整顿、深化改革”的决策。

20 世纪 80 年代后期，经济运行中比较突出的深层次矛盾主要体现在以下方面：

第一，社会总需求超过社会总供给的矛盾进一步扩大，形成投资需求和消费需求双膨胀的局面，由此导致严重的通货膨胀。1984 年以来，我国经济发展一直处于过热状态，投资规模逐年扩大，消费基金过度增长，连续四年社会总需求超过社会总供给，供需差率由 1983 年的 4.7% 扩大到 1984 年的 16.5%、1985 年的 11.25%、1986 年的 13.45%、1987 年的 13.6%。为了适应不断膨胀的投资需求和消费需求，货币连年超经济发行，造成严重的通货膨胀。在这四年时间中，每年的货币发行量增长高于经济增长约 9 ~ 35 个百分点。到 1987 年底，我国货币流通量已经达到 1454 亿元，比 1983 年增加 174%。货币量的增长较大幅度地超过经济的增长，必然带动物价的普遍上升。1987 年在没有大的改革措施出台的情况下，全国商品零售物价总水平仍比上年平均上升 7.3%，12 月比上年同月上升 9.1%；职工生活费用价格总水平比上年上升 8.8%，有些大城市上升幅度已经突破 10%。1987 年成为改革开放以来第二个物价上涨高峰年。

第二，国民经济结构性矛盾又开始凸显，农业重新成为国民经济中的薄弱环节。1984 年，我国工业总产值比上年增长 14%，农业总产值比上年增长 14.5%，农业的增长速度高于工业；到了 1986 年和 1987 年，我国工业继续保持高速增长的势头，工业总产值分别比上年增长 11.1% 和 16.5%；而农业增长速度则大幅度跌落，分别只有 3.5% 和 4.7%，其中粮食仅增长 2.8%。加上同一时期人口自然增长率又回升到 14‰ 以上，仅 1987 年就净增人口 1500 多万，人均粮食由 1984 年的 395.5 公斤下降到 376 公斤，下降了 5%，我国粮食再次由净出口转为净进口。

第三，经济秩序紊乱，国家管理和调控宏观经济的能力减弱。自 20 世纪 80 年代中期以后，我国国民经济的运行就出现了失控，在生产、建设、流通领域均发生了不同程度的混乱现象。特别是在流通领域，混乱现象已经非常严重，突出表现是各种公司办得过多、过滥，远远超过了正常商品流通的需要。特别是那些官商不分的“官倒”公司，利用价格双轨制从流通中转手倒卖重要生产资料，牟取暴利。有人用“寻租”理论计算了1988年的价差、利差和汇差，总差价为3500亿元，相当于当年国民收入的1/3。由此引发的“寻租”行为不仅滋生了一大批腐败分子，也严重扰乱了经济秩序，引起人民群众的强烈不满。

以上几个方面的尖锐矛盾，既有主观方面的原因，也有客观方面的原因。从指导思想上看，1984年下半年以后，单纯追求发展速度、忽视环境治理的倾向逐渐占据上风。从客观上看，上述矛盾又是当时特殊的经济背景的产物。20世纪80年代中期以后，我国的经济体制处于新旧体制交替的关键时期，一方面，国家的指令性计划和行政控制手段在逐渐减少和减弱；另一方面，主要依靠经济手段调控国民经济的新机制尚未真正确立。于是，在国家调控宏观经济的机制方面出现了一个过渡性质的“空当”时期。以上矛盾，就是在这种新旧体制交替时期两种调控机制都十分薄弱、都不能有效发挥作用的产物。同时，在新旧体制转轨时期，还存在着两种体制并存、相互制约、相互影响、相互冲突的复杂情况，为各种违法、违规行为提供了可乘之机。如1984年以后开始实行的工业生产资料价格“双轨制”，在发挥一定积极作用的同时，也成为从流通中转手倒卖牟取暴利的“官倒”“私倒”滋生，“权钱交易”等腐败行为蔓延的最适宜土壤。

价格改革闯关受挫之后，我国改革和建设所面临的形势更为严峻，上述经济方面的尖锐问题如果任其发展下去，必然导致政治上的不稳定局面。为此，中共中央果断作出了治理整顿、深化改革的决策。

1988 年 8 月 30 日，在召开国务院常务会议的同一天，国务院发出了《关于做好当前物价工作和稳定市场的紧急通知》（以下简称《通知》）。《通知》针对一些地方出现的抢购商品和大量提取储蓄存款现象，作出了如下决定：（1）采取有力措施，确保 1989 年社会商品零售价格上涨幅度明显低于 1988 年。（2）要求各地坚决贯彻执行国务院关于 1988 年下半年不出台新的涨价措施的决定。国务院有关部门管理的商品价格和收费标准，各地一律不得擅自提高。地方管理的商品价格和收费标准，也不得任意提高。企业不得违反规定乱涨价。违者要严肃追究主要负责人的责任。（3）决定人民银行开办保值储蓄业务，使三年以上的长期存款利息不低于或稍高于物价上涨幅度。（4）采取有力措施，坚决压缩固定资产投资规模，停建、缓建一批楼堂馆所项目，严格控制社会集团购买力，抓紧清理整顿公司，清理整顿非银行的金融机构。要把 1988 年的信贷和货币发行控制在国家要求的数额之内。银行和非银行金融机构对非生产性建设项目，要按照国务院的规定停止贷款；对生产性建设项目的贷款，也要从严掌握。（5）切实做好粮、棉、油等农副产品的收购工作，确保合同订购任务的完成。（6）各级人民政府要组织好市场供应，严格市场管理。要认真整顿市场秩序，坚决取缔和打击囤积居奇、投机倒把、中间盘剥等行为。要充分发挥城乡群众、社会舆论对市场物价的监督作用，对制造谣言、哄抬物价、扰乱市场的行为要坚决打击。

9月15日至21日，中共中央政治局召开中央工作会议。在这次会议上，中央政治局正式作出“治理经济环境、整顿经济秩序、全面深化改革”的决定。会议决定，1989年和1990年要把改革和建设的重点放到治理经济环境、整顿经济秩序上来。会议指出，治理整顿，既是深化改革的必要条件，也是深化改革的重要内容。会议还提出了坚决遏制通货膨胀、深化改革的若干重要政策建议。24日，中央政治局又召开了第十二次全体会议，讨论并通过了中央政治局在中共十三届三中全会上的工作报告。这个报告的主要内容，就是阐述“治理整顿、深化改革”的指导方针。

9月26日至30日，中共十三届三中全会在北京举行。全会批准了中央政治局提出的治理经济环境、整顿经济秩序、全面深化改革的指导方针和措施。全会确定，在坚持改革开放总方向的前提下，把1989年和1990年两年改革和建设的重点突出地放到治理经济环境和整顿经济秩序上来，以扭转物价上涨幅度过大的势态，创造理顺价格的条件，使经济建设持续、稳步、健康地发展。中央政治局在全会上作了工作报告，报告比较全面地阐述了中央新的经济工作指导方针并指出，治理经济环境，主要是压缩社会总需求，遏制通货膨胀。主要措施是：第一，压缩全社会固定资产投资，对重点企业采取倾斜政策，对涉外项目采取保护政策，合理调整投资结构。第二，控制消费基金的过快增长，特别要坚决压缩社会集团购买力。第三，采取一系列措施稳定金融，严格控制货币发行，开辟多种渠道吸收社会游资，引导购买力分流。第四，克服经济过热现象，降低工业增长速度。整顿经济秩序，就是要整顿在新旧体制转换中出现的各种混乱现象。

报告强调，治理经济环境和整顿经济秩序是长期要注意的大问题，最要紧的是 1989 年和 1990 年这两年一定要抓出成效，首先要确保 1989 年的物价上涨幅度明显低于 1988 年，这不仅是一个严重的经济问题，而且已成为一个重大的政治问题。

中共中央政治局第十次全会审议、通过了中央政治局的报告。会议原则通过了《关于价格、工资改革的初步方案》，但同时建议国务院在此后五年或更长一些时间内，根据严格控制物价上涨的要求，并考虑各方面的实际可能，逐步地、稳妥地组织实施。至此，中央已经形成了在此后一段时间“治理整顿、深化改革”的比较完整、明确的思路。国民经济也开始步入中华人民共和国成立以来的第四次大调整时期。

在初步实施阶段的治理整顿要达到以下几点目标：消除经济过热，把发展速度降到比较合理的水平；遏制通货膨胀，使 1989 年物价上涨幅度明显低于 1988 年，1990 年以后的上涨幅度进一步下降；压缩固定资产投资规模，使它同国力承担的可能相适应；控制消费基金的过快增长，使它同国民收入的增长相适应；逐步缓解社会总需求大于总供给的矛盾，实现财政、信贷、物资、外汇的基本平衡；认真调整经济结构，使粮、棉、油等主要农产品的产量有较多增加，使能源、交通、原材料供应的紧张状况有所缓解；建立健全必要的经济法规以及宏观调控体系和监督体系，积极推进社会主义商品经济新秩序的建设。从这六项目标可以看出，最初的治理整顿的侧重点在于压缩投资需求和消费需求，为过热的经济降温。为实现上述目标，国务院及其有关部门主要采取了以下几项具体措施：

一是加强对物价的调控。根据中共十三届三中全会的精神，国务院于 1988 年 10 月 24 日发布了《关于加强物价管理，严格控制物价上涨的决定》，对于加强物价管理提出了九点要求：第一，坚决稳定群众生活基本必需品的价格；第二，坚决制止农用生产资料乱涨价；第三，严格执行计划外生产资料的最高限价；第四，对已经放开的工业消费品价格，也要进行管理和引导；第五，整顿流通领域的价格，取缔中间盘剥；第六，整顿城市公用事业和服务行业收费；第七，严肃物价法纪；第八，依靠广大群众，搞好物价检查；第九，1989 年物价上涨的幅度要明显低于 1988 年。此后，各级地方政府和中央有关部门采取了一系列的经济和行政措施，强化了对于物价的管理和控制。

二是调整银行储蓄利率。中国人民银行根据国务院常务会议的决定，从 1988 年 9 月 10 日开始开办人民币长期保值储蓄存款，并于 9 月 1 日和 1989 年 2 月 1 日两次提高银行储蓄存款利息。特别是第二次提息，幅度之大，为中华人民共和国成立以来前所未见。这些调整措施对于群众的吸引力很大，1989 年前 9 个月的储蓄存款净增 1000 亿元，相当于 1988 年同期的两倍，为中华人民共和国成立以来吸收存款最多的一个时期。新增存款中 80% 是三年以上的保值储蓄。

三是压缩社会集团购买力。1988 年 10 月 6 日，国务院发布《关于从严控制社会集团购买力的决定》，提出 1989 年和 1990 年两年的社会集团购买力，要在上年实际支出的基础上，按实际可比口径计算每年压缩 20% 。

四是压缩基建规模。国务院北戴河兴城楼堂馆所清查工作小组清查了北戴河、南戴河、黄金海岸、辽宁兴城等地兴建楼堂馆所的情况，并根据不同情况分别作出允许续建、缓建和停建的初步处理。1988 年 9 月 24 日，国务院发出《关于清理固定资产投资在建项目、压缩投资规模、调整投资结构的通知》，提出这次清理的总的要求是：既要压缩固定资产投资规模，又要调整投资结构，使国民经济发展有必要的后劲，使生产保持一定的、实在的发展速度，使建设项目的新增生产能力尽可能符合市场的需要。1989 年 1 月初，国务院又发出《关于进一步清理固定资产投资在建项目的通知》，决定 9 类项目在 1 月 10 日前一律停止施工，实行“先停后清”，不得以任何理由拖延。

五是清理整顿各类公司。据统计，1988 年全国共有各类公司 294946 户，若加上分支机构则达 477431 户。公司的数量远远超过了商品流通的实际需要。许多公司实际上并不是为商品流通服务，而是纯粹增加流通环节、为商品价值的实现设置障碍。这样的公司从本质上说，是长在我国流通领域的毒瘤，不清除这类公司，我国的经济就不可能健康发展。为此，1988 年 10 月 3 日，中共中央、国务院发出《关于清理整顿公司的决定》，提出，这次清理整顿的重点是 1986 年下半年以来成立的公司，特别是综合性、金融性和流通领域的公司。主要解决公司政企不分、官商不分、转手倒卖、牟取暴利等问题，进一步明确经营方针、经营范围，使之走上健康发展的轨道。1989 年 8 月 17 日中共中央、国务院作出《关于进一步清理整顿公司的决定》，更加明确具体地提出了进一步清理整顿公司的重点，是砍掉各级党政机关开办的公司，流通领域中过多、过滥的从事商业批发、对外贸易、物资供应的公司和金融性公司。文件严肃指出，清理整顿公司，既是治理经济环境、整顿经济秩序、全面深化改革的重要内容，又是坚决惩治腐败、振奋党心民心的一项重要措施，不仅是经济领域的问题，而且是全国上下十分关注的政治问题。9 月初，经中共中央、国务院批准，全国清理整顿公司领导小组成立。在成立后的第一次会议上，领导小组决定中央国家机关各部门要坚决撤并“实际注册资金、从业人员、经营场地、组织机构等不具备《企业法人登记管理条例》及其实施细则规定的开办条件的公司”等 11 类所属公司。

六是定期公布八项重要经济指标资料，以加强和改善国家对宏观经济的调控能力。为了加强和改进宏观经济控制，推动压缩社会总需求，遏制通货膨胀，逐步把各方面的注意力从盲目追求和攀比产值增长速度，引导到提高经济效益上来。国务院决定，从 1989 年 1 月起，由国家统计局、国家计委、财政部、中国人民银行联合定期公布八项重要经济指标资料。这八项经济指标分别是：固定资产投资额、银行贷款余额及增加额、职工工资总额、工业全员劳动生产率、工业销售利税率、工业资金利税率、工业可比产品成本降低率、工业能源消耗综合降低率。

七是制定国家产业政策，作为调整产业结构的依据。1989 年 3 月 15 日，国务院发布《关于当前产业政策要点的决定》。文件指出，当前和今后一个时期制定产业政策、调整产业结构的基本方向和任务是：集中力量发展农业、能源、交通和原材料等基础产业，加强能够增加有效供给的产业，增加经济发展的后劲；同时控制一般加工工业的发展，使它们同基础产业的发展相协调。

经过一年左右的治理整顿，国民经济形势发生了较大的变化。其中最显著的变化，就是过旺的社会需求得到有效的控制，过高的工业生产速度明显回落，市场开始降温，相当多的商品由原来供不应求的卖方市场转变为供大于求的买方市场。1989 年 1 月至 9 月，工业生产速度回落到 8.9%；在国家信贷收支上比 1988 年前 9 个月少发放 377 亿元贷款；社会商品零售额 6073 亿元，名义上比 1988 年同期增长 12.3%，但如扣除物价上涨因素，实际下降 8.2%。但是，以压缩社会需求为重点的治理整顿，由于刹车过猛，同时也带来了一些负效应，主要就是市场疲软，企业效益下滑。根据这种情况，中央对于治理整顿的侧重点和压缩力度及时作了调整，治理整顿也随之进入了新的阶段。

1989 · 年度改革实践

坚持和完善企业承包经营责任制

从 1989 年初，各地都认真开展上一年承包合同的兑现工作，坚持不退不让，奖罚分明，对于少数确因非经营性因素（如政策或外部环境变化等）未完成承包合同的企业，对承包基数进行了适当调整；对一些承包企业欠交的利润，有的由企业自有资金或风险基金补足，有的采取先挂账、以后补齐的办法解决；对一些因非经营性因素获利较多的企业，特别是一些因产品价格上涨而获得超基数利润较多的企业，适当调高了承包基数。

部分省市针对企业外部环境不稳定的情况，在一些企业中建立了风险基金制度；有些地市为了确保工人阶级的主人翁地位，推行了把经营者的承包责任制与全体职工共同承担责任相结合的“共保合同”制度，不少地区试行了全员风险抵押承包的办法；不少省市针对一些留利较多的企业不注意增加投入的情况，规定了适当提高企业留利中生产发展基金的比例，并普遍注意加强企业的自我约束机制，增强企业发展后劲。

各省市普遍重视合理解决承包经营者收入的问题，本着既要适当拉开档次，又要注意不与职工收入差距过大的原则，对承包经营者的收入作了具体规定。有的省市在完善承包经营责任制的过程中，进行了全员资产承包制的试点。有的省市建立了承包经营者资格证书制度，实行“先培训，后投标”制度。

开征预算调节基金

为了集中财力，1989 年制定了国家预算调节基金征集办法，对所有国有企业事业单位及主管部门提取的各项专项基金，机关团体、部队和地方政府的各项预算外资金，所有集体企业、私营企业以及个体工商户缴纳所得税后的利润，一律征收 10% 的国家预算调节基金。但对地方财政的农（牧）业税附加；中小学校的杂费、勤工俭学收入、高等院校和中专技校学校基金；

企业的大修理基金；煤矿维简费和油田维护费；林业部门的育林基金；以及其他经国务院或者财政部批准免征的项目免征调节基金。

调节基金中属于中央单位缴纳的部分，全部归中央财政；属于地方单位缴纳的部分，50% 上交中央财政，50% 留归地方财政。调节基金按季或按月缴纳。缴款单位应在季度或月终了后的 10 日内，填写缴款书，向所在地开户银行一次性缴清。四季度或者 12 月的调节基金应在年末以前预缴，年度终了以后，根据有关决算资料进行汇算清缴。

企业工资总额与地区和部门的经济效益挂钩

1988 年，国家对企业工资实行分级管理体制，即国家对地区（省、自治区、直辖市、计划单列市）和部门实行全地区、部门企业工资总额同经济效益总挂钩，地区、部门在国家核定的基数和浮动比例范围内（经济效益增减 1%，工资总额一般增减 0.5% ~0.75%），可根据实际情况确定不同企业实行不同的工资分配办法。暂不能实行总挂钩的地区和部门实行企业工资总额包干办法。进一步加强工资基金管理。各基层单位要根据国家核定的年度工资总额，编制工资基金使用计划，经主管部门审核并经同级劳动部门会同有关部门批准后列入《工资基金管理手册》开户。银行据此监督支付工资。

清理整顿流通领域中的各类公司

1988 年 10 月，中共中央、国务院作出《关于清理整顿公司的决定》。10月下旬至11月底，各地方、各部门自查；11月底至1989年1月中旬，重点抽查公司总数的30%～50%；1989年1月中旬开始，处理案件，进行公司的制度、法规建设。1989年2月5日，中共中央办公厅、国务院办公厅发出《关于清理党和国家机关干部在公司（企业）兼职有关问题的通知》，要求对党和国家机关干部在公司（企业）兼职问题进行清理，党政干部限3月底前辞去公司（企业）职务，或辞去机关职务。2月20日，国务院发出《关于清理各类对外贸易公司的通知》，主要解决政企不分、官商不分、违法经营、业务脱节、经营紊乱问题。7月，中共中央政治局会议通过的《中共中央、国务院关于近期做几件群众关心的事的决定》中，把“进一步清理整顿好公司”作为要做的头一件事。8月15日，国家审计署审计长吕培俭在国务院全体会议上公布了对中国康华发展总公司、中国国际信托投资公司、光大实业公司、中国工商经济开发公司和中国农村信托投资公司的审计结果和处罚决定。8月17日，中共中央、国务院发出《关于进一步清理整顿公司的决定》，要求各地区、各部门把这一工作抓紧抓好，规定了进一步清理整顿公司的指导方针、基本要求等15个方面的问题。9月上旬，经中共中央和国务院批准，成立由中央政治局委员、国务院副总理田纪云任组长，有关各部门负责人参加的全国清理整顿公司领导小组。

工商行政管理部门对全国29.8万个各类公司进行了年检和重新登记注册，根据不同情况予以登记、撤销、合并，取缔了一批专事倒买倒卖、牟取暴利等非法经营活动的公司。1989年全国撤并各类公司 8 万多个。到 1990 年底，全国撤并公司 10 万多个，占原有各类各级公司总数的 35. 2%；党政机关办的各种公司绝大多数已经撤销或者同机关脱钩，机关干部在公司兼职或任职的问题得到基本解决。

1989 · 重要理论观点

改革要不要以市场为取向的争论

1989 年，理论界围绕市场取向的改革方向问题展开了热烈的讨论。

持否定意见的人认为，市场取向的经济就是市场经济，改革绝不能以此为终极目标。经过几十年的实践，最终历史作出了结论，社会主义经济制度的本质特征之一只能是计划经济，而不是市场经济。社会主义存在市场，但不存在市场经济。市场经济只能是资本主义经济制度的本质特征。中国的国情决定了宏观分配短缺资源以取得经济效益、确定发展的优先顺序以求得整体利益，都要求有统一的社会权威。因此，必须也只能实行计划经济，而不能迷信市场经济。在中国市场先天发育不良的情况下，更不能以市场为改革的取向。有人认为，把社会主义公有制基础上的有计划商品经济，歪曲并等同于私有制基础上的完全自由竞争的市场经济，从而主张全盘私有化和完全市场化的观点，是资产阶级自由化在计划与市场关系问题上的表现。

持肯定意见的人认为，发展商品经济离不开市场，社会主义商品经济也是通过市场来实现并运行的。经济体制改革实际上就是从传统的计划经济模式向宏观间接控制下的市场调节模式转换。市场是连接微观主体和宏观主体的枢纽，因此可以说，改革的目标模式就是建立社会主义的市场经济，或称有宏观管理的市场经济制度。所谓改革以市场为取向，就是要把过去那种高度集中的僵化的计划经济作为改革对象，在计划与市场的有机结合上寻求最佳模式，把计划建立在自觉运用价值规律的基础上，建立一种新型的国家宏观计划控制下的市场协调经济模式，而绝不是搞全面市场化，其目的正是要培育发达的有计划的商品经济，增强社会主义经济活力。

计划与市场结合的几种观点

这一年，理论界回顾和反思了改革 10 年来计划与市场关系方面的理论和实践发展，对曾经提出的“板块论”“渗透论”“胶体论”“形式内容论”等观点作了进一步的讨论，认为关键在于寻找计划和市场如何结合及其最优结合点，从而又提出一些较有新意的不同观点。

1. 重合论。这种观点认为，搞有计划的商品经济，必须建立一套与之相适应的新的经济范畴，应该明确认识到，计划经济不一定注定就是僵化的，以公有制为基础的市场经济也不一定注定就是自发的。既然它们都是以公有制为基础的，理所当然地必然有其共通共融之处，因而按照它们各自的内在要求，可以使它们统一成为一体。这种“合二为一”，就是“重合论”。计划和市场的重合，正是客观见之于主观和主观作用于客观的合理行为。为了说明“重合论”，有人还提出了“有计划的价值规律”和“有计划的市场”等新概念。

2. 自由必然论。这种观点认为，计划与市场是自由和必然的关系，即此岸与彼岸的关系。科学的计划就是像恩格斯所说的是对必然的认识，是“自由王国”。在商品经济条件下，首先，要充分认识市场，真正按市场规律办事，才能获得人们行动的自由。在有计划的商品经济中，市场机制好比商品经济的自动装置，而计划则是模拟市场而对未来进行纵向的全局性的宏观调控装置。因此，计划和市场并非互相排斥、非此即彼的，而是相辅相成、互为表里，共同着力并推动社会主义经济机体的有序发展和运转。

3. 合力论。这种观点认为，计划和市场是社会主义经济的两个调节者，由于它们相互渗透，你中有我，我中有你，相互作用，因而对社会主义经济来讲，只能是“合力”的关系，而不能是“合一”的关系，也不是“自由与必然”的关系。有人认为，市场渗透了计划性，制约着市场规律调节的自发性和盲目冲动性；而计划的关键在于其是否具有科学性，是否符合客观经济规律，是否能摆脱“长官意志”。

4. 主辅论。这种观点认为，在社会主义经济调节体系中，只能以计划调节为主，市场调节为辅。这种主辅关系最先指的是总量平衡要统一计划，关键产业、重要产品要统一计划；然而，计划与市场相矛盾时，市场要服从计划。有人认为，市场和市场规律中主要就是价值规律，价值规律只不过是计划可以利用的一种工具，是为计划服务的，而不能“喧宾夺主”。

5. 时空论。有的观点认为，计划经济和市场的主辅关系并不像持“主辅论”观点的人所认为的那样一成不变，而是随着时空的变化而变化的。从时间上看，在国民经济发展中，当社会总供给和总需求大致平衡时，应以市场调节为主，重视市场机制的作用；当社会总供给和总需求不平衡时，产业结构和产品结构不平衡时，应以计划为主，重视计划机制特别是指令性计划机制的作用。从空间上看，在同一时间内，如为了达到资源的合理配置，保证国家重点建设工程和对国民经济有重大影响的大中型骨干企业对能源、原材料的需要，要求针对不同物资及不同的供求状况，区别对待，采用不同的调节手段。

6. 主导基础论。这种观点认为，应以市场调节为基础，以计划调节为主导，就对整个国民经济发展起主导作用的宏观经济运行来看，它是受国家计划调节的；就作为整个国民经济发展基础的企业行为而言，它是受市场调节的，所以两者是不同层次的调节手段和方式。“计划调节为主导，市场调节为基础”这种提法，体现了两者的有机结合，它既不同于计划调节为主、市场调节为辅的“主辅论”，也不同于市场调节是基础性调节，计划调节是协调性调节的“二次调节论”。计划调节与市场调节在时点序列上没有先后主次之分。有人则认为，以“国家调节为主导”更好，因为国家调节不仅包括计划调节，而且也包括运用行政手段、法律手段等及其他方式进行调节。

7. 区分层次论。这种观点认为，从理论上讲计划和市场都要区分制度层次和运行层次。制度层次要强调计划经济是特征；

而在运行层次上，两者都是有效配置资源的手段，没有主次之分，缺一不可。从实践上看，可以根据经济发展的具体情况，或者以计划调节为主，或者以市场调节为主。持这种观点的人中，有的还运用经济控制论的方法，将计划调节作为前馈调节，即在经济系统的行为发生偏差之前，根据预测采取措施，将经济系统的行为依据经济系统的目标纳入一定的轨道；市场调节则是反馈调节，即根据市场反馈的信息对经济系统的行为进行调节和控制。两种调节方式共同作用，才能使经济系统保持良性运行。

8. 内在统一论。这种观点认为，有计划的商品经济是个统一体，有计划的市场调节就是其特有的调节手段，而不存在什么计划调节与市场调节相结合的问题。有计划的市场调节，说明计划与市场任何一方都不能离开对方单独起作用。计划是建立在自觉运用价值规律基础上，是依存于市场机制和市场体系的计划；市场是计划指导下的市场，计划和市场在相互依存中覆盖全社会，调节整个经济运行和资源配置。计划调节受市场制约，市场调节受计划导向。计划和市场由于内在的统一而各自改变对方的形态，计划由于引进市场机制并借助于市场机制进行计划调节，实际上变成有计划的市场调节；市场由于接受计划指导，按计划目标要求来调节经济运行，实际成了包含市场机制的计划手段，纳入了计划调节轨道。

对“国家调控市场，市场引导企业”运行模式的不同认识

认为从国家与企业的关系来看，这一模式是可行的。这是

以企业为本位，实行国家——市场——企业双向调节的新型的计划调节的商品经济运行机制，既体现了现代商品经济发展的要求，也体现了社会主义经济的要求。这一模式的内容和要求是由市场机制直接调节供求结构、调节企业投资规模和经费需求规模，国家借助产业、财政、货币、收入等政策及相应的经济参数分别调节上述市场调节过程，以实现产业结构合理化和宏观总量平衡目标。当然，这一模式也并不排除国家通过行政、立法等方式对企业进行直接干预。

认为这一模式只是一种目标模式，实现它需要具备三个必备的条件：首先，企业成为真正独立的、具有自负盈亏、自我积累、自我发展能力的商品生产者、经营者，成为市场的主体；其次，市场体系完善，市场组织制度健全，市场有相当高度的发展；最后，国家具有有效的宏观调控体系与手段。而我国现阶段根本不具备这些条件，难以实现。

认为这一模式实际上就是市场经济模式，这种模式两头都是市场，而计划根本没有了。所以，这种模式的提出，为市场化的改革取向开了“绿灯”，而市场化的逻辑发展必然是私有化。因此，这种模式在我国是行不通的。

对国有企业改革基本形式的不同评价

国有企业正在实行的改革形式主要有承包制、股份制、资产经营责任制和租赁制等。其中承包制和股份制的影响最大，理论界对它们的评价仍然有很大的分歧。

一、关于承包制

一是认为承包制是两权分离的较好形式，是国有企业改革的基本方向，目前存在的一些问题是暂时的，可以在实践中解决，并使承包制不断完善和发展。持这一观点的人认为，承包制既使企业有了充分的经营自主权，又承担了对国家和全民的责任；既保持了国家对生产资料的所有权和必要的管理权，又保障了企业的经营权，排除了不必要的行政干预，从而建立了使企业行为合理化的企业经营机制。还有人认为，国有企业尤其是国有大中型企业的改革方向不能是私有化，股份化也只能是试点，因而相当长时期内比较可行的就是实行承包制。

二是认为承包制并非国有企业改革的方向，而只是双重体制阶段所采取的一种过渡性的企业经营方式。持这一观点的人认为，承包制完善的方向只能是现代股份制。也有人认为，承包制的推行将形成财产所有权的多元化，从而为实行股份制提供前提条件，因而承包制是走向股份制的必要准备。

三是有的人比较注意实证分析，从而对承包制实践中出现的新问题、新特征有较大的把握。比如，有人通过对承包制企业的调查提出，国有制改革实践从承包制起步有其客观性，但传统体制下所有者虚置导致的国有企业行为约束化的局面并未根本改变，并且又增添了新的因素，使承包制改革本身面临着一系列的两难选择。还有人在调查报告中谈到，承包制的许多问题是由承包制本身的制度性缺陷产生的，不可能在承包制自身的完善中根本解决，而必须创造新的制度形式来解决。

二、关于股份制

一是认为股份制是国有企业改革的好形式，应该大力倡导。有的人认为，在社会主义初级阶段，股份制是最适合于全民所有制采取的一种形式，这不仅因为它本身固有的“两权分离”特点使“政企分开”易于贯彻，还由于股份制经济在自己的发展中培育出了以资本市场为中心的一套经济机制，将其移植到社会主义公有制中来，将会使全民所有制变得名副其实。

二是认为我国国有企业改革的方向不应是股份制。有人认为，股份制作为集资的一种形式，在某些新办企业、集体企业、中外合资企业中可以试行，但对国有大中型企业来说要十分慎重，目前只能试点；还有人认为，股份化中搞机构持股和个人持股，将导致新的政企不分和化公为私，因此不赞成推行股份制。

三是认为股份制是一种方向，但目前尚缺乏普遍推行的条件，应该努力创造条件。有人认为，股份制在充分市场经济中的一些长处，在我国市场体系不完整、市场机制不健全、价格体系不合理条件下，未必能正常发挥。因此，努力创造相应的条件是十分重要而又紧迫的任务。

三、关于资产经营责任制

一种观点认为，资产经营责任制不过是承包制的一种类型，只是它比较注重在资产评估基础上的投标竞争。但在我国目前市场体系不健全、价格参数扭曲的情况下，竞争实际上很难展开，因此资产经营责任制难以克服承包制的弊病。

另一种观点认为，资产经营责任制优于承包制之处在于它试图规范国家与企业之间的关系，使企业之间在平等的基础上展开竞争，但也正因为如此，它难于照顾我国企业之间现有的实际不平等状况，从而不能像股份制那样推广开来。并且，它跟承包制一样，都不能使企业真正做到“自负盈亏”，因为这里的企业经营者只是作为受国家委托的经营者，既无力承担亏损，也没有理由要求他承担全部经营亏损。

对国有企业改革的理论反思

国有企业改革推进到1989年止，效果是明显的，但问题也很多，如企业短期行为、激励作用递减、消费和投资双膨胀等。

有人认为，我国迄今的国有企业改革存在着两个失衡：一是扩大企业自主权与市场制度建设失衡；二是扩大企业自主权与激励制度建设失衡。前者的经济影响在于市场未能对放权后的企业行为发生有效的约束，后者具体表现为激励结构自身失衡，从而破坏了自主权发生作用的利益基础。扩大企业自主权的改革已经瓦解了体制的整体性，导致行政调节与市场调节两种机理完全不同的调节机制都无法发挥作用的局面。因此，进一步改革的任务是平衡发展，在新的基础上重建体制的整体性。

有人则认为，我国国有企业的放权让利改革正面临着严重挑战，急需寻找新的对策思路。近年较为流行的关于硬化公有制内部财产关系的说法颇为流行，但如果离开了现有国有企业的分类，这种“硬化”将会显得很不合时宜。应该把国有企业分成两类，必须由政府严格控制的企业属于第一类，由市场支配的企业属于第二类。第一类如交通、邮电、钢铁、能源、新兴尖端产业等行业的国有企业，其职能实际上是国家职能在经济领域的延伸，由市场调节将产生不良后果。第二类则是竞争性行业的企业，以盈利为目标，由市场来调节，为此需彻底变革目前的管理体制。

1989·重要政策法规

1. 国务院办公厅转发《国家税务局关于清理整顿和严格控制减税免税意见的通知》，1989 年 1 月 3 日。

2. 国务院批转国家工商行政管理局《关于公司年检和重新登记注册若干问题意见的通知》，1989 年 1 月 21 日。

3. 国务院《关于南京、成都、长春三市在国家计划中实行单列的批复》，1989 年 2 月 11 日。

4. 国家体改委、国家计委、财政部、国家国有资产管理局《关于企业兼并的暂行办法》，1989 年 2 月 19 日。

5. 国务院《关于清理整顿各类对外经济贸易公司的通知》，1989 年 2 月 20 日。

6. 国务院批转国家体改委《关于 1989 年经济体制改革要点的通知》，1989 年 3 月 4 日。

7. 国务院《关于加强企业内部债券管理的通知》，1989 年 3 月 5 日。

8. 国务院批转劳动部、财政部、国家计委《关于进一步改进和完善企业工资总额同经济效益挂钩的意见》，1989 年 3 月 6 日。

9. 财政部、国家体改委《关于国营企业实行利税分流的试点方案》，1989 年 3 月 21 日。

10. 国务院《关于进一步加强工资基金管理的通知》，1989 年 3 月 30 日。

11. 国务院办公厅转发人事部《关于国务院管理干部的公司领导职数等若干问题规定》的通知，1989 年 5 月 11 日。

12. 国务院办公厅转发国家计委《关于今明两年严格控制报批大中型和限额以上建设项目请示》的通知，1989 年 5 月 25 日。

13. 国务院《关于发行 1989 年保值公债的通知》，1989 年 6 月 1 日。

14. 国务院《关于坚决制止冲击铁路确保运输安全畅通的公告》，1989 年 6 月 7 日。

15. 国务院《关于坚决制止破坏经济秩序确保工业生产正常进行的公告》，1989 年 6 月 9 日。

16. 国务院办公厅转发国家计委《关于发行 1989 年重点企业债券报告》的通知，1989 年 7 月 17 日。

17. 国务院对经贸部、国家税务局《关于外贸合同暂缓征收印花税的批复》，1989 年 8 月 4 日。

18. 中共中央、国务院《关于进一步清理和整顿公司的决定》，1989 年 8 月 17 日。

19. 国务院批转国家计委和机构改革办公室《关于有关部门与国家专业投资公司职责划分意见》的通知，1989 年 8 月 27 日。

20. 国务院《关于开展1989年税收、财务、物价大检查的通知》，1989年8月31日。

21. 国务院批转商业部、经贸部、物资部《关于进一步清理整顿各类商业批发公司、对外经济贸易公司、物资公司意见》的通知，1989年10月18日。

22. 国务院《关于清理检查“小金库”的通知》，1989年11月14日。

1989 · 年度热点纪实

清理整顿公司

从1986年下半年开始，名目繁多的公司如雨后春笋般地增多起来。截至1988年底，全国共有各类公司294946户（包括分支机构为477431户），从业人员4088万人。全国县以上党政机关共有43956名干部在公司（企业）兼职任职。其中有相当一部分公司政企不分，官商不分，转手倒卖，牟取暴利。这些问题的存在和发展，损害国家和群众的利益，造成社会分配不公，扰乱经济秩序，败坏社会风气，干扰和阻碍改革。

中央决策层痛感各类公司的病态发展是造成社会分配不公、扰乱经济秩序、败坏社会风气的重要原因，是疯狂的抢购风潮的重要原因，整顿经济秩序，就不能不清理整顿公司，就不能不向“官倒”开刀。于是，“治理整顿”方针一定，党中央、国务院立即作出了清理整顿公司的决定。

1988 年 10 月，中共中央、国务院作出《关于清理整顿公司的决定》。10 月下旬至 11 月底，各地方、各部门自查；11 月底至 1989 年 1 月中旬，重点抽查公司总数的 30% ~50%；1989 年 1 月中旬开始，处理案件，进行公司的制度、法规建设。

1989 年 2 月 5 日，中共中央办公厅、国务院办公厅发出《关于清理党和国家机关干部在公司（企业）兼职有关问题的通知》。2 月 20 日，国务院发出《关于清理各类对外贸易公司的通知》，主要解决政企不分、官商不分、违法经营、业务脱节、经营紊乱问题。上半年清理公司有一些进展，但还存在着不少问题，没有取得预期效果。7 月，中共中央政治局会议通过的《中共中央、国务院关于近期做几件群众关心的事的决定》中，把“进一步清理整顿好公司”作为要做的头一件事。

1989 年 8 月 15 日，国家审计署审计长吕培俭在国务院全体会议上公布了对中国康华发展总公司、中国国际信托投资公司、光大实业公司、中国工商经济开发公司和中国农村信托投资公司的审计结果和处罚决定。遵照国务院的指示，根据《宪法》的有关规定和《中华人民共和国审计条例》规定的职权和程序，国家审计署从 1988 年 10 月下旬开始直接审计了这 5 家总公司和所属的 52 家子公司，授权驻各地派出机构和地方审计机关审计了 22 个子公司，共 79 个单位。这次审计的重点是检查经营活动中有无违法违纪活动。审计从检查财物收支入手，审查了大量账目、报表、凭证及有关文件、资料，并向有关部门了解情况，取得了工商、外汇、物价等部门的协助。

审计结果表明，这 5 家公司成立以来，大多业务发展较快，在利用外资、引进技术设备、对外贸易、发展经济等方面，不同程度地起了积极作用。但是这些公司在经营活动中存在着不少违反行政法规的问题。审计署依法决定，对这5家公司共没收非法所得、处以罚款和补交税金5133万元。对查出的违法违纪的责任人员，应给予行政处分的，将移送监察部门；情节严重、构成犯罪的，将提请司法机关，追究刑事责任。此前，7月28日，党中央、国务院作出决定，撤销中国康华发展总公司和中国工商经济开发公司，将中国农村信托投资公司并入国家农业投资公司。对康华、工商两公司派出工作组，协助公司处理好善后事宜。两公司分别成立了清算委员会，负责资产和债权债务的清理工作。对公司已签订的对内对外合同，组织有关单位继续执行。

1989年8月17日，中共中央、国务院发出《关于进一步清理整顿公司的决定》，要求各地区、各部门把这一工作抓紧抓好，规定了进一步清理整顿公司的指导方针、基本要求等15个方面的问题。9月上旬，经中共中央和国务院批准，成立由中央政治局委员、国务院副总理田纪云任组长，有关各部门负责人参加的全国清理整顿公司领导小组。领导小组第一次会议决定，中央国家机关各部门要坚决撤并11类所属公司。据统计，全国先后撤并公司7万多个。少数党政干部以权经商和非法倒卖、投机倒把的活动随之减少，流通秩序有了好转。10月27日，国务院总理李鹏在听取全国清理整顿公司座谈会情况汇报时说，清理整顿公司，是治理经济环境、整顿经济秩序的需要，是廉政建设的需要，也是进一步密切党和政府与人民群众关系的需要。田纪云指出，清理整顿公司不仅关系到社会主义有计划商品经济的健康发展，而且关系到党和政府的威信，关系到治理整顿能否取得成功，关系到全面深化改革能否顺利进行。这是党和国家的根本利益所在。各地区、各部门要服从这一事关大局的根本利益，主要领导亲自动手，把清理整顿公司工作抓出实效来。各级人民检察院、人民法院与各级党委纪律检查委员会、监察部门紧密配合，查处公司中的违法违纪案件。

据统计，截至 1990 年 2 月底，全国已查处公司中的案件 91960 件，其中大案要案 17791 件；已结案 84358 件，占案件总数的 91.7%，其中大案要案已结案 15648 件，占该类案件总数的 87.9%。这些案件涉及地厅、司局级干部 237 人，受党纪、政纪、法纪处分的 66 人。其中，属于中央国家机关各部门的案件 4118 件，占案件总数的 4.5%，涉及司局级以上干部 148 名。1990 年 7 月 6 日，国家工商行政管理局发布《关于公司撤并后有关事项的公告》。同日，国家工商局长刘敏学宣布，我国党政机关办公司和党政干部经商问题已基本解决。据统计，到 1990 年底，全国已撤并公司 10 万多个，占原有各类各级公司总数的 35.2%；党政机关办的各种公司绝大多数已经撤销或者同机关脱钩，机关干部在公司兼职或任职的问题已经基本解决，流通领域内公司盲目发展的状况得到控制，市场秩序得以整顿。

1989·年度改革大事

2月5日　中共中央办公厅、国务院办公厅发出《关于清理党和国家机关干部在公司（企业）兼职有关问题的通知》，要求在公司（企业）兼职的党和国家机关干部，必须在当年3月底以前辞去公司（企业）职务，或辞去机关职务。

2月19日　国家体改委、国家计委、财政部、国家国有资产管理局印发《关于企业兼并的暂行办法》。

同日，国家体改委、财政部、国家国有资产管理局颁发《关于出售国有小型企业产权的暂行办法》。

2月20日　国家体改委负责人答记者问，强调企业改革的重点仍是承包制，股份制企业试点不宜铺开，不要一哄而起。

2月26日　邓小平在会见美国总统布什时发表《压倒一切的是稳定》的谈话。

2月28日　国家统计局公布1988年统计公报，企业改革取得新的成果，大中型工业企业已有9024个实行承包经营责任制，实现利税比上年增长20.8%。

3月4日　邓小平在同中央负责同志谈话时指出："我们搞'四化'，搞改革开放，关键是稳定"。邓小平还指出："十年来我们的最大失误是在教育方面，对青年的政治思想教育抓得不够，教育发展不够。知识分子的待遇太低，这个问题无论如何要解决。"

3月6日　国务院批转劳动部、财政部、国家计委《关于进一步改进和完善企业工资总额同经济效益挂钩的意见》。

3 月 21 日　财政部、国家体改委颁发《关于国营企业实行利税分流的试点方案》。

3 月 30 日　国务院发出《关于进一步加强工资基金管理的通知》。

4 月 10 日　《人民日报》报道，我国已有 2856 个企业兼并了 3224 个企业。

5 月 2 日　据新华社讯，经国务院批准，中国人民银行决定从 5 月开始，由人民银行牵头，工商、农业等 5 家银行联合在全国范围内有组织地清理“三角债”。

5 月 11 日　国务院批转国家体改委《1989 年经济体制改革要点》。把深化企业改革、提高经济效益作为首要任务。

8 月 17 日　中共中央、国务院颁发《关于进一步清理和整顿公司的决定》。

8 月 29 日　据新华社报道，截至 1988 年底，全国共有各类公司 294946 户，从业人员 4088 万人，其中全民所有制公司占 43%。报道还指出，近几年公司发展得过多过滥，必须认真地加以清理整顿。

10 月 29 日　据新华社报道，全国工业企业推行企业承包经营责任制已带来巨大的经济效益，两年内增创利税 350 亿元，相当于 1980 年至 1986 年 6 年间企业新增利税的总和。

11 月 6 日至 9 日　中共十三届五中全会在北京举行。会议通过了《中共中央关于进一步治理整顿和深化改革的决定》，决定包括 1989 年在内，用 3 年或者更长一点的时间，基本完成治理整顿任务。

11 月 16 日　经全国清理整顿公司领导小组审查批准，中央国家机关第一批撤销的公司共计 1018 家。

11 月 24 日　据《人民日报》报道，湖南省株洲市坚持推行企业承包责任制，使市属国有企业都进入了第二轮承包。这是全国率先进入国有企业第二轮承包的城市。

12 月 5 日至 11 日　全国计划会议在北京举行。会议重申，农业联产承包制、企业承包经营责任制、厂长负责制、财政包干体制不变，以公有制为主发展多种经济的政策不变，对外开放政策不变，经济特区和沿海开放地区的基本政策措施不变，并进一步充实和完善。

本年度主要参考资料：

1. 中国经济年鉴编委会. 中国经济年鉴（1990）[M]. 北京：中国经济年鉴社，1990. 10.

2. 马洪，孙尚清. 中国经济形势与展望（1989—1990）[M]. 北京：中国发展出版社，1990. 6.

3. 汪海波. 新中国工业经济史（1979—2000）[M]. 北京：经济管理出版社，2001. 10.

4. 尹永钦，杨峥晖. 巨变：1978 年—2004 年中国经济改革历程[M]. 北京：当代世界出版社，2004. 5.

5. 国家经济体制改革委员会. 中国经济体制改革年鉴（1990）[M]. 北京：改革出版社，2019. 5.

6. 国务院. 国家预算调节基金征集办法[Z]. 1989 - 02 - 17.

7. 高尚全，王梦奎，禾村. 中国改革开放大事典（上、下卷）[M]. 北京：北京工业大学出版社，1993. 10.

8. 中华人民共和国国史全鉴编委会. 中华人民共和国国史全鉴·第五

卷（1976—1988）[M]. 北京：团结出版社，1997. 5.

9. 中华人民共和国国史大辞典编委会. 中华人民共和国国史大辞典[M]. 哈尔滨：黑龙江人民出版社，1992. 11.

10. 冯宗容. 中国近现代经济热点及重大事件[M]. 北京：中国经济出版社，1995. 3.

11. 中共十一届三中全会以来大事记[N]. 人民日报，2003 – 10 – 10.

12. 中国集团公司促进会. 国有企业改革政策演变[M]. 北京：中国财政经济出版社，2003. 1.

13. 中国共产党 80 年大事记[EB/OL]. 人民网，2001 – 06 – 12.

1990 年

1990 · 年度经济背景

治理整顿进展，市场普遍疲软

1990 年宏观经济调控的基本目标是，在进一步抑制通货膨胀的同时，着力促进经济适度增长。为此，国家从以下几个方面采取了相应的宏观经济政策措施：

一、保持社会需求的必要增长

一是适当扩大固定资产投资规模。1990 年 4 月，七届全国人大三次会议通过的《政府工作报告》指出，在坚持“双紧”方针的前提下，从多方面采取措施缓解当前的矛盾，国家在计划执行中，陆续追加了固定资产投资，扩大了计划规模。全年全社会固定资产投资总规模与年初计划相比，共增加了 450 亿元。其中，基本建设重点项目 130 亿元，商品房建设 200 亿元，技术改造 120 亿元。二是为了启动市场，从 4 月起，适当松动对社会集团控购商品的控制力度。对某些商品适当放宽对社会集团购买的限制；对服役年限到期的汽车实行强制更新。全年社会集团购买力比上年增长了 4.3%。三是调整人民币的汇价。人民币对美元的兑换汇率继 1989 年 12 月下调 21.1% 之后，1990 年 11 月再次调低 9.6%，促进了外贸出口，推动了国外需求的增加。

二、改善企业外部条件，增加重要商品储备

一是增加流动资金贷款。为了启动生产，银行对骨干工业企业适时增加流动资金贷款；同时增加商业、物资和外贸企业的商品收购贷款。二是疏导资金流通。为了加强银行对企业的结算监督，避免企业的不合理拖欠，国务院决定从 1990 年 4 月起，全面恢复银行的托收承付结算方式。与此同时，银行安排了清理“三角债”和清理基本建设欠款的专项贷款，帮助企业解开债务链。三是国务院年初决定成立生产委员会，加强对日常工业生产的调度。同时，对 234 家全民所有制大中型骨干企业采取“双保”政策，即国家基本保证企业的外部生产条件，企业保证完成国家计划任务和上缴税利。在能源、原材料、运输、信贷资金等方面实行重点倾斜。为保证对重点企业的能源、原材料供应，对煤炭实行“四统 ·”，即统一分配、统一订货、统一运输、统一调度。煤炭生产、分配、运输计划，努力做到相互衔接、地区平衡。四是适当增加储备。对暂时供过于求但从长期趋势来看仍然紧缺的重要资源，增加国家储备。粮食全面丰收以后，国务院决定建立国家粮食储备制度，银行拨出专项贷款用于收购粮食，财政予以贴息。物资部门和商业部门还对一些重要生产资料和工业消费品增加储备，以支持工业企业正常生产。

三、运用经济手段调节消费，促进产业结构调整

一是下调银行存贷款利率。于1990年3月和8月两次下调存贷款利率共计2.34个百分点。二是调整投资结构，加强重点建设。国家采取发行重点建设债券，增加银行固定资产投资贷款，及时拨付基本建设投资欠款等措施，加强农业、能源、运输、邮电部门的建设。三是实行差别利率，对农业、能源、交通、通信、重要原材料和国家储备粮食等基础产业以及重要基础设施建设的固定资产投资贷款，实行优惠利率。

四、加快价格结构性调整

1990年在供求矛盾缓和、市场价格比较平稳的有利条件下，加快了价格结构性调整的进程，提高了原油、部分钢材、部分化工产品、有色金属、煤炭、生铁、铁矿石、平板玻璃和棉纺织品等19大类产品的计划价格。各地也相继调整了一部分地方产品价格和服务费用价格。1989年四季度和1990年全年，全国调价总金额约达600亿元。这是近几年来有计划调整价格步子迈得最大的一年。其结果不仅有利于逐步理顺比价关系，对物价总水平的推动也比较小。

这些政策措施的贯彻实施，基本上达到了启动市场、稳定物价、促进经济适度增长的预期目的。随着适当调整紧缩力度和积极调整结构的政策措施陆续到位，在治理整顿初期一度回落过猛的工业生产和市场销售先后走出低谷，增长速度逐步回升，实现了国民经济适度增长的目标。

全年实现国内生产总值18547.9亿元，比上年增长3.8%。由于各地区和各有关部门都增加了对农业的资金投入，加强了

农业科技的推广运用，扩大了粮食主产区的高产连片开发，增加了农业生产资料的供应。国家还提高了部分农产品的收购价格，进一步调动农民生产的积极性，合理调整农作物的种植面积，再加上大部分地区风调雨顺，使粮食生产获得较大丰收，主要农产品全面增产。全国农业总产值达到 7382 亿元，比上年增长 6.9%，是“七五”期间增幅最高的一年。全年粮食总产量达到 43500 万吨，比上年增加 2755 万吨，创历史最高水平。棉花总产量达到 447 万吨，比上年增长 18.1%。油料总产量 1615 万吨，增长 24.7%。糖料总产量 7180 万吨，增长 23.7%。肉类、水产品、蔬菜、水果等产量也持续增长。农村社会总产值达到 16253 亿元，比上年增长 8.8%。

工业生产逐步摆脱了 1989 年三季度以后增长速度回落过猛的状况，生产增长逐步回升。全国工业总产值（包括村及村以下工业）完成 23851 亿元，比上年增长 7.6%，超过了计划增长 6% 的目标。能源和主要原材料生产保持稳定增长。交通运输和邮电通信稳步发展。铁路、公路、水路和空运的货物周转量均分别比上年有所增长。一般加工工业的生产得到控制，产品结构有所调整。

固定资产投资结构有所改善。1990 年全社会固定资产投资完成 4451 亿元，比上年增长 4.5%。其中，全民所有制单位投资 2927 亿元，比上年增长 10.5%；在基本建设 1703 亿元的投资中，生产性建设投资 1230 亿元，比重由 68.6% 上升到 72.2%，非生产性建设投资 473 亿元，比重由 31.4% 下降为 27.8%。技术改造投资完成 828 亿元，增长 5.8%。投资结构得到进一步调整，楼堂馆所及其他非生产性建设继续得到有效控制。

通货膨胀得到有效控制。全年零售物价总水平仅比上年上涨2.1%，大大低于上年17.8%的涨幅。城乡居民生活费用总水平也仅比上年上涨3.1%，原材料购进价格比上年上涨5.6%，一些重要物资的市场价格稳中有降。

国内市场逐步复苏。全年社会商品零售总额8255亿元，比上年增长1.9%，其中四季度比上年同期增长9.3%。从城乡消费品市场看，城市全年零售额比上年增长6%，其中四季度增幅达到13.4%；县及县以下全年零售额虽然还比上年下降2%，但四季度增幅已回升到5.5%。生产资料市场也逐步好转，全国物资系统销售生产资料2382亿元，比上年增长1.7%。

由于1989年汇率下调以及国内市场供求矛盾缓和，促使外贸出口大幅度增长。据海关统计，1990年进出口货物总额达1154亿美元，比上年增长3.3%。其中出口总额621亿美元，增长18.1%；进口总额534亿美元，下降9.8%。全年新签利用外资协议金额123亿美元，实际使用外资101亿美元，其中外商直接投资34亿美元，均比上年有所增长。国际收支状况明显改善，国家外汇储备增加，年末国家现汇结存增加到111亿美元。

人民生活继续改善。全年职工工资总额达到2960亿元，比上年增长13%；职工平均货币工资2150元，扣除生活费用价格上涨因素，实际增长9.7%。农民人均纯收入达到630元，比上年增长4.7%，扣除商品性支出价格上涨因素，实际增长1.8%。年末居民储蓄存款余额达7034亿元，比上年末增加1887亿元。

但是，由于经济生活中一些深层次矛盾尚有待进一步解决，经济发展中还存在着相当严峻的一面。主要表现在以下几个方面：

一、产业结构调整进展缓慢

1990 年由于加工工业过高的增长速度大幅度回落，使基础产业的瓶颈约束得以缓解，但基础产业后续能力不足仍然是制约整个国民经济发展的薄弱环节。在当时资金比较分散，加强基础产业投资主要还是依靠国家投入的情况下，由于国家直接掌握的建设资金有限，有效引导各方面资金投向的宏观调控手段尚不完善，难以使基础产业的发展适应国民经济长期发展的需要。同时，在经济过热时期形成的庞大加工工业生产能力在需求约束下大量闲置，主要由于缺乏必要的社会保障制度和受条块分割的管理体制制约，资产存量的结构调整和优化重组难以推进。因此，产业结构不合理的状况依然十分突出。

二、经济循环不畅、企业经济效益下降

据统计，1990 年末，预算内国营工业企业产成品资金占用达 1140 亿元，比上年同期增长 27.8%；实现利税 1271 亿元，比上年下降 18.5%，其中实现利润下降 58%；定额流动资金周转天数由上年的 109 天延缓到 127 天；平均每百元资金实现利税，由上年的 19.39 元下降到 13.76 元，全员劳动生产率仅比上年提高 0.8%；部分产品质量不够稳定，成本超支严重，亏损企业增加，企业亏损额比上年增加 1.27 倍。据人民银行对监测的 22 个城市 425 家国有工业企业的统计资料，截至 11 月末，这些企业在全部流动资金借款增加额中，成品资金占用为 32.2%，发出商品资金占用为 63.6%，合计为 95.8%，而储备资金和在产品资金的占用不但比重过小，而且靠拖欠应付款、税金和挪用折旧基金等来弥补。这里对流动资金的分类是1993年企业财务、会计制度改革以前的分类方法。据工商银行对全国4万家工交企业的统计表明，当年企业流动资金借款增加额中，被成品资金和发出商品资金占用的，合计占到93.3%。商业经济效益也普遍下降。全年国有和合作商业实现利润比上年同期下降84.6%。国有、合作商业亏损金额达100亿元，比上年增亏31亿元，上升45.5%，亏损面达1/4以上。由于商业、物资部门收购大于销售，库存也有较大的增加。据统计，当年工商库存中不正常增加的部分将近1000亿元。

三、企业经济效益不好，国家财政困难加剧

“七五”计划以来，工业企业特别是国有工业企业经济效益呈下降趋势。1990年由于生产和销售的增幅不大，产品销价涨幅又低于产品成本的涨幅，大大减缓了企业效益赖以维持的“速度效应”和“涨价效应”，从而使企业效益大幅下降。据财政部工交财务司统计，全年预算内国有工业企业，工业总产值增长1.5%，销售收入增长3.5%，而实现利税总额却下降18.5%，其中实现税金（流转税）增长5.4%，实现税前利润（含所得税、调节税）下降58%，上缴利润下降55.3%，企业留利下降42.6%。百元销售收入实现的利税由上年的17.08元下降到13.45元，实现的利润由上年的6.42元下降到2.61元，资金利税率由上年的19.3%下降到13.7%。资金周转天数比上年延长26天，达135天。可比产品成本上升7%。企业亏损面达到31%，扩大1倍，亏损额增加1.3倍。据商业部材料，全国国有和供销社商业由于销售费用平均上升3.2%，高于零售物价上涨幅度，社会商品零售总额又下降0.3%，所以，全年实现利润总额只有12亿元，比上年下降84.6%，销售利润率降到1957年以来的最低点，亏损企业面达25.6%，比上年扩大48%，亏损额增长45.5%。由于企业效益下降，国内财政收入扣除内债收入超收后出现短收，而财政的刚性支出继续扩大，导致财政赤字扩大。全年财政收入（国内部分）完成3082亿元，比上年增长9.9%，按可比口径计算，则比上年增长5.7%。而由于价格补贴、行政管理费和债务支出增幅较大，全年财政支出（国内部分）达到3232亿元，比上年增长11.6%。加上国内外债务净收入，收支相抵，全年财政赤字150亿元，比上年扩大58亿元。

四、通货膨胀的潜在压力仍然存在

1990年银行新增各项贷款2732亿元，比上年同期增长22%。虽然由于居民储蓄存款增加较快，当年货币发行量为300亿元。但是广义货币供应量比上年增长27.7%，增长速度明显加快，加上信贷资金效益较差，使今后控制现金投放和物价上涨的难度加大。

1990 · 基本改革思路

完善承包经营责任制

随着承包制全面推进，其弊端也日益显现出来。由于政府与企业地位上的不对等，使得承包合同看似在平等条件下签订，实质是在不平等条件下实施的；由于政府与企业信息上的不对称，不仅使承包基数的确定带有很大的随意性，也使得企业可以有机会和缝隙不通过生产经营努力而得到较大的利益。承包制导致了一些企业的短期行为膨胀，追求收入最大化；助长了企业的数量扩张行为和涨价动机；固化了现行体制，使经济结构调整和优化资源配置受到限制。更深层次的缺陷还在于：承包制把部分剩余控制权和剩余索取权交给承包者以后，使企业产权的界定变得更加模糊，发包方与承包方的利益冲突加剧，双方互相侵权的行为更容易发生。鉴于承包制存在的种种弊端，经济理论界和实际工作部门开始研究各种完善承包经营责任制的办法。

从 1987 年起开始全面推行企业承包经营责任制。第一轮承包推行的 3 年，是我国国民经济大起大落的 3 年，因而第一轮承包事实上是在国民经济剧烈波动的情况下完成的，承包制的推行受到宏观经济形势的严重影响；另外，承包制固有的缺陷，也加剧了宏观经济形势的恶化。随着承包制全面推进，其弊端越来越显现，具体表现在以下几点。

一是承包制虽然在一定程度上保证了企业的生产经营自主权，但经营权能否使用和使用的范围大小，决定权仍然掌握在政府部门手里，政府随时可以改变企业的经营权范围。承包合同看似在平等条件下签订的，实质是在不平等条件下实施的。

二是承包制的核心在于包死基数。但承包基数则是在政府与企业之间“一对一”的谈判中确定的。这就给企业留下了从经营之外获得利益的讨价还价空间，即在承包期内企业的发展快慢和留利多少，很大程度上可以不取决于企业自身在生产经营方面的努力，而取决于在与政府签订承包合同时讨价还价的“技巧”。作为发包方的政府主管部门，即使对企业的生产经营管理十分熟悉，也不可能对行业内不同类型、不同条件的企业状况了如指掌，政府主管部门在客观上不占有企业经营状况的充分信息，也就很难比较准确地把握企业的承包基数。信息不对称，使得企业在与政府的博弈中处于有利地位。另外，政府主管部门在主观上也希望把减税让利作为调动企业积极性的筹码，这一方面是出于主管部门自身的利益考虑，另一方面则是出于加大本系统企业完成承包任务的保险系数考虑。这不仅使承包基数的确定带有很大随意性，同时使企业可以不通过生产经营努力而得到较大的利益有机可乘，削弱了企业的进取精神。

三是承包基数系根据企业前一年或前几年的经营实绩为基础确定的，随着宏观经济环境和企业经营条件变化，企业的经营业绩也是不断变化的。但承包基数一旦确定以后就几年不变。这种能上不能下的“棘轮效应”，使有潜力可以干得更好的企业不愿意将实绩提高得太快，普遍存在“悠着点，慢慢来”的心态，免得下一轮承包抬高基数；能力达不到的企业则被迫弄虚作假，虚盈实亏。

四是承包导致了一些企业的短期行为膨胀，追求收入最大化。完成了承包任务的企业，剩余资金不是用在设备更新改造、技术开发等生产经营方面，而是花光、吃光、分光；完不成承包任务的企业国家则又没有处罚的办法，只能强调工资、奖金不能增长太快，要实行工效挂钩，但这都只能是事后算账，木已成舟，又如之奈何？尤其在过去的财务制度下，企业利润增减的弹性空间很大，虚盈实亏往往只有事后才能发现。于是，承包企业不管经营状况如何，都能够安安稳稳地活下去。承包合同实际上变成只奖不罚、包盈不包亏的合同，失去了对企业强化利益约束的功能。

五是承包制助长了企业的数量扩张行为和涨价动机。在企业效益不能迅速提高的情况下，企业要多创利税、多发奖金，最简单的办法就是靠增加投入、扩大产量，追求数量增长，或者是产品涨价。因此实行承包以后，许多企业不是把精力放在强化管理、开发产品、开拓市场上。对内以包代管；对外则是“跑部钱进”，提高价格。

六是承包制不仅阻碍了同行业企业之间以及不同行业企业之间的平等竞争，同时也使经济结构调整和优化资源配置受到限制。因为承包制隐含着一个前提，就是对于已经存在的企业，不论其是否具有继续生存的条件和必要，都有存活并取得留利的权利。长期如此，即使承包制调动了企业增产增收的积极性，也会因为资产不能流动而使经济结构趋于恶化，导致资源配置效益下降。

除上述弊端之外，承包制更为深层次的缺陷还在于：承包制把部分剩余控制权和剩余索取权交给承包者以后，使企业的产权界定变得更加模糊，发包方与承包方的利益冲突加剧，双方互相侵权的行为更容易发生。鉴于承包制存在的上述弊端，经济理论界和实际工作部门开始研究各种完善承包经营责任制的办法。

有人提出了“税利分流”的主张，即改变过去将税利捆在一起承包的办法，将盈利企业的所得税率由 55% 降至 35%，取消调节税和所得税前利润还贷；企业先按照规定纳税，再用所得税后的利润还贷。对完税和还贷以后的利润再实行承包。这在少数地方试点后，反应非常强烈。企业和企业主管部门强烈反对，认为这是竭泽而渔、杀鸡取卵的做法；财政部门则认为这样很好，既纠正了承包制利、税不分的弊端，又保证了财政收入，明确了承包者的责任。因为两种意见针锋相对、争执不休，“税利分流”的办法始终没有大面积推行。

有人提出“科学确定承包基数”的办法，设计了各种各样的计算公式和参数体系，希望能够“科学地”确定承包基数和评价承包人的工作业绩。但设计者却忘记了所谓“科学确定承包基数”的提法本身就是不科学的。因为正是由于存在着诸多的不确定性，订立交易合同时不可能对在一切可能发生的情况下将交易双方的权、责、利作出完备的规定，才需要有企业。企业产生的原因，正是为了克服一般合同所解决不了的、不能够事先将一切可能发生的情况及其处理办法一一规定下来，因此，需要由享有企业财产剩余收入的财产所有者来承担企业经营风险，并以所有者为中心签约人，与经营相关的各方面签订合同，从而使合同的执行能够置于自己的监控之下，以此来弥补合同规定的不完备性。所以制度经济学把企业解释为“市场中一组特殊的合同”。它不同于一般合同，可以将各种可能发生的情况及其处理办法在合同中一一写明。如果能够做到这一点，只要用一般合同就能解决问题了，企业也就没有再存在的必要。

承包合同只是一般的经济合同，试图用承包合同来规范经营者的行为，消除经营者的道德风险，显然是过于理想化了。

又有人提出“把竞争机制引入承包”，实行招标承包的办法。这听起来很有道理，因此也曾在相当多的企业中得以推广。但后来发现这个办法也很难奏效，原因是承包方和发包方的关系是上下级隶属关系，并且这种关系因人而异，错综复杂。人们常说的“人情大于王法”，恰恰反映了要在所谓的“承包市场”上通过平等竞争确定承包条件虽然不能说绝对做不到，但多数情况下效果都不理想。在经理人市场没有建立的情况下，追求平等竞争只能是一种幻想。而即使通过公平竞争选准了经营者，也只是解决了承包基数比较合理的问题。承包制出现的短期行为等弊端仍然无法解决。

也有人主张大力发展“企业对企业的承包”。由经营效益好、有发展前途的企业去承包经营差的企业，在隶属关系和利润上缴渠道不变的情况下，因为有承包企业的资产作抵押，不怕承包企业不努力。正是在这种思想的指导下，马胜利的石家庄造纸厂在全国20多个省区承包了近百家企业，组成“中国马胜利纸业集团”。这些企业和地方政府，都希望通过马胜利的承包使他们的企业起死回生，谁知道马胜利鞭长莫及，根本无法对他们的企业带来实质性的帮助；而这些企业和各地的政府主管部门又各有自己的“小算盘”，马胜利事实上也指挥不动。“中国马胜利纸业集团”成立不久，加盟企业就纷纷倒戈，有的甚至对簿公堂，因此加速了马胜利的下台。

还有人提出实行风险抵押承包。由承包人（经理人员或全体职工）缴纳一定数额的抵押金，当企业未完成承包合同时，用抵押金充抵。这种方式在一段时间里曾被说成是完善承包制的有力措施，但人们很快又发现，它的效果并不如宣传的那样显著。首先是承包者不可能筹措和缴纳足够的资金来抵偿可能的经营损失，对于上千万元甚至上亿元的企业资产，承包人即使将全部家产充作抵押金，也不过是九牛一毛。所谓风险抵押，不过是象征性而已。为了增加风险抵押基金的数量，国务院1988年2月发布的《全民所有制工业企业承包经营责任制暂行条例》，规定实行承包制的国有企业试行“资金分账制度”，将承包前企业占用的固定资金和流动资金列为国家资金；承包期间的企业留利，以及用留利投资形成的固定资产和补充的流动资金，列为企业资金；两类资金分别列账，将企业资金作为承包经营企业负亏的风险基金。这事实上承认了由国家所有的资产所产生的剩余的一部分可以归“企业”所有，这样一来，所谓的风险抵押基金实质上是所有者用自己的资产在向自己作抵押。资金分账的做法明显是与《民法通则》相悖的，因此引起了理论界的极大非议。于是，在1988年4月颁布的《中华人民共和国全民所有制工业企业法》作解释时，又强调了“企业资金”的最终所有者仍然属于国家。

就这样，完善承包经营责任制的口号尽管提了很久，做了许多努力，但承包制始终没有得到根本性改善。以后的实践证明，完善承包制的初衷是可贵的，但完善承包制的努力则是徒劳的。

1990·年度改革实践

清理“三角债”

由于治理整顿和压缩固定资产投资规模，社会需求明显下降，市场疲软，产成品积压，工交生产中流动资金不足的矛盾十分尖锐，企业之间出现了互相拖欠货款的情况。当时把这种互相连环拖欠货款和其他资金的现象叫作“三角债”，又叫“连环债”或“债务链”。1989 年，全国范围的拖欠总数超过 1000 亿元。进入 1990 年后又呈上升趋势。为了缓解这一矛盾，国务院于 1990 年 4 月初决定，在全国范围内清理“三角债”。要求各地区、各部门领导人要把这项工作作为治理整顿、深化改革的重要任务抓紧进行。清欠工作要与启动、促进当时的工交生产相结合，与贯彻国家产业政策、调整产业和产品结构相结合，与加强资金管理制度相结合，与推动搞活市场相结合。清欠工作采取条块结合、自下而上的办法进行。第一步，先在各省（自治区、直辖市）范围内和基建、外贸、商业、物资等系统进行，由各地区、各部门自行组织清欠工作；第二步，以被拖欠货款较多的省（自治区、直辖市）为中心，组织跨省（区、市）的区域性清理；第三步，在区域性清理的基础上进行全国范围的清理。清欠工作争取在 7 月底以前基本结束。银行要为清理“三角债”投入一批启动资金。为解决前清后欠问题，各企业、各单位必须信守合同，严格执行财务结算纪律。从 4 月 1 日起，凡无理拖欠货款的单位，要给收款单位支付日息万分之三的滞纳金。国务院决定成立以邹家华为组长，叶青、周正庆为副组长的国务院清理“三角债”领导小组，负责组织领导全国清理“三角债”的工作。

在4月4日召开的全国清理“三角债”工作电话会议上，国务委员邹家华、李贵鲜讲话，要求各级政府和各部门的领导同志予以高度重视，积极行动起来，采取各种有效措施，抓紧落实国务院决定，力争使困扰经济建设的“三角债”问题能在较短的时间里得到较大的好转。8月，国务院清理“三角债”领导小组公布《关于在全国范围内清理企业拖欠货款实施方案》。国务院办公厅就此发出通知指出，国务院把清理“三角债”作为今年下半年促进经济形势进一步向好的方向发展的重要措施之一。《方案》规定了清理拖欠的范围、时间和清理金额的起点等，清理拖欠的原则是：“企业主动收款，银行协助清理，多方筹集资金，结合商业票据。”清理拖欠工作分两个阶段进行：第一阶段，从1990年8月1日起至8月15日止，由开户银行受理企业的托收凭证并寄往付款企业开户银行；第二阶段，从9月15日起至10月10日止，由付款企业承付货款和银行办理付款、收款。全国范围内的清理拖欠工作于1990年10月10日结束，以后不再办理清欠专用贷款。同月，国务院清理“三角债”领导小组决定清理基建欠款，从8月20日开始对全国500多个重点基本建设项目拖欠款进行集中清理。并发出通知，要求搞好企业清欠中承付货款工作。通知要求，各级政府清理“三角债”领导小组，要切实加强对清欠工作的领导，实行行政首长负责制；付款单位开户银行要认真履行监督付款企业按期付款的职责，不得擅自退票；银行要加强对单位拒付理由的审查，从严掌握拒付标准；各企业、单位要顾全大局，积极筹措资金，主动付款；各级人民银行和专业银行要加强对清欠工作的同步稽核工作。

加强国有资产的管理

针对日渐增多的企业合资，为了解决国有资产管理混乱等问题，1988 年全国七届人大一次会议决定，设立国家国有资产管理局，代表国家行使国有资产的代表权、使用权、收益权、处分权四大权能。按照批准的“三定”方案，国家国有资产管理局将管理国内和境外的国有资产；拟定国有资产的各项管理制度；制定国有资产投资的利润分配办法；会同实行承包、租赁、联营和拍卖清理中有关国有资产的评估问题；监督检查国有资产的使用情况，推动国有资产的管理工作。

针对国有企业改革过程中出现的国有资产管理弱化问题，1990 年 1 月 6 日至 10 日，国务院召开中华人民共和国成立以来的第一次全国国有资产管理工作会议。决定有计划地开展清产核资工作，计划用三四年时间把家底摸清，并于年末在全国多个部门和地区开始了全面或专项试点工作。

7 月 2 日，国务院发出《关于加强国有资产管理工作的通知》。主要内容是：1. 在全国范围内有计划地开展清查资产、核实国家资金、摸清国有资产“家底”的工作，将一切应归国家所有的资产都纳入国有资产管理轨道。2. 坚决防止和纠正损害国有资产产权的行为。3. 完善国有资产产权管理机制，继续深化企业改革。4. 改进、完善企业经济效益考核内容。5. 切实加强对国家固定资产投资的管理。6. 在深化经济体制改革中，逐步建立与社会主义有计划商品经济相适应的新型的国有资产管理体制。7. 按照统一领导、分级管理的原则，逐步建立和健全国有资产管理机构。8. 按照经济发展和改革的要求，建立国有资产管理体系。

命名首批国家一级企业

1990 年 1 月 12 日，国务院企业管理委员会宣布，批准 45 家企业为国家一级企业。这是从中国近 50 万家企业中首批审定的国家一级企业。经有关部门连续两年的考核，这 45 家企业都达到了国家一级企业的标准，这些企业中经考核的 352 种（类）主要产品，达到当代国际水平的有 110 种（类），占 30.9%，其余 242 种（类）全部达到或相当于 20 世纪 70 年代末 80 年代初的先进水平；经济效益和物质消耗处于同行业领先地位。一级企业人均实现利税为 2.1 万元，全员劳动生产率为 7.8 万元。一级企业的资金利税率、人均实现利税和全员劳动生产率，分别为全国预算内工业企业平均数的 3.28 倍、6.8 倍和 4.96 倍；安全生产符合标准；企业管理、技术进步和内部配套改革工作也都取得突出成效。

首批 45 家国家一级企业是：哈尔滨锅炉厂、上海柴油机厂、大连冷冻机厂、国营第二三四厂、常州拖拉机厂、沈阳变压器厂、常州柴油机厂、上海无线电十八厂、大连显像管厂、上海无线电工厂、上海电视机一厂、国营长虹机器厂、国营南京无线电厂、英雄金笔厂、中山洗衣机厂、威海市地毯一厂、民丰造纸厂、大连第五塑料厂、上海自行车三厂、上海缝纫机一厂、上海协昌缝纫机厂、上海第十七棉纺织厂、苏州东吴丝织厂、上海嘉丰棉纺织厂、国营无锡市协新毛纺织染厂、吉林化学工业公司染料厂、上海正泰橡胶厂、上海化工厂、鞍山钢铁公司、首都钢铁公司、上海第五钢铁厂、吉林铁合金厂、上海第三钢铁厂、东北轻合金加工厂、沈阳冶炼厂、葫芦岛锌厂、辽宁电子铝箔厂、上海石油化工总厂塑料厂、北京燕山石油化工公司合成橡胶厂、大连石油化工七厂、长岭炼油化工厂、齐鲁石油化工公司第二化肥厂、大连船用柴油机厂、山东新华制药厂、上海广播器材厂。

沧海桑田，经过40年的发展变化，这些曾经代表着中国一流管理水平的企业，如今只有极少数还依然保持着当年的风采，并在剧烈的市场竞争中发展壮大。

1990 · 重要理论观点

建设有中国特色社会主义的十二条原则

1990年12月中共十三届七中全会通过的《中共中央关于制定国民经济和社会发展十年规划和“八五”计划的建议》提出，在邓小平同志倡导下，我们党从十一届三中全会开始，经过十二大和十三大，根据马克思主义普遍真理同中国具体实际相结合的原则，在深刻总结历史的和当前的实践经验的基础上，作出了我国处于社会主义初级阶段的科学论断，形成了以经济建设为中心、坚持四项基本原则、坚持改革开放的基本路线，以及一系列行之有效的方针政策，全党对建设有中国特色社会主义的基本理论和基本实践取得了共同认识。概括起来主要有以下几点：

1. 坚持工人阶级领导的以工农联盟为基础的人民民主专政，不断完善人民代表大会制度，不断完善共产党领导的多党合作和政治协商制度，不断巩固和发展最广泛的爱国统一战线，努力加强社会主义民主和社会主义法制；

2. 坚持把发展社会生产力作为社会主义的根本任务，专心致志地搞好现代化建设，不断提高人民的物质文化生活水平；

3. 通过改革不断完善社会主义的经济、政治体制和其他领域的管理体制，充分调动中央、地方、企业和广大劳动人民的主动性、积极性和创造性；

4. 采取发展对外经济贸易关系、利用外资和引进先进技术等多种形式，通过兴办经济特区、经济开放地区和实行必要的特殊政策与灵活措施，不断扩大对外开放；

5. 坚持以社会主义公有制为主体的多种经济成分并存的所有制结构，发挥个体经济、私营经济和其他经济成分对公有制经济的有益的补充作用，并对它们加强正确的管理和引导；

6. 积极发展社会主义的有计划商品经济，实行计划经济与市场调节相结合，努力促进国民经济持续、稳定、协调发展；

7. 实行以按劳分配为主体、其他分配方式为补充的分配制度，允许和支持一部分人、一部分地区通过诚实劳动和合法经营先富起来，鼓励先富起来的帮助未富起来的，以利于全体人民和各个地区逐步实现共同富裕；

8. 坚持以马克思列宁主义毛泽东思想为指导，继承和发扬祖国优秀文化遗产，借鉴和吸收世界上一切优秀文化成果，不断提高全民族的思想道德和科学文化素质，建设社会主义精神文明；

9. 建立和发展平等互助、团结合作、共同繁荣的社会主义民族关系，坚持和完善民族区域自治制度，反对民族歧视和民族分裂；

10. 按照“一个国家、两种制度”的构想和实践，促进祖国统一大业的逐步实现；

11. 坚持独立自主的和平外交政策，在和平共处五项原则的基础上发展同一切国家的友好关系，反对霸权主义和强权政治，支持被压迫民族和被压迫人民的正义斗争，维护世界和平促进人类进步；

12. 坚持共产党的领导，不断改善党的领导制度、领导作风和领导方法，加强党的政治、思想、理论和组织建设，使党始终成为社会主义事业的坚强领导核心。

实行计划经济与市场调节相结合需要把握的原则

1990 年 12 月中共十三届七中全会通过的《中共中央关于制定国民经济和社会发展十年规划和“八五”计划的建议》明确提出，建立计划经济与市场调节相结合的经济运行机制，是深化经济体制改革的基本方向。实行计划经济与市场调节相结合，需要进一步明确和把握以下几点：

1. 计划经济可以从总体上保持国民经济按比例发展和资源合理配置，市场调节可以发挥优胜劣汰机制的作用和增强经济发展的活力，实行两者的结合就是要把它们的优点和长处都能发挥出来，以促进国民经济的持续、稳定、协调发展。

2. 计划经济不限于指令性计划，指令性计划和指导性计划都是实行计划经济的具体形式。随着经济体制改革的深化、经济结构的改善和市场的不断发育，进一步适当缩小指令性计划的范围，适当扩大指导性计划的范围，更多地发挥市场机制的作用。计划管理必须自觉遵循经济按比例的发展规律和价值规律，考虑市场供求关系，市场调节要在国家总体计划和法规约束下发挥作用。

3. 大体说来，属于总量控制、经济结构和经济布局的调整以及关系全局的重大经济活动，主要发挥计划的作用；企业日常的生产经营、一般性技术改造和小型建设等经济活动，主要由市场调节。

4. 国家经济管理的主要任务，是合理确定国民经济发展的计划、规划和宏观调控目标，制定正确的产业政策、地区政策和其他经济政策，做好综合平衡，协调重大比例关系，综合配套地运用经济、法律和行政手段引导和调控经济的运行。

对国有企业股份化的不同观点

1990 年，围绕国有企业的股份化问题，理论界进行了激烈的争论。一部分人认为，深化企业改革，克服国有企业的各种弊病，需要明确企业的产权，而股份制正是科学产权制度建立的基础。因为股份制是一种复合产权结构的组织形式，其特点是投资者不能以单独股东的身份占有企业资产，企业资产是法人资产，由企业法人代表董事会支配和处置，从而保证了独立的资产经营权；同时，各投资者的财产所有权通过股票这一产权证书得到确认，凭此取得收益并承担相应的经济责任和对经营权进行制约。因此，股份制是两权分离的较好形式，可为社会主义公有制利用。

另一部分人则认为，股份制所能解决的是资金特别是社会资金的筹集方式问题，是产权的界定，单一的公有制企业可以采取也可以不采取股份制这一产权组织形式，因为这些企业即使搞了股份制，也可能仍旧要采取承包制的经营方式。既然如此，还不如坚持完善承包制更为有效。

关于国有企业股份化的范围，有的人认为，选择股份制作为国有企业改革的方向并不意味着所有国有企业都要实行这一种模式。据此，有的人将国有企业分为经营型和非经营型两大类，而经营型企业又可分为大、中、小三类。其中，小型企业可以有偿转让给个人或集体经营，某些大型骨干企业则可继续采取承包制的形式，处于这两者之间的大部分经营性企业则可在条件具备的情况下逐步向股份制方向过渡。

与此相类似的观点是，在国民经济中居于重要地位的大中型骨干企业，其中的一部分可继续采取国家所有、委托经营的方式，一般的国有企业则可以继续成为国家全资企业或改组成国家控股的股份制企业。

关于国有企业股份化的具体实施，一些人认为，新建企业应尽可能利用股份制形式来促进资金积聚，原有企业改为股份制则较复杂，“八五”期间还只能在局部范围内继续试行，并争取使其逐步规范化。有的人则从如何完善政府对企业的管理的角度提出了对国有大、中型企业实行国家控股的董事会管理方式问题。还有人提出，到 90 年代后期要将现有产权不落实的大中型国有企业的多数，变为分别由各级政府通过国有资产经营组织按不同比例持股，其余股份由本企业职工和外部投资者持有，基本上实行现代股份有限公司的经营管理方式。为此，在大部分国有企业中目前应尽快以税利分流、税后承包取代现行的承包制，作为走向股份制的过渡形式。

对国有企业资产管理的不同观点

国有资产管理问题提出的基础是改革现实中出现的国有企业所有权与经营权的分离，即两权分离。既然作为全民资产代表的国家拥有了资产的所有权，就需要取得相应的财产收益，并需要相应的管理部门对其进行管理，以保证资产的不断增值。

至于所有权和经营权的含义及相互关系，理论界仍有不同的理解。有的认为，股份制企业的股东拥有“终极所有权”，企业拥有的是法人所有权，它是企业拥有经营权的法律依据。有的人不同意这种“双重所有权论”，认为企业拥有经营权（即成为法人），并不是因为它拥有法人所有权，而仅仅是因为所有权人授予了它这种权力。还有人认为，股份制企业内部实际上是两权合一，即资产所有权和资产经营权合一，股东拥有的只是股权，它并非资产最终所有权，而仅是取得资产收益的凭证。

国有资产管理的实现途径首先是利税分流，即通过这种形式来划清作为国家政权的税赋收益和国有资产的增殖收益，使国家的两种职能分开，从而避免在确定国家和企业利益分配关系上的随意性和频繁的行政干预。所以，实行利税分流有重要的意义。但是，许多人也认为，实行利税分流除要求外部环境必须合理外，还要以国家所有者职能与行政职能真正分离为前提。目前这两方面的条件都还不具备，因此只能作为改革的方向，现在还难以普遍推行，只能作为试点先在一些企业试行。并且，现在设计的利税分流办法也不甚合理，因为税后利润仍是按基数承包，实际上并没有跳出基数承包的“陷阱”。

关于国有资产的管理形式和管理体制，有的人从企业有偿转让、兼并与资产存量调整的角度提出了对国有资产的价值化管理方式，认为国有企业实际上也是一种商品，尽管是一种较特殊的商品，因而它在适当的时候也可以出卖或有偿转让，以达到资产存量调整和资源重新配置的目的。至于国有资产管理体制，现在已成立了国有资产管理局，今后要进一步充实这一系统的力量。有人主张要争取在“八五”期间建立起适应商品经济发展的资产管理体系的基本框架。在建立国有资产管理部门的同时，要相应成立投资公司、控股公司等企业化资产经营组织。它们受国有资产管理部门的委托与监督，负责派产权代表进入企业，选聘经营者，参与重大生产经营决策，并按盈利原则安排国有资产收益的使用方向，确保其价值量的不断增值。

为此，需要建立一整套法规条例和指标体系，并需对国有资产进行一次全面的普查、界定和评估。

对利税分流改革的不同观点

利税分流是指国有企业实现利润的一部分以所得税形式上缴国家，另一部分以利润形式上缴国家，其余部分留在企业自主使用。对利税分流的讨论，主要集中在以下三个方面。

1. 关于实行利税分流的理论依据

赞成者认为，在国有制经济中，国家客观上具有社会管理者和资产所有者的双重身份，握有行政权和所有权两种权力，并承担相应的两种职能。实行有计划的商品经济，要求将国家的这两种职能分开，投资主体的多元化也要求国家与企业的分配关系要与投资主体的划分相适应，这就构成了利税分流的理论依据。改革以来国家与企业分配关系的几次变革，说明了区分国家双重职能的重要性。

反对者认为，改革的目标模式是实行计划经济和市场调节相结合，为此，必须实行指令性计划和指导性计划，而实行这两种计划都是以国家作为资产所有者为基础的。在社会主义国家中，国家行政权是以所有权为基础的，所有者的权力是通过国家的行政权力来实现的。国家收税、所有者取利，这是以私有制为基础的资本主义社会分配剩余产品的客观现实，硬套在社会主义头上是行不通的。

2. 关于利税分流的作用

一种意见认为，利税分流有利于政企两种职能分开；使企业所得税制趋于完善和规范；使国家和企业的利益得到兼顾，既有利于搞活企业，又有利于国家财政收入的稳定增长。利税分流要对现行还贷方式作重大改革，有助于建立起企业、政府、银行三位一体的投资约束机制。它既适应当前治理整顿的需要，又便于与进一步的改革相衔接。

另一种意见认为，利税分流加重了企业负担，其实质是将企业收入转移到国家手中。它还进一步使企业投资行为短期化，降低了企业的技术进步倾向，将企业逼向了死胡同。

还有一种意见认为，从改革的实践看，利税分流是在承包制和“利改税”相持不下时，进行调和的结果，是没有办法的办法，只具有过渡性意义。

3. 关于实行利税分流的具体政策问题

关于所得税税率问题。一种意见主张实行35%的比例税。也有主张33%或30%的。另一种意见主张实行五级累进税，最高35%，最低10%。

关于税后还贷问题。一种意见主张，用于税后还贷的利润部分应免交“两金”（能源交通基金和预算调节基金），为加速还贷，提高折旧率，还贷的折旧基金也应免交“两金”；另一种意见主张，应改进现行投资体制，对新建扩建企业由国家投资拨款30%~50%；对骨干重点企业或社会效益好、经济效益差的企业，由国家拨款投入，对还贷有困难的企业，可申请减免所得税。根据产业结构调整，对部分企业实行财政贴息或银行实行差别利率。

关于税后利润的分配问题。一种意见认为，对税后利润应采取多种形式上缴；另一种意见认为，应分别建立国有资产保值和发展基金以及用于奖励和福利的公益金；还有一种意见认为，利润分配要规范化，按照分行业分地区的平均资金利润率收取资产占用费。

1990 · 重要政策法规

1. 国务院《关于在全国范围内开展清理“三角债”工作的通知》，1990 年 3 月 26 日。

2. 国务院批转国家计委、国务院生产委《关于对二百三十四户重点骨干企业试行“双保”办法报告》的通知，1990 年 4 月 21 日。

3. 国务院《关于做好劳动就业工作的通知》，1990 年 4 月 27 日。

4. 国务院《中华人民共和国城镇国有土地使用权出让和转让暂行条例》，1990 年 5 月 19 日，中华人民共和国国务院令第 55 号发布。

5. 国务院批转国家体改委《关于在治理整顿中深化企业改革强化企业管理意见》的通知，1990 年 5 月 23 日。

6. 国务院《关于加强国有资产管理工作的通知》，1990 年 7 月 2 日。

7. 国务院《关于认真抓好增收节支工作确保完成今年国家预算的通知》，1990 年 10 月 28 日。

8. 国务院《关于在清理整顿公司中被撤并公司债权债务清

理问题的通知》，1990 年 12 月 12 日。

9. 国务院《关于设立全民所有制公司审批权限的通知》，1990 年 12 月 12 日。

10. 国务院办公厅《关于向社会公开发行股票的股份制试点问题的通知》，1990 年 12 月 26 日。

1990 · 年度热点纪实

浦东开发

1990 年 4 月 18 日，国务院总理李鹏在上海大众汽车有限公司成立 5 周年大会上宣布，中共中央、国务院“关于开发、开放上海浦东的重大决策”已经决定：“原则上将在浦东实行经济技术开发区和某些经济特区的政策，并将浦东作为今后 10 年中国开发、开放的重点。”

这是一个让上海人全城狂欢，却使广东、福建人倒吸一口凉气的重要信息。虽然当时的政府决策过程没有像今天这样透明，媒介也没有今天这样发达，但一些对于中国政治、经济有着敏锐嗅觉的国际观察家们却并不感到突然。

浦东，指的是黄浦江以东、长江口西南、川杨河以北紧靠市区的一块三角形地区，面积约 350 平方公里。长期以来，发达、繁荣的浦西地区与冷清、落后的浦东地区形成了鲜明的对照。开发开放浦东，成为加快上海建设步伐的关键之举。

开发开放浦东，酝酿已久。1984 年，上海市委、市政府在上报的《上海经济发展战略汇报提纲》中，就正式提出开发浦东的战略设想。这一意见得到了国务院的肯定。1986 年 7 月，上海市委、市政府在上报给中共中央、国务院的《上海市城市总体规划方案》中，提出通过精心规划使浦东成为上海对内、对外开放都具有吸引力的优美的社会主义现代化新区的设想。

随着深圳、珠海、汕头以及厦门四个特区的急速崛起，上海在全国经济版图中的相对地位已从 1/3 强急坠至 17% 左右。1990 年 4 月 10 日，中共中央召开政治局会议，一致通过了浦东开发开放的决策。5 月，上海市委、市政府正式上报了《关于开发浦东、开放浦东的请示》。6 月 2 日，中共中央、国务院批复上海市委、市政府，原则上同意上海的请示，批准在浦东新区实行经济技术开发区和某些经济特区的政策。9 月，国务院批准建立了浦东外高桥保税区，浦东开发正式启动。

1991 年 2 月 18 日，农历大年初四。第四次来到上海过年的邓小平登上了新锦江大酒店 41 层的旋转餐厅，餐厅里挂着大幅上海地图和浦东新区地图，旁边摆着浦东开发的模型。邓小平对朱镕基说："浦东如果像深圳经济特区那样，早几年搞就好了。开发浦东这个影响就大了，不只是浦东的问题，是关系上海发展的问题，是利用上海这个基地发展长江三角洲和长江流域的问题。""抓紧浦东开发，不要动摇，一直到建成。"这是邓小平那天的最后一句话。这句话，被刻上石碑，放置在浦东陆家嘴最繁忙的十字路口一侧，面朝万国人流。

1992 年 2 月，邓小平视察南方的重要谈话发表，他指出，上海"目前完全有条件搞得更快一点。上海在人才、技术和管理方面都有明显的优势，辐射面宽”。同年10月，党的十四大召开，中央又作出“以上海浦东开发为龙头，进一步开放长江沿岸城市”的重大决策。浦东新区开发、开放进入全面启动阶段。

浦东开发，成为20世纪90年代初我国改革开放进一步深化和取得显著成就的重要标志。浦东开发，不仅对上海、对长三角的发展起到极大的带动作用，更对中国的改革开放起到巨大的示范作用。2006年，浦东新区全年实现生产总值2365.3亿元，比1990年的60亿元增长了近40倍。十几年间，浦东已吸引来自98个国家和地区的1万多家外资企业落户，利用合同外资220多亿美元，成为37家跨国公司的亚太地区总部，以及180多家世界500强企业、数十家国内大集团的中国总部所在地。经过30年的艰苦创业，上海浦东已经建成了外向型、多功能、现代化的新城区，成为上海现代化建设的缩影，更是中国改革开放伟大成就的一个显著表现。

1990·年度改革大事

1月4日至8日　国务院在北京召开全国经济体制改革工作会议。会议就治理整顿、深化企业改革提出7条主要措施：完善和发展承包经营责任制；继续实行和完善厂长负责制；增强大中型企业的活力，充分发挥大中型企业的骨干作用；进一步发展企业集团；采取措施推进企业兼并；强化企业管理，向经营管理要效益；有计划地推进各项改革试点工作。

/ 1990 年 /

1 月 6 日至 10 日　国务院召开全国国有资产管理工作会议。决定有计划地开展清产核资工作，计划用三四年时间把家底摸清。

1 月 12 日　国务院企业管理指导委员会宣布，批准哈尔滨锅炉厂等 45 家企业为首批国家一级企业。

3 月 5 日　国务院企业管理指导委员会办公室在上海召开 45 家国家一级企业座谈会。强调四点：一要积极调整产品结构，提高产品质量，降低成本；二要强化企业管理基础工作，搞好现场管理；三是加强思想政治工作，推进民主管理；四要抓好全员培训，全面提高企业素质。

3 月 30 日　据新华社报道，我国近三年经地市级以上政府批准，并经工商部门注册的企业集团已达到 1630 个。

4 月 2 日　据新华社报道，国务院日前决定成立以邹家华为组长的国务院清理“三角债”领导小组，在全国范围内开展清理“三角债”的工作。国务院要求各地区、各部门把清理“三角债”的工作作为治理整顿、深化改革的一项重要任务抓紧进行。

5 月 1 日　国务院批转国家计委、国务院生产委《关于对 234 户重点骨干企业试行“双保”办法的报告》。“双保”是指企业保证完成对国家承担的任务，国家基本保证企业的外部生产条件。

5 月 30 日　据《人民日报》报道，北京市企业劳动制度改革稳步推进，已有 13 家企业实行全员合同制，包括厂长、经理在内的 1.4 万名职工改为合同制职工。

6月1日　据新华社报道，四川省大力推进产权的优化组合，已有1482户企业实施了产权转让，使15亿元“死”资产变成了“活”资产，使616户企业由“死”变“活”。

6月2日　据《人民日报》报道，北京市提出新一轮承包调整措施，强调“八五”期间北京工业还要依靠完善承包经营责任制搞好企业改革。

6月14日　据《人民日报》报道，1989年全国有2315户企业兼并了2559户企业，全国累计已有6226户企业兼并6966户。

7月1日　第四次全国人口普查登记工作在中国内地30个省（自治区、直辖市）同时展开。10月31日，国家统计局公布，截至7月1日零时，我国总人口为1160017381人。

7月2日　《人民日报》报道，我国预算内国有工业企业有3.24万户实行企业承包经营责任制，1989年80%的企业完成了承包合同。

7月13日　据新华社讯，截至6月底，全国28个省、自治区和直辖市，1989年第一轮承包到期的工业企业中已有77%的企业进入第二轮承包。

7月29日至8月2日　国务院生产委员会在北京召开全国生产工作会议。会议指出：当前工业生产的重点是努力推进技术进步和深层次的结构调整，使工业生产的发展逐步由依靠速度转移到以注重质量、加速经济循环、提高效益为中心的轨道上来。

8月1日　据《人民日报》报道，以上海宝钢为核心，由跨

14 个省市的 52 家企事业单位共同组建上海宝山钢铁联合（集团）公司。

11 月 26 日　经国务院授权、中国人民银行批准，上海证券交易所正式成立。这是改革开放以来在大陆开业的第一家证券交易所。交易所于 12 月 19 日正式开业。

12 月 24 日　邓小平同几位中央负责同志谈话时指出："我们必须从理论上搞懂，资本主义与社会主义的区分不在于计划还是市场这样的问题。社会主义也有市场经济，资本主义也有计划控制。""不搞市场，连世界上的信息都不知道，自甘落后。"

12 月 25 日至 30 日　中共十三届七中全会在北京举行。全会审议并通过《中共中央关于制定国民经济和社会发展十年规划和"八五"计划的建议》。

12 月 26 日　国务院办公厅发出《国务院办公厅关于向社会公开发行股票的股份制试点问题的通知》。

本年度主要参考资料：

1. 中国经济年鉴编委会．中国经济年鉴（1991）[M]．北京：中国经济年鉴社，1991. 11.

2. 马洪，孙尚清．中国经济形势与展望（1990—1991）[M]．北京：中国发展出版社，1991. 6.

3. 中共中央关于制定国民经济和社会发展十年规划和"八五"计划的建议[M]．北京：人民出版社，1991. 1.

4. 高尚全，王梦奎，禾村．中国改革开放大事典（上、下卷）[M]．北京：北京工业大学出版社，1993. 10.

5. 中华人民共和国国史全鉴编委会．中华人民共和国国史全鉴·第六卷（1989—1996）[M]. 北京：团结出版社，1997. 5.

6. 中华人民共和国国史大辞典编委会. 中华人民共和国国史大辞典[M]. 哈尔滨：黑龙江人民出版社，1992. 11.

7. 冯宗容，游光中. 中国近现代经济热点及重大事件[M]. 北京：中国经济出版社，1995. 3.

8. 中共十一届三中全会以来大事记[N]. 人民日报，2003 - 10 - 10.

9. 中国集团公司促进会. 国有企业改革政策演变[M]. 北京：中国财政经济出版社，2003. 1.

10. 中国共产党80年大事记[EB/OL]. 人民网，2001 - 06 - 12.

1991 年

1991 · 年度经济背景

治理整顿基本结束，经济开始回升

1991 年，贯彻实施“治理经济环境、整顿经济秩序、全面深化改革”的方针已进入第三年。随着社会需求全面回升，主要能源、原材料、资金、外汇等供应相对充裕，促使工业生产和市场销售在前两年增长基数较低的基础上，保持了较快的增长，并带动整个国民经济由恢复性增长转入全面持续增长。全年完成国内生产总值 21617.8 亿元，比上年增长 9.2%。治理整顿的主要目标基本实现。主要体现在以下几个方面：

一、社会总供求恢复基本平衡，通货膨胀得到有效控制

全社会商品零售物价上涨幅度从 1988 年的 18.5% 回落到 1989 年的 17.8%，其中当年新涨价的只有 6.4 个百分点；1990 年又进一步回落到 2.1%；1991 年继续保持在 2.9% 的较低水平上。

二、基础产业得到加强，瓶颈约束有所缓解

农业生产基本结束了一度出现的徘徊局面，连续三年获得

丰收。基础产业投资占固定资产的投资比重上升，增量调整的进度较快。1991 年和 1988 年相比，全民所有制单位固定资产投资增长 28.8%，而基础产业投资的增长均快于全部投资的增长，所占比重提高。其中，能源工业投资增长 46.2%，所占比重由 23.3% 提高到 28.4%；运输邮电业投资增长 47.3%，所占比重由 11.5% 提高到 14.1%。连续三年新投产发电装机超过 1000 万千瓦，使 1991 年发电量比 1988 年增加了 1264 亿千瓦小时，增幅为 23.2%；钢产量突破了 7000 万吨大关，三年增加 1114 万吨，年均增加 371 万吨，使钢材进口量由 913 万吨降到 356 万吨，出口量由 81 万吨增加到 260 万吨，三年间钢材净进口减少了 736 万吨。其他基础工业产品也增长较快，港口运输全面紧张的状况基本得到缓解；邮电业务总量出现了年均 25.7% 的高速增长。随着供求关系的改善，市场商品供应充裕，部分商品出现了有限的买方市场。

国家利用供求总量平衡状况明显改善的有利时机，先后对能源、原材料、运输、农产品等基础产品价格和服务项目价格进行了较大幅度调整，尤其是成功地调整了城镇居民的定量粮食、食用油的销售价格，对缓解购销倒挂矛盾、减轻财政负担起了积极作用。外贸体制改革取得了突破性的进展。农村双层经营体制改革不断完善。同时，在金融、财税、社会保险、住房、医疗等方面积极进行改革试点工作，并取得一定成效。三年间外贸出口连续登上 500 亿美元、600 亿美元和 700 亿美元三个台阶。国家外汇结存不断增加。利用外资不断取得新的进展，1991 年新签利用外资协议金额 195.8 亿美元，比上年增长 62%。

实际使用外资 115.54 亿美元，增长 12.3%。其中外商直接投资协议金额 124.22 亿美元，实际投资 46.66 亿美元，分别增长 77.8% 和 24.3%。

三、农业战胜严重洪涝灾害获得好收成

粮食虽略有减产，但总产量达到 43529 万吨，仍然是历史上的第二个高产年；棉花总产量 567.5 万吨，比上年增长 25.9%，实现了较大幅度增产；油料、糖料、烤烟产量再创历史最高水平。全年农业总产值 8157 亿元，比上年增长 3.7%。农村社会总产值 19004 亿元，比上年增长 11%。乡镇企业保持稳定发展，占农村社会总产值的比重由上年的 53.9% 上升到 57.1%。

全国工业总产值（包括乡及乡以下工业）28225 亿元，比上年增长 14.2%，超过计划增长 6% 的目标。其中，乡及乡以上工业总产值为 23121 亿元，增长 12.9%。1991 年，国务院制定了搞好国有大中型企业的 20 条政策措施，同时下大力量清理国有企业之间拖欠的“三角债”，并从四季度开始，对“长线”积压产品实行限产压库。全年清理“三角债”1360 亿元，通过限产压库促销，到年末，产成品资金库存比 6 月末减少 229 亿元。

全年全社会固定资产投资完成 5279 亿元，比上年增加 829 亿元，增长 18.6%。其中，全民所有制单位基本建设投资 2075 亿元（含车、飞机、船购置费），比上年增长 21.8%。更新改造投资 997 亿元，增长 20.1%。

全年社会商品零售总额为 9415.6 亿元，比上年增长

13.4%。扣除零售物价上涨因素，实际增长10%。其中，城市商品零售总额增长10.4%，县及县以下商品零售总额增长10.4%。城乡增幅差距比上年缩小了2.7个百分点。全年零售物价总水平比上年上涨2.9%。城乡居民生活费用价格总水平（包括生活消费品和服务项目）比上年上涨3.4%，其中城镇上涨5.1%，农村上涨2.3%。生产资料销售价格总水平与上年持平。

据抽样调查，1991年全国城镇居民人均生活费收入为1544元，比上年增长11.3%，扣除生活费用价格上涨因素，实际增长5.9%；农村居民人均纯收入709元，比上年增长3.4%，扣除物价因素，实际增长2%。城乡居民储蓄继续大幅度增加，1991年末储蓄存款余额达9110亿元，比上年末增加2076亿元，增长29.5%。城乡劳动就业继续增加，全年共安置城镇待业人员430万人，职工人数比上年末增加337万人。

但是，在国民经济进一步向好的方面发展的形势下，仍然存在一些不容忽视的问题。

1. 经济总量平衡的基础还比较脆弱。一是农业虽然获得丰收，但由于基础较弱，在很大程度上还要靠天吃饭，实现持续稳定增长的难度很大。二是投资规模增速较快，不符合国家产业政策的新开工小型项目增加较多，不必要的重复建设又有抬头之势。1991年全社会固定资产投资比上年增长18.6%，其中全民所有制投资增长21.9%，大大快于国民经济的增长速度，在企业自我约束机制不健全、结构不合理、筹资成本高的情况下，投资过快增长有可能成为诱发新的供需失衡的因素。三是财政依然困难。财政收入方面，由于债务负担、企业亏损补贴加重，收入增加有限，而支出方面由于各种补贴居高不下、机构庞大等原因，呈刚性增长趋势。1991 年国内财政收入 3582.8 亿元，比上年增长 8.2%。支出 3793.9 亿元，比上年增长 9.9%。财政赤字达到 211.06 亿元，比 1990 年的 139.65 亿元赤字增加 71.41 亿元，按包括内外债在内的国际口径计算的“软赤字”，1991 年达到 666 亿元，占当年国民生产总值的 3.4%。财政负担的补贴包袱仍然过重，1991 年财政负担的企业亏损补贴和价格补贴仍相当于当年国内财政收入的 25.7%；两个比重过低的状况没有好转，财政收入占国民收入的比重为 21.7%，难以满足各方面的需要，中央财政收入占全部财政收入的比重降为 44.3%，跌入中华人民共和国成立以来的最低水平。四是信贷规模偏大，货币发行量偏多。1991 年的货币供应量和现金流通量分别比上年增长 26.8% 和 20.2%，都超过经济发展的正常需要。银行负债结构中居民储蓄存款和企业存款的硬债务增多。1991 年同 1978 年相比，居民储蓄存款增加了 8900 多亿元，增长 42 倍。企业存款增加了 4690 多亿元，增长 13 倍。银行存款只增加 310 多亿元，增长 1.7 倍。据测算，1991 年储蓄利息支出达 750 亿元。储蓄存款与企业存款都可能随时提取使用，转化为现金的比例也较高，银行不易控制。银行自有资金占资金来源的比例在下降，风险基金提留很少。

2. 经济结构尚不完全合理。一是产业结构不合理，能源、交通、重要原材料仍然是制约国民经济发展的瓶颈。经过几年的努力，能源、原材料供求紧张的状况虽有所缓和，但仍未从根本上得到改变。如果按20世纪80年代煤炭、电力、钢生产与工业生产的弹性系数（分别为0.45、0.6、0.48）测算，20世纪90年代煤、电、钢的供应还难以适应国民经济发展的需要，特别是铁路运输仍处于十分紧张的状况。二是生产结构调整进展缓慢，资源利用率不高。1991年主要工业产品产量中，由于受市场制约，黑白电视、电冰箱、录音机、合成洗涤剂等均为负增长，主要加工产品的生产能力利用率很低，有相当部分在50%左右。由于贯彻国务院限产压库措施，11、12月生产增长速度从三季度的14.3%回落至9.6%和7.8%。增幅回落较多的是全民所有制工业。其中，11月增长4.4%，12月增长1.6%。12月，吉林、贵州、云南、甘肃等地工业生产出现负增长。沿海地区工业增长明显快于其他地区。

3. 经济下滑的趋势得到初步遏制，但效益低下的局面仍未根本改观，企业亏损面仍高达29.7%，如果考虑潜亏因素，实际亏损面还要大得多，亏损企业亏损额在前两年成倍增长的基础上，1991年又上升了10.6%。企业盈利水平依然较低，全年实现利润比上年还下降14.2%。销售利润率、资金利润率仍为近几年最低水平。据工商银行对4万户工业企业统计，1991年全部流动资金周转天数为250天，比上年减慢28天，比正常年份减慢90天。

1991 · 基本改革思路

转换企业经营机制

国有企业改革搞了12年，始终没有走出“一放就活、一活就乱、一乱就收、一收就死”的怪圈；企业活力虽然有所增强，但总体面貌却并无大的改观；国家针对企业改革采取了种种政策措施，却一直没有摆脱“放权——收权——放权”的循环。根本原因在于，国有企业的经营机制没有转换，要从根本上搞活国有企业，必须转换企业经营机制。

承包制的最大缺陷，是无法克服经营者的短期行为。但客观地说，20世纪80年代末90年代初推行承包制之所以会出现普遍的企业短期行为，原因则是多方面的。有制度原因，也有非制度原因；有微观主体的因素，也有宏观政策的因素。

企业经营环境急剧变化，促成了企业的短期行为。从1986年普遍推行承包经营责任制的前一年，到1990年90%左右的企业第一轮承包结束，企业的经营环境发生了巨大变化。

1. 物价水平大幅度上升。1986年到1990年，社会商品零售价格指数上升了71.9个百分点；城市居民消费价格指数上升78.4个百分点；农产品收购价格上升96.4个百分点。这几年，全国钢铁工业的产品成本上升了357.2亿元，其中原材料、煤、电、运输加价部分294.5亿元，占82%。“七五”期间全国预算内国有工业企业因原材料、燃料动力价格上涨多支出3051.16

亿元，占同期成本上升总额的80%。

2. 企业资金从拨款改为贷款和企业之间相互拖欠形成的“三角债”，给企业带来了沉重的利息负担。从1988年开始，企业流动资金贷款利率两次上调，利率水平提高了43.8%。特别是银行对流动资金贷款的基准利率又普遍上浮近30%，并把浮动权下放到基层银行，而各家银行受利益驱使，普遍推行上限标准，逾期贷款利率达到年息18%的水平；固定资产贷款利率达到17.72%。根据中国工业经济协会的典型调查，1989年，企业利息支出比1984年增加了近两倍，到1990年，预算内国有工业企业的利息支出，已相当于企业实现利税总额的20%以上，相当于利润总额的一倍以上。

3. 企业税费大幅度增加。中国工经协会对全国14个省、区、市的193户国有工业企业典型调查，国家对工业企业征收的税费，1978年只有工商税和所得税两种，到1989年仅税种就增加了20种，包括能源交通建设基金、预算调节基金在内的各种费则多达60种。全国预算内国有工业企业实现税金与实现利润之比，1980年为34∶66，1990年为81∶19，这一年的企业人均实际留利只有350元。据贵州省经委对贵州省49户国有大中型工业企业的调查，1989年企业净产值的构成情况为：职工工资占18.4%，利息占15.8%，上缴税金（不包括能源交通基金和预算调节基金）占55.2%，职工福利占4.4%，企业留利占4.7%。在企业创造的全部净产值中有72%以上上缴了国家。

4. 国家在各种税费之外又通过向企业派购国库券和各种债券，进一步将企业的留利抽走。同时，国家出台的各项物价补贴、副食品补贴政策，都要求从企业成本中或税后利润中支出。据长春第一汽车制造厂测算，企业每留利 100 元，上交各项税费，购买国库券和各种债券后，真正可用于生产发展的只剩下 22.8 元；每提取 100 元折旧基金，经过各种扣除之后，能够用的也只有 57 元。虽说企业在投入品涨价的同时，也纷纷对产出品提价，但产品提价产生的“涨价效益”除了弥补成本上涨因素外，大部分也上缴了国家。据贵州省经委对 49 户国有大中型企业的调查，1988 年在举国上下的涨价风潮中，企业销售收入增长了 24.4%（高于以不变价计算的产值增长幅度 7.4 个百分点），工厂总成本增长了 27.5%（其中利息支出增长 73%），上缴税金增长 23.3%，上缴各种基金、附加费增长 41%。企业实现利润仅增长 4.8%，留利占实现利税总额的比例为 10.2%。在“包死基数，一定几年不变”的大前提下，企业的经营环境变了，承包指标不作改变，企业为了完成承包指标，自然只能选择虚盈实亏的短期行为。

工效挂钩的政策导向促使职工要求经营者选择短期行为。承包把利润分配的权利交给了企业，同时，工效挂钩政策又为企业不断增加职工收入打开了方便之门，只要账面上的实现税利是增长的，职工收入就一定要增长。而在账面上做大税利的可行性空间总是存在的，职工增加收入的可能性也就一直存在。由于职工收入同样存在可升不可降的“棘轮效应”，由于物质激励的边际效应递减，以致经营者收入与职工收入同升同降，职工追求收入最大化的愿望，同时也是经营者的愿望。于是，人工成本增长过快，挤占企业利润和生产发展资金，成为企业短期行为显著特征之一。1986 年到 1990 年，国有工业企业平均工资从 1513 元增加到 2567 元，增长了 69.7%。同期的利税总额增长只有 12.1%。利润总额下降了 43.7%。

任期目标责任制的推行，使经营者得不到长期预期的确定信息，必然会反过来追求任期内的短期目标。对经营者实行任期目标责任制，本意是为了加强对经营者的考核监督，避免经营者的短期行为。但仅仅明确了经营者的任期，其他方面的措施则不到位，使任期制没有被制止反而促成了经营者的短期行为。从企业生产经营的实践来看，企业的长期效益和短期效益往往是相悖的，追求长期效益，常常要牺牲企业的短期效益，尤其是许多大中型项目的投入，一般不是一两年之内就能见到效益的。承包要求企业效益年年“步步高”，事实上是要求企业拼设备拼能力竭泽而渔。经营者在任期结束后接受考核，效益是唯一的也是最响当当的指标，考核的指挥棒要求经营者在任期内急功近利。如果经营者在任期内注重企业的长期发展，投入了那些“前人栽树后人乘凉”的技改项目，不仅在任期内得不到职工的拥护，任期结束后也很难得到上级部门的好评。

环境和条件变化，仅仅是企业追求短期行为，追求自身利益最大化的一种愿望和要求，承包制制度安排上的缺陷，则使这种愿望和要求变成了现实。

一方面，承包制通过政府与企业经营者订立的承包合同，使经营者有了企业财产的经营权（虽然企业的长期发展、固定资产投资和改变生产方向等重大事项的决策权仍然在政府手里）。这固然减少了政府对企业生产过程的直接和全面的干预，但政府在授予经营者享有财产经营权的同时，却没有能够使经营者同时担负起相应的经营责任。企业经营活动的最终责任仍然由政府承担着。在缺乏对经营者行为有效的监督约束机制的情况下，为经营者以牺牲所有者利益为代价，追求职工利益或经营者自身利益最大化打开了方便之门。

另一方面，在承包制条件下，政府把企业的一部分产权，即一部分财产剩余索取权交给了承包者，在政府和经营者之间构筑起利润共享关系。这种制度安排的初衷是调动经营者和企业职工的积极性，但在产权关系上却构成了“一物二主”的格局。使同样一份企业财产，有了两个剩余索取主体，一个是在场的经营者，一个是不在场的政府。不在场的主体显然不像在场的主体那样掌握财产剩余的充分信息。于是，作为在场主体的经营者就可以通过少提、不提或挪用折旧、压低折旧计提额、加大成本构成和过度使用资产等手段来扩大虚假的利润，以达到增加自己收入的目的。

正因如此，由于承包制存在无法克服的制度性缺陷，使承包制始终无法完善。经营环境的急剧变化，使企业的日子越来越艰难；急功近利的短期行为，使企业越来越缺乏后劲。1991年，国务院研究室工交组对全国31个省（自治区、直辖市）及计划单列市的国有大中型企业进行全面调查，结论是：有活力的企业仅占20%；有潜力可以搞活的企业约占50%；不活的企业约占30%。国有大中型企业面临重重困难，主要表现在以下几点：

一、资金占用增加，经济循环不畅

全国预算内国有工业企业1988年末产成品资金占用489.3亿元，到1990年末增加到1140.3亿元，产成品资金占企业定额流动资金的比例由16.8%上升到32.3%。从生产资料到一般日用消费品普遍积压，量大面广。

二、经济效益大幅度下降，亏损增加

全国预算内国有工业企业，“六五”期间亏损企业平均亏损额为32.7亿元，亏损面17.6%；“七五”期间前三年亏损企业平均亏损额56.4亿元，亏损面12.3%；1989年亏损额128亿元，亏损面15.9%；1990年亏损额286亿元，亏损面已达到31%，并且在明亏后面还存在因为企业应摊不摊、应提不提造成的潜亏和挂账损失，据测算大概在500亿元左右。

三、企业留利水平下降，缺乏发展后劲

1990年，全国预算内国有工业企业留利比上年下降40.9%，企业实际留利仅占实现利税的8.9%，已经退到了1980年以前的水平。当年国有工业企业人均留利不足400元，一些地方和相当一批企业的人均留利已低于100元。按当年企业实现利润的水平，把全部利润用于归还企业贷款，也要18年才能还清。

四、企业设备陈旧，无力改造

1989年全国国有大中型工业企业固定资产净值率只有68%，全部设备中技术水平能够达到国际70年代末、80年代初水平的仅占12.9%，属于国内先进水平的，也只占21.8%。

五、企业包袱重，各种摊派多

1990年，全国国有工业企业平均每6名职工负担1名离退休职工，有的企业甚至达到 1 ∶ 1 的比例。据辽宁省对 519 家大中型工业企业统计，1989 年支付的技校和子弟学校经费、提取的退休统筹金等相当于当年企业实现利润的一半。四川省对 426 户企业调查，1989 年平均每户企业支付的各项摊派费用达 16.5 万元。

据有关部门统计，从 1979 年到 1990 年，由国务院发布或批转的经济方面的法律、法规性文件达 860 件，其中直接涉及企业问题的有 100 多件，包括 1988 年 4 月 13 日经第七届全国人民代表大会第一次会议通过，并于同年 8 月 1 日起实施的《企业法》。但每次调查，企业都反映国家规定应该给企业的权力没有到位。严峻的形势，迫使人们重新反思：12 年国有企业改革的实践，到底在哪里出了问题?

针对国有企业存在的问题，原国家经委撤销以后退居二线的老主任吕东带领他所领导的中国工业经济协会对全国不同行业、不同地区的国有大中型企业进行了广泛调查，在掌握大量第一手资料的情况下，于 1991 年 5 月至 1992 年 3 月，连续三次在《人民日报》发表文章，认为国有大中型企业不活的根本原因在于企业经营机制没有转换。要从根本上搞活国有大中型企业，必须转换企业经营机制，并指出这是“我国经济体制改革取得成功的关键，是国民经济运行步入良性循环的希望所在”。

吕东及其领导的中国工业经济协会的研究，得到理论界绝大部分人的认可。他所提出的建议，也得到国家最高决策部门的采纳。1991 年 12 月，在国务院第十二次全会上，国务院总理李鹏提出：搞好国有大中型企业，必须转换企业经营机制。这是国家领导人和官方文件中第一次正式提出“转换企业经营机制”问题。

1991·年度改革实践

开展“质量、品种、效益年”活动

1991年2月9日，国务院发出了《关于开展“质量、品种、效益年”活动的通知》，并成立了以邹家华为组长，王丙乾、宋健等为成员的领导小组。决定把1991年定为“质量、品种、效益年”，旨在实现中共十三届七中全会提出的“要把全部经济工作切实转到提高经济效益的轨道上来，力争工业生产的质量、品种、效益有一个明显的进步”的目标。通过在全国广泛深入地开展这一活动，大力提高中国企业的经济素质和经济效益，使企业逐步走上投入少、产出多、质量好、消耗低、效益高的发展道路。

“质量、品种、效益年”活动主要有以下几个方面：

把开展“质量、品种、效益年”活动同深化企业改革紧密结合起来；把开展“质量、品种、效益年”活动同强化企业管理结合起来，继续抓好企业升级工作；把开展“质量、品种、效益年”活动与调整产品结构、推进企业技术进步和技术改造结合起来；把开展“质量、品种、效益年”活动与开拓国际国内市场结合起来；把开展“质量、品种、效益年”活动与减轻企业负担、增强企业发展后劲工作结合起来；把开展“质量、品种、效益年”活动同一些地区和部门正在开展的有关活动结合起来；把开展“质量、品种、效益年”活动同精神文明建设结合起来，树立职工主人翁责任感和社会主义建设事业心。

自国务院发出《关于开展“质量、品种、效益年”活动的通知》（以下简称《通知》）以后，全国各地方、各行业、各企业都遵照《通知》规定，抓住自己的薄弱环节，找准主攻方向，制定明确的奋斗目标，掀起了活动的高潮。

改善国有大中型企业的外部条件

以转换企业经营机制，搞活国有大中型企业为重点，1991年5月16日，国务院发出《关于进一步增强国营大中型企业活力的通知》。提出增强国有大中型企业活力的11项政策措施：适当增加企业技术改造的投入；酌情减少部分企业的指令性计划任务，扩大其产品自销权；适当提高部分企业的折旧率，逐步完善折旧制度；适当增加新产品开发基金；补充一些企业自有流动资金；适当降低贷款利率，从4月21日起平均降低贷款利率0.7个百分点；给予部分企业外贸自主权；进一步做好若干国有大中型企业的“双保”工作（即保证资金供应和国家分配的物资）；清理“三角债”；选择100个左右大型企业集团分期分批试点；切实减轻企业负担。

1991年9月23日至27日，中共中央召开中央工作会议，专门研究如何搞好国有大中型企业问题，提出了改善外部条件的12条措施和加强内部管理的8条规定，为搞好国有大中型企业创造良好的外部条件。

改善外部条件的12条措施分别是：

第一条，增加企业技术改造的投入。

第二条，逐步缩小对国有大中型企业的指令性计划。在具体做法上区别不同情况，采取不同办法。有的产品，如煤炭、石油、水泥、钢材等减少指令性计划的幅度要大些；有的产品，如有色金属、纯碱、烧碱等维持现状；但个别产品，如发电设备等还要增加指令性计划指标。

第三条，适当提高企业折旧。财政部、国家计委、国务院生产办公室联合发出了《关于下达实行加速折旧的部分大中型企业名单的通知》，确定对896户国有大中型企业实行加速折旧，1991年增提折旧基金30亿元。机电部、财政部还发出了《关于公布1991年实行特殊优惠折旧的机械重点骨干企业名单的通知》，对1371户机械骨干重点企业实行优惠折旧政策，增提折旧基金1亿元。财政部、国务院生产办公室等部门确定，对国有大中型企业的折旧基金免征“两金”*，1992年全国免征折旧基金“两金”40亿元，煤炭、石油、交通、邮电、铁道、民航、兵器、核工业、航天、船舶系统以及原材料矿山企业的“两金”全部免掉；电力系统免缴能源交通重点建设基金（1993年免缴预算调节基金）；列入国家1992年重点技术改造计划的国有大中型企业，也免缴“两金”。

* “两金”即能源交通重点建设基金和预算调节基金。

第四条，增加新产品开发基金。规定有技术开发任务和消化能力的国营大中型工业企业，可按销售收入的1%提取技术开发费。其中承担国家重点新产品、新技术开发任务较重、经济效益较好，又有消化能力的国营大中型工业企业，可再增提

0.5%。两项合计，企业一年可增加技术开发费34亿元。对企业提取和增提的技术开发费继续免征能源交通基金，从1991年7月1日起免征预算调节基金。

第五条，继续补充企业流动资金。财政部、国务院生产办公室、人民银行发出《关于部分大中型骨干企业补充流动资金问题的通知》，规定109户中央企业和1000户地方企业，按销售收入的1%提取补充流动资金，“八五”期间补充流动资金180亿元；石化企业按调减指令性计划差价收入的办法补充流动资金，“八五”期间补充流动资金20亿元。两项合计共补充流动资金200亿元。以上几项措施出台，1991年企业可增加财力85亿元。

第六条，1991年再次调低银行存贷款利率。

第七条，对于符合赋予企业外贸自主权条件和原则的部分企业，给予外贸经营自主权。

第八条，继续对国有大中型骨干企业实行“双保”。

第九条，抓紧清理“三角债”。1992年3月召开了第三次全国清理“三角债”工作会议，决定再清理债务800亿至1000亿元，争取“三角债”有所缓解，一两年内基本解决。

第十条，进一步做好组建大型企业集团的试点工作。国务院批转了国家计委、国家体改委、国务院生产办公室的《关于选择一批大型企业集团进行试点的请示》，决定首批对55个企业集团进行试点。

第十一条，坚决治理“三乱”*。据统计，全国属于“三乱”的项目约5万个，已取消约2万个，减轻了企业和群众的负担

* “三乱”是指对企业的乱收费、乱摊派和乱罚款。

50亿元。

第十二条，降低国有工业企业的所得税率。从1992年起，用3年时间分批将国有大中型企业的所得税率从55%降低到33%，1992年全国拟减缴所得税10亿元。

除上述12条措施之外，国务院还提出了加强企业内部管理的规定：健全企业内部领导体制；积极推动劳动工资制度改革；把国有大中型企业推向市场；进一步加快技术进步；坚持从严治厂；加强企业内部管理；全心全意依靠工人阶级；切实加强对国有大中型企业的领导。为了贯彻中共中央、国务院关于改善企业外部环境和加强企业内部管理的规定，国务院派出了20个调查组，由部长、副部长带队，深入企业调查研究，检查督促各地落实中央工作会议精神情况。

1991年12月22日，在全国企业技术进步工作会议上，又提出全面推进大中型企业技术进步的12条政策措施：三年内全部免掉从国有大中型工交企业折旧基金上缴的“两金”；加大对国有工交企业固定资产重估的步伐；降低国有大中型工业企业的所得税率；适当调整财政信贷政策；增加企业新产品开发资金；国家准备增加一些外汇，以引进国外先进技术，用于改造企业；实行压缩产成品资金占用与增加技术改造贷款、流动资金贷款挂钩的办法；建立国家和地方两级新产品开发和消化吸收专项资金；增加国家重点技术贷款比重，相应减少一般贷款的比重；在大型企业和企业集团中建立技术中心，对中间试验产品定期减收所得税；加强宏观调控，防止重复建设；完善约束机制，提足用好有关技术进步的自有资金。

流通体制和价格改革

从 1991 年 1 月 1 日开始，国家取消了出口补贴，实行各类外贸企业自主经营、自负盈亏的新机制，提高了经济效益，促进了外贸的发展。1991 年 5 月 1 日，对 25 年来一直未动过的平价粮、油销售价格，进行了大幅度调整，国内外反映良好。经国务院批准，广东、海南、福建三省出台了粮改方案，基本实现了购销同价。年内，国务院又发出了搞活农产品流通和加强农业社会化服务体系建设的通知，对完善农产品“放管结合”的购销政策，打破地区封锁，发挥国有商业主渠道作用和鼓励集体个人进入流通领域发展多渠道经营，逐步建立和完善以批发市场为中心的农产品市场体系建设，以及为农民提供产前、产中和产后的全过程综合配套服务等方面，都将起到重要作用。1991 年，国家还调整了铁路运输、原油、钢材等基础产品的价格，进展平稳。海外媒体评价，1991 年我国价格改革的规模之大，涉及面之广，措施落实之迅速，在社会上引起的动荡与恐慌程度之小，均为 12 年改革以来所仅见。认为这“标志着中国价格改革从理论到方法已趋于成熟”。

社会保障制度和住房制度改革

截至 1991 年底，全国已有 5200 万国有企业固定职工和 1400 万合同制工人参加了养老保险。全国有 2227 个市（县）实行了养老保险社会统筹。国有企业职工待业保险制度也初步建立起来。1991 年以来，在全国 20 个县进行农村养老保险制度改革试点；组织了涉外企事业职工养老保险。到1990年末为止，全国国有企业养老基金已结存96亿元，全社会待业保险基金已结存18亿元。1991年，住房制度改革也初步形成了大气候。国务院发出了《关于积极稳妥地进行城镇住房制度改革的通知》。据初步统计，全国住房整体配套改革出台的有12个城市、13个县镇，还有300多个城镇进行了单项改革。各地在中央统一政策指导下，因地制宜探索多种方式的房改途径，除改革低租金外，出售公房、集资合作建房、缴纳租赁保证金等房改措施也收到很好的效果。

进一步清理“三角债”

1990年的清理“三角债”，不仅没有从根本上解决企业之间的相互拖欠问题，反而越清越欠。到1991年6月底，仅对在全国工商银行开户的4万户工业企业统计，“三项资金”* 占用达3523亿元，其中产成品资金占用达1306亿元，严重影响了正常生产秩序，许多企业频频向各级政府部门告急，要求政府主管部门尽快组织清欠。

*“三项资金”即产成品资金、发出商品在途占用资金和应收货款未付资金。

1991年6月1日，李鹏主持国务院总理办公会议，研究清理“三角债”问题。决定把清理“三角债”作为搞好国有大中型企业、提高经济效益的一个突破口来抓，并成立了由副总理朱镕基领导的国务院清理“三角债”领导小组，由国务院生产委员会具体负责，国家计委、中国人民银行、财政部、各专业银行和有关部门参加成立了国务院清理“三角债”领导小组办公室。

为了做好清欠工作，国务院清理“三角债”领导小组作了大量调查研究，分析了“三角债”形成的主要原因：一是由于建设项目超概算严重，当年投资计划安排不足和资金不落实，造成严重的投资缺口，形成了对生产企业贷款和施工企业工程款的大量互相拖欠；二是企业亏损严重，连续几年国有工业企业亏损面超过 1/3 以上，挤占了企业自有资金和银行大量贷款，亏损企业缺乏还贷和偿债能力，更加剧了企业之间的互相拖欠；三是许多产品不适销对路或根本无销路的企业却在继续生产，造成产品积压，产成品资金上升，无法偿还银行贷款和支付原材料费用，形成企业之间的互相拖欠；四是商品交易秩序混乱，财务结算纪律松弛，信用观念淡薄，特别是在市场疲软的情况下，有的企业产生了拖欠别人的资金等于白拿别人的钱做生意且不用付利息的错误观念，出现了“欠债有理”和“欠债有利”的不正常现象。

针对上述原因，国务院清理“三角债”领导小组对症下药，决定首先在“三角债”比较集中的东北三省四市进行清欠试点。在清欠试点中，立足于治本清源，从解决“三角债”的源头入手，重点对固定资产投资项目资金拖欠这个源头进行清理，注入必要的启动资金，使之能够正常运转。与此同时，狠抓了对生产长线产品的企业进行限产、压库、促销，促使企业调整产品结构和扭亏增盈，提高适应市场的能力和企业的经济效益，从而增强偿还欠款的能力。

在东北的试点取得了明显的成功，清欠工作从 1991 年四季度开始在全国全面展开。在清欠过程中，除了重点抓紧清理固定资产投资项目资金拖欠这个源头外，还对与拖欠源头相关的机电、原材料和建筑安装施工等行业的企业拖欠问题进行了清理，相应清理企业流动资金拖欠1400亿元。

1992年，全国清欠工作的重点转入对煤炭、汽车、棉花的贷款进行清理。1992年4月又以宝钢为龙头对企业流动资金清欠进行试点。在取得经验后，重点在煤炭、林业、电力和有色金属4个行业进行了流动资金清欠。为了缓解棉花收购资金紧张的矛盾，1992年12月又重点清理了棉花拖欠款28亿元。两年共清理企业流动资金欠款352亿元。从1991年6月到1992年底近两年时间内，全国共注入清欠资金555亿元（其中银行贷款520亿元，地方和企业自筹35亿元），共清理欠款项目14121个（其中基建项目5420个，技改项目8701个），清理了1838亿元的连环拖欠款。除个别项目外，全国基建、技改项目在1991年底以前形成的“三角债”基本清理完毕。两年共清理固定资产投资和流动资金欠款2190亿元（其中1991年清理1360亿元，1992年清理830亿元），取得了注入1元资金清理4元拖欠的预期效果。通过“三角债”的清理，明显缓解了企业资金紧张的状况，加速了资金周转，提高了经济效益，使一大批能源、交通、原材料重点建设项目建成投产，一大批亏损企业转为盈利，增强了经营活力。

1992年12月23日，国务院召开了全国清理“三角债”总结表彰会议，朱镕基副总理代表国务院讲话。会议对防止今后出现新欠工作，提出了8条措施：

1. 搞建设要量力而行，基建项目绝不能留资金缺口。要求基建项目必须综合考虑物价、利率、汇率、劳动工资、建设期贷款利息和铺底流动资金等因素，不得留任何缺口，不得挪用流动资金搞固定资产投资。各地凡由于基建资金不足发生新欠的，要扣减该地区下一年的基建、技改和银行贷款规模。对拖欠严重的企业和上级主管单位负责人，要给予通报和行政处分。

2. 落实清欠贷款回收计划。凡完不成年度还款计划的，不得安排新开工项目，银行有权扣还。企业无力归还的，从当地基建投资计划中扣收。

3. 认真贯彻企业《转换经营机制条例》和《企业法》。

4. 加快补充企业流动资金和压缩“三项资金”（即产成品资金、发出在途商品资金和应收未付货款）占用，并按企业每年销售收入的1%提取企业补充流动资金。

5. 采取有效措施解决粮食财务挂账问题。要逐步消化老挂账，并一律不挂新账。

6. 加强企业财务法制管理。依法解决和仲裁企业之间的经济纠纷。

7. 加强对固定资产投资项目的监督检查。凡固定资产投资项目特别是自筹资金项目都必须经审计部门验资，未经验资的项目不得开工。

8. 加快银行结算制度改革，使企业之间的信用合同化、票据化和法制化，严格按照经济合同法办事，认真执行结算纪律，企业不得无理拒付应付款，各个银行不得袒护在本行开户企业的无理拒付行为，否则要追究有关人员的责任。

1992 年随着国民经济的恢复发展和逐步迈入高速增长时期，

全国“三角债”的清理工作基本结束，企业的生产经营有了很大改善。

大型企业集团试点

1991 年 12 月 14 日，国务院批转国家计委、国家体改委、国务院生产办《关于选择一批大型企业集团进行试点请示的通知》（以下简称《通知》），《通知》指出，选择一批大型企业集团进行试点的目的是：促进组织结构调整，推动生产要素合理流动，形成群体优势和综合功能，提高国际竞争能力和宏观调控能力。并确定首批 55 家（以后增加为 57 家）大型企业集团试点名单，首批试点的企业集团是：

一汽集团、东风集团、重汽集团、哈电集团、东电集团、上电集团、西电集团、东北输变电集团、一拖集团、振华集团、一重集团、二重集团、四联集团、嘉陵集团、长城计算机集团、长江计算机集团、攀钢集团、武钢集团、鞍钢集团、宝钢集团、仪征化纤集团、华能集团、华北电力集团、东北电力集团、华东电力集团、华中电力集团、西北电力集团、中远集团、长航集团、吉化集团、渤海化工集团、南化集团、乐凯集团、新型建材集团、非矿集团、耀华玻璃集团、洛玻集团、内蒙古大兴安岭森工集团、黑龙江大兴安岭森工集团、龙江森工集团、吉林森工集团、西飞集团、南动集团、上海航空工业集团、贵州航空工业集团、江南航天工业集团、三江航天工业集团、中化集团、五矿集团、东北制药集团、华北制药集团、国际航空集团、东方航空集团、南方航空集团、广东核电集团、葛洲坝工程集团、神华集团。

1991 · 重要理论观点

建设有中国特色社会主义的经济、政治和文化

1991 年 7 月 1 日，中共中央总书记江泽民在庆祝中国共产党成立 70 周年大会上发表讲话，论述了建设有中国特色社会主义的经济、政治、文化三个方面的内容，这是构建建设有中国特色社会主义理论体系的一次尝试。

有中国特色社会主义的经济，必须坚持以生产资料社会主义公有制为主体，允许和鼓励其他经济成分的适当发展，既不能脱离生产力发展水平搞单一的公有制，又不能动摇公有制经济的主体地位，不能搞私有化；必须实行以按劳分配为主体、其他分配形式为补充的分配制度，既要克服平均主义，又要防止两极分化，逐步实现全体人民的共同富裕；必须建立适应社会主义有计划商品经济发展的、计划经济与市场调节相结合的经济体制和运行机制，在国家法律法规和计划的指导下发挥市场调节的积极作用，既要克服过去那种过分集中、管得过多过死的弊端，又不能过于分散和削弱宏观调控。

有中国特色社会主义的政治，必须坚持工人阶级领导的、以工农联盟为基础的人民民主专政，不能放弃人民民主专政；必须坚持和完善人民代表大会制度，不能搞西方那种议会制度；必须坚持和完善中国共产党领导的多党合作和政治协商制度，

不能削弱和否定共产党的领导，不能搞西方那种多党制。

有中国特色社会主义的文化，必须以马克思列宁主义、毛泽东思想为指导，不能搞指导思想的多元化；必须坚持为人民服务、为社会主义服务的方向和“百花齐放、百家争鸣”的方针，繁荣和发展社会主义文化，不允许毒害人民、污染社会和反社会主义的东西泛滥；必须继承发扬民族优秀传统文化而又充分体现社会主义时代精神，立足本国而又充分吸收世界文化优秀成果，不允许搞民族虚无主义和全盘西化。

改革措施姓“社”姓“资”问题的讨论

关于改革措施的姓“社”姓“资”问题，是1991年经济理论界引人注目的理论热点。人们从不同的角度，对这一问题发表了不同的意见。

一部分人士认为，在中国长期存在的四项基本原则与资产阶级自由化的对立和斗争，其实质上就是坚持走社会主义道路还是走资本主义道路的对立和斗争。改革开放不问姓“社”姓“资”，必然会把改革开放引向资本主义道路而断送社会主义事业。问姓“社”姓“资”，则是切实推进深化改革、扩大开放的一个根本前提。

改革开放的具体措施从战略上、全局上以及最终结果上看，应是巩固社会主义，不能削弱社会主义，更不能挖社会主义的墙脚。但对某一个具体措施，问题就比较复杂，需要在总的前提下加以考虑。有些是我们以前认为它姓“资”，后来又认为可以姓“社”，如商品经济；有些是原来姓“资”，但在全局姓

"社"的情况下，可以改姓"社"，如股份制；有些姓"资"，但可以拿来为我所用，如外商独资企业。所以，从具体问题来说，不能囿于姓"社"还是姓"资"的诘难。至于对外开放中用了社会化大生产通用的做法，如果还问姓"社"姓"资"，说这些做法不能用，从根本上说，是妨碍甚至是破坏社会主义经济繁荣的。

有些人认为，改革开放不能不问姓"社"姓"资"，但是不能乱定姓"社"姓"资"。首先，既不能把不姓"资"的东西和本来姓"社"的东西，当成姓"资"的东西。也不能把不姓"社"的东西和本来姓"资"的东西硬说是姓"社"。其次，也不能对什么事情都一定要问姓"社"还是姓"资"。再次，问姓"社"姓"资"，不是排斥和否定一切姓"资"的东西存在。最后，更不能用姓"社"姓"资"观去胡乱评论正确的东西。

还有些人认为，在有些问题上，诸如所有制结构上明显地存在着姓"社"姓"资"，因此，要问姓"社"姓"资"，这样才能坚持社会主义。但是，在经济运行中，作为大生产带有某些共同性的东西，硬要扣上姓"社"姓"资"也没必要。至于经济特区的一些特殊政策，作为国际通行规则，再问姓"资"姓"社"，那么事情就不能办。更不能以姓"社"姓"资"针对理论家，针对经济工作者，那对改革开放和理论研究是不利的。

判断姓"资"姓"社"，应该主要看是否有利于发展社会主义社会的生产力，是否有利于增强社会主义国家的综合国力，是否有利于提高人民的生活水平。在社会主义制度下，凡是有利于社会生产力发展的，有利于国计民生的事情，都是有利于社会主义的，都应该保护和支持。对于造就诸如“社会主义香港”的尝试，如果我们仍然囿于姓“社”还是姓“资”的诘难，那就只会错失良机。计划经济不是社会主义的特征，市场经济不是资本主义的特征；资本主义有计划，社会主义有市场；计划和市场都是配置资源的手段；社会主义商品经济和资本主义商品经济的本质区别在于生产资料所有制的不同。

对计划经济与市场调节相结合的理解

人们普遍认为，当今世界上没有哪一个国家实行纯粹的市场经济或计划经济，计划与市场在任何国家都存在某种形式某种程度的结合。但由于对计划、计划调节、计划经济和市场、市场调节、市场经济存在理解上的差异或着眼的角度不同，对计划经济与市场调节相结合的理解与改革取向的认识有着不同的意见。主要有四种意见：

第一种意见，认为对计划经济与市场调节相结合，一是从社会资源配置方式的特定角度来看，可以理解为计划与市场经济相结合。改革必须以市场（市场经济）为取向。因为确认社会主义经济是有计划的商品经济，就意味着对计划经济的传统认识发生了根本变化，即计划经济运行状态（按比例地发展经济）与计划经济运行方式（社会资源的指令性计划直接进行配置）是可以分离的。二是从以市场机制为资源配置的基本方式即市场经济的角度来看，市场机制是现代商品经济的资源配置方式，不是资本主义的专有物，不能与资本主义“画等号”。市场经济是可以建立在实现形式经过改革的公有制的基础上的，并不注定市场机制的作用都是盲目的、无政府状态的。因此，计划经济运行状态与市场经济是完全可以兼容的，计划与市场经济是能够结合的。但是，从社会资源配置方式这一特定角度看，传统计划经济的那种以行政配置为社会资源的基本配置方式，确实与以市场配置作为社会资源的基本配置方式（市场经济）存在着彼此排斥或相互替代的关系。因此，改革必须以市场（市场经济）为取向。改革的实质在于改变资源配置方式这一根本问题。

第二种意见，认为计划经济不等于社会主义，市场经济不等于资本主义，从现代商品经济运行调节手段的角度来看，计划经济与市场调节相结合可以理解为计划调节与市场调节相结合。从中国经济运行机制转换来讲，改革必须以市场为取向。

第三种意见，不同意或不完全同意上述两种意见。认为从社会资源配置方式或经济运行方式与社会经济制度相联系的角度来看，必须坚持计划经济与市场调节相结合的提法和实践。这是因为：一是计划经济和市场经济都不仅包括经济运行的调节机制，而且它们本身还是一种经济制度。因此，既不能把计划、计划调节同计划经济混为一谈，也不能把市场、市场调节同市场经济混为一谈。否则，就会否定计划经济，偏离改革的社会主义方向。二是作为社会化商品经济的一般调节手段，计划调节和市场调节属于经济运行机制范畴，它们自身不直接具有经济制度的规定性；但作为一定社会经济制度的实现形式，它们的“结合”则要受到社会经济制度的制约，它们在“结合”中的地位、作用范围、作用强度等各具特色。坚持改革的社会主义方向，必须看到这一点。三是计划经济与市场调节相结合的提法是科学的。其含义是，社会主义要实行计划经济的目标，引入市场机制，充分发挥市场调节的积极作用。坚持计划经济与市场调节相结合，既强调了构成新运行机制重要特点的市场调节的作用（也就是强调了改革的市场取向），又强调了改革要坚持反映社会主义经济的计划经济（包括比重缩小了的指令性计划和作为计划经济主要形式的指导性计划经济）。这样，它既概括了中国有计划商品经济的管理体制和运行机制，划清了同西方市场经济的界限，同时也明确了计划经济同市场调节并不是互相排斥的，区别于传统的体制。因此，认为计划经济与市场调节相结合是改革的基本方向。

第四种意见，认为计划经济反映了社会主义的公有制性质，市场调节是自发性调节。在计划经济与市场调节结合中，坚持计划经济是重点。以往在资源计划分配上存在着过于集中的弊端，但现在计划内指标越来越少也非常危险。认为过去改革中的宏观失控以及现在经济生活中多种弊端的产生和出现的困境，都直接或间接地与过分强调市场机制调节作用有关，主张必须强调集中统一管理，强调计划调节的作用，回到计划经济轨道。有的还把市场经济、市场机制与资本主义私有制联系在一起，认为主张改革以市场为取向（市场经济为取向）是放弃社会主义公有制，搞资本主义。有的把这种意见或与此相近的意见称为计划取向论。

计划经济与市场调节相结合的途径和形式

理论界一致认为，在坚持社会主义公有制为主体的前提下，深化体制改革，发展商品经济，是实现计划与市场结合的根本途径。由于对计划经济和市场调节相结合的不同理解、对改革取向的不同主张，与国内现实经济运行中存在的问题相联系，在实现计划与市场相结合的途径问题上意见也不尽一致。

第一种是主张“市场取向（或市场经济取向）论”者认为，实现计划与市场相结合，首要是推进市场取向改革，培育和健全完整的市场体系，建立国内统一市场，确立社会主义市场制度基础，并在此基础上建立有国家计划管理和行政指导的宏观调控体系和实行企业制度改革，转换经营机制，使之成为真正的商品生产者和经营者，以形成新运行机制的微观基础。认为三者是不可分割的，必须协调推进，配套改革。

第二种是主张“双向改革论”者认为，计划经济与市场调节相结合是改革的根本方向。过分强调市场取向失之片面。实现两者结合必须两方面都抓，即一方面要培育和健全市场体系，发育市场机制，另一方面也要注重改革排斥市场机制的传统的高度集中的计划体制；一方面要进行属于市场取向方面的改革，另一方面也要注重属于非市场取向方面的改革。

第三种是主张“计划取向论”者认为，计划经济与市场调节相结合的主要矛盾方面是计划管理体制问题。实现两者结合的基本方面是计划体制的自我完善。

在实现计划经济与市场调节相结合的具体形式问题上，大家都认为由于中国国民经济这个被调节的客体是一个生产力、商品经济发展水平和市场发育水平极不平衡的复杂的社会有机体；由于计划与市场具有不同的调节功能；由于随着改革不断深化、商品经济及市场的不断发展和发育，实现计划与市场最佳结合是一个过程，因此在中国现阶段实现两者结合的具体形式具有多样性、过渡性（或动态性）以及总体上的多种结合形式结合运作的综合性等特点。基于这种认识，一年来，大家从现实的可操作的思路上着眼，对具体结合形式问题作了较前更为深入的探讨，重申或又提出了许多具体结合形式，主要有以下几种：

第一种是“三块式”结合论。即从中国目前计划体制的三部分的实际出发，实行指令性计划与市场相结合；指导性计划与市场调节相结合；对于不列入计划由市场机制自发调节的部分，国家计划也应在某些环节予以指导。

第二种是双层分工论。计划调节主要是解决宏观层次的问题，市场调节主要是解决微观层次的问题。

第三种是双层分工结合论。一方面是宏观层次和微观层次中计划和市场的分工和结合；另一方面是微观经济活动中的价格信号和数量信号并存的计划和市场的分工和结合。在非均衡的市场条件下，这种结合形式使这种并存、并用在结合中起到了计划与市场两种功能的互补作用。

第四种是“全过程结合，分层次倾斜论”。即计划与市场的调节相结合贯穿于经济活动的全过程，但在经济运行不同层次上的结合侧重点应有所不同，采取倾斜结合。

第五种是计划调节与市场调节综合配置论。具体内容是，以实体调节（由政府直接投资所形成的经济实体进行调节）、参股调节（政府通过入股、合资等形式对社会尤其是国有经济进行调节）、政策调节（政府通过制定的各种经济政策和经济法规等调节经济）、指标调节（政府对国民经济实施的各种定量定时调节）、自控调节（市场机制作用下的企业自我发展、自我完善、自我控制式的调节活动）等五种调节形式实行综合配置，并通过这种综合配置达到协调关系、平衡比例的最大效应。

宏观经济体制的目标模式

关于要不要提计划经济与市场调节相结合的目标模式。一种意见认为，计划经济与市场调节怎么结合不存在固定框架，也不存在什么模式，而且由于现阶段市场发育不充分和市场体系不健全，就很难在社会范围内建立一种规范化的普遍适用的两者结合的目标模式。究竟怎么结合，要服从实际需要。现阶段，应把研究的侧重点从两者结合的目标模式转到探索现实可行的过渡性模式上来；另一种意见认为，为使改革积极地稳步地前进，最好还是弄清目标。对计划与市场相结合的目标模式还应深入地研究。

关于“国家调节市场，市场引导企业”公式是不是计划经济与市场调节相结合的目标模式。一种意见认为，因为它表达了计划和市场的作用都是覆盖全社会的，体现了计划和市场是内在的有机结合，能够保持国民经济持续、稳定、协调发展；另一种意见则认为，计划与市场都覆盖全社会未必是科学的论断。“全社会”的概念包容性很大，它既包括经济领域，也包括非经济领域。就经济领域而论，也不都是商品货币关系。有计划，也并不等于都属计划调节。就计划与市场的功能而言，它们都不是万能的，都不可能覆盖全社会。即使中国的经济体制过渡到以间接调控为主的宏观管理新体制时也难以完全做到。因此，有的人认为不能以具体结合形式概括全部，事实上这个公式只能是计划经济与市场调节相结合关系中多种具体形式中的形式之一；有的则强调，尽管这个公式没有“覆盖全社会”的意义，作为总体目标模式不适用，但在将要成为宏观管理的主要方式的间接调控的范围内则是适用的，它在新的经济运行机制中的重要地位不能忽视。

至于中国建立在公有制基础上的有计划商品经济运行机制应是什么样的目标模式，一种意见认为，应该是在市场发育的基础上，实行在计划管理或国家干预下的通过市场对资源进行基本配置的体制；也有人认为，它应该就是计划经济与市场调节相结合；第三种意见则不同意上述意见，认为目标模式的选择必须符合中国国情，尚需深入探索。

国有企业活力不足的原因

国有企业改革进行了十多年，企业活力始终不足。针对这个问题，一年来理论界进行了热烈讨论。

一种观点认为，企业活力不足，主要是企业的外部环境问题。（1）当前财政政策中至少有如下几点限制了企业活力的发挥。一是不同所有制企业的税负政策有差别。国家对国有企业课征重税的税收政策，加重了国有企业的负担，限制了国有企业自我积累和自我发展的经济实力。二是折旧政策不利于国有企业的设备更新和技术改造。目前全国国有企业的平均折旧率不足5.3%，加上征收“两金”，实际折旧率只有3.98%，固定资产平均需要20多年才能更新完毕；同时折旧基金还是在没有考虑资产无形损耗和通货膨胀的情况下计提的，按历史成本提取的折旧基金，无法购回现值的固定资产，许多企业出现了资产“空壳化”，严重影响了企业活力和发展后劲。三是财政政策对企业财务缺乏硬性约束。四是一刀切地征收“两金”和硬性摊派债券，为企业搞活增添了负担。（2）在原有体制下政企职责不分的弊端还没有得到根本改变，政府部门为企业服务的观念尚未树立起来，对企业仍然是管得过多、统得过死。《企业法》规定企业应享有的13条经营自主权，多数企业只落实了两三条，其余自主权不同程度地被截留、上收或由于客观条件限制无法落实。（3）市场体系不健全，价格改革的滞后及失误等。

另一种观点认为，企业活力不足的原因，主要在企业的内部。（1）很多国有企业只盯着政府的放权让利，仍没有摆脱前几年靠减税让利搞活企业的思想习惯，忽视企业自身素质的提高和内部经营管理的改善，不具有把握市场和适应市场变化而及时调整生产经营决策的能力。（2）国有企业特别是国有大中型企业在相当程度上仍存在负盈不负亏的问题，自身的经营动力不足。（3）企业内部党政领导关系不协调。

还有一种观点认为，尽管已经承认企业是一个从事商品生产和经营活动的经济主体，但在实际行为中，国有企业尤其是国有大中型企业不仅被当作一个经济组织，而且被当作一个社会组织和政治组织，要求企业除向国家上缴利税外，还必须承担职工及其子女的生老病死及各项社会保障，以及维护国家安全和稳定等所带来的负担。处于这种地位的企业，即使在良好的外部环境和完善的内部管理条件下，也不可能有真正和持久的活力。

增强国有企业活力的思路和措施

针对国有企业活力不足的问题，理论界还提出了各种改革思路和措施。

一种观点认为，企业改革关键在于实现经营机制的转变。为此，首先，要确立适合现代化商品经济运行要求的国有资产的管理和经营方式。从长期看，建立在公有制基础上的股份有限公司制度可能更接近这一要求。其次，要积极创造对各类企业大体平等的竞争环境。最后，要逐步建立和完善企业的经营机制，通过企业内部改革和外部环境的改善，在企业内部形成有效的动力激励机制、创新机制、积累机制和约束机制，使企业真正成为独立的商品生产者和经营者。

还有一种观点认为，增强企业活力，要区分不同情况，进行分类指导。第一类，选择一批对国民经济全局有重大影响、符合国家产业政策、指令性计划比重较大、技术改造任务重、经营管理水平较好的大型骨干企业和企业集团，实行投入产出总承包，赋予企业更大的自主权和优惠政策，促其更快地发展。第二类，对产品完全放开、价格随行就市、基本步入市场的企业（包括目前正在试点的企业），逐步实行税利分流的经营方式，充分发挥竞争机制作用，把企业进一步推向市场。第三类，对一些不符合国家产业政策、生产长线产品、经营性亏损严重、扭亏无望的企业，采取经济和行政手段，坚决实行关、停、并、转，调整企业结构和产品结构。第四类，对面上的企业，继续实行承包制，并不断加以完善。第五类，沿海地区、经济特区、开发区和开放城市，要在国有企业中扩大以公有制为主体的股份合资经营形式，或把“三资”企业的部分机制引入国有企业。

关于增强国有企业活力的措施。一种观点认为，对目前国有大中型企业缺乏活力的状况，必须进行综合治理，采取如下措施：(1) 停止目前工业企业追求速度的做法。不再增加新的无效供给，企业应按市场需求组织生产，对积压或无销路的产品，不能再生产。(2) 调整资金投入结构。在停止追求速度的基础上，压缩流动资金贷款规模，加大基建贷款规模，重点投放在基础设施、居民住宅和企业的技术改造上。(3) 尽快赋予更多的国有大中型企业外贸自主权。对属于生产能力过剩而市场容量不足的企业，应让企业寻找国际市场，缓和国内市场需求不足的矛盾。(4) 要加强社会保障制度改革。就目前情况看，对有些产品积压且连年亏损的企业，停下来用财政养起来，会减少出现更大的亏损。(5) 财政要稳定两三年，暂时不要再向企业开征新的税费，并可适当考虑减免某些不合理的税费。今后应当节支重于增收，冻结政府机关的编制和经费，以便腾出力量对企业实行休养生息，减轻税负。(6) 压缩指令性计划。

对于关系到国计民生的指令性计划，必须有指令性的原材料和能源作保证，或实行指令供货、指令订货，保量不保价。（7）要尽快贯彻落实《企业法》，并制定实施细则。

另一种观点认为，增强企业活力，可供选择的政策措施主要有如下几点：（1）积极进行“税利分流”的试点，平衡税负，为国有企业创造公平的竞争环境。（2）继续坚持和完善企业承包制。（3）完善折旧政策和税前还贷政策，推进企业技术进步。（4）调整财政投资范围，支持国有大中型企业尽快进入投资主体地位。（5）推进社会保障制度的建立，国家承担起企业“办社会”的责任。（6）促进企业集团的发展，壮大国有大中型企业的竞争力。（7）坚决制止“三乱”，为国有大中型企业创造良好的外部环境。（8）帮助企业强化自我约束机制，包括重新核定企业五项基金的分配比例，保证企业工资总额的增长低于劳动生产率的增长和对通过增产节约提取的节约资金采取保护和倾斜政策。

通过转换企业经营机制解决企业效益低下问题

经济效益是衡量发展与改革实际成效的一项综合性指标。如何认识改革开放以来，尤其是治理整顿以来中国国有企业经济效益的变化及其原因，如何通过企业经营机制转换来解决企业效益低下的问题，是1991年经济理论界广泛关注的一个重要论题。

对于近年来经济效益持续下降原因的讨论，社会上存在以下几种意见：一种意见认为，近年治理整顿期间企业经济效益继续下降的原因，除了固有的资源配置不合理、价格体系扭曲、技术水平不高、企业管理水平低等因素外，还有一些特殊的因素：一是市场较大范围的供大于求的态势使不少企业习惯于产销两旺取得效益的局面难以维持，从而导致效益下滑；二是对不合理的产业结构调整不快，影响企业效益提高；三是前几年一些靠通货膨胀获得的“虚假效益”消失；四是宏观调控力度偏紧，使产品积压过多。

另一种意见认为，近几年宏观改革在摇摆中失调，企业改革在前进中停滞，导致经济效益下降。固定资产投资效益太低，拉了工业企业经济效益的后腿。主要表现在两方面：一是固定资产投资边际收益率连续下降；二是全民工业投资利税率低下。

还有一种意见是从影响企业生产成本变动的宏观和微观两个方面来寻找经济效益下降的原因。从宏观方面看，治理整顿使需求缩小或不充分，引起企业生产和经营规模缩小，使成本上升；企业生产成本和其他费用不断增大，超过了企业的消化能力；企业流动资金供应机制的缺陷，造成利息成本不断增大；片面追求产值，使效益进一步降低。从微观方面看，企业经营管理能力差、机制不健全和应变能力弱决定了其在不良的宏观条件下，不能通过内在的调整，实行降耗减支，维持和力争扩大边际利润，这是造成近年经济效益普遍大幅度下降的深层原因。

如何提高企业的经济效益？一种思路认为，要进一步扭转效益下滑，在宏观上需处理好控制总量和调整结构的关系。在继续适当控制总量的前提下集中力量调整结构，这是从根本上解决市场销售不畅问题、“三角债”问题和效益问题的关键。在微观上，要通过深化改革解决企业经营机制的转换，使企业真正能自主经营、自负盈亏、自我发展、自我约束，实现经营的不断完善和生产效率的不断提高，这是解决当前效益滑坡问题的根本途径。

另一种思路认为，搞活企业、提高效益的唯一出路在于通过深化改革来完善企业的经营机制。所谓完善经营机制，就是按照社会主义有计划商品经济的要求，理顺企业经营活动中的各种责、权、利关系，使企业成为真正的市场主体。完善企业经营机制，既要理顺外部关系，更要解决好内部机制，解决外部关系是为了更好地健全企业的内部机制，使企业自身的竞争力得到更好的发挥。具体讲，完善企业经营机制至少包括以下四个内容：解决好企业动力机制或激励机制；形成企业有效的约束机制；完善企业的积累机制；完善宏观调控机制。

还有一种思路认为，要以财产关系或产权关系约束为纽带建立企业的经营机制。财产约束与物质利益约束相比的特点在于以下几点：财产约束具有规范性，它以企业产权关系为前提，以市场评价为基础，尺度是规范统一的；财产约束具有明确性，其风险和收益的边界十分清楚，是不存在讨价还价余地的硬约束；财产约束还具有有效性，即既能提供动力系统，又能形成约束机制。按照财产约束思路重塑企业微观基础的主要内容为，在保证公有制的前提下，致力于产权份额界定和形成产权转让市场，建立有效的国有资产经营机制；分层次地适当收缩国有企业的经营范围，松动非国有企业进入的限制，以形成不同所有制企业的有效竞争；组建多种类型、不同规模的企业集团，按照国际惯例组织生产经营活动，使企业的生产要素不断得到合理的配置与使用。

1991 · 重要政策法规

1. 国家国有资产管理局、财政部、国家工商局《企业国有资产所有权界定的暂行规定》，1991 年 3 月 26 日。

2. 国务院《关于进一步增强国营大中型企业活力的通知》，1991 年 5 月 16 日。

3. 国务院《关于企业职工养老保险制度改革的决定》，1991 年 6 月 26 日。

4. 国家工商局《企业名称登记管理规定》，1991 年 7 月 22 日。

5. 财政部、国家体改委《国营企业实行“税利分流、税后还贷、税后承包”的试点办法》，1991 年 8 月 14 日。

6. 中共中央组织部、人事部《全民所有制企业聘用干部管理暂行规定》，1991 年 10 月 12 日。

7. 国务院《国有资产评估管理办法》，1991 年 11 月 16 日。

8. 国务院批转国家计委、国家体改委、国务院生产办《关于选择一批大型企业集团进行试点请示》的通知，1991 年 12 月 14 日。

9. 国家计委、国家体改委、国务院生产办《试点企业集团审批办法》，1991 年 12 月 30 日。

1991 · 年度热点纪实

停止企业评比升级

1978 年 7 月，中共中央决定对全国 8000 多个大中型工业企业，20 多万个小型工业企业分期分批进行整顿。在 1980 年至 1981 年对国有工业企业初步整顿的基础上，1982 年 1 月，中共中央、国务院又作出《关于国营工业企业进行全面整顿的决定》，决定从 1982 年起，用两三年的时间，有计划、有步骤、点面结合、分期分批地对所有国有工业企业进行全面的整顿工作。标志着工业企业的整顿工作进入了建设性整顿的新阶段。

企业全面整顿的主要内容，一是整顿企业领导班子，二是贯彻实施新的企业领导制度，三是进一步健全企业内部经济责任制，四是整顿企业的劳动组织，五是广泛开展青年职工的初中文化补课，六是整顿财经纪律和劳动纪律，七是加强企业的基础管理工作，八是进行企业工资、奖金制度的改革试点，九是加强职工思想政治工作，推进企业精神文明的建设。

全面企业整顿工作虽然取得了较大的成绩，但不少单位整顿工作的步伐不快，质量不高，效果不够理想。全国列入第一批整顿的 10883 个企业，到 1983 年 3 月末，经上级领导机关验收合格的仅占 17. 3%；其中大中型骨干企业 1320 个，验收合格的仅占 13. 6%。为了改变企业整顿效果不好的状况，1986 年 7 月，国务院发布《关于加强工业企业管理若干问题的决定》（以下简称《决定》)，决定在全国企业开展“抓管理、上等级、全面提高素质”工作，把提高产品质量、降低物质消耗和增加经济效益作为考核工业企业管理水平的主要指标。通过加强企业管理基础工作，进一步完善和发展企业内部经济责任体系，加快企业管理现代化的步伐。要求到 1990 年，大中型企业的主要产品都要按照国际标准或国外先进标准组织生产。逐步建立起以技术标准为主体，包括工作标准和管理标准在内的企业标准化系统。

《决定》还提出了各级企业的考核标准：

国家特级企业的主要标准：主要产品质量和物质消耗指标，达到国际先进水平，进入世界先进行列。

国家一级企业的主要标准：主要产品质量达到国际 70 年代末 80 年代初的先进水平，主要物质消耗指标达到 1985 年国内同行业先进水平。

国家二级企业的主要标准：有在国内同行业领先、适合市场需要的优质名牌产品，主要物质消耗指标达到 1985 年国内同行业先进水平。

省（自治区、直辖市）级先进企业的主要标准：有在省内同行业领先、适合市场需要的优质名牌产品，主要物质消耗指标达到 1985 年省内同行业先进水平。对达到国家特级、一级、二级标准的企业，国家在信贷、出口、工资、奖金等方面分别给予相应的鼓励。

国家制定企业评优上等级政策的初衷，旨在强化企业内部管理，增强企业的竞争能力，但是在企业缺乏市场约束和用户评价机制的情况下，单纯依靠政府推动企业加强管理，作用则是十分有限的。不仅如此，一些地方和单位借评优升级纷纷搭车，名目繁多的各种检查评比搞得企业应接不暇，疲于奔命；一些企业为了得到政府的优惠政策，在上等级工作中甚至出现形式主义、弄虚作假现象，这已经完全违背了上等级工作的初衷。为此，1991 年 8 月 27 日，国务院召开电话会议，国务院副总理朱镕基要求深入开展“质量、品种、效益年”活动，暂停对企业的评比升级活动。同年 12 月 5 日，国务院发出《关于停止对企业进行不必要的检查评比和不干预企业内部机构设置的通知》，开展了 6 年的企业评优升级工作至此正式停止。

1991 · 年度改革大事

1 月 12 日　国务院企业管理指导委员会和国务院生产委员会正式公布 87 家企业经过 1989、1990 两年连续考核，晋升为国家一级企业。

1 月 25 日　据《人民日报》报道：全国有 80% 的国有企业如期完成了第一轮承包合同。在 1987 年开始的国有企业第一轮承包期间，国家财政收入平均每年增加 200 多亿元，其中 90% 是实行承包的企业提供的。

2 月 1 日　国务院发出《关于开展“质量、品种、效益年”活动的通知》，决定 1991 年为“质量、品种、效益年”，开展这一活动的目的是提高企业的素质和经济效益，使企业逐步走上投入少、产出多、质量好、消耗低的效益型发展轨道。

2 月 25 日至 3 月 1 日　国务院在北京召开全国经济体制改革工作会议，讨论了《经济体制改革“八五”纲要和十年规划》。会议指出，90 年代我国经济体制改革的总目标是：初步建立起社会主义有计划商品经济的新体制和计划经济与市场调节相结合的运行机制。

3 月 3 日　国家体改委、国家计委和国务院生产委在京联合召开企业集团工作会议。国务院将组建 100 个左右大型企业集团提上议事日程。

3 月 26 日　国家国有资产管理局、财政部、国家工商局颁发《企业国有资产所有权界定的暂行规定》。

4 月 11 日　中国人民银行批准成立深圳证券交易所。

5 月 16 日　国务院发出《关于进一步增强国营大中型企业活力的通知》，提出 11 项政策措施。

6 月 26 日　国务院颁发《关于企业职工养老保险制度改革的决定》。明确企业职工养老保险制度改革要处理好国家、集体和个人三者利益的关系；逐步建立起基本养老保险与企业补充养老保险和职工个人储蓄性养老保险相结合的制度。

7 月 31 日　国务院在沈阳召开东北三省四市清理“三角债”试点工作会议。国务院副总理朱镕基在会上指出，清理“三角债”要做到“三清”，一是“两头清”，一头清理债权、一头清理债务。二是“两手清”，一手清理固定资产投资拖欠，一手清理流动资金拖欠。三是“思想清”，各级政府和企业应高度重视清欠工作，消除试点工作的阻力。

8 月 14 日　财政部、国家体改委印发《国营企业实行“税利分流、税后还贷、税后承包”的试点办法》。

8 月 25 日　据新华社讯，上海市把企业兼并作为搞好大中型企业的措施之一，两年内已有 143 家工业企业被兼并，使近 7 亿元固定资产重新发挥效益，6 万多名职工得到合理安置。

8 月 31 日至 9 月 4 日　国务院召开全国清理“三角债”工作会议。会议提出：要把清理“三角债”作为搞活国有大中型企业、提高经济效益的突破口，立足于治本清源，防止新的拖欠。

9 月 23 日至 27 日　中共中央在北京召开工作会议。决定采取 12 条措施，为搞好国有大中型企业创造良好的外部条件。

10 月 31 日　据新华社讯，我国已批准在 101 个国家和地区开办非贸易性企业 901 家，协议总投资 24.7 亿美元。

11 月 16 日　国务院颁发《国有资产评估管理办法》。

11 月 30 日　上海首次发行总计 1 亿元面额共 100 万股的人民币特种股票（B 种股票），由上海真空电子器件股份有限公司向境内外发行。

12 月 5 日　国务院发出《关于停止对企业进行不必要的检查评比和不干预企业内部机构设置的通知》。据此企业升级工作停止。

12 月 14 日　国务院批转国家计委、国家体改委、国务院生产办《关于选择一批大型企业集团进行试点请示的通知》，确定首批 55 家大型企业集团试点名单。

12 月 22 日　全国企业技术进步工作会议结束。经国务院同意，国家采取 12 条政策措施，全面推进大中型企业技术进步。

本年度主要参考资料：

1. 中国经济年鉴编委会．中国经济年鉴（1992）[M]．北京：中国经济年鉴社，1992.12.

2. 马洪，孙尚清．中国经济形势与展望（1991—1992）[M]．中国发展出版社，1992.6.

3. 郑宗寒．我国工业产品成本分析[J]．北京：中国社会科学，1993（02）.

4. 吕东．中国工业经济的改革与发展[M]．北京：经济管理出版社，1992.8.

5. 章迪诚．国营大中型企业经济效益转移问题研究[J]．问题讨论，1991（01）.

6. 国务院研究室．增强国营大中型企业活力的历史回顾[J]．管理世界，1991（06）.

7. 中华人民共和国国史全鉴编委会．中华人民共和国国史全鉴·第六卷（1989—1996）[M]．北京：团结出版社，1997.5.

8. 冯宗容．中国近现代经济热点及重大事件[M]．北京：中国经济出版社，1995.3.

9. 中共十一届三中全会以来大事记[N]．人民日报，2003-10-10.

10. 中国集团公司促进会．国有企业改革政策演变[M]．北京：中国财政经济出版社，2003.1.

11. 中国共产党80年大事记[EB/OL]．人民网，2001-06-12.

1992 年

1992 · 年度经济背景

经济急速攀升，成为第四个经济增长峰值年

1991 年底的时候，有人曾经作出这样的判断，认为当时的中国经济正处于“新一轮大起的前夕”。但至少在此时，恐怕连做这种判断的人也不会预料到，高速增长会来得这样快、增长速度这样高。三年的治理整顿刚刚结束，马上就迎来了改革开放以来的第四个经济增长峰值年。

年初，邓小平视察武昌、深圳、珠海、上海等地，发表了著名的南方谈话。邓小平指出，“抓住时机，发展自己，关键是发展经济。”“我国的经济发展，总要力争隔几年上一个台阶。”“发展才是硬道理。”南方谈话极大地激励了全国干部群众，为掀起新一轮经济增长的高潮注入了强大的动力。

3 月 20 日至 4 月 3 日召开的第七届全国人大五次会议明确宣布：我国目前的经济状况表明，治理整顿的主要任务已经基本完成，治理整顿作为经济发展的一个特定阶段可以如期结束。在今后现代化建设的长期过程中，出现若干个发展速度比较快、

效益比较好的阶段是必要的，也是能够办到的，这为经济增长新高潮的到来定下了基调。1991 年全社会固定资产投资和货币供应量的大幅度增长*，也早已为经济增长新高潮的到来加足了马力。

* 全社会固定资产投资比上年增长 18.6%，其中全民所有制投资增长 21.9%；货币供应量和现金流通量分别比上年增长 26.8% 和 20.2%，大大快于国内生产总值增长 9.2% 的速度。

1992 年，在宏观经济政策方面，国家继续调整了粮食购销价格，实行了购销同价；一些地区相继进行放开粮食购销价格的试点；继续提高原油、煤炭和铁路货运价格；缩小国家定价范围，放开了 571 种工业生产资料价格；在 1991 年取消出口补贴的基础上，1992 年又取消了进口商品调节税和部分进口商品补贴，先后两次共降低了 3596 种进口商品关税，关税总水平下调了 7.3%；取消了全部进口替代商品清单，减少了实行许可证管理的进口商品的品种。6 月，在加快上海浦东开发开放的同时，国务院又决定将开放政策从沿海城市扩大到长江沿岸的 28 个城市，东北、西南和西北地区的 13 个边境城市，也实行沿海开放城市的政策。国家还向外国投资者开放了新的经济领域，包括运输部门和某些第三产业部门（例如零售业、不动产、旅游、金融）。

在工业生产方面，1992 年重点抓了两项工作：一是清理“三角债”工作。从 1991 年 6 月开始，立足于治本清源，从解决“三角债”源头入手，全国共注入资金 540 亿元（银行贷款 505 亿元，地方和企业自筹 34.3 亿元），重点对固定资产投资项目拖欠这个源头进行了清理，清理拖欠项目 14121 个（基建 5420 个，技改 8701 个），同时还组织重点行业、重点企业流动资金清理 325 亿元。除少数不符合贷款条件及国家产业政策的项目外，全国基本建设和技术改造建设项目在1991年底以前形成的拖欠已基本清理完毕，两年来共清理固定资产投资和流动资金拖欠款2163亿元（1991年清理1360亿元，1992年清理803亿元），为大中型企业缓解了债务链负担，达到了国务院提出的把清理“三角债”作为搞好国有大中型企业、提高经济效益突破口的目的。二是以扭亏增盈为目标的限产压库促销工作。针对工业生产高速增长的新情况，结合各地区、各行业实际采取了一系列切实可行的措施，扼制住了前5个月产成品资金连续上涨的局面，在下半年工业生产持续高速发展的情况下，企业产成品资金从6月开始月月下降。到12月末，在中国工商银行开户的国有工业生产企业，产成品资金占用1131.1亿元，比上月下降139.5亿元，比年初增加33.8亿元；“三项资金”占用3731.3亿元，比上月末下降176.4亿元，比年初增加411.7亿元。产成品资金可供销售天数由上年末的36.06天下降到31.64天，接近正常水平。

上述一系列经济的和非经济的因素，促成了1992年国民经济的高速增长。全年完成国民生产总值26651.9亿元，比上年增长14.1%；完成国内生产总值26638.1亿元，比上年增长14.2%，其中，第一产业增加值增长4.7%，第二产业增加值增长21.2%，第三产业增加值增长12.4%。

农村经济持续全面发展。主要农产品产量除棉花生产因受干旱、虫害的严重影响比上年有所减产外，其他均有不同程度增产。粮食产量44266万吨，比上年增产737万吨，为历史上第二个高产年。畜牧业产品产量全面增长，森林覆盖率继续上升。

乡镇企业迅速发展，农村工业、建筑业、运输业和商业、饮食业等非农产业经济比上年增长 36.9%。

工业生产高速发展。全年乡及乡以上工业完成工业总产值 28381 亿元，比上年增长 21.7%。其中，轻工业总产值 13568 亿元，增长 20.1%；重工业 14813 亿元，增长 23.2%。沿海地区工业超高速增长，增长幅度均高于全国平均水平，其中增长最高的江苏与增长最低的黑龙江相比，工业增加值增幅的差距竟高达 10 多倍（见表 1992·1）。

表（1992·1） 1992 年各地工业增加值增长率前 5 位与后 5 位排序

地 区	江苏	广东	浙江	山东	福建	宁夏	内蒙古	甘肃	青海	黑龙江
增长率（%）	42.6	30.6	28.2	26.4	24.0	10.3	6.1	5.7	4.7	3.1
增长率排序	1	2	3	4	5	25	26	27	28	29

注：1. 本表的统计为 29 个省（自治区、直辖市），未包括西藏自治区。
2. 本表根据《中国统计年鉴（1993）》的数据编制。

固定资产投资的增长势头强劲。全社会固定资产投资完成 7582 亿元，比上年增长 37.6%。其中，国有单位投资完成 5106 亿元，增长 40.7%；城乡集体所有制单位投资 1233 亿元，增长 76.7%；城乡个体投资 1243 亿元，增长 5.1%。全社会在建项目总规模增长 49%。在国有单位固定资产投资中，地方项目投资增长幅度比中央项目投资的增长幅度高一倍左右；沿海地区投资增长快于中部地区，中部地区又快于西部地区；在基本建设和技术改造的资金中，银行贷款、自筹资金的增加额占全部增加资金的 80% 以上。全年广义货币供应量 M_2 增长 31.3%，其中货币发行量 M_0 增长 36.4%。

进出口贸易总额达到 1656 亿美元，比上年增长 22%。其中出口总额850亿美元，比上年增长18.2%；进口总额806亿美元，增长26.4%。据有关资料，1992年中国进出口贸易量在世界的地位由上年的第15位，跃居第11位，超过西班牙、韩国。外贸进出口的发展促进中国经济同国际经济更紧密的联系。1992年的出口额相当于国内生产总值的19.6%，进口额相当于国内生产总值的18.6%。全年实际使用外资192亿美元，增长66.2%。其中，外商直接投资112.9亿美元，增长1.4倍。

全年全社会商品零售额10994亿元，比上年增长16.8%。扣除价格因素，实物量增长10.8%。据当年商业部对695种主要商品测算，其中供求基本平衡和供过于求的商品占88.5%。国内生产资料市场销售额大幅度上升，全国物资供销企业销售生产资料5891亿元，增长39.5%，扣除价格因素，实际增长23.5%。

据抽样调查，1992年城镇居民人均生活费收入1826元，比上年增长18%，扣除物价上涨因素，实际增长8.8%；农村居民人均纯收入为784元，增长10.6%，扣除物价上涨因素，实际增长5.9%，是近三年来增长最快的一年。全年城镇新安排就业700万人。城乡居民储蓄存款余额达11545亿元，增长26.7%；居民的金融投资意识增强，购买有价证券明显增多。

伴随着经济的高速全面发展，以往的各种矛盾和问题又重新出现。到年末，某些领域又开始出现了经济过热的苗头，具体表现在以下几点。

一、国内信贷迅速扩张，基本建设在建规模偏大，投资结构不合理

1992 年，国内信贷（包括发放给农村合作社的信贷，下同）扩张大幅度超出了信贷计划允许的限额。原定上半年的信贷计划是增加 600 亿元人民币。截至 6 月底，国家银行系统向企业和家庭发放的贷款已经增加了 1260 亿元，比计划高出一倍还多。国内信贷的增长不仅没有按计划减速，反而由 1991 年上半年的 19.8% 提高到 1992 年上半年的 23.5%。当年夏末，中央政府对信贷扩张过于迅速提出严厉警告，要求银行系统收紧信贷控制。9 月底，信贷增长达到 25.3%，此后，增长放慢下来，到 12 月底，降低了 4 个百分点，达到 21.2%，大体与 1990 年和 1991 年年底的增长率相同，年末银行各项贷款增加到 3547 亿元。

虽然 1992 年四季度信贷增长放慢，但货币供应的增长却没有减速。前三个季度货币和信贷同步增长的关系在最后一个季度也被打破了。1988 至 1989 年，通货膨胀率一度达到两位数字，在此之前的货币供应（现金）连续两年明显增加：1987 年和 1988 年分别达到 19.4% 和 46.6%。1988 年开始，中央政府采取了经济稳定方案以遏制通货膨胀，到 1989 年和 1990 年，货币供应增长率降至平均值在 10% ~11% 区间内。1991 年初放松了信贷政策，货币供应增长率跃上一个新的台阶，到年底已突破 20% 的水平。1992 年前三个季度货币供应 M_0（流通中的现金）增长稳步上升，从 3 月底的 20.8%，到 6 月底的 25.7%，继而到 9 月的 30.4%。全年共发行货币 1158 亿元，M_0（流通中的现金）增长达到 36.4%；M_1（狭义货币：M_0 + 商业银行的活期存

款）增长达到30.7%；M_2（广义货币：M_1+商业银行的定期存款）的增长率为29.4%。无论依据哪种定义的货币，到1992年底，货币增长都接近或者高出30%。

1992年国有单位新开工项目88531个，比上年增长18.8%。全社会在建项目总规模增长49%。在投资总规模扩大的情况下，投资结构不合理的状况仍未得到改善，基础产业投资在总投资中所占比重还有所下降。当年国有单位投资中，能源工业投资比重由上年的28%下降到24.9%；原材料工业投资比重由上年的15.7%下降到14.9%。更新改造投资中，用于增加品种、提高质量、节约能源、治理三废的比重由上年的29%下降到27%。商品房投资的比重由4.6%上升到6.4%，出现了某些商品房积压的现象。有些地区急于上项目、铺摊子，迫使银行超计划贷款或不经批准擅自发行股票、债券。在兴办开发区和发展房地产业上，也出现一定的盲目性。

二、部分商品和劳务价格涨幅过高，开始出现通货膨胀的苗头

各种通货膨胀的测算结果均表明，1992年初以来物价不断上涨。消费品零售价格指数显示，1992年的通货膨胀率达5.4%，而1990年为2.1%，1991年为2.9%。如果将服务业列入在内，总生活费用指数在1992年达到6.4%，而1991年为3.4%，其中到12月，零售价格指数上升到6.7%，生活费用指数上升到8.2%，35个城市的生活费用指数则上升到13.4%。在大城市，粮食、建筑材料、燃料和服务价格的上涨幅度远高于平均价格指数上涨的幅度。1992年12月与上年同期相比，粮

食价格上涨了 43.3%；建筑材料价格上涨了 25%；民用燃料价格上涨了 69.9%；服务价格上涨了 32.9%。物价上涨的一个主要特点，是原材料和资本货物价格的上涨速度快于消费品价格。原材料价格指数上升了 10%，几乎比零售业价格指数高出一倍。建筑材料和设备价格平均上涨了 20% 以上。

三、农业生产中又出现一些不稳定因素

一是由于农产品内部比价不尽合理，粮食收益偏低，致使粮食播种面积连续减少。二是各地发展工业、房地产业和兴办开发区，出现乱占耕地现象，甚至出现撂荒耕地，使得现有耕地减少。三是由于农产品收购资金不足，出现打白条现象。四是农村乱集资、乱摊派，加重了农民负担，农民务农积极性有所下降。

四、财政平衡困难，财政赤字增加

1992 年前 10 个月，财政收入与上年同期相比增加 14.9%，与此同时，财政支出增加 16.2%。鉴于名义国民生产总值的增长率为 20%，1992 年，政府财政支出和财政收入在国民生产总值中所占份额继续呈下降趋势。除关税之外，大多数税收和非税收入都没有与经济增长同步。大多数财政收入的征收高于或接近预算指标的 80%；国有企业的所得税，仅达到计划指标的 63%。在财政支出方面，政府行政管理费用、企业补贴以及国内债务偿付的开支增长均快于经济增长速度。对国有企业的补贴减少了 5.3%；由于采取了某些价格改革措施，对家庭的价格补贴也减少了 24.9%。1992 年财政赤字为国民生产总值的 3%，比 1991 年财政赤字提高了 0.5 个百分点，比 1992 年的计划数字大约高出 1 个百分点。中国人民银行供应了政府所需资金的 57%，是弥补赤字资金的主要来源；证券市场成为政府赤字融资的第二个来源，占 23%；外国资本提供了政府赤字其余的 20%。政府将大量国库券投放债券市场，使得当年 6 月以后，国库券在二级市场上的价格开始下跌。政府债券价格下跌，反映了经济中强烈的信贷需求和对通货膨胀的预期心理。

1992 · 基本改革思路

建立社会主义市场经济体制

社会主义的本质，是解放生产力，发展生产力，消灭剥削，消除两极分化，最终达到共同富裕。计划经济不等于社会主义，资本主义也有计划；市场经济不等于资本主义，社会主义也有市场。计划和市场都是经济手段。计划多一点还是市场多一点，不是社会主义与资本主义的本质区别。实践的发展和认识的深化，要求我们明确提出，我国经济体制改革的目标是建立社会主义市场经济体制，以利于进一步解放和发展生产力。

20 世纪 80 年代末 90 年代初，国际共产主义运动遭受严重的挫折。1986 年 6 月波兰大选，波兰团结工会上台执政。自此，东欧国家风云突变，出现“多米诺骨牌”效应。1990 年上半年，经过大选或地方选举，绝大多数东欧国家的共产党丧失了政权，由执政党沦为在野党。1991 年苏联“8 · 19”事件后，苏共受到沉重打击，组织上陷于瘫痪，1991 年 12 月 25 日，苏联解体。东欧剧变和苏联解体，对我国怎样发展社会主义、怎样进行经济体制改革提出了新的课题。

我国经济体制改革是在缺乏经验的情况下进行的，由于宏观调控方面的经验不足，在20世纪80年代末期引发了严重的经济秩序混乱、剧烈的通货膨胀和政治危机。经过几年的治理整顿，经济过热现象明显缓解，通货膨胀得到控制，经济秩序明显好转，社会趋于稳定。但是，一些经济生活中的深层次问题仍旧没有得到解决，制约着经济的发展。这也对怎样认识已经进行的经济体制改革和怎样进行经济体制改革提出了问题。

在改革进程中，无论是经济理论界的学者还是政府部门的决策者，在改革的理论与改革政策方面存在着许多分歧和矛盾，并集中体现在是坚持计划经济还是朝着市场经济趋势改革的问题上。20世纪80年代末90年代初，中国报刊刊登了大量诸如《怎样认识社会主义，怎样认识资本主义》《牢固树立社会主义观念》等“社会主义热”的文章，提出“推行资本主义化的改革，还是推行社会主义改革”的问题。所谓资本主义化的改革，“一个是取消公有制为主体，实现私有化；一个是取消计划经济，实现市场化。”一些人把80年代末国际国内发生的问题归结为改革发生了方向性的错误，进而提出改革姓“资”姓“社”的问题，认为市场取向的改革就是走向资本主义，因而要在经济领域反对和平演变。

到1989年下半年，全国登记注册的个体户减少到1234.3万户，从业人员减少到1943.6万人，分别比1988年底下降了15%和15.7%；私营企业从1988年的20万家减少了一半，剩下大约9.06万家。1990年，这个数字几乎没有增加。

1991年2月15日，农历辛未年正月初一，上海《解放日报》刊登署名皇甫平的文章《做改革开放的“带头羊”》。文章说：“抚今忆昔，历史雄辩地证明，改革开放是强国富民的唯一道路，没有改革就没有中国人民美好的今天和更加美好的明天！”“历史和现实已经反复证明，‘何以解忧，唯有改革’。”我们要“以改革开放贯穿全年，总揽全局，建立与国际性经济中心城市相适应的社会主义商品经济新格局。我们的各级干部，要以改革的姿态，振奋精神，敢冒风险，敢为天下先，走前人没有走过的路，做改革开放的‘带头羊’”。之后，《解放日报》又连续发表了署名皇甫平的《改革开放要有新思路》《扩大开放的意识要强些》《改革开放需要大批德才兼备的干部》系列评论文章。

针对皇甫平的文章，北京一些报刊发表了大量批判文章。如《当代思潮》杂志1991年第2期发表题为《改革开放可以不问姓“社”姓“资”吗?》的文章说:“不问姓‘社’姓‘资’，必然会把改革开放引向资本主义道路而断送社会主义事业。”《真理的追求》1991年第7期发表《重提姓“社”姓“资”》一文说：“所谓改革不要问姓‘社’姓‘资’，本来就是‘精英’们为了暗度陈仓而施放的烟幕弹。”《光明日报》1991年8月7日转载《高校理论战线》同年第3期的文章《问一问“姓社还是姓资”》。文章说：“在当代社会主义国家中，把‘改革’当作‘改向’‘改道’，借改革之名，行走资本主义道路之实，不只是一种思潮或理论主张，而是一种实际行动，是活生生的社会现实”等。

这场争论的实质，在于是否坚持十一届三中全会以来的路线、方针、政策，怎样建设社会主义和怎样进行改革的大是大非问题，中国的改革与发展面临着重要的转折关头。

在决定改革走向和改革成败的关键时刻，邓小平从 1992 年 1 月 18 日至 2 月 21 日赴武昌、深圳、珠海、上海等地视察，沿途发表了内容丰富、思想深刻的重要谈话，对关于改革与发展的重大问题作了明确的回答。

第一，邓小平特别强调“一个中心、两个基本点”的路线不能改变。他指出，社会主义的根本任务是解放和发展生产力。社会主义基本制度确立以后，还要从根本上改变束缚生产力发展的经济体制，建立充满生机和活力的社会主义经济体制，促进生产力的发展，这是改革，所以改革也是解放生产力。过去，只讲在社会主义条件下发展生产力，没有讲还要通过改革解放生产力，不完全。应该把解放生产力和发展生产力两个讲全了。要坚持党的十一届二中全会以来的路线、方针、政策，关键是坚持“一个中心、两个基本点”。不坚持社会主义，不改革开放，不发展经济，不改善人民生活，只能是死路一条。基本路线要管一百年，动摇不得。只有坚持这条路线，人民才会相信你，拥护你。谁要改变三中全会以来的路线、方针、政策，老百姓不答应，谁就会被打倒。

第二，邓小平认为，改革开放迈不开步子，不敢闯，说来说去就是怕资本主义的东西多了，走了资本主义道路。要害是姓“资”还是姓“社”的问题。邓小平说：“现在，有右的东西影响我们，也有‘左’的东西影响我们，但根深蒂固的还是‘左’的东西。有些理论家、政治家，拿大帽子吓唬人的，不是右，而是‘左’。‘左’带有革命的色彩，好像越‘左’越革命。右可以葬送社会主义，‘左’也可以葬送社会主义。中国要警惕右，但主要是防止‘左’。把改革开放说成是引进和发展资本主义，认为和平演变的主要危险来自经济领域，这些就是‘左’。”

第三，邓小平进一步提出改革开放的标准，认为判断改革开放的标准不是姓“资”姓“社”，而“应该主要看是否有利于发展社会主义社会的生产力，是否有利于增强社会主义国家的综合国力，是否有利于提高人们的生活水平”。

第四，邓小平提出了改革的目标模式是社会主义市场经济。邓小平说：“社会主义的本质，是解放生产力，发展生产力，消灭剥削，消除两极分化，最终达到共同富裕。”“计划多一点还是市场多一点，不是社会主义与资本主义的本质区别。计划经济不等于社会主义，资本主义也有计划；市场经济不等于资本主义，社会主义也有市场。计划和市场都是经济手段。”“社会主义要赢得与资本主义相比较的优势，就必须大胆吸收和借鉴人类社会创造的一切文明成果，吸收和借鉴当今世界各国包括资本主义发达国家的一切反映现代社会化生产规律的先进经营方式、管理方法。”

有人说，1992 年南方谈话是邓小平的“天鹅之舞”。南方谈话在国际国内政治风波经受严峻考验的重大历史关头，坚持中共十一届三中全会以来的理论和路线，冲破了姓“社”姓

“资”、姓“公”姓“私”的束缚，打破了社会主义与市场经济的对立，明确了社会主义可以并应该搞市场经济，为深化经济体制改革和确立社会主义市场经济体制的改革目标奠定了思想和理论基础。

邓小平南方谈话开启的时代，是经济体制脱胎换骨的时代，这比 80 年代的改革更加深刻更加全面地改变了中国的面貌，因为它以市场经济体制再造了中国。

1992 · 年度改革实践

转换企业经营机制

7 月 23 日，国务院颁发了《全民所有制工业企业法》的实施法规，即《全民所有制工业企业转换经营机制条例》（以下简称《条例》）。《条例》依据《企业法》的立法精神和基本原则，对转换企业经营机制的一些重点环节作出了明确规定，使其具有实用性和可操作性。第一，明确了企业转换经营机制的目标。企业应当适应市场的要求，成为依法自主经营、自负盈亏、自我发展、自我约束的商品生产和经营单位，成为独立享有民事权利和承担民事义务的企业法人。第二，明确了企业的 14 项经营自主权。包括生产经营决策权，产品、劳务定价权，产品销售权，物资采购权，进出口权，投资决策权，留用资金支配权，资产处置权，联营、兼并权，劳动用工权，人事管理权，工资、奖金分配权，内部机构设置权，拒绝摊派权等，并对每项权利的具体内容作出了明确规定。第三，明确了企业自负盈亏的责任。《条例》从明确自负盈亏的主体，企业、厂长、职工的责任，企业亏损的处理，建立企业分配监督机制等几个方面作出了相应的规定。第四，明确了企业进行产品结构和组织结构调整的规定。把企业结构调整明确为转产、停产整顿、合并、分立、解散、依法破产等内容，对各种结构调整的形式及有关权、责、利的处理作了相应规定，并以法规形式给予了相应的扶持和鼓励政策。此外，《条例》还对行使企业所有权的职责，政府职能转变等提出了要求，作出了原则规定。

为促进《条例》的全面贯彻落实，中共中央、国务院又发出了《关于认真贯彻执行〈条例〉的通知》（中发〔1992〕12号文件），进一步对贯彻《条例》提出了具体要求。根据中共中央、国务院的指示精神和统一部署，各地区、各部门把贯彻《条例》列为本地、本部门的中心工作，采取了一系列措施。经过各方面的共同努力，贯彻落实《条例》的工作从1992年下半年起全面展开并取得显著进展，企业生产经营自主权落实状况有了初步改善，自主经营程度有所提高，企业转换经营机制显示出良好的进展势头。

全国进行各种形式的转换企业经营机制改革试点的企业达到8000家左右，试点内容从企业内部改革、企业经营方式改革逐步向企业组织制度和管理体制的配套改革深化，试点形式也呈多样化趋势并不断完善。北京市在抓好国有大中型企业各类改革试点的同时，对一批国有小型企业重点是商业、饮食业、服务业企业，进行了“国有民营”改革试点。

企业劳动、人事、分配三项制度改革

1992 年 1 月 25 日，劳动部、国务院生产办、国家体改委、人事部、全国总工会联合发出《关于深化企业劳动人事、工资分配、社会保险制度改革的意见》指出：党的十一届三中全会以来，企业劳动人事、工资分配、社会保险制度改革取得了一定成效，但从整体上看，企业内部的“铁交椅”“铁饭碗”和“铁工资”弊端没有完全破除，影响了职工主人翁责任感和积极性的充分发挥。深化企业劳动人事、工资分配和社会保险制度改革，在企业内部真正形成“干部能上能下、职工能进能出、工资能升能降”的机制，成为当前转换企业经营机制的重要任务。国务院批转的《国家体改委关于一九九二年经济体制改革要点》也指出，转换企业经营机制，当前最重要的是打破两个“大锅饭”，逐步建立自负盈亏的机制和能高能低的内部分配制度；打破“铁饭碗”，建立能进能出的劳动用工制度；打破“铁交椅”，建立能上能下的干部管理制度；建立企业内部分配和建设投资的约束机制，不断完善激励机制和监督机制。根据两个文件的精神，全国掀起了轰轰烈烈的“破三铁”活动。

各地以企业劳动、人事、分配三项制度改革为突破口，把竞争机制引入企业，努力在企业建立“干部能上能下，职工能进能出，工资能升能降”的机制和相应的制度。据统计，全国进行三项制度改革试点的企业已达 6 万多户，涉及 3000 多万职工，占职工总数的 30%。广东省选择 100 户国有工业企业、100 户国有商业企业和 18 户国有农业企业实行放开经营、放开物价、放开用工、放开分配，深化企业人事、劳动和分配制度的改革试点。上海市有1037家地方预算内国有工业企业、约140万名职工实行了全员劳动合同制和上岗合同制，分别占企业和职工总数的85.9%和91.5%。

完善企业承包经营责任制

1992年，各地通过规范承包方主体及行为，健全承包指标体系和指标测定办法，加强对企业的正常监督和管理，改进工效挂钩办法等措施，使原有的利润承包方式得到进一步完善。在继续完善利润承包的同时，注重企业转换经营机制和保障国有资产保值、增值，一些地方和企业积极探索，创造了多种新的承包方式。许多省市选择部分企业进行了投入产出总承包，比如，吉林省在部分地市的一些企业试行了全员资产承包；深圳市在深圳石化集团等企业试行了剩余收益分配制；江苏省在承包企业中推行了“共保合同制”。这些完善和发展承包经营责任制的改革措施，在进一步发挥原有承包方式激励作用的同时，在克服承包经营企业存在的负盈不负亏、分配过分向个人倾斜、有的企业以包代管、发展后劲不足、国有资产流失等问题方面，获得了积极效果。

扩大“税利分流”试点

1992年，实行“税利分流、税后还贷、税后承包”的试点企业由1991年的2200多家发展到2500多家。试点企业的运行情况表明，实行“税利分流”使国家和企业的利润分配格局趋向稳定，提高了企业上缴国家的比例，在发挥所得税的调节功能，保证财政收入稳定增长，促进企业投资约束机制形成等方面发挥了积极的作用，为正确区分政府作为社会管理者和国有资产所有者两种职能创造了条件。但是，“税利分流”试点也面临着许多困难和问题，主要包括：企业经济效益差，还贷包袱重，对真正实行“税利分流”的承受能力有限；试点企业上缴财政负担过重，普遍高于实行承包经营企业的上缴比例，扩大并推进试点比较困难；企业体制及配套体制改革跟不上，试点企业发展的压力和动力不足。

规范股份制试点发展方向

1992 年，国家体改委会同有关部门制定并陆续公布了《股份制企业试点办法》《股份有限公司规范意见》《有限责任公司规范意见》及股份制企业财会制度、人事管理制度等 14 个引导股份制试点健康发展的配套文件，加强了对试点工作的领导，使试点逐步迈向规范化发展的轨道。

在对原有股份制试点企业进行规范化改造的基础上，1992 年又新批准设立了 400 多家股份制企业。截至 1992 年底，全国股份制试点企业已达 3700 多家，其中有 69 只股票（包括 18 只 B 股）分别在上海和深圳的证券交易所公开上市。国家体改委还会同有关部门选择上海石化总厂等 9 家大型工业企业进行股份制改组和在境内外公开发行股票并到海外上市交易的试点。在以内部职工持股和法人持股为主进行股份制试点的基础上，1992 年公开发行股票和上市交易的股份有限公司逐渐增加，并开始了股票异地上市交易试点，试点企业的选择也逐渐转向大型工业企业。

国务院成立了证券委员会和证券监督管理委员会，加强了对证券市场的统一协调和宏观管理工作。同时，法人股流通试点取得进展，有3只公有法人股在中国证券市场研究设计中心开通的全国证券交易自动报价系统（STAQ系统）上市交易，证券市场进一步发展。

企业组织结构调整

企业兼并发展较快，兼并形式日趋多样化。1992年上半年，仅四川一省，被兼并企业已达2288户，约占全国兼并企业总数的1/4。截止到1992年底，已有1万多家企业被兼并。

在推进企业兼并工作的同时，各地对一些长期亏损、资不抵债的企业进行了破产试点。1989年至1991年，全国各级法院受理的企业破产案合计只有247件，结案124件；1992年1至10月，各级法院受理破产案已达346件，结案146件，其中受理国有企业破产案104件，有45家国有企业已宣告破产。

企业集团的组建和试点工作稳步进行。1992年，国家有关部门在继续抓好57家大型企业集团试点的同时，面上企业集团的规范化也取得进展，对1600多家企业集团进行了管理体制和运行机制的调整，已有431个初步发展成型。试点企业集团的竞争实力不断增强，运行效率逐步提高。

1992 · 重要理论观点

建设有中国特色社会主义的理论体系

在 1992 年 10 月召开的中共十四大上，江泽民所作的《加快改革开放和现代化建设步伐，夺取有中国特色社会主义事业的更大胜利》报告中，提出了建设有中国特色社会主义理论的完整理论体系。从九个方面对建设有中国特色社会主义理论的主要内容进行了阐发：

在社会主义的发展道路问题上，强调走自己的路，不把书本当教条，不照搬外国模式，以马克思主义为指导，以实践作为检验真理的唯一标准，解放思想，实事求是，尊重群众的首创精神，建设有中国特色的社会主义。

在社会主义的发展阶段问题上，作出了我国还处在社会主义初级阶段的科学论断，强调这是一个至少上百年的很长的历史阶段，制定一切方针政策都必须以这个基本国情为依据，不能脱离实际，超越阶段。

在社会主义的根本任务问题上，指出社会主义的本质是解放生产力，发展生产力，消灭剥削，消除两极分化，最终达到共同富裕。强调现阶段我国社会的主要矛盾是人民日益增长的物质文化需要同落后的社会生产之间的矛盾，必须把发展生产力摆在首要位置，以经济建设为中心，推动社会全面进步。判断各方面工作的是非得失，归根结底，要以是否有利于发展社会主义社会的生产力，是否有利于增强社会主义国家的综合国力，是否有利于提高人民的生活水平为标准。科学技术是第一生产力，经济建设必须依靠科技进步和劳动者素质的提高。

在社会主义的发展动力问题上，强调改革也是一场革命，也是解放生产力，是中国现代化的必由之路，僵化停滞是没有出路的。经济体制改革的目标，是在坚持公有制和按劳分配为主体、其他经济成分和分配方式为补充的基础上，建立和完善社会主义市场经济体制。政治体制改革的目标，是以完善人民代表大会制度、共产党领导的多党合作和政治协商制度为主要内容，发展社会主义民主政治。同经济、政治的改革和发展相适应，以“有理想、有道德、有文化、有纪律”为目标，建设社会主义精神文明。

在社会主义建设的外部条件问题上，指出和平与发展是当代世界两大主题，必须坚持独立自主的和平外交政策，为我国现代化建设争取有利的国际环境。强调实行对外开放是改革和建设必不可少的，应当吸收和利用世界各国包括资本主义发达国家所创造的一切先进文明成果来发展社会主义，封闭只能导致落后。

在社会主义建设的政治保证问题上，强调坚持社会主义道路、坚持人民民主专政、坚持中国共产党的领导、坚持马列主义毛泽东思想。这四项基本原则是立国之本，既是改革开放和现代化建设健康发展的保证，又是从改革开放和现代化建设获得新的时代内容。

在社会主义建设的战略步骤问题上，提出基本实现现代化分三步走。在现代化建设的长期过程中要抓住时机，争取出现若干个发展速度比较快、效益又比较好的阶段，每隔几年上一个台阶。贫穷不是社会主义，同步富裕又是不可能的，必须允许和鼓励一部分地区一部分人先富起来，以带动越来越多的地区和人们逐步达到共同富裕。

在社会主义的领导力量和依靠力量问题上，强调作为工人阶级先锋队的共产党是社会主义事业的领导核心，党必须适应改革开放和现代化建设的需要，不断改善和加强对各方面工作的领导，改善和加强自身建设。执政党的党风，党同人民群众的联系，是关系党生死存亡的问题。必须依靠广大工人、农民、知识分子，必须依靠各民族人民的团结，必须依靠全体社会主义劳动者、拥护社会主义的爱国者和拥护祖国统一的爱国者的最广泛的统一战线。党领导的人民军队是社会主义祖国的保卫者和建设社会主义的重要力量。

在祖国统一的问题上，提出“一个国家、两种制度”的创造性构想。在一个中国的前提下，国家的主体坚持社会主义制度，香港、澳门、台湾保持原有的资本主义制度长期不变，按照这个原则来推进祖国和平统一大业的完成。

在建设有中国特色社会主义理论的指导下，我们党形成了社会主义初级阶段的基本路线：领导和团结全国各族人民，以经济建设为中心，坚持四项基本原则，坚持改革开放，自力更生，艰苦创业，为把我国建设成为富强、民主、文明的社会主义现代化国家而奋斗。“一个中心、两个基本点”，是这条路线的简明概括。同这条路线相适应，我们党还形成了包括经济、政治、科技、教育、文化、军事、外交等各方面的一整套方针政策。这条路线和这些方针政策也都要在实践中继续丰富、完善和发展。

建设有中国特色社会主义的理论，是在和平与发展成为时代主题的历史条件下，在我国改革开放和社会主义现代化建设的实践过程中，在总结我国社会主义胜利和挫折的历史经验并借鉴其他国家社会主义兴衰成败历史经验的基础上，逐步形成和发展起来的。它是马克思列宁主义基本原理与当代中国实际和时代特征相结合的产物，是毛泽东思想的继承和发展，是全党全国人民集体智慧的结晶，是中国共产党和中国人民最珍贵的精神财富。邓小平同志对建设有中国特色社会主义理论的创立作出了历史性的重大贡献。

经济体制改革的目标是建立社会主义市场经济体制

中共十四大提出："我国经济体制改革的目标是建立社会主义市场经济体制，以利于进一步解放和发展生产力。我们要建立的社会主义市场经济体制，就是要使市场在社会主义国家宏观调控下对资源配置起基础性作用，使经济活动遵循价值规律的要求，适应供求关系的变化；通过价格杠杆和竞争机制的功能，把资源配置到效益较好的环节中去，并给企业以压力和动力，实现优胜劣汰；运用市场对各种经济信号反应比较灵敏的优点，促进生产和需求的及时协调。同时也要看到市场有其自身的弱点和消极方面，必须加强和改善国家对经济的宏观调控。

社会主义市场经济体制是同社会主义基本制度结合在一起

的。在所有制结构上，以公有制包括全民所有制和集体所有制经济为主体，个体经济、私营经济、外资经济为补充，多种经济成分长期共同发展，不同经济成分还可以自愿实行多种形式的联合经营。国有企业、集体企业和其他企业都进入市场，通过平等竞争发挥国有企业的主导作用。在分配制度上，以按劳分配为主体，其他分配方式为补充，兼顾效率与公平。运用包括市场在内的各种调节手段，既鼓励先进，促进效率，合理拉开收入差距，又防止两极分化，逐步实现共同富裕。在宏观调控上，我们社会主义国家能够把人民的当前利益与长远利益、局部利益与整体利益结合起来，更好地发挥计划和市场两种手段的长处。”

社会主义的本质是解放生产力发展生产力

1992 年，邓小平发表著名的南方谈话指出：“社会主义的本质，是解放生产力，发展生产力，消灭剥削，消除两极分化，最终达到共同富裕。”

“走社会主义道路，就是要逐步实现共同富裕。共同富裕的构想是这样提出的：一部分地区有条件先发展起来，一部分地区发展慢点，先发展起来的地区带动后发展的地区，最终达到共同富裕。”

如何建立社会主义市场经济的新体制

邓小平南方谈话后，社会主义市场经济问题成为 1992 年中国经济理论界的热门话题。中共十四大正式确立“中国经济体制改革的目标是建立社会主义市场经济体制”，成为绝大多数理论工作者和经济工作者的共识，大家围绕如何建立社会主义市场经济新体制，展开了热烈的讨论。

有人认为，应当加快以下三个方面的改革：

首先，要加快企业体制改革，特别是国有企业管理体制的改革。改革的方向，是要使国有企业从吃“大锅饭”，按上级指令生产，转变为面向市场、自主经营、自负盈亏的商品生产经营者。近年来，集体企业、私营企业、“三资”企业都有长足的发展，唯有国有企业总是摆脱不了僵化体制的束缚，经济效益难以提高。国家不能用人为压制非国有经济发展的办法、用高额财政补贴来保住国有企业，根本出路还是让它进入市场，在竞争中增强活力。

其次，要加快发展和培育社会主义市场体系。要大力发展消费品市场和各种生产要素市场，健全市场法规，改进市场管理。特别是要积极理顺价格体系，并转变价格形成机制。价格体系的改革是整个经济体制改革成败的关键，而严格控制社会总需求和货币发行量，保证社会总供求的平衡，是改革不合理的价格体系，理顺经济关系成败的关键。

最后，尽快健全以经济方法为主的宏观计划调控体系。社会主义市场经济不能没有国家的计划指导和宏观调控。计划指导的任务，不是用行政指令直接安排企业的生产经营，而是要抓好经济发展的预测、确定国民经济发展方向和重大战略，努力保持社会供求的总量平衡和结构协调，为微观经济的发展提供一个良好的宏观环境。

有人认为，要建立社会主义市场经济新体制，还要建立既符合市场经济要求又遵守社会主义原则的社会收入分配机制和社会保障制度；宏观调控体系和机制应建立在市场作用的基础上，这方面政府职能的转变是关键，没有这个转变，以上各方面的改革都难以深化。

还有人认为，应当争取在尽可能短的时间内把市场经济的基础结构建立起来。虽然有许多事情要做，但是主要精力应当放到市场经济基础结构的建设方面来。在这方面有着非常繁重的任务，有一系列理论问题和实际问题需要解决。

首先，需要研究和设计具体的目标模式。为了一开始就选择一个比较好的基本框架，必须对现代市场经济的各种类型进行深入的比较研究，以便对各种经济模式下不同经济机制的长短优劣做出恰当的判断，从而建立适合中国特点的市场经济模式。

其次，有必要尽快制定进一步改革的总体规划和各项改革实施方案。随着市场组织的建立，需要制定一整套必要的法规制度，特别是有关企业的立法、维护公平竞争等基本立法工作应当有计划地加紧进行。

最后，要有强有力的指挥中心。如果放任自流，各自搞“自选动作”，会延误整个改革的进度，甚至出现较多的乱子。

此外，有的人在谈到健全宏观调控体系时，还认为必须按照社会主义市场经济的要求建立财政与金融机构既分离又统一的宏观调控体系。要将中国的金融机构从依附于财政部门的状况下解脱出来，使货币的发行量、金融信贷规模不受财政赤字的直接干预或影响，使银行成为真正独立的货币经营者；同时还要建立财政金融一体化的调控机制，以便在经济运行过程中相互交替使用财政政策和金融政策。

1992 · 重要政策法规

1. 劳动部、国务院生产办、国家体改委、人事部、全国总工会《关于深化企业劳动人事、工资分配、社会保险制度改革的意见》，1992 年 1 月 25 日。

2. 国家土地管理局《划拨土地使用权暂行办法》，1992 年 2 月 24 日。

3. 国务院外事办、国家计委、国家体改委、国务院生产办《关于印发国家试点企业集团人员出国（含赴港澳）和邀请来华事项审批的实施办法（试行）的通知》，1992 年 3 月 31 日。

4. 国家工商局、国家体改委、国务院生产办《关于印发国家试点企业集团登记管理实施办法（试行）的通知》，1992 年 5 月 4 日。

5. 国务院批转外经贸部、国务院生产办《关于赋予生产企业进出口经营权有关意见》的通知，1992 年 5 月 11 日。

6. 国家体改委、国家计委、财政部、中国人民银行、国务院生产办《股份制企业试点办法》，1992 年 5 月 15 日。

7. 国家体改委《股份有限公司规范意见》《有限责任公司规范意见》，1992 年 5 月 15 日。

8. 财政部、国家体改委《股份制试点企业会计制度》，1992

年5月23日。

9. 劳动部、国家体改委《股份制试点企业劳动工资管理暂行规定》，1992年6月1日。

10. 财政部、国家体改委《股份制试点企业财务管理若干问题的暂行规定》，1992年6月6日。

11. 物资部、国家体改委《关于股份制试点企业物资供销管理暂行规定》，1992年6月9日。

12. 国家税务局、国家体改委《股份制试点企业有关税收问题的暂行规定》，1992年6月12日。

13. 国家计委、国家体改委《关于股份制试点企业宏观管理的暂行规定》，1992年6月15日。

14. 国家统计局、国家计委、国家体改委、国务院经贸办《国家试点企业集团统计管理实施办法（试行）》，1992年6月22日。

15. 国家审计署、国家体改委《股份制试点企业审计暂行规定》，1992年6月29日。

16. 国家土地局、国家体改委《股份制试点企业土地资产管理暂行规定》，1992年7月9日。

17. 国家国有资产管理局《国有资产评估管理办法施行细则》，1992年7月18日。

18. 国务院《全民所有制工业企业转换经营机制条例》，1992年7月23日。

19. 国家国有资产管理局、国家体改委《股份制试点企业国有资产管理暂行规定》，1992年7月27日。

20. 国家计委、国家体改委、国务院经贸办《关于试点企业集团实行国家计划单列的实施办法（试行）》，1992 年 8 月 1 日。

21. 财政部《关于试点企业集团若干财务问题的暂行规定》，1992 年 8 月 3 日。

22. 国家国有资产管理局、国家计委、国务院经贸办《关于国家试点企业集团国有资产授权经营的实施办法（试行）》，1992 年 9 月 11 日。

23. 劳动部、国家计委、国家体改委、国务院经贸办《关于国家试点企业集团劳动工资管理的实施办法（试行）》，1992 年 10 月 10 日。

24. 中国人民银行、国家计委、国家体改委、国务院经贸办《国家试点企业集团建立财务公司的实施办法》，1992 年 11 月 13 日。

25. 国务院《关于〈企业财务通则〉〈企业会计准则〉的批复》，1992 年 11 月 16 日。

26. 国务院《关于进一步加强证券市场宏观管理的通知》，1992 年 12 月 17 日。

27. 国家国有资产管理局、财政部、中国人民银行《股份制试点企业国有股股利收缴管理办法》，1992 年 12 月 25 日。

1992 · 年度热点纪实

第三次商潮

20 世纪最后 20 年，中国大地曾经历了三次经商热潮。滥觞于 1984 年的“经商潮”，曾以行政的“整顿”而偃旗息鼓；1987 年出现的第二次经商潮，又以“治理整顿”使其寿终正寝。继 1984 年和 1987 年两次经商办公司热潮之后，1992 年，随着邓小平的南方谈话，华夏大地再次卷起第三次经商浪潮。

机关干部投身“商海”成为时尚。企事业单位职工从事第二职业形成热潮。北京市工商局 1992 年 5 月发出《通知》规定，企事业单位，逐步向经济实体过渡的行政单位在职人员，经本人所在单位同意，可以在业余时间从事便民服务项目的经营活动。《通知》发出 3 个月，全市已向从事第二职业者发放营业执照和市场经营许可证 1100 多个。

过去被人们视为不务正业的经纪人又成了商品流通中的“红娘”。据江西余江县的调查，1992 年前 9 个月，经县内 500 名经纪人牵线搭桥，就向省内外推销生猪、花生、洗菜等农副产品 600 多吨，成交额达 800 多万元，平均每月撮合成大小生意 1000 多宗。

权威部门的统计证实，到 1992 年 6 月底，全国公司已达 30.4 万户，比上年同期增长 22.5%。若加上分支机构，全国公司不下81.96万户。这个数字，是1987年第二次“公司热”时的两倍多。

百业兴商，商战正酣。商潮之下，大量干部、业务骨干在企业正值用人之时，却纷纷“跳槽”到“三资企业”、集体私营企业，或干脆干个体。成为国有商业企业一本难念的经。

北京市百货大楼，两年前刚实行全员劳动合同制改革时，总经理曾高兴地宣布：大楼99%的职工都签订了1年至5年的合同，由此看出大楼还是有凝聚力的。然而，时间的车轮尚未转过两年，这家商店却发出了“人才大量外流”的呼吁：1991年至1992年6月底，全店就调出158人。商店被迫于1992年7月冻结人事，不想9月1日刚“解冻”，两天内又有20多人交了违约金辞职。

再次涌起的经商办公司热潮，引起了社会各界的广泛关注。众说纷纭，毁誉参半。

那么，面对汹涌澎湃而来的第三次商潮，是一如既往地“堵”“禁”呢？还是自由放任，抑或正面疏导呢？“堵”、“禁”、放任均是下策，只有因势利导，把人们的经商热情纳入公平竞争的轨道，才是可行的选择。

中共中央决定，党政机关和国家干部不得从事第二职业，经商办企业必须与原有职业彻底脱钩。国务院有关社团发展企业的具体规定正在酝酿中……

上海市提出市级机关改革设想：将全市14个工业管理局全部撤销，通过成立行业控股公司、国有资产管理部门、行业协会等形式对企业实行监督、协调、服务，把国有企业推向市场，让其在竞争中发展壮大，这就从根本上防止了商潮对国有经济的冲击。

不少地区明确宣布：只允许涉农部门围绕本地主导产业，兴办以服务为宗旨、集管理服务经营为一体的开发性服务实体。目前有的实行“一套人马、两块牌子”，只是一个过渡形式，待条件成熟时，要与政府部门脱钩。

通过这些疏导措施，把大量从事第二职业的活动从“地下”转到“地上”，以便使这些经营活动进入政府法制化管理轨道。让再次兴起的经商办公司热潮，有法可依，有章可循。

“破三铁”冲击波

1992 年初，国有企业掀起了一股以“破三铁”（“铁饭碗”“铁工资”和“铁交椅”）为中心的企业劳动、工资和人事“三项制度”改革热潮。

所谓“三铁”，是对我国传统体制下的国有企业劳动、工资和人事制度特点的形象概括：劳动用工制度的计划化和固定化，形成了“铁饭碗”；工资分配制度的统一化和刚性化，形成了“铁工资”；企业人事制度的资历化和终身化，形成了“铁交椅”。“三铁”的弊病集中表现为不能调动企业全体人员的积极性，不能使企业充满生机活力。

1992 年，随着治理整顿工作接近尾声，企业内部的改革被提上了议事日程。这年 1 月 25 日，国家劳动部、国务院生产办、国家体改委、国家人事部和中华全国总工会联合发出了《关于深化企业劳动人事、工资分配、社会保险制度改革的意见》。意见指出：党的十一届三中全会以来，企业劳动人事、工资分配、社会保险制度改革取得了一定成效，但从整体上看，企业内部的“铁交椅”“铁饭碗”和“铁工资”弊端没有完全破除，影响了职工主人翁责任感和积极性的充分发挥。深化企业劳动人事、工资分配和社会保险制度改革，在企业内部真正形成“干部能上能下、职工能进能出、工资能升能降”的机制，成为当前转换企业经营机制的重要任务。根据《意见》精神，全国掀起了轰轰烈烈的“破三铁”活动。

“破三铁”改革从一开始就真正触动了几乎所有职工的切身利益，这在中华人民共和国成立以来还是破天荒的第一次。“三项制度”改革的声势很大，来势很猛，据对全国23个省（市、自治区）的统计，到1992年2月底，进行劳动用工制度改革的企业达到3.9万余户，职工1730万人，占职工总数的17.3%。但这项改革涉及成千上万职工的切身利益，如阵阵冲击波，在国有企业中激起强烈反响。即使在大多数真心拥护改革的职工中，也难免心态各异，反应不一，感情上很难转过弯来。

“三项制度”改革的初衷，是打破企业的“铁饭碗”“铁工资”和“铁交椅”。通过改革，以建立合理的劳动用工制度、工资分配制度和企业人事制度。但这种改革实施起来却相当困难。原因如下：

首先，在当时的情况下，“三铁”赖以生存的计划经济体制并未完全消除。“三铁”是计划经济的产物，在计划经济体制完结之前，要“破三铁”是很困难的。我国正处在从计划经济向市场经济的过渡期，但计划经济还扮演着重要的角色。职工还不能自由流动，自由选择职业；企业还承担着稳定社会的职能，因而不能自行裁员。在这样的体制下，要真正实现“职工能进能出，工资能升能降，干部能上能下”是十分困难的。

其次，与“破三铁”相关的政府机构改革并未跟上，更未先行。企业“破三铁”，无论是职工还是企业干部，意见都很大，因为他们盯着政府机关，在很多人看来，如果说企业的饭碗、工资和交椅是铁的，那么政府机关的饭碗、工资和交椅则是金的了。既然你那“金”的都不打破，为什么却要来打破我这“铁”的呢？因此，有人认为，“破三铁”是端着“金饭碗”的人来砸别人的“铁饭碗”。要破企业的“三铁”，首先得破政府机关的“三金”。

再次，“破三铁”所要求的社会心理基础没有形成。过去我们曾为拥有“三铁”而自豪，称赞它们是体现社会主义制度优越性的重要内容。现在忽然间要推倒它们，群众接受不了，企业领导接受不了，主管部门也不敢贸然行事。在“破三铁”中，尤其是失业，无论对哪一方都是非常敏感的问题。

最后，真正造成“破三铁”改革无法继续深入的直接原因，是配套改革措施跟不上，特别是社会保障制度不健全。“优化组合”下来的大量富余职工，政府的政策是“以企业自我消化为主”，但是相当一部分企业，就是因为生产经营状况不好、开工不足才产生的富余人员。现在人员“优化”下来了，还是找不到岗位。结果“优化”下来的大量富余职工仍然沉积在企业内部，最终导致“破三铁”的破产。

“破三铁”失败的教训说明，在改革条件尚不具备时，“硬改”不可能达到预期目的，而且最终要伤害改革。在社会保障制度尚未普遍建立，企业办社会的包袱尚未卸掉，大量的企业冗员远非一个“劳动力市场”所能消化的情况下，由于“破三铁”带来的震动，职工、政府、社会都难以承受而无法在较大范围实际推开，只是搞几个企业作为“典型示范”，企业的包袱仍由政府背起来，并不具有普遍意义。

1992·年度改革大事

1月12日　国务院总理李鹏在全国经济体制改革会议上指出，今年改革的重点是转换国有工业企业经营体制，使企业成为自主经营、自负盈亏，面向市场的经济实体。

1月18日至2月21日　邓小平视察武昌、深圳、珠海、上海等地，发表著名的南方谈话。邓小平的论断为深化经济体制改革和确立社会主义市场经济体制奠定了思想和理论基础。

1月25日　劳动部、国务院生产办、国家体改委、人事部、全国总工会联合发出《关于深化企业劳动人事、工资分配、社会保险制度改革的意见》。意见指出，深化企业劳动人事、工资分配和社会保险制度改革，在企业内部真正形成“干部能上能下、职工能进能出、工资能升能降”的机制。

2月12日　据《人民日报》报道，各地进行转换经营机制改革的试点企业已超过1000家。

2月19日　国务院批转国家体改委制定的《关于一九九二年经济体制改革要点》。《要点》指出：1992年经济体制改革的重点是贯彻落实《中华人民共和国全民所有制工业企业法》，转换企业经营机制，有步骤地把企业推向市场。

2 月 29 日至 3 月 4 日　国家体改委、国务院生产办联合在深圳召开股份制企业试点工作座谈会。

3 月 9 日至 10 日　中共中央政治局在北京召开全体会议，讨论中国改革和发展的若干重大问题。会议要求：全党同志特别是各级领导干部，认真学习邓小平关于建设有中国特色的社会主义的一系列重要论述，进一步提高全面贯彻执行党的基本路线的自觉性。

3 月 20 日至 4 月 3 日　七届全国人大第五次会议在北京召开。会议宣布：我国目前的经济状况表明，治理整顿的主要任务已经基本完成，治理整顿作为经济发展的一个特定阶段可以如期结束。

4 月 24 日　国务院发出《国务院批转全国企业管理干部培训工作领导小组关于对国营企业领导干部进行岗位任职资格培训意见的通知》。

4 月 28 日　国务院批转国家体改委、国务院生产办《关于股份制企业试点工作座谈会情况报告》的通知，指出，股份制企业试点工作是一项政策性强、涉及面广的重要改革，因此必须加强领导，严格按照规范化的要求进行。

5 月 12 日　国务院生产办、国家教委和中国科学院联合发出通知，要在全国建立国有大中型工业企业与高等院校、科研机构之间密切而稳定的交流与合作制度，逐步形成“产学研”共同发展的运行机制，探索一条适合中国国情的科技与经济密切结合的道路。

5 月 15 日　国家体改委、国家计委、财政部、中国人民银行、国务院生产办印发《股份制企业试点办法》。该办法是中华人民共和国成立以来第一个关于股份制试点的全国性文件。国家体改委会同有关部门制定了《股份有限公司规范意见》和《有限责任公司规范意见》。

5 月 16 日　中共中央政治局会议通过《中共中央关于加快改革，扩大开放，力争经济更好更快地上一个新台阶的意见》。

5 月 22 日　邓小平在北京市负责同志陪同下，前往首都钢铁公司视察，并发表重要讲话。他指出，要解放思想，换脑筋，要解决把大中型企业搞活这个问题，要学习首钢的经验。

6 月 9 日　江泽民在中央党校省部级干部进修班上作《深刻领会和全面落实邓小平同志的重要谈话精神，把经济建设和改革开放搞得更快更好》的讲话，提出我国经济体制改革的目标是建立“社会主义市场经济体制”。

6 月 21 日　国务院发出通知，撤销国务院生产办公室，并在其基础上成立国务院经济贸易办公室；主任由朱镕基副总理兼任。

7 月 1 日　朱镕基谈关于制定转换企业经营机制条例的问题，谈了三点意见：明确方向，分期达标；划分权责，转变职能；定出方向，依法治厂。

7 月 23 日　国务院颁发《全民所有制工业企业转换经营机制条例》，提出企业转换经营机制的目标是：使企业适应市场的要求，成为依法自主经营、自负盈亏、自我发展、自我约束的商品生产和经营单位，成为独立享有民事权利和承担民事义务的企业法人。

同日，国务院批转国务院经贸办、国家体改委《关于进一步扩大首钢自主权改革试点的报告》。决定赋予首钢投资立项权、外贸自主权和资金融通权。

8 月 1 日　国家计委、国家体改委、国务院经贸办印发《关于试点企业集团实行国家计划单列的实施办法（试行）》。

8 月 3 日　财政部颁发《关于试点企业集团若干财务问题暂行规定》。

9 月 5 日　中共中央、国务院发出《关于加强对固定资产投资和信贷规模进行宏观调控的通知》，针对固定资产投资增加较猛，银行货币、信贷投放增长过快等情况，提出了有关调控措施。

9 月 11 日　国家国有资产管理局、国家计委、国家体改委、国务院经贸办发出《关于印发国家试点企业集团国有资产授权经营的实施办法（试行）的通知》。

9 月 17 日　据《人民日报》报道，经国务院有关部门审定，至 1991 年底，全国大型企业共有 3518 户，其中特大型企业 123 户。

10 月 10 日　劳动部、国家计委、国家体改委、国务院经贸办发出《关于国家试点企业集团劳动工资管理的实施办法（试行）的通知》。

10 月 12 日至 18 日　中国共产党第十四次全国代表大会在北京举行。江泽民作《加快改革开放和现代化建设步伐，夺取有中国特色社会主义事业的更大胜利》的报告。报告确定我国经济体制改革的目标是建立社会主义市场经济体制，提出用邓小平同志建设有中国特色社会主义理论武装全党。

10 月 15 日　中共中央、国务院发出《关于认真贯彻执行〈全民所有制工业企业转换经营机制条例〉的通知》。

11 月 12 日　中国人民银行、国家计委、国家体改委、国务院经贸办颁发《关于国家试点企业集团建立财务公司的实施办法》。

11 月 30 日　经国务院批准，财政部发布《企业财务通则》和《企业会计准则》，这是我国财务会计管理制度的重大改革。

12 月 18 日　据新华社讯，从 1993 年起，劳动部不再下达指令性的职工人数、工资总额和技工学校招生等计划指标，普遍实行动态调控和弹性工资计划。

12 月 21 日　据《人民日报》报道，我国物资供应系统基本实现由计划分配向经营型转变，国家按指令性计划分配的物资品种由 1980 年的 837 种减少到 72 种，1992 年主要物资的市场销售比重都在 80% 以上。

12 月 22 日　据《人民日报》报道，首钢开办华夏银行，这是我国第一家由工业企业开办的商业银行。

本年度主要参考资料：

1. 中国经济年鉴编委会．中国经济年鉴（1993）[M]．北京：中国经济年鉴社，1993. 12.

2. 国家经济体制改革委员会．中国经济体制改革年鉴（1993）[M]．北京：改革出版社，1993. 12.

3. 马洪，孙尚清．中国经济形势与展望（1990—1991）［M］．北京：中国发展出版社，1991.6.

4. 马洪，孙尚清．中国经济形势与展望（1992—1993）［M］．北京：中国发展出版社，1993.4.

5. 华而诚．中国经济的软着陆[M]．北京：中国财政经济出版社，1997.8.

6. 董辅礽．中华人民共和国经济史（下卷）［M］．北京：经济科学出版社，1999.9.

7. 邓小平．邓小平文选（第三卷）［M］．北京：人民出版社，1993.10.

8. 尹永钦，杨峥晖．巨变：1978年—2004年中国经济改革历程[M]．北京：当代世界出版社，2004.5.

9. 中华人民共和国国史全鉴编委会：中华人民共和国国史全鉴·第六卷（1989—1996）［M］．北京：团结出版社，1997.5.

10. 潘岗．全国山河一片"红"［M］．北京：团结出版社，1993.10.

11. 杨时旺．关于深化工资改革的基本思路[J]．管理世界，1992(03).

12. 要力石．企业三项制度改革的冲击波[J]．瞭望新闻周刊，1992(06).

13. 冯宗容，游光中．中国近现代经济热点及重大事件[M]．北京：中国经济出版社，1995.3.

14. 高尚仝，王梦奎，禾村．中国改革开放大事典（上、下卷）［M］．北京：北京工业大学出版社，1993.10.

15. 中华人民共和国国史大辞典编委会．中华人民共和国国史大辞典［M］．哈尔滨：黑龙江人民出版社，1992.11.

16. 中共十一届三中全会以来大事记[N]．人民日报，2003-10-10.

17. 中国集团公司促进会．国有企业改革政策演变[M]．北京：中国财政经济出版社，2003.1.

18. 中国共产党80年大事记[EB/OL]．人民网，2001-06-12.

1993 年

1993 · 年度经济背景

经济高速增长，年末开始实施“软着陆”

伴随着 1992 年经济的高速全面发展，到年末，国民经济某些领域的过热苗头再度出现。进入 1993 年，经济过热继续呈加剧趋势，经济运行中出现了各种困难和矛盾。

一是货币投放过量，金融秩序混乱。1992 年下半年到 1993 年上半年，全国银行系统净拆出资金 1000 多亿元，社会集资超过 1000 亿元。银行存款增长缓慢，1 月至 5 月城乡居民储蓄存款增加 912 亿元，比上年同期减少 226 亿元，有些银行甚至出现存款绝对数额下降的现象。各项贷款减少 262 亿元，地方企业和政府在金融体系以外的“集资”成为基建投资的主要资金来源。专业银行备付金比率普遍达不到规定的最低水平，不少地区出现支付困难。外汇调剂市场一度到 1 美元兑换 11 元多人民币。现金比上年同期多投放 550 亿元，是历史上同期投放最多的时期。因为经济快速增长，拉动现金过量投放，并引发了乱集资和乱拆借的现象，金融秩序混乱，造成一部分银行信贷资金体外循环，金融形势十分严峻。

二是投资和消费需求出现膨胀趋势。按照名义值计算，国有单位固定投资的增长在一季度达到 70.7%，按实际值计算约为40%，占投资总额的2/3。地方国有单位固定投资的名义值增长 80.9%，几乎是中央国有单位增长速度的两倍。固定投资总额的2/3 在沿海地区，固定投资翻了一番多的有广东、浙江、广西、海南和云南 5 个省份，大多数内陆和中西部省份的投资增长率虽然低于全国平均水平，也在 30%~40% 之间。交通运输、房地产、邮政、电讯等部门是投资增长最快的领域。上半年国有单位固定资产投资比上年同期增长 70.6%；银行工资性现金支出和对个人其他现金支出增长 36.7%；行政企事业管理现金支出增长 90%，都大大超过经济增长的幅度。

三是财政困难状况加剧。财政收入出现连续几个月下降的状况，1 月至 5 月，国内财政收入比上年同期下降 2.2%，而财政支出比上年同期增长 15.9%，收支相抵仅结余 11 亿元，比上年同期少结余 206 亿元。

四是工业增长速度越来越快，基础设施和基础工业的“瓶颈”制约进一步强化。按照实际值计算，一季度工业生产的增长速度高达 22.4%。其中集体企业和合资、私营企业的生产增长分别为 43.6% 和 71.5%，国有企业的生产仅增长了 8.7%。东部沿海的江苏、广东、福建、浙江、山东和安徽六省占一季度工业生产增长的 1/4，6 月当月全国的工业增幅达 30.2%。交通运输特别是铁路运输十分紧张，一些干线限制口的通过能力仅能满足需求的 30%~40%。电力、油品供需缺口越来越大，有的地方又出现“停三开四”现象。钢材、水泥、木材等建筑材料由于供需矛盾突出，价格上涨较猛。

五是出口增长乏力，进口增长过快，国家外汇结存下降较多。据海关统计，1 月至 5 月出口总额比上年同期增长 8.2%，进口总额增长 26.9%。截至 6 月 10 日，国家外汇结存 193 亿美元，比上年同期减少 56 亿美元。

六是物价上涨越来越快，通货膨胀呈加速之势。从 1992 年 10 月开始，物价上涨幅度逐月加快，到 1993 年 1 月上涨幅度达到 8.4%，3 月开始突破两位数，为 10.2%，6 月达到 13.9%。加上服务项目涨价较快，6 月全国居民生活费用价格指数上涨幅度已达 16.6%。上半年生产资料价格指数比上年同期上升 44.7%。

为此，党中央和国务院果断地采取了加强宏观调控的一系列措施，1993 年 4 月 1 日，中央召开经济情况通报会，要求各地积极、正确、全面地领会邓小平同志重要谈话和党的十四大精神，把解放思想同实事求是统一起来，既要抓住机遇，加速发展，又要注意稳妥，避免损失，特别是避免大的损失。

1993 年 6 月 24 日，中共中央、国务院联合发出《关于当前经济情况和加强宏观调控的意见》，以整顿金融秩序为重点，提出了 16 条措施：

第一，严格控制货币发行，稳定金融形势。全年货币发行量要控制在 1500 亿元，作为 1993 年宏观调控的首要目标。各家银行和金融机构要严格执行现金管理规定，严肃结算纪律。各家银行的大额汇款一律通过电子联行和人民银行联行办理转汇，做到事先清算汇差资金，确保汇入款项的及时解付。

第二，坚决纠正违章拆借资金。人民银行停止对非银行金融机构发放贷款，已经发放的贷款限期收回。1993 年内暂停银行对非银行金融机构的资金拆出，严禁非金融机构参与资金拆借。各级各类银行要在规定限期内完成全面清理拆借的工作，对在 1993 年 8 月 15 日以前，未能收回的违反规定的拆出资金和以拆借名义用于其他方面的资金，要逐笔登记造册，说明原因提出处理意见。

第三，灵活运用利率杠杆，大力增加储蓄存款。加强利率管理，严格执行人民银行公布的法定利率，不得在规定的利率水平和浮动的幅度之外收取手续费或变相提高利率。对违反利率规定的，要认真查处。

第四，坚决制止各种乱集资现象。各地区、各部门对 1992 年以来进行的未经授权部门批准的各种形式集资进行全面清理，集资利率不得超过国家有关规定。

第五，严格控制信贷总规模。强化中央银行对全社会信贷总规模的宏观控制，各家银行和非银行金融机构要严格按照人民银行总行下达的年度信贷计划执行，未经批准不得突破，并按季监控，按月考核。

第六，专业银行要保证对储蓄存款的支付。各专业银行总行要在全国范围内统一调度资金，任何地方、部门不准干扰专业银行为保证支付而进行的资金调度。

第七，加快金融改革步伐，强化中央银行的金融宏观调控能力。将贷款规模的调剂权集中到人民银行总行，取消人民银行省级分行 7% 的贷款规模调剂权。人民银行、专业银行和商业银行兴办的非金融机构和其他经济实体要与银行彻底脱钩，首先在人事、财务和资金方面完全脱钩。

第八，投资体制改革要与金融体制改革相结合。从改革投资体制入手，逐步实现政策性金融与商业性金融相分离。组建国家长期开发信用银行、出口信贷银行等政策性银行，专门承担政策性投融资和贷款任务。

第九，限期完成国库券发行任务。作为一项政治任务，要求各地区、各部门必须在 7 月 15 日以前完成国库券发行任务。

第十，进一步完善有价证券发行和规范市场管理。各地区、各部门必须严格执行国家下达的股票、债券等证券发行计划，不得擅自突破（包括股票发行的试点企业个数）。已经批准股票境外上市的上海石化总厂等 9 家大企业，要继续做好各项准备工作，保证顺利上市。

第十一，改进外汇管理办法，稳定外汇市场价格。加强对出口收汇的监督管理，加强结汇纪律，提高出口结汇率，完善外汇上缴办法，保证中央必要的外汇需要。

第十二，加强房地产市场的宏观管理，促进房地产业的健康发展。所有房地产开发公司都要承担 20% 以上的微利居民住宅建设任务。购地后一年内投入的开发资金不足购地费 25% 的，要收回土地。金融机构和土地管理部门一律不得开办开发经营房地产的公司，已开办的要限期脱钩。

第十三，强化税收征管，堵住减免税漏洞。各地方超越权限自行制定的减免能交基金、预算调节基金和其他各项减免税政策，一律先停止执行，再由上级税务部门逐项审核后作出处理。各地方如因擅自减免而未完成“两金”上缴任务的，中央财政要相应扣减地方“两金”分成收入。从 8 月开始，由国务院组织全国财税大检查，重点检查偷漏税、越权减免税和“两金”等方面的问题。

第十四，对在建项目进行审核排队，严格控制新开工项目。对不符合国家产业政策、资金来源不落实、建设条件不具备、市场前景不明的项目，特别是高档宾馆、写字楼、度假村等，要下决心停缓建。新开工基本建设大中型项目，必须经国务院批准后方能开工。

第十五，积极稳妥地推进物价改革，抑制物价总水平过快上涨。

第十六，严格控制社会集团购买力的过快增长。下半年各地区、各部门会议经费要在年初预算基础上压缩 20%。对非生产性的社会集团单位购买小汽车，下半年原则上暂停审批。对行政事业单位和亏损企业，以及拖欠税款和没有自有专用基金的企业，一般暂停购买小汽车。

上述 16 条宏观经济稳定措施构成了一整套经济稳定与调整政策措施的框架，后来又细化为一系列具体的政策主张。

金融措施包括以下六点：

1. 两次提高银行存、贷款利率和国库券利率。在 5 月 14 日定期储蓄存款利率平均提高了 2.18 个百分点，贷款利率平均提高 0.82 个百分点的基础上，7 月 11 日，定期储蓄存款又平均上调 1.72 个百分点，贷款利率也平均上调 1.38 个百分点，并对三年期以上的定期存款实行保值。与此同时，财政部也两次提高了国库券的利率。从3月1日起，三年期国库券利率从10%提高到12.52%，五年期国库券利率从11%提高到14.06%；7月11日，财政部又提高了1992年和1993年发行的三年期和五年期国库券的利率，并且对两者都实行了保值。

经过两次名义利率上调，虽然三年期以下储蓄存款的实际利率仍然是负数，但提高利率缩小了银行存款与其他可供选择投资间的收益差，使银行存款成了一种更有吸引力的储蓄形式。

2. 命令所有专业银行在1993年8月15日前收回超过中国人民银行规定放款最高限额的贷款。

3. 命令所有专业银行检查自己向非金融机构的同业放款，收回非法贷款。从1993年三季度以后，国务院提出“堵邪路、开正门”的对策，向企业注入大量流动资金贷款，扶助企业渡过难关，避免了经济的大起大落。

4. 将银行的政策性贷款从商业性贷款中分离出来。

5. 加强中国人民银行，使其担负起中央银行的职责。

6. 按照国家的规定将股份制公司在股票市场上挂牌上市。

财政措施包括：

1. 削减20%的行政费用。

2. 要求所有地区在7月15日前完成国库券的销售工作。

投资计划措施包括：

1. 重新审查地方批准建设的开发区。

2. 削减基建投资。

3. 增加交通运输部门投资。

其他措施还有，改革外汇留成制度；停止用打白条的形式支付购买农民粮食的费用；停止地方向企业和农民的乱收费和摊派集资活动；向 20 个省和自治区派遣检查组，检查金融纪律情况；在年底前停止出台可能造成物价上涨的新价格改革措施。

16 条宏观经济稳定措施的实施取得了积极的效果，在制止经济过热和实现经济“软着陆”方面起到了决定性的作用。从 7 月起，宏观经济开始逐渐降温。

金融方面，从 7 月末开始已经制止了金融秩序恶化的势头，到 8 月中旬，国有银行体系收回了大约 727 亿元的违规发放贷款。两次利率上调，促使居民储蓄存款强劲增长，从 6 月的 22.5% 上升到 9 月的 27.8%。货币增长率从 6 月的 54.1% 下降到 9 月的 42.6%；M_1 从 6 月的 34.2% 下降到 9 月的 20.4%。6 月到 9 月，银行的备付金率上升了 2 个百分点，9 月底达到 7.2%。

财政方面，6 月以后，财政状况迅速改观，财政收入从上半年 1.4% 的增长率，上升到 7 月的 20.6%，8 月的 30.4%；财政支出从上半年的 12.5%，7 月下降了 1.4%，8 月上升了 6.2%，而上半年的增长率则是 12.5%。

投资方面，到 9 月，国有单位的投资率从 6 月的 73.7% 的最高峰降到了 56.5%；商业性住房建设的投资率从上半年的 143.5% 跌到三季度的 26.7%。

销售方面，三季度消费品零售额的增长从 28.4% 降到 23.3%，扣除 9 月 14.4% 的零售物价指数，实际零售额的增长率大约为 8%。

生产方面，工业生产增长率从6月的最高峰30.2%，下降到9月的19.1%，三个月内下降了11.1个百分点，其中国有单位的降幅最大，9月的增长率仅为6.8%，只有6月增长率的一半。由于国有企业的表现不佳，“三角债”又有重新出现的迹象。

物价方面，农业和工业原材料呈周期性波动的价格膨胀率在6月达到52.9%的高峰后，7月和8月分别降到了45%和42%，三个月下降了26%。到9月，最终产品和服务的价格开年以来首次下降。零售物价指数降到14.4%，生活费用指数膨胀率降到了15.7%，而35个城市的生活费用指数降到了20.7%。

到年末，全年国内生产总值达到31380亿元，剔除价格上涨因素，比上年增长13.4%。其中，第一产业增长4%，第二产业增长20.4%，第三产业增长9.3%。

全年粮食总产量45644万吨，比上年增加1378万吨，油料总产量1761万吨，比上年增加120万吨，均创历史最高纪录。但是，棉花、糖料由于播种面积减少和自然灾害的影响，产量分别比上年下降了16.6%和13.5%。肉类总产量比上年增长10.2%；水产品产量增长14.6%。

全年共完成工业增加值14140亿元，比上年增长21.1%；其中，重工业增长22.2%，轻工业增长19.9%。工业经济效益综合指数为96.61%，比上年提高了7.16个百分点。全国乡及乡以上工业企业实现利税总额比上年增长36.8%，其中实现利润增长62.4%。

全社会固定资产投资完成 11829 亿元，比上年增长 50.6%，扣除价格因素，实际增长 22%。其中，国有单位投资 8321 亿元，增长 57.8%；集体所有制单位投资 2092 亿元，增长 53.9%；城乡居民个人投资 1416 亿元，增长 15.8%。在国有单位投资中，基本建设投资完成 4647 亿元，增长 54.2%；更新改造投资完成 2129 亿元，增长 50.1%。为了尽快缓解国民经济发展的“瓶颈”制约，较大幅度地增加了交通运输、邮电通信业投资，使其在国有单位投资中的比重，由上年的 14.7% 上升到 20.2%。

全年社会消费品零售总额 12237 亿元，比上年增长 26.1%，扣除价格因素，实际增长 11.6%。其中，城市增长 31.2%，农村增长 19.5%。

全年城镇居民人均生活费收入 2337 元，扣除价格因素，比上年增长 10.2%；农村居民人均纯收入 921 元，扣除价格因素，增长 3.2%。全年城乡居民储蓄存款新增 3218 亿元，比上年增长 27.9%；随着金融投资意识的增强，居民持有的股票、债券等金融资产也有较多增加。

全年共完成进出口总额 1958 亿美元，比上年增长 18.2%，占世界贸易总额的比重由上年的 2.2% 提高到 2.6%。其中，出口总额 918 亿美元，增长 8%；进口总额 1040 亿美元，增长 29%。年末国家现汇结存 212 亿美元，比上年同期增加 17.6 亿美元。

但由于宏观经济稳定措施实施的时间不长，所取得的成效也只是初步的，经济生活中还存在着许多矛盾和问题。一是各地区国内生产总值的增长速度居高不下。1992 年全国国内生产总值增长速度超过 20% 的仅有 4 个省市，到 1993 年，有 20 个省市的增长速度在 20% 以上。其中，浙江、安徽、福建、山东、广东、海南六省市的速度分别达到 25%、25%、25.4%、24.2%、21% 和 22.8%。二是物价上涨幅度较高。与上年相比，全社会消费品零售物价总水平上涨 13%，35 个大中城市职工生活费用价格指数上涨 19.6%，农村物价上涨 10%，工业品出厂价格指数及投资品价格指数也都在 25% 以上。因此，国内生产总值中的价格因素影响成分比重增加，在新增国内生产总值中由于价格因素使国内生产总值新增加了 4100 亿元，占国内生产总值新增价值 7018 亿元的 58.4%，而国内生产总值实际增长带来的新增价值为 2918 亿元，占新增价值的 42.6%，也就是说，在国内生产总值的新增价值中，有一半以上是由于价格因素带来的。三是固定资产投资仍然过高。全社会固定资产投资 11829 亿元，比上年增长 50.6%（扣除价格因素，实际工作量增长 22%）。四是工业经济效益总体水平仍然不高。由于上半年工业生产高速增长，生产资料价格大幅度上扬，工业经济效益的提高带有明显的“速度效益型”特征。下半年工业生产速度回落，加之实行新的财会制度，工业经济效益增幅明显回落，企业亏损面扩大，亏损额大幅度增加。全年全国预算内工业企业实现利润由上半年的增长 162.9%，下降到年末的 99.4%，回落 63.5 个百分点；企业亏损面比上年同期扩大 7.3 个百分点，亏损额比上年同期增长 7.2%。

1993 · 年度改革实践

全面实施企业财务“两则”

从 1993 年 7 月 1 日起，我国企业正式实行《企业财务通则》和《企业会计准则》（以下简称“两则”）。“两则”的贯彻实施，统一了各类企业的财务制度和会计制度，实现了企业财务和会计制度的模式转换，既接近国际惯例，又适合中国国情。

与过去的企业财务和会计制度相比，“两则”具有以下特点。

一是建立了资本金制度，体现了资本保全和资本完整原则。《通则》明确制定了资本金制度，即企业筹集的资本金，企业依法享有经营权，在企业经营期内，投资者除依法转让外，不得以任何方式抽回。此规定，既明确了产权关系，也保护了投资者的利益。

二是改革了固定资产折旧制度，促进了企业技术进步。《通则》中具体规定：企业提取的固定资产折旧计入成本（费用），不冲减资本金；固定资产划分为生产经营类和非生产经营类；企业的固定资产报废、毁损、盘盈、盘亏、转让等其净收益和净损失，作营业外损益处理；企业法定财产重估确认价值与账面净值的差额，不再调整资本金，作为资本公积处理；折旧方法既沿用直线折旧法，又可选用快速折旧法，改以往的综合折旧为分类折旧；提取的折旧不单独形成折旧基金（即更新改造资金）专户存储，而是与流动资金统筹运用，扩大了企业对资金的调度和使用权力。

三是改革了成本管理制度。成本计算方法由传统的完全成本法变为制造成本法，克服了完全成本法不能真实反映企业的经营情况和经营效益的弊端。《通则》规定了企业成本核算采用制造成本法。企业为生产经营商品和提供劳务等发生的各项直接支出，包括直接工资、直接材料、商品进价以及其他直接支出，直接计入生产经营成本。企业为生产经营商品和提供劳务而发生的各项间接费用，分配计入生产经营成本。企业发生的销售（货）费用、管理费用和财务费用，直接计入当期损益。从而可以缓解企业成本不实和潜亏问题。

《通则》明确了坏账准备金制度。企业按照国家规定，可以计提坏账准备金。发生的坏账损失，冲减坏账准备金；不计提坏账准备金的，发生的坏账损失，计入当期费用。这个规定强化了企业的风险意识，分散了企业经营风险。

《通则》取消了大修理基金制度。明确规定：固定资产修理费用，计入当期成本。修理费用发生不均衡、数额较大的，可以采取分期摊销或者预提的办法，并报主管财政机关备案。

四是改革了企业会计报表体系。采用了国际通用的财务报表体系，并设计了一套新的财务指标考核体系。（1）把过去的资金平衡表、利润表、成本表、专用基金表以及其他各种统计性质的报表改为以资产负债表、损益表、财务状况变动表、有关附表及财务情况说明书为主要内容的财务报告制度。（2）把国家考核企业财务状况的办法改为企业财务评价的办法，适应新的企业财务指标体系。《通则》设计了能够反映企业偿债能力、运营能力、获利能力等全面情况的指标体系，包括流动比率、速动比率、应收账款周转率、存货周转率、资产负债率、资本金利润率、营业收入利税率、成本费用利润率。

五是改革了负债管理制度。（1）将企业负债按照其偿还期限分为长期负债和流动负债，并对其概念和内容作了原则规定。（2）明确了负债利息的处理办法。长期负债的应计利息支出，筹建期间的，计入开办费；生产经营期间的，计入财务费用；清算期间的，计入清算损益。其中，与购建固定资产或者无形资产有关的，在资产尚未交付使用或者虽已交付使用但尚未办理竣工决算以前，计入购建资产的价值。流动负债的应计利息支出，计入财务费用。

六是完善了利润分配办法。《通则》在营业收入的确认和范围、利润总额的构成项目和计算、税后利润分配等方面进行了较大的改革。（1）规范了企业的利润分配办法，有利于理顺企业的产权关系，保障投资人、债权人的权益和收益，有利于企业的正常发展。（2）既统一了不同所有制企业、不同经营方式企业的利润分配办法，又接近国际上通行的做法。（3）既扩大了企业的分配自主权，又便于宏观财务的调控、监督与约束。

七是改革了会计平衡公式。将“资金来源 = 资金占用”，改为“资产 = 负债 + 所有者权益”。

八是规定了记账本位币。会计核算以人民币为记账本位币，业务收支以外币为主的企业、境外企业，编制会计报表应折算为人民币反映。

九是规定会计记账采用借贷记账法。会计核算应以实际发生的经济业务为依据，如实反映财务状况和经营成果。会计信息应当符合国家宏观经济管理的要求，满足有关各方了解企业财务状况和经营成果的需要，满足企业加强内部经营管理的需要。

十是改革了成本计价制度。规定各项财产物资应当按取得时的实际成本计价，物价变动时，除国家另有规定者外，不得调整其账面价值。并具体规定了各种资产、负债、所有者权益、收入、费用、利润的内容、核算方法以及在会计报表中的列示方法。

《企业财务通则》和《企业会计准则》的全面实行，促进了企业经营管理与国际准则接轨，这是我国财务会计管理制度的重大改革。

贯彻执行《条例》，落实企业自主权

1993 年搞活国有大中型企业的中心任务，是继续大力推进《全民所有制工业企业转换经营机制条例》（以下简称《条例》）的贯彻落实，加强对落实《条例》的执法监督检查。各地区、各部门按照《中共中央、国务院关于认真贯彻执行〈全民所有制工业企业转换经营机制条例〉的通知》，主要领导亲自抓贯彻落实。各部门、省市按照国务院的部署，认真制定《条例》的实施办法和配套行政法规。对照《条例》，各地、各部门普遍对以前发布的有关企业改革的文件进行了清理，分别采取废止、修改及重新确定的工作。

据对全国15个省、市、自治区的调查统计，《条例》赋予企业的14项自主权，基本落实的有生产经营决策权、产品劳务定价权、产品销售权、物资采购权、人事管理权、工资奖金分配权、留用资金支配权、内部机构设置权等8项；部分落实的有联营兼并权、劳动用工权、投资决策权、资产处置权4项；落实不好的有两项：一是进出口权，一些符合条件的企业反映，进出口权审批环节多、审批周期长（1993年以来已审批1060户，申报程序已作了适当简化），已享有进出口权的企业则提出，在出口配额、许可证等方面不能与外贸企业享受同等待遇，难以完成进出口指标（为此，国务院发布了国发〔1993〕37号）《关于促进生产企业搞好自营进出口工作的通知》。二是拒绝摊派权，企业反映，部门和机构的摊派与企业自愿赞助的界限难以划清。

1993年8月初，国家经贸委、国家体改委、国务院法制局联合召开了“全国转换企业经营机制工作会议”，在《条例》发布实施一周年之际，对全国落实《条例》的工作做了总结和进一步动员，针对《条例》贯彻实施中出现的问题，研究解决的具体措施，提交讨论了《国有企业财产监督管理条例（讨论稿）》及《禁止向企业乱摊派办法（讨论稿）》。

以多种形式探索新的企业制度

1993年，各地在落实企业自主权、转换经营机制的实践中，越来越深切地感到，国有企业产权关系不清晰已经成为转换经营机制的最大障碍。基于这一认识，各地结合企业的发展和改革，以理顺企业产权关系为核心，采取多种形式进行新的企业组织制度试点。

一、仿“三资企业”试点

这在一些地区也称“参照三资企业管理方式试点”。试点企业在不改变企业所有制性质、不改变企业隶属关系的基础上，实行与“三资”企业相同的政策，使其与“三资”企业在同一政策基础上平等竞争。企业内部建立类似“三资”企业领导管理制度的企业管理委员会（或董事会），对企业重大事项进行决策，抵制政府部门的行政干预；精简机构、实行全员劳动合同制，打破干部、工人身份界限，拉开分配档次。

二、“无行政主管部门企业”试点

其主要做法是，试点企业在政府实行计划单列，原企业主管部门对企业实行行业管理、提供服务，与试点企业不再具有隶属关系。自湖南湘潭市和河南郑州市率先分别选择了十几户国有企业开展这种试点后，引起了其他许多地方的重视，一些地方相继在某些企业中推行了这一试点。如上海的12户企业、广西的41户企业在进行了这种试点后，都取得了一定的效果。

三、企业监事会制度试点

河北邯郸市为了更好地贯彻落实企业转换经营机制《条例》，在扩大企业经营自主权的同时，加强对企业国有资产的监督管理，市政府选择了十几户企业开始了由政府向企业派驻监事会的试点，并在市一级成立了市企业监事会试点指导委员会，加强对试点的统一领导。经过近一年的实践，取得了良好的效果。试点企业均全面完成了市政府对企业下达的各项经营指标，其中电机厂实现利税比上年同期增长 272%。

四、企业“嫁接”试点

由国有企业拿出一条生产线、一种产品、一个车间或整厂与国外资金、技术、设备开展合资经营。这种试点突破了我国国有企业所有制结构单一的局限，企业将引进外资、加快技术进步与企业改革紧密地结合起来，企业活力迅速增强，因而获得了较快的发展。据统计，宁波市这类试点企业达 1149 户。辽宁省 1200 户企业“嫁接”改造后，共吸引外资 2.1 亿美元。黑龙江 540 户企业进行此类试点引进外资 4 亿美元。青岛市颁布了《青岛市利用外资嫁接改造现有企业暂行规定》，共达成“嫁接”项目 261 个，总投资 3.45 亿美元。河北省把企业“嫁接”作为对外开放的重要形式和企业改革的重要内容，省预算内工业企业“嫁接”改造的已达 106 家。

五、中小企业“国有民营”试点

“国有民营”即中小国有企业（其中主要是商业企业）通过资产重新评估，合理确定承租基数，保证国有资产产权收益；根据企业国有资产的固定资产占用量收取风险抵押金，抽回国有流动资金、专项基金及企业自有流动资金，企业经营所需流动资金由承租人自己注入；通过合同契约界定企业主管部门与承租人的权责利关系，政府不再对企业生产经营进行任何干预。安徽省铜陵市率先在该市 12 个行业 43 户中小国有企业开展了这项试点，制定了《关于对中小工商企业实行“公有私营”模式改革试点的实施办法》，使试点工作逐步完善和规范化，试点企业劳动生产率普遍提高 30%。

六、股份合作制试点

这是各地城镇中小型国有企业和集体企业理顺企业产权关系，转换经营机制普遍采用的一种改革。城镇中小国有企业、集体企业进行这类试点是以本企业劳动者的劳动合作为基础，与劳动者资金入股的办法结合起来，实行以按劳分配为主、按资分红为辅的分配方式。这项试点由于适应中小企业的生产经营特点，一经出现就受到了地方和企业以及企业职工的欢迎。不少地方及时制定了有关的行政法规，积极引导、严格规范，如上海、南京、哈尔滨等市政府正式发布了股份合作制试点的暂行规定。到1993年底，上海市股份合作制企业达2993户，股本总额14.2亿元；南京市1050户，股本总额8.67亿元；江苏省有近万户，股本总额75亿元；甘肃省7358户，股本总额11.5亿元。

继续发展和完善企业集团

1993年，在全国县以上工商行政管理局注册登记、含“集团”字样的企业达7538户。国家选择了57家大型企业集团进行试点，其中26家已在国家实行了计划单列，18家成立了内部财务公司，34家获得了外事审批权。中国重型汽车工业集团公司、东方电气集团公司、贵州航空工业公司、天津渤海化工集团公司、中国五金矿产进出口总公司和中国纺织机械制造集团公司等8个企业集团，进行了国有资产授权经营试点。

股份制试点

1993 年，是我国股份制试点迅速发展的一年。据国家体改委生产体制司统计，到 1993 年底，共有股份制企业 11489 家，股本总额 3396.66 亿元，其中国家股 1247.6 亿元，占 36.7%；法人股 1479.6 亿元，占 43.6%；内部职工股 368 亿元，占 10.8%；向社会个人公开发行股票 100.8 亿元，占 3%；外资股 200.6 亿元，占 5.9%；在股份制试点企业中，股份有限公司 3210 家，在全部股份制企业中占 27.9%；股本总额 2840.3 亿元，占全部股份制企业股本总额 83.6%；国家股 1001.6 亿元，占 80.3%；法人股 1291.9 亿元，占 87.3%；内部职工股 348.1 亿元，占 94.6%；个人股 100.8 亿元，占 100%；外资股 97.8 亿元，占 48.8%。在 3210 家股份有限公司中，约有 1/3 是 1993 年的新增数，大多数是定向募集股份有限公司。有限责任公司 8279 家，股本总额 556.36 亿元，其中国家股 246 亿元，法人股 87.7 亿元，内部职工股 19.8 亿元，外资股 102.7 亿元。

1993 年，最引人注目的是上市公司的数量的快速增长，年初只有 52 家上市公司，到年末已有 182 家，其中发行了 B 股的上市公司从年初的 18 家增加到 33 家。

1993 年企业股份制试点的基本特点：一是上市公司与定向募集公司并行发展。为了进一步推动股份制试点工作的健康发展，促进企业转换经营机制，缓解股市供求不平衡的矛盾，国务院下达了 50 亿元的股票公开发行额度。这样一来，几乎所有省、市都产生了一家或者几家公开发行股票的股份有限公司，这些企业绝大多数是规模较大，经济效益较好和在本省、市比较有影响的，它们的改组、发行和上市标志着我国的企业改革和股份制试点进入了一个新的阶段。与此同时，由于绝大部分企业分不到股票发行额度，不能成为上市公司，定向募集公司的形式就成了各地国有、集体企业改组为股份有限公司的主要形式。

二是上市公司的结构得以调整。50 亿元股票额度的发行，大大改善了以往沪、深上市公司的结构。上市公司的规模由小变大。上市公司的行业分布更加广泛，并向以工业、制造业为主的方向发展。广西柳工、山西汾酒、青岛海尔、合肥美菱等在国内知名度较高的企业均成为上市公司。上市公司在地域分布上也更加广阔，由过去主要以沪、深两地企业为主，发展到除西藏外全国各地均有上市公司。

三是境内企业的海外上市工作获得成功。于 1992 年确定的 9 家国有大中型企业经改制后已有青岛啤酒、上海石化、北京人机、广船国际、安徽马钢、昆明机床等 6 家在香港及全球发行股票并在香港联合交易所挂牌上市。6 家在海外共发行 H 股股票 405292.8 万股，筹资金额达 80 亿港币。这些公司的 H 股上市之后，均有良好的表现，特别是马钢，被英国《国际金融评论》评为 1993 年度全球新兴股票市场最成功的上市公司。

四是股份制试点的法律、法规基础进一步完善。1993 年 4 月，国务院发布了《股票发行与交易管理暂行条例》，使股票的发行和交易有法可依，有章可循。年底，经过充分酝酿，几经修改的《中华人民共和国公司法》正式出台，与已有的有关股份制试点的法规文件，共同构成了我国公司制度的法律框架，为股份制试点和公司制试点提供了重要的法律保证。

1993 · 重要理论观点

“国营企业”改称“国有企业”

1992 年 10 月 12 日召开的中共十四大，首次将全民所有制企业由过去的“国营企业”改称为“国有企业”。1993 年 3 月 29 日第八届全国人大第一次会议通过的《中华人民共和国宪法（修正案）》，正式将“国有企业”的称谓以法律形式固定下来。《宪法（修正案）》将第七条修改为：“国有经济，即社会主义全民所有制经济，是国民经济中的主导力量。国家保障国有经济的巩固和发展。”至此，全民所有制经济由“国营经济”正式改称为“国有经济”；全民所有制企业由“国营企业”正式改称为“国有企业”。

社会主义市场经济体制的五大支柱

围绕社会主义市场经济体制，中共十四届三中全会《决定》进一步提出：“社会主义市场经济体制是同社会主义基本制度结合在一起的。建立社会主义市场经济体制，就是要使市场在国家宏观调控下对资源配置起基础性作用。为实现这个目标，必须坚持以公有制为主体、多种经济成分共同发展的方针，进一步转换国有企业经营机制，建立适应市场经济要求，产权清晰、权责明确、政企分开、管理科学的现代企业制度；建立全国统一开放的市场体系，实现城乡市场紧密结合，国内市场与国际市场相互衔接，促进资源的优化配置；转变政府管理经济的职能，建立以间接手段为主的完善的宏观调控体系，保证国民经济的健康运行；建立以按劳分配为主体，效率优先、兼顾公平的收入分配制度，鼓励一部分地区一部分人先富起来，走共同富裕的道路；建立多层次的社会保障制度，为城乡居民提供同我国国情相适应的社会保障，促进经济发展和社会稳定。这些主要环节是相互联系和相互制约的有机整体，构成社会主义市场经济体制的基本框架。必须围绕这些主要环节，建立相应的法律体系，采取切实措施，积极而有步骤地全面推进改革，促进社会生产力的发展。”

现代企业制度、统一开放的市场体系、以间接手段为主的宏观调控体系、以按劳分配为主体的收入分配制度、多层次的社会保障制度，构成社会主义市场经济体制的五大支柱。

建立现代企业制度是国有企业改革的方向

中共十四届三中全会《决定》进一步提出：“建立现代企业制度，是发展社会化大生产和市场经济的必然要求，是我国国有企业改革的方向。其基本特征：一是产权关系明晰，企业中的国有资产所有权属于国家，企业拥有包括国家在内的出资者投资形成的全部法人财产权，成为享有民事权利、承担民事责任的法人实体。二是企业以其全部法人财产，依法自主经营，自负盈亏，照章纳税，对出资者承担资产保值增值的责任。三是出资者按投入企业的资本额享有所有者的权益，即资产受益、重大决策和选择管理者等权利。企业破产时，出资者只以投入企业的资本额对企业债务负有限责任。四是企业按照市场需求组织生产经营，以提高劳动生产率和经济效益为目的，政府不直接干预企业的生产经营活动。企业在市场竞争中优胜劣汰，长期亏损、资不抵债的应依法破产。五是建立科学的企业领导体制和组织管理制度，调节所有者、经营者和职工之间的关系，形成激励和约束相结合的经营机制。”

社会主义市场经济包含两个方面的内容

中国社会科学院经济学科课题组在《建立社会主义市场经济体制的理论思考与政策选择》的研究报告中指出：

“社会主义市场经济”这个经济范畴包含两个方面的内容：社会主义是指以公有制为主体的社会生产关系，市场经济是指以市场为基础的经济运行方式和资源配置方式。社会主义市场经济这个提法在思想认识上的突破，主要是从过去认为的“社会主义”与“市场经济”两者不能兼容，转为两者能够兼容。

“市场经济”的概念与过去所提的“商品经济”或“市场调节”的概念有着重要的区别：“市场经济”更强调“市场主体”的塑造和发挥市场主体在经济运行中的自主作用，强调要有一套完善的市场体系作为调节资源配置的经济机制，更强调国家的宏观调控要通过市场参数来发挥作用。这就要求我们打破过去的框框，不是把体制改革局限在价格改革和建立商品市场的范围内，而是要在产权关系的调整、企业制度的改革、政府职能的转变上有更大的突破；同时，在完善市场体系方面，要把改革的步伐延伸到生产要素市场的深层次。

发展混合经济，调整和改革所有制结构

中国社会科学院经济学科课题组在《建立社会主义市场经济体制的理论思考与政策选择》的研究报告中指出：随着市场经济发展而在我国社会主义条件下出现的各种基金会组织，将是公有合作性质的新的公有制形式。

随着要素市场的发展、金融改革深化和股份制等现代市场经济组织制度的确立，多种所有权形式在财产使用和经营过程中的互相渗透，界限越来越模糊，企业也很难按所有制形式划分，将更多地以混合性产权结构出现。

转换企业经营机制是建立社会主义市场经济体制的关键环节之一。不解决产权问题和对企业的制度进行创新，企业经营机制不可能发生根本性转变。

进行企业制度创新的基本思路，是建立真正的企业法人制度。企业法人制度是一种现代企业制度。其主要特征和进步意义在于：第一，企业作为人格化的经济组织，成为独立的商品生产者和经营者，并能独立承担民事责任。第二，企业成为财产主体和盈亏主体。法人企业把企业的资产和投资者的其他资产在法律上严格区分开来，企业对投资者投入企业的资产及其增值具有法人所有权，可以用它们对债权者负有限责任。企业实行真正的自负盈亏。第三，完成了现代意义上的所有权和经营权的分离。企业的经营者并不是资本的所有者，或者不是主

要的所有者，而是具有专业知识的经理阶层。经理经营管理的不是或者主要不是自己的财产。第四，实行资本社会化为扩大生产规模创造了一种好形式。第五，产生了合理的资源配置机制。某些法人企业是通过向社会公开发行股票而建立起来的，企业的效益和实力通过股票发行的数量和价格的涨落反映出来，形成了完备的市场评价机制，有利于社会资源的配置按照社会效益不断调整，在竞争中实现优胜劣汰和生产结构的调整。

要使我国的国有企业变成真正的法人，必须大力发展股份公司。股份公司是典型的法人企业。我国多种所有制形式的发展和国有资产的分级所有，形成了投资主体的多元化，这为国有制企业进行股份制改造和发展新的股份企业创造了必要条件。要通过理顺中央和地方的产权关系，将国有企业的资产存量或增量中的一部分销售给集体或者个人，用发行股票的办法吸收企业职工和社会的资金入股，发展合资企业、法人持股控股等形式，把国有企业改造成股份制企业。

我国经济改革方式的三个特征

林毅夫、蔡昉、李周在《论中国经济改革的渐进式道路》一文中提出：我国经济改革的方式具有三个特征。

一是增量改革。我国的经济改革不是按照一个理想模式和预定的时间表进行的，新的、有效的资源配置方式和激励机制也不可能在所有经济领域一下子发挥作用，而是在那些率先进行改革的部门和那些改革后发展起来的部门先行发挥作用。例如，在国有企业承包制条件下，企业按合同上缴利润包干或递增包干任务后，就有权根据一定比例分配利润留成。在双轨制条件下，这部分增量的使用就具有了新的机制的因素，取得了改善激励机制和提高效率的成效。而在传统经济格局之外产生出的乡镇企业，则更是一个社会总资产中新生出的市场作用领域和对偏斜的产业结构进行修正的因素。这样一种不从对资产存量的再配置入手，而着眼于在资产增量的配置上引入越来越多的市场机制的改革方式，就是所谓的增量改革，这种改革方式是我国渐进式改革的重要特征，被证明是成功的。首先，对于矫正不合理的产业结构，增量改革可以避免一个调整的成本。其次，增量改革有利于维持改革过程中稳定与速度两种要求之间的平衡。然而，增量改革是有成本的。一方面，从经济效率的角度讲，这种改革方式不是最优的，它仅仅是在我国特定的改革条件下的一种次优选择；另一方面增量改革是以价格双轨制为前提的。而在价格双轨制条件下，经济当事人倾向于通过寻租获得收益，而不是完全依靠在市场上的竞争能力。这种寻租机会越多，对于竞争性市场和市场行为的形成就越不利。

二是试验推广。我国的经济改革大多不是在全国范围内同时推行的，而是每项改革措施都从较小范围内的试验开始，在取得成果并进行总结的基础上加以局部推广，由点及面，不断总结和观察，进而扩大其实行范围。所以，这种方式也意味着我国改革的局部性特征。无论是对于自下而上自发式的改革措施，还是对于政府推行的改革措施，这种试验推广的特征都存在。前者如家庭联产承包制的推行过程，后者如企业承包制的试行和创建经济特区等。这种改革方式的主要优点是：（1）尽可能地减少改革风险。任何一项改革措施，在执行之前都会遇到信息不足的问题，因而执行的结果也多少带有不确定性。既然整个经济改革的成功与否与社会是否能从改革中及时获得净收益有直接关系，因而改革应尽可能避免失误和过高的成本。以局部的、试验性的方式进行改革可以把试错的成本分散化，避免过大的失误。(2) 这种试验性的自发改革，与增量改革相结合，能够及时提供在哪些领域进行改革具有最大收益的信号。已经进行的改革，大多是从解决某些具体问题出发，从管理体制的一些环节入手，正是由于这种试验推广机制，使改革沿着可以取得收效的方向而推进，并且获得了一种自我加强的特征。(3) 为市场的建设和发育创造了一个过程。市场的发育有赖于一系列规则和惯例的形成和硬件环境的建设，试验推广的改革方式便为每一部分新增的经济成分赢得了相应形成市场环境的时间。但是，试验推广式改革所独具的改革局部性也有其缺陷。首先，市场机制的作用是开放的，因而局限于某个部门或某个地区的改革不能完全充分地利用市场机制，仍然要借助行政的手段来将已经改革的部分与未改革部分人为隔离开。当这种人为的隔绝不能奏效时，摩擦就会出现。其次，改革进程在部门和地区间的不一致，造成区域发展不平衡、收入分配不均等一系列问题，加强了社会不稳定因素。再次，改革的不配套使某些必要的改革措施滞后，形成调节机制上的真空。例如，传统的税收体系是建立在国有经济的利润和价格扭曲上的。当改革进行到打破了国有制单一性，并使价格扭曲程度大大减轻的时候，国家的税源便相应流失了。这时税制改革的滞后就导致政府财政的危机。最后，从传统经济模式的形成逻辑来看。扭曲价格的政策环境是计划管理体制的存在前提，而前者的改革要求某种程度的整体性。局部的改革方式使宏观政策环境的改革相对滞后，是造成改革不断陷入“活——乱”循环的根本原因。

三是非激进改革。实行非激进式的改革，首先能够充分利用已有的组织资源，保持制度创新过程中制度的相对稳定和有效衔接。当我们讲到制度的时候，同时是讲制度安排和制度结构。任何一种制度安排都要在相适应的制度结构中才是有意义的。任何单一的激进改革，都会使新的制度安排与旧的制度结构产生不相适应，因而不能发挥作用。因此，渐进式改革的基本要求就是其过程的可控性。改革的时机、步骤的把握、利弊的权衡、过程的调控，以及成果的保持，都有赖于政府的作用，而只有制度变革的稳定衔接，才可能使政府在自身转变职能的同时，又能执行调控改革过程的职能。其次，可以避免大的社会动荡和资源的浪费。激进式改革必然强烈地损害到某些社会集团的既得利益，会招致猛烈的抵制，同时造成社会资源的浪费。最后，不实行以私有化为中心的改革方式，避免了资产存量再分配过程中出现的不公平以及由此产生的冲突，因而可以保持接近于共同富裕的收入分配状况。每个社会集团都可从短期或长期中得到改革的收益，从而使改革成为大多数人的共识和不可逆转的过程。

建立新型国有资产管理体制的设想

国家国有资产管理局课题组发表的研究报告，提出了建立我国新型国有资产管理体制的基本设想。

1. 在政府内部将从事宏观经济调控和行业管理的职能与从事国有资产产权管理的职能适当分开，建立国务院统一领导下产权专职管理与非专职管理合理分工的组织体系。

2. 实行国有资产产权的政府行政管理与国有产权商业经营分开，将产权作为一种金融商品推向市场，建立一批企业性的产权经营主体，赋予其独立法人地位，切断其与政府的行政性隶属关系，使其在国家与一般生产流通企业间发挥中介作用。

3. 在建立现代企业制度的基础上，通过培育和发展企业集团，使国有经济形成一种由两大类型企业组成、从事双层（多层）经营的发展格局。一类企业主要以国有资产产权作为商品从事经营活动，另一类企业以所占用的国有资产进行产品和劳务的生产，并将其作为商品经营。两类企业、双层经营，共同实现国有资产的保值增值。

4. 突破现有“两权分离”框架的局限，建立与市场经济相适应的产权制度，改变古典所有权观念封闭性的束缚，在保障所有者原生产权的前提下，依法规范由所有权衍生出的各项派生产权，形成财产权的多重结构体系。

5. 分三个基本管理组织层次，合理界定其职能，形成从政府到企业的新型国有资产产权约束机制。

一是以国务院为主体的政府国有产权管理层次。管理的内容主要包括：决定国有增量资产的投向、国有资产经营规模与结构的调整、国有企业指令性计划制订与下达、国有企业经营社会目标与盈利目标的协调等。

二是以国家国有资产管理局为主体的政府国有产权专职管理层次。其产权管理的主要任务是从宏观上最有效地促进国有资产的优化配置。主要职能包括：统一制定国有企业资产产权管理法规、制度和政策；分析国有企业资产宏观经营状况与经营战略，并为国务院及时提供有关国有资产经营结构调整与资产重组的参考性建议，协调政府产权管理目标与社会经济管理目标的关系，以确保国有企业经营目标一元化；统一分类指导国有企业产权制度改革，培训、选聘与考核企业国有产权代表和高层经营管理人员等。国有资产管理局还可以根据需要分级或分工设置。

三是以监事会（或董事会、管理委员会）为主体的企业国有产权管理层次。与目前我国国有企业经营方式的三种主要类型股份经营、承包经营和租赁经营相对应，国有资产产权约束方式也有三种类型：股份制企业是以董事会为中介的产权约束方式，承包制企业是以承包合同为中介的产权约束方式，租赁制企业是以租赁合同为中介的产权约束方式。

发展以公有制为主导的多种所有制结构

在建立现代企业制度的进程中，我国经济的所有权结构必然从单一化向多元化方向发展。但是，在这种走势中哪一种所有制形式会居于主体的或主导的地位？国家在这方面究竟应该采取什么样的指导方针或政策方略？是一年来理论界展开讨论的重要问题。

自中共中央正式文件提出以公有制为主体的所有制结构格

局作为我国社会主义市场经济体制的基础以后，理论界的多数人都接受了这种提法，并将其作为理论分析的某种前提。但是，也有一些人在研究中提出了自己的见解。如有人认为，在社会主义市场经济条件下应该发展以公有制为主导的多种所有制结构，因为如果以公有制为主体，即公有制在所有制结构中占绝对的比重，对于形成竞争性市场将很不利。而所谓公有制占主导地位，指的是一些自然垄断部门、以社会公益为目标的部门、基础设施部门、难以盈利的部门和某些经济命脉部门，需要保持公有制。其中某些部门企业可以保留国有制，公有制掌握了这些部门就居于主导地位，有助于政府有效地实行对经济的必要干预和引导，纠正市场的失效，使国民经济得以更为稳定和协调地发展，同时也有助于在促进效率提高的基础上实施收入的公平分配。有人则提出要将国有经济占主体地位的认识转变成国有经济占主导地位的认识，因为长期以来我们一直坚持国有经济的主体地位，结果国有企业改制成股份公司后国家股都要占50%以上，整个经济中国有的规模庞大，效率低下；坚持国有经济占主导地位，则可以将国有经济集中于那些对国计民生有重要影响的部门，不仅使整个经济结构趋于合理化，竞争度得以提高，而且能继续控制国民经济命脉，在整个经济中起主导作用。

关于所有制结构未来格局的合理化问题，有人明确提出，要从发展市场经济、发展社会生产力的角度去对待，而不能主观、先验地人为设置障碍，动不动就规定什么“比例”，因为所有制关系的合理化本身是一个动态的概念，其具体要求是随着生产力的发展而发展，随着各方面条件变化而变化的，不存在一成不变的模式或比例。这种以生产力标准或者说是效率标准来衡量所有制结构合理化的未来格局的办法，得到了许多人的赞成。以此为主题，经济学界曾经开展了“所有制是手段还是目的”的讨论，许多人认为，就经济发展与社会进步而言，所有制只是手段而不是目的，我们不是为了巩固某种所有制关系而去发展经济；相反，是为了发展经济而去调整、改革所有制，使其不断合理化，这恰恰符合了马克思主义的基本观点。

1993 · 重要政策法规

1. 国务院经贸办、国家体改委《关于全民所有制工业企业实行产品结构和组织结构调整的规定》，1993 年 3 月 26 日。

2. 国务院《国有企业职工待业保险规定》，1993 年 4 月 12 日。

3. 国务院《国有企业富余职工安置规定》，1993 年 4 月 20 日。

4. 国务院《股票发行与交易管理暂行条例》，1993 年 4 月 22 日。

5. 中国人民银行、中国工商银行、中国银行、中国农业银行、中国建设银行《关于停产整顿、被兼并、解散和破产企业贷款停减缓利息处理问题的通知》，1993 年 4 月 24 日。

6. 国务院《关于促进生产企业搞好自营进出口工作的通

知》，1993 年 5 月 12 日。

7. 中国证监会《公开发行股票公司信息披露实施细则（试行)》，1993 年 6 月 10 日。

8. 劳动部、国家经贸委、国家体改委《全民所有制企业工资总额管理暂行规定》，1993 年 6 月 22 日。

9. 国家体改委《定向募集股份有限公司内部职工持股管理规定》，1993 年 7 月 3 日。

10. 国务院证券委《证券交易所管理暂行办法》，1993 年 7 月 7 日。

11. 劳动部、财政部、国家计委、国家体改委、国家经贸委《国有企业工资总额同经济效益挂钩规定》，1993 年 7 月 9 日。

12. 国务院《企业债券管理条例》，1993 年 8 月 2 日。

13. 国家经贸委、国家税务总局、海关总署《鼓励和支持大型企业和企业集团建立技术中心暂行办法》，1993 年 8 月 3 日。

14. 国务院办公厅转发国家经贸委《关于学习邯郸钢铁总厂加强管理的经验，进一步抓好扭亏增盈工作的报告》，1993 年 8 月 23 日。

15. 中共中央办公厅、国务院办公厅《关于转发国家经贸委〈关于党政机关与所办经济实体脱钩的规定〉的通知》，1993 年 10 月 9 日。

16. 国务院办公厅《关于做好国有企业职工和离退休人员基本生活保障工作的通知》，1993 年 11 月 5 日。

17. 《中华人民共和国公司法》，1993 年 12 月 29 日第八届全国人大常委会第五次会议通过，1994 年 7 月 1 日施行。

18. 中国人民银行《关于进一步改革外汇管理体制的公告》，1993 年 12 月 28 日。

1993·年度热点纪实

房地产热与“烂尾楼”

1988 年 4 月 13 日，第七届全国人民代表大会通过决议：海南建省。海南成为中华人民共和国第 31 个省级行政区，同时也成为全国最大、最“特”的特区。

海南成为全国最大的经济特区以后，备受投资者的关注。建省当年，外商在海南投资的项目就达 489 项，比改革开放以来的前 8 年投资项目总和还多 106 项。三年治理整顿，使海南的投资热迅速降温，但 1992 年以后，海南又迎来新一轮的引资热潮。1991 年，全省全社会固定资产投资不到 45 亿元，1992 年、1993 年分别剧增到 87 亿元和 188 亿元，连续两年增长率达 90% 以上。而在新一轮的引资高潮中，房地产业首当其冲。

投资热潮催生了海南的房地产热，拉动海口、三亚等市的地价、房价一路飙升。多少年无人垂青的“蛮荒之地”，忽然间每一寸地皮都值钱起来。十年后价值也才 30 万元的土地，在当时却炒到了 380 万元的天价，最高的房价在当时就已经达到了每平方米 8000 元至上万元。最多的时候有 3 万多家公司在做房地产，而海南整个岛才 600 多万人，城市人口不到 100 万——一家房地产公司为岛内的 30 个人服务。涌入海南的内地 40 万

“淘金者”，与岛内居民联手编织着暴富的神话。已成为特区的海南岛不再是人生不可企及的海角天涯，而是改变人生命运的黄金宝岛。

紧随海南之后，广东惠州、广西北海也掀起圈地运动和房地产开发热潮，与海南的海口一起，成为 1993 年房地产泡沫的三个重要受害者。1992 年邓小平南方谈话刚刚发表，北海人就敏锐地捕捉到了一种“山雨欲来风满楼”的信息。当年 2 月，市委召开会议，正式吹响了“鼓足干劲，加快步伐，为实现北海大开放、大开发而努力奋斗”的号角。“要发财，到北海”，一时间成为众多“淘金者”的追求。在一年左右的时间里，进入北海的房地产公司就多达 1300 多家，注册资金超过 60 亿元。1992 年、1993 年北海批租土地分别达 8507 亩和 12973 亩。几年间北海共批租土地约 3 万余亩。有的地方，农民出让土地每亩 8000 元，房地产商倒手每亩就能卖到 50 万元。开发建设的摊子铺得过大，开发商任意圈地又无力或者根本无意进行全面开发，造成土地大量浪费和资金大量积压。

与房地产热相呼应，全国还出现了轰轰烈烈的开发区热。据当年的建设部公布的资料，截至 1993 年 3 月，遍布全国城乡的各类县级以上的开发区达到 6000 多个，占地 1.5 万平方公里，比当时全国城镇城区用地面积总量的 1.34 万平方公里还多出 0.16 万平方公里，但实际已开发的土地面积仅 307 平方公里。在开发区建设热中，全国减少的耕地面积达 1000 万亩。

随着 1993 年 6 月国家宏观调控政策实施，“泡沫经济”成为海南、北海房地产热潮的最后注脚，从海口到三亚，550 幢

“烂尾楼”成为海南最为触目惊心的“风景”；遍布北海城市主干道两侧的“烂尾楼”，成为多年来一直制约着北海城市建设和经济发展的瓶颈。

1993·年度改革大事

1月11日　中国华北、东北、华东、华中、西北五大电力集团在北京成立。

1月29日　据新华社讯，为推动钢铁工业更快走向市场，从1993年起，首钢、湘钢、酒钢、重钢等7家钢铁企业将不承担指令性计划任务，产品全部自销。

2月8日　我国铁路运输行业的第一个企业集团——广州铁路集团正式诞生。

2月16日　中国远洋运输集团宣告成立。

3月1日　据《人民日报》报道，国务院领导指出，搞“翻牌”公司不是改革，而是倒退；各级政府机关在机构改革中成立的公司必须立即和原机关脱钩。

3月7日　中共十四届二中全会通过了《关于调整“八五”计划若干指标的建议》。

3月15日至31日　第八届全国人大一次会议举行，通过了《宪法》修正案。修改后的《宪法》，将“国营经济”改为“国有经济”，“国营企业”改为“国有企业”。

3月18日　国务院决定给予企业集团五个方面的优惠政策：突破部门、地方所有制“三不变”的束缚；建立有竞争机制的领导体制；给予试点企业集团一定的金融手段；赋予试点企业集团一定的外贸经营自主权；给予试点企业集团最高负责人对集团的生产经营和流通方面的审批权。

3 月 26 日　国务院经贸办、国家体改委发出《关于全民所有制工业企业实行产品结构和组织结构调整的规定的通知》。《通知》对在结构调整中涉及企业转产、合（兼）并、停产、解散、破产等有关事项根据《全民所有制工业企业转换经营机制条例》进一步进行了规定。

4 月 19 日　国务院作出有关机构改革的决定。国务院由 41 个部门组成，国务院不再设置部委归口管理的国家局。国务院经济贸易办公室改为国家经济贸易委员会。

4 月 20 日　国务院颁发《国有企业富余职工安置规定》。《规定》提出通过各种渠道安置富余职工的一系列政策，包括企业为安置富余职工而兴办的第三产业企业，享受两年免征、三年减半征收企业所得税的优惠政策。

4 月 22 日　国务院颁发《股票发行与交易管理暂行条例》。《条例》明确规定，股票的发行与交易，应当遵循公开、公平和诚实信用的原则；国务院证券委员会是全国证券市场的主管机构，中国证券监督管理委员会是证券委的监督管理执行机构。

5 月 9 日至 11 日　江泽民在上海主持召开华东六省一市经济工作会议。他强调指出，要加快建立和完善社会主义市场经济体制，通过深化改革解决深层次的经济问题。要继续抓好国有大中型企业转换经营机制的改革，继续推进投资体制、财税体制、金融体制等方面的改革。

5月12日　国务院发出《国务院关于促进生产企业搞好自营进出口工作的通知》。

5月15日　国务院办公厅发出《关于执行〈股份有限公司规范意见〉的通知》。《通知》明确：国家体改委发布的《股份有限公司规范意见》具有政府部门规章的法律效力。

6月3日　中国航天工业总公司（国家航天局）正式成立。

6月13日至14日　江泽民在西安召开西北五省区经济工作座谈会。

6月22日　劳动部、国家经贸委、国家体改委发出《关于印发全民所有制企业工资总额管理暂行规定的通知》。

6月26日　国务院发出《关于同意上海石化总厂等9家企业股票到香港上市的通知》。

7月3日　国家体改委颁发《定向募集股份有限公司内部职工持股管理规定》。

7月6日　据新华社讯，在国务院批准的55家试点企业集团中，已有25家集团纳入了国家计划单列。

7月16日　上海市国有资产管理委员会宣告成立，上海市委书记吴邦国和市长黄菊分别任正副主任。上海国有资产管理和运转分为三个层次，第一个层次是市国资委，第二个层次为由市国资委组建的若干市一级的国有资产管理公司，第三个层次为国有资产管理公司下属的各个经营性公司。

8月2日　国务院颁发《企业债券管理条例》，自发布之日起施行。

8月7日至9日　国家经贸委、国家体改委、国务院法制局在北京联合召开全国转换企业经营机制工作会议。朱镕基在会议上讲话指出，贯彻转机《条例》首先是政府部门转变职能的步伐要加快，把属于企业的权力坚决放下去，把该管的管起来；引导企业眼睛向内，苦练内功，积极主动地走向市场；加强对企业的监督和国有资产的监督。

8 月 23 日　国务院办公厅转发国家经贸委《关于学习邯郸钢铁总厂加强管理的经验，进一步抓好扭亏增盈工作的报告》。

9 月 2 日　八届全国人大常委会第三次会议通过《关于修改〈中华人民共和国经济合同法〉的决定》；通过《中华人民共和国反不正当竞争法》，自 12 月 1 日起施行。

10 月 8 日　国务院办公厅发出《国务院办公厅转发劳动部关于加强企业工资总额宏观调控意见的通知》。

10 月 9 日　中共中央办公厅、国务院办公厅转发国家经贸委《关于党政机关与所办经济实体脱钩的规定》。

10 月 22 日　国务院发布《关于中国汽车工业总公司体制有关问题的批复》，将该公司的汽车行业管理职能收归机械部。

11 月 5 日　国务院办公厅发出《关于做好国有企业职工和离退休人员基本生活保障工作的通知》。

11 月 11 日至 14 日　中共十四届三中全会举行。全会通过了《中共中央关于建立社会主义市场经济体制若干问题的决定》。《决定》是我国建立社会主义市场经济体制的总体规划，是 20 世纪 90 年代进行经济体制改革的行动纲领。《决定》指出，适应市场经济要求，产权清晰、权责明确、政企分开、管理科学的现代企业制度。是建立社会主义市场经济体制的基础，是我国国有企业改革的方向。

11 月 27 日　国家经贸委从即日起在京举办两期“转换企业经营机制，建立现代企业制度”研讨班。由国家经贸委副主任陈清泰（此专题调研组组长）就建立现代企业制度问题作专题报告。

12 月 14 日　国务院同意电子部、电力部、铁道部共同组建中国联合通信有限公司。

12 月 15 日　国务院颁发《关于实行分税制财政管理体制的决定》。确定从 1994 年 1 月 1 日起改革地方财政包干体制，对各省（自治区、直辖市）以及计划单列市实行分税制财政管理体制。

12 月 25 日　国务院批转国家税务总局《工商税制改革实施方案》，自 1994 年 1 月 1 日起施行。改革后我国工商税制中的税种将由 32 个减少到 18 个。

同日，国务院颁发《关于金融体制改革的决定》，自 1994 年 1 月 1 日起施行。主要内容：（1）建立强有力的中央银行宏观调控体系，把中国人民银行办成真正的中央银行。（2）建立政策性银行。组建国家开发银行、中国农业发展银行、中国进出口信贷银行。（3）把国家专业银行办成真正的国有商业银行。（4）建立统一开放、有序竞争、严格管理的金融市场。（5）改革外汇管理体制，协调外汇政策与货币政策。建立全国统一的外汇交易市场，外汇指定银行为市场的交易主体。（6）正确引导非银行金融机构稳健发展。政策性保险和商业性保险要分别核算。

12 月 29 日　第八届全国人大常委会第五次会议通过《中华人民共和国公司法》，国家主席签署主席令，予以公布，自 1994 年 1 月 1 日起实施。这是中华人民共和国成立以来诞生的第一部公司法。

本年度主要参考资料：

1. 国家统计局．中国统计年鉴（1994）[M]．北京：中国统计出版社，1994. 12.

2. 国家经济体制改革委员会．中国经济体制改革年鉴（1994）[M]．北京：改革出版社，1994. 12.

3. 汪海波．新中国工业经济史（1979—2000）[M]．北京：经济管理出版社，2001. 10.

4. 华而诚．中国经济的软着陆[M]．北京：中国财政经济出版社，1997. 8.

5. 俞军，米宏，董文辉．《企业财务通则》的三特点六体现[J]．会计之友，1995（03）.

6. 中国社会科学院经济学科课题组．建立社会主义市场经济体制的理论思考与政策选择[J]．经济研究，1993（08）.

7. 林毅夫，蔡昉，李周．论中国经济改革的渐进式道路[J]．经济研究，1993（09）.

8. 国有资产管理局课题组．关于理顺产权关系与建立新型国有资产管理体制的若干问题[J]．经济研究，1993（12）.

9. 冯宗容，游光中．中国近现代经济热点及重大事件[M]．北京：中国经济出版社，1995. 3.

10. 高尚全、王梦奎、禾村．中国改革开放大事典（上、下卷）[M]．北京：北京工业大学出版社，1993. 10.

11. 中华人民共和国国史全鉴编委会．中华人民共和国国史全鉴·第六卷（1989—1996）[M]．北京：团结出版社，1997. 5.

12. 中共十一届三中全会以来大事记[N]. 人民日报，2003 - 10 - 10.

13. 中国集团公司促进会. 国有企业改革政策演变[M]. 中国财政经济出版社，2003. 1.

14. 中国共产党80年大事记[EB/OL]. 人民网，2001 - 06 - 12.

1994 年

1994·年度经济背景

宏观经济体制“一揽子”改革，为“软着陆”奠定基础

1993 年下半年的 16 条宏观经济稳定措施实施以后，在制止经济过热和实现经济“软着陆”方面起到了决定性的作用。从 7 月起，宏观经济开始逐渐降温。然而，信贷紧缩使国有企业的生产经营受到严重制约，因此，中央政府在要求国有银行收回违章贷款——关闭了“斜门”的同时，中央银行打开了“正门”。从 1993 年 8 月底到 10 月底两个月的时间里，向国有银行注入了 1700 亿元的短期贷款，这使得国有银行四季度大规模的信贷扩展，所涉及资金达到 2850 亿元，占当年全部银行信贷增长额的 58.8%。到 1993 年 12 月，银行信贷比上年增长了 22.4%。

中央银行的信贷资金注入，缓解了国有企业流动资金紧张的困难。但是，业已存在的通货膨胀在 1993 年 8 月至 10 月因为货币紧缩而得到短暂的缓解后，随着货币的松动，11 月以后又急剧上涨。从 1993 年 11 月到 1994 年 2 月的 4 个月时间内，生

活费用指数平均每月上涨了2.6个百分点，到1993年末，生活费用指数上涨了18.8%。

为了给经济“软着陆”创造制度条件，1994年中央政府不失时机地果断实施了财税、金融、外汇外贸、计划、投资、价格和流通体制等宏观经济体制改革，为最终实现经济的“软着陆”奠定了基础。

一是按照建立社会主义市场经济的新财税体制的要求，改革了税制，实行了分级分税财政体制。完成了中央和地方税务机构的分设，实行了中央对地方的税收返还制度。由于对改革过程中反映出来的实际问题及时作出了适当处理，保证了新财税体制顺利出台和平稳运行。财税体制改革为逐步理顺国家与企业、中央与地方的收入分配关系，增强财政的宏观调控能力，促进各类企业平等竞争创造了条件。

二是增强了中央银行对信贷货币的宏观调控能力，初步实现了政策性金融与商业性金融的分离。金融改革强化了中国人民银行的中央银行职能，通过对国家专业银行和非银行金融机构分别实行贷款规模限额控制下的资产负债比例管理，以及加强对各类金融机构的监管，基本刹住了违章拆借和非法集资现象，金融秩序进一步好转；组建了国家开发银行、中国农业发展银行和中国进出口银行三家政策性银行，并开始运作，国家专业银行向国有商业银行的转变迈出了重要一步。这些改革措施促进了金融形势平稳健康发展。

三是顺利实现了汇率并轨，实行了外贸进出口结售汇制度和新的外汇管理办法，成立了以指定银行为交易主体的中国外汇交易中心；改进了重要商品进出口配额管理，实施了特定商品进口自动登记制度，并继续调整关税税率。配合外汇外贸体制改革，取消了进出口商品的指令性计划和地方、企业外汇额度留成，主要通过综合运用汇率、关税、利率和出口信贷等经济杠杆以及有关法律法规调节对外贸易。新的外贸外汇体制对促进出口、抑制盲目进口和防止外汇流失起到了积极作用，加快了我国经济与国际经济的接轨。

四是进一步转变了计划管理职能。在加强宏观经济运行动态监测预测的基础上，改进了对经济总量平衡关系的宏观调控，强化产业政策对指导和促进经济结构调整和优化升级的重要作用。继续完善了国家计划的宏观调控目标体系，初步形成以预测为基础并体现政府宏观调控意向的计划预期指标体系；进一步减少指令性计划分配的重要生产资料的品种和数量，扩大国家订货范围，完善国家订货制度。

五是对投资管理体制进行了重大改革。开始对固定资产投资项目按竞争性、基础性和公益性实行分类管理，明确投资主体，改革投融资方式，促进投资市场服务体系的发育；进一步推行法人投资责任制和建设项目资本金制度，强化投资的约束机制和风险机制；通过组建国家开发银行，加强了对政策性项目的资金配置。经国务院批准颁布实施了《九十年代国家产业政策纲要》和《汽车工业产业政策》；这些改革有利于搞好经济总量平衡和结构协调，更好地发挥国家计划在宏观调控中的总体指导和综合协调作用。

六是进一步推进了价格改革和流通体制改革。通过较大幅度地提高原油出厂价格、粮食购销价格和棉花收购价格，以及国家统配煤炭全部改为市场定价等调价措施，进一步理顺了价格关系，增强了基础产业的自我发展能力，调动了农民种粮植棉的积极性。1994 年在通货膨胀压力较大的情况下，由于采取了将价格结构性调整与流通体制改革相互配套实施的做法，相应进行了原油、成品油、粮食、棉花和农业生产资料流通体制的改革，整顿经营渠道，规范流通秩序，减少流通环节，压缩流通费用，建立粮食风险基金，运用国家粮食储备调节市场供求，在一定程度上控制了价格结构性调整对市场物价水平上涨的影响。同时，对居民生活必需品和服务价格实行监审，推行明码标价，开展全国物价大检查，大力加强市场物价监管，整顿交易秩序，规范价格行为，既发挥了市场机制的作用，又加强和改善了对价格的宏观管理。

1994 年的各项重大改革着眼于理顺基本经济关系和建立新的经济运行机制，不仅促进了当时的经济发展，而且具有深远的意义。但是，经济运行中的深层次矛盾仍然没有得到有效解决。全年经济运行的基本情况如下。

经济增长速度在平稳回落中保持了较高水平。国内生产总值在连续两年高增长的基础上，1994 年比上年增长 11. 8%，增幅回落 1. 8 个百分点。其中第一产业增长 3. 5%，第二产业增长 17. 4%，第三产业增长 8. 7%。

农业生产在遭受严重自然灾害的情况下仍获得较好收成。粮食总产量达到 44450 万吨，虽比上年减产 1194 万吨，仍是历史上产量较高的年份；棉花产量呈恢复性增长，油料产量创历史新纪录，肉禽蛋、水产品和水果等都不同程度地增产；全年完成造林面积 590 万公顷，森林覆盖率提高到 13.9%。农业生产条件继续改善，农田有效灌溉面积增加，农机总动力、化肥施用量（折纯）和农村用电量分别比上年增长 5.9%、5.1%和 21.4%。

工业生产继续快速增长。全年完成工业增加值 18359 亿元，比上年增长 18%；国有及国有控股企业生产增长逐步加快，全年增加值比上年增长 6.8%；轻工业因消费品市场比较活跃，全年增加值增长 19.6%，高于重工业增加值增幅 3.4 个百分点。沿海地区依靠对外开放的优势，工业生产持续高速发展，江苏、浙江、福建、安徽、江西、山东、广东、河南、湖北、北京等十个地区全年工业生产增长都超过 20%；天津、河北、上海、广西、四川、西藏等地区工业增长 15% 以上；山西、黑龙江、贵州、甘肃、宁夏、新疆等内陆地区工业增长低于 10%。

运输邮电业持续稳定发展。全部货运周转量完成 33275 亿吨公里，比上年增长 9.1%，其中铁路、公路、水运和民航货运周转量分别增长 4.4%、10.1%、13.9%和 17.4%，运输结构继续改善，运力紧张的矛盾有所缓解。旅客周转量完成 8492 亿人公里，比上年增长 8.1%。沿海主要港口货物吞吐量 7.3 亿吨公里，增长 6.2%。邮电业务总量 693 亿元，增长 50.2%。商业饮食、金融保险等行业均有新的发展。

固定资产贷款比重过大。据统计，1989 年新增固定资产贷款占全部贷款比例为 11.93%，1991 年至 1993 年平均达到 26%。1994 年，固定资产贷款计划新增 1760 亿元，占各项贷款计划增加5200亿元的33.8%，为历史上所占比重最高的年份。全年全社会固定资产投资完成15926亿元，比上年增长27.8%。由于近年来企业流动资金使用效益逐年下降，产成品资金占用上升，货款拖欠较为严重，固定资产贷款占全部贷款比重过高，进一步加剧了企业流动资金紧张的矛盾。

由于社会需求不足，导致产品库存上升。消费品市场销售平稳，商品供应充裕，由于没有新的消费热点，全年消费品零售额增幅扣除价格因素远低于生产的增长。生产资料市场受固定资产规模增幅下降较大的影响，生产资料购销比上年同期大幅下降，加之部分产品进口失控，冲击国内市场，产品库存猛增。1994年工业产销率为95.48%，比上年下降0.92个百分点，产大于销2303亿元。年末，全国乡及乡以上独立核算工业企业的产成品资金占用4018亿元，比年初增加约720亿元，其中国有企业占用2119亿元，比年初增加17.4%，集体企业占用1337亿元，增加20.4%，乡办工业增加27.6%，其他经济类型增加35.6%。轻工业库存1785亿元，增加18.9%，重工业库存2233亿元，增加22.1%。由于企业产成品资金大幅度增加，造成企业资金紧张，相互拖欠款严重，资金循环不畅，困扰企业的正常生产和经营。年末，全国乡及乡以上独立核算工业企业应收账款净额达到6314亿元。全国预算内国有工业企业年末产成品资金占用1758亿元，上升24.2%，企业原材料储备大幅度下降，影响了企业的正常生产。

工业企业亏损面、亏损额都比上年增加。全年全国预算内国有工业企业亏损12155户，亏损面为34.3%，比上半年的

46.3%减少了12个百分点；累计亏损额334.4亿元，比上年同期增亏7.9%，但比一季度增亏79.7%的幅度下降了71.8个百分点。

由于部分产品进口失控，冲击了国内市场。特别是钢材、氧化铝、油品进口过多，对国内市场冲击很大。造成国内钢材、氧化铝库存增加积压，企业被迫限产压库；汽油、柴油生产下降，炼厂减负荷生产，原油堵库，部分油田关井。以氧化铝为例，全年供大于求近100万吨，使国内氧化铝生产厂生产的氧化铝价格下跌，库存增加，效益下降，处境十分困难。

财政预算完成情况较好，金融形势保持平稳。1994年，在财税体制改革过程中，财政收入保持较快增长。全年国家财政收入5182亿元，完成预算的108.9%，比上年增长19.2%；财政支出5820亿元，完成预算的107.2%，增长25.4%；收支相抵后的差额为638亿元，低于预算控制目标。国库券发行任务顺利完成。年末城乡居民储蓄存款比上年末增加6315亿元，增长41.5%；国家银行各项贷款增加5161亿元，增长19.5%，贷款结构有所优化，保证了重点资金需要。当年货币发行量1424亿元，比上年增长24.3%。信贷规模和货币发行均控制在计划调控目标之内。

货币供应量增长过快。据统计，到1994年12月底，M0为7289亿元，比上年同期增长24.3%；狭义货币 M_1 为20600亿元，增长26.8%，比年初确定监测目标23%高出3.8%；广义货币 M_2 为47000多亿元，增长34.4%，比年初确定的监测目标25%高出9.4%。

对外贸易和利用外资保持良好势头。全年对外贸易进出口总额达到2367亿美元，比上年增长20.9%。其中，出口增长31.9%，进口增长11.2%。机电类产品出口额占出口总额的比重由上年的24.7%提高到26.4%，国内短缺的原材料和机械运输设备类进口扩大，进出口商品结构进一步改善。

利用外资继续增长。全年实际利用外资458亿美元，比上年增长17.6%；其中外商直接投资338亿美元。外商投资环境进一步改善，境外大公司、大财团来华投资继续增加，投向基础设施、基础产业和高新技术产业的投资增多。

对外经济技术合作和国际旅游有较大发展。全年对外承包工程和劳务合作新签合同金额比上年增长17.5%，完成营业额比上年增长31.5%；全年入境旅游人数比上年增长5.2%，旅游外汇收入有较大增长。

国际收支状况良好，到年末国家现汇结存516亿美元，比上年末增加一倍多，人民币汇率稳中有升。

国内市场活跃，物价上涨较猛。全年社会消费品零售总额达到16053亿元，社会生产资料销售总额达到22980亿元，扣除价格因素，分别比上年实际增长7.8%和12%。城乡居民收入增加较多，特别是国家提高粮棉收购价格和加快发展乡镇企业，使农民收入增长有所加快。全年城镇居民生活费收入达到3179元，农民人均纯收入达到1220元，扣除价格因素，实际比上年分别增长8.8%和5%。全年城市和农村新建住房分别为2亿和5.8亿平方米。全国实行每周44小时的新工时制，增加了职工的闲暇时间，改善了生活质量。消费品价格上涨较猛，全年社会商品零售价格总水平上涨幅度达 21.7%，主要是食品价格上涨过快。主要原因是：粮食受灾减产，影响市场主副食品的供求平衡；固定资产投资和消费基金连续两年过快增长，导致货币过量发行，加之近几年价格调整的步子迈得较大，从需求拉动和成本上升两个方面推动物价上涨。

据分析，1994 年工业经济增长的主要部分来自于非国有企业，对某些国有企业来说，减产调整是个痛苦的过程，限产压库不得不靠政府的法令来强制实行。全年国有工业产值比上年增长 8%；非国有工业产值比上年增长 29.4%，其中乡办工业增长 42.6%；以三资企业为主的其他类型工业增长 42.2%。压缩固定资产投资需求，加剧了东北、西南和西部地区许多大中型国有企业正面临的困难，有相当大一部分企业处于停产、半停产状态，即使能够支付工人工资，也无力全额支付。在相对较紧的信贷政策、过大的固定资产投资规模以及国内市场紧缩的重压之下，许多企业陷入相互间拖欠款日益增加的困境。据估计，1994 年企业间拖欠款金额翻了一番，达到 6300 亿元或更多（占国内生产总值 14%）。企业债务不仅成为企业自身的一个难题，也成为国有银行和地方政府的一个重大问题。企业对银行贷款的拖欠，造成银行呆账不断增加，同时，企业还欠地方政府大量未缴税款。由于企业债务问题损害了国有企业的商业信用，国有银行越来越多的反应是减少对国有企业的信贷，这又加重了紧缩信贷政策的影响。

1994 · 基本改革思路

国有企业建立现代企业制度

中共十四大已经明确了经济体制改革的目标是建立社会主义市场经济体制。作为微观市场主体的企业，要适应宏观市场经济体制的要求，就应该具有适应市场变化的一切经济自主权。十多年来的国有企业改革之所以没有达到预期目标，是因为迄今为止的改革都是在维持传统体制制度框架不变的前提下所进行的利益关系调整，没有触及传统企业的制度基础，在深化企业改革中出现的各种深层次矛盾，无一不与传统的企业制度有着直接关系。要解决这些矛盾，就应该从制度建设入手，把国有企业改革的重点从以放权让利为主要内容的政策性调整转变到以理顺产权关系为主要内容的制度创新上来，变革微观经济基础的生产关系，建立适应社会主义市场经济体制的现代企业制度。

“现代企业制度”这一概念，最早是在 20 世纪 80 年代中期，由我国著名经济学家王珏教授领衔的中央党校课题组提出的。由于各种原因，这一观点在当时并没有引起人们的足够重视，以后的国有企业改革，仍然是沿着完善承包经营责任制到转换企业经营机制，落实企业经营自主权的思路推进的。

1992 年 7 月《全民所有制工业企业转换经营机制条例》（以下简称《条例》）的颁布，使国有企业作为独立的商品生产者和经营者的法人地位逐步得到了肯定，企业的经济性逐步被明确了。但是，由于《条例》没有从根本上跳出承包制的框架，没有从根本上跳出放权让利的总思路，仍然只是对企业经营管理方式的变革，而没有触及整个传统企业制度本身。因此，长期困扰国有企业的政企不分、产权不清、自我约束和自我积累机制不健全等问题仍然没有得到根本解决，国有企业经济效益低下、亏损严重的现象仍然存在，有的甚至更严重了。

国有企业的这种局面，实际上反映了承包经营责任制所存在的制度缺陷：由于企业产权不清晰所造成的企业责任与义务不对称，以及由此带来的一系列问题，造成企业只负盈，不负亏。在这种企业制度下，国家将经营自主权授予企业及经营者，而国家又处于企业外部，缺乏必要的手段对经营者进行资产经营风险的有效监督，结果造成经营者对企业资产的保值增值缺乏足够的关心。一些企业承包人甚至用少提、不提折旧或挪用折旧，降低固定资产原值等对资产过度耗用的办法，来扩大虚假的利润，以便增加自己利益或追求职工利益的最大化。

为了解决承包人的道德风险问题，国家采取了风险抵押承包的办法，让承包人预付一定数量的抵押金来进行经营，但对于上千万元以上资产总额的大中型工业企业而言，仅占1%乃至1‰的抵押金，根本不能抵偿可能出现的经营损失。根据国家体改委等单位1992年对6省市898户国有大中型企业的调查，在160家亏损企业中，处理亏损的办法是，采取“挂账”方式*的占47.2%，采取财政补贴的占7.1%，采取调低承包基数和其他方式的各占5.1%，采取企业自补方式的只占35.5%，其中，只

* 这里的“挂账”方式，即将已发生的亏损作为待摊销的支出“挂”在账上，从而不在亏损中表现出来。

有一家股份制企业用自有资金弥补全部亏损，其他企业都只用自有资金弥补了部分亏损，弥补额占亏损总额的16%～60%不等。可见，这些企业的负亏程度是相当低的。

与此相反的是，作为所有者代表的上级行政主管部门为了实现所有者的利益，用增加附加的承包条件，增收各种摊派等办法来束缚企业，结果企业的经营自主权又受到了很大的干预。据一些典型调查表明，在14项自主权中，真正能够落实的仅有3～5项左右，其他的或者根本没有下放，或者被层层截留。有的权利即使名义上下放给了企业，企业也不敢用。如对于拒绝摊派权，几乎所有的企业都认为该项权利不敢行使。这表明，政企分开没有得到突破性进展，政府仍然是企业的主管。要真正转换企业的经营机制，就必须推进深层次的企业改革，由旧体制内的放权让利转为新制度的创新。

在中共十四大明确提出我国经济体制改革的目标是建立社会主义市场经济体制以后，承包制因其“先天缺陷”，就更加不能适应社会主义市场经济体制的基础构造了。经过多年的探索和实践，人们开始认识到企业制度创新的重要意义。

首先，企业制度是经济体制的基础。要建立社会主义市场经济体制，必须对传统计划经济体制的企业制度进行根本变革。企业是市场的基本经济单元，经济细胞不活，市场就无法正常发育；企业是市场竞争的主体，企业行为不规范，市场就无法正常运行。具有明晰产权，明确权责，行为规范，管理科学的企业，这是社会主义市场经济体制正常运行的基础。因此，要构造市场经济体制的基本框架，首要的是重新塑造我国的企业制度。否则，社会主义市场经济就会成为无源之水、无本之木。

现代企业制度对建立全国统一的市场体系有着重要作用。特别对生产要素市场而言，无论是资本市场、劳动力市场，还是生产资料市场、技术市场，企业既是市场的供方，又是市场的需方。如果不确立现代企业制度，企业没有法人财产权，不能支配和运作自己的财产，将直接影响各种要素市场的发育和成熟，延缓整个市场体系的建设。建立宏观调控体系，调控的直接对象是利率、税率、汇率、货币发行量等，但作用的对象是企业，如果没有现代企业制度作前提，约束和规范企业行为，企业不能自负盈亏，宏观调控就起不到引导作用。在建立合理的个人收入分配制度中，重要内容是建立现代企业的分配制度，这不仅因为企业职工比事业单位和行政机关的职工数量大，而且企业是社会财富的直接创造者。建立现代企业分配制度，引入竞争机制，打破平均主义，实行多劳多得，体现效率优先、兼顾公平的原则，才能形成市场经济运行的动力机制。企业分配机制好，调动劳动者的积极性，创造更多的社会财富，共同富裕的目标才能早日实现。建立现代企业制度，解决企业冗员和办社会的负担，使得建立社会保障制度更加迫切；反之，建立社会保障制度的重点是建立职工养老、失业、医疗和工伤保险制度，又为现代企业制度的实施创造了较好的外部环境。

其次，建立社会主义市场经济体制与建立现代企业制度之间有密切的内在逻辑关系。建立社会主义市场经济体制，就是要使市场在国家宏观调控下对资源配置起基础性作用；而建立现代企业制度的实质性内容，则是确立企业法人财产权。因为市场机制的作用一般是通过价格机制的作用来体现的，而价格机制只有在竞争条件下才能发挥作用。所以市场机制又是一种竞争机制。在竞争的条件下，价格信号才能指挥企业的行为，企业为了自身利益，就必须对价格信号做出灵敏、强烈的反应，积极而迅速地调节自己的生产经营活动，调整自己的人力、物力和财力资源；投向能使企业获得最大经济利益的地方，在企业完成这种调节的过程中，客观上也调整了社会资源，使社会资源流向能够取得最大效益的地方，使社会资源的配置趋向合理和有效。因此，企业作为市场竞争的主体，在资源配置过程中承担着资源配置载体的作用；而企业对价格信号的积极反应，则是实现资源有效配置的关键。

企业自身利益是其对价格信号做出积极反应的动力。在激烈的市场竞争中，任何一次对价格信号的忽略或反应迟钝，都会给企业自身利益造成严重甚至不可估量的损害。企业的自身利益来自属于企业独立拥有的全部法人财产。过去企业对价格信号不能做出积极反应，甚至视而不见，根本原因就在于企业没有独立的法人财产。企业不是投资主体，不能运作、调动、处置自己的财产去投资，以取得收益，同时也不对经营不善造成的经济后果承担财产责任，实际上由国家承担了企业的债务责任。要改变这种状况，最重要的是确立企业法人财产权，使企业享有利用法人财产投资的收益权，并用法人财产承担经营不利造成的损失。由此，要使企业具有能够对价格信号产生积极反应的动力，就要建立企业法人制度，确立企业法人财产权。

最后，建立现代企业制度，是我国国有企业改革的方向。

传统计划经济体制的最突出特征是行政性的高度集中。国家是唯一的经济主体，计划由国家制订，材料由国家供应，资金由国家调拨，工资由国家确定，产品由国家包销，最后企业盈了是国家赚，亏了是国家赔，各个企业实际上是全国这个大企业的分厂、车间或班组。这种高度集中统一的做法，束缚了企业的手脚，抑制了企业的活力。因此，改革伊始，中央政府向地方政府、国家向企业放权让利，便成为改革传统体制的主要改革措施。但是，十几年来的企业改革基本上是沿着放权让利的路径向前推进的，通过放宽政策，运用利益机制提高企业和职工的积极性，以增强企业的活力。特别是《全民所有制工业企业法》的颁布，确立了企业作为商品生产者和经营者的法律地位，用法律的形式赋予了企业相应的经营权利；《全民所有制工业企业转换经营机制条例》的实施，进一步促进了企业经营自主权的落实，推动了其他方面的配套改革，为建立社会主义市场经济体制奠定了基础。国有企业的整体面貌，较之十几年前发生了巨大而深刻的变化。

然而，与同处于经济改革过程中的乡镇企业、私营企业及“三资”企业相比较，国有企业的现状实在不容乐观。一是效益低下、亏损严重；二是发展缓慢；三是负担沉重，债务重、税负重，冗员负担重；四是后劲不足，特别是老企业，长期得不到更新改造，有的已趋于“空壳”。致使国有企业三分之一明亏，三分之一潜亏，真正盈利的企业仅占企业总数的三分之一。这种三分之二企业都亏损的状况，说明国有企业的问题绝不是某个企业领导人的素质问题，也不是某个部门、地区的政策问题，而是制度问题，是我国的企业制度出了问题。

人们看到，企业改革中出现的深层次矛盾，无一不与企业产权有着直接关系，要解决深层次矛盾，深化企业改革的突破口就应该选择在理顺产权关系，确立企业法人财产权，建立现代企业制度上。尤其是经济体制改革的目标已经明确了是建立社会主义市场经济体制，从市场体制的目标要求看，仅靠放权让利的政策调整，已经不能形成系统的市场调节机制，企业在激烈竞争的市场环境下，应当具有适应市场变化的一切经营自主权，如投资决策权、产品销售权、物资采购权、机构设置权、工资分配权、产品劳务定价权、人事管理权，等等，才能自行调节企业行为。而这些自主权绝不应该是政府给予的，应该是作为市场经济体制下的企业与生俱来的，是由企业法人财产权派生出来的。国有企业改革之所以要把以放权让利为主要内容的政策性调整转变为以理顺产权关系为主要内容的制度创新，就是让企业拥有适应市场变化的一切经营自主权。前者是把权利一项一项地下放给企业；后者是把企业的根本权利确立起来，再由此派生出一项项的权利。建立现代企业制度，标志着我国国有企业将最终摆脱传统计划经济体制的束缚，真正成为在市场竞争中求生存、求发展的独立的市场竞争主体，这是我国微观经济基础的根本性变革。

正是基于上述认识上的飞跃，1993 年 11 月 14 日，中共十四届三中全会通过的《中共中央关于建立社会主义市场经济体制若干问题的决定》（以下简称《决定》）中明确提出："建立现代企业制度，是发展社会化大生产和市场经济的必然要求，是我国国有企业改革的方向。”

建立现代企业制度改革目标的提出，标志着我国的国有企业改革由过去维持原有的制度框架不变进行利益关系调整，转到了按照建立社会主义市场经济体制的要求，着力于变革生产关系，明晰产权，进行企业制度创新的新阶段。

1994 · 年度改革实践

现代企业制度试点

按照中共十四届三中全会《决定》，积极探索建立现代企业制度的有效途径，是1994 年经济体制改革的重点。国务院决定选择一批国有大中型企业，按照《公司法》进行建立现代企业制度试点。1994 年的工作，主要是酝酿、准备、部署和起步，具体分为四个阶段。

一、建立国务院现代企业制度试点工作协调会议制度

中共十四届三中全会闭幕后，国家体改委、国家经贸委先后向全国发出通知，要求各省（自治区、直辖市）及计划单列市上报试点企业名单，分别准备进行有关现代企业制度的试点。李鹏总理在 1994 年的政府工作报告中明确指出，建立现代企业制度的试点要按《公司法》的要求进行。根据朱镕基、邹家华、李岚清三位副总理的批示，中共中央政治局委员、国务委员兼国家体改委主任李铁映代表国务院负责着手准备现代企业制度试点的有关工作。1993 年 12 月，国务院建立了以李铁映为组长

的现代企业制度试点工作协调会议制度。协调会议由国务院办公厅、国家计委、国家经贸委、国家体改委、财政部、人事部、劳动部、外经贸部、人民银行、国家工商局、国家国有资产管理局、国务院证券委等国务院有关部门和中组部、全国总工会共14个部门负责同志参加。协调会议指定洪虎、陈清泰（分别为国家体改委副主任和国家经贸委副主任）负责组成文件起草小组，起草《关于选择一批国有大中型企业进行建立现代企业制度的试点方案》（以下简称《试点方案》)，《试点办法》和提出试点企业的备选名单。按照会议的要求，起草小组通过半年多的努力，初步完成了以下三项工作。

一是起草了《试点方案》。起草小组由国家体改委、国家经贸委、国家计委、人事部、劳动部、国家国有资产管理局、中组部、全国总工会等8个单位的有关人员组成。到1994年6月4日正式报国务院时，共起草了10稿，其间进行了多次修改，起草的《试点方案》力求要有所创新，在一些难点问题上有所突破；重在制度建设，不靠优惠政策；既对企业改革提出要求，又对相关的配套改革提出要求；力求具有可操作性。《试点方案》共包括8个方面的试点内容和7个方面的配套措施。二是起草了《试点办法》，本着“统一指导思想，统一试点方案，统一试点办法，统一试点名单，统一组织协调”的原则，提出了试点工作的三个阶段以及政府有关部门需要制定的12个配套办法的名称。三是向全国各省（自治区、直辖市）及计划单列市人民政府，部分中央企业主管部门发出通知，统一上报试点企业预报名单。起草小组在上报的近300家企业名单中，初步筛选了 115 家备选名单准备上报国务院。

1994 年 1 月 20 日，李铁映主持国务院现代企业制度试点工作第一次协调会。洪虎代表起草小组汇报了《试点方案》。会议认为，《试点方案》提出的目的、原则、内容和配套措施，其基本思路是可行的。并决定协调会议各成员单位对《试点方案》分别提出各自的修改意见，由起草小组进一步修改。1994 年 5 月底之前，李铁映先后两次主持召开协调会议，对试点的有关文件和准备工作进行了必要的协调，在此期间，还先后两次邀请老领导和经济学家，征求对《试点方案》的意见。根据第三次协调会议的要求，经过反复研究、修改，完善，1994 年 6 月 4 日，文件起草小组将《试点方案》《试点办法》《试点企业备选名单》《关于现代企业制度试点工作汇报提纲》，提交国务院办公厅。

为了进一步推进试点工作，1994 年 6 月，国家体改委在北京召开现代企业制度国际研讨会，国外的专家、学者，各省市负责现代企业制度试点的有关部门及一些企业参加了会议。会上，李铁映做了关于中国国有企业改革和进行现代企业制度试点内容的演讲，洪虎也就试点的指导思想、原则、方法、步骤等和与会人士进行了交流。

在此期间，国家体改委、国家经贸委等协调会议成员单位，就分别制定试点的 12 个配套文件进行多次协调，其中有 9 个文件形成了草稿。

二、国务院部署现代企业制度试点工作

1994 年 9 月 23 日，国务院副总理朱镕基主持会议，研究建

立现代企业制度试点工作的有关问题。会议指出，党中央、国务院对建立现代企业制度工作很重视。国务院现代企业制度试点工作协调会议做了大量工作，形成了《试点方案》；国家经贸委经调查研究，提出了《深化企业改革搞好国有大中型企业的思路和规划》（以下简称《思路和规划》）。会议原则同意《试点方案》和《思路和规划》，并认为试点的有关准备工作已基本完成，试点工作可进入具体实施阶段。根据李鹏总理的指示精神，确定试点工作由国家经贸委牵头负责，会同国家体改委等有关部门和单位组织实施，重大问题由国务院研究确定；试点企业总数控制在100家，其中20—30家，可由国家体改委联系。会议同意召开全国现代企业制度试点工作会议，并将《试点方案》和《思路和规划》修改后提交试点工作会议讨论，会后形成草案由国务院批转各地区、各部门，作为组织实施试点工作的依据。

1994年11月2日，国务院在北京召开了现代企业制度试点工作会议，国务院有关领导，各省人民政府及有关部门和试点企业负责人参加了会议。国务院副总理朱镕基在会上指出："这次会议党中央、国务院非常重视，江泽民同志亲自主持中央财经领导小组会议，讨论了现代企业制度试点的问题，批准了国务院提出的方案。""现在就要抓紧，把时间抢回来，把这项工作做好。""试点办法是体改委、经贸委和有关部门共同制定的，这也通过了。"邹家华副总理也在会上指出，关于《试点方案》和《规划意见》，"国务院已原则同意这两个文件，希望大家认真讨论好，按照这两个文件的要求，一方面组织好试点工作，另一方面继续推进面上的改革。”“各地区、各部门要密切配合，上下合作，把试点工作搞好，试出成效，为建立社会主义市场经济体制，促进国民经济发展作出贡献。”

1994 年 11 月召开的中央经济工作会议上，江泽民总书记、李鹏总理又一次强调了现代企业制度试点问题。江泽民说：“深化国有企业改革的方向和目标，是建立现代企业制度。”“这项改革要锲而不舍地抓下去，花几年时间，务必切实抓出成效。”李鹏也明确指出：“国有企业改革的方向，是建立适应社会主义市场经济体制要求的现代企业制度。”

三、试点工作的具体部署

按照国务院的要求，国家经贸委和国家体改委，就分别联系试点企业的问题进行了多次磋商。最后商定，国家体改委联系涉及 8 个省、2 个直辖市及 1 个计划单列市，8 个中央企业主管部门共 30 家试点企业和进行国家控股公司试点的中国石油化工总公司。为了进一步搞好试点工作，国家经贸委建立了现代企业制度部际协调会议，由国家经贸委主任王忠禹主持，涉及 16 个成员单位。同时还建立了部际协调会的联络员制度。

四、试点工作的启动实施

1994 年 12 月下旬，国家经贸委在上海召开现代企业制度试点企业操作培训班。参加试点的百家企业有关人员出席了会议。会议请有关专家就现代企业制度的内容，公司制的一般规律以及国有资产管理的有关问题进行了专题培训，请有关企业介绍交流了经验。国家经贸委副主任陈清泰和国家经贸委企业司负责人在会上讲话。

上海培训会议结束后，国家体改委在天津举行国家体改委联系的30家现代企业制度试点企业和1家国家控股公司的实际操作程序会议。参加这次会议的除了国家体改委联系的30家试点企业和1家国家控股公司的代表外，还有省政府的有关部门和中央企业主管以及部分部际协调会议成员单位。会上，国家体改委生产体制司负责人就试点工作的具体程序进行了较为详细的讲解，国家体改委副主任洪虎针对试点中容易遇到的几个具体问题在讲话中指出，国家体改委联系的试点企业，首先要明确试点的领导体制，即由各省级人民政府和中央企业主管部门负责试点工作的组织实施，国家体改委在试点中负责指导工作。

两个会议结束后，国家体改委于1994年12月，向8个省、2个直辖市及1个计划单列市，8个中央企业主管部门和中国石油化工总公司下发了《关于国家体改委联系的30家现代企业制度试点企业和1家国家控股公司试点工作的有关通知》，就试点的工作程序作了明确规定。各省、市、自治区政府在积极参加国务院组织的试点的同时，也进行了自己的试点工作。据不完全统计，到1994年底，省、市两级政府确定的现代企业制度试点企业近2000家。四川、辽宁、河北、江西、吉林、陕西、广东、武汉等省、市开过了试点工作会议。

国有资产管理和运营体制改革

1994年，各地按照国有资产国家统一所有、地方分级监管、企业自主经营的要求，进行了积极的改革探索。改革遵循的原则是：坚持国家所有权，维护国家权益；政资职能分开；政企职责分开；国有资产的管理和运营职能分开；国家的所有权与出资者的产权分开；企业出资者的产权与企业法人财产权分开。

已经进行了该项改革试点的省市，大体都建立了由三个层次构成的国有资产管理和运营体系。有以下几个基本模式：

第一，国有资产管理机构。省市政府成立国有资产管理委员会（或国有资产管理局），专司国有资产管理，主要从方针、政策、法规等方面对国有资产进行管理和监督。通过向国有资产经营（投资）公司委派产权代表，实施国有资产委托经营，建立健全各项法规和规章，明确资产经营公司的责、权、利，以确保国有资产的保值增值。省市国资委（局）一般下设办公室，承担具体工作。

第二，国有资产产权经营机构。这一层次由若干个国有资产经营（投资）公司构成。由国资委授权，作为国有资产产权运营主体，负责国家投入企业的国有资产经营。国有资产经营（投资）公司具有法人资格，是企业的股东。其主要职能是制订国有资产运营计划和目标；监督管理国有企业的经营；代表政府对国有资产参股或控股的企业行使股权；具有投资能力和产权组合能力；在价值上使国有资产保值增值。

第三，国有资产经营执行机构。由国有企业、各类含有国有资产的集团及政府参股控制的股份制企业构成。这些企业依法享有出资者（包括国家）投入企业的全部财产，自主经营。

在上述体系的组建方式上，各地做法各异。上海实行的是“一分三”方案：即将原来的行业主管部门分为三部分：大幅度缩小后的行业主管局；原行业主管局主体改造成的国有资产经营公司；由主管局人员建立的资产评估事务所、会计师事务所等事业性单位。青岛市实行的是“小办大公司”方案，即少数人搞行业管理，多数人搞资产经营。据上海市、烟台市、深圳市、武汉市、重庆市、河北省、广州市等省（市）的统计，它们除建立起国有资产管理机构外，共成立资产经营（投资）公司54家，有的经营公司已收到较好的经营效果。

继续扩大股份制改革试点

按照《公司法》的要求组建及规范现有的股份制企业，是1994年企业改革的一项重要任务。1994年，我国新增股份制企业19847家，其中，有限责任公司17456家，股份有限公司2391家。截至1994年底，据不完全统计，全国共计股份制企业3.3万家，比1993年增长1.52倍，其中，股份有限公司达到了6326家，股本总额2867.56亿元。1994年底，反映我国股市总貌的上海证券交易所、深圳证券交易所，挂牌股票上市公司291家，比1993年新增106家。两地股票市价总值达3687.83亿元，比1993年增长近200亿元，全年上市总额达644.55亿元，比1993年增长50%以上。17家国有企业完成股份制改组和到境外募集股份并上市工作，共募集境外资金192.3亿港元，9.58亿美元。在股份制企业数量不断增加的同时，股份制企业的质量也在不断提高。主要表现在：（1）新设立的股份公司基本上是符合国家产业政策的国有大中型企业；（2）股份制企业普遍注重建立符合社会主义市场经济体制要求的新的运行机制；（3）股份制企业的经济效益得到明显提高。据对 1994 年中国最大的 300 家股份制企业中的 50 家抽样调查统计，销售收入平均增长率为 49.73%，利润平均增长率为 97.44%，净资产的平均增长率为 35.19%，高于全国平均水平。

国有小型企业的改革，大多采取股份合作制及租赁形式。各地鼓励城镇集体企业、乡镇企业和国有小型企业的内部职工购买本企业的产权或股权，将企业转变为内部职工持股的股份合作制企业。据对上海、沈阳、青岛、南京、哈尔滨、福建、广州等 7 省、市的不完全统计，城乡股份合作制企业已有 7300 户，城乡集体企业股份合作制已达 29 万户。通过股份合作制改革，理顺了集体企业的产权关系，建立了新的企业领导制度，改组后企业经济效益也有所提高。

国有企业组织结构调整

1994 年以来，全国各地在盘活存量资产、加快调整国有企业组织结构方面，采取了不少措施。

一是利用外资“嫁接”改造国有企业。利用国外资金、技术和管理等条件对国有企业实施“嫁接”改造。各地结合本地实际，采取了“整体嫁接”“部分嫁接”“让巢引凤嫁接”“一揽子嫁接”等形式，积极与外资开展合资、合作，搞好国有企业。福建省在“让巢引凤嫁接”中，将地处市区的企业异地搬迁，从而让出地盘引进外资，合作、新办企业和发展第三产业。武汉市对 816 家国有企业实施“嫁接”改造措施，共引进外资 11.5 亿美元。武汉第二印刷厂，通过“嫁接”改造，由连年亏损变为一年盈利637万元。

二是以产权为纽带组建企业集团。1994年，企业集团在数量上有较大发展，质量有较大提高，这促进了各地经济结构的调整和规模经济的发展。据武汉、湖南、河南、辽宁等18个省、市的不完全统计，1994年共新设集团264家，其中武汉市新批准组建了18家企业集团，企业集团达72家，统计资料表明，该市工业企业集团的固定资产、产值、收入、利税，分别占全市的66.3%、38.6%、39.6%和65%。

作为“国家队”的57家企业集团试点，也按照母子公司体制在逐步理顺内部关系，产权连接纽带的强化，使集团的整体优势得到较好的发挥；大型企业集团跨地区、跨行业投资，参股联营兼并企业不断增多，企业集团的市场竞争力日益增强。

三是通过破产、兼并、转让及国有民营等改革措施，调整国有经济的结构。据江苏、湖南等18个省、市的不完全统计，共破产企业459家，兼并企业3924户，拍卖企业4064户，国有（公有）民营企业33277户。重庆实行“全民转集体”、融资性租赁、公开出售、债转股改造、破产、兼并等形式，置换产权主体，将国有资产从竞争性行业中的小企业里退出来，从而逐步完成全民所有制经济结构的调整。杭州市从1992年开始，对杭州仪表厂等13户企业完成了破产试点。据统计，这些企业涉及资产7636万元，亏损和债务达1.146亿元，涉及职工4008人，其中退休职工1031人。通过破产、拍卖、转让等形式，职工和退离休人员均得到安置，70%以上的债务得到偿还，试点工作收到了预期效果。

“无主管部门”企业改革

这一年，各地在企业管理体制方面也进行了大胆探索与实践。如深圳市在全国率先实行了企业“无主管部门”的改革。基本做法是：第一，实行企业分类定级办法。从 1993 年起，深圳取消了国有企业原有的行政级别，按照国际通行指标体系，将国有企业按规模大小和效益高低，划分为三类九级，每两年审核评定一次，可升可降，同时把企业经营者的工资福利待遇与企业的类、级别挂钩。第二，按行业类别和效益特点实行企业利润上缴办法。深圳市将市属国有企业划分成专营性企业、金融、房地产企业、一般工交商贸企业、高科技及“菜篮子”工程、公共交通企业等类别，按照行业资金利润率和享受国家的优惠政策等因素，分别确定企业上缴利润的比例。第三，按照企业类别对企业领导人员进行分类管理。对第三类企业，管人管资产，主要领导由市投资管理公司直接管理；对第一、第二类企业，主管领导仍由市委组织部管理，并征求国有资产管理局意见。从 1994 年起，投资管理公司着手建立培育经理人员市场，引入竞争机制。第四，实行企业员工和全员劳动合同制，打破了工人中固定工、合同工、临时工的界限，统称“企业员工”。企业有权按照公平考核，竞争上岗，择优适用的原则，根据合同自主决定本企业管理人员和工人的聘用或解雇。

建立最低工资保障制度

1993 年 11 月，劳动部发布《企业最低工资规定》，要求各地建立最低工资保障制度。1994 年 7 月 5 日颁布的《劳动法》，以法律的形式明确规定："国家实行最低工资保障制度。最低工资的具体标准由省（自治区、直辖市）人民政府规定，报国务院备案。用人单位支付劳动者的工资不得低于当地最低工资标准。"根据上述规定，各地开始根据劳动者本人及平均赡养人口的最低生活费用、社会平均工资水平、劳动生产率、就业状况以及地区之间经济发展水平的差异等因素，制定当地的最低工资水平。到 1994 年底，全国有 13 个省市发布了当地月最低工资标准，如北京市月最低工资标准为 210 元，上海市为 220 元，各省、自治区一般在不同区域内实行不同的标准，如山西省实行 210 元、170 元、160 元、140 元、120 元五个标准；福建省实行 280 元、225 元、210 元、190 元、170 元五个标准；陕西省实行 200 元、175 元、150 元、125 元四个标准。实行最低工资保障制度的目的，是保证劳动者本人及其家庭成员的基本生活需要，这一制度的建立也有利于企业公平竞争。

计划体制改革

1994 年，按照党的十四届三中全会《决定》精神，计划体制改革取得了新的进展，主要特点是进一步转变计划管理职能，围绕正确处理改革、发展和稳定的关系，突出计划的宏观性、战略性和政策性，搞好经济总量平衡和结构协调，保证加快建立社会主义市场经济体制的各项重大改革顺利出台和平稳推进，促进国民经济持续、快速、健康发展，保持社会稳定。

一、改革年度计划

（一）转变计划管理职能，发挥全国计划在年度经济运行宏观调控中的总体指导作用和综合协调功能。加强对国民经济发展的监测、预测和宏观经济形势的动态分析。进一步确立了全国和各省（自治区、直辖市）及计划单列市的经济监测、预测和经济形势分析报告制度，加强月度、季度、年度经济形势的分析，开展经济景气动向监测预测，为适时制定宏观经济调控政策和恰当把握调控力度提供了重要依据。建立了全国价格分析报告的工作制度和35个大中城市生活必需品价格收费监测系统。在市场价格监测中，突出了居民生活必需品和重要生产资料价格的监测，加强了重要调价项目出台前后的监测分析。

（二）改进现行计划指标体系，加强了计划的宏观性、政策性和信息导向作用。形成了以预测为基础并体现计划导向意图的新的预期指标体系。国家计委从制订1994年年度计划起，试行编写了年度计划系列报告，包括综合性的经济和社会发展报告及专题报告，使计划从以指标型计划为主逐步转向以政策型计划为主。

（三）改革统配物资计划分配和订货办法，完善国家订货制度。1994年对煤炭、原油、重油、天然气、钢材、汽车等少数重要产品仍保留必要的指令性计划，但进一步改进了管理办法，适当减少纳入全国计划分配的数量，缩小分配范围，确保重点需要。

（四）进一步改进进出口计划管理方式。1994年取消了进出口商品的指令性计划，只对大宗商品进出口实行出口总额和分地区指标的指导性计划管理，国家主要通过综合运用汇率、关税、利率、出口信贷等经济杠杆以及法律手段调节对外贸易。配合外汇改革，取消了中央外汇额度的计划份额和地方、企业外汇额度留成，进口用汇一律凭进口合同和有关凭证，按当日市场汇价向银行买汇。

二、改革投资计划

（一）完善投资体制改革实施方案，明确提出了投资体制改革的总体目标和近期改革内容。

投资体制改革近期的主要内容如下：（1）改革投融资方式。将投资项目划分为竞争性、基础性和公益性三类。明确中央政府、地方政府和企业的投资范围、投资方式和融资渠道，明确企业是基本的投资主体，企业在投融资活动中占主导地位。（2）强化投资风险约束机制。主要包括实行法人投资责任制，建设项目实行资本金制度，强化银行信贷的风险责任机制和建立严格的投资决策责任制。（3）加强和改善投资宏观调控体系，主要包括健全以国家产业政策为基础的宏观调控政策体系，综合运用经济杠杆和行政手段保证国家产业政策的贯彻实施，改进计划管理方式，强化资金计划管理，完善投资信息系统，明确地方政府投资管理职能和责任，加快投资立法。（4）改进和完善项目管理制度。对一般项目将逐步取消审批制度，主要通过及时发布信息来加以引导。（5）加快培育投资市场服务体系，包括建立和规范为法人单位服务的各类工程咨询机构，发展为建设项目服务的社会审计机构，加强投资和建设市场的管理。

（二）组建国家开发银行。按照政策性业务和商业性业务分离的原则，1994 年 3 月 17 日，国家开发银行正式成立。国家开发银行将项目的政策性投资贷款业务从专业银行贷款业务中分离出来，专业银行主要是为商业性项目配置资金，逐步转变为商业性银行。

三、强化产业政策的引导作用

1994 年经国务院批准，颁布实施《90 年代国家产业政策纲要》和《汽车工业产业政策》。产业政策包括产业结构政策、产业组织政策、产业技术政策和产业布局政策，以及其他对产业发展有重大影响的政策和法规。

财税体制改革

1994 年，我国对财税体制进行了重大改革，初步建立起适应社会主义市场经济发展需要的财税体制和运行机制。改革的主要内容包括税制、分税制、国有企业利润分配制度以及有关配套措施等。

一、全面进行税制改革

1. 流转税制改革方面，在生产和流通环节普遍实行增值税。对烟、酒、化妆品、汽油、柴油、小汽车等特殊消费品征收消费税。对部分提供劳务、转让无形资产和销售不动产征收营业税。流转税改革的重点是，在保持总体税负不变的情况下，参照国际上流转税制改革的一般做法，改变了原流转税按产品分设税目，按分税目制定差别税率的传统做法，确立了在生产和流通环节普遍征收增值税；在此基础上选择少数产品再征收一道消费税，对提供劳务、转让无形资产和销售不动产等保留征收营业税。改革后的流转税由增值税、消费税和营业税组成，统一适用于内资企业和外商投资企业，取消对外商投资企业和外国企业征收的工商统一税。原在工商统一税中征收的农林牧水产品税，改为征收农业特产税和屠宰税。

2. 所得税改革包括两个方面：一是统一内资企业所得税，实行33%的比例税率；二是统一个人所得税，统一了税法，扩大了适用范围，规范了税率水平。企业所得税改革的主要内容包括：取消按企业所有制形式设置所得税的做法，将国有企业所得税、集体企业所得税、私营企业所得税统一合并为企业所得税，实行统一的企业所得税制。个人所得税改革的内容是将个人收入调节税、适用于外籍人员的个人所得税和城乡个体工商业户所得税合并，建立统一的个人所得税制。

3. 关税制度的改革与完善。在1993年第一步清理进口税收减免的基础上，再次对进口税收优惠政策进行了清理。废止了部分进口商品的减免税和有关免税店的规定等的优惠政策。对个别重点项目的进口税收优惠政策原则上不再保留，并提出了一些配套措施。

4. 其他工商税制的改革。一是扩大资源税征收范围；二是新开征土地增值税；三是调整了其他一些税种，取消集市交易税、牲畜交易税、烧油特别税、奖金税和工资调节税等；将特别消费税并入消费税，将盐税并入资源税，将屠宰税、筵席税下放给地方。

5. 农业特产税的改革和完善。将原农林特产农业税与原产品税和原工商统一税中的农林牧水产品税目合并，改为农业特产税。将烟叶、牲畜产品列入农业特产税的征收范围，并相应调整了税率。同时，新的农业特产税保留了原产品税、工商统一税和农林特产税的减免政策；对部分新开征品目给予了过渡性减免。

6. 税收征管制度的改革。一是普遍建立纳税申报制度；二是积极推行税务代理制度；三是加速推进税收征管计算机化的进程；四是建立严格的税务稽核制度；五是适应实行分税制的需要，组建中央和地方两套税务机构；六是加强税收法制建设，逐步建立税收立法、司法、执法相互独立、相互制约的机制。

1994 年改革后的我国税制，税种由原来的 37 个减少到 23 个，税制结构趋于合理，并初步实现了高效和简化。运行一年取得了积极的成效。1994 年全国工商税收累计完成 4513 亿元，增收 915 亿元，比 1993 年增长了 25.5%。同时新税制在调节经济、促进平等竞争、加强法制、进一步改善我国投资环境等方面也发挥了预期的作用。

二、建立分税制财政管理体制

分税制改革的基本框架是：按照中央与地方政府的事权划分，确定各级财政的支出范围；根据事权与财权相结合的原则，确定中央与地方的收入范围，将税种划分为中央税、地方税和中央地方共享税，建立中央税收和地方税收体系；建立科学的中央财政对地方财政的税收返还制度；建立和健全分级预算制度，硬化各级预算约束。

实行分税制以后，为了保护地方既得利益，对原包干体制的分配格局暂时不做变动，过渡一段时间再逐步规范化。原包干体制确定的中央对地方的定额补助继续按规定补助；原包干体制的上解，按不同体制类型分别确定：一是1993年实行递增包干的地区，1994年按原确定的递增率继续实行递增上解；二是实行分税制试点的地区，原递增上解部分继续递增上解，原产品税、增值税、营业税、工商统一税、资源税中央与地方“五五”分成的部分，1994年以1993年基数实行定额上解；三是实行总额分成的地区，以1993年应上解数为基数，1994年实行递增包干办法，递增率按平均递增率4%确定；四是实行定额上解的地区，1994年继续实行定额上解。

实行分税制的有关政策规定包括：

1. 税收返还基数的确定。根据国务院国发〔1993〕85号文件规定，实行分税制财政体制以1993年为基期年。中央财政对地方税收返还数额按照1993年地方实际收入以及税制改革后中央与地方收入划分情况核定，即：1993年中央从地方净上划的收入数额（消费税+75%的增值税-中央下划收入），全额返还地方，保证地方既得财力，并以此作为以后中央对地方税收返还基数。1994年以后，税收返还额在1993年基数上逐年递增，递增率按全国增值税和消费税的平均增长率的1∶0.3系数确定，即上述两税全国平均每增长1%，中央财政对地方的税收返还增长0.3%。按照这种办法，收入增长较慢的省（自治区、直辖市）可以根据返回系数多得一些增量，但不利于调动收入增长快的省（自治区、直辖市）的积极性。因此为了有利于调动各地组织财政收入的积极性，在具体实施中，将递增率确定为按本地区的增值税和消费税的增长率的1∶0.3系数确定。对一些经济不发达、收入增长较慢的地区，中央财政可以在年底根据中央财力情况，通过转移支付的形式给予适当补偿。

2. 资金调度比例。实行分税制财政体制改革后，消费税和增值税的 75% 上划中央，并按上划数作为基数每年返还地方。在预算执行中，为了避免大量资金上划、下拨，影响中央和地方财政及时用款，经财政部与人民银行协商，采取核定各地资金调度比例的方法，解决资金往返划拨的问题。

3. 收入增长目标及奖励。为了充分调动地方各级政府组织收入的积极性，确保上划中央的两税收入的增长，经国务院批准确定中央给各省（自治区、直辖市）和计划单列市分别核定消费税和增值税的增长目标。“两税”收入达到 1994 年增长目标的，承认 1993 年税收返还基数，并按 1 ∶ 0. 3 系数增加对地方的税收返还；1994 年“两税”数额低于上年的，相应扣减税收返还基数，“两税”收入没有达到 1994 年增长目标、但高于上年基数的，中央也承认其税收返还基数，但要按完成数低于增长日标影响中央的部分，从当年税收返还额中扣减。为了鼓励各地超收，经国务院同意，对 1994 年“两税”超过增长目标的地区，对其超过部分中央给予一次性奖励，即返还系数由 1 ∶ 0. 3提高为 1 ∶ 0. 6，但不计算税收返还基数。

4. 减免税返还。实行税制改革后，按规定所有企业都要依法纳税，但考虑到有的省（自治区、直辖市）政府已经对一些项目和企业作了减免税决定，为了使这些企业有一个过渡期，在制止和取缔越权减免税的同时，国务院国发〔1993〕85 号文件规定，对于 1993 年 6 月 30 日前，经省级政府批准实施的未到期地方减免税项目或减免税企业，重新报财政部和国家税务总局审查、确认后，从 1994 年起，对这些没有到期的减免税项目和企业实行先征税后退还的办法。这项政策执行到 1995 年。

三、深化工资分配制度改革

1. 在企业工资分配方面，一是各地财政部门与劳动部门审批了所属实行工效挂钩企业的工资总额，保证了企业在增加经济效益的前提下合理增加工资；二是清理企业工资总额基数外单列项目；三是财政部与劳动部、国家经贸委一起下发了《关于深化企业工资改革适当解决部分企业工资问题的意见的通知》，并将增资额分为三档，实行增资额审批制；四是财政部与劳动部等部门草拟了《国有企业经营者试行年薪制办法》《国有企业工资内外收入监督检查实施办法》等。

2. 对有条件的事业单位实行工效挂钩办法。财政部、人事部草拟了《有条件的事业单位实行工资总额同经济效益指标挂钩暂行办法》，在具备条件的单位实施。

3. 在机关事业单位工资政策方面，由财政部会同有关部门审批下达各地区、各部门的机关事业单位工资制度改革方案和增资指标。

四、深化土地有偿使用制度改革

1. 1994 年，根据新的财税体制规定，国有土地有偿使用收入由原来上缴中央 5%，改为全部划为地方收入，调动了地方政府“以地生财”的积极性。

2. 财政部与国家土地管理局共同制定并颁布了《关于进一步加强土地使用权出让金征收管理的通知》，财政部根据《中华人民共和国城市房地产管理法》以及国务院的有关规定，研究国有土地有偿使用收入征收管理的有关规定制度，加强了管理。

五、深化财政补贴制度改革

1994 年，在深化价格改革的同时，国家对相关的财政补贴政策进行了调整。

1. 提高粮食价格，实行定向补贴政策。从 1994 年 6 月起，国家适当提高了粮食收购价格和销售价格。与此相适应，国家改进了财政补贴办法，对低收入者实行定向补贴。

2. 提高棉花收购价格，实行价外奖励政策。1994 年，国家提高了棉花收购价格，并对棉花收购实行价外奖励政策。在不增加财政负担的情况下，对原有每担棉花 44. 62 元的财政补贴做适当改进，取消棉花加价款和奖励物资差价款办法，其中的 44 元作为价外奖励款在棉花收购环节直接支付给农民，其余的 0. 62 元拨付给农业部集中用于研究和培育棉花优良品种。

3. 建立粮食风险基金和副食品风险基金制度。从 1994 年起，中央和各省（自治区、直辖市）都必须建立足够的粮食风险基金。中央粮食风险基金的资金来源由中央财政预算安排，地方粮食风险基金由地方财政预算安排，中央财政给予一定补助。建立中央和省（自治区、直辖市）两级副食品风险基金制度。副食品风险基金主要用于扶持生猪、食糖、蔬菜等主要副食品的生产发展，以及建立主要副食品储备、吞吐主要副食品平抑市场价格等所需各项开支。

六、深化国有企业利润分配制度改革

从 1994 年开始，在实施《企业财务通则》和《企业会计准则》的基础上，国家对国有企业利润分配制度进行了重大改革，为建立现代企业制度创造了条件。

1. 统一企业所得税。国有企业统一按国家规定33%的比例税率缴纳所得税，取消承包所得税的办法。考虑到部分企业利润水平较低的状况，作为过渡办法，暂增设27%和18%两档照顾税率。取消调节税。企业固定资产投资借款本金一律用企业留用资金归还，利息列入成本。取消对国有企业征收的能源交通重点建设基金和国家预算调节基金（简称“两金”）。

2. 建立和完善国有资产投资收益制度。逐步建立国有资产投资收益按股分红、按资分利和税后利润上缴制度。近期根据具体情况，对1993年底以前注册的多数国有全资老企业实行税后利润不上缴的办法。抓紧研究建立国有资产经营预算，明确国有资产收益作为国有资产经营预算的重要组成部分，用于国有资本的再投入。

七、深化企业会计制度改革

1994年，为适应宏观经济改革措施的出台和运转，国家积极推进会计制度改革，及时制定颁发了与财税、外汇、外贸等改革相配套的包括增值税会计处理规定、营业税会计处理规定、消费税会计处理规定、外商投资企业执行新税收条例会计处理规定、退回外商投资企业增值税消费税后多缴税款会计处理规定等13个会计处理规定。并结合新改革措施，对已出台的行业会计制度进行了补充和完善，相继制定了粮食政策调整后企业会计处理、采用外汇分账制的会计处理、股份制试点企业房地产营业收入实现会计处理、公益金会计处理、调整图书发行企业待结转款账务处理、企业缴纳矿产资源补偿费会计处理等 9 个规定，增强了行业会计制度的适应性。5 月，财政部根据《会计法》的规定和《企业会计准则》对企业会计制度管理体系的精神，制定了《贯彻会计法，加强会计核算制度管理规定》，进一步规范了我国企业会计核算制度管理。1994 年，具体会计准则制定工作取得了重要进展，到年底已完成了应付项目、应收账款、存货等 7 个具体准则的征求意见稿和固定资产、无形资产等 14 个具体准则的讨论稿。6 月，财政部制定颁发了《代理记账管理暂行规定》，对代理记账的性质、代理记账的对象、代理记账机构的条件、代理记账机构与委托人的权利和义务及从事代理记账人员要求等作出了规范性的规定。

八、国债制度改革

1994 年是我国国债市场全面、深入改革的一年，改革领域拓宽、改革力度增强。该年度国债发行规模增幅的绝对数和相对数都是历年来最大的。为了保证完成国债发行任务，保护投资者的利益，财政部在继续深入改革的基础上，推出了一些新的措施：

1. 首次发行了储蓄债券性质的“国债收款凭单”，规范称为“凭证式国库券”。这种国库券的特点是：可以记名、挂失，但不能上市转让，持满三年实行保值贴补。其优点一是利率高，期限适中；二是变现灵活，风险小。

2. 首次发行了半年期和一年期国库券。短期国债的发行，既是财政部现金管理的需要，也是中央银行进行公开市场业务的要求。

3. 实行“以旧换新”政策，促进国债发行。除广泛动员全社会投资者直接购买1994年国债外，国家还从政策上鼓励持有1994年到期国债的投资者，规定在旧券到期前三个月内，投资者可持旧券换购1994年新发行的两年期国库券，并享受将到期原债券年利率提高一个百分点的优惠。这种办法能满足当年到期国债持有人购买二年期国库券的需要，解决了他们想购买新国库券却因为旧券兑付期晚于新券发行期而无法及时购买的问题。

4. 在上海证券交易所推广了国债无券发行。我国继1993年在全国证券交易自动报价系统进行无券发行试点后，又于1994年利用上交所的电脑交易网络，成功地发行了半年期和一年期无纸化国库券。这是我国首次面向社会公众发行无纸化国债。

5. 坚决制止国库券卖空行为。1994年，针对国债卖空行为，财政部会同中国人民银行、中国证监会联合发出通知，坚决制止国债交易中的卖空行为，维护了国债二级市场正常的交易秩序。

6. 培育和规范国债流通市场。随着经济的发展，国债市场由单一的现券市场发展为现券、期货、回购交易三位一体的市场体系。在市场发展过程中，财政部与证监会等有关部门配合，帮助有关交易场所制定风险控制办法，并研究制定了《国债期货交易管理暂行办法》，促进了国债交易逐步向规范化方向发展。

金融体制改革

金融体制改革的目标是：建立一个国务院领导下独立执行

货币政策的中央银行体系；建立一个政策性金融与商业性金融分离、国有商业银行为主体、多种金融机构并存的金融组织体系；建立一个统一开放、有序竞争、严格管理的金融市场体系。

一、强化中央银行的宏观调控作用

把中国人民银行建成真正的中央银行，明确中央银行的基本职责是：制定和实施货币政策，保持货币稳定，对金融机构实行严格的监管，维护金融体系安全有效地进行。围绕基本职责，进行了以下几方面改革。

1. 强化了对货币信贷的集中管理。人民银行总行集中掌握货币发行权、信用总量调控权、基础货币管理权和基准利率调节权，保证全国统一货币政策实施。人民银行不再直接发放对企业的专项贷款和由专业银行转贷的指定投向（具体企业）的贷款，不再对财政透支，从以前侧重于分资金、分贷款规模转移到制定实施货币政策上，有力地发挥中央银行宏观调控的职能。

2. 拓宽货币政策工具应用。中央银行通过调整对金融机构贷款利率的手段，抑制货币需求；进一步扩大了再贴现手段的运用；在上海建立了公开市场操作室，中央银行进入统一的外汇市场；为人民银行通过公开市场操作吞吐基础货币、调节货币供应量和市场利率做准备，等等。

3. 从 1994 年三季度开始向社会定期公布货币供应量，把金融机构信用总量和货币供应量作为宏观监测的重要指标。

4. 中国人民银行从过去侧重于审批金融机构，转移到加强对金融机构的监管上来。对金融机构的设立、业务范围、资本金来源、负责人资格、法人体制等进行了清理规范，使金融监督管理逐步走向规范化。

5. 人民银行各分支机构全面转换职能。取消人民银行分支行贷款权，分支行不再向本地专业银行分支机构和金融机构发放贷款，以保证货币政策的统一性。加强分支行对宏观经济形势的调查分析和政策研究，提高对经济的分析预测能力。

6. 改人民银行的利润留成制度为预算制度，使中央银行脱离商业性利润动机，以保证货币政策的顺利实施。

二、建立政策性银行，初步实现政策性金融和商业性金融的分离

1994 年完成了国家开发银行、中国进出口银行、中国农业发展银行三家政策性银行的组建工作，并开始运作。建立三家政策性银行的目的是集中必要的资金以加强重点建设，确保国家调整经济结构政策的落实，同时也是实现政策性和商业性金融的分离，解决国有商业银行（中国农业银行、中国工商银行、中国银行、中国建设银行）既办经营性业务又办政策性贷款业务而身兼二任的问题。三家政策性银行组建后，原来由国家专业银行承担的政策性贷款业务全部划到三家政策性银行。对三家政策性银行的业务进行了明确的分工：国家开发银行主要办理政策性国家重点建设（包括基本建设和技术改造）贷款及贴息业务；中国进出口银行的职责是为大型成套设备进出口提供买方信贷和卖方信贷，为中国银行的成套机电产品出口提供信用担保；中国农业发展银行承担国家粮棉油储备和农副产品合同收购、农业开发等业务中政策性贷款，代理财政支农资金的

拨付及监督使用。三家政策性银行的成立，标志着政策性金融业务与商业银行金融业务分离的初步完成。

三、实现国家专业银行向国有商业银行的过渡

从 1994 年开始，对金融机构实施资产负债比例管理和资产风险管理。国家专业银行根据中国人民银行《关于对商业银行实行资产负债比例管理通知》，分别制定了资产负债比例管理暂行办法。同时，专业银行在强化内部管理，把控制信贷总量同加强内部资金调度和统一管理、风险防范有机地结合起来，为建立自我约束机制进行了有益的探索。

对现有的其他一些商业银行如交通银行、中信实业银行、光大银行、华夏银行、招商银行、福建兴业银行、广东发展银行、深圳发展银行、上海浦东发展银行等，按照商业银行的要求，进一步规范了自身行为，如交通银行改变了股权结构设置，实现了一级法人体制。

外汇、外贸体制改革

外汇、外贸体制改革是 1994 年诸项宏观改革中步伐较大的一项。以汇率并轨、全国统一的银行间外汇市场正式运行和实行银行结汇、售汇制为标志，我国新的外汇、外贸管理体制经过 1994 年一季度的过渡阶段，从 4 月 1 日开始运作。

从 1994 年的运行情况来看，改革取得了成功。首先，人民币汇率并轨和银行间统一外汇市场的建立，使人民币汇率主要根据外汇市场的供给和需求来决定，由银行间外汇市场的加权平均价来形成人民币汇率的中间价，人民币汇率的形成机制趋

于市场化。1994 年，外汇市场外汇供求关系基本正常，供大于求，人民币对美元的汇率从年初的 8.7 元：1 美元升到 1994 年末的 8.4 元：1 美元左右，升值 3.3%。

其次，取消了外汇收支的指令性计划，国家主要运用经济、法律手段实现对国际收支的宏观调控。1994 年，国际收支账户出现了较大的盈余，使国家外汇储备大幅度增加，年末国家外汇结存达 516 亿美元，比年初增加了 304 亿美元，这是近年来外汇储备增加最多的一年。

最后，汇率并轨为外贸体制的改革走出了关键的一步，取消外贸指令性计划、降低关税、公开配额管理、扩大企业自营进出口权等措施使外贸体制改革收到了显著效果。上年呈负增长的一般贸易出口，1994 年恢复了高速增长势头。据海关统计，全年出口总额 1210 亿美元，比上年增长 31.9%，进口总额 1157 亿美元，比上年增长 11.2%，进出口贸易顺差 53 亿美元。贸易顺差的主要原因是体制改革措施提供了正确的激励，国内需求得到控制，此外，人民币在 1994 年初对美元的贬值也起了重要作用。

虽然在 1994 年实现了经常项目下人民币有条件的可兑换，但现行外汇管理体制仍有待于完善，以实现人民币在经常项目下完全可兑换。一是外商投资企业仍保留原来的兑换制度，和内资企业不统一，为投机留下了缺口；二是银行间外汇市场有待于进一步规范，使之符合国际惯例；三是汇率的形成机制有待更加透明和市场化，使之充分反映市场供求情况，起到调节国际收支的作用。

1994 · 重要理论观点

对“法人财产权”的不同理解

1994 年，是正式确定国有企业改革建立现代企业制度目标后的第一年。在这一年，理论界就现代企业制度建设中涉及的若干重要问题展开了广泛、热烈的讨论。

“法人财产权”概念是中共十四届三中全会《关于建立社会主义市场经济体制若干问题的决定》正式提出的。这是在企业产权理论上的一大突破和创新，对现代企业制度建设的实践具有重要的指导意义。经济理论界广泛接受了这一概念，但在对其含义的理解上却存在着分歧。

一种观点认为，“法人财产权”实际上指的就是“法人所有权”。虽然从理论上说，“法人所有权”的提法更为准确，更能反映现代企业制度的特征，但只要我们把财产权与所有权视为同一，那么无论用企业法人所有权，还是用企业法人财产权，都是指企业法人财产所有权，是一个意思，都优于以往的企业财产经营权或企业财产支配权。当前的主要问题是突破以往那种认为企业只能拥有财产经营权或财产支配权的旧框框。所以，现在采用企业法人财产权这个提法，是非常必要的。

另一种观点与此相反，认为法人财产权并不等同于法人所有权。有人认为，企业法人财产权不是归属意义上的财产权，因而它从法律意义上否定了企业法人所有权。还有人认为，法人财产权是一种独立的支配权，主要指占有、使用和依法处分的权利，但这种权利毕竟不是所有权，而只是所有权的其中几项权能，它充实了企业经营权的内涵。

还有一种观点认为，法人财产权是经营权与法人制度相结合的产物。经营权是相对于国家所有权而言的，重点规定的是企业和国家之间的财产权利义务关系。法人财产权则是相对于企业的其他民事权利而言的，重点规定的是企业作为独立法人与企业财产之间的权利义务关系。企业法人财产权包括了收益权的有关内容。

关于政企分开与产权明晰的关系

中共十四届三中全会《决定》将现代企业制度的特征概括为“产权清晰、权责明确、政企分开、管理科学”十六个字。产权明晰居于首位，因而许多人都认为它是现代企业制度建设的关键环节。

但是，也有人认为，产权明晰问题不应过分强调，因为我国国有企业归全民所有，其产权归属是非常清楚的，明晰程度并不亚于私有企业。靠股份制不仅不能明晰产权，反倒使产权变得模糊了。因为在股份制盛行的经济活动中，公司之间普遍相互持股，人们无法搞清每张股票究竟代表哪些公司多大份额的产权，大家只关心股票价格而不关心企业效率，只能造成普遍的投机心理和“泡沫”现象。有人则担心，产权明晰的结果会导致私有化或变相的私有化，即将国有资产量化到小团体和个人。还有人认为，既然所有权与经营权可以分离，那么我们现在就没有必要在企业有了经营自主权之后大讲明确产权。

对于政企分开，有人强调它是现代企业制度建设的前提而非结果。企业改制的难点很多，比如安置失业员工，清偿负债，卸掉企业办社会的包袱，等等，但最大的难点却是政企分开。这是一个牵涉全局的核心问题，它涉及党的政治领导体制、政府的行政管理体制等方方面面。改革以来出台的一些措施，其效应不尽如人意的重要原因就在于政企没有分开。所以，分解政府职能，企业与各级政府脱离行政隶属关系，是建立现代企业制度的基础工作。

尽管有以上这些不同观点，但经济学界的许多人仍然认为，产权明晰是现代企业制度建设的前提和关键。有人明确提出，产权明晰是政企分开的前提。还有人强调，政财分开了，政企才能分开。因而政府必须把现行的财产所有权的职能转让出去，由人大常委会成立的管理委员会来管理，政府不再管财产的问题；财产所有者则没有行政管理职能，而只有经济权力，按民法的要求办事就可以了。只有这样，政企才能做到真正分开。

关于国有资产的管理问题

对于企业中的国有资产管理，现在实行的是国家统一所有、政府分级监管、企业自主经营的体制。一般认为，对现存国有企业特别是大中型国有企业产权结构的调整，除投资主体十分明确，产权界定清楚的外，都应坚持中央政府代表国家拥有其财产所有权的原则。但也有不同的甚至相反的观点。

一种观点认为，鉴于承包制后地方坐大的事实，如果总是想回避由地方政府行使国有资产所有权的问题，就老跳不出全民所有、分级管理的框架。实际上，中央不可能也没有必要将已隶属于地方的企业重新收上来。说分级管理，如何管呢？收益归谁？处分权归谁？如果都归地方，实际上就是地方政府行使所有权。“管理归地方，收益归中央”的做法是行不通的。现在的问题不是重新划分所有权，而是对于实际存在的所有权分布予以承认，把不明确的归属明确起来。这种将国有资产所有权明确交地方代理的做法不会导致地方割据，相反倒有利于解决国有资产所有权虚置的问题。

另一种观点认为，为使国有企业产权改革顺利进行，中央政府应该让出一部分产权给地方政府乃至企业。由于国有资产的产权最初是不明确的，现实中地方政府和企业也在一定程度上执行着所有者的一些职能，因此似乎谁都有理由要求拥有一部分产权。如果不承认这个现实，不适当划分产权，地方和企业就缺乏改革的积极性，产权改革就很难进行下去。因此，中央政府应再作一次“让利者”，向地方和企业“让”出一部分产权（或收益权）。这样做国有资产并没有受损，资产的性质也没改变，还是公有资产；从财政收入上看，中央政府会暂时受些影响，但这可从税收上加以弥补。而且随着改革后资源利用效率的提高和经济增长速度的加快，中央政府的收入也会相应地有所提高。

关于“债权转股权”的几种思路

鉴于影响国有大中型企业活力的一个巨大障碍是其沉重的

债务负担问题，高负债经营不仅使企业陷入困境，而且也使银行不良债权不断上升，这无疑拖累了改革的进程。为解决这个难题，理论界和实际部门的许多人士提出了若干种“债权转股权”转换的思路，并试图将其作为建立现代企业制度的突破口。

1. “企业——银行债务重组”的设想。主要通过变动银行——企业——财政的债权债务关系来解决。具体方法是：由财政向中央银行借钱用专用支票拨给企业，企业立即还专业银行贷款，专业银行再还中央银行再贷款，通过转换，企业债务转换成中央财政债务，但并没有扩大信贷总量；然后，财政债权转化为股权，由财政部等投资主体委托“国有资产经营公司”来构造企业的经营机制，加强对企业经营的考核监督。

2. “企业银行重组基金”的设想。通过设立政府信托基金“企业重组基金”，首先解决银行呆账及资本金不足的问题，使银行先于企业恢复活力。企业的财产重组则分如下几步：首先是重新按市场价值进行评估，编制新的资产负债表；其次根据资产——收益比率将企业分类，并分别采取不同的财产重组方法；最后是处理资产负债和损益表，对那些实在改不好的，实行清盘破产。

3. “银行内部企业经营，重组银企关系”的设想。它试图不通过任何中介而直接把银行贷款转化为银行股权，在银行内部分设一个“投资银行部”，用以加强对企业的股权管理，行使对企业的所有者职能。

4. “运用中介机构推动债权——股权转换”的设想。它试图用体制外的资源来补充体制内资源的不足，通过非银行金融机构等中介机构把社会资金融入国有企业，从而形成多元化的国有企业投资主体。

1994・重要政策法规

1. 国家税务总局《关于大型企业集团征收所得税问题的通知》，1994年2月8日。

2. 国家经贸委《关于转换国有企业经营机制，建立现代企业制度的若干意见的通知》，1994年3月2日。

3. 国家体改委、财政部、劳动部、卫生部《关于职工医疗制度改革试点意见》，1994年4月14日。

4. 国家经贸委《关于开展“转机制、抓管理、练内功、增效益”活动的通知》，1994年5月13日。

5. 国家体改委《关于立即停止审批定向募集股份有限公司，并重申停止审批和发行内部职工股的通知》，1994年6月19日。

6. 国务院《中华人民共和国公司登记管理条例》，1994年6月24日，中华人民共和国国务院令第156号发布。

7.《中华人民共和国劳动法》，1994年7月5日第八届全国人大常委会第八次会议通过。

8. 国务院《关于深化城镇住房制度改革的决定》，1994年7月18日。

9. 国务院《国有企业财产监督管理条例》，1994年7月24日，中华人民共和国国务院令第192号发布。

10. 国务院《关于股份有限公司境外募集股份及上市的特别

规定》，1994 年 8 月 4 日，中华人民共和国国务院令第 160 号发布。

11. 国家经贸委《关于在若干城市进行企业“优化资本结构”试点的请示》，1994 年 8 月 23 日。

12. 劳动部《关于全面实行劳动合同制的通知》，1994 年 8 月 24 日。

13. 《中华人民共和国审计法》，1994 年 8 月 31 日第八届全国人大常委会第九次会议通过。

14. 国家经贸委《关于促进自营生产企业扩大出口的意见》，1994 年 9 月 7 日。

15. 国家经贸委、国家体改委、劳动部《国有企业厂长（经理）奖惩办法》，1994 年 9 月 16 日。

16. 财政部、国家国有资产管理局、中国人民银行《国有资产收益收缴管理办法》，1994 年 9 月 21 日。

17. 国务院《关于在若干城市试行国有企业破产有关问题的通知》，1994 年 10 月 25 日。

18. 国家国有资产管理局、国家体改委《股份有限公司国有股权管理暂行办法》，1994 年 11 月 3 日。

19. 国家经贸委、国家计委、财政部、国家国有资产管理局《关于变更国有企业隶属关系审批办法的通知》，1994 年 11 月 18 日。

20. 中共中央组织部、人事部《关于部分国家试点企业集团主要领导成员享有副部级政治待遇问题的通知》，1994 年 11 月 30 日。

21. 劳动部、国家体改委《股份有限公司劳动工资管理规定的通知》，1994 年 12 月 3 日。

22. 国家土地管理局、国家体改委《股份有限公司土地使用权管理暂行规定》，1994 年 12 月 3 日。

23. 国家国有资产管理局、财政部、劳动部《国有资产保值增值考核试行办法》，1994 年 12 月 31 日。

1994 · 年度热点纪实

好事多磨的现代企业制度试点

中共十四届三中全会《决定》指明了建立现代企业制度的国有企业改革方向。为了贯彻《决定》精神，决策者决定首先在全国选择 100 户企业进行建立现代企业制度的试点。但是，百户企业建立现代企业制度试点工作从一开始就是不很顺利的。要进行建立现代企业制度试点，早在 1993 年 11 月就已经沸沸扬扬了。但是到了 1994 年 11 月，百户试点企业的名单才正式确定下来，关于试点的 8 个方面的内容也才出台，整整比中共十四届三中全会《决定》颁发的时间晚了一年。又过了一年，《试点方案》公开亮相的企业也才刚刚过半，试点工作开始启动。原先计划在 1995 年上半年必须全部出台的 12 个试点配套文件，至 1996 年 10 月才好不容易出台了 5 个，整个进度大为延缓。

现在回过头看，国有企业建立现代企业制度试点阶段，理论准备是不充分的。当时没有人能够清楚地解释现代企业制度具体是怎样一种制度结构。十四届三中全会通过的《中共中央关于建立社会主义市场经济体制若干问题的决定》，只讲了这种制度的性质和特征：它是“以公有制为主体的”，具有“产权清晰、权责明确、政企分开、管理科学”的性质和“五个基本特征”，但这些性质和特征通过什么企业组织形式去实现却没有明确说出来，只是非常谨慎地提到：“国有企业实行公司制，是建立现代企业制度的有益探索。”以后有关部门又提出建立现代企业制度有“三个关键环节”：政企分开、加强企业内部经营管理、建立社会保障体系，但这并不是提出建立现代企业制度的目标后才有的新内容。早在 20 世纪 80 年代初期就已经提出来了。各种文件、讲话一方面强调建立现代企业制度与以往国有企业改革最大的区别在于制度创新，另一方面怎样实现制度创新，则又没有确切的思路。因此，现代企业制度是什么，怎样建立现代企业制度？对于相当多人来说却是一头雾水。专家、教授们纷纷著书立说、发表讨论；政府部门众说纷纭、莫衷一是。国家经贸委解释说：现代企业制度是以完善的法人制度为基础；以有限责任制度为特征；以公司的治理结构为代表的企业制度。建立现代企业制度，要进行“改革、改组、改造相结合，加强企业管理”的“三改一加强”。国家体改委则解释说：建立现代企业制度包括六个方面内容，一是建立企业法人制度；二是建立出资人制度和信用制度；三是建立新型的财产组织制度；四是建立新型的企业领导体制；五是建立新型的企业内部管理制度；六是建立新型的与公司制企业相适应的基层党组织工作制度和职工民主管理制度。直到 1994 年八届人大二次会议，国务院总理李鹏在《政治工作报告》中明确指出：今年国家将组织一批国有大中型企业，按照《公司法》实行公司制改组，进行现代企业制度试点，才肯定了公司制作为现代企业制度的组织形式。而许多政府官员讲话作报告，常常都会把“现代企业制度”说成“现代化企业制度”。由此可见，在建立现代企业制度的试点阶段，不仅建立现代企业制度的各种条件有待具备，就是现代企业制度的有关知识也有待普及。

在建立现代企业制度试点阶段，政府的政策规定也是不明朗的。因为建立现代企业制度对各级地方政府官员来说是全新的工作，绝大多数人过去连听也没有听说过。指挥企业改革的领导者们过去所具备的丰富经验转眼之间失去了用武之地，再也无法从改革实践中创造出新的经验来了，只能等待中央政府的政策规定。但如前文所述，中央政府《关于选择一批国有大中型企业进行现代企业制度试点的方案》和关于试点的 8 个方面的内容是直到 1994 年 11 月才出台的，原先计划在 1995 年上半年必须全部出台的 12 个试点配套文件，一直等到 1996 年 10 月才好不容易出台了 5 个。原先预计的试点工作两年结束，结果持续了三年，直到 1997 年底才结束。

在前 15 年国有企业放权让利式的改革中，企业是积极参与并全力支持的，因为企业是放权让利的直接受惠者；职工是积极拥护并欢迎的，职工从改革中得到了看得见摸得着的实惠；地方政府也是积极主动的，各级地方政府从国有企业改革中直接或间接地得到了好处；而财税部门因为企业增产了，财政也多少会有增收。总的来说，放权让利式的改革实现了“帕累托最优”效果，可谓皆大欢喜。

与放权让利式的改革不同，建立现代企业制度的制度创新式改革着眼于传统体制中的深层次矛盾，要对传统体制下的既定权力结构和利益结构进行调整，每一项改革措施的出台，不仅不会使大家受益和皆大欢喜，而且必然要使一部分权力者和既得利益者丧失权力或利益。改革的革命性日益凸显了，改革的困难空前增长了，改革的进程也显著放慢了。

与放权让利式改革不同，建立现代企业制度不再仅仅是企业内部的改革或企业自身的改革，政府只是游离于企业改革之外去要求、指导和帮助企业进行改革。政府不仅成为改革的对象，而且成了改革对象的主要方面。改革政府管理国有经济的制度、方式和组织体系，成为企业制度创新的主要内容。因此，改革进程的快慢与否，更多地依赖于政府而不再是企业，而仅仅是确定百家建立现代企业制度试点企业的名单，政府就花了整整一年时间。

还在中共十四届三中全会之前的 1993 年 10 月，原国家体改委就向全国各省（自治区、直辖市）及国务院有关部门的体改委（办）发出明传电报，要求选择一部分国有企业进行现代企业制度试点，并开始进行报名工作。同时又组织起草了《关于选择百家企业进行建立现代企业制度试点的意见》。11 月，国家经贸委也向各省、区、市经委及国务院有关部门发出通知：为了认真贯彻落实十四届三中全会精神，国家经贸委决定选择百家国有大中型企业，进行现代企业制度试点。并决定成立全国现代企业制度试点工作领导小组，由国家经贸委牵头，会同体改委、财政部、人民银行、国有资产管理局等部门共同组建。其主要职责是制定试点方案，协调有关政策，组织试点实施。试点领导小组下设办公室（设在国家经贸委）负责日常工作，并要求各有关部门和地区也要建立相应的机构。

全国现代企业制度试点工作，一下子出来了两个试点牵头单位。

国家体改委认为：体改委就是主管改革的。在1988年原国家经委撤销以后，国务院总理办公会议曾经作出决定，全国企业改革和企业管理的指导工作由国家体改委负责。1988年国务院批准的《国家体改委“三定”方案》，也明确国家体改委的主要任务是：拟订全国经济体制改革总体设计，研究、协调实施企业改革工作和指导企业提高经济管理水平。国有企业建立现代企业制度是经济体制改革的重中之重，试点工作又带有探索性质，涉及的利害关系很复杂，理应由在业务上比较超脱的国家体改委负责牵头。

国家经贸委则认为：新组建的国家经贸委的重要职能之一，是负责全国企业工作，包括企业改革和企业管理。同时建立现代企业制度的改革试点不仅仅涉及企业自身，与管理、改造、改组、生产经营、市场流通、财政税收、银行金融、社会保险、结构调整等诸方面都有密切联系，试点不是理论探讨，是要实实在在地解决实际问题，所以必须由负责经济工作的综合部门来牵头。

两家各执一词，态度都非常坚决，而且双方的理由都很充分。于是，由谁牵头领导全国的现代企业制度试点工作，成为最高决策部门的难题。

1993 年底，国务院邹家华、李岚清、朱镕基三位副总理，先后在国务委员、国家体改委主任李铁映给国务院的报告上批示：拟集中选择 100 户国有企业进行试点，并由李铁映具体负责此项工作。天平的砝码明显偏向了国家体改委一方。

1994 年初，由李铁映主持，建立了由国务院办公厅、国家体改委、国家计委、国家经贸委、财政部、人事部、劳动部、外经贸部、人民银行、国家工商局、国家国有资产管理局、国家证券委、中组部、全国总工会等 14 个中央与国务院有关部门负责人组成的现代企业制度试点工作协调会议。在经过先后 5 次会议的反复协商后，到 1 月中旬才定下由国家体改委、国家经贸委、国家计委、财政部、人事部、国家国有资产管理局、中组部、全国总工会等 12 个有关单位派员组成文件起草小组，负责起草《关于选择一批国有大中型企业进行现代企业制度试点的方案（草案）》和《制订现代企业制度试点配套文件的目录及分工》。在以后的半年时间里，协调会议的主要精力都集中在修改文件和筛选试点企业名单方面。其间协调会议先后 5 次就《试点方案》进行讨论，3 次交协调会议成员单位修改，2 次听取专家学者和老同志的意见。

争取挤上百户试点企业这趟“班车”，不仅是众多企业的最大心愿，更成为各省（自治区、直辖市）和国务院各部委企业工作的首要任务，除了正常的申报工作之外，也少不了各种形式的进京“汇报”和实地“考察”。百户试点的“篮子”远远容纳不下大量希望进入“篮子”的“鸡蛋”。直到 1994 年 6 月，试点工作协调会议才达成共识，将《关于选择一批国有大中型企业进行现代企业制度试点的方案》《制订现代企业制度试点配套文件的目录及分工》，以及从上报的近300家名单中精选出来的115家企业名单，一并交由国务院办公厅，提交国务院办公会议讨论决定。

1994年8月，国务院召开会议，就建立现代企业制度试点工作的组织领导进行了调整。明确试点统一由国务院负责，国家经贸委具体牵头，会同国家体改委等有关部门和单位具体组织实施。会上，国务院确定了百户建立现代企业制度试点企业名单，并明确由国家经贸委负责联系70户，国家体改委负责联系30户。为了更好地协调工作，国家经贸委建立了现代企业制度试点部际协调会议和会议联络员制度。天平的砝码又移向了国家经贸委这一边。

11月初，国务院在北京召开全国建立现代企业制度试点工作会议，具体动员、部署建立现代企业制度试点工作。国务院朱镕基、吴邦国、邹家华三位副总理和国务院有关部、办、委、局负责人出席会议，各省（自治区、直辖市）及计划单列市主管经济工作的副省长、经贸委、体改委主任，百家试点企业负责人及新闻单位共500多人参加会议。如此规模宏大的国有企业改革盛会，在中华人民共和国历史上也是空前的，标志着筹备了一年多的现代企业制度试点工作正式启动。

这次会上，国务院副总理邹家华宣布："国务院决定，试点工作由国家经贸委牵头负责，会同国家体改委等有关部门和单位具体组织实施。中央财经领导小组办公室参与研究有关工作。

重大问题由国务院研究确定。国家经贸委牵头负责这件事，主要是考虑经贸委是负责企业工作的，建立现代企业制度要与企业管理、结构调整、技术改造和经济运行结合起来抓。”“国家体改委之所以也联系一部分企业，主要是为了掌握宏观改革配套情况，为改革完善摸索一些经验。”

紧接着，邹家华还讲了很耐人寻味的一段话：“各部门要认真研究，在自己管辖的工作上有所改革，有所突破，有所创新，不能搞分兵把口，以改革不触及自己的部门利益为原则。在这个问题上，个别要服从整体，局部要服从全局。党的十四届四中全会再一次强调了民主集中制的原则，这对于加强试点工作的统一领导也同样有着十分重要的意义。”

讨论了整整一年的百户试点企业名单，至此终于有了结果。制订《试点方案》和确定试点企业名单的曲折过程，或许就已经向人们作了这样一种暗示：国有企业建立现代企业制度的过程，将会是一场十分艰苦复杂的持久战。

以后的形势发展证实了这一判断。直到 1995 年 6 月，百户试点的第一户企业——保定变压器厂的《实施方案》才通过方案论证，《人民日报》为此专门配发了“紧烧火，慢揭锅”的长篇报道。到 1995 年 10 月，已经批复了《实施方案》的企业也才刚刚过半，近半数的试点企业还停留在方案论证阶段。原先设计在 1995 年上半年必须全部出台的 12 个试点配套文件则大部分难产，时至 1996 年 10 月，才好不容易出台了 5 个。为此，有关部门不得不决定，将百户企业建立现代企业制度试点工作时间延长一年，推迟到 1997 年底结束。8 月上旬，各家报纸都在显著位置刊出了国家体改委副主任洪虎宣布的这一消息。然而令人吃惊的是，消息传出后，并未引起多大反响，至少远不如试点开始时那么轰轰烈烈了。

中策现象

伴随着邓小平南方谈话的强劲东风，中国迎来了新一轮经济增长的高潮，经济生活异常活跃。上海、深圳证券交易所相继挂牌营业，股份有限公司上市交易，炒股，被老百姓戏称为90年代中国第一热；非公有制经济迅速发展，在沿海几个省，非公有制经济的比重已经占据了经济总量的半壁江山，为这些省的GDP增长率能实现“两位数、二字头”立下了汗马功劳。

在南方，一家由“小铁匠铺”发展起来的浙江乡镇企业——万向集团的股票万向钱潮，1994年1月10日在深圳上市交易，成为中国首家上市的乡镇企业。同年10月，中方独资的万向美国公司在芝加哥成立，万向开始全面参与国际市场竞争，开创了乡镇企业利用国外资源的先河。

在北方，山东的诸城市率先在全国探索中小企业的股份合作制改革，朝着改革“最坚硬的部位”下手，由此掀起一场轩然大波，使之在全国名噪一时。诸城市委书记的陈光也一度被“陈卖光”“陈送光”等绰号所替代。

经济快速增长，企业间的联合、兼并、重组和并购也加速升温，在企业并购热潮中，被称为“中策现象”的香港中策投资有限公司的投资活动尤其引人关注，成为舆论界争论的焦点。

香港中策投资有限公司（简称中策）是由印尼华人黄鸿年

收购了一家香港上市公司之后改建而成的，黄鸿年占股 30.5%。从 1992 年 4 月收购山西太原橡胶厂开始，截至 1994 年 5 月 30 日，在两年多时间里，香港中策投资公司在中国内地的合资企业总数达 100 家，总投资额为 25 亿元人民币，连同中策 1992 年和 1993 年的可分配利润，再投资已逾 30 亿元人民币。中策在大陆的投资活动是从嫁接改造国有企业开始的，即投入资金购买原有企业的部分股权，将原有老企业改造为合资企业。中策的投资有三个特点：一是以现金方式投入；二是成片（如泉州）、成行业（如大连）收购大陆的国有企业，并获取 51% ~55% 的控股权；三是投资覆盖面广泛，地域跨度大，行业分布广，涉及机械电子、化工、橡胶、饮料食品、医药、金融业、基础设施等数十个行业。

中策本身是一家上市公司，其资金大部分来源于国际金融市场，属于金融资本。其在大陆的投资活动与在国际金融市场上的运作是同步进行的。由于中策在较短的时间里收购大陆 100 多家国有企业，并使这些企业取得显著效益，大大提高了中策的声誉。引来李嘉诚和美国、日本的大公司加盟。

此外，中策还将其在大陆收购的企业经过包装在海外上市，再用筹集到的资金进一步与同行业的中资企业合资，迅速提升了中策在中国同行业中的地位。这种依托国际金融市场，瞄准大中型国有企业，特别是经济效益好、发展潜力大的骨干企业，实行大规模收购、滚动式拓展的策略，在国内已经引起了有关方面的担忧和警觉，也是中策现象最有争议的方面。

对于中策现象，理论界出现了截然不同的两种看法。持肯定态度的观点认为，中策现象所显示的方向是正确的，不必有恐资、恐外之忧。持否定态度的观点认为，中策这种以金融资本为背景的、以大规模合资为特征、以获取企业控股权为目的的合资收购在方向上不可取。一是国有企业特别是大中型国有企业是国家经济的主干，必须牢牢掌握在国家手中。二是中策在国内收购企业的行为有投机性，不宜认同鼓励。外方所占比例也应适当降低。三是国有企业合资的重点应是亏损企业而非盈利企业，中国自己有能力把已经盈利的企业搞得更好。今后对于引资改造国有大中型企业要从严审批。

中策现象同时还引起了人们更深层次的思考：国际金融资本大规模进入我国产业，将会对我国相关产业产生什么影响？由于金融资本运作中的不确定性因素太多，过于放开融资渠道是否会造成金融资本在中国部分产业的迅速扩张，造成对外资的过分依赖？中策入股国有企业属于产权交易的范畴。在产权交易中，国有资产的转让不等于国有资产的流失。但由于我国有关法规还不完善，有关专业人才又十分缺乏，在外商收购国有资产的产权交易中，难免会发生国有企业有形资产低估、无形资产被忽视的情况。

1994 · 年度改革大事

1 月 10 日　万向钱潮股票在深圳上市交易，万向成了中国首家上市的乡镇企业。

2 月 8 日　国家税务总局发出《关于大型企业集团征收所得

税问题的通知》。规定国家试点企业集团经批准后，核心企业对100% 控股的紧密层企业，可由核心企业统一合并纳税。

3 月 11 日　国家国有资产管理局颁发《股份制试点企业国有股权管理的实施意见》。《意见》适用范围为股份有限公司和有限责任公司的国有股权管理。

3 月 17 日　国务院发出通知，决定组建国家开发银行。该银行是直属国务院领导的政策性金融机构，对由其安排投资的国家重点建设项目，在资金总量和资金结构配置上负有宏观调控职责。国家开发银行决定首次发行 650 亿元金融债券。

3 月 19 日　国务院发出通知，决定组建中国进出口银行。该银行是国务院领导的政策性金融机构，其主要任务是为扩大我国机电产品和成套设备等资本性货物出口提供政策性金融支持。

4 月 22 日　国务院办公厅发出《关于加强国有企业产权交易管理的通知》，指出严禁低价折股，低价出售，甚至无偿分给个人。组织国有企业产权交易活动，必须报国务院审批。

4 月 26 日至 5 月 6 日　江泽民在上海调查研究，着重考察了国有大中型企业，他强调，国有大中型企业在建立和发展社会主义市场经济体制中的重要地位和作用。搞好国有大中型企业的根本出路是进一步深化改革、转换经营机制和建立现代企业制度。

5 月 13 日　国家经贸委发出《关于开展“转机制、抓管理、练内功、增效益”活动的通知》。

6 月 19 日　国家体改委发出《关于立即停止审批定向募集股份有限公司并重申停止审批和发行内部职工股的通知》。

7 月 5 日　朱镕基在中南海怀仁堂举行的形势报告会上指

出，我们经济体制改革基本框架全部推出，运行趋于正常，改革取得明显成效。

7月21日至23日　国务院召开扭亏增盈工作会议，要求把扭亏增盈工作作为经济工作的一件大事切实抓好。

7月24日　国务院颁发《国有企业财产监督管理条例》。明确国有企业财产属全民所有即国家所有，企业对国家授予其经营管理的财产依法自主经营，享有占有、使用和依法处分的权利。国务院代表国家统一行使对企业财产的所有权，实行分级管理和分级监督。

8月4日　国务院颁发《关于股份有限公司境外募集股份及上市的特别规定》。

8月16日　国务院批复同意组建国家开发投资公司。

8月20日　深圳市率先进行国有资产授权经营试点，已有18家公司首批获得国有资产授权经营。

8月23日　国家经贸委印发《关于在若干城市进行企业"优化资本结构"试点的请示》的通知。《通知》指出，试点应在整体推进转换国有企业经营机制的前提下，在补充资本金、加快技术改造、减轻债务负担、分流富余人员、分离社会职能、实施破产等方面实现重点突破。

9月16日　国家经贸委、国家体改委、劳动部印发《国有企业厂长（经理）奖惩办法》。

9月21日　财政部、国家国有资产管理局、中国人民银行颁发《国有资产收益收缴管理办法》。

10月7日　劳动部、国家体改委、国家税务总局、国家国有资产管理局颁发《劳动就业服务企业实行股份合作制规定》。

10 月 25 日　国务院发出《关于在若干城市试行国有企业破产有关问题的通知》，规定企业破产时，其依法取得的土地使用权转让所得首先用于破产企业职工的安置，不足部分应从处置其他破产财产所得中拨付；对自谋职业的职工发放一次性安置费并不再保留国有企业职工身份，一次性安置费用原则上按所在地企业职工上年平均工资收入的三倍发放。

11 月 2 日至 4 日　国务院在北京召开全国建立现代企业制度试点工作会议。

11 月 18 日　国家经贸委、国家计委、财政部、国家国有资产管理局发出《关于变更国有企业隶属关系审批办法的通知》。

11 月 28 日至 12 月 1 日　党中央、国务院在北京召开中央经济工作会议。会议确定 1995 年经济工作的指导思想是：继续加强和改善宏观调控，抑制通货膨胀，保持国民经济发展的良好势头；以深化国有企业改革为重点，推进各项配套改革，完善宏观管理体制；增加农业投入，确保农副产品供应，全面发展和繁荣农村经济；加大结构调整力度，强化管理和推动技术进步，提高经济的整体素质和效益。

11 月 30 日　国家经贸委提出《关于深化企业改革和搞好国有大中型企业的意见》，强调要把企业改革、改组、改造和加强企业管理有机结合起来，即“三改一加强”的工作方针。

同日，中组部、人事部颁发《关于部分国家试点企业集团主要领导成员享有副部级待遇问题的通知》。通知规定 31 家大型、特大型企业集团的党委（党组）书记、董事长、总经理任职期间在看文件、听报告、参加会议及学习培训方面享有副部级政治待遇。

本年度主要参考资料：

1. 国家统计局．中国统计年鉴（1995）［M］．北京：中国统计出版社，1995. 8.

2. 国家经济体制改革委员会．中国经济体制改革年鉴（1995）［M］．北京：改革出版社．1995. 12.

3. 华而诚．中国经济的软着陆［M］．北京：中国财政经济出版社，1997. 8.

4. 马洪，孙尚清．中国经济形势与展望（1994—1995）［M］．中国发展出版社，1995. 4.

6. 吴敬琏．现代公司与企业改革［M］．天津：天津人民出版社，1994. 12.

7. 潘岳．中国国有经济总论［M］．北京：经济科学出版社，1997. 11.

8. 中共中央关于建立社会主义市场经济体制若干问题的决定［M］．北京：人民出版社，1993. 11.

9. 孙美华．中策现象启示录［J］．投资中国，1994（10）．

10. 冯宗容，游光中．中国近现代经济热点及重大事件［M］．北京：中国经济出版社，1995. 3.

11. 中华人民共和国国史全鉴编委会．中华人民共和国国史全鉴·第六卷（1989—1996）［M］．北京：团结出版社，1997. 5.

12. 中共十一届三中全会以来大事记［N］．人民日报，2003－10－10.

13. 中国集团公司促进会．国有企业改革政策演变［M］．北京：中国财政经济出版社，2003. 1.

14. 中国共产党 80 年大事记［EB/OL］．人民网，2001－06－12.

1995 年

1995 · 年度经济背景

“软着陆”迈出重大步伐，国有企业困难日增

1994 年国民经济和社会发展计划确定的宏观经济调控的主要目标是：国内生产总值比上年增长 9%。其中，第一产业增长 3%，第二产业增长 10.7%，第三产业增长 11% 或略高一些；全社会固定资产投资总规模 13000 亿元。其中，国有单位投资 8750 亿元，集体和个体投资 4250 亿元。当年财政赤字 669 亿元，加上当年到期需归还的国内外债务本息和专项用于重点建设的国外借款，国内外债务总额为 1292 亿元。银行新增贷款 4700 亿元。社会商品零售总额 16000 亿元，其中，农业生产资料零售额 1490 亿元；进出口总额 2000 亿美元；其中，出口 1000 亿美元，进口 1000 亿美元。全国商品零售物价总水平上涨幅度控制在 10% 以内。提高经济效益，企业的产品销售率、资金利税率、劳动生产率、流动资金周转次数和节能率都要有所提高。但是，由于各种因素的制约（其中包括工业和国民经济增长以及物价上涨的惯性作用），该年计划确定的工业和国民经

济总量目标并未完全实现。主要表现在以下几点：

1. 全部工业和国民经济总量的运行仍然处于过热状态，但国有经济增长缓慢。1994 年国内生产总值、工业增加值、工业总产值分别达到 46759.4 亿元、19359.6 亿元、30176 亿元，分别比上年增长了 12.6%、18.9%、24.2%。但是工业经济的增长主要来自非国有企业，国有企业的增长缓慢。当年国有工业、集体工业、个体工业和其他经济类型工业的增长率分别为 6.5%、24.9%、56.3%、74.3%。

2. 工业和全社会的固定投资规模增幅比上年有大幅度下降，但规模仍然偏大，结构不尽合理。1994 年，全社会固定资产投资达到 13373 亿元，比上年增长了 25.1%（不包括非公有制经济投资）。其中，基础产业和非基础产业分别达到 5552.1 亿元和 6820.9 亿元；二者分别比上年增长了 30.81% 和 20.83%。全年国有单位的基本建设投资达到 6436.7 亿元，比上年增长了 39.5%。其中，基础产业和非基础产业分别比上年增长了 43.01% 和 34.7%；二者比重分别为 58.71% 和 41.29%。全年国有工业固定资产投资为 1822.7 亿元，比上年增长 35%。其中，基本建设和更新改造的投资分别比上年增长 37.8% 和 25.3%；二者比重分别为 57.3% 和 40%。全年东部、中部和西部的国有基本建设投资分别达到 3838.33 亿元、1434.09 亿元和 881.22 亿元；分别比上年增长 61%、31.9% 和 24.6%；比重分别为 59.6%、22.3%、15.3%。就绝对量增长来看，基础产业和非基础产业的建设、特别是基础产业的重点建设都有所加强；基本建设和更新改造以及东部、中部和西部地区的建设也都有所加强。但是就比重来看，基础产业投资有所加强，非基础产业投资有所削弱；基本建设投资有所加强，更新改造投资有所削弱；东部地区投资有所加强，中部和西部地区投资有所削弱。前一点表明投资结构优化，后两点则表明投资结构不合理状况有了进一步发展。

3. 包括工业品在内的各种物价指数大幅度上升。1994 年，商品零售价格、居民消费价格、工业品出厂价格、主要原料燃料动力价格、固定资产投资价格分别比上年提高了 21.7%、24.1%、19.5%、18.2%和 10.4%。是改革开放以来物价涨幅最高的一年。

4. 工业经济效益总体水平不高的情况没有明显改观。1994 年，全国乡及乡以上独立核算工业企业经济效益综合指数为 97，比上年提高 0.4 个百分点。但国有企业由于生产发展缓慢的影响，工业经济效益综合指数为 95.11，比上年下降 0.3 个百分点；集体企业为 94.25，比上年下降 0.86 个百分点。工业企业整体效益不高未见改观。年末，全国乡及乡以上独立核算工业企业应收账款净额达 6314 亿元。企业亏损面和亏损额都比上年增加。全年全国预算内国有工业企业亏损 12155 户，亏损面为 34.3%，亏损额 334.4 亿元，比上年同期增亏 7.9%。

由此可见，1994 年的经济运行远未实现“软着陆”，只能说是实现了“软着陆”的起步。基于以上判断，1995 年，中共中央、国务院提出了“深化改革，控制总量，调整结构，提高效益，保持投资适度增长”的宏观经济调控原则，采取切实有效的措施，加强对投资总规模和结构的宏观调控。中央政府确定的宏观经济调控目标是：国内生产总值增长 8%～9%，工业增加值增长 10%左右，商品零售价格涨幅控制在 15%左右。加强和改善宏观调控的政策措施是：实行 1994 年底中央经济工作会议明确提出的适度从紧的财政、货币政策；严格控制固定资产投资和消费基金的过快增长；整顿流通秩序，加强对市场价格的调控和监管；努力为深化国有企业改革创造必要的宏观经济环境；进一步完善宏观调控体系。

由于中共中央、国务院关于改革和发展一系列政策的进一步贯彻，以及宏观调控力度加大等方面的原因，1995 年在实现国民经济运行“软着陆”方面迈出了重大步伐。

1995 年国内生产总值完成 58260 亿元，按可比价格计算，比上年增长 10.5%，其中，第一产业增加值为 11993 亿元，增长 5%；第二产业为 28173 亿元，增长 14.1%；第三产业为 18094 亿元，增长 8%。在经济快速增长的同时，经济结构有所调整。按现价计算的三次产业构成比例由 1994 年的 20.3∶48.0∶31.7 变为 20.6∶48.3∶31.1，第一产业和第二产业均上升了 0.3 个百分点，第三产业下降了 0.6 个百分点。

全年粮食播种面积约 16.48 亿亩，产量达到 46662 万吨，比上年增产 2100 多万吨。其中，夏粮增产 242 万吨，成为历史上第二个高产年；稻谷播种面积比上年增加 1100 万亩，产量增加较多，扭转了连续 4 年下滑的局面。棉花播种面积 8100 万亩，产量 477 万吨，比上年增加 43 万吨。油料获得丰收，种植面积比上年增加 1500 万亩，产量达到 2250 万吨的历史最高纪录，比上年增加 260 万吨。糖料生产形势有所好转，种植面积比上年增加了1500万亩，产量7940万吨，增产595万吨。畜牧、水产业继续保持稳定发展势头，肉类总产量5260万吨，比上年增加760万吨，水产品产量2517万吨，比上年增加374万吨。

1995年工业增加值完成24354亿元，比上年增长14.3%，增速回落4个多百分点。在全部工业总产值中，国有企业增长8.2%，集体企业增长15.2%，以中外合资、合作经营和外商独资企业为主的其他经济类型工业增长37.2%。轻工业增长快于重工业。全年轻工业总产值比上年增长24.1%，高出重工业总产值4.5个百分点。全国乡及乡以上工业完成增加值17863亿元，比上年增长13.4%，增幅回落了4.1个百分点。分季度看，一季度增长14.4%，二季度增长14%，三季度增长12.3%，四季度增长11.5%，生产增幅逐季平稳回落，没有出现大的经济波动，基本实现宏观调控目标。随着“限产压库促销”措施的实施和市场导向作用的增强，产品销售率有所提高，工业产销率达到95.88%，比上年提高0.37个百分点。年末工业企业产成品资金占用比上年末增长16.6%，扣除价格上涨因素，实物库存增长11%左右，低于生产增长速度。

全年建筑业完成增加值3820亿元，增长12.4%，增幅比上年回落1.3个百分点，占国内生产总值的比重与上年的6.5%持平。全国城镇以上建筑企业房屋建筑施工面积完成8.99亿平方米，比上年增长15.2%；房屋建筑竣工面积为3.57亿平方米，增长10.1%；全国城镇以上建筑企业劳动生产率为11140元，比上年提高21.8%。

全年商业饮食业完成增加值5094亿元，实际增长8.7%，占第三产业增加值的比重为28.2%。运输邮电业进一步得到加强，全年实现增加值3236亿元，实际增长9.5%，占第三产业增加值的比重为17.9%，继续保持近几年来快于整个第三产业增长的强劲势头。全年邮电业务总量989亿元，比上年增长43.7%；全社会货物周转量35730亿吨公里，比上年增长7.4%，提前完成了“八五”计划的目标。金融保险业保持平稳增长。全年金融保险业增加值3151亿元，比上年实际增长8%，占第三产业增加值的比重为17.4%。旅游业迅速发展，信息、咨询等新兴行业不断壮大。全年国际旅游外汇收入完成87亿美元，比上年增长19%；国内旅游收入达1375亿元人民币，比上年增长34.3%。

全年社会消费品零售总额达到20620亿元，比上年增长26.8%，扣除价格因素，实际增长10.4%。城乡市场销售增幅差距缩小。全国县及县以下消费品零售额同比增长24.8%，比城市零售额的增长幅度低3.3个百分点，比上年的增幅差距缩小4.3个百分点。

针对1994年出现的严重通货膨胀，中共中央、国务院提出把抑制通货膨胀作为宏观调控的首要任务，坚持实行适度从紧的财政政策和货币政策。经过一年的艰苦努力，全国商品零售价格比上年上涨14.8%，涨幅回落了6.9个百分点，实现了年初确定的“确保商品零售价格涨幅比上年明显回落，力争控制在15%左右”的宏观调控目标。这是加强和改善宏观调控取得显著成效的重要标志。

从全年物价走势看，全国商品零售价格涨幅逐月回落，由

1994 年 12 月的 23.2% 降到 1995 年 12 月的 8.3%，涨幅回落了 14.9 个百分点，月平均回落 1.24 个百分点。在 1995 年商品零售价格涨幅 14.8% 中，新涨价约为 5 个百分点，占物价总水平涨幅的 35% 左右。而 1994 年新涨价约为 14 个百分点，占当年物价总水平涨幅 21.7% 的 65% 左右。1994 年食品类零售价格同比涨幅高达 35.2%，成为当年物价总水平上升的主要原因。1995 年初以来，食品类价格涨幅逐月回落，全年食品类价格同比上涨 24.7%，涨幅回落 10.5 个百分点。到 12 月，食品类价格同比上升 10.5%，比上年 12 月的涨幅回落 28.6 个百分点，月平均回落 2.38 个百分点。1995 年全国城市与农村商品零售价格分别比上年上涨 13.5% 和 16.4%，涨幅分别比上年回落 7.4 个百分点和 6.5 个百分点。

加强固定资产投资宏观调控取得积极成效，投资规模得到较好控制。1995 年全社会固定资产投资总额 20019.3 亿元，比上年增长 17.5%，增幅回落 12.9 个百分点，扣除价格因素，实际工作量增长 11%，与经济增长大体持平。固定资产投资率由上年的 36.4% 回落到 34.4%。固定资产投资增长趋于适度，是全年能够实现经济总量基本平衡、较好地实现抑制通货膨胀目标的重要保证。

1995 年继续实行了适度从紧的财政政策和货币政策，进一步深化和完善财税、金融体制改革，在抑制社会总需求过快增长的同时，实现了财政收支的较快增长，保持了金融形势的平稳。1995 年全国财政收入（不含债务收入）6242.2 亿元，完成预算的 109.7%，比上年增加 1024.1 亿元，增长 19.6%；全国财政支出（不含债务支出）6823.7亿元，完成预算的107.3%，比上年增加1031.1亿元，增长17.8%。收入与支出相抵，支出大于收入581.5亿元。中央财政本级支出1995.4亿元，完成预算的99.6%；税收返还和补助地方支出2534.1亿元，完成预算的103.5%。中央财政收支相抵，赤字662.8亿元，控制在预算目标之内。

在金融方面，中央银行运用再贷款、公开市场业务等新的金融手段调控货币供应总量。中国人民银行于年初和年中两次调高了再贷款利率，适当扩大了金融机构贷款利率浮动的幅度，取消了行业间固定资产贷款的差别利率，适时调控信用总量，取得一定成效。全年全部金融机构各项存款增加12957亿元，同比多增加1688亿元。其中，城乡居民储蓄存款增加8126亿元，同比多增加1811亿元；企业存款增加3885亿元，同比多增加386亿元。全部金融机构各项贷款增加9340亿元，同比多增加2123亿元。其中，国家银行各项贷款增加6915亿元，同比多增加1754亿元。现金投放明显减少，货币供应量增幅平稳回落。春节前投放的现金3月全部回笼，上半年实现净回笼285亿元，直到8月末仍保持净回笼的态势，这是多年来所未有的。全年货币发行量为597亿元，同比少发行827亿元。现金流通量M_0比上年末增长8.2%，同比增幅下降16个百分点，是改革开放以来增长速度最低的一年；狭义货币供应量M_1比上年末增长16.8%，同比增幅下降10个百分点；广义货币供应量M_2增长29.5%，下降近5个百分点。

据海关统计，1995年我国对外贸易进出口总额达到2809亿美元，比上年增长 18.7%。其中，出口 1488 亿美元，进口 1321 亿美元，分别增长 22.9% 和 14.2%，贸易顺差 167 亿美元。年末国家外汇储备为 736 亿美元，比上年末增加 220 亿美元。

城镇居民人均生活费收入 3893 元，比上年增长 22.5%，扣除物价因素，实际增长 4.9%。农村居民人均纯收入达 1578 元，增长 29.2%，扣除物价因素，实际增长 5.3%。城乡居民之间的收入差距略有缩小。从 5 月 1 日起，全国普遍实行每周 5 天工作制，增加了职工的休闲时间。

1995 年是《劳动法》实施的第一年。《劳动法》的颁布实施，推动了劳动制度改革的深化，加快了建立劳动合同制度的步伐，有力地维护了劳动者权益。1995 年末全国城镇从业人员 18620 万人，同比增加 460 万人，增长 2.5%；全年城镇新就业 720 万人，年末城镇登记失业人数 520 万人，登记失业率为 2.9%。就业结构出现较大变化，私营企业和个体劳动的从业人员占城镇从业人员的比重上升，国有和城镇集体单位所占比重下降；第三产业就业人数不断增加，劳动力继续由第一产业向第二产业和第三产业转移。1995 年三大产业就业比重为 52.2∶23.0∶24.8。与上年相比，第一产业下降 2.1 个百分点，第二产业提高 0.3 个百分点，第三产业提高 1.8 个百分点。劳动力市场稳步发展，以职业介绍、就业指导、就业培训等为内容的就业服务体系建设得到加强。“再就业工程”的全面实施为增加就业发挥了积极作用。

但是，随着工业增幅的回落，工业经济效益下降。1995 年，全国工业经济效益综合指数 90.02，比上年同期下降 6.97 个百分点；企业盈利水平较低，百元资金投入创利税仅为9.1元，百元成本费用投入创利润为3.62元，比上年同期分别下降1.46元和1.17元；企业亏损面为21.1%，比上年同期上升0.8个百分点，亏损额883.1亿元，增亏30.3%。国有企业亏损问题尤为突出，国有企业亏损面达33.5%；亏损额540.6亿元，增长20.7%。预算内国有工业企业亏损面达34.8%，比上年同期增加0.5个百分点；亏损企业亏损额409亿元，增长20.5%。同时，产成品占用和企业间相互拖欠继续增加。据对全国37.8万户独立核算工业企业统计，1995年末，产成品资金占用达4598亿元，比年初增加580亿元，比上年同期增长14.4%。到年末，应收账净额8049.7亿元，比年初增加1735.7亿元。特别是有些工业企业生产经营不好，困难较多。主要集中在煤炭、军工、森工、纺织等行业，据调查，停产、半停产企业职工750万人。停产、半停产企业的在职职工和退休职工的工资和基本生活费发放没有保障，职工福利开支受到很大影响，职工的物价补贴无法兑现。

基于工业和国民经济总量增幅以及物价增幅大幅度下降这两个最重要情况，可以认为，1995年在实现“软着陆”方面已经迈出了重大步伐。但还没有完成“软着陆”的任务。

1995 · 基本改革思路

“优化资本结构”改革试点

随着改革的逐渐深入，人们形成了一个共识，再就企业讲企业改革已经难以奏效了。1993 年的财税、金融、投资、外贸等重大改革措施相继出台，为国有企业进入市场、平等竞争创造了机遇，同时也使国有企业面临更为严峻的挑战。国有企业改革所面临的问题，诸如冗员过多、负债过重、设备陈旧、技术落后、社会保障滞后、国有资产监管与运营、投融资体制改革、健全规范中介组织等，都是深层次的棘手问题。已经不仅仅是靠企业改革能够解决的，也不是单靠企业的能力可以解决的，必须进行配套改革。只有作为一级政府和一级财政的城市，才可能在自己权限内进行综合配套改革。由此形成了以城市为依托，通过发挥城市的整体功能和综合优势，配套改革、综合治理，在深化国有企业改革上实现重点突破的“优化资本结构”改革试点的改革思路。

建立现代企业制度试点工作进展缓慢，对于负责全国企业工作的国家经贸委来说，这也许是预料之中的事情。因此，在提出建立现代企业制度试点之时，国家经贸委又同时提出了“优化资本结构试点”的改革思路。

在 1993 年 12 月 5 日至 7 日召开的全国经贸工作会议上，刚刚组建不到一年的国家经贸委，对 1994 年的国有企业改革提出了“万千百十”的宏伟规划：要在全国选择1万户国有大中型企业，不折不扣地贯彻《转机条例》，落实企业14项经营自主权和经营责任，完成清产核资工作；选择1千户关系国计民生的重点骨干企业，分期分批地派出“监事会”，通过对国有资产进行督管和建立企业资产经营责任制，探索社会主义市场经济体制下国有资产管理的合理形式和途径；选择100户不同类型的国有大中型企业和3户国家控股公司，进行建立现代企业制度试点和国家控股公司试点；选择上海、天津等18个城市，进行“增资减债、分离分流、减员增效、破产兼并”的“优化资本结构”试点。

1994年1月，由国家经贸委、国家计委、财政部、劳动部、人民银行、审计署、税务总局、国有资产管理局、工商银行9个部门组成联合调查组，选择上海、天津、太原、沈阳、长春、武汉、成都、青岛、齐齐哈尔、唐山、常州、蚌埠、淄博、株洲、柳州、宝鸡、哈尔滨、重庆市等18个城市，就新形势下如何抓紧搞好国有大中型企业问题分四路进行了调研，并将调研结果向国务院写出了专题报告。

《报告》指出，据调研提供的资料，16个城市（哈尔滨、重庆市除外，下同）共有国有大中型工业企业3196户，占全国国有大中型工业企业14997户的21.3%；职工总数835.2万人，占全国预算内国有工业企业职工总数的23.2%；资产总额4672.6亿元，占全国预算内国有工业企业资产总额的18.2%。1993年，16城市工业总产值3217.2亿元，完成销售收入3587.3亿元，实现利税530亿元，分别占同期全国预算内国有工业企业的 23.2%、19.9% 和 24%。其中实现利润 247 亿元，占全国的 44.2%；销售利润率 7.61%，是全国平均水平的 2.24 倍。从总体看，16 个城市拥有全国 1/5 的大中型企业，占用约 1/6 的国有资产，创造出近 1/4 的实现利税，具有较强的典型性和代表性，在全国和地区经济中具有举足轻重的地位。

但是，这些城市的国有工业企业目前普遍存在以下三方面的问题：

一、注资不足，债务沉重。自 1983 年实行“拨改贷”以来，国家对现有的国有企业基本没有资本金注入，加大了企业的债务负担，甚至出现了一批没有资本金、全部靠贷款建成的企业。如天津钢管工程、唐山碱厂、淄博化纤总厂、齐齐哈尔亚麻厂等。据统计，目前 16 个城市长期贷款余额为 1256.2 亿元，若按 3 年期贷款利率 12.24% 计算，一年需支付的利息就达 153.7 亿元，相当于当年实现利润 274 亿元的 56%。

二、生产经营资金严重短缺。到 1993 年 7 月 1 日实施“两则”前，16 个城市大中型工业企业自有流动资金共计 155.6 亿元，占全部流动资金的 7.3%，比全国预算内国有工业企业的平均水平低 3 个百分点。流动资金贷款不足，16 座城市大中型企业流动资金贷款占全部贷款的比重仅为 50%，低于全国 62.7% 的水平。在 2128.2 亿元流动资金中，可有效周转的仅有 1429.9 亿元，占全部流动资金的 67.2%。也就是说，已经有 32% 近 700 亿元的资金“有账无钱”，其中亏损挂账 92.5 亿元，潜亏 150.8 亿元，产成品资金损失 65.2 亿元。

三、社会负担问题十分突出。以人员负担为例，16 个城市国有企业离退休人员共计354.7万人，相当于在职职工1251万人的29.2%，比全国平均的21.6%高出7.6个百分点。上海市离退休人员占在职职工总数的50%。16个城市国有企业富余职工143万人，占在职职工总数的11.7%。此外，企业办学校、医院、食堂等现象十分普遍。近几年兴办的第三产业，由于尚未真正脱钩，企业办社会状况没有根本性的改变。

《报告》认为：在目前国家财务比较困难的条件下，解决国有大中型企业的上述问题，不能再靠“减税让利”，要在转换经营机制、调整资本结构上下功夫。以城市和当地政府为依托，推动转机建制，从企业内部和外部“双管齐下”，即把企业自身改革与市场环境建设有机地结合起来，内外改革配套，推动改革的深化；把改革与发展有机地结合起来，结合地区经济发展规划，通过企业组织结构的调整，盘活资产存量，增强企业实力，培育新的经济增长点，促进城市经济发展；把改革与稳定有机地结合起来，发挥城市统筹协调功能，完善和健全社会保障体系，解脱企业不合理的社会负担，保持职工队伍和社会的稳定。在整体推进企业“转机建制”的前提下，在“增资、改造、分流、破产”等方面实现重点突破，是一条解决国有大中型企业当前存在的重点、难点问题的可行思路。由此形成了以城市为依托，通过发挥城市的整体功能和综合优势，配套改革、综合治理，在深化国有企业改革上实现重点突破的“优化资本结构”改革试点的改革思路。

1994年8月23日，国家经贸委发出《国家经济贸易委员会关于印发〈关于在若干城市进行企业“优化资本结构”试点的请示〉的通知》（以下简称《通知》）。《通知》指出，试点应在整体推进转换国有企业经营机制的前提下，在补充资本金、加快技术改造、减轻债务负担、分流富余人员、分离社会职能、实施破产等方面实现重点突破。《通知》要求按照国务院有关的精神和《关于在若干城市进行企业“优化资本结构”试点的请示》的要求，及各有关城市的实际情况，修改并完善试点实施方案，认真组织实施，推动试点工作深入开展。

从 1995 年开始，国务院将上述 18 个城市确定为进行企业“优化资本结构”的试点城市。1996 年，国务院将企业“优化资本结构”试点城市由 18 个城市扩大到 50 个城市，之后又增加为 58 个。1997 年，国务院进一步将企业“优化资本结构”试点城市扩大到 111 个。

从上述 9 个部门对 16 个城市的调研报告可以看出，所谓“优化资本结构”试点，目的是减轻企业早已债台高筑的债务负担；改造明显落后的设备和技术工艺；分离企业办社会职能、分流企业富余人员；冲抵破产企业的呆坏账和资产损失、安置破产企业失业人员。无论是增资、改造，还是分流、破产，都必须有足够的资金才可能实现。而试点所采取的措施及其所能够集中到的资金，与实现试点目标所需要的资金比起来，无疑是杯水车薪。18 个城市的问题尚不能解决，又迅速扩大到 50 个、111 个，显然很难指望通过“优化资本结构”来解决企业的实际问题了。

尽管采取了一系列的改革措施，但国有企业的经营状况不仅没有改善，反而越来越恶化。在全部国有独立核算工业企业中，亏损企业的亏损总额逐年增加，亏损面逐年扩大。亏损企业的亏损总额从1994年的482.59亿元增加到1997年的830.95亿元；全部国有独立核算工业企业实现的利润总额则从1994年的829.01亿元降到1997年的427.83亿元；而同期全部国有独立核算工业企业的固定资产原值则从2.31万亿元增加到3.84万亿元。在1994年时，全部独立核算的国有工业企业每百元固定资产原值还能创造3.59元的利润，到1997年，每百元固定资产原值就只能创造1.12元的利润了，国有企业的盈利能力下降了2/3。1994年，在工业39个行业大类中，国有独立核算工业企业发生全行业亏损的还只有煤炭、食品、纺织等13个行业，亏损总额也只有58.58亿元；到1997年，39个行业中发生全行业亏损的增加到25个，有64%的行业国有独立核算工业企业全行业亏损，亏损总额增加到258.86亿元。同时在工业以外的国有企业中，也有一些行业出现了全行业亏损。根据1995年全国第三次工业普查资料对大中型企业1180种主要专业生产设备、技术水平的调查，达到国际水平的占26.1%，属国内先进水平的占27.7%，属国内一般水平的占33.4%，属国内落后需淘汰水平的占12.8%，国内设备有1/2处于较落后水平。重点行业机械、电子、冶金、建材、化学、石化等的关键设备达到国际水平的均不足9%，平均仅为5%左右。1995年国有工业固定资产的新度系数为56.5%，低于集体、股份制企业。国有企业技术设备落后，使得企业间竞争处于较低水平上，企业竞争力下降，不利于产业结构的调整。企业设备利用率在30%以下的占企业总数的34%；在31%～50%的占32.1%；在51%～70%的占

23.5%；在 71% 以上的不足 11%，国有企业有一半以上的设备闲置。企业“优化资本结构”城市试点从 1994 年提出，1995 年正式实施，轰轰烈烈地搞了 3 年，没有达到预期效果，最后在不了了之中收场。

1995 · 年度改革实践

城市企业“优化资本结构”试点

1995 年，由国家经贸委牵头，选择了上海、天津、太原、沈阳、长春、武汉、成都、青岛、齐齐哈尔、唐山、常州、蚌埠、淄博、株洲、柳州、宝鸡、哈尔滨、重庆市等 18 个城市，进行城市企业“优化资本结构”的试点工作。试点的主要内容是：增资、改造、分流、破产。

在“增资”方面采取的措施如下：（1）企业应自觉地增补生产经营资金。按照“两则”规定增提折旧和按清产核资后资产的重估价值计提折旧；企业免缴“两金”；近期内国有全资老企业免缴的税后利润，主要用于补充企业生产经营资金。（2）银行对国有盈利企业的流动资金贷款增加额一般不低于 1993 年的水平。对扭亏有望的微利、亏损企业要适当给予贷款支持。（3）对符合国家产业政策，确需国家重点支持，但长期没有资本金投入，还款能力弱的国有大中型企业的债务中，有条件转为国家资本金的，区别不同情况，转为国家资本金。在具体操作中，18 个城市主要采取了六种措施：一是将企业实际上缴的所得税、属地方部分的增值税、城建税等，按一定比例返还企业，作为国家资本金；二是将地方的财政性借款、欠缴“两金”、集中的折旧费及“拨改贷”本息余额转为国家资本金；三是在企业的资产负债率调整到合理比例之前，将企业税后利润或国有资产收益全部留归企业，用于增加国家资本金；四是要求企业按清产核资后的固定资产重估价值计提折旧，鼓励企业按《两则》规定加速折旧，增加生产营运资金；五是通过财政拨款、资产变现、吸收法人投资等方式，建立企业发展振兴基金，增加企业营运资金；六是通过清产核资，核销部分资产损失，按规定对贷款余额实行挂账停息，以减轻企业利息负担。

在“改造”方面采取的措施如下：（1）结合资本结构的调整和企业组织结构的调整，优化资源配置，重点支持效益好、有发展前途的企业，增强其技术改造的能力，促其向国际化发展。（2）以市场为导向，重点扶持市场前景好、有竞争能力的产品，扶持地方拳头产品上水平、上档次。（3）与企业转机建制相结合，结合现代企业制度的建立，在融资方面适当给以倾斜。新项目的确定必须以企业明晰产权关系，转换经营机制，建立科学、规范的领导管理体制为前提，使新投入真正达到改造、发展的目的。（4）发挥地方优势，在加强城市内协调，确立各自主导产业和产品的同时，加强城市与周边地区及其他地区的横向协调和联合，避免布局雷同。（5）多渠道筹集资金，增加重点改造企业的技改投资，积极拓展利用外资的途径。

所谓“分流”是分流企业富余人员，分离企业办社会职能，抓紧社会保障体系的建立，创造条件逐步减轻企业办社会负担。

在“分流”方面采取的措施如下：（1）逐步解脱企业办社会负担，首先在企业内部将生产经营与办社会部分分离，然后分步将企业所承担的社会服务职能逐步转移给地方政府或社区组织。（2）通过兴办第三产业等多渠道分流富余人员。各城市提出，两年内计划分流企业富余人员 72 万人，占现有富余人员的一半。（3）加强企业、行业劳动力管理，加快建立区域性劳动力市场。失业率保持在适当水平，形成就业竞争机制。（4）建立社会保障体系，完善社会保障制度。提高保险的社会化程度，使养老、失业保险覆盖各类企业。试点城市在这方面采取了多种形式，如开发新的生产项目，兴办各类企业；企业间劳务输出，调剂余缺；新建企业优先招收老企业富余人员；鼓励职工自谋职业，实行离厂谋职、厂管养老或重新就业；对年老体弱职工提前厂内退养；分流到社会，进入劳动力市场，参与社会调剂等。

在“破产”方面采取的措施如下：据 16 个城市 1994 年 1 月至 2 月统计快报，有 2390 户国有工业企业亏损，亏损面已达 52.2%。据不完全统计，达到破产条件的企业 156 户，其中 71 户涉及动用呆账准备金约 26 亿元，其余 85 户还在进一步摸底。各城市进行了力度不同的探索。上海市按照“有所不为才能有所为”的原则，把企业兼并与城市改造规划和实施经济发展战略相结合。天津市通过公开竞价出售破产企业资产，以最少的成本保证了职工和债权人双方的合法权益。武汉是破产力度较大的试点城市，在对 38 户企业实施破产的实践中，探索出一条“整体破产、整体接收、全员安置”的模式，注意把握“破产决策、破产预算案、选好收购方、开好职代会、组织好清算组”等五大环节的操作方法。

实施大公司、大集团战略

国务院确定的57家企业集团试点工作不断深入，试点企业集团抓紧发展战略的研究和修订，依据《公司法》，规范企业集团中母子公司的产权关系，建立、完善产权联结纽带；通过改革、改组、改造和加强管理，壮大企业集团实力，使之在调整、优化结构及国内外市场竞争中发挥更大作用。在落实《国务院批转国家计委、国家体改委、国务院生产办公室关于选择一批大型企业集团进行试点请示的通知》的基础上，研究制定《关于进一步推进企业集团试点工作的意见》。

国务院确定的3家全国性总公司改组为国家控股公司的试点，在调查研究论证的基础上，加紧制定试点方案。

国家选择的1000家大型国有骨干企业，着手进行综合改革、改组和改造，使之成为能够适应国内外市场环境的大公司、大集团。各地重视发展企业集团，一些主管部门在职能分解中组建集团公司，集团数量增加较快。

国有小企业改革

1995年，山东、四川、安徽、湖北、浙江、广东等地国有小企业改革掀起热潮。各地从实际出发，对国有小企业，或实行股份合作制，或采取租赁、承包、拍卖等多种形式进行改组改造。长春市推出存量资产折股、吸收增量资产扩股、改组为有限责任公司；企业资产先出售、后入股改组为股份合作制；以债转股、债权变股权；剥离、分立、改组、股份经营；划转兼并、组建集团；抵押承包，出让经营权；融资租赁、让渡产权；公开拍卖；退二进三，出城进郊；依法破产，先死后生等10种改制经营办法。安徽省提出“九个一批”，即扶持壮大一批、挂靠联合一批、“先售后改”一批、兼并划转一批、承包租赁一批、合资嫁接一批、退二进三一批、剥离分立一批、破产淘汰一批，将在80%的国有小企业中组织实施。许多省市抓小企业改革力度大、进度快，完成了绝大多数小企业的改制工作。股份合作制是小企业改制的主要形式。与此同时，鼓励效益好、有发展前途的国有大中型骨干企业，通过兼并、购买、控股、参股等方式，吸纳效益差或亏损的小企业。山东诸城以股份合作制为小企业改制的主要形式，抓住按规范的程序操作和管好产权转让资金这两个关键环节，加大小企业改革的力度，收到了较好的效果。

按照着眼于搞活整个国有经济的原则，许多城市，特别是中小城市积极采取联合、兼并、划转、租赁、合资等多种方式，加快存量资产的流动和重组。一些城市利用级差地租进行老企业的搬迁改造、转产改造，也取得一定的成效。企业兼并仍保持发展的势头，兼并企业的数量比前几年增加。企业破产力度加大，据山东、河北、辽宁、武汉、长春等19个省市统计，到1995年底，已经破产和进入破产程序的企业超过1000家。

探索解决企业历史包袱的有效途径

这一年，各地在探索解决企业历史包袱的有效途径方面创造了不少新的经验。在处理过度负债方面，各地在推动落实现有增资减债政策措施的基础上，积极研究和探索引入中介机构投资、建立投资基金等解决企业过度负债的有效办法，同时重视把企业改革与优化资本结构结合起来，要求企业千方百计补充自有资金，提高还贷能力。在分流富余人员方面，各地采取发展第三产业、厂内提前退休、允许职工个人自谋出路、增加转业转岗培训和依法向社会分流等多种方式消化和分流富余人员。在解决企业办社会方面，针对如何解决被分离机构经费这一难点问题，各地也都展开了积极的探索，创造了一些新的经验。有的采取“先分后离、逐年减少经费”的办法促其自立；有的则一次性将部分存量资产划转给地方政府，由政府负责解决被分离机构的经费。

对原有股份公司按《公司法》进行规范

1995 年，全国以国有企业为主改建或新设的股份有限公司 9000 多家，股本总额 5970 亿元，从业人员约 716 万人，有上市公司 334 家。有限责任公司增加很快，据 15 个省市不完全统计，已达 5 万多家。

1995 年，A 股上市 21 家，发行 5. 32 亿元股票，筹集资金 22. 68 亿元。B 股上市 21 家，筹集资金 4. 5 亿美元。海外上市 2 家，筹集资金 3. 8 亿美元。1995 年，上市公司有 75 家配股，筹资 8 亿多元。

对原有股份公司按《公司法》进行规范，是 1995 年股份制试点的重点内容。1995 年 7 月，国务院颁发了《关于原有有限责任公司和股份有限公司依照〈中华人民共和国公司法〉进行规范的通知》，据此，国家经贸委、国家体改委、国家国有资产管理局等有关部门于 8 月召开会议，研究原有公司的规范工作安排。会议明确，原有股份有限公司的规范工作由国家体改委组织实施。国家体改委、国家国有资产管理局共同印发了《关于做好原有股份有限公司规范工作的通知》。此次规范工作涉及面广、时间短、任务重，各省市领导都十分重视，许多省市将规范工作纳入领导的议事日程。多数省市已进行调查摸底工作，制定规范化工作的有关文件。有的省市规范工作的有关文件已经下发，规范化工作也有较大进展。

社会保障和住房制度改革

社会保障制度改革步伐明显加快。各地积极贯彻国务院《关于深化企业职工养老保险制度改革的通知》（国发〔1995〕6 号）的精神，根据实际情况，选择和制定养老保险制度改革实施办法，到 1995 年底，已有 20 多个省（自治区、直辖市）出台了统一的养老保险制度改革方案。还有一些省市按照政事分开、行政管理与基金运营机构分设的原则建立了统一的社会保障管理机构。据不完全统计，有 9 个省、8 个市成立了社会保障委员会或社会保障制度改革领导小组，有 3 个省、5 个市成立了社会保险厅（局）。九江、镇江医疗保险改革试点初见成效，上海、天津、鞍山、铜陵等市地进行了不同程度、不同形式的医疗改革探索。从试点情况看，保障了职工基本医疗，加强了医患双方的约束机制，减少了医疗资源的浪费，为进一步扩大试点范围打下了良好的基础。在失业保障制度改革方面，改进了失业金的发放办法，各地组织失业职工的再就业工程开始启动。

住房制度改革取得了新的进展。住房公积金制度得到推广和完善，全国 35 个大中城市基本建立起公积金制度，缴交率占职工工资总额的比重达 5% 左右，上海等地按照“房委会决策、中心运营、银行专户和财政监督”的办法建立和完善了住房公积金管理的规章制度，并着手公积金的立法准备工作。公房租金进一步提高，公房出售进入了规范运行、稳步推进阶段。政策性住房金融和物业管理工作开始起步，企业房改进一步展开。国家安居工程进展顺利，经济适用住房建设进程加快，为建立住房新体制提供了政策示范。

1995 · 重要理论观点

着眼于搞好整个国有经济，对国有企业实施战略性改组

在 1995 年 9 月 28 日中共十四届五中全会通过的《中共中央关于制定国民经济和社会发展“九五”计划和 2010 年远景目标的建议》（以下简称《建议》）中，对国有企业的改革战略进行了重大调整，首次提出“要着眼于搞好整个国有经济，通过存量资产的流动和重组，对国有企业实施战略性改组”的战略决

策。《建议》指出：这种改组要以市场和产业政策为导向，搞好大的，放活小的，把优化国有资产分布结构、企业组织结构同优化投资结构有机地结合起来，择优扶强，优胜劣汰，形成兼并破产、减员增效机制，防止国有资产流失。重点抓好一批大型企业和企业集团，以资本为纽带，联结和带动一批企业的改组和发展，形成规模经济，充分发挥它们在国民经济中的骨干作用。区别不同情况，采取改组、联合、兼并、股份合作制、租赁、承包经营和出售等形式，加快国有小企业改革改组步伐。搞好配套改革，重点是建立权责明确的国有资产管理、监督和营运体系，促进政企分开；加快建立健全社会保障制度，为改革创造良好条件。国家对不同所有制的企业一视同仁，依法征税，形成平等竞争环境。解决国有企业过度负债问题，主要依靠企业提高经济效益，增强偿债能力，同时要采取有效措施，补充企业资本金。利用企业、社会和政府的力量，多渠道逐步分流企业富余职工。企业非生产性的后勤服务单位和所承担的社会服务职能，要创造条件逐步分离出去，形成社会化服务体系。

产权改革应该包括“劳动力产权”

刘世锦撰文认为，传统的中国国有企业是一个兼有生产、社会保障、社会福利和社会管理多种职能的“社区单位”。国有企业作为“社区单位”，是在推行旧的体制和战略的过程中由国家“制造”出来的。国有企业承担了大量非生产性的职能，企业资产中有相当大一部分是非生产性的，这些资产的“非生产性”有的是明确的，有的则是隐含的。国有企业要走向市场，就是要把原先承担多种职能的“社区单位”，转变为主要从事生产经营、市场经济意义上的“企业”。这就要求把企业原先承担的大量“非生产性”职能分解开来，转移到社会上去。与此相联系，企业的资产存量也要进行相应分解。

但是，“存量分解”涉及对劳动力成本或职工收入真实化问题的理解。传统体制下采取的是由企业拿走了本来属于职工个人收入中用于“住”的那个部分，建成住房，然后以实物福利的形式分给职工的办法。职工住房名义上属于国家，实质上是职工以往一部分个人收入积累的特殊存在形式。通过住房改革使住房归职工“私有”，显然具有某种“返还”性质。试图借助住房改革要求职工，特别是工作年限和贡献足应得到一套住房的老职工按成本或接近于成本的价格买房，对他们是不公平的，因为这意味着对他们以往应得的部分收入的否定。

对企业中具有养老、医疗、失业等保险金积累性质的那部分资产，也存在着类似的认识问题。在企业、国家与职工之间，实际上存在着一种隐含的契约关系，即职工为企业和国家工作，国家和企业向职工提供诸种保障。如果由于某种原因不能向职工提供这些保障（如目前一些经营不善的企业中所出现的医药费难以报销、养老金欠发等问题），那就意味着对职工的“违约”，或对职工的“负债”。“存量分解”所要求的把具有保险金积累性质的资产产权外部化，等于把原来隐含的契约关系公开化。

产权改革不仅涉及“国有资本产权”，而且涉及“劳动力产权”。包括劳动力在内的任何一种生产要素，只要参与交易过程，就有一个产权问题。所谓“劳动力成本真实化”，实际上是对劳动力产权的界定问题。通过“存量分解”，使以前模糊不清，难以度量、分解、交易的劳动力产权，变成可度量、可分解、可交易的，显然是劳动力产权制度上的一次值得予以高度评价的重要变革，而这一变化是与“国有资本产权”改革不可分割地相联系的。产权改革与劳动体制、社会保障体制、银行体制、政府体制等改革，不过是同一过程的不同方面。

产权制度与其他制度安排是互动关系

明确界定的产权是市场交易的前提；如果要进行市场化的改革，就要先明晰产权。这包含两层含义。一是在不同的经济主体之间要有明确的产权边界，二是产权要明确到个人。然而在我国出现的乡镇企业的奇迹，却似乎没有遵循这一逻辑。一方面，大多数乡镇企业并不是私人企业，它们或者是集体企业，或者其实是乡镇政府所有的企业；另一方面，在乡镇企业内部，产权在不同利益主体之间的划分也是模糊不清的。一种常规的解释是，比起国有企业来，乡镇企业的产权安排还是相对清晰的。在制度变迁的过程中，引起经济效率提高的，往往不是制度安排的理想状态，而是相对领先的制度安排。但是，这一理论无法解释为什么在国际市场中乡镇企业仍然有竞争力。

为此，李稻葵在这一年提出了“模糊产权”的概念，并指出，产权安排并不是一个无条件的制度安排，它与它行使其中的由制度环境到市场环境有着某种互相关联、互为因果或互动的关系。在完善的市场环境下，最佳的产权安排应是明确界定的产权安排；但是当市场环境不完善时，上述产权安排也许就不是最佳选择。所谓市场环境不完善，既是指缺少由政府提供的公平的竞争规则，稳定的交易秩序，以及公正的解决纠纷的程序，又是指政府对市场有过多的不当干预。在这种市场环境下，一个产权界定清晰的私人企业往往很难低成本地进行市场操作。因为在竞争不公平、信用无保证、秩序混乱的情况下，个别企业的交易费用会非常高，以致使它不能将内部因为产权清晰所带来的优势转化为市场利润。在这时，借助于政府的力量也许就是一个明智的选择。

然而，如何才能有效地借助政府的力量呢？一种形式是直接付酬给政府，但这在政治上几乎等同于行贿；另一种形式是邀请政府加入到企业中，这使得政府为企业提供服务从而获得报酬变得名正言顺。因此，由政府参与的企业产权安排以及这种安排的不清晰性，反而在我国经济制度改革的过渡时期成为一种最佳的产权安排。李稻葵的研究不仅是对教条化的“科斯理论”的批判，而且还以肯定的语言给上述讨论增加了理论价值：在不同的制度环境下，都会有一种产权制度是最佳的选择；这种产权制度未必是界定清晰的私有产权制度。

陈剑波的论文《乡镇企业的产权结构及其对资源配置效率的影响》弥补了李稻葵上述论文缺少经验证据的缺陷。这两篇论文颇使人有异曲同工之感。在其论文中，陈剑波指出，“政府和社区参与企业产权界定的事实本身正是不完全市场的结果”，企业因此“必须寻得政府、社区的支持，才能正常地实施生产经营活动”。根据对统计资料的分析，他发现，政府参与企业的产权安排有两种基本形式。一是直接投资，并直接分享一定份额的企业利润；二是提供相对无形的服务，主要是帮助企业获得低成本的贷款，从而获得一定程度的对企业决策的控制权。前者是相对明确的和有形的，后者是相对模糊的和无形的。两者是可以互替的。一个乡镇企业，往往同时包含着这两种不同的产权安排形式。这两种形式具体如何搭配，以及后一种产权安排采取何种具体形式，取决于企业与政府之间的讨价还价。因而，乡镇企业的独特的产权安排，仍是交易的结果。既然是交易，就应体现当事各方的利益均衡。从而平均来说，如果将政府对企业决策权的部分支配看作是对政府提供的无形服务，尤其是廉价资本的一种回报，一种交易费用，将这一费用的边际值与资本价格相加，就应该等于资本的边际生产率。这样一个结论就会与李稻葵的结论不谋而合。但是，陈剑波还得出了一个颇为相反的结论是：资本价格加上交易费用高于资本的边际生产率。这意味着资本被过度地使用，从而也意味着乡镇企业的这种产权安排不是在不完善的市场环境中的最佳产权安排。他的解释是，由于企业与政府就产权安排的谈判是私下进行的，由此产生的交易费用并没进入会计成本，人们只按照会计成本进行决策，所以才会出现上述情况。

建立现代企业制度的基本思路

这一年，理论界围绕如何建立现代企业制度仍然进行了热烈的讨论。有的人士指出，既然现代企业制度不等于公司制度以及与此相关的法人制度和有限责任制度，那么建立现代企业制度也就不能只归结为如何对国有企业实行公司制改造，因而建立现代企业制度的基本思路应该是：在保持全民所有制财产的法律所有权不变的前提下，把经济所有权有偿地让渡给企业劳动者集体或个人，使全民所有制财产的法律所有权同它的经济所有权相分离。一方面使国家成为全民资产法律上的所有者，并通过契约形式实现全民资产的保值和增值；另一方面，使企业或个人成为经济上的所有者，从而创造出众多的分散的资产主体和市场主体。一方面使国有企业在经济所有权层次上民有化和民营化；另一方面，使政府机构从竞争产业及其企业中脱离出来，使企业成为无主管企业，这样就使企业真正形成动力机制、竞争机制、淘汰机制、约束机制。

有的人士认为，要建立现代企业制度，其一要积极推行产权制度改革，就是要把国有资产的所有权从政府机构中分离出来，由国家委托给一定的经济实体来承担，使国有资产管理委员会成为这样的经济实体，同政府脱钩作为国有资产终极所有权的代表，按市场经济运行规律经营和管理国有资产，它同国有企业的关系不再是行政隶属关系，而是商品契约关系。其二是塑造市场型企业经营机制。从计划型企业经营机制向市场型企业经营机制转换，是企业制度改革极为重要的任务。企业经营机制本身的转变还需要按照市场经济的要求来塑造合格的市场经济主体，理顺企业内部的责权利关系，把企业的生产经营全部纳入市场机制调节的轨道。

有的人士提出，要把有限责任公司和股份有限公司作为今后国有企业组织制度改组的主要方向，切忌一哄而起，要防止简单更换名称、单纯筹集资金以及把不具备条件的企业改组为公司。专营行业和特殊行业是国家财政收入的重要来源，享有国家较多的优惠政策，应当坚持国有国营，条件成熟的可改组为国家独资有限责任公司。把竞争性行业的绝大部分企业在界定产权的基础上通过合并、兼并、法人企业相互参股等多种途径改造为有限责任公司。对那些经济效益好、符合产业政策、管理规范的集团和直属企业，改造成国家控股或参股的股份有限公司；对国有小型商业、服务业及工业企业，主要采取租赁、出售结合的办法进行改组，对其中长期亏损、资不抵债的要强制破产。要大力发展以国有大型企业为主体，以产权联结为纽带的跨地区、跨行业的大型企业集团。

1995 · 重要政策法规

1. 财政部《关于“优化资本结构”试点城市国有工业企业补充流动资本有关问题的通知》，1995 年 1 月 4 日。

2. 财政部《合并会计报表暂行规定》，1995 年 2 月 9 日。

3. 国家经贸委《关于国务院确定的百户现代企业制度试点工作的组织实施意见》，1995 年 2 月 25 日。

4. 劳动部、国家经贸委《关于配合企业深化改革试点做好失业保险工作的通知》，1995 年 2 月 28 日。

5. 国务院办公厅《关于转发国家经贸委〈关于深化企业改革搞好国有大中型企业的意见〉的通知》，1995 年 3 月 6 日。

6. 国务院《关于深化企业职工养老保险制度改革的通知》，

1995 年 3 月 17 日。

7. 国家土地管理局《确定土地所有权和使用权的若干规定》，1995 年 3 月 11 日。

8. 国家国有资产管理局《关于资产评估立项、确认工作的若干规范意见》，1995 年 3 月 15 日。

9. 《中华人民共和国中国人民银行法》，1995 年 3 月 18 日第八届全国人大常委会第三次会议通过。

10. 国家税务总局《关于大型企业集团征收所得税问题的补充通知》，1995 年 4 月 4 日。

11. 国家经贸委、劳动部《国有企业资产经营责任制暂行办法》，1995 年 4 月 5 日。

12. 国家经贸委、国家国有资产管理局《关于监督机构对国有企业派出的监事会工作规范意见》，1995 年 4 月 18 日。

13. 国家经贸委、国家教委、劳动部、财政部、卫生部《关于若干城市分离企业办社会职能分流富余人员的意见》，1995 年 5 月 2 日。

14. 中国人民银行、国家经贸委、财政部《关于鼓励和支持 18 个试点城市优势国有企业兼并困难国有工业生产企业后有关银行贷款及利息处理问题的通知》，1995 年 5 月 4 日。

15. 《中华人民共和国商业银行法》，1995 年 5 月 10 日，第八届全国人大常委会第十三次会议通过。

16. 劳动部《关于进一步做好破产企业、困难企业职工和离退休人员基本生活保障工作的通知》，1995 年 5 月 22 日。

17. 劳动部、国家经贸委《现代企业制度试点企业劳动工资社会保险制度改革办法》，1995 年 6 月 9 日。

18. 国务院批转同意国家计委、财政部、国家经贸委《关于将部分企业“拨改贷”资金本息余额转为国家资本金的意见》，1995 年 7 月 12 日。

19. 中共中央组织部、国家经贸委、人事部《关于加强国有企业领导班子建设的意见》，1995 年 8 月 15 日。

20. 中共中央办公厅、国务院办公厅转发中共中央宣传部、国家经贸委《关于加强和改进企业思想政治工作的若干意见》，1995 年 11 月 12 日。

21. 国家经贸委《关于国务院确定的百户现代企业制度试点工作操作实施阶段的指导意见》，1995 年 11 月 21 日。

22. 国家国有资产管理局《关于组建上市公司及发行上市公司股票资产评估若干问题的通知》，1995 年 11 月 22 日。

23. 国务院《关于股份有限公司境内上市外资股的规定》，1995 年 12 月 5 日，中华人民共和国国务院令第 189 号发布。

24. 国家体改委、国家统计局《关于建立股份制企业定期统计报表制度的通知》，1995 年 12 月 29 日。

1995 · 年度热点纪实

于志安事件

于志安原是中国长江动力（集团）公司的董事长、党委书记兼总经理，同时还兼有武汉市经委副主任、全国工商联常委、湖北省人大代表、武汉市政协常委等多种职务。他曾是社会聚焦的风云人物。大学毕业文化程度，12 岁参军，16 岁入党，参加过辽沈战役。“文化大革命”中，他受到了很大的冲击，一条腿被打伤致残。“文革”结束后，改革的浪潮呼唤风云人物，于志安就任武汉汽轮发电机厂厂长。这时的工厂，已经亏损 200 多万元，难以为继，5000 多名工人不堪重负。

于志安上任后，首先作出了与国家“断奶”的决策，引起一片哗然。可他坚定地认为：没有办不好的企业，只有没办好的企业。10 年奋斗，弹指一挥间。10 年拼搏，于志安领导下的企业，实现了从“卖发电设备”到“卖电厂”再到“卖电”的三大步跨越，利税以年均 10 倍的速度递增，10 年间增长了 100 倍，跻身于“中国 500 强企业”的行列。汽轮发电机厂改组为跨行业、跨地区、跨部门的中国长江动力（集团）公司，他提出一个令人耳目一新的口号“用企业管理企业”“用企业振兴企业”，兼并了武汉照相机厂总厂，接管了武汉建材工业局及其下属的 30 多家企业……很快，这个集团成了横跨十大行业、有 200 多家单位的集团公司。

于志安提出“三个一总承包”的“建厂卖电模式”，按照“用户提供一块地皮，按总造价开出一张支票，我们保证合格地交出一把钥匙”的承诺，在天津和深圳成功建成大型电厂。嗣后，长江动力集团开始向国外发展，他的口号是“向海外开发，到国外争利”。在这种思路下，长动集团先后在太平洋岛国瓦努阿图承建水电站，并与孟加拉国、印尼、斐济等国合建了一批企业，其中最引人注目的是与菲律宾国家电力公司签订了一项重大电力工程合同，建造注册资金 50 万美元、年电费收入 1000 万美元的电厂。

由于“长动”令人瞩目的成绩，于志安本人先后获得全国劳动模范、全国五一劳动奖章、全国优秀企业家、湖北优秀共产党员、武汉特等劳动模范、享受政府津贴的国家级有突出贡献管理专家等荣誉。

事业的壮大，人生的辉煌，反倒催发了于志安的邪念。显著的经济效益掩盖着他日益膨胀的野心和贪欲，闪光的荣誉掩盖着他日渐扭曲的心态和狂妄举动。为了达到不可告人的目的，他把自己隐藏得很好，伪装得很巧妙。在号称“火炉”的武汉，作为一个厅级干部，他十多年不换轿车，一直乘坐没有空调的苏联产“伏尔加”牌旧车。他大讲艰苦奋斗、克己奉公，厂里修了一批又一批的职工楼，可他始终住在两间半的平房里没有搬出来。他曾发明了一个使各界人士不得不点头称是的“10 - 1 = 0”的等式，其含义是：一个企业家，如果用十分之一的权力去谋私，即使其他事业搞得再好，工厂的效益也等于零，因为厂里的其他干部职工也会上行下效，用十分之二、十分之三的精力和权力去谋私，导致企业无效益。

然而在 1995 年 5 月的一天，于志安突然神秘地失踪了！后经我国驻外大使馆调查证实，于志安已在菲律宾定居。人们随即发现，“长动”在菲律宾的注册资金 50 万美元、年电费收入 1000 万美元的电厂，早在建造之初，就是以于志安个人名义注册的。原来就是这样一个布满鲜花和桂冠的“特等劳模”，多年来长期巧于伪装，工于心计。表面上廉洁自律，暗地里却专权捞钱。他先用7.5万元为自己办了一个长期护照，又把长江动力公司在菲律宾投资的电厂以个人名义注册。见时机成熟，便叛逃国外。由于他在菲律宾已经取得绿卡，属“合法性”居留，根本不能被引渡回国。而这家发电厂从一开始就是以个人名义注册的，按照菲律宾的法律，这家电厂属于于志安的私人企业。他采用瞒天过海的手法，翻云覆手之间便成了寓居国外的富翁！那年他刚过60岁。

这就是引起强烈震动的“于志安事件”。

大奸似忠，大贪似廉，是于志安的真实写照。他长期秘密派人从内蒙古购买鹿鞭、驴鞭等高档滋补药材私下享用。几乎每个月都要出国“考察”，常住总统套间一类的高档客房，500美元以下的房间一律不住，而且还常常动用直升机独自出行。就连他曾一度获得职工钦佩的“节约”之举，事后人们才恍然大悟，原来，他是在避人耳目，为最终将国有资金鲸吞入腹创造条件。

长动集团下属的国营汽轮发电机厂实有资产4.2亿元，于志安瞒天过海，狂妄得置一切于不顾，个人做主便将这个厂48%的股权转让出去。他根本不服从上级的归口管理，打着改革的旗号，长动集团的职代会、董事会、党委会、监事会、股东大会都通通成了摆设，唯自己独尊，成了实际上的“太上皇”。长动集团成了“无上级主管”的企业，他不送一份报表给上级主管单位，也不理睬工会组织对他多年不开职代会的干涉，连政府职能部门要进厂检查，他也敢派人堵在前厂门不让进来。

“于志安事件”引发了理论界及广大公众对我国国有企业中

一系列深层次问题的思考：为什么我国有些监督制约的办法这样脆弱？为什么社会舆论在很长时间内，对于像于志安这样的“能人”都只是唱赞歌，而不是实施有效的舆论监督？从一个“英雄”到“叛逃国外”的在逃犯，“于志安事件”是一记重锤，敲响了改革进程中的警钟。

1997 年春天，从菲律宾传来一个令关心本事件的中国人松了一口气的消息。据新闻媒介披露，菲律宾有关方面承认了我国公证机构开具的一份公证文书。这份文书是为中国长江动力公司（集团）依法开具，并经外交领事认证的。这意味着，发生在 1995 年的轰动全国的中国长动集团国有资产流失案终于画上了一个“圆满的”句号，流失到国外的价值 65 万美元的国有资产全部追回，避免了境外巨额国有资产的流失。

涉及此案的犯罪嫌疑人于志安机关算尽，最终还是鸡飞蛋打。

1995 · 年度改革大事

1 月 4 日　财政部发出《关于“优化资本结构”试点城市国有工业企业补充流动资本有关问题的通知》。决定对 18 个试点城市的国有工业企业补充流动资本，以缓解流动资本的矛盾。

1 月 6 日　吴邦国在宁夏指出，强化企业管理是建立现代企业制度的重要内容，任何外部环境的改善都不能取代企业内部管理。

1 月 9 日　财政部发出《财政部企业经济效益评价指标体系

（试行）的通知》。

2 月 20 日　全国企业管理工作会议提出，要继续深入开展“转机制、抓管理、练内功、增效益”活动。

2 月 21 日　全国企业管理工作会议在京召开。李鹏总理发来贺信，朱镕基、吴邦国副总理出席会议。

2 月 25 日　国家经贸委发出《关于国务院确定的百户现代企业制度试点工作的组织实施意见的通知》。试点工作大约用两年时间完成。

3 月 3 日　据《人民日报》报道，劳动部、国家经贸委联合发出《关于配合企业深化改革试点做好失业保险工作的通知》，规定国务院确定的百家现代企业制度试点单位分流到社会上的富余职工，可以享受国家失业保险制度。

3 月 6 日　国务院办公厅转发国家经贸委《关于深化企业改革搞好国有大中型企业的意见》。

3 月 17 日　国务院发出《关于深化企业职工养老保险制度改革的通知》，主要内容包括：企业基本养老保险费用由个人和企业共同承担。

4 月 4 日至 6 日　国家经贸委、国家计委、国家体改委在北京联合召开全国试点企业集团工作会议。会议就进一步推进企业集团试点工作作出新部署。

4 月 5 日　国家经贸委、劳动部颁发《国有企业资产经营责任制暂行办法》。

4 月 18 日　国家经贸委、国家国有资产管理局印发《关于监督机构对国有企业派出的监事会工作规范意见》的通知。

5 月 4 日　中国人民银行、国家经贸委、财政部联合发出《关于鼓励和支持 18 个试点城市优势国有企业兼并困难国有工业生产企业后有关银行贷款及利息处理问题的通知》，支持试点城市国有企业兼并工作。

5 月 5 日　政策性投资机构——国家开发投资公司成立。

5 月 22 日　劳动部发出《关于进一步做好破产企业、困难企业职工和离退休人员基本生活保障工作的通知》。

5 月 22 日、6 月 26 日　江泽民先后在上海、长春召开的企业座谈会上发表讲话。

6 月 9 日　劳动部、国家经贸委发出《现代企业制度试点企业劳动工资社会保险制度改革办法》的通知。

7 月 12 日　国务院发出通知，批转同意国家计委、财政部、国家经贸委《关于将部分企业“拨改贷”资金本息余额转为国家资本金的意见》。这是在现代企业制度试点中，为减轻国有企业历史债务包袱而出台的配套举措。

7 月 20 日　王忠禹在答中外记者问时指出，国务院确定了 4 项试点：在 100 户企业进行建立现代企业制度试点；选择 18 个城市进行优化资本结构试点；对 56 个企业集团进行规范化试点；选择 3 户国有大中型企业进行控股公司试点的工作已经全面展开。

7 月 26 日　在国务院授权的 31 个监督机构内，选择了 20 个部门和机构所属的 20 家企业作为首批派出监事会试点企业。

8 月 5 日　国家经贸委、国有资产管理局负责人答记者问时指出，首批 20 户国有企业监事会组建工作已经完成。9 月底以前陆续到达企业履行职责。

8月8日　据《人民日报》报道，中国第一汽车集团公司充分发挥自身实力雄厚的优势，坚持走集团化道路，兼并了吉林、长春四个小型汽车厂及沈阳金杯汽车公司，共投入13亿元，建成了我国规模最大的轻型汽车生产基地。

8月15日　中组部、国家经贸委、人事部发出《关于加强国有企业领导班子建设的意见》通知。

8月28日　据《人民日报》报道，自《中华人民共和国公司法》颁布以来，我国第一家由国家按照现代企业制度的原则投资组建的国有独资公司——神华集团有限公司成立。这家公司负责开发经营我国最大的神府东胜煤田及其配套的铁路、电站、港口、船队等项目。

9月25日至28日　中共十四届五中全会举行。全会审议并通过《中共中央关于制定国民经济和社会发展"九五"计划和2010年远景目标的建议》。

11月12日　中共中央办公厅、国务院办公厅发出《关于转发〈中宣部、国家经贸委关于加强和改进企业思想政治工作的若干意见〉的通知》。

11月21日　国家经贸委颁发《关于国务院确定的百户现代企业制度试点工作操作实施阶段的指导意见》。

11月22日　国家国有资产管理局发出《关于组建上市公司及发行上市公司股票资产评估若干问题的通知》。

12月5日　国务院颁发《关于股份有限公司境内上市外资股的规定》。

本年度主要参考资料：

1. 国家统计局．中国统计年鉴（1995）[M]．北京：中国统计出版社，1995.8.

2. 国家统计局．中国统计年鉴（1996）[M]．北京：中国统计出版社，1996.9.

3. 中国经济年鉴编委会．中国经济年鉴（1996）[M]．北京：中国经济年鉴社，1996.10.

4. 国家经济体制改革委员会．中国经济体制改革年鉴（1996）[M]．北京：改革出版社.1997.2.

5. 马洪，孙尚清．中国经济形势与展望（1994—1995）[M]．北京：中国发展出版社，1995.4.

6. 汪海波．新中国工业经济史（1979—2000）[M]．北京：经济管理出版社，2001.10.

7. 中共中央关于建立社会主义市场经济体制若干问题的决定[M]．北京：人民出版社，1993.11.

8. 孙效良．论法人企业制度[J]．经济研究，1994（03）.

9. 施佑生．现代企业制度的特征和实现方式[J]．经济研究，1994（03）.

10. 邹家华．在现代企业制度试点工作会议上的讲话[J]．管理信息，1995（01）.

11. 中经分析小组.1998年国有企业的发展状况分析[Z].1999-02-23.

12. 国家经贸委．关于1995年深化企业改革搞好国有大中型企业的实施意见[Z].1995-05-04.

13. 国家经贸委．关于国务院确定的百户现代企业制度试点企业（实施方案）论证、审批工作的指导意见[Z].1995-06-05.

14. 刘世锦．中国国有企业的性质与改革逻辑[J]．经济研究，1995（04）.

15. 宋雪飞．建立现代企业制度理论综述[J]．甘肃社会科学，1995

(06).

16. 中华人民共和国国史全鉴编委会. 中华人民共和国国史全鉴·第六卷（1989—1996）[M]. 北京：团结出版社，1997.5.

17. 中共十一届三中全会以来大事记[N]. 人民日报，2003-10-10.

18. 中国集团公司促进会. 国有企业改革政策演变[M]. 北京：中国财政经济出版社，2003.1.

19. 中国共产党80年大事记[EB/OL]. 人民网，2001-06-12.

1996 年

1996 · 年度经济背景

“软着陆”基本实现，国企效益大幅下降

1996 年，中共中央、国务院确定的国民经济和社会发展的基本方针是：抓住机遇、深化改革、扩大开放、促进发展、保持稳定。中央政府确定的 1996 年国民经济和社会发展的主要宏观调控目标是：国内生产总值增长 8%；全社会固定资产投资率 32% 左右；全国商品零售价格上涨幅度控制在 10% 左右；货币发行量控制在 1000 亿元；中央财政收支差额比上年减少 50 亿元，国债发行 1952 亿元；外贸进出口总额 2810 亿美元；人口自然增长率控制在 12‰以内；城镇新增就业 700 万人以上，农村劳动力由第一产业向第二、三产业转移 500 万人以上。宏观调控的主要任务是：保持经济适度增长，提高国民经济的整体素质和效益。继续实行适度从紧的财政货币政策，把抑制通货膨胀作为宏观调控的首要任务，使物价总水平上涨幅度进一步降到 10% 左右。切实加强农业，全力夺取农业丰收。继续深化国有企业改革，搞好各项配套改革。进一步优化投资结构，努力

提高投资效益。提高对外贸易效益，加强对利用外资的引导。加快科技成果转化，优先发展教育事业。

由于这些政策得到了较好的贯彻执行，全年既做到了物价上涨率进一步大幅度回落，又保持了国民经济适度快速增长，经济运行开始进入适度快速和相对平稳的发展轨道。国内生产总值的年增长率由1992年的14.2%回落为1993年的13.5%，1994年回落到11.8%，1995年又回落到10.2%，1996年再回落到9.7%。而商品零售价格上涨率则由1994年的21.7%下降到1995年的14.8%，再下降到1996年的6.1%。实现了经济保持适度高速增长而通货膨胀平稳回落的目标。标志着经过三年多的努力，以抑制通货膨胀为主要任务的宏观调控基本实现了预期目标。

抑制通货膨胀取得明显成效，物价上涨率大幅度回落。在1995年通货膨胀得到初步控制的基础上，1996年继续把抑制通货膨胀作为宏观调控的首要任务，坚持实行适度从紧的财政货币政策，努力增加有效供给，加强市场物价监管，价格调控取得比预期更好的效果。全年商品零售价格总水平上涨6.1%，低于年初确定的10%左右的调控目标，涨幅比上年回落8.7个百分点。居民消费价格上涨8.3%，涨幅比上年回落8.8个百分点。

1996年国民经济继续保持了适度、快速增长。初步统计，全年国内生产总值67795亿元，比上年增长9.7%，其中第一产业增加值13550亿元，增长5.1%，增幅比上年提高0.1个百分点；第二产业增加值33148亿元，增长12.3%，增幅比上年下降 1. 8 个百分点；第三产业增加值 21097 亿元，增长 8%，增幅与上年持平。三次产业结构相对稳定，第二产业比重略有上升。第一、二、三次产业占国内生产总值的比重分别为 20%、48. 9% 和 31. 1%；与 1995 年相比，第一产业比重下降了 0. 6 个百分点，第二产业比重上升了 0. 6 个百分点，第三产业比重不变。

全年粮食总产量 49000 万吨，比上年增产 2338 万吨，创历史最高水平。油料受市场供大于求和不利气候影响，总产量 2200 万吨，比上年减少 50 万吨，但仍为历史上第二个高产年。棉花播种面积减少 1000 万亩，产量 420 万吨，比上年减少 57 万吨。糖料总产量 8250 万吨，比上年增产 310 万吨；肉类总产量 5800 万吨，增产 540 万吨；水产品总产量 2800 万吨，增产 283 万吨。扶贫工作取得新进展，农村贫困人口由 6500 万减少到 5600 万。

全年工业增加值完成 28580 亿元，比上年增长 12. 7%，其中，国有工业增长 6. 4%，集体工业增长 17. 4%，以中外合资、合作经营和外资企业为主的其他经济类型工业增长 13. 1%。在全部工业中，大中型工业增长 7. 9%。针对部分国有企业亏损增加、效益下滑的状况，国家及时采取了调低利率、实行银企挂钩、适当增加对市场有效益企业的流动资金贷款等措施。从二季度开始，国有工业企业的实现利润逐步回升，效益下滑的势头得到遏制。随着宏观经济环境进一步改善和企业改革的推进，一些行业和企业采取了严格成本核算、控制费用支出的管理措施，提高了资金运营效率，降低了资产负债率。到 1996 年末，全部工业企业资产负债率为65.2%，其中国有企业为65.6%，均比上年有所降低；资本保值增值率为119.6%，其中国有企业为118.6%。全社会铁路货物周转量36271亿吨公里，比上年增长1.5%，公路货运周转量5000亿吨公里，增长6.5%；沿海主要港口吞吐量83500万吨，增长4.1%；民航货物总周转量25亿吨公里，增长13.6%；邮电业务总量1335亿元，增长35.4%。

全年建筑业完成增加值4568亿元，按可比价格计算，比上年增长8.6%。建筑业改革进一步推进，招投标制度逐步完善，招投标面进一步扩大。建筑市场管理有所加强，建筑市场体系继续发展和完善。

第三产业的增加值继1993年突破1万亿元后，1996年又超过2万亿元。分行业看，批发零售餐饮业增加值5991亿元，比上年增长9.4%，占第三产业增加值的比重为28.4%；运输邮电仓储业增加值3814亿元，增长9.1%，比重为18.1%；金融保险业增加值3635亿元，增长7.5%，比重为17.2%；房地产业增加值1264亿元，增长10.8%，比重为6%。上述四大行业增加值的总和占全部第三产业增加值的70%，是第三产业持续增长的主要支撑点。其他服务业增加值6349亿元，比上年增长6%。初步测算，到1996年末，第三产业从业人员达15950万人，全年新增就业900万人，占全社会新增就业人数的80%，不仅为大部分新成长的劳动力提供了就业岗位，而且吸收了一部分工业企业下岗人员和农业剩余劳动力再就业。

全年全社会完成固定资产投资23660亿元，比上年增长18.2%（扣除价格因素，实际工作量增长12.7%），略高于国内生产总值增长 9.7% 和消费品零售总额实际增长 12.5% 的速度，基本避免了以往在一个新的五年计划开始时每每出现的争上项目、大铺摊子的现象，既有利于抑制通货膨胀，又为保持国民经济适度快速增长提供了必要的需求条件。

全国财政收入（不含债务收入，下同）7366.61 亿元，完成预算的 107.2%，比上年增加 1124.41 亿元，增长 18%，高出同期国内生产总值现价增幅 1.6 个百分点；全国财政支出（不含债务支出，下同）7914.38 亿元，完成预算的 105.7%，比上年增加 1090.66 亿元，增长 16%，低于收入增幅 2 个百分点。收入与支出相抵，支出大于收入 547.77 亿元。其中，中央财政总支出 4862.26 亿元，完成预算的 101.4%，中央财政本级支出 2145.98 亿元，完成预算的 96.7%；税收返还和补助地方支出 2716.28 亿元，完成预算的 105.4%。中央财政收支相抵，赤字 610 亿元，比预算确定的数额减少 4.42 亿元。

在金融调控方面，运用多种政策工具，对货币供应量进行微调和预调。在外汇占款全年增加 2765 亿元的情况下，实行本、外币“对冲”操作，人民银行对国有商业银行的贷款净减少 616 亿元。适时灵活运用利率杠杆。根据市场物价涨幅逐月回落的趋势，4 月 1 日宣布停办新的保值储蓄业务，5 月 1 日和 8 月 23 日两次下调银行存贷款利率，减轻了国家财政的贴息负担，降低了生产经营和建设的筹资成本。建立了全国银行同业拆借市场，中央银行首次进行了公开市场业务操作。1996 年 12 月 1 日实现经常项目下人民币可兑换，比原来承诺时间提前了三年多。新批准成立外资金融机构 15 家，9 家外资银行获准在上海浦东新区开展人民币业务。五大国有商业银行共核销呆、坏账 234 亿元。年末金融机构各项存款余额 68596 亿元，比上年末增加 14792 亿元，增加 27.3%，其中，城乡居民储蓄存款余额 38521 亿元，增加 8805 亿元，增长 29.9%；企业存款余额 22450 亿元，增加 5026 亿元，增长 29.6%。金融机构各项贷款余额 61157 亿元，比上年末增加 10683 亿元，增长 21.2%。全年现金投放 917 亿元，增长 11.6%，实现了控制在 1000 亿元以内的调控目标。中央银行基础货币 M_0 余额为 27000 亿元，增长 20.3%。狭义货币供应量 M_1 28515 亿元，比上年末增长 18.9%。广义货币供应量 M_2 76095 亿元，增长 25.3%，基本实现了年初计划增长 18% 和 25% 左右的调控目标。年末国家外汇储备 1050 亿美元，比上年末增加 314 亿美元。

全年实际利用外资 552.7 亿美元，比上年增长 14.2%，资金投向结构进一步改善。从 1996 年 1 月 1 日起，借用国外贷款实行全口径计划管理。全年实际借用国外贷款 129.2 亿美元，主要投向基础产业、基础设施，并进一步向中西部地区倾斜。自 1996 年 4 月 1 日起，进口关税总水平由 35.9% 降至 23%，对新批准设立的外商投资企业投资总额内进口的设备和原材料，一律按法定税率征收关税和进口环节税。

1996 年社会消费品零售总额实现 24614 亿元，比上年增长 19.4%，扣除物价因素，实际增长 12.5%，不仅高于“八五”期间 10.6% 的平均增速，也是十年来的较高水平。1996 年下半年供求基本平衡的商品占 84.7%，比上半年增加 18.4 个百分点；供过于求商品比重由 24.3% 下降为 9.1%；供不应求商品由

9.4%下降为6.2%。粮、棉、油、糖等重要商品由于上年进口增多和国内产量增加，库存有较大幅度增长，改变了前两年供应偏紧的状况。

1996年城镇居民人均生活费收入为4377元，扣除价格因素，实际增长3.3%；农村居民人均纯收入达到1926元，比上年增加348元，扣除价格因素，实际增长9%，是1985年以来增幅最高的一年。

在宏观经济形势总体趋好的同时，经济运行中的一些矛盾依然十分突出。

一是就业形势趋于严峻，劳动力供大于求的状况仍呈持续态势。1996年，全国劳动力资源总数达到83440万人，其中经济活动人口69665万人。除新增劳动力外，规模巨大的农业剩余劳动力和数以千万计的企业富余人员，对就业构成极大的压力。相对于劳动力供给而言，劳动力需求明显不足，许多国有企业不仅不能提供新的就业机会，反而需要向社会分流人员。据统计，1996年底国有单位职工为10949万人，比上年底减少6万人，集体经济单位职工为2954万人，比上年底减少122万人。而随着企业"优化资本结构"试点城市范围的扩大，企业破产力度进一步加大，尽管国家对于安置破产企业职工给予了特殊政策，但是，仍然不可能安置所有破产企业职工。全国全年城镇新安置就业人员705万人，其就业去向分别是：国有经济单位243万人，城镇集体经济单位155万人，其他各种经济类型单位16.7万人，从事个体劳动140万人。尽管全国城镇安置就业人数比上年有所增加，但由于就业压力过大，失业问题仍然比较突出，全年新增失业人员480.6万人，其中就业转失业人员131.4万人。年底全国城镇登记失业人员为552.8万人，登记失业率为3%，比上年增加0.1个百分点。为配合国有企业改革的深化，妥善分流安置企业富余人员，促进长期失业人员和下岗人员重新就业，从1995年起，开始在全国全面实施“再就业工程”，对缓解就业压力起到了重要的作用。

二是工业经济效益总体水平下滑的问题已成为经济运行中的突出矛盾。一季度，全国独立核算国有工业企业首次出现盈亏相抵后的净亏损，引起了国务院的高度重视，采取了建立扭亏增盈责任制等一系列有力措施，遏制了亏损大幅度上升的势头，利润下降幅度逐步减缓。到年末，全国独立核算工业企业实现利润1424亿元，比上年下降15.3%，降幅比一季度末减少39.4个百分点。亏损企业亏损额1234亿元，比上年增长34.9%，增幅比一季度末下降6.1个百分点。全年工业企业产品销售收入增长10.8%，但产品销售成本增长11.4%，企业财务费用增长13.2%。尽管国家采取了两次降息措施，但企业的利息支出仍比上年增长10.2%。此外，企业资金利用效率不高，库存偏大，货款拖欠增加。年末，企业产成品资金占用5346亿元，增长16.3%；工业应收账款净额达9270亿元，增长15.9%。部分国有工业企业生产经营困难，军工、纺织、森工等行业亏损严重，一些停产半停产企业职工生活水平下降，解困工作任务很重。1996年3.3万户国有工业企业盈利额比上年下降14.52%。亏损企业1.26万户，比上年增长15.18%。亏损额比上年增长38.6%，盈亏相抵实现利润比上年下降38.8%。1996年1月至11月，在全部工业企业实现利润总额中，集体企业所占比重上升至 35.6%，其他经济类型企业上升至 40.4%，而国有企业则由 1995 年的 41.2% 下降至 24%。在 1996 年全部工业增长的 13.1% 中，国有经济仅仅只占 3.6 个百分点。据劳动部统计，到 1996 年三季度末，全国停产半停产企业涉及职工 650 万人，其中停发、减发工资的职工达到 440 万人。

三是结构问题仍很突出。在总体经济构成中，各产业比例不协调，第二产业居于主导地位，其中工业增加值占国内生产总值近 1/3 的份额，但结构不合理。总量大规模小，行业发展不平衡，地区之间严重趋同，结构性矛盾十分突出，导致生产能力放空、工业企业经营困难，给经济发展和社会稳定带来一定影响。到“八五”期末，从总量看形成了门类齐全的工业体系，但大型企业过少、集中度低，小型企业过多、重复分散；而且工业内部基础工业能力薄弱、加工工业能力过剩的状况非常明显。据有关部门统计，我国现有工业生产能力利用率仅为 70%，其中加工工业只有 50%，有的还不足 30%。区域性工业结构趋同现象也很严重，各地区结构相似率高达 96%，其中东部地区为 93.5%、西部地区为 97.9%。全国有 3/4 的省区市生产冰箱、彩电、洗衣机和空调器，能力利用率分别为 50.4%、64%、43.4% 和 33.5%。其中，29 个省区市有 1700 多家钢铁生产企业，16 个地区年产不到 200 万吨钢；27 个省区市有 838 家汽车生产企业，年产超过 10 万辆的只有 5 个地区。由此导致工业产品档次低且水平重复，大路货、粗加工的平销、滞销产品多，高科技含量、高附加值的畅销产品过少。值得注意的是，国家为调整结构，确定汽车、机械、电子、石化、建筑业为“九五”期间发展的支柱产业，绝大多数省区市也把这5个产业列为本地区的支柱产业，重复建设酿成的结构性矛盾将进一步延续。

1996·基本改革思路

实施“抓大放小”战略

国有企业经济效益不高，除了体制上、制度上、管理上的原因之外，还有企业组织结构上的原因。在亏损的国有企业中，大型企业的亏损额虽然最大，但亏损面最小，亏损率最低；相反，小型企业的亏损额虽然小于大型企业，但亏损面最大，亏损率也高于大型企业。搞好国有企业，不可能全部都搞好，全部都搞活，也不可能平均用力，齐头并进。应该抓主要矛盾，抓住少数关键，先把影响全局的大企业搞好。

20世纪90年代以来，伴随着我国经济的整体快速增长，国有经济也获得了较快的发展。截至1996年底，我国29.1万家国有工商企业的法人资产总额已达到9.6万亿元。国有企业的产出水平也有较大提高，1990年至1995年，国有工业企业的总产值从13064亿元增加到31220亿元，平均每年增长18.4%。国有经济作为我国国民经济的最主要组成部分，始终占用着60%～70%的社会经济资源。如国有企业的资产总额约占全社会经营性资产总额的65%左右；在国家银行每年新增的贷款中，有 70% ~80% 是贷给国有企业的。

但是，我国国有经济的发展具有明显的数量型粗放扩张的特征，在不断铺新摊子的同时，经济效益却得不到提高，国有企业的亏损增加很快，亏损面不断扩大，亏损额越来越多。而根据有关资料分析表明，国有企业的亏损情况，实际上是国有企业改革进入深层次以后，各方面矛盾和问题的集中反映。

1994 年，重庆市在这种国有经济相对困难的情况下作出了一项现实的抉择：抓大放小。当时的重庆市从总体上来看，全市国有企业存在很多困难，整个经济效益水平比较低，相当一批国有企业缺乏活力。1994 年市属预算内国有工业企业亏损面达到 55.7%，资产负债率达到 80% 以上，这两项指标远高于全国平均水平。而该市综合实力最强的 50 家国有工业企业，在单位数量上只占市级以上独立核算工业企业的 0.7%，但工业增加值却占全市工业增加值的 50% 以上，销售收入、利税总额分别占全市的 48.4% 和 90.6%，人均创造的税利相当于全市平均水平的 5 倍，综合经济效益指数比全市平均水平高出 79.4 个百分点。鉴于这种情况，重庆市认为，只要抓好这 50 家企业，就会扭转目前的困难局面，对全市经济的健康发展起到关键作用。重庆市的做法，为全国的国有经济改革提供了一个思路。

1995 年 9 月 28 日，中共十四届五中全会通过了《中共中央关于制定国民经济和社会发展“九五”计划和 2010 年远景目标的建议》（以下简称《建议》），对国有企业改革提出了新的思路：一是转变经济增长方式；二是实行“抓大放小”的改革战略。

关于转变经济增长方式，《建议》指出："实现经济增长方式从粗放型向集约型转变，要靠经济体制改革，形成有利于节约资源、降低消耗、增加效益的企业经营机制，有利于自主创新的技术进步机制，有利于市场公平竞争的资源优化配置的经济运行机制。向结构化要效益，向规模经济要效益，向科技进步要效益，向科学管理要效益。"

关于"抓大放小"的改革战略，《建议》指出："要着眼于搞好整个国有经济，通过存量资产的流动和重组，对国有企业实施战略性改组。这种改组要以市场和产业政策为导向，搞好大的，放活小的，把优化国有资产分布结构、企业组织结构同优化投资结构有机地结合起来，择优扶强，优胜劣汰，形成兼并破产、减员增效机制，防止国有资产流失。重点抓好一批大型企业和企业集团，以资本为纽带，联结和带动一批企业的改组和发展，形成规模经济，充分发挥它们在国民经济中的骨干作用。区别不同情况，采取改组、联合、兼并、股份合作制、租赁、承包经营和出售等形式，加快国有小企业改革改组步伐。"这部分论述，就是后来被简单概括为"抓大放小"的改革思路。

《建议》的这两方面论述，反映了国家着眼于整体上搞好国有经济，而不是像以前那样拘泥于搞活每一个国有企业所取得的自觉认知。从整体的国有经济的战略性改组来看，"抓大放小"与经济增长方式的转变是紧密相连的，国有经济整体的经济增长方式转变，就是"抓大"，就是大公司、大集团的集约发展战略的推行；不放活国有小企业，不收缩国有经济面面俱到的巨大摊子，就不可能实现经济增长方式的转变，就不可能实现国民经济的持续、稳定、快速的发展。

1996 · 年度改革实践

“抓大放小”工作

1996 年，在搞好大企业方面，国家对 1000 户重点企业分类指导的方案已经确定，国家经贸委与企业联网的信息系统已经建立。对 1000 户重点企业的 300 家明确主办银行、落实经营资金。对这 300 户企业的主要政策是三条：一是明确商业银行总行或由总行明确的省分行为主办银行，银行要保证企业信贷资金来源；二是核定合理的流动资金，将短期贷款改为一年期贷款，贷款实行基准利率，不得向上浮动；三是企业保证不挪用、不欠息，并制订补充流动资金中自有资金的计划。到 9 月，已有 279 户企业与银行签订了合作协议，协议贷款 450 亿元。各地区、各部门也十分重视以市场和产业政策为导向，围绕支柱产业、优势企业、名牌产品，集中力量抓好一批大型企业和企业集团，带动一大批关联企业的调整和改组，促进生产要素向这些大型优势企业流动。

在放开搞活小企业方面，国家有关部门 1996 年出台了关于放开搞活国有小型企业的意见，对这项工作加强了指导。从实践中看，各地坚持“三个有利于”标准，采取了改组、联合、兼并、股份合作制、租赁、承包经营和出售等多种形式，把一大批小企业直接推向市场，取得了很好的效果。山东、黑龙江、安徽、浙江等地改革的力度比较大。

现代企业制度试点的突破

1994 年底国务院确定的 100 户现代企业制度试点企业，到 1996 年 7 月，已经有 94 户办理了方案批复，进入实施阶段。各地结合自己的实际，也先后选择了共 2500 户企业进行现代企业制度试点。而且有的地方在总结试点经验的基础上，还进一步扩大了试点范围，如上海市 1996 年有三分之二的企业进入了现代企业制度的基本框架。从全国的情况看，试点企业的公司制框架初步形成，在理顺产权关系、明确投资主体、进行公司制改建、建立法人治理结构，以及增资减债、分离分流等工作上取得了一定的进展。

现代企业制度试点在一些重点难点问题上有所突破，不少政策措施得到提出和落实。主要表现在以下几点：

1. 企业资产负债结构有所调整。各地方根据自己的财力，有的按一定比例将企业实际上缴的所得税、属地方部分的增值税以及城建税等返还企业；符合条件的中央或地方的“拨改贷”本息余额、企业历年欠缴的“两金”、集中的折旧及承包利润等，部分已经转为国家资本金；有的地方试点企业国有资产经营收益或税后利润在一定条件下，允许留在试点企业，用于增加国家资本金；在发行股票的上市额度上，国家对试点企业给予了重点照顾。

2. 企业办社会职能进一步分离。根据各企业的不同情况，采取了不同的分离办法和进度，有的企业直接将自办的中小学、医院等移交地方政府管理，有的暂实行内部分离。

3. 分流富余人员工作有所突破。据统计，截至 1996 年一季度，百户试点企业已分流富余人员 9.3 万人，其中，分流到社会 6006 人，下岗培训 9413 人，发展三产安置 5.52 万人，离岗退休 2.33 万人。

优化资本结构试点

1996 年，国务院决定扩大优化资本结构试点范围，由原来的 18 个扩大到 50 个城市，后又增加 8 个比照试点城市。58 个试点城市的国内生产总值、国有工业销售收入、实现利税分别占当年全国的 41.8%、55.8%、44.2%，大体上占了一半。优化资本结构试点城市在“增资、改造、分流、破产”及解决国有资产管理体制、企业经营者管理、债务重组、社会保障等重点、难点问题上已经迈开了步伐。

破产兼并工作是 1996 年优化资本结构试点的重点工作。据统计，1995 年，18 个试点城市破产企业 103 户，兼并企业 336 户。1996 年，国家安排了 200 亿元的呆账、坏账准备金冲销规模。上半年，50 个城市有 154 户企业进入破产程序，131 户企业破产终结，涉及银行贷款 42.9 亿元，职工 10 万人；有 215 户企业被兼并，93.5 亿元资产和 17 万职工得到优化配置。1996 年各试点城市还集中力量进一步落实所得税返还，“拨改贷”转为国家资本金等“增资”工作。

企业集团试点

1996年，国务院决定将试点集团由57家扩大到100家，几年来，国家试点企业集团在完善集团体制，增加企业集团整体竞争实力等方面取得了较大进展。国家相继在企业集团的工商登记、外事审批、统计、外经贸、计划、金融、财务、国有资产经营、劳动工资以及所得税等方面对试点集团出台了一系列政策。试点集团中已有36家在国家计划中实行单列；33家成立了财务公司；54家享有自营进出口权；46家获外事审批权，7家进行了国有资产授权经营试点；22家按规定由集团公司实现了统一纳税。1995年，企业集团试点工作被列为国务院确定的四大建立现代企业制度试点之一。

1996年，结合扩大企业集团试点工作，国务院有关部门就进一步深化企业集团试点工作进行了研究，初步形成了进一步深化试点工作的政策性措施。主要内容包括以下几点：

在企业集团中建立以资本为主要联结纽带的母子公司体制；增强集团母子公司的功能，在投资、国内融资、对外融资、技术开发等方面进一步扩大集团公司母公司的权限，以增强集团的凝聚力和整体竞争实力；强化试点企业集团母公司结构调整的职能，在企业兼并、增资、减债等方面，实行与百户试点或优化资本结构试点类似的政策；加强对试点企业集团的监督、考核。

国家控股公司试点

构建国家控股公司是建立现代企业制度的一个有机组成部分。到1996年止，国务院只选择了中国航空工业总公司、中国有色金属工业总公司和中国石油化工总公司三家进行此试点。试点的目的，主要是以产权关系规范这三户公司与下属企业的关系，推动三户总公司系统内现代企业制度的建立；通过建立产权纽带，以适应市场机制的方式，在三户公司范围内进行企业组织结构和产业结构的调整，提高三家公司的整体竞争实力；加强国有资产管理。

试点工作于1994年底开始，但由于各方面对控股公司试点工作认识不一，试点工作进展较慢。各方面对试点的不同认识主要表现在以下几点：一是担心行政性公司转为控股公司后，不利于落实原有下属大型企业集团生产经营自主权；二是由于三家公司在各自的行业内占有绝大多数的市场份额，担心容易形成垄断；三是由于原有三家公司都是由行政机关转变而来，担心其不适应资产经营需要，仍以行政方式管理企业，导致低效率。

1996年以来，在国务院有关领导直接关注下，各有关部门就试点中的重大问题进一步进行了调研，与各界进行了大量协调，对试点的认识逐步深入，形成了试点的基本原则，主要包括以下几个方面：

明确三户总公司作为国家授权投资的机构，对其公司总部及所属企业的国有资产行使经营、管理和监督职能；控股公司与国家财政以及与其下属企业的利益格局暂维持不变。控股公司经营收益，由公司自主用于国有资本再投入和结构调整，国家可以通过法定程序对其收益予以调用；国务院授权三户控股公司对其下属有条件的企业进行资产再授权，被授权企业比普通企业享有更大自主权；国家将研究对控股公司在投资、融资、产权经营等方面给予更大的经营权限。

国有企业股份制改革

1996 年，国有企业股份制改革取得了较大的成效，为我国经济体制改革的深化作出了应有的贡献。

据 1995 年底不完全统计，全国以国有企业为主改建或新设的原有股份有限公司约 9200 多家。截至 1996 年底，根据体改委系统掌握的情况，依照《公司法》进行规范重新登记或设立的股份有限公司约 4300 多家，股本总额 3565 亿元，共向社会筹集资金约 1500 亿元、向内部职工筹资 350 亿元、筹集外资约 800 亿元，一定程度上缓解了我国经济建设中资金短缺的矛盾，有力地支持了国家一批重点建设工程和技术改造项目。据统计，已上市的 35 家境外上市公司，在发行股票前，普遍存在债务负担过重问题，资产负债率平均在 70% 以上。发行股票后，负债比例通常降至 50% 左右，债务结构比较合理。其中有些公司的资产负债率已接近香港蓝筹股公司的平均水平。对可统计的全国 2200 家股份公司测算，1996 年其资产负债率平均为 60. 8% ，比同期全国独立核算国有工业企业的资产负债率平均水平约低 5 个百分点。

国家统计局第三次工业普查结果显示，1995 年底，国有工业企业共 11.8 万个，实现工业总产值占全部工业总产值的 32.6%，而股份制企业实现工业总产值占全部工业总产值的 3.3%。据 1995 年有关部门统计，股份制公司有 107 家企业进入了全国 500 家最大的工业企业，有 62 家企业进入了全国 500 家最大的服务企业。1996 年全国工业企业固定资产净值余额为 34493 亿元，其中国有工业企业为 22141 亿元，可统计的 2200 家股份公司固定资产净值余额为 2029 亿元，分别占全国工业企业和国有工业企业固定资产净值余额的 5.86% 和 9.16%；国有工业企业平均销售利润为 456 万元/户，而可统计的 2200 多家股份有限公司平均销售利润为 1838 万元/户。股份制公司的全员劳动生产率、利润率均好于国有工业企业，是国民经济的利税大户，成为国民经济新的增长点。

据了解，多数股份制企业初步具备了现代企业制度所要求的四个特征：产权清晰、权责明确、政企分开和管理科学。一是初步理顺了产权关系，明确了国有股的持股单位，改变了国有资产出资关系不明确、产权关系不明晰的状况。政府不再以管理者的身份直接干预企业的生产经营活动。政府与企业的关系开始向政企分开、政资分开方向转化。二是通过改组、改制，对原企业的资产结构、产品结构、组织结构进行了重组和调整，在一定程度上使企业摆脱了办社会的负担，使企业能够轻装上阵，尽快成为市场竞争主体。据 1995 年所统计的 2000 多家股份公司，剥离企业办社会服务的非经营性资产约 182 亿元，占这些企业改制前总资产的 6%。三是依法建立了股东大会、董事会、监事会、经理层，初步形成了一套比较科学规范的法人治理结构，为企业实现管理和决策科学化打下了良好的制度基础。四是企业投资主体实现多元化、分散化，企业形成了来自投资者的外部压力，强化了经营者的自身约束力，促使企业对内自觉加强科学管理，对外主动开拓市场，增强了企业的激励机制和约束机制。

1996·重要理论观点

国有企业改革的八条基本方针

1996年5月4日，中共中央总书记江泽民在上海召集上海、江苏、浙江、山东四省市企业改革和发展座谈会，发表了《坚定信心，加强领导，狠抓落实，加快国有企业改革和发展步伐》的讲话，首次系统提出了国有企业改革的八条基本方针：

1. 以公有制为主体的现代企业制度是社会主义市场经济体制的基础，国有企业特别是大中型企业是国民经济的支柱，国有企业改革是经济体制改革的中心环节。

2. 建立现代企业制度是国有企业改革的方向。其基本特征是产权清晰、权责明确、政企分开、管理科学。到21世纪末要使大多数国有大中型骨干企业初步建立起现代企业制度，成为自主经营、自负盈亏、自我发展、自我约束的法人实体和市场竞争主体。

3. 把国有企业的改革同改组、改造和加强管理结合起来，以构造产业结构优化和经济高效运行为基础。

4. 要着眼于搞好整个国有经济，通过存量资产的流动重组，以市场和产业政策为导向，集中力量抓好一批国有大型企业和企业集团，放开搞活一般国有小型企业，以利于更好地发挥国有经济在国民经济中的主导作用。

5. 加快国有企业的技术进步，形成企业的技术创新机制，增强企业的市场竞争能力。

6. 搞好国有企业，要全心全意依靠工人阶级，切实加强企业经营管理者队伍的建设，严格企业内部管理，形成适应市场经济要求的机制，做好企业的各项基础性工作，提高企业的整体素质。

7. 协调推进各项配套改革，重点是建立权责明确的国有资产管理、监督和营运体系，促进政企职责分开，加快建立健全社会保障制度，为国有企业改革提供必要的外部条件。

8. 坚持公有制经济为主体，多种经济成分共同发展，国家为各种所有制经济平等参与市场竞争创造良好的环境和条件。深化国有企业改革，建立现代企业制度，必须坚持三个有利于的标准，要鼓励探索，允许试验，坚持解放思想，实事求是，大胆去试，大胆去闯。

公有产权的内在矛盾

经济学家荣兆梓撰文，分析了公有产权的内在矛盾问题。荣兆梓认为，公有产权的规定性包括形式规定与本质规定两个方面。公有产权是由多人同等享有的同一财产权。这叫作公有产权的形式规定。它可以进一步分解为三重含义：一是产权主体不是一个人，而是由多人组成。公产成员数量越多，产权公有性质越强。二是产权客体的统一和不可分。公有产权是多人对同一权利对象的拥有，而不是他们对共有财产不同部分的分享。三是公产成员间财产权利的等同和无差异。公有制是彻底的平等派，它要求从产权的初始分配到全部运行自始至终保持每个公产成员财产权利的无差异。

劳动者在共同拥有生产资料的前提下，实现劳动平等的经济关系。这叫作公有产权的本质规定。如果把公产成员的人数或范围定义为公有产权的形式的量，那么，劳动平等的实现程度就是公有产权的本质的量。劳动平等需要在三重意义上说明：一是分配平等。这是马克思在《哥达纲领批判》中明确阐述过的。马克思指出未来社会的最终产品在扣除了各项社会需要之后，在劳动者之间按各人贡献给社会的劳动份额进行分配。二是分工平等。这是分配平等的对应权利。分配平等加分工平等统称劳动的经济平等，这是考察公有产权本质规定的基本出发点。三是决策平等，又称劳动主权。它反映了公有产权形式规定与本质规定的统一。由于公有产权主体由劳动者组成，公产运作的全部决策都应由劳动者共同作出；由于他们对公有财产的权利是无差异的，他们的决策权也应当完全平等。劳动主权是劳动经济平等的保障，但是，决策平等与经济平等不仅可能相互分离，而且存在固有矛盾，它是构成公有产权内在矛盾的基础之一。

从理论上说，公有产权的形式规定与本质规定应当是高度一致的，但事实上两者却经常地出现不一致现象，甚至出现矛盾与冲突。实践中社会主义的公有产权，同样存在着形式规定与本质规定之间的矛盾，在特定情况下，两者的不一致还表现得非常突出。

现代产权经济学对公有产权的批判几乎全都是从公有产权的非排他性出发的。这是关于当代公有产权的一个基本的误解。其实，公有产权不仅具有排他性，而且还表现为外排他性和内排他性两个方面。

首先，公产范围的有限性决定了它的对外的排他性，即排斥公产成员之外的任何经济主体，包括公产成员之外的其他劳动者行使财产权利。

其次，公有产权还存在着一种独特的内排他性。从理论上讲，公产成员的财产权利是无差异的，但无差异的权利并非只能采取“没有界限和框框”地使用公有财产的形式。公产主体与公产成员在人格上被区分，公有财产的唯一所有者是公产主体，公产成员只是构成公产主体的一分子，作为劳动者个人，他不是公有财产的所有者。公产主体在财产权利上对公产成员的排他性，称作公有产权的内排他性。内排他性是公有产权特有的排他性规定，是其内在矛盾的突出表现。

由于以公有的形式占有生产资料，以私有的形式占有劳动力——生产性资源以两种不同的方式占有，劳动者集体利益与个人利益的矛盾转化为生产资料的公有权与劳动力的私有权的对立，两种财产权同样地具有排他性。由于双重财产权的并存，劳动者个人身份也被二重化，他既是公产成员，又是劳动力个人所有者，他以公产成员的身份参与共同决策，行使公有财产权，又以劳动力个人所有者的身份自由处置自己的劳动力资源，行使劳动力私有权。

关于企业法人财产权

中科院工业经济研究所研究员吴家骏撰文认为，确立企业法人产权制度，必须把本来意义上的所有权，分解为出资者的最终所有权和企业法人所有权。所谓企业法人所有权，应该理解为在出资者拥有最终所有权的同时，企业拥有法人所有权。出资者对于已经投入企业的财产拥有最终所有权，既不能随意抽回，也不能占用或进行其他处分。出资者的财产一旦投入企业，就成为企业的法人财产，企业也就对它拥有了法人所有权。这是确立有限责任制度和实现企业自主经营、自负盈亏的物质基础。然而这种法人所有权必须随法人组织的成立和终止而存在和消失，一旦企业法人组织终止，法人财产权即消失，清算后的剩余财产全部要归出资人所有，因此企业法人的所有权并不是最终所有权。至于所有权和经营权的关系，也不宜于一般地讲两权分离，而应该是企业经营权同出资者的最终所有权相分离，同企业法人所有权相统一。

企业拥有法人所有权并非虚构而是有实际内容的。企业的全部财产是由两部分资本形成的，一是他人资本，二是自有资本。自有资本又包括三个部分：资本金、准备金和剩余金。

首先，关于他人资本。对企业来说，这是债权、债务关系。出资人拥有债权，这部分资金及用它形成的资产当然不能再归债权人所有，理应归企业法人所有。

其次，关于自有资本中的第一项即资本金。它是股东出资部分，其数额和已售出的股票面额相对应。这部分资金和用它形成的资产，在公司运营过程中也归企业法人所有，只是在企业法人结束时才还原为股东最终所有。

最后，关于自有资本中的后两项：准备金和剩余金。它们是经营收入中的各种提存，其中有相当大的一部分是股票溢价发行时得到的资本利益，还有相当大的一部分是未分配利润。根据对日本规范化的股份公司的调查，在自有资本总额中，第一项量化到每个股东的资本金，只占 30% 左右，而准备金和剩余金占的比重高达 70% 。虽然在理论上可以认为后两项也和资本金一样，归股东所有，但这也只是最终所有权，实际上它是经营者可以活用的资金，只是对企业扩大经营有利，事实上并未直接变成股东的股权，企业自有资本中明确属于股东个人所有的集中体现在上述资本金这一项上。从以上分析中可以看出，自有资本中确实有一大部分资产既没有量化到股东，也没有量化到每个职工，而是属于企业法人所有，直到企业法人组织结束时才还原为出资人的最终所有。

上述三点是企业法人所有权的具体内容，实际上这是企业的全部财产，特别是其中的第三点更为直观，它既未量化为债权也未量化为股权。因此，把企业法人财产权理解为在出资者拥有最终所有权的同时，企业拥有法人所有权，这无论在理论上或在实践上，都是有根据的，而且这样理解的法人所有权，同出资者拥有最终所有权是不矛盾的，不会成为目前造成国有资产流失的理论上的原因。

公司化改革中国有企业行为扭曲的原因

西南财大名誉校长刘诗白撰文认为，以建立现代企业制度为目标的国有企业改革，是企业体制和组织形式的变革，它不涉及所有制性质的变化。建立公司制企业，一是要求确立企业法人地位；二是构建企业的法人财产权体制；三是确立出资人以出资额为界限的有限责任体制。在这里所要构建的企业法人财产权属于支配权或经营权范畴，构建法人财产权的实质在于实行经营权和所有权的分离，一方面赋予企业独立的经营权，但是它不改变出资人的终极所有权；而且借助于健全的法人治理机构，它能有效地维护和实现出资人的所有权。可见，建立法人财产权并不是要在所有制性质上改弦更张。国有企业实行公司制改组并不会引起所有制性质的变化，而只是改变了公有制的实现形式。在国有企业实行公司制改组，特别是在建立股份有限公司的改革过程中，一些地方出现了设置企业股，或是法人股私人化，特别是股份制企业在引入外资中，由于资产评估不实，商誉、品牌等知识产权未作价，造成国有资产的流失，此外，还有国有股不能流动，以及国家无财力实行配股等造成的企业财产中国有资产比重的下降。另外，在对非生产性单位实行剥离中，也出现了各种各样的侵蚀国有资产的现象。以上情况表明，实行经营权分离和产权主体多元化的改革中，确实存在着国有资产流失和国家所有权被削弱的风险。

企业改制中出现的侵蚀国家所有权，形式多种多样，情况十分复杂。其原因有以下两点，一是在思想上，对改革要坚持以公有制为主体，国有制为主导的原则认识不深刻。二是在体制上，公司化改造得不规范，公司制改革的不到位，以及没有形成国有产权的营运管理、监督和产权流动的一整套体制。这是一种转轨期制度缺陷造成的企业行为扭曲。后者将随着改革的不断深化和体制的不断健全而逐步得到克服。

可见，国有企业改革中出现的国有资产流失和国家所有权被削弱现象，更主要是公司化的改革不到位的产物，而不是公司化本身所固有的。治本之途，是实行规范化的公司制，建立起保证公司企业健康运作的一整套制度。

强化所有权约束，关键在于政府职能的转变

由中国社会科学院经济研究所、西南财经大学、四川省经贸委、四川省社会科学院和《经济研究》编辑部共同发起的“全国现代企业制度建设与国有资产保值增值研讨会”，对产权制度改革进行了深入讨论。

有人从现代企业制度四个基本特征的有机联系出发，认为“产权清晰”具有决定性的意义，产权清晰是建立现代企业制度的基础。应当科学地界定产权清晰这个经济范畴的内涵和外延，并在此基础上，从广义角度，特别是从运行机制层面上，回答产权清晰所包含的主要内容：一是要弄清国有企业资产的“家底”；二是要准确定位资产所有者代表；三是动态地理解产权清晰的目的，加快产权流动，让国有资产在流动中优化组合；四是建立科学的适应社会主义市场经济要求的国有资产管理体系；五是建立国有资产管理与运营的监督机构。从这样的角度来看，

企业改制为公司并不意味着产权就明晰了，产权明晰既有初始产权界定的含义，更有在企业资本运营过程中对有关各方权、责、利的不断调整和重新界定。

实行所有权和经营权的分离，包括《决议》提到的出资者所有权和企业法人财产权的分离，是我国企业改革的重要目标，是建立现代企业制度的重要内容。扩大企业经营自主权的改革，这使企业有了一定的活力，但同时也带来了所有权对经营权的约束不够，部分经营者滥用自主权导致所谓“内部人控制”和国有资产流失等一系列问题，后果相当严重。所以，在现代企业制度建设中，要特别注意研究所有权对经营权的制约机制。

一种代表性观点认为，我们已经进行了公司化改革，但成效并不明显，原因在于它还不是真正的产权改革。目前的问题体现为四个不到位，即出资者不到位，公司治理结构不到位，资产经营结构不到位，职业化的企业家不到位。其中关键是出资者不到位，根本性的问题是出资者应该是一个经济实体，不论是政府还是其他出资者。如果还是原有职能的政府机构，就不可能真正负责，真正关心经济效益和资本运作的成效。把企业推向市场，重要的是明确国有资产的投资主体，作为投资主体的机构和部门不得兼有任何政府行政管理职能。这就要求对国有资产管理体制进行根本性的变革，一是政府的社会经济管理职能与国有资产所有者职能分开，二是国有资产的监督管理职能与国有资产经营职能分开。从这个角度看，企业的活力取决于政府的管理方式：企业要转换机制，政府就要相应转变职能；企业要建立现代企业制度，政府就要进行国有资产管理体制的创新。因而，有人说试点与其说是试企业，不如说是试政府。

许多人认为，目前改革的真正难点和阻力在于政府机构的改革。国有资产管理职能实际上分别由各级政府的计划、财政、国资、银行等经济管理部门和行业主管部门多头行使。它们实际上都成了国有企业的管理者和经营者，都可以对企业发号施令，随意进行干预，都拥有和行使某一方面的职权，从而使得国有企业往往无所适从，但它们事实上都并不承担国有资产运营效率的最终责任，都不对国有资产的保值增值负责。各个部门手中的权力不愿放弃，就不能有效形成国有资产的主管与监管、协管的合理结构，就与现代企业制度所要求的原则相矛盾。基于此，有人指出，当前最大的危险是行政控制强化和政企分离的势头被弱化。

针对政府干预与“内部人控制”的两难处境，一些人认为，“内部人控制”本身没有错，关键是“内部人控制”失控，所以要控制“内部人控制”。否则，无论是政府控制还是“内部人控制”都会导致国有资产流失。从信息经济学的角度看，由于所有者和经营者之间信息的不对称性以及企业生产经营的不确定性，经营者可以利用私人信息的优势采取机会主义行为谋求个人利益，因而代理成本的产生不可避免。在目前国有企业体制下，多头负责的出资者代表既缺乏对经营者监督的激励与动力，又缺乏对经营者进行有效激励和约束的权力和方式，“内部人控制”问题的产生有必然性。有人更进一步认为，所谓上有政策、下有对策，也是信息不对称条件下的一种激励相容的博弈选择。如果直接由政府出资就不可能解决“内部人控制”问题，解决方式或者是国家的股权转为债权，或者是培育既有能力又有财产承担经营风险的责任主体。任何一个人如果要对后果承担责任，就会有来自自身的约束；任何一个制度不可能通过限制人们追求自身利益来取得成功，而只能通过尊重自身利益的行为才能成功。

也有人从区分两种不同的所有权与经营权的分离方式角度来理解现代企业制度的产权结构，认为股份公司的产权制度不是对所有权的弱化和对经营权的单方面强化，而是对所有权和经营权的共同强化。出资者所有权与法人财产权的分离不是所有权与经营权的分离，而是来源于个别资本所有权与联合资本所有权的分离；法人财产权与企业经营权的分离是所有权与经营权的内部分离关系，这种分离形式下的经营权不是独立的和完整的财产权。于是，问题的关键在于区分股东对自己财产价值的控制权与对经营过程的控制权。实际上，现代公司制度与发达的股票市场相结合，加强了所有权的收益功能，降低了投资风险，增强了所有权的可流动性，同时削弱了股东对企业经营过程的控制权。可以说，出资者所有权的可流动、可交易是保障出资者权益并促使两权有效分离的重要机制，这一点对国有产权而言尤其重要。

国有企业应该享有剩余支配权

中国社科院微观经济学研究室刘小玄撰文认为，随着产权结构从完全的出资者所有权向部分的出资者所有权演变，对于剩余支配权的分配问题就日益突出地表现出来。

任何一种出资者与经营者的契约都是事前的，它只可能预见到一些约定的因素和可预见性事件带来的收入，而对于不确定性因素导致的结果则无法预见。因此，留给企业经营者的寻求剩余的范围通常是这一块不可预见性的范围，留给他们去挖掘其潜力。其收益就是结果所产生的剩余，企业得到的剩余越是接近于企业家非常规性的挖掘和开创性的努力，则激励效果越好，剩余就越可能达到最大化。

在不存在资本市场的条件下，获得剩余支配权的企业被“内部人控制”似乎是不可避免的。“内部人控制”固然有其缺陷，但在国有资本占统治地位的条件下，指望政府及其机构作为出资者代表来约束企业实际上又会导致行政干预及政企不分的结果。一些人主张利用国有的资产经营机构来约束企业，以便减少“内部人控制”的问题。实际上，这种国有资产经营机构要么可能成为“翻牌公司”，要么就也会成为一种“内部人控制”的公司，如果它们想要成为一种真正的企业的话。那么，在“内部人控制”无法避免的条件下，怎样形成一种有效率的约束机制呢？

所以，对于“内部人控制”的问题来说，最根本和最有效的约束是企业的自负盈亏，即以自身的资本来承担可能的风险。

这里就不能不涉及企业财产权的问题。

由剩余的积累所形成的企业自有资本实际上是企业自身创造的，是在企业的剩余最大化动机的驱使下形成的。因为这种剩余是在出资者的财产之外形成的。它本身的存在并不影响出资者的利益。在存在资本市场的情形下，出资者可从其企业股票升值中受益，而在没有资本市场的条件下，出资者的资产则可由于企业自有资本的积累而得到较好保护。

企业资产一旦形成，就会成为激励企业家和企业员工的重要力量。这种资本实际上是一种“长期总附加价值”，是一种企业所追求的自身的最大化目标。它与企业家和员工的利益切切实实地联系在一起。

企业有了自身财产权就可以在较大程度上自负盈亏，就能较负责任地承担一定风险，尤其是在企业的出资者处于债权所有者的状态时，企业实际需要更大的责任（即依靠自己的积累资本）来承担所有权的职能。这种企业的产权结构在中国现有的条件下，比较接近现实，可以成为一种供选择的改革模式。

1996 · 重要政策法规

1. 国务院《企业国有资产产权登记管理办法》，1996 年 1 月 25 日。

2. 国务院《中华人民共和国外汇管理条例》，1996 年 1 月 29 日。

3. 财政部、国家税务总局《关于促进企业技术进步有关财务税收问题的通知》，1996 年 4 月 7 日。

4. 劳动部办公厅《关于全面实施再就业工程有关问题的通知》，1996 年 4 月 25 日。

5. 国务院体改委《关于加快国有小企业改革的若干意见》，1996 年 6 月 20 日。

6. 国家经贸委《关于放开搞活国有小型企业的意见》，1996 年 7 月 24 日。

7. 国家经贸委、中国人民银行《关于试行国有企业兼并破产中若干问题的通知》，1996 年 7 月 25 日。

8. 财政部《企业兼并有关财务问题的暂行规定》，1996 年 8 月 20 日。

9. 财政部《国有企业试行破产有关财务问题的暂行规定》，1996 年 8 月 20 日。

10. 国务院《关于固定资产投资项目试行资本金制度的通知》，1996 年 8 月 23 日。

11. 中国人民银行《企业集团财务公司管理暂行办法》，1996 年 9 月 17 日。

12. 中共中央办公厅、国务院办公厅《关于进一步解决部分企业职工生活困难问题的通知》，1996 年 10 月 23 日。

1996 · 年度热点纪实

职工养老、医疗、失业保险制度改革

1996 年的中国企业界让人眼花缭乱。1995 年的 11 月，原本名不见经传的山东省临朐县秦池酒厂，以 6666 万元的巨资一举夺得 CCTV 1996 年度黄金时段广告的“标王”，经新闻界猛烈炒作，一夜之间成为全国最畅销的白酒。1996 年的销售收入、实现利税分别达到 9.8 亿元和 2.2 亿元，是 1995 年的 5 倍和 6 倍。1996 年底，秦池酒厂又以 3.212118 亿元的天价蝉联 CCTV“标王”，并夸下海口“要在 1995 年每天向中央电视台开进一辆桑塔纳，开出一辆豪华奥迪的基础上，1996 年每天要开进一辆豪华奔驰，争取开出一辆加长林肯”。以至临朐县委号召全县人民“三学”：一学邯钢管理，二学张家港精神，三学秦池胆略。然而几乎就在蝉联 CCTV“标王”的同时，一则披露秦池的实际生产能力以及收购川酒加酒精进行勾兑的消息，1997 年 1 月中上旬在《经济参考报》报道后，迅速被国内无数家报刊转载。公众对秦池酒品质的怀疑和对秦池品牌的不信任迅速蔓延。还沉浸在喜悦之中的秦池遭遇到最猝不及防的一击。尽管 1997 年秦池的广告仍旧铺天盖地，但在年初加大马力生产的 200 个车皮的白酒，1997 年全年只卖出了一半，曾经辉煌一时的秦池模式成为转瞬即逝的泡沫。

在保健品市场，刚刚成立才两年的三株公司，用 30 万元的注册资金、1 万元买来的转让配方，凭着“三株口服液”单一产品，销售收入在 1994 年才首次超过亿元，1996 年竟达到 80.6 亿元，三年累计上缴利税 18 亿元。在全国所有大城市、省会城市、绝大多数地级市，三株近乎疯狂地注册了 600 个子公司，并在县、乡镇建立了 2000 多个办事处，其营销队伍更是达到史无前例的 15 万人。在一些城市，人们因买三株排起了长龙，二三十元一瓶的价格被哄抬至七八十元；在一些农村，农民们把买化肥、种子的钱都争先恐后地拿来买了“三株口服液”。三株公司还创出了一种“无成本广告模式”，即发给每个宣传站和村级宣传员一桶颜料和数张三株口服液的广告模板，要求他们把“三株口服液”刷在乡村每一个可以刷字的土墙、电线杆、道路护栏、牲口栏圈和茅厕上。以至于当时在中国大地任何一个有人烟的角落，几乎都可以看到“三株口服液”的墙体广告。但是好景不长，经历了近乎疯狂的增长后，1998 年的“常德事件”，一个仅 29 万元的诉讼，便引发了三株帝国的轰然倒塌。

在百货业，河南郑州一家叫亚细亚的商场把所谓“微笑服务”吹得神乎其神，但是它开在全国各地的亚细亚连锁商场却没有一家盈利。在家电业，广东的 VCD 公司在张学友的《每天爱你多一点》的启发下于 1995 年 7 月诞名为“爱多 VCD”；1996 年产值达到 2 亿元，1997 年就猛蹿至 16 亿元。1997 年底爱多公司以 2.1 亿元的竞价成为 CCTV 1998 年的“标王”。“爱多 VCD”红遍大江南北，成为中国家电行业最成功的品牌之一。可惜好梦难长，不到两年，爱多与 CCTV 的前任“标王”秦池一样，也被迅速打上了覆灭的烙印。在制药业，三九集团借

“抓大放小”之机在全国最先刮起并购浪潮，短短几年，所属企业遍及了除西藏以外的所有省、市、自治区，形成了医药、汽车、食品、酿酒、农业等八大行业，甚至包括一家华南地区最大的夜总会。

在云南省，一个为云南省发展做出过突出贡献的知名人士，云南红塔集团董事长、玉溪卷烟厂厂长，曾先后获得过全国劳动模范、全国优秀经营管理者、全国“五一 劳动奖章”获得者和全国优秀企业家、全国十位改革风云人物等各种荣誉称号的“中国烟草大王”，大名鼎鼎的褚时健，因严重经济违法违纪，经中共中央纪律检查委员会批准，中共云南省委决定，开除褚时健党籍，司法机关依法对其立案侦查。

与表面上的火爆与繁荣形成巨大反差的，则是国有企业的持续困难。1996 年，预算内国有企业的净销售利润降到历史最低点，亏损总数是 1985 年的 28.6 倍；全年企业破产总计达到 6232 家，超过了过去 9 年的总和；全国乡以上工业企业的库存产品总值达到 1.32 万亿元。

这一年，国家在职工养老、职工失业保险制度改革的基础上，全面推广镇江、九江职工医疗保险制度改革的经验，医疗费用由国家、单位和职工三方共同负担，社会统筹与个人账户相结合，按照属地原则，行政、企业、事业单位都应参加所在地的社会医疗保险，执行当地统一的缴费标准和改革方案。职工养老、医疗、失业保险制度改革，涉及千家万户的切身利益，也因此成为人们最为关注的社会热点。

1996 · 年度改革大事

1 月 3 日　国务院批转国家经贸委、冶金部《关于邯郸钢铁总厂管理经验的调查报告》。

1 月 25 日　国务院颁发《企业国有资产产权登记管理办法》。

1 月 30 日至 2 月 1 日　国家体改委在北京召开现代企业制度试点工作会议，对 30 家试点企业要力求实现 8 个方面的转变。

2 月 26 日　国家经贸委颁布《“九五”企业管理现代化纲要（试行）》。经国务院同意，于 1997 年 7 月以国家经贸委文件正式下发。

3 月 7 日　国务院发出通知，批转了国家经贸委《关于一九九六年国有企业改革工作的实施意见》，提出要抓好各项企业改革试点工作。

3 月 5 日至 17 日　八届全国人大第四次会议通过了《国民经济和社会发展“九五”计划和 2010 年远景目标纲要》。

3 月 29 日至 31 日　建立现代企业制度试点工作会议在大连召开。会议指出，一年来通过制度创新、调整企业资产负债结构和分离办社会、分流富余人员等，试点企业新的体制框架初步形成，坚持改革、改组、改造和加强管理相结合，在一些难点、重点问题上有所突破，企业内部改革加快，经济效益有所提高。

4 月 1 日　全国总工会、国家经贸委、国家体改委颁发《关于国务院确定的百家现代企业制度试点中工会工作和职工民主管理的实施意见》，指出企业改组中不得以任何借口撤销工会组织或合并到其他部门。

4 月 25 日　劳动部办公厅发出《关于全面实施再就业工程有关问题的通知》。

5 月 5 日　国务院办公厅转发国家体改委等 4 部委《关于职工医疗保障制度改革扩大试点意见的通知》，决定 1996 年在全国范围内再挑选一部分具备条件的城市扩大试点，并要求各试点城市的改革工作在 1996 年底以前正式启动。

5 月 4 日　江泽民在上海召集的上海、江苏、浙江、山东 4 省市企业改革和发展座谈会上，发表了《坚定信心，加强领导，狠抓落实，加快国有企业改革和发展步伐》的讲话。

6 月 25 日　国家体改委印发《关于加快国有小企业改革的若干意见》。是实施国有企业战略性改组的重要措施，对于整体上搞活国有经济具有重要意义。

6 月 26 日　据《人民日报》报道，中国人民银行推出 10 条措施，进一步改进对国有大中型企业的金融服务。

7 月 24 日　据《人民日报》报道，截至 1996 年 6 月底，上海、深圳两证券交易所共有上市公司 381 家，遍布全国 30 个省（自治区、直辖市）。

同日，国家经贸委和国家国有资产管理局联合举行座谈会。会议宣布，今年将向 144 个中央企业派出监事会。

同日，国务院批转国家经贸委、财政部、中国人民银行、国家统计局《关于建立企业扭亏增盈工作目标责任制的意见》。

7 月 24 日　国家经贸委印发《关于放开搞活国有小型企业的意见》，要求加快搞活小企业的步伐。并规定要落实企业债务责任，严防逃废债；要进行资产评估，防止资产流失；不得将国有资产无偿量化分给职工。

7 月 25 日　国家经贸委、中国人民银行联合发出《关于试行国有企业兼并破产中若干问题的通知》，对有挽救希望的濒临破产企业，应充分尊重主要债权人意见，尽可能采取兼并、合并、代管、分立等方式予以挽救。

7 月 30 日至 31 日　全国部分现代企业制度试点企业经验交流会和全国试点城市兼并破产工作专题研讨会在太原召开。

8 月 20 日　财政部颁发《企业兼并有关财务问题的暂行规定》和《国有企业试行破产有关财务问题的暂行规定》。

9 月 30 日　外经贸部颁发《关于设立中外合资对外贸易公司试点暂行办法》。

10 月 23 日　中共中央办公厅、国务院办公厅发出《关于进一步解决部分企业职工生活困难问题的通知》（以下简称《通知》）。《通知》指出，对一些生产经营十分困难、确无工资支付能力的国有企业，经当地政府解困工作主管机构核定，实行地方财政贴息、企业主管部门调剂一部分资金、银行提供一部分工资性贷款的“三家抬”办法解决职工的基本生活费。

10 月 24 日　朱镕基、吴邦国主持会议，听取国有企业兼并破产情况的汇报。会议对关于在若干城市试行国有企业破产的文件作进一步补充完善。

11 月 21 日至 24 日　中央经济工作会议在北京召开。会议指出，经过近3年的努力，以治理通货膨胀为首要任务的宏观调控基本上达到预期目的，整个经济开始进入适度、快速和相对平稳的发展轨道。要把搞好国有企业放在更加突出的地位，力求取得较大的进展。要加大经济结构调整力度，逐步解决“大而全、小而全”和低水平重复建设。

12月25日　据《人民日报》报道，历时四年的全国国有企业清产核资工作圆满结束，国有资产的家底摸清。截至1995年12月31日，全国国有资产总量已达到57106.4亿元，1990年以来平均每年递增17.9%。

本年度主要参考资料：

1. 中国经济年鉴编委会．中国经济年鉴（1997）[M]．北京：中国经济年鉴社，1997.12.

2. 董辅礽．中华人民共和国经济史（下卷）[M]．北京：经济科学出版社，1999.9.

3. 汪海波．新中国工业经济史（1979—2000）[M]．北京：经济管理出版社，2001.10.

4. 吴敬琏，张军扩，刘世锦，陈小洪，王亢，葛延风等．国有经济的战略性改组[M]．北京：中国发展出版社，1998.1.

5. 吴家骏．现代企业制度与企业法人财产权[J]．经济研究，1996(02).

6. 刘小玄．现代企业的激励机制：剩余支配权[J]．经济研究，1996(05).

7. 荣兆梓．论公有产权的内在矛盾[J]．经济研究，1996（09）.

8. 刘诗白．有关国有企业深化改革的若干问题[J]．经济研究，1996(12).

9. 张少鹿．国有企业改革：制度创新与战略重组——全国现代企业制度建设与国有资产保值增值研讨会观点综述[J]. 经济研究，1996(12).

10. 刘思扬，郑宏范. “烟草大王”的人生悲剧——褚时健严重经济违法违纪案件警示录[N]. 人民日报，1998-01-26.

11. 中共十一届三中全会以来大事记[N]. 人民日报，2003-10-10.

12. 中国集团公司促进会. 国有企业改革政策演变[M]. 北京：中国财政经济出版社，2003.1.

13. 中国共产党80年大事记[EB/OL]. 人民网，2001-06-12.

1997 年

1997 · 年度经济背景

“软着陆”宣告成功，但结构问题依然突出

1997 年是中国历史上非常重要而又极不平凡的一年。7 月 1 日，中国政府顺利恢复了对香港行使主权；9 月，中国共产党胜利召开了第十五次全国代表大会；下半年开始，东南亚地区发生了严重的金融危机，对我国和世界许多国家的经济造成严重冲击。面对极其严峻不利的经济形势，中国政府从容应对，使我国经济保持了“高增长、低通胀”的良好发展态势，为亚洲经济乃至整个世界经济的稳定增长作出了贡献。在 1996 年国民经济运行初步实现“软着陆”以后，1997 年继续朝着健康方向发展，经济运行呈现出四个鲜明特点：一是经济继续适度、快速增长，物价涨幅进一步回落。二是市场配置资源的基础性作用不断增强，国民经济发展的“瓶颈”制约继续缓解，主要生产资料和消费品的买方市场初步形成。三是在国家宏观政策导向和市场约束强化的双重作用下，结构调整开始出现一些新的积极变化。四是国家宏观调控实力增强，粮食储备和国家外汇

储备达到历史最高水平，国民经济运行完全实现了“软着陆”。

1997 年国民经济和社会发展的主要宏观调控目标是：经济增长率 8%；全国商品零售价格上涨幅度 6%；固定资产投资率上涨 32%；财政赤字 570 亿元，比上年减少 40 亿元；进出口总额 3100 亿美元，进口与出口大体平衡；货币发行 1200 亿元；人口自然增长率 11.44‰；城镇登记失业率 3% 左右。按照上述目标，1997 年国民经济和社会发展的主要任务如下：继续加强农业基础地位，全面发展农村经济；进一步搞好国有企业，保持工业适度增长；保持适度投资规模，大力优化投资结构；加强价格调控监管，降低物价上涨幅度；转变外贸增长方式，提高利用外资质量；进一步减少财政赤字，继续保持金融稳定；努力发展科技教育和各项社会事业，推进社会主义精神文明建设；继续改善人民生活，加快实施再就业工程。鉴于已存在的严重结构问题，在年初的国民经济和社会发展计划中，把加大结构调整力度，培育新的经济增长点作为重点工作单独提出来。并指出：要以增量带动和促进存量调整，努力解决经济生活中“大而全，小而全”和盲目重复建设问题；以市场需求为导向，培育新的经济增长点；继续深化经济体制改革，形成有利于结构调整的体制环境。

全年国内生产总值 74772 亿元，比上年增长 8.8%。其中，第一产业增加值 13674 亿元，比上年增长 3.5%；第二产业增加值 36770 亿元，比上年增长 10.8%；第三产业增加值 24328 亿元，比上年增长 8.2%。

粮食总产量达到 49250 万吨，虽比上年减少 1200 万吨，但仍是历史上第二个高产年份。棉花种植面积减少，但由于单产提高，总产量达430万吨，增产10万吨。受市场供大于求的影响，油料作物种植面积相应调减，总产量2150万吨左右，减产60万吨；糖料总产量9364万吨，增产1000万吨；肉类总产量5354万吨，增产394万吨；水产品产量3561万吨，增产273万吨；蔬菜、水果产量分别增长6%和8.4%。

全国工业增加值完成31752亿元，比上年增长11.1%。国有工业保持平稳增长。全年国有及国有控股工业增加值增长7.1%，其中国有工业增长5.4%。以乡镇工业为主体的集体工业增幅回落较多。全年集体工业增长11.7%，增幅回落5.7个百分点；其他经济类型工业增长13.4%，增幅上升0.3个百分点。工业产品销售状况的改善，减缓了产成品库存的上升。全年独立核算工业企业产成品资金增幅同比下降4.6个百分点，实现利润比上年增长16.8%。其中，国有企业实现利润增长12.1%，集体企业增长21.3%，其他经济类型企业增长16.5%。国有工业企业效益恢复性增长，6.8万户国有工业企业盈利额为1195.37亿元，比1996年上升9.55%，实现利润450.93亿元，比上年增加47.86亿元，上升11.87%。实现利税总额2882.46亿元，比1996年增加196.25亿元，上升7.31%。由于1996年基数较低，工业企业经济效益的好转是初步的，效益整体水平仍然不高。

全年国有建筑业企业完成增加值1334亿元，比上年增长2.6%。施工工程个数22万个。房屋竣工面积1.56亿平方米，工程质量优良品率提高1.5个百分点，实现利税总额增长 8.7%。

全年交通运输和邮电通信业增加值 4525 亿元，比上年增长 10.7%，基本适应整个国民经济发展的要求。内部结构进一步调整，服务质量有所提高。铁路、公路、水运、民航基础设施不断改善，综合运输能力得到加强。全年各种运输方式完成货物周转量 38232 亿吨公里，比上年增长 4.9%。旅客周转量完成 9637 亿人公里，增长 5.3%。邮电业务总量全年完成 1779 亿元，比上年增长 33.3%。邮政传统业务下滑趋势明显，新型业务充满活力。公用电话交换机总容量突破一亿门大关，达到 11097 万门。我国电话网规模成为世界第二大网。

全年批发零售餐饮业增加值为 6566 亿元，比上年增长 8.5%。金融保险业完成增加值 4181 亿元，比上年增长 7.5%；房地产完成增加值 1463 亿元，增长 7%；其他服务业完成增加值 7594 亿元，增长 7%，也都实现了较快的发展。

全年社会消费品零售总额 26843 亿元，比上年增长 11.1%，扣除价格因素，实际增长 10.2%，高于经济增长速度。全国生产资料销售总额达 19142 亿元，比上年增长 4.5%。固定资产投资增长适度，全年全社会固定资产投资完成 25300 亿元，比上年增长 10.1%，扣除价格因素后，实际工作量增长 8.3%。

消费品市场、生产资料市场和投资品市场都开始呈现出买方市场的基本格局。据对 613 种主要商品供求情况的调查分析，1997 年上半年供求基本平衡的商品比例为 89.4%，供不应求和供过于求的均为 5.5%。到下半年，供求基本平衡的商品比例变为 66.6%，比上半年下降 22.8 个百分点，供过于求的占

31.8%，上升了26.3个百分点，供不应求的仅占1.6%，下降了3.9个百分点。全国商品零售价格和居民消费价格总水平分别比上年上涨0.8%和2.8%。生产资料价格继续回落，比上年下降2.4%。各地价格涨幅普遍回落，全国31个省（自治区、直辖市）均实现了居民消费价格涨幅控制在8%、商品零售价格涨幅控制在6%的调控目标。

全年外贸进出口总值达3251亿美元，比上年增长12.1%。其中，出口总值1827亿美元，比上年增长20.9%，同比增幅提高19.4个百分点；进口总值1424亿美元，增长2.5%；贸易顺差403.4亿美元。全年实际利用外资640亿美元，创历史最高水平。其中借用国外贷款120亿美元；吸收外商直接投资453亿美元；以发行股票等方式利用外资约66.5亿美元。此外，中方境外投资完成18.6亿美元。截至1997年底，全国累计批准外商投资企业30.47万家（剔除已经清理注销的企业，实有23万家），合同外资金额5212亿美元，实际利用外资金额2219亿美元。从1993年以来，我国已连续五年成为外商投资最多的发展中国家，在全球排名第二，仅次于美国。世界排名前500家大公司中，已有300家以上在我国投资。1997财政年度世界银行执行董事会通过中国的项目11个，贷款总额为28.15亿美元。我国已连续五年保持世行贷款第一借款国地位。1997年我国借用日本海外协力基金贷款（OECF）年度签约额首次超过2000亿日元，成为OECF的第一大借款国。为进一步扩大对外开放，减少贸易顺差，自1997年10月1日起，我国将进口关税税率由23%下调至17%。

全年全国财政收入（不含债务收入，下同）8642 亿元，完成预算的 102.9%，增长 16.7%，高出国内生产总值现价增幅 7.7 个百分点；财政收入占国内生产总值的比重为 11.5%，比上年提高 0.6 个百分点。全国财政支出（不含债务支出，下同）9197 亿元，完成预算的 102.6%，增长 15.9%，低于收入增幅 0.8 个百分点。全国财政收支相抵，支出大于收入 555 亿元。其中，中央财政总收入 4819 亿元，完成预算的 101.4%，比上年增长 13%。中央财政总支出 5379 亿元，完成预算的 101%，增长 10.4%。中央财政收支相抵，支出大于收入 560 亿元，比预算确定的赤字数额减少 10 亿元。

在金融调控方面，成立了中国人民银行货币政策委员会，为科学地确定货币政策奠定了制度基础；允许中资企业保留限额外汇收入和提高境内居民因私兑换外币的限额，缓解了中央银行非意愿吃进外汇、增加基础货币投放的被动局面；将流动资金贷款最长期限调整为 3 年，满足了企业生产经营周期对贷款期限的需求；经过试点和精心准备，中国人民银行于 1997 年 12 月 25 日宣布，从 1998 年起，取消对国有商业银行贷款规模限额控制，实行资产负债比例和风险管理。年末货币流通量为 10178 亿元，比上年末增长 15.6%；狭义货币供应量 M_1 为 34826 亿元，增长 16.5%；广义货币供应量 M_2 为 90995 亿元，增长 17.3%，增幅与经济增长和价格水平基本相吻合。年末金融机构各项存款余额 82390 亿元，比上年末增加 13794 亿元，增长 20.1%，同比少增加 919 亿元。其中，企业存款同比多增加 1080 亿元；城乡居民储蓄存款同比少增加 1100 亿元。金融机构各项贷款余额为 74914 亿元，比上年增加 13757 亿元，增长 22.5%，同比多增加 3146 亿元。国家外汇储备显著增加，人民币汇率稳中有升。年末国家外汇储备达到 1399 亿美元，比上年末增加 349 亿美元；人民币汇率由上年末的 8.2984 元兑 1 美元微升至 1997 年末的 8.2800 元兑 1 美元。在东南亚国家货币大幅贬值的冲击面前，人民币汇率保持稳定，有力地支持了港币的联系汇率制度和香港金融、经济的稳定，也是对亚洲经济乃至世界经济稳定的重大贡献。

1997 年全国城镇居民人均可支配收入 5160 元，扣除价格因素，实际增长 3.4%，比上年回落 0.4 个百分点；全国农村居民人均纯收入 2090 元，扣除价格因素，实际增长 4.6%，比上年下降 4.4 个百分点。

但是，持续适度从紧的宏观经济政策和“瓶颈”制约的缓解，使国民经济初步呈现供略大于求的基本格局，经济结构问题逐步凸显出来；开放度的扩大，使我国经济受世界经济的影响逐步加深；随着经济体制的转轨和现代企业制度试点改革的不断深入，国有企业多年以来积累的深层次矛盾和问题在买方市场条件下进一步暴露出来。

一是市场有效需求不足，对工业生产制约作用增强。1997 年国家加强了对经济运行的适度微调，但总的来看，已经形成的供大于求总体格局不会有实质性改变。同时，造成盲目过量进口的一些因素依然存在，进口对国内市场特别是对一些重要原材料和机电设备行业仍有可能造成较大的冲击。多年来的重复建设形成的生产能力过剩，使一些产品的生产大于需求，销售不畅。过度竞争又导致工业经济效益始终在低水平线上徘徊，直接影响企业的更新改造和发展后劲。因此，市场对工业产品的制约明显增强，销售困难的问题更为严峻。结构矛盾的解决，需要一个较长的过程，从根本上解决低水平重复建设、提高规模水平、消除过剩生产能力，任务非常艰巨。那些不适应市场需求变化、结构调整缓慢的企业，生产经营困难将进一步加剧。为保证国有经济的总体运行质量，加速资产存量调整，使国有资产进一步向重点行业和优势企业集中，已成为结构调整的重要内容。

二是工业企业两极分化进一步显现。1997 年，工业经济效益在上年低水平的基础上有所回升，主要得益于大中型企业的支撑作用明显增强，大中型企业实现利税占全部工业的 71. 2%，其中税金占 72. 1%，利润占 69. 1%，企业两极分化现象进一步显现。企业利税较快增长的同时，亏损仍在增加。全国乡及乡以上独立核算工业企业亏损面为 23. 5%，亏损企业亏损额达 1340 亿元，比上年增加 133 亿元，增长 11. 1%，其中国有企业亏损面为 39. 2%，亏损企业亏损额 743 亿元，增加 56 亿元，增长 8. 2%，亏损额占利税的比重为 25. 83%，比 1996 年上升 0. 21 个百分点。随着国有企业改革力度加大、国有经济战略性调整的加速和兼并破产步伐的加快，企业的两极分化将更加明显；企业的转机建制需要一个过程，部分生产能力过剩的状况将会继续，亏损严重、资金周转慢、拖欠严重等仍将是影响工业正常运行的重要问题。

三是工业企业流动资金紧张，资金使用效率不高。企业资金紧张，一方面是由于企业管理不善，在产、运、销和结算环节上存在问题，表现为产成品资金和应收账款占用过大。1997年全国乡及乡以上独立核算工业企业年末产成品资金占用5921亿元，比上年增加621亿元，增长11.7%。其中140种主要工业产品实物库存量比上年增加的有109种，占77.9%；1997年末全国乡及乡以上独立核算工业企业应收账款净额10956亿元，比上年增加1718亿元，增长18.6%。由此，资金周转十分缓慢，1997年全国乡及乡以上独立核算工业企业资金周转次数仅为1.46次，其中国有企业仅为1.25次。银行商业化步伐加快也对企业资金运作状况产生了影响，在企业自有资金不足、融资渠道不畅的情况下，随着银行贷款约束的硬化，在优势企业更易筹集资金的同时，困难企业的资金筹集更为紧张。

四是生产能力放空，下岗人员增多，失业问题日见突出。1997年，据国家统计局统计的900多种产品有半数以上生产能力利用率在60%以下，其中105种重要产品生产能力利用率总的格局是：轻工产品比重工产品低，生活用产品比生产资料产品低，劳动密集型产品比资金、技术密集型产品低，普通制造产品比精密制造业产品低。生产速度下降，下岗规模逐年扩大，下岗人员越来越多。据国家统计局统计，1997年我国下岗人员总数已超过1000万人，占全部职工的比重近8%，其中需要政府提供再就业帮助或解决生活困难的有400多万人。随着国有企业改革与调整力度的加大，隐性失业将日益显性化，下岗职工、失业人员数量增多，加上农村剩余劳动力继续向城镇转移，失业问题将日益突出，成为影响我国经济和社会生活的重大问题。1997 年，城镇登记失业率已达 3.1%，如果考虑到没有实现再就业的下岗职工，实际失业人数的比重将达到 7% 左右。如何搞好分离分流和再就业工作，将直接影响到工业的正常运行和改革发展。由于企业效益较差，职工下岗、分流人数增加，来自国有和集体经济单位的居民收入明显下降。从城镇居民的人均可支配收入构成来看，来自国有、集体单位的劳动收入为人均 3602 元，比上年增长 2.5%，扣除价格因素，实际下降 0.6%；而来自其他所有制单位和个体经济的收入实际增幅分别为 31.4% 和 40.7%。

五是东亚金融危机等因素将使净出口减少，影响到国内工业运行。我国经济的对外开放步伐加快，将使国内产业面临的国际竞争压力加大，在企业规模小、技术与管理落后、竞争力较弱的背景下，国有企业的发展面临更大的挑战。随着我国关税总水平下调到 17%，高科技产品进口优惠政策的恢复和中美高层会晤后美对华高技术出口限制的松动，1998 年进口将加快；同时由于东亚金融危机引致该地区货币贬值，而人民币汇率保持稳定，我国的出口竞争力相应减弱；我国对东亚、东南亚出口将减少，从而可能使我国净出口规模缩减，再加之走私等非法进口屡禁不止，都将挤占国内市场，加剧了工业企业市场开拓的难度。

1997 · 年度改革实践

国企改革方法进行重大改进

根据改革需要综合配套的要求，1997 年对国有企业改革的方式方法进行了以下重大改进。

一是强调重点突破与整体推进相结合。由于国有企业改革所面临的外部环境和内部机制方面的问题带有普遍性和共同性，一些难点问题都属于体制性的深层次问题，单个企业采取个别措施已难以解决。如企业的冗员、债务，是由历史造成的，依靠企业自身力量无法解脱，需要政府来通盘考虑。企业领导体制、人事制度、劳动制度和分配制度的改革涉及政治、经济、社会等体制的各方面改革，这些难点必须用系统论、整体论来考虑。所以，国家体改委在 1997 年部署改革措施时，要求各地、各部门从国有经济的整体搞活的要求来设计改革方案，要用重点突破与整体推进相结合的办法来推进改革。从各地、各部门的改革来看，都很重视这一方法的运用，有力地推进了改革的深化。

二是强调改革必须与国民经济的战略调整相结合。由于我国经济已处于转型时期，国民经济要进行战略性调整。首先为了适应我国工业发展由劳动密集型向资本密集型和技术密集型转变；其次要考虑我国的市场已由短缺经济转为过剩经济；最后所有制结构也要按公有制为主体、多种所有制经济共同发展的要求进行调整。这里既有发展问题，又有改革问题，因此，体制转轨的改革必须要有利于经济的转型，有利于对过剩经济的调整，有利于公有制经济主体地位的巩固和非公有制经济的发展。1997 年改革要点的部署都充分考虑了这方面的要求。各地也结合各自的特点，注意用改革的办法来促进经济和改革深层次问题的解决。在这方面，尤其是改革走在前列的一些大中城市，做得颇为出色。

三是强调改革必须与综合配套改革相结合。由于由全国统一机构来抓国有企业改革，以及国有企业外部环境和内部机制的配套改革，难度很大。特别是涉及政治、经济、社会等体制的各个方面，加上这些改革尚处于分兵把口的状况，因此，由市、县党委和政府来统一规划，抓改革更现实。国家体改委于 1997 年扩大了城市综合配套改革和县域经济综合改革的范围，把经济体制改革与综合配套改革相结合，取得了不同程度的进展。并于 5 月召开了全国城市综合配套改革工作会议，推广了上海、深圳搞综合配套改革的经验，大大推动了全国城市综合配套改革的进程。

现代企业制度试点取得阶段性成果

以公司制为核心的现代企业制度试点，已使我国相当一部分国有企业成为自主经营、自负盈亏、自我发展、自我约束的法人实体和市场主体，构造了市场配置资源的微观基础；一个统一开放、优胜劣汰、竞争有序的市场体系正在形成；全国 2343 家现代企业制度试点企业，已有 84.8% 的企业实行不同形式的公司制，股份有限公司和有限责任公司的法人治理结构已初步建立，71%的企业成立了董事会，63%的企业成立了监事会，33%的企业成立了股东会，一半以上的试点单位，其总经理由董事会招聘。传统的用工制度、分配制度已进行重大改革；分离社会性服务机构、分流富余人员取得进展。

1997年11月21日在兰州召开的全国现代企业制度试点工作座谈会宣布，历时三年的全国现代企业制度试点工作已经取得阶段性成果。参加试点的100户企业，三年来，按照“产权明晰、权责明确、政企分开、管理科学”的要求，探索建立国有资本出资人制度，逐步落实了法人所有权，深化了企业内部改革，国有资产经营状况得到明显改善，有60%的试点企业在国有资产增值率、经济效益等方面，均取得显著效果。尤其让人注意的是，截至1996年底，百户试点企业生产经营稳定增长，国有资产明显增值，经济效益好于全国试点企业平均水平。现在，这批试点企业中，已有97户通过了试点方案论证，进入实质性操作阶段；而另外三户，一户宣布解体，两户被兼并。

继续扩大“优化资本结构”试点城市

1997年，“优化资本结构”试点城市从1996年的58个扩大到111个。

在111个优化资本结构试点城市企业中，1997年破产终结的企业675户，被兼并企业1022户，减员增效企业789户，核销银行呆、坏账准备金320.5亿元，其中用于破产企业170.35亿元，用于被兼并企业90.15亿元，用于减员增效企业60亿元。

通过兼并破产和减员增效，共分流富余人员 168.7 万人。111 个试点城市建立职工再就业服务中心 1777 个，进入中心的人数达 89.6 万人。据初步统计，截至 1997 年底，通过各类就业服务，共分流安置了 400 多万下岗职工，有效地推进了结构调整。

为了保证这项工作的顺利推进，制止借机逃废债等不规范行为，国务院于 1997 年初召开了全国国有企业职工再就业工作会议。总结了前一年工作的经验，明确了“鼓励兼并、规范破产、下岗分流、减员增效、实施再就业工程”的指导方针。随后国务院下发了《国务院关于在若干城市试行国有企业兼并破产和职工再就业有关问题的补充通知》，对工作的组织领导、工作计划的制订与审批、兼并、破产与减员增效政策的适用范围等问题进行了规范。主要采取了以下政策措施：

1. 规范破产。明确规定〔1994〕国发 59 号文件和 10 号文件中有关破产方面的政策只适用于试点城市市区内的国有工业企业和试点城市管辖县（市）的市属以上（含市属）的国有工业企业；企业破产必须“资产变现、关门走人”，否则不得享受银行贷款本金及利息损失核销政策；提出了一些新的安置破产企业职工的办法，如建立再就业服务中心、再就业中心给下岗职工发放基本生活费、安置职工的费用最后由政府财政兜底等。

2. 鼓励兼并。优势国有企业（包括国有控股企业）兼并连续 3 年亏损的企业可以得到三项优惠：一是免除被兼并企业原欠贷款利息；二是被兼并企业原欠贷款本金分 5 年还清，如 5 年内还本仍有困难，可给予 1 年至 2 年的宽限期；三是在宽限期和计划还款期内，对被兼并企业原贷款本金免息。兼并政策的适用范围进一步扩大到试点城市内的国有、内贸、外贸、建筑和安装企业；兼并和被兼并企业有一方属于国务院确定的大中型重点企业或被兼并方属于试点城市企业。

1996 年开始试行的主办银行制度已由 300 家企业扩大到 1997 年的 512 家企业，明确重点企业主办银行、签订银企协议、落实重点企业技术和流动资金。从 1997 年起，金融部门将每年核销 300 亿 ~400 亿元的呆账准备金；对符合条件的被兼并企业和部分亏损企业给予减免利息优惠政策。

但是，在企业兼并重组中也出现了令人警惕的六种不良倾向：一是盲目赶潮流，为兼并而兼并；二是单纯追求优惠政策，不考虑其他方面的效果；三是甩包袱，以兼并为名把困难企业甩给优势企业；四是行政捏合，不顾出资人和企业意愿，不顾未来市场前景，强行搭配；五是行政壁垒，对地区内、行业内的开绿灯，对跨地区、跨行业的兼并对象一概排斥或不够积极；六是借机上收下放，只注意在改变隶属关系上做文章。

扩大企业集团试点

1997 年是我国企业集团发展取得重大进展的一年。为适应建立社会主义市场经济体制的要求，根据党的十四届三中全会提出的“国家必须重点抓好一批在国民经济中起骨干作用的大型企业和企业集团”的精神，国务院于 4 月 29 日以国发〔1997〕15 号文批转国家计委、国家经贸委、国家体改委《关于深化大型企业集团试点工作意见的通知》（以下简称《通知》）。《通知》指出：“要按照建立现代企业制度和搞好整个国有经济的要求，重点抓好一批大型企业集团，连接和带动一批企业的改组和发展，促进结构调整，形成规模经济，提高国有资产的营运效率和效益，积极发挥大型企业集团在国有经济中的骨干作用。”《通知》强调，深化企业集团试点，要建立以资本为主要联结纽带的母子公司体制；进一步增强试点企业集团母公司的功能；多渠道增补试点企业集团资本金，发挥其在结构调整中的作用；加强对试点企业集团的监督、考核；扩大大型试点企业集团的范围和条件；要做好试点企业集团的组织和领导工作。

列入第二批试点的大型企业集团名单有 63 家，加上 1991 年开始第一批试点的 57 家，共有 120 家。为贯彻国发〔1997〕15 号文件精神，6 月 23 日至 25 日国家经贸委等单位召开了国家试点企业集团工作会议。吴邦国副总理在会上作了《同心协力，积极探索，加快大企业、大集团的发展步伐》的重要讲话；李鹏总理接见与会的 120 家试点企业集团的领导，并同部分代表座谈。

相对于国发〔1991〕71 号文件，国发〔1997〕15 号文件在推进企业集团建设方面是一个飞跃，标志企业集团试点进入一个新阶段。突出表现在四个方面：一是突出了企业集团的地位和作用。指出企业集团在国民经济中处于骨干和中坚地位，是参与国际竞争的主力，是经济发展的增长点，代表国民经济的发展后劲，是经济结构调整的主导力量；二是突出了制度创新。鉴于国发〔1991〕71 号文件出台时期改革和发展阶段的限制，对企业集团的组建仍有不少行政色彩。国发〔1997〕

15号文件在集团的联结纽带方面主要强调了产权关系，强调了母子公司的公司制改革，把集团的组建和发展纳入到建立现代企业制度的轨道；三是突出了市场导向，运用市场的规则，尊重市场经济规律。四是突出了政策支持的力度。国发〔1997〕15号文件将我国目前改革和发展所能到位的政策基本上都包括进去。

在第一批试点的57家企业集团中，有15家企业参加了建立现代企业制度试点，有32家企业通过股票上市实现了公司制改建，其中发行A股的公司有30家，发行B股的有3家，境外上市的有10家。

第一批试点的57家企业集团基本上都落实了外事权，38户成立了财务公司，25户集团实行了母子公司合并报表统一纳税，26户工交企业集团建立了技术中心，并且57户试点企业集团"八五""九五"技术改造的大项目都得到了支持，许多项目列入了一、二期"双加工程"。上电集团公司、一拖集团公司、长江集团公司等三家母公司，通过省、市人民政府授权改建为国有独资公司。制定了一系列配套改革政策，为企业集团的发展创造了较好的外部条件。如落实企业集团的自营进出口权、外经权、外事权、融资政策、税收政策及其他政策支持等。

列入第二批试点的63家大型企业集团名单是：

中水集团、中垦集团、中牧集团、上海农工商集团、吉林省吉发集团、中汽集团、上海汽车集团、重钢集团、太钢集团、巨化集团、上海天原集团、山东海洋化工集团、大同煤矿集团、兖州矿业集团、广东佛陶集团、唐山陶瓷集团、广西贵糖集团、中国神马集团、内蒙古鄂尔多斯羊绒集团、天津汽车集团、中国纺织集团、徐州工程机械集团、洛轴集团、猴王集团、彩虹集团、长虹集团、新疆纺织集团、哈尔滨药业集团、三九企业集团、中国北京同仁堂集团、广州铁路集团、中海集团、中港集团、中建集团、上海建工集团、北京建工集团、安徽海螺集团、华星物产集团、中轻物产集团、中谷粮油集团、联想集团、北方正大集团、中国华录集团、上海广电集团、熊猫电子集团、首钢集团、本钢集团、浙江物产集团、上海华联集团、洛阳春都食品集团、中粮集团、中技集团、中国外运集团、中纺集团、中艺进出口集团、东方国际集团、国投集团、深圳经济特区发展集团、长江经济联合集团、新疆建设集团、万向集团、万杰集团、红豆集团。

加强企业领导班子建设

1997 年各地在加强企业领导班子建设方面进行了积极探索，取得了一些成效。

一是按照党中央、国务院的部署，在全国范围内对国有企业领导班子进行了考核。截至 1997 年底，全国已基本完成考核任务的国有企业为 13 万户，占应考核总数的 94%；调整企业领导班子 4.2 万个，占已考核总数的 31.5%；调整企业领导班子成员 7.9 万人，占已考核人员总数的 14%。通过考核和调整，国有企业领导班子的整体素质有所提高，观念得到转变，知识结构、专业结构得到了优化，带领企业参与和适应市场竞争的能力得以提高。调整过领导班子的亏损企业的面貌得到了不同程度的改善。如 1997 年 1 月至 10 月，天津市的工业、商业、交通、城建等系统的亏损企业个数比上年同期减少 26 户，亏损额减少 8858 亿元，减亏幅度为 5.16%。河南省考核过的 168 户亏损企业，已有 34 户扭亏为盈，79 户减亏。

二是对建立与现代企业制度相适应的企业领导人员选拔任用制度进行了探索。一些地方对企业领导人员的管理逐步由原来管理企业整个领导班子转为管理国有资产产权代表和企业法定代表人；有的地方采取民主推荐、民主选举和公开招聘的方式选拔企业经营者；有的地方组建了经营人才公司或经营人才市场，在实现市场配置企业经营者方面进行了探索。

三是以产权关系为纽带，逐步理顺企业经营者管理体制。在企业领导人员管理上，各地积极探索将管人与管资产结合起来，按谁出资、谁派人、谁控股、谁管理的原则，逐步建立新的国有企业领导人员管理体制。

继续推进社会保障制度建设

第一，养老保险制度改革的两套方案开始统一。1995 年 3 月，国家明确提出基本养老保险制度改革要实行社会统筹与个人账户相结合，同时推荐两种实施办法供各地选择。1997 年 7 月 16 日，国务院又发布了《关于建立统一的企业职工基本养老保险制度的决定》。据统计，到 1997 年，至少已有 22 个省（自治区、直辖市）出台了社会统筹与个人账户相结合的改革方案。全国已有 8770 万职工参加了基本养老保险，2450 万离退休人员参加了离退休费用社会统筹，总覆盖面约为 1.2 亿人。针对出现不同的个人账户比例，不同的企业缴费比例、不同的管理层次和不同的待遇支付标准，国务院决定尽快结束两种实施办法并存的局面，要求各地按照基本养老保险统一方案尽快实现并轨。

第二，失业保险制度改革范围逐步扩大。1986 年，国务院曾发布《国营企业职工待业保险暂行规定》，范围只覆盖国有企业的合同制工人和破产及濒临破产企业的部分职工。1993 年，国务院颁布了《国有企业职工待业保险规定》，把覆盖面扩大到所有国有企业的职工。后来，一些地方在制定失业保险实施细则时，把这项保险的覆盖面扩大到城镇所有类型企业的职工，并规定职工缴纳一定的失业保险费。实行失业保险，既要保证失业者的基本生活，又要促进失业者再就业。截至 1997 年，我国参加失业保险的职工已达 1 亿多人，占全国职工总人数的 73%，各级劳动保险机构为 380 多万人提供了失业救济。而作为失业保险的重要辅助措施，构筑最后“保障线工程”也取得了可喜的进展，全国已有 28 个省（自治区、直辖市）正式发布了本地区最低工资标准。到 1997 年底，全国已有 330 多个城市建立了居民最低生活保障制度，得到最低生活保障救济的人数达到 192 万人。

第三，医疗保险制度改革试点扩大。我国的医疗保障制度改革起步于中共十四大以后的 1994 年，当年 3 月，国务院确定江苏镇江市和江西九江市作为全国职工医疗制度改革试点城市，进行社会统筹与个人账户相结合的医保制度改革试点。经过两年多的试验，新的医疗保险制度使职工的基本医疗得到保障，医疗费用过快增长势头有所遏制，财政、单位、个人的负担相应减轻。医疗保险的社会化，有助于建立现代企业制度。充分估计到这一点，将大大增强人们投身于医疗保险的积极性。在“两江”试点的基础上，1996 年 4 月，国务院又选择了 57 个城市，进行扩大医疗保障制度改革试点。实施办法是：医疗保险费用由职工个人及其所在单位共同缴纳，职工个人按个人工资 1% ~3% 缴纳，用人单位按职工工资总额 1% 缴纳，职工个人缴费部分和用人单位缴费的 50% 以上记入个人账户，职工就医所需的医疗费首先从个人账户支付，不足时由个人负担小部分，社会统筹基金支付大部分。到 1997 年 5 月底，共有 32 个城市的医疗制度改革方案经国务院医疗制度改革领导小组批复、当地省政府审批后出台执行；还有 16 个城市报送了方案。1997 年，全国共有 1300 万职工参加了大病医疗费用社会统筹，103 万离退休人员参加了医疗费用统筹。

1997 · 重要理论观点

社会主义初级阶段的基本经济制度

1997 年 9 月 12 日，中共中央总书记江泽民在中共十五大上所作的报告中，首次提出社会主义初级阶段基本经济制度：“公有制为主体、多种所有制经济共同发展，是我国社会主义初级阶段的一项基本经济制度。”报告指出，这一制度的确立，是由社会主义性质和初级阶段国情决定的：第一，我国是社会主义国家，必须坚持公有制作为社会主义经济制度的基础；第二，我国处在社会主义初级阶段，需要在公有制为主体的条件下发展多种所有制经济；第三，一切符合“三个有利于”的所有制形式都可以而且应该用来为社会主义服务。

非公有制经济是我国社会主义市场经济的重要组成部分。对个体、私营等非公有制经济要继续鼓励、引导，使之健康发展。这对满足人们多样化的需要，增加就业，促进国民经济的发展有重要作用。

社会主义初级阶段基本经济制度理论的提出，破除了怕“私”、怕“资”、限制非公有制经济发展的传统观念，确立了一切符合“三个有利于”的所有制形式和一切反映社会化生产规律的经营方式和组织形式都可以大胆利用的理论。破除了国有经济是公有制的高级形式、集体经济是公有制的低级形式，低级形式要向高级形式过渡的观念，树立了国有经济和集体经济没有高低之分，要在平等竞争中共同发展的理论。破除了国有经济愈大愈公愈好，是社会主义经济特征的观念，树立了国有经济的主导作用主要表现在控制力、影响力方面，对国有经济的布局和所有制结构要进行调整的理论。破除了非公有制经济是资本主义经济的社会属性、是对社会主义公有制有益补充的观念，树立了非公有制经济是社会主义市场经济的重要组成部分，以公有制为主体、多种经济成分共同发展是社会主义的基本经济制度的理论。

“新三步走”发展战略

1997 年 9 月 12 日，中共中央总书记江泽民在中共十五大宣布：“展望下世纪，我们的目标是，第一个十年实现国民生产总值比 2000 年翻一番，使人民的小康生活更加宽裕，形成比较完善的社会主义市场经济体制；再经过 10 年的努力，到建党 100 年时，使国民经济更加发展，各项制度更加完善；到下世纪中叶建国 100 年时，基本实现现代化，建成富强民主文明的社会主义国家。”这里说的“建党一百年”，即 2021 年；“建国一百年”，为 2049 年。这个“新三步走”发展战略，是后百年“中国梦”在最后 50 年的追求，也可以说是 21 世纪头 50 年“中国梦”。

邓小平的“三步走”发展战略把第一步和第二步战略步骤合为一个总目标——建立小康社会，江泽民把“新三步走”发展战略的第一步和第二步战略步骤也合为一个大目标——全面建设小康社会。

公有制经济的重新定义

中共十五大报告对公有制经济进行了全新的定义：“公有制经济不仅包括国有经济和集体经济，还包括混合所有制经济中的国有成分和集体成分。”公有制的主体地位主要体现在：公有资产在社会总资产中占优势；国有经济控制国民经济命脉，对经济发展起主导作用。这是就全国而言，有的地方、有的产业可以有所差别。公有资产占优势，要有量的优势，更要注重质的提高。国有经济起主导作用，主要体现在控制力上。要从战略上调整国有经济布局。对关系国民经济命脉的重要行业和关键领域，国有经济必须占支配地位。在其他领域，可以通过资产重组和结构调整，以加强重点，提高国有资产的整体质量。只要坚持公有制为主体，国家控制国民经济命脉，国有经济的控制力和竞争力得到增强，在这个前提下，国有经济比重减少一些，不会影响我国的社会主义性质。

集体所有制经济是公有制经济的重要组成部分。集体经济可以体现共同致富原则，可以广泛吸收社会分散资金，缓解就业压力，增加公共积累和国家税收。要支持、鼓励和帮助城乡多种形式集体经济的发展。这对发挥公有制经济的主体作用意义重大。

公有制实现形式可以而且应当多样化

中共十五大报告指出，公有制实现形式可以而且应当多样化。一切反映社会化生产规律的经营方式和组织形式都可以大胆利用。要努力寻找能够极大促进生产力发展的公有制实现形式。股份制是现代企业的一种资本组织形式，有利于所有权和经营权的分离，有利于提高企业和资本的运作效率，资本主义可以用，社会主义也可以用。不能笼统地说股份制是公有还是私有，关键看控股权掌握在谁手中。国家和集体控股，具有明显的公有性，有利于扩大公有资本的支配范围，增强公有制的主体作用。目前城乡大量出现的多种多样的股份合作制经济，是改革中的新事物，要支持和引导，不断总结经验，使之逐步完善。劳动者的劳动联合和劳动者的资本联合为主的集体经济，尤其要提倡和鼓励。

这一理论的提出，破除了所有制与所有制实现形式不加区别、公有制实现形式单一化的观念，树立了所有制与所有制的实现形式是有区别的，要探索公有制的多样化的实现形式的理论。这一理论还明确了股份制既不姓“公”，也不姓“私”，而是现代企业制度的一种资本组织形式，是国有经济适应市场经济要求的一种有效实现形式。是能融“公”“私”于一体的混合所有制经济。如果是国有和集体控股，则具有公有性质；如果是私营和外商控股，则具有私有性质。

股份合作制是新型的公有制经济实现形式

中共十五大报告指出，采取改组、联合、兼并、租赁、承包经营和股份合作制、出售等形式，加快放开搞活国有小型企业的步伐。这就对理论界一直关于股份合作制是什么经济的争论做了结论。明确了股份合作制经济既不是股份制，又不是合作制，而是兼有股份制和合作制某些特点的一种新型的公有制经济的实现形式，是具有中国特色的新事物，是劳动联合和资本联合的集体经济，是国有小企业改制的一种有效形式。

根据这一理论，1997 年 6 月 16 日国家体改委颁发《关于发展城市股份合作制企业的指导意见》的文件指出：股份合作制是采取了股份制一些做法的合作经济，是社会主义市场经济中集体经济的一种新的组织形式。股份合作制企业中，劳动合作和资本合作有机结合。劳动合作是基础，职工共同劳动，共同占有和使用生产资料，利益共享，风险共担，实行民主管理，企业决策体现多数职工意愿；资本合作采用了股份的形式，是职工共同为劳动合作提供的条件，职工是劳动者，又是企业出资人。股份合作制是能够促进生产力发展的公有制实现形式，是现阶段为劳动者创造就业机会、走向共同富裕的一条重要途径。

按劳分配与按生产要素分配相结合

中共十五大报告指出，坚持按劳分配为主体、多种分配方式并存的制度。把按劳分配和按生产要素分配结合起来，坚持效率优先、兼顾公平，有利于优化资源配置，促进经济发展，保持社会稳定。依法保护合法收入，允许和鼓励一部分人通过诚实劳动和合法经营先富起来，允许和鼓励资本、技术等生产要素参与收益分配。取缔非法收入，对侵吞公有财产和用偷税逃税、权钱交易等非法手段牟取利益的，坚决依法惩处。整顿不合理收入，对凭借行业垄断和某些特殊条件获得个人额外收入的，必须纠正。调节过高收入，完善个人所得税制，开征遗产税等新税种。规范收入分配，使收入差距趋向合理，防止两极分化。

这一理论的提出，打破了按劳分配是社会主义的特征、按资分配是资本主义的特征的传统观念。确定了把按劳分配和按生产要素分配结合起来，坚持效率优先、兼顾公平，有利于优化资源配置，促进经济发展，保持社会稳定的理论。

打破了按资本、技术分配属于非法收入的传统观念，明确了在允许和鼓励一部分人通过诚实劳动和合法经营先富起来的同时，要允许和鼓励资本、技术等生产要素参与收益分配的理论。

人员流动和职工下岗是难以避免的

中共十五大报告指出，随着企业改革深化、技术进步和经济结构调整，人员流动和职工下岗是难以避免的。这会给一部分职工带来暂时的困难，但从根本上说，有利于经济发展，符合工人阶级的长远利益。党和政府要采取积极措施，依靠社会各方面的力量，关心和安排好下岗职工的生活，搞好职业培训，拓宽就业门路，推进再就业工程。广大职工要转变就业观念，提高自身素质，努力适应改革和发展的新要求。

这一理论的提出，打破了失业是资本主义的特征、充分就业是社会主义的特征的传统观念，树立了社会主义国家随着企业改革深化、技术进步和经济结构调整，人员流动和职工下岗是难以避免的理论。澄清了人员流动和职工下岗是企业改革出现的弊端的看法，确立了人员流动和职工下岗会给一部分职工带来暂时的困难，但从根本上说，有利于企业改革、技术进步、经济结构调整和经济发展，符合工人阶级长远利益的观念。打破了国有企业职工下岗、分流应由国家包下来的观念，树立了党和各级政府要采取积极措施，依靠社会各方面的力量，关心和安排下岗职工的生活，搞好职业培训，推进再就业工程，广大职工也要转变就业观念，努力适应改革和发展要求的新观念。

1997 · 重要政策法规

1. 国务院批转财政部《关于加强国有企业财务监督意见》，1997 年 2 月 27 日。

2. 国务院《关于在若干城市试行国有企业兼并破产和职工再就业有关问题的补充通知》，1997 年 3 月 2 日。

3. 国家国有资产管理局、国家体改委《股份有限公司国有股股东行使股权行为规范意见》，1997 年 3 月 24 日。

4. 国务院证券委《可转换公司债券管理暂行办法》，1997 年 3 月 25 日。

5. 国务院批转国家计委、国家经贸委、国家体改委《关于深化大型企业集团试点工作的意见》通知，1997 年 4 月 29 日。

6. 国务院证券委、中国人民银行、国家经贸委《关于严禁国有企业和上市公司炒作股票的规定》，1997 年 5 月 21 日。

7. 劳动部、国家计委、国家经贸委、国家体改委、财政部、人事部、全国总工会《关于进一步做好企业职工解困和再就业工作的通知》，1997 年 5 月 22 日。

8. 中共中央、国务院《关于治理向企业乱收费、乱罚款和各种摊派等问题的决定》，1997 年 7 月 7 日。

9. 国务院《关于建立统一的企业职工基本养老保险的决定》，1997 年 7 月 16 日。

10. 国家体改委《关于城市国有资本营运体制改革试点的指导意见》，1997 年 7 月 18 日。

11. 财政部《国有企业试行破产有关会计处理问题的暂行规定》，1997 年 7 月 30 日。

12. 财政部《企业兼并有关会计处理问题暂行规定》，1997 年 8 月 7 日。

13. 中国人民银行《关于加强企业集团财务公司资金管理等问题的通知》，1997 年 9 月 3 日。

14. 中国证监会《上市公司章程指引》，1997 年 12 月 16 日。

15. 国家土地管理局《关于在国有企业改革中加强地籍管理工作的若干意见》，1997 年 12 月 30 日。

1997 · 年度热点纪实

减员增效，下岗分流

1997 年 7 月 1 日零时，英国对香港 150 多年的殖民统治宣告终结，香港回归祖国，成为香港特别行政区。香港回归，全球瞩目。全世界的华侨为中国的强大感到骄傲，全国各族人民更是喜气洋洋，扬眉吐气。

年底，中国共产党胜利召开了第十五次全国代表大会。大会明确了坚持十一届三中全会以来的路线不动摇，就是高举邓小平理论的旗帜不动摇。公有制为主体、多种所有制经济共同发展，是我国社会主义初级阶段的一项基本经济制度。国有经济起主导作用，主要体现在控制力上。要从战略上调整国有经济布局，对国有企业实施战略性改组的改革思路。

下半年开始，在东南亚地区发生严重金融危机，对我国和世界许多国家的经济造成严重冲击。我国经济仍保持“高增长、低通胀”的良好发展态势，为亚洲经济乃至整个世界经济的稳定增长作出了贡献。在 1996 年国民经济运行实现有史以来的“软着陆”以后，1997 年继续朝着健康方面发展，但在宏观经济形势总体向好的同时，经济运行中的一些矛盾依然十分突出。几十年来由于劳动力的行政安置和工业项目重复建设形成的大量企业富余人员，全面进入下岗、再就业以及失业、离业的高峰期。过去在实行“低工资、高就业”的年代，一个人的事好多人干，实际上是一个人的饭很多人在吃，表面上看大家都有工作，实际上相当多的人是富余的，许多企业也就是这样给拖垮的。

经济环境冷下来以后，出现了大量的生产能力放空，进一步加剧了下岗和失业的压力。纳入国家统计局统计的 900 多种产品，有半数以上生产能力利用率在 60% 以下，生产速度下降，下岗规模逐年扩大，下岗人员越来越多。据国家统计局统计，当时我国下岗人员总数超过了 1200 万人，占全部职工的比重近 8%，其中 1997 年新下岗职工在 400 万以上，需要政府提供再就业帮助或解决生活困难的有 400 多万人。随着国有企业改革与调整力度的加大，隐性失业将日益显性化，下岗职工、失业人员数量增多，加上农村剩余劳动力继续向城镇转移，失业问题将日益突出，成为影响我国经济和社会生活的重大问题。下岗人数增加，一方面使再就业难度增大，增加失业压力，如 1997

年全部失业人员中，有53.4%属于下岗职工；另一方面，导致失业周期延长，全国平均失业周期1995年为4个月，1996年为7个月，1997年达到10个月。如何搞好“分离分流”和再就业工作，将直接影响到工业的正常运行和改革发展稳定。

从长远看，为了企业振兴，必须实行下岗分流、减员增效。但是这对于下岗的人来说则非常艰难，一家老小没有了生活来源，摊到谁的身上都不是一件简单的事情。为此，国家加大了再就业工作的力度，并为下岗职工实施生活补助和实业救济。有下岗职工的国有企业全部建立再就业服务中心，为打通再就业的“瓶颈”，各级政府组织了多种形式的再就业培训。1997年，各级劳动保险机构为380多万人提供了失业救济，作为失业保险的重要辅助措施，构筑最后“保障线工程”取得了可喜的进展，全国已有28个省（自治区、直辖市）正式发布了本地区最低工资标准。到1997年底，全国已有330多个城市建立了居民最低生活保障制度，得到最低生活保障救济的人数达到192万人。

1997·年度改革大事

1月1日　《中华人民共和国乡镇企业法》开始施行。

1月6日至9日　国务院在北京召开全国国有企业职工再就业工作会议。朱镕基在会上强调，搞好国有企业，要坚持改组、改造、改制，加强企业管理的“三改一加强”。1997年要对国有企业领导班子进行一次普遍的、认真的考核，整顿国有企业领导班子；大力推行再就业工程；要规范破产、鼓励兼并，对破产企业职工要通过再就业工程妥善安置。

1 月 14 日　国务院召开全国乡镇企业工作会议。

2 月 7 日　劳动部在颁发的《关于“九五”时期企业工资工作的主要目标和政策措施》中，明确提出要在具备条件的国有企业中积极稳妥地推行年薪制。

3 月 2 日　国务院发出《关于在若干城市试行国有企业兼并破产和职工再就业有关问题的补充通知》。《通知》强调：只有破产企业真正做到停产关闭（取消法人资格）、土地使用权及企业财产被拍卖变现、职工得到妥善安置的，其银行贷款本金和利息损失，方可从银行提取的呆、坏账准备金中核销。

3 月 11 日　中共中央、国务院转发农业部《关于我国乡镇企业情况和今后改革与发展意见的报告》。

4 月 7 日　国家经贸委、中宣部邀请国家计委、国家体改委、中国人民银行等 9 部委和部分国有大企业的负责人，在北京召开深化国有企业改革座谈会。

4 月 11 日至 13 日　由国家体改委主持召开的现代企业制度试点、股份公司规范工作会议在杭州召开。会议指出，到 1996 年底，我国以国有企业为主改建成新建的股份有限公司达 9200 多家，股本金总额达 6000 亿元。

4 月 29 日　国务院批转国家计委、国家经贸委、国家体改委《关于深化大型企业集团试点工作的意见》，对深化大型企业集团试点工作提出了新的要求，试点企业集团由 57 家扩大到 120 家。

5月21日　国务院批转国务院证券委、中国人民银行、国家经贸委颁发《关于严禁国有企业和上市公司炒作股票的规定》。

5月22日　劳动部、国家计委、国家经贸委、国家体改委、财政部、人事部、公安部、中国人民银行、国家税务总局、国家工商局、中共中央办公厅、国务院办公厅信访局、全国总工会发出《关于进一步做好企业职工解困和再就业工作的通知》。

5月23日　国务院批转国家经贸委《关于1997年国有企业改革与发展工作的意见》。《意见》指出，1997年国有企业改革与发展工作，要着眼于搞好整个国有经济，把国有企业改革、改组、改造和加强企业经营管理紧密结合起来，有针对性地采取措施，搞好大的，放活小的，做好减员增效、下岗分流、规范破产、鼓励兼并和职工再就业工作。

6月20日　国务院发出《关于进一步加强在境外发行股票和上市管理的通知》。《通知》指出，境内企业到境外证券市场融资应主要采取直接上市的方式，禁止通过购买境外上市公司控股股权的方式进行买壳上市。

6月23日　国家试点企业集团工作会议在北京召开。

7月7日　中共中央、国务院作出《关于治理向企业乱收费、乱罚款和各种摊派等问题的决定》。

7月16日　国务院颁发《关于建立统一的企业职工基本养老保险制度的决定》。

7月18日至24日　朱镕基在辽宁考察国有企业时强调，要坚定信心，扎实工作，用三年左右时间使大多数国有大中型亏损企业走出困境。

7 月 29 日至 30 日　国务院在北京召开全国统一企业职工基本养老保险制度工作会议。李鹏在会见会议代表时指出，要尽快统一企业职工基本养老保险制度，逐步提高统筹层次，原则上实现省级统筹。还可以建立企业补充保险，发展商业保险，形成多层次的保险制度。

8 月 15 日　全国社会保险工作会议在北京召开。会议提出，企业职工基本养老保险制度统一工作最迟在 1998 年底前完成。继续扩大养老保险覆盖面，把非公有制企业也尽快纳入进来。

8 月 27 日　据《人民日报》报道，地处江苏的金陵石化公司、扬子石化公司、仪征化纤集团公司、南化集团公司打破传统的条块分割格局，强强联合，按市场经济要求组建石化产业集团公司。

9 月 3 日　中国人民银行发出《关于加强企业集团财务公司资金管理等问题的通知》，要求企业集团财务公司规范运营。

9 月 12 日至 18 日　中共第十五次全国代表大会举行。江泽民作《高举邓小平理论伟大旗帜，把建设有中国特色社会主义事业全面推向二十一世纪》的报告。报告指出，社会主义初级阶段是不可逾越的历史阶段。

10 月 15 日　经国务院批准，中国人民银行决定从即日起，允许中资企业保留一定限额的外汇收入。

10 月 22 日至 23 日　广东移动通信和浙江移动通信资产分别注入中国电信（香港）有限公司。后更名为中国移动（香港）有限公司。分别在纽约和香港挂牌上市，筹集资金 42 亿美元。

11 月 17 日至 19 日　中共中央、国务院召开全国金融工作会议。会议要求，力争用三年左右时间大体建立与社会主义市场经济发展相适应的金融机构体系、金融市场体系和金融调控监管体系。

12 月 9 日至 11 日　中央经济工作会议在北京召开。会议指出：第一，积极推进国有企业的战略性改组，抓好大的，放活小的；第二，进一步实施鼓励兼并、规范破产、下岗分流、减员增效和再就业工程，真正形成企业优胜劣汰机制和劳动力合理流动机制；第三，坚持“三改一加强”方针，形成有效的激励约束机制和新产品、新技术开发机制，强化企业的竞争和风险意识；第四，建设好企业领导班子，发挥企业党组织的政治核心作用；第五，积极推进各项配套改革。

12 月 17 日　全国财政工作会议召开。会议提出：“要规范国家与国有企业的利润分配关系，逐步建立起国有资产经营收益按资分利、按股分红等税后利润分配制度。”

12 月 30 日　国家土地管理局发出《关于在国有企业改革中加强地籍管理工作的若干意见的通知》。

本年度主要参考资料：

1. 国家统计局．中国统计年鉴（1998）［M］. 北京：中国统计出版社，1998. 9.

2. 中国经济年鉴编委会．中国经济年鉴（1998）［M］. 北京：中国经济年鉴社，1998. 12.

3. 汪海波．新中国工业经济史（1997—2000）［M］. 北京：经济管理出版社，2001. 10.

4. 董辅礽．中华人民共和国经济史（下卷）［M］．北京：经济科学出版社，1999. 9.

5. 王东江．中国国有企业改革 20 年[M]．郑州：中州古籍出版社，1999. 12.

6. 吴敬琏．当代中国经济改革[M]．上海：上海远东出版社，2004. 1.

7. 中国共产党第十五次全国代表大会文件汇编[M]．北京：人民出版社，1997. 9.

8. 中共十一届三中全会以来大事记[N]．人民日报，2003 - 10 - 10.

9. 中国集团公司促进会．国有企业改革政策演变[M]．北京：中国财政经济出版社，2003. 1.

10. 中国共产党 80 年大事记[EB/OL]．人民网，2001 - 06 - 12.

第四卷（2008-2018）

中国国有企业改革编年史 1978-2018

THE ANNALS OF CHINA'S STATE-OWNED ENTERPRISES REFORM

章迪诚——编著

中国工人出版社

目录

2008 年

2009 年

2010 年

2011 年

2012 年

2013 年

2014年

2015年

2016 年

2017 年

2018年

2008 年

2008 · 年度经济背景

果断应对金融海啸，保持经济平稳较快增长

2008 年，我国发生了雨雪冰冻和汶川地震两场突如其来的特大自然灾害，经历了全球经济和金融市场急剧动荡的巨大冲击，经济增长下行的压力明显加大。针对国内外经济形势的变化，中央政府及时调整宏观经济政策取向，果断实施积极的财政政策和适度宽松的货币政策，迅速出台扩大国内需求的十项措施，陆续制定和实施一系列政策，形成了系统完整的促进经济平稳较快发展的一揽子计划，把扩大国内需求、调整振兴产业、推进科技创新、加强社会保障结合起来，把增加投资和刺激消费结合起来，把克服当前困难和促进长远发展结合起来，把拉动经济增长和改善民生结合起来，动员全社会力量共同应对危机，积极推进各项改革和社会事业建设，促进经济社会发展迈出新步伐，取得新进展。

一、宏观调控取得明显成效，国民经济保持平稳较快增长

2008 年的宏观经济调控目标是：在优化结构、提高效益、降低消耗、保护环境的基础上，国内生产总值增长 8% 左右；居民消费价格总水平涨幅控制在 4.8% 左右；城镇新增就业 1000 万人，城镇登记失业率控制在 4.5% 左右；国际收支状况有所改善*。

* 据时任国务院总理温家宝 2008 年 3 月 5 日在第十一届全国人民代表大会第一次会议上的《政府工作报告》。

基于对 2007 年末经济形势的基本判断：经济增长由偏快转为过热的趋势尚未缓解，价格上涨压力加大，农业基础依然薄弱，节能减排形势相当严峻，涉及人民群众切身利益的问题还比较突出。2007 年末的中央经济工作会议提出，2008 年要按照控总量、稳物价、调结构、促平衡的基调，实施稳健的财政政策和从紧的货币政策，要把防止经济增长由偏快转为过热、防止价格由结构性上涨演变为明显通货膨胀作为宏观调控的首要任务。

为了防止经济增长由偏快转为过热和价格有结构性上涨演变为明显通货膨胀的趋势发展，2008 年初，国家制定并实施了稳健财政政策和从紧货币政策。2008 年中，针对国际能源和粮食价格高位运行、世界经济增长放缓，沿海地区出现出口和经济增速下滑苗头，国家及时把宏观调控的首要任务调整为保持经济平稳较快发展和控制物价过快上涨，并采取了一些有针对性的财税金融措施。9 月以后，由美国次贷危机引发的国际金融危机快速显现，国际经济形势急转直下，世界经济形势发生急剧变化，对我国经济的不利影响明显加重，到四季度一些关键

性经济指标增速大幅度下滑，甚至出现负增长，为应对金融危机的冲击、防止经济过快降速，国家又果断地把宏观调控的着力点转到防止经济增速过快下滑上来，实施积极的财政政策和适度宽松的货币政策，三次提高出口退税率，五次下调金融机构存贷款基准利率，四次下调存款准备金率，暂免储蓄存款利息个人所得税，下调证券交易印花税，降低住房交易税费，加大对中小企业信贷支持。按照“出手要快、出拳要重、措施要准、工作要实”的要求，迅速推出进一步扩大内需、促进经济增长的十项措施，争分夺秒地加以落实；接连出台金融支持经济发展、促进轻纺工业健康发展、促进房地产市场健康发展、搞活流通扩大消费和保持对外贸易稳定增长、稳定就业等政策措施，加快制定重点产业调整振兴规划。这些措施对缓解经济运行中的突出矛盾、增强信心、稳定预期、保持经济平稳较快发展，发挥了至关重要的作用。由于国家正确把握了宏观调控方向、重点、力度和节奏，果断及时地调整相应政策措施，提高调控的时效，保证了国民经济平稳较快增长。

据国家统计局初步核算，2008 全年国内生产总值 300670 亿元，比上年增长 9.0%。其中，第一产业增加值 34000 亿元，增长 5.5%；第二产业增加值 146183 亿元，增长 9.3%；第三产业增加值 120487 亿元，增长 9.5%。居民消费价格比上年上涨 5.9%，其中食品价格上涨 14.3%。新增加城镇就业人员 1113 万人。年末城镇登记失业率为 4.2%，比上年末上升 0.2 个百分点。进出口总额 25616 亿美元，比上年增长 17.8%。贸易顺差 2955 亿美元，比上年增加 328 亿美元。年末国家外汇储备 19460

亿美元，比上年末增加4178亿美元。年末人民币汇率为1美元兑6.8346元人民币，比上年末升值6.9%。全年税收收入57862亿元（不包括关税、耕地占用税和契税），比上年增加8413亿元，增长17.0%*。

*此数据为2009年2月26日国家统计局公报的统计公报数据，后据国家统计局按最终核实数据，把当年完成的国内生产总值按现价计算为319515.5万亿元，增长率为9.7%。其中，第一产业增加值32753.2亿元，增长5.2%；第二产业增加值149956.6亿元，增长9.8%；第三产业增加值136805.8亿元，增长10.5%。

二、财政政策从稳健到积极，保增长促消费成效显著

2008年全国财政收入增速虽出现前高后低、增幅逐月下滑走势，但初步核算全年财政收入仍达61316.9亿元，比上年增长19.5%。

这一年，根据国内外经济形势发展变化，国家对宏观调控导向作了两次重大调整。年中，适时把宏观调控的首要任务，从防经济过热、防明显通胀，调整为“保持经济平稳较快发展、控制物价过快上涨”。9月，又果断地把宏观调控的着力点转到防止经济增速过快下滑上来。根据中央宏观调控导向，年中在实施稳健财政政策过程中，采取了一些更为积极的财税政策措施，10月后进一步明确实施了积极的财政政策，适当减免税费，多次提高出口退税率，增加中央政府公共投资和重点支出，对促进经济平稳较快发展发挥了重要作用。

保持中央政府公共投资适度增长。年初适当减少中央财政赤字和国债项目资金，同时增加中央基建投资。预算执行中，根据抗震救灾需要，调整支出规模和结构，中央财政拨付抢险救灾资金384.37亿元，地方财政也投入抗震救灾资金243.28亿元。安排中央地震灾后恢复重建基金740亿元。压缩中央国家机关公用经费5%，节省的资金专项用于抗震救灾。建立中央地震灾后恢复重建基金，大力支持灾区恢复重建。四季度，为应

对国际金融危机的影响，积极筹措资金，新增中央政府公共投资 1040 亿元，用于加快灾区恢复重建、实施保障性安居工程等民生工程和农业基础设施建设。

促进稳定物价和缓解价格矛盾。大幅度增加农资综合补贴和良种补贴。三次较大幅度提高粮食最低收购价，扩大国内紧缺农产品和重要原材料等进口，严格控制粮食、化肥等出口，加强重要商品储备调控。对受成品油调价影响较大的渔业等五大行业实施补贴。积极扶持一些价格矛盾短期内难以理顺的资源性产品生产企业。及时提高低收入群体的补助水平。对普通高校全日制在校本专科学生和研究生给予临时伙食补贴。

减轻企业和居民负担。实施企业所得税新税法，降低企业税负。提高个人所得税工薪所得减除费用标准，暂免征收储蓄存款和证券交易结算资金利息个人所得税。实施促进廉租住房、经济适用房建设和住房租赁市场发展的财税扶持政策。降低住房交易环节税收负担。下调证券交易印花税税率并改为单边征收。调整汽车消费税政策。允许困难企业阶段性缓缴社会保险费、降低四项社会保险费率等。初步统计，2008 年各项税费减免政策共减轻企业和居民负担约 2800 亿元。

扶持中小企业发展。中央和省级财政支出 286.4 亿元，促进中小企业技术创新、产品升级和国际市场开拓。推动创业投资试点。完善中小企业担保体系，对开展中小企业担保业务给予奖励和补贴。扩大小额担保贷款覆盖范围，提高小额担保贷款中央财政贴息标准，建立贷款奖励和风险分担与补偿机制。积极落实促进中小企业发展的税收优惠政策。

支持稳定出口。四次调高了纺织、服装等劳动密集型产品、附加值和技术含量较高产品的出口退税率。取消部分钢材、化工品和粮食的出口关税，降低部分化肥出口关税并调整征税方式。

截至 2008 年 11 月，鉴于国际金融危机对我国的严重影响，中央政府及时果断采取了进一步扩大内需、促进经济增长的十项措施，累计计划投资四万亿元（俗称“四万亿投资计划”或扩大内需“国十条”），不仅对中国提振市场信心发挥了重要的作用，甚至对稳定世界经济进一步恶化也产生了重大影响（见附录 1：4 万亿投资计划）。

三、货币政策由从紧到适度宽松，抵御经济增长下行的压力作用明显

2008 年初，为防止经济增长由偏快转为过热、防止价格由结构性上涨演变为明显通货膨胀，中国人民银行执行了从紧的货币政策。从当时经济运行情况和通货膨胀形势看，2007 年我国经济增长率达到 13%，全球普遍面临较强的通货膨胀压力，国际市场大宗商品价格居高不下并屡创新高，我国 2008 年一季度 CPI 涨幅为 8%，工业品出厂价格涨幅持续攀升，8 月达到 10.1% 的高点。综合考虑美国次贷危机等不确定因素，中国人民银行加强对通货膨胀内外部成因的分辨和预测，灵活协调运用数量型和价格型工具。在 2007 年六次提高存贷款基准利率的基础上，2008 年上半年利率政策保持平稳。针对“双顺差”继续扩大、外汇大量流入的态势，主要采取了提高存款准备金率的措施对冲多余流动性，上半年五次提高存款准备金率共计 3

个百分点，冻结的流动性大约占新增外汇占款所吐出流动性的70%。同时，指导金融机构合理安排信贷规划。2008 年初，按经济发展的要求，实事求是地安排了全年新增贷款规划 3.87 万亿元。冰雪灾害发生后，为满足抗灾救灾资金需求，2 月根据金融机构类型和各地受灾情况，引导金融机构加快了一季度信贷投放进度。5 月汶川地震发生后，立即放开了灾区法人金融机构信贷规划约束，并引导全国性银行加强系统内信贷资源调剂，加大对灾区信贷投入。

2008 年中，美国次贷危机蔓延加深，国家宏观调控政策进行了重大调整，中国人民银行及时调整了货币政策的方向、重点和力度，按照既要保持经济平稳较快发展、又要控制物价上涨的要求，调减公开市场操作力度，将全年新增贷款预期目标提高至 4 万亿元以上，指导金融机构扩大信贷总量，并与结构优化相结合，向“三农”、中小企业和灾后重建等倾斜。进入 9 月以后，国际金融危机急剧恶化，对我国经济的冲击明显加大。按照党中央、国务院的统一部署，中国人民银行实行了适度宽松的货币政策，综合运用多种工具，采取一系列灵活、有力的措施，及时释放确保经济增长和稳定市场信心的信号。

随着国际金融动荡加剧，为保证银行体系流动性充分供应，中国人民银行分别于 9 月 25 日、10 月 15 日、12 月 5 日和 12 月 25 日四次下调金融机构人民币存款准备金率，其中，大型存款类金融机构累计下调 2 个百分点，中小型存款类金融机构累计下调 4 个百分点。截至 2008 年末，动态测算共释放流动性约 8000 亿元。继续对农村金融机构和地震灾区执行特别优惠的存款准备金率，增强其资金实力。此外，7 月对实行差别存款准备金率的金融机构进行了调整，凡是资本充足率等相关指标达到要求的金融机构均恢复执行正常的存款准备金率，执行差别存款准备金率的金融机构家数明显减少。9 月以后，中国人民银行先后五次下调金融机构存贷款基准利率。其中，1 年期存款基准利率由 4.14% 下调至 2.25%，累计下调 1.89 个百分点；1 年期贷款基准利率由 7.47% 下调至 5.31%，累计下调 2.16 个百分点。两次下调中国人民银行对金融机构的存贷款利率，其中法定准备金和超额准备金存款利率由 1.89% 和 0.99% 分别下调至 1.62% 和 0.72%；1 年期流动性再贷款利率由 4.68% 下调至 3.33%；1 年期农村信用社再贷款利率由 3.96% 下调至 2.88%；再贴现利率由 4.32% 下调至 1.80%。1 年期存款基准利率达到 2.25%，1 年期贷款基准利率达到 5.31%。同时又加大了对汶川地震灾区恢复重建工作的支持力度。明确取消对金融机构信贷规划的硬约束，积极配合国家扩大内需等一系列刺激经济的政策措施，加大金融支持经济发展的力度。

2008 年 12 月 3 日，国务院总理温家宝主持召开了国务院常务会议，研究部署当前金融促进经济发展的政策措施，提出了九条促进经济增长的金融政策（俗称“金融国九条”，见附录 2：金融“国九条”）。

2008 年末，我国广义货币供应量（M_2）余额为 47.5 万亿元，同比增长 17.8%，增速比上年高 1.1 个百分点；狭义货币供应量（M_1）余额为 16.6 万亿元，增长 9.1%；流通中现金（M_0）余额为 3.4 万亿元，增长 12.7%。年末全部金融机构本外币各项存款余额 47.8 万亿元，增长 19.3%；全部金融机构本外币各项贷款余额 32.0 万亿元，增长 17.9%；人民币贷款余额为 30.3 万亿元，同比增长 18.8%。人民币贷款分布更为均衡，全年新增 4.9 万亿元，各季分别为 1.33 万亿元、1.12 万亿元、1.03 万亿元和 1.43 万亿元。人民币贷款利率先升后降，年末，金融机构人民币贷款加权平均利率为 6.23%，较年内高点 8 月下降 1.96 个百分点，较年初下降 1.66 个百分点。人民币汇率在合理均衡水平上保持基本稳定，2008 年末，人民币对美元汇率中间价为 6.8346 元。

在国际金融危机对我国经济冲击明显加剧的大背景下，外部需求明显收缩，部分行业产能过剩，企业生产经营困难，城镇失业人员增多，经济增长下行的压力明显加大。但总体上看，我国市场空间广阔，增长潜力较大，经济发展的长期趋势没有改变，经济发展的优势没有改变，加之宏观调控政策逐步发挥效应，国民经济可望继续保持平稳较快增长。

四、消费和投资保持较快增长，国外需求急剧萎缩，但贸易顺差继续扩大

2008 年，居民收入继续增加，国内市场销售仍保持较快增长，消费需求旺盛。全国城镇居民人均可支配收入为 15781 元，扣除价格因素，实际增长 8.4%，增幅比上年低 3.8 个百分点；农民人均纯收入为 4761 元，扣除价格因素，实际增长 8.0%，增幅比上年低 1.5 个百分点。2008 年，社会消费品零售总额达到 10.8 万亿元，比上年增长 21.6%，增速比上年加快 4.8 个百分点，扣除价格因素实际增长 14.8%，增速比上年提高 2.3 个

百分点。分季度看，一季度到四季度社会消费品零售总额同比分别上涨20.6%、22.2%、23.2%和20.6%，季度间保持平稳。

固定资产投资保持较快增长。2008年，全社会固定资产投资完成17.2万亿元，增长25.5%，比上年加快0.7个百分点，扣除价格因素后实际增长15.2%，增幅比上年回落4.9个百分点。分季度看，一季度增长24.6%，上半年增长26.3%，前三季度增长27%，全年增长25.5%，其中四季度增速比前三季度明显减慢。

进出口贸易增速下滑，净出口对经济增长的贡献率大幅下降。我国进出口总值为2.6万亿美元，增长17.8%，增速比上年下降5.7个百分点。其中，出口1.4万亿美元，增长17.2%，增速比上年回落8.5个百分点；进口1.1万亿美元，增长18.5%，增速比上年低2.3个百分点。全年实现贸易顺差2955亿美元，增长12.5%，增速比上年回落35.5个百分点，比上年增加328亿美元。净出口对经济增长的贡献率为9.1%，同比下降10.7个百分点。分季度看，一季度到四季度出口分别增长21.4%、22.4%、22.9%和4.3%，进口分别增长28.6%、32.6%、26%和8.8%，贸易顺差逐季扩大。

长期以来，我国一直存在高储蓄和消费不足的问题。经济增长主要靠投资和出口拉动，最终消费率总体呈逐渐下降的态势，投资率从1992年的36.6%逐步提高到2008年的43.5%，消费率则从1992年的62.4%逐步下降到2008年的48.6%，远低于世界平均水平。而居民收入在国民收入分配中的比重偏低、居民收入水平增长低于经济增长，是我国消费率低和储蓄率高的主要原因。20 世纪 90 年代以来，我国城乡居民收入水平总体低于经济增长，2008 年城镇居民人均可支配收入实际增长低于经济增长 0.6 个百分点，农村居民人均纯收入实际增长低于经济增长 1 个百分点。从我国国民可支配收入构成的变化看，企业和政府部门收入在国民收入分配中的总体占比呈上升趋势，住户部门收入占比总体呈下降趋势。住户部门收入占国民可支配收入比重自 1999 年以来呈逐年下降趋势，截至 2007 年，居民收入占国民可支配收入比重为 57.0%，比 1992 年下降 11.3 个百分点。与此同时，由于社会保障状况不理想等因素，我国居民边际消费倾向总体也呈下降趋势，其中，城镇居民边际消费倾向由 2002 年的 0.85 逐步下降到 2008 年的 0.56，农村居民边际消费倾向由 2002 年的 0.85 逐步下降到 2008 年的 0.71，农村居民边际消费倾向高于城镇居民，且无论是城镇居民还是农村居民，低收入群体的边际消费倾向总体高于高收入群体。

投资、出口比重过高，消费比重偏低的增长格局，对未来经济的健康稳定发展带来了巨大压力。国际金融危机爆发以来，全球经济增长显著放缓，未来面临较大的下行风险，将直接影响中国的出口以及贸易部门的投资。在外需不足的情况下，拉动经济增长必须通过增加投资或消费。由于投资主导型的经济发展模式会增大资源环境的压力，引起居民之间和城乡之间收入差距的扩大，部分行业还会出现较严重的产能过剩，容易导致经济增长大起大落，是不可能长期持续下去的。因此，加快转变经济发展方式，实现消费、投资、出口协调拉动的格局是当务之急。

着力扩大消费需求特别是居民消费需求，努力消除制约消费的制度和政策障碍，逐步提高消费对经济增长的贡献率。短期内可首先考虑针对农村低收入户、中低收入户和城镇低收入户的消费鼓励措施，如增加补贴提高收入、扩大消费信贷等，对消费产生直接拉动作用；中期来看，提高城镇中等收入居民消费应是鼓励消费政策的着力点；长期来看，改善社会保障状况以及改善国民收入分配结构、缩小居民收入差距是促进消费增长的根本之路。

五、农业生产稳定发展，工业生产增长放缓

2008 年，第一产业实现增加值 3. 4 万亿元，增长 5. 5%，增速比上年提高 1. 8 个百分点；第二产业实现增加值 14. 6 万亿元，增长 9. 3%，增速比上年回落 5. 4 个百分点；第三产业实现增加值 12 万亿元，增长 9. 5%，增速比上年回落 4. 3 个百分点。

农业生产继续稳定发展，粮食连续第五年增产。2008 年粮食总产量达到 5. 3 亿吨，比上年增产 2690 万吨，增长 5. 4%。肉类产量继续增加，全年肉类总产量 7250 万吨以上，增长 5. 9%。全国农产品生产价格（指农产品生产者直接出售其产品时的价格）同比上涨 14. 1%，涨幅比上年减少 4. 4 个百分点，低于农业生产资料价格 20. 3% 的上涨幅度，农民增收压力加大。

工业生产增长放缓，企业利润增速回落。受国际经济金融形势变化等因素的影响，下半年工业经济运行下行压力加大，全年呈现“前高后低”走势。2008 年，全国规模以上工业增加值增长 12. 9%，增幅较上年低 5. 6 个百分点，分季度看，各季度分别增长 16. 4%、15. 9%、12. 9% 和 6. 4%。受全球经济下滑、存货增加等因素影响，企业利润增长趋缓。1 月至 11 月，全国规模以上工业企业实现利润 2.4 万亿元，增长 4.9%，增速比上年低 31.8 个百分点。中国人民银行 5000 户工业企业景气调查显示，2008 年四季度企业总体经营景气指数为 12.7%，比上年同期低 21.5 个百分点。

六、价格涨幅前高后低

2008 年，我国价格形势经历了从快速上涨到急剧回落的过程。受全球通货膨胀和国内结构性供给短缺影响，主要价格指标如 CPI、PPI 在 2008 年上半年延续了 2007 年的上涨趋势，并相继于 2008 年 2 月和 8 月达到本轮上涨的高峰；此后，随着国内农副产品供给改善，国际大宗商品价格暴跌，国内生产企业存货调整以及翘尾因素的减少，主要价格指标急剧回落。

居民消费价格同比涨幅前高后低。2008 年居民消费价格（CPI）同比上涨 5.9%，涨幅比上年提高 1.1 个百分点。从 2007 年 5 月开始，受生猪疫情、生产成本上升和前期价格过低等多种因素影响，猪肉等多种农副产品价格轮番上涨，推动我国居民消费价格屡创近年来新高。特别是 2008 年 2 月由于南方冰雪灾害和春节因素的双重影响，居民消费价格同比涨幅达到 8.7%，创下 1996 年以来的新高；此后随着农副产品供求改善与价格回落，加上翘尾因素逐渐变小，CPI 从高位开始回落。CPI 全年各季度同比涨幅为 8%、7.8%、5.3% 和 2.5%。

工业品价格前期涨势明显，后期急剧回落。2008 年，工业品出厂价格同比上涨 6.9%，比上年提高 3.8 个百分点；原材料、燃料、动力购进价格同比上涨 10.5%，比上年提高 6.1 个百分点。从 2007 年下半年开始，受国际大宗商品价格大幅上涨影响，生产者价格显著走高，原材料、燃料、动力购进价格同比涨幅在 2008 年 7 月达到 15.4% 的高点，工业品出厂价格同比涨幅在 2008 年 8 月达到 10.1% 的高点；此后，由于国际大宗商品价格高位暴跌，加上国内生产企业从 9 月开始存货调整，减少了原材料采购，导致原油、煤炭、钢材等主要生产资料价格大幅下跌，我国生产者价格涨幅也急剧回落。工业品出厂价格全年各季度同比分别上涨 6.9%、8.4%、9.7% 和 2.5%，原材料、燃料、动力购进价格各季度同比分别上涨 9.8%、12.4%、14.9% 和 4.8%，农业生产资料价格各季度同比分别上涨 17.5%、23.8%、23.8% 和 16.2%。

进出口价格随国际大宗商品价格先涨后落。上半年，国际大宗商品价格持续上涨，导致进口价格涨幅持续提高，加大了国内通货膨胀压力；7 月以后，随着国际大宗商品价格持续下跌，进口价格迅速回落。相比进口价格，我国出口价格波动幅度相对较小，但也经历了从上涨到回落的过程。进口价格各季度分别同比上涨 16.8%、20.9%、20.7% 和 0.9%，出口价格各季度分别同比上涨 9.1%、10.5%、8.7% 和 6.3%。

劳动报酬增加较快。2008 年前三季度，全国城镇单位在岗职工月平均工资为 2192 元，同比增长 18.3%。其中，城镇国有经济单位 2332 元，同比增长 17.8%；城镇集体经济单位 1333 元，同比增长 20%；城镇其他经济类型单位 2132 元，同比增长 18.9%。据抽样调查，2008 年前三季度农民工资性收入人均为 1358 元，同比增长 19.2%。

GDP 缩减指数有所回落。2008 年我国 GDP 为 30.1 万亿元，实际增长率为 9.0%，GDP 缩减指数（按当年价格计算的 GDP 与按固定价格计算的 GDP 的比率）变动率为 7.2%，比上年回落 0.2 个百分点。

资源性产品价格改革继续推进。2008 年 12 月 18 日，国务院印发了《关于实施成品油价格和税费改革的通知》，决定自 2009 年 1 月 1 日起实施成品油税费改革，提高成品油消费税单位税额，同时完善成品油价格形成机制。国内成品油价格实行与国际市场原油价格有控制地间接接轨，以国际市场原油价格为基础，加国内平均加工成本、税收、流动环节费用和适当利润确定。

附录 1：

4 万亿投资计划

2008 年 9 月，国际金融危机全面爆发后，我国经济增速快速回落，出口出现负增长，大批农民工返乡，经济面临硬着陆的风险。为了应对这种危局，中国政府于 2008 年 11 月推出了进一步扩大内需、促进经济平稳较快增长的十项措施。初步匡算，实施这十大措施，到 2010 年底约需投资 4 万亿元。随着时间的推移，中国政府不断完善和充实应对国际金融危机的政策措施，逐步形成应对国际金融危机的一揽子计划。

在全球金融风暴的冲击下，我国经济从 9 月起受到严重冲击，尤其是对外经济受到很大的影响。从三季度起，我国经济增长率出现了加速下滑的局面。截至 2008 年 10 月，我国的进出口增速显著放缓，到了11月和12月，全国进出口总值开始表现为负增长。11月全国进出口总值同比下降9%，其中：出口下降2.2%；进口下降17.9%。12月全国进出口总值同比下降11.1%，其中：出口下降2.8%；进口下降21.3%。可以看出，9月发生的金融风暴，到11月开始对我国的对外贸易产生了实质性影响。

虽然在这一期间第一产业的发展形势相当好，2008年以来保持了逐季上升的局面，2008年四季度的增长率甚至达到了7.2%，但由于第一产业在GDP中所占的比重较低，对整体经济增长的作用有限。三季度，第二产业增长率回落到了9.0%，在本轮经济周期中首次落到10%以下，而到了四季度，不但第二产业增长率继续下滑，达到了6.1%的低点，第三产业的增长率也开始明显回落，下降到7.4%。这说明全球金融风暴对我国经济增长的冲击是相当严重的。

进入四季度，全球经济显著下滑，中国经济增速在这个季度下降了4个百分点，2009年一季度的GDP增长率只有6.2%，信心严重受损，预期普遍悲观。正如中国人民银行行长周小川所说："如果没有党中央、国务院果断实施的经济刺激计划，GDP增速可能会继续下降4个百分点，那就是接近零增长了。"①

2008年11月5日，国务院总理温家宝主持召开国务院常务会议，研究部署进一步扩大内需、促进经济平稳较快增长的措施。会议认为，近两个月来，世界经济金融危机日趋严峻，为

① 专访央行行长周小川：解疑释惑 M_2 [EB/OL]. 光明网，2013-3-8.

抵御国际经济环境对我国的不利影响，必须采取灵活审慎的宏观经济政策，以应对复杂多变的形势。当前要实行积极的财政政策和适度宽松的货币政策，出台更加有力地扩大国内需求措施，加快民生工程、基础设施、生态环境建设和灾后重建，提高城乡居民特别是低收入群体的收入水平，促进经济平稳较快增长。

会议确定了当前进一步扩大内需、促进经济增长的十项措施。

一是加快建设保障性安居工程。加大对廉租住房建设支持力度，加快棚户区改造，实施游牧民定居工程，扩大农村危房改造试点。

二是加快农村基础设施建设。加大农村沼气、饮水安全工程和农村公路建设力度，完善农村电网，加快南水北调等重大水利工程建设和病险水库除险加固，加强大型灌区节水改造。加大扶贫开发力度。

三是加快铁路、公路和机场等重大基础设施建设。重点建设一批客运专线、煤运通道项目和西部干线铁路，完善高速公路网，安排中西部干线机场和支线机场建设，加快城市电网改造。

四是加快医疗卫生、文化教育事业发展。加强基层医疗卫生服务体系建设，加快中西部农村初中校舍改造，推进中西部地区特殊教育学校和乡镇综合文化站建设。

五是加强生态环境建设。加快城镇污水、垃圾处理设施建设和重点流域水污染防治，加强重点防护林和天然林资源保护工程建设，支持重点节能减排工程建设。

六是加快自主创新和结构调整。支持高技术产业化建设和产业技术进步，支持服务业发展。

七是加快地震灾区灾后重建各项工作。

八是提高城乡居民收入。提高明年粮食最低收购价格，提高农资综合直补、良种补贴、农机具补贴等标准，增加农民收入。提高低收入群体等社保对象待遇水平，增加城市和农村低保补助，继续提高企业退休人员基本养老金水平和优抚对象生活补助标准。

九是在全国所有地区、所有行业全面实施增值税转型改革。鼓励企业技术改造，减轻企业负担1200亿元。

十是加大金融对经济增长的支持力度。取消对商业银行的信贷规模限制，合理扩大信贷规模，加大对重点工程、“三农”、中小企业和技术改造、兼并重组的信贷支持，有针对性地培育和巩固消费信贷增长点。初步匡算，实施上述工程建设，到2010年底约需投资4万亿元。为加快建设进度，会议决定，今年四季度先增加安排中央投资1000亿元，明年灾后重建基金提前安排200亿元，带动地方和社会投资，总规模达到4000亿元。

十项措施的实施周期为2008年四季度到2010年底，累计投资约4万亿元。重点投资方向和资金预算大致为：

1. 廉租住房、棚户区改造等保障性住房，约4000亿元；

2. 农村水电路气房等民生工程和基础设施，约3700亿元；

3. 铁路、公路、机场、水利等重大基础设施建设和城市电网改造，约 15000 亿元；

4. 医疗卫生、教育、文化等社会事业发展，约 1500 亿元；

5. 节能减排和生态工程，约 2100 亿元；

6. 自主创新和结构调整，约 3700 亿元；

7. 灾后恢复重建，约 10000 亿元。

4 万亿元投资的资金构成为，新增中央投资共 11800 亿元，占总投资规模的 29.5%，主要来自中央预算内投资、中央政府性基金、中央财政其他公共投资，以及中央财政灾后恢复重建基金；其他投资 28200 亿元，占总投资规模的 70.5%，主要来自地方财政预算、中央财政代发地方政府债券、政策性贷款、企业（公司）债券和中期票据、银行贷款以及吸引民间投资等。①

4 万亿对于遏止经济下滑、推动经济反转显然是功不可没的。回过头来看，2008 年四季度中国 GDP 陡然降至 6.8%，2009 年一季度更触及 6.1% 的谷底，在出口急剧萎缩、消费难堪大任的情况下，如果没有“双松”搭配的财政政策和货币政策，特别是没有 2009 年前三季度投资 33.4% 的高速增长，短短半年内，中国经济就能恢复到三季度 8.9% 这样的步伐，几乎是不可想象的。

但是，自 4 万亿出台之日起，怀疑和批评的声音就从来没有停歇过，并呈现出两极分化态势。基于自由经济的保守观点

---

① 韩晓东．发改委：万亿新增中央投资有四大来源[J]．中国证券报，2009－5－22.

认为，政府其实不必干预经济，因为反危机措施本身会扰乱市场经济的内在稳定和修复机制，饮鸩止渴的结果不过是使得经济复苏形态从原本的U形变异为W形，甚至L形，徒增复苏的时间成本和社会财富损失而已。此外，即便是较为中性的观点一般也认为，过于强势的政府主导型投资，若运用不慎，将对私人投资产生“挤出效应”。从实际政策执行效果来看，这种担心并非没有道理。

而另一种完全相反的观点则强调，4万亿的刺激力度还远远不够。理由是，4万亿一揽子计划中，很多都是早已纳入规划之列的建设项目，如汶川地震后重建、京沪高铁等，有新瓶装旧酒之嫌，其效果令人怀疑。

的确，4万亿是一个仓促背景下的应变政策，难免会有这样那样的不足。但质疑4万亿的人没有意识到，对于外部经济环境急剧恶化的中国而言，4万亿最大的意义在于，它是中央政府在特定情况下发出的一个积极信号，用以鼓舞低迷的市场信心，借用温家宝总理的话说就是，“信心比黄金还重要”。在中国经济的现实语境下，自由市场信念不足以提振这种信心；而纠缠于实际投入到底是两万亿还是4万亿也没有必要。关键是，它最终产生了效果。

宏观经济政策历来有利有弊，货币政策、财政政策都是如此。党中央、国务院在决定实施经济刺激计划时，充分讨论过其可能产生的负面影响，认识到经济刺激计划在短期内有利于促进经济尽快企稳回升，但随后会给物价、债务可持续性、结构调整、节能减排等方面产生代价、造成压力。评价经济刺激计划的作用，应该将其放在一个历史阶段综合来看，不能只想在危机时尽快复苏，复苏成功了以后又不愿意承担由其产生的成本，这是不现实的。

4 万亿投资计划的重大意义，正如国务院总理温家宝在2010 年天津夏季达沃斯论坛上的讲话中所说的那样，对于保持中国的经济增长和社会稳定、对于世界经济的复苏做出了重大贡献。

“过去的两年，在极为困难、复杂的情况下，中国在世界率先实现经济回升向好，保持经济平稳较快发展，这是我们全面实施一揽子计划的结果。在国际金融危机冲击最严重的时候，我国经济增速一度大幅下滑，不少企业处于停产半停产状态，有的甚至倒闭，不少工人失业，大批农民工返乡。由于我们及时实施了一揽子计划，从 2009 年二季度开始，经济增速下滑趋势迅速扭转，当年增长9.1%，今年上半年增长11.1%。城镇就业不断增加，居民收入持续增长，社会保持和谐稳定。事非经过不知难。一个 13 亿人口的国家，如果没有一定的经济增长速度，实现充分就业、提高人民福祉就是一句空话。实施一揽子计划的成效，不仅在于保持了当前经济增长和社会稳定，更重要的是保持了中国经济发展的好势头，现代化进程没有因巨大的外部冲击而出现大的波折，其意义重大而深远。”

“中国实施一揽子计划，不仅保持了本国经济稳定和较快增长，也为世界经济复苏做出了重要贡献。当主要发达国家经济出现负增长之时，中国等发展中大国经济迅速回稳和保持较快增长，极大地增强了世界战胜国际金融危机的信心，为世界经济提供了强劲增长动力。2009 年中国实现进口 10056 亿美元，全年贸易顺差减少了 1020 亿美元；今年前 7 个月，中国实现进口 7666 亿美元，同比大幅增长 47.2%，贸易顺差同比减少 226 亿美元。这表明，中国经济增长为跨国公司提供了重大发展机遇，为主要经济体和周边国家创造了大量需求，成为世界经济复苏的重要引擎。”

“总之，无论从短期看、还是从长期看，无论从实体经济领域看、还是从财政金融领域看，我们应对国际金融危机采取的一揽子计划和政策措施都是符合中国实际的，是及时的、有力的、有效的，是造福当代、利于后人、惠及世界的正确选择。”*

＊2010 年 9 月 13 日，时任国务院总理温家宝在 2010 年天津夏季达沃斯论坛上发表的讲话，“巩固向好势头、推动持续增长”。

附录 2：

金融“国九条”

2008 年 12 月 3 日，国务院总理温家宝主持召开了国务院常务会议，研究部署当前金融促进经济发展的政策措施。针对当前经济形势，会议提出了九条促进经济增长的金融政策（俗称金融“国九条”）。

一是落实适度宽松的货币政策，促进货币信贷稳定增长。综合运用存款准备金率、利率、汇率等多种手段，保持银行体系流动性充分供应，追加政策性银行 2008 年度贷款规模 1000 亿元。

二是加强和改进信贷服务，满足资金合理需求。鼓励地方政府通过资本注入、风险补偿等多种方式增加对信用担保公司的支持；设立多层次中小企业贷款担保基金和担保机构，提高对中小企业贷款比重；对符合条件的中小企业信用担保机构免征营业税；建立农村信贷担保机制，扩大农村有效担保物范围，积极探索发展农村多种形式担保的信贷产品；积极扩大住房、汽车和农村消费信贷市场。

三是加快建设多层次资本市场体系，发挥市场的资源配置功能。稳定股票市场运行，推动期货市场稳步发展，扩大债券发行规模，优先安排与基础设施、民生工程、生态环境建设和灾后重建等相关的债券发行。

四是发挥保险的保障和融资功能，促进经济社会稳定运行。积极发展“三农”、住房和汽车消费、健康、养老等保险业务，引导保险公司以债权等方式投资交通、通信、能源等基础设施和农村基础设施项目。

五是创新融资方式，通过并购贷款、房地产信托投资基金、股权投资基金和规范发展民间融资等多种形式，拓宽企业融资渠道。

六是改进外汇管理，大力推动贸易投资便利化。适当提高企业预收货款结汇比例，方便企业特别是中小企业贸易融资，提高外汇资金使用效率，支持外贸发展。

七是加快金融服务现代化，全面提高金融服务水平。进一步丰富支付工具体系，扩大国库直接支付涉农、救灾补贴等政府性补助基金范围，优化出口退税流程，继续推动中小企业和农村信用体系建设。

八是加大财税政策支持力度，发挥财政资金的杠杆作用，增强金融业化解不良资产和促进经济增长的能力。

九是深化金融改革，完善金融监管体系，强化风险监测和管理，切实维护金融安全稳定。

2008·年度改革实践

继续推进金融企业改革

中国工商银行、中国银行、中国建设银行和交通银行 2007 年全部实现在香港和上海两地上市以后，资本充足率明显提高，截至 2008 年 9 月末，四家银行的资本充足率分别为 12.6%、13.9%、12.1% 和 13.8%，不良贷款率分别为 2.4%、2.6%、2.2% 和 1.8%，税前利润分别为 1206 亿元、803 亿元、1087 亿元和 296 亿元。

2008 年，在全球金融危机的背景下，国家又启动国家开发银行和中国农业银行改革，向两家银行分别注资 200 亿美元和 190 亿美元。至此，我国大型国有银行股份制改革基本顺利完成。

中国农业银行股份有限公司正式设立。2008 年 10 月 21 日，国务院召开第 32 次常务会议审议并原则通过了《农业银行股份制改革实施总体方案》。10 月 29 日，中国投资有限责任公司通过中央汇金投资有限责任公司向中国农业银行注资 1300 亿元人民币等值美元（折合 190 亿美元），与财政部各持有中国农业银行 50% 的股份。2009 年 1 月 9 日，中国农业银行股份有限公司召开创立大会，“三会一层”的公司治理架构初步设立。2009 年 1 月 16 日，中国农业银行股份有限公司正式挂牌成立。

国家开发银行股份有限公司正式设立。2008 年 2 月和 4 月，国家开发银行改革总体方案和具体实施方案获得批准。方案确定国家向国开行注资 200 亿美元，财政部和中央汇金投资有限责任公司作为发起人分别占 51.3% 和 48.7% 的股份。12 月 1 日，召开了国家开发银行股份有限公司创立大会，按照公司法程序要求，产生了新一届董事会、监事会、高管等。12 月 16 日，国家开发银行股份有限公司正式挂牌成立。

中国进出口银行和中国农业发展银行也不断深化内部改革，加强风险管理和内控机制建设，稳步开展新业务，为全面改革创造条件。

农村信用社改革取得阶段性成果。2008 年四季度，对海南省农村信用社发行专项票据 20.96 亿元，标志着全国农村信用社专项票据发行工作全面完成。截至 2008 年末，专项票据兑付进度已达到 90% 以上，累计兑付票据 1530 亿元；发放专项借款 15 亿元。随着资金支持基本落实到位，农村信用社的历史包袱有效化解，资产质量明显改善。按贷款四级分类口径统计，2008 年末，全国农村信用社不良贷款余额和比例分别为 2965 亿元和 7.9%，比改革之初分别下降 2182 亿元和 28.9 个百分点。自 2004 年实现近十年来的首次盈利后，盈利水平逐年提高，2008 年实现盈利 545 亿元，同比多增 92 亿元。资金实力明显增强。产权制度改革进展顺利。截至 2008 年末，全国共组建农村商业银行 22 家，农村合作银行 163 家，组建以县（市）为单位的统一法人机构1966家。

电信业第三次分拆重组

历经两次分拆重组之后，2008年，中国电信业又迎来第三次分拆重组。5月23日，运营商重组方案正式公布。中国联通的CDMA网与GSM网被拆分，前者并入中国电信，组建为新电信，后者吸纳中国网通成立新联通，铁通则并入中国移动成为其全资子公司，中国卫通的基础电信业务将并入中国电信。中国移动与中国铁通合并后，运营TD-SCDMA网络；中国电信与中国联通C网合并后，运营CDMA2000网络；中国网通和中国联通G网合并后，运营WCDMA网络，三家新运营商同时也获得全业务牌照。自此，中国电信业从最先的“7雄初立”，到以后的“5+1”六强争锋，正式开启了“三足鼎立”的竞争局面。

6月2日，中国电信1100亿元收购联通CDMA网络。中国联通与中国电信订立相关转让协议，分别以438亿元和662亿元的价格向中国电信出售旗下的CDMA网络及业务。同日，中国联通上市公司宣布将以换股方式与中国网通合并，交易价值240亿美元。

7月27日，中国电信与中国联通签订最终协议。两家运营商就C网出售签署最终协议，总价1100亿元维持不变。而后者旗下的两家公司澳门联通与联通华盛也将并入中国电信。

9月16日，中国联通股东特别大会批准与中国电信就有关CDMA业务出售而订立的CDMA业务出售协议以及合并中国网通集团的议案。中国电信也在股东大会上通过了所有有关并购联通 CDMA 业务的决议案。

10 月 1 日，中国电信全面接收 CDMA 网络。预计 C 网的迁移工作会在 3 个月左右全部完成。

10 月 15 日，新联通正式成立，网通退出历史舞台。新公司定名为“中国联合网络通信有限公司”，中国联通香港上市公司名称由“中国联合通信股份有限公司”更改为“中国联合网络通信（香港）股份有限公司”。

2009 年 11 月 12 日，铁道部与中国移动正式签署资产划拨协议，将铁通公司的铁路通信相关业务、资产和人员剥离，成建制划转给铁道部进行管理。铁通公司仍将作为中国移动的独立子公司从事固定通信业务服务。

附录 3：

中国电信业的拆分重组历程

1. 1949 年 11 月 1 日，中央人民政府邮电部成立。邮政和电信业务合营，朱学范为第一任邮电部部长。

2. 1994 年 1 月 12 日，作为“金桥工程”（当时称为“国家公用经济通信网”）的启动工程，由电子工业部发起成立中国吉通网络通信有限公司（简称“吉通公司”），主要由电子部系统的一些大型国有企业参股组建，包括彩虹集团公司、中国电子信息产业集团公司、国投电子公司等 30 多个股东单位。

3. 1994 年 7 月 19 日，中国联合通信有限公司成立（简称“联通公司”）。为了效仿英国双寡头竞争的局面，当时的电子部联合铁道部、电力部以及广电部成立了中国联通，主要经营寻呼业务。

4. 1998 年 3 月，国家在原电子部和邮电部的基础上组建信息产业部。

5. 1998 年 9 月，国务院确定邮政、电信分营，邮政局和电信局从以前的邮电局一分为二。邮政局属于国家邮政总局管理的部门；电信局属于中国邮电电信总局管理的部门。

6. 1999 年 2 月 14 日，国务院批复信息产业部的《中国电信重组方案》。根据该方案，中国电信的寻呼、卫星和移动业务剥离出去，原中国电信拆分成中华人民共和国电信、中国移动和中国卫星通信等 3 个公司；寻呼业务并入联通。2000 年 4 月 20 日，中国电信集团公司、中国移动通信集团公司正式挂牌。史称“中国电信第一次分拆”。此次分拆，形成中国电信、中国移动、中国联通、网通、吉通、铁通、中国卫星通信 7 雄初立，电信市场分层竞争的基本格局。

7. 2000 年 12 月 20 日，铁道通信信息有限责任公司（简称“铁通”）成立，共有省级分公司 31 个，地市分公司 321 个，员工 4. 7 万人，是铁道部下属的国有大型基础电信运营企业。

8. 2001 年 11 月，国务院批准《电信体制改革方案》。一是中国电信长途骨干网按照光纤数和信道容量进行分家，其中北方 10 省与网通、吉通合并后成立中国网络通信集团公司，占有光纤数和信道容量的 30%；南方和西部 21 省组成新的中国电信集团公司，占有光纤数和信道容量的 70%。二是本地接入网按照属地原则划分，即北方 10 省的本地网资源归中国网通，南方和西部 21 省的本地网归新的中国电信。2002 年 5 月，新的中国电信集团及中国网通集团重组挂牌成立。至此，中国电信业形成新的 5+1 格局，包括了中国电信、中国网通、中国移动、中国联通、中国铁通以及中国卫星通信集团公司。史称“中国电信第二次分拆”。此次分拆，形成电信六强争锋的局面，并一直维持到 2008 年 2 月。

9. 2004 年 1 月 20 日，经国务院批准，铁道通信信息有限责任公司由铁道部移交国资委管理，更名为“中国铁通集团有限公司”。

10. 2008 年 5 月 23 日，中国电信第三次分拆重组。中国联通的 CDMA 网与 GSM 网被拆分，前者并入中国电信，组建为新电信；后者吸纳中国网通成立新联通；中国铁通则并入中国移动成为其全资子公司，保持相对独立运营；中国卫通的基础电信业务将并入中国电信。

11. 2009 年 12 月 15 日，铁通公司将铁路通信业务、人员移交铁道部。铁路通信专网剥离后，铁通公司继续作为中国移动通信集团公司的全资子公司，从事公众通信业务。

规范国有企业改制中的职工持股和投资行为

针对近年来一些国有企业职工和管理层投资参与国有中小企业改制和国有大中型企业辅业改制，以及科技骨干参股科研院所改制过程中，因为缺乏统一的制度规定、操作不规范，使得企业改制引入职工持股及职工投资新设公司出现了一些问题。2008 年，国务院国资委就国有企业（包括国有独资和国有控股企业）职工持股、投资的有关问题（国有控股上市公司实施股权激励以及企业职工在证券市场购买股票除外）提出意见，以规范国有企业改制中的职工持股和投资行为。

一、规范国有企业改制中的职工持股行为

积极推进各类企业股份制改革。放开搞活国有中小企业，鼓励职工自愿投资入股。国有大中型企业实施主辅分离辅业改制，鼓励国有企业辅业职工持有改制辅业企业股权，但国有企业主业职工不得持有辅业企业股权。严格控制职工持有国有大型企业股权。国有大型科研、设计、高新技术企业改制，按照有关规定，对企业发展作出突出贡献或对企业中长期发展有直接作用的科技管理骨干，经批准可以探索通过多种方式取得企业股权，符合条件的也可获得企业利润奖励，并在本企业改制时转为企业股权。

严格限制职工持股企业范围。职工入股原则上限于持有本企业股权。国有企业集团公司及其各级子企业（指全资、控股子企业，下同）改制，经国资监管机构或集团公司批准，职工可投资参与本企业改制，若有需要的，也可持有上一级改制企业股权，但不得持有其所出资各级子企业、参股企业及本集团公司所出资其他企业股权。科研、设计、高新技术企业各级子企业中的职工晋升为上级企业管理层成员，且仍从事原子企业科技开发工作的，若继续持有原子企业股份，须经国有资产监督管理机构批准，且不得作为该子企业的国有股东代表。

国有企业改制，可依据《中华人民共和国公司法》等有关法律法规的规定，国有企业不得以企业名义组织各类职工投资活动。

改制为国有控股企业的，批准企业改制单位应依据有关法律和行政法规对持股职工的股份管理、转让等重要事项予以明确，并在改制企业公司章程中做出规定。

国有企业不得为职工投资持股提供借款或垫付款项，不得以国有产权或资产作标的物为职工融资提供保证、抵押、质押、贴现等；不得要求与本企业有业务往来的其他企业为职工投资提供借款或帮助融资。对于历史上用工效挂钩和百元产值工资含量包干结余以全体职工名义投资形成的集体股权现象应予以规范。

二、规范国有企业职工投资关联关系企业的行为

禁止职工投资与本企业有关联关系的企业。国有企业职工不得直接或间接投资为本企业提供燃料、原材料、辅料、设备及配件和提供设计、施工、维修、产品销售、中介服务的企业；不得投资与本企业经营同类业务或有其他关联业务的企业。

三、规范国有企业与职工持股、投资企业的关系

国有企业剥离出部分业务、资产改制设立新公司引入职工持股，新公司不得与该国有企业经营同类业务；新公司从该国有企业取得的关联交易收入或利润不得超过新公司业务总收入或利润的三分之一。通过主辅分离辅业改制设立的公司，按照国家有关规定执行。

国有企业要严格依照有关法律法规规定，采取招投标方式择优选取业务往来单位，产品、服务交易应当价格公允，不得定向采购或接受职工投资企业的产品或服务。国有企业不得向职工投资企业无偿提供资金、设备、技术等资产和劳务、销售

渠道、客户资源等；若需提供的，应参考资产评估价或公允价确定有偿使用费或租赁费。不得向职工投资企业提供属于本企业的商业机会。

国有企业应当在年度财务报告中披露与职工投资企业构成关联交易的种类、定价、数量、总金额等情况。

国有企业中层以上管理人员，不得在职工或其他非国有投资者投资的非国有企业兼职；已经兼职的，自本意见印发后半年内辞去所兼职务。

四、加强对国有企业职工持股、投资的管理和监督

严格执行企业改制审批制度。国有企业改制引入职工持股，必须履行批准程序，严格执行国家有关规定。由集团公司批准的引入职工持股的企业改制，完成改制后须由集团公司将改制的相关文件资料报送同级国有资产监督管理机构备案。

2008 · 重要理论观点

改革开放的四个特点

成思危在2008年1月21日的《经济观察报》发表演讲词认为，中国30年来改革开放的成绩是巨大的。中国改革的核心是制度创新，实际上改革就是创新。制度本身包括了体制和机制两个方面，体制讲的是结构，机制讲的是过程和程序，只有同时在结构和程序方面都进行改革，才有可能取得改革的成功。从复杂性科学的观点来看，在一个系统里面，人们之间的关系

都是独立的，但不可能不受到别人的影响，中国的改革开放具有四个特点。第一个特点，是自上而下的改革，改革都是在中国共产党的坚强领导下进行的。第二个特点，中国的改革是量力而行的。我们的改革并没有像苏联、东欧国家那样采取非常激进的办法，而是根据我们国家的国力，根据群众可以承受的程度，根据经济的发展量力而行，一步一步地去进行的。第三个特点，中国的改革是循序渐进的。在开始的时候确实没有经验，要摸着石头过河，摸着石头过河当然也有它不足的地方，就是一脚深一脚浅，有的时候甚至会摔一跤，这都有可能。第四个特点，改革是路径依存的。改革就像下象棋一样，你走第一步的时候，就会影响到你今后的几步，所以如果一步走得不合适，那可能以后的几步就都会受到影响，而且要退回来的话，就像下象棋悔棋，付出的代价更大。

改革将出现“四大转向”

杜正艾在《中国改革》2008 年第 2 期撰文认为，新时期的改革将出现以下几个转变：

第一，从结构性改革到体制性改革。体制改革涉及了政治建设、经济建设、文化建设、社会建设和党的建设等各个领域，在推进某一领域改革的同时，必然要波及其他领域，改革的深度、广度、难度、复杂度都在增加，应该系统设计改革方案。

第二，从增量改革到存量改革。在社会财富不断增加的同时，收入差距越拉越大，人们关注的焦点开始由改革初期的构建创造财富的机制，更多地转向建立和完善分配财富的机制。

改革从利益倾斜转向利益兼顾，从利益增进转向利益调整和利益增进并重，从效率优先转向效率与公平均衡，从以物为本转向以人为本。

第三，从“单一式改革”到“共享式改革”。改革越来越触及权力层次和利益关系，社会不同利益群体对改革目标的要求日益多元化、复杂化，社会对改革的价值判断标准开始由单一标准向多元标准转变。在这种情况下，如何使改革能够兼顾“各方面利益”和“各方面关切”，更多地体现公平和正义将越来越重要。因此，新一轮改革应从过去的“单一式改革”向“共享式改革”转变，让全体人民共享改革成果。

第四，从“人治改革”到“法治改革”。将更加重视规范改革行为，从“摸着石头过河”式的改革，转向依法有序的改革；从依靠领导者个人魅力推进改革，转向依靠民主法治的精神来推进改革。改革创新的目标将更加明确，改革推进的程序将更加规范，改革者的权益将更加有法律保障，改革者应当承担的责任也将更加明晰。

国有企业高管薪酬管理的主要对策

姜爱林在《当代经济管理》2008 年第 5 期撰文指出，高管薪酬问题是一项复杂的系统工程，需要采取以下五个方面的措施，努力构建科学合理的薪酬制度体系。第一，深化国企市场化改革，逐步实行市场化的薪酬管理制度，最关键的是要健全国有企业收入分配的激励和约束机制、清理整顿工资外收入、健全内外部监督机制、规范国有企业经营者收入分配、建立符合不同类型企业特点的工资管理制度。第二，完善企业法人治理结构，大力推进企业薪酬规划设计工作。第三，明确界定高管经营业绩考核内容，建立健全科学的企业绩效考核体系。确定科学的评价指标及其体系、及时兑现与考评结果相联系的薪酬分配方案、加强对高管人员的经常性监督。第四，完善国企高管薪酬激励机制，构建适合中国特点的高管薪酬激励机制。尤其是要正确认识和运用薪酬激励的基本原则，提高经营者收入的公平感和满意度。第五，严格执行各项规定，健全薪酬监管法规政策体系。

国有企业工资决定机制有待改进

汪雯在《经济科学》2008 年第 2 期撰文认为，与工资改革以前相比，国有企业工资决定机制的市场化程度有所提高，尤其是其对经验的回报方式呈现倒“U”形，体现了员工在不同经验阶段劳动生产率的不同。但是，教育、工作经历、职业等在内的人力资本因素并没有在国有企业的工资决定机制中得到充分的反映，国有企业内部并没有出现典型的工资人力资本分层。这也从另一个侧面说明，国有企业对人力资本回报的提升仅仅源自国家工资政策的人为调整，而非企业在劳动力市场竞争压力下的自发回应，也不是劳动生产率提高的结果。因此，仅仅通过下放工资分配权和设计推行新的工资制度，并不能从本质上解决国有企业工资决定行为的市场化问题。更为关键的改革举措是，通过产品和劳动力市场竞争的强化，以及预算约束的硬化和委托代理结构的完善，加大对国有企业的内外部约束，让国有企业直面市场竞争。只有在内外部因素不断完善、共同作用的条件下，国有企业才能真正成为市场化的工资分配主体，一个突出生产率和工资之间紧密联系的工资决定机制才能脱颖而出。

国有企业改革促进了社会公平

张春霖在《经济社会体制比较》2008 年第 4 期撰文认为，中共十四大以来的国有企业改革在提高经济效益方面是比较成功的，在促进社会公平方面也是积极的。

第一，1990 年以来的改革使国有企业基本脱离了传统体制，既是对效率的促进，也是对公平的促进。传统国有企业体制给很多人留下了“效率不高但比较公平”的印象，是因为这种以“大锅饭、铁饭碗”为特征的体制在企业层面保证了比较高程度的结果均等，但这是以牺牲过程公正为代价的。而且从整个国民经济来看，传统国有企业的低效率所造成的国有资产和国有银行贷款的损失远大于一部分职工的所得，而这些损失最终是要由生产率较高的国有企业职工和全国人民来承担的。因此，摒弃这样的体制既是对效率的促进，也是对公平的促进。

第二，就国有企业在国民经济中的地位而言，1990 年以来的国有企业改革虽然导致国有企业在国民经济中的比重下降，但没有对社会公平造成明显损害；而在国有资产流失和职工安置两个方面，存在不同程度的缺陷和不足，对社会公平有不同程度的损害。其中最为严重的，一是一部分国有企业（尤其是实行内部人购买的企业）出售过程中由于卖主不到位、底价保障机制失灵、排斥竞争以及渎职腐败所造成的国家利益向少数私人的转移；二是对一部分国有企业下岗失业职工的安置存在缺陷，导致一部分职工合法利益受到损害或陷入贫困。

第三，出现这些问题的原因是多方面的，但主要是相关的体制措施不配套、实际操作中存在多种扭曲和对改革政策的偏离，国有企业改革的方向和基本战略是正确的。所有这些缺陷和扭曲，都不能说明改革的方向和基本战略有什么错误。就改革的方向和基本战略而言，在当时的实际政治、经济、社会和国际条件下，除了中共十四大以来的思路外，不存在效果更好的、更现实可行的其他思路。

第四，2003 年以来的国有企业改革已经采取了一系列重要措施克服以上各方面的问题。今后改革的任务是充分重视过去改革的缺陷所造成的各种问题，进一步采取必要的措施解决这些问题，而不是改变改革的方向和基本战略。否定和偏离十四大以来形成的改革方向和基本战略，只能退回到传统的国有企业体制，那样将不仅损害经济效率，也损害社会公平。

未来国有企业改革的主要着力点

周叔莲、刘戒骄在《理论前沿》2008 年第 18 期撰文认为，国有企业改革是探索国有企业、国有经济与社会主义市场经济相结合的有效方式，30 年的国有企业改革已经取得了很大成绩，未来要从以下几个方面深化改革。

1. 坚持“少而精、大而强”的原则继续调整国有企业数量和国有经济规模与分布。在宏观经济层面，“少而精、大而强”

是指继续推动国有资本向关系国家安全和国民经济命脉的重要行业和关键领域集中，向具有竞争优势的行业和未来可能形成主导产业的领域集中，增强国有经济的控制力、影响力和带动力，更好地发挥国有经济的主导作用。在产业层面，“少而精、大而强”是指根据纵向和横向的关联关系，大力推进国有企业跨地区、跨行业重组，实现国有大型企业强强联合，促进国有资本不断向优势企业集中，发展壮大一批对经济发展有重大带动作用的大企业。

2. 促进不同层级国有资本以及国有资本与非国有资本的融合，培育以产权为纽带的大型企业集团，是提高国有资本的控制力和竞争力的重要手段，是建立现代企业制度和发展混合所有制经济的重要途径。国有产权融合的具体途径，除了引进战略投资者、境内外上市、中央企业之间进行合并重组之外，尤其要加强中央企业与地方国有企业之间的并购重组。

3. 加强董事会建设，改善国有企业治理。董事会是企业治理承上启下的环节，能否有效地行使其权责在相当程度上决定企业治理的有效性。国有企业必须重视董事会的任命和董事会权限的界定。董事会每位成员应该职责清晰、任期明确，应该吸收一定比例的职业经理人员和专业人员进入董事会，各成员的任期错位排列，董事罢免、提前解职应该有正当理由，董事会应该设立若干专业委员会协助履行职责。国有股权应该通过股东会和任命董事会等事先设定的程序行使，建立明确的董事长和董事的个人责任制。要加大引进外部董事和独立董事的力度，进一步完善董事会、监事会议事制度，把董事对重大问题提出的意见，作为考核其业绩的主要标准。对造成重大决策失误的董事，必须使其承担相应的责任。

4. 加强产权交易场所建设，培育和发展产权交易市场。社会主义市场经济要求建立健全归属清晰、权责明确、保护严格、流转顺畅的现代产权制度。流转顺畅是现代产权制度的重要特征。只有根据经济发展和市场需要，建立覆盖全国和跨省市区的产权交易场所，完善产权交易制度，才能增强市场发现交易对象和交易价格的功能。

5. 深化垄断行业改革。我国石油、电网、民航、电信等垄断行业的历史沿革和体制变化具有鲜明的特点。要通过产权重组，形成符合行业技术经济特征和经济发展阶段要求的产权结构和治理结构。通过业务重组，优化相关业务的配置，形成主业突出、纵向关系合理、核心优势明显的战略领域。通过企业组织结构重组，形成兼有规模经济和竞争效率的市场结构，使国有企业成为社会主义市场经济中更具活力的市场主体，成为我国国民经济和国有经济中更具战略性的组成部分。

6. 深化国有资产管理体制改革。中共第十四届三中全会提出建立现代企业制度后，国家与国有企业之间的委托经营关系开始向以现代产权制度为基础的委托代理关系转变。国资委成立后，把原来分散的投资权、运营权、劳动工资权、人事任免权等统一起来，建立了中央政府和地方政府分别代表国家履行出资人职责，享有所有者权益、权利、义务和责任相统一，管资产和管人、管事相结合的国有资产管理体制，解决了出资人缺位问题，国家与国有企业之间的关系得到改善。但是，无论是与世界上一些国家的成功做法相比较，还是从社会主义市场经济体制的要求看，我国国有企业和国有资产管理体制改革还有很长的路要走。

2008 年 · 重要政策法规

《国务院国资委关于印发〈关于中央企业履行社会责任的指导意见〉的通知》，2007 年 12 月 29 日。

《国务院国资委关于中央企业 2008 年开展效能监察工作的指导意见》，2008 年 2 月 14 日。

《国务院国资委关于印发〈中央企业国有资本经营预算建议草案编报办法（试行）〉的通知》，2008 年 2 月 28 日。

《国务院办公厅转发发展改革委〈关于 2008 年深化经济体制改革工作意见〉的通知》，2008 年 7 月 22 日。

《国务院关于进一步推进长江三角洲地区改革开放和经济社会发展的指导意见》，2008 年 9 月 7 日。

国务院国资委《关于规范国有企业职工持股、投资的意见》，2008 年 9 月 16 日。

《中华人民共和国企业国有资产法》，2008 年 10 月 28 日第十一届全国人民代表大会常务委员会第五次会议通过。

国务院国资委财政部《关于规范国有控股上市公司实施股权激励制度有关问题的通知》，2008 年 10 月 21 日。

《国务院办公厅关于当前金融促进经济发展的若干意见》，2008 年 12 月 8 日。

2008 · 年度热点纪实

5 · 12 汶川大地震

2008 年，中国迎来了两场“考试”。一场是“上帝”对中国人的考试——四川汶川大地震；一场是“世界”对中国人的考试——北京奥运会和残奥会。事实证明，中国人通过了这两场考试，让全世界的“裁判”收起了挑剔的目光，两场考试，不仅增强了中国的自信，也赢得了世界的尊重。

公元 2008 年 5 月 12 日（星期一，农历戊子鼠年四月初八）北京时间（UTC +8）14 时 28 分 04 秒，四川省汶川地区突发特大地震。此次地震的面波震级里氏震级达 8.0Ms、矩震级达 8.3Mw，地震烈度达到 11 度。震中位于四川省汶川县映秀镇与漩口镇交界处，东经 103°42′，北纬 31°01′。地震波及大半个中国及亚洲多个国家和地区，北至辽宁，东至上海，南至香港、澳门、泰国、越南，西至巴基斯坦均有震感。

5 · 12 汶川地震严重破坏地区超过 10 万平方千米，其中，极重灾区共 10 个县（市），较重灾区共 41 个县（市），一般灾区共 186 个县（市）。截至 2008 年 9 月 18 日 12 时，5 · 12 汶川地震共造成 69227 人死亡，374643 人受伤，17923 人失踪，是中华人民共和国成立以来破坏力最大的地震，也是唐山大地震后伤亡最严重的一次地震。截至 2008 年 9 月 4 日，汶川地震造成的直接经济损失 8452 亿元人民币。地震使原本秀美的山川河流瞬间变为废墟，让无数幸福家庭顿失亲人。

地震发生之后，牵动了亿万国人的心，地震强大的破坏力震惊了世人，更把全中国人民的心紧紧地系在一起。

当特大地震的漫天尘埃尚未散尽时，鲜红的党旗已在废墟中高高飘扬。全世界都被中国共产党领导的伟大抗震救灾行动深深打动。英雄的中国共产党人团结带领灾区人民穿越灾难、崛起危难，铸就了中国共产党领导人民自强不息、顽强拼搏、不怕牺牲、敢于胜利的又一座历史丰碑。

英雄的解放军和武警部队在人民危难时刻敢顶、敢扛的战斗能力，招之即来的快速反应能力，包括指挥调度能力、集结投送能力、后勤保障能力和信息通畅能力。这才叫真正的人民军队，这才是危难时刻最可信赖的人。

地震使中国人紧密团结在一起，使中国出现了从未有过的齐心协力、努力互助，奏响了惊天动地、气势磅礴的时代壮歌，书写了砥砺奋进、豪迈重生的壮丽篇章，创造了人类抗灾救灾史上前所未有的奇迹。很多媒体记者都在地震后第一时间冲到救灾第一线进行报道；许多老百姓自发赶到灾区，用自己的私家车转移受伤的群众；搜救工作基本进入尾声的时候，来自全中国的医生护士都纷纷报名赶往地震灾区，进行医疗卫生防疫工作。

当地震这个敏感的词汇再次成为世界关注的焦点，世界在关切中国，中国也在又一次的抗震救灾中感动了整个世界。感动世界的不仅仅是抗震救灾本身，更是全体中华儿女在面临一次又一次的灾难时所彰显的民族精神，在抗震救灾过程中不同的群体角色所书写的一个个关于人性的故事。这些充满泪光、感激和温情的故事逐渐汇聚成一个巨大无比的“人”字，也正是这个大写的“人”字，体现出了中华民族的精神核心和一个阔步迈进的民族复兴的大国魅力。

重压催生精神，苦难锤炼品格。正是在突如其来的无情击打下，民族精神的燧石迸出火光，凝结成勇于应对一切挑战的强大力量——万众一心、众志成城，不畏艰难、百折不挠，以人为本、尊重科学。这是伟大的抗震救灾精神，也是中国人追寻梦想、直面挫折的内在支撑。

三聚氰胺事件

2008 年 5 月 20 日和 21 日，一位网民揭露他于 2007 年 11 月在浙江泰顺县城一家超市里买的三鹿奶粉有质量问题，该奶粉令他女儿小便异常。后来，他向三鹿集团和县工商局交涉未果。为此，该网民以网上发文自力救济，并以“这种奶粉能用来救灾吗?!”为题提出控诉。之后，该控诉遭三鹿集团地区经理以价值 2476. 8 元的四箱新奶粉为代价，取得该网民的账户密码并请求删除网上有关帖子。事后该网民表示，他相信了三鹿集团的解释，认为自己买到了假货，因此同意接受赔偿并删除帖子。

2008 年 6 月中旬，三鹿又陆续接到婴幼儿患肾结石等病状去医院治疗的信息。南方日报收到网民联系，有人在国家质量监督检验检疫总局食品生产监管司的留言系统里反映三鹿奶粉导致多起婴儿肾结石，但事后遭到屏蔽，只有要求网民提供详情的留言回复还在。2008 年 7 月，徐州儿童医院小儿泌尿外科医生冯东川在国家质检总局食品生产监管司的留言系统里反映，2008 年婴儿双肾结石导致肾衰的病例出奇地增多，且大多饮用三鹿奶粉，并表示希望政府部门能组织流行病学专家协助查清原因，但是也没有得到明确答复。

2008 年 9 月 8 日，甘肃岷县 14 名婴儿同时患有肾结石病症引起外界关注。截至 2008 年 9 月 11 日，甘肃全省共发现 59 例肾结石患儿，部分患儿已发展为肾功能不全，同时已死亡 1 人，这些婴儿均食用了三鹿 18 元左右价位的奶粉。而且人们发现近两个月来，中国多省已相继有类似事件发生。中国卫生部高度怀疑三鹿牌婴幼儿配方奶粉受到三聚氰胺污染，三聚氰胺是一种化工原料，可以提高蛋白质检测值，人如果长期摄入会导致人体泌尿系统膀胱、肾产生结石，并可诱发膀胱癌。

2008 年 9 月 11 日上午 10 点 40 分，新民网连线三鹿集团传媒部，该部负责人表示，无证据显示这些婴儿是因为吃了三鹿奶粉而致病。据称，三鹿集团委托甘肃省质量技术监督局对三鹿奶粉进行了检验，结果显示各项标准均符合国家的质量标准。不过事后甘肃省质量技术监督局召开新闻发布会，声明该局从未接受过三鹿集团的委托检验。很快在同一天的晚上，三鹿集团承认经公司自检发现 2008 年 8 月 6 日前出厂的部分批次三鹿婴幼儿奶粉受到三聚氰胺的污染，市场上大约有 700 吨，同时发布产品召回声明，不过三鹿又同时指出，其公司并无 18 元价位奶粉。

2008 年 9 月 12 日，三鹿集团声称，此事件是由于不法奶农为获取更多的利润向鲜牛奶中掺入三聚氰胺。三聚氰胺在一份报价单中的价格为每吨 8700 元。早在 2008 年 7 月中旬，就有记者从三鹿品牌甘肃省总经销商——兰州兴源食品公司了解到，三鹿已经停止生产确认受到三聚氰胺污染的奶粉品牌三鹿优加奶粉。2008 年 9 月 12 日，网易财经编辑从三鹿品牌总监处得到确认，2008 年 8 月 5 日三鹿集团就已经通知各地经销商，2008 年 3 月至 2008 年 8 月 5 日之前生产的产品受到污染，停售优加系列产品，并且秘密召回，未公之于众。这导致在此之后的一个多月里，仍有一批婴儿在食用三鹿问题奶粉。

三鹿集团是中外合资公司，其最大海外股东是新西兰恒天然公司。根据新西兰政府的说法，恒天然公司在 2008 年 8 月得知奶粉出现问题后，马上向中资方和地方政府官员要求召回三鹿集团生产的所有奶粉。不过恒天然公司经过一个月多的努力未能奏效，中国地方官员置若罔闻，试图掩饰，不予正式召回。恒天然只好向新西兰政府和总理海伦·克拉克报告。2008 年 9 月 5 日，新西兰政府得知消息后，下令新西兰官员绕过地方政府，直接向中国中央政府报告此次事件，中国政府才严正对待此事。新华社报道，三鹿问题奶粉事件事态扩大的主要原因是三鹿集团公司和石家庄市政府在获悉三鹿奶粉造成婴幼儿患病情况后隐瞒实情、不及时上报。这在一定程度上证实了新西兰政府的说法。

2008 年 9 月 13 日，中国国务院启动国家安全事故 I 级响应机制（“I 级”为最高级：指特别重大食品安全事故）处置三鹿奶粉污染事件。患病婴幼儿实行免费救治，所需费用由财政承担。有关部门对三鹿婴幼儿奶粉生产和奶牛养殖、原料奶收购、乳品加工等各环节开展检查。质检总局将负责会同有关部门对市场上所有婴幼儿奶粉进行全面检验检查。

河北省政府决定对三鹿集团立即停产整顿，并将对有关责任人做出处理。三鹿集团董事长和总经理田文华被免职，后并遭刑事拘留，而石家庄市分管农业生产的副市长张发旺等政府官员、石家庄市委副书记、市长冀纯堂也相继被撤职处理。河北省委也决定免去吴显国河北省委常委、石家庄市委书记职务。9 月 22 日，李长江引咎辞去国家质检总局局长职务，这是因此次事件辞职的最高级别官员。问题奶粉事件在中国形成了一股“行政问责与司法问责风暴”。

根据中华人民共和国《食品卫生法》和《产品质量法》，三鹿集团最高将被罚两亿元人民币。

石家庄官方初步认定，三鹿“问题奶粉”为不法分子在原奶收购中添加三聚氰胺所致，已经拘留了 19 名嫌疑人，传唤了 78 人。这 19 个人中有 18 人是牧场、奶牛养殖小区、奶厅的经营人员，其余 1 人涉嫌非法出售添加剂。2009 年 1 月 22 日，河北省石家庄市中级人民法院一审宣判，三鹿前董事长田文华被判处无期徒刑，三鹿集团高层管理人员王玉良、杭志奇、吴聚生则分别被判有期徒刑 15 年、8 年及 5 年。三鹿集团作为单位被告，犯了生产、销售伪劣产品罪，被判处罚款人民币 4937 万余元。涉嫌制造和销售含三聚氰胺牛奶的奶农张玉军、高俊杰及耿金平三人被判处死刑，薛建忠无期徒刑，张彦军有期徒刑 15 年，耿金珠有期徒刑 8 年，萧玉有期徒刑 5 年。2014 年，72 岁高龄的田文华改判有期徒刑 18 年。

2008 年 9 月 16 日，中国国家质检总局发布消息，供应北京奥运会和残奥会中国体育代表团及外国友人的乳制品并未检出三聚氰胺。消息同时指出被检产品中，只有广东雅士利的婴幼儿奶粉出口到了孟加拉、缅甸及也门三个国家，经过留样检测，未发现三聚氰胺。台湾则进口了 25 吨的三鹿奶粉。

事件爆发后，多个国家和地区开始全面或部分禁止中国奶制品及相关产品（糖果、咖啡和巧克力等）的销售或进口，包括加拿大、英国、意大利、法国、俄罗斯、日本、马来西亚、越南、印度、印尼、不丹、缅甸、马尔代夫、科特迪瓦、尼泊尔、巴布亚新几内亚、苏里南、多哥、加纳、菲律宾、孟加拉国、文莱、中国台湾、新加坡、坦桑尼亚、加蓬和布隆迪等。欧盟也宣布，已全面禁止含牛奶成分的中国制婴儿产品进口。2008 年 9 月 20 日，星巴克和肯德基宣布由即日起停止供应蒙牛牛奶。肯德基称，待与蒙牛确认所有产品符合食品安全标准后，才会恢复销售。

2008 年 9 月 19 日，联合国儿童基金会要求中国，在四名婴儿因饮用含有三聚氰胺的奶粉而丧生后，对此一问题“展开全面调查”。西太平洋总监尾身茂在马尼拉批评中国未在第一时间向国际社会通报问题奶粉事件。

事件爆发后，民众的信心指数降至最低点。不少大陆民众人心惶惶，许多人不敢吃大陆厂牌的奶制品，外国奶粉销量开始上升，甚至以“小三通”方式到金门或马祖购买台湾奶制品，或是到香港购买奶粉。大陆不少母亲开始尝试改以母乳而非奶粉喂婴儿。奶妈业亦开始蹿红，奶妈薪水直线上升，不少人因奶妈薪水高而应征奶妈，但亦有部分人是担心别人家小孩没奶喝才自愿当奶妈。重庆市一位75岁市民甚至将代言三鹿牌奶粉的两名艺人告上法庭。该市民称：“传递错误信息，代言人应对此负责。”并要求赔偿1万元人民币。

事件也殃及三鹿牌原产地河北省一带奶农，生意明显大不如前，许多奶农由于生产的牛奶卖不出去，只好忍痛倒掉。为保护奶农权益，中国农业部要求各级农业部门督促乳品企业切实履行收购生乳协议，减少奶农的经济损失。

2008年9月17日，中国国家质检总局宣布取消食品业的国家免检制度，所有已生产的产品和印制在包装上已使用的国家免检标志不再有效。几天后，该局并宣布撤销蒙牛、伊利和光明三个牌子液态奶产品的“中国名牌”产品称号。中国商务部也发出通知，要求各地商务主管部门严格排查生产、出口奶制品、食品、药品、玩具、家具等企业，杜绝存在质量安全隐患的产品出口。对责任确属中国企业的质量安全事件，要敦促企业承担出口产品质量第一责任，立即回收问题产品。

2008年9月21日，中国国务院总理温家宝到北京儿童医院探望喝问题奶粉而患肾结石的儿童，又到超级市场巡视。温总理说，内地发生毒奶粉事件后，他心里感到非常不安及内疚，对不起大家。他批评部分企业没良心，欠缺社会道德，事件暴露出奶源收购检查、企业产质量检查存在问题，要认真总结反省，保证将来任何食物不再发生问题，令百姓吃得放心。9月23日，温家宝在出席联合国千年发展目标高级别会议和第63届联大一般性辩论前在午宴上说："毒奶粉事件给消费者特别是婴幼儿的身体健康带来了极大危害，也造成了严重的社会影响。作为中国政府负责人，我感到十分痛心。"他承诺将从根本上改善中国产品质量和食品安全的状况。9 月 25 日，温家宝总理对纽约 6 家华文媒体的记者说，隐瞒本次奶粉污染事件的是三鹿集团负责人和石家庄政府官员。中央政府在得知奶粉问题后已第一时间迅速向国内公开，向世界卫生组织公开，向台港澳地区公开，向有关国家公开，并没有刻意隐瞒。

2008 年 9 月 26 日，世界卫生组织指出，不要把中国描绘成"万恶之源"，这些问题会出在发达国家，同样也会出在新兴工业国家。他们正在帮助中国对相关机制进行改善。但是宣称所有食品安全问题都源于中国，则是完全错误的。

三聚氰胺事件对中国奶业造成了全面、系统、彻底的破坏。三聚氰胺事件后，国产奶粉遭遇滑铁卢，市场占有率下降了 45%，其影响直到今天也没有完全消除。三聚氰胺事件已经过去了整整十几年，但中国奶粉业再也没能重建社会公信力，但凡具有一定经济实力的家庭，只买洋奶粉。更为严重的是，三聚氰胺事件对奶业的影响只是整个"中国制造"的一个痛点。因为三聚氰胺事件，使整个"中国制造"都遭遇到严重的信任危机。很多中国产品非要贴上外国品牌的标签才能卖得出去，这对于中国企业来说是一种悲哀。市场对"中国制造"存在的偏见和不信任，使"中国制造"面临着长期的尴尬局面。

2008 · 年度改革大事

1 月 9 日　国务院办公厅下发《关于限制生产销售使用塑料购物袋的通知》，决定从 2008 年 6 月 1 日起，实行塑料购物袋有偿使用制度。

1 月 31 日　国防科工委发布首幅由“嫦娥一号”卫星拍摄的月球极区图像。这是我国首次获得此类图像。

2 月　中国南方部分地区遭遇严重低温雨雪冰冻灾害。在中共中央、国务院、中央军委的领导下，全党全军全国各族人民团结奋斗，取得了抗灾斗争的胜利。

3 月 5 日至 18 日　十一届全国人大一次会议举行，批准国务院机构改革方案，探索实行职能有机统一的大部门体制，调整变动机构 15 个，减少正部级机构 4 个。改革后，除国务院办公厅外，国务院组成部门设置 27 个。

3 月 10 日至 14 日　西藏拉萨市发生了极少数人打、砸、抢、烧等破坏活动，共有 13 名无辜群众死亡。事件发生后，党和政府果断决策，妥善处置，控制了事态发展，恢复了正常社会秩序。

4 月 7 日　《中华人民共和国政府和新西兰政府自由贸易协定》在北京正式签署，这是我国与发达国家签署的第一个自由贸易协定。

4 月 8 日　新华社报道，国务院批准设立天津滨海新区综合保税区。

4 月 10 日　银行间外汇市场人民币对美元汇率中间价首度“破 7”，为 6.992 元人民币兑 1 美元。

4 月 11 日　我国国产时速 350 千米的 CRH3“和谐号”动车组下线。我国由此成为世界上仅有几个制造时速 350 千米高速铁路移动装备的国家之一。

4 月 18 日　京沪高速铁路全线开工。京沪高速铁路是中华人民共和国成立以来一次投资规模最大的建设项目。

5 月 11 日　中国商用飞机有限责任公司在上海成立，开启了中国自主研制大型客机的新篇章。

5 月 12 日　四川汶川县发生里氏 8 级特大地震，造成 69227 人遇难，17923 人失踪，受灾群众 1510 万人。在中共中央、国务院、中央军委的领导下，我国迅速组织了历史上救援速度最快、动员范围最广、投入力量最大的抗震救灾活动，夺取了抗震救灾斗争的重大胜利。截至 7 月 12 日 12 时，各级政府共投入抗震救灾资金 590.43 亿元。全国共接收国内外社会各界捐赠款物 572.91 亿元。中共中央、国务院制定了灾区灾后恢复重建的方针，决定用 3 年时间完成灾后恢复重建任务，并动员全国力量实行对口支援。到 2010 年 9 月底，3 年重建任务在两年内基本完成。

5 月 20 日　河北三鹿集团生产的婴幼儿奶粉检出三聚氰胺。该事件重创了中国制造的商品信誉，多个国家禁止进口中国乳制品。直到 2011 年，中国中央电视台《每周质量报告》调查发现，仍有 7 成中国民众不敢买国产奶粉。

6 月 16 日　新华社报道，我国个体工商户、个人独资企业和合伙企业个人所得税税前扣除标准，统一调整为2000元/月。新标准今年3月1日起执行。

8月1日　《中华人民共和国反垄断法》开始实施。

8月4日　新疆喀什发生严重暴力袭警案。

8月8日至24日、9月6日至17日　北京成功举办第二十九届奥运会、第十三届残奥会。中国政府坚持贯彻绿色奥运、科技奥运、人文奥运理念，发挥举国体制作用，依靠广大人民群众，坚持开展国际交流合作，为北京奥运会、残奥会的成功举办提供了坚强保障。共有204个国家和地区的代表团1万多名运动员参加本届奥运会。中国体育代表团在奥运会上位居金牌榜首位，在残奥会上位居金牌榜和奖牌榜首位。

8月28日　国务院国资委再度面向海内外公开招聘中国煤炭科工集团有限公司（筹）6户企业的总法律顾问。

9月8日　山西省襄汾县新塔矿业公司尾矿库发生特大溃坝事故。

9月中旬　由美国次贷危机引发的国际金融危机爆发，中共中央、国务院决定实行积极的财政政策和适度宽松的货币政策。11月5日，国务院召开常务会议，确定了进一步扩大内需促进经济平稳较快增长的10项措施，制定了两年投资4万亿元人民币的计划，其中新增中央财政投资1.18万亿元。

10月6日　拉萨市当雄县发生6.6级地震。截至10月10日，地震已造成拉萨市6万多人受灾，10人死亡。

10月26日　西藏山南地区遭遇历史罕见大暴雪灾害。据民政部消息，截至10月30日16时，西藏林芝、那曲、山南等

19 个县因雪灾已死亡 7 人、1 人失踪。民政部已向西藏调拨 1000 顶棉帐篷、1 万件棉衣和 1 万床棉被。自治区政府向灾区下拨了救灾应急资金 1000 万元，安排救灾物资采购资金 2000 万元。

10 月 27 日至 30 日　国家统计局发布改革开放 30 年经济社会发展成就系列报告。我国国内生产总值已由 1978 年的 3645 亿元迅速跃升至 2007 年的 249530 亿元，在世界主要国家中的排名由 1978 年的第十位上升到第四位，仅次于美国、日本和德国。人均国民总收入由 1978 年的 190 美元上升至 2007 年的 2360 美元。按照世界银行的划分标准，我国已经由低收入国家跃升至世界中等偏下收入国家行列。外汇储备由 1978 年的 1.67 亿美元扩大到 2007 年的 15282 亿美元，稳居世界第一位。进出口贸易总额从 1978 年的 206 亿美元猛增到 2007 年的 21737 亿美元，增长了 104 倍，在世界贸易中的位次由改革开放初期的第三十二位上升到 2004 年以来的第三位。

10 月 28 日　十一届全国人大常委会第五次会议通过《企业国有资产法》。

11 月 14 日　经国务院同意，新组建的中国航空工业集团公司由国资委代表国务院履行出资人职责。中国航空工业集团公司已于 11 月 6 日办理工商注册登记，原中国航空工业第一集团公司和中国航空工业第二集团公司依法注销。

12 月 8 日至 10 日　中央经济工作会议召开，针对国际金融危机快速蔓延对我国经济的影响，强调必须把保持经济平稳较快发展作为 2009 年经济工作的首要任务。

12 月 18 日　纪念党的十一届三中全会召开 30 周年大会举行。胡锦涛发表讲话，全面回顾和总结改革开放 30 年的伟大历程和辉煌成就，高度评价党的十一届三中全会的重要意义和历史功绩，系统阐述了改革开放“十个结合”的宝贵经验，明确指出继续推进改革开放伟大事业的前进方向。

本年度主要参考资料：

1. 2007 年中央经济工作会议新闻报道[EB/OL]. 人民网，2007 - 12 - 15.

2. 2008 年国务院政府工作报告——2008 年 3 月 5 日在第十一届全国人民代表大会第一次会议上[EB/OL]. 中国政府网，2009 - 03 - 16.

3. 国家统计局. 中华人民共和国 2008 年国民经济和社会发展统计公报[M]. 北京：中国统计出版社，2008. 3.

4. 财政部. 2008 年中央和地方预算执行与 2009 年预算草案报告[EB/OL]. 中国人大网，2009 - 03 - 28.

5. 2008 年中国货币政策执行报告[EB/OL]. 中国人民银行网，2009 - 03 - 28.

6. 2008 年经济和社会发展计划执行与 2009 年草案报告[EB/OL]. 中国人大网，2009 - 03 - 25.

2009 年

2009 · 年度经济背景

“四万亿”应对国际金融危机，经济回升取得重大成就

2009 年是 21 世纪以来我国经济发展最为困难的一年。从 2008 年四季度开始，国际金融危机扩散蔓延，世界经济深度衰退，我国经济受到严重冲击，出口大幅下降，不少企业经营困难，有的甚至停产倒闭，失业人员大量增加，农民工大批返乡，经济增速陡然下滑。面对极其复杂的国内外形势，我国坚持积极的财政政策和适度宽松的货币政策，全面实施并不断完善应对国际金融危机的一揽子计划，2009 年率先实现经济形势总体回升向好。

2009 年的宏观经济调控目标是：国内生产总值增长 8% 左右；城镇新增就业 900 万人以上，城镇登记失业率控制在 4.6% 以内；居民消费价格涨幅 3% 左右；国际收支状况改善。

宏观调控的政策基调：保持宏观经济政策的连续性和稳定性，继续实施积极的财政政策和适度宽松的货币政策。主要内容是：坚持改善民生和扩大内需内在统一，更加注重围绕保障

和改善民生来谋划发展，把增加居民消费作为扩大内需的重点，通过保障和改善民生促进经济结构优化、增强经济发展拉动力。处理好保持经济平稳较快发展、调整经济结构、管理通胀预期的关系，巩固和增强经济回升向好势头。

实际执行的结果，据国家统计局初步核算，全年国内生产总值335353亿元，比上年增长8.7%。其中，第一产业增加值35477亿元，增长4.2%；第二产业增加值156958亿元，增长9.5%；第三产业增加值142918亿元，增长8.9%。第一产业增加值比重为10.6%，比上年下降0.1个百分点*；第二产业增加值比重为46.8%，下降0.7个百分点；第三产业增加值比重为42.6%，上升0.8个百分点。最终消费、资本形成和净出口对GDP的贡献率分别为52.5%、92.3%和-44.8%。全年居民消费价格（CPI）比上年下降0.7%，较上年低6.6个百分点。全年新增城镇就业人员1102万人。年末城镇登记失业率为4.3%，比上年末上升0.1个百分点。全年财政收入68477亿元，比上年增加7147亿元，增长11.7%；其中税收收入59515亿元，增加5291亿元，增长9.8%。年末国家外汇储备23992亿美元，比上年末增加4531亿美元。年末人民币汇率为1美元兑6.8282元人民币，比上年末升值0.1%。

* 据2010年2月25日国家统计局发布的《2009年国民经济和社会发展统计公报》。后据国家统计局按最终核实数据，把当年完成的国内生产总值按现价计算为349081.4万亿元，增长率为9.4%。其中，第一产业增加值34161.8亿元，增长4.0%；第二产业增加值160171.7亿元，增长10.3%；第三产业增加值154747.9亿元，增长9.6%。

一、国内需求稳定增长，国外需求有所改善，供需结构总体平衡

消费平稳增长。2009年，城镇居民人均可支配收入17175元，增长8.8%，扣除价格因素，实际增长9.8%，增速比上年高1.4个百分点；农村居民人均纯收入5153元，增长8.2%，

扣除价格因素，实际增长 8.5%，增速比上年高 0.5 个百分点。城乡居民收入的增加，以及一系列包括家电下乡、家电汽车以旧换新等刺激消费政策措施的实施，对扩大居民消费产生了明显的积极作用。居民消费意愿平稳回升，中国人民银行城镇储户问卷调查显示，四季度 38.0% 的居民认为本季消费支出较上季增加，已连续三个季度平稳增长。全年社会消费品零售总额 156998 亿元，比上年增长 18.3%，扣除价格因素，实际增长 14.8%。其中，商品零售额 139350 亿元，增长 18.4%；餐饮收入额 17648 亿元，增长 18.1%。城镇消费品零售额 136123 亿元，增长 18.7%；乡村消费品零售额 20875 亿元，增长 16.2%。全年国内出游人数达 19.0 亿人次，比上年增长 11.1%；国内旅游收入 10184 亿元，增长 16.4%。

投资快速增长。在一揽子经济刺激政策的带动下，固定资产投资快速回升。2009 年全社会固定资产投资完成 22.5 万亿元，增长 30.1%，增速比上年加快 4.6 个百分点；扣除价格因素，实际增长 35.2%，比上年高 17.1 个百分点。分城乡看，城镇固定资产投资完成 19.4 万亿元，增长 30.5%。农村固定资产投资完成 3.1 万亿元，增长 27.5%。当前，企业投资意愿正在进一步恢复。中国人民银行 5000 户企业调查显示，四季度企业固定资产、设备和土建投资指数分别为 51.2%、50.5% 和 48.1%，分别比上季回升 0.8 个、0.7 个和 0.4 个百分点。

进出口温和回升，贸易顺差收窄。2009 年 12 月出口增幅，同比增长 17.7%；进口同比增幅连续 12 个月为负后，11 月增长 26.7%，年内首次实现正增长，12 月快速攀升至 55.9%，国内需求增长强劲。2009 年全年累计，进出口贸易总额为 2.2 万亿美元，比上年下降 13.9%，降幅比上半年缩小 9.6 个百分点，比上年低 31.7 个百分点。其中，出口 1.2 万亿美元，下降 16.0%，降幅比上半年缩小 5.8 个百分点，比上年低 33.2 个百分点；进口 1.0 万亿美元，下降 11.2%，降幅比上半年缩小 14.2 个百分点，比上年低 29.7 个百分点；贸易顺差 1961 亿美元，比上年减少 1020 亿美元。全年实际利用外商直接投资 900 亿美元，下降 2.8%，增幅比上年低 20.8 个百分点。

农业继续稳定发展，工业生产逐季回升。2009 年，第一产业实现增加值 3.5 万亿元，增长 4.2%；第二产业实现增加值 15.7 万亿元，增长 9.5%，第三产业实现增加值 14.3 万亿元，增长 8.9%。农业生产 3 亿吨，比上年增长 0.4%，连续六年增产。肉类产量保持稳定增长，全年肉类总产量 7642 万吨，增长 5.0%。工业生产逐季回升，工业企业利润由负增长转为正增长，1 月至 11 月规模以上工业企业累计实现利润 38828 亿元，比上年同期增长 49.4%。工业增加值增速由一季度 5.1% 的最低点平稳回升到二季度的 9.1%，三季度快速攀升到 12.4%，第四季度进一步上升到 18%。1 月至 11 月，经历了长达 10 个月负增长的规模以上工业企业利润实现正增长，同比增长 7.8%，增幅较前 8 个月高 18.4 个百分点，较上年同期高 2.9 个百分点。中国人民银行 5000 户企业调查显示，四季度企业盈利指数为 55.6%，较上季度上升 1.9 个百分点，已连续三个季度回升。

全年全社会建筑业增加值 26451 亿元，比上年增长 12.6%。全国具有资质等级的总承包和专业承包建筑业企业实现利润

3422 亿元，增长 25.9%，其中国有及国有控股企业 990 亿元，增长 35.0%。

全年交通运输、仓储和邮政业增加值 17058 亿元，比上年增长 3.7%。规模以上港口完成货物吞吐量 69.1 亿吨，比上年增长 8.2%，其中外贸货物吞吐量 21.4 亿吨，增长 8.6%。港口集装箱吞吐量 12082 万标准箱，下降 5.8%。年末全国民用汽车保有量达到 7619 万辆（包括三轮汽车和低速货车 1331 万辆），比上年末增长 17.8%，其中私人汽车保有量 5218 万辆，增长 25.0%。民用轿车保有量 3136 万辆，增长 28.6%，其中私人轿车 2605 万辆，增长 33.8%。全年完成邮电业务总量 27313 亿元，比上年增长 14.6%。

二、积极的财政政策，对扩大总需求发挥了重要作用

增加政府公共投资，加强各项重点建设。通过统筹使用公共财政预算拨款、政府性基金收入、国有资本经营收益等，中央政府公共投资支出 9243 亿元，完成预算的 101.8%，比上年预算增加 5038 亿元。其中：农业基础设施及农村民生工程投资 2567 亿元，教育卫生等社会事业建设投资 965 亿元，保障性住房建设投资 551 亿元，节能减排和生态建设投资 777 亿元，自主创新、技术改造及服务业投资 681 亿元，重点基础设施建设投资 2151 亿元，地震灾后恢复重建资金 1305 亿元。加强对中央投资的统一领导和督促检查，确保资金按规定有效使用。发行 2000 亿元地方政府债券，保障地方政府的配套资金需要。这些投资增加了即期需求，带动了民间投资和消费，加强了经济社会发展的薄弱环节。

优化税制，实行结构性减税。在全国范围内实施消费型增值税，调整增值税小规模纳税人的划分标准，并降低征收率，促进企业增加自主创新和技术改造投入。实施成品油税费改革，公平税费负担，推动节能减排。对 1.6 升及以下的小排量乘用车，暂减按 5% 的税率征收车辆购置税。4 次提高纺织、服装、石化、电子信息等产品的出口退税率，多次调整部分商品进出口关税政策。取消和停征 100 项行政事业性收费。继续实施原有的税费减免政策。上述各项税费减免政策减轻企业和居民负担约 5000 亿元，促进了企业扩大投资，拉动了居民消费。

着力扩大居民消费。这一年，国家鼓励消费的政策领域之宽、力度之大、受惠面之广前所未有。提高城乡低保对象、企业退休人员和优抚对象等群体的补助水平。按照国务院的统一部署，自 2009 年 2 月 1 日起，家电下乡政策在全国推开。补贴家电产品由最初的 4 类逐步增加到 9 类，包括彩电、冰箱（含冰柜）、洗衣机、手机、计算机、热水器、微波炉、空调、电磁炉。按产品售价 13% 给予补贴，最高补贴上限为电视 2000 元、冰箱 2500 元、移动电话 2000 元与洗衣机 1000 元。初步统计，中央财政投入资金 450 亿元，补贴家电汽车摩托车下乡、汽车家电以旧换新和农机具购置。初步统计，全年家电下乡产品销售 3450 万台，累计拉动消费 9200 亿元。全年汽车销售 1364 万辆，增长 46.2%；商品房销售 9.37 亿平方米，增长 42.1%。拉动消费作用明显。

全年中央财政用于“三农”的支出 7253 亿元，增长 21.8%。大幅度提高粮食最低收购价。启动实施全国新增千亿斤粮食生产能力建设规划。继续改善农村生产生活条件，农村饮水安全工程使 6069 万农民受益，新增 510 万沼气用户，新建和改造农村公路 38 万千米、农村电网线路 26.6 万千米，又有 80 万户农村危房得到改造，9.2 万户游牧民实现了定居。消费对经济增长的拉动作用明显增强。

三、适度宽松的货币政策，对扩张总需求、遏制通货紧缩预期发挥了关键性作用

2009 年面对国际金融危机严重冲击，中国人民银行按照党中央、国务院统一部署，认真贯彻适度宽松的货币政策，切实落实 2008 年底国务院下达的“金融九条”，保持银行体系流动性充裕，引导金融机构扩大信贷投放，优化信贷结构，加大金融支持经济发展的力度。同时，重视信贷平稳可持续增长和防范金融风险，前瞻、灵活地调整政策重点、力度和节奏。

一是适时适度开展公开市场操作，针对不同时期流动性形势变化，合理把握公开市场操作力度和频率，灵活适度加强流动性管理。全年累计发行中央银行票据 4.0 万亿元，开展正回购操作 4.2 万亿元；截至 2009 年末，中央银行票据余额为 4.2 万亿元。二是加强货币政策与财政政策、产业政策的协调配合，引导金融机构合理把握信贷投放节奏，优化信贷结构。三是稳定存贷款基准利率。在 2008 年 9 月以来五次下调存贷款基准利率的基础上，2009 年利率政策保持稳定，其中，一年期存款基准利率维持在 2.25%，一年期贷款基准利率维持在 5.31%。四是积极参与国际金融危机应对合作，稳步推进跨境贸易人民币结算试点。全年先后与韩国、香港、马来西亚、印尼、白俄罗

斯和阿根廷货币当局签署了6份总规模为6500亿元人民币的双边本币互换协议。积极推动国际货币基金组织（IMF）发债融资，与IMF签署了购买不超过500亿美元IMF债券的协议。2009年12月24日，东盟“10+3”以及中国香港正式签署了总额为1200亿美元的清迈倡议多边化协议。

2009年末，广义货币供应量M_2余额为60.6万亿元，同比增长27.7%，增速比上年高10.0个百分点。狭义货币供应量M_1余额为22.0万亿元，同比增长32.4%，增速比上年高23.3个百分点。流通中现金M_0余额为3.8万亿元，同比增长11.8%，增速比上年低0.9个百分点。全年现金净投放4027亿元，同比少投放71亿元。年末全部金融机构（含外资金融机构，下同）本外币各项存款余额为61.2万亿元，同比增长27.7%，增速比上年高8.4个百分点，比年初增加13.2万亿元，同比多增5.4万亿元。全部金融机构本外币贷款余额为42.6万亿元，同比增长33.0%，增速比上年同期高15.1个百分点，比年初增加10.5万亿元，同比多增5.5万亿元。其中，外汇贷款余额3799亿美元，同比增长56.0%，增速比上年提高44.1个百分点，比年初增加1362亿美元，同比多增1105亿美元。年末，基础货币余额为14.7万亿元，比年初增加1.8万亿元，同比增长14.1%。年末货币乘数为4.11，较年内8月末的高点下降0.53，但比上年末高0.43，货币扩张能力总体较强。年末金融机构超额准备金率为3.13%。其中，四大国有商业银行为1.72%，股份制商业银行为3.13%，农村信用社为8.78%。

四、主要价格指标全年下降，年底出现回升

2009 年我国价格形势经历了从下跌到回升的过程，受国际金融危机冲击影响，主要价格指标急剧回落。CPI 和工业品出厂价格分别于 2009 年 2 月和 2008 年 12 月步入同比负增长，在 2009 年 7 月达到本轮低点。此后，随着我国经济企稳复苏态势逐渐明朗，国际大宗商品价格不断上涨，负翘尾因素影响逐渐减弱，主要价格指标开始回升。CPI 于 2009 年 11 月结束了连续 9 个月的同比负增长，同比上涨 0.6%；工业品出厂价格于 2009 年 12 月结束了连续 12 个月的同比负增长，同比上涨 1.7%。

居民消费价格全年下降，比上年回落 6.6 个百分点。CPI 全年各季度同比涨幅分别为 -0.6%、-1.5%、-1.3% 和 0.7%。从食品和非食品分类看，食品价格上涨 0.8%，涨幅比上年回落 13.8 个百分点；非食品价格下降 1.4%，比上年回落 2.9 个百分点。从消费品和服务分类看，消费品价格下降 0.6%，比上年回落 8.0 个百分点；服务价格下降 1.1%，比上年回落 2.4 个百分点。

工业品价格同比下降 5.4%，比上年回落 12.3 个百分点；各季度同比分别下降 4.6%、7.2%、7.7% 和 2.1%。原材料、燃料、动力购进价格同比下降 7.9%，比上年回落 18.4 个百分点；各季度同比分别下降 7.1%、10.4%、11.1% 和 3.0%。

农产品生产价格全年下降。农产品生产价格（指农产品生产者直接出售其产品时的价格）全年下降 2.4%，比上年回落 16.5 个百分点，其中前三个季度各季分别下降 5.9%、6.6% 和 2.7%，四季度上涨 3.2%。农业生产资料价格全年下降 2.5%，比上年回落22.8个百分点，其中，一季度同比上涨5.9%，后三个季度各季分别下降3.7%、7.3%和4.0%。

进口价格降幅大于出口价格。2009年，进口价格同比回落28.1个百分点；各季度分别同比下降15.6%、18.6%、17.5%和1.7%。出口价格同比下降6.0%，比上年回落14.7个百分点；各季度分别同比下降1.9%、7.0%、8.5%和6.6%。进口价格同比降幅快速缩小主要是受二季度以来国际大宗商品价格持续上涨的影响。二季度至四季度，纽约商品交易所原油期货当季平均价格分别环比上涨38.1%、14.1%和11.6%，累计上涨75.8%；伦敦金属交易所铜现货当季平均价格分别环比上涨35.8%、25.2%和13.7%，累计上涨93.3%；伦敦金属交易所铝现货当季平均价格分别环比上涨9.3%、21.6%和10.8%，累计上涨47.3%。

劳动报酬同比继续增长。前三季度，全国城镇单位在岗职工月平均工资为2475元，同比增长12.9%。其中，城镇国有经济单位为2662元，增长14.2%；城镇集体经济单位为1543元，增长15.8%；城镇其他经济类型单位为2353元，增长10.4%。

资源价格改革继续推进，国家发改委根据完善后的成品油价格形成机制，并结合国际市场油价变化情况，先后九次调整成品油价格。7月，国家发展改革委与住房和城乡建设部又明确了水价调整的总体要求，提出要建立以有利于促进节约用水、合理配置水资源和提高用水效率为核心的水价形成机制，促进水资源的可持续利用。11月，国家出台了电价调整方案，自2009年11月20日起将全国销售电价平均每千瓦时提高2.8分钱。适当调整资源价格，有利于增加资源供给和抑制不合理需求，促进经济结构优化和发展方式转变。

五、财政收入逐月回升，财政支出保持较快增长

2009 年，财政支出一直保持较高增长，财政收入随着我国经济基本面的好转逐步回升，年初较大的财政压力在下半年得到逐步缓解。全国财政预算收入同比增速从 1 月的 -17.1% 振荡攀升至 12 月的 55.8%，全年累计，全国财政收入执行初步统计数为 68477 亿元，增长 11.7%。其中，中央本级收入 35896 亿元，增长 9.8%；地方本级收入 32581 亿元，增长 13.7%。全国财政收入中税收收入 59515 亿元，增长 9.8%；非税收入 8962 亿元，增长 26.1%。全年财政支出一直保持较高增速，尤其是低迷时，为了促进经济回暖，1 月至 3 月财政支出同比增速分别达到 32.5%、42.0% 和 31.4%。其后随着经济整体表现的走强，以及上年同期基数较大的因素，财政支出的同比增速有所减缓，但总体仍然保持在不低的水平。全年累计，全国财政支出执行初步统计数为 75874 亿元，增长 21.2%，增速比上年低 4.5 个百分点。其中，中央本级支出 15280 亿元，占全国财政支出的 20.1%，同比增长 14.5%，增速比上年降低 2.1 个百分点；地方本级支出 60594 亿元，占全国财政支出的 79.9%，同比增长 23%，增速比上年下降 5.4 个百分点。

六、国际收支继续保持双顺差

国际金融危机爆发以来，受国内外经济基本面变化的影响，我国国际收支有所波动。但总体看，2009 年呈现经常项目、资本和金融项目“双顺差”。根据国家外汇管理局公布的初步数

据，2009 年经常项目顺差 2841 亿美元，较上年下降 35%，资本和金融项目顺差（含净误差与遗漏）1091 亿美元。年末，外汇储备达 23992 亿美元，较 2008 年末增加 4531 亿美元。外债规模总体下降，同比下降 12.5%。其中，登记外债余额为 2543 亿美元，同比下降 11.8%；占外债余额的 65.7%；短期外债余额为 2220 亿美元，同比下降 20.7%，占外债余额的 57.4%。

七、国有及国有控股企业实现利润增速由负转正，营业收入和应交税金保持增长

2009 年 1 月至 12 月，纳入财政部统计范围的全国国有及国有控股企业（以下简称国有企业）实现利润增速同比由负转正，营业收入和应交税金同比继续保持增长。

营业收入。1 月至 12 月，国有企业累计实现营业收入 225087.3 亿元，同比增长 5.9%，12 月比 11 月环比增长 16.3%。其中，中央企业（包括中央管理企业和部门所属企业，下同）累计实现营业收入 143455.9 亿元，同比增长 6.5%，12 月比 11 月环比增长 18.4%；地方国有企业累计实现营业收入 81631.4 亿元，同比增长 4.8%，12 月比 11 月环比增长 12.8%。

实现利润。1 月至 12 月，国有企业累计实现利润 13392.2 亿元，同比增长 9.8%，12 月比 11 月环比增长 23.8%。其中，中央企业累计实现利润 9445.4 亿元，同比增长 10.3%，12 月比 11 月环比增长 7.3%；地方国有企业累计实现利润 3946.8 亿元，同比增长 8.4%，12 月比 11 月环比增长 58.7%。

应交税金。1 月至 12 月，国有企业应交税金 19200 亿元，同比增长 12.1%，12 月比 11 月环比增长 13.2%。其中，中央

企业累计应交税金 14682.5 亿元，同比增长 15.5%，12 月比 11 月环比增长 11.3%；地方国有企业累计应交税金 4517.5 亿元，同比增长 2.5%，12 月比 11 月环比增长 18.5%。

成本费用和盈利水平。1 月至 12 月，国有企业成本费用总额为 212612.1 亿元，同比增长 6.3%。其中：管理费用、财务费用同比分别增长 6%、3.2%，增幅比 1 月至 11 月分别下降 1.2、2.6 个百分点。

销售利润率为 6%，同比上升 0.2 个百分点；成本费用利润率为 6.3%，同比上升 0.2 个百分点；净资产利润率为 8.2%，同比下降 0.4 个百分点。

中央企业销售利润率、成本费用利润率和净资产利润率分别为 6.6%、7.1% 和 9.2%；地方国有企业分别为 4.8%、5% 和 6.4%。

存货。1 月至 12 月，国有企业存货同比增长 16.2%，增幅比 1 月至 11 月增加 5.5 个百分点。存货周转率为 4.6 次，比去年同期减慢 0.5 次。应收账款周转率为 10.9 次，比去年同期减慢 1.5 次。平均总资产周转率为 0.6 次，与上年同期基本持平。

2009 · 年度改革实践

继续扩大国有独资公司董事会试点

国有独资公司董事会试点自 2004 年起步以来，由最初的 7 家企业扩大到 2005 年的 11 家，继续发展为 2007 年的 17 家，

2009年的24家。5年时间的试点，取得了较好成效。

一是健全了组织机构。试点企业董事会都设立了提名委员会、薪酬与考核委员会、审计委员会等专门委员会，聘任了董事会秘书且大多数为专职；明确了公司相关职能部门作为董事会各专门委员会的工作支撑机构，以保障董事会运作的有效性。外部董事制度基本建立，重大决策一个人说了算的局面彻底改变了。由于具有经营管理经验的老资格外部董事的进入，且占到董事会的多数，以往企业重大决策“一言堂”的局面被改变了。各试点企业都出现了重大议案被否决或缓议的情况，董事会的决策质量明显提高。

二是制度建设取得成绩。通过试点，中央组织部、国资委出台了对董事会、董事的选聘、评价办法，国资委单独出台了涉及外部董事管理、职工董事履职、董事会向国资委报告工作、董事会运作、董事报酬管理、董事会管理高级管理人员薪酬的指导意见等文件。试点企业制定的规章制度初步形成体系；不少企业还制定了规范董事会、党委会、经理层相互工作关系的有关规则，在有关决策程序的制度建设方面也取得成绩。

三是董事会较好地发挥了作用。在企业决策把关、高管人员的薪酬与考核工作、企业战略管理水平的提高、企业风险管理体系的建立、企业预算管理和财务管理的加强和企业改革的深化等方面，董事会发挥了积极作用，对企业的个性化管理开始出现，有消除国资委对众多不同类型企业进行共性化考核不足的可能。

四是在将董事会职能作用与发挥企业党组织政治核心作用、

职工民主管理相结合方面摸索出了不少经验。形成了党组织在决策、执行、监督等各个环节发挥政治核心作用的方法和程序，实现了党管干部原则与董事会选聘高管人员以及高管人员依法行使用人权的结合。试点企业普遍设立职工董事，职工董事可以把广大职工的意见直接反映到最高决策层，有利于重大决策反映和体现职工的意愿，提高决策的科学性和认可度。

规范上市公司的国有股东行为

2009 年，国务院国资委发文，对规范上市公司国有股东行为作出十条规定。

一、要求国有股东坚持守法诚信，规范运作，切实履行企业社会责任，积极支持上市公司做强做优，维护资本市场健康发展，做维护资本市场健康发展的表率。

二、切实强化信息披露责任。因自身行为可能引起上市公司证券及其衍生产品价格异动的重要信息，国有股东应当及时书面通知上市公司，并保证相关信息公开的及时与公平，信息内容的真实、准确、完整，无虚假记载、误导性陈述或者重大遗漏。在相关信息依法披露前，严禁国有股东相关人员以内部讲话、接受访谈、发表文章等形式违规披露。

三、依法行使股东权利，严格履行股东义务。在涉及上市公司事项的相关行为决策或实施过程中，国有股东要依法处理与上市公司的关系，切实维护上市公司在人员、资产、财务、机构和业务方面的独立性。

四、国有股东应当按照企业发展规划，因企、因地制宜，选择适当时机，以适当方式，实现公司整体业务上市或按业务板块整体上市，做到主营业务突出；要按照加强产业集中度，以及主业发展要求，推动现有上市公司资源优化整合，不断提高资源配置效益。

五、国有股东应当支持上市公司通过技术创新、资产重组、引进战略投资者等多种途径，不断做强做优；要严格规范与上市公司间的关联交易，推动解决同业竞争问题；要支持有退市风险及业绩较差的上市公司研究解决经营发展中存在的问题。

六、国有股东应当严格按照相关证券监管法律法规，以及《国有股东转让上市公司股份管理暂行办法》（国资委证监会令第19号）、《关于印发〈国有单位受让上市公司股份管理暂行规定〉的通知》的有关要求，规范所持上市公司股份变动行为，防止内幕交易、操纵股价、损害其他投资者合法权益等行为的发生。

七、对于关系国家安全和国民经济命脉的重要行业和关键领域中的上市公司，具有实际控制力的国有股东应当采取有效措施，切实保持在上市公司中的控制力。

八、国有股东将其持有的上市公司股份用于质押的，要做好可行性论证，明确资金用途，制订还款计划，并严格按照内部决策程序进行审议。国有股东用于质押的股份数量不得超过其所持上市公司股份总额的50%，且仅限于为本单位及其全资或控股子公司提供质押，质押股份的价值应以上市公司股票价格为基础合理确定。

九、国有股东应当按照《关于印发〈上市公司国有股东标识管理暂行规定〉的通知》的有关要求，加强对本企业及所控股企业证券账户的清理和监管工作。

十、国有股东要按照证券监管的有关法律法规要求，鼓励、支持上市公司在具备条件的前提下，通过包括现金分红在内的多种分配方式回报投资者。

加强地方国有资产的监管工作

鉴于各地国有资产监管工作进展还不平衡，政企分开、政资分开原则与由地方人民政府依法确定本级国资委监管范围的规定没有完全落实；国资委作为政府特设机构的定位没有准确把握，依法履行的出资人职责没有完全到位，与国家出资企业的关系没有完全理顺；国有企业公司制股份制改革和国有经济布局结构调整步伐还需要进一步加快，完善法人治理结构的工作力度还需要进一步加强等问题。为切实加强地方国有资产监管工作，国务院国资委制定了《关于进一步加强地方国有资产监管工作的若干意见》（以下简称《意见》）。

《意见》要求，地方国资委要在地方党委和政府的领导下，依据《公司法》《企业国有资产法》《企业国有资产监督管理暂行条例》等法律法规，按照“国家所有，分级代表”的原则，规范各级人民政府国有资产监管工作的职责权限；按照政企分开、政资分开的原则，继续推进政府社会公共管理职能与国有资产出资人职能分开，处理好国资委与政府其他部门、机构及企业之间的关系；按照“权利、义务和责任相统一，管资产和管人、管事相结合”的原则，积极推进出资人三项主要职责的落实，依法规范出资人行权履责行为；按照所有权与经营权相分离的原则，加快推进国有企业公司制股份制改革，完善法人治理结构，不干预企业经营自主权。

《意见》从充分认识新形势下加强地方国有资产监管工作的重要意义、进一步加强地方国有资产监管工作的总体要求和基本原则、合理界定企业国有资产监管范围、准确把握国资委作为本级人民政府直属特设机构和出资人代表的机构性质和职能定位、依法规范国资委与国家出资企业之间的关系、加强地方企业国有资产基础管理工作、加强对市（地）级、县级人民政府国有资产监管工作的指导监督以及加强国资委自身建设，提高依法履行出资人职责的能力和水平八个方面，提出了具体要求。

加强中央企业班组建设

为适应建立现代企业制度的总体要求，国务院国资委决定，从2008年起，在中央企业中开展班组建设活动。

一、班组建设的目标

在班组建设工作中，做到工作内容指标化、工作要求标准化、工作步骤程序化、工作考核数据化、工作管理系统化，奠定企业扎实的管理基础。把班组长培养成为政治强、业务精、懂技术、会管理和具有现代意识的企业基层管理者；把班组员工培育成为有理想、有道德、有纪律、有文化，敬业、勤奋、创新、踏实，热爱本职岗位的劳动者。把中央企业班组建设成为“安全文明高效、培养凝聚人才、开拓进取创新、团结学习和谐”的企业基层组织，为职工搭建不断提升技能水平，充分展示自身能力和抱负的平台。

二、班组建设的内容

1. 班组基础建设。建立健全以岗位责任制为主要内容的生产管理、安全环保与职业健康管理、劳动管理、质量管理、设备管理、成本管理、5S 管理、操作规程、学习培训与思想教育管理等班组标准化作业和管理制度。完善和加强信息记录、标准规范、定额计量工具及职工行为养成等基础工作。

2. 班组组织建设。完善以班组长为核心的生产指挥、组织协调、岗位协作等职能，理顺运行机制，整合、优化班组各项资源，实现班组目标。

3. 班组创新建设。通过建立攻关团队、创新小组、专业技术协会等形式，增强员工的创新意识和节能减排意识，完善班组创新成果奖励机制，开展提合理化建议、技术革新、发明创造、“五小”（小改进、小发明、小设计、小建议、小革新）、QC 小组、班组劳动竞赛和降本增效等活动，提高班组自主创新能力，班组主要技术经济指标持续进步，不断增强企业核心竞争力。

4. 班组技能建设。通过读书自学、岗位培训、技术比武等活动，激发员工的学习热情，增强学习的紧迫感和自觉性，充实和更新员工的科学技术和文化知识，全面提升员工的技能水平、服务水平、协作能力和自主创新能力。

5. 班组思想建设。要以构建社会主义核心价值体系为主线，用中国特色社会主义理论体系武装职工头脑，加强企业精神及社会主义、爱国主义、集体主义教育、遵纪守法教育、社会主义荣辱观教育及企业精神教育，增强员工的主人翁意识与责任感。

6. 班组民主建设。坚持和完善班务公开、班组民主生活会、对话会等民主管理形式，保障员工享有对企业改革发展、班组生产目标任务和各项规章制度的知情权、参与权，对班组经济责任制、奖金分配、先进评选等事项的参与权、监督权，以及平等享有教育、培训、职业健康等权利。

7. 班组文化建设。根据本企业文化特点努力塑造独具特色、凝聚员工精神内涵和价值取向的班组理念。通过大力弘扬改革创新的时代精神，培育个人愿景，加强爱岗敬业、诚实守信、遵章守纪、团结和谐、开拓创新和提升执行力为主要内容的班组文化建设，制定和完善员工行为规范，推行与传播班组文化，塑造班组良好整体形象。

8. 班组团队建设。以企业愿景为平台，把员工的个人愿景融入团队的使命中，培育员工共同价值理念和团队意识，建立班组良好的沟通氛围与沟通平台，构建和睦的人际关系，形成班组团队精神，加强班组间的协作配合，努力把班组建设成为一支精干高效的团队。

9. 班组健康安全环保建设。坚持以人为本，关爱员工生命，结合企业和岗位的特点，大力开展班组健康、安全、环保宣传教育活动，增强员工的健康、安全、环保意识；组织员工学习国家相关法律法规，增强员工遵章守纪的自觉性；加强安全操作技能培训，增强员工自我防范能力。认真落实健康、安全、环保责任，严格执行各项规章制度和操作规程。建立健全各项应急预案，开展应急预案的培训和演练，加强对危险源、污染源的控制。

规范董事会试点企业的职工董事履职

职工董事制度是我国《公司法》规定的法人治理结构中的重要组成部分，职工董事依法履行职责，既是建立和完善公司法人治理结构的重要内容，又是现代企业制度下实现职工民主管理的有效途径。由于职工董事在董事会中的身份十分特殊，与其他董事的产生方式不同，职责也不尽相同。如何真正发挥好职能作用，对职工董事既是挑战也是考验，这在很大程度上取决于职工董事的素质特别是履职能力。为规范董事会试点企业的职工董事履职，2009 年，国务院国资委在 2006 年制定的《国有独资公司试点企业职工董事管理办法》（以下简称《管理办法》）基础上，出台了《董事会试点中央企业职工董事履行职责管理办法》，《管理办法》包括以下内容。

一、规定了职工董事的特别职责

职工董事享有与公司其他董事同等权利、承担相应义务的同时，还应履行关注和反映职工合理诉求、代表职工利益和维护职工合法利益的特别职责。要求公司章程或董事会议事规则应当对职工董事的特别职责作出具体规定。

职工董事特别职责涉及的事项一般可以分为董事会决议事项和向董事会通报事项两类。

1. 决议事项：主要包括公司劳动用工、薪酬制度、劳动保护、休息休假、安全生产、培训教育和生活福利等涉及职工切身利益的基本管理制度的制定及修改。

2. 通报事项：主要包括职工民主管理和民主监督方面的诉求、意见与建议，以及涉及职工利益的有关诉求意见或倾向性问题。

二、规定了职工董事履行特别职责的基本方法

1. 听取职代会、工会等方面的意见，或开展各种形式的调查研究活动，直接听取职工意见和建议。

2. 与董事会其他成员保持经常性沟通和交流，并可通过会议等形式，听取外部董事的意见和建议。

3. 拟定议案，或在董事会会议决议过程中反映、说明或提出建议意见。

4. 在决议程序中提供需要特别说明的调查材料或资料，并就事项决议发表意见。

5. 董事会会议听取职工董事关于职工对公司经营管理的建议、职工相关利益诉求和倾向性问题等方面的通报性事项专题报告。

三、规定了企业党组织、公司经理层、职代会和工会组织为保证职工董事履职应提供的必要工作条件。

四、规定了公司职代会和工会组织对职工董事履职活动应提供的支持。

1. 职代会的工作机构应及时向职工董事提供每次职代会的议题、议案、建议和决议情况等书面材料。

2. 职代会下设的各专门工作委员会，应当协助职工董事开

展专题调查研究和巡视检查。

3. 职代会各代表团（小组）、职工代表应协助职工董事的履职工作，按照职工董事的要求，全面、及时地向职工董事反映职工的有关意见和建议。

4. 公司工会应为职工董事提供有关维护职工合法权益方面的法律法规、政策文件等信息资料。

5. 在涉及职工切身利益的重要制度的制定、重大事项决议的执行过程中，公司工会应向职工董事提供职工群众的相关意见。

6. 公司工会应为职工董事收集、整理和提供职工权益诉求和民主管理方面的信息，包括职工对劳动用工、薪酬制度、劳动保护、休息休假、安全生产、培训教育、生活福利及对公司生产经营方面的倾向性意见或合理化建议等。

7. 公司工会为职工董事召开座谈会、走访职工等调查研究活动做好组织工作和提供相应的服务。

8. 董事会在听取或研究涉及职工利益的通报事项时，公司工会应在董事会会议召开前（一般不少于 10 个工作日），为职工董事起草书面报告提供条件和资料。

此外，《管理办法》还规定了职工董事履行特别职责应承担的义务，职工董事的上岗培训、履职指导和评价考核，职工董事或公司工会代表职工董事每年应向职代会或职工大会报告工作情况等内容。

2009 · 重要理论观点

改革开放以来所有制理论的重大创新

唐未兵在《经济学动态》2009 年第 1 期撰文指出，改革开放以来，我们党在所有制问题上实现了一系列的重大突破，取得了一系列的重大理论创新。

1. 公有制与市场经济能够兼容

在坚持公有制主体地位的基础上发展市场经济，要解决两个问题：一是究竟什么是市场经济？二是现实中的社会主义即社会主义初级阶段的公有制与马克思、恩格斯当年设想的未来社会的公有制有无不同？

关于第一个问题，我国社会主义市场经济理论的形成大致经历了三个阶段。第一阶段，突破了完全排斥市场调节的大一统的计划经济观念，形成了“计划经济为主，市场调节为辅”的思想。第二阶段，十二届三中全会提出社会主义经济是公有制基础上有计划的商品经济，突破了把商品经济同计划经济、同社会主义制度对立起来的传统观点。第三阶段，邓小平 1992 年初指出，计划多一点还是市场多一点，不是社会主义与资本主义的本质区别。计划经济不等于社会主义，市场经济不等于资本主义，计划和市场都是经济手段。这一论断从根本上解除了把计划经济和市场经济看作属于社会基本制度范畴的思想束缚，使我们在计划与市场关系问题上的认识有了新的重大突破。

当我们明确了市场经济并不是一种社会经济制度，而只是一种资源配置方式时，我们发现，市场经济本身并不排斥公有制。

关于第二个问题，马克思、恩格斯对社会主义公有制的设想是依据生产关系一定要适合生产力性质的规律立论的。马克思设想的未来社会的自主联合劳动只有一个层次，全社会就是一个经济主体，商品生产和商品交换、价值和货币范畴已经消失，谈不上等价交换的问题。这样的自主联合劳动所决定的单一的社会所有制，当然也就不再存在商品货币关系。而在社会主义初级阶段，自主联合劳动仍然具有商品经济的存在条件，全民所有制的各个企业之间仍然是商品货币关系，也就是等价交换关系。集体所有制内部以及集体所有制和全民所有制之间，则同样客观地存在着商品交换关系。因此，在社会主义初级阶段，公有制本身也并不排斥市场经济。

2. 公有制实现形式可以而且应当多样化

突破公有制只有国家所有制和集体所有制两种形式以及公有制的实现形式只是国有企业和集体经济组织的传统观念。提出公有制可以有多种形式，以及公有制与公有制实现形式应区别开来，进而对公有制的有效实现形式进行大胆的探索。提出大力发展国有资本、集体资本和非公有资本等参股的混合所有制经济，实现投资主体多元化，使股份制成为公有制的主要形式，这是中国共产党在所有制理论上的重大创新。

3. 非公有制经济是社会主义市场经济的重要组成部分

改革开放以来，对非公有制经济地位的认识经历了从默许到承认，从承认到提出非公有制经济可以与公有制经济并存，到提出非公有制经济是社会主义公有制经济有益的、必要的补充，再到宣布非公有制经济是社会主义市场经济重要组成部分这样一个曲折的认识过程。中共十五大提出非公有制经济是我国社会主义市场经济的重要组成部分的科学论断，指明了非公有制经济在我国社会主义初级阶段的历史地位，这无疑是我国所有制改革过程中又一次重大的理论创新。

4. 形成了关于社会主义初级阶段基本经济制度的理论

中共十五大根据我国渐进式改革的经验，对社会主义的基本经济制度进行了重大的创新，形成了关于社会主义初级阶段基本经济制度的理论。党的十五大报告明确指出："以公有制为主体、多种所有制经济共同发展，是我国社会主义初级阶段的一项基本经济制度。"社会主义初级阶段基本经济制度的创新，至少包括三个方面：一是赋予公有制经济及其主体地位以新的内涵，努力寻找公有制的实现形式，坚持和巩固公有制经济的主体地位，以此决定和保证我国经济制度的社会主义性质及其发展方向；二是非公有制经济也是社会主义初级阶段基本经济制度不可或缺的重要组成部分；三是在社会主义初级阶段，坚持公有制为主体，促进非公有制经济发展，统一于基本经济制度和社会主义现代化建设的进程中，不能把两者对立起来。由以上三个方面构成的社会主义初级阶段基本经济制度的确立，是对马克思主义所有制理论和基本经济制度理论的发展。它对于正确认识和建设初级阶段的社会主义，对于完善社会主义生产关系，进一步解放和发展生产力，具有重要的理论意义和实践意义。

5. 公有制经济与非公有制经济具有统一性

过去认为，公有制经济和非公有制经济是完全对立、互不相容的。但改革开放的实践证明，公有制经济与非公有制经济之间是一种对立统一的关系，两者之间既相互对立又相互统一，并在一定条件下相互转化。正是基于公有制经济与非公有制经济的统一性，中共十六大报告明确提出两个“毫不动摇”和一个“统一”，即“必须毫不动摇地巩固和发展公有制经济”“必须毫不动摇地鼓励、支持和引导非公有制经济发展”“坚持公有制为主体，促进非公有制经济发展，统一于社会主义现代化建设的进程中，不能把这两者对立起来”。这是我们党对在社会主义市场经济条件下如何处理公有制经济与非公有制经济关系问题的一次重要理论创新。

中国式转轨的两大阶段

吕炜在《财经问题研究》2009 年第 3 期撰文认为，在中国式转轨过程中有一个由渐变积累到发生部分质变的关键转折点。该转折点是以如下两个条件为标志的：1. 短缺现象的普遍消失；2. 市场化取向不可逆转。这样，中国式转轨可划分为两个大的阶段：

1. 转轨前期，从改革发动到社会主义市场经济体制基本框架建立。时间区间应是 1978 年中共十一届三中全会以搞活经济为最初动机，到 1992 年中共十四大明确提出建立社会主义市场经济体制的转轨目标。实际经济运行则是在 1996 年前后显示出明显的状态变动特征，经济告别短缺，需求约束主导运行。

2. 转轨中后期。从社会主义市场经济体制基本框架建立到建成完善的社会主义市场经济体制。时间区间应从 1992 年中共十四大到 2002 年中共十六大所确定的战略机遇期结束、完善的社会主义市场经济体制建成时。值得注意的是，中国的转轨—转型过程在 1998 年之后，并没有顺利进入第二阶段，而是出现 1998—2004 年长达 7 年的一个过渡期，形成转轨前期与中后期的一个交叉过程。其突出特征是：体制转轨与发展转型的进展都不明显，政策的重点集中于应付实际经济运行中出现的诸多问题。这一阶段从时间起止上看，好像是一个从实施积极财政政策到经济开始新一轮增长的调控过程，是经济运行方面的问题，但隐藏于背后的却是 20 世纪 90 年代中期以来经济体制、运行机制发生深刻变化，实际经济运行、政策判断、思想观念之间出现不同步，甚至碰撞的过程。实际上转轨已经不是一个时点意义的概念，而是演化为 1992 年至 1998 年的一整个过渡期。

分权化改革与市场化改革的结合互动

张曙光在《学术研究》2009 年第 4 期撰文认为，分权化改革与市场化改革的结合互动，是中国经济转轨中一个有趣现象。由于向国有企业放权让利，企业职工参与了留成利润的分配，开始有了一些积累和储蓄，为社会投资奠定了基础。同样，由于市场化改革和非国有企业的发展，政府向国有企业放权，国有企业有权将计划外甚至一部分计划内的产品拿到市场上去，创造了实际投资的条件。由于向地方分权，地方政府便利用手中权力，或者出售国有企业，或者提供担保，帮助乡镇企业和其他非国有企业取得银行贷款，或者支持私营企业突破壁垒，等等。分权化改革既为市场化改革创造了条件，也促进了市场化改革。另外，非国有企业与国有企业的竞争，也为国有企业的改革和转轨提供了条件和典范。不能否认，由于地方官员直接掌控行政和经济权力，他们或者侵犯一部分“红帽子”企业和私人企业的产权；或者利用垄断权力，扭曲要素价格，侵犯农民利益；或者支持地方国有企业，争夺金融资源和融资权。这一切又会阻碍或者扭曲市场化，进而影响经济的发展。因此，分权化是促进了市场化还是抑制了市场化，是否有利于经济稳定，是一个需要具体情况具体分析的问题。在二者同时存在的情况下，促进作用可能是主要的。

下一个 30 年我国应同时推进五个方面的改革

常修泽在《上海大学学报》2009 年第 3 期撰文指出，经过 30 年改革开放的中国，人的发展及其与人的发展相适应的体制创新也处在新的历史起点上。未来新的阶段，历史赋予中国的是包括经济、政治、社会、文化和环境制度在内的改革。

经济体制改革的中心是经济市场化；政治体制改革的中心是政治民主化；社会体制改革的中心是社会和谐化；文化体制改革的中心是价值先进化和多元化；环境制度改革的中心是生态文明化。

1. 推进经济市场化

经过 30 年的改革，中国已经从一个传统的计划经济体制国家，转变成初步建立社会主义市场经济体制的国家，但市场对资源配置的基础性作用尚未充分发挥，距离建立完善的社会主义市场经济体制尚有很大距离。下一阶段应继续毫不动摇地坚持社会主义市场经济体制的战略取向，在重点领域和关键环节继续推进：一是推进国有经济改革，特别是垄断性行业改革；二是加快市场体系的建设，特别是要素价格改革；三是推进财税体制和金融体制改革等。这个意义上，下一阶段的改革不是浅层市场化，而是带有“攻坚”性的深度市场化改革。

2. 推进政治民主化

应按照中共十七大提出的有关“深化政治体制改革”的部署，在扩大党内民主、发展基层民主、实施依法治国、加强对权力制约和监督以及行政管理体制改革等方面迈出实质性步伐。

3. 推进社会和谐化

中国改革第一个 30 年，社会结构和利益格局发生了前所未有的深刻变动。同时，新的社会矛盾也在出现。在这种空前的社会变革面前，需要建立一套与经济市场化、政治民主化和文化多元化相适应的新型社会体制，以处理好国富与民生、活力与秩序、多元与平衡的关系。

4. 推进价值先进化和多元化

从人本的角度出发，推进文化体制改革，应重在满足人们日益增长的精神文化需求，特别是提供新的价值观念和文化条件。这有两个方面的重点：一是整体价值系统的改革，也就是以构建社会主义核心价值体系为基础，推进文化的多元化；二是深化文化事业单位改革，划清公益性文化事业与市场性文化产业之间的界限，形成各自不同的运行机制。

5. 推进生态文明化

必须把资源节约和环境友好放在中国改革战略的突出位置。资源环境问题涉及深刻的制度问题。推进生态文明化，需要在制度和机制上下功夫，着力构建资源节约和环境保护的新体制，包括两个方面：一是建立“资源有偿使用制度”；二是建立“生态环境补偿机制”。这些新机制都涉及产权的实质——“使自己或他人受益或受损的权利”问题。建立资源环境产权制度是促进人自身发展的题中应有之义。

未来经济体制改革的重点

吴敬琏在《经济社会体制比较》2009 年第 5 期撰文指出，未来在经济改革的实际推进上，需要从以下方面作出努力。

一是实现尚未完成的产权制度改革。例如，与中国将近一半人口的农民利益息息相关的土地产权问题没有解决，农民的土地、宅基地等资产无法变成可以流动的资本。这既使继续务农的农村居民利益受到损害，也使转向外出务工、务商的发展作为新城市居民在安家立业方面遇到困难。

二是继续推进国有经济的布局调整和完成国有企业的股份化改制。世纪之交，国有经济改革取得阶段性成果，应当进一步对国有大型企业改革进行攻坚的时候，改革的步调明显放缓。不但在股权结构上“一股独大”和竞争格局上“一家独占”的情况没有得到彻底改变，在某些领域中还出现了“国进民退”“新国有化”等开倒车的现象。这种趋势必须扭转，中共十五大和十五届四中全会关于国有经济和国有企业改革的决定必须贯彻。

三是加强商品和服务市场的反垄断执法和资本市场的合规性监管。对于目前在商品和服务市场上仍然存在的行政垄断，必须采取有力措施加以破除。在资本市场上，被称为“政策市”“寻租市”的痼疾并未得到根除，各类“内部人”利用信息优势和内幕交易及操纵市场等犯罪活动，损害民间投资人的利益、大发横财的情况也不少见。因此，必须端正思路，选好手段，加强合规性监管，促进我国资本市场的健康成长。

四是建立新的社会保障体系。1993 年中共十四届三中全会决定，建立全覆盖、多层次的新社会保障体系。可是十几年过去了，由于遇到了多种客观条件阻碍，这项极其重要的社会基础设施至今还没有建立，使弱势群体的基本生活保障不能落到实处，其建设进度必须加快。

五是政治改革必须继续推进。这是最重要的民主、法治现代市场经济所要求的上层建筑保证。自中共十五大提出建设法治国家和中共十六大确立建设社会主义民主政治的方针以来，已经过去了许多年头。我国必须从建设法治起步，加快政治体制的改革。通过法治建设在各种权利主体之间正确地配置权力，规范政府的行为，保护公民的基本权利不受侵犯。在此基础上逐步扩大民主，强化民众对政府的监督，才有望稳步地实现社会主义民主政治的目标。

国有资产出资人应享有股东诉讼权利

蒋建湘在《法律科学》2009 年第 6 期撰文认为，《企业国有资产法》解决了原国有公司出资人缺位的问题，但接下来的问题是，该法规定的出资人的其他一些重要职责，如“保障出资人权益”“防止国有资产流失”等却还有待相关制度的完善。诚然，作为一般市场主体的股东来看，其必然会努力维护自己作为出资人的权益，根本不会存在激励不足的问题；同时，股东也会竭力激励代理人以实现委托人（股东）的利益最大化。但就国家出资的企业来看，则会存在问题。第一，委托人代表的国家所有权“虚置”。从委托代理的角度看，试图让一个政府特设机构像自然人股东那样履行好国有股权出资人的职能是不可能的。其根本原因在于国资委设计的理论不符合一般委托代理理论中关于委托人的基本假定。第二，代理人存在“道德风险”。从代理人的角度看，不管是一般股东还是国有资产出资人作为委托人的场合，其代理人即公司的管理层都是追求自身效用最大化的经济人。因此，代理人总是存在偏离委托人利益的冲动，只要这种偏离符合他自身利益最大化的目的。在我国《企业国有资产法》对出资人的国有股权代表身份予以明确的背景下，我们应该以此为契机完善并充分利用出资人股权诉讼制度。

2009 · 重要政策法规

1.《国务院国资委关于印发〈企业主辅分离辅业改制资产处置核销操作指引〉的通知》，2009 年 1 月 20 日。

2.《国务院关于同意天津新技术产业园区更名为天津滨海

高新技术产业开发区的批复》，2009 年 3 月 5 日。

3.《国务院国资委关于印发〈董事会试点中央企业职工董事履行职责管理办法〉的通知》，2009 年 3 月 30 日。

4.《国务院关于支持福建省加快建设海峡西岸经济区的若干意见》，2009 年 5 月 6 日。

5.《国务院批转发展改革委〈关于 2009 年深化经济体制改革工作意见〉的通知》，2009 年 5 月 19 日。

6.《国务院关于调整固定资产投资项目资本金比例的通知》，2009 年 5 月 25 日。

7.《国务院国资委关于印发〈关于规范上市公司国有股东行为的若干意见〉的通知》，2009 年 6 月 16 日。

8.《国务院国资委关于规范国有股东与上市公司进行资产重组有关事项的通知》，2009 年 6 月 24 日。

9.《国务院国资委关于规范上市公司国有股东发行可交换公司债券及国有控股上市公司发行证券有关事项的通知》，2009 年 6 月 24 日。

10.《国务院关于进一步促进中小企业发展的若干意见》，2009 年 9 月 19 日。

11.《国务院国资委关于印发〈关于进一步加强地方国有资产监管工作的若干意见〉的通知》，2009 年 9 月 19 日。

12.《国务院办公厅关于应对国际金融危机保持西部地区经济平稳较快发展的意见》，2009 年 9 月 30 日。

13.《国务院国资委关于印发〈董事会试点中央企业专职外部董事管理办法（试行）〉的通知》，2009 年 10 月 13 日。

14.《国务院国资委关于印发〈关于进一步加强中央企业全员业绩考核工作的指导意见〉的通知》，2009 年 10 月 16 日。

15.《外国企业或者个人在中国境内设立合伙企业管理办法》，2009 年 11 月 25 日。

16.《中央企业负责人经营业绩考核暂行办法》，2009 年 12 月 28 日。

2009 · 年度热点纪实

开胸验肺事件

2009 年 7 月 10 日，一篇《开胸验肺，看看到底是尘肺还是结核》的文章在《东方今报》刊出，并配发评论《令人心痛的“愈维权愈受伤”》。文章报道了 28 岁的农民工张海超不顾医生劝阻，坚持“开胸验肺”，用无奈之举为自己维权的经过。很快，稿件被网络转载，引起社会各界的强烈反响。7 月 19 日，新华社国内动态清样刊发《农民工“开胸验肺”凸显职业病鉴定之弊》，更加引起高层的关注。

张海超是河南省新密市刘寨镇老寨村村民。2004 年 6 月，他到新密市曲梁乡郑州振东耐磨材料有限公司（以下简称“振东公司”）上班，该厂以生产硅砖、耐火材料为主。张海超先后从事过杂工、破碎、开压力机等多种大量接触粉尘的有害工种。2007 年 8 月，张海超开始出现胸闷、咳嗽、多痰等不适症状。最初，张海超以为是感冒了，没有太在意，但治疗一段时间后没有任何效果。2007 年 10 月，张海超从振东公司离职不久，又到郑州市第六人民医院检查，医生怀疑其患肺结核，但不能确诊，建议到大医院复查。随后，张海超来到郑州大学第一附属医院，医生排除了肺癌和肺结核，怀疑是职业病——尘肺。

张海超到新密市防疫站去找 2007 年拍的胸片，防疫站的人不给，说体检结果只对企业，不对个人；找到振东公司，振东公司说防疫站根本就没给他们。后来，当费尽周折的张海超拿到胸片的时候，已经是 2009 年 1 月，防疫站的人说："你怎么才来啊，当时让你来复查，你到哪去了？现在你知道着急了？"张海超到振东公司询问，才知道单位私自扣下了复查通知。

之后，张海超拿着 2007 年初拍摄的胸片先后到北京协和医院、中国煤炭总医院、首都医科大学朝阳医院、北京大学第三附属医院等 6 家医院确诊，结论一致：尘肺，职业病。但是属地管理，他们没法治。

从北京回来，张海超只好去找郑州市职业病防治所，所里的人告诉他：看病，需要提供资料，不然没法看。去找振东公司，刚开始推说资料找不到，后来干脆没人见……再到后来，保安看人来了，门都不让进。去找政府上访，信访局的人接待说是帮忙"协调"，结果振东公司出具了一份工作证明。拿着这个证明跑到职防所，职防所的人说："这哪行啊，干什么的都没写。"

如此往复，信访局、职业病防治所、振东公司，皮球踢过来、踢过去，根本不解决问题。到了最后，上访次数多了，张海超以"堵住了新密市政府西大门"的理由被拘留了。

被放出来后，为了能去郑州职防所拿个鉴定结论，张海超别无他途，只能继续上访。直到 2009 年 5 月，他碰到新密市委书记“接访”，才让张海超现在的单位——郑州市中岳塑化有限公司出具了相关申请职业病鉴定的手续，得以去郑州职防所鉴定病情。

2009 年 5 月 25 日，郑州市职业病防治所出具了诊断证明。鉴定结果是：“无尘肺 0 期（医学观察）合并肺结核”，给出的意见是建议到综合医院进一步进行肺结核诊治。

为了确诊病情，张海超一年之中四方求医花了近 9 万元钱，郑州大学第一附属医院、河南省人民医院、河南省胸科医院及北京各大医院的专家都诊断他是职业病尘肺，唯独只有郑州市职业病防治所一家诊断为“肺结核”，这让张海超无法接受。

2009 年 6 月初，张海超提出复议申请，郑州市卫生局批准了申请，让他把申请递交给郑州市职业病鉴定委员会重新鉴定。当找到郑州市职业病鉴定委员会的那一刻，他傻眼了，原来郑州市职业病鉴定委员会和郑州市职业病防治所就是一个单位，两块牌子、一班人马。鉴定委员会的一位负责人提醒张海超说，重新鉴定也可以，但郑州市职业病鉴定委员会不可能否定和更改自己先前的结论。

本来，张海超是带着 7000 多元鉴定费准备重新鉴定的，听他们这么一说，他就打消了鉴定的念头，拿着钱直接去了郑州大学第一附属医院。

为了证明自己患的是职业病“尘肺”而非“肺结核”，张海超决定“开胸验肺”。

2009年6月22日，张海超不顾医生劝阻，铁了心要开胸。他拒绝了护士推来的小车，自个儿走进胸外科手术室躺在了手术台上。

结果胸部一打开，医生就发现了他肺上的大量粉尘，肉眼可见。医生还为张海超做了肺部切片检验，排除了肺结核的可能。在重症监护室里，医生告诉张海超，确诊就是职业病尘肺。

在医院病床上，张海超打电话给新密市信访局有关领导。结果被告知，政府只认郑州职业病防治所的诊断鉴定结果，不承认郑州大学第一附属医院的诊断证明。张海超又打电话给郑州市职业病防治所，有关人员反问张海超：你如何能证明做了开胸手术？你如何能证明你的伤口是真的？

此情此景此言，让张海超感到上天无路，入地无门。

在当初上访无门的时候，张海超曾经寻求过媒体的帮助——在他开胸之前的2009年3、4月，郑州电视台对其有过报道，但没有引起任何反应。开胸之后，河南《东方今报》记者申子仲和《郑州晚报》驻新密记者站站长熊堰秋，于同年7月8日分别向各自报社发回了采访稿件。

“开胸验肺”事件经河南媒体率先披露后，新华社、中央电视台等媒体迅速跟进，受到社会的广泛关注。

7月15日，全国总工会派来工作人员对此事进行调查。河南省委、省政府主要领导均作出重要批示，要求组织联合调查组认真调查、严肃处理。7月15日当天，张海超得到可以复诊而且复诊时不需企业提供证明的通知。7月20日，考虑到张海超家庭经济困难，他所在的新密市刘寨镇政府分两次向张海超发放了救助金，第一次 300 元，第二次 1 万元。

7 月 24 日，卫生部派出督导组赶赴河南，督导该事件尽快解决。郑州市成立了以常务副市长胡荃为组长，由安监、卫生等部门组成的张海超事件处理小组。

7 月 26 日，在卫生部专家的督导之下，郑州市职业病防治所再次组织省、市专家对张海超职业病问题进行会诊，明确诊断为“尘肺病Ⅲ期”。郑州市委、市政府要求监察部门对事件涉及的相关单位和责任人展开全面调查。

7 月 28 日，河南省委书记徐光春对当日《河南日报》刊发的《专家确诊张海超患尘肺病》一文做出批示：如此草菅人命、如此损害河南形象的事，法不容，理不容，情不容。

7 月 28 日，郑州市委决定，对郑州市职业病防治所给予通报批评，停止郑州市职业病防治所所长李磊工作，接受调查。免去李国玉郑州市职业病防治所副所长职务。报请省卫生厅撤销郑州市职业病防治所樊梅芳、王晓光、牛心华 3 人的尘肺病诊断资格，并根据调查结果，分别给予党纪政纪处分。与此同时，新密市委决定，免去耿爱萍新密市卫生局副局长、防疫站站长职务，责成有关部门对振东公司进行立案查处。

7 月 30 日，新密市委决定，对振东公司相关责任人员予以严肃处理，同时罚款 25 万元。给予公司党总支书记侯振东留党察看一年处分，给予公司副总经理秦永彬开除党籍处分，建议公司董事会解除秦永彬副总经理职务。

2009 年的 9 月 16 日，在拿到 61.5 万元的赔偿款后，张海超向曾经采访他的全国几十家媒体记者发了这样一条短信：“虽然经历了种种曲折，但事情最终有了结果，我的几个工友也在调解之下得到了相应赔偿，各个程序都特事特办地解决了。我很幸运被关注，也希望有关部门更多地关注和重视生活在社会各个角落的农民工，让他们维权不再曲折。我和家人谢谢每一位关心和帮助过我的好心人，好人一生平安。”

开胸验肺之后，张海超大部分时间是在床上度过的。对于尘肺病诊断结果，他没有太多的惊喜，感叹这个结果来得太迟了，三级尘肺是尘肺病中程度最严重的，如果能在 2007 年拿到诊断书，那时候可能不是三期，能买到有效治疗的药物，最起码身体状况能比现在好。

有专家称，“开胸验肺”看似荒唐，却充分暴露出职业病患者维权的艰难处境，暴露了我国职业病防治体制之弊。尘肺病目前并非疑难病症，有经验的医生凭常规检查就可得出诊断结果，而“专业”的郑州市职业病防治所竟然看不出来？很多网友质疑，是诊断不认真、是漠视生命还是另有不可告人的隐情？职业病鉴定的准确性和公平性，究竟由谁来监管？

多家大医院都确诊为“尘肺病”，但通通不能作为“呈堂证供”，甚至冒着生命危险“开胸验肺”后拿到的“尘肺病”诊断证明也不算数，一个人要证明自己有病到底有多难？一个农民工以如此极端的方式与命运抗争，与其说是个人的无奈，不如说是社会的不幸。

按照目前的《职业病防治法》规定，得了职业病，必须由所在单位开具证明才能鉴定。这对于受害人来说，是一条致命的打击。用人单位从维护自身利益考虑，向劳动者出具证明的态度可想而知；而从政绩工程出发的地方政府，为了所谓的地方利益，势必将立场向企业倾斜。

有专家感叹，张海超是勇敢而可敬的。他以近乎残酷的自戕行为，刺穿了体制的积弊，也刺痛了社会的良知。在热血面前，制度不会永远冰冷。倘若开胸之举能够催生体制变革，让“人人享有职业健康”纳入法制轨道，那将是中国职业病防治之大幸。

2009 · 年度改革大事

1 月 1 日　国务院决定实施成品油税费改革，取消原在成品油价外征收的公路养路费、航道养护费、公路运输管理费、公路客货运附加费、水路运输管理费、水运客货运附加费六项收费，逐步有序取消政府还贷二级公路收费；同时，将价内征收的汽油消费税单位税额每升提高 0.8 元；柴油消费税单位税额每升提高 0.7 元；其他成品油消费税单位税额相应提高。

1 月 7 日　经国务院同意，中国联合通信有限公司与中国网络通信集团公司重组合并，新公司名称为中国联合网络通信集团有限公司，由国资委代表国务院对其履行出资人职责。至此，国务院国资委履行出资人职责的企业由 142 户调整为 141 户。

1 月 14 日　国务院常务会议原则通过汽车产业、钢铁产业调整和振兴规划。此后，又相继通过纺织、装备制造、船舶、电子信息、轻工、石化、有色金属、物流等重点产业调整和振兴规划。

2 月 3 日　国务院发出《关于做好当前经济形势下就业工作的通知》。

3 月 5 日至 13 日　十一届全国人大二次会议提出，2009 年政府工作要以应对国际金融危机、促进经济平稳较快发展为主线，统筹兼顾，突出重点，全面实施促进经济平稳较快发展的一揽子计划。

3 月 28 日　西藏庆祝百万农奴解放纪念日大会在拉萨举行。此前 1 月 19 日，西藏自治区九届人大二次会议通过决议，决定每年 3 月 28 日为西藏百万农奴解放纪念日。

4 月 8 日　国务院常务会议决定在上海市和广东省广州、深圳、珠海、东莞 4 城市开展跨境贸易人民币结算试点。至 2011 年 8 月，跨境贸易人民币结算境内地域范围扩大至全国。

4 月 14 日　国务院印发《关于推进上海加快发展现代服务业和先进制造业建设国际金融中心和国际航运中心的意见》。

5 月 1 日　《首次公开发行股票并在创业板上市管理暂行办法》正式实施，这意味着创业板于 5 月 1 日正式开启。7 月 1 日，证监会正式发布实施《创业板市场投资者适当性管理暂行规定》，投资者可在 7 月 15 日起办理创业板投资资格。9 月 29 日，首批创业板公司中签号出炉。

5 月 12 日　中国 5・12 汶川大地震一周年，也是中国首个“防灾减灾日”。国新办发表《中国的减灾行动》白皮书，国家减灾委员会和民政部组织联合编写的《全民防灾应急手册》一书正式出版。

5 月 18 日　国务院在中国政府网全文公布《轻工业调整和

振兴规划》和《石化产业调整和振兴规划》。

6 月 1 日　国务院批准公布《促进扩大内需，鼓励汽车、家电“以旧换新”实施方案》。

6 月 5 日　中国证券报报道称，中国铝业 195 亿美元注资力拓交易正式告吹。

6 月 6 日　中国商用飞机有限责任公司下属大飞机项目总装制造中心在上海挂牌成立。

8 月 8 日　凌晨，甘肃舟曲发生特大山洪泥石流灾害，造成 1471 人遇难，294 人失踪。在中共中央、国务院、中央军委领导下，全党全军全国各族人民团结奋战，夺取了抢险救灾的重大胜利。

9 月 9 日　国务院印发《关于进一步实施东北地区等老工业基地振兴战略的若干意见》。

9 月 19 日　国务院印发《关于进一步促进中小企业发展的若干意见》。

10 月 1 日　首都各界举行庆祝中华人民共和国成立 60 周年阅兵仪式和群众游行。

10 月 15 日至 18 日　中共十七届五中全会召开，通过《关于制定国民经济和社会发展第十二个五年规划的建议》。

10 月 20 日　2009 年中国汽车第 1000 万辆下线庆典在长春市一汽集团举行。

12 月 2 日　新华网报道：中国最大国有林区走出困境。内蒙古大兴安岭林管局现辖生态功能区总面积 10.67 万平方千米，有林地面积 8.18 万平方千米，森林蓄积 7.29 亿立方米，居中国四大国有林区之首。2008 年，剥离职工分两批划归地方。内蒙古重点国有林区剥离社会职能的改革和发展思路符合国有林区的实际，为推进全国重点国有林区的改革提供了一个很好的思路。

12 月 2 日　深圳龙钻纸品厂因非法解雇工会主席和工会委员，遭到深圳市总工会依法公开谴责，并将其认定为违反工会法、侵害工会利益的典型事件。这是全国工会系统针对企业非法解雇工会主席首次“公开谴责”。

12 月 5 日至 7 日　中央经济工作会议召开。会议强调，继续实施积极的财政政策和适度宽松的货币政策，特别是要更加注重提高经济增长质量和效益，更加注重推动经济发展方式转变和经济结构调整，更加注重推进改革开放和自主创新、增强经济增长活力和动力，更加注重改善民生、保持社会和谐稳定，更加注重统筹国内国际两个大局，努力实现经济平稳较快发展。

12 月 3 日　财政部近日印发《关于企业加强职工福利费财务管理的通知》，企业职工福利费制度改革有三大方向：一是控制职工福利费在职工总收入中的比重。二是通过市场化途径解决职工福利待遇问题。三是逐步将职工福利纳入工资总额管理。因此，2006 年新修订的《企业财务通则》取消了企业职工福利费按标准提取的政策，要求企业据实开支职工福利费。

12 月 5 日　人民日报报道：三峡工程投资控制良好。累计动态投资 1863. 44 亿元。三峡工程建设当前已经进入全面收尾的关键时期，记者从今天在此间召开的三峡工程建设资金监管工作总结交流暨表彰大会上获悉：三峡工程开工建设以来，投资控制和建设资金管理使用情况良好，成为我国专项建设资金使用效益最好的工程之一。

12 月 10 日　新华网报道：西北永新化工股份有限公司原董事长杨德茂、总经理李小文及甘肃德昌投资公司董事长何俊辉等 3 人身为国有企业工作人员，对国有资产负有经营、管理职责。其间 3 人违规将公司资产用于银行抵押贷款担保或委托贷款，并将贷款变相委托他人用于炒股，致 8800 万元国资流失，构成国有公司人员滥用职权罪，分别被判处 5 年、4 年和 3 年有期徒刑。

12 月 18 日　新华网浙江频道报道：集资 7.7 亿元震动全国。“亿万富姐”吴英一审判死刑，剥夺政治权利终身，并处没收其个人全部财产。

同日，北京晚报报道：《反垄断法》实施后的第一起反垄断案在北京一中院宣判，百度在搜索引擎市场的垄断地位未被法院认定，人人信息公司要求百度赔偿经济损失并解除对其网站的屏蔽的诉讼请求被驳回。

本年度主要参考资料：

1. 国家统计局. 中华人民共和国 2009 年国民经济和社会发展统计公报[M]. 北京：中国统计出版社，2010. 3.

2. 财政部. 2009 年中央和地方预算执行与 2010 年预算草案报告[EB/OL]. 中国人大网，2009 -03 -28.

3. 2009 年中国货币政策执行报告[EB/OL]. 中国人民银行网，2009 -03 -28.

4. 2009 年经济和社会发展计划执行与 2009 年草案报告[EB/OL]. 中国人大网，2009－03－28.

5. 中国经济贸易年鉴编委会. 中国经济贸易年鉴（2010 年）[M]. 北京：中国经济出版社，2010. 12.

6. 张廉亚. 张海超“开胸验肺”事件的理论思考[J]. 法制与社会，2010（11）.

7. 朱应平. 论弱势群体权利的宪法司法保护[J]. 云南行政学院学报，2003（03）.

2010 年

2010 · 年度经济背景

扩内需成效明显，经济增长又现小高峰

2010 年，中国经济继续朝宏观调控的预期方向发展，运行态势总体良好。消费平稳较快增长、固定资产投资结构继续改善、对外贸易快速恢复，农业生产平稳增长，工业生产增长较快，国有企业经济效益创历史新高，居民收入稳定增加，但价格上涨压力较大。

2010 年宏观经济调控目标是：国内生产总值增长 8% 左右；城镇新增就业 900 万人以上，城镇登记失业率控制在 4.6% 以内；居民消费价格涨幅 3%；国际收支状况改善。

宏观调控的政策基调是：保持宏观经济政策的连续性和稳定性，继续实施积极的财政政策和适度宽松的货币政策。主要内容是：坚持改善民生和扩大内需内在统一，更加注重围绕保障和改善民生来谋划发展，把增加居民消费作为扩大内需的重点，通过保障和改善民生促进经济结构优化、增强经济发展拉动力。处理好保持经济平稳较快发展、调整经济结构、管理通

胀预期的关系，巩固和增强经济回升向好势头。

实际执行的结果，据国家统计局初步核算，全年国内生产总值397983亿元，比上年增长10.3%。其中，第一产业增加值40497亿元，增长4.3%；第二产业增加值186481亿元，增长12.2%；第三产业增加值171005亿元，增长9.5%。第一产业增加值占国内生产总值的比重为10.2%，第二产业增加值比重为46.8%，第三产业增加值比重为43.0%*。

＊据2011年2月28日国家统计局发布的《2010年国民经济和社会发展统计公报》。后据国家统计局按最终核实数据，把当年完成的国内生产总值按现价计算为413030.3万亿元，增长率为10.6%。其中，第一产业增加值39362.6亿元，增长4.3%；第二产业增加值191629.8亿元，增长12.7%；第三产业增加值182038亿元，增长9.7%。

全年居民消费价格平均比上年上涨3.3%；全年城镇新增就业1168万人，年末城镇登记失业率为4.1%；年末国家外汇储备28473亿美元，年末人民币汇率为1美元兑6.6227元人民币，比上年末升值3.0%；全年财政收入83080亿元，比上年增长21.3%；其中税收收入增长23.0%。

全年进出口总额29728亿美元，比上年增长34.7%。进出口差额（出口减进口）1831亿美元，比上年减少126亿美元。

一、总需求和总供给总体平衡，宏观经济运行态势平稳

（一）总需求稳定增长，投资、消费与出口均大幅度增长

固定资产投资增速总体回落，但第三产业投资增速较高。2010年，全社会固定资产投资27.8万亿元，同比增长23.8%，比上年回落6.2个百分点；扣除价格因素后，实际增长19.5%，比上年低14.3个百分点。城镇固定资产投资完成24.1万亿元，同比增长24.5%，比上年低5.9个百分点；农村固定资产投资完成3.7万亿元，同比增长19.7%，比上年回落7.6个百分点。在城镇固定资产投资中，分地区看，东、中、西部地区城镇投资分别增长22.8%、26.9%和26.2%，中部和西部投资增速明

显快于东部；分产业看，三次产业投资全年分别增长 18.2%、23.2%和 25.6%，第三产业投资增速明显高于第一、二产业。全年城镇施工项目计划总投资 52.2 万亿元，同比增长 23.1%。企业投资意愿较强，四季度企业固定资产投资、设备投资和土建投资指数虽然较上季有所回落，但仍为 2008 年以来的次高水平。

城乡居民收入继续增长，国内消费需求保持稳定。2010 年，城镇居民家庭人均可支配收入 19109 元，同比增长 11.3%，扣除价格因素，实际增长 7.8%；农村居民人均纯收入 5919 元，同比增长 14.9%。

扣除价格因素，实际增长 10.9%。四季度全国城镇储户问卷调查结果显示：居民当期收入感受指数为 51.1%，比上季低 0.5 个百分点，比上年同期低 0.6 个百分点，居民投资意愿增强，消费意愿稳定、储蓄意愿下降。2010 年，社会消费品零售总额 15.5 万亿元，同比增长 18.4%，比上年高 2.9 个百分点；实际同比增长 14.8%，比上年低 2.1 个百分点，主要是由于商品零售价格指数 2010 年上涨 3.1%，而上年为下降 1.2%。分城乡看，城镇消费增速快于乡村，增速差距基本保持稳定。2010 年，城镇消费品零售额 13.4 万亿元，增长 18.8%，实际增长 15.6%；乡村消费品零售额 2.1 万亿元，增长 16.1%，实际增长 12.1%。全年国内出游人数达 21.0 亿人次，比上年增长 10.6%；国内旅游收入 12580 亿元，增长 23.5%。入境旅游人数 13376 万人次，增长 5.8%。

进出口总额较快增长，贸易顺差有所减少。2010 年，进出口总额 29728 亿美元，同比增长 34.7%，比上年高 48.6 个百分点。其中出口 15779 亿美元，同比增长 31.3%，比上年高 47.3 个百分点；进口 13948 亿美元，同比增长 38.7%，比上年高 49.9 个百分点；实现顺差 1831 亿美元，比上年减少 126 亿美元。出口产品结构改善，特别是机电产品和高新技术产品增长幅度大，推动了外贸持续复苏。2010 年，机电、高新技术产品出口分别增长 30.9% 和 30.7%，分别比上年高 44.2 个和 40.0 个百分点。长期看，我国对外贸易市场结构中，美日欧仍是我国主要出口目的地，但份额呈下降趋势，出口多元化格局日益强化。2010 年实际使用外资金额 1057.4 亿美元，增长 17.4%，比上年高 20 个百分点。

（二）总供给保持增长态势，企业效益稳定提升

农业生产形势较好，全年粮食产量再获丰收。2010 年，猪牛羊禽肉产量 7780 万吨，同比增长 3.6%，其中猪肉产量 5070 万吨，增长 3.7%。

工业生产较快增长，企业盈利能力稳定。2010 年，全国规模以上工业增加值同比增长 15.7%，比上年高 4.7 个百分点；工业产销衔接状况良好，全年工业产品产销率为 97.9%，比上年高 0.2 个百分点。1 月至 11 月，企业税前销售利润率为 6.22%，比上年高 0.76 个百分点。四季度中国人民银行 5000 户工业企业调查显示，企业经营景气指数连续七个季度攀升，达到 71.3%，创 2008 年一季度以来的新高。产成品库存增多，存货指数达 50.3%，比上季高 1.8 个百分点，比上年高 2.3 个百分点；企业盈利能力稳定，企业盈利指数为 61.1%，比上季高

0.8 个百分点，比上年高 3.4 个百分点。

全年全社会建筑业增加值 26451 亿元，比上年增长 12.6%。全国具有资质等级的总承包和专业承包建筑业企业实现利润 3422 亿元，增长 25.9%，其中国有及国有控股企业 990 亿元，增长 35.0%。

二、宏观经济政策更加注重连续性和稳定性，提高针对性和灵活性

2010 年，继续执行积极的财政政策和适度宽松的货币政策，注重连续性和稳定性，同时提高针对性和灵活性，对抵御国际金融危机带来的巨大影响、保持中国经济平稳较快增长起到重要作用。

（一）继续实施积极的财政政策

一是保持适度的财政赤字和国债规模。年初考虑到我国经济虽呈现回升向好势头，但基础还不稳固，需要保持财政政策的连续性、稳定性。财政收入增长较低，支出压力又很大，财政收支矛盾突出。因此，2010 年财政赤字仍保持了适度规模。全年安排财政赤字 10500 亿元，其中中央财政赤字 8500 亿元，比上年增加 1000 亿元。继续代发地方债 2000 亿元并纳入地方财政预算，优先用于公益性项目续建和收尾。相应增加国债发行规模，中央财政国债余额限额 71208.35 亿元。全年全国财政收支差额预计占 GDP 的 2.8%，与上年基本持平。

二是提高城乡居民收入，扩大居民消费需求。增加对农民的补贴，加强农业基础设施和农业综合生产能力建设，促进农民增收。提高对城乡低保对象、企业退休人员和优抚对象等群

体的补助水平，增强居民消费能力。继续实施家电汽车下乡以及家电汽车以旧换新等鼓励消费的一系列政策。

三是安排使用好政府公共投资，优化投资结构。通过统筹使用公共财政预算拨款、政府性基金收入、国有资本经营收益等，中央政府公共投资支出10710亿元，主要用于农业基础设施及农村民生工程、教育卫生等社会事业、保障性安居工程、节能减排和生态建设、自主创新和结构调整等方面。

四是落实结构性减税政策，引导企业投资和居民消费。巩固增值税转型改革以及成品油税费改革成果。对部分小型微利企业实施所得税优惠政策。对1.6升及以下排量乘用车减按7.5%的税率征收车辆购置税。继续执行各项税费减免政策，严格行政事业性收费和政府性基金项目的审批管理。

（二）继续实施适度宽松的货币政策

一是灵活开展公开市场操作。全年累计发行中央银行票据4.2万亿元，开展正回购操作2.1万亿元；截至2010年末，中央银行票据余额约为4万亿元。同时，优化公开市场操作工具组合；增强公开市场操作利率弹性，有效引导市场预期；适时开展国库现金管理商业银行定期存款业务。全年共开展12期中央国库现金管理商业银行定期存款业务，操作规模共计4000亿元，年末余额为1600亿元。

二是适时上调存款准备金率。2010年，中国人民银行分别于1月18日、2月25日、5月10日、11月16日、11月29日和12月20日6次上调存款类金融机构人民币存款准备金率各0.5个百分点，累计上调3个百分点。搭配使用存款准备金率和公开市场操作等工具是对冲银行体系部分过剩流动性的需要，是货币政策针对性、灵活性的体现。

三是发挥利率杠杆的调控作用。前三季度，利率政策保持稳定。四季度以来，为稳定通货膨胀预期，抑制货币信贷快速增长，中国人民银行于10月20日、12月26日两次上调金融机构人民币存贷款基准利率。其中，1 年期存款基准利率由 2.25% 上调至 2.75%，累计上调0.5 个百分点；1 年期贷款基准利率由 5.31% 上调至5.81%，累计上调0.5 个百分点。12 月 26 日同时上调中国人民银行对金融机构贷款利率，其中 1 年期流动性再贷款利率由 3.33% 上调至 3.85%；1 年期农村信用社再贷款利率由 2.88% 上调至 3.35%；再贴现利率由 1.80% 上调至 2.25%。

四是加强对金融机构的窗口指导，加大金融支持经济结构调整和经济发展方式转变的力度。全年累计办理再贴现 1712.0 亿元，同比增加 1463.2 亿元。再贴现年末余额 791.0 亿元，同比增加 609.8 亿元。

五是跨境人民币结算业务取得突破性进展。2010 年 6 月，将境内试点地区由上海和广东省的 4 个城市扩大到 20 个省（自治区、直辖市），将境外地域范围由港澳和东盟扩大到所有国家和地区，明确试点业务范围包括跨境货物贸易、服务贸易和其他经常项目人民币结算。2010 年 12 月，出口试点企业从试点初期的 365 家扩大到 67724 家。2010 年银行累计办理跨境贸易人民币结算业务 5063.4 亿元，各试点地区共办理人民币跨境投融资交易 386 笔，金额 701.7 亿元。

六是完善人民币汇率形成机制。2010 年 6 月，根据国内外经济金融形势和我国国际收支状况，中国人民银行进一步推进人民币汇率形成机制改革，重在坚持以市场供求为基础，参考一篮子货币进行调节，增强人民币汇率弹性，保持人民币汇率在合理均衡水平上的基本稳定。

通过上述一系列措施，货币信贷增速从上年高位逐步回落，人民币汇率弹性增强。2010 年末，广义货币供应量 M_2 余额为 72.6 万亿元，同比增长 19.7%，增速比上年低 8.0 个百分点。狭义货币供应量 M_1 余额为 26.7 万亿元，同比增长 21.2%，增速比上年低 11.2 个百分点。流通中现金 M_0 余额为 4.5 万亿元，同比增长 16.7%，增速比上年末高 4.9 个百分点。全年现金净投放 6381 亿元，同比多投放 2354 亿元。货币总量增长从上年高位总体回落。其中，M_2 和 M_1 增速分别于前 7 个月和前 9 个月呈下降态势，但之后受信贷增长持续较快、外汇流入增多的影响，货币总量有所反弹。M_2 和 M_1 年末增速分别比年内最低点回升 2.1 个和 0.3 个百分点。人民币贷款余额同比增长 19.9%，增速比上年低 11.8 个百分点，比年初增加 7.95 万亿元，同比少增 1.65 万亿元。金融机构贷款利率继续小幅上升，12 月非金融性企业及其他部门贷款加权平均利率为 6.19%，比年初上升 0.94 个百分点。2010 年末，人民币对美元汇率中间价为 6.6227 元，比上年末升值 3%。

三、宏观经济基本面业已走出国际金融危机的阴影，价格上涨压力重新增大

（一）财政收入增速较快，财政支出增幅回落

2010 年，财政收入（不含债务收入）大幅提高，全国财政

收入 83080 亿元，同比增长 21.3%，比上年高 9.6 个百分点；全国财政支出 89575 亿元，同比增长 17.4%，比上年低 4.5 个百分点。收支相抵，收入小于支出 6495 亿元，差额比上年减少 1287 亿元。

全国财政收入增长较快的主要原因：一是经济较快增长为财政收入增长奠定了税源基础。特别是与税收关联度较高的经济指标工业增加值、全社会固定资产投资、社会消费品零售总额、进出口总额等增长较快。二是价格水平上涨。2010 年居民消费价格指数和工业品出厂价格指数分别上涨 3.3% 和 5.5%，带动以现价计算的相关税收增长。三是全年汽车旺销带动车辆购置税、汽车消费税等大幅增长。四是 2009 年全国财政收入增长 11.7%，基数相对较低，相应抬高了 2010 年收入增幅。从全年走势看，全国财政收入呈前高后低走势：上半年增长 27.6%，下半年增长 15%。全年财政收入与 2008 年相比增长 35.5%（其中中央本级收入增长 30%），折算到两年中年均增长 16.4%（其中中央本级收入年均增长 14%）。

从财政收入结构看，税收收入 73202 亿元，同比增长 23.0%，比上年高 13.2 个百分点。其中，国内增值税同比增长 14.1%，营业税同比增长 23.8%，国内消费税同比增长 27.5%。从支出结构看，各项支出中，位居前三位的分别是教育支出 12450 亿元，占 13.9%；一般公共服务支出 9353 亿元，占 10.4%；社会保障和就业支出 9081 亿元，占 10.1%。从增速看，增长较快的有：住房保障支出同比增长 30.7%、环境保护支出同比增长 25.4%、国债利息支出同比增长 23.7%。

（二）国际收支继续保持“双顺差”格局

2010年前三季度，我国国际收支继续保持经常项目、资本和金融项目“双顺差”格局，国际储备资产继续增长。前三季度，经常项目顺差2039亿美元，同比增长30%；资本和金融项目顺差1301亿美元，同比增长2%；国际储备资产增加2860亿美元，增长7%。2010年三季度，经常项目顺差1023亿美元，按同比口径计算（下同），同比增长1.0倍。其中，按照国际收支统计口径计算，货物贸易顺差814亿美元，服务贸易逆差39亿美元，收益顺差140亿美元，经常转移顺差108亿美元。资本和金融项目顺差152亿美元，同比下降65%，其中，直接投资净流入246亿美元，证券投资净流入141亿美元，其他投资净流出245亿美元。

截至2010年9月末，我国外债余额为5464.5亿美元（不包括香港特区、澳门特区和台湾地区对外负债，下同），较上年末增长31.7%。其中，短期外债（剩余期限）余额为3694.4亿美元，占外债余额的67.6%。从债务构成情况看，2010年9月末短期外债（剩余期限）余额中，贸易信贷占59.5%，贸易融资（如银行为进出口贸易提供的信贷支持）占18.7%，二者合计占短期外债（剩余期限）余额的78.2%，主要与我国近年来对外贸易的迅猛发展密切相关。

（三）企业利润大幅增长，国有及国有控股企业主要效益指标创历史新高

2010年1月至11月，全国规模以上工业企业累计实现利润38828亿元，比上年同期增长49.4%。国有经济延续2009年末

回升向好的势头，由上半年的恢复性增长转为下半年的稳定较快增长。纳入财政部统计范围的全国国有及国有控股企业（以下简称国有企业）主要效益指标创历史新高，营业总收入、实现利润和上交税费三大指标比“十五”末期均实现翻番，为促进国民经济健康发展作出了重要贡献。

1 月至 12 月，国有企业累计实现营业总收入 303253.7 亿元，同比增长 31.1%，12 月比 11 月环比增长 16.7%。其中，中央企业（包括中央管理企业和部门所属企业，下同）累计实现营业总收入 191981.7 亿元，同比增长 30.1%，12 月比 11 月环比增长 14.7%；地方国有企业累计实现营业总收入 111272 亿元，同比增长 33%，12 月比 11 月环比增长 20%。

1 月至 12 月，国有企业累计实现利润 19870.6 亿元，同比增长 37.9%，12 月比 11 月环比增长 6.6%。其中，中央企业累计实现利润 13415.1 亿元，同比增长 32.7%，12 月比 11 月环比下降 18%；地方国有企业累计实现利润 6455.5 亿元，同比增长 50.3%，12 月比 11 月环比增长 53.9%。

1 月至 12 月，国有企业应交税费 25316.8 亿元，同比增长 25.6%，12 月比 11 月环比增长 21.6%。其中，中央企业累计应交税费 19240.5 亿元，同比增长 26.3%，12 月比 11 月环比增长 20.9%；地方国有企业累计应交税费 6076.3 亿元，同比增长 23.5%，12 月比 11 月环比增长 24%。

1 月至 12 月，国有企业成本费用总额为 285291.6 亿元，同比增长 30.1%，12 月比 11 月环比增长 18.7%。其中，营业成本同比增长 31.8%，销售费用、管理费用、财务费用同比分别增长20.8%、17.4%和15.9%。销售利润率为6.6%，比去年同期上升0.3个百分点；成本费用利润率为7%，比去年同期上升0.4个百分点；净资产利润率为10.2%，比去年同期上升1.7个百分点。中央企业销售利润率、成本费用利润率和净资产利润率分别为7%、7.5%和11%，地方国有企业分别为5.8%、6.1%和8.8%。

1月至12月，国有企业存货同比增长25.3%，12月比11月环比下降0.9%。存货周转率为4.7次，比去年同期加快0.2次。应收账款周转率为14.1次，比去年同期加快0.8次。平均总资产周转率为0.6次，比去年同期加快0.1次。

（四）价格上涨压力较大

2010年我国价格涨幅总体上延续了2009年下半年以来的回升态势，下半年尤其是四季度以来价格上涨压力明显增大。从主要价格指标走势看，在食品和居住价格不断上涨的推动下，居民消费价格涨幅逐季扩大，四季度以来，非食品价格涨幅也有所上升；受基数效应前低后高和国际大宗商品价格先涨后跌再涨走势的影响，上半年工业品出厂价格涨幅不断扩大，三季度出现明显回落，四季度又有所反弹。

居民消费价格涨幅持续扩大。2010年CPI同比上涨3.3%，比上年高4个百分点。各季度同比涨幅分别为2.2%、2.9%、3.5%和4.7%。从食品和非食品分类看，食品价格上涨7.2%，涨幅比上年高6.4个百分点；非食品价格上涨1.4%，比上年高2.8个百分点。从消费品和服务分类看，消费品价格上涨3.7%，比上年高4.3个百分点；服务价格上涨2.0%，比上年高 3.1 个百分点。

生产价格上涨较快。2010 年，工业品出厂价格同比上涨 5.5%，比上年高 10.9 个百分点。各季度同比分别上涨 5.2%、6.8%、4.5% 和 5.7%。原材料、燃料、动力购进价格同比上涨 9.6%，比上年高 17.5 个百分点。各季度同比分别上涨 9.9%、11.7%、7.7% 和 9.1%。2010 年，中国人民银行监测的企业商品价格指数（CGPI）上涨 6.5%，比上年高 11.5 个百分点。按商品用途分类看，CGPI 中投资品和消费品价格分别上涨 6.7% 和 6.1%；按商品基本分类看，CGPI 中农产品、矿产品、煤油电价格和加工业产品同比分别上涨 12.4%、13.8%、12.0% 和 3.8%。农产品生产价格涨幅高于农业生产资料价格。2010 年，农产品生产价格（指农产品生产者直接出售其产品时的价格）上涨 10.9%，比上年高 13.3 个百分点；农业生产资料价格全年上涨 2.9%，比上年高 5.4 个百分点。

进口价格涨幅高于出口价格涨幅。2010 年，进口价格同比上涨 13.7%，比上年高 27.0 个百分点；各季度分别同比上涨 15.6%、18.7%、10.9% 和 9.8%。出口价格同比上涨 2.4%，比上年高 8.4 个百分点；各季度分别同比上涨 -3.1%、1.6%、5.1% 和 5.8%。2010 年各季度，纽约商品交易所原油期货当季平均价格分别环比上涨 3.6%、-1.1%、-2.4% 和 11.8%，累计上涨 12.0%；伦敦金属交易所铜现货当季平均价格分别环比上涨 8.9%、-2.9%、3.0% 和 19.6%，累计上涨 30.3%；伦敦金属交易所铝现货当季平均价格分别环比上涨 8.1%、-3.4%、-0.2% 和 12.4%，累计上涨 17.1%。

劳动报酬继续较快增长。前三季度，全国城镇单位在岗职工月度平均工资同比增长14%左右，增速比上半年有所加快。其中，城镇集体经济单位增长快于城镇国有经济单位和城镇其他经济类型单位（不含私营企业）。

GDP缩减指数回升较快。2010年我国GDP为39.8万亿元，增长10.3%，GDP缩减指数（按当年价格计算的GDP与按固定价格计算的GDP的比率）变动率为5.8%，比上年高6.4个百分点，比前三季度提高0.7个百分点。

2010 · 年度改革实践

淘汰落后产能

2010年2月6日，国务院发布《关于进一步加强淘汰落后产能工作的通知》，以电力、煤炭、钢铁、水泥、有色金属、焦炭、造纸、制革、印染等行业为重点，按照《国务院关于发布实施〈促进产业结构调整暂行规定〉的决定》《国务院关于印发节能减排综合性工作方案的通知》《国务院批转发展改革委等部门关于抑制部分行业产能过剩和重复建设引导产业健康发展若干意见的通知》《产业结构调整指导目录》以及国务院制定的钢铁、有色金属、轻工、纺织等产业调整和振兴规划等文件规定的淘汰落后产能的范围和要求，按期淘汰落后产能。各地区可根据当地产业发展实际，制定范围更宽、标准更高的淘汰落后产能目标任务。

重点行业淘汰落后产能的具体目标任务是：

电力行业在2010年底前淘汰小火电机组5000万千瓦以上。

煤炭行业在2010年底前关闭不具备安全生产条件、不符合产业政策、浪费资源、污染环境的小煤矿8000处，淘汰产能2亿吨。

焦炭行业在2010年底前淘汰炭化室高度4.3米以下的小机焦（3.2米及以上捣固焦炉除外）。

铁合金行业在2010年底前淘汰6300千伏安以下矿热炉。

电石行业在2010年底前淘汰6300千伏安以下矿热炉。

钢铁行业在2011年底前淘汰400立方米及以下炼铁高炉，淘汰30吨及以下炼钢转炉、电炉。

有色金属行业在2011年底前淘汰100千安及以下电解铝小预焙槽；淘汰密闭鼓风炉、电炉、反射炉炼铜工艺及设备；淘汰采用烧结锅、烧结盘、简易高炉等落后方式炼铅工艺及设备，淘汰未配套建设制酸及尾气吸收系统的烧结机炼铅工艺；淘汰采用马弗炉、马槽炉、横罐、小竖罐（单日单罐产量8吨以下）等进行焙烧、采用简易冷凝设施进行收尘等落后方式炼锌或生产氧化锌制品的生产工艺及设备。

建材行业在2012年底前淘汰窑径3.0米以下水泥机械化立窑生产线、窑径2.5米以下水泥干法中空窑（生产高铝水泥的除外）、水泥湿法窑生产线（主要用于处理污泥、电石渣等的除外）、直径3.0米以下的水泥磨机（生产特种水泥的除外）以及水泥土（蛋）窑、普通立窑等落后水泥产能；淘汰平拉工艺平板玻璃生产线（含格法）等落后平板玻璃产能。

轻工业在2011年底前淘汰年产3.4万吨以下草浆生产装置、年产1.7万吨以下化学制浆生产线，淘汰以废纸为原料、年产1万吨以下的造纸生产线；淘汰落后酒精生产工艺及年产3万吨以下的酒精生产企业（废糖蜜制酒精除外）；淘汰年产3万吨以下味精生产装置；淘汰环保不达标的柠檬酸生产装置；淘汰年加工3万标张以下的制革生产线。

纺织行业在2011年底前淘汰74型染整生产线、使用年限超过15年的前处理设备、浴比大于1∶10的间歇式染色设备，淘汰落后型号的印花机、热熔染色机、热风布铗拉幅机、定型机，淘汰高能耗、高水耗的落后生产工艺设备；淘汰R531型酸性老式粘胶纺丝机、年产2万吨以下粘胶生产线、湿法及DMF溶剂法氨纶生产工艺、DMF溶剂法腈纶生产工艺、涤纶长丝锭轴长900毫米以下的半自动卷绕设备、间歇法聚酯设备等落后化纤产能。

促进企业兼并重组

为切实加快经济发展方式转变和结构调整，提高发展质量和效益，加快调整优化产业结构、促进企业兼并重组。进一步贯彻落实重点产业调整和振兴规划，做强做大优势企业。以汽车、钢铁、水泥、机械制造、电解铝、稀土等行业为重点，推动优势企业实施强强联合、跨地区兼并重组、境外并购和投资合作，提高产业集中度，促进规模化、集约化经营，加快发展具有自主知识产权和知名品牌的骨干企业，培养一批具有国际竞争力的大型企业集团，推动产业结构优化升级。

为促进企业兼并重组的顺利进行，国务院制定了消除企业兼并重组的制度障碍措施和加强对企业兼并重组的引导和政策扶持。

在消除制度障碍方面，一是清理限制跨地区兼并重组的规定；二是理顺地区间利益分配关系，妥善解决企业兼并重组后工业增加值等统计数据的归属问题，实现企业兼并重组成果共享；三是切实向民营资本开放法律法规未禁入的行业和领域，并放宽在股权比例等方面的限制，鼓励民营资本通过兼并重组等方式进入垄断行业的竞争性业务领域，支持民营资本进入基础设施、公共事业、金融服务和社会事业相关领域。

在加强引导和支持扶持方面，一是对企业兼并重组涉及的资产评估增值、债务重组收益、土地房屋权属转移等给予税收优惠。二是在中央国有资本经营预算中设立专项资金，通过技改贴息、职工安置补助等方式，支持中央企业兼并重组；鼓励地方人民政府通过财政贴息、信贷奖励补助等方式，激励商业银行加大对企业兼并重组的信贷支持力度；有条件的地方可设立企业兼并重组专项资金，支持本地区企业兼并重组。三是加大金融支持力度。四是支持企业自主创新和技术进步。五是充分发挥资本市场推动企业重组的作用。六是完善相关土地管理政策。七是严格依照有关法律规定和政策妥善分类处置债权债务关系，落实清偿责任，确保债权人、债务人的合法利益；积极稳妥解决职工劳动关系、社会保险关系接续、拖欠职工工资等问题；支持国有企业实施主辅分离、辅业改制和分流安置富余人员。八是鼓励兼并重组企业体制改革和管理创新。

三网融合开展试点

在国务院批转国家发改委《关于2010年深化经济体制改革重点工作的意见》中提出，2010年的改革重点工作之一，是“以推进广电和电信业务双向进入为重点，制定三网融合试点方案并开展试点”。

2010年1月13日，国务院总理温家宝主持召开国务院常务会议，决定加快推进电信网、广播电视网和互联网三网融合，并明确了三网融合的时间表。

三网融合是指电信网、广播电视网、互联网在向宽带通信网、数字电视网、下一代互联网演进过程中，三大网络通过技术改造，其技术功能趋于一致，业务范围趋于相同，网络互联互通、资源共享，能为用户提供语音、数据和广播电视等多种服务。三网融合并不意味着三大网络的物理合一，而主要是指高层业务应用的融合。三网融合应用广泛，遍及智能交通、环境保护、政府工作、公共安全、平安家居等多个领域。以后的手机可以看电视、上网，电视可以打电话、上网，电脑也可以打电话、看电视。三者之间相互交叉，形成“你中有我、我中有你”的格局。

2010年4月初，工信部联合广电总局给国务院三网融合领导小组递交了一份《三网融合试点工作方案（第一稿）》，但是这份草案没有得到认可，被迅速打回要求重新制定方案，5月初再次拿出。

2010年6月底，三网融合12个试点城市名单和试点方案正式公布，三网融合终于进入实质性推进阶段。在总体方案历经十五稿修改和两年多的博弈，试点方案再经五稿修改和谈判几近破裂的危险后，2010 年 7 月 1 日，三网融合的 12 个试点城市名单终于在国家宏观调控下正式出台。

中央企业开展建设“四个一流”职工队伍活动

为进一步加强中央企业职工队伍建设，提升中央企业核心竞争力，国务院国资委决定，从 2010 年起，在中央企业深入开展建设“四个一流”职工队伍工作。

建设“四个一流”职工队伍的基本要求是：

一流职业素养，牢固树立社会主义核心价值观的主导地位，有良好的思想素质、职业道德和敬业精神，勤劳朴实、踏实工作、热爱岗位、忠诚企业、牢记使命、报效国家。

一流业务技能，熟练掌握岗位知识，技艺精湛、业务精通、勤奋好学、开放包容，有较强的学习力、执行力、创造力和自主管理、自我完善、持续改进的能力，关键岗位职工的业务技能和工作效率达到国际先进企业职工水平。

一流工作作风，严谨、诚实，在工作中遵章守纪、服从管理、一丝不苟、认真精细，严格按工艺纪律和业务规范操作，信守诺言和规则，在同行业中发挥表率作用。

一流岗位业绩，敢为人先、创新超越、不断挑战、勇争一流，在安全生产、产品质量、服务水平、成本控制等方面行业领先，优质高效地完成任务。

希望通过五年的努力，使中央企业职工的政治素养、道德水准、职业操守明显提升，责任意识、发展意识和创新意识明显增强，操作技能、业务能力、岗位贡献明显提高，技师、高级技师及其他高技能人才占技能劳动者的比例有明显增加，中央企业普遍建立起产学结合的职工技能培训基地，对一线职工的高水平职业技能培训和现代管理知识轮训全面普及，有利于高素质职工队伍建设成长的工作制度和工作环境较好地建立和形成，使中央企业职工成为具备世界眼光、顺应时代潮流、具有较高科技文化素质和思想道德修养、能和国际先进企业职工相媲美的现代企业职工。

建设“四个一流”职工队伍的主要抓手：

一是继续抓好班组建设。普遍开展班组长培训，提高班组长发展水平。深入推进“创建学习型红旗班组、争当知识型先进职工”活动。

二是深入开展职工技能竞赛活动。把技能竞赛活动与职工技能鉴定、薪酬激励、人才培养相结合，并按有关规定直接晋升职业资格或优先参加技师、高级技师考评。形成全方位、系统化、专业化的学技术、练本领、赛能力、比贡献的浓厚氛围，全面提高职工的业务技能水平。

三是广泛开展经济技术创新活动。广泛开展创先争优、技术革新、专利发明、QC 攻关、节能减排等不同主题的创新创效活动，并组织职工先进操作（工作）法、创意设计、改进建议等群众性创新创效活动成果的展示交流，促进中央企业创新发展。

四是拓宽拔尖技能人才培养使用渠道。根据企业特点，在特有工种、关键岗位中设立首席技师或首席操作师、工种带头人、专家型技能人才等高级技能人才职位，给予较高的待遇；通过技师研修、名师带徒、设立技能大师工作室等方式培养高技能人才；制定高技能人才与工程技术人才职业发展贯通办法，吸引和稳定一批核心高技能人才。

五是加强职工队伍培训。企业教育培训管理部门要加强教育培训经费使用管理，保障基层一线职工学习培训经费不低于所提教育经费总额的30%。继续加强通用能力培训建设，疏通技术培训、学历教育接续通道。与国际知名企业开展职工技能对标活动，有条件的企业要有计划地选派优秀技能人才到海外项目现场和海外分支机构的关键技术岗位工作，拓宽国内技能人才的国际视野。

六是完善职工自主管理制度。要大力培养自主型职工，自愿执行企业规章制度、自主履行岗位职责、自觉完成工作任务。积极开展职工自主管理活动，激励职工立足工作岗位，自主发现问题、自主选题立项、自主组织团队、自主改进提高。

七是推行职业资格证书制度。在技术复杂、通用性强、涉及人民健康安全的工种全面推行职业资格证书制度，实现职业资格证书与学历文凭并重，职业资格证书制度与就业上岗制度及相应的待遇相衔接。推行国际职业资格证书制度，大力培养具有世界眼光、适应国际化发展要求的各类人才。

八是完善职工队伍激励机制。把岗位贡献同收入分配及其他相应的待遇挂钩。对参加科技攻关和技术革新并作出突出贡献的高技能人才，可从成果转化所得收益中，通过奖金等多种形式给予相应奖励。

九是做好关爱职工工作。坚持厂务公开民主管理制度，发挥职代会制度的作用。建立企业领导人员与职工面对面互动对话沟通机制。开展形式多样、内容丰富、健康向上的职工文化活动。关心困难职工生活，定期走访慰问困难职工，帮助他们解决实际困难。

十是积极选树表彰先进模范人物。定期组织开展评选表彰活动，围绕重大项目、重点工程、重要任务适时组织专项表彰，积极评选和向有关单位及部门举荐各类先进集体和个人。通过召开表彰大会、组织先进事迹报告团巡讲等多种形式大力弘扬先进模范人物的品格事迹，使之成为激励职工群众爱岗敬业、奉献拼搏的强大精神动力。

2010 · 重要理论观点

深化国有大企业改革的思考

邵宁在《中国发展观察》2010 年第 1 期撰文认为，经过几年的改革和调整，国有经济布局结构已经发生了根本性变化。中小企业层面基本没有国有企业了，国有经济主要布局在大企业层面，所以下一阶段的改革是以国有大企业为主要内容的改革。

目前国有大企业大体上可以分为两种情况。

第一种情况是功能性的国有大企业。主要有以下三种类型：

1. 基础设施和公共产品供给的国有企业。这个领域的公益色彩很重，企业的社会责任和企业自身的经济利益有时候是冲突的，尤其是当市场信号波动很剧烈的时候。

2. 重要资源开发型的国有企业。企业的经济利益和资源环境目标有时是不一致的，而我们现实的情况是企业自律不足、政府监管能力不足。

3. 关系国计民生的重要企业。比如军工企业，带有特殊社会功能或者经济功能，需要承担特定的社会、产业目标，国有经济需要继续保持控制力。

对这类国有企业下一步怎样改革，作者认为将会是内部改革（这些企业有很多内部改革是滞后的）加上完善出资人管理，再加上行业性的社会监督，包括价格控制、服务标准、收入分配、资源配置的安排等，以保证这类企业服务好社会和公众。该方向可能不会面临太多争议，争议在于竞争性的国有大企业。

第二种情况是竞争性的国有大企业。

有很多人认为，竞争性的国有大企业应该继续退出，使国有经济从一切竞争性领域退出。但在中国现实的国情条件下，国有竞争性大企业的存在与发展有着充分的必要性，因此不能再沿用国有中小企业的操作方式对国有大企业做简单的退出。因为这首先要回答的是退给谁。第一，退给国外企业不行，不能让国外企业控制中国的经济命脉；第二，退给处于家族企业阶段的民营企业，不但有职工能否接受的问题，而且企业文化与管理方式很可能出现倒退，对大企业的健康发展不利。因此，改革的方式需要一个转变方式，这就是依托资本市场在国有体制下对这些企业直接进行市场化改造，通过整体上市实现国有公司改革。

竞争性国有大企业最终的体制模式很可能就是简单上市公司，没有集团公司、不背存续企业，完全按照资本市场的要求进行运营。改革如果进行到该状态，就为下一步的改革和调整创造了更好的条件，因为该状态下彻底实现了国有资产的资本化，其良好的流动性足以支持对国有企业进行随时调整，也很容易调整。一旦发生特殊需要，通过资本市场也可以非常顺畅地变现。现在大家对国有经济在不同行业作用的认识还不太一致，以后还会有变化，认为需要控制的国有股份可以不动，需要减少一些控制的就可以通过资本市场调整。

关于国有经济的布局结构大致有这样一种判断，即在今后一段时间里，中国经济的所有制格局应该能够稳定一段时间。就是在中小企业层面完全依靠民营经济，在这一领域民营企业竞争力非常强；在那些特定功能的经济领域，可能是国有企业为主；竞争性领域中的大企业层面有国有、有民营，平等竞争优胜劣汰，国有经济和民营经济共同支撑中国经济的发展。

经过前一轮国有经济布局结构调整，目前国有经济和民营经济在层次上逐步错开了，互补性已经出现。从宏观的层面讲，我们并没有看到“国进民退”的趋势，中小企业仍是靠民营经济在发展，少量尚没有退出的国有企业仍在退出的过程中。在大企业层面国有企业和民营企业有竞争，这种竞争完全是正常的，谁胜谁负看具体企业的竞争力，无论结果如何都不值得反应过度。

对国有企业应有不同的评价标准

金碚在《工业经济研究》2010 年第 4 期撰文认为，国有企业是国家设立的企业，国家不是一般的民事主体，所以，国有企业必然具有区别于作为普通民事主体的一般企业（非国有企业）的特殊性质，因而对国有企业的绩效评价也就必然具有同一般企业不同的要求和标准。国有企业的绩效，一方面要体现在跟一般企业相同的经营效率和效益的自身表现上，另一方面还必须体现在是否实现了其所有者——国家和全民的意志和利益的特殊要求上。对国有企业的绩效评价除了“效率”“效益”“规模”“增长”等一般性指标外，还应该有不同于一般企业的评价标准。

第一，是否能比一般企业更有利于（或更可行地）实现一定的重要供应目标。例如，保证作为社会生产和民生基础设施和基础条件的产品和服务的普遍供应、保证某些基础性产品和服务的价格稳定、避免重要产品或服务的供应中断风险、实现某些战略性产业发展的重大突破等。这些目标的实现，是以一定限度的（或者可能的）效率损失为代价，实现特定的重要供应目标是国有企业绩效评价的重要内容之一。

第二，是否能有效解决重大特殊社会经济问题和发挥应对紧迫危机的独特功能。例如，在当前的国际金融危机中，为了解决“Too Big to Fail”（企业太大而不能破产）的棘手难题，美国和欧洲国家都采取了相当突出的（甚至是相当鲁莽的）国有化措施，以致一些私营金融机构（例如，花旗银行等）和大型私营企业（例如，通用汽车公司等），按我们的标准，已经变成“国有企业”了。如果国有企业对解决重大特殊社会经济问题和应对重大危机作出了突出贡献，那么，就可以获得较高的绩效评价，即使为此而付出了一定经济效率损失的代价。

第三，是否有助于改善市场运行秩序和产业组织结构。有的特殊产业，国家法律规定了国有企业处于专营或行政性垄断经营的地位，禁止或限制其他企业进入；还有一些产业，虽然没有规定国有企业的行政性垄断地位，但由于国有企业实力强大或者受到国家的特别支持，处于稳固的经济性垄断或寡头地位，而这种垄断结构甚至垄断行为是被政府认定为合理的，并不受《反垄断法》的禁止和制裁。因为国有企业的存在发展更有利于市场机制的有效运行，或者必须以国有企业来替代市场竞争，而这种替代可以使相关产业的市场结构和市场竞争秩序更有效或者更合理。也就是说，国有企业的绩效不仅体现在自身的经济效益（营利性）上，而且还必须体现在其所在的整个产业甚至整个国家各个产业的总体市场绩效上。因为国有企业的存在和发展，使整个国家产业发展的状态，即市场结构和运行秩序会变得更优（最优或者至少是次优）。

第四，是否能成为社会的“公平标杆”。国有企业是政府可以直接调节其收入分配的领域，同一般企业相比，国有企业在收入分配、员工就业的稳定性、劳保福利、社会保障等方面，应该成为国家所认同或者规定的社会“公平标杆”，即合理收入分配和社会保障方面的参照系。

为此，下一阶段，国有企业深化改革应继续向以下定位方向推进。

第一，实现更有利于经济整体有效运行和保证民生的基础设施、基础产业的稳定普遍供应的国有企业改革方向。

第二，在实现经济发展方式转变、建设重大民生事业工程，以及实现战略性新兴产业发展的关键突破，特别是形成保证国家安全的危机应急机制等方面，发挥更有效的功能。

第三，在改善市场运行秩序和产业组织结构方面发挥积极作用。在调整国有经济布局的基础上，形成国有企业占有优势的产业、国有和民营企业（包括外商投资企业）相对均势的产业、由民营企业占优势的产业三类产业优化分布的产业格局，使市场经济运行更有效率，并更有利于在有效竞争中形成中国整个产业的更强国际竞争力。

第四，在发挥收入分配“公平标杆”功能，扭转社会收入分配差距过大偏向上发挥积极作用。建立既体现效率原则，也要体现公平原则的合理收入分配格局，并以此作为全社会收入分配的公平标杆和国家扭转收入分配差距过大偏向的调节杠杆，这是一项具有特别重要意义的改革内容，也是国有企业在深化改革中必须承担的重大历史责任。

国有企业改革不能只是停留在完成市场化和商业化，如果那样，国有企业可能退化而丧失公有制企业的良好性质，成为市场经济有效运行的阻碍者和不当利益的攫取者，使改革半途而废。中国建立现代企业制度的关键之一，就是必须探索建立符合中国国情的现代国有企业制度，必须以建立现代国有企业制度的客观规律和原则，继续深化国有企业改革，实现国有企业根本性质的再塑造。

国有企业存在的原因

宁向东、吴晓亮在《财经研究》2010 年第 7 期撰文认为，国有企业的存在具有两个方面的原因——作为政府履行职责的工具和作为执政者的执政基础。也就是说，在公共经济范畴的基础上，当企业产权类型的决策者是执政党时，国有产权的规模与范围就不仅仅来自社会福利方面的因素，还取决于执政党对于社会关键资源（尤其是企业）的控制，以及由此而来的、保证执政地位强化方面的因素。如果在一个国家的政治经济环境中，执政党能够通过控制资源、进行相机性决策以维持稳定的社会政治格局，那么执政党就有动机将重要的企业资源收归国有，扩大国有经济的版图。

从动态的角度看，国有企业产权决策的影响因素包括：国有产权和私人产权的相对效率水平，国有企业改善社会公平的效力和程度，国有企业在国民经济中的地位及其对执政党的政治意义，执政党的政治控制对企业效率的影响程度，政治经济体制的完善程度等。于是，随着政治体制、政府职能的完善和执政党执政能力的提升，国有经济的范围将会缩小，而社会公众福利水平将会提高。

2010 · 重要政策法规

1.《国务院关于进一步加强淘汰落后产能工作的通知》，2010 年 2 月 6 日。

2.《国务院批转发展改革委〈关于 2010 年深化经济体制改革重点工作意见〉的通知》，2010 年 5 月 27 日。

3.《国务院关于进一步促进蔬菜生产保障市场供应和价格基本稳定的通知》，2010 年 8 月 27 日。

4.《国务院关于促进企业兼并重组的意见》，2010 年 8 月 28 日。

5.《国务院关于中西部地区承接产业转移的指导意见》，2010 年 8 月 31 日。

6.《国务院关于加快培育和发展战略性新兴产业的决定》，2010 年 10 月 10 日。

7.《国务院国资委关于在部分中央企业开展分红权激励试点工作的通知》，2010 年 10 月 11 日。

2010 · 年度热点纪实

吉利集团收购沃尔沃汽车

2010 年，全球经济在“二次探底”的忧虑和刺激性政策退出的双重压力下负重前行，唯独中国经济勾画出一道亮丽的风景线。在充斥着诸多意外和变数的同时，一连串的“意想不到”，展现出2010年的时代印记。

2010年，当年初人们在揣度楼市“拐点”是否来临时，房价却全国范围意外飙升，“新国十条”“新国五条”相继出台，从而引发了“史上最严厉”的楼市调控；2010年，当人们以为“蒜你狠”“豆你玩”“苹什么”“姜你军”行将退场时，年末农产品带动的新一轮物价上涨却突然袭来，宏观调控的价格目标全面失守；2010年，当人们对A股的市场前景充满了期待之时，沪指全年下跌469.06点，跌幅14.31%，在全球股票指数涨幅排名中列倒数第三，仅略强于身陷欧债危机的希腊和西班牙；2010年，自然灾害多发、频发使农业生产面临严峻考验，粮食产量“七连增”却给我们带来了喜悦和自豪，粮价涨，百价涨；粮价稳，人心稳。粮食产量“七连增”对于平抑物价的作用极其重大，为管理好通胀预期、保持价格总水平基本稳定提供了物质基础；2010年，最意料不到而又理所应当的，是中国GDP超越了日本。7月，中国央行副行长、国家外汇管理局局长易纲在接受媒体采访时称，中国实际上现在已经是世界第二大经济体了。8月16日，日本政府首次公开承认，日本的国民生产总值（GDP）已经被中国超越。

2010年，还有一个汽车行业的意想不到，更让许多人大跌眼镜。3月28日，在瑞典哥德堡，中国浙江吉利控股集团有限公司（以下简称吉利集团）董事长李书福，与美国福特汽车公司首席财务官刘易斯·布思，郑重地在一份协议书上签下了各自的名字。中国人以100%的控股，成为顶级品牌汽车沃尔沃轿车公司的老板！

消息传出，举世关注。澳大利亚广播公司说，吉利集团收购沃尔沃轿车公司，将加速推动中国汽车称雄世界！中国中央电视台的评论员认为，这一收购行动具有标志性意义：世界汽车产业的重心已经从欧美转向中国！

然而，更多的中国主流媒体在报道此刻的李书福时，都毫无悬念地表现出难得的谨慎：一个是浙江的民营企业，一个是世界顶级的王牌汽车，在这个有如“蛇吞象”的项目面前，吉利消化得了吗？

李书福 1963 年出生于浙江台州一个贫穷的山村。从小调皮的他因 3 分之差没能考上大学。拿着父亲给的 120 块钱做起了照相生意。最开始只是背着相机在公园里或大街上给人拍照。半年后就用积攒起来的钱开起了照相馆。以后又开过电冰箱配件厂、电冰箱厂，继而又成为全国第一家铝塑板的生产厂商。海南房地产热让他心动，于是他带着几千万元的资金来到海南，却遭遇地产泡沫破灭，几乎血本无归。

当年在深圳学习期间，李书福花 6 万元买了一辆中华牌轿车。“轿车是什么？不就是四个轮子、一个方向盘、一个发动机、一个车壳，里面两个沙发吗？”凭着这股闯劲，李书福做起了造车梦。

20 世纪 90 年代，汽车行业还没有向民营企业开放。他决定走迂回路线，先办摩托车厂。1998 年，李书福的吉利集团摩托车产量达 35 万辆，不但占领了国内市场，还出口 22 个国家和地区。他在浙江临海经济技术开发区买了一块 850 亩的地，名义上说是要生产摩托车，实际上却在筹建“吉利豪情汽车工业园区”。

李书福的造车梦是从模仿开始的。1996 年，奔驰刚刚推出新车，李书福就买了两辆。后来他又到一汽，把红旗车的底盘、发动机、变速箱都买回来研究，最后果真“依葫芦画瓢”造出了一辆车。“玻璃钢的，红旗轿车的底盘和发动机，外观跟奔驰 E200 一模一样。”李书福兴奋地开着这辆车上街兜风，却很快受到警告：没有生产许可证造出来的车是“犯法的”。

1998 年 8 月 8 日，吉利集团生产的第一辆车下线，李书福专门搞了一个“下线仪式”，发出去 700 多张邀请函。但由于当时这辆车尚未列入国家规定的生产目录，来捧场的只有一位副省长。“我当时真想哭。办了 100 桌酒席，却没有来宾，这是什么滋味？”多年后李书福谈起当时的场景，仍然有些心酸。

1999 年，国家计委主任的曾培炎视察吉利集团，李书福对他说：“请国家允许民营企业家做轿车梦。如果失败，就请给我一次失败的机会吧。”

漫长的等待终于有了结果。2001 年 11 月，在我国加入世界贸易组织之前，吉利登上汽车生产企业产品名录，吉利集团成为中国首家获得轿车生产许可证的民营企业。

创业初期，李书福用廉价轿车打开了国内市场。当时的吉利美日和吉利豪情，每辆价格都在 3 万多元。高档一点的吉利优利欧售价也不过 4 万元。超低价位引发了同类小轿车的降价风潮，汽车不再是有钱人的专属。

但享有价格优势的同时，吉利却成为廉价低端的代名词，它甚至被戏谑道："开吉利车要有一不怕死，二不怕苦的精神。"另外，因为太过模仿其他汽车，吉利也没少吃官司。那段时间的李书福，处境十分尴尬，情绪也极端低落。有人说他快疯了——见人就讲自己是怎么造出 3 万元轿车来的。有一回，他与同事喝酒后号啕大哭："我一不偷、二不抢，每天从早晨 6 点半工作到晚上 11 点，辛辛苦苦办企业，为什么别人总嘲笑我？"

也许就是从那时起，李书福萌生了收购世界级汽车品牌的念头。与此同时，李书福也在改变自己。过去他连 30 元以上的衬衣都舍不得穿，现在却穿起了西服。

2007 年，吉利开始实施全方位战略转型，从"造老百姓买得起的好车"转向"造最安全、最环保、最节能的好车"。现在的吉利已经不再造 4 万元以下的汽车。实施战略转型的第三年，吉利汽车销量达 33 万辆，比 2008 年净增 10 多万辆，同比增长达 48%；实现销售收入 165 亿元，同比增长 28%。一个全新、强大的吉利汽车品牌形象正日渐清晰。

和吉利的销售业绩同样让人印象深刻的，还有李书福的"疯狂言论"："要像卖白菜一样卖汽车""让中国的汽车走向世界，而不是让全世界的汽车跑遍全中国"……正是这些言论，让李书福获得了"汽车狂人"的雅号。

2002 年，李书福一度谋划着要收购英国罗孚汽车，但因缺乏经验，又"不懂规矩"，最终慢了一步，输给了南京汽车公司。4 年后，他又盯上了奔驰汽车的时尚车型 Smart，但对方根本看不上吉利集团，一上来就提出了让他难以接受的苛刻条件。

两次失败后，李书福终于迎来了机会。2006 年，吉利集团赢得英国百年汽车企业锰铜控股公司的垂青，双方合资成立了上海英伦帝华合资公司，在上海生产知名的伦敦黑色面包出租车，实现了“英国品牌中国造”。2008 年，李书福又趁着金融危机带来的机会，拿下全球排名第二的澳大利亚 DSI 自动变速器公司。

1999 年，美国福特公司收购沃尔沃轿车公司，但用尽千方百计也没能扭转其连年亏损的局面。福特公司深陷财政困境，亏损额高达 126 亿美元，为此不得不甩掉捷豹、路虎等知名品牌，但即便如此，它仍然舍不得出售沃尔沃。

最初，在福特公司高层看来，吉利集团收购沃尔沃的计划，完全是“蛇吞象”式的妄想，自不量力的表现。然而，李书福软磨硬泡的时间长了，福特公司的很多人都记住了这个黄皮肤、笑眯眯、执着的中国民营企业家。因此，2008 年底，当福特公司决定甩掉沃尔沃这个“包袱”的时候，首先想到的就是李书福。

2009 年初，李书福接待了一位远道而来的客人——福特公司独立董事约翰·桑顿。桑顿拜访吉利集团，只有一个目的：考察有意收购沃尔沃的买家的实力和诚意。结果，他得出这样的结论：福特公司应该认真考虑吉利集团的收购提议。

在福特总部，李书福的收购提议被讨论了好几个月。但出于保护知识产权等方面的考虑，董事会内部始终未能达成一致。

为了说服福特公司，李书福通过一家英国公司，找到了全球顶尖的律师事务所富尔德、会计师事务所德勤、著名汽车咨询公司罗兰贝格和著名企业并购公关公司博然思维，组建了一个 200 多人的谈判团队。“谈判的艰苦程度是难以想象的，光是双方准备的资料和谈判记录，就重达几十公斤，吉利集团谈判团队的成员，由于经常往返于国内和欧洲之间，常常早上醒来时都反应不过来自己身在何处。”一位曾参与谈判的人士说。

李书福还“挖”来了 4 位业界的顶级精英——原华泰汽车集团总裁童志远、原英国石油公司的高管张芃和袁小林、原菲亚特动力科技中国区总裁沈晖，打造全新的管理团队。这个团队既了解国际并购事务的规程，也熟悉与欧美国家政府打交道的套路，因此成为吉利集团收购沃尔沃行动的决策机构。

工会问题是中国企业在海外收购行动中经常遇到的“拦路虎”，李书福也碰上了同样的难题。一次，在和沃尔沃比利时根特工厂的工会代表谈判时，对方给李书福出了一道难题，问他能不能用 3 个词来说明为什么吉利是最合适的竞购者。一时间场上气氛十分尴尬，主持人本打算出来圆场，但李书福摆摆手，灵机一动，用了自己会说的三个英文单词说出了一句话：“I love you.”瞬间俘获了不少工会成员的心，赢得现场一阵热烈的掌声。根特工厂的工会主席立即拿出沃尔沃的厂徽给李书福戴上。

2009 年 10 月 31 日，福特公司终于在两个竞购者——法国雷诺汽车公司和中国吉利集团当中做出了选择：吉利集团被列为优先竞购者。

从2007年6月成立项目团队，到2010年8月正式完成交割，成为沃尔沃的新老板，李书福用了3年时间。因为收购沃尔沃汽车公司100%股权，吉利拥有了沃尔沃轿车商标所有权和使用权、10963项专利和专用知识产权、10个系列可持续发展的产品及产品平台、两大整车厂约56万辆的生产能力和良好设施、1家发动机公司及3家零部件公司、整车和关键零部件开发独立数据库及3800名高素质科研人才的研发体系和能力，以及分布于100多个国家和地区的2325个网点的销售服务网络等。

李书福所主导的吉利收购沃尔沃汽车公司这一事件，是中国汽车企业最大规模的海外并购，在中国汽车工业发展史上，注定会是浓墨重彩的一页。

2010·年度改革大事

1月1日　中国—东盟自由贸易区正式全面启动。

2月6日　国务院发布《关于进一步加强淘汰落后产能工作的通知》，以严厉手段淘汰电力、煤炭、钢铁、水泥等行业落后产能。

4月6日　国务院印发《关于进一步做好利用外资工作的若干意见》。

4月14日　青海玉树发生里氏7.1级地震，给当地人民生命财产造成重大损失。在中共中央、国务院、中央军委领导下，广大军民团结奋战，夺取了抗震救灾斗争的重大胜利。5 月 27 日，国务院印发《关于支持玉树地震灾后恢复重建政策措施的意见》，提出用 3 年时间基本完成恢复重建的主要任务。

5 月 13 日　国务院发布《关于鼓励和引导民间投资健康发展的若干意见》，鼓励和引导民间资本进入法律法规未明确禁止准入的行业和领域。

5 月 27 日　国务院批转发改委《关于 2010 年深化经济体制改革重点工作意见》，要求深化财税体制改革，出台资源税改革方案，统一内外资企业和个人城建税、教育费附加制度，逐步推进房产税改革，研究实施个人所得税制度改革，完善消费税制度，研究开征环境税的方案。

6 月 29 日　中共中央、国务院印发《关于深入实施西部大开发战略的若干意见》，对今后 10 年深入实施西部大开发战略作出部署。

7 月 19 日　国务院发出《关于进一步加强企业安全生产工作的通知》。

8 月 8 日　甘肃舟曲发生特大山洪泥石流灾害，给当地人民生命财产造成重大损失。在中共中央、国务院、中央军委领导下，广大军民团结奋战，夺取了抢险救灾的重大胜利。10 月 18 日，国务院印发《关于支持舟曲灾后恢复重建政策措施的意见》。

8 月 19 日　财政部等部门联合发布通知，要求各地财政部门上报地方融资平台公司债务清理核实情况。

9 月 6 日　国务院印发《关于促进企业兼并重组的意见》，

提出在不违背国家有关政策规定的前提下，地区间可根据企业资产规模和盈利能力，签订企业兼并重组后的财税利益分成协议，妥善解决企业兼并重组后工业增加值等统计数据的归属问题。

10月12日　中共中央办公厅、国务院办公厅印发《党政主要领导干部和国有企业领导人员经济责任审计规定》。

10月15日至18日　中共十七届五中全会举行。全会审议通过《中共中央关于制定国民经济和社会发展第十二个五年规划的建议》。会议强调，“十二五”时期是全面建设小康社会的关键时期，是深化改革开放、加快转变经济发展方式的攻坚时期。制定“十二五”规划，要以科学发展为主题，以加快转变经济发展方式为主线，深化改革开放，保障和改善民生，巩固和扩大应对国际金融危机冲击成果，促进经济长期平稳较快发展和社会和谐稳定，为全面建成小康社会打下具有决定性意义的基础。

10月18日　国务院发布《关于加快培育和发展战略性新兴产业的决定》，决定现阶段重点培育和发展节能环保、新一代信息技术、生物、高端装备制造、新能源、新材料、新能源汽车等产业。

11月1日　第六次全国人口普查开始。2011年4月28日，国家统计局公布人口普查主要数据，截至2010年11月1日零时，全国总人口为1370536875人，其中普查登记的中国（除港澳台）31个省（自治区、直辖市）和现役军人的人口共1339724852人。

12 月 10 日至 12 日　中央经济工作会议召开。会议强调，要正确把握国内外形势新变化新特点，以科学发展为主题，以加快转变经济发展方式为主线，实施积极的财政政策和稳健的货币政策，增强宏观调控的针对性、灵活性、有效性，加快推进经济结构调整，大力加强自主创新，切实抓好节能减排，不断深化改革开放，着力保障和改善民生，巩固和扩大应对国际金融危机冲击成果，保持经济平稳较快发展，促进社会和谐稳定。

本年度，我国国内生产总值达到 401513 亿元，成为世界第二大经济体。

本年度主要参考资料：

1. 2009 年中央经济工作会议新闻报道[EB/OL]. 人民网，2009－12－05.

2. 2010 年国务院政府工作报告——2010 年 3 月 5 日在第十一届全国人民代表大会第三次会议上[EB/OL]. 中国政府网，2010－03－16.

3. 国家统计局. 中华人民共和国 2010 年国民经济和社会发展统计公报[M]. 北京：中国统计出版社，2010. 12.

4. 财政部. 2010 年中央和地方预算执行与 2011 年预算草案报告[EB/OL]. 中国人大网，2010－03－28.

5. 2010 年中国货币政策执行报告[EB/OL]. 中国人民银行网，2010－03－28.

6. 国家发展与改革委员会. 2010 年经济和社会发展计划执行与 2011 年草案报告[EB/OL]. 中国人大网，2010－03－28.

7. 中国经济贸易年鉴编委会. 中国经济贸易年鉴（2011 年）[M]. 北京：中国经济出版社，2011. 12.

8. 辛汝忠. 汽车狂人李书福[J]. 人民文摘，2003（10）.

2011 年

2011 · 年度经济背景

宏观政策转向，经济继续向调控预期方向发展

2011 年，经济增长由政策刺激转向自主增长，面对复杂多变的国内外经济环境，国家宏观政策注意把握好力度和节奏，取得了明显成效。消费和投资平稳增长，工农业生产稳定增长，物价过快上涨势头得到初步遏制，国际收支继续改善，就业形势较好，国民经济继续朝着宏观调控的预期方向发展。

一、宏观经济运行总体态势

2010 年 12 月 15 日商务部举行召开例行发布会上，商务部新闻发言人姚坚坦言，“物价和通胀预期的问题是未来一个时期的主要矛盾，也是我们关注的重点”。事实上，通胀压力在 2007 年底就已经显现，2008 年三季度以前表现非常突出，由于受国际金融危机的冲击，已经存在的总需求增长过快、供给侧结构性失衡的矛盾被暂时掩盖了下去。在当年出口严重受阻、总需求急剧下滑的大背景下，刺激需求尤其是国内需求成为第一要务，实施积极的财政政策和适度宽松的货币政策是唯一选择。

经过历时两年的一系列刺激消费、扩大需求政策作用，虽然保持了宏观经济的平稳增长，避免了宏观经济出现系统性风险，但是由此带来的负面影响，即宏观总量失衡进一步加剧的问题再次凸显，这实际上是当年为应对国际金融危机所必须付出的政策成本。

鉴于通货膨胀压力增大已经成为主要矛盾，2010 年末的中央经济工作会议提出，要更加积极稳妥地处理好保持经济平稳较快发展、调整经济结构、管理通胀预期的关系，加快推进经济结构战略性调整，把稳定价格总水平放在更加突出的位置。同时下决心压缩一般性支出，加强地方政府性债务管理，坚决防止借“十二五”规划（2011 年至 2015 年）开局盲目铺摊子、上项目。中央政府对 2011 年宏观调控的政策基调是：以加快转变经济发展方式为主线，“积极稳健、审慎灵活”，实施积极的财政政策和稳健的货币政策。

2011 年宏观调控的主要预期目标是：国内生产总值增长 8% 左右；经济结构进一步优化；居民消费价格总水平涨幅控制在 4% 左右；城镇新增就业 900 万人以上，城镇登记失业率控制在 4.6% 以内；国际收支状况继续改善。

实际执行的结果，据国家统计局初步核算，全年国内生产总值 471564 亿元，比上年增长 9.2%。其中，第一产业增加值 47712 亿元，增长 4.5%；第二产业增加值 220592 亿元，增长 10.6%；第三产业增加值 203260 亿元，增长 8.9%。三次产业增加值占国内生产总值的比重分别为 10.1%、46.8% 和 43.1%。

全年居民消费价格比上年上涨 5.4%，其中食品价格上涨

11.8%。固定资产投资价格上涨6.6%。工业生产者出厂价格上涨6.0%。工业生产者购进价格上涨9.1%。

全年城镇新增就业1221万人。年末城镇登记失业率为4.1%，与上年末持平。

年末国家外汇储备31811亿美元，比上年末增加3338亿美元。年末人民币汇率为1美元兑6.3009元人民币，比上年末升值5.1%。

全年公共财政收入103740亿元，比上年增加20639亿元，增长24.8%；其中税收收入89720亿元，增加16510亿元，增长22.6%。

全年货物进出口总额36421亿美元，比上年增长22.5%。其中，出口增长20.3%、进口增长24.9%。贸易顺差1551亿美元，比上年减少264亿美元。

二、宏观经济政策转向，稳定价格重新成为重点

为应对通胀压力，中央政府确定了2011年宏观经济调控的五大着力点。

一是调整货币政策，收窄涨价之源。货币政策在经历了2008年的“从紧”和2009年、2010年的“适度宽松”后，再次回归到长期实施的“稳健”上来。“货币超发是推动物价上涨的最根本因素。”过去两年，我国累计新增人民币贷款超过17万亿元，广义货币供应量达到71万亿元，成为全球货币供应量第一大国。物价上涨，反映了“适度宽松”货币供应量造成的流动性过剩滞后影响已显现。缓解通胀压力，要通过提高存款准备金率等政策工具，逐步把货币供应量增速回落到合理水平；

同时控制新增贷款规模。

二是完善汇率机制，扩大进口规模。2005 年汇制改革以来，“进一步完善人民币汇率形成机制”首次公开出现在中央经济工作会议的文件中，并首次将“扩大进口规模”提至平衡宏观经济和调整经济结构的高度。贸易顺差扩大是导致人民币超发的重要原因。虽然我国贸易顺差占 GDP 的比重已从 2007 年 10.6% 的峰值降至 2009 年的 5.8%，但长期累积下来的外汇结余是重要的增发货币推手。仅 2010 年下半年，人民币对美元就已累计升值约 3%。利用更多汇率手段遏制通胀，不仅可以降低总体物价水平，还可以让不同类别产品的相对价格更加合理，可谓一箭双雕。

三是确保农产品供给，削弱涨价推手。食品价格长期主导物价走势。2001 年至 2010 年，CPI 累计上涨 22%，其中食品价格累计上涨 62%。“确保农产品有效供给”成为 2011 年经济工作第二大任务。为此，2010 年 12 月 20 日，国务院办公厅通过中国政府网发布《国务院关于稳定消费价格总水平保障群众基本生活的通知》，要求各地和有关部门及时采取 16 项措施，进一步做好价格调控监管工作，稳定市场价格，切实保障群众基本生活。16 项措施包括：大力发展农业生产、稳定农副产品供应、降低农副产品流通成本、保障化肥生产供应、做好煤电油气运协调工作、发放价格临时补贴、建立社会救助和保障标准与物价上涨挂钩的联动机制、继续落实规范收费的各项规定、积极稳妥推进价格改革、规范农产品经营和深加工秩序、加强农产品期货和电子交易市场监管、健全价格监管法规、加强价格监督检查和反价格垄断执法、完善价格信息发布制度、切实落实“米袋子”省长负责制和“菜篮子”市长负责制、建立市场价格调控部际联席会议制度。

四是住房“双轨”供给，淡化房价负担。近年来房价已成为公众的关注焦点。大力发展公共租赁住房，逐步形成符合国情的保障性住房体系和商品房体系，这是中央经济工作会议有关2011年住房供给的表述。建立“双轨”供给体系，是我国房地产市场建设的根本任务。会议首次将“保障性住房体系”和“商品房体系”并列提出，并以“公租房”代替了2006年以来屡次提及的廉租房和经适房。2011年计划安排建设1000万套保障性住房和棚户区改造住房，比今年580万套保障性住房的建设规划翻了近一番。北京市住建委表示，未来5年本市计划新建或收购各类保障性住房100万套，占住房供应总量的60%；保障性住房将向“以租为主”转变。

五是改革收入分配，缓解通胀压力。2004年以来，中央经济工作会议几乎每年要提“调整国民收入分配格局”。但是提出“要研究制定收入分配改革方案”却是首次出现，而且是作为“加大改革攻坚力度”的任务之一，而不是像往年一样作为扩内需或改善民生的举措。收入分配改革方案的出台，税收调整成为重要内容。一是个税起征点的调整，二是服务业营业税转增值税（营改增），我国对工业部门征收增值税，对服务业征收营业税。由于增值税具有不同环节抵扣机制，而营业税不存在抵扣，服务业承担的税负比工业要高。服务业营业税转增值税，有利于降低服务业成本。

（一）积极的财政政策实施情况

一是充分发挥财税政策的作用，促进物价总水平保持基本稳定。大力支持增加农产品供给，稳定成品油、化肥等供应，加大对生猪生产的扶持力度，加强储备物资市场调控，实施政策性粮油定向销售，扩大生活必需商品、原材料进口，促进市场供求平衡。对鲜活农产品运输车辆免收车辆通行费，开展收费公路专项清理，降低流通成本。落实对城乡低收入群体的各项补助政策，对部分困难群众和公益性行业给予油价补贴，降低物价上涨对困难群体的影响。

二是增加城乡居民收入，提高居民消费能力。合理调整国民收入分配关系，扩大财政补助规模，增加对农民的补贴，加强农业基础设施建设，深入推进财政扶贫开发，促进农民增收；提高城乡居民最低生活保障标准，增加企业退休人员基本养老金，扩大新型农村和城镇居民社会养老保险试点范围，落实义务教育学校、公共卫生和基层医疗卫生事业单位绩效工资等政策，提高居民消费能力。完善家电下乡和家电以旧换新政策。支持商贸流通发展，改善消费环境。

三是优化投资结构，加强经济社会发展的薄弱环节。中央基建投资主要用于支持保障性安居工程、以水利为重点的农业基础设施、教育卫生基础设施建设，节能减排和生态环保，新疆、西藏及青海等四省藏区经济社会发展，自主创新和战略性新兴产业发展等方面，优先保证重点在建、续建项目的资金需求，有序启动“十二五”规划重大项目建设。

四是完善结构性减税政策，引导企业投资和居民消费。将个人所得税工薪所得减除费用标准由2000元/月提高到3500元/月并调整税率结构，降低中低收入者税负。对部分小型微利企业继续实行所得税优惠政策，出台提高增值税、营业税起征点等一系列税收减免政策，减轻中小企业负担。对600多种资源性产品、基础原材料和关键零部件实施较低的年度进口关税暂定税率。继续实施西部大开发等税收优惠政策。取消和减免77项收费和基金，减轻企业和居民负担。

（二）稳健的货币政策实施情况

一是灵活开展公开市场操作。中国人民银行根据银行体系流动性变化情况，合理把握公开市场操作力度和节奏，与存款准备金政策相配合，促进银行体系流动性供求的适度均衡。全年累计发行中央银行票据约1.4万亿元，开展正回购操作约2.5万亿元；截至2011年末，中央银行票据余额约为1.9万亿元。通过优化公开市场操作工具组合，公开市场操作预调微调的功能得到充分发挥。同时，继续适时开展国库现金管理商业银行定期存款业务。全年共开展11期中央国库现金管理商业银行定期存款业务，操作规模共计4500亿元，年末余额为2900亿元。

二是适时适度运用存款准备金率工具，实施差别准备金动态调整机制。在国际收支总体上继续保持较大顺差的背景下，上半年，中国人民银行分别于1月20日、2月24日、3月25日、4月21日、5月18日和6月20日6次上调存款类金融机构人民币存款准备金率各0.5个百分点，累计上调3个百分点。从2011年9月起，将保证金存款纳入存款准备金交存范围，并根据金融机构流动性状况在3至6个月内逐步实施到位。到四季度，受欧洲主权债务危机加剧、市场避险情绪上升等因素影响，外汇占款出现波动。在充分发挥公开市场操作的预调微调作用的基础上，12 月 5 日，又下调存款准备金率 0.5 个百分点，保持银行体系流动性处于适度水平。

三是发挥利率杠杆的调控作用。前三季度，中国人民银行分别于 2 月 9 日、4 月 6 日和 7 月 7 日三次上调金融机构人民币存贷款基准利率。其中，1 年期存款基准利率由 2.75% 提高到 3.50%，累计上调 0.75 个百分点；1 年期贷款基准利率由 5.81% 提高到 6.56%，累计上调 0.75 个百分点。这对于稳定通胀预期、引导货币信贷合理增长发挥了积极作用。四季度以后，随着国内外形势变化，特别是国内价格涨幅逐步回落，存贷款基准利率保持稳定。

四是加强窗口指导和信贷政策引导。中国人民银行继续加强和改善窗口指导，坚持“有扶有控”的信贷政策，引导金融机构合理把握信贷投放节奏，优化信贷结构，防范信贷风险，进一步完善对实体经济、民生领域的金融服务。全面推进信贷政策导向效果评估工作，重点开展涉农和中小企业信贷政策导向效果评估，促进涉农信贷政策和中小企业信贷政策有效传导。加大对农田水利建设等水利改革发展的金融支持，全面推进农村金融产品和服务方式创新。引导金融机构根据中小企业的最新划分标准，多措并举做好小型微型企业金融服务工作。积极支持产业结构升级和经济结构调整，支持战略性新兴产业企业等高新技术企业发展，指导和督促金融机构全面落实关于金融支持文化产业、服务外包、物流业、旅游业等行业发展的政策要求，进一步加大对环保产业、循环经济发展、节能减排、技术改造等方面的信贷支持。积极完善扶持农民工、妇女、大学生村干部、残疾人、少数民族等特殊群体创业促就业的小额担保贷款政策。

五是跨境贸易和投资人民币结算业务量明显增加。2011 年，银行累计办理跨境贸易人民币结算业务 2.08 万亿元，同比增长 3.1 倍。跨境贸易人民币结算收付平衡状况显著改善。全年收付比从 2010 年的 1∶5.5 上升至 1∶1.7。全年银行累计办理对外直接投资人民币结算业务 201.5 亿元，外商直接投资人民币结算业务 907.2 亿元。

年末广义货币供应量 M_2 余额为 85.2 万亿元，比年初增加 9.9 万亿元，比上年末增长 13.6%，增速比上年低 6.1 个百分点；狭义货币供应量 M_1 余额为 29.0 万亿元，增长 7.9%；流通中现金 M_0 余额为 5.1 万亿元，增长 13.8%。全年社会融资规模为 12.83 万亿元，其中债券融资明显增多。金融机构贷款利率总体稳步上行，12 月非金融企业及其他部门贷款加权平均利率为 8.01%，比年初上升 1.82 个百分点。年末人民币对美元汇率中间价为 6.3009 元，比上年末升值 5.11%。

三、宏观经济运行继续向宏观调控预期方向发展

（一）消费和投资平稳增长，对外贸易更趋平衡

城乡居民收入继续稳定增长，国内消费需求稳定。2011 年，城镇居民家庭人均可支配收入为 21810 元，比上年增长 14.1%，扣除价格因素，实际增长 8.4%；农村居民人均纯收入 6977 元，增长 17.9%，扣除价格因素，实际增长 11.4%。全年社会消费

品零售总额为 18.1 万亿元，增长 17.1%；扣除价格因素，实际增长 11.6%，比上年低 3.2 个百分点。其中，城镇消费品零售额为 15.7 万亿元，比上年增长 17.2%；乡村消费品零售额为 2.4 万亿元，增长 16.7%。

固定资产投资保持较快增长，中西部投资增速明显快于东部。全年，固定资产投资（不含农户）30.2 万亿元，比上年增长 23.8%，扣除价格因素后，实际增长 16.1%。其中，国有及国有控股投资为 10.7 万亿元，增长 11.1%。其中，东部、中部、西部地区投资分别增长 21.3%、28.8% 和 29.2%。新开工项目计划总投资 24.0 万亿元，增长 22.5%，施工项目计划总投资 63.2 万亿元，增长 18.7%。

进出口增速回落，贸易顺差继续收窄。全年进出口总额 36421 亿美元，比上年增长 22.5%，比上年低 12.2 个百分点。其中，出口增长 20.3%，比上年低 11 个百分点；进口增长 24.9%，比上年低 13.8 个百分点。全年贸易顺差为 1551 亿美元，比上年减少 264 亿美元，已连续三年下降。全年实际使用外商直接投资 1160 亿美元，增长 9.7%，增速比上年低 7.7 个百分点。

（二）农业生产形势较好，工业生产平稳增长

农业生产稳定增长，全年粮食产量再获丰收。全年粮食产量为 57121 万吨，比上年增长 4.5%。猪牛羊禽肉产量为 7803 万吨，增长 0.3%。

工业生产平稳增长，产销衔接良好。全年全国规模以上工业增加值同比增长 13.9%；工业产销衔接良好，工业产品产销

率为98%。工业企业效益继续增加。全国规模以上工业企业实现利润5.5万亿元，同比增长25.4%。四季度中国人民银行5000户工业企业调查显示，企业经营景气状况继续回落，但原材料供应有所好转。四季度，企业经营景气指数连续四个季度回落至67.5%。企业产品市场需求指数为57.4%，比上季低3.2个百分点。其中，国内订单指数连续四个季度回落至53.2%；出口订单指数为48.7%，较上季低2.9个百分点，自2009年四季度以来首次落入50%以下不景气区间。原材料供应情况指数连续两个季度上升至63.5%，较上季高1.0个百分点。

工业利润增长平稳。在39个工业大类行业中，37个行业利润同比增长，2个行业同比下降。其中，石油和天然气开采业利润同比增长44.8%，黑色金属矿采选业增长53.0%，化学原料及化学制品制造业增长32.1%，石油加工、炼焦及核燃料加工业下降92.8%。全年，发电量为46037亿千瓦时，同比增长12.0%；原油产量为20365万吨，同比增长0.3%。1月至11月，原煤产量为34.6亿吨，同比增长11.6%；全社会货运量为330.3亿吨，同比增长14.3%。

（三）物价过快上涨势头得到初步遏制

2011年初以来，在能源资源、劳动力等要素成本上升、通货膨胀预期较强、国内需求较快增长等多种因素共同作用下，价格上涨压力继续增大。进入下半年，随着国内经济增长趋稳和稳健货币政策效果逐步显现，加之国际大宗商品价格整体出现回落，价格上涨压力有所减轻，主要价格指标开始趋稳回落，物价上涨过快的势头得到了初步遏制。

居民消费价格同比涨幅前期不断扩大，7 月以后连续回落。全年 CPI 同比上涨 5.4%，比上年高 2.1 个百分点。工业生产者出厂价格同比上涨 6.0%，比上年高 0.5 个百分点。工业生产者购进价格同比上涨 9.1%，比上年低 0.5 个百分点。全年企业商品价格指数（CGPI）上涨 7.6%，比上年高 1.1 个百分点。农产品生产价格上涨 16.5%，比上年高 5.6 个百分点；农业生产资料价格上涨 11.3%，比上年高 8.4 个百分点。进口价格涨幅高于出口价格涨幅。全年进口价格同比上涨 14.0%，比上年高 0.3 个百分点。

（四）财政收入增速高于上年，财政支出保持较快增长

2011 年，财政收入（不含债务收入）大幅提高，全国财政收入 10.4 万亿元，同比增长 24.8%，增速比上年高 3.5 个百分点；全国财政支出 10.9 万亿元，同比增长 21.2%，增速比上年高 3.4 个百分点。收支相抵，收入小于支出 5190 亿元。从财政收入结构看，2011 年税收收入 9.0 万亿元，同比增长 22.6%，增速比上年低 0.4 个百分点。从支出结构看，2011 年各项支出中增长较快的主要有，住房保障支出同比增长 60.8%，交通运输支出同比增长 36.1%，医疗卫生支出同比增长 32.5%。全国财政支出中最大的三项分别为，教育支出 16116 亿元，社会保障和就业支出 11144 亿元，一般公共服务支出 11109 亿元，分别占财政支出的 14.8%、10.2% 和 10.2%。

（五）国际收支不平衡压力有所缓解

2011 年前三季度，国际收支经常项目、资本和金融项目继续呈现“双顺差”，国际储备资产继续增加。经常项目顺差为

1412 亿美元，同比减少 30.7%，与 GDP 之比降至 3%；资本和金融项目顺差为 2501 亿美元，同比增长 92.2%；国际储备资产增加 3754 亿美元。四季度以来，在欧美债务危机、市场预期变化和以“减顺差、促平衡”为导向的外汇管理政策调整的影响下，跨境资金净流入趋缓，个别月银行代客结售汇出现逆差，国际收支不平衡的压力有所缓解。截至 2011 年末，国家外汇储备余额为 31811 亿美元。预计当前外汇收支运行态势可能延续一段时间，2012 年外汇资金总体保持净流入，但流入总量将明显低于过去几年的平均水平。进出口顺差和外商直接投资仍将是外汇净流入的主要渠道。一方面，现阶段国内储蓄依然大于投资，在现有国际分工格局下，中国经济项目的贸易顺差局面不会改变。另一方面，中国经济持续平稳较快发展，国内市场前景广阔，有望继续吸引国际长期资本流入。同时，欧美债务问题和国际金融市场状况对中国国际收支的影响仍需密切观察。

外债规模总体上升。截至 2011 年 9 月末，外债余额为 6971.6 亿美元，同比增长 27.6%。其中，登记外债余额为 4405.6 亿美元，同比增长 34.9%，占外债余额的 63.2%；短期外债余额为 5076.3 亿美元，同比增长 37.4%，占外债余额的 72.8%。

（六）国有及国有控股企业经济运行情况良好

2011 年全年纳入本月报统计范围的全国国有及国有控股企业（以下简称国有企业）主要经济效益指标同比继续保持增长，但增幅呈现逐步回落态势。

1 月至 12 月，国有企业累计实现营业总收入 367855 亿元，同比增长 21.5%。其中，中央企业（包括中央管理企业和部门所属企业，下同）累计实现营业总收入 231756.1 亿元，同比增长 20.9%；地方国有企业累计实现营业总收入 136098.9 亿元，同比增长 22.7%。

国有企业累计实现利润总额 22556.8 亿元，同比增长 12.8%。其中，中央企业累计实现利润总额 15023.2 亿元，同比增长 11.5%；地方国有企业累计实现利润总额 7533.6 亿元，同比增长 15.6%。

国有企业应交税费 29934 亿元，同比增长 17.9%。其中，中央企业累计应交税费 22695.2 亿元，同比增长 18.3%；地方国有企业累计应交税费 7238.8 亿元，同比增长 16.9%。

国有企业成本费用总额为 348981.3 亿元，同比增长 22.4%。其中：营业成本同比增长 22.9%，销售费用、管理费用、财务费用同比分别增长 13.9%、增长 14.7% 和增长 33.6%。

销售净利率为 4.6%，比去年同期下降 0.4 个百分点。净资产收益率为 7.4%，比去年同期下降 0.1 个百分点。成本费用利润率为 6.5%，比去年同期下降 0.6 个百分点。

中央企业销售净利率、净资产收益率和成本费用利润率分别为 4.8%、8.2% 和 6.9%，地方国有企业分别为 4.3%、6.1% 和 5.8%。

国有企业存货同比增长 22.1%。存货周转率为 4.5 次，与去年同期持平。应收账款周转率为 13.4 次，比去年同期下降 0.7 次。平均总资产周转率为 0.6 次，与去年同期持平。

截至2011年底，全国国有及国有控股企业（不含金融类企业，以下简称全国国有企业）14.47万户，资产总额85.37万亿元，所有者权益29.17万亿元，在册职工3672.4万人，离退休职工1655.3万人。2011年，全国国有企业实现营业收入39.25万亿元，实现利润总额2.58万亿元，上缴税金3.45万亿元，分别约占全社会工商企业的35%、43%和40%。其中，纳入国务院国资委系统监管的企业资产总额、营业收入、利润总额、上缴税金分别占全国国有企业的71.2%、87.3%、80.7%和75.8%。

2011·年度改革实践

继续扩大董事会制度试点

国务院国资委从2004年6月开始在中央企业中启动国有独资公司董事会试点工作，并以2005年10月17日宝钢集团作为第一家启动试点工作为标志，旨在建立现代企业制度，完善公司法人治理结构，建立规范有效的董事会。几年来，中央企业董事会试点工作稳步推进，试点企业户数不断扩大。2011年，又有中石油、中石化等10家中央企业被纳入董事会试点范围，试点企业总数达到42家，董事会规范运作的制度体系基本完成。

国资委对董事的培训工作高度重视，从2005年开始先后组织了13期赴新加坡淡马锡公司的培训考察，包括董事、董秘、中央有关部委和地方国资委在内，共计有 615 人次参加。通过学习新加坡淡马锡公司及所属淡联企业公司治理的经验和做法，考察人员对董事的决策、定位和内涵都有了更深刻的体会，对完善中国特色的公司治理充满了信心。国资委还根据中央企业的实际情况和董事履职的基本要求，有针对性地设计并举办了国有企业改革、财务会计、业绩考核与薪酬等六个专题的培训，至今每一个专题都进行了两次以上的培训，全部在岗董事参加了所有的专题培训。

中央企业进行董事会试点以来，试点企业开始由过去的“一把手负责制”转变为董事会决策、经理层执行、监事会监督的公司法人治理模式，不少试点企业董事会设立了专门委员会，董事会制度基本健全，独立（外部）董事的作用得到发挥，董事会秘书职责逐步到位，董事会的运作更加规范、决策更加科学，国有企业的法人治理水平不断提高。几年来建设规范董事会工作的实践取得了明显成效，企业的决策机制从体制上发生了变化，初步形成了能够实现民主决策、科学决策的机制。但是，任何一种公司治理结构都受到客观条件的限制和约束，需要在实践中不断地探索。深化国有企业改革，依然要强调的是“加强和改进党对国有企业的领导和发挥企业党组织的政治核心作用”，“建立职业经理人制度，更好发挥企业家作用”“全心全意依靠工人阶级”。

中央企业分红权激励试点

2011 年 7 月 29 日，国务院国资委正式启动中央企业分红权激励试点工作。首批纳入试点的是航天科技和有色金属研究总院两家企业。

实施股权和分红权激励，是国务院支持中关村建设国家自主创新示范区的一项重大政策。这项政策，对于推进中央企业特别是高新技术企业和院所转制企业进一步深化内部改革，对于促进技术创新和科技成果产业化，意义都是非常重大的。

由于在非上市企业实施股权激励，涉及国有股权转让定价、股权分配等敏感问题，以及多年积累的科研成果产权归属问题、激励对象固化后带来的问题等，国务院国资委决定退而求其次考虑分红权激励。企业对于分红权激励的认识比较一致，认为分红权激励是一种利益分享制，与岗位挂钩，可以把激励对象的利益和股东的利益有机结合起来，能够实现有效激励，开展分红权激励的积极性也很高。大家认为，分红权激励可能是一种比较好的起步方式。为此，国务院国资委决定将分红权激励作为改革的突破口，在部分中央企业先实施分红权激励的试点。通过试点，既希望建立一种适应高新技术企业和院所转制企业的长效激励机制，又确保改革平稳推进；既能调动广大科技人员积极性，又要保持企业和谐发展。

在试点工作中，国务院国资委设计了一套更加适合中央企业实际的激励模式。即选择了分红权激励而不是股权激励，选择的激励对象是岗位而不是具体员工，选择的激励基准是业绩增量而不是业绩存量。从理论上讲，这种激励方式应该能够促进深化内部机制改革、规范企业管理、推进人才市场化、优化分配结构，可能更加适合于中央企业所属的科技创新型企业、事业单位以及直接面对市场的转制院所企业的情况。

从两家试点企业的试点方案来看，有以下三个突出特点：一是着力抓好基础管理，内部管理进一步规范。二是有效强化竞争上岗，用人机制进一步市场化。三是激励对象向科技人员倾斜，分配结构进一步优化。

中央企业实施提升管理水平“五大战略”

国务院国资委决定，“十二五”时期，围绕中央企业改革发展的核心目标，实施转型升级、自主创新、人才强企、国际化经营、和谐发展等“五大战略”。在企业管理方面，重点做好以下几个方面的工作。

一是加强企业战略管理，制定正确发展方向。对企业所处的外部环境进行科学的分析，充分研究市场和竞争对手，研究科技及产业格局的发展变化，在此基础上制定并且动态调整优化发展战略。防范战略性风险，避免重大战略上的决策失误。

二是进一步推进企业的信息化建设，提升现代化的管理水平。发挥信息技术对提升企业技术能力和管理效率的重要作用，加快企业主要领域的信息系统建设，促进信息技术与经营管理、产品研发、供应链优化等深度整合。

三是进一步加强风险管理，增强企业风险管控能力。建立全面风险管控体系和工作机制，强化全员风险管理意识，建设统一高效的风险管理文化，完善重大决策、投资、购并、财务、购销、金融衍生品等高风险领域的内控制度和工作流程，健全中央企业重大风险监控机制。

四是积极稳妥推进国际化经营，提高企业全球配置资源的能力。为培育中央企业的国际竞争力，努力做国际化的高端经营，做价值链的组织者，而不是单纯的加工工厂或只卖低附加值的产品。要求企业必须具有核心竞争力，包括以一流的研发掌控核心技术，一流的产品做好市场的定位，一流的营销能力创造国际知名品牌，一流的整合促进资源优化配置，一流的员工队伍提高顾客的忠诚度，一流的文化建设增强企业的凝聚力。逐步做到全球配置资本、人才、研发等各类资源。

五是围绕做强做优、建设世界一流企业加强对标工作。通过与国际同行业一流企业对标，找到管理实践中可以比较的参照系，传导一种间接的市场竞争机制和压力，加上配套的考核、管理措施，使之成为促进企业改善管理的有效手段。

2011 · 重要理论观点

要实现政府职能的两个根本性转变

田国强在《学术月刊》2011 年第 3 期撰文认为，下一步改革的关键在于实现政府职能的两个根本性转变，即从与民争利的发展型政府向公共利益服务型政府转变，从行政干预过多的全能政府向让市场充分发挥作用的有限政府转变，建立让市场机制充分发挥作用的基本规则，实现“无为而治”和科学发展。

第一，从发展型政府向服务型政府转变。政府要最大限度地缩小自身的经济人角色，扩大公共服务范围和力度，而不是经济建设甚至牟利。在考量政府绩效的时候，单单依靠国内生产总值指标是不全面的，社会公共服务指标应成为硬约束，这就要求政府多伸“援助之手”，采用“无为之手”，让财富更多地流向百姓，以最大化社会经济福利。

第二，从全能型政府向有限型政府转变。在构建和谐社会的进程中，政府应加快转变全能政府管理模式，建立有限政府和有效政府管理模式，由微观管理为主转为宏观管理为主，由直接管理为主转为监督管理为主，从而为经济体制改革、社会体制改革和更高层次的政治体制改革奠定坚实可靠的基础。

应当综合评价国有企业效率

陈波、张益锋在《马克思主义研究》2011 年第 5 期撰文指出，从国有及国有控股工业企业效率的实证分析中可以得出结论，我国国有企业在经过一系列改革之后无论是整体上的效率还是经济效率都好于私营工业企业，而在社会效率上占有绝对的优势，并且呈不断提高的趋势。根据科学的效率观，评价我国国有企业的效率应该综合考虑经济效率和社会效率，若全面实行私有化，使国有企业减少原本为了提高社会效率而承担的社会成本，有可能会提高企业的经济效率，但整个社会将会承担更大的社会成本，国有企业的社会效率将会大大降低。由此，企业所获得的经济收益未必能补偿给社会带来的成本，国有企业的综合效率也就未必能提高。因此，盲目地将国有企业私有化并不可取。当然，国有企业整体上有效率并不意味着国有企业不需要进行改革或者说国有企业改革已经取得了成功，从而不需要继续深化了。无论是国有企业还是私营企业，提高效率都是一个永恒的主题，要使我国国有企业不断焕发更大的活力，继续保持国民经济发展的支柱地位，就必须多管齐下，进一步提高我国国有企业的效率。

2011 · 重要政策法规

1. 《国务院办公厅关于建立外国投资者并购境内企业安全审查制度的通知》，2011 年 2 月 3 日。

2. 《地方国有资产监管工作指导监督办法》，2011 年 3 月 31 日。

3. 《国务院批转发展改革委〈关于 2011 年深化经济体制改革重点工作意见〉的通知》，2011 年 5 月 28 日。

4. 《中央企业境外国有资产监督管理暂行办法》，2011 年 6 月 14 日。

5. 《中央企业境外国有产权管理暂行办法》，2011 年 6 月 14 日。

6. 《国务院办公厅转发银监会发展改革委等部门〈关于促进融资性担保行业规范发展意见〉的通知》，2011 年 6 月 21 日。

7. 《国务院办公厅关于促进物流业健康发展政策措施的意见》，2011 年 8 月 2 日。

8. 《国务院关于印发“十二五”节能减排综合性工作方案的通知》，2011 年 8 月 31 日。

9. 《国务院国资委关于中央企业国有产权置换有关事项的

通知》，2011 年 9 月 7 日。

10.《国务院办公厅转发统计局〈关于加强和完善服务业统计工作意见〉的通知》，2011 年 9 月 17 日。

11.《关于印发〈中央国有资本经营预算编报办法〉的通知》，2011 年 10 月 13 日。

12.《国务院关于清理整顿各类交易场所切实防范金融风险的决定》，2011 年 11 月 11 日。

13.《国务院关于印发工业转型升级规划（2011—2015 年）的通知》，2011 年 12 月 30 日。

2011 · 年度热点纪实

京沪高铁正式运营

2011 年，辛亥革命 100 周年。100 年前，古老的中华文明结束了几千年的君主专制制度，传播了民主共和的理念，开启了中国前所未有的社会变革。2011 年，中国共产党成立 90 周年。90 年前，军阀混战，列强肆虐，中国身处苦难的深渊。上海法租界内 13 位中国革命者的秘密会议，犹如闪烁的启明星，点亮了民族独立、人民解放的希望。90 年后，大国崛起，拥抱世界，走过 90 年奋斗历程的中国共产党如参天大树，根深叶茂，生机勃发。13 亿中国人簇拥在镰刀锤头图案的光辉旗帜下，踏上新的征程。

90 年来，中国共产党团结带领人民完成和推进了三件大事——完成了新民主主义革命，实现了民族独立、人民解放；完成了社会主义革命，确立了社会主义基本制度；进行了改革开放新的伟大革命，开创、坚持、发展了中国特色社会主义。中国面貌焕然一新，民族复兴展现光明前景。

改革开放30多年来，中国经济以近10%的年均增速快速发展，这在中外经济发展历史上绝无仅有。在21世纪前后的十余年间，中国人百年前萌生的梦想相继实现：1997年，香港回归；1999年，澳门回归；2008年，百年奥运梦圆；2010年，百年世博梦圆。中国经济总量跃居全球第二，中国工业总产值首次超过美国。

2011年，在21世纪第二个十年开启之年，中国经济又交出了一份漂亮的答卷。国民经济继续朝着宏观调控预期方向发展，呈现增长较快、价格趋稳、效益较好、民生改善良好态势，粮食连续第八年增产，实现“十二五”良好开局。“天宫一号”和“神舟八号”分别成功发射，准确入轨，并两次空间交会对接成功，中国航天科技又取得一个重大突破。中共中央决定将农民人均纯收入2300元（2010年不变价）作为新的国家扶贫标准，比2009年的标准提高了92%。按照这一新标准，全国至少有上亿低收入人口将享受到国家的扶贫优惠政策。

2011年6月30日，京沪高铁正式开通运营，这是世界上一次建成的线路里程最长、技术标准最高的高速铁路。开通当日，腾讯等网络社交媒体以直播的形式展现了开通盛况，相关话题近30万条。许多网民表示期待尽早感受一下“贴地飞行”的京沪高铁，同时“高铁票价”“高铁降速”“高铁安全”“高铁发展”等成为网民议论焦点。

京沪高速铁路起自北京南站，终到上海虹桥站。全长 1318 千米，全线设 23 个车站，贯穿北京、天津、河北、山东、安徽、江苏、上海 7 个省市，设计时速为 350 千米，项目总投资 2209.4 亿元，是我国中华人民共和国成立以来一次投资规模最大的建设项目。

京沪高速铁路贯穿中国经济最发达的环渤海和长三角两大经济圈，分布着中国三大直辖市、两座省会城市和 11 座人口超过 100 万的大城市。沿线四省三市国土面积占全国的 6.5%，人口占全国的四分之一，而国内生产总值则占全国 GDP 的 40%，是我国经济发展最活跃和最具潜力的地区，客货运输需求旺盛。京沪高速铁路开通，不仅有利于从根本上缓解铁路运输紧张的状况和完善综合运输体系，还有利于促进资源节约和环境保护，以及有利于加快铁路现代化进程。

据介绍，京沪高铁有以下特点：一是速度快。过去从北京至上海乘火车最快也要 10 个小时左右的时间，京沪高铁通车后，北京至上海的时间缩短至 5 个小时左右，真正实现了“千里京沪一日还”。二是能耗低。CRH380BL 列车内全部采用 LED 节能光源照明，与原来的卤素灯相比，不仅照明效果好，还能每小时节约 5 度电。三是噪声低。京沪高铁全线是无缝线路，也就是一根钢轨从北京一直连通到上海，其间没有空隙，大大减小了列车与轨道的摩擦声。四是设计新。CRH380BL 列车部分采用 CRH3 型动车组的“海豚”头型，采用全新的流线型车头，看起来像奔跑的“猎豹”。五是密度高。京沪高铁和沪宁城际、京津城际等铁路互相配合，将对城市的发展带来巨大的拉动效应。如果说沪宁高铁和沪杭高铁打通了南京、上海、杭州的快速通道，那么，京沪高铁的开通将直接缩短长三角经济圈与环渤海经济圈的距离，对加快两大经济圈及沿线人流、物流、信息流、资金流沟通交流，促进经济社会又好又快发展，产生重大积极影响。

人类以往的经济发展史证明，铁路是不折不扣的经济动脉。1869 年美国太平洋铁路开通，被称为世界工业史上的奇迹。这条全长 3000 多千米的铁路，第一次把北美大陆东西部连成一个整体，造就了现代意义上的美国，也打开了美国经济突飞猛进的大门。140 多年后，京沪高铁即将把中国两大经济区环渤海和长三角连接起来，在中国经济版图上也布下重要的一步棋。不同的是这条平均运营时速将近 330 千米的高速铁路，将颠覆传统意义上关于时间和空间的概念，不同的城市不再因为距离上的差异而错失经济发展的良机。

高铁作为匹配现代文明、体现社会进步的高科技产品，是以高速度、大容量、低污染、安全可靠著称的先进交通工具。它的采用将大大降低交通运输的社会成本，从而产生很大的社会经济效益。从 20 世纪 60 年代起，一些发达国家，如日本、法国、意大利和德国便开始纷纷铺设了各自的高铁线路。自那时起，世界高铁的发展经历了三次浪潮。第一次浪潮是在 20 世纪 50 年代末至 90 年代初由日本引领的；第二次浪潮是在 20 世纪 90 年代初至 90 年代末由欧洲引领的；在经历了前两次发展浪潮之后，2008 年 8 月 1 日，随着中国第一条具有完全自主知识产权、世界一流水平的高速铁路——京津城际铁路通车运营，中国高铁正式踏上高速发展道路。中国高铁在短短的十几年里，从无到有，从引进到开发，从落后到领先，真正成为中国走向世界的亮丽名片。其发展速度之快，堪称世界第一。从某种意义上讲，正是中国引领了高铁的第三次浪潮。

中国在近 20 年的时间建设运营了 2.2 万千米高速铁路，超过世界其他国家高铁运营里程的总和，成就举世瞩目。中国高铁已经完全拥有自主的知识产权和核心技术，掌握了集设计、施工、装备、制造、列车控制、系统集成、运营管理于一体的高速铁路承载技术，并且与国外同类技术相比，有力的成本控制给中国高铁在国际市场带来了极具竞争力的优惠价格。无论是在知识产权、核心技术，还是在基础建设、运营管理等方面，中国高铁都积累了丰富的经验，中国高铁不仅给传统制造行业带了个好头，同时也在国际市场中给中国制造业打造了金字招牌，随着高铁企业迈出国门，越来越多的中国制造业高新技术也就纷纷走向世界。中国高铁从“追赶者”到“引领者”的华丽转身，还将继续惊艳全世界。

2011 · 年度改革大事

1 月 14 日　国务院常务会议同意在部分城市进行对个人住房征收房产税改革试点，具体征收办法由试点省份人民政府制定。备受关注的上海、重庆房产税试点细则于 27 日“浮出水面”。上海税率在 0.4% 至 0.6% 之间，重庆税率为 0.5%

至1.2%。

同日，2011年首道“闸门”落下，中国人民银行决定，存款准备金率提至19%新高。

2月12日　据中国政府网消息，国务院办公厅印发了《关于建立外国投资者并购境内企业安全审查制度的通知》，发改委有关负责人指出，建立外资并购安全审查制度有利于规范和促进外资并购持续健康发展，鼓励外资以参股、并购等方式参与国内企业改组改造和兼并重组。

2月18日　中国人民银行当日晚决定，自2月24日起上调金融机构人民币存款准备金率0.5个百分点。这是继1月14日之后，央行年内第2次上调存款准备金率，也是自去年以来，第八次上调存款准备金率。

2月19日　国家发改委宣布，2月20日零时起，上调国内成品油价格，汽柴油价格每吨上调350元，约合每升上涨0.28元和0.30元。

2月21日　中共中央政治局召开会议，会议强调，2011年是“十二五”时期开局之年。要保持宏观经济政策的连续性、稳定性，提高针对性、灵活性、有效性，继续实施积极的财政政策和稳健的货币政策，处理好保持经济平稳较快发展、调整经济结构、管理通胀预期的关系，防止经济出现大的波动。

3月5日　十一届全国人大四次会议政府工作报告中的一些关键数据引起代表委员的关注和热议。经济增长8%、物价涨幅4%、新增就业900万人以上、财政赤字9000亿元、广义货币增长16%。可以看出“十二五”期间，宏观经济政策的连续性和稳定性将继续得到保持，经济发展的质量和效益将更受重视。

3 月 16 日　新华社受权全文播发《中华人民共和国国民经济和社会发展第十二个五年规划纲要》。“十二五”期间，非化石能源占一次能源消费比重提高到 11.4%，单位国内生产总值能耗和二氧化碳排放分别降低 16% 和 17%，主要污染物排放总量减少 8% 至 10%，森林蓄积量增加 6 亿立方米，森林覆盖率达到 21.66%。

3 月 18 日　中国人民银行 18 日晚在其网站宣布，从 2011 年 3 月 25 日起，上调存款类金融机构人民币存款准备金率 0.5 个百分点。这是央行在今年第 3 次上调存款准备金率，也是自 2010 年 1 月以来第 9 次提高存款准备金率。

4 月 5 日　中国人民银行晚间宣布，4 月 6 日起上调人民币基准利率。金融机构一年期存贷款基准利率分别上调 0.25 个百分点，其他各档次存贷款基准利率及个人住房公积金贷款利率相应调整。调整后，一年期整存整取定期存款利率达到 3.25%，一年期贷款利率达到 6.31%。

4 月 6 日　国家发展和改革委员会宣布，自 7 日零时起，汽油、柴油零售最高限价每吨分别提高 500 元和 400 元，相当于 90 号汽油和 0 号柴油全国平均每升分别上涨 0.37 元和 0.34 元。

4 月 17 日　中国人民银行晚间宣布，从 2011 年 4 月 21 日起，上调存款类金融机构人民币存款准备金率 0.5 个百分点。这是今年以来央行第 4 次上调存款准备金率，也是去年以来第 10 次上调。

4 月 20 日　国务院总理温家宝主持召开国务院常务会议，

研究部署2011年深化经济体制改革重点工作。一是推进转变经济发展方式的改革，二是深化社会领域改革，保障和改善民生，三是深化行政体制改革，加强廉政建设，四是深化农村改革，完善体制机制。

5月18日　央行决定，从5月18日起，再度上调存款类金融机构人民币存款准备金率0.5个百分点。此次上调之后，大中型金融机构存款准备金率达21%的高位。此次上调已经是今年来的第5次、去年以来的第11次。

6月7日　银监会近日向各商业银行下发了《关于支持商业银行进一步改进小企业金融服务的通知》，该通知首次界定了商业银行针对小企业金融服务的业务范围。

6月8日　国务院常务会议研究部署了推动物流业发展的8项配套措施。这8项措施被业界称为物流业的“国八条”，涵盖了降低物流企业税负，减少过桥费、过路费，加大对物流业的土地支持等。

6月14日　中国人民银行公告称，从6月20日起，上调存款类金融机构人民币存款准备金率0.5个百分点。此次上调存款准备金率后，大型银行存款准备金率高达21.5%，再创历史新高点。中小金融机构的存款准备金率也将高达18%。

6月23日　国家发改委下发了《关于整顿规范电价秩序的通知》，明确禁止地方自行出台优惠电价政策，要求地方严格执行国家上网电价政策，并严格落实燃煤发电机组脱硫电价政策。

6月30日　全国人大常委会通过了《全国人民代表大会常务委员会关于修改的决定》，决定将工薪所得个税免征额由目前的 2000 元提高到 3500 元。

6 月 30 日　总长 1318 千米的京沪高铁正式开通运营，这是世界上一次建成线路里程最长、技术标准最高的高速铁路。开通当日，腾讯等网络社交媒体以直播的形式展现了盛况，相关话题近 30 万条。许多网民表示期待尽早感受一下“贴地飞行”的京沪高铁，同时“高铁票价”“高铁降速”“高铁安全”“高铁发展”等成为网民议论焦点。

7 月 6 日　央行决定自 7 月 7 日起上调金融机构人民币存贷款基准利率，金融机构一年期存贷款基准利率分别上调 0.25 个百分点。这是 2010 年 10 月以来央行第 5 次提高利率水平。

8 月 15 日　国家发改委印发《关于鼓励和引导民营企业发展战略性新兴产业的实施意见》，要求加快清理相关领域的准入条件，引导民间资本设立创业投资和产业投资基金，改进对民营企业的融资服务等，以鼓励和引导民营企业发展战略性新兴产业。

8 月 28 日　中国人民银行下发文件，要求将商业银行保证金存款纳入存款准备金的缴存范围。

8 月 30 日　财政部公布的《关于加快推进财政部门依法行政依法理财的意见》提出，加快修订资源税暂行条例、房产税暂行条例、印花税暂行条例、城市维护建设税暂行条例、船舶吨税条例等税收行政法规。推进国债市场化改革。

9 月 15 日　国家外汇局决定改革货物贸易外汇管理制度，优化升级出口收汇与出口退税信息共享机制，并自 2011 年 12 月 1 日起，在江苏、山东、湖北、浙江（不含宁波）、福建（不含厦门）、大连、青岛等省（市）进行试点。

9月15日　国务院近日印发《“十二五”节能减排综合性工作方案》（以下简称《方案》）。根据《方案》，到2015年，全国万元GDP能耗下降到0.869吨标准煤（按2005年价格计算），比2010年的1.034吨标准煤下降16%，比2005年的1.276吨标准煤下降32%。

9月20日　财政部发布《关于地方政府债券利息所得免征所得税问题的通知》，对企业和个人取得的2009年、2010年和2011年发行的地方政府债券利息所得，免征企业所得税和个人所得税。

9月21日　国务院召开常务会议，决定对《中华人民共和国资源税暂行条例》作出修改，在现有资源税从量定额计征基础上增加从价定率的计征办法，调整原油、天然气等品目资源税税率，资源税改全国启动税率预计5%左右。

9月22日　工信部正式发布《“十二五”中小企业成长规划》。规划提出进一步拓宽中小企业融资渠道，继续壮大中小企业板市场，积极发展创业板市场；制定实施细则，引导民间资本进入垄断行业市场；出台系列财税支持措施降低中小企业营运成本。

9月30日　国务院办公厅发布《国务院办公厅关于保障性安居工程建设和管理的指导意见》，意见要求落实各项支持政策，确保用地供应、增加政府投入、规范利用企业债券融资、加大信贷支持、落实税费减免政策。

10月8日　国家发改委发出通知，自次日零时起下调成品油零售最高限价，国内汽、柴油供应价格每吨均降低 300 元，这是发改委 16 个月以来首次下调成品油价格，此前已连涨 4 次。

10 月 20 日　经国务院批准，2011 年上海市、浙江省、广东省、深圳市开展地方政府自行发债试点。专家指出，地方自行发债，除了举新债还旧债的短期作用外，更是建立了有效的融资机制，是中央推进地方政府阳光财政、阳光融资的重要措施。

10 月 25 日　商务部、财政部和中国人民银行联合下发《关于"十二五"时期做好扩大消费工作的意见》，明确了"十二五"商务领域扩大消费的指导思想、基本原则、主要任务和财政金融支持政策。

10 月 25 日　银监会发布的《关于支持商业银行进一步改进小型微型企业金融服务的补充通知》中特别指出，获准发行小型微型企业贷款专项金融债的商业银行，该债项所对应的单户授信总额 500 万元（含）以下的小型微型企业贷款在计算"小型微型企业调整后存贷比"时，可在分子项中予以扣除。

10 月 26 日　国务院决定开展深化增值税制度改革试点。从 2012 年 1 月 1 日起，在部分地区和行业，逐步将目前征收营业税的行业改为征收增值税。

11 月 1 日　财政部、国家税务总局根据《中华人民共和国资源税暂行条例》修订资源税暂行条例实施细则，该实施细则自 2011 年 11 月 1 日起施行。根据细则，原油、天然气资源税将进行从价计征，税率均为 5%；煤炭资源税维持从量计征方式，其中焦煤税率为 8 元/吨，其他煤炭为 2～4 元/吨不等。

11 月 9 日　环保部正式公布《"十二五"全国环境保护法

规和环境经济政策建设规划》，明确表示要将严重污染环境、大量消耗资源的商品纳入消费税征收范围，选择防治任务重、技术标准成熟的税目开征环境保护税，并逐步扩大征收范围；还提出研究燃煤电厂烟气脱硝脱汞电价政策、推动制定限制类和淘汰类高耗水企业惩罚性水价等。

11 月 17 日　财政部会同国家发展改革委决定从 2012 年 1 月 1 日至 2014 年 12 月 31 日，对小型微型企业免征管理类、登记类、证照类行政事业性收费。具体包括企业注册登记费、税务发票工本费、海关监管手续费、货物原产地证明书费、农机监理费等 22 项收费。

11 月 17 日　财政部、国税总局公布《营业税改征增值税试点方案》及上海试点的相关政策，确定了增值税扩围的交通运输业和部分现代服务业增值税税率。根据方案，在现行增值税 17% 标准税率和 13% 低税率基础上，新增 11% 和 6% 两档低税率。

11 月 28 日　商务部正式发布《服务贸易发展“十二五”规划纲要》，提出至 2015 年，服务贸易进出口总额达到 6000 亿美元，并确立 30 个重点扶持领域。专家指出，鼓励政策的出台对加速服务贸易产业的发展，优化我国服务贸易结构以及推进新兴服务贸易的产生有着重要作用，而这必将开启巨大的市场空间。

11 月 30 日　发改委宣布从今日起上调销售电价和上网电价，其中销售电价平均每千瓦时涨 3 分钱，上网电价平均每千瓦时涨 2.6 分钱。居民用电未予调整，但推出居民阶梯电价指导意见。

11 月 30 日　央行宣布从 12 月 5 日起下调存款类金融机构人民币存款准备金率 0.5 个百分点。

12 月 12 日至 14 日　中央经济工作会议在北京举行，会议提出了明年经济工作的主要任务。会议认为，推动明年经济社会发展，要突出把握好稳中求进的工作总基调，牢牢把握扩大内需这一战略基点。

12 月 29 日　发改委、商务部日前全文发布《外商投资产业指导目录（2011 年修订)》，主要围绕两个方面：一是进一步扩大对外开放，放宽外资限制；二是引导外资投向调整，即鼓励外商投资高端制造业、战略性新兴产业、现代服务业，鼓励外资投向中西部地区。

本年度主要参考资料：

1. 2010 年中央经济工作会议新闻报道[EB/OL]. 人民网，2010-12-28.

2. 2011 年国务院政府工作报告——2011 年 3 月 5 日在第十一届全国人民代表大会第四次会议上[EB/OL]. 中国政府网，2011-03-16.

3. 国家统计局. 中华人民共和国 2011 年国民经济和社会发展统计公报[M]. 北京：中国统计出版社，2012. 3.

4. 关于 2011 年国民经济和社会发展计划执行情况与 2012 年国民经济和社会发展计划草案的报告. 2012 年 3 月 5 日在第十一届全国人民代表大会第五次会议[EB/OL]. 中国人大网，2012-03-19.

5. 关于 2011 年中央和地方预算执行情况与 2012 年中央和地方预算草案的报告——2012 年 3 月 5 日在第十一届全国人民代表大会第五次会议[EB/OL]. 中国人大网，2012-03-19.

6. 2011 年中国货币政策执行报告[EB/OL]. 中国人民银行网，2011 - 03 - 28.

7. 中国经济贸易年鉴编委会. 中国经济贸易年鉴（2012 年）[M]. 北京：中国经济出版社，2012. 12.

8. 邵宁. 大力提升企业现代化管理水平[N]. 经济日报，2011 - 04 - 15.

9. 国务院关于国有企业改革与发展工作情况的报告——2012 年 10 月 24 日在第十一届全国人民代表大会常务委员会第二十九次会议上[EB/OL]. 中国人大网，2012 - 10 - 26.

2012 年

2012 · 年度经济背景

经济发展稳中有进，总体态势继续向好

2012 年，中国经济发展呈现稳中有进的良好态势。消费需求稳定，固定资产投资较快增长。农业生产形势良好，工业生产缓中趋稳。物价涨幅总体回落，就业形势基本稳定。国际收支更趋平衡，资本和金融项目自亚洲金融危机以来首次出现年度逆差。

一、宏观经济运行的总体态势

2011 年末的中央经济工作会议，对 2012 年宏观经济形势的估计是，由于世界经济增长放缓，国际贸易增速回落，国际金融市场剧烈动荡，各类风险明显增多。2012 年的世界经济形势总体上仍将十分严峻复杂，世界经济复苏的不稳定性不确定性上升。因此，要更加注重统筹国内国际两个大局，增强机遇意识、忧患意识，充分认识国际金融危机给我国发展带来的机遇和风险，从我国改革开放和社会主义现代化建设全局高度，加强战略谋划，增强应对能力，扬长避短，趋利避害，不断提高

我国的综合国力和国际竞争力。

2012 年宏观经济调控的主要预期目标是：国内生产总值增长 7.5%；城镇新增就业 900 万人以上，城镇登记失业率控制在 4.6% 以内；居民消费价格涨幅控制在 4% 左右；进出口总额增长 10% 左右，国际收支状况继续改善。

实际执行的结果，据国家统计局初步核算，全年国内生产总值 519322 亿元，比上年增长 7.8%。其中，第一产业增长 4.5%；第二产业增长 8.1%；第三产业增长 8.1%。第一产业增加值占国内生产总值的比重为 10.1%，第二产业增加值比重为 45.3%，第三产业增加值比重为 44.6%。

全年居民消费价格比上年上涨 2.6%，比上年低 2.8 个百分点。其中食品价格上涨 4.8%。固定资产投资价格上涨 1.1%。工业生产者出厂价格下降 1.7%。工业生产者购进价格下降 1.8%。农产品生产者价格上涨 2.7%。

全年城镇新增就业 1266 万人。年末城镇登记失业率为 4.1%，与上年末持平。

贸易顺差为 2311 亿美元。年末国家外汇储备 33116 亿美元，比上年末增加 1304 亿美元。年末人民币汇率为 1 美元兑 6.2855 元人民币，比上年末升值 0.25%。

全年全国公共财政收入 117210 亿元，比上年增加 13335 亿元，增长 12.8%；其中税收收入 100601 亿元，增加 10862 亿元，增长 12.1%。

二、财政政策和货币政策继续维持“积极”与“稳健”组合

2012 年，中央政府继续实施积极的财政政策和稳健的货币政策，根据形势变化适时适度预调微调，进一步提高了政策的针对性、灵活性和前瞻性。

（一）继续实施积极的财政政策

继续保持适度的财政赤字和国债规模。全年安排财政赤字 8000 亿元，赤字率下降到 1.5% 左右，其中中央财政赤字 5500 亿元，代发地方债 2500 亿元。优化财政支出结构、突出重点，更加注重向民生领域倾斜，加大对教育、文化、医疗卫生、就业、社会保障、保障性安居工程等方面的投入。更加注重加强薄弱环节，加大对“三农”、欠发达地区、科技创新和节能环保、水利、地质找矿等的支持。更加注重勤俭节约，严格控制“三公经费”，大力精简会议和文件，深化公务用车制度改革，进一步降低行政成本。继续控制楼堂馆所建设规模和标准，压缩大型运动会场馆建设投入。全面加强对重点领域、重点部门和重点资金的审计。实施结构性减税。认真落实和完善支持小型微型企业和个体工商户发展的各项税收优惠政策，开展营业税改征增值税试点。继续对行政事业性收费和政府性基金进行清理、整合和规范。加强地方政府性债务管理和风险防范。按照分类管理、区别对待、逐步化解的原则，继续妥善处理存量债务。进一步清理规范地方政府融资平台公司，坚决禁止各级政府以各种形式违规担保、承诺。同时，把短期应对措施和长期制度建设结合起来，严格控制地方政府新增债务，将地方政

府债务收支分类纳入预算管理。

（二）继续实施稳健的货币政策

按照总量适度、审慎灵活的要求，兼顾促进经济平稳较快发展、保持物价稳定和防范金融风险。综合运用各种货币政策工具，调节好货币信贷供求，保持社会融资规模合理增长。

优化公开市场操作工具组合，灵活开展公开市场操作。中国人民银行加强对国内外市场环境和银行体系流动性供求因素的分析监测，合理安排正回购和逆回购操作期限品种、操作规模和频率，灵活开展公开市场操作。上半年，与两次下调存款准备金率政策相配合，以正回购操作为主、逆回购操作为辅实施公开市场双向操作；下半年以来，将逆回购操作作为流动性供给的主要渠道，有效熨平多种因素引起的流动性波动。全年累计开展正回购操作 9440 亿元，开展逆回购操作 60380 亿元；截至 2012 年末，公开市场逆回购操作余额为 4980 亿元。

适度增强操作利率弹性，有效引导市场预期。配合两次存贷款基准利率调整并结合各阶段市场利率走势变化情况，中国人民银行适度增强了公开市场操作利率弹性，既有助于释放稳健货币政策信号，有效引导市场预期，也有助于促进货币市场利率水平的合理回落和平稳运行。截至 2012 年末，7 天期、14 天期和 28 天期逆回购操作利率分别为 3.35%、3.45% 和 3.60%。适时开展中央国库现金管理操作。2012 年中央国库现金管理商业银行定期存款业务继续稳步发展，全年共开展 14 期操作，规模共计 6900 亿元，年末余额为 3000 亿元，操作期数、操作总量和年末余额均处于近年来的最高水平。

两次下调存款准备金率，发挥差别准备金动态调整机制的逆周期调节作用。2012 年，根据流动性供需形势的变化，中国人民银行适当发挥存款准备金工具的流动性调节作用，在 2011 年 12 月 5 日下调存款准备金率 0.5 个百分点的基础上，于 2012 年 2 月 24 日和 5 月 18 日两次下调存款准备金率各 0.5 个百分点，保持银行体系流动性合理充裕。

适时下调存贷款基准利率，调整存贷款利率浮动区间。根据经济形势发展变化，中国人民银行分别于 6 月 8 日、7 月 6 日两次下调金融机构人民币存贷款基准利率。其中，1 年期存款基准利率由 3.5% 下降到 3%，累计下调 0.5 个百分点；1 年期贷款基准利率由 6.56% 下降到 6%，累计下调 0.56 个百分点。同时，把利率调整与利率市场化改革相结合，调整金融机构存贷款利率浮动区间：一是将金融机构存款利率浮动区间的上限调整为基准利率的 1.1 倍；二是将金融机构贷款利率浮动区间的下限调整为基准利率的 0.7 倍。上述措施有利于引导资金价格下行，为进一步降低企业融资成本创造更加有利的政策环境。

加强窗口指导和信贷政策引导。中国人民银行在加强总量调控的同时，注重发挥宏观信贷政策在转方式、调结构中的积极作用。引导金融机构继续加大对“三农”、小微企业、节能环保和事关全局、带动性强的重大在建续建项目的支持力度。围绕国家区域政策要求，引导信贷资源合理配置，推动区域经济结构和产业布局优化。加强对科技创新、战略性新兴产业、旅游业、文化产业等经济社会发展重要领域的金融支持。加大对就业、扶贫等“民生”领域的金融支持和服务。继续支持保障性住房、中小套型普通商品住房建设和居民首套自住普通商品房消费。

2012 年，跨境贸易人民币结算量保持较快增长，银行累计办理跨境贸易人民币结算业务 2.94 万亿元，同比增长 41%，其中货物贸易结算金额 2.06 万亿元，服务贸易及其他经常项目结算金额 8764.5 亿元。全年跨境贸易人民币结算实收 1.30 万亿元，实付 1.57 万亿元，净流出 2691.7 亿元，收付比由 2011 年的 1∶1.7 上升至 1∶1.2。2012 年银行累计办理人民币跨境直接投资结算业务 2840.2 亿元，其中对外直接投资结算金额 304.4 亿元，外商直接投资结算金额 2535.8 亿元。截至 2012 年末，境内代理银行为境外参加银行共开立人民币同业往来账户 1592 个，账户余额 2852.0 亿元；境外企业在境内共开立人民币结算账户 6197 个，账户余额 500.2 亿元。

2012 年末，广义货币供应量 M_2 余额为 97.4 万亿元，同比增长 13.8%，增速比上年末提高 0.2 个百分点。狭义货币供应量 M_1 余额为 30.9 万亿元，同比增长 6.5%。流通中货币 M_0 余额为 5.5 万亿元，同比增长 7.7%。全年现金净投放 3910 亿元，同比少投放 2251 亿元。

随着货币政策各项“稳增长”举措的逐步出台落实，M2 和 M1 增速总体呈回升态势，为支持经济趋稳回升提供了有利的货币环境。从货币的派生渠道看，除贷款外，银行债券投资和同业渠道对货币供应的影响增大，外汇占款影响减小。年末，基础货币余额为 25.2 万亿元，同比增长 12.3%，比年初增加 2.8 万亿元。货币乘数为 3.86，比上年末高 0.07。银行体系流动性合理适度。金融机构超额准备金率为 3.3%，比上年末高 1.0 个百分点；其中，农村信用社为 8.2%，比上年末高 0.9 个百分点。

三、宏观经济总量基本平衡，总需求和总供给平稳增长

（一）消费需求回升，投资平稳较快增长，出口增速回落

在总需求方面，内需在稳增长中发挥了支撑作用。进一步提高居民消费能力，培育消费热点，改善消费环境，消费成为拉动经济增长的主要动力。社会消费品零售总额 210307 亿元，增长 14.3%，超过预期目标 0.3 个百分点。扣除价格因素后，实际增长 12.1%。分城乡看，城镇消费品零售额为 17.9 万亿元，比上年增长 14.3%；乡村消费品零售额为 2.8 万亿元，比上年增长 14.5%。全年国内出游人数 29.6 亿人次，比上年增长 12.1%；入境旅游人数 13241 万人次，下降 2.2%。四季度全国城镇储户问卷调查结果显示，居民当期收入感受指数为 51.8%，较上季提高 1.6 个百分点。居民消费意愿较强，倾向于“更多消费”的居民占比为 19.4%，较年初提高 1.9 个百分点。

投资稳定增长、结构继续优化，一批“十二五”规划重点项目启动实施，关系民生的基础设施建设加快，全社会固定资产投资 374676 亿元，增长 20.3%，超过预期目标 4.3 个百分点，其中民间投资增长 24.8%，所占比重达到 61.4%，比上年提高 2 个百分点。全年房地产开发投资 71804 亿元，比上年增长 16.2%。最终消费、资本形成对经济增长的贡献率分别达到 51.8%、50.4%。

外需疲弱，出口增速回落。针对世界经济低迷、外需不振，

中央政府及时出台稳定外贸增长的政策措施，全年外贸进出口总额3.9万亿美元，增长6.2%，在国际贸易中的市场份额稳中有升。出口增长7.9%，增速比上年回落12.4个百分点；进口增长4.3%，贸易顺差2311亿美元。新的外商投资产业指导目录施行，外商投资向服务业转移的趋势更加明显。全年非金融领域实际利用外商直接投资1117亿美元，下降3.7%。企业走出去步伐加快，全年非金融类境外直接投资772亿美元，增长28.6%；对外承包工程业务完成营业额1166亿美元，增长12.7%。全年实际使用外商直接投资1117亿美元；境内投资者共对全球141个国家和地区的4425家境外企业进行了直接投资，累计实现非金融类直接投资772.2亿美元。

（二）农业生产保持稳定发展势头，工业生产缓中趋稳，建筑业增长较快

在总供给方面，中央政府强农惠农富农政策的力度继续加大。中央财政用于“三农”的支出增长18%，中央预算内投资用于“三农”建设的比重提高到50.5%，涉农信贷增长20.7%。全国新增千亿斤粮食生产能力规划全面实施，基层农技推广服务体系建设项目基本覆盖全部乡镇。大江大河大湖治理和骨干水源工程建设全面加快，大中型灌区改造与建设、大型灌排泵站更新改造、小型农田水利建设和中小河流治理加强，海洋渔船更新改造力度加大，生猪和奶牛标准化规模养殖场建设积极推进。提高小麦、稻谷最低收购价和玉米、大豆、油菜籽临时收储价格，加大棉花、食糖临时收储力度。全年粮食总产量5896亿公斤，增长3.2%，实现连续9年增产，经济作物

产量稳中有增。猪牛羊禽肉产量 8221 万吨，增长 5.4%，其中猪肉产量 5335 万吨，增长 5.6%。

工业生产增速回升。全年全国规模以上工业增加值按可比价格计算比上年增长 10.0%，增速比上年回落 3.9 个百分点。全年全国规模以上工业企业实现利润 5.6 万亿元，同比增长 5.3%；规模以上工业企业主营业务收入利润率为 6.07%；全年工业产品产销率为 98.0%。四季度中国人民银行 5000 户工业企业调查显示，企业经营景气状况回升，盈利状况有所好转。四季度，企业经营景气指数为 61.8%，较上季回升 0.7 个百分点；企业盈利指数为 53.1%，较上季上升 1.7 个百分点。从中国人民银行 5000 户工业企业问卷调查的数据看，2012 年四季度，企业设备能力利用水平指数为 40%，较上季上升 0.2 个百分点；企业经营景气指数和企业家信心指数分别为 61.8% 和 60.4%，较上季分别回升 0.8 和 1.2 个百分点。从 5000 户企业财务数据看，企业实现利润总额虽少于上年同期，但降幅已连续 3 个月收窄。2012 年 1 月至 11 月，5850 户企业实现利润总额 8810.9 亿元，同比减少 14.3%，降幅较 1 月至 10 月收窄 4.7 个百分点。市场需求回暖，企业库存水平下降。四季度企业市场需求指数为 51%，较上季上升 0.8 个百分点。企业产成品库存水平指数为 54.5%，较上季下降 1.5 个百分点。其中，17% 的企业认为产成品库存水平偏高，较上季下降 2.5 个百分点。

全年全社会建筑业增加值 35459 亿元，比上年增长 9.3%。全国具有资质等级的总承包和专业承包建筑业企业实现利润 4818 亿元，增长 15.6%，其中国有及国有控股企业 1236 亿元，增长21.9%。

（三）物价涨幅得到有效控制，回落到预期目标区间

随着国内经济增长有所放缓和稳健货币政策效果进一步显现，主要价格指标延续了回落走势。9月以后，经济缓中趋稳势头进一步明显，主要价格指标有所回升。居民消费价格同比涨幅低于上年，年末有所回升。2012年CPI同比上涨2.6%，涨幅比上年回落2.8个百分点。各季度同比涨幅分别为3.8%、2.9%、1.9%和2.1%。从食品和非食品分类看，食品价格上涨4.8%，涨幅比上年低7.0个百分点；非食品价格上涨1.6%，涨幅比上年低1.1个百分点。从消费品和服务分类看，消费品价格上涨2.9%，涨幅比上年低3.3个百分点；服务价格上涨2.0%，涨幅比上年低1.5个百分点。

工业生产价格同比降幅有所收窄。全年，工业生产者出厂价格同比下降1.7%；工业生产者购进价格同比下降1.8%。企业商品价格（CGPI）全年同比下降1.6%，月同比涨幅在连续13个月下降后又连续4个月反弹。农产品生产价格涨幅低于农业生产资料价格涨幅。全年农产品生产价格上涨2.7%，比上年回落13.8个百分点；农业生产资料价格上涨5.6%，比上年回落5.7个百分点。

受国际大宗商品价格总体下跌等因素影响，进口价格下降。GDP缩减指数明显回落。2012年GDP为51.9万亿元，增长7.8%，GDP缩减指数（按当年价格计算的GDP与按固定价格计算的GDP的比率）变动率为1.8%，比上年全年低6.0个百分点。

（四）财政收入增长放缓，财政支出结构继续改善

2012 年，全国公共财政收入 11.7 万亿元，比上年增长 12.8%，增速比上年低 12.2 个百分点；全国公共财政支出 12.6 万亿元，比上年增长 15.1%，增速比上年低 6.5 个百分点。收支相抵，支出大于收入 8502 亿元。

从财政收入结构看，2012 年税收收入为 10.1 万亿元，比上年增长 12.1%，增速比上年低 10.5 个百分点。收入增幅明显回落，主要是受经济增长放缓、企业效益下滑以及结构性减税政策等因素影响。其中，国内增值税比上年增长 8.9%，国内消费税比上年增长 13.5%，营业税比上年增长 15.1%，企业所得税比上年增长 17.2%，进口货物增值税和消费税比上年增长 9.1%，个人所得税比上年下降 3.9%，上述六项税收收入占全国财政收入 77.0%。

从财政支出结构看，财政支出增长较快的有教育、农林水事务、文化体育与传媒、城乡社区事务和住房保障支出，分别较上年增长 28.3%、19.8%、18.9%、18.4%和 16.4%。全国财政支出较多的有教育、社会保障和就业、农林水事务，分别占财政支出的 16.8%、10.0%和 9.5%。

（五）就业形势基本稳定

2012 年，全国就业人员 76704 万人，比上年末增加 284 万人；其中城镇就业人员 37102 万人，比上年末增加 1188 万人。四季度，中国人力资源市场信息监测中心对全国 103 个城市的公共就业服务机构市场供求信息进行的统计分析显示，劳动力市场供略小于求，求人倍率已经连续十个季度大于一。与上年

同期相比，市场用人需求有所增加，求职人数略有减少。分地区看，西部地区市场供不应求的程度高于东部和中部地区。用人需求集中在第二、三产业，分行业看，与上年同期相比，制造业、居民服务和其他服务业、建筑业的用人需求比重有所上升。劳动力市场中，中高级技能人才供不应求，高级技师、技师、高级工程师的岗位空缺与求职人数的比率较大。

（六）国际收支状况继续改善

经常项目收支继续保持基本平衡，资本和金融项目呈现净流出。据国家外汇管理局初步统计，2012 年经常项目总顺差 2138 亿美元，同比增长 6%，与同期国内生产总值之比为 2.6%，较上年下降0.2 个百分点。其中，货物贸易虽有所增长，但服务贸易和收益项目逆差扩大、经常转移顺差减少。资本和金融项目（含误差与遗漏）逆差 1173 亿美元，上年为顺差 1861 亿美元。外汇储备增长大幅放缓。国际收支口径的外汇储备资产（剔除汇率、价格等非交易价值变动影响）仅增加 987 亿美元，同比少增 74%。外债规模增速有所放缓，短期外债占比继续上升。9 月末，外债余额为 7708 亿美元，同比增长 10.6%。其中，登记外债余额为 4713 亿美元，同比增长 7%；短期外债余额为 5728 亿美元，同比增长 12.8%，占外债余额的 72.8%，占比较上年同期上升 1.5 个百分点。

2012 年宏观经济运行总体态势较好，但经济运行中也存在不容忽视的问题。国际金融危机深层次影响继续显现，世界经济增长乏力，潜在通胀压力加大，发达经济体财政金融风险居高不下，国际贸易投资保护主义进一步强化。国内发展中不平衡、不协调、不可持续问题依然突出，有些还相当尖锐。一是经济企稳回升的基础尚不稳固。消费内生增长动力不足，企业投资能力和意愿有所下降，外需短期内难有大的起色。二是部分企业生产经营还比较困难。要素成本上升和创新能力不足的问题并存。劳动力价格上升的问题尤为突出，从外向型企业调查数据看，2012 年四季度，53.3% 的外向型企业认为目前面临的最主要问题是“劳动力价格上升，招工难”。成本上升使企业盈利能力减弱，规模以上工业企业亏损面比上年扩大 2.2 个百分点，小型微型企业的困难更为严重。三是产能过剩问题突出。传统制造业产能普遍过剩，高消耗、高排放行业尤为明显，一些新兴产业也存在盲目发展现象，严重影响企业效益和行业竞争力的提升。四是稳定发展农业生产和促进农民增收难度加大。耕地、淡水等资源支撑绷得较紧，农业基础设施薄弱，农民务农务工收入增速都可能有所放慢。此外，经济增速放缓和企业困难对就业的滞后影响可能陆续显现，财政收支矛盾突出，金融领域存在潜在风险，生态环境形势严峻，部分城市房价面临反弹压力，各种浪费现象相当严重，在征地拆迁、安全生产、食品安全、收入分配等方面也存在不少影响社会和谐稳定的因素。

2012·基本改革思路

“营改增”

分税制改革以来，我国对第二产业征收增值税，对第三产业征收营业税。税制不统一，助推了产业发展的不平衡，同时也加剧了税收不公平问题。而且，营业税重复征税的现象尤其突出，并缺乏明晰的抵扣机制设计，在第三产业往往是新技术、新业态、新经济孵化器的市场格局下，营业税“叠床架屋”甚至征收“过头税”的弊端，对于疏导资源合理配置，扩大第三产业规模，促进大众创业、万众创新，形成了极大制约。尽快实施以“营改增”为主的税制改革，是创造公平竞争环境、推动经济结构优化转型、生成新的经济增长点的迫切要求。

“营改增”是营业税改增值税的简称。将占税收收入半壁江山的增值税和营业税合并，统一征收增值税，是自 1994 年分税制改革以来我国最重要的一项税制改革。

为什么要实施“营改增”？简言之，就是减少重复征税，降低整体税负。分税制改革以来，我国收税部门分为国税和地税两个部门，增值税主要以第二产业为征收对象，由国税部门征收，中央和地方财政共享，其中中央财政占 75%，地方财政占 25%；营业税主要以第三产业为征收对象，由地税部门征收，地方财政独享。

“增营并征”带来的弊端。一是重复征税问题。对于营业税的涉税收入，由于绝大多数没有扣除取得收入相对应的成本费用的进项税额，直接导致营业税纳税人涉税收入中一些组成部分既缴纳了增值税，又缴纳了营业税或是缴纳了两次及以上的营业税，也正是由于营业税没有实行抵扣制度，也造成这部分价值的重复交税。所以，营业税计税依据所引起的重复征税的问题涉及的不仅仅是营业税纳税人，也包括增值税纳税人。重复征税问题也是我国现行营业税存在的最大问题。二是营业税税率体系已不符合第三产业发展要求。营业税税率体系与行业利润率不成比例，造成税负不均，虽然同一行业的营业税税率相同，但是不同行业之间不同的营业税税率导致不同行业的营业税纳税额不均，许多盈利能力高的行业纳税额明显轻于盈利能力低的行业，尽管营业税作为价内税，税负最终由消费者承担，但是税负高导致消费者减少，税负不均会对行业的健康发展产生扭曲作用，破坏产业结构发展的均衡态势，不利于产业经济的发展。三是营业税、增值税征收混乱。在实际销售中有一种是混合销售行为，即既涉及增值税应税劳务又涉及营业税应税劳务的销售行为。这就形成同一纳税主体营业税与增值税课税对象的交叉。例如，在国务院总理李克强主持召开“营改增”工作座谈会上，中国人民大学教授朱青谈到的“餐馆之困”就是典型案例：“按‘营改增’之前的税制规定，在餐馆吃饭缴营业税，而打包带走要缴增值税。营业税是地税局收，增值税是国税局收。极端情况下，我一脚在门里、一脚在门外吃饭，这税怎么征？”尽管有关条文已经明确规定了混合销售行为的纳税方法，但实际税收征管过程中，由于增值税征管归国税系统，而营业税征管归属地税系统，这就会引起两个税务征管系统的征管混乱，不利于征管权利的清晰及税收征管成本的降低。近些年，国家相继出台了许多相关税收政策以解决现行税制中明确出现的课税对象交叉业务的征税问题，但是这些税收政策规定都没有给业务定性，也存在部分政策规定不严谨、前提条件不清楚、理由不充分等问题，这都造成了营业税增值税征收混乱现象不断显现。究其本质，增值税营业税属于同一性质、同一环节、同一原理的税种，本来应该合二为一，但是，在我国税法法律中，两者又属于相互排斥的税种，分属于两个不同的机构管理，这就必然造成征收混乱现象的出现。

2011 年，经国务院批准，财政部、国家税务总局联合下发营业税改增值税试点方案。“营改增”于 2012 年 1 月 1 日在上海率先拉开大幕，重复征税负担较重、处于抵扣中间环节，又与生产、流通、生活联系紧密的交通运输业和现代服务业，成为首轮试点行业。不到一年，上海的试点就产生了显著效应。2012 年 9 月，“营改增”试点范围扩大到北京、江苏等 8 个省市，当年减税就达到 420 亿元。为避免税收政策“洼地效应”。2013 年 8 月，“上海模式”推广到全国。2014 年，与第二产业关联度较高的铁路运输业、邮政业、电信业等行业纳入试点，并在全国推开。跨区域、跨行业抵扣链条的形成，强化了区域内外、上下游企业之间的联系。全面“营改增”的条件已经成熟，甚至已经成为迫切的需要。2016 年 5 月 1 日，“营改增”试点全面推开。我国实行了 60 多年的营业税完成历史使命，退出历史舞台，同时增值税在我国实现了对国民经济三次产业的全面覆盖。

“营改增”从制度上消除了“营增并存”的二元税制，实现了货物劳务税制的科学、统一。它优化简化了税制，打通了增值税抵扣链条，增强了税收中性，消除了重复征税，实现了税制的横向公平，也促使企业加强规范管理，促进公平竞争。从前期试点情况看，截至 2015 年底，“营改增”累计实现减税 6412 亿元，无论是试点纳税人还是原增值税纳税人，都实现了较大规模的减税。

“营改增”使得产业间交融更加顺畅，有利于制造业和服务业协同发展。它有效促进了创业创新，拉长了产业链，扩大了产业分工，催生了大量新业态、新商业模式，促进了产业结构优化，增强了发展后劲。

“营改增”使企业购进服务的进项税得以抵扣，带动了企业购买服务的增长，发展了服务业，提升了制造业。从制造业企业购进服务的金额来看，2017 年的前 8 个月，全国制造业企业购进服务金额同比增长 37.6%，同时制造业实现销售额同比增长 21.9%。其中，高技术制造业购进的服务金额同比增长 54.1%，占制造业购进服务金额的比重达 17.3%。这说明“营改增”促进了制造业与服务业的融合发展，提高了市场效率，减少了市场扭曲，提升了制造业水平，实现了多赢。

据统计，自 2012 年 1 月 1 日起实施的“营改增”改革，到 2016 年已累计减税 1.61 万亿元。其中 2016 年 5 月全面推开“营改增”试点以来已累计直接减税 8500 多亿元，实现所有行业税负只减不增。

作为改革“领头雁”的上海也交出了亮眼的成绩单：上海

市国税局提供的统计数据显示，2012 年至 2016 年，上海营改增累计减税逾 1967 亿元。其中，2016 年，“营改增”试点四大行业累计减税约 840 亿元。

2012 · 年度改革实践

“营改增”试点

2011 年，经国务院批准，财政部、国家税务总局联合下发营业税改增值税试点方案。决定从 2012 年 1 月 1 日起，在上海交通运输业和部分现代服务业开展营业税改增值税试点。从开始试点，到 2016 年 5 月 1 日起在全国和全行业范围全面推开，营改增的实施，大致经历了以下三个阶段。

第一阶段：2012 年 1 月 1 日，率先在上海实施了交通运输业和部分现代服务业“营改增”试点；2012 年 9 月 1 日至 2012 年 12 月 1 日，“营改增”试点由上海市分 4 批次扩大至北京、江苏、安徽、福建、广东、天津、浙江、湖北 8 省（市）。

第二阶段：2013 年 8 月 1 日，“营改增”试点推向全国，同时将广播影视服务纳入试点范围；2014 年 1 月 1 日，铁路运输业和邮政业在全国范围实施“营改增”试点；2014 年 6 月 1 日，电信业在全国范围实施“营改增”试点。

第三阶段：2016 年 5 月 1 日起，将试点范围扩大到建筑业、房地产业、金融业、生活服务业，并将所有企业新增不动产所含增值税纳入抵扣范围，确保所有行业税负只减不增。

2016 年 3 月 18 日召开的国务院常务会议，通过《国务院关于废止〈中华人民共和国营业税暂行条例〉和修改〈中华人民共和国增值税暂行条例〉的决定（草案）》。至此，实施 60 多年的营业税退出历史舞台。这是自 1994 年分税制改革以来，我国财税体制的又一次深刻变革。

在我国经济受国际金融危机和国内经济结构矛盾凸显等因素的影响，经济下行压力持续加大，财政收入也出现增速下滑势头的大背景下，中国政府没有选择加大征税力度，而是“放水养鱼”，通过扩大“营改增”范围和试点，进一步推进减税力度。这称得上是一着“险棋”，但以后的实践证明，“营改增”成效超出了预期，进一步激发了市场活力和经济发展动力，为我国经济稳中向好提供了有力支撑，也对全国整体经济、财政体制、企业经营行为等产生深远影响。

相关数据表明，“营改增”不仅实现了所有行业税负只减不增，截至 2017 年前三季度，已累计减少企业税负 1.7 万亿元，而且有效扩大了税基。2017 年四大行业试点纳税人月均增加 14 万户，有力推动了经济结构转型升级和大众创业、万众创新的作用凸显，今年前三季度服务业增长对国民经济增长的贡献率为 58.8%。

“营改增”通过统一货物服务税制，营造了更加简洁公平的税制环境。将所有营业税行业都改为缴纳增值税，实现增值税全面代替营业税，结束了 1994 年以来增值税和营业税并存的体制，有效缓解了两税并存导致的货物服务税制差异、扭曲企业经营等问题，进一步简化了税制和征管，降低了征纳成本。

“营改增”促进服务业加快发展和制造业转型升级，培育了经济发展新动能。专家表示，全面推开“营改增”试点，使增值税的抵扣机制延伸到服务业，贯通了二、三产业之间的抵扣链条，有效降低了分工细化过程中的税收成本，促进了专业化分工、拉长了产业链，催生了大量新业态、新商业模式。制造业企业外购服务、不动产支付的增值税可以抵扣，激发了制造业采购服务、升级改造的积极性，提升了企业的竞争力和盈利能力，实现了制造业和服务业的融合发展，加快了新旧动能接续转换。

值得关注的是，“营改增”还拓展了小微企业生存空间。“营改增”降低了创业创新的成本和风险，为小微企业发展营造了更为宽松的税制环境，催生了大量创新型、成长型中小企业。

国有企业“三供一业”分离移交试点

所谓国有企业“三供一业”是指国有企业职工家属区的供水、供电、供热（供气）及物业管理（简称“三供一业”）。国有企业“三供一业”分离移交，是继20世纪90年代国有企业医疗、教育、住房、社区管理机构等企业办社会职能剥离以后的继续。2012年开始，黑龙江省率先在全国开展试点，2014年和2015年，试点工作逐步扩大到河南、湖南、重庆、辽宁、吉林、广东、海南、四川、贵州等省市。2014年在黑龙江省的分离移交试点工作已基本完成，其他9个省市试点工作进展总体顺利。

国有企业“三供一业”分离移交，不仅是减轻企业负担的需要，同时也是健全基本公共服务体系、创新社会治理体制的必然要求。承担“三供一业”职能的大多是国有老企业，设备设施超期服役，老化严重，管理粗放，服务水平低。部分企业职工饮用水不达标，用电存在安全隐患，不少企业家属区与当地城市发展脱节。将国有老企业承担的与主业发展方向不符的公共服务职能归位于相关政府部门或单位，纳入社会基本公共服务体系，由专业化的服务机构实行集中管理运营，有利于统筹协调和优化公共服务资源配置，提高基本公共服务质量和水平，更好的服务群众，惠及民生。

试点经验表明，“三供一业”分离移交工作，实现了多方共赢的局面。一是改善了民生，广大职工群众满意。通过“三供一业”设施设备维修改造，许多企业职工群众用上了安全电、喝上了干净水、住上了温暖房，美化了生活环境。如东北地区有的家属区通过供热管网改造，冬季室内温度平均提升了 5 度左右。不少企业反映，“三供一业”分离移交使广大群众幸福指数得到提高，有利于社会更加和谐。二是实现了企业“瘦身”、减负，企业满意。如哈电集团每年可节约费用 9000 多万元，兵器工业集团在黑龙江省的 5 户企业每年可减少补贴 5000 多万元。“三供一业”分离移交工作也促进了职工思想观念的转变，有利于企业机制体制转换与创新。三是提升了城市公共服务水平，地方政府满意。试点城市普遍体会到，“三供一业”分离移交促进了城市基础设施建设，消除了安全隐患，实现了公共事业管理的专业化和集约化。许多城市因为这项工作的开展，拆除了小锅炉，取消了水塔蓄水，改造供热、供水管网，减少了二氧化碳排放，为节能降耗、保护环境作出了贡献。

中央企业在十三个重大领域开展管理提升活动

为应对内外部复杂环境变化，保增长、保稳定，提升企业市场竞争力和抗风险能力，促进中央企业加快转变经济发展方式，深入实施转型升级，不断提升发展质量和效益，走内涵式发展之路，加快实现“做强做优、培育具有国际竞争力的世界一流企业”的核心目标，国务院国资委决定，从 2012 年 3 月起，用 2 年时间，中央企业在投资决策管理、全面预算管理、全面风险管理、科技创新管理、人力资源管理、产权管理、法律管理、采购管理、安全生产管理、管理信息化、社会责任管理、党建管理和反腐倡廉管理 13 项重点领域开展管理提升活动。

活动指导思想：高举中国特色社会主义伟大旗帜，紧紧围绕“十二五”改革发展“一五三”总体思路，坚持以科学发展为主题，以加快转变经济发展方式为主线，以解决企业管理中存在的突出问题和薄弱环节为重点，通过自主优化、引进吸收、创新发展，持续加强企业管理，积极推进管理创新，促进中央企业持续、稳定、健康发展。

活动目标：力争用两年时间，通过全面开展管理提升活动，加快推进中央企业管理方式由粗放型向集约型、精细化转变，全面提升企业管理水平。达到基础管理明显加强；管理现代化水平明显提升；管理创新机制明显完善；综合绩效明显改善。

活动重点：一是找准管理短板和瓶颈问题，实现重点突破。

二是强化向管理要效益理念，切实加强基础管理。三是统筹推进专项提升，全面落实整改措施。四是总结固化成果，构建长效机制。

活动工作原则：立足自我与学习借鉴相结合；重点突破与全面提升相结合；从严治企与管理创新相结合；加强管理与深化改革相结合。

活动工作要求：加强组织领导；做好整体设计；健全工作机制；确保取得实效。

中央企业建立内部控制体系

围绕中央企业管理提升活动，2012 年，国务院国资委全面部署中央企业内部控制体系建设工作，要求用两年的时间，在全部中央企业建立起规范的内部控制体系，为中央企业实现做强做优、达到世界一流水平奠定坚实的基础。

为此，国务院国资委印发了《关于加快构建中央企业内部控制体系有关事项的通知》，对建立内部控制体系提出了具体要求。

要求各中央企业在集团层面要成立专门的内部控制工作领导机构，负责内部控制工作的组织协调，设立专职机构或确定牵头部门，配备专职工作人员，具体负责内部控制体系建设与实施工作；建立相关部门共同参与的跨部门联动工作机制，明确分工，落实责任，共同推进，并做好对子企业内部控制建设的组织指导工作；按照内部控制建设与监督评价职责相分离的原则，明确内部审计或相关部门负责组织内部控制评价工作。

各中央企业要建立健全内部控制工作责任制，将内部控制建设与执行效果纳入绩效考核体系，确保内部控制不断完善并得到有效执行，为战略有效实施、资源优化配置、企业价值提升提供强有力的支撑。

要求已在全集团范围内建立起内部控制体系的中央企业，应当重点抓好有效执行和持续改进工作，着力提升内部控制的健全性和有效性；主业资产实现整体上市或所属控股上市公司资产比重超过60%、尚未在全集团范围内启动内部控制建设工作的中央企业，应当统筹规划、协同推进全集团内部控制体系建设，着力抓好集团总部与各类子企业同步建设与稳步实施工作，于2012年建立起覆盖全集团的内部控制体系；其他中央企业应当抓紧启动内部控制体系建设工作，确保2013年全面完成集团内部控制体系的建设与实施工作。

要求按照管理制度化、制度流程化、流程信息化原则，抓好内部控制建设的基础工作和关键环节。一是建立规范的公司治理结构和议事规则，明确各类治理主体的权利运行机制，合理设置职责权限，规范决策程序，确保“三重一大”集体决策制度有效落实，建设和倡导合规、诚信的企业文化，提高企业依法合规经营管理的能力，持续改进内部控制建设与执行工作。二是以价值管理为主线，以风险管理为导向，全面梳理各类各项业务流程，查找经营管理风险点，评估风险影响程度，编制分类风险与缺陷清单，明确关键控制节点和控制要求，实施业务流程再造，编制内部控制管理手册，促进业务处理规范化和标准化。三是加强重点流程与特殊业务的内部控制，着力抓好资金、投资、采购、基建、销售、产权管理、人力资源管理、质量管理、安全生产等关键业务流程控制，加强境外资产、金融及其衍生业务、重大经济合同和节能减排等特殊业务的内部控制建设，建立重大风险预警与应急机制，制定和落实应急预案。四是结合内部控制目标，梳理完善管理制度体系，并根据业务发展要求和外部经营环境变化，持续检验和评估管理制度的有效性，建立动态调整与改进机制，防止出现制度缺失和流程缺陷。五是推进内部控制体系建设同信息化建设的融合对接，在将制度和控制措施嵌入流程的基础上，结合企业信息化建设进程，将业务流程和控制措施逐步固化到信息系统，实现在线运行。

国务院国资委还要求，要采取得力措施，确保内部控制有效执行；要加强评价与审计，促进内部控制持续改进与优化。同时，国务院国资委规定自 2013 年起，于每年 5 月 31 日前向国资委报送内部控制评价报告，同时抄送派驻本企业监事会。

2012 · 重要理论观点

对中国特色社会主义进行系统全面描述

2012 年 11 月 8 日，中共中央总书记胡锦涛在中国共产党第十八次全国代表大会上作《坚定不移沿着中国特色社会主义道路前进，为全面建成小康社会而奋斗》的报告，对中国特色社会主义进行了系统全面的表述。

中国特色社会主义是由道路、理论体系、制度三位一体构成的。

“中国特色社会主义道路，就是在中国共产党领导下，立足基本国情，以经济建设为中心，坚持四项基本原则，坚持改革开放，解放和发展社会生产力，建设社会主义市场经济、社会主义民主政治、社会主义先进文化、社会主义和谐社会、社会主义生态文明，促进人的全面发展，逐步实现全体人民共同富裕，建设富强民主文明和谐的社会主义现代化国家。

中国特色社会主义理论体系，就是包括邓小平理论、‘三个代表’重要思想、科学发展观在内的科学理论体系，是对马克思列宁主义、毛泽东思想的坚持和发展。

中国特色社会主义制度，就是人民代表大会制度的根本政治制度，中国共产党领导的多党合作和政治协商制度、民族区域自治制度以及基层群众自治制度等基本政治制度，中国特色社会主义法律体系，公有制为主体、多种所有制经济共同发展的基本经济制度，以及建立在这些制度基础上的经济体制、政治体制、文化体制、社会体制等各项具体制度。”

中国特色社会主义道路是实现途径，中国特色社会主义理论体系是行动指南，中国特色社会主义制度是根本保障，三者统一于中国特色社会主义伟大实践。这是中国特色社会主义的最鲜明特色。

中国特色社会主义是中国共产党和中国人民团结的旗帜、奋进的旗帜、胜利的旗帜。

全面建成小康社会的新要求

中共十八大报告，对全面建成小康社会提出了新的要求。

一是经济持续健康发展。转变经济发展方式取得重大进展，在发展平衡性、协调性、可持续性明显增强的基础上，实现国内生产总值和城乡居民人均收入比 2010 年翻一番。科技进步对经济增长的贡献率大幅上升，进入创新型国家行列。工业化基本实现，信息化水平大幅提升，城镇化质量明显提高，农业现代化和社会主义新农村建设成效显著，区域协调发展机制基本形成。对外开放水平进一步提高，国际竞争力明显增强。

二是人民民主不断扩大。民主制度更加完善，民主形式更加丰富，人民积极性、主动性、创造性进一步发挥。依法治国基本方略全面落实，法治政府基本建成，司法公信力不断提高，人权得到切实尊重和保障。

三是文化软实力显著增强。社会主义核心价值体系深入人心，公民文明素质和社会文明程度明显提高。文化产品更加丰富，公共文化服务体系基本建成，文化产业成为国民经济支柱性产业，中华文化走出去迈出更大步伐，社会主义文化强国建设基础更加坚实。

四是人民生活水平全面提高。基本公共服务均等化总体实现。全民受教育程度和创新人才培养水平明显提高，进入人才强国和人力资源强国行列，教育现代化基本实现。就业更加充分。收入分配差距缩小，中等收入群体持续扩大，扶贫对象大幅减少。社会保障全民覆盖，人人享有基本医疗卫生服务，住房保障体系基本形成，社会和谐稳定。

五是资源节约型、环境友好型社会建设取得重大进展。主体功能区布局基本形成，资源循环利用体系初步建立。单位国内生产总值能源消耗和二氧化碳排放大幅下降，主要污染物排放总量显著减少。森林覆盖率提高，生态系统稳定性增强，人居环境明显改善。

2012・重要政策法规

1.《国务院国资委关于加强中央企业特殊资金（资产）管理的通知》，2012 年 1 月 12 日。

2.《国务院国资委〈关于印发关于进一步加强中央企业负责人副职业绩考核工作的指导意见〉的通知》，2012 年 1 月 17 日。

3.《国务院关于西部大开发“十二五”规划的批复》，2012 年 2 月 13 日。

4.《国务院关于东北振兴“十二五”规划的批复》，2012 年 3 月 4 日。

5.《国务院批转发展改革委〈关于 2012 年深化经济体制改革重点工作意见〉的通知》，2012 年 3 月 18 日。

6.《中央企业境外投资监督管理暂行办法》，2012 年 3 月 18 日。

7.《国务院关于“十二五”国家政务信息化工程建设规划的批复》，2012 年 4 月 18 日。

8.《国务院关于进一步支持小型微型企业健康发展的意见》，2012 年 4 月 19 日。

9.《国家出资企业产权登记管理暂行办法》，2012 年 4 月 20 日。

10.《国务院国资委关于加快构建中央企业内部控制体系有关事项的通知》，2012 年 5 月 7 日。

11.《国务院国资委关于国有企业改制重组中积极引入民间投资的指导意见》，2012 年 5 月 23 日。

12.《国务院关于印发“十二五”节能环保产业发展规划的通知》，2012 年 6 月 16 日。

13.《国务院关于促进民航业发展的若干意见》，2012 年 7 月 8 日。

14.《国务院关于印发“十二五”国家战略性新兴产业发展规划的通知》，2012 年 7 月 9 日。

15.《国务院关于深化流通体制改革加快流通产业发展的意见》，2012 年 8 月 3 日。

16.《国务院关于大力实施促进中部地区崛起战略的若干意见》，2012 年 8 月 27 日。

17.《国务院关于促进企业技术改造的指导意见》，2012 年 9 月 1 日。

18.《中央企业负责人经营业绩考核暂行办法》，2012 年 12 月 29 日。

2012 · 年度热点纪实

中共中央制定改进作风八项规定

2012 年 11 月 8 日至 14 日，举世瞩目的中国共产党第十八次全国代表大会胜利召开，党和国家的奋斗历程由此翻开新的一页。

12 月 4 日，新一届中共中央领导集体履新不到 20 天，习近平总书记就召开政治局会议，审议中央政治局关于改进工作作风、密切联系群众的八项规定。

短短 600 多字的八项规定，对改进调查研究、切实改进会风、切实改进文风、规范出访活动、改进警卫工作、改进新闻报道、严格文稿发表、厉行勤俭节约等提出具体要求，很多都是从小事抓起，以习近平同志为核心的党中央由此起步，推动“制度治党”。

习近平强调，新一届中央领导集体要定规矩，“八项规定”是很重要的规矩。中央八项规定既不是最高标准，更不是最终目的，只是我们改进作风的第一步，是我们作为共产党人应该做到的基本要求。任务非常繁重，中央八项规定只是改进工作作风的一个切入口和动员令。

“切入口”就是突破口。廓清政治生态需要突破，治理软懒散需要突破。而突破，则必须从作风抓起，从制度入手。

“动员令”就是集结令。不集结无以成阵形，无号令难以聚力量。“动员令”是决心的宣示，也是吹响冲锋号的前奏。

八项规定是中共十八大后的“惊蛰第一声”，是“基本要求”和“第一步”，起到的是制度治党“排头兵”作用。

5 年之后回头看，制度笼子的“四梁八柱”荦荦大端，八项规定可称第一根“支柱”；全面从严治党的主旋律激越高亢，八项规定就是第一个音符。

八项规定的一小步，是制度治党迈出的一大步，引领出党纪党规建设的密集期。回溯 5 年来走过的路，八项规定这个党内法规“切入口”和“动员令”意义非凡。

2013 年 5 月 27 日，《中国共产党党内法规制定条例》和《中国共产党党内法规和规范性文件备案规定》发布。

2015 年 10 月 18 日，中共中央印发《中国共产党廉洁自律准则》和《中国共产党纪律处分条例》。

2016 年 6 月 28 日，中共中央政治局审议通过《中国共产党问责条例》。

2016 年 10 月 27 日，十八届六中全会审议通过《关于新形势下党内政治生活的若干准则》和《中国共产党党内监督条例》。

2017 年 10 月 28 日，中共中央政治局审议通过《中共中央政治局关于加强和维护党中央集中统一领导的若干规定》和《中共中央政治局贯彻落实中央八项规定的实施细则》。

5 年来，党内法规建设的步伐不断加快，中央共出台或修订近 80 部党内法规，超过现有党内法规的 40%，不仅在数量上实现了跨越式发展，既保证了立规质量也兼顾了体系建设，进一步夯实了全面从严治党的制度基石。而八项规定的实施是第一步，关键的第一步。

八项规定的全称是：中共中央政治局关于改进工作作风密切联系群众的规定。“中共中央政治局”和“改进工作作风密切联系群众”这两个词语非常重要。

改进工作作风必须从中央政治局做起，“说到的就要做到，承诺的就要兑现，中央政治局同志从我本人做起”，习近平说。

八项规定出台3天后，习近平离京赴广东考察率先垂范：不封路、不清场、不铺地毯，没有安排群众迎送、没有出现欢迎标语和横幅，开会不要求提交发言稿……

2012年12月，习近平担任总书记后第二次离京考察选在河北阜平，对河北方面的要求非常明确：要确保在考察中见群众、听真话、摸实情，绝不允许弄虚作假，不能搞“培训”，更不能“导演”，不要为这次考察活动添置哪怕一个新板凳。考察期间，习近平住宿的房间只有16平方米，工作餐严格按照“四菜一汤”标准配备，都是家常菜，还特别交代不上酒水。

中央八项规定实施以来，在神州大地上荡涤起一股激浊扬清的净化之风，刹住了一些曾被认为难以刹住的歪风邪气，攻克了一些曾被认为司空见惯的顽瘴痼疾。人们看到，天价月饼、粽子基本消失了，风景名胜区里的会所少见了，价格畸高的名烟名酒得到了遏制，一些高档酒店也推出了平民餐；干部普遍反映，应酬少了，精气神也饱满了。广大干部群众在一个又一个细节、一件又一件的小事中感受到了切切实实的变化。截至2017年6月底，全国累计查处违反中央八项规定精神问题17万多起，处分 13 万多人。平均每天因违反中央八项规定精神被查处的问题超过 100 起。而在截至 2016 年 12 月查处的 15. 53 万起违反中央八项规定精神的问题中，违纪行为发生在 2013、2014 年的占 78. 2%；发生在 2015 年的占 15%；发生在 2016 年的仅占 6. 7%。增量不断减少，充分表明中央八项规定精神在常和长、严和实、深和细中不断落地生根。

中央八项规定实施以来，以贯彻落实八项规定为切入口，中共中央重拳反腐为全面从严治党破局。从 2012 年 12 月 6 日中共十八大以后落马的第一位省部级干部，四川省委原副书记李春城，到苏荣、徐才厚、周永康、令计划、郭伯雄……5 年来，中共中央重拳反腐的决心勇气、惩贪去恶的雷霆之势，一次次刷新了人们的认知。从中共十八大到 2016 年底，中共中央纪委共立案审查中管干部 240 人，打破所谓“刑不上大夫”的猜想；全国纪检监察机关给予纪律处分超过 119 万人，打破所谓“法不责众”的观念；从 90 多个国家和地区追回外逃人员近 3000 人，释放“天网恢恢、虽远必追”的强烈信号。短短 5 年，“不敢腐”的目标已经初步实现。

中央八项规定实施以来，从群众路线教育实践活动，到“三严三实”专题教育，到“两学一做”学习教育，再到“两学一做”学习教育常态化制度化，打铁趁热、环环相扣的思想政治建设，让党内教育从“关键少数”向广大党员拓展、从集中性教育向经常性教育延伸，党员干部理想信念更加坚定，纪律意识和规矩意识更强。党内政治生活的规范、党内政治文化的改善、党内政治生态的修复，为全面从严治党向纵深发展提供了优良环境和土壤。

中央八项规定实施以来，作风建设成效有目共睹，全面从严治党的伟大实践试出了人心向背，厚植了党的执政根基，锻造出更加具有旺盛生命力和顽强战斗力的党，为党和国家各项事业发展提供了坚强政治保证。

2012 · 年度改革大事

1月1日　从今日起，为2011年12月31日前已经办理退休手续并按月领取基本养老金的企业退休人员再次提高基本养老金水平。按照2011年企业退休人员月人均基本养老金的10%左右确定调整水平。至此，企业退休人员基本养老金标准实现“八连增”。

1月6日至7日　全国金融工作会议召开。温家宝讲话强调，要坚持金融服务实体经济的本质要求，坚持市场配置金融资源的改革导向，坚持创新与监管相协调的发展理念，坚持把防范化解风险作为金融工作生命线，坚持自主渐进安全共赢的开放方针。

1月12日　国务院印发《关于实行最严格水资源管理制度的意见》。

1月17日　国家统计局发布数据：2011年底中国大陆城镇人口为69079万，农村人口为65656万。城镇人口占总人口比重达到51.27%，首次超过农村。

2月6日　国务院总理李克强主持召开保障性住房公平分配

工作座谈会并讲话。

3 月 5 日至 14 日　十一届全国人大五次会议举行。吴邦国作全国人大常委会工作报告。温家宝做政府工作报告。会议通过《关于修改〈中华人民共和国刑事诉讼法〉的决定》，将尊重和保障人权写入该法总则。

3 月 8 日　中共中央办公厅印发《关于加强和改进非公有制企业党的建设工作的意见（试行）》。

同日，国务院印发《"十二五"期间深化医药卫生体制改革规划暨实施方案》。4 月 17 日，全国深化医药卫生体制改革工作会议召开。李克强讲话强调，深化医改要抓住医保、医药、医疗 3 个重点环节，实行"三轮驱动"。

3 月 28 日　国务院常务会议批准实施《浙江省温州市金融综合改革试验区总体方案》。

4 月 19 日　国务院印发《关于进一步支持小型微型企业健康发展的意见》。

6 月 29 日 中央政府与香港特别行政区政府签署《〈内地与香港关于建立更紧密经贸关系的安排〉补充协议》。

6 月 30 日　十一届全国人大常委会第二十七次会议通过《关于批准〈中华人民共和国澳门特别行政区基本法附件一澳门特别行政区行政长官的产生办法修正案〉的决定》，对《中华人民共和国澳门特别行政区基本法附件二澳门特别行政区立法会的产生办法修正案》予以备案。

7 月 1 日　中共中央总书记、国家主席胡锦涛出席庆祝香港回归祖国 15 周年大会暨香港特别行政区第四届政府就职典礼并讲话，强调中央政府实行“一国两制”“港人治港”、高度自治方针将毫不动摇，全力支持香港特别行政区行政长官和政府依法施政将毫不动摇，同香港各界人士一道维护和促进香港长期繁荣稳定将毫不动摇。他还向香港特别行政区新一届政府和社会各界提出4点希望。

7月2日　中共中央、国务院印发《关于深化科技体制改革加快国家创新体系建设的意见》。6日至7日，全国科技创新大会举行。胡锦涛、温家宝发展讲话。

同日，中央政府与澳门特别行政区政府签署《〈内地与澳门关于建立更紧密经贸关系的安排〉补充协议》。

7月4日　三峡工程最后一台70万千瓦巨型机组正式交付投产。至此，世界装机容量最大水电站——三峡电站32台机组全部投产。

7月23日至24日　省部级主要领导干部专题研讨班举行。胡锦涛在开班式上讲话强调，高举中国特色社会主义伟大旗帜，以邓小平理论、“三个代表”重要思想为指导，深入贯彻落实科学发展观，解放思想，改革开放，凝聚力量，攻坚克难，坚定不移沿着中国特色社会主义道路前进，为全面建成小康社会而奋斗。胡锦涛指出，中国特色社会主义是当代中国发展进步的旗帜，也是全党全国各族人民团结奋斗的旗帜，必须毫不动摇以邓小平理论、“三个代表”重要思想为指导，深入贯彻落实科学发展观，坚持和发展中国特色社会主义。必须抓紧工作，抓紧落实，在未来5年内为到2020年如期实现全面建成小康社会目标打下具有决定性意义的基础，进而到20世纪中叶基本实现社会主义现代化。

7 月 31 日　中央政治局召开会议，分析研究上半年经济形势和下半年经济工作，要求努力实现经济社会发展预期目标。

8 月 17 日　中共中央组织部等 11 个部门联合发出通知，启动国家高层次人才特殊支持计划（简称“国家特支计划”或“万人计划”）。

8 月 22 日　国务院常务会议决定取消和调整 314 项部门行政审批项目，批准广东省在行政审批制度改革方面先行先试。至此，国务院 10 年来分 6 批共取消和调整了 2497 项行政审批项目，占总数的 69.3%。

8 月 24 日　中央党的建设工作领导小组会议召开。会议听取中央有关部门落实党的十七大和十七届四中全会关于党的建设重要举措情况的汇报，对迎接党的十八大、继续抓好党的建设各项部署提出明确要求。习近平、贺国强讲话。

8 月 27 日　国务院印发《关于大力实施促进中部地区崛起战略的若干意见》。

9 月 1 日　国务院印发《关于进一步加强和改进最低生活保障工作的意见》《关于促进企业技术改造的指导意见》。

12 月 15 日至 16 日　中央经济工作会议举行。习近平分析国际国内经济形势，提出 2013 年经济工作总体要求和主要任务。温家宝总结 2012 年经济工作，对 2013 年经济工作作出部署。李克强作总结讲话。会议强调，要紧紧围绕科学发展主题和加快转变经济发展方式主线，以提高经济增长质量和效益为中心，稳中求进，开拓创新，扎实开局，进一步深化改革开放，进一步强化创新驱动，加强和改善宏观调控，积极扩大国内需求，加大经济结构战略性调整力度，着力保障和改善民生，增强经济发展的内生活力和动力，保持物价总水平基本稳定，实现经济持续健康发展和社会和谐稳定。

12 月 31 日　中共中央、国务院印发《关于加快发展现代农业进一步增强农村发展活力的若干意见》。

本年度主要参考资料：

1. 2012 年国务院政府工作报告——2012 年 3 月 5 日在第十一届全国人民代表大会第五次会议上[EB/OL]. 中国政府网，2012－03－16.

2. 国家统计局. 中华人民共和国 2012 年国民经济和社会发展统计公报[M]. 北京：中国统计出版社，2013. 2.

3. 2012 年经济和社会发展计划执行与 2013 年草案报告[EB/OL]. 中国人大网，2012－02－28.

4. 2012 年中央和地方预算执行与 2013 年预算草案报告[EB/OL]. 中国人大网，2012－02－28.

5. 2012 年中国货币政策执行报告[EB/OL]. 中国人民银行网，2012－02－28.

6. 中国经济贸易年鉴编委会. 中国经济贸易年鉴（2013 年）[M]. 北京：中国经济出版社，2013. 12.

7. 习近平. 紧紧围绕坚持和发展中国特色社会主义学习宣传贯彻党的十八大精神. 在十八届中共中央政治局第一次集体学习时的讲话[M]. 北京：人民出版社，2012. 11.

8. 徐立凡. 全面实施营改增要有紧迫感[N]. 人民日报，2016－03－22.

9. 全面营改增方案落地，四大行业税率确定[EB/OL]. 中国政府网，2016－03－19.

10. 孙韶华. 营改增五周年税改红利尽显 累计减税 1.61 万亿元[N].

经济参考报，2017－08－22.

11. 曾金华．全面推开营改增催生多重积极效应[N]．经济日报，2017－09－26.

12. 八项规定实施以来处分人数的增幅逐年下降[EB/OL]．人民网，2017－05－24.

13. 党的十八大以来大事记[EB/OL]．人民网，2017－10－16.

2013 年

2013·年度经济背景

扩大内需成为战略基点，经济发展继续稳中向好

2013 年，中国经济发展呈现稳中有进、稳中向好的发展态势。消费平稳增长，投资增长较快，进出口结构优化；农业生产再获丰收，工业生产增速企稳回升；消费价格涨幅和就业基本稳定，对外贸易继续保持顺差。

一、宏观经济运行的总体态势

在 2013 年初的两会上，中央政府确定的 2013 年宏观经济调控预期目标是：国内生产总值增长 7.5% 左右；居民消费价格涨幅 3.5% 左右；城镇新增就业 900 万人以上，城镇登记失业率低于 4.6%；外贸进出口总额力争增长 8% 左右，国际收支状况进一步改善。

实际运行的结果，据国家统计局初步核算，全年国内生产总值 568845 亿元，比上年增长 7.7%。其中，第一产业增加值 56957 亿元，增长 4.0%；第二产业增加值 249684 亿元，增长 7.8%；第三产业增加值 262204 亿元，增长 8.3% *。

* 据国家统计局的最终核实数据，全年国内生产总值调整为 595244.4 亿元，比上年增长 7.8%。其中，第一产业增加值 55329.1 亿元，增长 3.8%；第二产业增加值 261956.1 亿元，增长 8.0%；第三产业增加值 277959.3 亿元，增长 8.3%。

全年城镇新增就业 1310 万人。年末城镇登记失业率为 4.05%，略低于上年末的 4.09%。

全年国内生产总值与全部就业人员的比率为 66199 元/人（以 2010 年不变价格计算），比上年提高 7.3%。

全年居民消费价格比上年上涨 2.6%，其中食品价格上涨 4.7%。固定资产投资价格上涨 0.3%。工业生产者出厂价格下降 1.9%。工业生产者购进价格下降 2.0%。农产品生产者价格上涨 3.2%。

全年全国公共财政收入 129143 亿元，比上年增加 11889 亿元，增长 10.1%；其中税收收入 110497 亿元，增加 9883 亿元，增长 9.8%。

全年货物进出口总额 258267 亿元人民币，以美元计价为 41600 亿美元，比上年增长 7.6%。

年末国家外汇储备 38213 亿美元，比上年末增加 5097 亿美元。年末人民币汇率为 1 美元兑 6.0969 元人民币，比上年末升值 3.1%。

总结 2013 年的经济运行结果，除外贸进出口总额外，其他各项经济指标均好于预期目标。

二、宏观经济面临的主要形势

2012 年末的中央经济工作会议对来年国内外宏观经济形势做出的判断是，国际经济形势依然错综复杂、充满变数，世界经济低速增长态势仍将延续，各种形式的保护主义明显抬头，潜在通胀和资产泡沫的压力加大，世界经济已由危机前的快速发展期进入深度转型调整期。虽然我国发展仍处于重要战略机遇期的基本判断没有变，但是，在国际环境方面的内涵和条件发生了很大变化。

从经济层面看，世界经济在经历了2003年至2007年年均增速4.6%的“黄金增长期”后，自国际金融危机以来一路下行。据国际货币基金组织预计，2012年全球经济增速将降至3.3%，2013年为3.6%，世界经济已由危机前的快速发展期进入深度转型调整期。世界经济增长可能在较长时间内处于相对低迷的状态，市场扩张速度明显放慢，贸易保护主义重新抬头。另一方面，世界掀起的结构调整、技术创新热潮，成为争夺未来发展制高点的新一轮竞赛，将在很大程度上影响国家力量对比。有学者分析，西方国家到2017年就能完成结构调整。如果我国仍长期徘徊在国际产业链的中低端，将在未来的全球经济政治版图上难有一席之地。

从资源环境层面看，资源能源、气候等全球性问题突出，靠大量消耗资源能源、污染环境的“暴饮暴食”型发展方式将难以为继。

从政治层面看，原有的国际政治经济格局已被打破，反映发达国家和新兴国家力量此消彼长的新的格局尚在形成之中，美国调整全球战略、重返亚太，这些都使我国和平发展的外部环境更趋复杂。

在过去10多年内，中国抓住全球市场显著扩张的“红利”，利用低成本优势、高强度资源投入迅速扩大生产能力，使经济总量翻了两番，全球排名推进了四位，跃居世界第二。面对国际环境发生的新变化，过去这种简单纳入全球分工体系、扩大出口、加快投资的传统机遇渐渐衰减。为此，中央政府的判断是，虽然我国发展仍处于重要战略机遇期，但我国面临的机遇，不再是简单纳入全球分工体系、扩大出口、加快投资的传统机遇，而是倒逼我国扩大内需、提高创新能力、促进经济发展方式转变的新机遇。我国应抓紧时机改变过度依赖外向型经济、“大进大出”的传统发展方式，应牢牢把握扩大内需这一战略基点，将经济发展的立足点更多建立在扩大内需的基础上。2001年至2010年，我国消费率从61.4%降到47.4%，其中居民消费率从45.3%降到33.8%，远低于发达国家70%左右的水平，甚至低于“金砖国家”的巴西、印度。加快推进收入分配体制改革，完善社会保障体系，培育新的消费增长点，建立扩大消费的长效机制，增强消费对经济增长的基础作用，成为宏观经济调控的重要内容。

基于以上判断，中共中央对2013年经济工作的总要求是，继续把握好稳中求进的工作总基调，紧紧围绕主题主线，以提高经济增长质量和效益为中心，稳中求进，开拓创新，扎实开局，进一步深化改革开放，进一步强化创新驱动，加强和改善宏观调控，积极扩大国内需求，加大经济结构战略性调整力度，着力保障和改善民生，增强经济发展的内生活力和动力，保持物价总水平基本稳定，实现经济持续健康发展和社会和谐稳定。

三、宏观经济政策的主要政策取向

为了保持经济的平稳运行，国务院的政策基调是，只要经济运行保持在合理区间，增速不滑出底线、就业保持基本稳定，就不采取短期刺激政策对经济运行进行强力干预，而是稳定市场预期，适度预调微调，同时简政放权，推进改革，激发市场活力，释放改革红利。从最终运行结果来看，这样做是正确的。

1. 继续实施积极的财政政策

一是适当增加财政赤字和国债规模，保持必要的支出力度。2013 年安排财政赤字 1.2 万亿元，比上年预算增加 4000 亿元，赤字率 2% 左右。

二是结合税制改革完善结构性减税政策，促进经济结构调整。结合税制改革完善结构性减税政策，重点是加快推进营业税改征增值税试点。继续扩大“营改增”试点范围，促进现代服务业发展和产业结构升级，进一步减轻企业负担。清理取消不合理、不合法的收费项目，降低偏高的收费标准。适当降低部分能源资源和关键零部件、原材料产品的进口关税。

三是进一步优化财政支出结构，财政支出继续向民生领域和薄弱环节倾斜，从严控制行政经费等一般性支出。加强地方政府性债务管理，妥善处理债务偿还和在建项目后续融资问题，保障符合条件的地方政府融资平台正常运转。

四是推动经济发展方式转变，提高经济发展质量和效益。保障国家科技重大专项顺利实施，支持基础研究、前沿技术研究等，推动企业技术创新；支持战略性新兴产业和现代服务业发展；推进生态文明建设，促进节能减排，加快新能源、可再生能源、清洁能源和循环经济发展；加强重点生态保护，巩固退耕还林成果，完善森林生态效益补偿和林业补贴政策。

五是清理财政存量资金。在全国范围内开展了地方财政对外借款和财政专户检查。规定了财政结转结余、暂存款、暂付款清理压缩目标，制定了结转结余资金统筹使用的管理办法，将闲置沉淀的资金清理出来用于亟须支持的项目。

六是促进优化投资结构。中央基建投资从竞争性领域开始逐步退出，并调整了投资方向和结构，加大对跨省（自治区、直辖市）重大基础设施建设投入力度，推进城市基础设施建设市场化投融资改革。

全年全国公共财政收入 117210 亿元，比上年增加 13335 亿元，增长 12.8%；其中税收收入 100601 亿元，增加 10862 亿元，增长 12.1%。

2. 继续实施稳健的货币政策

适当扩大社会融资总规模，保持货币信贷合理增长和流动性合理适度。优化信贷结构，加大对“三农”、小型微型企业、战略性新兴产业、国家重点在建续建项目等的金融支持，切实降低实体经济发展的融资成本。积极拓宽企业融资渠道，稳步扩大企业直接融资规模，发展多层次资本市场。加强监管，坚决守住不发生系统性和区域性金融风险的底线。

一是灵活开展公开市场操作。受主要发达经济体加码量化宽松政策（QE）影响，年内外汇流入和流出量大幅波动，在流动性影响因素复杂、流向反复变化的环境下，中国人民银行加强对银行体系流动性的分析监测，灵活把握公开市场操作的方向、力度和节奏，合理调节流动性水平。同时，结合市场环境和各阶段市场利率走势变化，合理把握公开市场操作利率弹性，有效引导市场预期。

二是适时开展常备借贷便利操作。2013 年以来，中国人民银行创新流动性管理工具，发挥常备借贷便利的流动性供给功能。2013年末，常备借贷便利余额1000亿元，比6月末下降3160亿元；当年累计发放常备借贷便利23650亿元。

三是加强宏观审慎管理，继续发挥差别准备金动态调整机制的逆周期调节作用。

四是多措并举促进信贷结构优化，提高金融服务实体经济的效率。

五是加快推进利率市场化改革。贷款利率管制全面放开。经国务院批准，人民银行自2013年7月20日起取消金融机构贷款利率0.7倍的下限，放开贴现利率管制，对农村信用社贷款利率不再设立上限。人民银行仅对存款利率实行上限管理，金融机构的自主定价空间进一步扩大，市场机制在利率形成中的作用显著增强。

六是继续按主动性、可控性和渐进性原则，进一步完善人民币汇率形成机制，重在坚持以市场供求为基础，参考一篮子货币进行调节，增强人民币汇率弹性，保持人民币汇率在合理均衡水平上的基本稳定。

七是推动跨境人民币业务平稳发展。中国人民银行与欧洲中央银行、英格兰银行等五家境外货币当局签署了双边本币互换协议，新签署协议总规模为7520亿元人民币；与新加坡金融管理局等三家境外货币当局续签双边本币互换协议，续签协议总规模为4035亿元人民币。

八是深入推进金融机构改革。中国信达资产管理股份有限公司于2013年12月在香港成功上市，是第一家实现上市的全国性金融资产管理公司，标志着金融资产管理公司股份制改革和商业化转型取得阶段性成果。

2013 年末，广义货币供应量 M_2 余额为 110.7 万亿元，同比增长 13.6%，增速比上年末略低 0.2 个百分点，与年初确定的调控目标较为接近。狭义货币供应量 M_1 余额为 33.7 万亿元，同比增长 9.3%，增速比上年末高 2.8 个百分点。流通中货币 M_0 余额为 5.9 万亿元，同比增长 7.1%。全年现金净投放 3899 亿元，与上年基本持平。

四、宏观经济的主要经济指标

（一）总需求

1. 消费需求平稳增长

2013 年，城镇居民人均可支配收入 26955 元，比上年增长 9.7%，扣除价格因素实际增长 7%；农村居民人均纯收入 8896 元，比上年增长 12.4%，扣除价格因素实际增长 9.3%。全年社会消费品零售总额 237810 亿元，比上年增长 13.1%，扣除价格因素，实际增长 11.5%。其中，城镇消费品零售额 205858 亿元，增长 12.9%；乡村消费品零售额 31952 亿元，增长 14.6%。商品零售额 212241 亿元，增长 13.6%；餐饮收入额 25569 亿元，增长 9.0%。一些新的消费模式和消费领域表现出巨大活力，电子商务市场交易额超过 10 万亿元，增长 25% 以上。

全年国内出游人数 29.6 亿人次，比上年增长 12.1%；国内旅游收入 22706 亿元，增长 17.6%。入境旅游人数 13241 万人次，下降 2.2%。其中，国外入境 2719 万人次，增长 0.3%；香港、澳门和台湾同胞 10521 万人次，下降 2.9%。在入境旅游者中，过夜旅游者5772万人次，增长0.3%。国际旅游外汇收入500亿美元，增长3.1%。

2. 投资增速稳中有降

全年全社会固定资产投资374676亿元，比上年增长20.3%，扣除价格因素，实际增长19.0%。其中，固定资产投资（不含农户）364835亿元，增长20.6%；农户投资9841亿元，增长8.3%。民间投资27.5万亿元，增长23.1%，占全部投资的比重为63%，占比较上年提高1.8个百分点。

全年房地产开发投资71804亿元，比上年增长16.2%。其中，住宅投资49374亿元，增长11.4%；办公楼投资3367亿元，增长31.6%；商业营业用房投资9312亿元，增长25.4%。

全社会固定资产投资44.71万亿元，增长19.3%。民间投资增长23.1%，占固定资产投资（不含农户）比重达到63%，比上年提高1.8个百分点。

全年新开工建设城镇保障性安居工程住房781万套（户），基本建成城镇保障性安居工程住房601万套。

内需成为全年经济增长的主动力，对经济增长的贡献率达到104.4%。

3. 进出口增速回升结构优化

全年货物进出口总额38668亿美元，比上年增长6.2%。其中，出口20489亿美元，增长7.9%；进口18178亿美元，增长4.3%。进出口差额（出口减进口）2311亿美元，比上年增加762亿美元。

从区域结构看，欧美日传统市场份额比上年下滑1.7个百分点，对东盟、南非和中亚五国等新兴市场国家双边贸易额分别增长 10.9%、8.6% 和 9.4%；从产品结构看，机电产品以及劳动密集型产品出口稳步增长，消费品、部分资源产品等进口增长较快。对外贸易自主发展能力不断增强，一般贸易比重增加，加工贸易比重减少。2013 年实际使用外商直接投资 1175.9 亿美元；境内投资者共对全球 156 个国家和地区的 5090 家境外企业进行了直接投资，累计实现非金融类直接投资 901.7 亿美元。

（二）总供给

1. 农业

全年粮食种植面积 11127 万公顷，比上年增加 69 万公顷；棉花种植面积 470 万公顷，减少 34 万公顷；油料种植面积 1398 万公顷，增加 12 万公顷；糖料种植面积 203 万公顷，增加 9 万公顷。

全年粮食产量 58957 万吨，比上年增加 1836 万吨，增产 3.2%。全年棉花产量 684 万吨，比上年增产 3.8%。油料产量 3476 万吨，增产 5.1%。糖料产量 13493 万吨，增产 7.8%。烤烟产量 320 万吨，增产 11.5%。茶叶产量 180 万吨，增产 11.2%。

全年肉类总产量 8384 万吨，比上年增长 5.4%。年末生猪存栏 47492 万头，增长 1.6%；生猪出栏 69628 万头，增长 5.2%。禽蛋产量 2861 万吨，增长 1.8%。牛奶产量 3744 万吨，增长 2.3%。

全年水产品产量 5906 万吨，比上年增长 5.4%。其中，养殖水产品产量 4305 万吨，增长 7.0%；捕捞水产品产量 1601 万吨，增长1.3%。

全年木材产量8088万立方米，比上年下降0.7%。

全年新增有效灌溉面积172万公顷，新增节水灌溉面积235万公顷。

2. 工业和建筑业

全年全部工业增加值199860亿元，比上年增长7.9%，规模以上工业增加值增长10.0%。在规模以上工业中，国有及国有控股企业增长6.4%；集体企业增长7.1%；股份制企业增长11.8%；外商及港澳台商投资企业增长6.3%；私营企业增长14.6%。轻工业增长10.1%，重工业增长9.9%。

全年规模以上工业中，农副食品加工业增加值比上年增长13.6%，纺织业增长12.2%，通用设备制造业增长8.4%，专用设备制造业增长8.9%，汽车制造业增长8.4%，计算机、通信和其他电子设备制造业增长12.1%，电气机械和器材制造业增长9.7%。六大高耗能行业增加值比上年增长9.5%，高技术制造业增加值比上年增长12.2%。

全年规模以上工业企业实现利润55578亿元，比上年增长5.3%。其中国有及国有控股企业14163亿元，下降5.1%。

全年全社会建筑业增加值35459亿元，比上年增长9.3%。全国具有资质等级的总承包和专业承包建筑业企业实现利润4818亿元，增长15.6%，其中国有及国有控股企业1236亿元，增长21.9%。

3. 交通和邮电业

全年货物运输总量412亿吨，比上年增长11.5%。货物运输周转量 173145 亿吨千米，增长 8.7%。全年规模以上港口完成货物吞吐量 97.4 亿吨，比上年增长 6.8%，其中外贸货物吞吐量 30.1 亿吨，增长 8.8%。规模以上港口集装箱吞吐量 17651 万标准箱，增长 8.1%。

全年旅客运输总量 379 亿人次，比上年增长 7.6%。旅客运输周转量 33369 亿人千米，增长 7.7%。

全年完成邮电业务总量 15022 亿元，比上年增长 13.0%。其中，邮政业务总量 2037 亿元，增长 26.7%；电信业务总量 12985 亿元，增长 11.1%。年末全国固定及移动电话用户总数达到 139031 万户，比上年末增加 11896 万户。电话普及率达到 103.2 部/百人。互联网上网人数 5.64 亿人，其中宽带上网人数 5.30 亿人。互联网普及率达到 42.1%。

（三）物价水平

2013 年以来，受国内经济增长变化影响，主要价格指标呈现前低后稳走势，价格形势总体稳定。具体看，上半年，消费价格涨幅基本稳定，工业生产价格降幅加深；下半年，随着经济景气回升，消费价格涨幅扩大，工业生产价格降幅收窄。居民消费价格涨幅与上年持平。2013 年 CPI 同比上涨 2.6%。工业生产价格降幅略有扩大。2013 年，工业生产者出厂价格同比下降 1.9%，降幅比上年扩大 0.2 个百分点；工业生产者购进价格同比下降 2.0%，降幅比上年扩大 0.2 个百分点；企业商品价格（CGPI）同比下降 1.2%；农产品生产价格涨幅高于农业生产资料价格涨幅，农产品生产价格上涨 3.2%，农业生产资料价格上涨 1.4%。

2013 年 GDP 缩减指数（按当年价格计算的 GDP 与按固定价格计算的 GDP 的比率）变动率为 1.7%，比上年低 0.3 个百分点。

（四）就业形势

2013 年末，全国就业人员为 76977 万人，比上年末增加 273 万人。其中城镇就业人员 38240 万人，比上年末增加 1138 万人。中国人力资源市场信息监测中心在本年四季度对全国 104 个城市的公共就业服务机构市场供求信息进行的统计分析显示，劳动力市场供求总体平衡，需求略大于供给，求人倍率为 1.10，较上季度和上年同期均上升 0.02。分行业看，教育、采矿业、金融业、房地产业等行业的用人需求有较大幅度增长，而制造业、住宿和餐饮业、居民服务和其他服务业等的用人需求有所减少。与上年同期相比，新成长失业青年的求职比重有所上升，就业转失业人员、本市农村人员和外埠人员的求职比重下降。57.6% 的用人需求对技术等级或职称有明确要求，中、高级技能人员及高级专业人员需求缺口依然较大。

（五）国际收支

国际收支保持经常项目与资本和金融项目双顺差。据国家外汇管理局初步统计，2013 年经常项目顺差 1886 亿美元，与同期 GDP 之比为 2.1%，较上年下降 0.2 个百分点，继续处于国际公认的可持续区间。资本和金融项目顺差 2427 亿美元，上年为逆差 168 亿美元。国际储备资产增加 4314 亿美元。外债总规模继续上升。截至 2013 年 9 月末，外债余额为 8229 亿美元，较上年末增长 11.7%。其中，登记外债余额为 4961 亿美元，较上年末增长 11.4%，占外债余额的 60.3%；短期外债余额为 6329 亿美元，较上年末增长 17%，占外债余额的 76.9%。

2013 · 基本改革思路

完善国有资产管理体制

2003 年全国十届人大一次会议决定成立国务院国有资产管理委员会。作为国务院下设的“特设机构”，国务院国资委成立以后，国有资产管理职能增强了，改变了当初国有资产“九龙治水”局面，国资委为实现国有资产保值增值、防止国有资产流失、发展壮大国有经济作出了积极贡献，这是改革的一大进步。但是，审视国资委成立 10 年以来的工作，国有资产监督机制不健全，国有资产监管中越位、缺位、错位问题依然存在，国有资产监督管理的状态仍然不尽人意。

中共十六大以后，中国的国有资产管理事实上存在着两套体制，其中金融与文化类企业的国有资产由财政部履行出资人职责；实业类国有资产则由 2003 年重新成立的国资委履行出资人职责。两套国资管理体制大相径庭。财政部主要通过汇金公司来管理金融国资，其体制接近于新加坡淡马锡模式，但实际上金融国企多数时间处于放任状态；而国资委则用“管资产和管人、管事相结合”的方式直接监管国有企业，享有“资产收益、参与重大决策和选择管理者等出资人权利”，仅国务院国资委直接监管的中央企业就有 189 家，地方国企则由地方国资委监管。

国资委成立10年来，实际上只承担了国有产权的行政管理职能，并未承担国有产权经营的职能。

产权经营与对产权经营的行政管理是两个概念。前者包括选择项目、产权投资、选拔董事、治理出资企业以及变现退出等高度专业性的操作，是职业资本管理人的各项职能。作为政府机构的国资委充其量只能承担产权经营行业管理的职能，却不可能承担有效经营国有产权的职能。

1. 国资委不具备国有产权经营的民事责任能力。2003年5月13日公布的《企业国有资产监督管理暂行条例》第十二条规定：“国务院国有资产监督管理机构是代表国务院履行出资人职责、负责监督管理企业国有资产的直属特设机构。”同时规定“国有资产监督管理机构不行使政府的社会公共管理职能”。这一规定明确了国资委对国有企业的管理权仅限于出资人权利的制度追求，国资委代表政府履行出资人职责。简单来说，就是所出资企业的股东，代替国家来当“老板”。但是，按照这一制度设计，作为“国务院正部级直属特设机构”的国资委却缺乏当“老板”的能力。

一方面，我国《公司法》规定，公司是企业法人。公司以其全部财产对公司的债务承担责任；公司股东以其认缴的出资额（或其认购的股份）为限对公司承担责任。然而作为国有公司“老板”的国资委，却没有属于自己的法人财产，因此也无法为所出资公司的债务承担责任。

另一方面，股东诉讼是作为股东实现其民事权利、防范公司治理中的道德风险的重要手段，是现代公司法的一项重要内容。在发达的资本主义国家，它已经成为一项成熟的法律制度，股东诉讼权也成为公司股东维护股东自身利益和公司利益的重要权利，我国《公司法》也有关于股东诉讼的粗略规定。但《企业国有资产监督管理暂行条例》，却没有规定国资委可以以股东身份提起股东诉讼的权利。

2. 国资委不具备国有产权经营的民事行为能力。产权经营具有高度的复杂性，要求产权经营者高度专业化并具有持续学习的能力，这与目前国资委工作人员的业务素质和政府部门的运行机制和工作方式相去甚远。从中央到地方，相当一部分人不是搞经济工作的，绝大部分人甚至没有在企业工作过，显然难以胜任产权经营的专业性工作，对于活动归属权的管控、资产控制、收益及处置等权利的行使，多数人不具备基本的专业素养。与此同时，经过多年的经济体制改革，国有企业已经享有了“自主经营、自负盈亏、自求发展”的权利，这是改革取得的最大成就之一，也就是说，现在的国有企业已经有了比较完整意义的企业控制权。国有财产的控制、收益和处置权都已经落到企业在位者手上，而作为国有资产出资人代表的国资委，对国有产权的控制、收益和处置基本上不能参与。政府作为国有企业法律所有者的最后一道防线，只剩下了人事任免权。而国有企业高层人事制度的行政化与政治化，使得企业产权管理层忽视企业家精神而更看重政治前途；轻视企业长期发展远景而更看重短期指标。按照这种标准选出来的企业领导人，智商未必不高，能力未必不强，但要成为志存高远、勇于创新、敢担风险、临危善断的企业家型人才可能微乎其微。其结果是，企业可能做大，但不可能做强。

3. 国资委仍然没有完全摆脱既当“老板”又当“婆婆”的角色冲突。国资委虽然是国务院下设的“特设机构”，但仍然是一个行政性出资人机构，行政性出资人的行为没有边界，就很容易造成越位对企业造成行政干预。

于是，新一轮全面深化改革浪潮，又将国资委的职能转变推到了风口浪尖。

2013 年中共十八届三中全会，重新明确了国有资产监督管理机构的职能定位。新的国有资产管理体制改革思路是：实现“一个转变”、建立“两个清单”、做到“三个归位”、抓好“四个重点”、创新方式和手段。

实现“一个转变”，推进国有资产监管机构职能由以管企业为主向以管资本为主转变。

建立“两个清单”，建立监管权力清单和责任清单，有利于使国有资产监管工作明确权责、转变职能、优化流程、提高效率、接受监督。

做到“三个归位”，将应由企业自主经营决策的事项，如企业的投资计划、部分产权管理和重大事项决策等，归位于企业；将延伸到监管子企业的管理事项，原则上归位于一级企业，由一级企业依法依规决策；将国有资产监管机构配合承担的政府公共管理职能，归位于相关政府部门和单位。

抓好“四个重点”，一是管好国有资本布局，更好地发挥国有经济的主导作用。二是规范国有资本运作，使国有资本运作的规模、方式、路径、目标等，符合国有资本的战略定位。三是提高国有资本回报，增强国有企业活力，提高企业经济效益，提升企业服务国家战略和社会发展的效率。四是维护国有资本安全，实现国有资产保值增值，维护国有资本在关键领域和重要行业的控制力。

创新监管方式和手段，改变行政化管理方式，探索以资本为纽带，通过公司治理体现国有出资人意志；在资本运作、选人用人、经营业绩考核等方面，根据企业不同功能定位，实施分类监管，增强监管的针对性。具体来说有如下几点：

1. 以管资本为主推进国有资产监管机构职能转变。要求国有资产监管机构准确把握依法履行出资人职责的定位，科学界定国有资产出资人监管的边界，建立监管权力清单和责任清单，实现以管企业为主向以管资本为主的转变。该管的要科学管理、决不缺位，重点管好国有资本布局、规范资本运作、提高资本回报、维护资本安全；不该管的要依法放权、决不越位，将依法应由企业自主经营决策的事项归位于企业，将延伸到子企业的管理事项原则上归位于一级企业，将配合承担的公共管理职能归位于相关政府部门和单位。大力推进依法监管，着力创新监管方式和手段，改变行政化管理方式，改进考核体系和办法，提高监管的科学性、有效性。

2. 以管资本为主改革国有资本授权经营体制。改组组建国有资本投资、运营公司，探索有效的运营模式，通过开展投资融资、产业培育、资本整合，推动产业集聚和转型升级，优化国有资本布局结构；通过股权运作、价值管理、有序进退，促进国有资本合理流动，实现保值增值。科学界定国有资本所有权和经营权的边界，国有资产监管机构依法对国有资本投资、运营公司和其他直接监管的企业履行出资人职责，并授权国有资本投资、运营公司对授权范围内的国有资本履行出资人职责。国有资本投资、运营公司作为国有资本市场化运作的专业平台，依法自主开展国有资本运作，对所出资企业行使股东职责，按照责权对应原则切实承担起国有资产保值增值责任。开展政府直接授权国有资本投资、运营公司履行出资人职责的试点。

3. 以管资本为主推动国有资本合理流动优化配置。坚持以市场为导向、以企业为主体，有进有退、有所为有所不为，优化国有资本布局结构，增强国有经济整体功能和效率。紧紧围绕服务国家战略，落实国家产业政策和重点产业布局调整总体要求，优化国有资本重点投资方向和领域，推动国有资本向关系国家安全、国民经济命脉和国计民生的重要行业和关键领域、重点基础设施集中，向前瞻性战略性产业集中，向具有核心竞争力的优势企业集中。发挥国有资本投资、运营公司的作用，清理退出一批、重组整合一批、创新发展一批国有企业。建立健全优胜劣汰市场化退出机制，充分发挥失业救济和再就业培训等的作用，解决好职工安置问题，切实保障退出企业依法实现关闭或破产，加快处置低效无效资产，淘汰落后产能。支持企业依法合规通过证券交易、产权交易等资本市场，以市场公允价格处置企业资产，实现国有资本形态转换，变现的国有资本用于更需要的领域和行业。推动国有企业加快管理创新、商业模式创新，合理限定法人层级，有效压缩管理层级。发挥国有企业在实施创新驱动发展战略和制造强国战略中的骨干和表率作用，强化企业在技术创新中的主体地位，重视培养科研人才和高技能人才。支持国有企业开展国际化经营，鼓励国有企业之间以及与其他所有制企业以资本为纽带，强强联合、优势互补，加快培育一批具有世界一流水平的跨国公司。

4. 以管资本为主推进经营性国有资产集中统一监管。稳步将党政机关、事业单位所属企业的国有资本纳入经营性国有资产集中统一监管体系，具备条件的进入国有资本投资、运营公司。加强国有资产基础管理，按照统一制度规范、统一工作体系的原则，抓紧制定企业国有资产基础管理条例。建立覆盖全部国有企业、分级管理的国有资本经营预算管理制度，提高国有资本收益上缴公共财政比例。划转部分国有资本充实社会保障基金。

2013 · 年度改革实践

围绕“四个突出”推进国有企业改革发展

国务院国资委部署 2013 年的国企改革工作时强调，要着眼于加快转变发展方式、提高发展质量和效益，突出深化改革，突出结构调整，突出创新驱动，突出管理提升，力争取得新的突破。

在总结国有企业改革实践基础上，2013 年要研究制定深化国有企业改革的意见，提出下一步改革的总体目标、基本路径、具体措施。

把结构调整作为2013年工作的重中之重。着眼于化解产能过剩的矛盾，通过兼并重组整合一批产能，通过关停并转淘汰一批落后产能，通过加快走出去转移一批产能。同时注重东中西部和东北老工业基地国有经济的协调发展，实现国有资本的合理高效配置。

着力构建以企业为主体、市场为导向、产学研相结合的技术创新体系，注重发挥企业家才能，加强产品创新、品牌创新、组织创新、管理创新、商业模式创新，在建设创新型国家中进一步发挥中央企业的表率和带动作用。

深化对标找差距，不但要和其他中央企业对标，更要和同行业最先进的企业对标。针对管理短板和瓶颈问题抓好专项提升。固化管理提升的成果，建立起管理改善和管理创新的长效机制。

一、切实采取有效措施，确保生产经营稳定增长

一要研判形势，及时调整经营策略。二要加强市场开拓力度。三要继续大力推进降本增效。四要强化业绩考核导向作用，严格落实稳增长、提效益责任。

二、深入推进布局结构调整，提高资源配置效率

一要进一步推进企业联合重组。鼓励大企业之间的联合重组，加快做强做优，培育一批具有世界水平的跨国公司。二要推动国有资本向重点行业和领域集中、向优势企业集中、向主业集中。三要进一步推进产业升级。四要加快走出去步伐。创新适应国际规则的商业模式和运作方式，加强国际化人才队伍建设，加强境外国有资产监管，防范和控制境外经营风险。

三、深入推进企业改革，增强企业活力

一要推行公有制多种实现形式，积极深化并不断完善中央企业公司制股份制改革，更多地引进民间资本和外资参与企业改制重组。二要继续深化建设规范董事会试点工作，扩大试点范围，完善董事会和外派监事会的工作机制。三要继续深化人事、用工、分配三项制度改革。四要加大力度解决历史遗留问题，减轻企业办社会负担。

四、抓好科技创新工作，增强企业自主创新能力

一要积极推进技术创新体系建设，重点加强研发平台、人才队伍、体制机制、组织结构的建设。二要深入推进企业科技资源整合，继续推进“国家技术创新工程”，重点推动创新型企业和产业技术创新战略联盟建设。三要切实加大研发投入，努力突破一批关键核心技术，打造一批知名品牌。四要依托重点工程和重大科技专项加快培养创新人才，造就一批科技领军人才和创新团队，建立有效的激励机制，进一步营造鼓励创新的环境。

五、强化企业管理，夯实科学发展基础

一要提升集团管控能力。进一步优化组织结构，压缩管理层级，规范母子公司管理体制。淡化集团总部行政色彩，提高集团总部资源配置能力。二要深化全面预算管理。强化预算的战略引领、价值导向和经营管控功能，充分发挥预算对生产经营关键指标的控制。三要加强全面风险管理。健全全面风险管理体系，建立风险评估和内控评价机制，健全重大风险预警和报告制度。四要强化基础管理。从各项经营管理业务中最基本

的记录、数据、标准、制度和现场管理、专业管理入手，切实加强基础管理。建立系统科学实用的标准和制度体系，实现管理制度化、制度流程化、流程信息化。

六、进一步加强企业党的建设，提高党建科学化水平

一要把学习贯彻党的十八大精神不断引向深入。二要进一步探索国有企业党组织发挥政治核心作用的有效途径。三要进一步加强企业领导班子建设，推进竞争性选拔工作，优化领导班子结构。四要进一步加强宣传思想文化工作。五要完善职工代表大会、厂务公开和职工董事监事等制度，进一步探索职工参与民主管理的有效途径和方式。加强青年和共青团工作。六要进一步加强反腐倡廉建设。

规范劳务派遣用工管理

《中华人民共和国劳动合同法》实施以来，劳务派遣用工作为企业用工一种灵活的补充形式，在企业发展改革中起到了积极的重要作用，但一段时期以来，相当部分用人单位为了降低用工成本，违反临时性、辅助性、替代性的“三性”规定，存在劳务派遣用工管理不规范，劳务派遣用工比例过高，劳务派遣工同工不同酬、同岗不同权，社保福利待遇低，没有职业培训，职业发展受限等问题，受到社会的广泛关注。

为回应长期广受关注的劳务派遣用工岗位界定、劳务派遣工的同工同酬待遇、“虚假外包”违法派遣等问题，2012 年 12 月 28 日，中华人民共和国主席胡锦涛签署第七十三号主席令，公布了《全国人民代表大会常务委员会关于修改〈中华人民共

和国劳动合同法〉的决定》（以下简称《决定》），自 2013 年 7 月 1 日起施行。2013 年 3 月 4 日，国务院国资委发布《关于规范中央企业劳务派遣用工管理有关问题的通知》（国资法分配〔2013〕28 号）。2013 年 12 月 20 日，中华人民共和国人力资源和社会保障部第 22 号令发布《劳务派遣暂行规定》。主要就明确劳务派遣用工比例、辅助性岗位的确定程序、跨地区劳务派遣的社会保险、禁止“假外包真派遣”等重要内容作出规定。同时，对劳动合同、劳务派遣协议的订立、履行、解除和终止以及相应的法律责任等加以明确。

修改后的《中华人民共和国劳动合同法》第六十六条规定：“劳动合同用工是我国的企业基本用工形式。劳务派遣用工是补充形式，只能在临时性、辅助性或者替代性的工作岗位上实施。”

“前款规定的临时性工作岗位是指存续时间不超过六个月的岗位；辅助性工作岗位是指为主营业务岗位提供服务的非主营业务岗位；替代性工作岗位是指用工单位的劳动者因脱产学习、休假等原因无法工作的一定期间内，可以由其他劳动者替代工作的岗位。”

修改后的《中华人民共和国劳动合同法》第六十三条规定：“被派遣劳动者享有与用工单位的劳动者同工同酬的权利。用工单位应当按照同工同酬原则，对被派遣劳动者与本单位同类岗位的劳动者实行相同的劳动报酬分配办法。用工单位无同类岗位劳动者的，参照用工单位所在地相同或者相近岗位劳动者的劳动报酬确定。”

“劳务派遣单位与被派遣劳动者订立的劳动合同和与用工单位订立的劳务派遣协议，载明或者约定的向被派遣劳动者支付的劳动报酬应当符合前款规定。”

《劳务派遣暂行规定》规定：“用工单位应当严格控制劳务派遣用工数量，使用的被派遣劳动者数量不得超过其用工总量的10%。”并明确“用工总量是指用工单位订立劳动合同人数与使用的被派遣劳动者人数之和”。

化解产能严重过剩矛盾

2013年10月6日，国务院发布《关于化解产能严重过剩矛盾的指导意见》，坚决淘汰落后产能。

淘汰落后产能的目标是，在提前一年完成“十二五”钢铁、电解铝、水泥、平板玻璃等重点行业淘汰落后产能目标任务基础上，2015年底前再淘汰炼铁1500万吨、炼钢1500万吨、水泥（熟料及粉磨能力）1亿吨、平板玻璃2000万重量箱。“十三五”期间，结合产业发展实际和环境承载力，通过提高能源消耗、污染物排放标准，严格执行特别排放限值要求，加大执法处罚力度，加快淘汰一批落后产能。

钢铁：重点推动山东、河北、辽宁、江苏、山西、江西等地区钢铁产业结构调整，充分发挥地方政府的积极性，整合分散钢铁产能，推动城市钢厂搬迁，优化产业布局，压缩钢铁产能总量8000万吨以上。逐步提高热轧带肋钢筋、电工用钢、船舶用钢等钢材产品标准，修订完善钢材使用设计规范，在建筑结构纵向受力钢筋中全面推广应用400兆帕及以上强度高强钢筋，替代 335 兆帕热轧带肋钢筋等低品质钢材。加快推动高强钢筋产品的分类认证和标识管理。落实公平税赋政策，取消加工贸易项下进口钢材保税政策。

水泥：加快制修订水泥、混凝土产品标准和相关设计规范，取消 32.5 复合水泥产品标准，逐步降低 32.5 复合水泥使用比重。鼓励依托现有水泥生产线，综合利用废渣发展高标号水泥和满足海洋、港口、核电、隧道等工程需要的特种水泥等新产品。支持利用现有水泥窑无害化协同处置城市生活垃圾和产业废弃物，进一步完善费用结算机制，协同处置生产线数量比重不低于 10%。强化氮氧化物等主要污染物排放和能源、资源单耗指标约束，对整改不达标的生产线依法予以淘汰。

电解铝：2015 年底前淘汰 16 万安培以下预焙槽，对吨铝液电解交流电耗大于 13700 千瓦时，以及 2015 年底后达不到规范条件的产能，用电价格在标准价格基础上上浮 10%。严禁各地自行出台优惠电价措施，采取综合措施推动缺乏电价优势的产能逐步退出，有序向具有能源竞争优势特别是水电丰富地区转移。支持电解铝企业与电力企业签订直购电长期合同，推广交通车辆轻量化用铝材产品的开发和应用。鼓励国内企业在境外能源丰富地区建设电解铝生产基地。

平板玻璃：制修订平板玻璃和制品标准和应用规范，在新建建筑和既有建筑改造中使用符合节能标准的门窗，鼓励采用低辐射中空玻璃，支持既有生产线升级改造，提高优质浮法玻璃原片比重。发展功能性玻璃，鼓励原片生产深加工一体化，平板玻璃深加工率达到 50% 以上，培育玻璃精深加工基地。加快河北、广东、江苏、山东等重点产区和环境敏感区域结构调整。支持联合重组，形成一批产业链完整、核心竞争力强的企业集团。

船舶：提高海洋开发装备水平，加强海洋保障能力建设，充分挖掘航运、海洋工程、渔业、行政执法、应急救援等领域船舶装备的国内需求潜力，调整优化船舶产品结构。加大出口船舶信贷金融扶持，鼓励有实力的企业建立海外销售服务基地。提高满足国际新规范、新公约、新标准的船舶产品研发和建造能力，鼓励现有造船产能向海洋工程装备领域转移，支持中小企业转型转产，提升高端产能比重。提高行业准入标准，对达不到准入条件和一年以上未承接新船订单的船舶企业实施差别化政策。支持企业兼并重组，提高产业集中度。

2013・重要理论观点

使市场在资源配置中起决定性作用

中共十八届三中全会《决定》提出，要“紧紧围绕使市场在资源配置中起决定性作用深化经济体制改革，坚持和完善基本经济制度，加快完善现代市场体系、宏观调控体系、开放型经济体系，加快转变经济发展方式，加快建设创新型国家，推动经济更有效率、更加公平、更可持续发展”。按照这个要求，《决定》提出了经济领域众多新的重大改革举措。

自从1992年的中共十四大明确“我国经济体制改革的目标

是建立社会主义市场经济体制”之时，就同时提出：“是要使市场在社会主义国家宏观调控下对资源配置起基础性作用。”2013年的中共十八届三中全会明确提出要使市场在资源配置中起决定性作用，从“基础性作用”到“决定性作用”，虽然只有两字之差，但实质上反映了我们对社会主义市场经济规律认识的深化，是在理论和实践上的又一重大推进，必将对我国经济社会发展产生巨大的推动作用。

非公有制经济财产权同样不可侵犯

中共十八届三中全会《决定》指出：“公有制为主体、多种所有制经济共同发展的基本经济制度，是中国特色社会主义制度的重要支柱，也是社会主义市场经济体制的根基。公有制经济和非公有制经济都是社会主义市场经济的重要组成部分，都是我国经济社会发展的重要基础。必须毫不动摇巩固和发展公有制经济，坚持公有制主体地位，发挥国有经济主导作用，不断增强国有经济活力、控制力、影响力。必须毫不动摇鼓励、支持、引导非公有制经济发展，激发非公有制经济活力和创造力。”

“公有制经济财产权不可侵犯，非公有制经济财产权同样不可侵犯。”

“鼓励非公有制企业参与国有企业改革，鼓励发展非公有资本控股的混合所有制企业，鼓励有条件的私营企业建立现代企业制度。”

产权是所有制的核心

中共十八届三中全会《决定》指出："产权是所有制的核心。健全归属清晰、权责明确、保护严格、流转顺畅的现代产权制度。"

"国家保护各种所有制经济产权和合法利益，保证各种所有制经济依法平等使用生产要素、公开公平公正参与市场竞争、同等受到法律保护，依法监管各种所有制经济。"

混合所有制经济是基本经济制度的重要实现形式

中共十八届三中全会《决定》指出："国有资本、集体资本、非公有资本等交叉持股、相互融合的混合所有制经济，是基本经济制度的重要实现形式，有利于国有资本放大功能、保值增值、提高竞争力，有利于各种所有制资本取长补短、相互促进、共同发展。允许更多国有经济和其他所有制经济发展成为混合所有制经济。国有资本投资项目允许非国有资本参股。允许混合所有制经济实行企业员工持股，形成资本所有者和劳动者利益共同体。"

以管资本为主加强国有资产监管

中共十八届三中全会《决定》提出："完善国有资产管理体制，以管资本为主加强国有资产监管，改革国有资本授权经营体制，组建若干国有资本运营公司，支持有条件的国有企业改组为国有资本投资公司。"这是我国国有资产管理体制的又一次重大转变。

我国自 1988 年开始设立国家国有资产管理局，探索由专门机构统一负责国有资产基础管理等工作。2002 年党的十六大提出，“建立中央政府和地方政府分别代表国家履行出资人职责，享有所有者权益，权利、义务和责任相统一，管资产和管人、管事相结合的国有资产管理体制”，在“中央政府和省、市（地）两级地方政府设立国有资产管理机构”。国有资产出资人监管体制的确立，有力提升了国有经济发展质量和运行效率，但政企不分、政资不分问题依然存在，国有资产监管工作还存在越位、缺位、错位等问题。

中共十八届三中全会提出“以管资本为主”，一是旨在强调企业资本属性，强化对资本收益与风险的监管；二是以资本收益为目标，建立有效的国有资产监管机制；三是以企业经营效益为目标，提高国有资产经营资源配置能力；四是从人力资本、物质资本角度思考与提高国有资产的这两方面配置能力，达到整体提高国有资本收益的目的。

国有企业总体上已经同市场经济相融合

中共十八届三中全会《决定》提出：“国有企业属于全民所有，是推进国家现代化、保障人民共同利益的重要力量。国有企业总体上已经同市场经济相融合，必须适应市场化、国际化新形势，以规范经营决策、资产保值增值、公平参与竞争、提高企业效率、增强企业活力、承担社会责任为重点，进一步深化国有企业改革。”

国有企业总体上已经同市场经济相融合，这是一个重大的理论判断，说明经过30多年的国有企业改革实践，我们已经找到了搞好国有企业的方法。

准确界定不同国有企业功能

中共十八届三中全会《决定》提出：要“准确界定不同国有企业功能。国有资本加大对公益性企业的投入，在提供公共服务方面作出更大贡献。国有资本继续控股经营的自然垄断行业，实行以政企分开、政资分开、特许经营、政府监管为主要内容的改革，根据不同行业特点实行网运分开、放开竞争性业务，推进公共资源配置市场化。进一步破除各种形式的行政垄断”。

准确界定不同国有企业功能。这是国有企业改革思路的又一次深化，必将带来国有企业改革、国有企业分类管理与分类考核等措施上的重大调整。

全面准确界定政府职能

中共十八届三中全会《决定》提出：要“加强中央政府宏观调控职责和能力，加强地方政府公共服务、市场监管、社会管理、环境保护等职责”，为中央和地方政府的职能进行了明确界定，更好地履行各自职能指明了方向。

中央政府的主要职能是宏观调控，“主要任务是保持经济总量平衡，促进重大经济结构协调和生产力布局优化，减缓经济周期波动影响，防范区域性、系统性风险，稳定市场预期，实现经济持续健康发展”。调控目标是经济增长、扩大就业、稳定物价、保持国际收支基本平衡。

地方政府的主要职能是“公共服务、市场监管、社会管理、环境保护”等，这样就减少了中央政府对微观事务的管理，有利于更好地发挥地方政府贴近基层、就近管理的优势。

建立现代财政制度

中共十八届三中全会《决定》提出：“财政是国家治理的基础和重要支柱，科学的财税体制是优化资源配置、维护市场统一、促进社会公平、实现国家长治久安的制度保障。必须完善立法、明确事权、改革税制、稳定税负、透明预算、提高效率，建立现代财政制度，发挥中央和地方两个积极性。”

《决定》也对今后将要实施的具体改革措施指出了方向。具体工作包括以下几点：

一是建立现代预算制度。现代预算制度是现代财政制度的基础。目前我国预算审批包括收入、支出和收支平衡三方面，但核心是收支平衡，而不是支出规模与政策，这样容易造成“顺周期”问题。即在经济下行的时候，为完成任务可能收“过头税”，造成经济“雪上加霜”；而经济过热时，又容易收不该收的，造成“热上加热”，不利于依法治税，也影响政府逆周期调控政策效果。因此，审核预算重点应该从平衡状态、赤字规模向支出预算和政策拓展。逐步强化中期财政规划对年度预算的约束性，增强财政政策的前瞻性和财政的可持续性。预算公开，扩大公开范围、细化公开内容、强化监督检查，逐步实施全面规范的预算公开制度。

二是建立现代税收制度。税收是政府收入的基本形式，是国家存在与公共治理的基础，也是实施宏观调控、调节收入分配的重要工具。深化税制改革的重点包括：全面推进增值税改革；推进消费税改革，进一步发挥消费税的调节功能；加快房产税立法和改革步伐；推进资源税从价计征改革；加快完善个人所得税征管配套措施，逐步建立健全综合与分类相结合的个人所得税制度；完善国税、地税征管体制，充分发挥中央、地方两个积极性。

三是建立事权与支出责任相适应的财政体制。事权划分是现代财政制度有效运转的重要前提。在明确政府间事权划分基础上，界定各级政府间的支出责任，明确划分政府间收入，再通过转移支付等手段进行调节上下级政府、不同地区之间的财力余缺，补足地方政府履行事权存在的财力缺口，实现事权和支出责任相适应。

2013 · 重要政策法规

1.《国务院办公厅关于印发降低流通费用提高流通效率综合工作方案的通知》，2013 年 1 月 11 日。

2.《中央企业应急管理暂行办法》，2013 年 2 月 28 日。

3.《国务院关于组建中国铁路总公司有关问题的批复》，2013 年 3 月 14 日。

4.《国务院国资委关于印发〈企业国有资产评估项目备案工作指引〉的通知》，2013 年 5 月 10 日。

5.《国务院批转发展改革委〈关于2013年深化经济体制改革重点工作意见〉的通知》，2013年5月18日。

6.《国务院办公厅关于印发深化流通体制改革加快流通产业发展重点工作部门分工方案的通知》，2013年5月30日。

7.《国务院关于改革铁路投融资体制加快推进铁路建设的意见》，2013年8月9日。

8.《国务院国资委证监会关于印发〈关于推动国有股东与所控股上市公司解决同业竞争 规范关联交易的指导意见〉的通知》，2013年8月20日。

9.《国务院关于同意建立经济体制改革工作部际联席会议制度的批复》，2013年9月1日。

10.《国务院关于化解产能严重过剩矛盾的指导意见》，2013年10月6日。

11.《国务院国资委关于印发〈关于加强中央企业品牌建设的指导意见〉的通知》，2013年12月17日。

12.《劳务派遣暂行规定》，2013年12月20日。

2013 · 年度热点纪实

上海自由贸易区成立

2013年注定是不平凡的一年。新一届国家机构和全国政协领导人产生；“神舟十号”搭载着聂海胜、张晓光、王亚平三名宇航员在太空与“天宫一号”成功实现了自动和手动对接，还首次开设了“太空—地面”课堂；“嫦娥三号”首次实现月球软着陆和月面巡视勘察，为我国探月工程迈出坚实而有力的一大步；让“市场在资源配置中起决定性作用”，开启全面深化改革的新征程；大部门制拉开新一轮政府机构改革的大幕；粮食产量“十连增”；“中国梦”成为上至国家元首、下至平民百姓的共同理想……历史见证着一个丰富多彩、目标清晰、步履稳健、改革发展的中国。

在国际，反种族隔离斗士曼德拉溘然而逝、斯诺登披露美国棱镜计划、菲律宾遭台风重创……每件大事都让人印象深刻。盘点2013年，让国人倍感到身为“复兴之路”上的中国人的喜悦和自豪。

2013年9月29日，即使再过许多年，翻看上海发展的历史，这一天依然激动人心。

那天上午，天空飘着小雨，一场隆重而朴素的揭牌仪式在外高桥保税区举行——中国（上海）自由贸易试验区正式成立。前一天晚间，世界各大媒体彻夜守候。最终，他们见证了中国首个自由贸易试验区的诞生，也等到了中国第一份外商投资负面清单的落地。

中国（上海）自由贸易试验区，简称上海自由贸易区或上海自贸区，面积28.78平方千米，是中国政府设立在上海的区域性自由贸易园区，位于浦东境内，涵盖上海市外高桥保税区、外高桥保税物流园区、洋山保税港区和上海浦东机场综合保税区等4个海关特殊监管区域，属中国自由贸易区范畴。在这片区域内，将进行投资、贸易、金融、行政与法制环境等四个重点领域的先行试点，并将大力推动上海市转口、离岸业务的发展，为全国提供可复制的经验。

2013 年 9 月 18 日，国务院下达关于印发中国（上海）自由贸易试验区总体方案的通知，

《中国（上海）自由贸易试验区总体方案》包括：在上海自贸区先行先试人民币资本项目下开放，并逐步实现可自由兑换等金融创新；未来企业法人可在上海自贸区内完成人民币自由兑换，个人则暂不施行；上海自贸区也很可能采取分步骤推进人民币可自由兑换的方式，比如先行推动境内资本的境外投资和境外融资；上海自贸区在中国加环太平洋伙伴关系协议（TPP）谈判中也将起到至关重要的作用，并有望成为中国加入 TPP 的首个对外开放窗口。

建设中国（上海）自由贸易试验区，是国家战略，是先行先试、深化改革、扩大开放的重大举措，有利于培育中国面向全球的竞争新优势，构建与各国合作发展的新平台，拓展经济增长的新空间，打造中国经济“升级版”。

建设中国（上海）自由贸易试验区，是顺应全球经贸发展新趋势，实行更加积极主动开放战略的一项重大举措。主要任务是探索中国对外开放的新路径和新模式，推动加快转变政府职能和行政体制改革，促进转变经济增长方式和优化经济结构，实现以开放促发展、促改革、促创新，形成可复制、可推广的经验，服务全国的发展。

建设中国（上海）自由贸易试验区，引起了国际社会的高度关注，英国《经济学人》杂志称，这是中国新领导人的一项

“顶层设计”。《纽约时报》说，上海自贸区释放出金融改革信号，这里将成为放松资本管制和人民币可自由兑换的桥头堡。日本《产经新闻》认为，试验区将试行人民币交易等金融自由化措施，吸引海外投资，使之成为中国经济增长原动力。

2014 年 12 月 28 日，全国人大常务委员会授权国务院扩展中国（上海）自由贸易试验区区域，将面积扩展到 120. 72 平方千米。

2015 年元旦前夕，国务院决定设立中国（广东）自由贸易试验区、中国（天津）自由贸易试验区、中国（福建）自由贸易试验区，并扩展中国（上海）自由贸易试验区区域范围，将涵盖浦东金桥开发区、张江高科技片区和陆家嘴金融片区。上海自贸区由 28. 78 平方千米的自贸区老区，新扩的近 100 平方千米的自贸区新区，加上 1100 平方千米的自贸辐射区组成。上海自贸区扩区无疑是对自贸区制度红利的进一步释放，为全国范围的改革开放起到了积极的示范引领作用。

“1979 年，那是一个春天，有一位老人在中国的南海边画了一个圈……”，深圳经济特区横空出世。30 多年后的今天，深圳由一个以农田和荒山面貌呈现的边陲小镇，一跃而成中国最具活力的、最年轻的、最现代化的城市之一。

2013 年，这是一个炙热的夏天，在中国的东海边又画了一个圈——中国（上海）自由贸易试验区由此诞生。人们有理由相信，不远的将来，上海一定会成为中国深层次融入世界经济体系最前沿的桥头堡。

2013·年度改革大事

1 月 1 日　从即日起，对个人从公开发行和转让市场取得的上市公司股票，股息红利所得按持股时间长短实行差别化个人所得税政策。

1 月 9 日　国务院决定自 2013 年 1 月 1 日起，继续提高企业退休人员基本养老金水平，提高幅度按 2012 年企业退休人员月人均基本养老金的 10% 确定。

1 月 18 日　国家统计局首次公布官方基尼系数数据，描绘出过去 10 年中，基尼系数先是逐步扩大而后又略有缩小的走势。

1 月 26 日　我国自主发展的运－20 大型运输机首次试飞取得圆满成功。

2 月 5 日　国务院批转了国家发展改革委、财政部、人力资源社会保障部制定的《关于深化收入分配制度改革的若干意见》，要求各地区、各部门认真贯彻执行。

2 月 6 日　国务院印发我国首部循环经济发展战略规划——《循环经济发展战略及近期行动计划》，确定了循环经济近期发展目标：到“十二五”末，我国主要资源产出率提高 15%，资源循环利用产业总产值达到 1.8 万亿元。

2 月 26 日　中国海洋石油有限公司宣布，中海油完成收购加拿大尼克森公司的交易。收购尼克森的普通股和优先股的总对价约为 151 亿美元。这是迄今中国企业成功完成的最大一笔海外并购。

2月27日　我国第一部老龄事业发展蓝皮书——《中国老龄事业发展报告（2013）》在京发布。

3月1日　国务院办公厅近日发出通知，要求继续做好房地产市场调控工作。对出售自有住房按规定应征收的个人所得税，通过税收征管、房屋登记等历史信息能核实房屋原值的，应依法严格按转让所得的20%计征。

3月26日　国家发改委公布了完善后的国内成品油价格形成机制，成品油调价周期由22个工作日缩短至10个工作日；取消挂靠国际市场油种平均价格波动4%的调价幅度限制。

4月10日　国务院总理李克强主持召开国务院常务会议，决定进一步扩大营业税改征增值税试点，并逐步在全国推行。一方面扩大地区试点，另一方面扩大行业试点。

4月16日　国土资源部公布2013年全国住房用地供应计划显示，全国住房用地计划供应15.08万公顷，是过去5年年均实际供应量（9.77万公顷）的1.5倍，其中“三类住房”用地计划占住房用地计划总量的79.4%，符合中央房地产调控政策要求。

5月6日　国务院总理李克强主持召开国务院常务会议，确定今年在行政体制、财税、金融、投融资、价格、民生、统筹城乡、农业农村、科技等重点领域和关键环节加大改革力度。

5月13日　全国电视电话会议召开，动员部署国务院机构职能转变工作。国务院总理李克强发表讲话。他强调，新一届政府成立一个多月内，两次召开国务院常务会议，取消和下放了 133 项行政审批事项。

5 月 15 日　中国政府网公布了《国务院关于取消和下放一批行政审批项目等事项的决定》。

5 月 24 日　国务院日前批转了国家发改委《关于 2013 年深化经济体制改革重点工作的意见》。

5 月 27 日　人力资源和社会保障部发布的《2012 年度人力资源和社会保障事业发展统计公报》显示，截至 2010 年底，全国人才资源总量达到 1.2 亿人，比 2008 年增加 780 万人，人才资源总量占人力资源总量的比重达到 11.1%。

6 月 15 日　中国铁路总公司正式实施货运组织改革。这次铁路货运组织改革主要有四方面重大变化：改革货运受理方式；改革运输组织方式；清理规范货运收费；大力发展铁路“门到门”全程物流服务。

6 月 20 日　交通运输部公布的《国家公路网规划（2013—2030 年）》指出，我国将投入 4.7 万亿元，到 2030 年建成总规模 40.1 万千米的国家公路网，由普通国道和国家高速公路两个路网构成。

7 月 1 日　一批法律和部门规章正式施行。其中，修改后的劳动合同法规定，被派遣劳动者享有与用工单位的劳动者同工同酬的权利。

7 月 3 日　国务院总理李克强主持召开国务院常务会议，原则通过了《中国（上海）自由贸易试验区总体方案》。

7 月 5 日　国务院办公厅日前发布《关于金融支持经济结构

调整和转型升级的指导意见》，要求金融机构更好发挥对经济结构调整和转型升级的支持作用。

7月12日　国务院总理李克强主持召开国务院常务会议，研究部署加快发展节能环保产业。要推动节能环保和再生产品消费，到2015年，使高效节能产品市场占有率提高到50%以上。

7月19日　中国人民银行自2013年7月20日起全面放开金融机构贷款利率管制。

7月24日　国务院总理李克强主持召开国务院常务会议，决定从8月1日起，对小微企业中月销售额不超过2万元的增值税小规模纳税人和营业税纳税人，暂免征收增值税和营业税，并抓紧研究相关长效机制。

8月14日　国务院印发《关于促进信息消费扩大内需的若干意见》。意见从五个方面提出了促进信息消费的主要任务。

9月9日　商务部、国家统计局等联合发布《2012年度中国对外直接投资统计公报》。

9月29日　中国（上海）自由贸易试验区正式挂牌成立。

10月8日　国务院总理李克强主持召开国务院常务会议，部署加强财政扶贫等保民生资金管理和公共资金审计监督。

10月15日　国务院近日印发《关于化解产能严重过剩矛盾的指导意见》。指导意见分别提出了钢铁、水泥、电解铝、平板玻璃、船舶等行业分业施策意见，并确定了当前化解产能严重过剩矛盾的8项主要任务。

10月20日　中缅天然气管道干线全线建成投产。今后，每年将有 120 亿立方米天然气造福缅甸和我国西南地区，从此结束我国云贵高原没有管道天然气的历史，使上亿民众受益，每年可替代煤炭 3072 万吨，减少二氧化碳等排放 5283 多万吨。

10 月 25 日　国务院总理李克强主持召开国务院常务会议，部署推进公司注册资本登记制度改革，降低创业成本，激发社会投资活力。

11 月 9 日至 12 日　中国共产党第十八届中央委员会第三次全体会议在北京举行。全会听取和讨论了习近平受中央政治局委托作的工作报告，审议通过了《中共中央关于全面深化改革若干重大问题的决定》。

11 月 20 日　国务院总理李克强主持召开国务院常务会议，决定整合不动产登记职责。会议决定，将分散在多个部门的不动产登记职责整合由一个部门承担，理顺部门职责关系，减少办证环节，减轻群众负担。

12 月 10 日至 13 日，中央经济工作会议在北京举行。会议提出，做好明年经济工作的总体要求是，全面贯彻落实党的十八大和十八届二中、三中全会精神，坚持稳中求进工作总基调，把改革创新贯穿于经济社会发展各个领域各个环节，保持宏观经济政策连续性和稳定性，着力激发市场活力，加快转方式调结构，加强基本公共服务体系建设，着力改善民生，切实提高经济发展质量和效益，促进经济持续健康发展、社会和谐稳定。

12 月 27 日　国务院办公厅近日发布关于进一步加强资本市

场中小投资者合法权益保护工作的意见。

12 月 30 日　中共中央政治局召开会议，决定成立中央全面深化改革领导小组，由习近平任组长。

本年度主要参考资料：

1. 2013 年国务院政府工作报告——2013 年 3 月 5 日在第十二届全国人民代表大会第一次会议上[EB/OL]. 中国政府网，2013 - 03 - 16.

2. 国家统计局. 中华人民共和国 2013 年国民经济和社会发展统计公报[M]. 北京：中国统计出版社，2014. 2.

3. 2013 年经济和社会发展计划执行与 2014 年草案报告[EB/OL]. 中国人大网，2013 - 02 - 28.

4. 2013 年中央和地方预算执行与 2014 年预算草案报告[EB/OL]. 中国人大网，2013 - 02 - 28.

5. 2013 年中国货币政策执行报告[EB/OL]. 中国人民银行网，2013 - 02 - 28.

6. 中国经济贸易年鉴编委会. 中国经济贸易年鉴（2014 年）[M]. 北京：中国经济出版社，2014. 12.

7. 高渊，王东彦. 上海五年新作为：“自贸试验田”引来全新改革共振[N]. 解放日报. 2017 - 10 - 13.

8. 党的十八大以来大事记[EB/OL]. 人民网，2017 - 10 - 16.

2014 年

2014 · 年度经济背景

发展进入“新常态”，更加注重增长的质量和效益

2014 年，中国经济在合理区间平稳运行，结构调整呈现积极变化。消费平稳增长，进出口缓中趋稳，投资增速有所放缓，最终消费对 GDP 增长的贡献率达到 51.2%，比上年提高 3 个百分点。就业基本稳定，消费价格温和上涨。

一、宏观经济运行的总体态势

2014 年经济社会发展的主要预期目标是：国内生产总值预期增长 7.5% 左右，居民消费价格涨幅控制在 3.5% 左右，城镇新增就业 1000 万人以上，城镇登记失业率控制在 4.6% 以内，外贸进出口总额增长 7.5% 左右，国际收支基本平衡，努力实现居民收入增长和经济发展同步。

实际执行的结果，据国家统计局初步核算，全年国内生产总值 636463 亿元，比上年增长 7.4%。其中，第一产业增加值 58332 亿元，增长 4.1%；第二产业增加值 271392 亿元，增长 7.3%；第三产业增加值 306739 亿元，增长 8.1%。

全年城镇新增就业 1322 万人。年末城镇登记失业率为 4.09%。

全年国家全员劳动生产率为 72313 元/人，比上年提高 7.0%。

全年居民消费价格比上年上涨 2.0%，其中食品价格上涨 3.1%。

年末国家外汇储备 38430 亿美元，比上年末增加 217 亿美元。全年人民币平均汇率为 1 美元兑换 6.1428 元人民币，比上年升值 0.8%。

二、宏观经济面临的主要形势

早在 2012 年的中央经济工作会议上，中共中央就已经强调：虽然我国发展仍处于重要战略机遇期的基本判断没有变。但是，在国际环境方面的内涵和条件发生了很大变化。而在 2013 年 12 月 10 日的中央经济工作会议上，习近平进一步指出：我们要“理性对待高速增长转向中高速增长的新常态”。首次提出了“新常态”的概念。此后，习近平在多次讲话中阐述了“新常态”的内涵。2014 年 11 月，习近平在 APEC 工商领导人峰会上提出“新常态”的三个显著的特点：“一是从高速增长转为中高速增长；二是经济结构不断优化升级；三是从要素驱动、投资驱动转向创新驱动。”

为此，2013 年的中央经济工作会议强调，2014 年要全面认识持续健康发展和生产总值增长的关系，不能把发展简单化为增加生产总值，抓住机遇保持国内生产总值合理增长、推进经济结构调整，努力实现经济发展质量和效益得到提高又不会带来后遗症的速度。

必须继续实施积极的财政政策和稳健的货币政策。而无论是实施积极的财政政策还是稳健的货币政策，抑或是其他各项政策，都要同全面深化改革紧密结合，用改革的精神、思路、办法来改善宏观调控，寓改革于调控之中。要努力释放有效需求，充分发挥消费的基础作用、投资的关键作用、出口的支撑作用，把拉动增长的消费、投资、外需这“三驾马车”掌控好。

会议提出了2014年经济工作的主要任务。一是切实保障国家粮食安全，二是大力调整产业结构，三是着力防控债务风险，四是积极促进区域协调发展，五是着力做好保障和改善民生工作，六是不断提高对外开放水平。

三、宏观经济政策的主要政策取向

1. 继续实施积极的财政政策

适当扩大财政赤字，保持一定的刺激力度，同时赤字率保持不变，体现宏观政策的稳定性和连续性，促进经济持续健康发展和财政平稳运行。全年安排全国财政赤字1.35万亿元，比上年预算增加1500亿元，其中中央财政赤字9500亿元，由中央代地方发债4000亿元，赤字率稳定在2.1%。

财政政策的重点有以下几点：一是完善有利于结构调整的税收政策，扩大“营改增”试点行业范围；结合税收制度改革，进一步扩展小型微利企业税收优惠政策；实施鼓励企业年金和职业年金发展的财税政策，促进经济提质增效升级；完善促进养老、健康、信息、文化等服务消费发展的财税政策；完善结构性减税政策，对先进技术设备、关键零部件、能源原材料等

767种商品实施较低的进口暂定关税。对300种资源、能源和高耗能产品实施税率为2%～40%的出口关税。完善促进企业创新的税收政策，研究完善加速设备折旧政策，落实好扩大企业研发费用加计扣除范围的政策。

二是调整优化支出结构，提高财政资金使用效益。厉行勤俭节约，严控“三公”经费等一般性支出。清理规范重点支出同财政收支增幅或生产总值挂钩事项，一般不采取挂钩方式，编制预算时据实安排重点支出，不再采取先确定支出总额再填项目的办法。进一步优化转移支付结构，重点增加对革命老区、民族地区、边疆地区、贫困地区的转移支付。创新扶贫开发方式，推进精准扶贫，大力支持集中连片特殊困难地区区域发展和扶贫攻坚。清理、整合、规范专项转移支付，严格控制新增项目和资金规模，建立健全定期评估和退出机制。将专项转移支付项目由2013年的220个减少到150个左右。加强财政结转结余资金管理，盘活财政存量资金，腾出资金重点用于农业、教育、社会保障、卫生、大气污染治理和生态环境保护等领域的支出。

三是加强地方政府性债务管理，加快建立以政府债券为主体的地方政府举债融资机制，推动形成规范合理的中央和地方政府债务管理及风险预警机制。除严格授权举借的短期债务外，地方政府举借债务只能用于城市建设等公益性资本支出或置换存量债务，不得用于经常性支出。对地方政府性债务实行分类管理和限额控制，对没有收益的公益性事业发展举借的一般债务，由地方政府发行一般债券融资，主要以公共财政收入和举借新债偿还；对有一定收益的公益性事业发展举借的专项债务，主要由地方政府通过发行市政债券等专项债券融资，以对应的政府性基金或专项收入偿还。推广运用政府与社会资本合作模式（PPP），鼓励社会资本通过特许经营等方式参与城市基础设施等的投资和运营。在允许地方政府规范举债的同时，进一步加强地方融资平台公司举债管理，规范融资平台公司融资行为。抓紧剥离融资平台公司承担的政府融资职能，剥离后地方政府新发生或有债务，要严格限定在依法担保形成的债务范围内。同时，建立债务风险预警及化解机制，列入风险预警范围的高风险地区不得新增债务余额，强化金融机构等债权人约束，推进建立考核问责机制和地方政府信用评级制度。

四是促进投资稳定增长和结构优化。全年中央预算内固定资产投资安排4576亿元。优化政府投资结构。逐步退出用于一般竞争性企业项目投资，适当减少可利用社会资金的经营性基础设施投资，压缩小型分散投资，停止建设楼堂馆所等投资，重点支持全局性、基础性、战略性的重大项目，集中力量办大事。中央预算内投资主要投向保障性住房及配套设施和棚户区改造，新增千亿斤粮食工程和农村民生，水利、中西部铁路等重大基础设施，节能减排和环境治理，重大核心关键技术开发应用等自主创新和转型升级工程，教育、医疗、社会养老、食品药品安全等社会事业和社会管理，少数民族、边疆地区发展等领域。同时，抓好民间投资36条及实施细则的落实工作，释放民间投资潜力。清理和修订有关民间投资的行政法规、部门规章及规范性文件，制定清晰透明、公平公正、操作性强的市场准入规则。在金融、石油、电力、铁路、电信、资源开发、公用事业等领域，向民间资本推出一批符合产业导向、有利于转型升级的项目，发挥示范带动效应。

全年全国一般公共财政收入 140350 亿元，比上年增加 11140 亿元，增长 8.6%，增速比上年低 1.6 个百分点，其中税收收入 119158 亿元，增加 8627 亿元，增长 7.8%。全国一般公共财政支出 15.17 万亿元，增长 8.2%，增速比上年低 2.7 个百分点。收支相抵，财政支大于收 1.13 万亿元，比上年多 711 亿元。从收入结构看，税收收入 11.92 万亿元，比上年增长 7.8%，非税收收入 2.12 万亿元，比上年增长 13.5%。其中，企业所得税和个人所得税分别同比增长 9.8% 和 12.9%，国内增值税、国内消费税、营业税分别增长 7.1%、8.2% 和 3.2%，进口货物增值税和消费税增长 3%。从支出结构看，增长较快的有城乡社区支出、交通运输支出和住房保障支出，分别增长 15.4%、10.9% 和 10.9%。

2. 继续实施稳健的货币政策

货币政策的重点有以下几点：

一是不断补充和完善货币政策工具组合，综合运用多种货币政策工具，加强宏观审慎管理，瞄准经济运行中的突出问题，用调结构的方式适时适度预调微调。在外汇占款投放基础货币出现阶段性放缓的情况下，增强主动提供基础货币的能力，综合运用公开市场操作、短期流动性调节工具、常备借贷便利等多种货币政策工具，保持流动性合理充裕，创设中期借贷便利（MLF）和抵押补充贷款工具（PSL），引导金融机构向国家政策导向的实体经济部门提供低成本资金。非对称下调存贷款基准利率，增强公开市场操作利率弹性，引导社会融资成本下行。

二是两次实施定向降准，改进合意贷款管理，发挥差别准备金动态调整机制的逆周期调节和信贷引导功能，新增信贷政策支持再贷款，构建中央银行抵押品管理框架，加大再贷款、再贴现政策力度，加强信贷政策的结构引导作用，鼓励金融机构更多地将信贷资源配置到“三农”、小微企业等重点领域和薄弱环节。各项金融改革有序推进，存款利率浮动区间上限扩大至基准利率的 1.2 倍，简并基准利率期限档次；银行间即期外汇市场人民币兑美元交易价浮动幅度由 1% 扩大至 2%，取消商业银行对客户美元挂牌买卖价差限制。

三是优化金融资源配置，用好增量，盘活存量，加快资金周转。鼓励和引导金融机构加大对“三农”、小微企业、结构调整的金融支持，提高金融服务实体经济和支持产业转型升级的能力。促进金融市场、金融产品、市场主体多元化发展，提高直接融资比重。

四是完善金融监管协调机制，加强对信贷、债券、理财、同业和信托等业务的风险监管，守住不发生系统性和区域性金融风险的底线。密切监测跨境资本流动，防止大规模资本异常流动对经济和金融运行造成大的冲击。保持人民币汇率在合理均衡水平上的基本稳定。

稳健货币政策的实施，为经济社会发展创造了良好的金融环境，货币信贷和社会融资平稳增长，贷款结构继续改善，企业融资成本高问题有一定程度缓解。年末广义货币供应量 M_2 余额为 122.8 万亿元，比上年末增长 12.2%；狭义货币供应量 M_1 余额为 34.8 万亿元，增长 3.2%；流通中货币 M_0 余额为 6.0 万亿元，增长 2.9%。人民币贷款余额同比增长 13.6%，比年初增加 9.78 万亿元，同比多增 8900 亿元。全年社会融资规模为 16.46 万亿元，按可比口径计算，比上年少 8598 亿元。12 月非金融企业及其他部门贷款加权平均利率为 6.77%，比年初下降 0.42 个百分点。人民银行基本退出常态化外汇干预，人民币汇率保持合理均衡水平上的基本稳定，双向浮动弹性增强，年末人民币对美元汇率中间价为 6.1190 元，比上年末贬值 0.36%。

四、宏观经济的主要经济指标

（一）总需求

1. 投资增速放缓

全年全社会固定资产投资 512761 亿元，比上年增长 15.3%，扣除价格因素，实际增长 14.7%。其中，固定资产投资（不含农户）502005 亿元，增长 15.7%；农户投资 10756 亿元，增长 2.0%。东部地区投资 206454 亿元，比上年增长 15.4%；中部地区投资 124112 亿元，增长 17.6%；西部地区投资 129171 亿元，增长 17.2%；东北地区投资 46096 亿元，增长 2.7%。

全年房地产开发投资 95036 亿元，比上年增长 10.5%。其中，住宅投资 64352 亿元，增长 9.2%；办公楼投资 5641 亿元，增长 21.3%；商业营业用房投资 14346 亿元，增长 20.1%。

全年全国城镇保障性安居工程基本建成住房 511 万套，新开工 740 万套。

2. 消费平稳增长

全年社会消费品零售总额 262394 亿元，比上年增长 12.0%，扣除价格因素，实际增长 10.9%。按经营地统计，城镇消费品零售额 226368 亿元，增长 11.8%；乡村消费品零售额 36027 亿元，增长 12.9%。按消费类型统计，商品零售额 234534 亿元，增长 12.2%；餐饮收入额 27860 亿元，增长 9.7%。

在限额以上企业商品零售额中，粮油、食品、饮料、烟酒类零售额比上年增长 11.1%，服装、鞋帽、针纺织品类增长 10.9%，化妆品类增长 10.0%，金银珠宝类与上年持平，日用品类增长 11.6%，家用电器和音像器材类增长 9.1%，中西药品类增长 15.0%，文化办公用品类增长 11.6%，家具类增长 13.9%，通信器材类增长 32.7%，石油及制品类增长 6.6%，建筑及装潢材料类增长 13.9%，汽车类增长 7.7%。

全年网上零售额 27898 亿元，比上年增长 49.7%，其中限额以上单位网上零售额 4400 亿元，增长 56.2%。

全年国内游客 36.1 亿人次，比上年增长 10.7%，国内旅游收入 30312 亿元，增长 15.4%。入境游客 12849 万人次，下降 0.5%。其中，外国人 2636 万人次，增长 0.3%；香港、澳门和台湾同胞 10213 万人次，下降 0.6%。在入境游客中，过夜游客 5562 万人次，与上年基本持平。国际旅游外汇收入 569 亿美元，增长 10.2%。国内居民出境 11659 万人次，增长 18.7%，其中因私出境 11003 万人次，增长 19.6%。

3. 进出口缓中趋稳

全年货物进出口总额264334亿元，比上年增长2.3%。其中，出口143912亿元，增长4.9%；进口120423亿元，下降0.6%。进出口差额23489亿元，比上年增加7395亿元。

全年服务进出口总额6043亿美元，比上年增长12.6%。其中，服务出口2222亿美元，增长7.6%；服务进口3821亿美元，增长15.8%。服务进出口逆差1599亿美元。

全年非金融领域新设立外商直接投资企业23778家，比上年增长4.4%。实际使用外商直接投资金额7364亿元，按美元计价为1196亿美元，增长1.7%。

全年非金融领域对外直接投资额6321亿元，按美元计价为1029亿美元，比上年增长14.1%。

全年对外承包工程业务完成营业额8748亿元，按美元计价为1424亿美元，比上年增长3.8%。对外劳务合作派出各类劳务人员56.2万人，增长6.6%。

（二）总供给

1. 农业

全年粮食种植面积11274万公顷，比上年增加78万公顷。棉花种植面积422万公顷，减少13万公顷。油料种植面积1408万公顷，增加6万公顷。糖料种植面积191万公顷，减少9万公顷。

全年粮食产量60710万吨，比上年增加516万吨，增产0.9%。全年谷物产量55727万吨，比上年增产0.8%。

全年棉花产量616万吨，比上年减产2.2%。油料产量3517

万吨，与上年持平。糖料产量 13403 万吨，减产 2.5%。茶叶产量 209 万吨，增产 8.7%。

全年肉类总产量 8707 万吨，比上年增长 2.0%。禽蛋产量 2894 万吨，增长 0.6%。牛奶产量 3725 万吨，增长 5.5%。年末生猪存栏 46583 万头，下降 1.7%；生猪出栏 73510 万头，增长 2.7%。

全年水产品产量 6450 万吨，比上年增长 4.5%。其中，养殖水产品产量 4762 万吨，增长 4.9%；捕捞水产品产量 1688 万吨，增长 3.5%。

全年木材产量 8178 万立方米，比上年下降 3.1%。

全年新增耕地灌溉面积 132 万公顷，新增节水灌溉面积 223 万公顷。

2. 工业和建筑业

工业生产平稳增长。全年全部工业增加值 227991 亿元，比上年增长 7.0%。规模以上工业增加值增长 8.3%。在规模以上工业中，分经济类型看，国有及国有控股企业增长 4.9%；集体企业增长 1.7%，股份制企业增长 9.7%，外商及港澳台商投资企业增长 6.3%；私营企业增长 10.2%。分门类看，采矿业增长 4.5%，制造业增长 9.4%，电力、热力、燃气及水生产和供应业增长 3.2%。

全年规模以上工业中，六大高耗能行业增加值比上年增长 7.5%。高技术制造业增加值比上年增长 12.3%。装备制造业增加值比上年增长 10.5%。

年末全国发电装机容量 136019 万千瓦，比上年末增长

8.7%。其中，火电装机容量91569万千瓦，增长5.9%；水电装机容量30183万千瓦，增长7.9%；核电装机容量1988万千瓦，增长36.1%；并网风电装机容量9581万千瓦，增长25.6%；并网太阳能发电装机容量2652万千瓦，增长67.0%。

全年规模以上工业企业实现利润64715亿元，比上年增长3.3%，其中国有及国有控股企业14007亿元，下降5.7%。

全年全社会建筑业增加值44725亿元，比上年增长8.9%。全国具有资质等级的总承包和专业承包建筑业企业实现利润6913亿元，增长13.7%，其中国有及国有控股企业1639亿元，增长11.7%。

3. 交通和邮电业

全年货物运输总量439亿吨，比上年增长7.1%。货物运输周转量184619亿吨千米，增长9.9%。全年规模以上港口完成货物吞吐量111.6亿吨，比上年增长4.8%，其中外贸货物吞吐量35.2亿吨，增长5.9%。规模以上港口集装箱吞吐量20093万标准箱，增长6.1%。

全年旅客运输总量221亿人次，比上年增长3.9%。旅客运输周转量29994亿人千米，增长8.8%。

全年完成邮电业务总量21846亿元，比上年增长19.0%。其中，邮政业务总量3696亿元，增长35.6%；电信业务总量18150亿元，增长16.1%。电信业全年新增移动电话交换机容量7980万户，达到204537万户。互联网上网人数6.49亿人，增加3117万人，其中手机上网人数5.57亿人，增加5672万人。互联网普及率达到47.9%。

（三）物价水平

2014 年物价形势总体稳定，价格涨幅下行。主要价格指标呈现前高后低走势。前三个季度，消费价格涨幅相对稳定，工业生产价格降幅收窄；四季度，受原油价格加快下跌等因素影响，消费价格涨幅显著回落，工业生产价格降幅明显扩大。

居民消费价格涨幅有所回落，食品价格涨幅回落较大。2014 年，CPI 同比上涨 2.0%，涨幅较上年回落 0.6 个百分点，其中各季度涨幅分别为 2.3%、2.2%、2.0% 和 1.5%。食品价格涨幅大幅回落，非食品价格涨幅略有回落。食品价格上涨 3.1%，涨幅比上年回落 1.6 个百分点；非食品价格上涨 1.5%，涨幅比上年回落 0.1 个百分点。消费品价格涨幅回落幅度大于服务价格涨幅回落幅度。消费品价格上涨 1.8%，涨幅比上年回落 0.7 个百分点；服务价格上涨 2.5%，涨幅比上年回落 0.4 个百分点。

工业生产者出厂价格降幅与上年持平。2014 年，工业生产者出厂价格同比下降 1.9%，降幅与上年持平，其中各季度分别下降 2.0%、1.5%、1.3% 和 2.7%。从生产资料和生活资料分类看，生产资料价格下降 2.5%，降幅比上年缩小 0.1 个百分点；生活资料价格涨幅为 0，涨幅比上年回落 0.2 个百分点。工业生产者购进价格同比下降 2.2%，降幅比上年扩大 0.2 个百分点，其中各季度分别下降 2.1%、1.9%、1.5% 和 3.2%。农业生产资料价格降幅大于农产品生产价格降幅，农产品生产价格下降 0.2%，农业生产资料价格下降 0.9%。2014 年，人民银行监测的企业商品价格（CGPI）比上年下降 2.2%。各季度同比降幅分别为 2.0%、1.6%、1.6% 和 3.7%。初级产品价格跌幅较大，投资品价格跌幅大于消费品。

受以原油为代表的国际大宗商品价格总体大幅下降等因素影响，进口价格继续下跌。GDP 平减指数（按当年价格计算的 GDP 与按固定价格计算的 GDP 的比率）变动率为 0.8%，比上年低 0.9 个百分点。

（四）就业形势

2014 年末，全国就业人员 77253 万人，比上年末增加 276 万人，其中城镇就业人员 39310 万人，比上年末增加 1070 万人。2014 年四季度，中国人力资源市场信息监测中心对全国 105 个城市的公共就业服务机构市场供求信息进行的统计分析显示，劳动力市场供求总体保持平衡，求人倍率为 1.15，比上季度和上年同期均上升 0.05。从市场需求看，59.9% 的用人需求对技术等级或职称有明确要求，对初级专业技术职务的用人需求增长 27.6%，而对中级、高级专业技术职务的用人需求分别下降 7.1% 和 7.4%。

（五）国际收支

初步统计，2014 年经常项目顺差为 2138 亿美元，与同期 GDP 之比为 2.1%，继续处于国际公认的可持续区间；资本和金融项目逆差为 960 亿美元。剔除汇率、资产价格变动等因素影响，2014 年外汇储备资产实际增加 1188 亿美元，其中四季度减少 293 亿美元。2014 年下半年以来我国国际收支出现经常项目保持顺差、资本项目转为逆差的新变化，跨境资本双向波动更加明显，与美联储逐步退出量化宽松货币政策、美元汇率走强、国内经济调整和资本全球配置步伐加快等因素有关，对国内流动性供求格局也产生了较为显著的影响。外债总规模继续上升。截至 2014 年 9 月末，外债余额为 8948 亿美元，较上年末增长 3.7%。其中，登记外债余额为 5613 亿美元，较上年末增长 6.6%，占外债余额的 62.7%；短期外债余额为 7090 亿美元，较上年末增长 4.8%，占外债余额的 79.2%。

2014 · 年度改革实践

国务院成立国有企业改革领导小组

为加强对国有企业改革的领导，2014 年 11 月，国务院决定成立国务院国有企业改革领导小组，由国务院副总理马凯任领导小组组长。人员构成涉及国资委、发改委、工信部、财政部、人保部、人民银行、证监会、银监会等多个部门，主要职责是统筹研究和协调解决改革中的重大问题和难点问题。领导小组办公室设在国资委，国资委主任张毅兼任办公室主任。这标志着国企改革中央层面已经基本确立各部委的职能和分工，国企改革不是由国资委单一主导。

据悉，有关国有企业改革的整体方案将由国务院国有企业改革领导小组总揽，具体方案由国资委、财政部、发改委和人社部四个部门分工负责。

国资委主要围绕国企定位分类和国资投资运营平台，牵头制定《深化国有企业改革的指导意见》。拟把国有企业分成公益类、功能类和竞争类，采取不同的改革和监管措施。与此同时，推进混合所有制改革，引入民营资本参与国有企业改革，实现股权多元化，完善员工持股；健全法人治理结构，完善激励约束机制。同时，构建国有资本投资运营平台，以管资本为主加强国有资产监管。新成立的国有资本投资和运营平台仍归国资委管理。

发改委负责制定《关于在国有企业发展混合所有制经济的意见》，对国防、自然垄断、关键装备、公用服务、生态安全的企业怎么发展混合所有制，按行业提出措施，重要的还是应该国有全资或者控股，不重要的可以参股或者退出。

财政部负责资本经营预算等资本管理体制改革，牵头制定《国有资本投资运营改革的指导意见》，主要思路是，仿效新加坡淡马锡模式和汇金模式，以管资本为主改革国有资本授权经营体制，即成立投资运营公司，控股和参股国有企业。这意味着国资委将淡出出资人代表职责，不再管人管事管资产，只做专门的监管者。

人社部主要负责薪酬改革方案发布后的细则《央企负责人薪酬改革方案》的制定。

国资委开展“四项改革”试点

为深入贯彻落实三中全会精神，推动国资国企改革，2014年7月，国务院国资委在中央企业中启动了“四项改革”试点工作。

1. 改组国有资本投资公司试点

国务院国资委选择国家开发投资公司、中粮集团有限公司开展改组国有资本投资公司试点。这一试点的目的，主要是探索以管资本为主的加强国有资产监管体制模式。具体来说，将从两个方面进行探索：一方面是在国有资产监管层面，探索国资委和国有资本投资公司的关系，厘清职责界面，研究国资委如何向以管资本为主转变；另一方面是在国有资产运营层面，探索国有资本投资公司如何有效服务国家战略目标，调整优化国有资本的投资方向和重点，提高国有资本的运营效率和效益。

2. 发展混合所有制经济试点

国务院国资委选择中国医药集团总公司、中国建筑材料集团公司开展发展混合所有制经济试点。混合所有制经济试点的目的，主要是探索发展混合所有制经济的有效路径。重点将在以下 6 个方面进行探索：一是探索建立混合所有制企业有效制衡、平等保护的治理结构。二是探索职业经理人制度和市场化劳动用工制度。三是探索市场化激励和约束机制。四是探索混合所有制企业员工持股。五是探索对混合所有制企业的有效监管机制。六是探索混合所有制企业党建工作的有效机制。

3. 董事会授权试点

选择新兴际华集团有限公司、中国节能环保集团、中国医药集团总公司、中国建筑材料集团公司等 4 家企业，开展董事会行使高级管理人员选聘、业绩考核和薪酬管理职权试点。

董事会授权试点，主要是探索完善国有企业公司法人治理结构的工作机制。具体来说，是进一步明确国资委与董事会的职责权限，将国资委依法履行出资人职责和董事会自主决策有机结合起来，试点企业董事会将在国资委的指导下，完善各项制度，开展董事会行使高级管理人员选聘权、业绩考核权和薪酬管理权试点工作。

在董事会行使高级管理人员选聘权方面，试点初期首先落实董事会行使副总经理、总会计师、董事会秘书的选聘权，增加董事会及专门委员会在总经理选聘中的参与度。

在董事会行使业绩考核权方面，试点企业董事会将自主构建符合本企业特点的业绩考核指标体系，进一步突出针对性和差异化，既落实国资委的总体要求的共性指标，又体现企业发展战略和个人业务岗位实际的个性化指标。并以此为依据，对企业高级管理人员进行业绩考核。

在董事会行使薪酬管理权方面，试点企业董事会根据企业经营状况和在国内、国际市场中的竞争地位，明确薪酬策略，建立与经营业绩、风险和责任相匹配的差异化薪酬管理制度，合理确定企业高级管理人员的薪酬水平，真正实现业绩升、薪酬升，业绩降、薪酬降。

4. 国有企业派驻纪检组试点

在国资委管理主要负责人的中央企业中，选择 2 到 3 家开展派驻纪检组试点。派驻纪检组试点，主要是探索对国企负责人重点监督的纪检监察方式。具体来说，就是要强化对企业主要负责人和领导班子及其成员的监督，增强监督的相对独立性、权威性和有效性，加强对企业党风建设和反腐败工作的系统领导，推动中央企业反腐败体制机制创新。通过开展试点工作，进一步推动中央企业反腐倡廉建设，为深化国资国企改革、发展壮大国有经济提供重要保障。

为抓好试点工作，国资委专门成立了 4 个专项小组。由国资委改革局、产权局、改组局和国资委纪委具体负责，分管委领导担任专项小组组长。

推进以经济增加值为核心的价值管理

经济增加值是指企业可持续的投资收益超过资本成本的盈利能力，即税后净营业利润大于资本成本的净值。经济增加值是全面考核企业经营者有效使用资本和为股东创造价值的重要指标和管理工具。

在中央企业开展以经济增加值为核心的价值管理，是以价值最大化为目标，以经济增加值管理理念、管理决策和流程再造为重点，通过价值诊断、管理提升、考核激励、监测控制等管理流程的制度化、工具化，对影响企业价值的相关因素进行控制的全过程管理。

以经济增加值为核心加强中央企业价值管理，就是要坚持转变发展方式与提升价值创造能力相结合，壮大规模与提高发展质量相统一，短期效益与长期发展相协调，力争用两个任期左右时间，中央企业价值管理体系基本完善，实现诊断科学、考核健全、激励约束有效、监控到位；价值管理更加科学，实现经济增加值从考核指标向管理工具转变、从结果考核向过程控制转变；价值创造能力明显提升，以更优化的资本结构、更有效率的资本运营、更强的主业获利能力，全面提升企业核心竞争能力。

价值管理的基本原则：

一是价值管理与企业实际紧密结合。根据企业所处行业、发展阶段、战略目标，推动企业根据资本属性，在战略规划、投资决策、生产运营、财务管理、业绩考核、薪酬分配等方面与价值管理有机结合，实现从注重利润创造向注重价值创造转变。

二是价值管理与制度建设相互促进。在坚持过去行之有效做法的基础上，遵循价值管理的基本理念、基本方法，将资本成本、资本纪律、风险控制等价值管理要素与现有管理体系有机融合，促进价值管理的制度化、体系化。

三是价值管理与完善激励约束机制有效衔接。以经济增加值考核为切入点，积极探索以经济增加值创造水平或改善状况与绩效薪酬或中长期激励挂钩的有效做法，建立长效激励约束机制，最大限度调动企业负责人和员工的积极性、创造性。

四是价值管理与维护各方利益有机统一。既要坚持股东价值最大化，又要模范遵守国家法律法规，统筹兼顾债权人、供应商、消费者、内部员工等相关方的利益，积极履行社会责任，创造互利共赢、和谐发展的良好环境。

加强中央企业价值管理的主要措施如下：一方面是不断完善价值管理体系，包括建立经济增加值诊断体系，完善以经济增加值为核心的考核体系，探索建立经济增加值激励约束机制，建立健全经济增加值监控体系。另一方面是不断提升价值创造能力，包括优化国有资本配置，调整存量资产结构，强化投资并购管理，创新盈利模式，加快资金周转，优化资本结构，强化风险管理等。

改进国有资本经营预算制度

自2007年对国有企业实行国有资本经营预算制度以来，不少人认为国有企业利润上缴比例偏低，希望能达到国际上国有企业平均分红比例30%的水平。2014年4月，财政部下发《关于进一步提高中央企业国有资本收益收取比例的通知》（财企〔2014〕59号），决定从2014年起，适当提高中央企业国有资本收益收取比例。国有独资企业应缴利润收取比例在原有基础上再提高5个百分点，即第一类企业为25%；第二类企业为20%；第三类企业为15%；第四类企业为10%；第五类企业免缴当年应缴利润（企业分类名单详见附表）。符合小型微型企业规定标准的国有独资企业，应缴利润不足10万元的，比照第五类企业，免缴当年应缴利润。国有控股、参股企业国有股股利、股息，国有产权转让收入，企业清算收入和其他国有资本收益，仍按照有关经济行为的财务会计资料执行。

附表：

中央企业应缴利润收取比例分类表

第一类			
1	中国烟草总公司		
第二类			
2	中国石油天然气集团公司	9	中国国电集团公司
3	中国石油化工集团公司	10	中国华电集团公司
4	中国海洋石油总公司	11	中国大唐集团公司

续表

5	国家电网公司	12	神华集团有限责任公司
6	中国长江三峡集团公司	13	中国中煤能源集团公司
7	中国电力投资集团公司	14	中国移动通信集团公司
8	中国华能集团公司	15	中国电信集团公司
第三类			
16	中国铝业公司	51	中国电子信息产业集团有限公司
17	中国有色矿业集团有限公司	52	中国华录集团有限公司
18	中国黄金集团公司	53	中国普天信息产业集团公司
19	宝钢集团有限公司	54	中国第一汽车集团公司
20	鞍钢集团公司	55	东风汽车公司
21	武汉钢铁（集团）公司	56	中国东方电气集团有限公司
22	中国化工集团公司	57	哈尔滨电气集团公司
23	中国远洋运输（集团）总公司	58	中国西电集团公司
24	中国海运（集团）总公司	59	中国第一重型机械集团公司
25	中国外运长航集团有限公司	60	中国南车集团公司
26	中国航空集团公司	61	中国北方机车车辆工业集团公司
27	中国南方航空集团公司	62	中国铁路通信信号集团公司
28	中国东方航空集团公司	63	新兴际华集团有限公司
29	中国民航信息集团公司	64	国家开发投资公司
30	中国国新控股有限责任公司	65	中国中钢集团公司
31	中国节能环保集团公司	66	中国中丝集团公司
32	华侨城集团公司	67	中国华孚贸易发展集团公司
33	中国国旅集团有限公司	68	中国医药集团总公司
34	中国国际工程咨询公司	69	中国中材集团有限公司
35	中国恒天集团有限公司	70	中国建筑材料集团有限公司
36	中国盐业总公司	71	中国化学工程集团公司
37	中国中纺集团公司	72	中国交通建设集团有限公司
38	中国航空油料集团公司	73	中国建筑工程总公司

续表

39	中国航空器材集团公司	74	中国铁路工程总公司
40	中国工艺（集团）公司	75	中国铁道建筑总公司
41	中国轻工集团公司	76	中国冶金科工集团有限公司
42	中国机械工业集团有限公司	77	中国电力建设集团有限公司
43	中国通用技术（集团）控股有限责任公司	78	中国能源建设集团有限公司
44	中国中化集团公司	79	华润（集团）有限公司
45	中粮集团有限公司	80	南光（集团）有限公司
46	中国五矿集团公司	81	中国港中旅集团公司
47	中国保利集团公司	82	招商局集团有限公司
48	中国铁路物资总公司	83	中国国际技术智力合作公司
49	珠海振戎公司	84	中国农业发展集团总公司
50	中国诚通控股集团有限公司	85	中国林业集团公司
第四类			
86	中国核工业集团公司	104	中国船舶工业集团公司
87	中国核工业建设集团公司	105	中国船舶重工集团公司
88	中国航天科技集团公司	106	中国兵器工业集团公司
89	中国航天科工集团公司	107	中国兵器装备集团公司
90	中国航空工业集团公司	108	中国电子科技集团公司
91	中国煤炭科工集团有限公司	109	中国电影集团公司
92	机械科学研究总院	110	黑龙江北大荒农垦集团公司
93	中国钢研科技集团公司	111	广东省农垦集团公司
94	北京有色金属研究总院	112	教育部所属企业
95	北京矿冶研究总院	113	贸促会所属企业
96	中国建筑科学研究院	114	工业和信息化部所属企业
97	电信科学技术研究院	115	卫生计生委所属企业
98	中国建筑设计研究院	116	国资委所属企业
99	武汉邮电科学研究院	117	体育总局所属企业

续表

100	中国汽车技术研究中心	118	首都机场集团公司
101	中国冶金地质总局	119	文资办履行出资人职责的中央文化企业
102	中国煤炭地质总局		
103	中国邮政集团公司		
第五类			
120	中国储备粮管理总公司	121	中国储备棉管理总公司

2014 · 重要理论观点

中国经济发展进入“新常态”

中共中央总书记习近平提出的“新常态”重大战略研判，源自我国经济发展所面临的“三期叠加”的阶段性特征。

一是我国经济增速的换挡期。改革开放以来，中国经济经历了30多年的持续高速增长，2010年，中国经济总量首次超过日本，成为仅次于美国的全球第二大经济体；2013年，中国贸易总额首次超过美国，成为全球最大贸易国。然而，随着时间的推移，结构性矛盾越来越突出、环境压力越来越大、继续维持经济高速增长的压力越来越大。中国经济增长速度实际上从2007年以后就开始结束了近20年10%的高速增长（2012年的10.6%是解决强刺激出现的特殊情况），转而进入增速换挡期。

二是我国经济结构调整的镇痛期，2012年底，我国钢铁、水泥、电解铝、平板玻璃、船舶产能利用率分别仅为 72%、73.7%、71.9%、73.1% 和 75%，明显低于国际通常水平。在经济下行压力增大的情况下，政府出台的 4 万亿元的投资结构中，45% 是铁路、公路、机场、城乡电网的投资，经济运行处于前期刺激政策的消化期。

三是国际经济格局的深刻调整期。全球经济增长缓慢，强国重定游戏规则，各国进行经济结构和发展模式调整，培育新的经济增长点。围绕信息、生物、环保等领域的新一轮科技和产业竞争愈演愈烈。入世 12 年，中国在全球化浪潮中成为世界第一大贸易国。与此同时，中国商品出口也面临关税成本增加、出口企业频遭“双反”调查等严峻挑战。外需曾经是支撑我国 30 多年高速增长的重要力量，而随着世界经济复苏的不稳定不确定因素增多，世界经济格局正在发生重大变化，外部需求萎缩将成为常态化。

认识“新常态”、适应“新常态”、引领“新常态”，是当前和今后一个时期我国经济发展的大逻辑。而新周期中的中国经济，最主要的特征就是“三期叠加”，这是研究和把握新常态下经济运行的前提条件。

新常态是我国经济向形态更高级、分工更优化、结构更合理的阶段演进的必经过程，实现这样广泛而深刻的变化对我们是一个新的巨大挑战。新常态下，我国经济发展表现出速度变化、结构优化、动力转换三大特点，增长速度要从高速转向中高速，发展方式要从规模速度型转向质量效率型，经济结构调整要从增量扩能为主转向调整存量、做优增量并举，发展动力要从主要依靠资源和低成本劳动力等要素投入转向创新驱动。这些变化不以人的意志为转移，是我国经济发展阶段性特征的必然要求。谋划和推动“十三五”时期我国经济社会发展，就要把认识“新常态”、适应“新常态”、引领“新常态”作为贯穿发展全局和全过程的大逻辑。为此，习近平总书记提出以供给侧结构性改革引领新常态的思想。

“四个全面”战略思想

2014 年 12 月，中共中央总书记习近平在江苏调研时，第一次明确提出“四个全面”的总体布局。强调要主动把握和积极适应经济发展新常态，协调推进全面建成小康社会、全面深化改革、全面推进依法治国、全面从严治党，推动改革开放和社会主义现代化建设迈上新台阶。2015 年 2 月，在省部级主要领导干部专题研讨班开班式上，关于，习近平又对“四个全面”做了明确的说明和界定并指出，全面建成小康社会是我们的战略目标，全面深化改革、全面依法治国、全面从严治党是三大战略举措。更具体地说就是，全面建成小康社会，是我们党和国家的奋斗目标；全面深化改革，是我们推进实现全面建成小康社会目标的一个根本发展动力；全面依法治国，是推进实现全面建成小康社会目标的根本法治保障；全面从严治党，则是推进实现全面建成小康社会目标的政治保证。

“四个全面”战略思想，是以习近平同志为核心的党中央坚持和发展中国特色社会主义的全新布局。“四个全面”高度凝练了新阶段党和国家事业发展的大棋局，是马克思主义基本原理与中国具体实际相结合的最新理论成果，也是中国未来发展的蓝图设计，将共同撑起“中国梦”。

“四个全面”吹响了治国理政的“集结号”，使得当前和今后一个时期，党和国家各项工作的关键环节、重点领域、主攻方向更加清晰，必将进一步推动党的理论与实践的大发展，迎来中华民族伟大复兴更加光明的前景。

全面推进依法治国

2014 年 10 月，中共十八届四中全会通过的《关于全面推进依法治国若干重大问题的决定》（以下简称《决定》），第一次以执政党最高政治文件和最高政治决策的形式，对加强中国特色社会主义法治体系建设，全面推进依法治国，加快建设社会主义法治国家做出部署。

《决定》指出：“推进依法治国，总目标是建设中国特色社会主义法治体系，建设社会主义法治国家。这就是，在中国共产党领导下，坚持中国特色社会主义制度，贯彻中国特色社会主义法治理论，形成完备的法律规范体系、高效的法治实施体系、严密的法治监督体系、有力的法治保障体系，形成完善的党内法规体系，坚持依法治国、依法执政、依法行政共同推进，坚持法治国家、法治政府、法治社会一体建设，实现科学立法、严格执法、公正司法、全民守法，促进国家治理体系和治理能力现代化。”

全面推进依法治国，就是要依照宪法这个治国安邦的总章程治理国家社会，坚持党的领导、人民当家作主、依法治国有机统一。全面推进依法治国，最终要落实到国家治理体系和治理能力现代化上，体现为不断提高党的领导水平和执政水平。紧紧围绕这个新目标，建设一个由完备的法律规范体系、高效的法治实施体系、严密的法治监督体系、有力的法治保障体系和完善的党内法规体系构成的法治治理体系，坚持依法治国、依法执政、依法行政共同推进，坚持法治国家、法治政府、法治社会一体建设，实现科学立法、严格执法、公正司法、全民守法，就会进一步夯实党执政兴国的法治基础，巩固党总揽全局、协调各方的领导核心地位，为全面建成小康社会、实现中华民族伟大复兴的中国梦汇聚团结奋斗的磅礴力量。

国企负责人按职务设置消费定额并量化到个人的做法必须坚决根除

2014 年 8 月 18 日，中共中央总书记习近平在中央全面深化改革领导小组第四次会议上的讲话指出：改革开放以来，中央管理企业负责人薪酬制度改革取得积极成效，同时也存在薪酬结构不尽合理、薪酬监管体制不够健全等问题。要从我国社会主义初级阶段基本国情出发，适应国有资产管理体制和国有企业改革进程，逐步规范国有企业收入分配秩序，实现薪酬水平适当、结构合理、管理规范、监督有效，对不合理的偏高、过高收入进行调整。

合理确定并严格规范中央企业负责人履职待遇、业务支出，是改作风的深化，也是反“四风”的深化，国有企业要做贯彻落实中央八项规定精神、厉行节约反对浪费的表率。要合理确定并严格规范中央企业负责人履职待遇、业务支出，除了国家规定的履职待遇和符合财务制度规定标准的业务支出外，国有企业负责人没有其他的“职务消费”，按照职务设置消费定额并量化到个人的做法必须坚决根除。

2014 · 重要政策法规

1.《国务院国资委关于印发〈关于以经济增加值为核心加强中央企业价值管理的指导意见〉的通知》，2014 年 1 月 10 日。

2.《国务院关于进一步优化企业兼并重组市场环境的意见》，2014 年 3 月 7 日。

3.《国务院批转发展改革委〈关于 2014 年深化经济体制改革重点任务意见〉的通知》，2014 年 4 月 30 日。

4.《国务院关于加快发展生产性服务业促进产业结构调整升级的指导意见》，2014 年 7 月 28 日。

5.《国务院关于近期支持东北振兴若干重大政策举措的意见》，2014 年 8 月 8 日。

6.《中央管理企业负责人薪酬制度改革方案》，2014 年 8 月 29 日。

7.《关于合理确定并严格规范中央企业负责人履职待遇、业务支出的意见》，2014 年 8 月 29 日。

8.《国务院关于依托黄金水道推动长江经济带发展的指导意见》，2014 年 9 月 12 日。

9.《国务院办公厅关于同意中国—新加坡天津生态城建设

国家绿色发展示范区实施方案的复函》，2014 年 10 月 3 日。

10.《国务院办公厅关于促进国家级经济技术开发区转型升级创新发展的若干意见》，2014 年 10 月 30 日。

11.《国务院关于扶持小型微型企业健康发展的意见》，2014 年 10 月 31 日。

12.《国务院关于创新重点领域投融资机制鼓励社会投资的指导意见》，2014 年 11 月 16 日。

2014 · 年度热点纪实

全面深化改革元年

2014 年，将以中国“全面深化改革元年”载入中华民族伟大复兴的历史。

中国经济依然面临着严峻的内外挑战。当“人口、全球化、资源、政策”四大红利逐渐减弱，甚至成为经济发展的障碍时，寻找新的增长推动力成为“防范风险，危中寻机”的关键。2014 年，中国再次开启改革大门，希望通过创造新的“制度红利”，探索一条可持续发展的道路。

也正是在这一年，一个战略性的判断不仅走进了国人的脑海，也吸引了全球的目光，这就是中国经济发展进入“新常态”。

中国经济正在向形态更高级、分工更复杂、结构更合理的阶段演化，经济发展正从高速增长转向中高速增长，经济发展方式正从规模速度型粗放增长转向质量效率型集约增长，经济结构正从增量扩能为主转向调整存量、做优增量并存的深度调整，经济发展动力正从传统增长点转向新的增长点。“我国发展仍处于重要战略机遇期，我们要增强信心，从当前我国经济发展的阶段性特征出发，适应新常态，保持战略上的平常心态。”习近平总书记在年中就敏锐地提出了“新常态”的重大战略判断，之后，他不断论述着中国经济发展阶段的新变化、新特征、新要求。

年终岁尾，用“新常态”的视角回顾全面深化改革元年的改革进展，我们会发现：

一年间，党的建设制度改革、户籍制度改革、财税体制改革、考试招生制度改革、公车改革、央企负责人薪酬制度改革、城乡养老并轨等一批重大改革方案相继出台，改革总体部署全面展开，以破竹之势，在重要领域和关键环节向纵深推进。

政府放权，使市场更“活”。一年来，国务院先后取消和下放近 800 项行政审批等事项，下放事项“含金量”越来越高。同时，向社会公开国务院各部门目前保留的全部行政审批事项清单。不该管的不干预，该管的管明白，政府简政放权，放出市场新天地。市场准入放宽。工商登记制度改革放宽了市场准入条件，注册资本实缴登记制改为认缴登记制等，一系列简政放权的改革举措推动经济增长内生动力的增加。

金融、财税、价格改革，使市场机制更“通”，受益面更大。民间金融的热情获得鼓励，首批试点的五家民营银行已全部获准筹建。《存款保险条例（征求意见稿）》发布，此举将改变中国金融生态，有力支持利率市场化推进。截至三季度末，全国营改增试点已累计减税3276亿元，结构性减税有利于促进经济发展方式加快转变和经济结构战略性调整。

全面深化改革时期，一个工程学术语“顶层设计”，成为人们耳熟能详的政治名词。为了搞好全面深化改革的顶层设计，自2012年11月中共十八大召开到2013年11月十八届三中全会，历时整整一年，由习近平担任起草小组组长的《中共中央关于全面深化改革若干重大问题的决定》才问世。这一文件，不仅是重启改革的路线图，更是未来十年中国的施政纲领，因为改革是下一个十年中国政府的核心任务。

《中共中央关于全面深化改革若干重大问题的决定》紧紧围绕经济、政治、文化、社会、生态文明、党建六大改革主线，涵盖15个领域、包括60个具体任务。它指出，经济体制改革是全面深化改革的重点，核心问题是处理好政府和市场的关系，使市场在资源配置中起决定性作用和更好发挥政府作用。

全面深化改革元年，改革的力度之大、成果之多，是多年来前所未有过的，对稳增长、调结构、惠民生发挥了重要的促进和保障作用。

一是极大地激发了市场主体活力。通过实施行政审批制度和工商登记制度改革，有效降低了创业成本，激发了全社会创业创新热情，从3月1日启动至10月底，全国新登记注册企业户数增长56.2%，平均每天新登记1.03万户。

二是稳定和改善了市场预期。通过修订出台政府核准备案的企业投资、外商投资、境外投资项目管理办法等，有效促进了社会投资。前三季度，民间投资同比增长 18.3%，快于投资整体增长 2.2 个百分点；民间投资占比达 64.7%，同比提高 1.1 个百分点。

三是促进了经济结构调整。营改增继续扩围，小微企业减税，消费税、资源税改革等，促进了产业结构优化、推动了产业转型升级。今年前三季度服务业占比创 46.7% 的新高，比去年同期提高 1.2 个百分点，服务业固定资产投资增速高于全社会 1.3 个百分点，服务业对经济增长的支撑作用日益明显。

全面深化改革元年，呈现出诸多新的特点：

一是改革的领导体制和推进机制更加健全完善。中央成立了中央全面深化改革领导小组，以习近平同志为总书记的党中央牢牢把握改革正确方向，围绕完善和发展中国特色社会主义制度、推进国家治理体系和治理能力现代化的总目标，精心谋篇布局，为全面深化改革引领航程。

二是改革的系统性、整体性、协同性更加突出。除经济体制改革取得突破性进展外，民主政治制度建设、司法体制改革、文化体制改革、社会体制改革、党的建设制度改革稳步实施。比如，废除劳教制度，设立知识产权法院，开展设立巡回法庭试点，建立健全互联网管理领导体制，加强中央纪委派驻机构建设等。

三是各项改革扎实推进蹄疾步稳。按照习近平总书记“抓落实”“抓到位”的要求，各单位加大年度工作要点的推进落实力度，把实施方案抓到位，督促检查抓到位，改革成果抓到位，宣传引导抓到位，使各项改革有序推进。

中共十八届三中全会作出了全面深化改革的决定，是自1978年十一届三中全会开启改革开放大门之后，中国的改革航船再一次驶向深水区。2014年改革元年有改革“转折点”的意义。

2014·年度改革大事

1月1日　第三次全国经济普查现场登记工作正式启动，全国300万普查人员将用3个月时间，全面采用现代信息技术，完成对70万个普查小区近7000万普查对象的逐一登记。

1月9日　国家统计局发布数据，2013年全国居民消费价格总水平比上年上涨2.6%，远远低于3.5%的年度调控目标。数据显示，2013年全年物价走势基本平稳，只有4个月的同比涨幅达到了3%以上。

1月10日　海关统计，2013年，我国进出口总值25.83万亿人民币，折合4.16万亿美元，扣除汇率因素同比增长7.6%，比2012年提高1.4个百分点，年度进出口总值首次突破4万亿美元。2013年我国超过美国首次位列全球货物贸易第一大国已经基本成定局。

1月12日　中国证监会晚间发布紧急公告，就进一步加强首次公开发行股票过程监管提出三项措施。

1月17日　由中国铁建总承包建设的土耳其安卡拉至伊斯坦布尔高速铁路二期主体工程宣告完工，这意味着中国企业在海外承建的首个高铁项目进入收官阶段，中国高铁“走出去”交出首份成绩单。

1 月 24 日　全国中小企业股份转让系统首批全国企业集体挂牌仪式在北京举行。这是国务院发布《关于全国中小企业股份转让系统有关问题的决定》之后，全国股份转让系统的首场集体挂牌仪式，来自全国 28 个省、市、自治区的 285 家企业亮相“新三板”。

2 月 19 日　中石化宣布，公司将启动油气销售业务重组，引入民资实行混合所有制，且授权董事长在社会与民营资本的持股比例不超 30% 的情况下，行使有关权力。此举被视为混合所有制改革的破冰之举。

3 月 1 日　据世界贸易组织秘书处统计，2013 年中国已成为世界第一货物贸易大国。2013 年我国货物进出口总额为 4. 16 万亿美元，其中出口 2. 21 万亿美元，进口 1. 95 万亿美元。这是 100 多年来发展中国家首次成为世界货物贸易冠军，也是中国继成为全球第二大经济体、最大外汇储备国和最大出口国之后又一突破。

3 月 15 日　中国人民银行宣布自 2014 年 3 月 17 日起，银行间即期外汇市场人民币兑美元交易价浮动幅度由 1% 扩大至 2%，外汇指定银行为客户提供当日美元最高现汇卖出价与最低现汇买入价之差不得超过当日汇率中间价的幅度由 2% 扩大至 3%。

4 月 2 日　国务院办公厅发布《关于印发文化体制改革中经营性文化事业单位转制为企业和进一步支持文化企业发展两个

规定的通知》，要求财税部门认真落实适用于转制企业的现行财税优惠政策。

4 月 8 日　财政部、国家税务总局宣布，经国务院批准，自 2014 年 1 月 1 日至 2016 年 12 月 31 日，对年应纳税所得额低于 10 万元（含 10 万元）的小型微利企业，其所得减按 50% 计入应纳税所得额，按 20% 的税率缴纳企业所得税。

4 月 11 日　财政部、工业和信息化部、科技部、商务部印发《中小企业发展专项资金管理暂行办法》。

4 月 17 日　财政部发布通知，决定从 2014 年起，适当提高中央企业国有资本收益收取比例，更多用于保障和改善民生。国有独资企业应缴利润收取比例在现有基础上提高 5 个百分点。

4 月 29 日　财政部、国家税务总局宣布，经国务院批准，电信业纳入营业税改征增值税试点，自 2014 年 6 月 1 日起执行。提供基础电信服务，税率为 11%；提供增值电信服务，税率为 6%。

5 月 30 日　国务院常务会议确定进一步减少和规范涉企收费、减轻企业负担。

6 月 13 日　财政部、国家税务总局宣布，为进一步规范税制、公平税负，经国务院批准，决定简并和统一增值税征收率，将 6% 和 4% 的增值税征收率统一调整为 3%。

7 月 2 日　财政部批准关于取消加工贸易项下进口钢材保税政策的通知。首批对国内完全能够生产、质量能够满足下游加工企业需要的进口热轧板、冷轧板、窄带钢、棒线材、型材、钢铁丝、电工钢等 78 个税号的钢材产品，取消加工贸易项下进口钢材保税政策，自 2014 年 7 月 31 日起，征收关税和进口环节税。

7 月 3 日　李克强在湖南长沙主持召开部分省份和企业座谈会，表示深入落实对农业、小微企业、服务业降税减负和定向降准等措施，金融资源要向实体经济倾斜，切实解决企业融资难、融资贵等问题。

7 月 8 日　工业和信息化部批准 2014 年工业行业淘汰落后和过剩产能企业名单（第一批），力争在 2014 年 9 月底前关停列入公告名单内企业的生产线（设备），确保在 2014 年底前彻底拆除淘汰，不得向其他地区转移。

7 月 14 日，国务院办公厅批准关于加快新能源汽车推广应用的指导意见。2014 年 9 月 1 日至 2017 年 12 月 31 日，对纯电动汽车、插电式（含增程式）混合动力汽车和燃料电池汽车免征车辆购置税。

7 月 15 日　国资委宣布首批四项改革试点企业名单。“四项改革”试点，是国资委贯彻落实党的十八届三中全会精神、全面深化国资国企改革的一项重要举措，被形象地称为吹响了混合所有制改革的“集结号”。

7 月 23 日　国务院总理李克强主持召开国务院常务会议，部署多措并举缓解企业融资成本高问题。

8 月 29 日　中共中央政治局召开会议，审议通过了《中央管理企业负责人薪酬制度改革方案》《关于合理确定并严格规范中央企业负责人履职待遇、业务支出的意见》等文件。

9 月 19 日　阿里巴巴集团当地时间在美国纽约纽交所正式挂牌交易，马云携 8 位敲钟人亮相。阿里巴巴在纽约证券交易所敲钟上市，经过两个多小时的等待，阿里巴巴的开盘价最终确定为 92.7 美元，大涨了 36%。截至收盘时，阿里巴巴股价进一步上涨，报收 93.89 美元，总市值约为 2400 亿美元，成为仅次于谷歌公司的全球第二大互联网公司。

9 月 24 日　国务院总理李克强主持召开国务院常务会议，部署完善固定资产加速折旧政策，促进企业技术改造，支持中小企业创业创新。

9 月 25 日　财政部和税务总局印发通知，决定自 2014 年 10 月 1 日至 2015 年 12 月 31 日，对月销售额 2 万元至 3 万元的增值税小规模纳税人和营业税纳税人，暂免征收增值税和营业税，政策范围涵盖小微企业、个体工商户和其他个人。

10 月 9 日　财政部、国家税务总局发布《关于实施煤炭资源税改革的通知》，改革内容包括：全面清理涉煤收费基金；煤炭资源税由从量计征改为从价计征，税率幅度确定为 2% ~ 10%，由省、自治区、直辖市人民政府在此幅度内拟定适用税率。

10 月 20 日至 23 日　中国共产党第十八届中央委员会第四次全体会议在北京举行。全会听取和讨论了习近平受中央政治局委托作的工作报告，审议通过了《中共中央关于全面推进依法治国若干重大问题的决定》。全面推进依法治国，总目标是建设中国特色社会主义法治体系，建设社会主义法治国家。

10 月底　国务院组建由国务院副总理马凯为主任，国务委员王勇为副主任的国有企业改革领导小组，该小组主要职责是贯彻落实党中央、国务院关于国企改革的工作部署，加强对国企改革的组织领导和指导把关，统筹研究和协调解决改革中的重大问题和难点问题，跟踪督促国企改革进展情况，及时提醒国企改革中需要注意的问题。

11 月中旬　2014 年 APEC 会议是由亚太经济合作组织发起的会议，是继 2001 年在上海举办后时隔 13 年再一次在中国举办，于 11 月中旬在北京召开，包含领导人非正式会议、部长级会议、高官会议等系列会议。本次 APEC 领导人会议的主题是“共建面向未来的亚太伙伴关系”。

11 月 28 日　经国务院批准，财政部、国家税务总局联合下发《关于提高成品油消费税的通知》，决定自 2014 年 11 月 29 日起，将汽油、石脑油、溶剂油和润滑油的消费税单位税额在现行单位税额基础上提高 0.12 元/升；将柴油、航空煤油和燃料油的消费税单位税额在现行单位税额基础上提高 0.14 元/升，航空煤油继续暂缓征收。

12 月 5 日　12 月 1 日至 5 日的一个交易周内，A 股成交总量超过 4.24 万亿元。这个数字超过了今年三季度的全国财政收入。压抑了近 7 年的乐观情绪重新在股市蔓延开来。

12 月 12 日　财政部、国家税务总局发布通知，决定自 2014 年 12 月 13 日起，将汽油、石脑油、溶剂油和润滑油的消费税单位税额在现行单位税额基础上提高 0.28 元/升，将柴油、航空煤油和燃料油的消费税单位税额在现行单位税额基础上提高

0.16 元/升。航空煤油继续暂缓征收。

12 月 23 日　财政部、国家税务总局发布《关于对小微企业免征有关政府性基金的通知》，宣布自 2015 年 1 月 1 日起至 2017 年 12 月 31 日，对按月纳税的月销售额或营业额不超过 3 万元（含 3 万元），以及按季纳税的季度销售额或营业额不超过 9 万元（含 9 万元）的缴纳义务人，免征教育费附加、地方教育附加、水利建设基金、文化事业建设费。

本年度主要参考资料：

1. 2014 年政府工作报告——2014 年 3 月 5 日在第十二届全国人民代表大会第二次会议上[EB/OL]. 中国政府网，2014-03-16.

2. 国家统计局. 中华人民共和国 2014 年国民经济和社会发展统计公报[M]. 北京：中国统计出版社，2015.2.

3. 2014 年经济和社会发展计划执行与 2015 年草案报告[EB/OL]. 中国人大网，2014-02-28.

4. 2014 年中央和地方预算执行与 2015 年预算草案报告[EB/OL]. 中国人大网，2014-02-28.

5. 2014 年中国货币政策执行报告[EB/OL]. 中国人民银行网，2014-02-28.

6. 全面深化改革元年告诉我们[J]. 瞭望新闻周刊，2014（12）.

7. 习近平主持中央全面深化改革领导小组第三次会议[EB/OL]. 中新网，2014-11-29.

8. 全面深化改革元年呈现四大特点[EB/OL]. 新华网，2014-11-29.

9. 党的十八大以来大事记[EB/OL]. 人民网，2017-10-16.

2015 年

2015 · 年度经济背景

开启发展方式的结构之变

2015 年中国经济运行总体平稳，结构调整积极推进。最终消费对 GDP 增长的贡献超过 60%，第三产业比重超过 50%，新兴产业、新兴业态和新商业模式蓬勃发展，消费价格温和上涨，就业形势总体稳定。

一、宏观经济运行的总体态势

2015 年经济社会发展的主要预期目标是：国内生产总值增长 7% 左右，居民消费价格涨幅 3% 左右，城镇新增就业 1000 万人以上，城镇登记失业率 4.5% 以内，进出口增长 6% 左右，国际收支基本平衡。能耗强度下降 3.1% 以上，主要污染物排放继续减少。

据国家统计局初步核算，全年国内生产总值 689052.1 亿元，比上年增长 6.9%，是改革开放以来首次没有完成预期目标的年份。其中，第一产业增加值 60862.1 亿元，增长 3.9%；第二产业增加值 282040.3 亿元，增长 6.2%；第三产业增加值

346149.7亿元，增长8.2%。第一产业增加值占国内生产总值的比重为8.8%，第二产业增加值比重为40.9%，第三产业增加值比重为50.2%，首次突破50%。全年人均国内生产总值49351元，比上年增长6.3%。全年国民总收入673021亿元。

全年城镇新增就业1312万人。年末城镇登记失业率为4.05%。

全年全员劳动生产率为76978元/人，比上年提高6.6%。

全年居民消费价格比上年上涨1.4%。

二、宏观经济面临的主要形势

2014年12月9日至11日召开的中央经济工作会议，对宏观经济形势作出如下判断。

从消费需求看，过去我国消费具有明显的模仿型排浪式特征，现在模仿型排浪式消费阶段基本结束，个性化、多样化消费渐成主流，保证产品质量安全、通过创新供给激活需求的重要性显著上升，必须采取正确的消费政策，释放消费潜力，使消费继续在推动经济发展中发挥基础作用。

从投资需求看，经历了30多年高强度大规模开发建设后，传统产业相对饱和，但基础设施互联互通和一些新技术、新产品、新业态、新商业模式的投资机会大量涌现，对创新投融资方式提出了新要求，必须善于把握投资方向，消除投资障碍，使投资继续对经济发展发挥关键作用。

从出口和国际收支看，国际金融危机发生前国际市场空间扩张很快，出口成为拉动我国经济快速发展的重要动能，现在全球总需求不振，我国低成本比较优势也发生了转化，同时我国出口竞争优势依然存在，高水平引进来、大规模走出去正在同步发生，必须加紧培育新的比较优势，使出口继续对经济发展发挥支撑作用。

从生产能力和产业组织方式看，过去供给不足是长期困扰我们的一个主要矛盾，现在传统产业供给能力大幅超出需求，产业结构必须优化升级，企业兼并重组、生产相对集中不可避免，新兴产业、服务业、小微企业作用更加凸显，生产小型化、智能化、专业化将成为产业组织新特征。

从生产要素相对优势看，过去劳动力成本低是最大优势，引进技术和管理就能迅速变成生产力，现在人口老龄化日趋发展，农业富余劳动力减少，要素的规模驱动力减弱，经济增长将更多依靠人力资本质量和技术进步，必须让创新成为驱动发展的新引擎。

从市场竞争特点看，过去主要是数量扩张和价格竞争，现在正逐步转向质量型、差异化为主的竞争，统一全国市场、提高资源配置效率是经济发展的内生性要求，必须深化改革开放，加快形成统一透明、有序规范的市场环境。

从资源环境约束看，过去能源资源和生态环境空间相对较大，现在环境承载能力已经达到或接近上限，必须顺应人民群众对良好生态环境的期待，推动形成绿色低碳循环发展新方式。

从经济风险积累和化解看，伴随着经济增速下调，各类隐性风险逐步显性化，风险总体可控，但化解以高杠杆和泡沫化为主要特征的各类风险将持续一段时间，必须标本兼治、对症下药，建立健全化解各类风险的体制机制。

从资源配置模式和宏观调控方式看，全面刺激政策的边际效果明显递减，既要全面化解产能过剩，也要通过发挥市场机制作用探索未来产业发展方向，必须全面把握总供求关系新变化，科学进行宏观调控。

这些趋势性变化说明，我国经济正在向形态更高级、分工更复杂、结构更合理的阶段演化，经济发展进入新常态，正从高速增长转向中高速增长，经济发展方式正从规模速度型粗放增长转向质量效率型集约增长，经济结构正从增量扩能为主转向调整存量、做优增量并存的深度调整，经济发展动力正从传统增长点转向新的增长点。

认识“新常态”，适应“新常态”，引领“新常态”，是当前和今后一个时期我国经济发展的大逻辑。但是，经济发展进入新常态，没有改变我国发展仍处于可以大有作为的重要战略机遇期的判断，改变的是重要战略机遇期的内涵和条件；没有改变我国经济发展总体向好的基本面，改变的是经济发展方式和经济结构。要更加注重满足人民群众需要，更加注重市场和消费心理分析，更加注重引导社会预期，更加注重加强产权和知识产权保护，更加注重发挥企业家才能，更加注重加强教育和提升人力资本素质，更加注重建设生态文明，更加注重科技进步和全面创新。要解决好当前面临的结构性问题，关键是要在适度扩大总需求的同时，加快推进供给侧结构性改革，抓好去产能、去库存、去杠杆、降成本、补短板五大任务，更充分地发挥市场在资源配置中的决定性作用，提高增长的质量和效益。

三、宏观经济政策的主要政策取向

1. 继续实施积极的财政政策

根据经济运行情况，在区间调控基础上实施定向调控和相机调控，加强预调微调，促进经济在合理区间运行。

一是保持必要的支出强度。全年安排财政赤字 1.62 万亿元，比去年增加 2700 亿元，赤字率从去年的 2.1% 提高到 2.3%。其中，中央财政赤字 1.12 万亿元，增加 1700 亿元；地方财政赤字 5000 亿元，增加 1000 亿元。处理好债务管理与稳增长的关系，创新和完善地方政府举债融资机制。置换 3.2 万亿元地方政府到期存量债务，降低了利息负担，缓解了当期偿债压力，为地方腾出资金用于重点项目建设创造了条件。适当发行专项债券。保障符合条件的在建项目后续融资，防范和化解风险隐患。

二是加大减税降费力度。扩大小型微利企业所得税、固定资产加速折旧优惠政策范围。继续实行结构性减税和普遍性降费，进一步减轻企业特别是小微企业负担。对小微企业免征 42 项行政事业性收费，取消或暂停征收 57 项中央级行政事业性收费。降低失业保险、工伤保险和生育保险费率，扩大失业保险基金支持企业稳岗政策的实施范围。

三是强化财政资金政策的导向作用。优化财政支出结构，大力盘活存量资金，提高使用效率。大力推广政府和社会资本合作（PPP）模式，通过特许经营、投资补助、运营补贴等方式，拉动民间资本进入公共服务领域。深入推进中央级事业单位科技成果使用、处置和收益管理改革试点。完善企业研发费用加计扣除政策。启动首批小微企业创业创新基地城市示范。

全年全国一般公共预算收入152217亿元，比上年同口径增加8324亿元，增长5.8%，其中税收收入124892亿元，增加5717亿元，增长4.8%。全年全国一般公共财政支出17.6万亿元，按可比口径比上年增长13.2%，增速比上年高4.9个百分点。收支相抵，财政支大于收2.4万亿元，比上年多1.2万亿元。

财政收入增幅偏低的主要原因有以下几点：一是大宗商品进口价格下跌、一般贸易进口大幅下滑导致进口税收大幅下降；二是工业生产放缓，尤其是工业生产者出厂价格持续下降导致按现价计算的增值税等税收低增长；三是企业效益下滑、利润增幅回落使企业所得税增幅相应回落；四是实行结构性减税和普遍性降费，减轻了企业和居民负担，财政一定程度上减收。

2. 继续实施稳健的货币政策

一是综合运用公开市场操作、中期借贷便利、普降金融机构存款准备金率等多种工具合理调节银行体系流动性，弥补外汇占款减少等形成的流动性缺口，保持银行体系流动性合理充裕。

二是五次调整了存款准备金率，其中包含四次普遍降准和五次定向降准，累计普遍下调金融机构存款准备金率2.5个百分点，累计额外定向下调金融机构存款准备金率0.5个至6.5个百分点。九次引导公开市场逆回购操作利率下行，适时下调信贷政策支持再贷款、中期借贷便利和抵押补充贷款利率，更加注重稳定短端利率，探索常备借贷便利利率发挥利率走廊上限作用，充分运用价格杠杆稳定市场预期，引导融资成本下行。

三是实施定向降准，扩大信贷资产质押和央行内部评级试点，发挥差别准备金动态调整机制的逆周期调节和结构导向作用，多次调增再贷款、再贴现额度，扩展抵押补充贷款发放范围，引导金融机构将更多信贷资源配置到小微企业、“三农”和棚户区改造等国民经济重点领域和薄弱环节。坚定推进金融市场化改革，一系列重大改革措施陆续出台，以改革促发展，以改革疏通货币政策传导机制，更好地发挥市场在资源配置中的决定性作用，进一步完善货币政策调控框架。放开存款利率浮动上限，利率市场化改革迈出关键性一步；完善人民币兑美元汇率中间价报价机制，发布人民币汇率指数，市场机制在汇率形成中的决定性作用进一步增强；将存款准备金由时点法考核改为平均法考核；完善宏观审慎政策框架，将差别准备金动态调整机制“升级”为宏观审慎评估体系，将外汇流动性和跨境资金流动纳入宏观审慎管理范畴；政策性、开发性金融机构改革顺利实施，存款保险制度平稳推出；人民币成功加入国际货币基金组织特别提款权货币篮子。

总体来看，稳健货币政策取得了较好效果，保持了流动性合理充裕，促进了实际利率基本稳定，从量价两方面保持了货币环境的稳健和中性适度。

2015 年末，年末广义货币供应量 M_2 余额同比增长 13.3%，比上年末高 1.1 个百分点。人民币贷款余额同比增长 14.3%，比上年末高 0. 6 个百分点；比年初增加 11. 7 万亿元，同比多增 1. 8 万亿元。社会融资规模存量同比增长 12. 4%。12 月非金融企业及其他部门贷款加权平均利率为 5. 27%，比上年 12 月下降 1. 51 个百分点。2015 年末，人民币对美元汇率中间价为 6. 4936 元，CFETS 人民币汇率指数为 100. 94，人民币对一揽子货币保持了基本稳定。

四、宏观经济的主要经济指标

（一）总需求

1. 消费需求拉动作用增强

全国居民人均可支配收入 21966 元，比上年增长 8. 9%，扣除价格因素实际增长 7. 4%。其中，城镇居民人均可支配收入 31195 元，比上年增长 8. 2%，扣除价格因素实际增长 6. 6%；农村居民人均可支配收入 11422 元，实际增长 7. 5%。四季度中国人民银行城镇储户问卷调查显示，居民消费意愿稳中有升，倾向于“更多消费”的居民占 20. 8%，比上季上升 0. 4 个百分点，创 2009 年二季度以来历史新高。2015 年，社会消费品零售总额为 30. 1 万亿元，比上年增长 10. 7%，扣除价格因素实际增长 10. 6%。分城乡看，城镇消费品零售额为 25. 9 万亿元，比上年增长 10. 5%；乡村消费品零售额为 4. 2 万亿元，增长 11. 8%。网络零售保持高速增长，全年网上零售额为 3. 9 万亿元，比上年增长 33. 3%。消费结构呈现一定的升级特征，智能绿色产品销售旺盛，服务消费增长较快。

全年国内游客 40 亿人次，比上年增长 10. 5%，国内旅游收入 34195 亿元，增长 13. 1%。入境游客 13382 万人次，增长

4.1%。在入境游客中，过夜游客 5689 万人次，增长 2.3%。国际旅游收入 1137 亿美元，增长 7.8%。

2. 投资需求增速放缓

全年固定资产投资（不含农户）55.2 万亿元，比上年增长 10.0%，较上年低 5.7 个百分点；扣除价格因素实际增长 12.0%。分地区看，东中西部投资保持增长，全年分别投资 22.9 万亿元、14.0 万亿元和 13.7 万亿元，比上年分别增长 12.7%、15.7% 和 9.0%；东北地区投资 4.0 万亿元，下降 11.2%。分产业看，第一产业投资保持较快增长，受房地产投资增速下滑等因素影响，第三产业投资增速有所回落，全年三次产业投资分别为 1.6 万亿元、22.4 万亿元和 31.2 万亿元，分别比上年增长 31.8%、8.0% 和 10.6%。2015 年，施工项目计划总投资 101.9 万亿元，比上年增长 4.3%。新开工项目计划总投资 40.8 万亿元，比上年增长 5.5%。

3. 进出口一般贸易比重提升，对外直接投资增长较快

2015 年进出口总值为 24.6 万亿元人民币，比上年下降 7.0%。其中出口 14.1 万亿元，下降 1.8%；进口 10.4 万亿元，下降 13.2%；贸易顺差 3.7 万亿元，比上年扩大 56.7%。按美元计价，进出口总额为 3.96 万亿美元，比上年下降 8%。从贸易方式看，一般贸易比重提升，占进出口总额的 54%，较上年提高 0.3 个百分点。从商品结构看，机电产品出口增长 1.2%，占出口总值的 57.7%，较上年提升 1.7 个百分点；劳动密集型产品出口总值下降 1.7%，占出口总值的 20.7%。原油、铁矿砂等大宗商品进口数量保持增长。跨境电子商务、市场采购等新

型商业模式正逐步成为外贸发展新的增长点。2015 年跨境电子商务增速超过 30%，市场采购贸易方式出口增速超过 70%。

2015 年实际使用外商直接投资 7813.5 亿元人民币（折合 1262.7 亿美元），比上年增长 6.4%。境内投资者非金融类对外直接投资 1180.2 亿美元，比上年增长 14.7%。2015 年，服务业实际使用外资 4770.5 亿元人民币（折合 771.8 亿美元），比上年增长 17.3%，在全国总量中的比重为 61.1%；制造业实际使用外资 2452.3 亿元人民币（折合 395.4 亿美元），与上年基本持平，在全国总量中的比重为 31.4%。

（二）总供给

1. 农业

全年粮食种植面积 11334 万公顷，比上年增加 62 万公顷。棉花种植面积 380 万公顷，减少 42 万公顷。油料种植面积 1406 万公顷，增加 1 万公顷。糖料种植面积 174 万公顷，减少 16 万公顷。

全年粮食产量 62144 万吨，比上年增加 1441 万吨，增产 2.4%。全年谷物产量 57225 万吨，比上年增产 2.7%。全年棉花产量 561 万吨，比上年减产 9.3%。油料产量 3547 万吨，增产 1.1%。糖料产量 12529 万吨，减产 6.2%。茶叶产量 224 万吨，增产 6.9%。

全年肉类总产量 8625 万吨，比上年下降 1.0%。禽蛋产量 2999 万吨，增长 3.6%。牛奶产量 3755 万吨，增长 0.8%。年末生猪存栏 45113 万头，下降 3.2%；生猪出栏 70825 万头，下降 3.7%。

全年水产品产量6690万吨，比上年增长3.5%。

全年木材产量6832万立方米，比上年下降17.0%。

全年新增耕地灌溉面积158万公顷，新增节水灌溉面积254万公顷。

2. 工业和建筑业

全年全部工业增加值228974亿元，比上年增长5.9%。规模以上工业增加值增长6.1%，国有控股企业增长1.4%。

全年规模以上工业中，农副食品加工业增加值比上年增长5.5%，纺织业增长7.0%，化学原料和化学制品制造业增长9.5%，非金属矿物制品业增长6.5%，黑色金属冶炼和压延加工业增长5.4%，通用设备制造业增长2.9%，专用设备制造业增长3.4%，汽车制造业增长6.7%，电气机械和器材制造业增长7.3%，计算机、通信和其他电子设备制造业增长10.5%，电力、热力生产和供应业增长0.5%。六大高耗能行业增加值比上年增长6.3%，占规模以上工业增加值的比重为27.8%。高技术制造业增加值增长10.2%，占规模以上工业增加值的比重为11.8%。装备制造业增加值增长6.8%，占规模以上工业增加值的比重为31.8%。

年末全国发电装机容量150828万千瓦，比上年末增长10.5%。其中，火电装机容量99021万千瓦，增长7.8%；水电装机容量31937万千瓦，增长4.9%；核电装机容量2608万千瓦，增长29.9%；并网风电装机容量12934万千瓦，增长33.5%；并网太阳能发电装机容量4318万千瓦，增长73.7%。

全年规模以上工业企业实现利润63554亿元，比上年下降

2.3%。其中，国有控股企业实现利润10944亿元，比上年下降21.9%；集体企业508亿元，下降2.7%，股份制企业42981亿元，下降1.7%，外商及港澳台商投资企业15726亿元，下降1.5%；私营企业23222亿元，增长3.7%。

全年全社会建筑业增加值46456亿元，比上年增长6.8%。全国具有资质等级的总承包和专业承包建筑业企业实现利润6508亿元，增长1.6%，其中国有控股企业1676亿元，增长6.0%。

3. 交通和邮电业

全年货物运输总量417亿吨，比上年增长0.2%。货物运输周转量177401亿吨千米，下降1.9%。全年规模以上港口完成货物吞吐量114.3亿吨，比上年增长1.6%，其中外贸货物吞吐量35.9亿吨，增长1.1%。规模以上港口集装箱吞吐量20959万标准箱，增长4.1%。

全年旅客运输总量194亿人次，比上年下降4.4%。旅客运输周转量30047亿人千米，增长4.9%。

全年完成邮电业务总量28220亿元，比上年增长29.2%。互联网上网人数6.88亿人，增加3951万人，其中手机上网人数6.20亿人，增加6303万人。互联网普及率达到50.3%。软件和信息技术服务业完成软件业务收入43249亿元，比上年增长16.6%。

（三）物价水平

年末CPI同比上涨1.4%，涨幅比上年回落0.6个百分点，其中食品价格上涨2.3%，涨幅比上年回落0.8个百分点；非食品价格上涨 1.0%，涨幅比上年回落 0.4 个百分点。消费品价格上涨 1.2%，涨幅比上年回落 0.6 个百分点；服务价格同比上涨 2.0%，涨幅比上年回落 0.5 个百分点。

工业生产者出厂价格同比下降 5.2%，降幅比上年扩大 3.3 个百分点。工业生产者购进价格同比下降 6.1%，降幅比上年扩大 3.9 个百分点，农业生产资料价格同比上涨 0.4%，上年为下降 0.9%；农产品生产价格同比上涨 1.7%，上年为下降 0.2%。企业商品价格（CGPI）比上年下降 6.4%。

2015 年 GDP 平减指数（按当年价格计算的 GDP 与按固定价格计算的 GDP 的比率）同比下降 0.5%，上年为同比上涨 0.8%。

（四）就业形势

2015 年，城镇新增就业 1312 万人，城镇失业人员再就业 567 万人，就业困难人员就业 173 万人，年末城镇登记失业率 4.05%。中国人力资源市场信息监测中心对 97 个城市的公共就业服务机构市场供求信息进行的统计分析显示，四季度劳动力市场需求略大于供给，求人倍率为 1.10，比上季度上升了 0.01，比上年同期下降了 0.05。与上年同期和上季度相比，市场供求人数均呈下降态势。市场对具有技术等级和专业技术职称劳动者的需求均大于供给。与上年同期相比，对技师的用人需求略有增长，对其他各类技术等级和专业技术职称的用人需求有所减少。

（五）国际收支

2015 年，经常项目顺差 2932 亿美元，与同期 GDP 之比为

2.7%，继续处于国际公认的合理范围之内。资本和金融项目逆差1611亿美元，其中，资本账户顺差3亿美元，非储备性质的金融账户逆差5044亿美元，储备资产减少3429亿美元。截至2015年9月末，全口径外债余额为15298亿美元。从期限结构看，中长期外债余额为5063亿美元，占33%；短期外债余额为10235亿美元，占外债余额的67%。短期外债余额中，与贸易有关的信贷占比49%。

年末国家外汇储备33304亿美元，比上年末减少5127亿美元。全年人民币平均汇率为1美元兑6.2284元人民币，比上年贬值1.4%。

2015 · 基本改革思路

分类推进国有企业改革

国有企业是一类特殊的企业，在市场中具有特殊的功能。不仅和一般企业不同，即使是国有企业之间也有差别。国有企业有优点也有缺点，但是无论如何不可能改造成跟一般企业一样的企业，否则国有企业就没有存在的必要。准确界定不同国有企业的功能，是因企施策、有针对性地推进国有企业改革的基本前提，是新形势下深化国有企业改革的重要内容，对推动完善国有企业法人治理结构、优化国有资本布局、加强国有资产监管具有重要作用。

关于国有企业的性质和功能界定问题，学界早就有过讨论。

1999 年 9 月通过的中共十五届四中全会《决定》，在首次提出国有经济要“有进有退”的政策主张时，就曾经提出过国有企业的类型划分问题。《决定》在谈到“进”的领域时，明确指出了“三大行业”“两类企业”。三大行业是国家安全行业、自然垄断行业、提供公共产品的公益性事业。两类企业是高新技术产业中少数几家关键性的企业、支柱产业中的骨干企业。国有企业分类改革思路的提出，可以说是对国有经济要“有进有退”政策主张的认识深化。

与一般企业相比较，国有企业是一种特殊类型的企业，其特殊性主要表现在以下几个方面。

一、财产性质的特殊性

国有企业并不是一般民事主体自由契约的产物，而是由政府缔造的，是政府为了实现某些社会目标而成立的一种特殊的企业组织。国有企业的财产是全民的，行使财产所有权的是作为社会正式代表的国家及其政府机构；它的资本首先来源于财政收入而不是经营收入，而财政收入的绝大部分又来源于无偿征收的税赋。国有企业这种产权制度的优点是可以克服一般企业产权所有者的局限性，具有更大的承担风险能力，投资和决策的眼界更宽广。但也有它无法回避的缺点，就是权利义务关系特别是所有者、决策者、经营者、劳动者之间的责、权、利关系可能变得相当复杂和模糊，用一般的民事法律是难以规范的。

二、地位和作用的特殊性

在社会主义市场经济条件下，国有企业的特殊地位主要表现在如下几点：第一，是国民经济和国家安全的控制力量之一，是国家可以掌握的应付突发事件和重大经济风险的战略团队。第二，是国家战略性产业和高技术产业的主干力量。第三，是在民族产业中起决定性作用的关键少数。第四，是社会生产和生活基础设施的主要供应者。第五，是现实条件下非国有企业不宜进入的特殊产业的替代生产者。国有企业的特殊作用主要表现在以下三个方面：一是充当国家直接干预经济、弥补市场缺陷的一种特殊的宏观经济政策工具，以实现市场机制自身不能达到的，而且政府也难用其他间接干预手段来实现的某些社会政策目标。在这方面，国有企业主要负有以下职能：实施产业结构政策；贯彻产业组织政策；执行产业布局政策；落实就业政策。二是发展战略性民族产业。国有企业要成为战略性产业和高新技术产业的基干力量或者先行者，体现国家战略产业的核心技术水平和产业国际竞争力，成为民族产业的“拓荒者”，为国家形成具有国际竞争力的民族产业发挥基础性作用。三是作为公有制的实现形式之一，体现社会主义国家对国民经济的战略控制。

三、管理和经营的特殊性

由于国有企业特殊的产权制度和特殊的地位作用，它的管理方式和经营方式也无法比照一般企业来操作。它不能不依托行政层次和行政机构，并采取层层“委托—代理”的形式进行管理。由于作为投资者和企业主的国家机关具有一定的行政权力或超经济权利，即使实行“政企分开”，也只能在国有经济的框架内进行，只能是相对意义上的分开，不可能完全分开。企业经营的好坏主要取决于各级政府官员和接受委托的经营者对国家的负责精神，很难形成硬的财产约束，不可能产生以财产所有权为基础的足够的内在动力和约束，也不可能像非国有企业一样完全遵守市场经济的规则。

四、行为目标的特殊性

由于国家建立国有企业是为了实现一定的社会政策目标，因而国有企业的行为目标具有营利最大化的商事目标与承担社会责任的非商事目标的双重性，并且当二者产生冲突时，非商事目标将处于优先地位。正因为如此，国有企业往往表现为缺乏市场竞争力。

由于上述原因，如果国有企业和非国有企业同样进入营利性、竞争性的产业领域，国有企业必定难以把效率和效益目标摆在第一位，同时还存在着资源滥用和浪费的可能性，存在着市场的行政性条块分割、保护落后企业、低水平重复建设的可能性，政企难以彻底分开，政企职能错位和颠倒以及企业额外负担等都难以避免。

在传统体制下，国有经济是计划经济的物质基础，计划经济是国有经济的体制保证，计划经济通过国有经济控制了整个社会的经济活动，国有经济通过计划经济获得了对社会经济的垄断地位。这种高度集权化的控制和垄断，优点在于有效动员和集中了一个落后大国的有限资源和积累，大规模地快速地启动了国家的工业化进程。但随着经济发展和工业化进程的推进，国有经济过于依赖国家给予的超经济强制性保护体制和垄断地位，内在发展动力和外在竞争力不足的弊端日益显现出来。随着市场取向改革的深化，国有经济已不再是承担国家工业化任务的唯一经济成分，国有经济的地位、作用方式及作用领域等不发生根本性转变，将无法适应市场经济运行和发展的要求，也无法合理地、有效地在市场经济中发挥其影响力、控制力，无法形成有效的竞争力，无法在市场经济中获得有效的生存和发展空间。因此，国有经济必须从根本上调整自己的存在方式和运行方式，在市场经济条件下给自己重新定位。既不能继续像计划经济体制下那样包揽一切，占领一切，无所不为；也不能放弃对国民经济运行和社会发展必要的影响力、控制力，失去在市场中的应有地位，完全无所作为。而应该适应市场经济的要求，有所为有所不为。

正是基于以上认识，2013 年中共十八届三中全会通过的《中共中央关于全面深化改革若干重大问题的决定》明确指出："国有企业属于全民所有，是推进国家现代化、保障人民共同利益的重要力量。"要"准确界定不同国有企业功能。国有资本加大对公益性企业的投入，在提供公共服务方面作出更大贡献。国有资本继续控股经营的自然垄断行业，实行以政企分开、政资分开、特许经营、政府监管为主要内容的改革，根据不同行业特点实行网运分开、放开竞争性业务，推进公共资源配置市场化"。

准确界定不同国有企业的功能，是新阶段国有企业改革的一个亮点，也是一个起点，对深化国有企业改革、加快国有企业发展、调整国有经济布局结构、加强国有资产监管具有十分重要的意义。

进一步强调发展混合所有制经济

发展混合所有制经济是多年来一直坚持的方针，但是，对于已经实行混合所有制的上市公司及没有上市的股份公司来说，都普遍存在“一股独大”、治理结构行政化、独立董事“不独立”、企业市场主体地位不明确等方面的问题，为此，中共十八届三中全会进一步强调了发展混合所有制经济，并将其作为“基本经济制度的重要实现形式”提到前所未有的高度。

混合所有制的概念，最早出现在 1993 年。中共十四届三中全会《决定》提出：“随着产权的流动和重组，财产混合所有的经济单位越来越多，将会形成新的财产所有结构。”这是中共官方文件首次对混合所有制的表述。围绕建立社会主义市场经济体制的改革目标，大力发展混合所有制经济成为多年来一直坚持的方针。

1997 年，中共十五大报告提出：“公有制实现形式可以而且应当多样化。”“要努力寻找能够极大促进生产力发展的公有制实现形式。股份制是现代企业的一种资本组织形式，有利于所有权和经营权的分离，有利于提高企业和资本的运作效率，资本主义可以用，社会主义也可以用。”

1999 年，中共十五届四中全会《决定》指出：“国有大中型企业尤其是优势企业，宜于实行股份制的，要通过规范上市、中外合资和企业相互参股等形式，改为股份制企业，发展混合所有制经济。”

2002 年，中共十六大报告提出：“除极少数必须由国家独资经营的企业外，积极推行股份制，发展混合所有制经济。”

2003 年，中共十六届三中全会提出：“要适应经济市场化不断发展的趋势，进一步增强公有制经济的活力，大力发展国有资本、集体资本和非公有资本等参股的混合所有制经济，实现投资主体多元化，使股份制成为公有制的主要实现形式。”

2007 年，中共十七大报告再次强调：“以现代产权制度为基础，发展混合所有制经济。”在上述思想和政策的指导下，国有企业加快了产权多元化、发展混合所有制经济的步伐，以股份制为主要形式的混合所有制经济迅速发展起来。

经过多年的混合所有制改革实践，国有企业的改制面虽然已经达到 90% 以上，中央企业的改制面也将近 75%。很多国有控股企业通过上市或股权多元化，引进外资、民资或其他国有股份，事实上已经形成了混合所有制结构。从总体上看，国有企业资产和营业收入的 70% 以上已在国有控股公司，即都在国有控股的混合所有制经济之中。从混合所有制所处行业来看，国有控股上市公司分布于包括军工行业在内的十分广阔的领域。

但是，对于已经实行混合所有制的上市公司及没有上市的股份公司来说，都普遍存在以下几个方面的问题：

一是从股权结构上看，一股独大，一股超大。大多数国有控股的上市公司，国有大股东持股比例在 50% 以上，有的达到 75% 以上，有的甚至达到 80% 以上。如中石油股份公司、宝钢股份公司、中石化股份公司、工商银行股份公司等。而且，大股东一般不能减持，即使减持，也要层层审批，其结果往往错失良机。相反，市场剧烈波动，价格严重下跌时，大股东在履行审批程序后还要增持股份。如汇金公司对所持工商银行、建设银行、农业银行、中国银行等上市银行股的不断增持，就是一个典型的例子。面对如此强大的一股独大、一股超大的大股东强势地位，小股东、小散户，甚至中、大规模的基金公司，就只能算是一个被动的财务投资者。他们不可能对公司重大决策发挥什么大的影响力，他们的投资也只能是短期的，主要短线炒作公司股票，并不关心公司的长远发展。

二是从公司治理结构来看，董事会和经理层基本处于行政机制选择状态。无论是商业类还是公益类国有企业董事会和经理层的选聘、任命以及薪酬水平都由上级决定，而不由市场决定。独立董事也都由大股东或实际控制人提名，独立董事并不“独立”。小股东的利益或关切常常得不到足够重视和应有保护。

三是从管理和运作来看，由于前述两个原因，使得混合所有制平台的经营效率和效果达不到预期或应有的目标。由于这些混合所有制的上市公司并非一个独立市场主体，其实一半是“市场主体”，一半是政府工具，经营目标多元，管理成本高企，工作效率较低，净生产收益率、总生产报酬率等财务绩效指标要低于民营企业和外资企业。只是在经济周期的繁荣阶段，由于市场旺盛，投资活跃，国企上市公司经营情况尚可，但在经济减速萧条时，情况就不容乐观。

为此，中共十八届三中全会，进一步强调了发展混合所有制经济，并将其作为“基本经济制度的重要实现形式”提到前所未有的高度。

坚持和完善基本经济制度。这是深化国有企业改革必须把握的根本要求。推进国有企业混合所有制改革，既“有利于国有资本放大功能、保值增值、提高竞争力”，也“有利于各种所有制资本取长补短、相互促进、共同发展”。从国有经济角度看，通过吸纳、借鉴其他资本灵活高效的机制，促进国有企业转换经营机制；通过控股、参股等手段，使国有资本与非国有资本在同一企业法人实体中实现共同的战略功能，放大国有资本功能；通过吸收非国有资本参与经营，有利于更灵活有效地配置国有资本，提高国有资本配置和运行效率。对于适宜继续推进混合所有制改革的国有企业，要充分发挥市场机制作用，坚持因地施策、因业施策、因企施策，宜独则独、宜控则控、宜参则参，不搞拉郎配，不搞全覆盖，不设时间表，成熟一个推进一个。鼓励国有资本以多种方式入股非国有企业。充分发挥国有资本投资、运营公司的资本运作平台作用，通过市场化方式，以公共服务、高新技术、生态环保、战略性产业为重点领域，对发展潜力大、成长性强的非国有企业进行股权投资。鼓励国有企业通过投资入股、联合投资、重组等多种方式，与非国有企业进行股权融合、战略合作、资源整合。从其他所有制经济角度看，其他资本也可以吸纳和借鉴国有资本的优势和长处，实现各种所有制经济取长补短、相互促进、共同发展。

大力发展混合所有制经济，是我国发展社会主义市场经济中所特有的。西方市场经济国家，有很多合伙制企业和股份制企业，但一般都是建立在私有制基础上的私人合伙和私人入股而不是不同所有制资本的结合。我国出现和发展混合所有制经济，主要源于国有企业改革，源于寻找国有制同市场经济相结合的形式和途径，源于现阶段实行的适合中国国情的以公有制为主体、多种所有制经济共同发展的基本经济制度。国有企业改革的方向是建立现代企业制度，即现代公司制，而规范的现代公司制是股权多元化的，除了原有的国有资本外，还要吸收其他非国有资本作为战略投资者，公司公开上市还会有大量的民营企业和股民持有公司股票。我国经济改革的实践证明，国有企业进行公司制股份制改革，可以实现国有制同市场经济的有机结合，使国有制找到了能有效促进生产力发展的实现形式。我国经济改革的实践还表明，在对原有公有制特别是国有制进行改革的同时，允许体制外非公有制经济发展，是一项非常成功的增量改革。在经济改革的强力推动下，我国经济迅速起飞，经济增速 30 多年平均达到近两位数，在此基础上，不仅国有资本成倍大幅度增长，各种民间资本和居民储蓄存款也大量增加。现在，私营企业上千万户，注册资金 30 多万亿元；据国家统计局数据，2012 年民间固定资产投资占全社会固定资产投资（37. 5 万亿元）的比例达到 61. 3%；1978 年，我国居民储蓄余额只有 210. 6 亿元，而到 2013 年 8 月，居民储蓄余额已达 43 万亿元，其中定期存款额超过 27 万亿元。大量民间资本要求拓宽投资渠道，从而为发展混合所有制经济创造了现实条件。

怎样理解混合所有制经济和怎样搞好混合所有制经济，有的学者提出，混合所有制经济有宏观微观之别。从宏观经济来看，混合所有制经济是指一个国家或地区经济结构的非单一性，既有国有、集体等公有制经济，也有个体、私营、外资等非公有制经济。我国实行多种所有制经济共同发展，公有制经济与非公有制经济并存，就是宏观经济领域的混合所有制经济。从微观经济来看，混合所有制经济是指不同所有制性质的投资主体共同出资组建的经济实体，在这类经济实体中，国有资本、集体资本、非公有资本实现了交叉持股、相互融合。

应当注意到，中共十八届三中全会提出的积极发展混合所有制经济，同以往中央文件中所讲的发展混合所有制经济，在提法上是有区别的。以往的提法是使股份制包括公私资本参股的混合所有制经济，“成为公有制的实现形式”或“主要实现形式”；而中共十八届三中全会《决定》中的提法是：“混合所有制经济，是基本经济制度的重要实现形式。”基本经济制度，既包括作为主体的公有制经济，也包括非公有制经济。就是说，混合所有制经济不只是公有制的实现形式或主要实现形式，也是非公有制经济的重要实现形式。这有利于公私经济共同发展。中共十八届三中全会《决定》指出“搞混合所有制改革，有利于国有资本放大功能、保值增值、提高竞争力”。同时，“有利于各种所有制资本取长补短、相互促进、共同发展”。因此，搞混合所有制经济，不仅是为了更好地发展国有经济，放大其功能，使其更有活力、控制力和竞争力，同时也是为了“激发非公有制经济的活力和创造力”，更好地发展非公有制经济。

2015 · 年度改革实践

深化国企改革的顶层设计方案

新一轮深化国有企业改革的一个显著特点，是顶层设计周密全面。改变以往的“摸着石头过河”或“撞击反射”式改革，更加注重顶层设计和整体推进，改革的系统性、整体性、协同性明显增强。中共十八届三中全会《决定》发表后，2015年8月24日，中共中央、国务院下发了《关于深化国有企业改革的指导意见》（中发〔2015〕22号），截至2017年7月末，中共中央办公厅、国务院以及国务院相关部委已相应制定了贯彻落实中发〔2015〕22号文件的22个专项改革意见或方案（简称国企改革“1 + N”文件体系）。与国企改革“1 + N”文件体系相配套，五年来中央各部门出台了102个政策文件，各地结合实际出台落地文件达到926个，共同构成了国企改革设计图和施工图，确保了国企改革改有方向、改有目标、改有遵循。这在改革开放以来尚属首次。

国资改革顶层设计方案由国企改革领导小组负责总揽，具体起草分归国资委、发改委、财政部和人社部等部门，形成“1 + N”顶层设计方案。

顶层设计方案中的“1”为《关于深化国有企业改革的指导意见》；“N”为34个文件。这些文件分为三类（已经出台的22个文件如下）：

一是带有“四梁八柱”性质、支撑国企改革总体框架的重要政策，分别是：

1. 在深化国有企业改革中坚持党的领导加强党的建设的意见；

2. 国有企业功能界定分类的意见；

3. 改革和完善国有资产管理体制的意见；

4. 加强监督防止国有资产流失的意见；

5. 发展混合所有制经济的意见。

二是针对重点问题、力求攻坚克难的专项文件，分别是：

1. 中央管理企业负责人薪酬制度改革的意见；

2. 规范重要企业负责人履职待遇和业务支撑的意见；

3. 落实中央企业董事会职权试点工作的意见；

4. 剥离办社会职能和解决历史遗留问题的工作方案；

5. 国务院国资委以管资本为主推进职能转变方案；

6. 完善法人治理结构的意见；

7. 建立国有企业违规经营投资决策责任追究制度的意见；

8. 推进中央企业结构调整与重组的意见；

9. 企业国有资产交易监督管理的意见；

10. 完善中央企业功能分类考核的实施方案；

11. 国有控股混合所有制企业开展员工持股试点的指导意见；

12. 支持国有企业改革政策建议梳理；

13. 国有企业投资项目引入非国有企业的意见；

14. 中央企业公司制改制工作实施方案。

三是带有工作推动性质、指导部署落实的工作计划和方案，分别是：

1. 贯彻落实《指导意见》重点任务分工方案；

2. 改革举措工作计划；

3. 国有企业改革试点分工方案。

完成国企改革的顶层设计，至少要考虑八个方面的问题。

一、尽快出台分类改革的实施意见。国企改革必须从分类开始才能有效地推动分类管理和改革。国资监管改革中最大的问题，是以行业还是以功能分类。把国有资产分为经营性资产、资源保障资产和公益性资产，是一种科学性划分，难点是资源保障资产的细分问题。最终形成了商业一类、商业二类和公益类国有企业的分类。

二、投资经营公司决定体制框架。投资经营公司到底是什么要讲清楚，国资委的定位、投资经营公司的定位涉及跟一级大型国有企业的关系，如果没有这个定位，这些改革是不清晰的。

三、继续利用好境内外股票市场、产权市场和债券市场，盘活存量、用好增量，更多地引进民间资本和外资参与企业改制重组。把标准设定清楚，以利于遵守。

四、薪酬改革方案及细则制定。干部体制改革和薪酬体制改革，解决激励机制。

五、公司治理结构问题，涉及继续深化建设规范董事会试点工作，进一步规范董事会运作，加强董事队伍建设，优化董事结构，完善外部董事的选聘、评价机制，完善董事会和外派监事会的工作机制。

六、职工持股问题。也包括建立健全适应现代企业制度要求的企业经营管理者选聘、考核、奖惩和退出机制。继续深化人事、用工、分配三项制度改革。

七、改革标准问题。规范推进混合所有制经济的改革方案，该方案已经讨论通过，即将出台。

八、监管与反暴利问题。包括国资流失的法律责任、对“一把手”的党建纪检工作、纪检派驻问题。

这八项内容是相互贯通、相互联系的整体，实际是要解决八个分开的矛盾。也就是功能分开、所有权与经营权分开、政企分开、劳资分开、内外分开、企业社会分开与条块分开。要有一个思路非常清晰的顶层设计，才能把这八个方面的问题解决好。国企改革的顶层设计必须有总体方案，主次分明，列出菜单。

国企改革方案是一个体系，由顶层牵头设计、部委分工协作、省市呼应的局面已经形成，说明中国国企改革已经步入主次分明、上下结合、全面深化新阶段。改革的难度和复杂性全面展开，国有企业改革发展的蓝图和实现路径也逐渐清晰。

国有企业功能界定与分类改革

在以往的实践中，我国对国有企业的分类是以企业规模、所有制类型、股权比例、管理权限等为依据的。中共十八届三中全会《决定》，第一次提出国有企业功能界定的概念，并对不同类型国有企业的改革发展提出了差异化要求，由此带来国有企业改革思路的重大改变。

为贯彻中共十八届三中全会《决定》，2015 年 12 月 30 日，国务院国资委、财政部和国家发展改革委联合发文《关于国有企业功能界定与分类的指导意见》，首次对国有企业界定不同功能，以便因企施策，有针对性地推进国有企业改革。

一、明确行为目标

根据主营业务和核心业务范围，将国有企业界定为商业类和公益类。

商业类国有企业以增强国有经济活力、放大国有资本功能、实现国有资产保值增值为主要目标。其中，主业处于关系国家安全、国民经济命脉的重要行业和关键领域、主要承担重大专项任务的商业类国有企业，要以保障国家安全和国民经济运行为目标。

公益类国有企业以保障民生、服务社会、提供公共产品和服务为主要目标。

二、分类推进改革

商业类国有企业要按照市场决定资源配置的要求，加大公司制股份制改革力度，加快完善现代企业制度，成为充满生机活力的市场主体。其中，主业处于充分竞争行业和领域的商业类国有企业（简称“商业一类”），原则上都要实行公司制股份制改革，积极引入其他国有资本或各类非国有资本实现股权多元化，国有资本可以绝对控股、相对控股，也可以参股，并着力推进整体上市。

主业处于关系国家安全、国民经济命脉的重要行业和关键领域、主要承担重大专项任务的商业类国有企业（简称“商业二类”），要保持国有资本控股地位，支持非国有资本参股。对自然垄断行业，实行以政企分开、政资分开、特许经营、政府监管为主要内容的改革，根据不同行业特点实行网运分开、放开竞争性业务，促进公共资源配置市场化；对需要实行国有全资的企业，也要积极引入其他国有资本实行股权多元化；对特殊业务和竞争性业务实行业务板块有效分离，独立运作、独立核算。

公益类国有企业可以采取国有独资形式，具备条件的也可以推行投资主体多元化，还可以通过购买服务、特许经营、委托代理等方式，鼓励非国有企业参与经营。

三、分类促进发展

商业类国有企业要优化资源配置，加大重组整合力度和研发投入，加快科技和管理创新步伐，持续推动转型升级，培育一批具有创新能力和国际竞争力的国有骨干企业。其中，对主业处于充分竞争行业和领域的商业类国有企业，要支持和鼓励发展有竞争优势的产业，优化国有资本投向，推动国有产权流转，及时处置低效、无效及不良资产，提高市场竞争能力。

对主业处于关系国家安全、国民经济命脉的重要行业和关键领域、主要承担重大专项任务的商业类国有企业，要合理确定主业范围，根据不同行业特点，加大国有资本投入，在服务国家宏观调控、保障国家安全和国民经济运行、完成特殊任务等方面发挥更大作用。

公益类国有企业要根据承担的任务和社会发展要求，加大国有资本投入，提高公共服务的质量和效率。严格限定主业范围，加强主业管理，重点在提供公共产品和服务方面作出更大贡献。

四、分类实施监管

对商业类国有企业要坚持以管资本为主加强国有资产监管，重点管好国有资本布局、提高国有资本回报、规范国有资本运作、维护国有资本安全。建立健全监督体制机制，依法依规实施信息公开，严格责任追究，在改革发展中防止国有资产流失。其中，对商业一类，重点加强对集团公司层面的监管，落实和维护董事会依法行使重大决策、选人用人、薪酬分配等权利，保障经理层经营自主权，积极推行职业经理人制度。

对商业二类，重点加强对国有资本布局的监管，引导企业突出主业，更好地服务国家重大战略和宏观调控政策。

对公益类国有企业，要把提供公共产品、公共服务的质量和效率作为重要监管内容，加大信息公开力度，接受社会监督。

五、分类定责考核

对商业类国有企业，要根据企业功能定位、发展目标和责任使命，兼顾行业特点和企业经营性质，明确不同企业的经济效益和社会效益指标要求，制定差异化考核标准，建立年度考核和任期考核相结合、结果考核与过程评价相统一、考核结果与奖惩措施相挂钩的考核制度。其中，对商业一类，重点考核经营业绩指标、国有资产保值增值和市场竞争能力。

对商业二类，要合理确定经营业绩和国有资产保值增值指标的考核权重，加强对服务国家战略、保障国家安全和国民经济运行、发展前瞻性战略性产业以及完成特殊任务情况的考核。

对公益类国有企业，重点考核成本控制、产品质量、服务水平、营运效率和保障能力，根据企业不同特点有区别地考核经营业绩和国有资产保值增值情况，考核中要引入社会评价。

中共十八届三中全会《决定》下发后，各地国资委普遍开展了企业功能界定工作，截至2016年，全国已有17个省、直辖市和3个计划单列市明确了监管企业的分类标准，许多已落实到企业。广东、重庆、上海等地在改革、考核、分配、人员管理等方面，进行了分类管理的有益探索。

吉林、广东等地在改革方案和改革实施意见中都对分类改革进行阐释；湖北、云南、内蒙古、重庆、山东、四川、河南、浙江、上海、黑龙江、陕西等有针对性地出台分类改革意见。

六、七个领域的国企混改向非国有资本开放

在对国有企业实行分类改革、分类发展、分类监管、分类定责、分类考核的基础上，混合所有制改革将成为国企改革的“主战场”，股权多元化将率先从处于竞争性领域的国企展开，绝大部分国有企业实现股权多元化。《中共中央国务院关于深化国有企业改革的指导意见》（简称《指导意见》）指出，“在石油、天然气、电力、铁路、电信、资源开发、公用事业等领域，向非国有资本推出符合产业政策、有利于转型升级的项目”。

2015年9月23日，国务院印发《关于国有企业发展混合所有制经济的意见》（国发〔2015〕54号），对商业一类和公益类国有企业混合所有制改革提出意见。

引入非国有资本参与国有企业改革的主要方式如下：

从股权变动的角度看，鼓励非国有资本投资主体通过出资

入股、收购股权、认购可转债、股权置换等多种方式，参与国有企业改制重组或国有控股上市公司增资扩股以及企业经营管理。由于出资入股、收购股权、认购可转债、股权置换等是股权变动的多种方式，不同方式对企业法人资本金、股权结构、资本结构、现金流等会产生不同的影响。实际操作时可以探索更多灵活的方式，也可以是若干方式的组合。非国有投资主体通过多种方式参与国有企业改制重组，或国有控股公司增资扩股以及企业经营管理，可将外部灵活经营管理机制引入国有企业，推动国有企业转换经营机制。增资扩股有利于增加企业实力和现金流，有利于通过改革推动企业发展。

从合作方式上看，开展多类型政府和社会资本合作（PPP）试点，逐步推广政府和社会资本合作模式。通过投资补助、基金注资、担保补贴、贷款贴息等，政府投资优先支持引入社会资本的项目。以项目运营绩效评价结果为依据，适时对价格和补贴进行调整。组合引入保险资金、社保基金等长期投资者参与国家重点工程投资。鼓励社会资本投资或参股基础设施、公用事业、公共服务等领域项目，使投资者在平等竞争中获取合理收益。

另外，国有资本不再要求“一股独大”，可以根据需要实施绝对控股、相对控股、参股，并将着力推进整体上市，同时允许将部分国有资本转化为优先股，在少数特定领域探索建立国家特殊管理股制度。同时，充分发挥国有资本投资公司、国有资本运营公司的资本运作平台作用，通过市场化方式，以公共服务、高新技术、生态环保、战略性产业为重点领域，对发展潜力大、成长性强的非国有企业进行股权投资。鼓励国有企业通过投资入股、联合投资、重组等多种方式，与非国有企业进行股权融合、战略合作、资源整合。

除了重要企业以外，作为国企改革的另一个方面军，地方政府也积极布局混改。自2014年上海首先出台“国企国资改革二十条”纲领性文件后，多地随后纷纷出台相关文件。截至目前，已有四川、黑龙江、天津、山东、江西、河南、北京、江苏、广东等超过25个省市国资委出台地方国企改革相关文件。

截至2016年底，中央企业集团及下属企业中混合所有制企业占比已达到68.9%；省级国资委所出资企业及各级子企业中混合所有制企业占比已达到47%。实施混合所有制改革的企业层级，正从三级以下子企业逐步向重要的二级子企业和集团层面提升。

中央企业负责人薪酬制度改革

据2016年12月10日北京师范大学公司治理与企业发展研究中心发布的《中国公司治理分类指数报告No.15（2016）》显示，2012年至2015年，不考虑通胀因素，国有控股上市公司高管薪酬均值从2012年的68.61万元增至142.69万元，年均增长27.64%；非国有控股上市公司高管薪酬均值从2012年的60.01万元增至485.15万元，年均增长100.70%，中国上市公司高管薪酬绝对值年均增长77.06%。这说明我国高管薪酬水平普遍较高，增加速度也较快，这在一定程度上加剧了企业内部的代理冲突，影响了企业绩效。该报告对于高管薪酬水平进行评估核算后指出，2012 年的高管薪酬指数均值为 130. 49，而到 2015 年则增长为 312. 74。这里面包括三种情形，第一种是高管的薪酬变化不大，但企业业绩却在下降；第二种是高管薪酬和企业业绩都增长，但前者增长更快；第三种是高管薪酬下降，而企业业绩下降更大。从 2015 年实际经济形势看，第一种情况和第二种情况更多一些。这说明，现阶段我国企业高管薪酬的增长速度普遍快于企业业绩的增长速度，高管薪酬激励水平对于企业业绩的促进作用在减弱。

2015 年 1 月 1 日，中央政府发布的《中央管理企业负责人薪酬制度改革方案》正式实施，这对国有企业，尤其是中央企业负责人及高层管理人员的薪酬和福利进行了一定程度的限定。按照这个薪酬改革方案，将过去的基本年薪与绩效年薪两个部分改设为基本年薪、绩效年薪和任期激励收入三个部分。与此同时，对于任期激励收入的设置，将会根据任期考核评价结果的不同等次给予确定，且规定其不能超过任期内年薪总水平的 30%。此外，在新规中还规定了年度或任期考核评价不合格的，不得领取绩效年薪和任期激励收入。

中央企业负责人薪酬制度改革是中央企业建立现代企业制度、深化收入分配体制改革的重要组成部分，目的在于促进企业持续健康发展和形成合理有序收入分配格局。

深化中央管理企业负责人薪酬制度改革，要从我国社会主义初级阶段基本国情出发，适应国有资产管理体制和国有企业改革进程，逐步规范企业收入分配秩序，实现薪酬水平适当、结构合理、管理规范、监督有效，对不合理的偏高、过高收入进行调整。推进这项改革要坚持国有企业完善现代企业制度的方向，健全中央管理企业负责人薪酬分配的激励和约束机制，强化中央管理企业负责人的责任，增强企业发展活力；坚持分类分级管理，建立与中央企业负责人选任方式相匹配、与企业功能性质相适应的差异化薪酬分配办法，严格规范中央管理企业负责人薪酬分配；坚持统筹兼顾，形成中央管理企业负责人与企业职工之间的合理工资收入分配关系，合理调节不同行业企业负责人之间的薪酬差距，促进社会公平正义；坚持政府监管和企业自律相结合，完善中央企业薪酬监管体制机制，规范收入分配秩序。

国有企业负责人薪酬制度改革具有系统性。其他中央企业负责人、中央各部门所属企业和地方国有企业负责人薪酬制度改革，也要参照《中央管理企业负责人薪酬制度改革方案》精神积极稳妥推进。有关部门要加强统筹协调和指导监督，推动改革顺利实施。

结合《中央管理企业负责人薪酬制度改革方案》，同时制定了《关于合理确定并严格规范中央企业负责人履职待遇、业务支出的意见》，对中央企业负责人履职工作保障和必要业务支出进行系统规范的总体要求，将进一步推进中央企业负责人履职待遇和业务支出制度体系建设和严格规范管理。要按照依法依规、廉洁节俭、规范透明的原则，对中央企业负责人公务用车、办公用房、培训、业务招待、国内差旅、因公临时出国（境）、通信等设置上限标准，明确禁止性规定，进行严格规范。要严肃财经纪律，严禁公款用于个人支出。严禁企业按照职务为企业负责人个人设置定额的消费。取缔企业用公款为负责人办理的理疗保健、运动健身和会所、俱乐部会员、高尔夫等各种消费卡。严禁用公款支付企业负责人履行工作职责以外的、应当由个人承担的消费娱乐活动、宴请、礼品及培训等各种费用，坚决制止与企业经营管理无关的各种消费行为。

《中央管理企业负责人薪酬制度改革方案》实施后，将会直接影响着高管的工作积极性，对于国有企业高管薪酬激励水平产生重要作用。该方案通过对高管薪酬与福利做出一定程度的限定，一方面，对高管的薪酬激励水平进行一定程度上的控制；另一方面，也对一段时间以来国内高管薪酬水平普遍偏高的现象做出相应地调整，缩小了企业高管与普通员工之间的薪酬差距，有利于降低普通员工的心理不公平，有利于提高普通员工的工作积极性。

全面实施制造强国战略

2015 年 5 月 8 日，国务院印发《中国制造 2025》，部署全面推进实施制造强国战略。这是我国实施制造强国战略以来的第一个十年的行动纲领。

制造业是国民经济的主体，是科技创新的主战场，是立国之本、兴国之器、强国之基。当前，全球制造业发展格局和我国经济发展环境发生重大变化，必须紧紧抓住当前难得的战略机遇，突出创新驱动，优化政策环境，发挥制度优势，实现中国制造向中国创造转变，中国速度向中国质量转变，中国产品向中国品牌转变。

《中国制造2025》提出，坚持“创新驱动、质量为先、绿色发展、结构优化、人才为本”的基本方针，坚持“市场主导、政府引导，立足当前、着眼长远，整体推进、重点突破，自主发展、开放合作”的基本原则，通过“三步走”实现制造强国的战略目标：第一步，到2025年迈入制造强国行列；第二步，到2035年我国制造业整体达到世界制造强国阵营中等水平；第三步，到中华人民共和国成立一百年时，我国制造业大国地位更加巩固，综合实力进入世界制造强国前列。

围绕实现制造强国的战略目标，《中国制造2025》明确了9项战略任务和重点：一是提高国家制造业创新能力；二是推进信息化与工业化深度融合；三是强化工业基础能力；四是加强质量品牌建设；五是全面推行绿色制造；六是大力推动重点领域突破发展，聚焦新一代信息技术产业、高档数控机床和机器人、航空航天装备、海洋工程装备及高技术船舶、先进轨道交通装备、节能与新能源汽车、电力装备、农机装备、新材料、生物医药及高性能医疗器械等十大重点领域；七是深入推进制造业结构调整；八是积极发展服务型制造业和生产性服务业；九是提高制造业国际化发展水平。

《中国制造2025》明确要求，通过政府引导、整合资源，实施国家制造业创新中心建设、智能制造、工业强基、绿色制造、高端装备创新等五项重大工程，实现长期制约制造业发展的关键共性技术突破，提升我国制造业的整体竞争力。

为确保完成目标任务，《中国制造2025》提出了深化体制机制改革、营造公平竞争市场环境、完善金融扶持政策、加大财税政策支持力度、健全多层次人才培养体系、完善中小微企业政策、进一步扩大制造业对外开放、健全组织实施机制等 8 个方面的战略支撑和保障。要求各地区、各部门要充分认识建设制造强国的重要意义，加强组织领导，健全工作机制，研究制定实施方案，细化政策措施，确保各项任务落实到位。

加强和改进党对国有企业的领导

2015 年，中共中央国务院印发《关于深化国有企业改革的指导意见》（以下简称《指导意见》）和《关于在深化国有企业改革中坚持党的领导加强党的建设的若干意见》（以下简称《若干意见》），对新时期加强国有企业党的建设提出明确意见。强调坚持党对国有企业的领导是重大政治原则，必须毫不动摇；坚持党的领导，是中国特色社会主义最本质的特征，是国有企业改革始终沿着正确方向推进并取得重大成就的根本保证。

一、将党建工作总体要求纳入国有企业章程

要把加强党的领导和完善公司治理统一起来，将党建工作总体要求纳入国有企业章程，明确国有企业党组织在公司法人治理结构中的法定地位，创新国有企业党组织发挥政治核心作用的途径和方式。

在国有企业改革中坚持党的建设同步谋划、党的组织及工作机构同步设置、党组织负责人及党务工作人员同步配备、党的工作同步开展，保证党组织工作机构健全、党务工作者队伍稳定、党组织和党员作用得到有效发挥。

坚持和完善双向进入、交叉任职的领导体制，符合条件的党组织领导班子成员可以通过法定程序进入董事会、监事会、经理层，董事会、监事会、经理层成员中符合条件的党员可以依照有关规定和程序进入党组织领导班子；经理层成员与党组织领导班子成员适度交叉任职；董事长、总经理原则上分设，党组织书记、董事长一般由一人担任。

截至2016年三季度，中央企业的集团层面已完成33户企业的章程修改，将党建工作总体要求纳入章程；各省级国资委监管的企业也有645户已经完成章程修改，占总数的65%。2017年，国务院国资委确定为“央企党建工作落实年”，认真贯彻落实中共中央印发的《中央企业党建工作责任制实施办法》，至2017年末，98家中央企业集团层面全部完成企业章程修订工作，将党建工作总体要求纳入国有企业章程，全部实现党委（党组）书记、董事长“一肩挑”。

二、国有企业党组织要切实承担好、落实好从严管党治党责任

要坚持从严治党、思想建党、制度治党，增强管党治党意识，建立健全党建工作责任制，聚精会神抓好党建工作，做到守土有责、守土负责、守土尽责。党组织书记要切实履行党建工作第一责任人职责，党组织班子其他成员要切实履行“一岗双责”，结合业务分工抓好党建工作。中央企业党组织书记同时担任企业其他主要领导职务的，应当设立1名专职抓企业党建工作的副书记。加强国有企业基层党组织建设和党员队伍建设，强化国有企业基层党建工作的基础保障，充分发挥基层党组织战斗堡垒作用、共产党员先锋模范作用。加强企业党组织对群

众工作的领导，发挥好工会、共青团等群团组织的作用，深入细致做好职工群众的思想政治工作。把建立党的组织、开展党的工作，作为国有企业推进混合所有制改革的必要前提，根据不同类型混合所有制企业特点，科学确定党组织的设置方式、职责定位、管理模式。

2017 年，国务院国资委党委确定为中央企业党建工作落实年，要求央企党委（党组）书记要把管党治党作为第一责任，全面负责企业党的建设，抓好党建责任落实检查考核、责任追究，带头建立党的建设工作联系点。推动党建工作由“软”任务变成“硬”指标，要求各中央企业在党建工作中始终坚持“四同步”“四对接”，使“应建未建”“应配未配”“应换未换”等问题得到切实解决。

三、健全完善与公司法人治理结构相适应的党建工作体制机制

要把党建工作总体要求纳入国有企业章程，明确党组织的职责权限，保证党组织在公司治理结构中的工作空间和话语权。积极探索现代企业制度下实行民主集中制的有效途径，坚持把党组织的工作制度同公司法人治理结构的工作规则相结合，健全党组织发挥政治核心作用的领导体制和工作机制，解决党组织参与重大问题决策、落实党管干部原则两个关键问题。企业重大决策必须先由党委（党组）研究提出意见建议，涉及国家宏观调控、国家战略、国家安全等重大经营管理事项，必须经党委（党组）研究讨论后，再由董事会、经理班子作出决定。坚持和完善双向进入、交叉任职的领导体制，坚持把党管干部

原则与董事会依法产生、董事会依法选择经营管理者以及经营管理者依法行使用人权相结合，不断创新有效实现形式，保证和落实国有企业党组织在企业选人用人中的主导作用。

四、加强国有企业领导班子建设和人才队伍建设

要根据企业改革发展需要，明确选人用人标准和程序，创新选人用人方式。强化党组织在企业领导人员选拔任用、培养教育、管理监督中的责任，支持董事会依法选择经营管理者、经营管理者依法行使用人权，坚决防止和整治选人用人中的不正之风。加强对国有企业领导人员尤其是主要领导人员的日常监督管理和综合考核评价，及时调整不胜任、不称职的领导人员，切实解决企业领导人员能上不能下的问题。以强化忠诚意识、拓展世界眼光、提高战略思维、增强创新精神、锻造优秀品行为重点，加强企业家队伍建设，充分发挥企业家作用。大力实施人才强企战略，加快建立健全国有企业集聚人才的体制机制。

五、切实落实国有企业反腐倡廉“两个责任”

国有企业党委（党组）要履行好党风廉政建设主体责任，纪委（纪检组）要履行好监督责任，建立健全党风廉政建设和反腐败工作体系。要加强党性教育、法治教育、警示教育，引导国有企业领导人员坚定理想信念，自觉践行“三严三实”要求，正确履职行权。建立切实可行的责任追究制度，与企业考核等挂钩，实行“一案双查”。推动国有企业纪律检查工作双重领导体制具体化、程序化、制度化，强化上级纪委对下级纪委的领导。加强和改进国有企业巡视工作，强化对权力运行的监

督和制约。坚持运用法治思维和法治方式反腐败，完善反腐倡廉制度体系，严格落实反“四风”规定，努力构筑企业领导人员不敢腐、不能腐、不想腐的有效机制。中共十八大以后的5年来，完成了对国资委党委管理主要负责人中央企业的巡视全覆盖，对13家企业15名主要负责人进行了调整。

2015·重要理论观点

五大发展理念

2015年10月，习近平在中国共产党第十八届中央委员会第五次全体会议上提出创新、协调、绿色、开放、共享的五大发展理念，并写进中共十八届五中全会通过的《中共中央关于制定国民经济和社会发展第十三个五年规划的建议》（以下简称《建议》）之中。

《建议》指出："实现'十三五'时期发展目标，破解发展难题，厚植发展优势，必须牢固树立创新、协调、绿色、开放、共享的发展理念。"

"创新是引领发展的第一动力。必须把创新摆在国家发展全局的核心位置，不断推进理论创新、制度创新、科技创新、文化创新等各方面创新，让创新贯穿党和国家一切工作，让创新在全社会蔚然成风。"

"协调是持续健康发展的内在要求。必须牢牢把握中国特色社会主义事业总体布局，正确处理发展中的重大关系，重点促进城乡区域协调发展，促进经济社会协调发展，促进新型工业化、信息化、城镇化、农业现代化同步发展，在增强国家硬实力的同时注重提升国家软实力，不断增强发展整体性。

“绿色是永续发展的必要条件和人民对美好生活追求的重要体现。必须坚持节约资源和保护环境的基本国策，坚持可持续发展，坚定走生产发展、生活富裕、生态良好的文明发展道路，加快建设资源节约型、环境友好型社会，形成人与自然和谐发展现代化建设新格局，推进美丽中国建设，为全球生态安全作出新贡献。”

“开放是国家繁荣发展的必由之路。必须顺应我国经济深度融入世界经济的趋势，奉行互利共赢的开放战略，坚持内外需协调、进出口平衡、引进来和走出去并重、引资和引技引智并举，发展更高层次的开放型经济，积极参与全球经济治理和公共产品供给，提高我国在全球经济治理中的制度性话语权，构建广泛的利益共同体。”

“共享是中国特色社会主义的本质要求。必须坚持发展为了人民、发展依靠人民、发展成果由人民共享，作出更有效的制度安排，使全体人民在共建共享发展中有更多获得感，增强发展动力，增进人民团结，朝着共同富裕方向稳步前进。”

“坚持创新发展、协调发展、绿色发展、开放发展、共享发展，是关系我国发展全局的一场深刻变革。全党同志要充分认识这场变革的重大现实意义和深远历史意义，统一思想，协调行动，深化改革，开拓前进，推动我国发展迈上新台阶。”

“五大发展理念”是“十三五”乃至更长时期我国发展思

路、发展方向、发展着力点的集中体现，也是改革开放 30 多年来我国发展经验的集中体现，反映出我们党对我国发展规律的新认识。坚持五大发展理念，既是实现全面建成小康社会的路线图，也是关系我国发展全局的一场深刻变革。

深化国有企业改革的基本原则

2015 年 8 月中共中央、国务院发布的《关于深化国有企业改革的指导意见》，提出深化国有企业改革的五项基本原则。

一是坚持和完善基本经济制度。这是深化国有企业改革必须把握的根本要求。必须毫不动摇巩固和发展公有制经济，毫不动摇鼓励、支持、引导非公有制经济发展。坚持公有制主体地位，发挥国有经济主导作用，积极促进国有资本、集体资本、非公有资本等交叉持股、相互融合，推动各种所有制资本取长补短、相互促进、共同发展。

二是坚持社会主义市场经济改革方向。这是深化国有企业改革必须遵循的基本规律，国有企业改革要遵循市场经济规律和企业发展规律，坚持政企分开、政资分开、所有权与经营权分离，坚持权利、义务、责任相统一，坚持激励机制和约束机制相结合，促使国有企业真正成为依法自主经营、自负盈亏、自担风险、自我约束、自我发展的独立市场主体。社会主义市场经济条件下的国有企业，要成为自觉履行社会责任的表率。

三是坚持增强活力和强化监管相结合。这是深化国有企业改革必须把握的重要关系。增强活力是搞好国有企业的本质要求，加强监管是搞好国有企业的重要保障，要切实做到两者的有机统一。继续推进简政放权，依法落实企业法人财产权和经营自主权，进一步激发企业活力、创造力和市场竞争力。进一步完善国有企业监管制度，切实防止国有资产流失，确保国有资产保值增值。

四是坚持党对国有企业的领导。这是深化国有企业改革必须坚守的政治方向、政治原则。要贯彻全面从严治党方针，充分发挥企业党组织政治核心作用，加强企业领导班子建设，创新基层党建工作，深入开展党风廉政建设，坚持全心全意依靠工人阶级，维护职工合法权益，为国有企业改革发展提供坚强有力的政治保证、组织保证和人才支撑。

五是坚持积极稳妥统筹推进。这是深化国有企业改革必须采用的科学方法。要正确处理推进改革和坚持法治的关系，正确处理改革发展稳定关系，正确处理搞好顶层设计和尊重基层首创精神的关系，突出问题导向，坚持分类推进，把握好改革的次序、节奏、力度，确保改革扎实推进、务求实效。

理直气壮做强做优做大国有企业

2015 年 7 月 17 日，中共中央总书记习近平在吉林长春考察调研国有企业，并发表重要讲话：国有企业是推进现代化、保障人民共同利益的重要力量，要坚持国有企业在国家发展中的重要地位不动摇，坚持把国有企业搞好、把国有企业做强做优做大不动摇。

推进国有企业改革，要有利于国有资本保值增值，有利于提高国有经济竞争力，有利于放大国有资本功能。

深化国有企业改革，要沿着符合国情的道路去改，要遵循市场经济规律，也要避免市场的盲目性，推动国有企业不断提高效益和效率，提高竞争力和抗风险能力，完善企业治理结构，在激烈的市场竞争中游刃有余。

坚持党的建设与国有企业改革同步谋划

2015 年 6 月 5 日，中共中央总书记习近平在中央全面深化改革领导小组第十三次会议上的讲话指出，要把国有企业做强做优做大，不断增强国有经济活力、控制力、影响力、抗风险能力，要坚持党的建设与国有企业改革同步谋划、党的组织及工作机构同步设置，实现体制对接、机制对接、制度对接、工作对接，确保党的领导、党的建设在国有企业改革中得到体现和加强。

防止国有资产流失，要坚持问题导向，立足机制制度创新，强化国有企业内部监督、出资人监督和审计、纪检巡视监督以及社会监督，加快形成全面覆盖、分工明确、协同配合、制约有力的国有资产监督体系。要全面覆盖、突出重点，加强对国有企业权力集中、资金密集、资源富集、资产聚集等重点部门、重点岗位和重点决策环节的监督。要权责分明、协同联合，清晰界定各类监督主体的监督职责，增强监督工作合力。要放管结合、提高效率，改进监督方式，创新监督方法，增强监督的针对性和有效性。要完善制度、严肃问责，依法依规开展监督工作，完善责任追究制度。

2015 · 重要政策法规

1. 《国务院关于长江中游城市群发展规划的批复》，2015年3月26日。

2. 《国务院批转发展改革委〈关于2015年深化经济体制改革重点工作意见〉的通知》，2015年5月8日。

3. 《国务院关于印发〈中国制造2025〉的通知》，2015年5月8日。

4. 《国务院办公厅转发银监会〈关于促进民营银行发展指导意见〉的通知》，2015年6月22日。

5. 《国务院办公厅关于成立国家制造强国建设领导小组的通知》，2015年6月16日。

6. 《国务院关于积极推进"互联网+"行动的指导意见》，2015年7月1日。

7. 《国务院办公厅关于印发整合建立统一的公共资源交易平台工作方案的通知》，2015年08月10日。

8. 《中共中央国务院关于深化国有企业改革的指导意见》，2015年8月24日。

9. 《国务院关于调整和完善固定资产投资项目资本金制度的通知》，2015年9月9日。

10. 《国务院关于环渤海地区合作发展纲要的批复》，2015年9月15日。

11. 《国务院国资委关于贯彻落实〈中共中央国务院关于深

化国有企业改革的指导意见〉的通知》，2015 年 9 月 16 日。

12. 《中共中央办公厅关于深化国有企业改革中坚持党的领导加强党的建设的若干意见》，2015 年 9 月 20 日。

13. 《国务院关于国有企业发展混合所有制经济的意见》，2015 年 9 月 23 日。

14. 《国务院关于改革和完善国有资产管理体制的若干意见》，2015 年 10 月 25 日。

15. 发展改革委、财政部、人力资源社会保障部、国资委《关于鼓励和规范国有企业投资项目引入非国有资本的指导意见》，2015 年 10 月 26 日。

16. 《国务院办公厅关于加强和改进企业国有资产监督防止国有资产流失的意见》，2015 年 10 月 31 日。

17. 《国务院办公厅关于同意建立促进投资部际联席会议制度的函》，2015 年 11 月 26 日。

18. 《国务院国资委关于印发〈关于全面推进法治央企建设的意见〉的通知》，2015 年 12 月 8 日。

19. 《国务院办公厅关于同意建立公共资源交易平台整合工作部际联席会议制度的函》，2015 年 12 月 29 日。

20. 国务院国资委、财政部、发展改革委《关于国有企业功能界定与分类的指导意见》，2015 年 12 月 29 日。

2015·年度热点纪实

城乡二元户籍制度退出历史舞台

2015 年 9 月 19 日，北京市发布关于进一步推进户籍制度改革的实施意见。至此，中国大陆 31 个省份全部出台了户籍制度改革意见，各地普遍取消农业与非农业户口性质区分，部分地区放宽落户条件。我国存在半个多世纪的二元户籍制度从此退出历史舞台。

中国人从小就知道户口簿的重要性，不管是入学，还是外出，抑或是办什么手续，都要带一个户口簿。户口成了一个人身份的象征，拿着大城市户口出生的人们，享受着与农村孩子不同的待遇。

中华人民共和国的户籍制度是伴随着共和国的成长而逐步形成的。共产党人在中国大陆刚刚取得政权初期，新生政权为了配合打击敌特土匪的破坏活动，1950 年 11 月召开的第一次全国治安行政工作会议，决定先在城市建立新的户籍制度。

1951 年 7 月，《城市户口管理暂行条例》出台，规定由公安机关统一管理户籍，以户为单位进行户口登记。一户人家的户口发生变更，需要办理相关手续。“来客住宿超过三日者，须向公安派出所报告”，让敌特土匪无处遁形。

1955 年 6 月，国务院发布《关于建立经常性户口登记制度的指示》，将城乡户籍整合在一起，规定“全国户口登记行政机关，由内务部和县级以上人民委员会的民政部门主管”。随着计划经济体制的逐步确立，粮票进入了人们的生活。国务院规定，农民吃粮自给，城镇居民则凭户口按人口定量供应。县机关干部、教师、医师每人每月 27 斤，区乡干部 33 斤，居民 24 斤，大学生 33 斤，中学生 22 ~ 24 斤，儿童 15 斤。工人按工种，特殊工种 45 斤，重体力劳动工 37 斤，一般体力劳动工 30 ~ 33 斤，轻体力劳动工 27 斤，等等。户口的重要性进一步显现。因为必须先有户口，才能凭户口领取粮票，也就才能凭粮票购买粮食或到餐馆吃饭。这时候的户口已经与每一个社会成员的生存密切相关了，没有户口，就没有粮票，意味着无法生存。

1955 年以前，我国户籍制度并未严格限制农民进城，由于农村与城市之间没有户籍壁垒，农村人口大量涌入城市。在 1952 年至 1957 年中国“一五”计划时期，大约有 2000 万农民工已经自由流动进入城市。城镇人口的增加，使城市粮食供应出现紧张，住房、教育、医疗等配套设施短缺。为此，1956 年 10 月发布《国务院关于防止农村人口盲目外流的指示》，规定除了与工厂签订合同者，不再给农民办理入城手续。已经进城的农民，如果拿不出合理理由的，也要被劝说回家。中央政府还效仿苏联让城市青年下乡垦荒的做法，在 1955 年就开始了“上山下乡”运动，让城市里的中小学毕业生去农村务劳。

1958 年是中国人口管理制度的一个分水岭。1958 年人民公社建立后，政府在公社一级建立财政和农业银行机构，以全额提取农业剩余，并且形成了城乡分割的二元体制结构来保证这种内向型的资本积累，农业成为重工业所需资本的来源。1958

年颁布的《中华人民共和国户口登记条例》及配套制度，以法律形式严格限制农民进入城市，限制城市间人口流动，在城市与农村之间构筑了一道高墙。从这一年开始，中国人步入了一个漫长的城乡分割二元体制。

1964 年，国务院转批公安部户口迁移相关规定的基本要点时提出两个“严加限制”：对从农村迁往城市、集镇的要严加限制；对从集镇迁往城市的要严加限制。1977 年，国务院第一次正式提出严格控制“农转非”，此后公安部具体规定了“农转非”的内部控制指标，即每年从农村迁入市镇的“农转非”人数不得超过现有非农业人口的 1.5‰。

在长达 50 年的时间里，户籍政策构筑了“农业户口”与“城市户口”在实际利益上的不平等。两种户口成为差别化分配各种利益的最直接标签。

非农业户口在各项待遇上明显优于农业户口。在改革前近 30 年的国家工业化初期阶段，城市人口享受到了从出生到死亡的各种保障制度，这些保障靠国家财政补贴维护。据国家计委和国家统计局保守估计，城镇每安排一个人的就业和生活需花费 3 万 ~4 万元，2 亿多人就需要 6 万多亿元……

然而，占人口 80%、只能提供积累不能分享工业化收益的农民一直与这种制度无缘，土地成为他们唯一的保障。

两类户口在一定程度上衍生出具有不同等级的社会身份。1961 年之后，要成为国有企业工人一般首先要有城市户口。在整个社会，干部、工人、农民之间的阶级分化非常分明。

户口制度的辐射力量是惊人的。人们很快发现，其背后逐渐附加了从社会保障到教育、医疗、公共服务等几乎所有公民权益的城乡化差异。城乡之间建立起一种在政治、经济、文化社会基础上的全方位不平等，由此也衍生了长期二元社会结构下城市市民的“一等公民”与农业人口的“二等公民”的社会地位。去掉“农”字标签，获得与城市公民平等的社会身份，成为几代农民百折不挠、掺杂无数辛酸血泪的奋斗史。

20 世纪 80 年代中后期，随着户籍制度的松动，“农转非”控制指标有所调整，一些地方开始规定农民交纳一定数额费用就可成为当地有效市民。城镇非农业户口商品化的“星星之火”由此点燃，并以燎原之势蔓延至全国。

户口交易，成为 30 年户籍改革变迁中的独特现象。据有关报道，到 1994 年上半年，全国约有 17 个省共 300 多万人购买城市户口，此项收入高达 250 亿元，这还不包括那些未登记在案的以及暗箱操作的部分。这个数字，充分表明了户口负载的各种利益分配的真实含金量。

改革开放以后，城乡二元户籍制度越来越成为阻碍城乡经济一体化发展的障碍，改革户籍制度成为人们强烈呼吁的热门话题。

国务院早在 2014 年发布的《关于进一步推进户籍制度改革的意见》中就提出，取消农业户口与非农业户口性质区分和由此衍生的蓝印户口等户口类型，统一登记为居民户口，体现户籍制度的人口登记管理功能。将农民和城镇居民统一改称居民，旨在消除身份区隔和歧视，进而逐步实现居民社会管理城乡一体化、公共服务均等化。

但是，中国户籍制度彻底的改革，绝非改掉一纸户口所能解决。在追求“迁徙自由”的梦想之路上，我们要走的路显然还很长。

全面开放二胎政策

2015 年 10 月 29 日，金秋的北京，备受期待的中共十八届五中全会落下帷幕。傍晚时分，此起彼伏的消息推送声中，很多人注意到了公报里的一个细节：“坚持计划生育的基本国策，完善人口发展战略，全面实施一对夫妇可生育两个孩子政策。”一时间，“全面二孩”刷屏朋友圈，成为网友热议的话题。

这意味着全面放开二胎政策，将允许普遍二孩。

不少人欢呼，终于等到了这一天！也有不少年轻情侣表示，又要被老妈催生二胎了。

从 1971 年的“一个不少，两个正好，三个多了”，到提倡“一个夫妇只生育一个孩子”，到 1983 年的十二大计划生育被确定为基本国策，再到单独二孩政策落地生根……30 多个春秋，整整一代半人。时间指针的不断向前划动，也指示着人口问题新的变化。

“十二五”期间，虽然我国总人口呈现持续增长态势，但劳动人口却不断下降，老龄人口不断攀升。据统计，2011 年，我国 15 岁到 59 岁劳动年龄人口达到 9.4 亿峰值之后，便出现回落；而 60 岁以上老年人口却从 2010 年的 13.3%，提高到了 2014 年的 15.5%，总量甚至达到了 2.12 亿人。一方面是出现“劳工荒”；另一方面则是“银发浪潮”来袭，“失独家庭”“未富先老”“老无所养”等问题，逐渐困扰着一些家庭。“刘易斯拐点”的隐忧逐渐浮出水面，低生育率和老龄化对人口结构的双重挤压，也让越来越多人加入呼吁为“二胎”松绑的行列。在这个意义上，“全面二孩”，不仅是对人口发展规律的把握，也是对民心民意的一次应答。正因此，才会在五中全会公告甫一公布，就引发了如此热烈的讨论。

2015 年 10 月 30 日，卫计委副主任王培安答记者问表示，按照中央的决策部署，需要修改《人口与计划生育法》及其配套的法规，依法组织实施。但拥抱“二孩时代”，需要修订的绝不仅仅是《人口与计划生育法》，还有更多涉及社会公平的改革。

很多符合生育政策的年轻人在被问到是否会生二胎时表示，想生是一回事，能不能生、敢不敢生又是一回事。有报道说，“单独二孩”政策实施一年间，全国仅有不足 100 万对单独夫妇提出再生育申请，而此前的官方预计是每年增加 200 万人左右。不敢生，除了眼前的经济压力，更多是对未来的担忧——女性是否能保有公平的就业机会？教育、医疗能否福泽更多的孩子？社会能否给孩子提供更好的成长环境？说白了，就是未来社会究竟能给人们多少安全感，使人们愿意投入时间、财力、精力，抚育下一代。人口问题催生了“全面二孩”政策，但“全面二孩”政策却不能只着眼于人口问题本身，单纯以提高生育率为目标，否则“全面二孩”政策非但不会带来人口红利，反倒会使社会阶层更加固化——富有家庭的孩子将获得更多上升机会，贫穷家庭却很难供得起孩子上大学。

未来“二孩时代”的到来，会凸显现有的社会公共服务体系中的矛盾和问题，并将社会不均衡发展的疼痛赤裸呈现，比如，在满足群众“愿意生”之外，更应让大家“生得起”“养得好”。从强化监管、确保奶粉安全，到增加托儿所、幼儿园等公共服务的供给，再到消除市场壁垒、让哄抢“洋奶粉”成为过去，这些无一不是难啃的硬骨头。唯有继续深化改革、啃下硬骨头、做好配套服务，“全面二孩”的政策才能真正温暖千万家。

“全面二孩”政策之下，家庭结构、社会结构、思想观念等都将随之改变，与此同时，医疗教育等社会公共服务需求的激增使得原本已经尖锐的社会矛盾日显。“二孩时代”带来的不只是消费市场的增长，还有妇女儿童权益保护、教育医疗等社会公共服务需求等权利的诉求，这些权利诉求倒逼政府出台有效应对措施，更多致力于社会公共服务领域的完善。

万科、宝能的股权之争

从 2015 年 7 月 10 日宝能系掌门人姚振华高调举牌万科 A 股，到 2016 年 7 月 22 日证监会介入万宝之争，这场发生在中国资本市场的教科书式的商业大战，一直持续到 2017 年 6 月 21 日，以 66 岁的王石离开万科最终降下帷幕。在近两年的时间里，万科从管理层领导的冠军企业，变成实际上受国家监护的企业，这对于王石来说算是一系列糟糕选项里最好的选择。他曾险些不得不将公司控制权交给一个被他鄙弃为“野蛮人”的暴发户竞争对手。但对于一个似乎醉心于特立独行者名声的企业老板来说，这是一个屈辱的结果。

万科企业股份有限公司成立于1984年，1988年进入房地产行业，经过30余年的发展，成为国内领先的房地产公司，主营业务包括房地产开发和物业服务。公司聚焦城市圈带的发展战略，截至2015年底，公司进入中国大陆的66个城市，分布在以珠三角为核心的广深区域、以长三角为核心的上海区域、以环渤海为核心的北京区域，以及由中西部中心城市组成的成都区域。此外，公司自2013年起开始尝试海外投资，目前已经进入香港、新加坡、旧金山、纽约、伦敦等5个地区及海外城市，参与数十个房地产开发项目。2015年公司实现销售面积2067.1万平方米，销售金额2614.7亿元同比分别增长14.3%和20.7%，在全国的市场占有率上升至3.0%。公司物业服务业务以万科物业发展有限公司为主体展开。万科物业始终以提供一流水准的物业服务、做好建筑打理作为企业立命之本，积极开展市场化，为更多客户提供优质的居住服务。截至2015年底，公司物业服务覆盖中国大陆64个大中城市，服务项目近千个，合同管理面积2.1亿平方米。

万科宝能事件的另一个主要角色宝能系是以宝能集团为中心的资本集团。公开资料显示，宝能系的核心企业是深圳市宝能投资集团有限公司。宝能集团成立于2000年，注册资本3亿元，姚振华是其唯一的股东。宝能集团旗下包括综合物业开发、金融、现代物流、文化旅游、民生产业等五大板块，下辖宝能地产、前海人寿、钜盛华、广东云信资信评估、粤商小额贷款、深业物流、创邦集团、深圳建业、深圳宝时惠电子商务、深圳民鲜农产品多家子公司。

事件发生于2015年7月10日，宝能系首次举牌万科。宝能集团旗下的前海人寿通过二级市场耗资80亿元买入万科A股约5.52亿股，占万科A股总股本的约5%。之后，前海人寿及其一致行动人钜盛华（同样为宝能集团旗下企业）数度举牌增持万科股份，截至8月26日，两家公司合计持有万科15.04%的股份，以0.15%的优势，首次超过了20年来始终位居万科第一大股东的华润。

为了保住万科的第一大股东地位，华润耗资4.97亿元，分别于8月31日和9月1日两次增持，截至11月20日，华润共持有万科A股15.29%股份，重新成为万科的第一大股东。

12月4日，钜盛华及其一致行动人前海人寿又投入了近100亿元，累计抢得万科A股约20%的股份，并在12月10日和11日再度增持了万科的股份，共耗资约52.5亿元。之后，宝能系与万科管理层的对峙进入高潮阶段，万科A股股票在12月17日、18日上午相继涨停。数据显示，宝能系累计持股万科A股23.52%，成功拿下万科第一大股东之地位。根据规定，30%是上市公司股东要约收购红线。增持达到30%，即可以发起要约收购，也可以按照每年不超过2%的比例继续自由增持。若宝能系继续增持，万科则面临被收购的巨大危机。

12月17日，在北京万科的内部会议上，王石高调宣称“不欢迎‘宝能系’成为万科第一大股东”。

据悉，王石不欢迎宝能系成为第一大股东有四个原因。一是信用不足。王石表示自己了解宝能的发家史，称宝能信用不够，会影响万科信用评级，增加融资成本。二是能力不足。在地产领域年销售额仅几十亿的宝能，能力不足以管控万科。三是短债长投，风险巨大。以短期债务，进行长期股权投资，风险非常大，是不留退路的赌博。四是华润作为大股东角色重要。华润在万科的发展当中，无论是在万科股权结构的稳定、业务管理还是国际化中都扮演着重要的角色。万科总裁郁亮先期表示"支持王石"，后面反问"有钱也要遵守规则，请交代清楚钱的来源"。万科在王石的带领下众志成城，高调满世界寻找盟友投资者，试图稀释宝能系的投资。

其间的 12 月 17 日和 18 日，安邦保险两度增持万科 A 股股份，安邦占有万科A股股份达到 7.01%。当日，在开市不到一小时的时间内，万科 A 股股价再度涨停。当日中午，万科以有重大资产重组及收购资产为由临时停牌，宣布将推进重组和增发，万科 H 股同时停牌。12 月 23 日，王石在官方发布声明，欢迎安邦成为万科重要股东，并愿与安邦共同探索中国企业全球化发展的广阔未来，以及在养老地产、健康社区、地产金融等领域的全方位合作。安邦成为万科的"白马骑士"。

12 月 18 日，宝能集团在其官网上发布声明，疑似回应王石的"指责"。宝能集团表示，"我们对万科抱有敬意，既不凶悍也不野蛮"。集团恪守法律，相信市场力量。万科和宝能系由此开始正面资本对决。

2016 年 3 月 13 日，万科公告称，已经于 3 月 12 日与深圳市地铁集团有限公司签署了一份合作备忘录。收购标的初步预计交易对价介于人民币 400 亿～600 亿元之间。万科拟主要以定向增发股份的方式支付对价。

3月17日，华润集团股东代表突然发声，称万科与深圳地铁的合作公告，没有经过董事会的讨论及决议通过，是万科管理层自己做的决定，并称“华润派驻万科的董事已经向有关监管部门反映了相关意见，要求万科经营依法合规”。

6月17日下午，万科召开董事会审议发行股份购买深圳地铁资产的预案，11名董事中张利平独立董事认为自身存在潜在的关联与利益冲突，申请不对所有相关议案行使表决权，因此相关议案由无关联关系的10名董事进行表决。尽管华润3位董事表示反对，但7位董事赞成，1位董事回避表决。万科宣称，最终董事会以超过2/3的票数通过此次预案。

6月18日下午，华润集团官方微信号“华润”发表公开声明，明确质疑万科董事会通过的重组方案。公开了万科、华润阵营破裂的真相。

6月23日，宝能、华润发表声明，反对万科重组预案。宝能+华润的持股合计占比39.53%。两大股东联合反对，意味着万科重组预案即使获得董事会通过，在股东大会上也得不到2/3的股东支持。万科与深铁的重组成为镜花水月。

6月26日，宝能旗下两家公司——钜盛华和前海人寿联合向万科董事会提出召开临时股东大会，审议罢免全体董事的议案。被宝能提请罢免的，包括王石、乔世波、郁亮、孙健一、陈鹰、魏民、王文金在内的7名董事，张利平、华生、罗君美3位独立董事，以及解冻、廖绮云两位监事。

6月27日，万科举行2015年度万科股东大会，王石的薪酬问题成为本次股东大会上股东们关注的焦点问题之一。公司监事会主席解冻称，王石从来没有脱离工作岗位，他一直负责和公司发展有关的战略思考，指导推进国际化的业务，包括一些具体的业务。王石表示希望郁亮能代替他成为董事长。

6 月 30 日，华润通过其官方微信发布声明称，公司注意到 2016 年 6 月 24 日万科企业股份公司董事会的公告。对此，华润认为：对于公告中罢免所有万科董事、监事的提案，华润有异议；华润会从有利于公司发展的角度，考虑未来董事会、监事会的改组。

7 月 1 日，万科董事召开会议，以 11 票赞成，0 票反对，0 票弃权通过了“关于不同意深圳市钜盛华股份有限公司及前海人寿保险股份有限公司提请召开 2016 年第二次临时股东大会的议案”。

7 月 19 日，据媒体消息，万科企业股份有限公司发布了一份《关于提请查处钜盛华及其控制的相关资管计划违法违规行为的报告》，向中国证监会、证券投资基金业协会、深交所、证监会深圳监管局提交。

7 月 22 日，证监会介入宝万之争，严厉谴责涉事双方，置资本市场稳定于不顾，置公司可持续发展于不顾，置公司广大中小股东利益于不顾，严重影响了公司的市场形象及正常的生产经营，违背了公司治理的义务。

8 月 4 日，据恒大公告，恒大和董事长许家印购入约 5.17 亿股万科 A 股，持股比例 4.68%，总价为 91.1 亿元。之后，恒大地产集团及其旗下九家公司持续增持万科股份，及至 11 月 29

日，恒大及其子公司共持有约 15.53 亿股万科 A 股股票，占万科已发行股本总额约 14.07%。根据万科目前的股本结构，大股东宝能系持股比例为 25.40%，华润持股比例 15.31%。恒大此番增持万科股份至 14.07%。

12 月 18 日，万科 A 股发布公告称，其与深圳地铁集团的重组预案未得到部分主要股东同意，难以在规定时间内召开股东大会。经董事会同意，公司终止与深圳地铁集团的重组。

2016 年 12 月，中国证券业监管机构借王石“野蛮人”的说法，批评保险公司的高杠杆以及它们对国内外收购的饥渴。姚振华的宝能系随后因宝能旗下的保险部门存在违规行为而被禁止从事这一行业，从而失去继续收购万科股份的可能。

2017 年 1 月 12 日，万科临时停牌。万科公告称，公司股东华润股份及其全资子公司中润国内贸易有限公司于 2017 年 1 月 12 日与深圳地铁集团签署了《关于万科企业股份有限公司之股份转让协议》，华润股份和中润贸易拟以协议转让的方式将其合计持有的公司 1，689，599，817 股 A 股股份转让给深圳地铁集团。转让完成后，华润股份和中润贸易将不再持有公司股份。

6 月 9 日，万科 A 股公告，恒大及其下属企业将所持有的约 15.5 亿股万科 A 股份，约占公司总股本的 14.07%，以协议转让方式全部转让给深圳地铁集团，转让价格为人民币 18.80 元/股。至此，深圳地铁集团持有约 32.4 亿股股份，占公司总股本的 29.38%，成为万科 A 股的第一大股东。

6 月 21 日，万科公告新一届董事会候选名单，王石宣布将接力棒交给郁亮。万科公告称，公司于 6 月 19 日收到深圳地铁集团关于万科 2016 年度股东大会增加临时提案的函，提议增加董事会换届临时提案，拟提名郁亮、林茂德、肖民、陈贤军、孙盛典、王文金、张旭为第十八届董事会非独立董事候选人，提名康典、刘姝威、吴嘉宁、李强为第十八届董事会独立董事候选人，提名解冻、郑英为万科第九届监事会非职工代表监事候选人。经万科董事会 6 月 20 日审议，同意该临时提案提交 2016 年度股东大会决议。

王石的职业生涯结局令人扼腕。随着华润退出，深圳地铁集团接盘，以王石退位，万科之争最终落下帷幕。随着王石的离去，万科将进入后王石时代。而 2015 年仅 44 岁的姚振华通过中国企业史上最戏剧性的恶意收购尝试，不仅使自己名声大振，而且个人财富大增。据《胡润百富榜》估计，姚振华的个人财富，从 2015 年的 19 亿美元，一年后就达到 2016 年的 172 亿美元。

万科宝能股权之争成为近两年来资本市场关注的焦点，由此引发一系列的深层次思考。

一是上市公司的治理问题。在成熟的资本市场，除非是 AB 股结构，经营管理层才能够合法凌驾于董事会和主导经营决策。但在我国本应同股同权的 A 股市场，却有一批人长期享受着 AB 股权力的经营者，以“保姆”的身份，扮演着主人的角色。虽然万科的股东包括大型国企与民企，但直到 2015 年底，其股东持股比例无一超过 12%，而且全都愿意由王石的管理团队按照其所认为合适的方式来运作万科。保姆将主人的权力行使惯了之后，就忘记了自己的身份。万科在停牌时没有预先向华润打招呼，就将与深圳地铁集团合作的一个涉及巨大数额的标的、甚至更换实际控制人的举动直接上董事会表决。并且合作的框架协议未经华润同意就对外披露这一事实。说明万科的王石经营管理团队忘记了自己的身份。从而也暴露了万科公司治理中所存在的很大隐患和问题。这也是A股上市公司董事会的通病，值得监管部门重视，也希望其他上市公司能够引以为戒。

二是收购行为问题。上市公司的收购行为规范涉及投资者保护和市场公平，在宝能收购万科的过程中，实际控制人持股超过5%以后，是否存在着信息披露的合规性问题？一致行动人问题？万能险与资管计划的投票权问题？以及万科的停牌是否合规的问题？在这个收购过程当中，市场上据此所争论的问题很多。基于对这些问题的分析，有人建议应该完善监管法规，让市场公开、透明、公平地运行。完善监管法规主要是两个方面：第一，怎样落实“穿透”原则，了解实际控制人，让投资人知道交易对手是谁，让5%的举牌门槛不虚设；第二，如何进一步明确“一致行动人”，特别是认定不同金融工具组合的一致行动人。

三是资金组织方式问题。宝能系在对万科股权的收购过程中，组织了银、证、保、信各方面的资金，杠杆率高达4.2倍，引发了市场对寿险资金和资管产品用于收购的争议。从媒体公开的资料可以看到，为了万科股权的收购，宝能系把各项资金组织规则用到了极致。从公开的资料看，在现行有关法规下，宝能的资金组织并不违规。但这些资金组织的方式是蕴含了很多风险的，需要监管方面针对现在监管的漏洞来加以弥补。

万科宝能股权之争虽然只是上市公司之间的一起并购事件，但它无疑将促进资本市场和公司治理的进一步规范，这应该是这场纷争的积极意义。

2015 · 年度改革大事

1 月 15 日　央行正式发布《关于调整金融机构存贷款统计口径的通知》，宣布自 2015 年起修订“各项存款”和“各项贷款”统计口径。将非存款类金融机构存放在存款类金融机构的款项纳入“各项存款”统计口径，将存款类金融机构拆放给非存款类金融机构的款项纳入“各项贷款”统计口径。

1 月 19 日　商务部新闻发言人孙继文在接受媒体采访时透露，2014 年，我国对外投资规模首次超过吸引外资规模，“我国实际上已成为资本净输出国。这是我国从经贸大国迈向经贸强国的重要标志”。业内人士表示，对外投资规模超过吸引外资规模，意味着我国改革开放以来主要依赖出口、引资的发展格局发生了重大转变。

2 月 4 日　中国人民银行公布决定，自 2015 年 2 月 5 日起下调金融机构人民币存款准备金率 0.5 个百分点。

同日，据统计数据，不计算港澳台地区，全国 31 个省（区、市）2014 年地区生产总值（GDP）之和达到 684271.19 亿元，较此前国家统计局公布的全国 GDP 数据超出 47808.19 亿元。但较 2013 年的各省 GDP 之和超全国 63879.16 亿元明显减少，这是该数据自 2008 年以来首次出现收缩。

3月5日　李克强在第十二届全国人民代表大会第三次会议上首次提出：要实施“中国制造2025”，坚持创新驱动、智能转型、强化基础、绿色发展，加快从制造大国转向制造强国。

3月28日　习近平在出席博鳌亚洲论坛时，详细阐述了“一带一路”战略构想，在全世界引起强烈共鸣。

4月12日　中国证券登记结算有限公司发布通知，明确自2015年4月13日起A股市场全面放开一人一户限制。

4月21日　继2013年上海自贸试验区正式挂牌一年多后，广东自由贸易试验区、天津自由贸易试验区、福建自由贸易试验区在4月21日同日挂牌。第二批自贸区建设正式启动，标志着我国自贸区建设迎来了“2.0”时代。总体而言，开放度大大提高。

5月　《中国制造2025》正式对外公布。计划到2025年接近德国、日本实现工业化时的制造强国水平，进入世界制造业强国行列。

6月1日　经历了漫长的研究和谈判，中韩自贸协定终于正式签署。根据协定，在开放水平方面，双方货物贸易自由化比例均超过税目90%、贸易额85%。这意味着协定生效后，双方超过90%的产品在过渡期后进入零关税时代。

6月5日　中央全面深化改革领导小组会议直指国企改革，提出国企在改革中要加强党的领导，增强国有经济活力、控制力和抗风险能力，加强对国有企业权力集中、资金密集、资产聚集等重点部门、环节的监督，防止国有资产流失。

6月8日　南北车完成合并，并以中国中车名义挂牌。合并后的中国中车不仅将成为全球高铁技术的最大供应商，更将巩固合并后的中车作为全球最大轨道运输设备制造商的地位。

6 月 14 日　国务院国资委新闻中心发布《“一带一路”中国企业路线图》，盘点和展现央企“走出去”发展现状。截至 2014 年底，国资委监管的 110 余家央企中已有 107 家在境外共设立 8515 家分支机构，分布在全球 150 多个国家和地区，其中 80 多家央企已在“一带一路”沿线国家设立分支机构。

6 月 17 日　中澳自由贸易协定历时十年谈判终于正式签署。据初步测算，中澳自由贸易协定生效 3 年内，将使中国出口澳大利亚的产品获得约 16 亿美元即 96.45% 的关税减免。

6 月 24 日　国务院总理李克强主持召开国务院常务会议。会议通过《中华人民共和国商业银行法修正案（草案）》。这是自 1995 年起颁布实施的《商业银行法》首次迎来大修。其中，被业内长期诟病的“存贷比”红线将正式删除，不再作为硬性监管指标出现。

上半年，A 股市场遭遇罕见大起大落。年初 A 股加速上扬，上证指数仅三个月便从 3000 点左右一路飙升至 5178 点，创近七年新高。但从 6 月中旬开始，受美联储加息预期等因素影响，上证综指掉头向下，一度跌破 3000 点大关，创年内新低。为稳定股市，中国官方采取了一系列标本兼治的措施，稳定了市场信心，抑制了投机炒作，使股市运行恢复正常。

7 月 18 日　中国人民银行、工业和信息化部等 10 个部办、委、局联合发布《关于促进互联网金融健康发展的指导意见》，以鼓励金融创新，促进互联网金融健康发展，明确监管责任，规范市场秩序。

8月6日　经报国务院批准，中国北方机车车辆工业集团公司和中国南车集团公司实施联合重组。

8月22日　中国企业联合会、中国企业家协会发布了“2015中国企业500强榜单”。2015年中国企业500强中有293家国有企业、207家民营企业，分别占500家企业的58.6%和41.4%。但500强出炉入围门槛增幅5年来最低。

9月4日　中国常驻世界贸易组织特命全权大使俞建华向世贸组织总干事罗伯特·阿泽维多递交接受书，标志着中国已完成接受《贸易便利化协定》议定书的国内核准程序，成为第16个接受《议定书》的成员。

9月7日　沪深交易所、中金所晚间同时发布了指数熔断机制的征求意见通知，拟在保留现有个股涨跌幅制度前提下引入指数熔断机制，设置5%、7%两档指数熔断阈值，在指数上涨或下跌超过阈值的情况下实施熔断。12月4日，沪深交易所、中金所发布的指数熔断相关规定，称A股熔断机制将于2016年1月1日起实施。

9月10日　国家统计局公布的8月居民消费价格CPI同比上涨2.0%，创2014年8月以来新高，但同时公布的工业生产者出厂价格PPI却同比下降5.9%，跌幅超出预期，创六年新低，毫无悬念地第42个月处于负增长区间。

9月13日　中共中央、国务院印发的《关于深化国有企业改革的指导意见》公布，标志着新一轮国企改革大幕拉开。之后，国企改革9个配套文件相继出台，预计还有10个配套文件陆续发布。在国企改革顶层设计方案出台后，央企、地方国企加快了落实改革举措的步子。

9 月 15 日　中央全面深化改革领导小组会议提出，进一步简政放权，市场准入负面清单从“地方实践”转向“统一制度”；分类推进国有企业投资项目引入非国有资本工作，促进各种所有制资本共同发展；推进政府定价公开透明，加强市场价格监管和反垄断执法。

9 月 21 日　中央全面深化改革领导小组会议审议通过《关于实行市场准入负面清单制度的意见》（以下简称《意见》）。《意见》对实行市场准入负面清单制度作出了顶层设计。

10 月 5 日　跨太平洋伙伴关系协定（TPP）12 个谈判国在美国佐治亚州亚特兰大举行的部长会议上达成基本协议，同意进行自由贸易，并在投资及知识产权等广泛领域统一规范。规模占全球 4 成的巨大经济圈将应运而生。该协议降低了成员国间商品与服务的关税及其他门槛，制定了新的经贸规则。由于这 12 国经济规模占全球比重达 40%，因而影响极大，被称为“达成了一项历史性协议”。

10 月 6 日　最新数据显示，以价值计算，8 月人民币首次超过日元，跻身全球第四大支付货币。人民币在全球支付体系中所占市场份额达到创纪录的 2.79%，较 7 月历史新高的 2.34% 又有所突破。

11 月 30 日　国际货币基金组织（IMF）执董会于当天批准人民币加入特别提款权（SDR）货币篮子，人民币将作为第五种货币，与美元、欧元、日元和英镑一道构成 SDR 货币篮子。

新的货币篮子将于2016年10月1日正式生效。人民币在SDR货币篮子中的权重为10.92%，位居第三。

11月3日　中共中央关于制定国民经济和社会发展第十三个五年规划的建议全文公布。“十三五”规划建议6.5%为经济增速底线。

11月10日　习近平总书记在中央财经领导小组会议上首提“供给侧结构性改革”，翌日召开的国务院常务会议再次强调“培育形成新供给新动力”。

11月17日　沪港通迎来了一周岁生日。沪港通开闸一年来，沪港通运作平稳、交易结算机制不断完善；同时也取得了多项零的突破。

同日，北京时间17日凌晨，美联储时隔近十年，终于决定将联邦基金目标利率提高0.25个百分点。而随着加息消息的发布，美股随即走高，随后亚太地区股市也集体上涨，沪深股指更是分别放量大涨1.81%及2.51%。下午欧洲股市开盘后也集体跳空高开。

12月1日　北京时间凌晨1点，代表188个成员国的国际货币基金组织（IMF）执行董事会在华盛顿宣布，经投票决定，人民币满足了可广泛使用的标准，IMF将人民币纳入特别提款权（SDR）的货币篮子。这一决定将从明年10月1日起生效。这也是继美元、欧元、英镑、日元之后，IMF篮子货币的第五个成员。

同日，经报国务院批准，南光（集团）有限公司和珠海振戎公司实施重组。

12 月 4 日　经证监会同意，上证所、深交所和中金所正式发布指数熔断相关规定（以下简称《规定》），同时下发《指数熔断机制业务问答》，并将于 2016 年 1 月 1 日起正式实施。

12 月 8 日　经报国务院批准，中国冶金科工集团有限公司整体并入中国五矿集团公司，成为其全资子企业。

12 月 9 日　国务院常务会议审议通过了拟提请全国人大常委会审议的《关于授权国务院在实施股票发行注册制改革中调整适用有关规定的决定（草案）》，明确在决定施行之日起两年内，授权对拟在上交所、深交所上市交易的股票公开发行实行注册制度。

12 月 11 日　经报国务院批准，中国远洋运输（集团）总公司与中国海运（集团）总公司实施重组。

12 月 16 日至 12 月 18 日　世界互联网大会在浙江省乌镇举行。大会的主题是“互联互通、共享共治，共建网络空间命运共同体”。中国政府对此次大会高度重视，中共中央总书记、中国国家主席习近平出席大会，并发表主旨演讲。

12 月 18 日至 21 日　中央经济工作会议在北京举行。会议明确 2016 年经济工作的重点是落实“十三五”规划建议要求，推进结构性改革，推动经济持续健康发展。战略上要坚持稳中求进、把握好节奏和力度，战术上要抓住关键点，主要是抓好去产能、去库存、去杠杆、降成本、补短板五大任务。一是积极稳妥化解产能过剩；二是帮助企业降低成本；三是化解房地产库存；四是扩大有效供给；五是防范化解金融风险。

12 月 25 日　作为全球首个由中国倡导设立的区域多边开发

机构，亚洲基础设施投资银行正式宣告成立，成为全球经济治理体系的里程碑。

12 月 27 日　全国人大常委会审议通过《关于授权国务院在实施股票发行注册制改革中调整适用〈中华人民共和国证券法〉有关规定的决定》，决定自 2016 年 3 月 1 日施行。证券发行注册制又叫“申报制”或“形式审查制”，是指政府对发行人发行证券，事先不作实质性审查，仅对申请文件进行形式审查，发行者在申报申请文件以后的一定时期以内，若没有被政府否定，即可以发行证券。

12 月，国务院《关于加快实施自由贸易区战略的若干意见》正式公布。这是中国开启自贸区建设进程以来的首个战略性、综合性文件，对中国自贸区建设作出了“顶层设计”，意味着其自贸区战略已经从“沙盘推演”升格为一整套更为清晰和更具可行性的“路线图”。

本年度主要参考资料：

1. 2015 年国务院政府工作报告——2015 年 3 月 5 日在第十二届全国人民代表大会第三次会议上[EB/OL]. 中国政府网，2015 - 03 - 16.

2. 国家统计局. 中华人民共和国 2015 年国民经济和社会发展统计公报[M]. 北京：中国统计出版社，2016. 3.

3. 2015 年经济和社会发展计划执行与 2016 年草案报告[EB/OL]. 中国人大网，2016 - 02 - 28.

4. 2015 年中央和地方预算执行与 2016 年预算草案报告[EB/OL]. 中国人大网，2016 - 02 - 28.

5. 2015 年中国货币政策执行报告[EB/OL]. 中国人民银行网，2016 - 02 - 28.

6. 中共中央国务院关于深化国有企业改革的指导意见[M]. 北京: 人民出版社, 2015. 9.

7. 国企改革顶层设计方案出台在即[EB/OL]. 人民网, 2015-03-30.

8. 国资改革顶层设计"1+34"方案有望近期出台[EB/OL]. 新华网, 2015-03-30.

9. 中国告别城乡二元户籍制度[EB/OL]. 中国政府网, 2016-09-23.

10. 党的十八大以来大事记[EB/OL]. 人民网, 2017-10-16.

2016 年

2016 · 年度经济背景

推进“三去一降一补”，经济下行压力减轻

2016 年，中国经济下行压力减轻，运行总体平稳，供给侧结构性改革取得积极进展，经济结构继续优化。消费平稳较快增长，投资缓中趋稳，贸易顺差收窄。

一、国民经济运行的总体趋势

2016 年经济社会发展的主要预期目标是：国内生产总值增长 6.5% ~7%，居民消费价格涨幅 3% 左右，城镇新增就业 1000 万人以上，城镇登记失业率 4.5% 以内，进出口回稳向好，国际收支基本平衡，居民收入增长和经济增长基本同步。单位国内生产总值能耗下降 3.4% 以上，主要污染物排放继续减少。

据国家统计局初步核算，全年国内生产总值 744127 亿元，比上年增长 6.7%，对全球经济增长的贡献率超过 30%。其中，第一产业增加值 63671 亿元，增长 3.3%；第二产业增加值 296236 亿元，增长 6.1%；第三产业增加值 384221 亿元，增长 7.8%。第一产业增加值占国内生产总值的比重为 8.5%，第二

产业增加值比重为 39.8%，第三产业增加值比重为 51.6%，比上年提高 1.4 个百分点*。全年人均国内生产总值 53980 元，比上年增长 6.1%。全年国民总收入 742352 亿元，比上年增长 6.9%。全年最终消费支出对国内生产总值增长的贡献率为 64.6%，第三产业增加值占 GDP 的比重为 51.6%，比上年提高 1.4 个百分点。

* 据国家统计局的最终核实数据，全年国内生产总值调整为 744127 亿元，比上年增长 6.7%。其中，第一产业增加值 63671 亿元，增长 3.3%；第二产业增加值 296236 亿元，增长 6.1%；第三产业增加值 384221 亿元，增长 7.8%。

全年居民消费价格比上年上涨 2.0%，工业生产者出厂价格下降 1.4%，工业生产者购进价格下降 2.0%，固定资产投资价格下降 0.6%，农产品生产者价格上涨 3.4%。

全年城镇新增就业 1314 万人，与上年基本持平，超额完成全年目标。年末城镇登记失业率为 4.02%。

全年全国一般公共预算收入 159552 亿元，比上年同口径增加 6828 亿元，增长 4.5%，其中税收收入 130354 亿元，增加 5432 亿元，增长 4.3%。

年末国家外汇储备 30105 亿美元，比上年末减少 3198 亿美元。全年人民币平均汇率为 1 美元兑 6.6423 元人民币，比上年贬值 6.2%。

二、宏观经济面临的主要形势

2015 年 12 月 18—21 日召开的中央经济工作会议，对 2016 年中国宏观经济形势作出的判断是：一方面，我国经济发展基本面是向好的，潜力大，韧性强，回旋余地大；另一方面，我国经济发展也面临着很多困难和挑战，特别是结构性产能过剩比较严重。为此，要加大结构性改革力度，矫正要素配置扭曲，扩大有效供给，提高供给结构适应性和灵活性，提高全要素生产率。要在适度扩大总需求的同时，主要抓好去产能、去库存、去杠杆、降成本、补短板五大任务，提高供给体系质量和效率，提高投资有效性，加快培育新的发展动能，改造提升传统比较优势，增强持续增长动力，推动我国社会生产力水平整体改善。具体来说，要实施相互配合的五大政策支柱。

第一，宏观政策要稳，即为结构性改革营造稳定的宏观经济环境。积极的财政政策要加大力度，实行减税政策，阶段性提高财政赤字率，在适当增加必要的财政支出和政府投资的同时，主要用于弥补降税带来的财政减收，保障政府应该承担的支出责任。稳健的货币政策要灵活适度，为结构性改革营造适宜的货币金融环境，降低融资成本，保持流动性合理充裕和社会融资总量适度增长，扩大直接融资比重，优化信贷结构，完善汇率形成机制。

第二，产业政策要准，即准确定位结构性改革方向。要推进农业现代化、加快制造强国建设、加快服务业发展、提高基础设施网络化水平等方式通过，推动形成新的增长点。要坚持创新驱动，注重激活存量，着力补齐短板，加快绿色发展，发展实体经济。

第三，微观政策要活，即完善市场环境、激发企业活力和消费者潜力。要做好为企业服务工作。在制度上、政策上营造宽松的市场经营和投资环境，鼓励和支持各种所有制企业创新发展，保护各种所有制企业产权和合法利益，提高企业投资信心，改善企业市场预期。要营造商品自由流动、平等交换的市场环境，破除市场壁垒和地方保护。要提高有效供给能力，通过创造新供给、提高供给质量，扩大消费需求。

第四，改革政策要实，即加大力度推动改革落地。要完善落实机制，把握好改革试点，加强统筹协调，调动地方积极性，允许地方进行差别化探索，发挥基层首创精神。要敢于啃硬骨头、敢于涉险滩，抓好改革举措落地工作，使改革不断见到实效，使群众有更多获得感。

第五，社会政策要托底，即守住民生底线。要更好地发挥社会保障的社会稳定器作用，把重点放在兜底上，保障群众基本生活，保障基本公共服务。

三、宏观经济政策的主要政策取向

（一）需求端多管齐下，努力保持短期适度需求

1. 实行积极的财政政策和稳健的货币政策，努力提升内需

在财政政策方面，全年安排全国财政赤字 2.18 万亿元，比去年增加 5600 亿元，财政赤字占 GDP 比重达到 3%，比 2015 年的政府工作目标提高了 0.7 个百分点。其中，中央财政赤字 1.4 万亿元，地方财政赤字 7800 亿元。增加的财政赤字主要用于减税降费。全面推开营改增试点，全年降低企业税负 5700 多亿元，所有行业实现税负只减不增。制定实施中央与地方增值税收入划分过渡方案，确保地方既有财力不变。扩大地方政府存量债务置换规模，降低利息负担约 4000 亿元。

在货币政策方面，一是优化货币政策工具组合和期限结构。在 2016 年 3 月 1 日中国人民银行普遍下调金融机构人民币存款准备金率 0.5 个百分点的基础上，更多运用公开市场操作、中期借贷便利、常备借贷便利、抵押补充贷款等工具灵活提供不

同期限流动性。同时，建立公开市场每日操作常态化机制，开展中期流动性常态化操作。二是推动调控框架逐步转型。一方面继续强化价格型调控传导机制，探索构建利率走廊机制，另一方面，也注意在一定区间内，保持利率弹性与经济运行和金融市场变化相匹配，发挥价格调节和引导功能。连续在 7 天期逆回购利率进行操作，并适时增加 14 天期和 28 天期逆回购品种，引导和优化货币市场交易期限结构。三是将差别准备金动态调整机制升级为宏观审慎评估（MPA），对金融机构行为进行多维度引导；将全口径跨境融资宏观审慎管理扩大至全国范围的金融机构和企业；按照“因城施策”原则对房地产信贷市场实施调控，强化住房金融宏观审慎管理。四是发挥好信贷政策支持再贷款、再贴现和抵押补充贷款、窗口指导等的作用，创设扶贫再贷款，将民营银行纳入支小再贷款的支持范围，引导金融机构加大对小微企业、“三农”和棚改等国民经济重点领域和薄弱环节的支持力度。

与此同时，进一步完善货币政策调控框架，疏通传导渠道。继续完善人民币汇率市场化形成机制，初步形成“收盘汇率 + 一揽子货币汇率变化”的人民币对美元汇率中间价形成机制，汇率政策的规则性、透明度和市场化水平进一步提高。圆满完成人民币加入 SDR 货币篮子的各项技术性准备，2016 年 10 月 1 日人民币加入 SDR 货币篮子正式生效。

稳健货币政策取得了较好效果。年末广义货币供应量 M_2 余额 155.0 万亿元，比上年末增长 11.3%，低于 13% 左右的预期目标；狭义货币供应量 M_1 余额 48.7 万亿元，增长 21.4%；流

通中货币 M_0 余额6.8万亿元，增长8.1%。全年社会融资规模增量17.8万亿元，比上年多2.4万亿元。年末全部金融机构本外币各项存款余额155.5万亿元，比年初增加15.7万亿元。其中人民币各项存款余额150.6万亿元，增加14.9万亿元。全部金融机构本外币各项贷款余额112.1万亿元，增加12.7万亿元。其中人民币各项贷款余额106.6万亿元，增加12.6万亿元。

2. 深化户籍制度改革和建立购租并举的住房制度，化解房地产库存

与过去十年间供不应求的市场不同，2016年的中国楼市遭遇了前所未有的去库存压力。现房库存（即现房待售）面积约4.26亿平方米，消化周期为23个月；期房库存（即在建待售）面积35.7亿平方米，需要4.5年来消化。

通过建立农业转移人口市民化奖励机制，全年有1600万人进城落户。通过全面推行居住证制度，加快户籍人口城镇化率，扩大有效需求，稳定了房地产市场。这也是中央第一次从制度层面解决房地产库存问题。全国商品房销售快速增长，部分地区房价涨幅较大，带动全年房地产贷款较快增长；房地产投资总体平稳增长，较2015年明显回暖。

商品房销售绝对量维持高位，但增速出现回落。全年全国商品房销售面积15.73亿平方米，同比增长22.5%。商品房销售额11.76万亿元，同比增长34.8%。全国房地产开发投资完成额10.3万亿元，同比增长6.9%。全国房屋竣工面积10.6亿平方米，同比增长6.1%。12月，70个大中城市新建商品住宅销售价格月同比上涨的城市个数为65个，下降的为5个；月环

比上涨的城市个数为46个，比年内高点减少19个，持平的为4个，下降的为20个。

3. 优化对外经济政策，缓解外需下滑过快的压力

中央政府通过优化对外开放区域布局、推进外贸优进优出、加强国际产能和装备制造合作、加快自贸区谈判、抓好“一带一路”建设和重大标志性工程落地，缓解外需下滑过快的压力。

这一年，全国人大常委会审议批准了中国加入世界贸易组织（WTO）关税减让表修正案。对从世界贸易组织成员进口的201项信息技术（IT）产品逐步降低并最终取消关税。

商务部和海关总署自2016年9月1日起，在全国范围内取消加工贸易业务审批，建立健全事中事后监管机制。上海市政府决定，在上海自贸试验区建立适应自贸区发展和上海国际金融中心建设联动的金融监管机制。以自由贸易账户为基础，构建跨境金融安全网，加强本外币跨境资金流动的实时动态监测监控，建立完善“长臂管理”机制。国务院决定，在辽宁省、浙江省、河南省、湖北省、重庆市、四川省、陕西省新设立七个自贸试验区。为推动医药产业创新升级、开展服务贸易创新发展，决定用两年时间在天津、上海、海南、深圳、杭州、武汉、广州、成都、苏州、威海10个省市和哈尔滨、江北、两江、贵安、西咸五个国家级新区开展服务贸易创新发展试点。

中韩、中澳自由贸易协定于2015年12月20日同时生效，并于当天第一次降税，2016年1月1日第二次降税。与此同时，财政部决定自2016年1月1日起以暂定税率方式降低进口关税

税率相对较高、进口需求弹性较大的箱包、服装、围巾、毯子、真空保温杯、太阳镜等商品的进口关税。

通过上述措施，全年进出口总值虽然仍比上年下降 0.9%，但降幅比上年收窄了 6.1 个百分点，而且呈逐季回稳态势。四季度进、出口分别增长 8.7% 和 0.3%，均实现正增长。全年实际使用外商直接投资 8132.2 亿元人民币，比上年增长 4.1%。服务业实际使用外资 5715.8 亿元人民币，比上年增长 8.3%，占外资总量的 70.3%；高技术服务业实际使用外资 955.6 亿元人民币，增长 86.1%。高技术制造业实际使用外资 598.1 亿元人民币，增长 2.5%。境内投资者非金融类对外直接投资 11299.2 亿元人民币（折合 1701.1 亿美元，比上年增长 44.1%），其中对“一带一路”沿线国家直接投资 145.3 亿美元。2016 年全年，我国企业对制造业投资占对外投资总额的比重从 2015 年的 12.1% 上升为 18.3%。对外承包工程新签合同额达到 1478 亿美元，在“一带一路”建设相关的 61 个国家新签对外承包工程项目合同额 745.6 亿美元，占同期我国对外承包工程新签合同额的 50.4%，进度和成果超出预期。

（二）供给端有减有加，着力改善供给结构

从减法来看，一是按照政府推动、市场引导的原则分类有序处置过剩产能，利用资本市场进行企业兼并重组。以加速传统过剩行业的市场出清，使 PPI 指数见底反弹。二是通过降低企业制度性成本（简政放权）、降低企业税费、降低财务成本、降低电力价格和物流成本，帮助企业去杠杆。

这一年，中央政府打出“组合拳”，重点降低制度性交易成本、降低企业税费负担、降低社会保险费、降低企业财务成本、降低电力价格、降低物流成本。特别是大幅降低企业“五险一金”标准，以此降低人力成本；大幅度降低水、电、路、营业税率，以此降低运营成本。

国务院决定，从2016年起，三年内原则上停止审批新建煤矿项目，并开始按全年作业时间不超过276个工作日重新确定煤矿产能，严控超能力生产。从2016年开始，用五年时间再压减粗钢产能1亿~1.5亿吨，在严控新增产能同时，努力化解过剩产能。到2020年，再压减一批水泥熟料、平板玻璃产能，使水泥熟料、平板玻璃产能排名前10家企业的生产集中度达60%左右。严控有色金属新增产能，严厉查处违规新建电解铝项目，加快退出过剩产能。全年退出钢铁产能超过6500万吨、煤炭产能超过2.9亿吨，超额完成年度目标任务，分流职工得到较好安置。

中国“一行三会”于2016年4月18日联合发布《关于支持钢铁煤炭行业化解过剩产能实现脱困发展的意见》，多层次金融支持煤炭钢铁化解过剩产能，去杠杆和降成本，并支持银行加快行业不良资产处置。鉴于钢铁和煤炭行业化解过剩产能涉及的下岗职工分流人数，初步估计分别为130万人和50万人。中央财政设立规模为1000亿元人民币的工业企业结构调整专项奖补资金，对地方和中央企业化解钢铁、煤炭行业过剩产能工作给予奖补。

从加法来看，补短板主要集中在扶贫、支持企业转型升级、基础设施建设、对于人的投资力度、农业生产和农业现代化建设。继续推进结构性改革，国企改革提升企业活力和创新能力、金融体制改革提升金融资源配置效率，财税体制改革增强地方财政可持续和降低私人部门税费负担，养老和医保改革兜底的社会民生。

国务院还出台了关于推动中央企业结构调整与重组的指导意见，鼓励中央企业依托资本市场，通过培育注资、业务重组、吸收合并等方式，利用普通股、优先股、定向发行可转换债券等工具，推进专业化整合。着眼促进企业降成本，出台减税降费、降低“五险一金”缴费比例、下调用电价格等举措。

四、宏观经济的主要经济指标

（一）总需求

1. 消费需求

全年社会消费品零售总额 332316 亿元，比上年增长 10.4%，扣除价格因素，实际增长 9.6%。按经营地统计，城镇消费品零售额 285814 亿元，增长 10.4%；乡村消费品零售额 46503 亿元，增长 10.9%。按消费类型统计，商品零售额 296518 亿元，增长 10.4%；餐饮收入额 35799 亿元，增长 10.8%。

全国居民人均消费支出 17111 元，比上年增长 8.9%，扣除价格因素，实际增长 6.8%。恩格尔系数为 30.1%，比上年下降 0.5 个百分点，其中城镇为 29.3%，农村为 32.2%。

全年国内游客 44 亿人次，比上年增长 11.2%，国内旅游收入 39390 亿元，增长 15.2%。入境游客 13844 万人次，增长 3.5%。国际旅游收入 1200 亿美元，增长 5.6%。国内居民出境 13513 万人次，增长 5.7%。

2. 投资需求

全年全社会固定资产投资606466亿元，比上年增长7.9%，扣除价格因素，实际增长8.6%。其中，固定资产投资（不含农户）596501亿元，增长8.1%。分区域看，东部地区投资比上年增长9.1%；中部地区投资增长12.0%；西部地区投资增长12.2%；东北地区投资下降23.5%。其中，六大高耗能行业投资66376亿元，增长3.1%，占固定资产投资（不含农户）的比重为11.1%。农林牧渔业、水利、环境保护等短板领域投资快速增长。

全年房地产开发投资102581亿元，比上年增长6.9%。其中，住宅投资68704亿元，增长6.4%；办公楼投资6533亿元，增长5.2%；商业营业用房投资15838亿元，增长8.4%。年末商品房待售面积69539万平方米，比上年末减少2314万平方米。年末商品住宅待售面积40257万平方米，比上年末减少4991万平方米。

全年全国城镇棚户区住房改造开工606万套，棚户区改造和公租房基本建成658万套。全年全国农村地区建档立卡贫困户危房改造158万户。

3. 对外经济

全年货物进出口总额243386亿元，比上年下降0.9%。其中，出口138455亿元，下降1.9%；进口104932亿元，增长0.6%。货物进出口差额（出口减进口）33523亿元，比上年减少3308亿元。对“一带一路”沿线国家进出口总额62517亿元，比上年增长0.5%。其中，出口38319亿元，增长0.5%；进口24198亿元，增长 0.4%。

全年服务进出口总额 53484 亿元，比上年增长 14.2%。其中，服务出口 18193 亿元，增长 2.3%；服务进口 35291 亿元，增长 21.5%。服务进出口逆差 17097 亿元。

全年吸收外商直接投资（不含银行、证券、保险）新设立企业 27900 家，比上年增长 5.0%。实际使用外商直接投资金额 8132 亿元（折合 1260 亿美元），增长 4.1%。其中“一带一路”沿线国家对华直接投资新设立企业 2905 家，增长 34.1%；对华直接投资金额 458 亿元（折合 71 亿美元）。

全年对外直接投资额（不含银行、证券、保险）11299 亿元，按美元计价为 1701 亿美元，比上年增长 44.1%。其中，对“一带一路”沿线国家直接投资额 145 亿美元。

全年对外承包工程业务完成营业额 10589 亿元，按美元计价为 1594 亿美元，比上年增长 3.5%。其中，对“一带一路”沿线国家完成营业额 760 亿美元，增长 9.7%，占对外承包工程业务完成营业额比重为 47.7%。对外劳务合作派出各类劳务人员 49 万人，下降 6.8%。

（二）总供给

1. 农业

全年粮食种植面积 11303 万公顷，比上年减少 31 万公顷。棉花种植面积 338 万公顷，减少 42 万公顷。油料种植面积 1412 万公顷，增加 8 万公顷。糖料种植面积 168 万公顷，减少 6 万公顷。

全年粮食产量 61624 万吨，比上年减少 520 万吨，减产

0.8%。全年谷物产量56517万吨，比上年减产1.2%。其中，稻谷产量20693万吨，减产0.6%；小麦产量12885万吨，减产1.0%；玉米产量21955万吨，减产2.3%。

全年棉花产量534万吨，比上年减产4.6%。油料产量3613万吨，增产2.2%。糖料产量12299万吨，减产1.6%。茶叶产量241万吨，增产7.4%。

全年肉类总产量8540万吨，比上年下降1.0%。禽蛋产量3095万吨，增长3.2%。牛奶产量3602万吨，下降4.1%。年末生猪存栏43504万头，下降3.6%；生猪出栏68502万头，下降3.3%。

全年水产品产量6900万吨，比上年增长3.0%。其中，养殖水产品产量5156万吨，增长4.4%；捕捞水产品产量1744万吨，下降1.0%。

全年木材产量6683万立方米，比上年下降7.0%。

全年新增耕地灌溉面积118万公顷，新增节水灌溉面积211万公顷。

2. 工业和建筑业

全年全部工业增加值247860亿元，比上年增长6.0%，规模以上工业增加值增长6.0%。在规模以上工业中，分经济类型看，国有控股企业增长2.0%；集体企业下降1.3%，股份制企业增长6.9%，外商及港澳台商投资企业增长4.5%；私营企业增长7.5%。分门类看，采矿业下降1.0%，制造业增长6.8%，电力、热力、燃气及水生产和供应业增长5.5%。

年末全国发电装机容量164575万千瓦，比上年末增长

8.2%。其中，火电装机容量105388万千瓦，增长5.3%；水电装机容量33211万千瓦，增长3.9%；核电装机容量3364万千瓦，增长23.8%；并网风电装机容量14864万千瓦，增长13.2%；并网太阳能发电装机容量7742万千瓦，增长81.6%。

全年规模以上工业企业实现利润68803亿元，工业企业利润由上年下降2.3%转为增长8.5%。其中，国有控股企业实现利润11751亿元，比上年增长6.7%。年末规模以上工业企业资产负债率为55.8%，比上年末下降0.4个百分点。单位国内生产总值能耗下降5%，经济发展的质量和效益明显提高。

全年全社会建筑业增加值49522亿元，比上年增长6.6%。全国具有资质等级的总承包和专业承包建筑业企业实现利润6745亿元，增长4.6%。其中，国有控股企业1879亿元，增长6.8%。

3. 交通和邮电业

全年货物运输总量440亿吨，比上年增长5.7%。货物运输周转量185295亿吨千米，增长4.0%。全年规模以上港口完成货物吞吐量118.3亿吨，比上年增长3.2%。其中外贸货物吞吐量37.6亿吨，增长4.1%。规模以上港口集装箱吞吐量21798万标准箱，增长3.6%。

全年旅客运输总量192亿人次，比上年下降1.2%。旅客运输周转量31306亿人千米，增长4.1%。

全年完成邮电业务总量43344亿元，比上年增长52.7%。互联网上网人数7.31亿人，增加4299万人。其中手机上网人数6.95亿人，增加7550万人。互联网普及率达到53.2%，其中农村地区互联网普及率达到33.1%。软件和信息技术服务业完成软件业务收入48511亿元，比上年增长14.9%。

（三）物价水平

CPI同比上涨2.0%，涨幅比上年扩大0.6个百分点。工业生产者出厂价格涨幅由负转正，生产资料价格涨幅快速上升。PPI同比下降1.4%，降幅比上年缩小3.8个百分点，工业生产者购进价格自2016年10月开始同比涨幅由负转正。全年生产者购进价格指数同比下降2.0%，降幅比上年缩小4.1个百分点。农业生产资料价格同比上涨0.1%，涨幅比上年缩小0.3个百分点。中国人民银行监测的企业商品价格（CGPI）比上年下降1.6%。GDP平减指数（按当年价格计算的GDP与按固定价格计算的GDP的比率）同比上涨1.2%，比上年高1.1个百分点。

（四）就业形势

全年城镇新增就业1314万人，与上年基本持平。年末城镇登记失业率为4.02%，比三季度末低0.02个百分点。中国人力资源市场信息监测中心对98个城市的公共就业服务机构市场供求信息进行的统计分析显示，四季度劳动力市场需求略大于供给，求人倍率为1.13比2015年同期和上季度均上升0.03。与2015年同期相比，对高级技师、高级技能的用人需求有所增长，对其他各类技术等级和专业技术职务的用人需求有所减少。

（五）国际收支

国际收支继续呈现“一顺一逆”的格局。初步统计，2016年经常项目顺差2104亿美元，与同期GDP之比为1.9%。其中，货物贸易顺差 4852 亿美元，虽较 2015 年次有所下降，但仍显著高于 2014 年度及以前各年度水平，显示我国对外贸易具有较强的竞争力；服务贸易逆差 2423 亿美元，增长 33%，主要是旅行项下逆差增长。资本和金融项目逆差 470 亿美元。截至 2016 年末，外汇储备余额 3.01 万亿美元。外债总规模小幅扩大，截至 2016 年 9 月末，全口径外债余额为 14320 亿美元，较 6 月末上涨 3.1%。其中，短期外债余额为 8944 亿美元，较 6 月末上涨 3.1%，占外债余额的 62%。

2016 · 年度改革思路

建立和完善员工持股制度

将股份制成为公有制的主要实现形式确定为国有企业改革的方向，但是大多数国有企业过去在实行股份制改革时，职工在企业中的地位及其利益并未得到充分重视和实现。职工没有在企业产权结构中拥有一席之地，仍然只是劳动者而非所有者，只是用自身劳动换取工资，基本没有任何剩余价值索取权，导致职工与企业所有者和经营者之间的对立情绪加剧；随着股东的日益外部化，职工的雇佣成分和性质也在增加。职工在企业组织体系中被看作被管理者和被监督者，处于消极和被动的地位，严重地影响了职工参与企业生产经营的积极性和创造性。这种状况显然与国有企业改革的最终目的相左。实践证明，这样的改革逻辑已经影响了国有企业改革的进程和企业的经营绩效。在这一背景下，员工持股制度被重新提上议事日程。

员工持股制度（Employee Stock Ownership Plans，简称ESOP），最早是美国经济学家和律师路易斯·凯尔索（Louis Kelso）提出来的。其认为，人们拥有通过劳动和资本获得收入的基本权利。据此，凯尔索及其追随者设计了一套能使企业每个员工既获得劳动收入又能获得资本收入的计划。基本内容是：在企业内部设立专门机构，帮助员工购买或通过其他方法取得本企业的股票，从而据此定期或不定期分得一定比例、一定数额的红利。员工持股制度从20世纪50年代中期开始在西方国家普遍推行，成为企业中的一个重要制度。

一、不同时期的员工持股制度

事实上，作为国企改革过程中出现的一种制度设计，伴随着国有企业的股份制改造，员工持股自20世纪80年代中期就已经在我国出现了。30多年来，出于不同的政策考虑，员工持股制度是以不同功能的制度载体被引入并加以推行的。

（一）20世纪80年代中期至90年代初期：参与国有企业的股份制改造

1984年10月召开的中共十二届三中全会提出，“增强企业活力，特别是全民所有制的大、中型企业的活力，是以城市为重点的整个经济体制改革的中心环节”。主要改革措施除了放权让利、实行厂长（经理）责任制、承包经营责任制、租赁经营制之外，在少数有条件的小型全民所有制企业中开始了股份制改革试点。在当时的历史条件下，由于社会资本并不充裕，外部投资者匮乏。因此，股份制改造的试点企业基本上都采取了发行内部职工股的方式。1984 年 7 月 25 日成立的中华人民共和国第一家商业股份制企业北京天桥百货股份有限公司，就向员工发行了内部职工股，成为国内首家通过员工持股实现股份制改造的国有企业。这是我国最早出现的国有企业员工持股。

到 1988 年底，全国共有 3800 家股份制企业，其中除了 60 家发行了股票之外，大部分企业的股份制改造都采取了员工持股的方式。

1992 年，国务院转发了当年的国家体改委、国务院生产办等单位制定的《股份制试点办法》，允许有限度地进行员工持股或发行内部职工股，并对员工持股的比例、入股方式、股权形式、股权管理、股权转让、利益分配等都作了规定。部分大中型企业也根据当时的文件规定，在股份制改造中定向发行了内部职工股。

虽然内部职工股是当时历史条件下的现实选择，但是，在实际操作过程中，出现了较严重的超范围、超比例发行，以及内部股社会化、法人股个人化等问题，一系列不规范行为导致内部职工股被叫停。1993 年 4 月，《国务院办公厅转发国家体改委等部门关于立即制止发行内部职工股不规范做法意见的紧急通知》提出，要对不规范的内部职工股进行清理，对新要求成立内部职工持股的定向募集股份有限公司要暂缓审批。之后不到一年的时间，原国家体改委又印发了《关于立即停止审批定向募集股份有限公司并重申停止审批和发行内部职工股的通知》，禁止批准设立定向募集公司。自此，采用内部职工股的方式推行股份制改革被禁止。

在开始阶段，拟上市的定向募集股份公司内部职工股并未同时叫停。1996 年证监会发布的《关于股票发行工作若干规定的通知》还规定，凡采取募集设立的股份公司，本公司职工可按不超过社会公众股 10% 的比例认购股票，但人均不得超过 5000 股，并未完全禁止内部职工股。由于以后有些公司内部职工持股混乱，超范围、超比例现象严重，公司设立的合法性难以得到确认，影响了公司上市进程。在随后的 1998 年 11 月，为推进证券市场的规范化建设，上市公司的内部职工股也被叫停。

这一阶段的员工持股，是作为实现股份制的一种主要手段而出现的。它既是当时特定历史条件下的现实选择，也具有一定的积极意义。但是，由于一开始就出现了不规范行为，不仅没有起到完善公司治理的作用，也无法发挥员工持股本应有的激励约束作用，其被叫停也是必然。

（二）20 世纪 90 年代末至 21 世纪初：承接国有资本的退出

20 世纪 90 年代末，由于体制机制和宏观经济环境原因，导致国有企业竞争力低下的状况日益突出，开始出现大面积亏损。到 90 年代后期，国有企业亏损情况更加严重，甚至到了难以为继的地步。

在此背景下，国务院提出“三年改革脱困”的目标，并制定了一系列重要改革措施。在微观层面上，提出政策性关闭破产、债转股等解决方案；从宏观层面上，则提出要从战略上调整国有经济布局，按照“抓大放小”的原则，使国有资本从国有大型企业的辅业和国有中小企业中退出。

在这一过程中，国有企业员工成为中小企业国有股权转让的主要受让主体。改制过程中，既有部分企业由全体或部分员工出资受让国有产权，也有部分企业将应支付给员工的经济补偿金等转换为改制后企业股权。这项工作主要由地方政府推动，地方国有企业员工持股成为一种普遍现象。为了规范员工持股形式，绝大多数企业都是以职工持股会的形式持有企业股份的。

1997 年，民政部、外经贸部、国家体改委、国家工商局联合颁发《关于外经贸试点企业内部职工持股会登记管理问题的暂行规定》，对职工持股会的性质作出规定：职工持股会是专门从事内部职工持股资金管理、认购公司股份、行使股东权力、履行股东义务、维护出资职工合法权益的组织。1998 年 7 月 8 日，全国总工会办公厅在《关于转发〈陕西省总工会关于工会做好职工持股会工作的意见（试行）〉的通知》中，对许多地方政府和工会组织制订规定或试行办法规范职工持股会的做法给予了肯定，希望各级工会按照党的十五大精神，不断总结工作经验，认真研究和正确处理关于职工持股会的问题。据统计，截至 2000 年为止，全国已有北京、上海、天津、江苏、吉林、陕西、广西等 17 个地方政府制定下发了内部职工持股会的《试行办法》或《暂行规定》。对职工持股会的性质，登记与审批，组织机构，资金来源等都作了规定。

各地员工持股制度和职工持股会的推进情况大致如下。

1. 员工持股方式。存在职工持股会持股、自然人互相委托即“拖拉机”、公司持股、信托等多种方式。

2. 职工持股会的存在形式。主要有两种：一是由企业职工自愿组成，依照有关规定办理社团法人登记，取得社团法人资格，独立承担民事责任，享有民事权利的社团组织。二是委托工会管理职工持股会，代表持股员工行使股东权利，以工会社团法人名义承担民事责任的组织。

3. 职工持股会的设立目的。大致分为三种类型：一是改制型，即通过设立职工持股会，既将企业改制前财务账户上的结余工资量化给员工个人，又在企业内部塑造了一个投资主体，形成多元投资主体的格局，达到企业改制的有关要求。二是集资型，即通过向员工出售股权，募集资金，以缓解企业资金不足的困难。采取这种类型的主要是经营比较困难、流动资金严重不足的企业。三是福利型，即为了增加员工的收入，提高员工福利，通过员工认购企业股份，以高分红的形式增加员工收入。采取这种类型的主要是经济效益比较好的和一些垄断行业的企业。

4. 职工持股制度的财产组织形式。主要有四种形式：一是员工以自然人身份作为发起人直接入股。这种形式实质是股份合作企业性质而不是职工持股会性质。二是先组织职工持股会入股，职工持股会再向所在公司投资参股。三是委托工会组建职工持股会入股，职工持股会由企业工会代管，以工会社团法人的名义进行工商登记。四是股份合作制全员入股。即将国有企业的生产经营性资产，经国有资产管理部门评估，一次性出售给本企业员工，并改组为由内部员工持股的股份合作制企业。

5. 员工持股的出资形式。职工受让企业股份成为企业股东，在某些单位，员工股份是员工以现金出资购买的；有的单位则是员工以货币形式出资一部分，企业历年的结余工资按比例量化形成一部分。

6. 职工持股会的投资方向。职工持股会的股本金主要有三种投资方向：一是职工持股会作为企业的股东之一，将职工持股会的股金融入企业的总资本金中，与企业生死相连，荣辱与共。二是由职工持股会自选项目，在本企业之外进行投资，不与本企业资金发生联系。由于员工持股制度是职工持有自己服务的企业的股份，因此这类情况严格说起来不应属于员工持股制度范围。三是对本企业的优良项目，由职工持股会和本企业联合出资，共同经营。

7. 职工持股会的组织管理。大多数单位的职工持股会都设立了会员代表大会，代表由全体会员选举产生，会员代表大会是职工持股会的最高权力机构。会员代表大会下设理事会，作为会员代表大会闭会期间职工持股会的日常办事机构，对会员代表大会负责。理事会成员由会员代表大会选举产生。有的职工持股会在理事会下还有常设的秘书处，办理持股会日常事务。同时也都制定了职工持股会理事会的议事规则等。

随着员工持股制度的较大范围推行，部分国有大中型企业改制过程中也出现了一些管理层收购的案例。1999 年，北京四通集团率先开始尝试管理层收购，成为我国第一个完成 MBO 的公司。随后，TCL 集团的管理层为收购集团股份而新设立 TCL 控股公司，抓住国有股减持的机遇，推行集团股权多化改革。之后，美的、万家乐、恒源祥以及丽珠等集团相继开始探索管理层收购，全国掀起了一阵 MBO 热潮。

以承接国有资本退出为目的的员工持股工作推行前期，国资委还没有成立，国有资产出资人缺位，也没建立起规范的国有产权管理体系，由于存在信息不对称和内部人控制等问题，在管理层收购过程中，出现了很多自买自卖、恶意压低国有资产价格等不规范行为，导致国有资产流失，也引发全社会对国有企业实施 MBO 的争议。

2003 年国资委成立之后，首先开展的重要工作之一，就是规范国有企业改制和国有产权管理。从 2003 年到 2005 年，为了规范员工持股制度，国务院国资委等部门曾先后出台相关国企改制和员工持股的多个文件，但作用并不明显。由于种种原因，员工持股制度并没有得到很好地坚持。相应地，倒是管理者收购（MBO）却得到相当多企业的青睐。

（三）20 世纪 80 年代以来：作为员工福利的制度安排

将员工持股作为一种福利制度安排，最初主要集中在电力企业。这一方式实际上可追溯到 20 世纪 80 年代中期。

当时为了安置回乡青年和解决富余员工问题，电力企业成立了一些“三产”企业和多种经营企业，为主业提供服务。电力系统员工开始通过电力多种经营企业投资发电机组，形成电力企业员工持股的雏形。以后随着我国实行多元投资、集资办电和还本付息电价，一大批集资电厂、中外合资电厂等先后建成，电力行业员工持股的现象随之逐渐增多。

1999 年至 2001 年间，电力企业员工投资发电企业成为非常普遍的现象。采取的方式主要是成立员工持股公司，持股公司再去持有发电企业股权。由于这些发电企业与电网企业主业存在紧密的业务联系，持股公司一般会取得非常丰厚的分红回报。

后来这种方式又陆续延伸到其他行业的国有企业，其共同特征是由国有企业员工成立持股公司，持有与主业有紧密业务联系的企业股权（如上下游或关联业务）。

将员工持股作为福利安排的制度设计，在一定程度上调动了员工的积极性，但由于被持股企业的主要业务收入、利润都来自国有企业，出现了很多不正当的利益输送行为，引起社会的广泛争议：典型案例就是曾引起轩然大波的鲁能集团私有化事件。

据相关报道，鲁能原为国家电网山东电力集团公司下属的“三产多经”企业。1999 年 9 月，山东电力集团确定以鲁能控股有限公司（下称鲁能控股）为核心来管理旗下的“三产多经”企业。鲁能控股由山东电力集团全资拥有，并大量注入了山东电力所属的国有资产。2002 年 11 月 8 日，鲁能集团有限责任公司（下称鲁能集团）成立，并通过改制实际上成为山东电力集团员工的持股企业。此后，员工持股的鲁能集团通过与国有的鲁能控股进行关联交易，资产规模得以迅速扩张，导致原属山东电力的非电网资产从鲁能控股向员工控制的鲁能集团大量转移：随后，在 2006 年，鲁能集团更是被曝光将以低价被两家民营企业收购，从而引发了社会各界对国有资产流失的强烈关注。截至 20 世纪末，全国电力系统员工持股企业资产已高达上千亿元，涉及员工数以十万计。一些电力企业甚至存在违反市场公平竞争原则，为员工持股会投资的多种经营企业垄断用户工程市场提供便利条件等。

为杜绝不当利益输送事件继续发生，国资委、电监会等有关部门按照中央要求，重点针对此类持股行为进行集中清理规范。2008 年 1 月，国资委、发改委、财政部和电监会联合印发《关于规范电力系统员工投资发电企业的意见》（国资发改革〔2008〕28 号）。在此基础上，国资委于同年 9 月又出台了《关于规范国有企业员工持股、投资的意见》（国资发改革〔2008〕139 号），对国有企业员工持股、投资的行为进行全方位规范，对不符合规定的员工持股提出了清退要求。按照 139 号文件规定，截至 2012 年底，4 年时间里共有 53 家中央企业清理了 5352 家子企业的不规范员工持股，涉及资金 482 亿元，员工 112 万人（其中中层以上管理人员 6.8 万人）。2009 年 2 月，国资委曾对国有企业职工不规范持股进行了整顿。有初步统计数据显示，在被查企业中，有 19 家企业 56 人的持股不符合国资委有关规定，涉及金额 1349 万元；96 家企业 6990 人不规范持股得到初步清理。

（四）2002 年以来：调动科研和经营骨干积极性的制度安排

随着我国市场经济的不断发展，人才对于企业保持竞争优势的作用日益突出，人们对人才重要性的认识日益深刻。为调动科研人员积极性，促进科技成果转化，2002 年至 2007 年期间，财政部、科技部、国资委等有关部门相继出台一系列鼓励高新技术企业、转制科研院所实行经营者和科技人员持股的政策措施。例如，《国务院办公厅转发财政部科技部关于国有高新技术企业开展股权激励试点工作指导意见的通知》对高新技术企业科研人员奖励股份的比例和转让作出了具体规定；《国务院办公厅转发国务院体改办等部门关于深化转制科研机构产权制度改革若干意见的通知》鼓励员工入股，并允许经营管理人员和科技人员持有较大比重的股份；2007 年，国资委、财政部和科技部出台了《关于印发〈中央科研设计企业实施中长期激励试行办法〉的通知》，对中央科研设计企业员工认购股权作出了相应规定。

在这些政策的引导下，一批国有企业特别是高新技术企业和院所转制企业通过实施科技骨干持股，取得了很好的效果，有效提升了人员积极性，激发了企业活力。

二、新一轮员工持股制度的政策把握

中共十八届三中全会《决定》正式提出“允许混合所有制经济实行企业员工持股，形成资本所有者和劳动者利益共同体”后，随着国有企业改革 1 + N 方案的陆续发布，2016 年 8 月 2 日，国务院国资委又联合财政部、证监会联合发布《关于国有控股混合所有制企业开展员工持股试点的意见》，再次启动国有企业股权改革。

新一轮员工持股制度的推行，主要有三个目的：一是建立利益共享、风险共担的长效激励约束机制，使员工利益与企业利益紧密结合。二是吸引和留住人才。充分调动员工积极性、主动性和创造性，更好地发挥人力资本的重要作用，保持核心人才队伍的稳定性。三是进一步优化国有企业股权结构。完善公司治理机制，形成有效制衡，防止内部人控制，减少决策失误。

迄今为止，理论界对员工持股制度仍然存在较大的认识分歧，在具体实施中也有不少亟待解决的问题。

一是员工持股制度设计的初衷是激励型的股权激励，以调动员工的积极性和增强员工的凝聚力，有效降低企业成本。但是很多国有企业则将员工持股制度作为一种福利制度，并非一项单独的激励制安排，没有独立的目的和运行机制。这与当初的初衷相悖。

二是因为缺乏统一规范的政策法规，有关政府部门对员工持股会的政策把握也存在困难。如由职工持股会投资兴办的企业除了要在整个经营过程中交完国家规定的税费外，在进行分红时，企业要上缴投资收益税，个人还要上缴个人所得税，而如果员工以自然人身份投资，就不再上缴投资收益税。因而对职工持股会存在重复计税情况。

三是职工持股会在具体操作上存在一些较难处理的问题。例如，怎样妥善处理与企业解除劳动关系的员工和离退休员工的股份回购问题，包括本金和增值部分的计算，回购资金的来源，股权比例变更的处理等。如何防止股权的地下交易和向少数持股者集中，避免企业外的投资者恶意收购问题；如何规避持股会资金的运营风险和保证运营亏损后员工有足够的风险承受能力问题；员工的购股资金投入企业后，如何保证持股会有足够的行为能力监督和管理资金的投向和使用，以确保资金安全，保护持股员工的权益不受侵犯。

四是员工集资入股引发的一系列问题至今仍未完全解决。向员工筹集的资金在特定的历史背景下确实起到了支持企业发展的作用，但由于股权分散，持股人数众多，持续激励作用并不明显。还有一些企业向员工承诺托底回购，没有真正建立员工与企业风险共担的有效机制。更为严重的是，由于对入股人员条件不作限制，造成很多遗留问题，有的直至今日仍难以解决。

在以往国有企业员工持股实践的历程中，有过成功的案例，也有失败的教训。有些实施员工持股的企业，因基本原则把握不好、方案设计不合理、运作不规范等原因，出现持股员工人数明显过多、重激励轻约束、股权退出难、新的“大锅饭”等情况，有的甚至产生不正当的利益输送致使国有资产流失等问题。因此，实施员工持股，如果操作不当，不仅达不到激励效果，而且会产生负面影响。

新一轮员工持股试点，全面总结和吸取以往的经验教训，是新时期推进国有企业改革的重要举措。参与前期调研的专家表示，“每一个规定背后都吸取了过去的经验教训”。与以往的员工持股相比，主要有以下几点不同：

一是目标定位高。以往的员工持股侧重于解决国有企业改革中某个方面的问题，如 20 世纪 90 年代初主要是为了推进股份制改革，一些企业搞了职工持股会参与国企改革；90 年代中后期为使某些国有企业改制退出，一些企业让部分员工收购国有资产或进行持股等。而这次员工持股的改革目标定位更高，是要通过员工持股这一制度安排，总结可复制、可推广的经验，进一步有效建立激励约束长效机制，激发国有企业内在活力。而实行企业员工持股制度的企业，主要是国有控股混合所有制企业。

二是改革统筹性强。《意见》就员工持股做出的具体制度安排，是深化国有企业改革的配套政策之一，不是一项单一的、孤立的改革政策。因此，与以往的员工持股不同，本次开展员工持股试点，与国有企业功能分类、混合所有制改革等其他相关政策之间的衔接非常紧密，需要统筹推进。

三是规范性要求比较全面。《意见》就开展员工持股试点涉及的试点企业条件、持股员工范围、出资入股方式、入股价格、股权结构、持股比例、股权流转等关键事项，都提出了明确要求，指导性和操作性都比较强。

四是突出强调试点先行。由于实施员工持股是一项复杂而精细的制度尝试，并且我国国有企业所处行业较广，企业情况也各不相同，必须不断进行探索。

关于试点的原则。一是员工以“增量引入”即通过增资扩股等方式作为持股的股票来源；二是员工用以岗定股的方式作为持股的导向。

关于试点企业的条件。一是主业处于充分竞争行业和领域的商业类企业；二是主营收入和利润的90%以上来源于所在企业集团外部市场；三是优先支持人才资本和技术要素贡献占比比较高的专制科研院所、高新技术企业、科技服务型企业开展员工持股试点。

关于企业员工入股。一是与本公司签订了劳动合同的关键岗位员工；二是参与持股的员工，需要真金白银的出资入股；三是员工入股价格不得低于核准或者备案的每股净资产估值；四是员工持股总量原则上不超过公司总股本的30%，每位员工持股量不高于公司总股本的1%；五是员工可以直接持股，也可以通过持股平台持股。

关于企业员工的股权管理。一是股权管理主体，通过持股人会议等形式选出代表或设立相应机构进行管理；二是实施员工持股，应设定不少于 36 个月的锁定期；三是不得承诺年度分红回报和设置托底回购条款。

关于试点工作的实施。一是首批试点企业数量有限，各省、自治区、直辖市及计划单列市可分别选择 5 ~ 10 户企业，国务院国资委从中央企业中选择 10 户企业；二是员工持股方案制定后需要审批及备案。

针对员工持股试点可能出现的国有资产流失风险，《意见》还提出一系列防范措施，如明确主要采取增资扩股、出资新设方式引入员工持股，不减少国有资本存量。要求国有企业不得以任何形式向本企业集团内的员工持股企业输送利益，对国有企业和本企业集团内员工持股企业之间的关联交易加强审计监督。并且强化信息公开，要求试点企业应将持股员工范围、持股比例、入股价格、审计评估等重要信息按照规定充分披露，切实保障员工的知情权和监督权。要求国有企业与本企业集团内员工持股企业之间的关联交易应由一级企业以适当方式定期公开。

2016 · 年度改革实践

供给侧结构性改革

2015 年中央经济工作会议提出，明年及今后一个时期，要在适度扩大总需求的同时，着力加强供给侧结构性改革，实施相互配合的五大政策支柱。

所谓“供给侧改革”，就是从供给、生产端入手，通过解放生产力，提升竞争力促进经济发展，其核心在于提高全要素生产率。过去常说的三驾马车——投资、消费、出口，都是从需求方面推动经济发展，但这几年供给端出了问题，表现在一方面产能过剩；另一方面，老百姓需求的高品质、高附加值的产品却难以满足，致使大量国内消费需求转向海外。

供给方面出现的问题其实是结构性问题，所以中共中央提出供给侧改革，其核心是结构调整。之前召开的中共中央政治局会议明确，供给侧改革要从“深入实施创新驱动战略”“积极稳妥推进企业优胜劣汰”“帮助企业降低成本”“化解房地产库存”“保持有效投资力度”等多个维度同时发力。

但是有专家提出，供给侧改革的同时，需求方面也不能偏废，要“两头促进”，不能“一头沉”。需求侧改革也存在结构性问题。在投资和消费的结构中，过去多依赖投资，现在应增加消费的比重，以消费拉动经济；在消费中，过去政府消费占比大，居民消费少，今后应提高居民消费。

开展“十项改革试点”

继2014年7月国务院国资委在中央企业中开展“四项改革”试点工作之后，2016年2月，国务院国有企业改革领导小组研究决定，进一步开展“十项改革试点”，以点带面、以点串线，形成经验、复制推广。“十项改革试点”工作的内容是：

第一，关于落实董事会职权试点。国资委将进一步完善原有试点，同时扩大试点范围，再选择3～5家企业进行试点，同时指导推动各地开展这项试点。中央企业中开展落实董事会职权试点的企业有中国节能、中国建材、国药集团、新兴际华、宝武集团、国投集团6家企业。

第二，关于市场化选聘经营管理者试点。该项试点工作2016年将在各级履行出资人职责机构直接监管的国有独资、控股的一级企业进行，国资委和各省市将分别选择3～5家企业进行试点。

第三，关于推行职业经理人制度试点。该项试点将从市场化选聘经营管理者试点的单位中，优先选择2～3家处于充分竞争领域的商业类企业，以及经营困难、重组改制、发展混合所有制经济等企业。同时鼓励中央企业选择部分条件成熟的二三级公司开展试点，支持各地开展这项试点工作。

第四，关于企业薪酬分配差异化改革试点。国资委计划选择处于竞争性行业或领域、公司治理机制建立健全、董事会建设和运作比较规范、已实行或正在试点职业经理人制度的中央企业，开展试点。试点人员范围为，试点企业中市场化选聘和管理的职业经理人。

第五，关于国有资本投资、运营公司试点。国资委2016年将选择3—5家企业开展国有资本投资公司试点，推进中粮集团、国投集团改组为国有资本投资运营公司；中国诚通、中国国新改组为国有资本运营公司；神华集团、宝武集团、中国五矿、招商局集团、中国交建、保利集团改组为国有资本投资公司。

第六，关于中央企业兼并重组试点。2015年，国资委会同有关部门先后完成了6对12家中央企业重组，组织3家电信企业完成了铁塔公司的组建。推进中国建材和中材集团、中远集团和中国海运、中电投集团和国家核电重组。下一步，国资委还将探索更多、更有效的途径和方式，坚持成熟一户、推进一户，积极稳妥做好中央企业兼并重组。

第七，关于部分重要领域混合所有制改革试点。电力、石油、天然气、铁路、民航、电信、军工等领域是国有资本相对集中的领域，2016年上半年，国资委将确定首批试点企业，并着手制定试点实施方案，下半年正式启动试点，稳妥有序推进相关改革工作。

第八，关于混合所有制企业员工持股试点。国资委今年计划在中央企业层面选择10家子企业，指导各省市分别选择10家企业开展试点。

第九，关于国有企业信息公开工作试点。国资委计划2016年在中粮集团、中国建筑、国家电投、南航集团围绕董事会信息披露、财务信息公开等方面开展试点，指导地方国资委选择若干重点企业试点。国资委还将建设统一的国有企业信息公开平台，为中央企业信息公开提供支持，为社会公众查阅信息提供服务。

第十，关于剥离企业办社会职能和解决历史遗留问题试点。国资委计划选择2～3家中央企业推进所办教育机构深化改革试点，选择2～3个城市开展国有企业退休人员社会化管理试点。

完善中央企业功能分类考核

为落实国有企业分类管理、分类考核精神，2016 年 8 月，国务院国资委制定了《关于完善中央企业功能分类考核的实施方案》，对国有企业的分类考核办法作出如下明确规定。

一、考核内容

按照国有企业功能界定与分类的有关政策要求，对中央企业分为三类实施考核：

（一）主业处于充分竞争行业和领域的商业类中央企业。以增强国有经济活力、放大国有资本功能、实现国有资本保值增值为导向，重点考核企业经济效益、资本回报水平和市场竞争能力，引导企业提高资本运营效率，提升价值创造能力。

（二）主业处于关系国家安全、国民经济命脉的重要行业和关键领域、主要承担重大专项任务的商业类中央企业。以支持企业可持续发展和服务国家战略为导向，在保证合理回报和国有资本保值增值的基础上，加强对服务国家战略、保障国家安全和国民经济运行、发展前瞻性战略性产业以及完成重大专项任务情况的考核。

（三）公益类中央企业。以支持企业更好地保障民生、服务社会、提供公共产品和服务为导向，坚持把社会效益放在首位，重点考核产品服务质量、成本控制、运营效率和保障能力。

二、建立特殊事项管理清单制度

将企业承担的对经营业绩有重大影响的特殊事项列入管理清单，作为考核指标确定和结果核定的重要参考依据。纳入清单的特殊事项主要包括：

（一）保障国家安全

1. 国防安全。在推进军民融合深度发展、完善武器装备科研生产体系、国防动员体系、交通战备及国家安全建设等方面承担的任务，主要包括国防军事装备与技术的研发、军品生产任务、重大任务的装备保障等。

2. 能源资源安全。在重要能源资源勘查、开发、运输、建设、储备等方面承担的任务，主要包括石油天然气及战略性矿产资源的勘查开采、战略通道建设、重要商品和战略物资储备等。

3. 粮食安全。在落实国家宏观调控任务，稳定市场供应等特殊时期承担的任务，主要包括理顺粮油等产品的生产、收储、流通、加工、贸易等环节，调节区域供应和结构平衡等。

4. 网络与信息安全。在网络与信息安全等方面承担的任务，主要包括网络与信息安全软硬件研制任务、技术手段建设，以及保障网络信息安全、特殊通信和应急通信等。

（二）提供公共服务

承担政府赋予的部分公共服务职能。主要包括电网领域的农村电网改造、电网建设与相关技术研发、生产调度和安全质量、普遍服务等；电信领域的村村通工程、互联互通和普遍服务等；铁路、邮政领域的普遍服务等。

（三）发展重要前瞻性战略性产业

根据国家产业发展需要，培育和发展新一代信息技术、节能环保技术、生物技术、高端装备制造、新能源、新材料、新能源汽车等战略性新兴产业。主要包括重大基础研究、共性技术研发、科技成果转化和示范应用以及重大行业标准制订等；落实“中国制造 2025”“互联网＋”行动计划，促进新型工业化与信息化深度融合等；国家重点水电工程建设与运营、新能源技术开发等；国产民用飞机产业化、大型飞机研制、航空发动机研制，研发、建设和运营新一代移动通信和宽带网络，国家经济政策和地区发展规划咨询等国家专项任务。

（四）实施“走出去”重大战略项目

主要包括推进周边地区基础设施互联互通，控制境外重要能源资源，获取境外关键技术，带动我国装备、技术、标准出口等。

三、考核期与考核结果应用

（一）年度经营业绩考核以公历年为考核期，任期经营业绩考核以三年为考核期。

（二）根据业绩考核结果，实行与企业功能定位相符合、与企业负责人分类管理和选任方式相适应、与业绩考核结果相挂钩的差异化薪酬激励机制，并将业绩考核结果作为企业负责人任免的重要依据。

全面推进国有企业“三供一业”分离移交工作

国有企业“三供一业”分离移交工作自2012年至2015年的试点以后，2016年在全国国有企业中全面推开。据不完全统计，截至2015年末，各级国资委监管企业办社会职能机构约1.66万个，其中职工家属区“三供一业”管理机构约4900个，国有企业办社会职能每年需承担费用1400多亿元。深化国有企业改革必须使国有企业成为真正的市场主体。剥离企业办社会职能和解决历史遗留问题是深化国有企业改革的一项不可缺少的重要基础工作。

在2015年中央经济工作会议上，习近平总书记要求，加大政策支持力度，加快解决国有企业办社会负担和历史遗留问题。李克强总理在2016年《政府工作报告》中强调，要加快剥离国有企业办社会职能，解决历史遗留问题，让国有企业瘦身健体，增强核心竞争力。国务院第115次常务会议专题研究并明确2016年在全国全面推进国有企业“三供一业”分离移交工作。强调这是深化国有企业改革的前提和重要内容，有利于国有企业轻装上阵，公平竞争，真正确立市场主体地位，要求各方面统一认识，要直面存在的困难和矛盾，不回避、不绕开，下决心从根本上解决问题。

为此，国务院决定，从2016年起在全国全面推进国有企业“三供一业”分离移交工作。3月，国务院印发了《加快剥离国有企业办社会职能和解决历史遗留问题工作方案》。6月11日，国务院国资委、财政部《关于国有企业职工家属区“三供一业”

分离移交工作指导意见》，7 月 13 日，国务院国资委召开全国会议进行部署。

关于分离移交的工作目标。2016 年开始，在全国全面推进国有企业（含中央企业和地方国有企业）职工家属区“三供一业”分离移交工作，对相关设备设施进行必要的维修改造，达到城市基础设施的平均水平，分户设表、按户收费，交由专业化企业或机构实行社会化管理，2018 年底前基本完成。2019 年起国有企业不再以任何方式为职工家属区“三供一业”承担相关费用，不得在工资福利外对“三供一业”进行补贴。先期试点的 10 个省市要进一步巩固试点成果，率先完成本地区分离移交工作，已完成移交的国有企业从移交日起不再为“三供一业”承担相关费用。其他省市要抓紧明确职责分工，制定工作方案，尽快启动分离移交工作，按期完成目标任务。

关于分离移交的工作要求。坚持政策引导与企业自主相结合，推进公共服务专业化运营，提高服务质量和运营效率，国有企业不再承担与主业发展方向不符的公共服务职能。国有企业不得在工资福利外对职工家属区“三供一业”进行补贴，切实减轻企业负担，保障国有企业轻装上阵、公平参与市场竞争。原则上先完成移交，再维修改造，按照技术合理、经济合算、运行可靠的要求，以维修为主、改造为辅，促进城市基础设施优化整合。分离移交工作执行地市级以上地方人民政府出台的相关标准和政策，保证分离移交后设备设施符合基本标准、正常运行。

关于分离移交的费用。分离移交“三供一业”的费用，包括相关设施维修维护费用、基建和改造工程项目的可研费用、设计费用、旧设备设施拆除费用、施工费用、监理费用等，国务院决定，分离移交费用由企业和政府共同分担。中央企业的分离移交费用由中央财政（国有资本经营预算）补助50%，中央企业集团公司及移交企业的主管企业承担比例不低于30%，其余部分由移交企业自身承担。原政策性破产中央企业的分离移交费用由中央财政（国有资本经营预算）全额承担。地方国有企业分离移交费用由地方人民政府明确解决办法。其中1998年1月1日以后中央下放地方的煤炭、有色金属、军工等企业（含政策性破产企业）的分离移交费用由中央财政给予适当补助，具体办法由财政部另行制定。因“三供一业”分离移交工作对企业经营业绩考核指标产生较大影响的，进行经营业绩考核时可予以适当考虑。

关于分离移交后的人员安置。移交“三供一业”涉及的从业人员，原则上按照地市级以上地方人民政府制定的政策标准接收安置，按照有关政策无法接收的人员由移交企业妥善安置。企业集团公司及移交企业要做好相关工作衔接，深入细致开展思想政治工作，确保企业正常运转和职工队伍稳定。

关于分离移交的途径。国有企业职工家属区的物业管理可由国有物业管理公司接收，也可由当地政府指定有关单位接收，支持实力强、信誉好的国有物业管理公司跨地区接收移交企业的物业管理职能。已经进行过房改的职工家属区，也可在当地政府指导下，由业主大会市场化选聘物业管理机构，或者实行业主自我管理。

至 2017 年上半年，国有企业职工家属“三供一业”分离移交工作已完成总体任务一半以上。

降低实体经济企业成本

为推进供给侧结构性改革，2016 年 8 月 8 日，国务院印发《关于降低实体经济企业成本的工作方案》，采取针对性、系统性措施，有效降低实体经济企业成本，优化企业发展环境，助推企业转型升级，进一步提升产业竞争力，增强经济持续稳定增长动力。

降低实体经济企业成本工作的目标是：经过 1 至 2 年努力，降低实体经济企业成本工作取得初步成效，3 年左右使实体经济企业综合成本合理下降，盈利能力较为明显增强。

一是税费负担合理降低。全面推开营改增试点，年减税额 5000 亿元以上。清理规范涉企政府性基金和行政事业性收费。全面推开营改增试点，确保所有行业税负只减不增。落实好研发费用加计扣除政策，修订完善节能环保专用设备税收优惠目录。扩大行政事业性收费免征范围，清理规范涉企收费。取消减免一批政府性基金，扩大小微企业免征范围。

二是融资成本有效降低。企业贷款、发债利息负担水平逐步降低，融资中间环节费用占企业融资成本比重合理降低。保持流动性合理充裕，营造适宜的货币金融环境。降低融资中间环节费用，加大融资担保力度。完善商业银行考核体系和监管指标，加大不良资产处置力度。稳妥推进民营银行设立，发展中小金融机构。大力发展股权融资，合理扩大债券市场规模。

引导企业利用境外低成本资金，提高企业跨境贸易本币结算比例。

三是制度性交易成本明显降低。简政放权、放管结合、优化服务改革综合措施进一步落实，营商环境进一步改善，为企业设立和生产经营创造便利条件，行政审批前置中介服务事项大幅压缩，政府和社会中介机构服务能力显著增强。

四是人工成本上涨得到合理控制。工资水平保持合理增长，企业“五险一金”缴费占工资总额的比例合理降低。从2016年5月1日起，对企业职工基本养老保险单位缴费比例超过20%的省份，将单位缴费比例降至20%，单位缴费比例为20%且2015年底企业职工基本养老保险基金累计结余可支付月数超过9个月的省份，可以阶段性将单位缴费比例降低至19%；将失业保险总费率阶段性降至1%～1.5%，其中个人费率不超过0.5%。以上两项社保费率降低期限暂按两年执行。对住房公积金缴存比例高于12%的一律予以规范调整，不得超过12%。

五是能源成本进一步降低。企业用电、用气定价机制市场化程度明显提升，工商业用电和工业用气价格合理降低。加快推进能源领域改革，放开竞争性环节价格。加快推进电力体制改革，合理降低企业用电成本。完善土地供应制度，降低企业用地成本。

六是物流成本较大幅度降低。社会物流总费用占社会物流总额的比重由目前的4.9%降低0.5个百分点左右，工商业企业物流费用率由8.3%降低1个百分点左右。

继续化解重点行业过剩产能

为深化供给侧结构性改革，国务院决定继续加大化解过剩产能的力度，计划从 2016 年开始，用 3 至 5 年的时间，再退出煤炭产能 5 亿吨左右、减量重组 5 亿吨左右，较大幅度压缩煤炭产能；用 5 年时间再压减粗钢产能 1 亿～1.5 亿吨，行业兼并重组取得实质性进展。

一、煤炭行业化解过剩产能的目标和政策

从 2016 年起，3 年内原则上停止审批新建煤矿项目、新增产能的技术改造项目和产能核增项目；确需新建煤矿的，一律实行减量置换。在建煤矿项目应按一定比例与淘汰落后产能和化解过剩产能挂钩，已完成淘汰落后产能和化解过剩产能任务的在建煤矿项目应由省级人民政府有关部门予以公告。

在近年来淘汰落后煤炭产能的基础上，从 2016 年开始，用 3 至 5 年的时间，再退出产能 5 亿吨左右、减量重组 5 亿吨左右，较大幅度压缩煤炭产能，适度减少煤矿数量，煤炭行业过剩产能得到有效化解，市场供需基本平衡，产业结构得到优化，转型升级取得实质性进展。

安全监管总局等部门确定的 13 类落后小煤矿，以及开采范围与自然保护区、风景名胜区、饮用水水源保护区等区域重叠的煤矿，要尽快依法关闭退出。产能小于 30 万吨/年且发生重大及以上安全生产责任事故的煤矿，产能 15 万吨/年及以下且发生较大及以上安全生产责任事故的煤矿，以及采用国家明令禁止使用的采煤方法、工艺且无法实施技术改造的煤矿，要在 1

至3年内淘汰。

对属于以下情况的，通过给予政策支持等综合措施，引导相关煤矿有序退出。

安全方面：煤与瓦斯突出、水文地质条件极其复杂、具有强冲击地压等灾害隐患严重，且在现有技术条件下难以有效防治的煤矿；开采深度超过《煤矿安全规程》规定的煤矿；达不到安全质量标准化三级的煤矿。

质量和环保方面：产品质量达不到《商品煤质量管理暂行办法》要求的煤矿。开采范围与依法划定、需特别保护的相关环境敏感区重叠的煤矿。

技术和资源规模方面：非机械化开采的煤矿；晋、蒙、陕、宁等4个地区产能小于60万吨/年，冀、辽、吉、黑、苏、皖、鲁、豫、甘、青、新等11个地区产能小于30万吨/年，其他地区产能小于9万吨/年的煤矿；开采技术和装备列入《煤炭生产技术与装备政策导向（2014年版）》限制目录且无法实施技术改造的煤矿；与大型煤矿井田平面投影重叠的煤矿。

其他方面：长期亏损、资不抵债的煤矿；长期停产、停建的煤矿；资源枯竭、资源赋存条件差的煤矿；不承担社会责任、长期欠缴税款和社会保障费用的煤矿；其他自愿退出的煤矿。

推进企业改革重组。稳妥推动具备条件的国有煤炭企业发展混合所有制经济，完善现代企业制度，提高国有资本配置和运行效率。鼓励大型煤炭企业兼并重组中小型企业，培育一批大型煤炭企业集团，进一步提高安全、环保、能耗、工艺等办矿标准和生产水平。利用3年时间，力争单一煤炭企业生产规模全部达到300万吨/年以上。

二、钢铁行业化解过剩产能的目标和政策

各地区、各部门不得以任何名义、任何方式备案新增产能的钢铁项目，各相关部门和机构不得办理土地供应、能评、环评审批和新增授信支持等相关业务。对违法违规建设的，要严肃问责。已享受奖补资金和有关政策支持的退出产能不得用于置换。

在近年来淘汰落后钢铁产能的基础上，从2016年开始，用5年时间再压减粗钢产能1亿～1.5亿吨，行业兼并重组取得实质性进展，产业结构得到优化，资源利用效率明显提高，产能利用率趋于合理，产品质量和高端产品供给能力显著提升，企业经济效益好转，市场预期明显向好。

严格执行环保、能耗、质量、安全、技术等法律法规和产业政策，达不到标准要求的钢铁产能要依法依规退出。

环保方面：严格执行环境保护法，对污染物排放达不到《钢铁工业水污染物排放标准》《钢铁烧结、球团工业大气污染物排放标准》《炼铁工业大气污染物排放标准》《炼钢工业大气污染物排放标准》《轧钢工业大气污染物排放标准》等要求的钢铁产能，实施按日连续处罚；情节严重的，报经有批准权的人民政府批准，责令停业、关闭。

能耗方面：严格执行节约能源法，对达不到《粗钢生产主要工序单位产品能源消耗限额》等强制性标准要求的钢铁产能，应在6个月内进行整改，确需延长整改期限的可提出不超过3个月的延期申请，逾期未整改或未达到整改要求的，依法关停退出。

质量方面：严格执行产品质量法，对钢材产品质量达不到强制性标准要求的，依法查处并责令停产整改，在6个月内未整改或未达到整改要求的，依法关停退出。

安全方面：严格执行安全生产法，对未达到企业安全生产标准化三级、安全条件达不到《炼铁安全规程》《炼钢安全规程》《工业企业煤气安全规程》等标准要求的钢铁产能，要立即停产整改，在6个月内未整改或整改后仍不合格的，依法关停退出。

技术方面：按照《产业结构调整指导目录（2011年本）（修正）》的有关规定，立即关停并拆除400立方米及以下炼铁高炉、30吨及以下炼钢转炉、30吨及以下炼钢电炉等落后生产设备。对生产地条钢的企业，要立即关停，拆除设备，并依法处罚。

三、建材行业压减过剩产能的目标和政策

到2020年，再压减一批水泥熟料、平板玻璃产能，产能利用率回到合理区间；水泥熟料、平板玻璃产量排名前10家企业的生产集中度达60%左右；建材产品深加工水平和绿色建材产品比重稳步提高，质量水平和高端产品供给能力显著增强，节能减排和资源综合利用水平进一步提升；建材工业效益好转，水泥、平板玻璃行业销售利润率接近工业平均水平，全行业利润总额实现正增长。

2020年底前，严禁备案和新建扩大产能的水泥熟料、平板玻璃建设项目；2017年底前，暂停实际控制人不同的企业间的水泥熟料、平板玻璃产能置换。《国务院关于化解产能严重过剩矛盾的指导意见》印发后核准或备案的项目，凡是未按规定开展产能置换导致新增产能的，要严肃查处，国土、环保、质检等部门和金融机构一律不予支持。对上述文件印发前的水泥违规项目，未经工业和信息化部、国家发展改革委联合公告、认定或明确由地方视情处理的，停止生产许可受理，已受理的一律不予许可；存在落后设备、工艺、违规产能以及生产淘汰类产品的，一律不予受理、不予许可。利用水泥窑协同处置城市生活垃圾或危险废物、电石渣等固废伴生水泥项目，必须依托现有新型干法水泥熟料生产线进行不扩产能的改造。新上工业玻璃项目，熔窑能力超过 150 吨/天的，应依托现有平板玻璃生产线进行技术改造。严防借开展协同处置、发展工业玻璃之名建设新增水泥熟料、平板玻璃产能的项目。

污染物排放达不到要求或超总量排污的，实施按日连续处罚；情节严重的，报经有批准权的人民政府批准，责令停业、关闭。能耗超限额的，应在 6 个月内整改达标；确需延长整改期限的，经申请可延长不超过 3 个月的期限；逾期仍不达标的，依法关停退出。依法查处生产、销售不符合国家强制性标准水泥产品和无生产许可证生产、销售水泥产品的违法行为。产品质量达不到国家强制性标准的，依法查处并责令停产整改，6 个月内未整改或整改仍不达标的，依法关停退出。安全生产标准化和安全生产条件达不到要求的，应立即停产整改，6 个月内未整改或整改仍不达标的，依法关停退出。使用《产业结构调整指导目录（2011 年本）（修正）》淘汰类工艺技术与装备的产能，要立即关停退出。

四、有色金属行业压减过剩产能的目标和政策

优化有色金属工业产业结构，重点品种供需实现基本平衡，电解铝产能利用率保持在80%以上，铜、铝等品种矿产资源保障能力明显增强，稀有金属资源开发利用水平进一步提升，再生有色金属使用比重稳步提高，重点工艺技术装备取得突破。航空、汽车、建筑、电子、包装等领域有色金属材料消费量进一步增加，重大国际产能合作项目取得实质性进展，有色金属工业发展质量和效益明显提升。

坚决落实《国务院关于化解产能严重过剩矛盾的指导意见》等有关规定，确有必要的电解铝新（改、扩）建项目，要严格落实产能等量或减量置换方案，并在网上公示。利用社会监督等手段，加大督促检查工作力度，严厉查处违规新建电解铝项目。按有关规定对违规新增产能的有关方面和人员严肃问责。

全面调查掌握有色金属重点品种的环保、能耗、质量、安全、技术等情况。完善主要污染物在线监控体系，加强公平公正执法，对不符合法律法规、产业政策和相关标准的企业，要立即限期整改；未达到整改要求的，要依法依规关停退出，同时在省级人民政府或其部门的网站上公告，接受社会监督。

鼓励有条件的企业适时调整发展战略，主动压减存量产能，实施跨行业、跨地区、跨所有制的等量或减量兼并重组，退出部分低效产能。对不符合所在城市发展规划且不具备搬迁价值和条件的企业，鼓励其实施转型转产；具备搬迁条件的企业，支持其退城入园或实施环保改造后向有条件的地区搬迁。

五、石化行业压减过剩产能的目标和政策

石化行业万元工业增加值能源消耗、二氧化碳排放量、用水量分别比“十二五”末下降 8%、10% 和 14%。企业主要污染物排放达到石油炼制工业、石油化学工业、合成树脂工业、无机化学工业污染物排放标准要求。

严格控制尿素、磷铵、电石、烧碱、聚氯乙烯、纯碱、黄磷等过剩行业新增产能，相关部门和机构不得违规办理土地（海域）供应、能评、环评和新增授信等业务，对符合政策要求的先进工艺改造提升项目应实行等量或减量置换。未纳入《石化产业规划布局方案》的新建炼化项目一律不得建设。研究制定产能置换方案，充分利用安全、环保、节能、价格等措施，推动落后和低效产能退出，为先进产能创造更大市场空间。

2016 年，全国国有企业退出钢铁产能 5249 万吨，约占全国退出产能的 80%；退出煤炭产能 20629 万吨，约占全国退出产能的 70%。截至 2017 年 8 月，中央企业已退出钢铁产能 1614 万吨；退出煤炭产能 5510 万吨。

压缩管理层级、减少法人户数

为深入贯彻《中共中央 国务院关于深化国有企业改革的指导意见》（中发〔2015〕22 号）精神，解决中央企业法人户数多、法人链条长、管理层级多、机构臃肿、管理效率低等突出问题，推动中央企业优化组织结构，提高管理效率，构建业务有进有退、企业优胜劣汰、板块专业化经营、管控精干高效的发展格局，不断提升发展质量和经济效益。国务院国资委部署中央企业瘦身健体，有效压缩管理层级、减少法人户数（以下简称“压减”工作），力争在3年内使多数中央企业管理层级控制在3—4级以内，法人层级10级以上（含10级）的企业减少3—5个层级，企业法人户数减少20%左右。按照定位准确、职能清晰、流程顺畅、精干高效的要求，科学设置管理层级和职能部门，精简管理部门和管理人员，提高管理效率。中央企业是“压减”工作的责任主体，企业内部按照产权关系和管理权限，层层落实主体责任。

“压减”工作充分考虑各企业发展战略、行业特点等实际情况，确定具体目标与方案，不搞“一刀切”。统筹规划，将“压减”工作与改组组建国有资本投资、运营公司、中央企业重组整合、处置“僵尸企业”及特困企业专项治理、过剩产能退出、厂办大集体改革、分离移交“三供一业”等企业办社会职能改革工作协同推进。

截至2017年8月底，全国共减少法人企业6395户，减少比例达12.25%，涉及职工247.35万人，合计减少人工成本274亿元，减少管理费用106亿元。

国有企业改革取得重大成绩

截至2016年底，中央企业资产总额达到50.5万亿元，和前一个五年相比增加了80%；五年来实现经济效益6.4万亿元，增加了30.6%；上缴各种税费10.3万亿元，增加了63.5%。

全国国有企业公司制改制面达到90%以上，中央企业各级子企业公司制改制面达92%。混合所有制改革稳步推进，超过

2/3 的中央企业已经或正在引入各类社会资本推进股权多元化。重组整合扎实推进，通过重组国有资本布局结构不断优化。三项制度改革进一步深化，国资监管职能进一步转变，国有资产监督不断强化。

党的建设得到全面加强，为国企改革发展提供了坚强保证。截至 2017 年末，国务院国资委监管的 98 家中央企业在集团层面全部完成党建要求进章程，全部实现党委（党组）书记、董事长“一肩挑”，全部配备了主抓党务工作专职副书记，全部把党组织研究讨论作为企业决策重大问题的前置程序，全部设置了党务工作机构，党务部门编制全部达到同级部门平均编制，全部将党务工作经费纳入企业预算，全部开展二级单位党组织书记述职评议。中央企业基层党组织基本实现全覆盖，覆盖率超过 99.4%，按期换届率达到 92.3%，制定修订党建工作制度 1300 余项。中央企业因地制宜，积极推进党建任务在基层单位落地，目前已有 3900 多家二三级单位完成章程修订，2800 多家二三级单位实现“一肩挑”，2600 多家二三级单位配备了专职副书记，12000 多家二三级单位落实了前置程序要求。

2016 · 重要理论观点

坚持党对国有企业的领导是重大政治原则

2016 年 10 月 10 日至 11 日，全国国有企业党的建设工作会议在北京举行。中共中央总书记、国家主席、中央军委主席习近平出席会议并发表重要讲话。

习近平指出，坚持党的领导、加强党的建设，是我国国有企业的光荣传统，是国有企业的“根”和“魂”，是我国国有企业的独特优势。新形势下，国有企业坚持党的领导、加强党的建设，总体要求是：坚持党要管党、从严治党，紧紧围绕全面解决党的领导、党的建设弱化、淡化、虚化、边缘化问题，坚持党对国有企业的领导不动摇，发挥企业党组织的领导核心和政治核心作用，保证党和国家方针政策、重大部署在国有企业贯彻执行；坚持服务生产经营不偏离，把提高企业效益、增强企业竞争实力、实现国有资产保值增值作为国有企业党组织工作的出发点和落脚点，以企业改革发展成果检验党组织的工作和战斗力；坚持党组织对国有企业选人用人的领导和把关作用不能变，着力培养一支高素质企业领导人员队伍；坚持建强国有企业基层党组织不放松，确保企业发展到哪里、党的建设就跟进到哪里、党支部的战斗堡垒作用就体现在哪里，为做强做优做大国有企业提供坚强组织保证。

习近平强调，坚持党对国有企业的领导是重大政治原则，必须一以贯之；建立现代企业制度是国有企业改革的方向，也必须一以贯之。中国特色现代国有企业制度，“特”就特在于把党的领导融入公司治理各环节，把企业党组织内嵌到公司治理结构之中，明确和落实党组织在公司法人治理结构中的法定地位，做到组织落实、干部到位、职责明确、监督严格。党对国有企业的领导是政治领导、思想领导、组织领导的有机统一。国有企业党组织发挥领导核心和政治核心作用，归结到一点，就是把方向、管大局、保落实。要明确党组织在决策、执行、监督各环节的权责和工作方式，使党组织发挥作用组织化、制度化、具体化。要处理好党组织和其他治理主体的关系，明确权责边界，做到无缝衔接，形成各司其职、各负其责、协调运转、有效制衡的公司治理机制。

要把加强党的领导和完善公司治理统一起来，明确国有企业党组织在公司法人治理结构中的法定地位。国有企业党组织要承担好从严管党治党责任。

国有企业领导人员是党在经济领域的执政骨干

2016 年 10 月 10 日，中共中央总书记习近平在全国国有企业党的建设工作会议发布重要讲话并指出，国有企业领导人员是党在经济领域的执政骨干，是治国理政复合型人才的重要来源，肩负着经营管理国有资产、实现保值增值的重要责任。

要坚持党管干部原则，保证党对干部人事工作的领导权和对重要干部的管理权，保证人选政治合格、作风过硬、廉洁不出问题。对国有企业领导人员，既要从严管理，又要关心爱护，树立正向激励的鲜明导向，让他们放开手脚干事、甩开膀子创业。

坚持全心全意依靠工人阶级的方针

2016 年 10 月 10 日，中共中央总书记习近平在全国国有企业党的建设工作会议发布重要讲话并指出，坚持全心全意依靠工人阶级的方针，是坚持党对国有企业领导的内在要求。要健全以职工代表大会为基本形式的民主管理制度，推进厂务公开、业务公开，落实职工群众知情权、参与权、表达权、监督权，充分调动工人阶级的积极性、主动性、创造性。企业在重大决策上要听取职工意见，涉及职工切身利益的重大问题必须经过职代会审议。要坚持和完善职工董事制度、职工监事制度，鼓励职工代表有序参与公司治理。

国有资产管理中的四重委托—代理关系及其解决机制

王曙光、徐余江在《中共中央党校学报》2016 年第 6 期撰文认为，在我国的国有资产管理运行系统中，全体人民（全民所有财产）、全国人民代表大会、国资委、国有资本投资运营公司、国有企业五大主体之间，存在着四重委托—代理关系。普通的股份制企业更多涉及的是代理人风险，而国有资产管理委托—代理关系中不仅涉及代理人风险，还存在委托人风险。分别是顶层一元终极所有者缺位（越位）风险、中间层人格化积极股东缺失或者不完善的风险、底层行政化运作多于市场化运作风险以及三层之间的激励约束机制缺失带来的风险。

第一重委托—代理关系，是全体人民与全国人民代表大会；第二重委托—代理关系，是全国人民代表大会与国资委；第三重委托—代理关系，是国资委与国有资本投资运营公司；第四重委托—代理关系，是国有资本投资运营公司与国有企业。

在第一重委托—代理关系中，“全体人民”仅仅是理论上的所有者，而不是现实所有者，也不是独立法人，不具有市场商业化行为能力。这一重委托—代理关系引发的问题是：所有者对国有资产收益情况并无直接感受与体验，两者相关性较弱，两者之间的激励约束机制松耦合。

如何通过市场化代理人制度来实现重复博弈机制，避免代理人制度的独占性、唯一性、同质化，增加代理人的替代性、差异化，避免摊薄委托人控制权，是国有企业资产管理中多层级委托—代理关系中存在的共性问题。国有资产红利分配机制的构建，可以考虑将部分国有企业股权划拨至全国社保基金理事会，解决社会保障等问题，增强全体人民作为初始委托人共享国有资产红利的幸福感，由此建立起全链条的信息约束与反馈机制。

在第二重委托—代理关系中，通过全国人民代表大会授权，国资委成为国有资产管理的天然代理人。存在委托人所有者缺位、代理人的道德风险问题。可以通过构建顶层“一元终极所有者”办法解决，即全国人民代表大会作为“一元终极所有者”，通过立法实施国资监管，明确国资委相应的责任权利，形成可修正的考核制度，形成有效激励约束机制；另外，国资委关于国有资产管理的相关法规的颁布实施，也都需要通过全国人民代表大会的审议批准方能生效。

在第三重委托——代理关系中，国资委与国有资本投资运营公司，目前仍然是行政性委托—代理关系，而非市场化委托—代理关系。国资委既是监督者，又是政策制定者，承担多重角色。委托人与代理人之间不是平等关系，更多是上下级关系。解决这一重委托—代理关系问题的关键，在于以国有资本投资运营平台为中间层，塑造人格化积极股东，处理好所有者与经营者分离、政府与企业职能定位等问题。中间层塑造人格化积极股东是此轮国有资产管理体制改革的关键，也是混合所有制经济下国有资产管理模式创新的关键。不仅可以解决所有者缺位和所有者人格化的问题，而且可以实现比较规范的法人治理，从而规避对所投资的企业进行的不适当行政干预，也有利于实现政府的职能转型。

在第四重委托—代理关系中，改组组建国有资本投资运营公司，解决了国有企业上市公司的所有者到位问题，但是并没有解决投资运营公司本身的所有者缺位问题，因而仅是将所有者缺位问题向上一层委托—代理关系即国资委与国有资本投资运营公司的委托—代理关系转移。国有资本投资运营公司的道德风险、激励不相容、所有者缺位等问题仍然存在。这一重委托—代理关系中存在的问题，可以从投资运营的国有企业角度，采用市场化方式运作来解决。发挥底层企业党委、董事、监事、股东大会等现代企业制度优势，完善公司治理结构。优化国有资本投资运营公司与国有企业之间的委托—代理关系，形成两者之间的纯粹的投资与被投资关系，国有资本投资运营公司通过“用手投票”和“用脚投票”行使股东权利。

2016 · 重要政策法规

1. 财政部《中央国有资本经营预算管理暂行办法》，2016年1月5日。

2.《国务院关于钢铁行业化解过剩产能实现脱困发展的意见》，2016 年 2 月 1 日。

3.《国务院关于煤炭行业化解过剩产能实现脱困发展的意见》，2016 年 2 月 1 日。

4.《财政部 科技部 国资委 关于印发〈国有科技型企业股权和分红激励暂行办法〉的通知》，2016 年 2 月 26 日。

5.《国务院关于印发加快剥离国有企业办社会职能和解决历史遗留问题工作方案的通知》，2016 年 3 月 2 日。

6.《国务院关于深化泛珠三角区域合作的指导意见》，2016 年 3 月 3 日。

7.《国务院批转国家发展改革委〈关于 2016 年深化经济体制改革重点工作意见〉的通知》，2016 年 3 月 25 日。

8.《国务院关于成渝城市群发展规划的批复》，2016 年 4 月 12 日。

9.《国务院关于印发盐业体制改革方案的通知》，2016 年 4 月 22 日。

10.《国务院关于做好全面推开营改增试点工作的通知》，2016 年 4 月 29 日。

11.《国务院关于印发全面推开营改增试点后调整中央与地方增值税收入划分过渡方案的通知》，2016 年 4 月 29 日。

《国务院办公厅关于促进建材工业稳增长调结构增效益的指导意见》，2016 年 5 月 5 日。

12.《国务院关于深化制造业与互联网融合发展的指导意见》，2016 年 5 月 13 日。

13.《国务院办公厅关于促进通用航空业发展的指导意见》，2016年5月13日。

14.《国务院关于长江三角洲城市群发展规划的批复》，2016年5月22日。

15.《国务院办公厅关于营造良好市场环境促进有色金属工业调结构促转型增效益的指导意见》，2016年6月5日。

16.《国务院办公厅关于转发〈国家发展改革委营造良好市场环境推动交通物流融合发展实施方案〉的通知》，2016年6月10日。

17.《国务院办公厅转发国务院国资委、财政部〈关于国有企业职工家属区“三供一业”分离移交工作指导意见〉的通知》，2016年6月11日。

18.《中华人民共和国烟草专卖法实施条例（根据2016年2月6日国务院令第666号第二次修订）》，2016年6月20日发布。

19.《外商投资电信企业管理规定（根据2016年2月6日国务院令第666号第二次修订）》，2016年6月20日发布。

20.《中华人民共和国电信条例（根据2016年2月6日国务院令第666号第二次修订）》，2016年6月20日发布。

21.《中华人民共和国食品安全法实施条例（根据2016年2月6日国务院令第666号修订）》，2016年6月20日发布。

22. 国务院国资委、财政部《企业国有资产交易监督管理办法》，2016年6月24日。

23.《国务院办公厅关于进一步做好民间投资有关工作的通

知》，2016 年 7 月 1 日。

24. 财政部《关于印发〈中央企业国有资本收益收取管理办法〉的通知》，2016 年 7 月 15 日。

25.《国务院办公厅关于推动中央企业结构调整与重组的指导意见》，2016 年 7 月 17 日。

26.《国务院办公厅关于石化产业调结构促转型增效益的指导意见》，2016 年 7 月 23 日。

27.《国务院办公厅关于建立国有企业违规经营投资责任追究制度的意见》，2016 年 8 月 2 日。

28. 国务院国资委、财政部、证监会《关于国有控股混合所有制企业开展员工持股试点的意见》，2016 年 8 月 2 日。

29. 国务院国资委、财政部《关于完善中央企业功能分类考核的实施方案》，2016 年 8 月 24 日。

30.《国务院关于印发降低实体经济企业成本工作方案的通知》，2016 年 8 月 8 日。

31.《国务院关于积极稳妥降低企业杠杆率的意见》，2016 年 9 月 22 日。

32. 国务院国资委《关于做好中央科技型企业股权和分红激励工作的通知》，2016 年 11 月 22 日。

33.《中华人民共和国无线电管理条例（修订稿）》，2016 年 11 月 11 日中华人民共和国国务院、中华人民共和国中央军事委员会令第 672 号修订。

34.《国务院关于印发“十三五”国家战略性新兴产业发展规划的通知》，2016 年 11 月 29 日。

35.《企业投资项目核准和备案管理条例》，2016 年 11 月 30 日。

36.《国务院关于发布政府核准的投资项目目录（2016 年本）的通知》，2016 年 12 月 12 日。

37.《国务院关于促进中部地区崛起“十三五”规划的批复》，2016 年 12 月 17 日。

38. 国务院国资委《中央企业负责人经营业绩考核办法》，2016 年 12 月 8 日。

2016 · 年度热点纪实

农民工当选中华全国总工会副主席

2016 年 1 月 17 日，中华全国总工会十六届四次执委会选举中央企业农民工巨晓林为中华全国总工会副主席，成为我国第一位普通农民工当选全总副主席。

巨晓林，男，汉族，中共党员，1962 年 9 月出生，高中文化，家住陕西省岐山县祝家庄镇杜城村谢家坡组，现为中国中铁电气化局第一工程有限公司接触网第六工程段职工、班组技术员。参加工作 23 年，先后参加了北同蒲线、鹰厦线、大秦线、京沪线等十几条国家重点电气化铁路工程的施工。他创新施工方法 43 项，创造经济效益 600 多万元。他主编的《接触网施工经验和方法》，被配发给数千名接触网工作为工具书。他刻苦学习、勇于创新，爱岗敬业、争创一流、淡泊名利、甘于奉献，用智慧和汗水谱写出知识型新型工人的精彩华章。用实际行动，在平凡的岗位上作出了不平凡的事情。

他喜欢写诗、画画，更喜欢将工作中的经验方法记录下来。在他 23 年的工作中，先后整理了 70 多本、230 多万字的笔记，他身上总带着三件宝：图纸、工具书、笔记本。跟他同住一个寝室的工友回忆起那时的情景，感慨万千："老巨学技术那叫玩命，每天他比别人早一个钟头起床，晚一个钟头睡觉。不管多么辛苦，他一点都不放松。他的枕头下面藏着一个小闹钟，他恨不得一天当成两天用。"巨晓林淡然一笑："在那个年代，我一个农家子弟能找到这样的工作很不容易。所以，我非常珍惜和热爱这份来之不易的工作机会，从一开始就暗下决心要干好。"二十多年来，巨晓林就是凭借这股钻劲，攻破了一个个难题。至今，他熟练掌握了接触网上下部施工技能，并具有解决接触网施工中的复杂问题和指导本工种高级工技能操作的能力，成为全国铁路电气化施工行业出类拔萃的能工巧匠。熟练掌握了工程测量、机械制图、电力接触网软横跨的计算，能够解决电力接触网施工中的复杂问题。

近几年，我国铁路电气化事业蓬勃发展，巨晓林以技术工人的身份，参加技术攻关组。凭着深厚的知识功底和丰富的实践经验，与工程技术人员一起研制开发出了具有本企业自主知识产权的系列计算软件，用"施工程序化、预配工厂化、计算微机化、检测科学化"确保了接触网支柱结构安装、软横跨安装、整体吊弦悬挂调整和承力所导线架设"四个一次到位"。技术的革新大大提高了接触网施工的生产率。

在中铁电化局一公司组织的电力接触网工技术比武中，巨晓林连续3次夺得个人全能第一名。实现了从一名农民工到“专家职工”的跨越，并先后荣获中铁电气化局集团“京沪线建设功臣”、北京市“知识型职工先进个人”、中央企业优秀共产党员、人力资源和社会保障部首批命名的国家级技能大师工作室（接触网专业）核心成员和全国五一劳动奖章获得者、全国劳动模范等荣誉称号，并全票当选为北京市出席党的十八大代表。

巨晓林说：“作为一名农民工，我当选全总副主席，是党和国家对农民工的巨大鼓舞！我将着重调研农民工薪酬、养老保险、安全防护、住宿、劳动合同、城市内不平等待遇等方面的问题，做农民工的代言人。此外，我还将调研全国各地困难职工的诉求。”

按照《全国总工会改革试点方案》，目前全国总工会共有15位副主席，其中包括8位兼职副主席。在兼职副主席中，除巨晓林外，还有“全国助人为乐模范”郭明义、全国劳动模范许振超等人。

宝钢、武钢合并

2016年，在中国钢铁界发生了两个超重量级的钢铁巨头的拥抱事件——宝武合并。

2016年12月1日，由宝钢与武钢中国两大钢铁央企合并而成的宝武钢铁集团宣布正式成立，一举成为中国最大、全球第二的特大型钢铁企业。

新成立的集团命名为“宝武钢铁集团”，原武钢集团成为新集团的子公司，更名为“武钢新产业发展公司”。作为国有资本投资公司的试点企业，宝武集团未来将逐渐向管资本转型，业务领域向钢铁产业链上下游适度延伸，快速移植和整合各自在汽车车板、硅钢、镀锡板、工程用钢等领域的产品优势，迅速提升精品钢的制造能力，同时将受益于原材料及资材备件采购规模的扩大、物流配送及仓储管理优化，从而降低企业的综合采购成本；将整合双方的营销服务体系，并通过钢铁服务平台欧冶云商，建设具竞争力的钢铁服务共享生态圈。加快实施以钢铁业为主体、以绿色精品智慧制造和钢铁生态圈平台化服务为两翼的“一体两翼”战略。

宝武合并以后，中国钢铁北强南弱的格局将被打破。目前，中国钢铁产业中心分布在河北、辽宁、山东、西北以及长江中下游地区，整个华南地区几乎没有大型钢铁企业。广东省是国内最大的钢材消费市场，但钢材自给率只有大约 40%，大部分钢材需要从外省调入或者进口。宝武钢铁集团成立以后，国内钢铁产业长期存在“北强南弱”“北钢南运”的格局将被打破，有专家预测，甚至可能出现钢铁产业重心整体南移的情况。

宝武合并以后，将明显提升中国钢铁行业的产业集中。有人调侃，全世界的钢铁产量，中国第一，河北第二，唐山第三。但是，中国钢铁的产业集中度并不高。2015 年，中国钢铁行业前十名市场的占有率仅有 34.2%，产业集中度降至近十年来的最低点。为此，2015 年 3 月，工信部就《钢铁产业调整政策》公开征求意见，提出到 2025 年，前十家钢企粗钢产量全国占比不低于60%，形成3到5家在全球有较强竞争力的超大钢铁集团。据统计，2015年宝钢集团粗钢产量为3493.8万吨，武钢产量为2577.6万吨，两者相加之后产量为6071.4万吨。合并后两家企业拥有高炉61座，转炉电炉62座，涉及产能超过8000万吨，紧追2015年粗钢产量9713.6万吨、世界排名第一的欧洲钢铁巨头安赛乐米塔尔。

宝武合并以后，钢铁行业的产品结构将得到优化。据前瞻性产业研究院提供的《2016—2021年中国钢铁行业发展前景与投资战略规划分析报告》，2015年的我国钢铁产能近12亿，而同年国内钢材市场需求量仅为7亿吨，产能利用率不足67%。宝武集团成立以后，将进一步淘汰落后产能，在规模、品种、成本、技术、服务等方面持续优化，进一步提升国际竞争力。据长江证券的报告称，根据宝钢、武钢的产品结构对比，在取向硅钢方面，武钢的当下的市场占有率高达48%，宝钢达到32%；在汽车板方面，武钢占比达15%～20%，宝钢高达50%；在家电板方面，武钢占比较少，但宝钢达到29%；在重轨产品方面，武钢占比达35%，宝钢近乎没有此类产品。合并以后，两者在家电板和重轨产品方面能形成优势互补；在冷轧产品和取向硅钢产品中，两者合并后的市场占有率将分别达到65%和80%。

合并后的宝武集团将拥有员工22.8万人，资产总额约7300亿元人民币，营业收入将达3300亿元。要想从根本上改变钢铁行业利润水平过低的局面，简单的重组是不可能达到目的的。首先要解决的是如何在压减产能的同时，提高产品的质量和档次，提高产能的含金量，进一步提升战略产品的技术研发能力，逐步形成以技术研发优势为基础的大型钢铁集团。

林毅夫、张维迎关于产业政策之争

2016 年 8 月 21 日在复旦大学召开的“产业政策：总结、反思与展望”研讨会上，林毅夫发表主题演讲，这场演讲后来被定名为“经济发展有产业政策才能成功”在网络流传。“尚未见不用产业政策而成功追赶发达国家的发展中国家和保持持续发展的发达国家。”一时被当成林毅夫的代表言论在媒体上广为转载。

2016 年 8 月 25 日，张维迎在 2016 年亚布力中国企业家论坛年夏季高峰会上发表演讲：“为什么产业政策注定会失败。”主张政府不要给任何行业、企业特殊政策。张认为，由于人类认知能力的局限和激励机制的扭曲，新技术创新和新产业的产生无法预测，勉强上马的产业政策注定走向失败。对此，张维迎的结论是，产业政策只会阻碍创新，对中国企业来说，他们需要的是自由公平的法制环境，而不是什么产业政策的支持。产业政策是“穿着马甲的计划经济”。随后他又在多个论坛上发表类似观点。

在此之前，林毅夫与张维迎曾经有过三次争论。

1995 年，林毅夫、张维迎就国有企业改革方向问题发生了激烈争论，被经济学界称为北大“交火”事件。张维迎认为，企业的剩余索取权和控制权必须匹配，因此掌握国企实际控制权的管理层应该获得国企产权，国企改革的方向就是民营化。而林毅夫认为，国企的主要问题是承担了太多的社会负担和政策负担，导致国企缺乏活力，因此国企改革的方向是营造一个竞争性市场环境。在1995年那场争论之后的国企改革政策，实际上是先改善国企的经营环境，然后再“抓大放小”。从政策实践来看，两人的观点各有千秋。

2004年，林毅夫、张维迎在北大CCER创办十周年活动上，就中国经济发展预期发生争论。林毅夫认为，只要沿着当前的路子走下去，中国经济再增长二三十年没问题，到2030年经济总体规模一定赶超美国。张维迎则担心在未来的二十年里，中国经济增长的源泉将发生根本性转变，这将会使中国企业面临很大的挑战。如果企业制度问题不能从根本上解决，中国未来的经济增长将非常令人担忧。

2014年，林毅夫、张维迎在复旦大学举办的杨小凯逝世十周年追思会上就“政府定位与后发优势”展开争论。张维迎认为，没有国家和政府参与，市场或变得更好，政府再不退出市场，后发优势就要转变为后发劣势了。林毅夫则认为，后发国家需要政府发现和扶持企业的比较优势，不然就是无效市场。

这次争论，是林毅夫、张维迎两位经济学家的第四次大争论。

两位教授对“产业政策”各持己见，林毅夫强调“有效市场”与“有为政府”；张维迎则看中“企业家精神”在创新中的作用。争论形成7大焦点。

1. 产业政策：应该如何定义

张维迎对产业政策的定义较为狭义和具体，即政府以补贴或行政干预的形式帮助某些特定产业优先发展。林毅夫对产业政策的定义则较为广义，不仅将政府对企业的补贴等算作产业政策，他将政府根据可能的回报来配置有限的科研资源也算作产业政策。

2. 创新：是否可以预见

张维迎认为，人类的认知能力是有限的，而所有重要的创新，所有因创新而成功的新企业，所有新产业的出现，都是不可预见的，因为创新的过程充满一系列的不确定性。这意味着我们没办法对新产业、对创新做任何规划，实现创新的唯一途径是经济试验的自由，而不是通过产业政策将自己锁定在预定的路径上。

3. 技术进步：是企业家精神在推动，还是政府支持在推动

张维迎认为，企业家精神与产业政策存在矛盾。社会进步和人类富有的本质是劳动生产率的提高，劳动生产率的提高需要依靠技术创新和技术进步，技术创新和技术进步的来源是企业家和企业家精神。林毅夫则认为，基础科学的革命不受企业家精神的影响，是政府支持的科学家在推动。企业家的创新主要是在产品层面的创新，或者技术运用方面的创新，这些创新建立在基础科研和公用技术的突破之上，而基础科研和公用技术的突破大多是政府支持的。

4. “有效市场”与“有为政府”：政府应不应干预市场

林毅夫认为，一个国家的经济发展需要“有效市场”和“有为政府”的共同作用。所谓“有效市场”，是指具备能够很好反映各种要素相对稀缺性的价格体系的充分竞争的市场。所谓“有为政府”，是指在经济发展过程中政府需要给企业家以必

要的激励，更重要的是要完善交通、电力、港口等硬性的基础设施和法律、法规等制度环境的建设。对于发展中国家，产业政策之所以需要是因为推动经济发展的技术创新和产业升级不仅需要企业家的个人努力，也需要政府帮助企业家解决其自身所难于克服的外部性和相应软硬基础设施完善的协调问题。张维迎也赞同政府的核心职能是保护知识产权，最重要的职责则是法治，维护市场游戏规则的公正。但同时强调，政府行为超出了这个范围，就不可能出现一个“有效市场”。

5. 五种类型：产业政策是否应该分类

林毅夫认为，当前中国的产业可以分成五种不同类型，即追赶型产业（汽车、高端装备业、高端材料），领先型产业（白色家电、高铁、造船），退出型产业（劳动密集型出口加工业、钢筋水泥、平板玻璃、电解铝等建材行业），弯道超车型产业（信息、通信产业的软件、手机），战略性产业（大飞机、航天、超级计算机）。

五种不同类型产业可以分别制定不同的产业政策。对追赶型产业，政府应支持海外并购或吸引发达国家高端制造业到中国来。对领先型产业，政府应支持其新技术和新产品开发所需的基础科研。对退出型产业中的劳动密集型出口加工业，政府应支持其转移海外（如非洲）；对产能过剩的建材行业，政府应支持企业以直接投资的方式将产能转移到“一带一路”沿线基建投资需求大的发展中国家。对弯道超车型产业，政府可以提供孵化基地、加强知识产权保护、鼓励风险投资、制定优惠的人才和税收政策，支持创新性人才创业。对战略性产业，应该由中央政府财政直接拨款来补贴。

6. 比较优势：应该如何发挥

林毅夫强调经济发展要利用比较优势，同时也强调要充分发挥政府的作用来利用比较优势。张维迎则认为，市场是最有效发挥比较优势的制度。所有的市场交易都是基于比较优势的，企业家更是发现比较优势的天才。

7. “吃螃蟹的企业家”：政府是否应该给予补贴和鼓励

林毅夫认为，政府应该对某些产业第一个“吃螃蟹的人”进行补贴。张维迎则认为，政府既不应该阻止任何人吃螃蟹，也没必要为吃螃蟹买单，因为那会诱使许多人假装吃螃蟹，但实际不过是拿出吃螃蟹的姿势啃馒头。

伴随林毅夫、张维迎两位教授将产业政策之争置诸聚光灯下。中国其他学者也逐渐参与到这场争论中来。

著名经济学家吴敬琏就在长安讲坛上发表题为“什么是结构性改革，它为何如此重要”的演讲，他认为结构性改革真正要改的是体制机制的结构。通过行政的手段对产业的结构进行调整，往往会导致经济结构的扭曲更加突出，发挥市场在资源配置中的决定作用才能解决问题。

同为北大国发院教授的黄益平表示，绝大部分产业政策是不成功的。但他也认为在中国当前阶段产业政策是必要的。“近年来经济增速持续下行，背后有周期性和趋势性因素的作用，但最大的变化是过去长期支持经济增长的劳动密集型制造业和资源型重工业失去了活力，现在迫切需要培养和发展新的有竞争力的制造业和服务业，支持下一个阶段的经济增长。”他提出有效的产业政策的五个特点即顺应市场、不限制竞争、谨慎干预、有退出机制和做事后评估。

华夏新供给经济学研究院院长贾康认为，需要有必要的国家干预或者政府干预，去弥补市场失灵。不能因为政策设计可能失误，贯彻机制可能走偏，就完全对产业政策、供给管理弃而不用，那是一种无所作为的状态。但他也认为产业政策是一把双刃剑，处理不当就会产生“设租寻租”这种扭曲。

复旦大学经济学院教授韦森持“政府在新兴产业的投资效率不如企业和市场”的观点。他认为，政府要在本国的产业升级和经济结构变迁中起到积极的“增长甄别和因势利导”作用，在新产业的催生与发展中起到“助产士的作用”。但政府可能会有自己个人的喜好、偏好以及个人、家庭甚至亲友的关系在其中。如果不考虑制度约束和体制变量，而只是理想地提出决策者当怎样行为和怎样才是最优选择，其现实有效性、可实施性和操作性是要大打折扣的。

北大新结构经济学研究中心副主任王勇发表“有效市场与有为政府之我见”，认为在林毅夫的新结构经济学中，“有效市场”和“有为政府”都是理想状态的概念，都是目标，要实现都需要各种条件，而未见得都已经实现。不要见了一个现实中政府“乱为”的例子就说“有为政府”是荒谬的。

北京大学政府管理学院教授顾昕则发表“产业政策十日谈”系列文章，表示政府干预是否有必要的问题其实并不是问题，真正的问题在于政府如何干预，或者说政府干预能否以顺应市场机制甚至强化市场机制而不是破坏、扭曲甚至取代市场机制的方式来进行。

对于人民群众来说，经济改革不仅事关经济增长，也关系到家国命运。其关键之处在于，国民经济的主导权应当始终掌握在代表人民利益的党和政府手中，任何改革都应当以人民群众的根本利益为出发点和落脚点。

本年度主要参考资料：

1. 2016 年政府工作报告——2016 年 3 月 5 日在第十二届全国人民代表大会第四次会议上[EB/OL]. 中国政府网，2016 - 03 - 16.

2. 国家统计局. 中华人民共和国 2016 年国民经济和社会发展统计公报[M]. 北京：中国统计出版社，2017. 3.

3. 2016 年经济和社会发展计划执行与 2017 年草案报告[EB/OL]. 中国人大网，2016 - 07 - 28.

4. 2016 年中央和地方预算执行与 2017 年预算草案报告[EB/OL]. 中国人大网，2016 - 07 - 28.

5. 2016 年中国货币政策执行报告[EB/OL]. 中国人民银行网，2016 - 07 - 28.

6. 农民工巨晓林当选中华全国总工会副主席[EB/OL]. 中国新闻网，2016 - 01 - 17.

7. 俊宝钢武钢重组真正意义何在[N]. 北京青年报，2016 - 06 - 28.

8. 林毅夫张维迎之争，真问题是什么[EB/OL]. 新华网，2016 - 09 - 19.

9. 终于等到这一天：林毅夫“大战”张维迎的几大精彩回合[EB/OL]. 新华网，2016 - 11 - 10.

10. 党的十八大以来大事记[EB/OL]. 人民网，2017 - 10 - 16.

2017 年

2017 · 年度经济背景

经济运行稳中向好，整体形势好于预期

2017 年，中国经济坚持稳中求进工作总基调，贯彻新发展理念，以供给侧结构性改革为主线，推动结构优化、动力转换和质量提升。经济运行稳中向好，经济活力、动力和潜力不断释放，稳定性、协调性和可持续性明显增强，实现了平稳健康发展。

一、国民经济运行的总体趋势

2017 年经济社会发展的主要预期目标是：国内生产总值增长 6.5% 左右，在实际工作中争取更好结果；居民消费价格涨幅 3% 左右；城镇新增就业 1100 万人以上，城镇登记失业率 4.5% 以内；进出口回稳向好，国际收支基本平衡；居民收入和经济增长基本同步；单位国内生产总值能耗下降 3.4% 以上，主要污染物排放量继续下降。

实际运行结果据估计统计局初步核算，全年国内生产总值 827122 亿元，比上年增长 6.9%。其中，第一产业增加值 65468

亿元，增长3.9%；第二产业增加值334623亿元，增长6.1%；第三产业增加值427032亿元，增长8.0%。三次产业增加值占国内生产总值的比重：第一产业为7.9%，第二产业为40.5%，第三产业为51.6%。全年人均国内生产总值59660元，比上年增长6.3%。国民总收入825016亿元，比上年增长7.0%。贸易顺差2.9万亿元人民币。

全年最终消费支出、资本形成总额、货物和服务净出口“三驾马车”对国内生产总值增长的贡献率分别为58.8%、32.1%、9.1%，消费需求已成为经济增长的主要动力。

全年城镇新增就业1351万人，比上年增加37万人。年末城镇登记失业率为3.90%，比上年末下降0.12个百分点。

全年居民消费价格指数（CPI）比上年上涨1.6%；工业生产者出厂价格（PPI）上涨6.3%；工业生产者购进价格上涨8.1%。固定资产投资价格上涨5.8%；农产品生产者价格下降3.5%。

全年全国一般公共预算收入172567亿元，比上年增长7.4%。其中税收收入144360亿元，比上年增加13999亿元，增长10.7%。

年末国家外汇储备31399亿美元，比上年末增加1294亿美元。全年人民币平均汇率为1美元兑6.7518元人民币，比上年贬值1.6%。

二、宏观经济运行态势和宏观调控的主要任务

2016年12月14日至16日召开的中央经济工作会议，对2017年中国宏观经济形势的判断是：经济形势总体特点是缓中

趋稳、稳中向好，经济运行保持在合理区间，质量和效益提高；经济结构继续优化，创新对发展的支撑作用增强；改革开放取得新突破，对外开放布局进一步完善；人民生活持续改善；生态环境有所好转，绿色发展初见成效。同时，产能过剩和需求结构升级矛盾突出，经济增长内生动力不足，金融风险有所积聚，部分地区困难增多。我国经济运行面临的突出矛盾和问题，虽然有周期性、总量性因素，但根源是重大结构性失衡，导致经济循环不畅。从国际经济金融形势看，全球经济整体呈现同步复苏态势，经济持续扩张，通胀总体温和，劳动力市场表现良好。美国经济形势表现强劲，欧元区经济复苏步伐加快，日本经济复苏势头转好，新兴市场经济体总体增长较快，但部分经济体仍面临调整与转型压力。

为此，中共中央确定的2017年经济工作指导思想是：坚持稳中求进工作总基调，坚持以提高发展质量和效益为中心，坚持宏观政策要稳、产业政策要准、微观政策要活、改革政策要实、社会政策要托底的政策思路，坚持以推进供给侧结构性改革为主线，全面做好稳增长、促改革、调结构、惠民生、防风险各项工作。

一是深入推进“三去一降一补”。去产能方面，要继续推动钢铁、煤炭行业化解过剩产能。要抓住处置“僵尸企业”这个牛鼻子，创造条件推动企业兼并重组。去库存方面，重点是解决三四线城市房地产库存过多问题。去杠杆方面，在控制总杠杆率的前提下，把降低企业杠杆率作为重中之重，并规范政府的举债行为。降成本方面，要在减税、降费、降低要素成本上加大工作力度。补短板方面，要从严重制约经济社会发展的重要领域和关键环节、从人民群众迫切需要解决的突出问题着手，既补硬短板也补软短板，既补发展短板也补制度短板。推进扶贫攻坚工作。

二是深入推进农业供给侧结构性改革。把增加绿色优质农产品供给放在突出位置，狠抓农产品标准化生产、品牌创建、质量安全监管。

三是着力振兴实体经济。坚持以提高质量和核心竞争力为中心，坚持创新驱动发展，扩大高质量产品和服务供给。

四是促进房地产市场平稳健康发展。综合运用金融、土地、财税、投资、立法等手段，加快研究建立符合国情、适应市场规律的基础性制度和长效机制，既抑制房地产泡沫，又防止出现大起大落。

同时，要继续扎实推进以人为核心的新型城镇化，促进农民工市民化。要深入实施西部开发、东北部振兴、中部崛起、东部率先的区域发展总体战略，继续实施京津冀协同发展、长江经济带发展、“一带一路”建设三大战略。

三、宏观经济政策的主要政策取向

财政政策更加积极有效。预算安排适应推进供给侧结构性改革、降低企业税费负担、保障民生兜底的需要。全年赤字率按 3% 安排，财政赤字 2. 38 万亿元，比去年增加 2000 亿元。其中，中央财政赤字 1. 55 万亿元，地方财政赤字 8300 亿元。安排地方专项债券 8000 亿元，继续发行地方政府置换债券。全年再减少企业税负 3500 亿元左右、涉企收费约 2000 亿元。财政预算安排中，对地方一般性转移支付规模增长9.5%，重点增加均衡性转移支付和困难地区财力补助。压缩非重点支出，减少对绩效不高项目的预算安排。各级政府一律按不低于5%的幅度压减一般性支出，挤出更多资金用于减税降费。

按照货币政策保持稳健中性的要求，中国人民银行密切关注银行体系流动性供求形势和市场预期变化，通过张弛有度的公开市场操作，在使用中期借贷便利（MLF）、抵押补充贷款（PSL）等工具弥补银行体系中长期流动性缺口的同时，又采用了不同期限的逆回购、临时准备金动用安排（CRA）等工具品种，丰富了央行流动性工具箱，在维护银行体系流动性中性适度、合理稳定和货币市场利率平稳运行方面，收到较好效果。

全年人民银行三次上调常备借贷便利利率，每月适时开展中期借贷便利操作。通过灵活开展常备借贷便利和中期借贷便利操作，促进货币市场平稳运行。

根据中共十九大提出的健全货币政策和宏观审慎政策双支柱调控框架的要求，完善并逆周期调整宏观审慎政策，实施普惠金融定向降准并建立临时准备金动用安排，通过上海票据交易所开展再贴现电子化操作，提高再贴现业务办理效率，有效发挥再贴现政策的精准滴灌效应，支持国民经济重点领域和薄弱环节。

人民银行通过深化利率市场化改革，完善人民币汇率市场化形成机制，深入推进金融机构改革和外汇体制改革，做好稳增长、促改革、调结构、去杠杆、惠民生、防风险各项工作，为供给侧结构性改革和高质量发展营造了中性适度的货币金融环境。

年末广义货币供应量 M_2 余额为 167.7 万亿元，同比增长 8.2%，增速比上年末低 3.1 个百分点。狭义货币供应量 M_1 余额 54.4 万亿元，同比增长 11.8%，增速比上年末低 9.6 个百分点。流通中货币 M_0 余额 7.1 万亿元，同比增长 3.4%，增速比上年末低 4.7 个百分点。全年现金净投放 2342 亿元，同比少投放 2745 亿元。

年末基础货币余额为 32.2 万亿元，较年初增加 1.5 万亿元。货币乘数为 5.21，比 9 月末低 0.20，比上年末高 0.19。金融机构超额准备金率为 2.1%。其中，农村信用社为 12.3%。

金融机构本外币各项存款余额为 169.3 万亿元，同比增长 8.8%，比年初增加 13.7 万亿元，同比少增 2.0 万亿元。金融机构本外币贷款余额为 125.6 万亿元，同比增长 12.1%，比年初增加 13.6 万亿元，同比多增 8432 亿元。人民币贷款余额为 120.1 万亿元，同比增长 12.7%，比年初增加 13.5 万亿元，增量再创历史新高，同比多增 8782 亿元。

四、宏观经济运行的主要特点

（一）消费增长稳健，投资增长稳中略缓，进出口较快增长

全年全国居民人均可支配收入 25974 元，同比增长 9.0%；扣除价格因素实际增长 7.3%，增速比上年加快 1.0 个百分点。其中，城镇居民人均可支配收入为 36396 元，扣除价格因素实际增长 6.5%；农村居民人均可支配收入为 13432 元，扣除价格因素实际增长 7.3%。消费成为经济增长的主要驱动力。

固定资产投资增长稳中略缓，投资结构调整优化。全年固

定资产投资（不含农户）63.2万亿元，同比增长7.2%，增速比上年回落0.9个百分点。投资呈现以下几个特征：一是高端制造业和装备制造业投资较快增长，高耗能行业投资增长放缓。全年高技术制造业和装备制造业投资同比分别增长17%和8.6%，高耗能制造业投资同比下降1.8%。二是民间投资增速回升，全年民间投资同比增长6%，比上年高2.8个百分点。三是基础设施投资（不含电力、热力、燃气及水生产和供应业）增速加快，全年为19%，比上年高1.6个百分点。四是东北地区投资由负转正，全年为2.8%，其他地区投资增速总体稳定。

进出口较快增长，外贸结构优化。按人民币计价，2017年进出口总额为27.8万亿元，同比增长14.2%。其中，出口15.3万亿元，增长10.8%；进口12.5万亿元，增长18.7%。进出口相抵，顺差2.9万亿元，同比收窄14.2%。按美元计价，全年进出口总额同比增长11.4%。其中，出口同比增长7.9%；进口同比增长15.9%；贸易顺差4225亿美元，同比收窄17.1%。

外商直接投资延续向高端产业聚集的态势，对外投资降幅收窄、结构优化。全年实际使用外资金额为8775.6亿元人民币，同比增长7.9%。从产业分布看，2017年，高技术制造业实际使用外资655.9亿元人民币，同比增长11.3%。

全年境内投资者非金融类直接投资1200.8亿美元，同比下降29.4%，非理性对外投资得到切实有效遏制。对“一带一路”沿线国家投资合作稳步推进，全年直接投资143.6亿美元，占同期总额的12%，比上年提高3.5个百分点。对外投资行业结构持续优化，房地产业、体育和娱乐业对外投资没有新增项目。

（二）农业生产总体稳定，工业生产增速加快

第三产业增加值增长快于第二产业，但第二产业占比回升，较上年提高 0.7 个百分点。农业生产形势较好。全年全国粮食总产量为 61791 万吨，比上年增加 166 万吨，同比增长 0.3%。全年猪牛羊禽肉产量 8431 万吨，同比增长 0.8%。

工业生产加快发展，结构优化效益提升。全年全国规模以上工业增加值同比实际增长 6.6%，增速比上年加快 0.6 个百分点。工业向中高端迈进，全年高技术制造业和装备制造业增加值同比分别增长 13.4% 和 11.3%，分别快于规模以上工业 6.8 个和 4.7 个百分点。

全年规模以上工业企业产销率达到 98.1%。全国规模以上工业企业实现利润总额 7.5 万亿元，同比增长 21.0%；规模以上工业企业主营业务收入利润率为 6.5%，比上年提高 0.5 个百分点。

全国国有及国有控股企业（以下简称国有企业）经济运行态势良好、稳中有进，国有企业收入和利润持续较快增长，利润增幅高于收入 9.9 个百分点。

国有企业营业总收入 522014.9 亿元，同比增长 13.6%。其中，中央企业 308178.6 亿元，同比增长 12.5%；地方国有企业 213836.3 亿元，同比增长 15.2%。

国有企业利润总额 28985.9 亿元，同比增长 23.5%。其中，中央企业 17757.2 亿元，同比增长 16%；地方国有企业 11228.7 亿元，同比增长 37.6%。

国有企业应缴税金 42345.5 亿元，同比增长 9.5%。其中，中央企业 30812.9 亿元，同比增长 5%；地方国有企业 11532.6

亿元，同比增长23.6%。

国有企业资产总额1517115.4亿元，同比增长10%；负债总额997157.4亿元，同比增长9.5%；所有者权益合计519958亿元，同比增长11%。其中，中央企业资产总额751283.5亿元，同比增长8.2%；负债总额511213亿元，同比增长7.3%；所有者权益合计240070.5亿元，同比增长10.2%。地方国有企业资产总额765831.9亿元，同比增长11.8%；负债总额485944.4亿元，同比增长11.9%；所有者权益合计279887.5亿元，同比增长11.7%。

（三）消费价格温和上涨，工业生产价格上涨较快

居民消费价格温和上涨。全年CPI同比上涨1.6%，涨幅比上年回落0.4个百分点。

工业生产价格上涨较快。全年PPI同比上涨6.3%，涨幅比上年提高7.7个百分点，其中各季度涨幅分别为7.4%、5.8%、6.2%和5.9%。分项上看，煤油电及矿产品价格涨幅大于农产品及加工业产品；投资品价格涨幅大于消费品。

国际大宗商品价格总体上涨，进口价格涨幅明显扩大。全年进口价格同比上涨9.6%，涨幅比上年高12.6个百分点；出口价格同比上涨4.0%，涨幅比上年高6.2个百分点。

GDP平减指数涨幅扩大。全年GDP平减指数（按当年价格计算的GDP与按固定价格计算的GDP的比率）同比上涨4.1%，比上年高约3个百分点。

（四）财政收支增长较快

全年，全国财政收入17.3万亿元，同口径同比增长7.4%；

全国财政支出 20.3 万亿元，同比增长 7.7%；收支相抵，全国财政赤字为 30763 亿元，比上年多 2474 亿元。

税收收入较快增长，非税收入下降。全年税收收入 14.4 万亿元，同比增长 10.7%；非税收入 2.8 万亿元，同比下降 6.9%。

（五）就业基本稳定

城镇新增就业持续增长，居民就业感受指数持续回升。全年城镇新增就业 1351 万人，同比多增 37 万人。2017 年四季度，劳动力市场需求略大于供给，求人倍率约为 1.22，比上年同期和上季度分别上升 0.09 和 0.06。与上年同期相比，用人需求增加 15.6 万人，求职人数减少 17.3 万人。

（六）国际收支呈现“双顺差”

国际收支保持“双顺差”格局。全年经常账户顺差为 1720 亿美元，与同期国内生产总值（GDP）的比例为 1.4%，仍保持在合理区间；非储备性质的金融账户顺差为 825 亿美元，可比口径 2016 年为逆差 4752 亿美元。外债规模继续平稳增长。截至 2017 年 9 月末，全口径（含本外币）外债余额为 16800 亿美元，较 6 月末上涨 7.5%。其中，短期外债余额为 10939 亿美元，占外债余额的 65%*。

* 以上数据，除已注明出处的，均来自国家统计局、财政部和中国人民银行网站。

2017 · 年度改革实践

以管资本为主推进国资委职能转变

国有资产监督机制不健全，国有资产监管中越位、缺位、错位问题依然存在，亟须加快调整优化监管职能和方式，推进国有资产监管机构职能转变，进一步提高国有资本运营和配置效率，国务院国资委职能转变提到议事日程。2017 年 5 月，国务院办公厅转发《国务院国资委以管资本为主推进职能转变方案》，提出国有资产监管职能转变的原则：

以管资本为主加强国有资产监管，以提高国有资本效率、增强国有企业活力为中心，明确监管重点，精简监管事项，优化部门职能，改进监管方式，全面加强党的建设，进一步提高监管的科学性、针对性和有效性，加快实现以管企业为主向以管资本为主的转变。

一是按照政企分开、政资分开、所有权与经营权分离要求，科学界定国有资产出资人监管的边界。作为国务院直属特设机构，国务院国资委根据授权代表国务院依法履行出资人职责，专司国有资产监管，不行使社会公共管理职能，不干预企业依法行使自主经营权。

二是按照有关法律法规规定，建立和完善出资人监管的权力和责任清单，健全监管制度体系。重点管好国有资本布局、规范资本运作、提高资本回报、维护资本安全。全面加强国有资产监督，充实监督力量，完善监督机制，严格责任追究，切实防止国有资产流失。

三是遵循市场经济规律和企业发展规律，突出权责一致，确保责任落实。将精简监管事项与完善国有企业法人治理结构相结合，依法落实企业法人财产权和经营自主权，激发企业活力、创造力和市场竞争力。打造适应市场竞争要求、以提高核心竞争力和资源配置效率为目标的现代企业。

四是明确国有资产监管重点，调整优化监管职能配置和组织设置，改进监管方式和手段。整合监管资源，优化监管流程，提高监管效率，加强监管协同，推进监管信息共享和动态监管，实现依法监管、分类监管、阳光监管。

五是坚持党对国有企业政治领导、思想领导、组织领导的有机统一，发挥国有企业党组织的领导核心和政治核心作用，把方向、管大局、保落实。健全完善党建工作责任制，落实党建工作主体责任，为国有企业改革发展提供坚强有力的政治保证、组织保证和人才支撑。

实现“一个转变”、建立“两个清单”、做到“三个归位”、抓好“四个重点”、创新方式和手段的改革思路，国资委实现了“四个一批”。

一、取消了一批监管事项

减少对企业内部改制重组的直接管理，不再直接规范上市公司国有股东行为，推动中央企业严格遵守证券监管规定。减少薪酬管理事项，取消中央企业年金方案、中央企业子企业分红权激励方案审批，重点加强事后备案和规范指导。减少财务管理事项，取消与借款费用、股份支付、应付债券等会计事项相关的会计政策和会计估计变更事前备案，重点管控企业整体财务状况。取消中央企业职工监事选举结果、工会组织成立和工会主席选举等事项审批，由企业依法自主决策（见表2017·1）。

表2017·1　国资委取消的监管事项①

序号	事项内容
1	直接规范上市公司国有股东行为
2	指导中央企业评估机构选聘
3	中央企业境外产权管理状况检查
4	审批中央企业子企业分红权激励方案
5	审批中央企业年金方案
6	审批中央企业重组改制中离退休和内退人员相关费用预提方案
7	审批中央企业住房补贴整体方案和负责人异地调动住房补贴方案
8	对中央企业账销案存的事前备案
9	与借款费用、股份支付、应付债券等12个会计事项相关的会计政策和会计估计变更事前备案
10	指导中央企业内部资源整合与合作
11	联合开展全国企业管理现代化创新成果评审和推广
12	指导地方国有企业重组改制上市管理
13	指导中央企业所属科研院所等事业单位改制
14	审批中央企业职工监事选举结果
15	指导中央企业内设监事会工作
16	中央企业职工董事履职管理
17	组织中国技能大赛、中央企业职工技能比赛

① 国务院办公厅关于转发国务院国资委以管资本为主推进职能转变方案的通知[EB/OL]. 中国政府网，2016－05－10.

续表

序号	事项内容
18	批复中央企业工会组织成立和工会主席选举有关事项
19	评比表彰中央企业企业文化建设示范单位
20	指导地方国资委新闻宣传工作
21	直接开展中央企业高级政工师任职资格评定
22	要求中介机构提供对中央企业国有资本经营决算的审计报告
23	指导和监督中央企业开展全员业绩考核工作
24	中央企业信息工作评价
25	中央企业信息化水平评价
26	指导中央企业档案工作

二、下放一批监管事项

将延伸到中央企业子企业和地方国有企业的管理事项，原则上归位于企业集团和地方国资委。将中央企业所持有部分非上市股份有限公司的国有股权管理方案和股权变动事项，企业集团内部国有股东所持有上市公司股份流转、国有股东与上市公司非重大资产重组、国有股东通过证券交易系统转让一定比例或数量范围内所持有上市公司股份等事项以及中央企业子企业股权激励方案的审批权限，下放给企业集团。国有企业要进一步明确各治理主体行权履职边界，层层落实责任，确保国有资产保值增值。落实国家所有、分别代表原则，将地方国有上市公司的国有股权管理事项的审批权限下放给省级国资委（见表 2017・2）。

表 2017・2　国资委下放的监管事项[①]

序号	事项内容
1	审批地方国资委监管企业的上市公司国有股权管理事项
2	审批中央企业所持有非上市股份有限公司的国有股权管理方案和股权变动事项（主业涉及国家安全和国民经济命脉的重要行业和关键领域、主要承担重大专项任务的子企业除外）
3	审批中央企业子企业股权激励方案
4	审批国有股东通过证券交易系统转让一定比例或数量范围内所持有上市公司股份事项
5	审批本企业集团内部的国有股东所持有上市公司股份的无偿划转、非公开协议转让事项
6	审批未导致国有控股股东持股比例低于合理持股比例的公开征集转让、国有股东发行可交换公司债券及所控股上市公司发行证券事项
7	审批国有参股股东所持有上市公司国有股权公开征集转让、发行可交换公司债券事项
8	审批未导致上市公司控股权转移的国有股东通过证券交易系统增持、协议受让、认购上市公司发行股票等事项
9	审批未触及证监会规定的重大资产重组标准的国有股东与所控股上市公司进行资产重组事项

三、授权一批监管事项

结合落实董事会职权等试点工作，将出资人的部分权利授权试点企业董事会行使。同时健全完善制度规范，切实加强备案管理和事后监督。依法将中央企业五年发展战略规划制定权授予试点企业董事会，进一步落实试点企业董事会对经理层成员选聘、业绩考核、薪酬管理以及企业职工工资总额管控、重大财务事项管理的职权，充分发挥董事会的决策作用。试点企

① 国务院办公厅关于转发国务院国资委以管资本为主推进职能转变方案的通知[EB/OL]. 中国政府网，2016-05-10.

业董事会要进一步健全和规范决策制度，明确授权事项在企业内部的决策、执行、监督机制，落实相应责任，严格责任追究（见表 2017・3）。

表 2017・3　国资委授权的监管事项①

序号	事项内容
1	制定中央企业五年发展战略规划和年度投资计划
2	经理层成员选聘
3	经理层成员业绩考核
4	经理层成员薪酬管理
5	职工工资总额审批
6	中央企业子企业以非公开协议方式增资及相应的资产评估
7	国有参股企业与非国有控股上市公司重组
8	大额预算外捐赠、重大担保管理和债务风险管控

四、移交一批社会公共管理事项

落实政资分开原则，立足国有资产出资人代表职责定位，全面梳理配合承担的社会公共管理职能，结合工作实际，提出分类处理建议，交由相关部门和单位行使。

重要领域的混合所有制改革全面推进

按照 2016 年底中央经济工作会议的要求：“混合所有制改革是国企改革的重要突破口，按照完善治理、强化激励、突出主业、提高效率的要求，在电力、石油、天然气、铁路、民航、

① 国务院办公厅关于转发国务院国资委以管资本为主推进职能转变方案的通知[EB/OL]. 中国政府网，2016－05－10.

通信、军工等领域迈出实质性步伐。”2017 年，上述七大行业的混合所有制改革取得了持续性突破。

一、电力：混改首先从增量配电网中突破

2016 年 11 月 30 日，南方电网深圳前海蛇口自贸区供电有限公司正式成立，成为率先在增量配电网领域成立的混合所有制供电企业。2016 年 12 月 1 日，国家发改委印发《关于规范开展增量配电业务改革试点的通知》，要求增量配电业务通过招标等方式向市场主体公平开放，并公布第一批 105 个试点项目。其中，国家电网公司经营区 82 个。2016 年 12 月 6 日，国家电网提出要以混合所有制方式开展增量配电投资业务等重点改革举措。通过招标等市场化方式公开、公平、公正优选确定项目业主；鼓励电网企业与社会资本通过股权合作等方式成立产权多元化公司参与竞争。

二、石油、天然气：混改将集中在输送和销售环节等中下游领域

从 2016 年 10 月以来，国家发改委陆续发布《天然气管道运输价格管理办法（试行）》《天然气管道运输定价成本监审办法（试行）》《关于加强地方天然气管网输配价格监管降低企业用气成本的通知》等 8 个配套文件，顶层设计《石油天然气体制改革总体方案》也已落地。目前，油气各产业链的混改试点有序展开，有望在顶层设计出台后相继发力取得边际突破。酝酿多年的油气改革方案，将成为国企混改新标杆。

中国石油天然气集团。2016 年 9 月 25 日，中石油旗下的上市公司 ST 天利披露，中石油集团筹划将工厂建设业务等油服资

产注入 ST 天利。2016 年 12 月，中石油西气东输管道公司与广汇能源签署框架协议，管道公司将首次向广汇能源江苏启东 LNG 分销转运站实行第三方开放。

中国石油化工集团。2016 年 11 月，中石化川气东送天然气管道有限公司增资引进投资者，中国人寿及国投交通以 228 亿元现金认购管道有限公司 50% 股权。2016 年 12 月 12 日，中国石化全资子公司中石化天然气有限责任公司与中国人寿、国投交通两家公司达成增资协议，这是天然气管道首次进行对外引资活动。

三、铁路：混改将拓展与铁路运输上下游企业的合作

据铁总财报，2016 年一季度中铁亏损 87 亿元，同时负债高达 4.14 万亿元。巨额债务和亏损均要求改革投融资制度。在 2017 年 1 月 3 日的工作会议报告中，中铁总党组书记、总经理陆东福明确提出，“将拓展与铁路运输上下游企业的合作，采取国铁出资参股、设立合作平台公司等方式，促进铁路资本与社会资本融合发展。探索股权投资多元化的混合所有制改革新模式，对具有规模效应、铁路网络优势的资产资源进行重组整合，吸收社会资本入股，建立市场化运营企业。创新铁路发展基金发行模式，畅通企业、社会投资铁路发展基金渠道”。2017 年全国铁路行业投资保持去年 8000 亿元的规模，利用 PPP 模式引入民间资本开展混合所有制改革。拓展与铁路运输上下游企业的合作，采取国铁出资参股、设立合作平台公司等方式，促进铁路资本与社会资本融合发展。探索股权投资多元化的混合所有制改革新模式，对具有规模效应、铁路网络优势的资产资源进行重

组整合，吸收社会资本入股，建立市场化运营企业。创新铁路发展基金发行模式，畅通企业、社会投资铁路发展基金渠道。

四、民航：三大航空公司混改全面深入

与其他领域不同的是，民航领域的混合所有制改革早已开展。纵观中国国航的历史，与外资深入合作始于2006年，当年6月8日，国航与国泰航空、中航兴业、中信泰富及太古签订股权重组协议。根据协议，国航与国泰航空将进行股权层面的合作：交叉持股。同时在东航、海航等几家上市国有航空公司中，都有着外来资本的存在。2016年8月17日，国务院国资委宣布，按照建立现代企业制度、完善公司法人治理结构的要求，为进一步加快中央企业建设规范董事会工作步伐。2016年12月，中航、东航和南航三大航空集团领导层一致调整，组建董事会，完善集团治理结构。从而为各大民航集团混改作出了由上到下的改革铺垫。

东航入选第一批混改试点，已有混改实践，先后引入携程和美达航空网络的战略投资，实现了“互联网+”和航线网络的提升。东航集团“十三五”规划及重点工作任务是“将东航改组为具有航空特色国有资本投资公司”。2016年4月，东方航空与携程签订战略合作协议，携程表示有意于定增后12个月内继续增持，而东航也承诺根据携程持股比例给予相应的董事会观察员或董事席位。6月，东方航空集团旗下的东方航空物流有限公司混改就引入了普洛斯投资作为战略合作者，占股10%。

2017年1月17日，中国国际航空股份有限公司党委书记、北京航空有限责任公司董事长樊澄在接受媒体采访时表示：目

前国航已有混改实质性动作，未来可能还将推动航空与飞机维修、地勤等两大方面进行市场化转型。

2017 年 1 月 9 日，中国南航集团年度工作会提出，2017 年南航将重点研究引入先进互联网企业、与全球行业领先者交叉持股或联合设立子公司等方式，推动混合所有制改革；通过并购重组，加快相关业务整合和市场化运作；加大新兴领域投资力度，拓展业务领域。

五、通信：中国联通成为唯一一家集团整体混改试点的单位

2016 年 8 月，中国联通与鹏博士电信传媒集团股份有限公司签署战略合作框架协议，迈出国有运营商与民营运营商合作的第一步。2017 年 8 月，中国联通混改试点方案获得国家发改委批复，非公开发行及股权激励方案已经 A 股公司董事会审议。中国联通混合所有制改革试点，将采用非公开发行和老股转让相结合的方式，引入四大类处于行业领先地位，且与中国联通具有协同效应的战略投资者：包括大型互联网公司、垂直行业领先公司、具备雄厚实力的产业集团和金融企业、国内领先的产业基金等，具体为中国人寿、腾讯、百度、京东、阿里巴巴、苏宁云商、光启集团、前海母基金、滴滴出行、网宿科技、中国中车、用友软件、宜通世纪、中国国有企业结构调整基金。8 月 16 日，中国联通的子公司联通运营公司在北京分别与腾讯、百度、阿里巴巴、京东等合作方，以书面方式签署了战略合作框架协议。协议相关方本着友好务实、协商互利的原则，拟在相关领域建立并进一步深化合作伙伴关系。

2016 年 12 月 23 日，中国电信集团旗下的号百控股重大资产重组项目获得证监会审核通过。将通过发行股份及支付现金的方式整体收购集团公司旗下天翼视讯、炫彩互动、天翼阅读、爱动漫四家公司 100% 的股权。

六、军工：科研院所改制空间巨大

2015 年 9 月，国务院印发的《关于国有企业发展混合所有制经济的意见》中对军工领域国企混改定下明确基调，军工混改会率先在涉及非国家核心机密的军工领域实现混改突破。具有研究所改制、优质资产注入预期的军工标的，例如，中航机电、航天电子、航天动力、航天机电、航天晨光等。

自中央明确七大垄断行业为混改突破口，与中国兵器工业集团表态混改进程后，市场对于资产证券化远低于国外水平的军工集团持有较高的改革预期。资产证券化有利于盘活集团庞大的存量资产、提升市场对军工企业整体市场化的预期、增加流动性。在军工资产证券化过程中，军工科研院所拥有最核心优质的“轻资产”，代表了中国军工科研体系最高水平。因此，科研院所改制注入预计将成为 2017 年军工行业的核心主题之一。随着 ST 黑豹拟获得沈飞集团的核心资产注入，市场对于 2017 年军工改制破局、优质资产注入的想象空间再次打开。

各地混合所有制改革有序推进

2017 年 12 月 13 日，国务院总理李克强召开国务院常务会要求，对主业处于充分竞争行业和领域的商业类国企推进混合所有制改革，鼓励引入社会资本实现股权多元化。12 月 15 日，国资委副秘书长彭华岗在国务院政策例行吹风会上称，第三批混改试点名单已经确定，一共是 31 家。其中中央企业子企业是 10 家，地方国有企业 21 家，三批混改试点加起来一共是 50 家，重点领域混合所有制改革试点正在逐步有序推进。

天津市有混改任务的市属集团全部制定了混改方案。按照天津国资委的说法，2017 年初以来，累计完成 136 家国有企业混改，引入社会资金 153 亿元。2017 年底至 2018 年一季度，天津市将重点选择 10 家公司开展混改，包括天津一商、天津旅游、天津房地产、天津住宅、天津医药、天津能源投资、北方国际信托公司、天津农商行、渤海轻工投资集团、天津天保控股公司，至 2018 年底完成 22 家企业混改的目标。

除天津外，青海、山东、山西、辽宁等省也相继发布文件，积极部署新一轮国企混改。北京市属国企共有 95 家进行了混合所有制改革，引进非公有资本金额合计 200.31 亿元，占比近七成；在员工持股试点方面，北京已批准 6 家企业进入首批员工持股试点企业名单。山西公布了第一批 12 个“腾笼换鸟”项目，分别为山西焦煤集团、阳煤集团、潞安集团、晋煤集团、晋能集团旗下相关资产，包括所持股权全部出让或部分股权出让，山西省国企混改大幕正式拉开。与之前国企改革相互持股不同，这次改革着重“混合”，在所有制变革，鼓励和支持不同所有制之间的相互融合。地方国企混改的主要路径，包括引入战略投资者、推进员工持股试点等方式。据悉，未来地方国企混改或呈现三大趋势——国资不追求绝对控股，重视与新进合作伙伴的战略协同，加大核心员工持股比例。

处置“僵尸企业”

“僵尸企业”是经济学家 Edward. J. Kane 提出的一个经济学概念，就是指那些无望恢复生气，但由于获得放贷者或政府的支持而免于倒闭的负债企业。工信部副部长冯飞 2016 年 2 月 25 日说，所谓“僵尸企业”，是指已停产、半停产、连年亏损、资不抵债，主要靠政府补贴和银行续贷维持经营的企业。

“僵尸企业”处置工作是供给侧结构性改革的一项重要任务。国资委把“僵尸企业”处置工作作为化解过剩产能的“牛鼻子”进行部署，在对中央企业下属的各级子企业进行了全面摸底排查的基础上，筛选了 2041 户长期亏损的困难企业，按照困难程度分成“僵尸企业”和“特困企业”两大类，进行分类处置。在处置过程中，注重加强工作组织，特别是落实企业的主体责任，要求企业按照“一企一策”的要求制定工作方案，通过逐家签订责任书、挂牌督导等方式来推动。在“处僵治困”工作中，采取了三个一批的方式：兼并重组改造一批，强化管理提升一批，清理淘汰退出一批三类方式。并注意把握好以下三个原则：

一是市场化原则。“僵尸企业”处置工作过程中注重发挥好企业的主体作用，落实企业的主体责任，按照市场化的手段，来推动“僵尸企业”处置工作和“特困企业”的治理工作。

二是注重坚持“一企一策”。因为企业形成困难的原因有很多种，解决它的问题也有不同的方式和方法，要坚持“一企一策”，由企业根据困难企业的实际情况提出解决方案。在过程中注重分类、分业处置，多兼并少破产清算，加强产业的整合，优化资源配置，盘活存量，不搞一刀切。

三是坚持以人为本的原则。“僵尸企业”处置工作和“特困企业”治理工作过程中，有一些人员需要安置。安置过程中大量通过内部转岗，组织对外劳务输出和自主创业等方式安排富余的职工，尽量做到转岗不下岗、转业不失业，维护好职工利益，工作进展平稳有序。

经过各方面调整，工作取得了阶段性成果。2016 年，全国国有企业共清理退出“僵尸企业”4977 户，涉及资产 4119.9 亿元，分流安置职工 30.7 万人。2017 年上半年，81 家中央企业所属的 2041 家僵尸子企业和特困子企业“处僵治困”工作成果突出，与 2015 年同期相比，亏损减少 885 亿。从工作启动到 2017 年 9 月，前后一年左右的时间，中央企业已经完成了 571 家“僵尸企业”和“特困企业”治理的主体任务，在 571 家里通过市场出清退出的 218 家，其他则通过兼并重组、管理提升完成治理。

中央企业重组整合

2003 年 3 月 16 日，根据第十届全国人民代表大会第一次会议批准的国务院机构改革方案，国务院国有资产监督管理委员会成立，为国务院直属正部级特设机构。国务院授权国有资产监督管理委员会代表国家履行出资人职责。负责监管中央所属企业（不含金融类企业）的国有资产。2003 年至 2017 年 8 月，国务院国资委按照党中央、国务院关于深化国有企业改革的决策，遵循市场经济规律和企业发展规律，稳步推进中央企业重组整合，国务院国资委负责监管的重要企业数量由2003年国资委成立时的189家，减少到2017年11月末的98家。实现了整体布局、行业结构、业务结构、资产质量的优化，有效提升了企业规模实力、资源配置效率、创新水平、经营业绩和服务国家战略的能力，一支更强更优更大的中央企业队伍正逐渐形成。

附录1：

中央企业重组整合历程

2003年国务院国资委成立时，负责监管的重要企业数量为189家，经过10多年的重组整合，截至2017年11月，减至98家。

一、2003年，从189家减至186家

中国科学器材进出口总公司并入中国生物制品总公司。

中国煤炭工业进出口集团公司兼并中煤建设集团公司，更名为中国中煤能源集团公司。

中国药材集团公司并入中国医药集团总公司。

中国食品发酵工业研究院并入中国轻工集团公司。

中国华轻实业公司并入中国工艺美术（集团）公司。

中国高新投资集团公司吸收合并复兴浆纸有限公司，后者注销。

中国土木工程集团公司并入中国铁道建筑总公司。

中国海外工程总公司并入中国铁路工程总公司。

中国四维测绘技术总公司并入中国卫星通信集团公司。

中国免税品（集团）总公司并入中国国际旅行社总社。

二、2004 年，减至 178 家

铁道部所属中国铁路物资总公司、铁道通信信息有限责任公司，移交国务院国资委。

中国进口汽车贸易中心并入中国机械装备（集团）公司。

中国牧工商（集团）总公司并入中国水产（集团）总公司。

邯邢冶金矿山管理局并入中国五矿集团公司。

中国旅游商贸服务总公司并入中国中旅（集团）公司。

中机国际工程咨询设计总院并入中国新时代控股（集团）公司。

中国土畜产进出口总公司并入中国粮油食品（集团）有限公司。

中国蓝星（集团）总公司与中国昊华化工（集团）总公司重组为中国化工集团公司，成为国资委管理的央企，原企业保留法人资格。

中国建筑材料科学研究院、中国轻工业机械总公司并入中国建筑材料集团公司。

中国水利电力对外公司并入中国水利投资公司。

三、2005 年，减至 169 家

中国外轮理货总公司并入中国远洋运输（集团）总公司。

天津水泥工业设计研究院并入中国材料工业科工集团

公司。

中国纺织物资（集团）总公司并入中国恒天集团公司。

中国寰球工程公司并入中国石油天然气集团公司。

中国有色工程设计研究总院并入中国冶金建设集团公司。

华侨城集团公司与华联发展集团有限公司重组，前者成后者大股东。

中国长城计算机集团公司并入中国电子信息产业集团公司。

中国港湾建设（集团）总公司与中国路桥（集团）总公司以新设合并方式组建中国交通建设集团有限公司，前两者撤销。

中国医疗卫生器材进出口公司并入中国生物技术集团公司。

四、2006年，减至159家

长江口航道建设有限公司调整为交通部长江口航道管理局，国资委不再履行出资人职责。

中谷粮油集团公司并入中国粮油食品（集团）有限公司。

中讯邮电咨询设计院并入中国联合通信有限公司。

中国寰岛（集团）公司并入中国诚通控股集团有限公司。

中国化工築工建设总公司并入中国海洋石油总公司。

中国投资担保有限公司并入国家开发投资公司。

国资委将持有中国华源集团有限公司9.136%股权无偿划转给中国华润总公司，华润接手华源。

中国工艺品进出口总公司和中国工艺美术（集团）公司联合重组为中国工艺（集团）公司。

冶金自动化研究设计院并入中国钢研科技集团公司。

中国地质工程集团公司并入中国新时代控股（集团）公司。

五、2007 年，减至 151 家

沈阳化工研究院并入中国中化集团公司。

中国化工供销（集团）总公司并入中国海洋石油总公司。

组建国家核电技术有限公司，由国资委履行出资人职责。

中国种子集团公司并入中国中化集团公司。

中国中旅集团公司并入中国港中旅集团公司。

中国纺织工业设计院并入中国石油天然气集团公司。

中国福马机械集团有限公司并入中国机械工业集团公司。

中国汽车工业总公司撤销，不再作为国资委履行出资人职责企业，中汽总部资产和所属企业划转上汽集团。

中国海洋航空集团公司并入中国机械工业集团公司。

三九企业集团并入华润集团。

六、2008 年，减至 142 家

中国唱片总公司并入中国诚通控股集团有限公司。

组建中国商用飞机有限责任公司，由国资委代表国务院履行出资人职责。

中国铁通集团有限公司并入中国移动通信集团公司。

中国国际企业合作公司并入中国诚通控股集团有限公司。

中煤国际工程设计研究总院与煤炭科学研究总院重组成立中国煤炭科工集团有限公司。

中国轻工业品进出口总公司并入中国通用技术（集团）控股有限责任公司。

中国航空工业第一集团和航空工业第二集团公司组建中国航空工业集团公司，前两者注销。

中国海诚国际工程投资总院和中国轻工业对外经济技术合作公司并入中国轻工集团公司。

中国对外贸易运输（集团）总公司与中国长江航运（集团）总公司重组，更名为中国外运长航集团有限公司。

七、2009 年，减至 129 家

中国联合通信有限公司合并中国网络通信集团公司，合并后新公司全称为中国联合网络通信集团有限公司。

中国电子工程设计院、中国成套设备进出口（集团）总公司并入国家开发投资公司。

中国卫星通信集团公司并入中国航天科技集团公司。

中国纺织科学研究院并入中国通用技术（集团）控股有限责任公司。

中国农业机械化科学研究院并入中国机械工业集团有限公司。

中国医药集团总公司与中国生物技术集团公司实行联合重组，组建新国药集团。

长沙矿冶研究院和鲁中冶金矿业集团公司并入中国五矿集

团公司。

中国新兴（集团）总公司并入中国通用技术（集团）控股有限公司。

中国农垦（集团）总公司并入中国农业发展集团总公司。

中国邮电器材集团公司并入中国通用技术（集团）控股有限责任公司。

中国远东国际贸易总公司并入中国电子科技集团公司。

八、2010 年，减至 122 家

中国包装总公司并入中国诚通控股集团有限公司。

中国新时代控股（集团）公司与中国节能投资公司重组，成为后者子公司。

上海医药工业研究院整体并入中国医药集团总公司。

鞍山钢铁集团公司与攀钢集团有限公司实行联合重组，设立鞍钢集团公司作为母公司。

中国房地产开发集团公司整体并入中国交通建设集团有限公司。

上海船舶运输科学研究所整体并入中国海运（集团）总公司。

中国出国人员服务总公司整体并入中国医药集团总公司。

组建中国国新控股有限责任公司，由国资委代表国务院履行出资人职责。

中国高新投资集团公司整体并入国家开发投资公司。

九、2011 年，减至 117 家

中商企业集团公司整体并入中国诚通控股集团有限公司。

中国华星集团公司划入中国国新控股有限责任公司管理。

中国乐凯胶片集团公司整体并入中国航天科技集团公司。

中国水利水电建设集团公司、中国水电工程顾问集团公司与国家电网公司、中国南方电网有限责任公司所属14个省（区、市）勘测设计企业、施工企业、修造企业重组，组建中国电力建设集团有限公司，前两者成为其全资子公司。

中国葛洲坝集团公司、中国电力工程顾问集团公司与国家电网公司、中国南方电网有限责任公司所属15个省（区、市）勘测设计企业、施工企业、修造企业重组，组建中国能源建设集团有限公司，前两者成为其全资子公司。

十、2012年，减至116家

中国华粮物流集团公司移交国资委管理。

中国印刷集团公司划入中国国新控股有限责任公司管理。

十一、2013年，减至113家

彩虹集团公司整体并入中国电子信息产业集团有限公司。

中国华粮物流集团公司整体并入中粮集团有限公司。

华诚投资管理有限公司破产终结，不再作为国资委履行出资人职责企业。

十二、2014年，减至112家

中国第二重型机械集团公司与中国机械工业集团有限公司实施联合重组，二重整体产权无偿划入国机。

中国华孚贸易发展集团公司整体并入中粮集团有限公司。

十三、2015 年，减至 106 家

中国北车、中国南车合并组建中国中车集团公司。

中国电力投资集团公司与国家核电技术公司合并重新组建国家电力投资集团公司。

南光（集团）有限公司和珠海振戎公司重组。

中国冶金科工集团有限公司整体并入中国五矿集团公司。

中国远洋运输（集团）总公司与中国海运（集团）总公司重组成立中国远洋海运集团有限公司。

中国外运长航集团有限公司成为招商局集团有限公司的全资子公司。

十四、2016 年，减至 102 家

中国港中旅集团公司与中国国旅集团有限公司实施重组，国旅集团整体无偿划转进入港中旅集团，成为其全资子公司，港中旅集团更名为中国旅游集团公司。

中粮集团有限公司与中国中纺集团公司实施重组，中国中纺集团整体无偿划转进入中粮集团，成为中粮集团全资子公司。

中国建筑材料集团有限公司与中国中材集团公司实施重组，中国建筑材料集团有限公司更名为中国建材集团有限公司，作为重组后的母公司，中材集团整体无偿划入，成为其全资子公司。

宝钢集团有限公司与武汉钢铁（集团）公司实施重组，宝钢集团有限公司更名为中国宝武钢铁集团有限公司，作为重组后的母公司，武钢整体无偿划入，成为其全资子公司。

中国储备粮管理总公司与中国储备棉管理总公司实施重组，中储棉总公司整体无偿划转并入中储粮总公司，成为中储粮总公司的全资子公司。

新组建中国航空发动机集团公司。

十五、2017 年 11 月，减至 98 家

中国机械工业集团有限公司与中国恒天集团公司实施重组，恒天集团整体无偿划转并入国机集团，成为国机集团的全资子公司。

中国保利集团公司与中国轻工集团公司、中国工艺（集团）公司实施重组，中轻集团和中国工艺集团整体无偿划转进入保利集团，成为保利集团全资子公司。

神华集团有限责任公司与中国国电集团公司实施重组，神华集团更名为国家能源投资集团有限责任公司，作为重组后的母公司，吸收合并中国国电。

中国国电集团公司与神华集团有限责任公司，重组成立国家能源投资集团有限责任公司。

附录 2：

最新中央企业名录

（截至 2017 年 11 月末）

序号	企业（集团）名称	序号	企业（集团）名称
1	中国核工业集团公司	50	中国商用飞机有限责任公司
2	中国核工业建设集团公司	51	中国节能环保集团公司
3	中国航天科技集团公司	52	中国国际工程咨询公司
4	中国航天科工集团公司	53	中国诚通控股集团有限公司
5	中国航空工业集团公司	54	中国中煤能源集团有限公司
6	中国船舶工业集团公司	55	中国煤炭科工集团有限公司
7	中国船舶重工集团公司	56	机械科学研究总院
8	中国兵器工业集团公司	57	中国中钢集团公司
9	中国兵器装备集团公司	58	中国钢研科技集团有限公司
10	中国电子科技集团公司	59	中国化工集团公司
11	中国航空发动机集团有限公司	60	中国化学工程集团公司
12	中国石油天然气集团公司	61	中国盐业总公司
13	中国石油化工集团公司	62	中国建材集团有限公司
14	中国海洋石油总公司	63	中国有色矿业集团有限公司
15	国家电网公司	64	北京有色金属研究总院
16	中国南方电网有限责任公司	65	北京矿冶研究总院
17	中国华能集团公司	66	中国国际技术智力合作公司
18	中国大唐集团公司	67	中国建筑科学研究院
19	中国华电集团公司	68	中国中车集团公司
20	国家电力投资集团公司	69	中国铁路通信信号集团公司
21	中国长江三峡集团公司	70	中国铁路工程总公司
22	国家能源投资集团有限责任公司（正在办理工商登记手续）	71	中国铁道建筑总公司
23	中国电信集团公司	72	中国交通建设集团有限公司

续表

序号	企业（集团）名称	序号	企业（集团）名称
24	中国联合网络通信集团有限公司	73	中国普天信息产业集团公司
25	中国移动通信集团公司	74	电信科学技术研究院
26	中国电子信息产业集团有限公司	75	中国农业发展集团有限公司
27	中国第一汽车集团公司	76	中国中丝集团公司
28	东风汽车公司	77	中国林业集团公司
29	中国第一重型机械集团公司	78	中国医药集团总公司
30	中国机械工业集团有限公司	79	中国保利集团公司
31	哈尔滨电气集团公司	80	中国建筑设计研究院
32	中国东方电气集团有限公司	81	中国冶金地质总局
33	鞍钢集团公司	82	中国煤炭地质总局
34	中国宝武钢铁集团有限公司	83	新兴际华集团有限公司
35	中国铝业公司	84	中国民航信息集团公司
36	中国远洋海运集团有限公司	85	中国航空油料集团公司
37	中国航空集团公司	86	中国航空器材集团公司
38	中国东方航空集团公司	87	中国电力建设集团有限公司
39	中粮集团有限公司	88	中国能源建设集团有限公司
40	中国五矿集团公司	89	中国黄金集团公司
41	中国通用技术（集团）控股有限责任公司	90	中国广核集团有限公司
42	中国建筑工程总公司	91	中国华录集团有限公司
43	中国储备粮管理总公司	92	上海诺基亚贝尔股份有限公司
44	国家开发投资公司	93	武汉邮电科学研究院
45	招商局集团有限公司	94	华侨城集团公司
46	华润（集团）有限公司	95	南光（集团）有限公司[中国南光集团有限公司]
47	中国旅游集团公司[香港中旅（集团）有限公司]	96	中国西电集团公司
48	中粮集团有限公司	97	中国铁路物资（集团）总公司
49	中国五矿集团公司	98	中国国新控股有限责任公司

继续扩大落实董事会职权试点范围

作为国企改革十项试点之首，落实董事会职权试点积累了不少经验，并有了突破和亮点。截至2016年末，102家中央企业中建立规范董事会的达到83家，占比超过80%；中央企业外部董事人才库已经达到417人，专职外部董事增加到33人。各省（区、市）国资委所监管一级企业中有88%已经建立了董事会，其中外部董事占多数的企业占比13.1%。

2017年4月国务院办公厅印发的《关于进一步完善国有企业法人治理结构的指导意见》提出，到2020年，国有独资、全资公司全面建立外部董事占多数的董事会等目标任务，并且从理顺出资人职责等5个方面规范了各个治理主体的权利和责任。同时，国务院办公厅还印发了《关于开展落实中央企业董事会职权试点工作的意见》，国资委将把中长期发展决策权、经理层成员选聘权、经理层成员业绩考核权、经理层成员薪酬管理权、职工工资分配管理权、重大财务事项管理权等6项权力授予企业董事会。

从2014年开展的对4家中央企业落实董事会职权试点中积累了不少经验。这次试点同样是这6方面授权，但有了不少突破和亮点。如董事会可以在主业范围外确定1至2个新业务领域，董事会决定经理层成员业绩考核结果和薪酬结构与水平，董事会制定本企业工资总额管理办法、决定工资分配事项等。

国资委考核、组织部任免，导致国企高管的考核与激励成为相互脱节的两条线。尽管不少国企都组建了董事会，但权责不明，董事长往往剥夺总经理的经营权。所有权代理人链条太长，链条末端董事长代理权太集中，贪腐风险加大。将国资委和中组部对于职业经理人的考核与任免权还给国企董事会；实现国企高管的市场化，彻底取消行政级别，由董事会向全社会“真正公开”选聘，并给予市场化的薪酬待遇，这将是落实董事会职权的重大突破。

中央企业全部实现公司制

2017 年 7 月 26 日，国务院办公厅日前印发《中央企业公司制改制工作实施方案》，明确在 2017 年底前，除中央金融、文化企业外，按照《中华人民共和国全民所有制工业企业法》登记，国务院国有资产监督管理委员会监管的中央企业，要全部改制为按照《中华人民共和国公司法》登记的有限责任公司或股份有限公司，加快形成有效制衡的公司法人治理结构和灵活高效的市场化经营机制。这意味着中央企业将全面步入公司制时代。

截至 2014 年末，112 家中央企业中集团公司为公司制企业的 34 户，其他企业 78 户（按《企业法人登记管理条例》注册），占比分别为 29% 和 71%；42764 户实际控制企业中公司制企业 37495 户，其他企业 5269 户，占比分别为 87.7% 和 12.3%。

从集团公司来看，2017 年初的 101 户中央企业中仍有 69 户集团公司为按《企业法人登记管理条例》注册的企业，集团总部资产总额 7.97 万亿元；在近 5 万户中央企业子企业中，仍有约3200户为按《企业法人登记管理条例》注册的企业，资产总额5.66万亿元。2017年底前，这69户央企集团公司和3200户央企子企业必须在半年时间内完成从全民所有制到公司制的“变身”。

《实施方案》在“制定改制方案”“严格审批程序”“确定注册资本”等方面都作出了具体要求。具体来说，中央企业集团层面改制为国有独资公司的，由国务院授权履行出资人职责的机构批准；改制为股权多元化企业的，由履行出资人职责的机构按程序报国务院同意后批准；中央企业所属子公司的改制，除另有规定外，按照企业内部有关规定履行审批程序。

12月19日，据中国之声《全国新闻联播》报道，中央企业集团层面公司制改制方案已全部批复完毕，国家电网、中国通号、中国铁物等中央企业的公司制改制工作已经全面完成，各省级国资委出资企业改制面达到95.8%。

公司制是建立中国特色现代国有企业制度的必要条件，是深化国有企业改革的迫切需要。中央企业全部实现公司制无疑是国企改革的重要一步。可以预期的是，未来围绕建立现代企业制度，国企在混合所有制、董事会建设、内部三项制度、市场化选聘经营管理者等改革方面还将按下“快进键”。

中央企业收入效益双快增长，效益增量增幅双创新高

2017年，中央企业生产经营持续向好。全年实现营业收入26.4万亿元，同比增长13.3%，全年各季度均保持两位数增长。98家中央企业中，收入增幅超过10%的有46家，超过20%的

有19家。工业企业表现突出，营业收入同比增长15.7%，工业企业的增收额占中央企业贡献达75%。

全年中央企业实现利润14230.8亿元，首次突破1.4万亿元，较上年增加1874亿元，同比增长15.2%，经济效益的增量和增速均为五年来最好水平。98家中央企业中，49家企业效益增幅超过10%，26家企业效益增幅超过20%，利润总额过百亿的中央企业达到41家。石油石化、钢铁、煤炭等传统行业打了“翻身仗”，为整体效益增长奠定了基础；先进制造业、现代服务业等行业效益稳步增长，对中央企业整体效益贡献超过40%；10家国有资本投资运营试点企业加快培育战略性新兴产业，提高国有资本配置效率，全年效益同比增长31%。

中央企业煤电油运产销量稳步增长。全年原煤产量同比增长8%，商品煤销量同比增长12%；电力企业发电量同比增长8.5%，售电量同比增长7.4%；原油产量同比增长1.1%，成品油销量同比增长3.1%；钢材产量同比增长9.8%，销量同比增长6.4%；航空运输总周转量同比增长9.2%，水运总周转量同比增长5.4%。

2017年末中央企业资产总额达到54.5万亿元，净资产总额18.4万亿元，资产总额超过千亿的企业有65家。成本费用得到有力管控，持续开展“成本管控、效益否决”专项行动。2017年中央企业成本费用总额增速低于收入增速0.4个百分点，其中三项费用支出同比增长7.7%，低于同期收入增幅5.6个百分点。资金周转效率进一步提高，“两金”压降力度加大，应收账款周转率、存货周转率同比分别提高0.5次和0.2次，经营活动现金流净流入同比增长4.8%。

供给侧结构性改革成效显著。去产能超额完成全年目标任务，全年中央企业共化解钢铁过剩产能595万吨、化解煤炭过剩产能2703万吨，主动淘汰、停建、缓建煤电项目51个，煤炭资产管理平台公司整合煤炭产能1亿吨。已累计完成超过1200多户“处僵治困”任务*，其中约有400户实现市场出清。

* “处僵治困”，指清理退出“僵尸企业”，治理特困企业。

扎实推进重组整合。国务院国资委监管的中央企业户数调整至98家。2016年5月，国务院召开的常务会议对中央企业提出三年要“压减”20%的法人户数，压缩管理层级的要求。到2017年底，中央企业累计“压减”法人8390户，减少的比例达到16.08%，仅管理费用一项就节约135亿元。其中2017年一共“压减”5568户，减少的比例在当年就达到了10.67%。2017年末中央企业平均资产负债率66.3%，同比下降0.4个百分点；62家企业资产负债率比上年下降，40家企业资产负债率降幅超过1个百分点。

税收与社会贡献进一步提高。全年中央企业累计上缴税金2.2万亿元，同比增长5.5%，增速比上年同期加快2.5个百分点，其中41家中央企业上缴税金增速超过10%。中央电信企业坚决执行“提速降费”，石油石化企业和电力企业认真执行有关产品价格下调政策，有效降低全社会运行成本约2000亿元。带头推进节能减排，万元产值综合能耗降幅超过国家“十三五”项目进度要求。带头参与扶贫攻坚，通过结对帮扶、对口支援和建立产业基金等方式，投入各类扶贫资金近200亿元。

2017 · 重要理论观点

习近平新时代中国特色社会主义思想

中共十九大报告站在中国特色社会主义进入新时代的历史起点上，坚持和发展中国特色社会主义，提出并确立了习近平新时代中国特色社会主义思想，形成了一个系统完整、逻辑严密的科学理论体系。

习近平新时代中国特色社会主义思想包括“八个明确”的基本内涵、“十四个坚持”的基本方略等丰富内容。

“八个明确”的基本内涵主要从理论上回答“新时代坚持和发展什么样的中国特色社会主义”。基本内涵及其内在逻辑主要是：

一是根本主题和奋斗目标。明确坚持和发展中国特色社会主义，总任务是实现社会主义现代化和中华民族伟大复兴。这是习近平新时代中国特色社会主义思想的逻辑起点。

二是主要矛盾和以人民为中心。明确必须坚持以人民为中心的发展思想，不断促进人的全面发展、全体人民共同富裕。这是习近平新时代中国特色社会主义思想的价值导向，为实现大国成为强国提供价值引领。

三是推进“两大布局”和坚定“四个自信”。这是实现中华民族伟大复兴的总体方略。

四是全面深化改革总目标。完善和发展中国特色社会主义制度、推进国家治理体系和治理能力现代化。这是实现大国成为强国的根本路径。

五是全面推进依法治国总目标。建设中国特色社会主义法治体系、建设社会主义法治国家。这是为大国成为强国提供法治保障。

六是党在新时代的强军目标。建设一支听党指挥、能打胜仗、作风优良的人民军队，把人民军队建设成为世界一流军队。强国必须强军，这是实现大国成为强国的军事和国防保障。

七是构建新型国际关系和人类命运共同体。这是为实现大国成为强国提供良好的国际环境。

八是加强新时代党的建设。这是为实现大国成为强国提供政治保证。

“十四个坚持”的基本方略主要从实践上回答“怎样坚持和发展中国特色社会主义”。这些基本方略着力于解决社会主要矛盾，致力于强起来，聚焦于“两大布局”。

习近平新时代中国特色社会主义思想，以马克思主义为指导，着眼于对实际问题的理论思考，着眼于新的实际和新的发展，提出了一系列治国理政新理念新思想新战略，开辟了 21 世纪马克思主义发展的新境界。比如：

提出了“中国特色社会主义进入新时代”的论断，深化了对社会主义发展规律的认识；

提出了“新时代坚持和发展什么样的中国特色社会主义、怎样坚持和发展中国特色社会主义”的时代课题，深化了对中国特色社会主义理论主题的认识；

提出了新的“两步走”战略，深化了对社会主义发展阶段的认识；

提出了中华民族伟大复兴的中国梦，深化了对中国特色社会主义总任务的认识；

提出了“四个全面”战略布局，深化了对社会主义建设规律的认识；

提出了“使市场在资源配置中起决定性作用，更好发挥政府作用”的命题，深化了对社会主义市场经济理论的认识；

提出了“新发展理念”“以人民为中心的发展思想”“经济发展新常态”“供给侧结构性改革”和“现代化经济体系”的理论，深化了对中国特色社会主义政治经济学的认识；

提出了“总体国家安全观”，深化了对马克思主义安全观的认识；

提出了“人类命运共同体”的理念，深化了对马克思主义世界历史理论的认识；

提出了“党是最高政治领导力量”“把党的政治建设摆在首位”“全面从严治党”“‘十四个坚持’的基本方略”等新思想新战略，深化了对共产党执政规律的认识；

提出了“一带一路”倡议，深化了对人类社会发展规律的认识等。开辟了马克思主义在中国发展的新境界。

习近平新时代中国特色社会主义思想回答了新时代坚持和发展中国特色社会主义的总目标、总任务、总体布局、战略布局和发展方向、发展方式、发展动力、战略步骤、外部条件、政治保证等基本问题，贯穿改革发展稳定、内政外交国防、治党治国治军等各个领域，涵盖经济、政治、法治、科技、文化、教育、民生、民族、宗教、社会、生态文明、国家安全、国防和军队、“一国两制”和祖国统一、统一战线、外交、党的建设等各个方面，极具战略性、前瞻性、创造性、指导性，在理论上有重大突破、重大创新、重大发展，形成了一个系统完备、逻辑严密、内在统一的科学理论体系。

习近平新时代中国特色社会主义经济思想

2017 年 12 月 18 日至 20 日，中央经济工作会议在北京举行。习近平在会上发表重要讲话，总结党的十八大以来我国经济发展历程，分析当前经济形势，部署 2018 年经济工作。

会议指出，中共十八大以后的 5 年来，我们坚持观大势、谋全局、干实事，成功驾驭了我国经济发展大局，在实践中形成了以新发展理念为主要内容的习近平新时代中国特色社会主义经济思想。

这一经济思想的主要内涵，可以概括为“七个坚持”：

坚持加强党对经济工作的集中统一领导，完善党中央领导经济工作的体制机制，保证我国经济沿着正确方向发展；

坚持以人民为中心的发展思想，贯穿到统筹推进“五位一体”总体布局和协调推进“四个全面”战略布局之中；

坚持适应把握引领经济发展新常态，明确回答了我国经济形势怎么看、经济工作怎么干的问题，有力引导了全党全社会对经济形势的判断；

坚持使市场在资源配置中起决定性作用、更好发挥政府作用，把处理好政府和市场关系作为经济体制改革的关键，为经济发展注入了强大动力；

坚持适应我国经济发展主要矛盾变化完善宏观调控，把推进供给侧结构性改革作为经济工作的主线，为保持我国经济持续健康发展开出治本良药；

坚持问题导向部署经济发展新战略，推进京津冀协同发展战略、长江经济带发展战略、“一带一路”建设等，对我国经济社会发展变革产生深远影响；

坚持正确工作策略和方法，以稳中求进为工作总基调，把握宏观调控的度，坚持底线思维，为推动经济持续健康发展提供了重要方法论。

中国特色社会主义进入新时代

习近平同志在中共十九大报告中指出，经过长期努力，中国特色社会主义进入了新时代，这是我国发展新的历史方位。

改革开放之初，我们党发出了走自己的路、建设中国特色社会主义的伟大号召。从那时以来，我们党团结带领全国各族人民不懈奋斗，推动我国经济实力、科技实力、国防实力、综合国力进入世界前列，推动我国国际地位实现前所未有的提升，党的面貌、国家的面貌、人民的面貌、军队的面貌、中华民族的面貌发生了前所未有的变化，中华民族正以崭新姿态屹立于世界的东方。

中国特色社会主义进入新时代，意味着近代以来久经磨难的中华民族迎来了从站起来、富起来到强起来的伟大飞跃，迎来了实现中华民族伟大复兴的光明前景；意味着科学社会主义在 21 世纪的中国焕发出强大生机活力，在世界上高高举起了中国特色社会主义伟大旗帜；意味着中国特色社会主义道路、理论、制度、文化不断发展，拓展了发展中国家走向现代化的途径，给世界上那些既希望加快发展又希望保持自身独立性的国家和民族提供了全新选择，为解决人类问题贡献了中国智慧和中国方案。

这个新时代，是承前启后、继往开来、在新的历史条件下继续夺取中国特色社会主义伟大胜利的时代，是决胜全面建成小康社会、进而全面建设社会主义现代化强国的时代，是全国各族人民团结奋斗、不断创造美好生活、逐步实现全体人民共同富裕的时代，是全体中华儿女勠力同心、奋力实现中华民族伟大复兴中国梦的时代，是我国日益走近世界舞台中央、不断为人类作出更大贡献的时代。

中国特色社会主义进入新时代，在中华人民共和国发展史上、中华民族发展史上具有重大意义，在世界社会主义发展史上、人类社会发展史上也具有重大意义。全党要坚定信心、奋发有为，让中国特色社会主义展现出更加强大的生命力。

新时代“三步走”战略部署

中共十八大以后的五年，是承上启下关键的五年，既是第一个百年目标的决胜阶段，也是为第二个百年奋斗目标打基础的阶段。同时，今后五年还是以“抓住和创造战略机遇期实现社会主义现代化建设”作为主旋律的 21 世纪上半叶中间关键节点，既要与前20年全面建成小康社会保持继承性、连续性和阶段性，还要对开创未来社会主义事业蓬勃发展提供铺垫、前瞻和战略。

为此，中共十九大提出了新时代“三步走”战略部署：

“第一步，到2030年，全面建设共同富裕社会，人均收入水平、人类发展指数、主要现代化指标达到世界中高收入国家水平，地区、城乡、收入差距持续缩小，高水平公共服务与社会保障覆盖全体人口；

第二步，到2040年，全面建成共同富裕社会，主要社会经济发展指标接近或达到中等发达国家水平，基本实现现代化；

第三步，到2050年，全面实现社会主义现代化，主要经济社会发展指标接近或达到比较发达国家水平，全体人民享有更高水平的公共服务与社会保障，地区、城乡、收入与发展差距全面缩小，建成更加富强、民主、文明、和谐、绿色的社会主义现代化国家，为人类发展作出巨大贡献。

之后，中国可能将进入社会主义中级阶段，为此，可以考虑并提出第三个百年奋斗目标，即到改革开放一百年（2078年）建成高度发达的社会主义现代化国家。”

我国经济已由高速增长阶段转向高质量发展阶段

中共十九大报告指出：“我国经济已由高速增长阶段转向高质量发展阶段，正处在转变发展方式、优化经济结构、转换增长动力的攻关期，建设现代化经济体系是跨越关口的迫切要求和我国发展的战略目标。”

由高速增长阶段转向高质量发展阶段，是中国经济再一次做出明确的路径选择。

转向高质量发展这一论断的本质含义，就是我国经济已经从主要依靠增加物质资源消耗实现的粗放型高速增长，转变为主要依靠技术进步、改善管理和提高劳动者素质实现的集约型增长。中国的经济发展，不再纠结经济增速快一点还是慢一点，而是以提高全要素生产率为抓手，推动经济发展质量变革、效率变革、动力变革。

高质量发展阶段表现在产业结构上，是由资源密集型、劳动密集型产业为主向技术密集型、知识密集型产业为主转变；表现在产品结构上，由低技术含量、低附加值产品为主向高技术含量、高附加值产品为主转变；表现在经济效益上，由高成本、低效益向低成本、高效益的方向转变；表现在生态环境上，由高排放、高污染向循环经济和环境友好型经济转变。最终将体现为国家经济实力不断增强，居民收入得到较快增加。

从高速增长阶段转向高质量发展阶段，这是主动适应经济新常态、突破发展瓶颈的现实选择。要适应经济增速换挡的新常态，保持战略上的平常心态。必须淡化速度“执念”，强化质量意识，优化要素投入，促进现代化建设各方面相协调。依靠人才、技术、知识、信息等高级要素，以创新驱动来消解全球化红利和我国人口红利不断下降的不利影响，突破资源能源、环境等要素的瓶颈制约，尽快实现发展新旧动能的转换。

在国有制框架内难以解决政企分开和所有权可转让性两大难题

杨瑞龙在2017年3月27日的《经济参考报》上发布观点认为，在国有制的框架内探索国有企业走向市场的改革思路在逻辑上是有问题的，因为在国有制的框架内难以解决政企分开与所有权的可转让性这两大难题。

事实上，并无必要对所有的国有企业都进行市场化改造，而可以从产品性质及行业特性两个维度来客观制定功能导向的分类方法，以此来对不同类型的国有企业选择不同的改革模式，即：提供公共产品的国有企业宜选择国有国营模式；垄断性国有企业宜选择国有国控模式；竞争性国有企业一部分宜进行产权多元化的股份制改造，一部分宜实行民营化。同时，需要根据创新链的不同环节来界定国企存在的范围，构建在实施创新驱动发展战略中的“国民共进”的协调合作框架。

在分类改革原则下推进国有企业的混合所有制改革，在公共产品领域推进“长期导向”下的混合，在自然垄断领域推进“控制权导向”下的混合，在竞争性领域推进“流动性导向”下的混合。

国企分类改革要求改革国有资产管理体制：在公共产品领域，国资委对国有企业履行管企业与管资产并重的职能，以管企业为主；在自然垄断领域，国资委对国有企业履行管资产与管资本并重的职能，以管资本为主；在竞争性领域，国资委对国有企业履行管资本的职能。

在利益相关者合作逻辑下，分类分层推进国有企业治理结构的创新。在公共产品领域，对国有国营的企业构建内部人决策与外部人监督有机结合的治理结构；在自然垄断领域，对国有国控的企业构建董事会共同治理、监事会共同监督、外部相机治理有机结合的治理结构；在竞争性领域，构建共同治理与相机治理相结合的治理结构。

在分类推进治理结构创新的基础上，分类构建国有企业经营者的激励机制。在公共产品领域，对国有企业领导人的职务晋升激励与薪酬激励相结合，以职务晋升激励为主；在自然垄断领域，对国有企业经营者中的中管（中组部任命），高管以职务晋升激励为主，薪酬激励为辅，对国资委与地方政府任命的高管兼顾职务晋升激励与薪酬激励，对市场招聘的职业经理人采用市场化的薪酬激励；在竞争性领域，对国企经营者主要采用市场化薪酬激励。

国有企业改革应扬长避短而非追求完美

金碚在《经济参考报》发布观点认为，国有企业是特殊企业，不仅和其他企业不同，即使是国有企业之间也有差别，所以必须进行分类，只是分类方式不同。从 30 多年来的改革历程来看，国有企业改革的确一直在分类，但分类的标准却一直没有分清楚，各种分类都没有办法适应各个国有企业不同的情况。国有企业有优点也有缺点，但是无论如何不可能改造成一个跟一般企业一样的企业，如果它能改成一般企业一样的企业，就没有必要存在。

无论是在社会主义国家还是资本主义国家，国有企业都是国家实现意志的一种工具，都可以被用来实现其价值追求，这种情况在经济困难时表现得尤为明显。为了解决特殊的经济社会问题，特别是在国家发生严重危机时，国有企业总是被要求发挥特殊的功能，更大规模和更高深度地进入一些经济领域。而当解决了特殊问题或克服了严重危机后，国有企业又往往被要求适时退出，避免过度存在而对市场经济有效运行产生负面影响。也就是说，国有企业的特殊功能往往在非常时期更能发挥作用，而在正常时期，其局限性往往反而表现得比较显著。这突出地体现了国有企业非同一般的性质和优缺点，也表明国有企业负有非同一般的经营责任。

总之，国有企业改革必须分类处理。与此同时，所有的国有企业也都是不一样的。需要明确的是，国有企业就是应对重大风险的一种特殊的企业组织形式，它有优点也有弱点，我们要做的就是扬长避短，发挥其优点和作用。中国的国有企业是一个具有巨大功能亮点的组织形式，虽然它有不为人所满意的地方，但全世界的国有企业都这样。所以国有企业改革的重点应为如何扬长避短，而不是追求完美。

国资监管体系改革的方向应该是去监管、行股权

张文魁在《改革》撰文指出，混合所有制是我国国企改革的重要突破口，但是近几年混合所有制受到冷遇，国企改革进程也慢于预期，根本原因在于我国复杂、严密的国资监管体系与混合所有制难以兼容。

我国国资监管体系本来是在实行政企分开的思路下建立起

来的，但又重新回到了政企边界不分的老路上。如果下一步的国资监管体制改革仍然只是在国资管理、运营、监督的三个职能分割框框里打转，或者在这条路上一直走下去分割出四五个职能，从而热衷于调整机构和构架，国资监管体制改革将会陷入误区而不能自拔。改革的方向应该是去监管、行股权，而且要降比重、“搭便车”。国资监管体系的去监管改革，与国企跨越股权结构拐点的混合所有制改革，将会相辅相成。一方面，去监管改革将是财产权利逻辑逐渐取代政府权力逻辑，使非国有股东的权利和作用得到更多保障，使混合所有制比较接近现代企业制度；另一方面，跨越拐点的混合所有制，有利于更大程度地引入财产权利逻辑来抵制政府权力逻辑，促进监管体制转向行使股权的体制，尽管这肯定不会是一个线性的过程。因此，要使混合所有制健康开展下去并建立真正的现代企业制度，要使国企改革取得突破和供给侧改革向前推进，国资监管体制的根本性改革，以及背后的国家治理体系的现代化改革，是无法回避的。

国企改革的分类标准应客观且可操作

杨瑞龙、周业安、闫衍在《中国证券报》撰文指出，全面深化改革回归到国有企业分类改革的思路，把国有企业明确划分为商业类和公益类，并确定了不同的改革模式。但公益类与商业类是两个大的概念，在具体实施分类改革战略时面临的一个现实问题是，如何细分可操作的分类标准。如果缺乏一个客观的分类标准，有可能会影响分类改革的可操作性。因此，建议对那些“公共产品、公益类产品及关系国家安全和国民经济命脉的重要行业和关键领域”进行科学的细分，并作为“行业细分清单”向社会公布，使国企分类有一个公开客观的分类标准，从而加大商业类国企的改革力度。可以根据国有企业所提供产品的性质及国有企业所处行业的特征，即产品性质及行业特性两个维度形成功能导向的分类方法，以此来对不同的国有企业选择不同的改革模式。对于提供公共产品类的企业一般采用国有国营模式，即政府拥有所有权与经营权。在这一象限内，又分为提供纯公共产品、准公共产品与公益类产品等三种不同的类型。处于自然垄断的企业一般宜采用国有国控模式，即垄断性国有企业应该进行股份制改造，但国有资本应具有控制地位。处于竞争性领域的国有企业原则上应完全走向市场，但这不等于说国有资本立即全面退出。

2017 · 重要政策法规

1. 国务院国资委《中央企业投资监督管理办法》，国资委令第 34 号，2017 年 1 月 7 日。

2. 国务院国资委《中央企业境外投资监督管理办法》，国资委令第 35 号，2017 年 1 月 7 日。

3. 《国务院关于西部大开发“十三五”规划的批复》，国函〔2017〕1 号，2017 年 1 月 5 日。

4. 《国务院办公厅关于创新管理优化服务培育壮大经济发展新动能加快新旧动能接续转换的意见》，国办发〔2017〕4

号，2017 年 1 月 13 日。

5.《国务院办公厅关于促进开发区改革和创新发展的若干意见》，国办发〔2017〕7 号，2017 年 1 月 19 日。

6.《国务院关于修改和废止部分行政法规的决定》，国务院令第 676 号，2017 年 3 月 1 日。

7.《国务院批转国家发展改革委〈关于 2017 年深化经济体制改革重点工作意见〉的通知》，国发〔2017〕27 号，2017 年 4 月 13 日。

8.《国务院办公厅关于进一步完善国有企业法人治理结构的指导意见》，国办发〔2017〕36 号，2017 年 4 月 24 日。

9.《国务院办公厅关于转发国务院国资委〈以管资本为主推进职能转变方案〉的通知》，国办发〔2017〕38 号，2017 年 4 月 27 日。

10.《国务院关于〈中国国民经济核算体系（2016）〉的批复》，国函〔2017〕91 号，2017 年 7 月 3 日。

11.《国务院办公厅关于印发中央企业公司制改制工作实施方案的通知》，国办发〔2017〕69 号，2017 年 7 月 18 日。

12.《关于印发〈中央企业主要负责人履行推进法治建设第一责任人职责规定〉的通知》，国资党发法规〔2017〕8 号，2017 年 7 月 20 日。

13.《无证无照经营查处办法》，国务院令第 684 号，2017 年 8 月 6 日发布，自 2017 年 10 月 1 日起施行。

2017 · 年度热点纪实

设立雄安新区

2017 年 4 月 1 日，农历三月初五，官方发布消息，决定设立河北雄安新区。并称这是以习近平同志为核心的党中央作出的一项重大的历史性战略选择，是继深圳经济特区和上海浦东新区之后又一具有全国意义的新区，是千年大计、国家大事。消息传出，举国震惊。

震惊的原因，首先是关于雄安新区的定位，是继深圳特区和浦东新区之后，国家最重要的战略，甚至被定为要影响未来中国一千年，绝不谦虚，毫不犹豫。

更令人震惊的是，如此重大的国家战略，此前在正式媒体和传言中，从来没有人能够预料到，直到突然宣布，国人才第一次听说。

一夜之间，雄县、安新县、容城县，这三个知名度并不高的县城，随着雄安新区的设立，迅速变成热词，全国知晓。

雄安新区一出生就风华正茂，远期建设 2000 平方千米，超过深圳 1996 平方千米，浦东新区 1210 平方千米，副都气象，大器初成。

雄安新区，在国家层面第一次表述为“千年大计、国家大事”，自然有不同寻常的意义，体现了五个重大战略使命。

一是明确雄安为首都副中心，通州为北京副中心。为缓解北京缺水多雾，拥堵不堪的负担，之前早就传闻首都东迁通州，但一直没有落实。声在东边的通州，落在西边的雄安。这次可谓声东击西。国家规划中，雄安新区有七个重点任务，五条暗示其将成为首都副中心。第一条建设智慧新城。第二条打造生态城市，就是要再造一个更美丽现代的副都。告别缺水和雾霾。第三条发展高新产业。第四条提供优质公共服务，暗示未来北京的高新产业，以及中央的部委和央企、医院，高校等，部分将迁到雄安。第五条打造高效交通网，就是要建立副都的交通地位。

二是分散首都政治经济风险，稳固国都。建都北方，在中国传统心理上，代表着正统和大一统的吉兆。但是时势一直在变。尤其现代式海权时代，沿海首都，安全存在隐患，需要分散风险。当下，所有的中央机关都在北京，九十八家央企，有八十多家在北京。如此众多的资源集中于一个城市，一旦有变，后果将不堪设想。

三是解决京津冀问题，打造新的增长极。京津冀协同发展，一直未能彻底完成。京津两个直辖市夹着一个河北省，难以协调。而设立雄安新区，实际上等于为河北加持。未来，与京津及河北发展权限和力度基本对等，有利于彻底落实京津冀发展计划，打造新的增长极。建设雄安新区。这实际上打破了原有的京津冀“一亩三分地”，在这个区域之内协同发展、统筹发展。站在北京的角度看，北京的传统主城区与东边的城市副中心和即将设立建设的雄安新区就形成了一个“三足鼎立”的三级关系。站在京津冀大的空间来看，形成了在京、津与雄安新区之间一个“三角形”的“三足鼎立”的关系。在这样一个区域里面如何优化城市布局、空间结构的一个大胆的探索。站在全国范围看，京、津与雄安新三角与长三角、珠三角，也将形成“三足鼎立”的关系。

四是打破既得利益格局，乱中求治。迁都之议，并非自今日始。但是却一直很难实现，一个重大的原因，是利益牵涉太多，负担太重。今日中国改革已至中流，每向前一步，日感吃力，利益集团势力强大，而且阶层固化的趋势明显。雄安新区的设置有利打破这种利益格局，摆脱既有利益牵制，创造新的改革氛围，开创新的局面。从本次采用通州造势，雄安落地，声东击西，避实就虚的突袭式战略部署看，打破利益集团格局，不仅意义重大，而且难度巨大。彻底重建中国新格局、新社会、新千年。

五是重启改革新时代。雄安新区被寄望于继深圳和浦东之后第三个代表性意义的国家战略，其实也隐含了国家重启一个新的改革时代的雄心。在雄安新区的七大任务中，第六项是推进体制机制改革，发挥市场在资源配置中的决定性作用和更好发挥政府作用，激发市场活力。第七项是扩大全方位对外开放，打造扩大开放新高地和对外合作新平台。改革近 40 年，各种矛盾逐渐积累，启动新一轮改革，寻找国家转型之路，必须有新的战略高地。雄安新区的设立，将摆脱北京式利益格局，一片荒原好纵马，锐意改革勿牵挂，成为新的改革发动机。现实往往比想象丰富。敢于号称影响中国未来一千年，必然会有巨变。

有人如此定位：设立雄安新区，这是北京在迎来中华人民共和国成立近 70 年以来一次真正意义的大变革。北京边上再起深圳，白洋淀里画了一个圈。这不是愚人节故事，这是春天的故事。

共享经济

2017 年，在创业圈最火的词应该就是“共享经济”了。据品途商业评论统计，2016 年中国的共享经济市场规模接近 4 万亿元，项目从单车、充电宝、手机，到睡眠舱、汽车、雨伞、服装、马扎等，可谓五花八门、层出不穷。

然而，在历经了一年多的爆发式增长后，“共享们”马上又遭遇断崖式塌方，沦为死亡重灾区。

共享单车：最先倒下的殉道者

扫一扫就开锁，“嘀”一下就出发，到了目的地扔下车就走，这是共享单车最吸引人的地方。2017 年先后有 74 家企业进入共享单车市场。交通部数据显示，截至 2017 年 7 月，国内共享单车累计投放量就达到 1600 万辆。

共享单车一方面满足了短距离出行需求；另一方面却造成“单车围城”的困局。在给百姓带来方便的同时，也给城市管理提出了新的问题和挑战。在上海，过度投放的曾被清理的共享单车达 50 万辆；在厦门，8 万多辆被清理暂扣的共享单车形成一座“车山”；在石家庄，市城管委于 12 月 14 日对主城区内违规停放的共享单车进行集中清理，当天就清理违规停放共享单车近万辆。于是，继杭州于 2017 年 7 月 10 日在全国率先宣布暂停共享单车投放，在此后两个月时间里，北京、上海、广州、深圳、福州、郑州、南京、武汉、宁波、成都等12个城市，先后宣布暂停共享单车新增投放。在这以后，单车企业开始大规模向海外进军的同时，在国内则向三四线城市发展，截至2017年底，600辆哈罗单车出现在广东阳春街头；在浙江的舟山市区，共享单车也投放了6000辆。也同样是因为投放量过大的问题，福建泉州等地级城市在2017年底作出对共享单车新增投放量的限制。

无序投放及其由此产生的乱停、乱放、乱骑行等诸多乱象，直接葬送了共享单车的生存空间。2017年6月13日，悟空单车打响共享单车倒闭第一枪。停止运营后，悟空单车将押金全部退还给了用户，总计约100余万元。“猝死潮”接踵而至。8月，町町单车宣布倒闭。10月31日，町町单车创始人丁伟表示，对于退不了押金的一万多用户，仍希望退还钱款，或者每人分到一台成本为1800元的单车。同是8月，酷骑单车“退押金难”问题蔓延，其与P2P平台诚信贷之间扑朔迷离的关系也让外界心生警惕。自9月中旬起，酷骑单车位于沈阳、合肥、郑州、西安等多地的分公司都陆续被曝出“人去楼空”。《21世纪经济报道》在11月21日的文章中指出，酷骑仍有7亿元押金未退还用户。11月，用户口碑都不错的小鸣和小蓝相继离场。据小鸣单车员工，小鸣目前欠用户的押金大概在5000万元左右。而小蓝单车的形势更加扑朔迷离。10月20日，小蓝单车曾发布公告称，用户于2017年10月30日之前申请的退款，将于2017年11月10日前退还完毕。而到了11月中旬，小蓝单车承诺的退款期限已过，却有不少网友反映并未收到退款。

共享汽车：听起来很美

“减少私家车，有效治堵”的共享汽车，“几块钱开豪车”的共享奔驰宝马，当初消息出来之后，皆刷屏数日，满屏鸡血。只是然后呢？很快，就没有然后了。

3 月 10 日上午，“友友用车”官方微信公众号更新推送，称由于之前签署的投资款项未如期到位，决定退回所有用户账户存款，停止运营。

10 月 23 日下午，共享汽车 EZZY 召开临时性的全员会议。会上，公司创始人、CEO 付强突然宣布了公司即将解散、清算的消息。当晚有员工称，他们陆续被“踢出”微信工作群。

共享雨伞：私占促成倒闭

据《桂林晚报》报道，共享 e 伞于 6 月 16 日正式登陆桂林，首批投放量达到 2 万把。不过仅仅半个月，做共享雨伞就陷入了无伞可借的尴尬。7 月，因大量雨伞被破坏、私占，盈利模式不清晰，e 伞一夜间倒闭。

共享睡眠仓：生死只在一夜间

2017 年 7 月，北京、上海、成都等城市出现了“共享睡眠舱”服务，半小时 6 元，里面有恒温空调、小风扇、Wi - Fi、插座等设备。然而，7 月 21 日晚，北京警方表示，目前这家公司在全市设立的 16 处场所已停止运营，立即着手“共享睡眠舱”拆除和撤离工作。

共享充电宝：来也匆匆去也匆匆

2017 年 4 月，共享充电宝企业融资情况逼近顶峰，仅半个月就有多家公司获得融资近 3 亿元。据 IT 桔子统计，2017 年上半年，在共享充电宝领域，共发生19起投资事件，投资总额超10亿人民币。

然而，进入下半年，共享充电宝开启了死亡的闸门。10月11日，来自杭州的共享充电宝公司“乐电”宣布停止运营，成为首家公开宣布“死亡”的共享充电宝企业（据知情人士，6月河马充电已经倒闭，但未公开宣布）。紧随其后，共享充电宝企业“PP充电”传出了退出市场的消息。知情人士称，截至11月，乐电、小宝充电、泡泡充电、创电、放电科技、PP充电、河马充电等7家企业均已走到项目清算阶段。

截至2017年末，共有19家投身共享经济的企业宣告倒闭或终止服务。其中包括7家共享单车企业、2家共享汽车企业、7家共享充电宝企业、1家共享租衣企业、1家共享雨伞企业和1家共享睡眠仓企业。在2017年的创业“死亡榜”中，与“共享经济”有关的公司竟然占了大半。

不得不说，很多年轻的创业者太过浮躁，还有不少人想白手起家、空手套狼，在今天的商业社会里这已经是非常不现实的一件事情。

2017年即将结束，“创业死亡榜”中的项目创始人，在启动之时大多饱含热忱，死亡来临前一刻也曾奋力争取生机。

但很遗憾，深刻的教训，是他们留下的唯一财富。

2017·年度改革大事

1月10日　国家统计局发布全国居民消费价格指数（CPI）和工业生产者出厂价格指数（PPI）。2016年我国CPI同比上涨

2.0%，涨幅比2015年扩大了0.6个百分点；2016年全年PPI同比下降1.4%，降幅比2015年收窄了3.8个百分点。CPI保持温和上涨，PPI涨幅有所扩大，预计未来物价总水平仍将维持温和上涨态势，通胀压力不会明显上升。

1月19日　中国铁物与银行债权人和私募债持有人正式签署债务重组框架协议，标志着中国铁物银行债和私募债债务重组方案正式落地实施。即，对于178亿元银行债务，在两年内偿还约30%本金，剩余债务展期5年；对于100亿元私募债，2017年偿还15%本金，部分展期2年，剩余到期后一次性偿还；综合利率下浮70%；银行债及私募债均预留了“债转股”选择权。

1月22日　中共中央政治局就深入推进供给侧结构性改革进行第三十八次集体学习。中共中央总书记习近平在主持学习时强调，推进供给侧结构性改革是我国经济发展进入新常态的必然选择，是经济发展新常态下我国宏观经济管理必须确立的战略思路。必须把改善供给侧结构作为主攻方向，从生产端入手，提高供给体系质量和效率，扩大有效和中高端供给，增强供给侧结构对需求变化的适应性，推动我国经济朝着更高质量、更有效率、更加公平、更可持续的方向发展。

1月22日至23日　国有重点大型企业监事会2017年度工作会议在京召开，部署2017年监事会十项重点工作任务：一是深入研究新形势下监事会发挥作用的有效途径；二是做好任期首次年度报告工作；三是不断深化当期和事中监督；四是进一步加大“一事一报告”力度；五是深入开展集中重点检查；六是加强境外国有资产检查；七是建立监督检查情况汇报制度；八是改进完善成果运用工作机制；九是推进国有资产监管工作协同；十是持续完善履职保障。

1月，上海出台《关于本市地方国有控股混合所有制企业员工持股首批试点工作实施方案》。上海市将遴选5至10家企业开展首批试点。试点企业应同时满足以下几个条件：主业应处于充分竞争行业和领域的竞争类企业；股权结构合理，非公有资本股东所持股份原则上不低于10%，且公司董事会中有非公有资本股东推荐的董事；企业股东会、董事会、监事会、经理层健全，董事会运作规范高效；企业的营业收入和利润90%以上应来源于其所在出资监管机构一级企业的外部市场。优先支持人才资本和技术要素贡献占比较高的转制科研院所、高新技术企业、科技服务型企业开展员工持股试点。

1月，国务院国资委公布《中央企业投资监督管理办法》和《中央企业境外投资监督管理办法》。新修订的两个办法施行后，《中央企业投资监督管理暂行办法》和《中央企业境外投资监督管理暂行办法》同时废止。

2月8日　国务院召开常务会议，决定进一步清理和规范涉企收费，持续为实体经济减负。

2月28日　中央财经领导小组召开第十五次会议，习近平强调，做好2017年经济工作，要坚持稳中求进工作总基调，把握好经济社会发展大局，确保经济平稳健康发展，努力提高经济运行质量和效益；确保供给侧结构性改革得到深化，经济结构调整取得有效进展。深入推进去产能，要抓住处置“僵尸企业”这个“牛鼻子”。

同日，国家认监委、工信部电子司指导下的汽车联网产品认证联盟，推出我国自主研制的“米级快速定位北斗芯片”，导航精度从原来的 10 米提升到 1 至 2 米，标志着我国自主可控的北斗卫星导航即将进入米级定位时代。

3 月 5 日　习近平总书记在参加全国两会上海代表团审议时强调，上海要继续按照当好全国改革开放排头兵、创新发展先行者的要求，在深化自由贸易试验区改革上有新作为，在推进科技创新中心建设上有新作为，在推进社会治理创新上有新作为，在全面从严治党上有新作为。

同日，国务院总理李克强在政府工作报告时说，面对今年艰巨繁重的改革发展稳定任务，我们要用改革的办法深入推进“三去一降一补”。扎实有效去产能。今年要再压减钢铁产能 5000 万吨左右，退出煤炭产能 1.5 亿吨以上。同时，要淘汰、停建、缓建煤电产能 5000 万千瓦以上。要有效处置“僵尸企业”，推动企业兼并重组、破产清算，坚决淘汰不达标的落后产能，严控过剩行业新上产能。

3 月 9 日　《科技日报》消息，我国自主研发的“海翼”号深海滑翔机，在马里亚纳海沟完成了大深度下潜观测任务并安全回收，其最大下潜深度为 6329 米，刷新了水下滑翔机最大下潜深度的世界纪录，为我国深渊科考提供了新的科考手段。

3 月 16 日　美联储 FOMC 公布利率决议，宣布加息 25 个基点，从 0.5% ~0.75% 上调至 0.75% ~1.0%，时隔仅 3 个月就再度加息，这意味着美联储未来加息步伐将逐步加快。

3 月 21 日　中国石化宣布，我国首个大型页岩气田——涪陵页岩气田已经累计供气突破 100 亿立方米。这标志着我国页岩气已加速迈进大规模商业化发展阶段，对促进能源结构调整，加快节能减排和大气污染防治具有重要意义。

3 月 24 日　习近平总书记主持召开中央全面深化改革领导小组第三十三次会议并发表重要讲话。他强调，各级主要负责同志要自觉从全局高度谋划推进改革，做到实事求是、求真务实，善始善终、善作善成，把准方向、敢于担当，亲力亲为、抓实工作。

3 月 28 日　国家邮政局发布《2016 年中国快递发展指数报告》显示，2016 年中国快递发展指数（CEDI）为 538.5，同比提高 40.8%。我国快递业务量规模继续稳居世界首位，在全球占比超过四成，对世界快递业务量增长的贡献率达 60%，我国已经成为全球快递市场发展的新引擎。

3 月 30 日　中央宣传部 30 日向全社会公开宣传发布“以国为重的大国工匠”徐立平的先进事迹，授予徐立平“时代楷模”荣誉称号。

4 月 1 日　中共中央、国务院印发通知，决定设立河北雄安新区，规划范围涉及河北省雄县、容城、安新 3 县及周边部分区域。这是继深圳经济特区和上海浦东新区之后又一具有全国意义的新区，是千年大计、国家大事。雄安新区的定位首先是疏解北京非首都功能集中承载地。作为推进京津冀协同发展的两项战略举措，规划建设北京城市副中心和河北雄安新区，将形成北京新的两翼，拓展京津冀区域发展新空间。

4 月 24 日　国务院国资委召开 2017 年中央企业钢铁煤炭去产能工作会议，动员部署今年中央企业钢铁煤炭去产能工作。

4 月 26 日　中国第二艘航空母舰也是我国首艘国产航母正式下水。

5 月初　世界上第一台超越早期经典计算机的光量子计算机在中国诞生。

5 月 5 日　国产大飞机 C919 成功首飞。国外媒体直接坦言道："这意味着未来中国商飞可能成为西方航空工业公司最大的威胁。"

5 月 12 日至 15 日　"一带一路"国际合作高峰论坛在北京召开。此次论坛中国与 68 个国家及国际组织签订了多份文件及协议，对有代表性的成果进行梳理和汇总形成了 270 多项成果清单，并通过了联合公报。

5 月 18 日　党中央国务院发来贺电，热烈庆祝我国成功在南海完成可燃冰的试验开采工作。我国也由此成为世界第一个实现稳定开采海洋超级能源的国家！

6 月 15 日　北京时间今日凌晨，美联储决定再次加息 25 个基点，将联邦基金利率目标区间上调至 1% ~1.25%，这也是 2015 年底以来第四次加息。十年以来美联储只进行了 4 次加息。同时公布了收缩 4.5 万亿美元资产负债表的计划。

6 月 25 日　我国自主研发、具有完全自主知识产权的中国标准动车组"复兴号"正式命名。至 2017 年 6 月，我国铁路营业里程已达 12.4 万千米，其中高铁 2.3 万千米。

7 月 14 日至 15 日　全国金融工作会议召开，强调金融是国家重要的核心竞争力，金融安全是国家安全的重要组成部分，金融制度是经济社会发展中重要的基础性制度。必须加强党对金融工作的领导，坚持稳中求进工作总基调，遵循金融发展规律，紧紧围绕服务实体经济、防控金融风险、深化金融改革三项任务，注意把握好回归本源、优化结构、强化监管和市场导向的四项原则。

7 月 15 日　北京到新疆的京新高速公路全线贯通，总里程约 2768 千米，这是目前世界上穿越沙漠、戈壁里程最长的高速公路。至 2017 年 7 月，全国高速公路通车里程达 13. 2 万千米。

7 月 18 日　国务院办公厅印发《中央企业公司制改制工作实施方案》，要求 2017 年底前按照《中华人民共和国全民所有制工业企业法》登记、国务院国有资产监督管理委员会监管的 69 户中央企业（不含中央金融、文化企业），全部改制为按照《中华人民共和国公司法》登记的有限责任公司或股份有限公司，加快形成有效制衡的公司法人治理结构和灵活高效的市场化经营机制。

7 月 20 日　北京时间当天晚上，最新版《财富》世界 500 强排行榜正式发布，中国有 115 家公司进入世界 500 强，中国公司入榜数量连续第 14 年增长。前五强阵营中的其他企业分别为中国国家电网公司、中国石油化工集团公司、中国石油天然气集团公司和丰田汽车，中国企业拿下了今年世界 500 强前五强中的 3 个席位。115 家中国上榜公司中，中国五矿集团公司保持最快的上升速度，由去年的第 323 位上升至 120 位。

9 月 1 日　十二届全国人大常委会第二十九次会议通过

《中华人民共和国核安全法》《中华人民共和国国歌法》和修订后的《中华人民共和国中小企业促进法》。

9 月 3 日至 5 日　金砖国家领导人第九次会晤在福建厦门举行。3 日，习近平出席 2017 年金砖国家工商论坛开幕式并发表《共同开创金砖合作第二个“金色十年”》的主旨演讲。4 日，习近平主持会晤并发表《深化金砖伙伴关系，开辟更加光明未来》的讲话，强调要开启金砖合作第二个“金色十年”，使金砖合作造福五国人民，惠及各国人民。5 日，习近平主持新兴市场国家与发展中国家对话会并发表《深化互利合作，促进共同发展》的讲话。

9 月 4 日　中国人民银行、中央网信办、工业和信息化部、工商总局、银监会、证监会、保监会发布公告，要求任何组织和个人不得非法从事代币发行融资活动，各类代币发行融资活动应当立即停止。

9 月 11 日　我国首条民营资本控股高铁——杭绍台高铁 PPP 项目在浙江杭州签约。这是民营资本在铁路投融资领域首次控股。

9 月 12 日　人力资源社会保障部公布《国家职业资格目录》，明确目录之外不得许可和认定职业资格，目录之外除准入类职业资格外不得与就业创业挂钩。2013 年以来，连续 7 批集中取消 434 项职业资格许可和认定事项，削减比例达 70% 以上。

9 月 21 日　“复兴号”在全世界率先实现高铁时速 350 千米商业运营。京沪之间运行时间为 4 个半小时。“复兴号”比之“和谐号”，寿命提升了 50%，长达 30 年，并且最高时速高达 350

千米/小时、除此之外，车厢里还能提供充电、Wi－Fi 等设施。

10 月 18 日至 24 日　中共第十九次全国代表大会在北京召开。习近平代表第十八届中央委员会向大会做了题为《决胜全面建成小康社会 夺取新时代中国特色社会主义伟大胜利》的报告。这次大会的主题是：不忘初心，牢记使命，高举中国特色社会主义伟大旗帜，决胜全面建成小康社会，夺取新时代中国特色社会主义伟大胜利，为实现中华民族伟大复兴的中国梦不懈奋斗。

9 月 25 日　《中共中央国务院关于营造企业家健康成长环境 弘扬优秀企业家精神 更好发挥企业家作用的意见》（以下简称《意见》）正式公布。这是中央首次以专门文件明确企业家精神的地位和价值。《意见》从营造依法保护企业家合法权益的法治环境、营造促进企业家公平竞争诚信经营的市场环境、营造尊重和激励企业家干事创业的社会氛围等九个方面提出了 27 条具体措施，营造企业家健康成长环境，弘扬优秀企业家精神，更好发挥企业家作用。

11 月 20 日　中国国电集团公司与神华集团有限责任公司今天重组成立国家能源投资集团有限责任公司，两大能源央企的重组，开启了国内煤电央企重组先河。根据此前官方公布的数据，截至 2017 年 6 月底，国电集团资产总额超过 8000 亿元，神华集团资产总额超过 1 万亿元。这意味着，新成立的国家能源投资集团的总资产有望超过 1.8 万亿元，在能源央企中的资产额仅次于国家电网、中石油和中石化。

11 月 22 日　加注中国石化 1 号生物航空煤油的海南航空

HU497 航班波音 787 型客机，跨越太平洋，平稳降落在美国芝加哥奥黑尔国际机场。这标志着中国自主研发生产的 1 号生物航煤首次跨洋商业载客飞行取得圆满成功。这是继 2013 年技术验证试飞、2015 年国内商业航班首次应用飞行之后的又一创举，表明我国生物航煤自主研发生产技术更加成熟。

11 月　国务院印发《划转部分国有资本充实社保基金实施方案》（以下简称《方案》）。《方案》提出，划转工作要坚持目标引领，与基本养老保险制度改革目标紧密结合；坚持系统规划，与深化国有企业改革目标紧密结合；坚持立足长远，与弥补企业职工基本养老保险基金缺口的目标相结合；坚持独立运营，与社保基金多渠道筹集的政策目标相结合。

12 月 6 日　据《羊城晚报》报道，长安汽车、中国一汽、东风汽车三家汽车央企日前签署战略合作协议，将在技术创新、全价值链运营、新商业模式等领域开展全方位的合作。数据显示，2016 年上述三家车企销量总和超过 1000 万辆，占全国汽车销量的近 40%。有专家表示，进入新时代后，国内汽车产业格局将迎来重大改变。

12 月 24 日　我国首次按照中国民航适航规章要求研制的大型灭火/水上救援水陆两栖飞机 AG600 首飞成功。标志着我国航空工业特种用途飞机研制能力取得重大突破，是继 C919 大型客机首飞成功后我国民用航空工业发展的又一个重要里程碑。

本年度主要参考资料：

1. 习近平．决胜全面建成小康社会 夺取新时代中国特色社会主义伟大胜利——在中国共产党第十九次全国代表大会上的报告[M]．北京：人民出版社，2018.4.

2. 2017年政府工作报告——2017年3月5日在第十二届全国人民代表大会第五次会议上[EB/OL]．中国政府网，2017-03-05.

3. 国家统计局．中华人民共和国2017年国民经济和社会发展统计公报[M]．北京：中国统计出版社，2018.3.

4. 2017年经济和社会发展计划执行与2018年草案报告[EB/OL]．中国人大网，2018-03-23.

5. 2017年中央和地方预算执行与2018年预算草案报告[EB/OL]．中国人大网，2018-03-23.

6. 2017年中国货币政策执行报告[EB/OL]．中国人民银行网，2018-03-22.

7. 韩庆祥．习近平新时代中国特色社会主义思想是一个系统完整、逻辑严密的科学理论体系[N]．光明日报，2017-11-28.

8. 陈曙光．习近平新时代中国特色社会主义思想的重大意义[N]．光明日报，2017-11-24.

9. 中共中央国务院决定设立河北雄安新区[EB/OL]．新华网，2017-04-01.

2018 年

2018 · 年度经济背景

经济运行稳中有进，转型发展稳步推进

2018 年是贯彻党的十九大精神的开局之年，是改革开放 40 周年。中国经济运行总体平稳，经济结构继续优化。服务业保持平稳较快增长，消费对经济增长的贡献上升，国际收支基本平衡，价格形势保持稳定。

一、宏观经济运行的总体趋势

2018 年经济社会发展的主要预期目标是：国内生产总值增长 6.5% 左右；居民消费价格涨幅 3% 左右；城镇新增就业 1100 万人以上，城镇调查失业率 5.5% 以内，城镇登记失业率 4.5% 以内；居民收入增长和经济增长基本同步；进出口稳中向好，国际收支基本平衡；单位国内生产总值能耗下降 3% 以上，主要污染物排放量继续下降；供给侧结构性改革取得实质性进展，宏观杠杆率保持基本稳定，各类风险有序有效防控*。2018 年及其以后 3 年经济工作的主要任务是，重点抓好决胜全面建成小康社会的“防范化解重大风险、精准脱贫、污染防治”三大

* 据国务院总理李克强 2018 年 3 月 5 日在第十三届全国人民代表大会第一次会议上的《政府工作报告》。

攻坚战。

实际运行的结果，初步核算，全年国内生产总值900309亿元，比上年增长6.6%。其中，第一产业增加值64734亿元，增长3.5%；第二产业增加值366001亿元，增长5.8%；第三产业增加值469575亿元，增长7.6%。第一产业增加值占国内生产总值的比重为7.2%，第二产业增加值比重为40.7%，第三产业增加值比重为52.2%。

全年最终消费支出对国内生产总值增长的贡献率为76.2%，资本形成总额的贡献率为32.4%，货物和服务净出口的贡献率为−8.6%。

全年居民消费价格比上年上涨2.1%。工业生产者出厂价格上涨3.5%。工业生产者购进价格上涨4.1%。固定资产投资价格上涨5.4%。农产品生产者价格下降0.9%。全年城镇新增就业1361万人，比上年增加10万人。

年末全国城镇调查失业率为4.9%，比上年末下降0.1个百分点；城镇登记失业率为3.8%，下降0.1个百分点。人均国内生产总值64644元，比上年增长6.1%。国民总收入896915亿元，比上年增长6.5%。

全国万元国内生产总值能耗比上年下降3.1%。全员劳动生产率为107327元/人，比上年提高6.6%。

年末国家外汇储备30727亿美元，比上年末减少672亿美元。全年人民币平均汇率为1美元兑6.6174元人民币，比上年升值2.0%。

二、宏观经济政策的主要政策取向

（一）继续实施积极的财政政策

继续实施减税降费，提高减税降费政策的精准性针对性，进一步优化纳税服务，全面落实各项税收优惠政策，切实增强市场主体的获得感。清理规范各类政府性基金和行政事业性收费项目，取消不合法的收费项目。以供给侧结构性改革为主线，继续推进“三去一降一补”，支持制造业优化升级。优化财政支出结构，提高财政支出的公共性和普惠性。财政资金要向“三农”倾斜，健全投入保障机制，加强顶层设计，加快建立涉农资金统筹整合长效机制，支持实施乡村振兴战略。坚持精准扶贫、精准脱贫，新增扶贫资金要向深度贫困地区倾斜，着力解决深度贫困地区公共服务、基础设施欠缺等问题。加大教育、医疗卫生、社会保障等民生保障投入。加快缩小地区间基本公共服务差距，增强困难地区和基层政府保工资、保运转、保基本民生的能力。要树立过紧日子的思想，严肃财经纪律，采取有效措施，压缩一般性支出，厉行勤俭节约。

全国一般公共预算收入 183177 亿元，比 2017 年预算执行数（同口径，下同）增长 6.1%，加上调入资金 2853 亿元，收入总量为 186030 亿元；全国一般公共预算支出 209830 亿元，扣除上年地方使用结转结余及调入资金后增长 7.6%；收支总量相抵，赤字 23800 亿元，与 2017 年持平。全年赤字率按 2.6% 安排，比 2017 年预算低 0.4 个百分点。中央财政赤字 15500 亿元，与上年持平；中央财政国债余额限额 156908.35 亿元。地方政府一般债务余额限额 123789.22 亿元。

全国政府性基金收入64165亿元，增长4.3%，加上上年结转收入386亿元、地方政府专项债券收入13500亿元，收入总量为78051亿元；全国政府性基金支出78049亿元，增长28.5%。

中央对地方一般性转移支付增长10.9%，增强地方特别是中西部地区财力。优化财政支出结构，提高财政支出的公共性、普惠性，加大对三大攻坚战的支持，更多向创新驱动、“三农”、民生等领域倾斜。当前财政状况出现好转，各级政府仍要坚持过紧日子，执守简朴、力戒浮华，严控一般性支出，把宝贵的资金更多用于为发展增添后劲、为民生雪中送炭。

（二）继续执行稳健中性的货币政策

紧紧围绕服务实体经济、防控金融风险、深化金融改革三项任务，管好货币供给总闸门，保持广义货币 M_2、信贷和社会融资规模合理增长，维护流动性合理稳定，提高直接融资特别是股权融资比重。

一是保持货币政策的稳健中性，管住货币供给总闸门，综合运用价、量工具和宏观审慎政策加强预调微调，保持货币信贷和社会融资规模合理增长，把握好稳增长、去杠杆、防风险之间的平衡。2018年，中国人民银行通过四次降准和开展中期借贷便利（MLF）操作等措施加大中长期流动性投放力度，同时灵活开展公开市场逆回购操作，保持银行体系流动性合理充裕。2018年末，金融机构超额准备金率为2.4%，较上年同期高0.3个百分点。货币市场利率总体平稳，利率中枢有所下行，12月银行间市场存款类机构以利率债为质押的7天期回购利率（DR007）中枢在2.6%左右，较上年同期下行约30个基点。

二是促进结构优化，支持经济结构调整和转型升级。围绕实体经济全面提升金融服务效率和水平，继续优化流动性的投向和结构，强化信贷政策的导向作用，大力发展普惠金融，在服务实体经济、支持创业创新和新动能培育上发挥更大作用，把更多金融资源配置到经济社会发展的重点领域和薄弱环节，促进融资便利化，降低实体经济成本。企业贷款和小微企业贷款利率分别连续四个月和五个月下降。12 月，非金融企业及其他部门贷款加权平均利率为 5.63%，同比下降 0.11 个百分点，比 9 月下降 0.31 个百分点。其中，一般贷款加权平均利率为 5.91%，比 9 月下降 0.28 个百分点；票据融资加权平均利率为 3.84%，比 9 月下降 0.38 个百分点。前期出台的支持民营、小微企业的政策效果逐步显现，企业贷款加权平均利率已连续四个月下降，累计下降 0.25 个百分点。其中，微型企业贷款利率已连续五个月下降，累计下降 0.39 个百分点。总体看，包括银行贷款、债券、表外融资等在内的全社会综合融资成本较上年末有所下降。

三是进一步推进利率市场化和人民币汇率形成机制改革，提高金融资源配置效率，完善金融调控机制。进一步督促金融机构健全内控制度，增强自主合理定价能力和风险管理水平。完善金融市场体系，切实发挥好金融市场在稳增长、调结构、促改革和防风险方面的作用。立足金融服务实体经济本质要求，做好重点领域风险防范和处置。

2018 年末，广义货币供应量 M_2 余额为 182.7 万亿元，同比增长 8.1%，与上年末持平。狭义货币供应量 M_1 余额为 55.2 万亿元，同比增长 1.5%。流通中货币 M_0 余额为 7.3 万亿元，同比增长 3.6%。2018 年现金净投放 2563 亿元，同比多投放 221 亿元。2018 年以来 M_2 增速总体趋稳、保持在 8% 以上，与名义 GDP 增长率基本匹配，宏观杠杆率保持稳定。

三、宏观经济运行的主要特点

（一）工业、服务业生产总体平稳，产业结构持续优化，第三产业占比继续提高。三次产业增加值占 GDP 比重分别为 7.2%、40.7%、52.2%，第三产业占比高于第二产业 11.5 个百分点，比上年同期提高 0.3 个百分点。其中，第一产业增加值为 6.5 万亿元，比上年增长 3.5%；第二产业增加值为 36.6 万亿元，增长 5.8%；第三产业增加值为 47.0 万亿元，增长 7.6%。

农业生产形势稳定。2018 年全国粮食总产量为 65789 万吨，比上年下降 0.6%，仍是历史高产年，连续 4 年保持在 65000 万吨以上。猪牛羊禽肉产量为 8517 万吨，比上年略降 0.3%。

工业生产总体平稳，结构持续优化。2018 年全国规模以上工业增加值比上年实际增长 6.2%，增速缓中趋稳。高技术制造业、战略性新兴产业和装备制造业增加值分别比上年增长 11.7%、8.9% 和 8.1%，增速分别比规模以上工业快 5.5 个、2.7 个和 1.9 个百分点。

2018 年全国规模以上工业企业利润同比增长 10.3%；主营业务收入利润率为 6.49%，比上年提高 0.03 个百分点。2018 年第四季度中国人民银行 5000 户工业企业调查显示，企业经营景气指数为 57.9%，比上季上升 1 个百分点，比上年同期下降

1.9 个百分点。企业盈利能力有所下降。企业盈利指数为 58.7%，比上季回落 0.2 个百分点，比上年同期回落 2.8 个百分点。

服务业保持平稳较快增长。2018 年，服务业增加值同比增长 7.6%，比上年回落 0.3 个百分点。其中，信息传输、软件和信息技术服务业，增长 30.7%，增速比上年高 8.9 个百分点；租赁和商务服务业增长 8.9%，增速比上年回落 0.9 个百分点。

（二）消费对经济增长贡献上升，投资缓中趋稳

消费对经济增长贡献上升，网上零售增势强劲。2018 年，社会消费品零售总额为 38 万亿元，比上年增长 9.0%，最终消费支出对经济增长的贡献率为 76.2%。乡村消费品零售额同比增长 10.1%，比城镇高 1.3 个百分点。网上零售增势强劲，全年网上零售额为 9 万亿元，比上年增长 23.9%。居民收入平稳增长，对消费形成一定支撑。2018 年居民人均可支配收入为 28228 元，比上年名义增长 8.7%，扣除价格因素实际增长 6.5%，快于人均 GDP 增速。收入分配结构持续改善，农村居民收入增速持续高于城镇。城乡居民人均收入倍差 2.69，比上年缩小 0.02。中国人民银行 2018 年第四季度城镇储户问卷调查显示，倾向于“更多消费”的居民占 28.6%，比上年同期高 2.4 个百分点。

制造业投资和民间投资增势明显，基建投资缓中趋稳。2018 年，全国固定资产投资（不含农户）63.6 万亿元，同比增长 5.9%，增速比上年回落 1.3 个百分点。制造业投资增长 9.5%，比上年高 4.7 个百分点，增速明显加快；房地产开发投

资增长9.5%，比上年高2.5个百分点，增速总体稳定；基础设施投资增速自10月份以来有所回升，全年增长3.8%，比上年低15.2个百分点。

民间投资增势较好，国有企业投资增长乏力。2018年民间投资同比增长8.7%，比上年高2.7个百分点；而国有及国有控股单位投资同比增长1.9%，比上年低8.2个百分点。

（三）供给侧结构性改革深入推进，新动能持续发展壮大

全年全国工业产能利用率为76.5%。其中，煤炭开采和洗选业产能利用率为70.6%，比上年提高2.4个百分点；黑色金属冶炼和压延加工业产能利用率为78.0%，提高2.2个百分点。年末商品房待售面积52414万平方米，比上年末减少6510万平方米。其中，商品住宅待售面积25091万平方米，减少5072万平方米。年末规模以上工业企业资产负债率为56.5%，比上年末下降0.5个百分点。全年规模以上工业企业每百元主营业务收入中的成本为83.88元，比上年下降0.20元。全年生态保护和环境治理业、农业固定资产投资（不含农户）分别比上年增长43.0%和15.4%。

全年规模以上工业中，战略性新兴产业增加值比上年增长8.9%。高技术制造业增加值增长11.7%，占规模以上工业增加值的比重为13.9%。装备制造业增加值增长8.1%，占规模以上工业增加值的比重为32.9%。全年规模以上服务业中，战略性新兴服务业营业收入比上年增长14.6%。全年高技术产业投资比上年增长14.9%，工业技术改造投资增长12.8%。全年新能源汽车产量115万辆，比上年增长66.2%；智能电视产量11376

万台，增长 17.7%。全年网上零售额 90065 亿元，比上年增长 23.9%。

（四）进出口均保持较快增长，国际收支基本实现自主平衡

进出口较快增长，贸易顺差有所收窄。按人民币计价，2018 年进出口总额为 30.5 万亿元，比上年增长 9.7%。其中，出口 16.4 万亿元，增长 7.1%；进口 14.1 万亿元，增长 12.9%。进出口相抵，顺差为 2.3 万亿元，比上年收窄 18.3%。贸易结构进一步优化。一般贸易进出口比重提升，占进出口总额的 57.8%，比上年提高 1.4 个百分点。机电产品出口增长 7.9%，占出口总额的 58.8%，为出口主力。民营企业进出口增长 12.9%，占进出口总额的 39.7%。

外商直接投资延续向高端产业聚集的态势。2018 年全国新设立外商投资企业 60533 家，同比增长 69.8%；实际使用外资 8856 亿元人民币，同比增长 0.9%。制造业实际使用外资同比增长 20.1%，占比为 30.6%，较上年提高 4.8 个百分点。其中，高技术制造业实际使用外资同比增长 35.1%。对外投资行业结构持续优化。2018 年全行业对外直接投资 1298.3 亿美元，同比增长 4.2%。对外投资主要流向租赁和商务服务业、制造业、批发和零售业、采矿业，占比分别为 37%、15.6%、8.8% 和 7.7%。房地产业、体育和娱乐业对外投资没有新增项目，非理性投资继续得到有效遏制。

国际收支呈现“双顺差”。初步统计，2018 年，我国经常账户顺差 491 亿美元；非储备性质的金融账户顺差 602 亿美元。外债规模继续保持增长。2018 年 9 月末，全口径（含本外币）

外债余额为19132亿美元，较6月末增加427亿美元。其中，短期外债余额为12073亿美元，占外债余额的63%。

（五）居民消费价格温和上涨，工业生产价格涨幅回落

GDP平减指数涨幅回落。2018年GDP平减指数（按当年价格计算的GDP与按固定价格计算的GDP的比率）同比上涨2.9%，比上年回落0.4个百分点，其中各季度涨幅分别为3.0%、2.8%、2.8%、1.6%。

居民消费价格温和上涨。2018年，CPI同比上涨2.1%，涨幅比上年扩大0.5个百分点，其中各季度涨幅分别为2.2%、1.8%、2.3%和2.2%。食品价格涨幅由负转正，非食品价格温和上涨。食品价格上涨1.8%，上年为同比下降1.4%；非食品价格上涨2.2%，涨幅比上年回落0.1个百分点。消费品价格涨幅明显扩大，服务价格涨幅有所回落。消费品价格上涨1.9%，涨幅比上年提高1.2个百分点；服务价格上涨2.5%，涨幅比上年回落0.5个百分点。

工业生产价格涨幅回落。2018年，PPI同比上涨3.5%，涨幅比上年回落2.8个百分点，其中各季度涨幅分别为3.7%、4.1%、4.1%和2.3%。其中，生活资料价格涨幅相对稳定，生产资料价格涨幅明显下降。生活资料价格同比上涨0.5%，涨幅比上年回落0.2个百分点；生产资料价格同比上涨4.6%，涨幅比上年回落3.7个百分点。工业生产者购进价格同比上涨4.1%，涨幅比上年回落4.0个百分点，其中各季度涨幅分别为4.4%、4.4%、4.7%和3.0%。企业商品价格（CGPI）同比上涨3.0%，比上年回落3.8个百分点。农业生产资料价格同比上

涨 3.1%，涨幅比上年扩大 2.5 个百分点；农产品生产价格同比下降 0.9%，降幅比上年缩小 2.6 个百分点。

（六）财政支出平稳增长，财政收入增速有所放缓

2018 年，全国一般公共预算收入为 18.3 万亿元，同比增长 6.2%，增速比上年回落 1.2 个百分点。其中税收收入 15.6 万亿元，同比增长 8.3%；非税收入 2.7 万亿元，同比下降 4.7%。国内增值税、国内消费税同比分别增长 9.1%、4.0%，企业所得税和个人所得税同比分别增长 10.0%、15.9%。

财政支出相对平稳。2018 年，全国一般公共预算支出 22.1 万亿元，同比增长 8.7%，增速比上年高 1 个百分点。从支出结构看，增长较快的有科学技术、节能环保和城乡社区支出，同比分别增长 14.5%、13.0% 和 10.2%。

2018 年，全国政府性基金预算收入 7.5 万亿元，同比增长 22.6%。其中土地出让收入 6.5 万亿元，同比增长 25%。全国政府性基金预算支出 8.1 万亿元，同比增长 32.1%。

（七）就业形势保持稳定

调查失业率基本稳定。全年城镇新增就业 1361 万人，比上年多增 10 万人。12 月，全国城镇调查失业率为 4.9%，比上年同月下降 0.1 个百分点。2018 年外出农民工 17266 万人，增长 0.5%。中国人民银行 2018 年四季度城镇储户问卷调查显示：居民就业感受指数为 45.5%，比上季回升 1.3 个百分点；居民就业预期指数为 53.3%，比上季回升 1.6 个百分点。

2018 · 年度改革实践

我国中央企业已基本建立董事会

完善国有企业法人治理结构，建设规范的董事会是关键一环。近年来，中央企业持续推动外部董事占多数的规范董事会建设，积极推进董事会重大决策合规性审查机制建设，中央企业的规章制度、经济合同、重要决策实现100%法律审核；改进董事会评价方式，优化董事会及董事评价指标体系。截至2018年8月末，国务院国资委监管的96家中央企业中，已有94家建立董事会，其中83家外部董事占多数。同时，90%的地方国资委监管企业已建立了董事会。中央企业严格董事选聘和履职管理，增强董事会决策能力和整体功能，特别是外部董事队伍结构来源更加多元化、专业化，“董事不懂事”问题得到有效破解。近三年来，中央企业董事在董事会会议和专门委员会会议上提出重要意见建议近7000条，董事会的制衡机制发挥了有效作用，推动企业风险防控能力和经营管理水平不断提升。

加强中央企业领导人员的管理

2018年5月11日，中共中央总书记、国家主席、中央军委主席习近平主持召开中央全面深化改革委员会第二次会议，审议通过了《中央企业领导人员管理规定》（以下简称《规定》）。《规定》从职位设置、任职条件、选拔任用、考核评价、薪酬与激励、管理监督、培养锻炼、退出等方面，明确了中央企业领导人员管理的基本原则、基本要求和主要内容，覆盖了中央企业领导人员管理的全过程和各环节。

《规定》的主要特点以下：

一是坚持党管干部原则。充分发挥党组织在中央企业选人用人工作中的领导和把关作用，确保党对中央企业干部人事工作的领导权和对重要领导人员的管理权。

二是发挥市场机制作用。从中央企业的市场主体属性出发，扩大选人用人视野，完善与市场竞争相适应的中央企业领导人员管理机制，激发和保护企业家精神，更好发挥企业家作用。

三是坚持问题导向。重点解决中央企业选人用人机制创新不够、领导人员管理失之于宽松软和领导人员管党治党意识不强、担当不够、“能上不能下”等问题。四是坚持简便易行、有效管用。从中央企业实际出发，该规范的严格规范，该简化的尽量简化，该留有空间的留有空间，提高制度的精准性、有效性和可操作性。

《规定》明确，国有企业领导人员是党的干部，必须做到“对党忠诚、勇于创新、治企有方、兴企有为、清正廉洁”。一是在选拔任用的基本条件中，要将上述“20 字”要求逐一对应细化，强调中央企业领导人员必须旗帜鲜明讲政治，牢固树立“四个意识”，坚决维护习近平总书记的核心地位，坚决维护党中央权威和集中统一领导，坚决执行党和国家的方针政策；必须具有强烈的创新意识和创新自信，敢闯敢试、敢为人先；必须具有较强的治企能力，善于把握市场经济规律和企业发展规律，懂经营、会管理、善决策；必须具有正确的业绩观，勇担当，善作为，工作业绩突出；必须具有良好的职业操守和个人品行，严守底线，廉洁从业。二是强调选拔任用中央企业领导人员，必须突出政治标准和专业能力，树立正确选人用人导向。在考察工作中应当突出考察政治表现，全面考察人选素质、能力、业绩和廉洁从业等情况，防止“带病提拔”。三是强调加强对中央企业领导人员综合考核评价、经营业绩考核、党建工作责任制落实情况考核，强化抓改革、强党建、促发展导向，引导中央企业领导人员做到忠诚干净担当。四是强调以强化忠诚意识、拓展国际视野、提高战略思维、增强创新精神、提升治企能力、锻造优秀品行为重点，加强对中央企业领导人员的教育培训和实践锻炼。

改革国有企业工资决定机制

2018 年 5 月 13 日，国务院印发《关于改革国有企业工资决定机制的意见》（国发〔2018〕16 号），决定对国有企业的工资决定机制进行改革，改革的重点内容包括。

一、改革工资总额决定机制

一是改革工资总额确定办法。按照国家工资收入分配宏观政策要求，根据企业发展战略和薪酬策略、年度生产经营目标和经济效益，综合考虑劳动生产率提高和人工成本投入产出率、职工工资水平市场对标等情况，结合政府职能部门发布的工资指导线，合理确定年度工资总额。

二是完善工资与效益联动机制。企业经济效益增长的，当年工资总额增长幅度可在不超过经济效益增长幅度范围内确定。企业经济效益下降的，除受政策调整等非经营性因素影响外，当年工资总额原则上相应下降。企业未实现国有资产保值增值的，工资总额不得增长，或者适度下降。企业按照工资与效益联动机制确定工资总额，原则上增人不增工资总额、减人不减工资总额，但发生兼并重组、新设企业或机构等情况的，可以合理增加或者减少工资总额。

三是分类确定工资效益联动指标。对主业处于充分竞争行业和领域的商业类国有企业，应主要选取利润总额（或净利润）、经济增加值、净资产收益率等反映经济效益、国有资本保值增值和市场竞争能力的指标。

对主业处于关系国家安全、国民经济命脉的重要行业和关键领域、主要承担重大专项任务的商业类国有企业，在主要选取反映经济效益和国有资本保值增值指标的同时，可根据实际情况增加营业收入、任务完成率等体现服务国家战略、保障国家安全和国民经济运行、发展前瞻性战略性产业以及完成特殊任务等情况的指标。

对主业以保障民生、服务社会、提供公共产品和服务为主的公益类国有企业，应主要选取反映成本控制、产品服务质量、营运效率和保障能力等情况的指标，兼顾体现经济效益和国有资本保值增值的指标。

对金融类国有企业，属于开发性、政策性的，应主要选取体现服务国家战略和风险控制的指标，兼顾反映经济效益的指标；属于商业性的，应主要选取反映经济效益、资产质量和偿付能力的指标。

对文化类国有企业，应同时选取反映社会效益和经济效益、国有资本保值增值的指标。劳动生产率指标一般以人均增加值、人均利润为主，根据企业实际情况，可选取人均营业收入、人均工作量等指标。

二、改革工资总额管理方式

一是全面实行工资总额预算管理。未建立规范董事会、法人治理结构不完善、内控机制不健全的企业，经履行出资人职责机构认定，其工资总额预算应实行核准制；对主业处于充分竞争行业和领域的商业类国有企业，工资总额预算原则上实行备案制。

二是合理确定工资总额预算周期。对行业周期性特征明显、经济效益年度间波动较大或存在其他特殊情况的企业，工资总额预算可探索按周期进行管理，周期最长不超过三年，周期内的工资总额增长应符合工资与效益联动的要求。

三是强化工资总额预算执行。国有企业应严格执行经备案或核准的工资总额预算方案。执行过程中，因企业外部环境或自身生产经营等编制预算时所依据的情况发生重大变化，需要调整工资总额预算方案的，应按规定程序进行调整。

三、完善企业内部工资分配管理

一是完善企业内部工资总额管理制度。国有企业在经备案或核准的工资总额预算内，依法依规自主决定内部工资分配。企业集团应合理确定总部工资总额预算，其职工平均工资增长幅度原则上应低于本企业全部职工平均工资增长幅度。

二是深化企业内部分配制度改革。国有企业应建立健全以岗位工资为主的基本工资制度，以岗位价值为依据，以业绩为导向，参照劳动力市场工资价位并结合企业经济效益，通过集体协商等形式合理确定不同岗位的工资水平，向关键岗位、生产一线岗位和紧缺急需的高层次、高技能人才倾斜，合理拉开工资分配差距，调整不合理过高收入。加强全员绩效考核，使职工工资收入与其工作业绩和实际贡献紧密挂钩，切实做到能增能减。

三是规范企业工资列支渠道。国有企业应逐步实现职工收入工资化、工资货币化、发放透明化。将所有工资性收入一律纳入工资总额管理，不得在工资总额之外以其他形式列支任何工资性支出。

四、健全工资分配监管体制机制

加强和改进政府对国有企业工资分配的宏观指导和调控，落实履行出资人职责机构的国有企业工资分配监管职责，完善国有企业工资分配内部监督机制，建立国有企业工资分配信息公开制度，健全国有企业工资内外收入监督检查制度。

三大航空混改进一步深化

混改重点领域的民航业，开始拥有更大的政策空间。自 2018 年 1 月 19 日起，新修订的《国内投资民用航空业规定》（以下简称“《规定》”）正式施行。对比 2005 年颁布的《国内投资民用航空业规定（试行）》（民航总局令第 148 号），新版《规定》最受业界瞩目的是，放宽中国国航、东方航空、南方航空三大航空公司国有或国有控股要求，允许国有相对控股；放宽了主要机场的国有股比要求；以及进一步放开行业内各主体之间的投资限制。

《规定》指出，对国内投资需要特别管理的公共航空运输企业（“三大航”）应当保持国有控股或者国有相对控股。其中，国有相对控股应由单一国有投资主体及其控股企业相对控股。而在2005年发布的《国内投资民用航空业规定（试行）》中，明确规定“中国国际航空股份有限公司、中国东方航空股份有限公司、中国南方航空股份有限公司应当保持国有或者国有控股”。

最新财报显示，目前中国航空集团持有中国国航53.46%的股份，东航集团持有东方航空56.38%的股份，南航集团持有南方航空51.99%的股份。

作为混改七大重点领域之一的民航业，近年来在混改方面不断有新动作。作为国资委首批混合所有制改革试点企业东航，2015年和2016年先后引入达美航空和携程作为战略投资者，达美航空以4.5亿美元取得东航3.22%的股权，携程以30亿元取得东航3.2%的股权。2017年7月，东航集团旗下东方航空物流有限公司，通过混改实现了股权多元化。东航集团和新引入的股东联想控股、普洛斯、德邦、绿地，以及东航物流核心员工，将分别持有东航物流45%、25%、10%、5%、5%、10%股份。东航实际投入18.45亿元国有资本，有效引入22.55亿元非国有资本投入，起到了放大国有资本的“杠杆”效应；同时，东航物流资产负债率从之前的87.86%，降低到75%左右。据最新消息，东航物流已经启动了第二批员工持股工作。

除东航外，美国航空在去年 3 月以 15.53 亿港元认购南航新发行的 H 股股票，取得南航 2.68% 的股权。国航也正在稳步推进旗下航空货运物流板块的混合所有制改革。

从 2017 年 11 月以来，三大航空各自的控股股东，中国南方航空集团公司、中国东方航空集团公司、中国航空集团公司相继宣布完成公司制改制，公司由全民所有制企业改制为国有独资企业，并完成相应更名，从“集团公司”变为“集团有限公司”，由国务院国有资产监督管理委员会履行出资人职责。

对此三大航均表示，改制将有助于各自进一步形成有效制衡的公司法人治理结构和灵活高效的市场化经营机制。三大航空集团由全民所有制企业变更为国有独资公司，进一步明确了集团权属，为三大航空进一步更加积极主动、合法合规地参与到国内外市场竞争排除了制度和权属限制，为即将开展的三大航空集团旗下的航空业务和资产混改工作确认了符合资本市场普遍认可的资产持有和投资主体。

中央企业“五控”“三增”去杠杆

中共十九大和 2018 年中央经济工作会提出要打好三大攻坚战，防范风险是三大攻坚战的重中之重，国有企业“去杠杆”则又是国有企业防控风险的重中之重。为此，2018 年国务院国资委制定了中央企业降杠杆、减负债、控风险的指导意见，明确到 2020 年前，中央企业的平均资产负债率要再下降 2 个百分点。具体措施可以归结为“五个控”“三个增”。

一、“五控”的具体内容

一是控行业标准。企业在不同的行业，资本结构不一样，发展阶段不一样，这种情况下国资委确定了一个能够保证企业稳健发展的合理资产负债率控制标准。这个标准分成三大类，工业企业为70%，非工业企业为75%，科研设计企业为65%。

二是控财务杠杆。针对警戒线和偿债能力把中央企业98家进行业务分类，将超过了警戒线，偿债能力比较弱的企业纳入重点管控范围，纳入重点管控的企业又进行分成三大类进行管控。第一类是重点关注的，是指负债水平超过警戒线，但是偿债能力、流动性、盈利能力还可以的企业。第二类是重点监控类，是指比重点关注类的杠杆更高一些的企业。第三类是特别监管类，是一些必须采取严格管理措施的企业。对这三类企业采取不同程度的管控措施，包括从开支规模、投资规模、薪酬、成本费用（招待费、管理费）从严控制。

三是控投资规模。针对企业投资规模过大，是形成高杠杆重要原因。国资委把控投资规模作为控杠杆的重要措施，特别是纳入国资委管控范围的企业要对投资规模进行严格管控。对高负债企业的非主业投资要严禁；对于低效业务的投资要严控，对偏离主业的业务也要严格控制。

四是控风险业务。对存在风险的业务严格管理，主要包括应收账款、存货的占用要大幅压降，各类垫资的业务也要严格管理，包括对外担保、委托贷款，还有融资性贸易业务，国资委都要采取严格的管控措施。

五是控财务风险。对个别风险比较高、资金链比较紧张的企业，进行实时监管。

二、“三增”的具体内容

“控”主要是解决风险，“增”则是促进优化结构并实现良性发展。

一是增股权融资。通过扩大股权融资来增加资本实力。国资委在2017年加大了工作力度，2017年中央企业通过股票市场和产权市场融资超过3500亿，对中央企业的资本结构有很好的优化。

二是通过债转股增加资本。通过推动市场化、法治化债转股。2017年，已经有17家中央企业和有关机构签订了债转股的协议，债转股的框架协议达到了5000亿，截至年末已经有40%的项目落地，国资委将进一步帮助企业创造条件推进债转股顺利落地。

三是通过提高效益增加资本积累。通过瘦身健体、提质增效工作增加效益，2017年中央企业的效益超过1.4万亿，对资本积累产生了很好的作用。

2017年，中央企业在资产规模、营业收入规模快速增长的同时，通过以上措施成功实现了资产负债率的持续下降，年末中央企业的平均资产负债率同比下降了0.4个百分点。

加快剥离国有企业办社会职能和解决历史遗留问题

2018年是剥离国有企业办社会职能和解决历史遗留问题工作的关键一年，国务院国资委要求，多数工作要在2018年底前基本完成。

一、中央企业要完成“三供一业”分离移交

国务院国资委决定，中央企业的“三供一业”分离移交力争要在上半年全面完成协议签署。已经签订框架协议的要抓紧协商确定维修改造方案，尽快签订正式协议；尚未签订框架协议的，要尽可能在上半年直接签订正式协议，最迟不能晚于9月底。大型独立工矿区等特殊情况，企业最迟也要在2018年底前签订正式协议，各地各企业要确保到2018年底基本完成分离移交。2019年起新签订协议的移交项目，原则上有关费用由企业自行负担。

为加快工作进展，国务院国资委制定了“先移交后改造”的工作方法。移交企业和接收单位协商签订分离移交协议、确定维修改造方案以后，“三供一业”管理职能移交接收单位负责，同时将“三供一业”相关资产（包括固定资产和维修改造资金）划转接收单位，再由接收单位按照协议确定的方案负责组织实施维修改造，并按照协议确定的有关时间要求按时完成维修改造工作。接收单位按照统一规划、统一招标、统一实施的方式，对接收的“三供一业”进行维修改造，维修改造资金要专款专用，不得挤占挪用。对于已签订协议、尚未开始维修改造的，原则上要按照“先移交后改造”组织落实分离移交；新签订协议或框架协议转正式协议的，要全面落实“先移交后改造”。

二、深入推进独立工矿区剥离办社会职能

2017年，中国石油大庆油田、中国石化胜利油田、东风汽车十堰基地、河北开滦集团古冶矿区、陕西有色金堆城钼业矿

区等5个独立工矿区剥离办社会职能综合改革试点取得了突破。5个独立工矿区要力争在2018年上半年完成主体任务，切实发挥好试点先行、示范带头作用。

国务院国资委要求，各地各中央企业要按照国资委等三部委印发的《关于进一步推进国有企业独立工矿区剥离办社会职能有关事项的通知》（国资厅发改革〔2018〕8号）文件精神，积极推进独立工矿区剥离办社会职能。各地要将独立工矿区纳入服务范围，主动提供基本公共管理服务。全面推进独立工矿区剥离办社会职能。

今后国有企业将不再承担与主业发展方向不符的公共服务职能。特大型独立工矿区确实难以找到接收主体、现有物业管理人员较多的，可采取过渡性办法，成立地方政府或专业化公司控股的股权多元化的物业管理公司，独立工矿区企业确需暂时参与的，只参股不应控股且要书面承诺限期退出。市政社区管理属于政府公共管理服务职能，按照政企分开、职能归位的原则，应归位地方政府，经费保障纳入地方财政支出范围。对于特殊困难城市接收独立工矿区办市政设施任务特别重，且移交启动初期财政经费暂时难以落实的，经国有企业集团公司同意，移交企业可与当地政府协商采取过渡期补助部分费用缺口的办法，过渡期限原则上不超过3年。

三、全面完成国有企业办教育医疗机构的深化改革

按照中共中央要求，2018年底前要基本完成国有企业办教育、医疗机构集中管理、改制或移交工作。

属于普通教育的国有企业办普通中小学、学前教育、全日

制普通本科高校等，原则上要移交地方管理。对企业办职业教育、非营利性医疗机构，国有企业与地方政府积极沟通协商，能移交的尽可能移交地方政府管理。协商一致移交地方政府管理的企业办教育医疗机构，要抓紧办理相关事项，确保2018年底前完成资产划转、管理职能移交。

国有企业集团公司对不移交地方管理的所属企业办教育医疗机构，要逐一研究、分类施策，明确深化改革的具体方式，制定实施方案，并在2018年底前落实到位。有条件的国有企业可继续办好做强职业教育，确需保留的企业办职业教育要与企业主业发展密切相关、产教有机融合，还要通过集团内或跨集团资源整合，实现集中运营、专业化管理。

四、逐步在全国推开退休人员社会化管理工作

2017年，上海、重庆、大连、鸡西、长沙5个试点城市积极推进退休人员社会化管理工作，取得了初步成效，探索了解决有关难点问题的有效途径。2018年要逐步在全国推开。国有企业退休人员社会化管理指导意见力争上半年按程序报批后印发实施。各地要为逐步在全国推开国有企业退休人员社会化管理工作做好充分准备。有条件的地方和企业，可以先行推进相关工作。

五、稳妥推动厂办大集体改革

全国厂办大集体改革涉及企业2.2万户，分布在30个省（自治区、直辖市），大集体职工总数364万人，其中在职职工254万人，退休人员110万人。19个省份出台了实施意见或改革方案，黑龙江、云南、上海基本完成了地方国有企业厂办大集

体改革工作，甘肃、重庆预计今年底可完成，山西、河北、北京人员安置进度在60%以上。66家中央企业具有厂办大集体改革任务，44家上报了改革方案，其中37家已获得批复。中国能建、中国一重、东风公司、哈电集团、中化集团、国投、有研集团、矿冶集团、中国农发集团等9家企业已基本完成，中核集团、中国一汽、中国电子、国机集团、中国诚通、中国化工、中国化学工程、中国电建等8家企业职工安置率在70%以上。

截至2017年底，全国共完成厂办大集体改革6207户，占总户数的27.55%，安置在职职工62万人，占在职职工总数的24.9%。其中中央企业完成2932户（完成率35.5%），安置在职职工10万人（安置率13.7%）；地方完成3275户（完成率23%），安置在职职工52万人（安置率28.8%）。

几年来，厂办大集体改革虽然取得了一定进展，但总体进度比较缓慢。国务院国资委要求，2018年要加大工作力度，稳妥推进厂办大集体改革，力争有实质性进展，特别是在辽宁、吉林等重点省份要努力取得新突破。有关中央企业要进一步强化工作组织，落实工作责任，积极与地方政府沟通衔接，努力做到与地方国有企业同步推进厂办大集体改革。地方尚未启动的，具备条件的中央企业可在地方政府支持下先行推进厂办大集体改革。

2018 · 重要理论观点

中国改革开放40年发生“四个方面”的巨大转变

许耀桐在《中共福建省委党校学报》2017年第12期撰文认为，改革开放40年，中国发生了“四个方面”的巨大转变。从生产技术形态、经济运行方式和政治路线方针等层面，完成了向现代化的社会转型。

一是实现了从未工业化国家向工业化国家的转变。1978年，中国一、二、三次产业的比重分别为28.1%、48.2%、23.7%，是一个尚未工业化的国家。2016年，中国一、二、三次产业的比重分别为8.6%、39.8%、51.6%，已迈入工业化的加速发展时期。中国已经建立起了独立、完整的工业体系，工业化率在2000年时达到73.6%，2014年中国的工业化综合指数达到了83.7%。

二是实现了从以阶级斗争为纲到以经济建设为中心的转变。“文化大革命”结束，经过拨乱反正后，党的十一届三中全会及中央工作会议根据邓小平的提议，作出“把全党工作的着重点和全国人民的注意力转移到社会主义现代化建设上来”的战略决策。邓小平强调指出，在社会主义初级阶段的一百年里，只要不发生战争，都要紧紧地扭住以经济建设为中心不动摇，一心一意搞建设。以经济建设为中心成为党的基本路线的核心部分，由此开辟了社会主义建设的新局面。

三是实现了从计划经济到市场经济的转变。中国在改革开放前实行的是计划经济体制。1984 年党的十二届三中全会通过了《中共中央关于经济体制改革的决定》，提出社会主义经济是公有制基础上的有计划的商品经济。1992 年党的十四大报告第一次提出“我国经济体制改革的目标是建立社会主义市场经济体制”。1993 年党的十四届三中全会通过了《中共中央关于建立社会主义市场经济体制若干问题的决定》，确立了社会主义市场经济体制的基本构架。其后 10 年，市场经济体制有了长足的发展，商品生产和流通市场化程度达 80% 以上。2003 年党的十六届三中全会提出了完善社会主义市场经济体制的战略任务。2013 年，党的十八届三中全会更加明确地提出，“使市场在资源配置中起决定性作用”，从而使中国最终完成了从计划经济体制到社会主义市场经济体制的转变。

四是实现了从闭关锁国到全面开放的转变。改革开放以来，面对国际经济体系和高新技术的日益发展，1980 年 8 月中共中央决定在深圳、珠海、汕头、厦门创办特区，走出了一条发展中国特色社会主义经济的新路。1984 年 1 月邓小平进一步拓展了开放的新思路，决定 14 个沿海城市全面开放。1985 年，长江三角洲、珠江三角洲和闽南三角地区全面开放，形成了沿海经济开放的前沿地带。1990 年中央决策创办上海浦东新区，此时中国已形成了“沿海—沿江—沿边—内地”以及建立经济特区、经济技术开发区、高新技术开发区、保税区等面向世界的全方位、多层次的开放格局。2012 年党的十八大以后，加大了对外开放的力度。2013 年 9 月和 10 月，习近平在出访中亚和东南亚国家期间，先后提出共建“丝绸之路经济带”和“21 世纪海上丝绸之路”的重大倡议，形成了“一带一路”的建设战略，直接涉及到沿线 65 个国家，进一步扩展了我国同世界各国包括发展中国家的经济技术合作与贸易交流，加快了社会主义现代化建设的步伐。

改革开放 40 年的主要成就

王福生在《开发研究》2018 年第 1 期撰文指出，改革开放 40 年来，中国成功地进行了从高度集中的计划经济体制到充满活力的市场经济体制，从封闭半封闭状态到全方位开放并融入世界市场，进而推动世界经济、影响世界发展的伟大历史转折。与此同时，实现了经济体制除旧布新，解放和发展了生产力，全面促进了经济增长和社会进步。使传统计划经济体制转变为确立社会主义市场经济体制；“大、公、纯”的传统公有制，转变为公有制为主体、多种所有制经济共同发展的所有制结构；国有企业从计划经济的生产车间和政府附属物，转变为市场经济主体；农村长期实行的“一大二公”人民公社体制，被土地承包制所代替；城乡商品通体制从单一的实物调拨配给方式，转变为统一开放的市场流通体系；社会保障和住房制度由国家与单位把职工完全包下来、忽视其他群体，转变为基本建成覆盖城乡的社会保障制度；就业体制城市由政府统分统配、农村由户籍控制和不能流动，转变为政府指导、市场择业、劳动者和用人单位双向选择；收入分配制度由平均主义转变为按劳分配为主和其他多种分配方式并存；以行政手段为主的高度集中的计划经济管理方式，转变为市场配置资源为基础、运用经济和法律等多种手段的宏观经济调控；经济发展的封闭局面，转变为不断扩大开放的对外经济体制。

中国 40 年改革开放模式的八大特征

武汉大学改革开放 40 年模式研究课题组在 2018 年 12 月 26 日《中国经济时报》撰文认为，中国 40 年的改革开放模式具有以下八个特征。

第一，改革开放是增量改革和存量改革并举，增量改革取得了突破性进展，并通过增量改革的示范效应和竞争压力促进存量改革。

第二，改革有自上而下和自下而上两条路径，一些改革先自下而上地自发性改革，后演变发展为自上而下，在制度安排方面，既有诱致型制度安排，也有强制型制度安排。

第三，改革是顶层设计与基层创新的有机结合，注重通过科学的顶层设计提高改革的系统性、整体性、协同性，同时发挥基层主体的首创精神和能动性。

第四，改革的核心逻辑是正确处理好政府与市场的关系，坚持“有效市场”与“有为政府”相结合，充分发挥市场“无形之手”和政府“有形之手”的“双手”协同作用。

第五，改革开放是市场化与法治化“双轮驱动”，市场化是基础，法治化是保障，改革开放既需要市场化导航，更要靠法治化护航。

第六，改革开放是“摸着石头过河”，采取先局部试点后整体推进的渐进式改革模式，减少了改革阻力，降低了改革风险，积蓄了改革力量。

第七，改革开放既注意保持中央政府的权威性，又充分调动地方政府的积极性，形成较为合理的权利纵向分配机制，各级政府各司其职、各负其责、各得其所。

第八，改革开放统筹国内国际两个大局，有效地开拓了两个市场，利用了两种资源，并走出了一条以开放倒逼改革、以改革促进开放的路子。

我国国有企业与民营企业已形成上下游产业的“垂直分布”结构

王勇在《国际经济评论》2017 年第 5 期撰文认为，20 世纪 90 年代以来的国企改革，使得国有企业逐渐从直接面向消费者的制造业（比如服装业、家电产业等等）与消费型服务业（比如酒店、餐饮、娱乐等等）这些下游产业中退出，而在能源、金融、电信等生产中间产品和中间服务的这些关键的上游产业中依然处于主导甚至垄断的地位，从而形成了上游国有企业主导、下游民营企业主导并且更加开放的“垂直结构”。

在这个“垂直结构”中，上游国企向下游的民企提供不可贸易的（或者虽然可贸易但是受到政策规制的）中间产品或者中间服务，而下游民营企业则向国有企业购买这些关键的中间产品与中间服务，并利用其他可贸易的中间产品生产最终产品。

与此同时，中国也正好处在劳动力从农业部门向非农业部门不断转移的结构转型过程（主要是工业化），尤其是 2001 年

12 月中国加入世界贸易组织以后，处于下游的民营企业更是充分利用中国劳动力成本优势，发展劳动密集型产业，在国家出口导向型的政策支持下，出口与产出都迅速扩张，推动了整个国家的经济增长。而在这种“垂直结构”中，处于上游的国企能够利用自己的垄断优势向下游的民营企业销售更多的中间产品与中间服务，从而不断获得整个生产过程中更大比例的利润。也就是说，由于产业价值链的关系，上游国企可以通过下游的民企实现间接出口，而且上游的垄断使得国企能够从下游的出口中得到比下游民企更多的利润。

国有企业不断向上游靠拢，资本密集度不断提高，也使其失去了比较优势，出口份额急剧下跌。而国有企业从下游产业退出后留下的广阔市场空间，民营企业利用中国廉价的劳动力优势，把中国推向了“世界工厂”的地位，大量的加工贸易型企业，出口曾一度占到中国出口总额的近 50%。与民营企业相比，国有企业在土地使用、融资成本、税收和补贴等方面具有天然的优势，加上巨额的垄断利润，资本密集度越来越高，并不断地通过购买资本来进行扩张。由于 20 世纪 90 年代国企改革红利的存在，以及入世后中国迎来了出口高速发展的黄金时期，这一现象在相当长一段时间内被掩盖了。

在要素市场扭曲的情况下，民营企业依然集中在劳动密集型产业中，资本密集度大大低于国有企业，其资本积累相对困难，产业升级速度受到了影响。随着中国劳动力成本比较优势的消失，劳动密集型产业对出口的拉动正在放缓。数据显示，出口增速由 2007 年的 16% 下降到了 2015 年的 -2%，出口占

GDP 的比重也由 2007 年的 37% 下降到了 2015 年的 21%。在要素市场扭曲和国有企业赚取巨额垄断利润的情况下，民营企业产业升级成功率会下降。

因此，进一步深化改革的主要方向是：第一，消除要素市场扭曲，减少给予国有企业的优惠措施，用市场机制实现优胜劣汰，促使国有出口企业提高效率，出口符合中国比较优势的商品，从而达到资源的最优配置。第二，降低上游产业市场准入门槛，让民营企业充分参与竞争，这一方面可以降低国有企业的垄断力量，降低中间品价格，另一方面，良好的竞争环境可以进一步淘汰低效的企业，从根本上提高中国企业的竞争力。

新时代中国经济的三大特点

李稻葵在 2018 年 1 月 14 日《光明日报》撰文指出，新时代的中国经济有三个新特点。第一个特点，是超大规模的实体经济和储蓄过剩。目前，中国实体经济规模为 5.5 万亿美元，远远超过美国。当今中国经济的储蓄非常多，整个国民储蓄一半以上是企业储蓄。中国经济的增长靠的就是储蓄，而且这个储蓄在国内还没有用完。第二个特点，是要素相对成本的大逆转。现在的中国劳动力价格已经上涨，但资本和资金依然相对充足。在过去十几年，中国的劳动力几乎没有增长，但是资本存量也就是设备正在以 300% 以上的速度增长，可以发放贷款的银行资金也就是存款涨得更快。这说明我国的劳动力贵了，但资本已经不贵，中国已经是资金和资本相对充足的国家。第三个特点，是国民的需求高端化、多元化。中国人的消费能力在升级，中国的消费已经占到了 GDP 的 47%，而且每年能够上升 0.7% 至 0.8%，这些年消费始终是拉动经济增长的力量。事实也证明，一旦国内满足不了高端需求，消费者就会出国消费。

实体经济衰退的根本原因

刘志彪在《社会科学战线》2018 年第 5 期撰文指出，实体经济衰退的根本原因，是经济结构存在重大失衡。一是实体经济供需结构失衡。规模巨大的供给能力只能满足中低端、低质量、低价格的市场需求，难以满足日益增长的多层次、高品质、多样化的市场需求，导致中低端产能严重过剩。二是实体经济与金融的失衡。行政性垄断金融体系表现出的重大问题是资金“脱实向虚”，大量资金仅在金融体系内部自我循环，加大了金融风险，资本对投资制造业失去兴趣，实体企业融资难、融资贵问题日益严重。三是实体经济与房地产的失衡。房地产由以居住为主的耐用消费品，变异为居民理财的主要标的和工具，涌入房地产市场的巨额资金推动了大城市和特大城市房价过快上涨，恶化了制造业的投资环境，直接或间接地推高了实体经济发展的机会成本。解决实体经济供需失衡需要促使资源通过竞争性市场机制，更多地流向现代高新技术产业中的创新企业，掌握和运用好关键技术改造传统产业，化解产能过剩；需要实体经济与金融和房地产来平抑“虚火上升”的虚拟经济，提高实体经济投资的回报率，增加投资吸引力。

国有企业不应盲目转向轻资产运营

谢莉娟、王诗桪在《财贸经济》2018 年第 2 期撰文指出，从机制上看，国企的重资产运营主要源自其承担和执行特定宏观职能所必须构建的产业控制力，但同时也具有自我服务方面的内在动因，二者共同促进了重资产投入逐步转化为差异化、成本领先等竞争优势；同时，国有企业所固有的稳健决策机制及其对重资产运营风险的规避也进一步作用于重资产配置的长期锁定。从实证方面看，企业实施重资产运营整体上给自身效率带来负面影响，但在国企所实施的重资产运营中，这一负面影响明显减弱，说明国企相比其他所有制企业在一定程度上规避了重资产运营的劣势。从行业对比角度看，在工业领域，高强度重资产投入可能较多甚至过度，但因其在一定程度上匹配于国企自身的体制和机制特点，也同时实现了对既有重资产的较为合理的开放与利用，在一定程度上补偿了重资产投入本身的过高成本和效率损失。在流通领域，国企减缓重资产不利影响的作用在批发与零售环境的表现幅度有所不同：在零售行业，国企减轻了重资产运营 60% ~80% 的负面影响，而在批发行业，这一幅度为 40% ~50% 。上述研究的启示在于，虽然重资产运营对企业效率有负面影响，但并不意味着所有企业都要逐步转向轻资产运营。在企业分工与技术水平不发生重大改变的前提下，少数企业通过外包整合而实现的轻资产运营几乎必然意味着其他企业的重资产运营。从国企在重资产运营中具备长期锁定效应并能显著降低重资产投入负面影响的角度看，由国企进行重资产运营可能是一个相对较优的选择。

全球制造业发展格局正面临重大变局

许召元在 2018 年 5 月 17 日《经济日报》撰文指出，全球制造业发展格局正面临重大变局。一是劳动力数量和劳动力成本的重要性降低，传统的产业转移模式可能被颠覆。新一轮产业通过智能制造技术特别是低成本智能化机器人替代人工，大幅度降低了对劳动力的需求。二是产业配套和规模经济的重要性降低，创新能力的重要性更加凸显。新一轮产业革命提高了生产线柔性程度，产品分工和配套能力的重要性下降，这使得小规模国家也有可能发展起以前难以发展的大工业。此外，各种新技术出现的速度比以前极大提高。三是厂商个性化定制化更加普及，生产企业将更加贴近消费地。随着消费者个性化需求程度上升，以及 3D 打印、工业互联网等柔性制造技术进一步发展，制造业很可能逐步转向就地生产的模式，也就是向企业和市场目的地扩散，这使得各国消费规模的重要性进一步上升。综合以上三点影响，短期来看，一方面，全球制造业向发展中国家转移的速度会减慢，中国制造能够保持更长时间的竞争力；另一方面，全球制造业向发达国家回归的现象会越来越多，呈现出发达国家产业“向下延伸”的特点。长期来看，全球制造业分工将越来越靠近消费地，各国消费规模将成为决定制造业规模的重要因素。

企业家精神的新内涵

戴泽伟、张楠在《理论探讨》2018 年第 2 期撰文指出，企业家精神内涵重构包含如下内容。第一，企业家精神的价值观层面。企业家精神不能简单地停留市场获利机会的挖掘、分散信息的整合等层面。企业家精神应首先是理性经济个体面对市场机会、经济发展中的矛盾和问题，所展现出的一种自身价值观与其契合的外在表现。第二，企业家精神的文化伦理。我国企业家精神时至今日，仍然带有传统的“经商文化”的烙印。我国传统的经商文化，讲究诚信为先、道德为准，这些思想和理念对现代的企业家精神的弘扬仍然具有重要的影响。第三，企业家精神的社会责任。总体来看，现代社会尤其是在全球经济一体化时期，企业家精神需要被赋予新的内涵。企业家精神不能简单考察“理性经济人”的理性行为，更应纳入社会制度、文化伦理（例如独特的文化、诚信道德水平等）来综合考察。结合奥地利学派关于企业家精神的研究成果，站在社会主义新时代角度，所谓企业家精神是理性的经济个体在一定的社会制度及文化伦理背景下，善于发现市场利润机会、整合分散信息、创新产品和服务新模式，并将诚信道德、社会责任担当及实现所处时代发展理想作为内在要求所展现的一系列思想、行为及具体的表现。

公司治理系统的三个维度

王红霞在《求索》2018 年第 4 期撰文指出，随着市场经济的深度发展，影响公司治理的要素越来越多，从股权结构、董事会构成与运作、监督体系到债权人，再到集团、产业链，直到法律制度和文化传统等等。这些要素以广泛的触点、多样的方式直接或间接地对公司治理发挥作用，它们共同构成了一个公司治理系统。整合传统理论和晚近研究，归纳各种影响公司治理的具体要素，从公司内核出发，公司治理系统大致可以分为三个维度：一是公司的核心层治理，其具体内容包括股权结构、董事会运作、章程施行以及公司监督体系等；二是公司的关联层治理，既包括作为利害方的债权人之治，也包括作为关联方的集团治理及产业链治理；三是公司的环境之治，这里的环境指公司所处的社会生存环境，具体包括法制环境、舆论传播环境以及文化传统等。上述维度宛如从公司内部到公司外部层层扩散的“水晕”，在由内到外、由近及远的每个圈层上的要素，都对公司治理问题产生着或强或弱的影响。

国有企业改革今后要注意的问题

王小鲁在《新金融》2018 年第 7 期撰文认为，过去国有企业职能定位不清楚，比如在竞争性领域，国有企业应该是扮演一个平等竞争者的角色，还是单独强调国有企业要做大做强？国企在管理制度方面，竞争性领域的关键问题就是实现公平竞争，优胜劣汰，谁做得好谁就有理由做大做强，谁效率低就需要改革，再不行就淘汰。

在天然垄断性领域，国有企业要发挥重要作用，但并不是说国企垄断就不是垄断了，国企如果不能摆正企业和公众利益之间的关系，同样会造成严重的问题。因此，不光需要政府监督，还需要社会监督。此外还要防止和减少行政性垄断。

在公益领域，像医疗、教育，还很多课题需要破题，要让公益性企业或者公益事业单位回归公益，但同时还要防止官僚化、行政化的趋势。这些领域也需要引进竞争机制，让民营企业进入，两条腿走路。这可以推动公立机构提高效率。

加大“僵尸企业”处罚力度

盛垒在《社会科学》2018 年第 4 期撰文认为，“僵尸企业”暗藏局部性金融风险、抑制行业全要素生产率提升、阻碍全社会资源配置效率提高，业已构成拖累我国经济健康发展与社会安定和谐的巨大隐患。近年来，中国政府高度重视并不断加大“僵尸企业”处置力度，各地也相继出台了“三去一降一补”配套政策，虽取得了不少成效，但“僵尸企业”治理依然面临诸多困境和问题。

为此，作者建议，第一，一般来说，“僵尸企业”存续的时间越短，复活的可能性就越大，需要付出的治理代价和成本也越小。地方政府处置“僵尸企业”应找准方向尽早出手，处置应越早越好，把“僵尸企业”对经济造成的不良影响降到最低。第二，处置“僵尸企业”也应充分发挥“有形之手”与“无形之手”的联动作用，既不能简单地将“僵尸企业”推向市场，也不应过于依赖政府行政主导。第三，通过独立的第三方机构公正高效处置“僵尸企业”，避免陷入各利益相关方互相推诿的困境。同时，通过产业再生机构帮助企业顺利退出或重建其经营策略，使其较快摆脱困境、重新焕发活力，提高处置“僵尸企业”的专业性和经济性。第四，以促进“僵尸企业”活力再生为主要导向，尽量多重组少破产。第五，处置“僵尸企业”将面临债务清理、不良资产处理、生产设备回收、资本回收、职工安置等一系列后续问题，而建立一整套完善的退出机制至关重要。各地政府需进一步强化社会托底功能，不断完善“僵尸企业”出清的社会配套政策措施，通过专项扶持基金、财政转移支付等方式，确保分流职工就业有出路、生活有保障。

混合所有制改革的主攻方向

剧锦文在《天津社会科学》2018 年第 5 期撰文认为，混合所有制改革是我国长期实施的国企所有权改革的延续，是国企制度变革过程中各方不断博弈形成的制度选择，具有内生的稳定性和生命力。推进国有企业混合所有制改革，应该着重从以下几个方面入手：

第一，坚持所有权改革优先导向。党和政府已经确定国有企业实施混合所有制改革的战略目标，我们就要保持定力，排除一切干扰，毫不动摇地将其实施下去。第二，注重发挥企业探索改革的积极性。如建议在规定企业按照文件精神实行改革的原则下，留给企业一定的自主探索改革空间，这有助于企业根据自身实际情况选择更适合自己的改革方案。第三，在明确国有经济定位的基础上，实施国有企业所有权分类改革。对于主要承担满足于社会公共福利、实现社会公共福利最大化职能的公益性国有企业，无须搞混合所有制。但要从总体上限定这类企业的规模，并限制其产业扩张行为，同时对这企业中的非公益性业务，应通过分立方式逐步剥离出去，这就可以大大降低改革的成本。第四，合理配置控制权，注重激发非国有资本参与混改的积极性。要力避对非国有投资者的各种歧视，甚至在条件允许的情况下，让非国有投资者拥有更多的话语权和参与权。同时，也要考虑设置投资者的退出通道，让非国有投资者投得进来退得出去。第五，提倡金融部门、资本市场对国有与非国有企业的信贷和上市准入方面一视同仁。第六，在混改中注重员工持股计划的设置。企业所有权改革的根本目的在于提升企业的活力，而一线员工是否有活力则是其中关键。员工持股安排特别是针对关键岗位科研人员、经营管理人员、业务骨干人员的持股计划，有助于提升混改企业的内在动力。

2018 · 重要政策法规

国务院《关于加强质量认证体系建设促进全面质量管理的意见》，2018 年 01 月 26 日。

国务院《关于机构设置的通知》，2018 年 03 月 24 日。

中共中央办公厅、国务院办公厅《关于提高技术工人待遇的意见》，2018 年 03 月 22 日。

国务院《关于部委管理的国家局设置的通知》，2018 年 03 月 24 日。

国务院国资委、国家发展改革委、财政部《关于进一步推进国有企业独立工矿区剥离办社会职能有关事项的通知》，2018

年 03 月 21 日。

国务院《关于改革国有企业工资决定机制的意见》，2018 年 05 月 25 日。

中共中央、国务院《关于完善国有金融资本管理的指导意见》，2018 年 06 月 30 日。

国务院办公厅《关于调整国务院促进中小企业发展工作领导小组的通知》，2018 年 06 月 20 日。

国务院办公厅《关于调整国务院国有企业改革领导小组组成人员的通知》，2018 年 07 月 26 日。

国务院国资委《中央企业违规经营投资责任追究实施办法（试行）》，2018 年 07 月 13 日。

中共中央办公厅、国务院办公厅《关于加强国有企业资产负债约束的指导意见》，2018 年 09 月 13 日。

中共中央办公厅、国务院办公厅《关于中央企业领导人员管理规定》，2018 年 09 月 30 日。

2018 · 年度热点纪实

中美贸易战

中美建交以来，从 1979 年至 2018 年，双边货物贸易额从不足 25 亿美元增长到 6335 亿美元，增长了 252 倍；双向投资由几乎为零到累计近 1600 亿美元，中美互为对方重要投资伙伴，投资的双向性和互惠性进一步显现。但是，中美贸易关系一直以来就是在摩擦和曲折中发展的。中国“入世”以前，一年一度的最惠国待遇审议，与贸易有关或者无关的人权问题，就是中美贸易关系特点的真实写照。中国“入世”以后，随着两国经贸关系的发展，贸易摩擦出现的频率不但没有减少反倒有所增加，中美两国进入了前所未有的贸易摩擦期。美国成为与中国发生贸易摩擦最多、最激烈的国家。美国公司对海外竞争对手提出的倾销指控中，有 20% 以上涉及中国。

中美贸易争端一直不断，中美贸易摩擦作为中美经贸关系的一部分，随中美政治关系的发展和国际局势的变幻而发生变化。2018 年，特朗普政府不顾中方劝阻，执意发动贸易战，掀起了又一轮的中美贸易争端。

国际贸易在整体上会增进参与国的利益，但这种利益在参与国之间的分配可能是不均等的。中国处于生产价值链的中低端，美国处于价值链的中高端，中国在经贸交易中是付出了巨大代价的。然而，美国一些人不顾事实，固执地认为美国在中美经贸关系中“吃了亏”。由此成为中美贸易战的美方理由。现任美国政府通过发布《对华 301 调查报告》等方式，对中国作出“经济侵略”“不公平贸易”“盗窃知识产权”“国家资本主义”等一系列污名化指责，严重歪曲了中美经贸关系的事实，无视中国改革开放的巨大成绩和中国人民为此付出的心血汗水，这既是对中国政府和中国人民的不尊重，也是对美国人民真实利益的不尊重。

2018 年 3 月 8 日，美国宣布对包括中国在内的很多国家的钢和铝制品提出加税 25% 和 15%，打响了贸易战的第一枪。

美国挑起经贸摩擦后，中国不得不采取应对措施，两国贸易、投资关系受到影响。双方从两国人民福祉需要、从各自经济发展需要出发，都认为有必要坐下来进行谈判，通过磋商解决问题。自 2018 年 2 月经贸磋商启动以来，至 2019 年 5 月 10 日，中美双方共举行了十一轮中美经贸高级别磋商，已取得很大进展，两国就大部分内容达成共识，但磋商也经历了几次波折。

（一）第一次波折

中国从一开始就主张，中美经贸摩擦应通过谈判磋商解决。2018 年 2 月初，美国政府提出希望中国派高级别代表团赴美进行经贸磋商。中国展示了极大诚意，作出积极努力，先后与美国举行了数轮高级别经贸磋商，重点就贸易不平衡等问题深入交换意见，并就扩大自美国进口农产品、能源产品等初步达成共识，取得重要进展。但是，2018 年 3 月 22 日，美国政府抛出所谓对华“301 调查”报告，对中国提出“盗窃知识产权”“强制技术转让”等不实指责，并基于此宣称将对从中国进口的价值 500 亿美元商品加征 25% 关税。

（二）第二次波折

中国政府以两国关系大局为重，再次派出工作团队同美国进行了认真磋商。2018 年 5 月 19 日，中美发布联合声明，达成了“双方不打贸易战”的共识，同意继续保持高层沟通，积极寻求解决各自关注的经贸问题。美国公开表示，暂停推进对华加征关税计划。2018 年 5 月 29 日，美国政府不顾国内工商界和广大民众的反对，在双方发布联合声明仅 10 天后就推翻磋商共识，对中国的经济体制、贸易政策横加指责，宣布将继续推进加征关税计划。自2018年7月初以来，美国分三次对500亿美元中国输美商品加征25%的关税、对2000亿美元中国输美商品加征10%的关税，并称自2019年1月1日起将税率提高至25%。美国还威胁要对剩余所有中国输美商品加征关税，导致两国间的经贸摩擦快速升级。中国为捍卫国家尊严和人民利益，不得不作出必要反应，累计对1100亿美元美国输华商品加征关税。

（三）第三次波折

2018年11月1日，美国总统特朗普同国家主席习近平通电话，并提议举行两国元首会晤。12月1日，中美两国元首在阿根廷二十国集团领导人峰会期间举行会晤，就双边经贸问题达成重要共识，同意停止相互加征新的关税，在90天内加紧开展磋商，朝着取消所有加征关税的方向努力。此后90天里，中美工作团队在北京和华盛顿举行3轮高级别磋商，就中美经贸协议的原则内容达成许多初步共识。2019年2月25日，美方宣布推迟原定的3月1日起对价值2000亿美元中国输美商品提高关税的期限。3月底至4月底，两国工作团队又进行3轮高级别磋商，取得实质性进展。经过多轮磋商，两国已就大部分问题达成一致。针对遗留问题，中国政府提出，双方要互谅互让，共同寻找解决分歧的办法。

然而，2019年5月6日，美国不负责任地指责中国立场"倒退"，企图将谈判迄未完成的责任归咎于中国，并不顾中国坚决反对，自5月10日起将2000亿美元中国输美商品加征关税税率由 10% 提高至 25%，导致中美经贸磋商严重受挫。5 月 13 日，美国宣布启动对剩余约 3000 亿美元中国输美商品加征关税的程序。为捍卫自身利益，中国不得不采取加征关税的措施予以应对。

时间到了 2019 年 06 月 29 日，在又一次二十国集团领导人大阪峰会上，中美元首举行会谈，同意重启两国经贸磋商，推进以协调、合作、稳定为基调的中美关系。

习近平强调，从根本上讲，中美经贸合作的本质是互利双赢。中美双方存在巨大利益交集，两国应该成为合作好伙伴，这有利于中国，有利于美国，也有利于全世界。中方有诚意同美方继续谈判，管控分歧，但谈判应该是平等的，体现相互尊重，解决各自合理关切。在涉及中国主权和尊严的问题上，中国必须维护自己的核心利益。作为世界前两大经济体，中美之间的分歧终归是要通过对话磋商，寻找彼此都能接受的办法解决。中方希望美方公平对待中国企业和中国留学生，保证两国企业经贸投资正常合作和两国人民正常交流。

特朗普表示，美方希望通过协商，妥善解决两国贸易平衡，为两国企业提供公正待遇。美方将不再对中国出口产品加征新关税。希望中方能从美国增加进口。美方愿同中方达成彼此都可接受的贸易协议，这将具有历史意义。中国有很多非常优秀的学生，我一直欢迎中国留学生来美国留学。会谈结束以后，在特朗普举行的记者招待会上，特朗普说他已同意美国企业给华为供货了。

对于中美贸易战，中国的立场和态度是一贯的、明确的，中国希望通过对话而不是关税措施解决问题。为了中国人民的利益，为了美国人民的利益，为了全世界人民的利益，中国会理性对待，但是中国不会畏惧任何压力，也做好准备迎接任何挑战。谈，大门敞开；打，奉陪到底。

无论形势如何发展变化，中国都坚持做好自己的事情。通过改革开放发展壮大自己，是应对经贸摩擦的根本之道。

中国将继续深化改革开放，中国的大门不会关上，只会越开越大。一个更加开放的中国，将同世界形成更加良性的互动，带来更加进步和繁荣的中国和世界。

在中美经贸磋商总的方向上，中国不是向后看，而是向前看。双方在经贸领域的分歧和摩擦，最终需要通过对话和磋商来解决。中美达成一个互利双赢的协议，符合中美两国利益，顺应世界各国期待。希望美国同中国相向而行，本着相互尊重、平等互利的精神，管控经贸分歧，加强经贸合作，共同推进以协调、合作、稳定为基调的中美关系，增进两国和世界人民福祉。

2018·年度改革大事

1月2日　巴基斯坦国家银行（央行）发表声明，批准贸易商在与中国的双边贸易中使用人民币作为结算货币。

1月7日　无锡市第十六届人民代表大会第二次会议宣布，预计2017年全市实现地区生产总值10500亿元。据统计，中国GDP超过1万亿的城市达到了14个，其中，上海、北京、深圳的GDP总量都已迈过2万亿关口。

1 月 8 日　国家科学技术奖励大会在北京人民大会堂隆重举行。中共中央总书记、国家主席、中央军委主席习近平向获得 2017 年度国家最高科学技术奖的南京理工大学王泽山院士和中国疾病预防控制中心病毒病预防控制所侯云德院士颁发奖励证书。

1 月 12 日　海关总署新闻发言人黄颂平介绍，2017 年我国货物贸易扭转此前连续两年下降局面。全年实现进出口总值 27.79 万亿元人民币，比上年增长 14.2%。

1 月 15 日　国务院同意广东省“关于撤销深圳经济特区管理线的请示”。这意味着存在了 36 年的“特区管理线”正式完成历史使命。

同日，中央企业、地方国资委负责人会议召开，新一年国企国资改革“施工图”揭开面纱。预计今年国企混改将向纵深发展，形成上下联动、南北呼应的新局面。

1 月 16 日　新华社受权发布：中共中央关于建立国务院向全国人大常委会报告国有资产管理情况制度的意见。

同日，亚洲基础设施投资银行运营两年来，亚投行成员数由成立之初的 57 个增至 84 个，参与投资的基础设施建设项目数达到 24 个，涉及 12 个国家，贷款总额超过 42 亿美元。

1 月 18 日　国家统计局对外公布，初步核算，2017 年，国内生产总值（GDP）827122 亿元，我国经济总量首次站上 80 万亿元的历史新台阶。2017 年中国经济的名义增量约 8.4 万亿元。

1 月 23 日　中共中央总书记、国家主席、中央军委主席、中央全面深化改革领导小组组长习近平下午主持召开中央全面深化改革领导小组第二次会议并发表重要讲话。他强调，2018年是贯彻党的十九大精神的开局之年，也是改革开放40周年，做好改革工作意义重大。要弘扬改革创新精神，推动思想再解放改革再深入工作再抓实，凝聚起全面深化改革的强大力量，在新起点上实现新突破。

1月26日　《中国制造2025》重点领域技术创新路线图发布。到2025年，我国通信设备、轨道交通装备、电力装备三个领域将整体步入世界领先行列。

1月27日　截至2017年底，我国基本养老、基本医疗、失业、工伤、生育保险参保人数分别达到9.15亿人、11.77亿人、1.88亿人、2.27亿人、1.92亿人；五项基金总收入6.64万亿元，同比增长23.9%，总支出5.69万亿元，同比增长21.4%；全民参保登记信息库已基本建设成型，社会保障卡持卡人数达10.88亿人。

1月31日　经报国务院批准，中国核工业集团有限公司与中国核工业建设集团有限公司实施重组，中国核工业建设集团有限公司整体无偿划转进入中国核工业集团有限公司，不再作为国资委直接监管企业。至此，国务院国资委监管的中央企业由98家减少至97家，军工央企减少1家。

2月1日　商务部新闻发言人高峰透露，2017年，国内贸易增加值突破10万亿元，占国内生产总值的比重约为13%，占比仅次于制造业，成为国民经济大产业。

3月2日　国电电力发展股份有限公司发布公告，国电电力和中国神华能源股份有限公司将以各自以持有的相关火电公司股权及资产，共同组建合资公司。合资公司组建后，国电电力拥有合资公司控股权，届时国电电力控股装机容量将超过 8000 万千瓦。

3 月 10 日　国务院国资委主任肖亚庆在十三届全国人大一次会议新闻发布会上称，2017 年全国国有企业营业收入达到了 50 万亿元，利润达到了 2.9 万亿元，比上一年分别增长了 14.7% 和 23.5%。其中，中央企业的营业收入是 26.4 万亿元，实现利润达到了 1.42 万亿元，分别比上一年增长了 13.3% 和 15.2%。这都是这五年来最好的一年。

3 月 3 ~20 日　第十三届全国人民代表大会第一次会议和全国政协十三届一次会议在北京召开，“两会”通过了《中华人民共和国宪法修正案》，选举产生了新一届国家领导人和全国政协领导人、习近平当选中华人民共和国主席、中华人民共和国中央军事委员会主席，通过了《国务院机构改革方案》，产生了国家机构组成人员。

3 月 23 日　据新华社报道，当地时间 22 日，美国总统特朗普签署总统备忘录，依据“301 调查”结果，将对从中国进口的商品大规模征收关税，并限制中国企业对美投资并购。特朗普在白宫签字前对媒体说，涉及征税的中国商品规模可达 600 亿美元。在当天下午举行的外交部例行记者会上，中国外交部发言人华春莹表示：美方有关人士错判形势；来而不往非礼也，我们会奉陪到底，不要捡了芝麻丢西瓜。中国商务部此前表示，中方绝不会坐视合法权益受到损害，必将采取所有必要措施，坚决捍卫自身合法权益。

同日，商务部发布针对美国进口钢铁和铝产品232措施的中止减让产品清单并征求公众意见，拟对自美进口部分产品加征关税，以平衡因美国对进口钢铁和铝产品加征关税给中方利益造成的损失。该清单暂定包含7类、128个税项产品，按2017年统计，涉及美对华约30亿美元出口。

3月26日　北京时间上午9点，中国原油期货在上海期货交易所子公司上海能源交易所挂牌交易。原油期货上市标志着中国国际化道路发展的又一跃进，随着中国原油期货的上市，国际化的期货品种出现，将引进更多境外投资者参与，促进中国经济的快速发展。

3月28日　中共中央总书记、国家主席、中央军委主席、中央全面深化改革委员会主任习近平下午主持召开中央全面深化改革委员会第一次会议并发表重要讲话。会议审议通过了《中央全面深化改革委员会工作规则》《中央全面深化改革委员会专项小组工作规则》《中央全面深化改革委员会办公室工作细则》《关于改革国有企业工资决定机制的意见》等文件。

同日，国务院常务会议确定：从5月1日起，将制造业等行业增值税税率从17%降至16%，将交通运输、建筑、基础电信服务等行业及农产品等货物的增值税税率从11%降至10%，预计全年可减税2400亿元。

4月2日　中共中央总书记、国家主席、中央军委主席、中央财经委员会主任习近平下午主持召开中央财经委员会第一次会议，研究打好三大攻坚战的思路和举措，研究审定《中央财经委员会工作规则》。

4 月 13 日　习近平总书记在庆祝海南建省办经济特区 30 周年大会上郑重宣布，党中央决定支持海南全岛建设自由贸易试验区。

4 月 17 日　据央行，从 4 月 25 日起，下调大型商业银行、股份制商业银行、城市商业银行、非县域农村商业银行、外资银行人民币存款准备金率 1 个百分点。

4 月 19 日　据发改委，将分两批实施降价措施落实一般工商业电价平均下降 10% 的目标要求。第一批降价措施全部用于降低一般工商业电价，自 4 月 1 日起执行，涉及金额 430 亿元。第二批准备下半年实施，涉及金额 400 亿元。

5 月 9 日　发改委发布做好 2018 年降成本重点工作的通知，要求更加注重中长期目标确立和长效机制建设，目标任务为 3 年左右使实体经济企业综合成本合理下降，盈利能力较为明显增强。

5 月 11 日　中共中央总书记、国家主席、中央军委主席、中央全面深化改革委员会主任习近平下午主持召开中央全面深化改革委员会第二次会议并发表重要讲话。会议审议通过了《关于地方机构改革有关问题的指导意见》《关于加强国有企业资产负债约束的指导意见》《推进中央党政机关和事业单位经营性国有资产集中统一监管试点实施意见》《中央企业领导人员管理规定》等。

5 月 13 日　我国第二艘航母清晨从大连造船厂码头启航，赴相关海域执行海上试验任务。其研制和建造，标志着我国已经掌握了建造中型航母以及后续更大型航母的能力。

5 月 22 日　据财政部，自 2018 年 7 月 1 日起，降低汽车整车及零部件进口关税。将汽车整车税率为25%的135个税号和税率为20%的4个税号的税率降至15%，将汽车零部件税率分别为8%、10%、15%、20%、25%的共79个税号的税率降至6%。

5月31日　国务院关税税则委员会发布公告，自2018年7月1日起，我国将降低1449个税目的日用消费品进口关税。

同日，A股正式纳入MSCI新兴市场指数。这是自2013年6月摩根士丹利资本国际公司（MSCI）启动A股纳入MSCI新兴市场指数全球征询后的首次正式纳入，也是中国资本市场对外开放进程中的又一标志性事件。

6月19日　个税法迎第七次大修，个税工资薪金、劳务报酬、稿酬和特许权使用费等四项劳动性所得首次实行综合征税。个税起征点由每月3500元提高至每月5000元。

6月24日　央行宣布自2018年7月5日起，定向降低存款准备金率0.5个百分点，合计释放7000亿流动性。

6月26日　国务院关税税则委员会发布通知显示，自7月1日起，中国将印度、韩国、孟加拉国、老挝和斯里兰卡大豆的进口关税税率从3%调降至零。

7月10日　上海发布“扩大开放100条”行动方案指出，将建上海自贸试验区版权服务中心，进一步放宽服务业市场准入。

8月8日　国家发改委五部门明确2018年降低企业杠杆率27项工作要点，加强金融机构对企业负债约束。

9月12日　国务院常务会决定再压减工业产品生产许可证

三分之一以上并简化审批，为市场主体减负。

9 月 15 日　从即日起，将允许在我国境内工作的外国自然人投资者开立 A 股证券账户。同时，将可以成为股权激励对象的境内上市公司外籍员工范围，从在境内工作的外籍员工，扩大到所有外籍员工。

10 月 15 日　人民银行发布公告称，下调大型商业银行、股份制商业银行、城市商业银行、非县域农村商业银行、外资银行人民币存款准备金率 1 个百分点。

10 月 23 日　港珠澳大桥开通仪式在广东珠海举行，习近平出席仪式并宣布大桥正式开通。大桥于同年 10 月 24 日上午 9 时正式通车，驾车从香港到珠海、澳门仅需 45 分钟，它是粤港澳大湾区发展规划的标志性基建工程。

10 月 16 日《中国（海南）自由贸易试验区总体方案》正式发布。海南自贸区将打造成为中国面向太平洋和印度洋的重要对外开放门户。

11 月 1 日　国家主席习近平在京主持召开民营企业座谈会并发表重要讲话。他强调，公有制为主体、多种所有制经济共同发展的基本经济制度，是中国特色社会主义制度的重要组成部分，也是完善社会主义市场经济体制的必然要求。

11 月 5 日至 10 日　首届中国国际进口博览会在上海成功举办。172 个国家、地区和国际组织参会，3600 多家企业参展，超过 40 万名境内外采购商到会洽谈采购。此次进博会是迄今为止世界上第一个以进口为主题的国家级展会，是国际贸易发展史上一大创举。

12 月 1 日　当地时间 12 月 1 日晚，国家主席习近平应邀同美国总统特朗普在布宜诺斯艾利斯共进晚餐并举行会晤。两国元首在坦诚、友好的气氛中，就中美关系和共同关心的国际问题深入交换意见，达成重要共识。双方同意在互惠互利基础上拓展合作，在相互尊重基础上管控分歧，共同推进以协调、合作、稳定为基调的中美关系。两国元首达成共识，停止加征新的关税，并指示两国经济团队加紧磋商，朝着取消所有加征关税的方向，达成互利双赢的具体协议。中方表示，愿意根据中国新一轮改革开放的进程以及国内市场和人民的需要，开放市场，扩大进口，推动缓解中美经贸领域相关问题。双方达成互利双赢的具体协议是中方对美方采取相关积极行动的基础和前提。双方应共同努力，推动双边经贸关系尽快回到正常轨道，实现合作共赢。

12 月 18 日　庆祝改革开放 40 周年大会在人民大会堂举行。习近平出席大会并发表重要讲话强调，40 年的实践充分证明，中国发展为广大发展中国家走向现代化提供了成功经验、展现了光明前景，是促进世界和平与发展的强大力量，是中华民族对人类文明进步作出的重大贡献。外国媒体认为，改革开放让中国走出一条符合自身国情的发展道路，这一进程极大释放了中国社会的发展活力，创造了人类发展史上的奇迹。

12 月 19 日至 21 日　中央经济工作会议在北京举行，会议指出，宏观政策要强化逆周期调节，继续实施积极的财政政策和稳健的货币政策，积极的财政政策要加力提效，实施更大规模的减税降费。

12 月 28 日　我国第一个基于 5G 技术的国家级新媒体平台在中央广播电视总台开建。当日，中央广播电视总台与中国电信、中国移动、中国联通及华为公司在北京共同签署合作建设 5G 新媒体平台框架协议。

本年度主要参考资料：

1. 2018 年政府工作报告——2018 年 3 月 5 日在第十三届全国人民代表大会第一次会议上[EB/OL]. 中国政府网，2018 - 03 - 05.

2. 国家统计局. 中华人民共和国 2018 年国民经济和社会发展统计公报[M]. 北京：中国统计出版社，2018. 5.

3. 2018 年经济和社会发展计划执行与 2019 年草案报告[N]. 中国人大网，2019 - 03 - 23.

4. 2018 年中央和地方预算执行与 2019 年预算草案报告[EB/OL]. 中国人大网，2019 - 03 - 23.

5. 2018 年中国货币政策执行报告[EB/OL]. 中国人民银行网，2019 - 03 - 22.

6. 曹煦. 三大航国资持股占比可降至 50% 以下，民航混改卸下"紧箍咒"，民航业对外开放迎来政策利好[J]. 中国经济周刊，2018 (04).

后　记

经过40年的不懈探索和艰苦努力，中国的国有企业改革取得了举世公认的伟大成绩。一部分国有企业退出了市场，一部分站稳了脚跟并快速发展。如今国有企业总体上已经同市场经济相融合，成为中华民族伟大复兴的重要推动力量。改革使国有企业的面貌发生了巨大变化，这是几代人努力的结果，上亿人直接参与并见证了这场改革，千千万万的人为这项改革贡献了智慧、做出了努力。尤其是数千万因企业改制、破产、重组、脱困而下岗的国有企业职工们，他们在改革的大潮中失去了原来的工作，付出了代价、做出了牺牲，没有他们的付出和牺牲，很难想象国有企业改革能够顺利推进。人们由衷地怀念和感激那些在改革年代为了祖国的明天、为了国有企业改革做出巨大努力和贡献的每一个人。

40年在中华文明5000年的历史长河中只是一瞬，但是在人的一生中则不是太短。当初哇哇坠地的婴儿，现在也已经到了不惑之年。经历了这样长的时间，对于国有企业为什么要改革？国有企业是在什么样的历史背景下走上改革之路的？国有企业改革是在怎样的困难条件下一点点展开、一步步推进才走到今天的？现在的年轻人没有太多的体验，即使一些经历过国有企业改革的年长者，由于各种原因，可能也已经淡漠了。事非经过不知难，中国的国有企业改革是在理论准备和实践经验都严重不足的情况下起步并不断向前推进的，其过程中的跌宕起伏，理论上的艰难探索，实践中的历尽艰辛，只有亲身经历过的人才会有所感受。如今，还有人对国有企业改革的功过是非争论不断，改革的过程究竟是损公肥私，还是促进了社会的公平与效率；改革的结果究竟是损害了全社会的利益，还是增进了全社会、全民族的福祉，对此还有一些人存在着模糊认识。作者当然无意卷入类似的争论，更不想对这些争论妄下断语。然而作者认为，人们对于国有企业改革所产生的理论困惑和模糊认识，或许只有在对国有企业改革的全过程有一个相对清晰的认识以后，才能真正摆脱当下人们对国有企业改革存在的种种疑惑。从近些年来关于国有企业改革的许多争论来看，不少观点往往并未完全了解整个改革过程的发展演变以及当时所处的历史背景，轻易地从今天的认知对其做出判断，在提出问题的同时不免有失偏颇。有的学者对中国国有企业改革理论的研究，要么借助于西方的理论工具进行图解，要么依靠自己摸索建立的理论框架对遇到的问题进行解读，这种缺乏历史传承和学术传统秉持的研究，要想得到满意的研究成果，恐怕很难。

因此，真实记录国有企业改革与发展的历史过程，客观描述国有企业改革本身的路径依赖，认真总结国有企业改革的经验教训，在新的历史条件下用今天的眼光重新审视走过的一切，以使今后国有企业改革与发展的步子走得更稳健、更扎实，这应该是一件有非常意义的工作。作为这项改革曾经的参与者和见证者，作者深感到有责任尽自己的最大努力来进行这项工作，这是写作本书的初衷。

按照编年史体例，本书在每一年度分别设立了“年度经济背景、基本改革思路、重要改革实践、重要理论观点、重要改革文献、重要政策法规、年度热点纪实、年度改革大事”8个专题，将各个专题的相关内容进行编排梳理，全面地展示出该年度国企改革的基本概貌。

在“年度经济背景”的专题，记述了各年度的宏观经济运行状况。所以设计这个专题，是因为40年来国有企业改革很多政策措施的出台、实施和调整，无不与宏观经济形势的发展变化密切相关。尤其在20世纪90年代中期以前，国有经济一统天下，是国民经济的重要支柱，国家财政收入的主要来源，国有企业的经营状况，与宏观经济运行质量的关系紧密；而宏观经济环境的好坏，对国有企业改革措施的实施效果又直接正相关。对改革以来的若干重大政策措施，如经济责任制、两个“拨改贷”、两步“利改税”、价格“双轨制”、承包经营责任制、转换企业经营机制、税利分流、债转股、兼并破产、下岗分流、主辅分离辅业改制、股权多元化、垄断行业分拆重组、淘汰落后产能等，无一不能从经济环境的角度找到产生的历史背景和客观原因。分析各个经济周期的宏观经济形势和中央政府历次的宏观调控政策，对应考察国有企业改革进程，可以找出宏观经济环境变化与国有企业改革措施变化的清晰脉络。

对于这一专题，本书是按照宏观经济运行的发展变化态势连续写下来的，不管是内容编排，还是标题设计，在各年度之间都保持了较好的连续性。如果将这部分独立出来，也是一份完整的我国从1978—2018年的宏观经济运行历史。这一时期正好是我国的经济体制从计划经济到社会主义市场经济转型的时期。它详细记录了40年来我国的宏观经济运行怎样从大起大落到平稳增长的全过程，真实反映了我国经济体制转型时期异常艰难曲折的历程。对于研究我国这样一个拥有14亿人口、资源相对匮乏、地区间经济发展水平极不平衡的大国，如何从计划经济成功地过渡到社会主义市场经济的演变历史，也具有较高的史料价值和研究价值。

在“基本改革思路”的专题，本书以每一项重要改革举措最早实施的那一年为基准，按照时间序列，依次编排了“简政放权、减税让利”“试行‘拨改贷’”“推动横向经济联合、改善企业组织结构”，到“建立健全国有资产管理和监督体制”“分类推进国有企业改革”“混合所有制改革”等30个专题，从每一项重要改革举措提出的理论和实践背景、它的发展演变历程，到这一改革举措实施以后的政策效应，都进行了详细的记录。这一部分，实际上是我国国有企业改革从起步到展开，一直走到今天的整个发展演变过程。如果把这部分独立出来，则是一份非常难得、非常详尽的国有企业40年改革路线图，是分析国有企业改革40年的路径选择和路径依赖一份非常清晰的基础资料。

在“年度改革实践”的专题，本书主要记述的是每一年所实施的有关国有企业改革的重要改革措施。有的措施是直接针对国有企业的，有的措施虽然没有直接针对国有企业，但与国有企业的改革却是密切相关的；有的措施是中央政府自上而下部署推行的，有的措施则是地方政府和企业在改革实践中试点探索的。这部分可以说是对40年来的国有企业改革作了一个全景式的描述，详细地反映了在40年来的国有企业改革中我国所采取的各项改革措施。

在“重要理论观点”的专题，本书比较完整地反映了40年来我国理论界对国有企业和国有企业改革认识逐步的深化过程，也真实记录了各项重大改革主张的最早提出者和首创者。实际上是我国关于国有经济和国有企业改革的一部理论演进史，对于研究我国国有企业改革乃至经济体制改革的理论演进具有重要的参考价值。

在“重要政策法规”的专题，本书记录了历年来关于国有企业改革的各项重要政策法规的目录、发布日期和文件号。为今后国有企业改革的研究者提供了一个文件目录的缩影。

在“年度热点纪实”的专题，本书记录了改革过程中历年来群众最关心的热点和议论的焦点，改革过程中的风云人物，改革过程中的重大事件。重温这些往事，对于亲身经历了改革的人，在今天还会有触景生情的感觉；对于没有经历过当年改革的年轻人，也会对改革增加很多实感。

在“年度改革大事”的专题，是40年的国有企业改革大事记，详细记录了40年国有企业改革所走过的每一个脚印。如果把这一部分独立出来，也是一份非常详细的历史资料。

本书旨在为一切关注和研究中国国有企业改革的读者提供

第一手文献史料。还原历史原貌尽可能地忠实历史，史料收集尽可能做到详实完整全面，过程描述也尽量不参杂作者的观点和主观偏好。

需要说明的是，目前关于中国国有企业改革的史料实际包括原始史料、派生史料以及无根史料三大部份。为了保证史料的准确性，本书主要借助于历史考据和文献检索相互印证的方法以求去伪存真。对与国有企业改革密切相关的领袖重要论断、重要法律法规、宏观经济政策和重要理论的结论和观点，则按年度在相应的专题中来呈现和表述，以达到史料的相互佐证、补充，使全书尽可能真实可靠地还原历史。

作为史料，本书的时间跨度经历了40年。40年来，我国的国民经济核算指标体系和统计口径发生了多次变化，统计指标也进行过多次调整。为了保证书中数据的准确，本书根据历年的《中国统计年鉴》进行了统一校核，次一级的部门数据和行业数据等，也根据历年来国家统计局发布的《国民经济和社会发展统计公报》进行了统一校核。

为了完成这部书稿，作者前后历时20年，参阅了难以计数的文献和资料，因为受到篇幅限制，恕不能在参考文献中一一胪列，在此谨向相关作者致以最诚挚的谢意！如果说本书还有些参考价值的话，应该归功于在作者之前的人所做的工作。

中国国有企业改革是一个十分广阔的领域，其中尚待研究的问题很多。作者笃信“以古为镜，可以鉴今”的观点，力图使自己在史料收集和取舍方面尽可能地系统完整全面。但要做好这一点极其不容易。古人有言：“贤者识其大者；不贤者识其小者”。受本人能力和学识所限，如果能够在本书写作上做到“识其小者”，作者也就足以自慰了。书中肯定存在许多不足甚至错误之处，恳请读者不吝指教。

作者
2018 年 6 月初稿
2020 年 6 月再稿

图书在版编目（CIP）数据

中国国有企业改革编年史：1978-2018 / 章迪诚编著.
—北京：中国工人出版社，2020.8
ISBN 978-7-5008-7462-1

Ⅰ.①中… Ⅱ.①章… Ⅲ.①国企改革—编年史—中国—1978—2018
Ⅳ.①F279.21

中国版本图书馆CIP数据核字（2020）第154647号

中国国有企业改革编年史：1978-2018

出 版 人	王娇萍
责任编辑	刘 葯 孟 阳
责任印制	黄 丽
出版发行	中国工人出版社
地　　址	北京市东城区鼓楼外大街45号 邮编：100120
网　　址	http://www.wp-china.com
电　　话	（010）62005043（总编室）
	（010）62005039（印制管理中心）
发行热线	（010）62005996 82029051
经　　销	各地书店
印　　刷	三河市东方印刷有限公司
开　　本	787毫米×1092毫米 1/32
印　　张	62.25
字　　数	1500千字
版　　次	2020年10月第1版 2020年10月第1次印刷
定　　价	318.00元（全四卷）